see

ドイツ連邦共和国
Bundesrepublik Deutschland

面積：35万7,030Km²
人口：8,320万人
首都：ベルリン（Berlin）

オーストリア共和国
Republik Österreich

面積：8万3,871Km²
人口：893万人
首都：ウィーン（Wien）

スイス連邦
Schweizerische Eidgenossenschaft

面積：4万1,285Km²
人口：867万人
首都：ベルン（Bern）

■ 首都　● 州都

len
n

POLEN

rankfurt
n der Oder

Oder

Neiße

resden

rag ■

TSCHECH

Moldau

Niederösterreich

Wien

österreich

Linz · St. Pölten · Wien

g

· Eisenstadt

Steiermark

Burgenland

REICH · Graz

UNGARN

en

Klagenfurt

SLOWENIEN

KROATIEN

7	Freiburg(Fribourg)
8	Genf(Genève)
9	Glarus
10	Graubünden(Grischun)
11	Jura
12	Luzern
13	Neuenburg(Neuchâtel)
14	Nidwalden
15	Obwalden
16	St. Gallen
17	Schaffhausen
18	Schwyz
19	Solothurn
20	Tessin(Ticino)
21	Thurgau
22	Uri
23	Waadt(Vaud)
24	Wallis(Valais)
25	Zug
26	Zürich

JN100566

早川東三＋伊藤 眞＋Wilfried Schulte［著］

初級者に優しい
独和辞典

Wörterbuch
Deutsch leicht gemacht
Mit Beispielsätzen

朝日出版社

■編修責任者／早川　東三■

装　　丁／大下賢一郎
イラスト／岩崎三奈子

まえがき

　私どもが「クルマ」という語を使ってなにか文をつくるとして，先ずどのような文を思い浮かべるでしょう。なかには「クルマで辞書を書く，ご飯を炊く」などつむじ曲がりなことを言う人がいるかも知れませんが，ごく普通には「クルマを運転する」，「クルマを買う」といった（平凡でつまらない）文を考える。実はその「平凡でつまらない文」がまさに基本的な使い方であって，それを覚えることこそ言語習得の確実な道筋なのです。この辞書はそこに着目して編纂しました。ドイツ語を母語とする人が，例えば「クルマ」der Wagen［ヴァーゲン］，das Auto［アォト］という単語を聞いたとき，先ず自然に浮かんでくるのはどんな文か。それをドイツ人に示してもらい，それらの文（あるいは句）を見出し語説明用の文例や句例に使いました。初学者にはいささか難解な文もありますが，最初はざっと読んだのちとりあえずほうっておけばよい。一読した文や句は本人の意志など無視して，ちゃんと心の底に沈んで残り，やがて自分でドイツ文を作ろうとするとき，ひょいと表面に浮かんで来るものです。

　こうした文例作成の作業には共著者のヴィルフリート・シュルテ先生 Dr. Wilfried Schulte のお力をお借りしました。シュルテ先生はドイツ・ボン大学出身，中国研究と日本研究で博士号を取得されました。在日年数は留学生，大学講師，外交官，退官後は大学教授として40年に及び，微妙なニュアンスの違いも理解する日独両言語の達人です。まさに独和辞典つくりにうってつけの方と言って過言ではありますまい。また，単語の選択と語義執筆には共著者伊藤　眞さんと小生があたりました。

　本書は小型ながら1万5千語，ドイツ連邦共和国で実施されるドイツ語検定に必要な語彙はすべて含まれていますし，またコンピュータ用語，かと思うとオーストリアやスイス独特のドイツ語彙，若者言葉なども豊富に採録されています。文字の説明だけでは心もとない場合，イラストを入れました。この一風変わった独和辞書がドイツ語学

習者のお役に立つことを祈ります。

　終りになりましたが，キリスト教用語につき，御著「キリスト教用語独和小辞典」の援用をお許しくださった学習院大学名誉教授川口洋先生，語義や文例の点検にお力添えくださった亀井伸治さん，佐藤英さん，古川誠之さん，文法コラムを書いていただいた遠藤紀明さん，中野京子さん，絵で見るドイツ単語，興味深いコラム，関連語を一手に引き受けてくださった山口倫代さん，橋本嘉那子さん，そして朝日出版社第一編集部日暮みぎわさん，その他の方々には心から御礼申し上げる次第です。

　2007年春

編修責任者　早川東三

新装廉価版にあたり

「初級者に優しい独和辞典」は2007年の初版以来，多くの皆さまに愛されてまいりました。このたび，ドイツの国内事情や数字データを最新のものに更新し，また更に多くの皆さまの一層のご愛顧を願い，新装廉価版として装いを改めました。

　2014年秋

増補改訂版にあたり

　2014年の改定から年月も経ち，社会にも様々な変化がありました。ドイツ国内事情の変化に基づき，コラムを差し替え，説明を補足，数字データをできる限り最新のものにし，関連語も見直しました。

　2023年春

この辞書の使い方

① 文字と発音

　ドイツ語の発音については，極端な話，lとöだけ気をつけてくだされればよろしい．ドイツ語のlはいま皆さんが学校で習っているアメリカ語のような発音ではありません．山口瞳さんはその作品の中でアメリカ人の well を「ウエオ」と書いていますが正しいと思います．他方ドイツ語の場合は素直なものです．舌の先を上あごの歯茎の裏辺りにつけ，そのまま声を出します．次にöですが，これは唇を丸め，尖らせてそのまま「エー」と言ってみます．その時出てくる面妖な音が ö の音です．

　本書では発音がカタカナで示してあります．当然 ö や，lとrの区別などをしっかり示すことはできません．いろいろな逃げ道を探してはあるのですが，だからといって完全を期することができるわけはない．ですから Löwe [レーヴェ] と書いてあったら上に述べたlや ö の説明を思い出して発音してもらいましょう．[レ] が太字になっているのは，この音節に強アクセントが置かれているぞ，という意味です．

❶ 母音字の示す発音：

1) **a, e, i, o, u** は [ア, エ, イ, オ, ウ] です．永年ドイツ語教師をやって来たわが身からすると，eの長音は唇を平らに強く張って，とかoやuの長音は唇を尖らせて，などと言いたくなるのですが，それはぐっと我慢して言いません（もう言ったじゃないか，ですって？　失礼）．

2) **ä** は [エ] です．**ö** は上記のとおり．**ü** は [ユ, ユー] と書いてありますが，実は似て非なるものです．[イー] と言いながら唇を丸め尖らせてください．そこで出る音が üで表されているのです．これらの文字は A(O, U) のウムラウト（変母音字）と呼ばれます．

3) **ei**（ほかに ey, ai, ay．ただし滅多にお目にはかからない）は「愛」です．いや[アィ]です．しかし[愛]と発音してまちがいなし．

4) **au** は「青」，[アォ] です．

5) **eu, äu** は [オィ] を表します．「おい，こら」の [オィ] です．「甥」というんじゃないか，と思った方には申し訳ないが，「甥」は高低アクセントの位置が違います．**ie** はイの長音 [イー] です．

i

❷ 子音字の示す発音：

1) **b, d, g** は [バ, ビ, ブ, ベ, ボ]，[ダ, ディ, ドゥ, デ, ド]，[ガ, ギ, グ, ゲ, ゴ] で示してあります．ただし．語末や子音字の前ではそれぞれ [プ, トゥ, ク] という音になります．例えば，lieb [リープ], Herbst [ヘルプスト], Bad [バート], Tag [ターク], Jagd [ヤークト]．さらに ig には厄介なことがあります．語末や子音の前では [イヒ]，母音の前では [イグ] なのです．einig [アイニヒ], einigt [アイニヒト], einige [アイニゲ]．ただし，einigt を [アイニクト] といってもドイツ人は怒りませんから [イヒ] 以外はあまり気にしない．

2) **c** は外来語以外単独では使われません．ch は a, o, u, au の後ではそれぞれ [ハ, ホ, ホに近いフ, ホ] です．ck は [ック] を表します．Bach [バッハ], Doch [ドッホ], Buch [ブーフ] auch [アォホ]．Brücke [ブリュッケ]．

3) **f** はまあ英語と同じ．

4) **h** も英語と同じ．ただし，前の母音が長音であることを表すこともあります．Ruhe [ルーエ]．気取って [ルーヘ] と言うドイツ人もいますからあまり気にしない．

5) **j** はヤ行音と考えておく．「本当は…」と言いたくなるのが語学教師の悪い癖．いや，言いません，言いません．Japan [ヤーパン]．

6) **k** は英語と同じ．

7) **l** はもう述べた．

8) **m, n, p** も英語と同じ．

9) 厄介なのが **pf** です．上の歯を軽く下唇の上にのせ，さらに軽く唇を閉じ，「プッ」と息で吹き開ける．[プフ] で示します．Pfeife [プファイフェ]．でもこの綴りを含む語の数はそれ程多くないから諦める．

10) **ph** は f と同じ音を表す．外来語だけに使われる．

11) **qu** は [クヴ] であって，quer [クヴェーア]．

12) 次が問題の **r** です．一般に考えられているように「べらんめい」調巻き舌は殆ど使われません．「のどひこの r 」と言って，口蓋垂（いわゆる「のどちんこ」，失礼）を震わせるのが一般的です．結構難しいので l の発音にならないよう「ラ, リ, ル, レ, ロ」と言って下さい‥語末では [ァ]．Mutter は [ムッテル] と言って間違いではないが，[ムッタァ] と発音するのが普通．

13) **s** は母音の前では [ザ, スィ, ズ, ゼ, ゾ]，それ以外では「サ, スィ, ス, セ, ソ」．

14) **sch** は英語の sh と同じで [シャ, シ, シュ, シェ, ショ] を表します．

15) **t** は英語と同じ．外来語では ti が [ツィ] となることがあります．Nation [ナツィオーン]．

16) **v, w** は英語の f, v と同じ音を表します．v は外来語では母

音の前で［ヴ］を表すことがあります.

17) **x** は［クス］で濁音にはなりません. y は普通 ü と同じ音. 何れも外来語で使われます. y は稀にドイツ語本来の綴りにも現れますが気にしない.

18) **z** は［ツ］の音を表します. zer- は［ツェァ］です.

② 記述方法と記号

❶ この辞書には auf *j*⁴/*et*⁴ achten といった表記が出てきます. これは「…に留意する」という句なのですが, その…の部分には人間を表す4格の名詞（代名詞）, あるいは事柄・事物を表す4格の名詞（代名詞）が入ってくるぞ, と説明しているのです. 右肩の少数字はそれぞれ1格, 2格, 3格, 4格を意味します. 本書では例えば *et*⁴ に特定の語しか入らない場合, たとえば「自動車⁴を」とか「事件⁴を」などのごとく具体的な語を入れて説明しています.

❷ *sein* と *sich* について　特定の人や者を指さず一般的な意味しか持たない場合,「…の（所有）」を示すには *sein* を用いています. zu *seinem* Glück（幸運にも）を実際に使うときには, 例えば「私にとって幸いなことに」の場合 *seinem* のところへ mein（私の）を入れて zu meinem Glück とします.

同じことは英語の oneself にあたる *sich* にもあてはまります. 例えば *sich*⁴ an *j*⁴/*et*⁴ erinnern（人⁴・事⁴を思い出す）, *sich*³ *et*⁴ aneignen（物⁴を着服する）を主語 ich として使うときは Ich erinnere mich an ..., Ich eigne mir ... an のごとく *sich* を mich や mir に変えて使います.

❸ ＊について　動詞の見出し語右肩についている場合については,「動詞について」を参照, 名詞につけられていれば, 当該名詞が形容詞の名詞化であることを表しています.

❹ カッコのいろいろ　次のとおりです. ［　］＝発音記号, 省略. 《　》＝文法説明. （　）＝補足説明. 〘　〙＝専門語.【　】＝語の働きの説明. ／＝「及び, または」.

❺ 《　》の中に《単のみ》,《複なし》などと書かれていることがあります. これはその次に書かれている語義が単数形にしか（あるいは複数形にしか）あてはまらないことを表します. ただしその制限は次のセミコロン（；）までの語義にしかあてはまりません.

③ 名詞について

❶ 名詞を調べてみます. 名詞はどこに置かれても第一字が大文字ですからすぐわかります. 名詞化した形容詞やその他の品詞につい

ても同じです．名詞や代名詞は男性，中性，女性という3種の文法上の性のいずれかに属しています．また単数形，複数形のほか，1格（主格），2格（所有格），3格（間接目的格），4格（直接目的格）という働きに応じた4つの形があります．辞書を引いてみましょう．－は辞書の約束で，見出しと同じ綴りを示します．

❷ Kind ［キント］ 回 -[e]s/-er はこの単語が中性名詞（回），単数・2格では Kindes ［キンデス］または Kinds ［キンツ］（口調上の必要から使い分ける），複数・1，2，4格では Kinder ［キンダァ］であることを示します．3格は Kindern のように -n を添えますが，これは全体的な決まりですから，示しません．

❸ Frau ［フラォ］ 女 -/-en 女性名詞（女）は単数形では一切形を変えません．ですから - だけ．複数形は Frauen ［フラォエン］です．

❹ Vater ［ファータァ］ 男 -s/Väter ［フェータァ］のように複数形で幹母音（アクセントのある綴りの母音）が a ⇒ ä，o ⇒ ö，u ⇒ ü，au ⇒ äu に変わるものがあります．その場合この辞書ではその形を全書し，発音も添えてあります．

④ 代名詞について

　代名詞の変化に関しては巻末の文法変化表を参照して下さい．形容詞の変化語尾と連動しています．「大変だ，大変だ」と騒ぐことはない．英語の人称代名詞 I, my, me より1ケ多いだけじゃないか．ich, meiner, mir, mich ほら．ただし人称い代名詞の2格は所有は表しません．まあめったにお目にかかることはないので心配はいらない．

⑤ 形容詞について

　形容詞は修飾する名詞の性・数・格に応じて語尾をつけます．形容詞の前に何もない場合 klares Wasser（澄んだ水），不定冠詞，否定冠詞，所有代名詞がある場合 eine (keine/ meine) junge Frau（若い女 etc.），定冠詞または指示代名詞がある場合 das große Haus（大きな家）のように語尾のつけ方が異なります．巻末の文法変化参照．
　形容詞の比較級（より〜な）・最高級（もっとも〜な）は原型とアクセントのあるシラブルの母音（幹母音）が変えるものや全く姿を変えるものがあります．それらは見出し語の後に（groß）größer, am größten や（viel）mehr, am meisten のようにその形が示してあります．発音も添えてあります．

6 数詞について

数詞には基数詞（eine Frau 一人の女, zwei Kinder 二人の子供, drei Autos 3台の自動車, のような普通の数え方）, 序数詞（der vierte Tag 4日目, のように順番を表す）などがありますが, この辞書では 1～12 についてはそのいずれもが示してあります. 以後は機械的に作れますから出ていません. なお, eins が名詞を形容して使われるときは不定冠詞と同じ変化をします.

7 副詞について

ドイツ語の形容詞はほとんどみなそのままで副詞としても使われます. 副詞の比較級や最高級についても同様なことが言えます. 副詞の中には（これはドイツ語独特なのですが）話し手の気持ちを表すものがあります. Kommen Sie mal!（まあいらっしゃいよ）, Kommen Sie doch!（来なさいってば）などです. 文例をよく読んでください.

8 動詞について

❶ 動詞の変化は主語の人称（1人称, 2人称, 3人称）や数（単数, 複数）, 文法的時称によって決まります. すべてが規則的に行われる場合は文法の領域ですから, 格別何も示してありません. 見出し語の語末にアステリスク*がつけてあれば, それが不規則変化動詞（強変化動詞や混合変化動詞, 全く不規則なもの）の印です. 中にはアステリスクが（ ）に囲まれている場合もありますが, これは不規則変化・規則変化の両形があることを示します. 不規則変化動詞の場合は注意すべき形が見出し語の後に示してあります.

❷ gehen* [ゲーエン] ging, gegangen（これは過去形と過去分詞が示してあります）

❸ geben* [ゲーベン] *du* gibst [ギープスト], *er* gibt [ギープト]; gab, gegeben（現在・単数・2人称, 3人称形; 過去形, 過去分詞）

❹ senden(*) [ゼンデン] sandte (sendete), gesandt (gesendet)（過去形と過去分詞に意味により二つの形がある）

❺ sein, werden,（時の助動詞として）, dürfen, können, mögen, müssen, sollen, wollen（話法の助動詞として）についてはそれぞれの見出しや文法変化表を見て下さい.

❻ 動のあとに (s) と示してある動詞があります. これはその動詞が完了形を作るとき sein が時の助動詞であることを意味しま

す：gehen ⇒ Ich *bin* gegangen. また（s, h）となっている場合は，完了のときの助動詞が，意味により sein であったり，haben であったりすることを示しています．

❼ 動詞によっては（これもドイツ語独特なのですが），特定の名詞と結びつく場合，本来の意味を失って「…する」という意味しか持たないものがあります．それぞれの意味説明の中で【特定の名詞とともに】の項を見て下さい．bringen* ［ブリンゲン］brachte, gebracht 動...【特定の名詞とともに】*et*⁴ zum Ausdruck *bringen* 事⁴を表現する．

⑨ 前置詞について

　前置詞はそれぞれ2格支配（2格の目的語を取るもの），3格支配，4格支配，3・4格支配の四種類があります．3・4格支配の前置詞には an, auf, hinter, in, neben, über, unter, vor, zwischen の9語しかありません．例えば，in は英語の in と into にあたります．英語の in の意味のときは後に3格の名詞や代名詞が来ます．また into の意味では4格が来ます．「…で」は3格，「…へ」は4格で表される，と覚えておきます．それだけのことです

⑩ 重要語について

　重要語（約2,200語）は見出し語が赤になっています．

　もういいでしょう．ここまで読んだ君は偉い！　充分賞賛に値します．

A

A,a [アー] 中-/- **1** ドイツ語アルファ
ベットの第1字;最初[のもの]. **2**〖音
楽〗イ音;〖諧調〗 (Aは)イ長調, (a
は)イ短調.

á [ア] 〘《4格支配》〚割りあて〛
…ずつ, あたり, につき;〚手段〛…で;
〚方法・道具〛…を使って. ¶**á** 10
Prozent 10 パーセントの率で. /**á**
la carte ア・ラ・カルト(メニューから
自由に選んで注文する料理).

a. 〘略〙**1** =**am**, **an.** **2** =**anno**.

@ [エト] 〖電算〗アットマーク.

Ä,ä [エー] 中-/- ドイツ語アルファベ
ット A,a の変母音字.

Aal [アール] 男-[e]s/-e 〖魚〗ウナギ.

ab [アプ] **1** 副 〚述語として〛去っ
て, 退場して, 離れて;取れて;逸(そ)れ
て. ¶**Ab**! 行け, 失せろ. /Berlin 7
Uhr **ab** ベルリン7時発. /keine
paar Schritte **ab** 数歩も行かないう
ちに. /**ab** und zu (ab und an)
ときどき. ◆Der Knopf ist **ab**.
ボタンが取れた. /Und jetzt
ab in die Schule! さあ学校へ行き
なさい. **2** 前 〚3格支配〛〚時間・場
所〛…から. ¶**ab** dieser Woche
(heute) 今週(きょう)から. /**ab**
Hauptbahnhof (Hamburg) 中央
駅(ハンブルク)から.

ab- [アプ] 《常にアクセントをもち分離
動詞をつくる前つづり》 〚離脱〛**ab**|
fahren 出発する;〚模写〛**ab**|bil-
den 模写する;〚取消し〛**ab**|be-
stellen キャンセルする.

Ab・bau [アプ・バォ] 男-[e]s/ 節減,
削減;採掘;〖電算〗デキュー. ¶Der **Ab-
bau** von Kohle ist in Japan ext-
rem teuer. 日本の石炭採掘はきわ
めて費用がかかる. /Der **Abbau** von
Vorurteilen ist nicht leicht.
偏見の除去は容易ではない. **ab**|
bauen [アプ・バォエン] 動 節減(削
減)する;採掘する. ¶Dieses Zelt
kann man leicht **abbauen**. こ
のテントの解体は容易だ.

ab|**beißen*** [アプ・バイセン] *du/er*
beißt ab; biss ab, abgebis-
sen 動 噛み切る, かじる.

ab|**bekommen*** [アプ・ベコメン] be-
kam ab, abbekommen 動 分け
てもらう;取り除く. ¶ein Stück
[vom] Kuchen *abbekommen*
ケーキを一切れ分けてもらう. ◆Die
Farbe bekam ich nur mit viel
Benzin **ab**. ペンキはたくさんベンジ
ンを使ってやっと取れた.

ab|**bestellen*** [アプ・ベシュテレン] be-
stellte ab, abbestellt 動(注文・
予約を)キャンセル(解約)する. ¶
Vergiss nicht, vor der Abreise
die Zeitung *abzubestellen*. 旅
行へ出る前に忘れずに新聞の配達を止
(と)めておくこと.

ab|**biegen*** [アプ・ビーゲン] bog ab,
abgebogen 動 (s) 曲って行く. ¶
Hier darf man nur [nach] rechts
abbiegen. ここは右折しか許されて
いない.

ab|**bilden** [アプ・ビルデン] 動 写し取
る;忠実に描き上げる. ¶Seine Ro-
mane *bilden* den Zustand un-
serer Gesellschaft schonungslos
ab. 彼の小説は現代社会の状況をあか
らさまに描いている. **Ab・bildung**
[アプ・ビルドゥング] 女-/-en 挿し絵;
《複なし》写生.

ab|**blenden** [アプ・ブレンデン] 動 減
光する, (ヘッドライトを)ロービームに
する. ¶Bei Gegenverkehr immer
sofort *abblenden*! 対面通行の場
合は即座に減光すること.

ab|**brechen*** [アプ・ブレヒェン] *du*
brichst ab, *er* bricht ab, brach
ab, abgebrochen 動 **1** 折り取
る, 解体する;中断する;〖電算〗キャンセ
ルする. ¶Viele Studenten in
Deutschland *brechen* ihr Stu-
dium **ab**. ドイツの多くの学生が学業
を中断している. /Er *brach* jeden
Kontakt zu seiner Exfrau **ab**.

彼は前妻とのいかなる接触も絶った. /Plötzlich **brach** der Minister die Pressekonferenz **ab**. 大臣は記者会見を突然中断した. **2** (s) 折れる;中断する,(電話接続が)突然切れる.

ab|brennen* [アブ・ブレネン] brannte ab, abgebrannt **動** (s) 焼失する;焼け出される. ¶Das Lager ist schon zweimal *abgebrannt*. 倉庫はすでに二度焼失した.

Ab·bruch [アブ・ブルフ] **男** -[e]s/Ab·brüche [アブ・ブリュヒェ] 解体;中断,断絶. ¶Der Präsident drohte mit dem *Abbruch* der diplomatischen Beziehungen. 大統領は国交を断絶すると威嚇した.

ab|buchen [アブ・ブーヘン] **動** (必要金額を)口座から引落とす. ¶die Fernsehgebühren *abbuchen* lassen TV視聴料金を口座引落としにする.

Abc [アーベーツェー, アベツェー] **中** -/- アルファベット;初歩.

ab|danken [アブ・ダンケン] **動** 退任(退職)する.

ab|decken [アブ・デケン] **動** (食卓⁴を)片づける;(物⁴の)覆いを取る.

ab|drehen [アブ・ドゥレーエン] **動** (機器⁴の)スイッチをひねって消す(とめる). ¶Das Gas abends immer *abdrehen*! 夜はいつもガス栓をとめること.

¹Ab·druck [アブ・ドゥルク] **男** -[e]s/Ab·drücke [アブ・ドゥリュケ] 押し型;刻印,指紋.

²Ab·druck [アブ・ドゥルク] **男** -[e]s/印刷,掲載. **ab|drucken** [アブ・ドゥルケン] **動** 印刷にまわす;掲載する.

Abend [アーベント] **男** -[e]s/-e (日没から就寝時までの)晩,夕;(夜行われる行事をさして)…の夕べ. ¶eines *Abends* ある夜. /heute (morgen) *Abend* 今晩(明晩). /am *Abend* 夕方に. /zu *Abend* essen 夕食を食べる. ♦Guten *Abend*! こんばんは,(夜間に)さようなら. /Vielen Dank für den wunderschönen *Abend*! 素敵な晩[のパーティー]をありがとう. (⇒Morgen, Nacht).

Abend·brot [アーベント・ブロート] **中** -[e]s/『北ドイツ』, **Abend·essen** [アーベント・エセン] **中** -s/- 夕食. (⇒Frühstück).

Abend·kasse [アーベント・カセ] **女** -/-n (劇場の)当日券発売窓口.

Abend·kleid [アーベント・クライト] **中** -[e]s/-er イヴニングドレス.

Abend·mahl [アーベント・マール] **中** -[e]s/『カトリック』聖体の秘跡;『プロテスタント』聖餐[式].

Abend·rot [アーベント・ロート] **中** -s/夕焼け.

abends [アーベンツ] **副** 夕方(晩)に;毎晩.

Abenteuer [アーベントィァ] **中** -s/冒険;アバンチュール(恋の火遊び). ¶Selbst im sehr fortgeschrittenen Alter war er noch auf *Abenteuer* aus. 高齢になってなお彼は抗争を求めていた. **abenteuer·lich** [アーベントィァ・リヒ] **形** 冒険(危険)を伴う,冒険好きの.

aber [アーバァ] **1接** 《並列. 定動詞より後方に置かれることもある》しかし,とはいえ. ¶Schön ist das Wetter ja, *aber* spazieren zu gehen habe ich (spazieren zu gehen habe ich *aber*) keine Lust. たしかに天気はいいが,しかし私は散歩する気が起きない. 《zwar ..., *aber* の形で》…ではあるがしかし. **2副** (強め)…ですとも,よろしいですか,それにしてもまあ. ¶*Aber* natürlich! もちろんですとも. /*Aber* schnell! 急げったら. /*Aber* ich bitte Sie! とんでもない. /*Aber* Herr Roth! いいですかロートさん何ということを[言うんです]. /*Aber, aber*! 何たることです. /Der Baum ist *aber* groß! それにしてもあの木のでっかいこと.

Aber·glaube [アーバァ・グラオベ] **男** 2格 -ns, 3・4格 -n /, **Aber·glauben** [アーバァ・グラオベン] **男** -s/ 迷信. ¶Dieser *Aberglaube* ist einfach nicht auszurotten. こうした迷信はとにかく根強

しがたいものだ.

aber・mals [アーバァ・マールス] 副 もう一度, 再三.

ab・fahren* [アブ・ファーレン] *du* fährst ab, *er* fährt ab; fuhr ab, abgefahren 動 (s) (乗物が・乗物で)出発する, 発車する. ¶Wann *fahren* wir morgen *ab*? あした何時に出発しますか.

Ab・fahrt [アブ・ファールト] 女-/-en 出発, 発車, 出帆;(高速道路の)出路. ¶Wir treffen uns zehn Minuten vor der *Abfahrt* auf dem Bahnsteig! 発車10分前にホームで会おう. / Pass auf, dass du nicht die falsche *Abfahrt* nimmst! 出発する列車を乗り違えないよう気をつけなさい.

Ab・fall [アブ・ファル] 男-s/Ab・fälle [アブ・フェレ] ごみ, 廃棄物. ¶Wo wollen wir bloß mit all dem *Abfall* hin? こんなたくさんのごみをどこへ棄てよう. **Abfall・eimer** [アブファル・アイマァ] 男-s/- ごみばこ.

ab¦fallen* [アブ・ファレン] *du* fällst ab, *er* fällt ab; fiel ab, abgefallen 動 (s) 取れて落ちる;(道などが)傾斜する;(成績・性能が)落ちる. ¶für *j*⁴ *abfallen* 人⁴ のもうけ(分け前)になる.

ab・fällig [アブ・フェリヒ] -e [アブ・フェリゲ] 形 批判的(否定的)な.

ab¦fertigen [アブ・フェルティゲン] 動 (物⁴・人⁴の)発送手続き(搭乗手続き)をする.

ab¦finden* [アブ・フィンデン] fand ab, abgefunden 動 *sich*⁴ mit *j*³/*et*³ *abfinden* 人³・事³と折り合う, 人³・事³とけりをつける. ¶Mit dem Ergebnis musst du dich wohl oder übel *abfinden*. 君は良かれ悪しかれこの結果を受入れなければならない.

ab¦fliegen* [アブ・フリーゲン] flog ab, abgeflogen 動 (s) テイクオフ(離陸)する. ¶Die Maschine nach Frankfurt *fliegt* fast immer pünktlich *ab*. フランクフルト行きの飛行機は殆ど常に定刻どおり出発する.

ab¦fließen* [アブ・フリーセン] es fließt ab; floss ab, abgeflossen 動 (s) 流れこむ(出る);(バスタブなどの)水がはける.

Ab・flug [アブ・フルーク] 男-[e]s/Ab・flüge [アブ・フリューゲ] テイクオフ, 離陸.

ab¦fragen [アブ・フラーゲン] 動 (人³・人⁴に事⁴の)口頭試問する. ¶den Schülern (die Schüler) die Formeln *abfragen* 生徒たちに数式のテストをする.

ab¦füllen [アブ・フュレン] 動 (液体で)満たす. ¶*et*⁴ aus *et*³ in *et*⁴ (auf *et*⁴) *abfüllen* 液体⁴を容器³から容器⁴へ移しかえる.

Ab・gabe [アブ・ガーベ] 女-/-n 提出;公租公課(税金).

Ab・gang [アブ・ガング] 男-[e]s/Ab・gänge [アブ・ゲンゲ] 退学;引退.

Ab・gas [アブ・ガス] 中-es/-e《ふつう複で》排気(廃気)ガス. ¶In der Innenstadt verpesten die *Abgase* regelrecht die Luft. 市中では排気ガスが空気を徹底的に汚染している.

ab・gearbeitet [アブ・ゲアルバィテト] 形 働きすぎで疲労困憊した, 肉体労働で衰えた(手足, からだ).

ab¦geben* [アブ・ゲーベン] *du* gibst ab, *er* gibt ab; gab ab, abgegeben 動 手渡す, 届ける;預ける;分けてやる;(安値で)売る. ¶Kannst du dies für mich bei Dr. Meisen *abgeben*? お願いだからこれをマイゼン博士のところに届けてくれないか. / Mäntel bitte an der Garderobe *abgeben*! コートはクロークにお預け下さい.

ab¦gehen* [アブ・ゲーエン] ging ab, abgegangen 動 (s) 退学(卒業)する, 退出(退場)する;(色が)落ちる, とれる;差引かれる《von *et*³ 値段³から》. ¶Warum willst du ein Jahr vor dem Abitur *abgehen*? なぜ君はアビトゥーアの１年前に退学しようというんだい. / Schminke *geht* nur schwer *ab*. 化粧は容

A

易なことでは落ちない.

ab・gelegen [アプ・ゲレーゲン] 形 へんぴな[ところにある]. ¶Unser Hotel war sehr schön, aber ziemlich *abgelegen*. われわれの泊まったホテルはとても良かったが、かなりへんぴなところにあった.

ab・gemacht [アプ・ゲマハト] 1 間 ¶*Abgemacht*! 約束したぞ、決まったぞ. 2 abmachen の過去分詞.

Ab・geordneter* [アプ・ゲオルドネタァ] 男 (女性) **Ab・geordnete*** [アプ・ゲオルドゥネテ] 女《形容詞の名詞化》代議士.

ab・geschlossen [アプ・ゲシュロセン] 1 形 孤立した、独立した；終了した. ¶eine *abgeschlossene* Wohnung 各戸独立した形式のマンション. ◆Er hat eine *abgeschlossene* Ausbildung als Kfz-Techniker. 彼は養成課程を終えて自動車整備工の資格を持っている. 2 abschließen の過去分詞.

ab・gewöhnen [アプ・ゲヴェーネン] 動 sich³ et⁴ abgewöhnen 事⁴という悪習を止める. ¶Das Rauchen solltest du dir endlich *abgewöhnen*. 喫煙はもういい加減にやめるべきだ.

ab・grenzen [アプ・グレンツェン] 動 区切る、仕切る. ¶sich⁴ von j³ /et³ abgrenzen 人³・物³と距離をおく.

Ab・grund [アプ・グルント] 男 -[e]s/Ab・gründe [アプ・グリュンデ] (断崖・絶壁の底の)深い谷間、奈落(らく).

ab・gucken [アプ・グケン] 動 カンニングする、見習う《bei/von j³ 人³から》. ¶Unsere Kleine *guckt* sich alles bei ihrer großen Schwester *ab*. うちの娘は何でも姉の真似をする.

ab・haken [アプ・ハーケン] 動 (物⁴に) ×印(レ印)をつける.

世論調査などで「はい、いいえ」の回答を□の中に記入させることがある. この場合は×のように×印を書きこむ.

ab・halten* [アプ・ハルテン] du hältst [ヘルツト] ab, er hält ab; hielt ab, abgehalten 動 さえぎる. ¶j⁴ von et³ abhalten 人⁴に事³を思いとどまらせる. ◆Sie lässt sich nicht davon *abhalten*, dauernd teure Sachen zu kaufen. 彼女がしょっちゅう高価な買い物をするのはとめようがない.

Ab・handlung [アプ・ハンドゥルング] 女 -/-en 論文.

Ab・hang [アプ・ハング] 男 -s/Ab・hänge [アプ・ヘンゲ] 傾斜、坂.

¹ab・hängen* [アプ・ヘンゲン] hing ab, abgehangen 動 von j³/et³ abhängen 人³・事³次第である、人³・事³に依存している. ¶Finanziell *hängt* er immer noch von seinen Eltern *ab*. 彼は今でも経済的に両親におんぶしている.

²ab・hängen [アプ・ヘンゲン] 動 (競争相手を)引き離す；取り外す. ¶Der Weltmeister hat mal wieder alle *abgehängt*. 世界チャンピオンはまたも競争相手を全て引き離してだんトツだった.

ab・hängig [アプ・ヘンギヒ] -e [アプ・ヘンギゲ] 形 von j³/et³ abhängig sein 人³・事³次第である、人³・事³に依存している. ¶et⁴ von et³ abhängig machen 事柄⁴の実行は事情³次第で決めることにする. ◆Frau Becker sucht eine Stelle, sie will nicht länger von Ihrem Mann *abhängig* sein. ベッカー夫人は仕事の口を探している、もうこれ以上夫に頼る気はないのだ.

Abhängig・keit [アプ・ヘンギヒカイト] 女 -/-en 依存《von et³ 物³への》. ¶die *Abhängigkeit* der Verbraucherpreise von der Konjunktur 消費者物価が景気に左右されるということ.

ab・hauen(*) [アプ・ハオエン] haute ab, abgehauen 動 1 たたいて切りはなす. 2 (s) 〖くだけた表現〗姿をくらます. ¶Hoffentlich *haut* dieser widerliche Kerl endlich *ab*. あのいやなやつがもういい加減に姿を消してく

4

れるといいのだが.

ab|heben* [アプ・ヘーベン] hob ab, abgehoben **動** (物⁴の)覆い(ふた)をとりのける,(受話器を)取り上げる;(預金を)おろす. ¶ Warum hast du nur so wenig *abgehoben*? 何故それっぽっちしか[預金を]おろさなかったのだ.

ab|holen [アプ・ホーレン] **動** 連れて(持って)くる《von *et*³ 場所³から》. ¶ die Großmutter vom Flughafen *abholen* 祖母を空港へ迎えにいく. ♦ Wann kann ich die Fotos *abholen*? 写真はいつ取りに来たらいいのです.

ab|hören [アプ・ヘーレン] **動** 盗聴する;(人⁴に)質問して答えさせる;〖医療〗聴診する. ¶ *j*³ *et*⁴ *abhören* 人³に事柄⁴を答えさせる. ♦ [Die] Amerikaner und [die] Russen *hören* sich gegenseitig *ab*. アメリカ人とロシア人は互いに盗聴し合っている. / Ich *höre* meinem Sohn die Vokabeln *ab*. 私は息子に単語を質問して答えさせる.

Abi [アビ] **中**-s/ 〖学生語〗, **Abitur** [アビトゥーァ] **中**-s/-e アビトゥーア(ギュムナジウム卒業・大学入学資格試験). ¶ Wann machst du das *Abi* (*Abitur*)? 君はいつアビトゥーアを受験するんだい.

Abiturient [アビトゥリエント] **男**-en /-en 〖女性〗 **Abiturientin** [アビトゥリエンティン] **女**-/Abiturientinnen [アビトゥリエンティネン])アビトゥーア試験受験(合格)者.

ギュムナジウムや総合制学校の最終学年の終盤に、4～5教科についてアビトゥーア試験を受ける.試験は論述試験(3～4科目)と口頭試験(1～2科目)からなる(州により異なる).最後2学年の成績とアビトゥーア試験の得点を総合したものがアビトゥーアの点数となり、合格すると全国の大学への入学資格を得る.大学側が行う入試はないが、専攻により実技,作品提出,筆記テスト,面接等が課される場合も.(⇒Stu-

dienplatz)

ab|kaufen [アプ・カォフェン] **動** *j*³ *et*⁴ *abkaufen* 人³から物⁴を買い取る,人³の言うことの内容⁴を信じる. ¶ Dein Fahrrad *kaufe* ich dir *ab*. 君の自転車を買ってあげよう. / Meinst du, die Polizei *kauft* dir das *ab*? 警察がお前の言うことを信用すると思うのかい.

ab|klingen* [アプ・クリンゲン] klang ab, abgeklungen **動** (s) (音が)次第に消えていく,(苦痛・興味などが)次第に薄れていく.

ab|klopfen [アプ・クロプフェン] **動** ¶ Staub [vom Mantel] *abklopfen* (コートから)埃をたたいてとり除く. / den Mantel *abklopfen* コートをたたいて埃をとり除く. ♦ Der Arzt *klopfte* die Brust des Patienten *ab*. 医者は患者の胸を軽く打診しただけだった.

ab|kochen [アプ・コヘン] **動** 煮沸消毒する. ¶ Dort sollte man (das) Wasser nur *abgekocht* trinken. あの国では水を煮沸してから飲まなくてはいけない.

ab|kommen* [アプ・コメン] kam ab, abgekommen **動** (s) 逸れる. ¶ vom Weg (vom eigentlichen Thema) *abkommen* 行くべき道(本来のテーマ)から逸れる.

Ab·kommen [アプ・コメン] **中**-s/-取決め,申し合わせ,協定.

ab|kühlen [アプ・キューレン] **動** **1** 冷やす. ¶ *sich*⁴ *abkühlen* 冷える. **2** (s) 冷える.

ab|kürzen [アプ・キュルツェン] **動** 短縮する. ¶ den Weg *abkürzen* 近道をする. ♦ (Den Flughafen) Narita *kürzt* man zu NRT *ab*. 成田空港コードは NRT と略称する. **Ab·kürzung** [アプ・キュルツング] **女**-/-en 近道;短縮;略語,短縮形.

ab|laden* [アプ・ラーデン] *du* lädst [レーツト] ab, *er* lädt [レート] ab; lud ab, abgeladen **動** (積荷を)降ろす;(トラックなど⁴の)積荷を降ろす. ¶ einen Lastwagen *abladen*

トラックの積荷を降ろす. ◆ Ihre Sorgen *lädt* sie bei ihrer Tante *ab.* 彼女は悩みをおばさんにぶちまける.

Ab·lage [アプ·ラーゲ] **女**-/-n 保管庫, 保管棚;保存記録(書類).

ab lassen* [アプ·ラセン] *du/er* lässt ab; ließ ab, abgelassen **動** (気体·液体を)排出する;値引きで売る. ¶Von diesem Preis *lasse* ich Ihnen noch zehn Prozent *ab.* この値段からさらに10パーセント引きでお売りします.

Ab·lauf [アプ·ラォフ] **男**-s/Ab·läufe [アプ·ロィフェ] 経過;(期間の)終了.

ab laufen* [アプ·ラォフェン] *du* läufst ab, *er* läuft ab; lief ab, abgelaufen **動**(s) 流れ出る, 流れ落ちる;止まる;経過する, (期限などが)切れる;(s,h) しらみつぶしに探しまわる《nach *et³* 物³を求めて》. ¶Mein Pass (Der Vertrag) ist *abgelaufen.* 私のパスポート(契約)の有効期限が切れている(切れた).

ab legen [アプ·レーゲン] **動 1** わきに置く;脱ぐ;(特定の名詞と)…をする. ¶den Hörer *ablegen* 受話器を置く. / einen Eid (ein Geständnis) *ablegen* 宣誓(告白)をする. ◆Wollen Sie nicht *ablegen*? (客のコートなどを)お脱ぎになりませんか[お預かりします]. **2** (船が)岸を離れる.

ab lehnen [アプ·レーネン] **動** 拒否(拒絶)する, 受入れない. ¶Solche Musik *lehne* ich ab. こんな音楽は受入れがたい.

ab leiten [アプ·ラィテン] **動** (水路·河川の)流れを別の方向に導く. ¶ *et⁴* aus/von *et³* *ableiten* 事⁴·物⁴を事³·物³から導き出す, 推論する. ◆Er *leitet* seinen Namen vom Französischen ab. 彼は自分の名前をフランス語に由来するものと見ている. / sich⁴ aus (von) *et³* *ableiten* 物³に由来する, 物³を起源とする.

Ab·leitung [アプ·ラィトゥング] **女** -/-en 誘導, 推論;〖文法〗派生[語].

ab lenken [アプ·レンケン] **動** (気持ち·注意を)そらす《von *et³* 事³から》. ¶ *sich⁴* *ablenken* 気をまぎらわす. ◆Welcher Student lässt sich nicht gern von der Arbeit *ablenken*? 勉強の邪魔をされることを好まない学生などいるだろうか.

ab lesen* [アプ·レーゼン] *du/er* liest ab; las ab, abgelesen **動** (書かれたものを)読み上げる;(計測機器⁴の)目盛りを読み取る. ¶den Strom *ablesen* 電気の消費量を計る. ◆Der Minister *las* seine ganze Rede vom Blatt ab, es war enttäuschend. 大臣は演説を全て草稿から読み上げた, がっかりだった.

ab liefern [アプ·リーフェルン] **動** 届ける《bei *j³* 人³に》.

ab lösen [アプ·レーゼン] **動** はがし取る;(人⁴と)交替する. ¶ *sich⁴* *ablösen* (色などが)はげ落ちる. / einen Kollegen bei der Arbeit *ablösen* 同僚と仕事を交代する. ◆Die Marken musst du besonders vorsichtig vom Umschlag *ablösen.* これらの切手はことに注意して封筒からはがさなければいけない.

ab machen [アプ·マヘン] **動** 取り去る;申し合わせる. ¶Das Preisschild bitte nicht *abmachen*! 値札をはがさないで下さい. / Wir haben *abgemacht*, dass wir uns um 5 Uhr treffen. 我々は5時におち合う約束をした. (⇒abgemacht)

Ab·machung [アプ·マフング] **女**-/-en 申し合わせ, 協定. ¶Es bleibt doch bei unserer *Abmachung*, oder? われわれの申し合わせはそのま変わらないよね, ちがうかい.

ab malen [アプ·マーレン] **動** 模写する.

ab melden [アプ·メルデン] **動** (人⁴の)登録を取り消す;(人⁴の)退会(退学)を届け出る《bei *j³* 人³に》. ¶ *sich⁴* polizeilich *abmelden* 警察に転出を届け出る. ◆Morgen *melde* ich meine Tochter von der Schule ab. あした私は娘の退学手続きをします.

ab:messen* [アプ・メッセン] *du/er* misst ab; maß ab, abgemessen **動** 測定(測量)する；(一定量を)計る．¶einen Meter Stoff vom Ballen *abmessen* 布地のひと巻から１メートルを計って取り分ける．

Ab·nahme [アプ・ナーメ] **女**-/-n 除去；減少；買取り．

ab:nehmen* [アプ・ネーメン] *du* nimmst ab, *er* nimmt ab; nahm ab, abgenommen **動** **1** 取りのける；(人³から)取り上げる，奪う．¶*sich³* den Bart *abnehmen* ひげを剃り落とす．/den Hörer *abnehmen* 受話器を取り上げる．◆Das Messer *nahm* man ihm am Flughafen sofort *ab*. 彼は空港でナイフをすぐさま取り上げられた．**2** やせる；減る．¶Ich will unbedingt ein paar Kilo *abnehmen*. 私は絶対2,3キロやせてみせる．

Ab·neigung [アプ・ナイグング] **女**-/-en 嫌悪《gegen *j*⁴ 人⁴ に対する》.

ab:nutzen [アプ・ヌッツェン] (**ab:nützen** [アプ・ニュッツェン]《南ドイツ・オースト リア／スイス》)**動** 使い古す；すり減らす．¶*sich⁴ abnutzen* 使い古される．

Abonne·ment [アボヌ・マン] **中**-s /-s 予約[購入]《für *et⁴* 新聞・雑誌・劇場入場券⁴の》.¶Mein *Abonnement* läuft an Silvester aus, erneuern werde ich es nicht. 私の予約は大晦日に切れるが，更新するつもりはない．**Abonnent** [アボネント] **男**-en/-en（女性 **Abonnentin** [アボネンティン] **女**-/-Abonnentinnen [アボネンティネン]）予約[購入]者．**abonnieren** [アボニーレン] abonnierte, abonniert **動** 予約する．¶Welche Zeitung hast du *abonniert*? どの新聞を購読予約したのか．

ab:ordnen [アプ・オルドゥネン] **動** 派遣する．¶Botschaftsrat Meyer wird nach Kabul *abgeordnet*. マイア大使館参事官はカブールに派遣される．

ab:prallen [アプ・プラレン] **動** (s) ぶつかってはね返る．¶an (von)

der Wand *abprallen* 壁にあたってはね返る．

ab:raten* [アプ・ラーテン] *du* rätst [レーツト] ab, *er* rät ab; riet ab, abgeraten **動** 忠告して思いとどまらせる《*j³* von *et³* 人³に事³を》.¶Vom Kauf solcher Produkte *raten* wir *ab*. このような製品の購入はやめるよう忠告する．

ab:räumen [アプ・ロイメン] **動** 片づける．¶die Teller (den Tisch) *abräumen* 皿(食卓の上)を片づける．

ab:rechnen [アプ・レヒネン] **動** **1** 差引く；精算する．**2** 金銭の精算をする．¶mit *j³* abrechnen 人³と決着をつける．**Ab·rechnung** [アプ・レヒヌング] **女**-/-en 差引き；精算, 決済.

ab:reiben* [アプ・ライベン] **動** rieb ab, abgerieben (汚れを)こすって取る，(物の汚れなど⁴を)こすってきれいにする，こすって乾かす．¶*sich³* die Hände mit einem Tuch *abreiben* 自分の手⁴を布でこすって汚れを取る．

Ab·reise [アプ・ライゼ] **女**-/-n 旅立ち．¶Seine *Abreise* steht unmittelbar bevor. 彼の出発は目前だ．**ab:reisen** [アプ・ライゼン] **動** (s) 旅立つ，出発する．

ab:reißen* [アプ・ライセン] *du/er* reißt ab; riss ab, abgerissen **動** **1** ちぎり取る，摘み取る；(建物を)解体する．¶Diesen alten Kasten sollte man schleunigst *abreißen*. こんな古い建物はすぐにでも解体すべきだろう．**2** (s) ちぎれて取れる；途絶える．¶Den Kontakt zu ihm lasse ich nicht *abreißen*. 私は彼とのコンタクトを途切れさせない．

Ab·riss [アプ・リス] **男**-s/-e 取壊し，解体；概説．¶Der *Abriss* des Gebäudes ist für Anfang nächsten Jahres geplant. この建物の撤去は来年初めに予定されている．

ab:rücken [アプ・リュケン] **動** **1** 押しやる．**2** (s) von *j³*/*et³* abrücken 人³・物³から離れる，人³・物³と距離をおく．¶Endlich ist er von seiner Meinung *abgerückt.* やっと彼は自分の意見を改めた.

ab|rufen* [アブ・ルーフェン] rief ab, abgerufen 動 呼び出す《aus *et³* インターネットなど³ から》;〖電算〗(データを)取り(呼び)出す.

Ab・rüstung [アブ・リュストゥング] 女-/ 軍備縮小(撤廃). ¶Fast alle Staaten sind für die *Abrüstung*, aber keiner will dabei den Anfang machen. ほとんど全ての国が軍縮に賛成だが,そのくせ自分が先頭を切ろうとする国はない.

ab|rutschen [アブ・ルチェン] 動 (s) 滑り落ちる;(成績・業績が)下がる.

Ab・sage [アブ・ザーゲ] 女-/-n (招待などに対する)断り;強い拒否《an *et⁴* 事⁴に対する》. **ab|sagen** [アブ・ザーゲン] 動 取りやめる;取り消す. ¶Die Pianistin *sagte* ihr Konzert krankheitshalber *ab*. 女性ピアニストは病気のためにコンサートを取りやめた.

Ab・satz [アブ・ザツ] 男-es/Ab・sätze [アブ・ゼツェ] (靴の)ヒール;パラグラフ,項;《複 なし》売れ行き. ¶Das neue Schlankheitsmittel fand reißenden *Absatz*. 新しいやせ薬は飛ぶような売れ行きだった.

ab|schaffen [アブ・シャフェン] 動 (法律・規則などを)廃止する;売払う,与えてしまう. ¶Unsere beiden Dobermänner mussten wir *abschaffen*, sonst hätten sie uns arm gefressen. うちのドーベルマンは二匹とも手放さざるを得なかった. さもないと彼らのえさ代でわれれは貧乏になってしまっただろう.

ab|schalten [アブ・シャルテン] 動 1 (電気機器など⁴の)スイッチを切る,スイッチを切って止める. 2 リラックスする. ¶Vor Bahnübergängen *schalte* ich den Motor immer *ab*. 踏切の前では私はいつもエンジンを切ります. / Du solltest mal richtig *abschalten*. 君も時には本当にリラックスしてみなければ. (⇒anschalten)

ab|schicken [アブ・シケン] 動 発送する. eine E-Mail *abschicken*

Eメールを送る.

ab|schieben* [アブ・シーベン] schob ab, abgeschoben 動 押しやる;押付ける《auf *j⁴* 人⁴に》;国外追放する. ¶die Arbeit (die Verantwortung) auf einen anderen *abschieben* 仕事(責任)を他人に押し付ける. **Ab・schiebung** [アブ・シービング] 女-/-en [責任]転嫁;国外追放.

Ab・schied [アブ・シート] 男 -[e]s /-e 別れ. ¶von *j³* *Abschied* nehmen 人³に別れを告げる. ♦Der *Abschied* aus dem Amt fiel dem Minister schwer. 大臣にとってポストから離れることはつらかった.

ab|schleppen [アブ・シュレペン] 動 牽引(けん)する. ¶*sich⁴* mit dem Koffer *abschleppen* やっとの思いでトランクを引きずっていく. ♦Die Polizei lässt den falsch geparkten Wagen *abschleppen*. 警察は違法駐車の車を牽引して行かせる.

ab|schließen* [アブ・シュリーセン] *du/er* schließt ab; schloss ab, abgeschlossen 動 閉めて施錠する;[予定どおり]完了する;締結する. ¶Hast du schon *abgeschlossen*? もう鍵はかけたかい. / Wann *schließen* Sie Ihr Studium *ab*? 大学はいつ終えるのですか.

Ab・schluss [アブ・シュルス] 男 -es/Ab・schlüsse [アブ・シュリュセ] 《複 なし》終了,完了,終結;締結. ¶*et⁴* zum *Abschluss* bringen 事⁴を終了する,終りまでやり遂げる. ♦Einhellig begrüßten die Abgeordneten den *Abschluss* des Vertrags mit Japan. 議員たちは満場一致で日本との協定締結を歓迎した. **Ab・schluss・prüfung** [アプシュルス・プリューフング]女-/-en 最終(卒業)試験.

ab|schneiden* [アブ・シュナィデン] schnitt ab, abgeschnitten 動 1 切り取る《von *et³* 物³から》;(毛髪を)かる,(ひげを)そる;孤立させる. 2《副と》…という結果を得る. ¶Bei allen Tests *schneidet* sie stets am besten *ab*. 彼女は全てのテストでいつも最高の成績をあげる.

Ab･schnitt [アプ・シュニト] **男**-[e]s/-e 段落，章；エポック；(切符・食券などの)半券. ¶Den zweiten *Abschnitt* lernt ihr bis übermorgen auswendig! 君たちはあさってまでに第二章を暗記してくるのだぞ.

ab･schreiben* [アプ・シュラィベン] schrieb ab, abgeschrieben **動** 書き写す；(他人の書いたものを)盗用する. ¶et⁴ sauber *abschreiben* 物⁴を清書する. /et⁴ bei (von) j³ *abschreiben* [事⁴を]人³からカンニングする. **2** 断りの返事を書く. **Ab･schrift** [アプ・シュリフト] **女**-/-en 写し，コピー.

ab･schütteln [アプ・シュテルン] **動** 振るい落とす. ¶den Schnee vom Mantel *abschütteln* コートの雪を振るい落とす. /das Tischtuch *abschütteln* テーブルクロスを振るってごみを落す. ♦Es gelang dem Einbrecher nicht, seine Verfolger *abzuschütteln*. 泥棒は追跡者たちを振り切るのに成功しなかった.

ab･seits [アプ・ザィツ] **1** **前** 《2格支配》…のわきに. ¶*abseits* des Weges 道の傍らに. **2** **副** わきに離れて. ¶Seine Villa steht *abseits* vom Dorf. 彼の別荘は村を離れたところにある.

ab･senden* [アプ・ゼンデン] sandte [ザンテ] (sendete) ab, abgesandt [アプ・ゲザント] (abgesendet) **動** 発送する.

Ab･sender [アプ・ゼンダァ] **男**-s/- (女性) **Ab･senderin** [アプ・ゼンデリン] **女**-/Ab･senderinnen [アプ・ゼンデリネン]) 発信人，差出人，発送者；(発信人・発送者の)氏名・住所[欄]. ¶Die Polizei fahndet nach dem *Absender* des Briefes. 警察は手紙の発送者を捜査している.

ab･setzen [アプ・ゼツェン] **動** (めがねなどを)はずす，取る；(同乗者を車から)降ろす；解任する；取り止める；(薬⁴の)服用を止める. ¶*Setz* mich vor dem Hotel *ab*! 私をホテルの前で

降ろしてください.

Ab･sicht [アプ・ズィヒト] **女**-/-en 意図. ¶mit *Absicht* 故意に. ♦Entschuldigung, das war nicht meine *Absicht*! 済みません，わざとしたことではなかったんです. **ab･sicht･lich** [アプズィヒト・リヒ] **形** 意図的な. ¶*Absichtlich* dürfte er das wohl kaum getan haben. 恐らく彼はそれを意図的にやったのではあるまい.

ab･solut [アプ・ゾルート] **1** **形** 絶対的な. **2** **副** 完全に. ¶*absolut* nicht(kein …) ぜんぜん…でない. ♦Die beiden verstehen sich *absolut* nicht. 二人は互いにまったく理解し合えない. /Davon habe ich *absolut* keine Ahnung. それについて私はぜんぜん知らない.

Ab･solvent [アプ・ゾルヴェント] **男**-en/-en (女性) **Ab･solventin** [アプ・ゾルヴェンティン] **女**-/-ab･solventinnen [アプ・ゾルヴェンティネン]) 卒業生(卒業試験受験前・後の学生，生徒). **ab･solvieren** [アプ・ゾルヴィーレン] absolvierte, absolviert **動** (学校⁴を)卒業する，修了する；(試験⁴に)合格する. ¶Ich *absolviere* noch einen Sprachkurs, und dann gehe ich ins Ausland. 私はもう語学講習を終了したら外国へ行きます.

ab･speichern [アプ・シュパィヒェルン] **動** 【電算】(データを)保存(セーブ)する.

ab･sperren [アプ・シュペレン] **動** 遮断(封鎖)する；(オーストリア)(ドアなど⁴に)鍵をかけて閉じる.

Ab･sprache [アプ・シュプラーヘ] **女**-/-n 申し合わせ，取決め. ¶Warum hält er sich nicht an unsere *Absprache*? なぜ彼はわれわれの取決めを守らないのか. **ab･sprechen*** [アプ・シュプレヒェン] *du* sprichst ab, *er* spricht ab; sprach ab, abgesprochen **動** 申し合わせる，取り決める. ¶Alles wurde genau *abgesprochen*. 全て厳密に申し合わせが行われた.

ab･spülen [アプ・シュピューレン] **動** (物⁴の)汚れを洗い流す，(汚れ⁴を)洗い

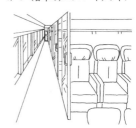

落 と す. ¶das Geschirr (den Schmutz) *abspülen* 食器の汚れを(汚れを)洗い落とす.

ab stammen [アブ・シュタメン] **動** 《過去分詞なし》von *j³/et³ abstammen* 人³・家系³の出(血筋)である. **Ab·stammung** [アブ・シュタムング] **女**-/-en 血統, 家系. ¶von adliger *Abstammung* sein 貴族の家の出である.

Ab·stand [アブ・シュタント] **男**-[e]s/Ab·stände [アブ・シュテンデ] (時間的・空間的な)間隔. ¶Ein guter Autofahrer hält immer genug *Abstand*. 優良な自動車ドライバーは常に充分な車間距離を保つ.

Ab·stecher [アブ・シュテヒャァ] **男**-s/- 寄り道. ¶einen *Abstecher* machen 寄り道をする. ◆Von Köln könnten wir leicht einen *Abstecher* nach Bonn zum Geburtshaus Beethovens machen. ケルンからはボンのベートーベン生家まで寄り道するのはわけなかろう.

ab steigen* [アブ・シュタイゲン] stieg ab, abgestiegen **動** (s) (乗物から)降りる《von *et³* 物³から》;《スポーツ》下位リーグに格落ちする. ¶Unsere Mannschaft wäre beinah [in die zweite Liga] *abgestiegen*. わがチームはあやうく2部リーグに陥落するところだった.

ab stellen [アブ・シュテレン] **動** とりあえず[…の場所に]置く;収納する;(機器類を)止める. ¶den Koffer *abstellen* トランクを下に置く. / das Auto in der Garage *abstellen* 車を車庫に入れる. ◆Vergiss nicht, das Gas *abzustellen*! ガスを止めるのを忘れるな.

ab stempeln [アブ・シュテンペルン] **動** (書類など⁴に)印を捺(お)す. ¶Zu Unrecht ist er als Rechtsradikaler *abgestempelt*. 彼が右翼過激派の烙印をおされているのは不当だ.

Ab·stieg [アブシュティーク] **男** -[e]s/-e 下降;衰退;《スポーツ》下位リーグへの格落ち. ¶gegen den *Abstieg* kämpfen 下位リーグ落ちしないよう

戦う.

ab stimmen [アブ・シュティメン] **動** 投票で決める《über *et⁴* 事⁴について》. ¶Nachher *stimmen* wir über seinen Antrag ab. あとで彼の動機について票決します. **Ab·stimmung** [アブ・シュティムング] **女**-/-en 投票《über *et⁴* 事⁴に関する》.

Ab·sturz [アブ・シュトゥルツ] **男** -es/Ab·stürze [アブ・シュテュルツェ] 墜落;《電算》クラッシュ. **ab stürzen** [アブ・シュテュルツェン] **動** (s) 墜落する;《電算》クラッシュする.

ab tauen [アブ・タォエン] **動** 1 den Kühlschrank *abtauen* 冷蔵庫の霜取りをする. 2 (s) (物¹の)雪(氷)が融ける. ¶Die Straßen sind *abgetaut*. 道路の雪(氷)が融けた.

Ab·teil [アプ・タィル, アブ・タィル] **中** -s/-e (客車の)コンパートメント.

Ab·teilung [アブ・タィルング] **女**-/-en 部門;(病院の)科. ¶Die chirurgische *Abteilung* leitet Professor Rau. 外科はラオ教授が科長である. **Abteilungs·leiter** [アプタィルングス・ラィタァ]**男**-s/- (女性) **Abteilungs·leiterin** [アプタィルングス・ラィテリン] **女**-/Abteilungs·leiterinnen [アプタィルングス・ラィテリネン]部門の長(局長, 部長, 科長など).

ab tragen* [アブ・トゥラーゲン] *du* trägst ab, *er* trägt ab; trug ab, abgetragen **動** 使い(着)古す;(食卓の上のものを)片づける. ¶die Schuhe *abtragen* 靴をはきつぶす.

Ab·treibung [アブ・トゥラィブング] **女**-/-en 妊娠中絶.

ab trennen [アブ・トゥレネン] **動** 切

り離す《von et³ 物³から》.

ab│treten* [アプ・トゥレーテン] *du* trittst [トゥリツト] ab, *er* tritt ab; trat ab, abgetreten **動** **1** (人に権限など⁴を)譲る；(靴を)はき古す. ¶ *sich³* die Schuhe *abtreten* 靴の汚れをこすり落す. **2** (s) 退く《von *et³* 職などから》；(舞台から)退場する. **Ab·treter** [アプ・トゥレータァ] **男** -s/- ドアマット.

ab│trocknen [アプ・トゥロクネン] **動** (食器などを)拭って水気を取る；《単独で》(食器などを)拭う. ¶ *sich⁴* mit einem Handtuch *abtrocknen* タオルで身体を拭いて乾かす. ♦ Kannst du bitte mal *abtrocknen*? [洗った食器などを]拭う方をやってくれるかい. (⇒abwaschen)

Ab·wart [アプ・ヴァルト] **男** -s/-e 《スイス》(家屋の)管理人，大家.

ab│warten [アプ・ヴァルテン] **動** (事⁴に)になるのを待つ；(事⁴の)終わるのを待つ. ¶ Am besten *warten* wir ab, was aus der Sache wird! 事態がどうなるか待つのがいちばん良い.

ab·wärts [アプ・ヴェルツ] **副** 下の方へ. ¶ es geht mit *j³/et³* *abwärts* 人³・事態³が悪化する，落ち目になる. ♦ Mit seiner Gesundheit geht es leider *abwärts*. 残念ながら彼の健康状態は悪化している.

ab│waschen* [アプ・ヴァシェン] **動** *du* wäschst ab, *er* wäscht ab; wusch ab, abgewaschen (汚れを)洗い落とす，《単独で》(食器を)洗う. ¶ Die Farbe lässt sich schwer *abwaschen*. この塗料は洗い落とすのが難しい. / Kannst du bitte heute mal *abwaschen*? きょうは[食器などを]洗ってくれるかい. (⇒abtrocknen)

ab│wechseln [アプ・ヴェクセルン] **動** 入れ替わる《mit *j³/et³* 人³・物³と》. ¶ *sich⁴* (einander) *abwechseln* 交替しあう. **ab·wechselnd** [アプ・ヴェクセルント] **1** **副** 交替(代わり番こ)で. ¶ Ich dusche gern *abwechselnd* heiß und kalt. 私はシャワーを熱いのと冷たいのと交互に浴

びるのが好きだ. **2** abwechseln の 現在 分詞. **Ab·wechslung** [アプ・ヴェクスルング] **女**-/-en 気分転換. ¶ Essen wir zur *Abwechslung* heute mal im Restaurant? きょうは気分転換にレストランで食事をしてみようか.

ab│wenden(*) [アプ・ヴェンデン] wandte [ヴァンテ] (wendete) ab, abgewandt [アプ・ゲヴァント] (abgewendet) **動** そむける. ¶ den Blick von *et³* *abwenden* 物事³から眼をそらす. / *sich⁴* von *j³/et³* *abwenden* 人³・物³に対してそっぽを向く. 《弱変化のみ》物³を防ぐ，妨げる.

ab·wesend [アプ・ヴェーゼント] **形** 不在の，空席の；放心した. Er ist oft von zu Hause *abwesend*. 彼はあまりにも家をあけすぎる. **Ab·wesen·heit** [アプ・ヴェーゼンハイト] **女**-/ 不在，欠席；放心. ¶ in seiner *Abwesenheit* 彼が不在の場で.

ab│wischen [アプ・ヴィシェン] **動** 拭い取る《von *et³* 物³から》；拭って汚れを落とす. ¶ *sich³* das Gesicht mit einem Handtuch *abwischen* タオルで顔を拭う.

ab│zahlen [アプ・ツァーレン] **動** 分割払いする；(物⁴の代金を)ローンで支払う. ¶ Bis wann kannst du den Wagen *abzahlen*? 自動車のローンはいつまでに払い終れるのか.

ab│zählen [アプ・ツェーレン] **動** (物⁴の)数(量)を確認する. ¶ *abgezählt* あらかじめ数えておいて. ♦ Das Geld für die Zeitung liegt *abgezählt* auf dem Schuhschrank. 新聞代は(つり銭のいらないよう)きっちり数えて下駄箱の上に置いてある.

Ab·zeichen [アプ・ツァイヒェン] **中**-s /- バッジ.

ab│zeichnen [アプ・ツァイヒネン] **動** 模写する《von *et³* 物⁴をお手本に》；(文書⁴に)イニシャルで署名する.

abzüg·lich [アプツューク・リヒ] **前** 《2格支配》…を除いて，差引いて. ¶ *abzüglich* der gesetzlichen Mehrwertsteuer² 法律で定められた付加価値税を差引いて. / *abzüglich*

A

Rabatt リベートを除いて. / 《冠詞・形容詞をもたない強変化名詞は、無冠詞・単数の場合と複数には3格支配》 *abzüglich* Getränken³ 飲料分を除いて.

Ac [アーツェー]【元記号】アクチニウム.

ach! [アハ] 間 ああ、まあ. ¶ *Ach* ja! ああ、そうそう. なるほど. / *Ach, ja?* へえ、本当かい. / *Ach, so!* ああ、そうなのか. / *Ach, was!* ふん、何をくだらない.

Achse [アクセ] 女-/-n 〔車〕軸.

Achsel [アクセル] 女-/-n 肩；わきの下. ¶ mit den *Achseln* zucken 肩をすくめる.

acht [アハト] 数 1《基数詞》8. ¶ *acht* Tage 一週間. / heute in (vor) *acht* Tagen 一週間後(一週間前)のきょう. / alle *acht* Tage 一週間ごとに. ♦ *Acht* und zwanzig ist (macht) achtundzwanzig. 8＋20＝28. / Meine Tochter ist *acht* [Jahre alt]. 私の娘は8歳です. / Dieses Buch kostet *acht* Euro. この本の値段は8ユーロだ. / Wir treffen uns um *acht* Uhr (halb *acht*) vor dem Theater. 8時(7時半)に劇場の前で落ち合おう. / Wir sind zu *acht*. われわれは8人連れだ. 2《序数詞. 形容詞変化》8番目の. ¶ der *achte* Sohn 8番目の息子. / am *achten* Mai 5月8日に. / jeden *achten* Tag 8日目ごとに. ♦ Heute ist der *achte* (Heute haben wir den *achten*) Mai. きょうは5月8日だ.

¹Acht [アハト] 1 女-/-en 8の数[字]. ¶ Ich steige in die *Acht.* 私は8番系統の電車(バス)に乗る. / Ich fahre mit der *Acht.* 私は8番系統の電車(バス)で行く.

²Acht [アハト] 女-/ 注意、顧慮、用心. ¶ auf j⁴ *Acht* geben 人⁴に注意を払う. / et⁴ außer *Acht* lassen 事⁴のことを気にかけない. / sich⁴ vor j⁴/et⁴ in *Acht* nehmen 人⁴・事⁴に用心する.

achtel [アハテル] 数 《分数》8分の1の. **Achtel** [アハテル] 中-s/-

8分の1.

achten [アハテン] 動 1注意を払う 《auf j⁴/et⁴ 人⁴・事⁴に》. ¶ Er *achtet* viel zu wenig auf sein Äußeres. 彼はあまりにも外見を気にしなさすぎる. 2尊重する；(法律などを)守る.

achtens [アハテンス] 副 8番目に.

acht・los [アハト・ロース] 形 無頓着な.

Achtung [アハトゥング] 女-/-en 注意；尊敬、尊重. ¶ mit *Achtung* 尊敬の気持ちを込めて. ♦ Was ihm fehlt, ist die *Achtung* vor alten Leuten. 彼に欠けているのは年老いた人々への尊敬の念である. / *Achtung,* Stufe! 階段あり、注意.

acht・zehn [アハツェーン] 数 《基数詞》18. **acht・zig** [アハツィヒ] 数 《基数詞》80.

Acker [アッカァ] 男-s/Äcker [エッカァ] 耕作地、農地.

ADAC [アーデーアーツェー] 男-[s]/ 【略】全ドイツ自動車クラブ (＝**A**llgemeiner **D**eutscher **A**utomobil-**C**lub).

日本の JAF に類する組織.

ad・dieren [アディーレン] addierte, addiert 合計する、足す. **Ad・dition** [アディツィオーン] 女-/-en 【数】加法；合計、合算.

Adel [アーデル] 男-s/ 貴族、貴族階級. ¶ In Deutschland wurde der *Adel* 1919 aufgehoben. ドイツでは1919年に貴族制度は放棄された. **adelig** [アーデリヒ] (⇒adlig).

第一次大戦の敗戦後ドイツでは貴族制度が廃止されたが、称号を姓の一部として残すことは可能であった.例えば Johann *Baron von* Neumann (ヨーハン・フォン・ノイマン男爵. 数学者. のちアメリカに帰化して John von Neumann となった).

Ader [アーダァ] 女-/-n 血管.

12

ad hoc [アトゥ・ホック, アトゥ・ホーク] 特にこの目的のために, 臨時に. ¶So etwas lässt sich nicht *ad hoc* entscheiden. こういうことはその場限りで決定を下すことはできない.

Ad·jektiv [アトゥ・イェクティーフ, アトゥ・イエクティーフ] 中 -s/-e [アトゥ・イェクティーヴェ/アトゥ・イエクティーヴェ]《文法》形容詞.

Adler [アードゥラァ] 男 -s/- 《鳥類》イヌワシ; ワシ.

adlig [アードゥリヒ] -e [アードゥリゲ] 形 貴族の, 貴族階級の.

Adressat [アドゥレサート] 男 -en/-en (女性) **Adressatin** [アドゥレサーティン] 女 -/-Adressatinnen [アドゥレサーティネン])名宛人, 受信人.

Adresse [アドゥレッセ] 女 -/-n 宛名, 住所. ¶Bei Herrn Goes ist er nicht an der falschen *Adresse*. 彼がゲースさんを当てにして当てが外れることはない. **adressieren** [アドゥレスィーレン] 動 (郵便物⁴に)宛名を書く. ¶an j⁴ adressieren 人⁴に宛てる. ♦ Das Paket war unrichtig *adressiert* und konnte zunächst nicht zugestellt werden. この小包は宛名が間違って書かれていて当面配達することはできなかった.

Ad·vent [アトゥ・ヴェント] 男 -[e]s/-e 待降節(クリスマス前の4週間). **Advents·kalender** [アトゥヴェンツ・カレンダァ]男 -s/- アトヴェント・カレンダー(12月1日～24日の日付け部分が蓋で隠されていて, 毎日それをはがしていく. 子供用). **Advents·**

kranz [アトゥヴェンツ・クランツ] 男 -es/Advents·kränze […クレンツェ]

待降節の輪飾り. モミの小枝で編んだ環.

待降節の4つの日曜日ごとにローソクを1本ずつともしていく.

Ad·verb [アトゥ・ヴェルプ] 中 -s/Ad·verbien [アトゥ・ヴェルビエン]《文法》副詞.

Affe [アッフェ] 男 -n/-n サル; 頓馬.

Afrika [アーフリカ] 中 -s/ 《地名》アフリカ. **Afrikaner** [アフリカーナァ] 男 -s/- (女性) **Afrikanerin** [アフリカーネリン] 女 -/Afrikanerinnen [アフリカーネリネン])アフリカ人. **afrikanisch** [アフリカーニシュ] 形 アフリカ[人・語]の.

After [アフタァ] 男 -s/- 《解剖》肛門.

AG [アーゲー] 《略》株式会社(=**A**ktien**g**esellschaft.

Ag [アーゲー] 《元素記号》銀.

Agentur [アゲントゥーァ] 女 -/-en 代理店, エージェント; 通信社.

Ag·gression [アグレスィオーン] 女 -/-en 攻撃, 侵略; けんか腰. **ag·gressiv** [アグレスィーフ] -e [アグレスィーヴェ] 形 攻撃的な; けんか腰の. **Ag·gressivität** [アグレスィヴィテート]女 -/-en攻撃的な態度; けんか腰.

Ägypten [エギュプテン] 中 -s/ 《地名》エジプト. **Ägypter** [エギュプタァ] 男 -s/- (女性) **Ägypterin** [エギュプテリン] 女 -/Ägypterinnen [エギュプテリネン]エジプト人. **ägyptisch** [エギュプティシュ] 形 エジプト[人・語]の.

ähneln [エーネルン] 動 (人³・物³に)似ている. ¶Die beiden *ähneln* sich wie ein Ei dem andern. 二人は瓜二つである.

ahnen [アーネン] 動 漠然と感じる, 予感する. ¶Dass das nicht gut gehen würde, habe ich gleich *geahnt*. それがうまく行かないだろうということを私はすぐさま予感した.

ähn·lich [エーン・リヒ] 形 (人³・物³に)似ている. ¶*ähnlich* wie … …と同じように. ♦ In allerletzter Minute absagen, das sieht ihm mal wieder *ähnlich*. 最後の瞬間

A

に断ってくるなどまたもやいかにも彼らしい. **Ähnlich·keit** [エーンリヒ・カイト] **女**-/-en 似ていること，類似性.

Ahnung [アーヌング] **女**-/-en 予感，虫の知らせ. ¶von *et*³ eine (keine) *Ahnung* haben 事³について知っている（知らない）. ♦ Auf deine *Ahnungen* gebe ich überhaupt nichts. 君の予感など私はぜんぜん気にしない. / Keine *Ahnung*! ぜんぜん知らないよ. **ahnungs·los** [アーヌングス・ロース] **形** 何も知らない.

Ahorn [アーホルン] **男**-s/-e 《植物》カエデ.

Ähre [エーレ] **女**-/-n 穂(は).

Aids [エーツ] **中**-/ 《医学》エイズ，HIV. ¶*Aids* ist immer noch nicht heilbar. エイズはいまだに治癒することが出来ない.

Akademie [アカデミー] **女**-/-Akademien [アカデミーエン] アカデミー，学会. ¶die *Akademie* der Künste 芸術アカデミー. **Akademiker** [アカデーミカ] **男**-s/-（女性）**Akademikerin** [アカデーミケリン] **女**-/Akademikerinnen [アカデーミケリネン] 大学卒業生，大学関係者，アカデミー会員. **akademisch** [アカデーミシュ] **形** 大学の，学問世界の. ¶Der Vortrag war mir zu *akademisch*. その講演は私にとってあまりにも学問的過ぎた（浮世離れしていた）.

ak·kurat [アクラート] **形** 綿密な. 正確な.

Ak·kusativ [アクザティーフ] **男**-s/-e [アクザティーヴェ] 《文法》4格, 対格, 直接目的格.

Akt [アクト] **男**-[e]s/-e 行為；《芸術》ヌード[作品]；《演劇》（区切りとしての）幕. ¶ein Stück in drei *Akten* 三幕物.

Akte [アクテ] **女**-/-n 書類. ¶Das Schreiben findet sich leider nicht in den *Akten*. 書簡は遺憾ながら書類の中には見当たらない. **Akten·tasche** [アクテン・タシェ] **女**-/-n ブリーフケース.

Aktie [アクツィエ] **女**-/-n [アクツィエン] 株，株券.

Aktion [アクツィオーン] **女**-/-n 行為，行動.

aktiv [アクティーフ] -e [アクティーヴェ] **形** 積極的な，活動的な；《文法》能動の. ¶Er beteiligte sich *aktiv* an der Protestdemonstration. 彼は積極的に抗議デモに参加した.

aktualisieren [アクトゥアリズィーレン] aktualisierte, aktualisiert **動** 今日的なものにする. ¶Das Lexikon wird gerade *aktualisiert*. その事典は今ちょうど現状にあわせて改められている. **Aktualität** [アクトゥアリテート] **女**-/-en 今日性. **aktuell** [アクトゥエル] **形** いま現在の，現実の. ¶Im Mittelpunkt des Gespräches standen *aktuelle* Fragen der Außenpolitik. 会談の中心に据えられたのは外交政策における当面の諸問題であった.

Akustik [アクスティク] **女**-/ 音響学；音響効果. ¶Der alte Dom hat eine wunderbare *Akustik*. その古い大聖堂は音響効果がすばらしく良い.

akut [アクート] **形** 緊急の. ¶[eine] *akute* Lebensgefahr さし迫った生命の危機.

Akzent [アクツェント] **男**-[e]s/-e 《文法》強弱アクセント；訛り. ¶Deutsch mit französischem *Akzent* sprechen フランス語訛りのドイツ語を話す.

akzeptabel [アクツェプターベル] akzeptabler [アクツェプタープラァ], am akzeptabelsten **形** 受入れられる，妥当な. ¶ein *akzeptabler* Preis 妥当な値段. **akzeptieren** [アクツェプティーレン] akzeptierte, akzeptiert **動** 受入れる. ¶Endlich hat er unsere Bedingungen *akzeptiert*. 彼は遂にわれわれの条件を飲んだ.

Al [アーエル] 《元素記号》アルミニウム.

Alarm [アラルム] **男**-[e]s/-e 警報. ¶Die Presse schlägt heute schon wieder grundlos *Alarm*. 新聞はきょうもまたいわれもなく大騒ぎをしている. **alarmieren** [アラルミ

-レン] alarmierte, alarmiert 動 (人⁴に)急を知らせる. ¶Er *alarmierte* sofort Feuerwehr und Polizei. 彼は直ちに消防と警察に急報した.

albern [アルベルン] **1** 形 くだらない, ばかげた. **2** 動 ばかげたことをする(言う).

Alb・traum [アルプ・トゥラォム] 男-s/ Alb・träume [アルプ・トゥロィメ] 悪夢.

Album [アルブム] 中-s/Alben [アルベン] アルバム.

Alkohol [アルコホール] 男-s/ アルコール;酒. ¶Schon vormittags riecht er nach *Alkohol*. 午前中からもう彼は酒臭い. **alkohol・frei** [アルコホール・フライ] 形 アルコール分のない. ¶*alkoholfreies* Bier ノンアルコールのビール. **alkoholisch** [アルコホーリシュ] 形 アルコール分を含む. ¶*alkoholische* Getränke アルコール飲料.

all [アル] 《名詞を修飾して，また単独で用いる》**1** 数 ¶《不定》全ての，あらゆる，どの…も.

	男性	女性	中性	複数
1格	aller	alle	alles	alle
2格	alles, allen*	aller	alles, allen*	aller
3格	allem	aller	allem	allen
4格	allen	alle	alles	alle

*つづりが2格の -s で終る名詞の前ではふつう allen が用いられる:
trotz *allen* (稀 *alles*) guten Willens まったくの善意にもかかわらず.

Aller Anfang ist schwer. 全て初めが難しい. / *alle* Welt 世界中が(を). / in *aller* Frühe 早朝に. / Ich wünsche euch *alles* Glück der Welt! ご幸運を祈ります. / *alle* Länder あらゆる国々. 《基数詞と》*alle* drei Jahre 3 年ごとに. 《名詞化した形容詞と》Ich wünsche Ihnen *alles* Gute. ごきげんよう. / *alles* Mögliche tun ありとあらゆることをやってみる. (⇒alle, alles) **2** 代 《不定》《中性で》全てのもの(こと・人);《複数形で》全ての人々. ¶*alles* in allem 結局のところ. / vor *allem* なかんずく. wir *alle* われわれみんなは.

All [アル] 中-s/ 宇宙.

alle [アレ] **1** 代複 《不定》あらゆる人々. (⇒all **2**) **2** 副 使い切って，なくなって. ¶Der Wein ist *alle*. ワインがなくなってしまった.

Allee [アレー] 女-/-n [アレーエン] 並木道.

allein [アライン] **1** 形 一人だけの，自分たちだけの;《副 として》孤独で;自力で. ¶Hier bin ich *allein* (sind wir zwei *allein*). ここには私一人(私たち二人)しかいない. / In der fremden Großstadt fühle ich mich sehr *allein*. 見知らぬ大都会の中はとても孤独に感じる. / Das werde ich *allein* erledigen. これは私が独力で片づける. **2** 副 …だけ. ¶Daran ist *allein* der Junge schuld. この件の責任はもっぱらその若者にある. **3** 接 《並列》しかし. ¶《zwar ..., *allein* の形で》…ではあるがしかし.

aller- [アラァ] 《形容詞・副詞の最高級に付して強めをあらわす》*aller*größt 最大の.

aller・dings [アラァ・ディングス] 副 ただし;もちろん;《allerdings ..., aber の形で》たしかに…ではあるが. ¶Kannst du Ski fahren? — *Allerdings*! 君はスキーができるかい — 勿論だとも.

All・ergie [アレルギー] 女-/All・ergien [アレルギーエン] アレルギー. **all・ergisch** [アレルギシュ] 形 アレルギー性(症)の《gegen *et*⁴ 物質⁴に対する》.

aller・hand [アラァ・ハント] 数 代 《不定. 無変化》かなりの[数量の];いろいろの. ¶Heute muss ich *allerhand* in der Stadt erledigen. きょう私は市内でいろいろな用事を片づけねばならない. / Das ist ja *allerhand*! とんでもない(けしからん)話だ，それはたいしたものだ.

aller・lei [アラァ・ライ] 形 《無変化》ありとあらゆる. ¶Man hört *allerlei* über ihn. 彼についてありとあらゆる噂を聞く.

aller・meist [アラァ・マイスト] 形 ほ

とんど全ての. ¶Die *allermeisten* blieben zu Hause. ほとんど全ての人が家に残った.

alles [アレス] 代 《不定》全てのもの (こと・人). 《疑問代名詞 wer, was と同格で複数の意味を添える》¶Wer *alles* war denn da? そこにはどんな人たちが居合わせましたか. / Was er doch nicht *alles* weiß! 彼は何でもかんでもよく知っているものだ. (⇒all 2)

all·gemein [アル・ゲマイン] 形 一般の, 普遍の, 全般的な. ¶das allgemeine Wohl 公共の福祉. ♦Das wird *allgemein* angenommen. それは一般にそう思われている. / im Allgemeinen 一般に.

Allgemein·heit [アルゲマイン・ハイト] 女 -/ 一般, 公共, 公衆.

all·mächtig [アル・メヒティヒ] -e [アル・メヒティゲ] 形 全能の.

allmäh·lich [アルメー・リヒ] 副 次第に. ¶Es geht ihr *allmählich* besser. 彼女の容態は次第によくなって行く.

All·tag [アル・ターク] 男 -[e]s/ 日常. ¶Die Reportage zeigt den *Alltag* eines Piloten. ルポルタージュはあるパイロットの日常を報じている. **alltäg·lich** [アルテーク・リヒ] 形 日常的な; 平凡な.

all·zu [アルツー] 副 あまりにも.

Alpen [アルペン] 複 《地名》die Alpen アルプス山脈.

Alpha·bet [アルファ・ベート] 中 -[e]s /-e アルファベット; 初歩. **alpha·betisch** [アルファ・ベーティシュ] 形 アルファベット[順]の. ¶in *alphabetischer* Reihenfolge アルファベット順に.

Alp·traum [アルプ・トゥラォム] ＝Albtraum.

als [アルス] 接 《従属》【過去のある時期】…したとき. *als* ich nach Hause kam 私が帰宅したとき. 【比較】…よりも. Du bist schlauer *als* man denkt. お前は人が思う以上に要領がいいな. / Ich bin anderer Ansicht *als* er. 私は彼

と意見を異にしている. 【同等】…として. *Als* Lehrer ist er ideal. あの人は教師としては理想的です. / Ich sehe ihn *als* meinen idealen Partner. 私は彼を理想的なパートナーと見なしている. 《als ob …などの形で》【類似】 als ob (wenn) … /als＋定動詞… あたかも…のようで. / Sie benimmt sich, *als* ob sie ganz dumm wäre (als wäre sie ganz dumm) 彼女はまったくの頓馬であるかのように振舞っている.

also [アルゾー] 副 それ故に; それなら. ¶Du bist schon 30 Jahre alt, *also* musst du finanziell auf eigenen Beinen stehen. 君ももう30歳なのだから経済的に自立しなければ. / *Also* doch! やっぱりそうか. / Na also! そらごらん.

alt [アルト] älter [エルタァ], am ältesten [エルテステン] 形 古い, 年代を経た; 老人の, 年老いた; 《年齢を示して》…歳の. ¶Wir sind *alte* Freunde. われわれは古い友人だ. / Das Baby ist erst einen Monat *alt*. 赤ん坊は生後一か月たったばかりだ. Meine Frau ist zwei Jahre *älter* als ich. 家内は私より二歳年上だ.

Altar [アルタール] 男 -[e]s/Altäre [アルテーレ] (キリスト教会の)祭壇.

Alt·bau [アルト・バォ] 男 -s/Altbauten [アルト・バォテン] 《建築》旧築家屋(特定年度以前に建築した家屋).

Alten·heim [アルテン・ハイム] 中 -[e]s/-e 老人ホーム. ¶Er schob seine Mutter ins *Altenheim* ab,

16

weil sie pflegebedürftig wurde.
彼は母親が要介護になったので、彼女を
老人ホームに入居させた。

Alter [アルタァ] 匣-s/ 老年期;年齢,
年代. ¶erst im *Alter* 年をとって
初めて. / im mitteren *Alter* 壮年
期に. / im *Alter* von 50 Jahren
50 歳で(のときに).

Alter* [アルタァ] 男 女性 **Alte***
[アルテ]《形容詞の名詞化》老人.

alternativ [アルタァナティーフ] -e [ア
ルタァナティーヴェ] 形 二者択一の;既存
の秩序に反対の. ¶*Alternativ* leben
ist gar nicht so einfach. 既存
の秩序に逆らって生きることはそんなに
簡単ではない. **Alternative** [アル
タァナティーヴェ] 女-/-e 二者択一.

Alternativer* [アルタァナティーヴァ]
男 女性 **Alternative*** [アルタァ
ナティーヴェ] 女《形容詞の名詞化》(既
存の秩序・制度に反対する)環境保護主
義者.

Alters・heim [アルタァス・ハイム] 匣
-[e]s/-e 老人ホーム. ¶Er wartet
auf einen Platz im *Alters-
heim*. 彼は老人ホームの席が一つ空
くのを待っている.

Alter・tum [アルタァ・トゥーム] 匣
-[e]s/Alter・tümer [アルタァ・テューマ
ァ]〖古典〗古代;《覆 なし》太古. **al-
tertüm・lich** [アルタァテューム・リヒ]
形 古めかしい;太古の. ¶Er hat
recht *altertümliche* Ansichten.
彼はまさに古臭い見解を持っている.

Ältester* [エルテスタァ] 男 女性
Älteste* [エルテステ] 女《形容詞
の名詞化》長老;長子(長男,長女).

alt・klug [アルト・クルーク] alt・klü-
ger, am alt・klügsten形 老成した,
ませた. ¶Erna nervt mich ganz
schön, sie redet immer so *alt-
klug*. エルナにはまったくいらいらさ
せられる. 彼女はしょっちゅうませた口
をきくのだ.

alt・modisch [アルト・モーディシュ] 形
古風な;流行おくれの.

Alt・papier [アルト・パピーァ] 匣-s/
(リサイクル用の)古紙.

Alt・stadt [アルト・シュタト] 女-/

Alt・städte [アルト・シュテーテ]旧市街.

am [アム] =an dem.

Am [アーエム]〖元素記号〗アメリシウム.

Amateur [アマテーァ] 男-s/-e
女性 **Amateurin** [アマテーリン]
女-/Amateurinnen [アマテーリネン]
(プロに対応する)アマチュア;愛好家.

amateur・haft [アマテーァ・ハフト]
形 素人っぽい.

ambulant [アムブラント] 形 巡回の;
〖医療〗外来の. ¶Seit dem Unfall
werde ich *ambulant* behandelt.
事故以来私は外来診療を受けている.

Ameise [アーマイゼ]女-/-n〖蟲〗アリ.

Amen [アーメン] 匣-s/- アーメン(と
いう語). ¶das *Amen* sagen ア
ーメンを唱える. / zu allem Ja und
Amen sagen 何に対しても見境な
く同意してしまう.

Amerika [アメーリカ] 匣-s/〖地名〗ア
メリカ[大陸]. ¶die Vereinigten
Staaten [von *Amerika*] アメリカ
合衆国. **Amerikaner** [アメリカー
ナァ]男-s/- 女性 **Amerikane-
rin** [アメリカーネリン] 女-/Amerika-
nerinnen [アメリカーネリネン])アメリカ
人. **amerikanisch** [アメリカーニシ
ュ]形 アメリカ[人・英語]の.

Am・mann [アマン] 男-[e]s/Am・
männer [アメナァ]〖スイス〗市(町・村)
長.

Amnestie [アムネスティー] 女-/Am-
nestien [アムネスティーエン] 大赦,恩
赦. ¶Der neue Präsident erließ
gleich eine *Amnestie*. 新大統領
は直ちに恩赦を発した.

Amok [アーモク, アモク] 男-s/〖医学〗
アモック. ¶*Amok* laufen 暴れ狂
う(アモックにかかり走り回って人を殺
す).

メディアでは,無差別殺傷事件の際
にしばしばこの表現を用いる。例え
ばamokの見出しで: „5 Tote
bei Amoklauf in ～" (～の無
差別殺傷事件で死者5名).
オーストリアの作家シュテファン・ツ
ヴァイク Stefan Zweig
(1881-1942)の作品に「アモク

Amok（1922）」があり（テーマは病気そのものとは関係ない），知る人も多い.

Ampel［アンペル］
囡-/-n（緑・黄・赤の）交通信号機；吊りランプ.¶Die *Ampel* wird und wird aber auch nicht grün. 信号は待てど暮らせど緑にならない.

Ampulle［アンプレ］囡-/-n《医薬》アンプル.

Amsel［アムゼル］囡-/-n《鳥》クロウタドリ；ツグミ.

Amt［アムト］匣-[e]s/Ämter［エムタァ］公職；官庁.¶In Ihrem neuen *Amt* wünsche ich Ihnen viel Erfolg. 新しいポストにおける多くの成果をお祈りします. / Heute muss ich schon wieder aufs *Amt*. きょうももうまたお役所へ行かなくてはならない.

amtieren［アムティーレン］amtierte, amtiert 動 在職している；職務代行をしている.¶Wer *amtiert* heute als Vorsitzender? きょうは誰が座長を勤めるのですか.

amt・lich［アムト・リヒ］形 公式の；公務上の.¶Sein Tod wurde *amtlich* festgestellt. 彼の死亡が公式に確認された.

amüsant［アミュザント］形 楽しい.¶Er erzählte eine *amüsante* Geschichte. 彼は面白い話をしてくれた. **amüsieren**［アミュズィーレン］amüsierte, amüsiert 動 楽しませる.¶*sich*⁴［über *et*⁴］*amüsieren*［事⁴を・に］面白がる，興じる. ◆ Habt ihr euch gut *amüsiert*? 君らたっぷり楽しんだかい.

an［アン］ 1前《3格・4格支配》 an dem は融合して am と，an das はansとなる》《3格と》…で；《4格と》…へ.¶{そば・接近}*An* der Mosel³ trinkt man Wein.

モーゼル河畔でワインを飲む. / Wir fahren *an* die Mosel⁴. 私たちはモーゼル河畔へドライブする.【時間】*an* einem schönen Wochende³ ある気持ちのよい週末に. / bis *an* den letzten Tag⁴ 最終日まで.【従事】Ich arbeite *an* einem Wörterbuch³. 私は辞書の仕事をしている. / Ich gehe um 8 Uhr *an* die Arbeit⁴. 私は8時に仕事にかかる.【かかわり】*an* Krebs³ sterben ガンで死ぬ. / Ich denke oft *an* Irene⁴. 私はよくイレーネのことを思い出す.【部分】*An* seiner Behauptung³ ist nichts dran. 彼の主張には真実など何処にもない.【隣合い】Kopf *an* Kopf³ stehen 並んで立っている.【成句】*an* ［und für］sich それ自体. 2副 稼動して；身に着けて.¶Das Licht（Der Motor）ist *an*. 明かりがついている（エンジンが動いている）. / Licht *an*! 明かりをつけろ. / Schnell die Mäntel *an*! 急いでコートを着る.

an-［アン］《常にアクセントをもち分離動詞をつくる前つづり》【開始】*an* fahren 走り始める；【接触・接近】*an* blicken 見つめる，*an* kommen 到着する，*an* bauen 建て増す，*an* liegen 面している，*an* kleiden 着せ掛ける.

An・alphabet［アン・アルファベート，アン・アルファベート］男 -en/-en 女性

An・alphabetin［アン・アルファベーティン，アン・アルファベーティン］囡-/An-alphabetinnen［アン・アルファベーティネン，アン・アルファベーティネン］非識字の人.¶In Japan ist die Zahl der *Analphabeten* sehr gering. 日本における非識字人口はごく少ない.

an・alphabetisch［アン・アルファベーティシュ］形 非識字の.

Ana・lyse［アナ・リューゼ］囡-/-n 分析.¶Er legte eine genaue *Analyse* der neuen Lage vor. 彼は新しい情勢の厳密な分析を提出した. **ana・lysieren**［アナ・リュズィーレン］analysierte, analysiert 動 分析する.¶Literatur sollte man genießen und nicht *analysieren*. 文学は楽しむものであって分析すべきものではない.

¹An·bau [アン・バォ] 男 -[e]s/An·bauten [アン・バォテン] 増築家屋.

²An·bau [アン・バォ] 男-[e]s/ 開墾, 栽培. ¶Hier wird der *Anbau* von Getreide betrieben. ここでは穀物の栽培が行われている.

an|bauen [アン・バォエン] 動 建て増す«an *et*⁴ 既存建物⁴に続けて»;(大規模に)開墾する, 栽培する.

an|behalten* [アン・ベハルテン] *du* behältst [ベヘルツト] an, *er* behält an; behielt an, anbehalten 動 着たままでいる.¶Darf ich den Mantel *anbehalten*? コートを着たままでいてよろしいですか.

an·bei [アン・バィ] 副 同封して.¶*Anbei* schicke ich die Fotos von unserem letzten Treffen. この前の会合の写真も同封して送ります.

an|beißen* [アン・バィセン] *du/er* beißt an; biss an, angebissen 動 1 (物⁴に)噛み(かじり)つく.¶Er *biss* den Apfel *an*. 彼はそのリンゴにかじりついた. 2 (魚が)えさに食いつく.¶Heute *beißt* kein Fisch *an*. きょうは魚がかからない.

an|beten [アン・ベーテン] 動 あがめる;熱愛する. ¶Er *betet* seine Frau regelrecht *an*. 彼は細君を文字どおり熱愛している.

an|bieten* [アン・ビーテン] bot an, angeboten 動 提供する. ¶Darf ich Ihnen ein Getränk *anbieten*? 飲み物を差し上げましょうか.

an|binden* [アン・ビンデン] band an, angebunden 動 縛りつける.¶den Hund am (an den) Zaun *anbinden* 犬をフェンスにつなぐ.

An·blick [アン・ブリク] 男 -[e]s/-e 光景;一見[すること]. ¶Beim *Anblick* der Schlange rannten die Kinder schreiend weg. 蛇を見るや子供たちは泣き叫んで逃げ去った.

an|blicken [アン・ブリケン] 動 見やる.

an|brechen* [アン・ブレヒェン] *du*

brichst an, *er* bricht an; brach an, angebrochen 動 (物⁴の)封を切る;折る. ¶eine Tafel Schokolade *anbrechen* 板チョコを割る.

an|brennen* [アン・ブレネン] brannte an, angebrannt 動 (s) 燃え始める;焦げつく. ¶Die Suppe ist schon wieder *angebrannt*. スープがまた焦げついた.

an|bringen* [アン・ブリンゲン] brachte an, angebracht 動 取りつける«an *et*³/*et*⁴ 物³・物⁴に». ¶Wo *bringen* wir den Ventilator am besten *an*? An der Decke? 送風機はどこに取りつけるのがいちばんいいだろう. 天井へ,かな.

An·dacht [アン・ダハト] 女 -/-en (朝夕の)短い礼拝. **an·dächtig** [アン・デヒティヒ] -e [アン・デヒティゲ] 形 信心深い. ¶Die alte Frau betete *andächtig*. 老婦人は一心不乱に祈っていた.

an|dauern [アン・ダォエルン] 動 ずっと続く. **an·dauernd** [アン・ダォエルント] 1 形 ずっと続く. ¶Das Kind hat mich beim Lesen *andauernd* gestört. 子供は私の読書を堪えず邪魔した. 2 andauern の現在分詞.

An·denken [アン・デンケン] 中 -s/- 想い出の品;«複 なし»追憶.¶Diese Taschenuhr ist ein *Andenken* an meinen Vater. この懐中時計は父への想い出の品です.

ander [アンデル] 数代 ¶«不定»他の,もう一つの;次の;異なった.

	男性	女性	中性	複数
1格	anderer	andere	anderes	andere
2格	anderes	anderer	anderes	anderer
3格	anderem	anderer	anderem	anderen
4格	anderen	andere	anderes	andere

(注) ander- の e はしばしば省略されることがある: andrer, andre など. 男性, 中性2格には anderen も用いられる.

der eine ..., der *andere* (die einen ..., die *anderen*) 一方の人(人々)は…他の人(人々)は. Ich brauche ein *anderes* Teil. 別の

（もう一つの方の）パーツが必要なのだ.
／Ich bin *anderer* Meinung als
du. 私は君と意見を異にしている。
《名詞のように使われて》einer nach
dem *andern*（eine nach der
andern/eins nach dem *andern*）
次々と. ／alles *andere* その他全
て. ／nichts *anderes* als … …
に他ならない.

ander[e]n·falls [アンデレン・ファル
ス, アンデルン・ファルス] 副 さもない場
合は.

and[e]rer·seits [アンデレル・ザイツ,
アンドゥレル・ザイツ] 副 einerseits …,
andererseits 一方では…他方では.

ander·mal [アンデル・マール] 副 ein
andermal 次の機会に.

ändern [エンデルン] 動 変える. ¶
sich⁴ ändern 変わる. ◆Das Pro-
gramm können wir noch etwas
ändern. このプログラムはまだ少し
変えることができる. ／Er hat sich
gar nicht *geändert*. 彼はぜんぜ
ん変わらなかった.

andern·falls [アンデルン・ファルス] =
anderenfalls.

anders [アンデルス] 副 異なって；別
の仕方で. ¶Früher war alles *an-
ders*. 以前は何もかも違っていたもの
だ. ／Der Gast verhielt sich *an-
ders*, als wir (uns) gedacht
hatten. 客はわれわれの予測とは異な
る態度をとった.

anders·artig [アンデルス・アールティ
ヒ] -e [アンデルス・アールティゲ] 形 異
質の、種類の異なった.

anders·wo [アンデルス・ヴォー] 副
どこか別のところで.

andert·halb [アンデルト・ハルプ] 数
《分数》1½の. ¶Er hat *anderthalb*
Millionen Euro im Lotto gewon-
nen. 彼はロトくじで150万ユーロ当
たった.

Änderung [エンデルング] 女 -/-en
変化、変更. ¶Die Gewerkschaft
fordert eine *Änderung* der Ar-
beitsbedingungen. 労働組合は労
働条件の変更を要求している.

ander·weitig [アンダ・ヴァイティヒ]

-e [アンダ・ヴァイティゲ] 形 その他の.

an·deuten [アン・ドイテン] 動 ほのめ
かす；大まかに示す. ¶Der Minister
deutete an, er werde zurücktre-
ten. 大臣は引退をほのめかした.
An·deutung [アン・ドイトゥング]
女 -/-en 暗示. ¶Sie machte eine
vage *Andeutung*. 彼女は漠然と
した暗示をした.

andrer·seits [アンドゥラァ・ザイツ]
=anderer·seits.

an·eignen [アン・アイグネン] 動 ¶
sich³ et⁴ aneignen 事⁴を習得
（修得）する；(他人のもの⁴を)我がもの
にする. ◆In kürzester Zeit hatte
er sich hervorragende Deutsch-
kenntnisse *angeeignet*. ごく短
時間で彼はすばらしいドイツ語能力を
身につけた. ／Das Grundstück hat
er sich widerrechtlich *angeeig-
net*. 彼はその地所を違法に我がもの
とした.

an·einander [アン・アィナンダァ] 副
お互いに接し合って；お互いに対して；
すれちがって. ¶mit *j³ aneinander*
geraten 人³とけんかする. ◆Die
beiden fanden sofort Gefallen
aneinander. 二人はすぐさま相手が
気に入った.

an·erkannt [アン・エァカント] 1 形
高い評価を受けている；正式に認められ
た. ¶Er ist ein *anerkannter*
Fachmann. 彼は定評のある専門家
だ. ／Als Fachmann ist er allge-
mein *anerkannt*. 彼は専門家とし
て世間に定評がある. 2 anerkennen
の過去分詞.

an·erkennen* [アン・エァケネン] er-
kannte an, anerkannt 動 高く評
価する；正式に認める. **An·erken-
nung** [アン・エァケヌング] 女 -/-en
高い評価；承認.

an·fahren* [アン・ファーレン] du
fährst an, er fährt an; fuhr
an, angefahren 動 1 (s) (乗物が・
で)動き始める、近づく. ¶angefah-
ren kommen 乗りつける. 2 (自
動車・自転車などで人⁴・物⁴に)ぶつか
る；(人⁴に)がみがみ言う.

An·fall [アン・ファル] 男 -[e]s/An·fälle [アン・フェレ] 発作. ¶ein *Anfall* von Fieber 発熱. / einen *Anfall* bekommen 発作を起こす. **an|fallen*** [アン・ファレン] *du* fällst an, *er* fällt an; fiel an, angefallen動 襲う；(人⁴に)跳びかかる. ¶ Der Hund *fiel* ein Kind *an*. 犬が子供を襲った. **an·fällig** [アン・フェリヒ] -e [アン・フェリゲ] 形 病気にかかりやすい.

An·fang [アン・ファング] 男 -[e]s/An·fänge [アン・フェンゲ] 始まり，初め. ¶*Anfang* Mai 5月初めに. / *Anfang* vierzig 40歳台初め. / am (zu) *Anfang* 初めに. / von *Anfang* an 初めから. ◆Das ist der *Anfang* vom Ende. これは終りの始まりだ.

an|fangen* [アン・ファンゲン] *du* fängst an, *er* fängt an; fing an, angefangen動 1始まる. ¶bei einer Firma *anfangen* ある会社で働き始める. / mit *et³ anfangen* 事³を始める. ◆Dieses Jahr hat die Regenzeit früher als sonst *angefangen*. 今年はいつもより早く雨季が始まった. / Was soll ich denn damit *anfangen*? いったい私にそれをどうしろと言うんだ. 2始める. ¶die Arbeit *anfangen* 仕事を始める. / ein Buch *anfangen* 本を読み始める. / *anfangen*, … zu +不定詞 …し始める. ◆Es *fing an* zu regnen. 雨が降り始めた. (⇒beginnen)

An·fänger [アン・フェンガァ] 男-s/- 女性 **An·fängerin** [アン・フェンゲリン] 女-/An·fängerinnen [アン・フェンゲリネン] 初心者.

anfäng·lich [アンフェング・リヒ] 形 初めの，当初の. **an·fangs** [アン・ファングス] 副 初めに，当初は. ¶*Anfangs* gefiel es mir in Berlin nicht, aber jetzt fühle ich mich dort wohl. 最初のうち私はベルリンが気に入らなかったが，今ではここを快適に感じている.

an|fassen [アン・ファセン] 動 1つか

む，さわる. ¶Den Kanarienvogel musst du ganz vorsichtig *anfassen*. カナリヤは非常に気をつけてつかまねばならない. 2[bei *et³* mit] *anfassen* [事³をするのに]手を貸す. ¶Wenn du willst, *fasse* ich gern mit *an*. お望みなら私も喜んで手を貸すよ.

an|fertigen [アン・フェルティゲン] 動 つくる，調剤する，仕立てる. ¶Das Ersatzteil musste eigens *angefertigt* werden. この部品は特別に製作しなければならなかった.

an|fordern [アン・フォルデルン] 動 (緊急に)求める. ¶Der Hauptmann *forderte* Verstärkung *an*. 中隊長は増強を求めた. **An·forderung** [アン・フォルデルング] 女 -/-en 要求. ¶Ich finde, sie stellt zu hohe *Anforderungen* an das Leben. 彼女は生活にあまりにも高い要求をしすぎると思う.

An·frage [アン・フラーゲ] 女 -/-n 照会. **an|fragen** [アン・フラーゲン] 動 問い合わせる《bei *j³* 人³に》.

an|freunden [アン・フロインデン] 動 *sich⁴* mit *j³*/et³ *anfreunden* 人³と親しくなる，物事⁴になじむ.

an|fühlen [アン・フューレン] 動 *sich⁴* … *anfühlen* …な手触りである. ¶Der Stoff *fühlt* sich wunderbar weich *an*. この生地の手触り(肌触り)はすばらしくやわらかい.

an|führen [アン・フューレン] 動 率いる；引用する，例に挙げる. ¶Beispiele hierfür lassen sich genug *anführen*. これに対する例証ならいくらでも挙げることができる.

An·gabe [アン・ガーベ] 女-/-n 申し立て. ¶Die *Angaben* des Zeugen erscheinen glaubhaft. 証人の申し立ては信じるに足ると思われる.

an|geben* [アン・ゲーベン] *du* gibst an, *er* gibt an; gab an, angegeben動 申し立てる；示す；(拍子などを)とる；自慢する. ¶*et⁴* als *et⁴ angeben* 事⁴を事⁴と言う，称する. ◆Bei der Polizei musste ich

A

meine Personalien *angeben*. 警察で私に私の個人情報を申し立てねばならなかった。/ Er *gab* das schlechte Wetter als Grund für die Verspätung *an*. 彼は遅刻の原因として悪天候を挙げた。 **angeb·lich** [アンゲープ・リヒ] 形 副 自称…；本人(まわり)の言うところでは。¶ Der Minister tritt zurück, *angeblich* aus Gesundheitsgründen. 大臣は退陣する。表向きは健康上の理由から。

an·geboren [アン・ゲボーレン] 形 生まれつきの。

An·gebot [アン・ゲボート] 中 -[e]s /-e 申し出，申し入れ；(市民の利用に供する)公共施設；《複 なし》提供，供給。¶ *Angebot* und Nachfrage 供給と需要。♦ Ein so gutes *Angebot* würde ich an deiner Stelle keinesfalls ablehnen. ぼくが君だったらこんな有利な申し出を決して拒否しないだろう。

an·gebracht [アン・ゲブラハト] **1** 形 適切な。¶ Ich weiß nicht genau, was in solchen Situationen *angebracht* ist. あんな状況では何が適切なのか私にはよくわからない。 **2** anbringen の過去分詞。

an·gebrannt [アン・ゲブラント] **1** 形 焦げついた。 **2** anbrennen の過去分詞。

an·gegriffen [アン・ゲグリフェン] **1** 形 病み衰えた。¶ Er sieht in letzter Zeit ziemlich *angegriffen* aus. 最近彼はかなりやつれ果てた様子だ。 **2** angreifen の過去分詞。

an·geheiratet [アン・ゲハイラーテト] 形 姻戚(いんせき)の。¶ Ida ist eine *angeheiratete* Kusine von mir. イーダは私の姻戚関係の従姉妹である。

an·geheitert [アン・ゲハイテルト] 形 ほろ酔いの。¶ Nach dem dritten Bier war er ganz schön *angeheitert*. ビール3杯で彼はすっかり上機嫌であった。

an·gehen* [アン・ゲーエン] ging an, angegangen 動 **1** (s) (灯火が)輝き(燃え)はじめる，(機器類が)動き

だす。¶ gegen *et⁴ angehen* 事⁴に立ち向かう，事⁴と戦う。 **2** (人⁴・事⁴に)関係がある。¶ Was meine Arbeit *angeht*, ... 君の論文に関して言えば…。♦ Das *geht* dich einen Dreck *an*. そんなこと君に何のかかわりもないことだ。/ Die Affäre ist ihn gar nichts *angegangen*. あの事件は彼に何の関係もなかった。

an·gehören [アン・ゲヘーレン] gehörte an, angehört 動 (物³に)属する，(組織³の)一員である。¶ Das *gehört* bereits der Geschichte *an*. 今となってはそれももう昔の話になってしまった。

An·gehöriger* [アン・ゲヘーリガァ] 男 (女性) **An·gehörige*** [アン・ゲヘーリゲ] 女 《形容詞の名詞化》親類縁者；所属員。

An·geklagter* [アン・ゲクラークタァ] 男 (女性) **An·geklagte*** [アン・ゲクラークテ] 女 《形容詞の名詞化》(刑事訴訟の)被告人。(⇒Beklagter)。

Angel [アンゲル] 女 -/-n (糸・針も含め)釣竿。

Angelegen·heit [アンゲレーゲン・ハイト] 女 -/-en 出来事，問題，関心事。¶ Er mischt sich gern in anderer Leute *Angelegenheiten*. 彼はことあるごとに他人の問題に介入するのが好きだ。/ Das ist allein meine *Angelegenheit*! これは私だけの問題だ[余計な口出しをするな]。

angeln [アンゲルン] 動 釣る；釣りをする。¶ *angeln* gehen 釣りに行く。♦ Sie hat sich³ einen reichen Witwer *geangelt*. 彼女は金持ちの鰥夫(やもめ)を吊り上げた(=うまくひっかけた)。

an·gemessen [アン・ゲメセン] 形 ふさわしい。

an·genehm [アン・ゲネーム] 形 快適，心地よい。¶ Im Café war es *angenehm* kühl. 喫茶店の中は快適な涼しさだった。/ Das ist aber eine *angenehme* Überraschung! (思いもかけぬ嬉しい出来事に)これはびっくりだ。/ *Angenehme* Ruhe! (就寝前の挨拶)ゆっくりお休

みください. / Sehr angenehm!（初対面の挨拶）お初にお目にかかります.

an･genommen [アン・ゲノメン] **1** 形 angenommen, dass … 仮に…だとすれば. ¶Angenommen, du findest keine Arbeit, was machst du dann? 仮に君が仕事を見つけられないとしたらさてどうする. **2** annehmen の過去分詞.

an･geregt [アン・ゲレークト] **1** 形 活発な. **2** anregen の過去分詞.

an･gesehen [アン・ゲゼーエン] **1** 形 尊敬を受けている. **2** ansehen の過去分詞.

an･gesichts [アン・ゲズィヒツ] 前 《2格支配》…に直面して. ¶Angesichts dieser Tatsachen änderte er seine Meinung. これらの事実に直面して彼は自分の意見を変えた.

an･gespannt [アン・ゲシュパント] 形 緊張した；深刻な.

An･gestellter* [アン・ゲシュテルタァ] 男 (女性) **An･gestellte** [アン・ゲシュテルテ] 女《形容詞の名詞化》（公私企業の）職員. (⇒Beamter, Beamtin)

an･gewiesen [アン・ゲヴィーゼン] **1** 形 auf j⁴/et⁴ angewiesen sein 人⁴・物⁴に頼らざるを得ない. ¶Auf ihren Mann ist sie nicht angewiesen, sie hat mehr Geld als er. 彼女は夫を頼りにする必要はない. 彼女の方が彼よりお金を持っているのだ. **2** anweisen の過去分詞.

an･gewöhnen [アン・ゲヴェーネン] gewöhnte an, angewöhnt 動（人³に事⁴の）癖（を）（習慣）をつける. ¶sich³ et⁴ angewöhnen 事⁴の癖がつく. ◆Er hat sich angewöhnt, früh aufzustehen. 彼は早起きの習慣を身につけた. **An･gewohnheit** [アン・ゲヴォーンハイト] 女-/-en 癖（き）, 習慣.

Angina [アンギーナ] 女-/Anginen [アンギーネン]《医療》アンギナ, 急性扁桃炎.

Angler [アングラァ] 男 -s/- (女性) **Anglerin** [アングレリン] 女-/Ang-

lerinnen [アングレリネン]）釣り人.

Anglistik [アングリスティク] 女-/ 英語英文学.

an･greifen* [アン・グライフェン] griff an, angegriffen 動 **1** 攻撃する；批判する；損傷する；《キッサ》つかむ, さわる. **2** 攻撃をしかける. ¶Die Opposition griff den Kanzler bei der Debatte scharf an. 野党は審議にあたって首相を厳しく攻撃した. **An･griff** [アン・グリフ] 男-[e]s/-e 攻撃, 襲撃；批判, 非難. ¶et⁴ in Angriff nehmen 事⁴にとりかかる.

an･grenzen [アン・グレンツェン] 動 物⁴と境を接している.《an et⁴ 物⁴と》

Angst [アングスト] 女-/Ängste [エングステ] 不安《um et⁴ 事⁴を気づかっての》；恐怖《vor et³ 物³に対する》. ¶Du brauchst keine Angst zu haben. Der Hund tut nichts. 怖がることはない. 犬は何もしないよ.

ängst･lich [エングスト・リヒ] 形 臆病な, おどおど（びくびく）した. ¶Für seine vier Jahre ist der Junge ausgesprochen ängstlich. その少年は4歳にしては著しく臆病だ.

an･gucken [アン・グケン] 動 まじまじと見る. ¶sich³ einen Film angucken 映画を見る.

an･gurten [アン・グルテン] 動 sich⁴ angurten シートベルトで身体を固定する. ¶Zum Glück war er angegurtet und hat den Unfall überlebt. 幸い彼は安全ベルトを締めていたので事故を生きながらえた.

an･haben* [アン・ハーベン] du hast an, er hat an; hatte an, angehabt 動 着ている. ¶Bei dieser Kälte hast du viel zu wenig an. この寒さにお前は着ているものが少なすぎる.

an･halten* [アン・ハルテン] du hältst [ヘルツト] an, er hält an; hielt an, angehalten 動 **1**（車などを）止（と）める. ¶Bitte kurz den Atem anhalten! 一寸の間息を止めて. **2**（車などが）止まる；持続する. ¶Das kalte Wetter wird noch eine

An·halter

Weile *anhalten*. 寒い天候はまだ暫く続くでしょう.

An·halter [アン·ハルタァ] 男 -s/- (女性) **An·halterin** [アン·ハルテリン] 女 -/An·halterinnen [アン·ハルテリネン]) ヒッチハイカー. ¶per *Anhalter* ヒッチハイクで.

Anhalts·punkt [アンハルツ·プンクト] 男 -[e]s/-e 手がかり《für *et*⁴ 事⁴の》.

an·hand [アン·ハント] **1** 前 《2格支配》…を用いて, を手がかりに. **2** 副 《von *et*³ と》 anhand von *et*³ 事³に基づいて. ¶Der Täter wurde *anhand* seiner Fingerabdrücke überführt. 犯人は指紋を証拠に罪を認めさせられた.

An·hang [アン·ハング] 男 -[e]s/An·hänge [アン·ヘンゲ] 附録, 付随明細書;《複なし》身内, 支持者.

¹an·hängen [アン·ヘンゲン] 動 (フックなどに) 掛ける, 接続する《an *et*⁴ 物⁴に》;(事⁴を人³の) せいにする. ¶einen Wohnwagen an das Auto *anhängen* キャンピングカーを車につなぐ. ◆Die Polizei *hängte* ihm einen Terrorakt *an*. 警察は彼にテロの疑いをかけた. / Ihm wurde ein Terrorakt *angehängt*. 彼にテロ行為の疑いがかけられた. **²an·hängen*** [アン·ヘンゲン] hing an, angehangen 動 (宗教·学説など³を) 信奉する;(悪い噂など¹が人³に) ついてまわる. ¶*Hängst* du auch dieser Sekte *an*? あなたもこの宗派を信奉しているのですか.

An·hänger [アン·ヘンガァ] 男 -s/- トレーラー;(装身具の) ロケット, ペンダント;タグ;支持者, ファン. ¶Diese neue Sekte findet immer mehr *Anhänger*. この新しい宗派は信奉者の数が増す一方である. **An·hängerin** [アン·ヘンゲリン] 女 -/An·hängerinnen [アン·ヘンゲリネン] 支持者, ファン.

an·heben* [アン·ヘーベン] hob an, angehoben 動 (少し) 持ち上げる;増額する. ¶Die Steuer wird um 4 Prozent *angehoben*. 税が4

パーセント増額される.

An·hieb [アン·ヒープ] 男 auf [den ersten] *Anhieb* その場で, たちまち.

an·hören [アン·ヘーレン] 動 **1** *sich*³ eine CD *anhören* CD を聴く. **2** *sich*⁴ … *anhören* …のように聞こえる. ¶Was er sagt, *hört* sich gut *an*. 彼の言っていることはその限りではよさそうに聞こえる.

An·kauf [アン·カオフ] 男 -[e]s/An·käufe [アン·コイフェ] 買取り. **an·kaufen** [アン·カオフェン] 動 買取る.

Anker [アンカァ] 男 -s/- 錨 (いかり). ¶vor *Anker* gehen (liegen) 停泊する (している).

an·ketten [アン·ケテン] 動 鎖でつなぐ《an *et*⁴ 物⁴に》.

An·klage [アン·クラーゲ] 女 -/-n (刑事訴訟の) 公訴. ¶gegen *j*⁴ *Anklage* erheben 人⁴に対して公訴を提起する (起訴する). ◆Die *Anklage* lautet auf Mord. 告訴は殺人の疑いによるものである. **an·klagen** [アン·クラーゲン] 動 起訴する.

an·klammern [アン·クラメルン] 動 *sich*⁴ an *j*⁴/*et*⁴ *anklammern* 人⁴·物⁴にしがみつく.

An·klang [アン·クラング] 男 -[e]s/An·klänge [アン·クレンゲ] 喝采, 共鳴. ¶bei *j*³ *Anklang* finden 人³の喝采を浴びる, 共感を得る.

an·kleben [アン·クレーベン] 動 貼りつける《an *et*⁴/*et*³ 物⁴ / ³に》. ¶Plakate an die (der) Wand *ankleben* ポスターを壁に貼る.

an·klicken [アン·クリケン] 動 【電算】クリックする. ¶zweimal *anklicken* ダブルクリックする.

an·klingen* [アン·クリンゲン] klang an, angeklungen 動 (s,h) 感じ (汲み) とれる. ¶In seinen Worten *klang* etwas wie Reue *an*. 彼の言葉からは何か後悔のようなものが感じとれた.

an·klopfen [アン·クロプフェン] 動 ノックする.

an|knüpfen [アン・クニュプフェン] 動 **1** 引きついて行う《an *et*⁴ 事⁴を》. ¶ Ich möchte an Ihren gestrigen Vortrag *anknüpfen* und Sie etwas fragen. きのうのご講演を受けてあなたに質問したいことがあるのですが. **2** 始める. ¶ mit *j*³ ein Gespräch (eine geschäftliche Beziehung) *anknüpfen* 人³と話し始める(商売上の関係を結ぶ).

an|kommen* [アン・コメン] kam an, angekommen 動 (s) **1** 到着する《in *et*³ 場所³に》. ¶ bei *j*³ gut (schlecht) *ankommen* 人³に評判が良い(悪い). ◆ Bist du gut in Bonn *angekommen*? 無事ボンに着いたかい. **2** 《es》es kommt auf *j*⁴/*et*⁴ an 人⁴・事柄⁴次第である,人⁴・事柄⁴が問題である. ¶ es auf *et*⁴ *ankommen* lassen 思い切って(あえて)事⁴をやってみる. ◆ Es *kommt* aufs Wetter *an*. お天気次第である.

an|kreuzen [アン・クロイツェン] 動 (アンケートなどの所定項目⁴に)×印をつける. ¶ Den Termin habe ich schon im Kalender *angekreuzt*. その期日は既にカレンダーに印をつけた.

日本でレ印をつけるのにあたる. ✕ のように書き入れる.

an|kündigen [アン・キュンディゲン] 動 予告する. ¶ sich⁴ *ankündigen* 前触れがある. ◆ Ein Ausbruch des Vulkans *kündigte* sich *an*. 火山噴火の予兆があった. **An·kündigung** [アン・キュンディグング] 女 -/-en 予告,前触れ.

An·kunft [アン・クンフト] 女 -/An·künfte [アン・キュンフテ] 到着. ¶ Seine *Ankunft* wird sich um ein paar Stunden verzögern. 彼の到着は2,3時間遅れるだろう.

an|lachen [アン・ラヘン] 動 (人⁴に)笑いかける.

An·lage [アン・ラーゲ] 女 -/-n 公園,緑地;施設,用地;設備;添付文書. ¶

Die sanitären *Anlagen* in unserer Pension sind total veraltet. われわれの泊まっているペンションにある衛生設備はすっかり古びている.

an|langen [アン・ランゲン] 動 (s) 到着する(=ankommen).

An·lass [アン・ラス] 男 -es/An·lässe [アン・レセ] 動機;機会;出来事. ¶ Unser Chef fängt beim geringsten *Anlass* an zu brüllen. われわれの課長は取るにも足りない原因でわめき始める. **an|lassen*** [アン・ラセン] *du/er* läßt an; ließ an, angelassen 動 (エンジンを)始動する;(衣類を)着たままでいる;(TV・電気などを)つけっぱなしにする. ¶ Lass den Fernseher ruhig an, ich bin sofort wieder da. かまわないからテレビはつけっぱなしにしておいてくれ,すぐまた戻ってくる. **an|lässlich** [アンレス・リヒ] 前 《2格支配》…の機会に.

An·lauf [アンラオフ] 男 -[e]s/An·läufe [アン・ロイフェ] 助走;試み,トライ. ¶ Durchaus nicht alle Studenten schaffen die Staatsprüfung im ersten *Anlauf*. 全ての学生が最初のトライで国家試験に合格するわけでは決してない. **an|laufen*** [アン・ラオフェン] *du* läufst an, *er* läuft an; lief an, angelaufen 動 (s) 始まる;(ガラス・金属が)曇る. ¶ Die Untersuchung ist gerade *angelaufen*. 調査がたった今開始された. / Meine Brillengläser sind *angelaufen*. 私の眼鏡のレンズが曇った.

An·laut [アン・ラオト] 男 -[e]s/-e 〖文法〗語頭音(例えば Anlaut の語頭のA音). (⇒Auslaut, Inlaut)

an|legen [アン・レーゲン] **1** 接岸する《an *et*³ 岸壁³などに》. **2** 着用する;造成する,作成する;投資する. ¶ Zu seiner Vereidigung *legte* der Präsident seine gesamten Orden *an*. 宣誓式に大統領は彼の持つ勲章の全てを佩用した. / Du solltest nicht dein ganzes Geld in Aktien *anlegen*. 全財産を株に投

資してはいけない.

an|lehnen [アン・レーネン] **動** 立てかける；半開きのままにしておく. ¶ein Fahrrad an die Mauer *anlehnen* 自転車を塀に立てかける. / *sich*⁴ an die Wand *anlehnen* 壁に寄りかかる.

an|leiten [アン・ライテン] **動** 指導する. **An·leitung** [アン・ライトゥング] **女**-/-en 指導；使用法. ¶unter [der] *Anleitung* des Meisters マイスターの指導のもとで.

an|liegen* [アン・リーゲン] lag an, angelegen **動** (衣服が)ぴったり合う；し残してある. ¶Die Jacke *liegt* knapp [am Körper] an. ジャケットは身体にぴったり合っている. / Was *liegt* an? これからしなければならないことは何か.

An·liegen [アン・リーゲン] **中** -s/- 願いごと. ¶Dieses *Anliegen* ist nicht leicht zu erfüllen. この願いごとは容易なことでは実現できない.

an·liegend [アン・リーゲント] **形** 隣接した；同封の.

An·lieger [アン・リーガァ] **男**-s/- (女性) **An·liegerin** [アン・リーゲリン] **女**-/-An·liegerinnen [アン・リーゲリンネン] 当該地区住民. ¶*Anlieger* frei! 〖掲〗居住者以外通行止め.

an|machen [アン・マヘン] **動** (TV・電気などを)つける,作動させる；(暖炉などの)火をおこす；取りつける《an *et*³ 物³に》；(人⁴を)ナンパする. ¶*Mach* mal den Fernseher *an*! テレビをつけてくれよ. / Er versucht aber auch jedes Mädchen *anzumachen*. 彼ときたら若い女性という女性の気を惹(ひ)こうとする.

an|malen [アン・マーレン] **動** (物⁴に)色を塗る. ¶Verstehst du, warum dieses junge Ding sich so *anmalen* muss? 何故この若いお姉ちゃんがこんな派手なお化粧をしなければならないのか理解できるかい.

an·maßend [アン・マーセント] **形** アロガントな,横柄な.

an|melden [アン・メルデン] **動** 届け出る. ¶das Kind beim Arzt *an-melden* 医師に子供の診察を予約する. / *sich*⁴ polizeilich *an-melden* 自分(人⁴)の居住届けを警察に提出する. / *sich*⁴ (*j*⁴) zum Sprachkurs *anmelden* 自分(人⁴)の語学講習参加を申しこむ.

An·meldung [アン・メルドゥング] **女**-/-en 届け出,申しこみ,申請；申請受付窓口.

an|merken [アン・メルケン] **動** (人³の様子⁴に)気づく；コメントを述べる. ¶Ich *merkte* meinem Sohn seine Freude über das Geschenk an. 私は息子がプレゼントを喜んでいるのに気づいた. **An·merkung** [アン・メルクング] **女**-/-en 注,コメント.

an·mutig [アン・ムーティヒ] -e [アン・ムーティゲ] **形** しとやかな.

an|nähen [アン・ネーエン] **動** 縫いつける. ¶einen Knopf *annähen* ボタンを縫いつける.

an|nähern [アン・ネーエルン] **動** *sich*⁴ *j*³ *annähern* 人³と近づきになる,人³に言いよる. **an·näh-ernd** [アン・ネーエルント] **1 形** ほぼ. ¶nicht *annähernd* 少しも…でない. **2** *annähern* の現在分詞.

An·nahme [アン・ナーメ] **女**-/-n 《複 なし》受領,受取り,受付窓口；受入れ；仮定,推測. ¶in der *Annahme*, dass … …と仮定した上で. ♦ Wir waren alle der *Annahme*, er werde zurücktreten. われわれはみな彼が退任するだろうと推測した.

an|nehmen* [アン・ネーメン] *du* nimmst an, *er* nimmt an; nahm an, angenommen **動** 受取る,受入れる；仮定する. ¶Kommt der Taifun? － Ich *nehme* schon an. 台風は来るかね. － 来ると思うよ. (⇒angenommen)

anno [アノ] **副** 紀元…年に(略：a.). ¶*anno* 800 紀元800年に.

An·nonce [アノーンセ] **女**-/-n 新聞(雑誌)広告. ¶Er liest in der Zeitung die *Annoncen* immer zuerst. 彼は新聞を読むときいつも真っ先に広告を見る. **an·noncie-**

ren [アノンスィーレン] annoncierte, annonciert 動 新聞(雑誌)広告をする. ¶Der neue Roman des Nobelpreisträgers wurde groß *annonciert*. ノーベル賞受賞者の新しい小説の広告がでかでかと出た.

an・onym [アノニューム] 形 匿名の. ¶Der Autor des Schreibens möchte *anonym* bleiben. この書状の執筆者は匿名のままでいることを望んでいる.

an｜ordnen [アン・オルドゥネン] 動 指示する;整頓する. ¶Die Baubehörde *ordnete* die Schließung des Tunnels *an*. 建築局はトンネルの閉鎖を指示した. **An・ordnung** [アン・オルドゥヌング] 女-/-en 指示;整理,整頓. ¶auf *Anordnung* des Arztes 医師の指示で.

an｜passen [アン・パセン] 動 *sich*⁴ an *et*⁴ *anpassen* 事⁴に順応する. ¶Sie hat sich schnell an das Klima *angepasst*. 彼女はたちまち気候に順応した.

an｜probieren [アン・プロビーレン] probiere an, anprobiert 動 試着する.

an｜rechnen [アン・レヒネン] 動 支払額とする《*et*⁴ *j*³ 金額⁴を人³の》,評価する《*j*³ *et*⁴ 人³の事⁴を》. ¶Er hat uns nur 50 Euro *angerechnet*. 彼はわれわれに50ユーロの勘定しかしなかった. / Die Untersuchungshaft wurde ihm *angerechnet*. 彼の未決期間は刑期に算入された. / Deine damalige Hilfe *rechne* ich dir hoch *an*. 当時の君の支援を高く評価するものである.

An・rede [アン・レーデ] 女-/-n 呼びかけ[の形式],話しかけ[の形式]. ¶die Anrede „Herr Doktor"「…博士」という呼びかけ. **an｜reden** [アン・レーデン] 動 (人⁴に)呼びかける,話しかける. ¶Am besten *redest* du ihn mit „Sie"(„Herr Dr.") *an*. 君は彼に対しては「あなた」と(「…博士」と称号をつけて)話しかけるのが最善だ.

an｜regen [アン・レーゲン] 動 元気づ

ける;提案する. ¶*j*⁴ *anregen*, ... zu +不定詞 人⁴を…する気にさせる. ♦Warum *regst* du ihn nicht *an*, die Sache noch einmal zu überdenken? 何故彼にこの件をもう一度熟考するよう促さないのか. **An・regung** [アン・レーグング] 女-/-en 提案,アイディア;示唆. ¶Professor Bauer verdanke ich wertvolle *Anregungen*. 私は貴重な示唆をバウアー教授に戴いている.

An・reise [アン・ライゼ] 女-/-n 往路,(行きの)旅程;到着. **an｜reisen** [アン・ライゼン] 動 (s) 到着する. ¶Am besten *reisen* Sie schon am Vortag der Konferenz *an*. 会議の前日に到着するのがベストだ.

An・reiz [アン・ライツ] 男-es/-e そそのかし《zu *et*³ 事³をするようにとの》. ¶Niedrige Zinsen sind kein *Anreiz* zum Sparen. 低金利は貯金する気を起こさせる刺激にならない.

an｜richten [アン・リヒテン] 動 しでかす;(大皿の食事を)盛りつけする.

An・ruf [アン・ルーフ] 男-[e]s/-e 電話[の呼び出し].

Anruf・beantworter [アンルーフ・ベアントヴォルタァ] 男-s/- 留守番電話機. ¶Ich habe ihm meine Glückwünsche auf den *Anrufbeantworter* gesprochen. 私はお祝いの言葉を彼の留守番電話機に吹きこんだ.

an｜rufen* [アン・ルーフェン] rief an, angerufen 動 (人⁴に)電話をかける. ¶Anscheinend ist Herr Meier nicht zu Hause. Ich *rufe* ihn später noch einmal *an*. マイヤーさんはどうも不在らしい. あとでもう一度彼に電話することにしよう.

> telefonieren (電話する)という単語もある. anrufen は「電話をかける」方に力点があり, telefonieren は「電話で話す」方にある. したがって Er telefoniert gerade. と言えば「彼は電話で

「話中」となる.

an｜rühren [アン・リューレン] **動** (物⁴
に)[軽く]触れる.

ans [アンス] =an das.

An・sage [アン・ザーゲ] **女**-/-n アナ
ウンス,告知.¶Diese Ansage ist
schlecht zu verstehen. このアナ
ウンスは聞き取りにくい. **an｜sa-
gen** [アン・ザーゲン] **動** アナウンスす
る,告知する.

An・sager [アン・ザーガァ] **男**-s/-
(女性) **An・sagerin** [アン・ザーゲリ
ン]**女** -/An・sagerinnen [アン・ザー
ゲリネン])アナウンサー.¶Der Ansa-
ger könnte ruhig etwas deutli-
cher sprechen. このアナウンサー
はもう少しはっきり聞きとれるように話
してくれてもよかろうに.

an｜sammeln [アン・ザメルン] *ich*
sammle an; sammelte an, an-
gesammelt **動** 集める.¶*sich*⁴
ansammeln だんだん集まってくる.
An・sammlung [アン・ザムルング]
女-/-en 集積,収集;群集.¶Eine
solche Ansammlung von Hooli-
gans hat es in unserer Stadt
noch nie gegeben. これほどまで
のフーリガンの集まりはわが町ではいま
だかつてなかったことだ.

an・sässig [アン・ゼシヒ] -e [アン・
ゼシゲ]**形** 定住している.¶[Die] Fa-
milie Tanaka ist seit über zehn
Jahren in München ansässig.
田中一家は10年以上前からミュンヒェ
ンに住んでいる.

an｜schaffen [アン・シャフェン] **動**
*sich*³ *et*⁴ *anschaffen* 耐久財⁴を
購入する.¶Ich glaube, ich *schaf-
fe* mir auch ein Handy *an*. 私も携
帯電話を買おうと思う. **An・schaf-
fung** [アン・シャフング] **女**-/-en (耐
久財の)購入,購入品.

an｜schalten [アン・シャルテン] **動**
(電気機器⁴の)スイッチを入れる.¶
den Computer *anschalten* コン
ピュータの電源を入れる.(⇒abschal-
ten)

an｜schauen [アン・シャオエン] **動** 〖南
独・オースト
リア・スイス〗見やる.¶*sich*³ *et*⁴ *an-
schauen* 物⁴・事⁴を注意深く見る,興
味(関心)をもって観る. ◆Die Aus-
stellung werde ich mir unbe-
dingt anschauen. その展覧会を私
は絶対見るつもりだ.(⇒ansehen)

anschau・lich [アンシャオ・リヒ] **形**
はっきりした,わかりやすい,具体(具
象)的な.¶Physik anschaulich zu
erklären, ist nicht einfach. 物
理学をわかりやすく説明するのは容易で
ない. **An・schauung** [アン・シャオ
ウング] **女**-/-en ものの見方,見解,
… 観.¶Er vertritt völlig veral-
tete politische Anschauungen.
彼は全く時代遅れになった政治的見解
を支持している.

An・schein [アン・シャイン] **男**-s/ 見
た目,見かけ.¶Allem Anschein
nach ist er kerngesund. どう見
ても彼はぴんぴんしている.

an・scheinend [アン・シャイネント]
副 見たところ(…らしい).¶Er ist
anscheinend krank. Wenn er
fehlt, hat das sicher einen
wichtigen Grund. 彼は病気らし
い. 彼が欠席するにはかならずや重大
な理由がある.(⇒scheinbar)

An・schlag [アン・シュラーク] **男**-[e]s
/An・schläge [アン・シュレーゲ] 襲撃
《auf j⁴ 人⁴に対する》;掲示,ポスタ
ー. **an｜schlagen*** [アン・シュラーゲ
ン] *du* schlägst an, *er* schlägt
an; schlug an, angeschlagen
動 1 (s) ぶつかる《an et⁴ 物⁴
に》.¶mit dem Schienbein an
die Bettkante anschlagen 向こ
うずねをベッドのへりにぶつける. /
*sich*³ *et*⁴ an *et*³ anschlagen
物⁴を物³にぶつける. ◆Ich habe
mir das Knie am Tischbein an-
geschlagen. 私は膝を机の脚にぶつ
けて怪我をした. 2 (掲示・ポスター
を)貼り出す.¶Alle Termine sind
am schwarzen Brett ange-
schlagen. 予定日時は全て掲示板
に貼り出してある.

an｜schließen* [アン・シュリーセン]
du/er schließt an; schloss

An·sicht

an, angeschlossen **動** **1** つなぐ
《an et³ᐟ⁴ 物³ᐟ⁴に》.¶ das Motorrad am(ans) Geländer *anschlie*
ßen オートバイを柵につなぐ. / den
Computer *anschließen* コンピ
ュータを電源につなぐ. **2** ¶ *sich⁴* *j³*
anschließen 人³に賛同する, 人³の
味方(仲間)になる. / *sich⁴* *et³* *an*
schließen 事³に続いて行われる. ♦
Darf ich mich Ihnen *anschlie*
ßen? お供してよろしいですか. / Dieser Meinung kann ich mich
nicht *anschließen*. 私はこの意見
に与(くみ)することは出来ない.

an·schließend [アン・シュリーセント]
1 **副** そのあと, 引続いて. ; 隣接して.
2 anschließen の現在分詞.

An·schluss [アン・シュルス] **男**-es/
An·schlüsse [アン・シュリュセ] (特に
電気・電話・ガス・水道の)接続;(航空
機・列車の)接続便.¶ im *Anschluss*
an et⁴ 事⁴に引続いて. ♦ Hier gibt
es keinen *Anschluss* an die
Kanalisation. ここにはまだ下水道
が引かれていない. / Unser Zug
hat keinen *Anschluss* mehr nach
Berlin. この列車はもうベルリン行
きへの接続がない. / Er hat den
Anschluss verpasst. 彼は(出世
などの)チャンスを逃した.

an|schnallen [アン・シュナレン] **動**
sich⁴ anschnallen シートベルトで
身体を固定する.¶ *Schnall dich*
an! Das ist sicherer. 安全ベル
トを締めなさい. その方がより安全だ.

an|schneiden* [アン・シュナイデン] **動**
schnitt an, angeschnitten **動**
(パンなど⁴の)最初の一切れを切る,
(物⁴に)切れ目を入れる;(話⁴の)口火
を切る.¶ Ich habe bewusst vermieden, dieses Thema *anzu*
schneiden. 私は意識的に避けてこ
のテーマを持ち出さなかった.

an|schreiben* [アン・シュライベン] **動**
schrieb an, angeschrieben **動**
書きつける《an die Tafel 黒板に》;
(人⁴に)手紙を出す.

an|schreien* [アン・シュライエン] **動**
schrie an, *wir* schrie[e]n [シュ

リーエン] an, angeschrie[e]n [ア
ン・ゲシュリーエン] **動** 大声でののしる.
¶ Er und seine Frau *schreien*
sich oft *an*. 彼と細君はしょっちゅ
うののしり合っている.

An·schrift [アン・シュリフト] **女** -/
-en 宛名人住所.¶ Unter dieser
Anschrift ist er nicht mehr zu
erreichen. この住所ではもう彼とは
連絡がとれない.

an|sehen* [アン・ゼーエン] *du*
siehst an, *er* sieht an; sah an,
angesehen **動** 見やる.¶ *sich³*
j⁴/et⁴ ansehen 人⁴・物⁴を注意深
く見る, 興味(関心)を持って観る. /
j⁴/et⁴ als (für) ... *ansehen* 人⁴・
物⁴を…と見なす. ♦ Dass er lügt,
sieht man ihm am Gesicht sofort *an*. 彼が嘘をついていることは顔
を見ればすぐわかる. / Diesen Film
solltest du dir unbedingt *anse*
hen. 君はこの映画を絶対に見るべきだ.
/ Jeder *sieht* ihm seine Krankheit *an*. 誰が見ても彼がどういう病
気かわかる. (⇒anschauen)

An·sehen [アン・ゼーエン] **中** -s/ 信
望.¶ Diese Affäre schadete seinem *Ansehen* enorm. この事件
(情事)は彼の威信を著しく傷つけた.

an|seilen [アン・ザイレン] **動** ザイルで
結んで確保する.¶ Die Bergsteiger
seilten sich aneinander *an*. 登
山者たちは互いをアンザイレンした.

an|setzen [アン・ゼツェン] **動** **1** あて
がう, 縫い(取り)つける 《an et⁴ᐟ³
物⁴ᐟ³ に》;(煮物⁴を)火にかける,(日
取り・価格を)設定する《auf et⁴ 日
時⁴に》. **2** 始める《mit et³ 事³を》;
身構える《zu et³ 事³をするため》.¶
Für wann sollen wir den Termin *ansetzen*? 期日はいつに決め
ようか. / Endlich *setzte* der Hubschrauber zur Landung *an*. ヘリ
コプターはようやく着陸態勢をとった.

An·sicht [アン・ズィヒト] **女** -/-en
意見, 見解;眺め. ¶ Seine *Ansich*
ten kann ich absolut nicht teilen. 彼の見解には絶対与(くみ)するこ
とができない. / Meiner *Ansicht* nach

sollten wir ihm noch eine Chance geben. 私の考えでは彼にもう一度チャンスを与えるべきではなかろうか.

Ansichts·karte [アンズィヒツ・カルテ] 囡-/-n 絵葉書. ¶Wie hoch ist das Porto für eine *Ansichtskarte* nach Japan? 日本宛絵葉書の郵便料金はいくらですか.

an|sonsten [アン・ゾンステン] 副 さもないと；さもないと.

an|spitzen [アン・シュピツェン] 動 (鉛筆など⁴の)先をとがらせる.

An·sprache [アン・シュプラーヘ] 囡-/ eine *Ansprache* halten スピーチをする.

an|sprechen* [アン・シュプレヒェン] *du* sprichst an, *er* spricht an; sprach an, angesprochen 動 (人⁴に)話しかける，アピールする；話題にする. ¶Wenn sie dir so gut gefällt, warum *sprichst* du sie nicht einfach *an*? そんなに彼女が気に入ったのなら，なぜさっさと話しかけないのだ.

An·spruch [アン・シュプルフ] 男 -[e]s/An·sprüche [アン・シュプリュヒェ] 要求；(要求する)権利. ¶*Anspruch* auf et⁴ erheben 事⁴を要求する. / et⁴ in *Anspruch* nehmen 物⁴を使う，利用する. ♦Die Arbeit nimmt mich sehr in *Anspruch*. この仕事にはとても手間をとられます. / In meinem Alter habe ich keine großen *Ansprüche* mehr. 私の年になるともう大きな要求はない.

anspruchs·los [アンシュプルフス・ロース] 形 控えめな，地味な；レベルの低い. **anspruchs·voll** [アンシュプルフス・フォル] 形 要求の多い，好みの厳しい. ¶So *anspruchsvolle* Texte liest er nur, wenn er muss. こんなにレベルの高い原典を彼が読むのは必要に迫られた時だけだ.

An·stalt [アン・シュタルト] 囡-/-en 公共施設(各種ホーム・要介護者施設など). ¶Er war lange in einer *Anstalt* für Alkoholiker. 彼は長い間アルコール中毒患者の施設にいた.

An·stand [アン・シュタント] 男-[e]s/

エチケット. **an·ständig** [アン・シュテンディヒ] -e [アン・シュテンディゲ] 形 礼儀正しい；まともな. ¶Suppe schlürft man nicht, iss *anständig*! スープはずるずるすするものじゃない. お行儀よく口に入れなさい. / Es müsste mal wieder *anständig* regnen. またもやごつい雨が降ることと間違いなさそうだ.

容器に口をつけてとるのが「飲む」trinken, スープのように「飲む」のであっても容器に口をつけない場合は「食べる」essen と言う.

---

an·statt [アン・シュタット] 1 前 《2格支配》…のかわりに. 2 副 *anstatt, ... zu* + 不定詞 …するかわりに. (⇒statt) ¶*Anstatt* sich um die Kinder zu kümmern, quatscht sie stundenlang mit der Nachbarin. 彼女は子供の面倒を見る代わりに何時間もお隣の女性とおしゃべりしている.

an|stecken [アン・シュテケン] 動 1 (ピンで)留める，(指輪を)はめる；(人⁴に)移す《mit [einer] Grippe 流感を》；(物⁴に)火をつける. ¶*sich⁴ anstecken* 《bei j³ mit et³ 人³から病気³を》移される. / *sich³* eine Zigarre *anstecken* 葉巻に火をつける. ♦Nie vergisst er, sein Parteiabzeichen *anzustecken*. 彼は決して党員バッジをつけるのを忘れない. / So leicht *stecke* ich mich nicht *an*, ich bin geimpft. そう簡単にぼくは感染しないよ，予防注射してあるんだ. 2 (病気が)伝染する. **an·steckend** [アン・シュテケント] 形 1 感染性の. 2 anstecken の現在分詞.

an|stehen* [アン・シュテーエン] stand an, angestanden 動 行列に並んで待つ. ¶Wenn du sonntags ins Kunstmuseum willst, musst du stundenlang *anstehen*. 日曜日に美術館に行こうと思えば何時間も行列しなければならないぞ.

an|steigen* [アン・シュタイゲン]

stieg an, angestiegen **動** (s)
（温度・水位などが）上昇する.

an・stelle [アン・シュテレ], **an Stelle** [アン シュテレ] **1**前《2格支配》
…の代わりに，…しないで. ¶Ich
komme *anstelle* (*an Stelle*) meines Vaters mit. 私が父の代わりに
お伴します. **2** 副《von *j³/et³* を伴
って》*anstelle* von Lob お褒めい
ただくかわりに(いただくどころか).

an|stellen [アン・シュテレン]（機器類⁴
の）スイッチを入れて始動する（つけ
る）；雇う；しでかす. ¶*sich⁴ anstellen* 行列について並ぶ. ♦*Stell* mal
das Radio *an*! Gleich kommt
der Wetterbericht. さあラジオをか
けなさい. すぐ気象情報が始まるよ. /
Sie wurde als Verkäuferin *angestellt*. 彼女は販売員として雇わ
れた. / Statt ordentlich zu lernen, *stellt* er nur Unfug *an*. 彼は
ちゃんと勉強しないで悪さばかりしてい
る. *Stell* dich schon mal am
Schalter *an*! 早く窓口の行列につ
いて並んでいなさい.

An・stieg [アン・シュティーク] **男**-[e]s
/-e 上り坂；上昇.

an|stoßen* [アン・シュトーセン] *du/
er* stößt an; stieß an, angestoßen **動** **1** こづく. ¶Er *stieß*
mich mit dem Ellbogen *an* und
sagte leise „Vorsicht!". 彼は私を
ひじでこづいて小声で「気をつけろ
よ」と言った. **2** (s) ぶつかる；
(h)（乾杯のため）グラスを合わせる. ¶
mit dem Kopf an die Tischkante
anstoßen 頭を机の角にぶつける. /
auf sein Wohl *anstoßen* 彼の
健康を願って(祝って)乾杯する.

an|strengen [アン・シュトゥレンゲン]
疲労困憊(こんぱい)させる. ¶*sich⁴ anstrengen* 努力する；疲れ果てる，参っ
てしまう. ♦Die Arbeit am Computer *strengt* die Augen enorm
an. コンピュータの作業は眼をひどく
疲れさせる. / Nur wer sich *anstrengt*, bringt es zu was. 努力
するものだけがひとかどのことをやり遂
げる. **an・strengend** [アン・シュ

トゥレンゲント] **1**形（心身が）消耗する
ような，きつい. **2** anstrengen の現
在分詞. **An・strengung** [アン・
シュトゥレングング] **女**-/-en 懸命な努
力，骨折り；消耗. ¶mit letzter *Anstrengung* 最後の力をふりしぼって.

An・teil [アン・タイル] -[e]s/-e 分け
前；同情，悔やみ. **Anteil・nahme**
[アンタイル・ナーメ] **女**-/ 同情，思いや
り；関心，悔やみ. ¶Ich spreche Ihnen meine *Anteilnahme* aus.
お悔み申し上げます.

Antenne [アンテネ] **女**-/-n アンテ
ナ. ¶Für derlei Feinheiten hat
er keine *Antenne*. 彼にはこんな
繊細なことを理解するための感覚がな
い.

Antibaby・pille [アンティベービ・ピレ]
女-/-n 経口避妊薬，ピル.

Anti・biotikum [アンティ・ビオーティク
ム] **中**-s/Anti・biotika [アンティ・ビオ
ーティカ] 抗生物質.

antik [アンティーク] **形** 古代(ギリシ
ャ・ローマ)の；骨董的価値のある.
Antike [アンティーケ] **女**-/ 古代
(特にギリシャ・ローマ時代の)；古代文
化.

Anti・pathie [アンティ・パティー] **女**-/
Anti・pathien [アンティ・パティーエン]
《心理》反感，嫌悪《gegen *j⁴/et⁴* 人⁴・
事⁴に対する》.

Antiquariat [アンティクヴァリアート]
中-[e]s/-e 古書籍店. **antiquarisch** [アンティクヴァーリシュ] **形** 古書
籍の；古道具の. ¶Diesen Roman
gibt es nur noch *antiquarisch*.
この小説はもう古本屋にしかない.

antiquiert [アンティクヴィールト] **形**
(言い回しなど)古臭くなった.

Antiquitäten [アンティクヴィテーテン]
複 骨董品，古美術品.

An・trag [アン・トゥラーク] **男**-[e]s/
An・träge [アン・トゥレーゲ] 申請《auf
et⁴ 事⁴の》；提議，動議. ¶Der *Antrag* der Opposition wurde abgelehnt. 野党の動議は却下された.

an|treffen* [アン・トゥレフェン] *du*
triffst an, *er* trifft an; traf
an, angetroffen **動** (人⁴に)会う，

A

(事⁴に)出くわす.

an|treten* [アン・トゥレーテン] *du* trittst [トゥリツト] an, *er* tritt an; trat an, angetreten **動 1** (旅・仕事など⁴を)始める. ¶den Heimweg antreten 帰郷の旅の一歩をふみ出す. / den Dienst antreten 勤務につく. **2** (s) 整列する. **An|tritt** [アン・トゥリツト] **男**-[e]s/ 開始, 第一歩.

Antwort [アントゥヴォルト] **女**-/-en 答え. ¶die Antwort auf seine Frage 彼の質問に対する答え. ◆ Was er sagt, ist keine Antwort auf meine Frage. 彼の言っていることは私の質問に対する答えになっていない.

antworten [アントゥヴォルテン] **動** auf eine Frage antworten 質問に答える. ¶Ich weiß nicht, was ich ihm antworten soll. 私は彼に何と答えたらよいのかわからない.

an|vertrauen [アン・フェアトゥラオエン] vertraute an, anvertraut **動** (人³・物⁴を人³に)ゆだねる, 預ける. ¶j³ et³ anvertrauen 人³に秘密など⁴を打ち明ける. ◆ Können wir ihm wirklich so viel Geld anvertrauen? 彼にそんな大金を預けて本当にいいのかい. / Deinen neuen Plan solltest du ihm besser nicht anvertrauen. 君の新しい計画は彼に打ち明けない方がよいのでは.

An·walt [アン・ヴァルト] **男**-[e]s/ An·wälte [アン・ヴェルテ] (**女性**) **Anwältin** [アンヴェルティン] **女** -/ An·wältinnen [アン・ヴェルティネン]) 弁護士. ¶Wissen Sie einen guten Anwalt für ihn? 彼のために良い弁護士をご存知ですか.

an|weisen* [アン・ヴァイゼン] *du/er* weist an; wies an, angewiesen **動 1** (人³に物⁴を)割りあてる. ¶j⁴ anweisen, … zu + 不定詞 人⁴に…をするよう指図する. ◆Einen Moment bitte, wir werden Ihnen gleich einen Tisch anweisen. ちょっとお待ちください, すぐに席をお取りしますから. / Wir müssen

ihn unbedingt anweisen, notfalls sofort die Polizei zu informieren. 緊急の場合にはすぐ警察に知らせるよう, 絶対彼に言っておくべきだ. **2** j³ et⁴ anweisen 人³[の口座]に金額⁴を振りこむ. **An·weisung** [アン・ヴァイズング] **女**-/-en 指図, 指示; 使用法. ¶Mit lauter Stimme erteilte er seine Anweisungen. 彼は大声で指示を与えた.

an|wenden* [アン・ヴェンデン] wandte [ヴァンテ] (wendete) an, angewandt [アン・ゲヴァント] (angewendet) **動** 使用する, 服用する. ¶et⁴ auf et⁴ anwenden 物⁴を物⁴に適用(応用)する. ◆Nur im Notfall darf die Polizei Gewalt anwenden. 警察は緊急の場合しか実力を行使してはならない. **An·wendung** [アン・ヴェンドゥング] **女**-/-en 使用; 適用, 応用. ¶unter Anwendung der neuesten Methoden 最新の方法を用いて.

an·wesend [アン・ヴェーゼント] **形** 居合わせた; 出席の. ¶Der Bürgermeister begrüßte die anwesenden Gäste. 市長は出席した招待客たちに挨拶した. / Teilgenommen an der Konferenz hat er schon, aber wir hatten den Eindruck, er war nicht ganz anwesend. 確かに彼は会議に出席したが, われわれの印象ではどうも出席しているようには思えなかった(=上の空だった). **Anwesen·heit** [アンヴェーゼン・ハイト] **女**-/ 出席. ¶in Anwesenheit der Damen 女性たちのいる前で.

An·wohner [アン・ヴォーナァ] **男** -s /- (**女性**) **An·wohnerin** [アン・ヴォーネリン] **女**-/An·wohnerinnen [アン・ヴォーネリネン]) (ある区画内の)住民. (⇒Anlieger, Bewohner, Einwohner)

An·zahl [アン・ツァール] **女** -/ (ある漠然とした)数. ¶eine große (kleine) Anzahl 多数(少数). / eine beträchtliche (unbedeutende) Anzahl 相当の(取るに足らない)数.

eine *Anzahl* Schüler (von Schülern) 何人かの生徒たち.

an:zahlen [アン・ツァーレン] **動** 内金として支払う. **An·zahlung** [アン・ツァールング] **女**-/-en 初回金の支払い;内金,一部払い金;初回金.

An·zeichen [アン・ツァイヒェン] **中**-s /- 徴候,前兆,気配.

An·zeige [アン・ツァイゲ] **女**-/-n (新聞・雑誌掲載の)広告;案内,届出;〖法律〗告発. ¶ eine *Anzeige* aufgeben [新聞]広告を出す. ◆ Das Interessanteste an dieser Zeitung sind für mich die *Anzeigen*. 私にとってこの新聞のもっとも面白いところは広告欄だ. / Unser Anwalt wird eine *Anzeige* gegen Unbekannt erstatten. われわれの弁護士は氏名不詳の被疑者を告発することにする. **an:zeigen** [アン・ツァイゲン] **動** 新聞広告で知らせる;(計測の結果を)示す;告発する. ¶ *j* ^{4} wegen Bestechung *anzeigen* 贈収賄で人 ^{4} を告発する.

an:ziehen* [アン・ツィーエン] zog an, angezogen **動** (人 ^{4} に)衣服を着せる;(衣服を)着る;惹きつける;(機器類を)引く. ¶ *sich* ^{4} *anziehen* 衣服を着る. / *[sich* ^{3}] ein Hemd *anziehen* ワイシャツを着る. die Handbremse *anziehen* ハンドブレーキを引く. **an·ziehend** [アンツィーエント] **1形** 魅力的な. ¶ Sie wirkt auf mich sehr *anziehend*. 彼女は私にはとても魅力的だ. **2** anziehen の現在分詞.

An·zug [アン・ツーク] **男** -[e]s/An·züge [アン・ツューゲ] (上下ぞろいの)背広,スーツ. ¶ ein zweireihiger *Anzug* ダブルの背広. ◆ Sein *Anzug* sitzt perfekt. 彼の背広はぴったりだ.

an:zünden [アン・ツュンデン] **動** (物 ^{4} に)火をつける. ¶ *sich* ^{3} eine Zigarre *anzünden* 葉巻に火をつける. ◆ Die Polizei vermutet, er hat sein Haus selbst *angezündet*. 警察は彼が自分で自分の家に放火したものと推測している.

an:zweifeln [アン・ツヴァイフェルン] **動** 疑う. ¶ die Echtheit der Steine *anzweifeln* 宝石の真贋を疑う.

Apfel [アップフェル] **男**-s/Äpfel [エップフェル] 〖植物〗リンゴ.

Apfel·saft [アップフェル・ザフト] **男** -[e]s/Apfel·säfte [アップフェル・ゼフテ] アップルジュース. **Apfel·saft·schorle** [アップフェルザフト・ショルレ], **Apfel·schorle** [アップフェル・ショルレ] **女**-/-n アップルジュースソーダ. **Apfel·sine** [アップフェル・ズィーネ] **女**-/-n オレンジ. **Apfel·strudel** [アップフェル・シュトゥルーデル] **男**-s/-渦巻き型アップルパイ. **Ap-**

fel·wein [アップフェル・ヴァイン] **男**-[e]s/ (種類: -e) アップルワイン.

APO,Apo [アーポ] **女**-/ 〖略〗議会外反政府勢力(=**A**ußer**p**arlamentarische **O**pposition).

Apo·kalypse [アポ・カリュプセ] **女**-/-n 〖キリスト教〗黙示録.

Apostel [アポステル] **男**-s/-〖キリスト教〗使徒.

Apo·stroph [アポ・ストローフ] **男**-s /-e 〖文法〗アポストロフィ(記号:'').

Apo·theke [アポテーケ] **女**-/-n 薬局. ¶ In dieser Straße gibt es drei *Apotheken*. この通りには薬局が 3 軒ある. **apotheken·pflichtig** [アポテーケン・プフリヒティヒ] **形** 薬局でのみ購入できる.

ごく一般的な薬(例えばアスピリンなど)以外は医師の処方箋がないと購入できない.処方箋はまた薬剤師の免許を持つ店員が必ず勤務している薬局でしか扱わない.薬剤師のいないいわゆる薬店 die Drogerie では,上記のアスピリン程度し

か扱っていないのである.

Apo·theker [アポ・テーカァ] 男
-s/- （女性） **Apo·thekerin** [ア
ポ・テーケリン] 女-/Apo·thekerin-
nen [アポ・テーケリネン]）薬剤師.

Ap·parat [アパラート] 男-[e]s/-e
装置, 機械；電話機；(官庁などの)機
構. ¶Mit diesem *Apparat* kann
man telefonieren und auch fa-
xen. この装置は電話もかけられるし
ファックスを送ることもできる. / Die
USA setzten ihren gesamten mi-
litärischen *Apparat* ein. 合衆国
は全軍事機構を投入した.

Apparte·ment [アパルト・マーン]
中-s/-s （デラックスホテルの)スイー
ト(何室かの部屋と浴室等完備した居
住空間)；アパート.

Ap·petit [アペティート] 男-[e]s/ 食
欲. ¶Bei dieser Hitze habe ich
kaum *Appetit*. この暑さではほとん
ど食欲がない. / Heute habe ich
keinen *Appetit* auf Fleisch. き
ょうは肉に食欲がわかない. / Guten
Appetit! (食事前の挨拶)召し上が

れ, いただきます. **appetit·lich**
[アペティート・リヒ] 形 おいしそうな.

ap·plaudieren [アプラォディーレン]
applaudierte, applaudiert 動
(人³に)拍手[喝采]する. **Ap·
plaus** [アプラォス] 男-es/ 拍手[喝
采]. ¶stehender *Applaus* スタン
ディングオベーション. ◆So viel *Ap-
plaus* hat in diesem Haus
noch niemand bekommen. こ
のホールでこんなに多くの喝采を貰った
ものはいまだかつてなかった.

Apri·kose [アプリコーゼ] 女-/-n 《果
物》アンズ(の木).

April [アプリル] 男-[s]/-e 4月(略：
Apr.). ¶Anfang (Ende/Mitte)
April 4月初め(末・半ば). / der
erste *April* 4月1日. / im [Mo-
nat] *April* 4月に.

a priori [アー・プリオーリ] 副 《哲学》先
験的に.

apropos [アプロポー] 副 ちなみに.

Aqua·rell [アクヴァ・レル] 中-s/-e
水彩画.

Aqua·rium [アクヴァー・リウム] 中-s/
Aqua·rien [アクヴァー・リエン] 水族

≡≡ドイツを識るコラム≡≡
アプリコットケーキ (Aprikosenkuchen) の作り方

材料
バター 80グラム, 卵 3個(卵黄
と卵白に分ける), 砂糖 140グラ
ム, 薄力粉 170グラム, 牛乳 大
さじ7, ラム酒 大さじ2, 製菓
用チョコレート(ビター)90グラ
ム, ベーキングパウダー 小さじ
2.5, アプリコット 18〜20個(缶
詰でも可)

1) 天板にサラダオイルを塗り,
小麦粉少々を振っておく(ク
ッキングシートを敷けば不
要).
2) 卵白をメレンゲ状に泡立て
る.
3) バターを溶かし, その中にチ
ョコレートを溶かし混ぜる.
4) 卵黄, 砂糖, 牛乳, ラム酒を
良く混ぜ, そこに3を混ぜ
る.
5) そこへ小麦粉, ベーキングパ
ウダー, 最後に卵白を加え,
軽く混ぜる.
6) この生地を天板に広げ, 半分
に切ったアプリコットを乗せ
る.
7) 170度のオーブンで約30分焼
く.

館;水槽.

Äquator [エクヴァートーァ] **男**-s/ 赤道.

Ar [アーエル] 〖元素記号〗アルゴン.

Ära [エーラ] **女**-/Ären [エーレン] 時代. ¶die *Ära* Adenauer アーデナウアーの[活躍した]時代.

Araber [アラバァ, アラーバァ] **男**-s/- (女性) **Araberin** [アラベリン, アラーベリン] **女**-/Araberinnen [アラベリネン, アラーベリネン])アラブ人. **Arabien** [アラービエン] **中**-s/ 〖地名〗アラビア. **arabisch** [アラービシュ] **形** アラブ[人・語]の. **Arabisch** [アラービシュ] **中**[-el]/, **Arabische*** [アラービシェ] **中** 《形容詞の名詞化. 常に定冠詞を伴う》アラビア語. (⇒ Deutsch)

Arbeit [アルバイト] **女**-/-en 労働,仕事;研究;(労働・研究の)成果. ¶an die *Arbeit* gehen 仕事に取りかかる. / zur *Arbeit* gehen 仕事に行く. ◆In letzter Zeit sind immer mehr Menschen ohne *Arbeit*. 最近は職のない人がいよいよ増えている. / Meine *Arbeit* mit Behinderten macht mir viel Freude. 障害者にかかわる仕事は私に多くの喜びを与える.

arbeiten [アルバイテン] **動** 働く,労働する;研究する. ¶an *et*³ *arbeiten* 事³の仕事をしている.

> 日本語に入った「アルバイト」は臨時の稼ぎ仕事の意味で使われるが、ドイツ語の方にその意味はない. die Nebenarbeit は「副業」であり，本業があった上での話.「アルバイト学生」は der Werkstudent. そして日本語の「アルバイト」に近いのは英語から入った der Job [ヂョブ]，「アルバイトする」は jobben [ヂョベン] である. ついでながらドイツ人は [ヂ] の発音が不得手で，ふつう [ジ] と発音する.

Arbeiter [アルバイタァ] **男**-s/- (女性) **Arbeiterin** [アルバイテリン] **女**-/Arbeiterinnen [アルバイテリネン])労働者. ¶*Arbeiter* erhalten Lohn, Angestellte Gehalt. 労働者は賃金を、職員は給与を与えられる.

Arbeit·geber [アルバイト・ゲーバァ] **男**-s/- (女性) **Arbeit·geberin** [アルバイト・ゲーベリン] **女**-/Arbeit·geberinnen [アルバイト・ゲーベリネン])使用者,雇用主. ¶Meyers Ruf als *Arbeitgeber* ist nicht der beste. 雇用主としてのマイアーの評判は最上とは言えない. **Arbeitgeber·anteil** [アルバイトゲーバァ・アンタイル] **男**-[e]s/-e (社会保険の)使用者負担分. ¶Der *Arbeitgeberanteil* soll nicht weiter erhöht werden. (社会保険の)使用者負担分をこれ以上増額すべきではない.

Arbeit·nehmer [アルバイト・ネーマァ] **男**-s/- (女性) **Arbeit·nehmerin** [アルバイト・ネーメリン] **女**-/Arbeit·nehmerinnen [アルバイト・ネーメリネン])被用者. ¶Als *Arbeitnehmer* bin ich natürlich für eine Lohnerhöhung. 被用者である私はもちろん賃金の値上げに賛成です. **Arbeitnehmer·anteil** [アルバイトネーマァ・アンタイル] **男**-[e]s/-e (社会保険の)被用者負担分.

Arbeits·amt [アルバイツ・アムト] **中**-[e]s/Arbeits·ämter [アルバイツ・エムタァ] 地域労働官署.

> ドイツの労働市場政策を担うのは Bundesagentur für Arbeit連邦雇用エージェンシー(⇒次項コラム).失業保険の運営、就労支援、キャリアカウンセリング、職業訓練の促進、労働市場研究等を行う.地域の支所は上記 Arbeitsamt から Agentur für Arbeit に名称変更.

Arbeits·erlaubnis [アルバイツ・エァラオプニス] **女**-/ 就労許可. ¶Die meisten Leute auf der Baustelle dort drüben haben keine *Arbeitserlaubnis*. あそこの工事現場の人々は大部分就労許可をもっていない.

A

arbeits·los [アルバイツ・ロース] 形
失業している. **Arbeits·loser***
[アルバイツ・ローザァ] 男 (女性) **Ar-
beits·lose*** [アルバイツ・ローゼ]
女《形容詞の名詞化》失業者.

≡≡ドイツを識るコラム≡≡
連邦雇用エージェンシー

ドイツの雇用・失業対策は連邦
雇用エージェンシー Bundesagen-
tur für Arbeit が担う. 地域の支
所, 雇用エージェンシー Agentur
für Arbeit は面談や講習で職業に
関する相談に応じている. 失業相
談では, 求人の紹介以外にも職業
訓練の斡旋, 応募書類の書き方,
就活の資金援助等のサポートがあ
る. また継続職業訓練や転職支
援, 若い世代向けの進学・職業選
択・職業訓練に関する情報提供も
重要な業務である.
(⇒ Arbeitsamt 注)

Arbeitslosen·geld [アルバイツロー
ゼン・ゲルト] 中-[e]s/-er 雇用保険
金,失業保険(給付)金. **Arbeitslo-
sen·hilfe** [アルバイツローゼン・ヒルフ
ェ] 女-/ 失業救済金(雇用保険金給
付期間の終了した失業者に与えられ
る). **Arbeitslosig·keit** [アルバ
イツローズィヒ・カイト] 女-/ 失業状況.
Arbeits·markt [アルバイツ・マルクト]
男-[e]s/ Arbeits·märkte [アルバ
イツ・メルクテ] 労働市場. **Arbeits·
platz** [アルバイツ・プラッツ] 男-es/Ar-
beits·plätze [アルバイツ・プレッツェ] 作
業場,仕事場;勤務先;雇用機会. ¶
Mein Sohn hat einen sicheren
Arbeitsplatz, er ist Beamter. 私
の息子は確実な職場をもっている. 彼は
公務員なのだ. **Arbeits·stelle**
[アルバイツ・シュテレ] 女-/-n 仕事場;
働き口. **Arbeits·tag** [アルバイツ・
ターク] 男-[e]s/-e 労働(就業)日.
Arbeits·vertrag [アルバイツ・フェ
アトゥラーク] 男-[e]s/Arbeits·ver-
träge [アルバイツ・フェアトゥレーゲ] 労働
契約. **Arbeits·zeit** [アルバイツ・ツ
ァイト] 女-/-en 労働時間[数],就業

時間[数]. **Arbeits·zimmer**
[アルバイツ・ツィマァ] 中-s/- 仕事部屋,
事務室.

Archi·tekt [アルヒ・テクト] 男-en/
-en (女性) **Archi·tektin** [アル
ヒ・テクティン] 女-/Archi·tektinnen
[アルヒ・テクティネン]建築家. **archi·
tektonisch** [アルヒ・テクトーニシュ]
形 建築学(術)上の. **Archi·tek·
tur** [アルヒ・テクトゥーァ] 女-/ 建築術.
Archiv [アルヒーフ] 中-s/Archive
[アルヒーヴェ] アーカイブズ,公文書(公
記録)館.
Arena [アレーナ] 女-/Arenen [アレ
ーネン] アリーナ,競技場.
arg [アルク] ärger, am ärgsten
[エルクステン] **1** 形-e [アルゲ]《南ドイツ
リス・オーストリス》邪悪な;大きい. ¶Zunächst
sollten die ärgsten Schäden
beseitigt werden. まずもっともひ
どい被害を取り除かなければならな
い. **2** 副 とても. ¶Er ist arg
krank. 彼はひどい病気だ.
Ärger [エルガァ] 男-s/ 立腹;腹立た
しい出来事.¶Er hat dauernd Är-
ger mit seinen Nachbarn. 彼は
隣人にいつも不愉快な思いをさせられて
いる. / Komm bloß nicht wieder
zu spät, sonst bekommst du
Ärger. また遅刻するんじゃないぞ.
さもないといやな思いをするぞ.
ärger·lich [エルガァ・リヒ] 形 腹立た
しい,立腹している《auf/über et⁴
事⁴に》;不愉快な. ¶Das ist eine
ärgerliche Geschichte. そいつは
腹の立つ話だ. / Wie ärgerlich,
jetzt kommt sie doch nicht. し
ゃくにさわる.やっぱり彼女は来ない.
ärgern [エルゲルン] 動 怒らせる. ¶
sich⁴ über j⁴/et⁴ ärgern 人⁴・
事⁴に腹を立てる. ◆Müsst ihr eure
Lehrer denn immer ärgern?
いったいお前たちはいつも先生方を怒ら
せずにはいられないのか. / Er ärgert
sich über jede Kleinigkeit. 彼
はどんな些細なことにも腹を立てる.

Mensch ärgere dich nicht と
いうゲームがある.直訳すれば「お

い怒るなよ」である. サイコロと駒を使い, ゲーム盤の上で, 駒をゴールまで進める遊びである. 囲碁で折角の布石があれよのまもなく総崩れになったときの腹立ちはご存知の向きも多かろうが, 上記のゲームもそうした立腹を味わえる代物らしい.

ドイツ連邦共和国の軍隊は die Bundeswehr (連邦国防軍) と呼ばれ, das Heer (陸軍), die Luftwaffe (空軍), die Marine (海軍) の三軍からなる. 以前は徴兵制があり18歳になると9ヶ月軍務に服する義務が課されていたが, 2011年に中止された. 徴兵は思想・信条上の理由から忌避することもできて, その場合老人介護などボランティア活動に従事する義務があり, 年間10万人ほどがこの道を選んでいた.

Ar·gu·ment [アルグ・メント] 中-[e]s/-e 論拠, 論点. ¶Fallen dir denn wirklich keine besseren *Argumente* ein? 君は本当にそれ以上ましな論拠を思いつかないのか.

Arithmetik [アリトゥメーティク] 女-/ 算数. **arithmetisch** [アリトゥメーティシュ] 形 算数の.

arm [アルム] ärmer [エルマァ], am ärmsten [エルムステン] 形 貧しい; 乏(とぼ)しい《an *et*³ 物³に》;《付加語としてのみ用いて》哀れな. ¶Nach dem Krieg waren fast alle Deutschen *arm*. 戦後は殆ど全てのドイツ人が貧しかった. / Japan ist *arm* an Bodenschätzen. 日本は地下資源に乏しい. / Der *arme* Heinrich leidet an Asthma. 可哀そうなハインリヒは喘息を病んでいる. / Sie ist wirklich *arm* dran, seit ihrem Unfall sitzt sie im Rollstuhl. 彼女は本当に気の毒で, 事故以来車椅子に座ったきりだ.

Arm [アルム] 男-[e]s/-e 腕; 支流, 入り江;《服飾》(上着の)袖. ¶*Arm* in *Arm* 腕を組んで. / ein *Arm* voll ひとかかえの. ◆ Lass dich nur nicht von ihm auf den *Arm* nehmen! 彼にばかにされるんじゃないよ.

Arm·band [アルム・バント] 中-[e]s/ Arm·bänder [アルム・ベンダァ] 腕輪. **Armband·uhr** [アルムバント・ウーァ] 女-/-en 腕時計. ¶Zu dumm, jetzt steht meine *Armbanduhr* schon wieder. けしからん, 僕の腕時計がまたもや止まっている.

Armee [アルメー] 女-/Armeen [アルメーエン] 軍隊; 多数. ¶eine *Armee* von Demonstranten 多数のデモ参加者.

Ärmel [エルメル] 男-s/- 袖.

ärm·lich [エルム・リヒ] 形 貧しい; みすぼらしい; 乏(とぼ)しい.

Armut [アルムート] 女-/ 貧困.

Aroma [アローマ] 中-s/-s よい香り. **aromatisch** [アロマーティシュ] 形 よい香りの[する]. **Aroma·therapie** [アローマ・テラピー] 女-/-n [アローマ・テラピーエン] アロマセラピー (芳香療法).

Ar·rest [アレスト] 男-[e]s/-e 《法律》拘禁; 仮差押え.

ar·rogant [アロガント] 形 アロガントな, 横柄な. ¶Ein guter Wissenschaftler ist er ja, aber warum muss er so *arrogant* sein? 確かに優れた学者にはちがいないが, だといって何故あんなに横柄でいなくてはならないのか.

Arsch [アルシュ] 男 -[e]s/Ärsche [エルシェ] 《卑罵語》おけつ; あほ. ¶Leck mich am *Arsch*! 私のことは放っておいてくれ, くそくらえ.

Art [アールト] 女-/-en 《複 なし》やり方; 種類. ¶auf diese *Art* [und Weise] こういうやり方で. ◆ Er hat eine komische *Art*, seine Mitarbeiter zu behandeln. 彼は部下を取り扱うのに妙なやり方をする. / Dort sehen Sie alle *Arten* von Nelken. あそこではあらゆる種類のカーネーションを見ることができる.

Arterie [アルテーリエ] 女 -/-n 《医学》動脈.

A

artig [アールティヒ] -e [アールティゲ]
形 しつけ(行儀)のよい. ¶Wenn du
nicht *artig* bist, darfst du nicht
mit zum Fußball. お行儀よくしな
いならいっしょにサッカーへ行ってはい
けない.

Artikel [アルティーケル] 男 -s/- (新
聞・雑誌の)記事, 論説；(商品の)品目；
(法律の)条, 款；〖文法〗冠詞. ¶der be-
stimmte (unbestimmte) *Artikel*
定冠詞(不定冠詞). ◆Heute steht
ein langer *Artikel* über japani-
sche Schulen in der Zeitung.
きょうは新聞に日本の学校に関する長
い記事が出ている. / Dieser *Artikel*
ist leider schon ausverkauft.
この品物は残念ながらもう売切れです.
/ Das Japanische kennt kei-
nen *Artikel*. 日本語には冠詞がな
い.

Arznei [アールツナィ] 女 -/-en,
Arznei・mittel [アールツナィ・ミテ
ル] 中 -s/- 薬剤.

Arzt [アールツト] 男-es/Ärzte [エ
ールツテ] (女性) **Ärztin** [エールツティ
ン] 女/Ärztinnen [エールツティネ
ン]医者. ¶Wir sollten besser
einen *Arzt* holen. お医者さんに来
てもらう方が良いのでは. / Sie läuft
für jede Kleinigkeit zum *Arzt*.
彼女はどんな些細なことでも医者に駆
けつける. **ärzt・lich** [エールット・リ
ヒ] 形 医者の, 医者による. **Arzt・
praxis** [アールツト・プラクスィス] 女/
Arzt・praxen [アールツト・プラクセン]
医院. ¶Heute war ich bei Dr.
Timmermann in der *Arztpraxis*.
きょう私はティメルマン先生の医院に行
った. / Im Nachbarhaus hat ein
Internist seine *Arztpraxis*. 隣の
家では内科医が医院をひらいている.

関─連─語 **Arzt** ─医師名─

der Internist	内科医.
der Kinderarzt	小児科医.
der Chirurg	外科医.
der Orthopäde	整形外科医.
der Frauenarzt, der Gynäkologe	婦人科医.
der Augenarzt	眼科医.
der Hals-Nasen-Ohren-Arzt	耳鼻咽喉科医.
der Psychiater	精神科医.
der Zahnarzt	歯科医.

As [アーエス] 中〖元素記号〗砒(ひ)素.
Asche [アッシェ] 女-/-en 灰.
Aschen・becher [アッシェン・ベヒャ
ァ]男-s/- 灰皿. ¶Auf dem Tisch
stand ein *Aschenbecher*. テー
ブルの上には灰皿が一つ置いてあった.

Asiat [アズィアート] 男 -en/-en
(女性) **Asiatin** [アズィアーティン]
女-/Asiatinnen [アズィアーティネン]
アジア人. **asiatisch** [アズィアーティ
シュ]形 アジア[人]の. **Asien** [ア
ーズィエン] 中-s/〖地名〗アジア.

asozial [アゾツィアール , アゾツィアール]
形 反社会的な.

Aspekt [アスペクト] 男-[e]s/-e 観
点；〖語〗(動詞の)相. ¶Der wirt-
schaftliche *Aspekt* dieser Frage
wird zu einseitig betont. この
問題については経済的観点があまりに
も一方的に強調されている.

Asphalt [アスファルト] 男 -[e]s/-e
アスファルト.

aß [アース] essen の過去形・単数・
1, 3人称.

Ass [アス] 中-es/-e 〖トランプ・スポーツ〗エー
ス. ¶Der Torwart ist das *Ass*
der Mannschaft. このゴールキー
パーはチームのエースだ.

As・sistent [アスィステント] 男 -en
/-en (女性) **As・sistentin** [アス
ィステンティン] 女-/As・sistentinnen
[アスィステンティネン]助手, 助教.

Ast [アスト] 男 -[e]s/Äste [エステ]
大枝. (⇒Zweig)

Ästhetik [エステーティク] 女-/ 美
学. **ästhetisch** [エステーティシュ]
形 美学に関する, 美的な；趣味のよい；
心地よい.

Astro・logie [アストゥロ・ロギー] 女-/
占星術.

Astro・naut [アストゥロ・ナォト] 男

-en/-en 〖女性〗 **Astro·nautin**
[アストゥロ・ナォティン] 〖女〗-/Astro·nau-
tinnen [アストゥロ・ナォティネン]）宇宙飛
行士. ¶Erstmals war auch eine
Astronautin mit an Bord.　女性
宇宙飛行士も初めて一緒に乗船してい
た.

旧ドイツ民主共和国ではソ連(旧)
にならって der Kosmonaut [コ
スモナォト]、die Kosmonautin
[コスモナォティン] と呼んでいた. as-
tro- はギリシャ語の「星」から、
kosmo- は同じく「世界、宇宙」
から、そして -naut はこれもギリ
シャ語の「航海者」から来ている.
フランスの作家ジュール・ヴェルヌ
（1828-1905）が書いたあの
「海底2万哩」（1870）の巨大潜
水艦はノーティラス号 Nautilus,
「航海者」の意味だ. この名はその
後アメリカ海軍の原子力潜水艦に
も使われた.

Astro·nomie [アストゥロ・ノ・ミー]
〖女〗-/ 天文学. **astro·nomisch**
[アストゥロ・ノーミッシュ] 〖形〗 天文学の；
（「巨大な」の意味で）天文学的な. ¶
Der Ölpreis schien ins *Astrono-
mische* zu steigen.　原油価格は
天文学的値(ね)に上昇するかと思われ
た.

Asyl [アズュール] 〖中〗-s/-e (ホームレ
スなどの)収容施設；(政治的被迫害者
の)庇護. ¶Wir brauchen mehr
Asyle für Obdachlose.　ホームレ
スのためにもっと収容施設が必要だ. /
Nach der Oktoberrevolution fan-
den viele Russen in Frankreich
Asyl. 10月革命の後多数のロシア人
がフランスに庇護された. **Asylant**
[アズュラント] 〖男〗-en/-en 〖女性〗
Asylantin [アズュランティン] 〖女〗-/
Asylantinnen [アズュランティネン]）庇
護権を求める人々. ¶Die *Aner-
nnung* als Asylant wurde ihm ver-
weigert.　彼は亡命者としての認定を
拒否された. **Asyl·bewerber**
[アズュール・ベヴェルバァ] 〖男〗-s/- 〖女性〗

Asyl·bewerberin [アズュール・ベ
ヴェルベリン] 〖女〗-/Asyl·bewerbe-
rinnen [アズュール・ベヴェルベリネン]）(政
治的)亡命希望者.
At [アーテー] 〖元素記号〗アスタチン.
Atelier [アテリエー] 〖中〗-s/-s アトリ
エ；(映画・写真の)スタジオ.
Atem [アーテム] 〖男〗-s/ 呼吸. ¶au-
ßer *Atem* 息を切らせて. / in ei-
nem *Atem* 一息で. /j⁴ in *Atem*
halten 人⁴に息つく暇も与えない.
◆So, und jetzt halten Sie bitte
einmal den *Atem* an! さあ今度
は一度息を止めてみてください. / Im
Urlaub konnte er endlich wie-
der *Atem* holen (schöpfen).　彼
は休暇になってやっと息をつくことがで
きた. **atem·beraubend** [アー
テム・ベラォベント] 〖形〗(興奮・緊張など
で)息もつかせないほどの. **atem·
los** [アーテム・ロース] 〖形〗 息も絶えだ
えの,息を切らせた；息つく暇もない早
さの；息をこらして.
Atheist [アテイスト] 〖男〗-en/-en
〖女性〗 **Atheistin** [アテイスティン]
〖女〗-/Atheistinnen [アテイスティネン]）
無神論者.
Athlet [アトゥレート] 〖男〗-en/-en 筋
骨たくましい男；運動選手. **Athle-
tin** [アトゥレーティン] 〖女〗-/Athletin-
nen [アトゥレーティネン] 女子運動選
手. **athletisch** [アトゥレーティシュ]
〖形〗 筋骨たくましい；運動選手の.
Atlantik [アトゥランティク] 〖男〗-s/ 〖地
名〗 der Atlantik 大西洋. **atlan-
tisch** [アトゥランティシュ] 〖形〗 大 西
洋 の. der *Atlantische* Ozean
大西洋.
Atlas [アトゥラス] 〖男〗-/Atlanten [ア
トゥランテン] (本の形をした)地図,地図
帳.
atmen [アートゥメン] 〖動〗 **1** 呼吸する.
¶Der Kranke konnte nur noch
mühsam atmen.　患者はもうやっ
とのことで息ができるだけだった. **2**
吸いこむ. ¶Damals konnte man
in unserem Land nicht einmal
mehr frei *atmen*.　当時わが国では
もはや自由に息をすることすらかなわな

かった.

Atmo·sphäre [アトゥモ・スフェーレ] **女**/-/-n 《**複**なし》大気, 気圏；雰囲気. ¶Bei den Verhandlungen herrschte eine gespannte *Atmosphäre*. 交渉では張りつめた雰囲気がみなぎっていた.

Atom [アトーム] **中**/-s/-e 原子. **atomar** [アトマール] **形** 原子の, 原子力の. ¶Die Gefahr eines *atomaren* Krieges existiert weiterhin. 核戦争の危険は引き続き存在している. **Atom·bombe** [アトーム・ボンベ] **女**/-/-n 原子爆弾. **Atom·energie** [アトーム・エネルギー] **女**/-/ 原子エネルギー.

ätsch! [エーチュ] **間** 《幼児語》やあいざまを見ろ!

Attaché [アタシェー] **男**/-s/-s (専門分野担当の)大使(公使)館員, アタッシュ.

At·tentat [アテンタート, アテンタート] **中**/-[e]s/-e 暗殺[の試み]《auf j⁴ 人⁴に対する》.

At·tentäter [アッテンテータァ, アテンテータァ] **男**/-s/- (**女性** **At·tentäterin** [アッテンテーテリン, アテンテーテリン] **女**/-/At·tentäterinnen [アッテンテーテリネン, アテンテーテリネン])暗殺者.

At·test [アテスト] **中**/-[e]s/-e 診断書. ¶Eine Kur wird nur auf ärztliches *Attest* genehmigt. 療養滞在は医師の診断書に基づいてのみ許可される.

At·traktion [アトゥラクツィオーン] **女**/-/-en 魅力；アトラクション(呼び物). **at·traktiv** [アトゥラクティーフ] -e [アトゥラクティーヴェ] **形** 人を惹(ひ)きつける, 魅力的な. ¶Herr Leber will die Firma wechseln, er hat ein *attraktives* Angebot. レーバー氏は会社を変えようと思っている. 魅力的な招聘を貰ったのである.

At·tribut [アトゥリブート, アトゥリブート] **中**/-[e]s/-e 属性, 特性；《文法》付加語. (⇒Prädikat) **at·tributiv** [アトゥリブティーフ, アトゥリブティーフ] -e [アトゥリブティーヴェ, アトゥリブティーヴェ] **形** 《文法》付加語的な. (⇒prädikativ)

au[a]! [アォ, アォア] **間** あ痛いっ.

auch [アォホ] **副** …もまた；事実また；…でさえも；それにしてもまあ. ¶wenn … auch たとえ…であっても, たしかに…ではあるにせよ. / auch wenn よしんば…になろうとも. ♦ Das geht über meine Kräfte, ich bin auch nur ein Mensch. それは私の手に余る. 私だってただの人間に過ぎないのだから. 《相手の陳述内容の真偽を確かめる気持ち》Wart ihr auch schön fleißig ? 君たちは本当に真面目にやったんだろうな.

auf [アォフ] **1前** ¶《3格・4格支配. auf das は融合して aufs となる》《3格と》…の上で；《4格と》…の上へ. 【方向・場所】Die Bibel liegt auf dem Tisch³. バイブルは机の上にある. / Ich lege die Bibel auf den Tisch⁴. 私はバイブルを机の上に置く. / auf dem Land[e]³ leben 田舎で暮らす. aufs Land⁴ gehen 田舎へ行く. 【従事・所在】Er studiert auf der Universität Bonn³. 彼はボン大学に在籍している. / Er geht in Bonn auf die Universität⁴. 彼はボン大学へ行く. 【手段】auf seine eigene Weise⁴ 彼独特のやり方で. / sich⁴ auf Deutsch⁴ unterhalten ドイツ語で会話する. 【呼応】auf seinen Wunsch⁴ [hin] 彼の希望に応じて. 【目的】auf gute Zusammenarbeit⁴ 成果ある共同作業を目ざして. 《bisと》bis auf weiteres さしあたり. **2副** 開いて；起きて. ¶Die Tür ist auf. ドアが開いている. / Um 5 Uhr bin ich schon auf. 私は5時にはもう起きている. / auf und ab 行きつもどりつ. / auf und davon 雲を霞と逃(に)げ去って. **3間** Auf! さあやれ(行け・かかれ).

auf- [アォフ] 《常にアクセントをもち分離動詞をつくる綴り》【上方へ】¶auf|gehen (太陽が)昇る, 【突発・開始】auf|wachen 目覚める, 【到達・接触】auf|fahren 追突する, 【完結】auf|essen 食べつくす, 【開放】auf|machen 開ける；

【心理的変化を促す】 auf|muntern 元気づける.

auf|atmen [アオフ・アートゥメン] **動** ほっと息をつく. ¶ Als ich die Kreditkarte wiederfand, habe ich richtig *aufgeatmet*. クレジットカードがまた見つかって私は本当に安堵の吐息をついた.

Auf・bau [アオフ・バオ] **男**-s/Auf-bauten 《**複** なし》 建設;(文芸作品の)構成;増設部分, (自動車の)シャーシー, 船楼(船の上甲板より上の構造物). ¶ Seine Firma ist noch im *Aufbau*. 彼の会社はまだ立ち上げの途上だ. **auf|bau-en** [アオフ・バオエン] **動 1** 組み立てる, 立ち(築き)上げる;育て上げる. ¶ *sich⁴ aus et³ aufbauen* 物³から発生する. / *sich⁴ aufbauen* 立ちはだかる. **2** 事³に基づいている, 基づいて行われる《auf *et⁴* 事⁴に》.

auf|bereiten [アオフ・ベライテン] **動** 精製する;(目的に合わせて)整備する.

auf|bessern [アオフ・ベセルン] **動** 改善する.

auf|bewahren [アオフ・ベヴァーレン] bewahrte auf, aufbewahrt **動** 保存する, 保管する. ¶ Seine Liebesbriefe hat sie alle sorgfältig *aufbewahrt*. 彼女は彼のラブレターを全て大事にしまっておいた. **Auf・bewahrung** [アオフ・ベヴァールング] **女**-/-en 保存, 保管.

auf|bieten* [アオフ・ビーテン] bot auf, aufgeboten **動** (部隊など)を投入する. ¶ Um die Tür aufzubekommen, musste er all seine Kräfte *aufbieten*. ドアを何とか開けるために彼は全力を傾注しなければならなかった.

auf|blasen* [アオフ・ブラーゼン] du/er bläst auf; blies auf, aufgeblasen **動** (空気などを)吹き込んでふくらます. ¶ *sich⁴ aufblasen* えらそうにする.

auf|bleiben* [アオフ・ブライベン] blieb auf, aufgeblieben **動** (s) 起きたままでいる;(ドアなどが)開きっぱなしである.

auf|blicken [アオフ・ブリケン] **動** 見上げる, 顔を上げる. ¶ zu *j³ aufblicken* 人³を尊敬する, 模範とする.

auf|blühen [アオフ・ブリューエン] **動** (s) 花開く;生き生きする. ¶ Die Halbleiterindustrie *blüht auf*. 半導体産業が花開いて(隆盛して)いる.

auf|brechen* [アオフ・ブレヒェン] du brichst auf, er bricht auf; brach auf, aufgebrochen **動 1** 力任せにあける. ¶ Diese Stahltür lässt sich kaum *aufbrechen*. このスチール扉はとてもこじ開けられはしない. **2** (s) 出発する. ¶ Wir müssen nun *aufbrechen*, sonst wird es zu spät. もう出発しなくては, さもないと遅くなりすぎる. **Auf・bruch** [アオフ・ブルフ] **男**-[e]s/ 出発.

auf|brühen [アオフ・ブリューエン] **動** (コーヒー・紅茶に)熱湯を注ぐ;(コーヒー・紅茶を)入れる.

auf|decken [アオフ・デケン] **動 1** (人⁴・物⁴の)覆い(夜具)をとる;(悪事など)をあばく. ¶ die Karten *aufdecken* トランプ・カードの絵を表にして出す. ◆ Die Presse *deckte* den Skandal recht bald *auf*. 新聞はスキャンダルをいち早くあばいた. **2** テーブルに食事の支度をする. ¶ Ich habe schon *aufgedeckt*. 私はもう食事の用意をととのえた.

auf|drängen [アオフ・ドゥレンゲン] **動** 無理強いする《*j³ et⁴* 人³に事⁴を》. ¶ *sich⁴ j³ aufdrängen* 人³に親切の押し売りをする, 人³の心をとらえて離さない. ◆ Der Verdacht, dass er der Täter war, *drängte* sich mir geradezu *auf*. 彼が犯人ではないかという疑惑が文字どおり私の心をとらえて離さなかった.

auf|drehen [アオフ・ドゥレーエン] **動** ひねって(回して)開ける;(水道・ガスなど)コックをひねって出す;(ふた・ねじなど)ひねって緩める. ¶ *Dreh* [den Hahn] nicht zu weit *auf*! Wir müssen Wasser sparen. 水道の栓をあまり大きくひねるなよ. 水を節

約しなければならないのだ.

aufdring·lich [アォフドゥリング・リヒ] 形 厚かましい;しつこい.

auf·einander [アォフ・アイナンダァ] 副 互いに重なり合って;互いに向き合って. ¶Die beiden Rivalen treffen im Finale *aufeinander*. そのライバルはファイナルで対戦する. / Zu Hause habe ich nicht viel Platz. Ich muss meine ganzen Bücher *aufeinander* stapeln. うちにはあまり場所がない. 私は蔵書の全てを山積みにしておかなくてはならない.

Auf·enthalt [アォフ・エントハルト] 中-[e]s/-e 滞在;(列車の)停車[時間]. ¶den Aufenthalt verlängern (abkürzen/unterbrechen) 滞在を延長(短縮・中断)する. ◆Der Zug hat in Bonn nur zwei Minuten *Aufenthalt*. 列車はボンに2分間しか停車しない. **Aufenthalts·erlaubnis** [アォフエントハルツ・エァラオプニス] 女-/ 滞在許可.

auf|essen* [アォフ・エセン] du/er isst auf; aß auf, aufgegessen 動 (食べて)平らげる.

auf|fahren* [アォフ・ファーレン] du fährst auf, er fährt auf; fuhr auf, aufgefahren 動 (s) 追突する《auf et⁴ 先行車など⁴に》,あとについて走る《auf j⁴ 前の人⁴に》;はね起きる. ¶Fahr nicht so dicht auf den Wagen vor dir *auf*! Sonst gibt es noch einen Unfall. こんなに先行車のすぐ後ろを走るものじゃない. さもないとこれから先事故が起こるぞ.

Auf·fahrt [アォフ・ファールト] 女-/-en 登り道;(高速道路への)ランプウエイ;車寄せ(アプローチ).

auf|fallen* [アォフ・ファレン] du fällst auf, er fällt auf; fiel auf, aufgefallen 動 (s) 目立つ,目をひく. ¶et¹ fällt j³ auf 物¹が人³の注意をひく. ◆Sie will unbedingt *auffallen*. 彼女は断固目立ちたがる. / Bisher ist er der Polizei nicht *aufgefallen*. これまでのところ彼は

警察の目をひかなかった. **auf·fallend** [アォフ・ファレント] 1形 人目を引く. 2副 異常なほど. ¶Ich finde, er sah heute *auffallend* schlecht aus. 私が思うに彼はきょう異常なほど具合が悪そうに見えた. 3 auffallen の現在分詞.

auf·fällig [アォフ・フェリヒ] -e [アォフ・フェリゲ] 形 人目を引く;けばけばしい. ¶*Auffällig* oft suchte der Verdächtige die Toilette auf. 怪しい男は異様なほど何度もトイレに入った.

auf|fangen* [アォフ・ファンゲン] du fängst auf, er fängt auf; fing auf, aufgefangen 動 (飛んできたものを)受け止める;(容器に)受けてためる;(衝撃を)吸収する. ¶[das] Regenwasser in der Tonne *auffangen* 雨水をたるに受ける. ◆Wir konnten ihn in letzter Sekunde *auffangen*, ehe er von der Leiter fiel. 私たちは彼がはしごから落ちる前,寸前に彼を受け止めることができた.

auf|fassen [アォフ・ファセン] 動 理解する. ¶seine Worte als Schmeichelei *auffassen* 彼の言うことをお世辞ととる. **Auf·fassung** [アォフ・ファスング] 女-/-en 見解. ¶Meiner Auffassung nach hat er Recht. 私の考えでは彼が正しい. / Er hat eine seltsame Auffassung von Toleranz. 彼は寛容ということについて変わった考えをもっている.

auf|fordern [アォフ・フォルデルン] 動 j⁴ zu et³ (... zu +不定詞) auffordern 人⁴に事³(…すること)を求める. ¶Die Opposition forderte den Kanzler zum Rücktritt auf. 野党は連邦首相の退任を要求した. / Die Polizei forderte die Demonstranten auf, den Platz zu räumen. 警察はデモ参加者に広場を立ち退くよう要請した. **Auf·forderung** [アォフ・フォルデルング] 女-/-en 要請,要求.

auf|fressen* [アォフ・フレセン] du/

er frisst auf; fraß auf, aufge-
fressen 動 (動物が)食い尽くす.

auf|führen [アォフ・フューレン] 動 上
演する;リストアップする. ¶*sich⁴
aufführen* 振舞う. ♦ In Bayreuth
wird nur Wagner *aufgeführt*. バ
イロイトではワーグナーの作品しか上演
されない. / Alle Kandidaten sind
in dieser Liste *aufgeführt*. この
リストには全候補者が掲載されている.

Auf・führung [アォフ・フュールング]
女 –/–en 上演. ¶Ich habe schon
bessere *Aufführungen* der „Zau-
berflöte" erlebt. 私はこれまでにも
っと優れた「魔笛」の上演を体験し
た.

Auf・gabe [アォフ・ガーベ] 女 –/–n
閉鎖,放棄;任務,課題;《ふつう複》宿
題. ¶*Aufgabe* der Polizei ist
es, für Sicherheit und Ordnung
zu sorgen. 警察の任務は治安と秩
序に配慮することである. / Der He-
rausforderer verlor durch *Auf-
gabe* in der fünften Runde. 挑
戦者は5ラウンドに試合放棄して敗れ
た.

Auf・gang [アォフ・ガング] 男 –[e]s/
Auf・gänge [アォフ・ゲンゲ] 上り坂,
上り階段;《複 なし》(天体の)出. ¶
der *Aufgang* des Mondes 月の
出.

auf|geben* [アォフ・ゲーベン] *du*
gibst auf, *er* gibt auf; gab
auf, aufgegeben 動 やめる,放棄
する;差し出す;課する. ¶ein Päck-
chen auf/bei der Post *aufgeben*
小包を郵便局に差し出す. / den
Schülern Hausaufgaben *aufge-
ben* 生徒に宿題を出す. ♦ Wenn es
schwierig wird, *gibt* er schnell
auf. 厄介になってくると彼は早々に
放り出してしまう.

auf|gehen* [アォフ・ゲーエン] ging
auf, aufgegangen 動 (s) 昇る;
(ドアなどが)開く,(結んだものが)解け
る;(種子が)芽を出す. ¶Die Sonne
geht im Osten *auf*. 太陽は東か
ら昇る. / Japan ist das Land
der *aufgehenden* Sonne. 日本

は日いづる国である. / Die Tür *geht*
schwer *auf*. このドアはなかなか開
かないね.

auf・gelegt [アォフ・ゲレークト] **1** 形
…の気分である. ¶gut(schlecht)
aufgelegt sein 上機嫌(不機嫌)で
ある. / zum Singen *aufgelegt*
sein 歌いだしたい気分だ. **2** auf-
legen の過去分詞.

auf・geregt [アォフ・ゲレークト] **1**
形 興奮した. **2** aufregen の過
去分詞.

auf・geschlossen [アォフ・ゲシュロセ
ン] **1** 形 関心がある《für et⁴ 物⁴
に》. ¶Für neue Ideen ist er
stets *aufgeschlossen*. 新しいア
イディアに対して彼は常に関心がある.
2 aufschließen の過去分詞.

auf・geweckt [アォフ・ゲヴェクト]
1 形 のみ込みの早い. **2** aufwe-
cken の過去分詞.

auf|greifen* [アォフ・グライフェン]
griff auf, aufgegriffen 動 (提
案などを)取り上げる;逮捕する.

auf・grund [アォフ・グルント], **auf
Grund** [アォフ グルント] **1** 前 《2
格支配》…に基づいて,…のため. ¶
aufgrund(*auf Grund*) der Be-
weise 証拠に基づいて. **2** 副 《von
et³ を伴って》事³に基づいて, 事³とい
う理由で. ¶*aufgrund* von Berich-
ten 報道に基づいて.

auf|haben* [アォフ・ハーベン] *du*
hast auf, *er* hat auf; hatte
auf, aufgehabt 動 開いている;かぶ
っている,(めがねを)かけている. ¶Die
Post *hat* samstags bis 13 Uhr
auf. 土曜日に郵便局は13時まで開
いている. / Was *hast* du für
eine komische Mütze *auf*? なんと
いう奇妙な帽子をかむっているのだ.

auf|halten* [アォフ・ハルテン] *du*
hältst [ヘルツト] auf, *er* hält auf;
hielt auf, aufgehalten 動
引き止める;(ドアなどを)開けたままに
しておく. ¶*sich⁴ aufhalten* (ある
場所に)いる,滞在する. ♦ Ich will
dich nicht lange *aufhalten*. 君を
長時間引き止めておくつもりはない.

/ Er war Kavalier und *hielt* der alten Dame die Tür *auf*. 彼は申し分のない紳士で,お年寄りの女性のためにドアを開けたまま支えていた.

auf·hängen [アォフ・ヘンゲン] **動** 吊(っ)るす;しめ殺す. ¶ *sich⁴ aufhängen* 首吊り自殺をする. ◆ Kannst du für mich die Wäsche *aufhängen*? 私のかわりに洗濯物をつるしてくれないか.

auf·heben* [アォフ・ヘーベン] hob auf, aufgehoben **動** 持ち(取り・拾い)上げる;廃止(破棄)する;とっておく. ¶ Er *hob* einen Stein *auf*, und warf nach dem Hund. 彼は石を一つ拾い上げて犬めがけて投げつけた. / Diese alte Uhr brauchst du nicht *aufzuheben*. この古時計をとっておく必要はない.

auf·holen [アォフ・ホーレン] **動** [遅れを]取り戻す;差を縮める. ¶ Der Zug *holte* die Verspätung von 30 Minuten *auf*. 列車は30分の遅れを取り戻した.

auf·horchen [アォフ・ホルヒェン] **動** 聞き耳を立てる.

auf·hören [アォフ・ヘーレン] **動** (雨などが)やむ;(道・線路が)終る. ¶ mit *et³ aufhören* 事³をやめる. ◆ Der Regen *hört* und *hört* nicht *auf*. 雨は一向に止まない. / Wann *hörst* du mit dem Rauchen *auf*? お前はいつタバコをやめるのか.

auf·klappen [アォフ・クラペン] **動** (書物・折りたたみ椅子・ジャックナイフなどを)ひろげる(パチンと)とあける.

auf·klären [アォフ・クレーレン] **動** 解明する,啓発する(特に:人⁴に性教育する). ¶ *sich⁴ aufklären* 解明される. / *j⁴ über et⁴ aufklären* 人⁴に事⁴を悟らせる. ◆ Habt ihr eure Kinder schon *aufgeklärt*? あなた方はもう子供たちに性教育をしましたか. **Auf·klärung** [アォフ・クレールング] **女**-/-en 解明;«**複** なし»性教育;«**複** なし»(18世紀の)啓蒙主義;偵察. ¶ *Aufklärung* ist die beste Waffe gegen Aberglauben. 啓蒙こそ迷信に対する最善の武器である.

auf·kleben [アォフ・クレーベン] **動** 貼りつける«auf et⁴ 物⁴に». ¶ Wieviel muss ich auf diesen Luftpostbrief *aufkleben*? この航空郵便にはいかほど[切手を]貼らなければいけませんか. **Auf·kleber** [アォフ・クレーバァ] **男**-s/- ステッカー.

auf·knöpfen [アォフ・クネップフェン] **動** (服など⁴の)ボタンを外す. ¶ [*sich³*] die Bluse *aufknöpfen* ブラウスのボタンを外す.

auf·kommen* [アォフ・コメン] kam auf, aufgekommen **動** (s) 弁済する«für et⁴ 事⁴を»;[思いがけず]生じる;着地する. ¶ Seine Versicherung *kommt* für den Schaden *auf*. 彼の保険はこの損害をカバーする. / Immer wieder *kamen* Gerüchte *auf*, der Minister wolle zurücktreten. 大臣が引退しようとしているという噂がくり返し生まれた.

auf·laden* [アォフ・ラーデン] *du lädst* [レーツト] auf, *er lädt* [レート] auf; lud auf, aufgeladen **動** 積む;充電する. ¶ [die] Kisten auf einen LKW *aufladen* 箱をトラックに積む. / Batterien *aufladen* 電池を充電する.

Auf·lage [アォフ・ラーゲ] **女**-/-n (書籍の)第···版;義務. ¶ die erste *Auflage* 初版.

auf·lassen* [アォフ・ラセン] *du/er lässt* auf; ließ auf, aufgelassen **動** (ドアなどを)開けっ放しにしておく;(帽子を)かむったままでいる. ¶ Frauen dürfen in der Kirche den Hut *auflassen*, Männer nicht. 女性は教会で帽子をかぶったままでよいが,男性はいけない.

auf·legen [アォフ・レーゲン] **動** 載せる. ¶ eine CD *auflegen* CD をかける. / den Hörer *auflegen* 受話器を置く.

auf·lösen [アォフ・レーゼン] **動** 溶かす;解散(解消)する;(矛盾・謎などを)解く. ¶ *sich⁴ auflösen* 溶解する;解散(解消)する. ◆ Am besten *lösen* Sie die Tablette in einem Glas Wasser *auf.* いちばん良いのはこの錠剤をコップ一杯の水に溶かすことです. **Auf・lösung** [アォフ・レーズング] 囡-/-en 解散, 解消. ◆ die *Auflösung* des Rätsels 謎の答え.

auf│machen [アォフ・マヘン] 動 **1** あける, 開く. ¶*sich*⁴ *aufmachen* 出発する. ◆ Sie *machte* immer wieder seine Post *auf.* 彼女は繰り返し彼の郵便を開封した. / Nach langem Zögern *machte* er sich endlich ins Krankenhaus *auf.* 長くためらった後彼はとうとう病院に入(行)った. **2** 店を開ける.

auf・merksam [アォフ・メルクザーム] 形 注意深い; 思いやりのある. ¶So *aufmerksam* wie er hört selten jemand zu. 彼ほど注意深く人の言うことに耳を傾けるものは滅多にない. / Das ist aber sehr *aufmerksam* von Ihnen. どうもご親切さまです. **Aufmerksam・keit** [アォフメルクザーム・カイト] 囡-/-en 《複》なし》注意深さ, 集中力; 思いやり, (ちょっとした)プレゼント.

Auf・nahme [アォフ・ナーメ] 囡-/-n 《複》なし》受入れ, 収容; 撮影, 録画, 録音《auf Film/Video/Tonband フィルム・ビデオ・録音テープに》, 写真; 《複》なし》開始, 着手; 受付. ¶Vor der *Aufnahme* ins Krankenhaus musste ich ein Formular ausfüllen. 入院する前に書式用紙に記入しなければならなかった. / Die *Aufnahme* diplomatischer Beziehungen zu einem solchen Staat ist höchst problematisch. あのような国と外交関係を樹立することはきわめて問題だ.

auf│nehmen* [アォフ・ネーメン] *du* nimmst auf, *er* nimmt auf; nahm auf, aufgenommen 動 受入れる, 収容する, (人⁴の)入学・入会などを)許可する; 開始(着手)する; 撮影(録画・録音)する《auf Film/Video/Tonband フィルム・ビデオ・録音テープに》. ¶Mein Onkel *nahm* mich freundlich *auf.* おじは親切に私を迎え入れてくれた. / Die Polizei

nahm sofort die Suche nach dem Vermissten *auf.* 警察は行方不明者の捜索を直ちに開始した.

auf│passen [アォフ・パセン] 動 気をつける《auf *j*⁴/et⁴ 人⁴・物⁴に》. ¶ auf die Kinder *aufpassen* 子供たちを見守る. ◆ Pass *auf,* dass du nichts vergisst! 何も忘れないように気をつけろ.

Auf・prall [アォフ・プラル] 男-[e]s/-e 《複》まれ》激突. **auf│prallen** [アォフ・プラレン] 動 (s) 激突する《auf *et*⁴ 物⁴に》.

Auf・preis [アォフ・プライス] 男-[e]s/-e 《藤》割増金, 追加料金.

auf│pumpen [アォフ・プンペン] 動 空気入れを使ってふくらませる. ¶einen Reifen (einen Ball) *aufpumpen* 空気入れでタイヤ(ボール)をふくらませる.

auf│räumen [アォフ・ロイメン] 動 **1** 片づける. ¶das Zimmer *aufräumen* 部屋を片づける. **2** 片づけものをする. ¶mit *et*³ *aufräumen* 物³を一掃する. ◆ Es ist sehr schwer, mit diesen Missständen *aufzuräumen.* こうした弊害を排除するのは非常に難しい.

auf・recht [アォフ・レヒト] 形 まっすぐな, 垂直な; 誠実な. **aufrecht・erhalten*** [アォフレヒト・エァハルテン] *du* erhältst *aufrecht,* *er* erhält *aufrecht;* erhielt *aufrecht, aufrechterhalten* 動 保つ, (主義・主張を)堅持する. ¶Diese seltsame Behauptung wird er nicht lange *aufrechterhalten* können. このような奇妙な主張を彼は長くは維持し続けられないだろう.

auf│regen [アォフ・レーゲン] 動 (人⁴の)感情を高ぶらせる. ¶*sich*⁴ [über *et*⁴] *aufregen* [事⁴に]腹を立てる, 興奮する. ◆ Sein Benehmen *regte* mich langsam *auf.* 彼の振る舞いに私は段々腹が立ってきた. **auf・regend** [アォフ・レーゲント] **1** 形 感情を高ぶらせるような, 胸をときめかすような. ¶Das Leben in einer Kleinstadt ist wenig *aufre-*

45

gend. 小都市での生活には刺激がほとんどない。**2** aufregen の現在分詞.

Auf·regung [アォフ・レーグング] 囡-/-en 興奮, 高揚.

auf|reißen* [アォフ・ライセン] du/er reißt auf; riss auf, aufgerissen 勵 **1** 大きく開ける, 破って開ける. ¶Die Luft ist unglaublich stickig, wir *reißen* alle Türen und Fenster *auf*. 空気が信じられないほどむっとしている。ドアも窓も全部広く開けよう. **2** (s) (縫い目・傷など*が)開く, ほころびる.

auf|richten [アォフ・リヒテン] 勵 (倒れている人・物)を起こす; 元気づける. ¶*sich*⁴ *aufrichten* 起き(立ち)上がる, まっすぐに立つ. ♦Die Schwester *richtete* den Kranken vorsichtig im Bett *auf*. 看護師さんは注意深く病人をベッドの上に起き上がらせた.

auf·richtig [アォフ・リヒティヒ] -e [アォフ・リヒティゲ] 厖 誠実な, 心からの. ¶*Aufrichtig* scheint ihre Trauer nicht zu sein. 彼女の悲嘆は心からのものでないように思える.

auf|rücken [アォフ・リュケン] 勵 (s) 席を詰める; 昇進する. ¶Auf den letzten zweihundert Metern *rückte* er in die Spitzengruppe *auf*. 最後の200メートルで彼は先頭グループにあがっていった.

Auf·ruf [アォフ・ルーフ] 男-[e]s/-e 呼びかけ, アピール; 呼び出し, 〖電算〗コール. ¶Der *Aufruf* des Präsidenten zur Mäßigung verhallte ungehört. 抑制を求める大統領の呼びかけは無視された. **auf|rufen*** [アォフ・ルーフェン] rief auf, aufgerufen 勵 呼び出す, (人⁴に)アピールする; 〖電算〗コールする. ¶*j*⁴ zum Streik *aufrufen* 人⁴にストライキを呼びかける.

auf|runden [アォフ・ルンデン] 勵 (数を)丸くする. ¶5,85 Euro auf 6, 00 Euro *aufrunden* 5.85 ユーロを 6 ユーロに切り上げる.

auf|rüsten [アォフ・リュステン] 勵 **1** 軍備を拡張する. **2** (軍など*の)軍備を拡張する; 〖電算〗グレードアップする.

aufs [アォフス] =auf das.

auf|sagen [アォフ・ザーゲン] 勵 (詩などを)暗誦する.

Auf·satz [アォフ・ザッ] 男-es/Auf·sätze [アォフ・ゼッェ] 作文, 小論文. ¶Teil der Prüfung ist ein *Aufsatz* über ein aktuelles Thema. 試験の一部は目下の話題に関する作文である.

auf|schieben* [アォフ・シーベン] schob auf, aufgeschoben 勵 延期する; (ドアなどを)押し開ける. ¶Wir *schieben* die Wanderung besser *auf*, das Wetter ist zu schlecht. ハイキングは延期した方が良い, 天気が悪すぎる.

auf|schlagen* [アォフ・シュラーゲン] du schlägst auf, er schlägt auf; schlug auf, aufgeschlagen 勵 **1** (s) 《auf et³/et⁴ 物³/⁴に》落下してぶつかる. **2** (本など⁴を)開く; (テントを)張る; 〖スポーツ〗サーブする. ¶*sich*³ das Knie *aufschlagen* 膝をぶつけて怪我をする. ♦Endlich *schlug* der Patient die Augen *auf*. 患者はやっと眼を開いた. / Jeden Tag *schlägt* er die Bibel *auf*. 彼は毎日聖書を開く.

auf|schließen* [アォフ・シュリーセン] du/er schließt auf; schloss auf, aufgeschlossen 勵 **1** 鍵で開ける. ¶Diesen Safe darf nur der Direktor *aufschließen*. この金庫の鍵は部長しか開けることが許されない. **2** 間隔を詰める. ¶Endlich *schließt* unsere Mannschaft zur Tabellenspitze *auf*. ついに我らのチームは順位表のトップに上り詰める.

Auf·schluss [アォフ・シュルス] 男-es/Auf·schlüsse [アォフ・シュリュセ] 解説. ¶Geben Sie uns *Aufschluss* über die Hintergründe des Skandals! この醜聞の背景について私たちに説明してください. **auf·schluss·reich** [アォフシュルス・ライヒ] 厖 教えられるところの多い, 示唆に富んだ.

auf|schneiden* [アォフ・シュナイデン] schnitt auf, aufgeschnitten 勵

1切り開く；（パンなどを）スライスする．**2**大法螺(髭)を吹く． **Auf·schnitt** ［ｱｵﾌ・ｼｭﾆｯﾄ］ 男–[e]s/（ソーセージ・ハムなどの）スライス．

auf|schreiben* ［ｱｵﾌ・ｼｭﾗｲﾍﾞﾝ］ schrieb auf, aufgeschrieben 動 書きとめる． ¶*Schreib* mir doch mal seine Telefonnummer *auf!* 彼の電話番号を書きつけてくれよ．

auf|schreien* ［ｱｵﾌ・ｼｭﾗｲｴﾝ］ schrie auf, *wir* schrie[e]n ［ｼｭﾘｰｴﾝ］ auf, aufgeschrie[e]n ［ｱｵﾌ・ｹﾞｼｭﾘｰｴﾝ］ 動 思わず叫び声をあげる． ¶Als das Tor fiel, *schrieen* die Fans vor Freude *auf.* ゴールが決まったときファンは喜びの叫び声を上げた．

Auf·schrift ［ｱｵﾌ・ｼｭﾘﾌﾄ］ 女 –/-en （内容・説明を記載した）ラベル，レッテル．

Auf·schub ［ｱｵﾌ・ｼｭｰﾌﾞ］ 男 –[e]s/ 延期． ¶Die Angelegenheit duldet keinen *Aufschub.* この件は一刻の猶予も許されない．

Auf·schwung ［ｱｵﾌ・ｼｭｳﾞﾝｸﾞ］ 男–[e]s/Auf·schwünge ［ｱｵﾌ・ｼｭｳﾞﾝｹﾞ］ （景気の）上昇；〖ｽﾎﾟｰﾂ〗振り上がり． ¶Der *Aufschwung* lässt weiter auf sich warten. 景気の上昇はなかなか実現しない．

Auf·sehen ［ｱｵﾌ・ｾﾞｰｴﾝ］ 中 –s/ 注目，センセーション． ¶*Aufsehen* erregen 世間の注目を集める．

auf|setzen ［ｱｵﾌ・ｾﾞｯﾂｪﾝ］ 動 **1** （帽子を）かぶる，（眼鏡を）かける；起草する；オーブンに載せて熱する． ¶sich⁴ *aufsetzen* （寝ている人が）上半身を起こす．◆Könntest du für mich einen Brief an die Krankenkasse *aufsetzen*? 私の代わりに健康保険の文書を起草してはくれないか．**2**着地する．

Auf·sicht ［ｱｵﾌ・ｽﾞｨﾋﾄ］ 女–/ 監視，目配り；監視役． ¶Die Kinder sind schon wieder ohne *Aufsicht.* 子供たちはまたもや気を配ってくれる人がいない．**Aufsichts·rat** ［ｱｵﾌｽﾞｨﾋﾂ・ﾗｰﾄ］ 男–[e]s/

Aufsichts·räte ［ｱｵﾌｽﾞｨﾋﾂ・ﾚｰﾃ］〖経〗監査役員，監査役会． ¶bei VW im *Aufsichtsrat* sitzen フォルクスワーゲンで監査役会に属している．

auf|sperren ［ｱｵﾌ・ｼｭﾍﾟﾚﾝ］ 動 （口・眼を）大きく開ける；〖ｵｰｽﾄﾘｱ･ﾅﾝﾄﾞｲｽ〗鍵で開ける．

auf|springen* ［ｱｵﾌ・ｼｭﾌﾟﾘﾝｹﾞﾝ］ sprang auf, aufgesprungen 動 (s) 急に跳びあがる；跳び乗る《*auf* den Bus⁴ 走っているバスに》；突然開く．

auf|stehen* ［ｱｵﾌ・ｼｭﾃｰｴﾝ］ stand auf, aufgestanden (s) 立ち上がる，起床する，反乱を起こす《gegen den Diktator⁴ 独裁者に対して》；(h) 開いたままである． ¶Betrunken, wie er war, konnte er nicht mehr *aufstehen.* 泥酔していたので彼はもう立ち上がれなかった． / Das Fenster *steht* weit *auf.* 窓がおおきく開いたままである．

auf|steigen* ［ｱｵﾌ・ｼｭﾀｲｹﾞﾝ］ stieg auf, aufgestiegen 動 (s) （乗物に）乗る《auf das Motorrad⁴ オートバイに》；立ちのぼる；昇任する《zum Direktor³ 支配人に》；〖ｽﾎﾟｰﾂ〗上位リーグに格上げされる． ¶Tüchtige Mitarbeiter *steigen* bei uns rasch *auf.* 有能な社員はわが社では昇進が早い． / Endlich *steigt* unsere Mannschaft in die Bundesliga *auf.* ついにわがチームはブンデスリーガ（ドイツの１部リーグ）に昇格する．

auf|stellen ［ｱｵﾌ・ｼｭﾃﾚﾝ］ 動 立てる；（きちんと）配置する；（候補者を）推薦する；（文書を）作成する；〖電算〗インストールする． ¶sich⁴ *aufstellen* 整列する．◆Warum *stellst* du nur so wenige Stühle *auf*? なぜそれっぽっちしか椅子を置かないのか． / Wen *stellen* die Grünen in München *auf*? 緑の党はミュンヘンで誰を候補に立てるのだろう．

Auf·stieg ［ｱｵﾌ・ｼｭﾃｨｰｸﾞ］ 男 –[e]s/-e 登り坂；向上；格上げ． ¶Unsere Mannschaft hat den *Aufstieg* wieder einmal verpasst.

auf|stoßen*

わがチームはまたもや上位リーグへの昇格を逃した.

auf|stoßen* [アォフ・シュトーセン] du /er stößt auf; stieß auf, aufgestoßen **動 1** 押して(蹴って)開ける. **2** げっぷをする.

auf|stützen [アォフ・シュテュツェン] **動** 支える. ¶die Ell [en] bogen auf den Tisch *aufstützen* 机の上に肘をつく. / sich⁴ auf den Tisch *aufstützen* 机にもたれる.

auf|suchen [アォフ・ズーヘン] **動** 訪(Ⓣ)ねてゆく. ¶Auffällig oft *suchte* der Verdächtige die Toilette *auf*. 怪しい男は異様なほど何度もトイレに入った.

Auf・takt [アォフ・タクト] **男** -[e]s/ -e 幕開け.

auf|tauchen [アォフ・タォヘン] **動** (s) 浮かび上がる, 姿を現す. ¶Das gestohlene Gemälde *tauchte* nie wieder *auf*. 盗まれた絵は二度と再び現れなかった.

auf|tauen [アォフ・タォエン] **動 1** 溶かす, 解凍する. **2** (s) 溶ける. ¶Nach dem dritten Bier *taute* er ein bisschen *auf*. ビールを三杯飲んだ後彼は少し打解けてきた.

auf|teilen [アォフ・タィレン] **動** 分割する.

Auf・trag [アォフ・トゥラーク] **男** -[e]s /Auf・träge [アォフ・トゥレーゲ] 注文; 委託. ¶im Auftrag 委任により(略: i.A.). ◆Hiermit bestätigen wir Ihren *Auftrag* über 100 Zentner Kartoffeln. ここに貴殿よりジャガイモ100ツェントナーのご用命を承ったことをお知らせいたします.

auf|tragen* [アォフ・トゥラーゲン] du trägst auf, er trägt auf; trug auf, aufgetragen **動** (人³に事⁴を)委託(委任)する; 塗る; 着古す; 食卓にのせる. ¶Mein Mann hat mir *aufgetragen*, Sie herzlich zu grüßen. 主人よりあなたさまに心からよろしくとことづかりました. / Diese Salbe nur ganz dünn *auftragen*! この軟膏はごくうすく塗ってください. / Als Nächstes wurde ein Braten *aufgetragen*. 次のコースとしてローストが供された.

Auftrag・geber [アォフトゥラーク・ゲーバァ] **男** -s/- (女性) **Auftrag・geberin** [アォフトゥラーク・ゲーベリン] **女** -/Auftrag・geberinnen [アォフトゥラーク・ゲーベリネン] 委任者, 注文者.

auf|treten* [アォフ・トゥレーテン] du trittst [トゥリツト] auf, er tritt auf; trat auf, aufgetreten **動** (s) 足を踏みおろす, 登場する; 振舞う; 生じる. ¶Ich muss ganz vorsichtig *auftreten*, sonst tun mir die Füße weh. 私は充分に気をつけて足を踏みおろさないと足が痛む. / Bist du schon mal als Zeuge *aufgetreten*? 君はこれまでに証人に立ったことがありますか. / Er *tritt* zu selbstbewusst *auf*. 彼はあまりにも自信過剰な態度をとりすぎる.

Auf・tritt [アォフ・トゥリット] **男** -[e]s /-e 登場. ¶Sein *Auftritt* ist diesmal total misslungen. 彼の出演は今回全くの失敗だった.

auf|wachen [アォフ・ヴァヘン] **動** (s) 目覚める. ¶In letzter Zeit *wache* ich oft mitten in der Nacht *auf*. 最近私は深夜に目覚めることがよくある.

auf|wachsen* [アォフ・ヴァクセン] du/er wächst auf; wuchs auf, aufgewachsen **動** (s) 成長する.

Auf・wand [アォフ・ヴァント] **男** -[e]s/ 消費; 費用. ¶ein großer *Aufwand* an Rohöl 原油の大量消費.

auf・wändig [アォフ・ヴェンディヒ] = aufwendig.

auf|wärmen [アォフ・ヴェルメン] **動** (冷めた食物を)温めなおす. ¶sich⁴ *aufwärmen* 身体を暖める, ウォーミングアップする. ◆Soll ich die Suppe noch einmal *aufwärmen*? スープをもう一度温めなおしましょうか.

auf・wärts [アォフ・ヴェルツ] **副** 上の方へ. ¶Endlich geht es mit der Wirtschaft wieder *aufwärts*. ようやく経済がまた上向きになっている.

48

auf|wecken [アオフ・ヴェケン] **動**
(眠っている人を)起こす.

auf|weisen* [アオフ・ヴァイゼン] *du/
er* weist auf, wies auf, aufge-
wiesen **動** 示す. ¶Dieses Gerät
weist einige Mängel *auf*. この
器具には若干の欠陥がある.

auf|wenden⁽\⁾ [アオフ・ヴェンデン]
wandte [ヴァンテ] (wendete)
auf, aufgewandt [アオフ・ゲヴァント]
(aufgewendet) **動** 消費(費消)す
る. ¶Willst du dafür soviel Zeit
aufwenden? 君はそのことにそんな
沢山の時間を費やすつもりか.

auf・wendig [アオフ・ヴェンディヒ] -e
[アオフ・ヴェンディゲ] **形** 費用のかかる,
費用をかけて.

auf|werfen* [アオフ・ヴェルフェン]
du wirfst auf, *er* wirft auf;
warf auf, aufgeworfen **動** 話題
にする, テーマとして取り上げる.

auf|wischen [アオフ・ヴィシェン] **動**
(雑巾で)拭き取る, 拭き掃除をする. ¶
Ich *wische* eben noch auf,
dann ist die Küche fertig. あと
拭き掃除だけすれば台所の始末は終り
です.

auf|zählen [アオフ・ツェーレン] **動** 数
え上げる, 列挙する.

auf|zeichnen [アオフ・ツァイヒネン]
動 記録する, 録画(録音)する. ¶Er
hat das Gespräch wortwörtlich
aufgezeichnet. 彼は会談を言葉ど
おり記録した. **Auf・zeichnung**
[アオフ・ツァイヒヌング] **女**-/-en 記録,
録画, 録音.

auf|ziehen* [アオフ・ツィーエン] zog
auf, aufgezogen **動** 1(カーテン
など)引いて開ける,(帆を)あげる;(時
計など⁴の)ぜんまいを巻き上げる;育て
上げる;催す. ¶Die Jungtiere wer-
den mit der Flasche *aufgezo-
gen*. これら幼い動物は哺乳瓶で育
てられる. 2 (s) 近づく. ¶Es *zie-
hen* immer mehr Wolken *auf*,
gleich gibt es ein Gewitter. 近
づく雲がますます増えてくる, すぐ雷雨
が来るぞ.

Auf・zug [アオフ・ツーク] **男**-[e]s/

Auf・züge [アオフ・ツューゲ] エレベー
タ;(奇天烈な)身なり;〖劇〗…幕. ¶
mit dem *Aufzug* fahren エレベー
タに乗る. ◆Du willst doch wohl
nicht in diesem *Aufzug* ins Thea-
ter gehen. お前はまさかそんな妙な
身なりで観劇に行く気ではあるまいな.

Auge [アオゲ] **中**-s/-n 目. ¶*j³* die
Augen öffnen 人³に真実を知らせ
る. /ein *Auge* (beide *Augen*)
zudrücken (欠点などを)見て見ぬふ
りをする. /kein *Auge* zutun 一
睡もできない. /*j⁴* aus den *Augen*
verlieren 人⁴を見失う. /unter
vier *Augen* 二人だけで, 内緒で. ◆
Auf dem rechten *Auge* sieht er
nichts mehr. 彼は右目ではもう何
も見えない.

Augen・blick [アオゲン・ブリク] **男**
-[e]s/-e 瞬間. ¶Einen *Augen-
blick*, bitte! 一寸待ってください,
すみません一寸通してください. /Er
müsste jeden *Augenblick* kom-
men. 彼はいますぐにも来るかもしれ
ないのだが. /Im *Augenblick* geht
es ihm einigermaßen gut. 目
下のところ彼は多少調子が良い.

augenblick・lich [アオゲンブリク・リ
ヒ] **形** ・**副** 目下のところ[の];今すぐ
に. ¶Mein Mann ist *augenblick-
lich* nicht zu Hause. 夫はいま
家におりません. /Der Chef sagt,
du sollst *augenblicklich* zu ihm
kommen. 課長が君に今すぐ自分の
ところへ来いと言っている.

Augen・zeuge [アオゲン・ツォイゲ]
男-n/-n (**女性**) **Augen・zeugin**
[アオゲン・ツォイギン] **女**-/Augen・zeu-
ginnen [アオゲン・ツォイギネン]) 目撃
者. ¶Inzwischen haben sich
mehrere *Augenzeugen* des Vor-
falls gemeldet. そうこうするうち
に事件の目撃者が何人も申し出てきた.

August [アオグスト] **男**-[s]/ 8月.
(⇒April)

Auktion [アオクツィオーン] **女**-/-en
競売.

**Au-pair-mädchen, Au-pair-
Mädchen** [オペール・メートヒェン]

49

中-s/- オペーア・ガール(無給賄いつき住み込みで語学の勉強などしながら働く外国少女)

Aula [アォラ] 女-s/Aulen [アォレン] (学校・大学の)大講堂.

aus [アォス] **1**前《3格支配》【内から外へ】*aus* dem Zimmer gehen 部屋から出て行く.【離脱の出発点】Geld *aus* der Kassette rauben 金を手提げ金庫から奪う.【由来】*aus* München kommen ミュンヒェン出身である. / *aus* dem vorigen Jahrhundert stammen 前世紀に由来する.【素材】ein Kimono *aus* Seide 絹のキモノ.【原因・理由】*aus* Eifersucht やきもちが原因で. **2**副 (電気などが)消えて;終って.¶Das Licht ist *aus*. 灯が消えている. / Der Film ist *aus*. 映画の上映が終った. / Zwischen den beiden ist es *aus*. 二人の仲は終った.《von j³/et³ *aus* の形で》人³・物³から.¶Von Tokyo *aus* fliegt man 12 Stunden bis Frankfurt. 東京からフランクフルトまでの飛行時間は12時間だ. / Von mir *aus* kannst du mitkommen. 私としては君が一緒に来てもかまわないが.

aus- [アォス]《常にアクセントをもち分離動詞をつくる前つづり》【内から外へ】¶*aus*gehen 外出する;【提示】*aus*stellen 陳列する;【除去】*aus*bürsten ブラシでとり除く;【拡張】*aus*bauen 拡大する;【選別】*aus*suchen 選び出す;【完成】*aus*arbeiten 仕上げる;【終止】*aus*sterben 死に絶える.

aus|arbeiten [アォス・アルバイテン] 動 起草する;仕上げる.¶Wir müssen schleunigst einen völlig neuen Plan *ausarbeiten*. われわれは大至急全く新しい計画を練り上げなくてはならない.

aus|atmen [アォス・アートメン] 動 [息を]吐き出す.

Aus・bau [アォス・バォ] 男-[e]s/ Aus・bauten [アォス・バォテン]《複なし》拡大,増築;増築部分.¶Viele Fachleute halten den *Ausbau* des Flughafens für unnötig. 多くの専門家たちは空港の拡大を不必要とみなしている. **aus|bauen** [アォス・バォエン] 動 拡大する,増築する;取り外す.¶die Batterie *aus* dem Wagen *ausbauen* バッテリーを自動車から取り外す.

aus|beuten [アォス・ボイテン] 動 (人⁴を)搾取する,収奪する.

aus|bilden [アォス・ビルデン] 動 養成する《zur Krankenschwester³ ナースに》;(能力を)高める. (⇒Auszubildender*, Azubi)

Aus・bildung [アォス・ビルドゥング] 女-/-en 職業訓練,養成.¶Die *Ausbildung* zum Tierpfleger dauert normalerweise drei Jahre. 動物養育係の養成には普通3年かかる.

Aus・blick [アォス・ブリク] 男-[e]s/ -e 眺望;(将来への)展望.¶ein *Ausblick* auf das 21. Jahrhundert 21世紀への見通し.

aus|borgen [アォス・ボルゲン] 動 貸す《j³/an j⁴ et⁴ 人³・人⁴に物⁴を》.¶*sich³* et⁴ von (bei) j³ *borgen* 人³から物⁴を借りる. ♦ Sie *borgte sich³* von ihrer Schulfreundin ein Wörterbuch *aus*. 彼女は学友から辞書を借りた.

aus|brechen* [アォス・ブレヒェン] *du* brichst *aus*, *er* bricht *aus*; brach *aus*, ausgebrochen 動 (s) 脱走する;突発(勃発)する;(本来のコースから)外れる;噴火する.¶in Tränen(Gelächter) *ausbrechen* わっと泣き出す(どっと笑い出す). ♦ 1939 brach der Zweite Weltkrieg *aus*. 1939年に第二次世界大戦が勃発した. / Der Vulkan kann jederzeit *ausbrechen*. この火山は今にも噴火する可能性がある. / Wer wollte nicht einmal aus dem Alltag *ausbrechen*? 日常から一度逃れたいと思わなかった人などいないだろう.

aus|breiten [アォス・ブライテン] 動 広げる.¶*sich⁴ ausbreiten* 広が

る．◆ Sie *breitete* ihr Badetuch auf dem Rasen *aus* und legte sich in die Sonne.　彼女はバスタオルを芝生の上に広げ、横になって日光浴をした．

Aus・bruch [アォス・ブルフ] 男-[e]s/ Aus・brüche [アォス・ブリュヒェ] 脱走；突発, 勃発, (疫病の)発生, (火山・感情の)爆発．¶Die Presse berichtete ausführlich über den *Ausbruch* der Truppen aus dem Kessel.　新聞は部隊が包囲から脱出したことを詳細に報じた． / Ganz unerwartet überfiel ihn ein *Ausbruch* heftiger Wut.　不意に彼を激しい怒りが襲った．

aus|buchen [アォス・ブーヘン] 動 (ホテル・劇場・航空機など⁴の)室(席)を完売する．¶*ausgebucht* sein 満室(満席)である．

aus|bürgern [アォス・ビュルゲルン] 動 (人⁴の)国籍(市民権)を剥奪する．

aus|bürsten [アォス・ビュルステン] 動 (衣類・毛髪など⁴に)ブラシをかける．

aus|checken [アォス・チェケン] 動 チェックアウトする．

Aus・dauer [アォス・ダォァ] 女-/ 根気．¶Mit bewundernswerter *Ausdauer* hat sie jeden Abend Klavier geübt.　彼女は驚嘆するほどの根気をもって毎夜ピアノの練習をした．**aus・dauernd** [アォス・ダォエルント] 形 根気(根性)のある．

aus|dehnen [アォス・デーネン] 動 のばす, 広げる, 増やす．¶*sich⁴ ausdehnen* 増大する, 増量する, 膨張する, 広がる．¶Wollen wir unseren Spaziergang heute bis zum Waldcafé *ausdehnen*? きょうの散歩は森の喫茶店まで足を延ばそうか． / Er *dehnte* seinen Kundenkreis immer weiter *aus*.　彼は顧客圏をますます広げていった．**Aus・dehnung** [アォス・デーヌング] 女-/-en 増大, 増量, 膨張, 拡大；範囲, 広がり．

aus|denken* [アォス・デンケン] dachte aus, ausgedacht 動 [*sich³*] *et⁴ ausdenken* 物事⁴を考えつく．¶Für Mutter haben wir

uns eine tolle Überraschung *ausgedacht*.　お母さんのために私たちは素晴らしいプレゼントを思いついた．

¹Aus・druck [アォス・ドゥルク] 男-[e]s/Aus・drücke [アォス・ドゥリュケ] 表現；《複 なし》表現の仕方．¶Er braucht mir zu gern vulgäre *Ausdrücke*.　彼は私が思うに卑俗な言葉遣いをしたがりすぎる． / Ich glaube, Sie vergreifen sich im *Ausdruck*.　あなたは不適切な口調で話していらっしゃると思いますよ．

²Aus・druck [アォス・ドゥルク] 男-[e]s/-e [電算]プリントアウト．**aus|drucken** [アォス・ドゥルケン] 動 プリントアウトする．

aus|drücken [アォス・ドゥリュケン] 動 表現する；(レモンなどを)しぼる；(タバコなどを)もみ消す．¶*sich⁴ ausdrücken* 自分の考えを表現する；表現される．**ausdrück・lich** [アォスドゥリュク・リヒ]形 明確な, きっぱりした．

aus・einander [アォス・アィナンダァ] 副 お互いに相手から離れて(離して)；(折りたたんだものを)広げて；ばらばらに．¶Die beiden sind schon lange *auseinander*.　二人はもうとっくに離れ離れだ．

auseinander|setzen [アォスアィナンダァ・ゼツェン] 動 *sich⁴ mit j³/et³ auseinandersetzen* 人³ととことんまで議論する, 物事³と徹底的にとり組む．¶Über das Regierungsprogramm wird man sich im Parlament ausführlich *auseinandersetzen*.　政府の施政方針について議会で詳細にわたり徹底的な議論が行われるだろう．**Auseinander・setzung** [アォスアィナンダァ・ゼツング] 女 -/-en [言い]争い, 論争．

aus|fahren* [アォス・ファーレン] du fährst aus, er fährt aus; fuhr aus, ausgefahren 動 1 (s) (乗物が・乗物で)出発する, 出かける．2 乗物で配達する；ドライブに連れて行く．

Aus・fahrt [アォス・ファールト] 女 -/ -en (乗物の・乗物による)出発, 出帆；

ドライブ；（高速道路の）出路. ¶*Ausfahrt* freihalten! 車の出入り口につき駐車お断り。/ Nach Bonn müssen wir die nächste *Ausfahrt* nehmen. ボンへ行くには次の出路から出なくてはいけない.

Aus·fall [フォス・ファル] 男 -[e]s/ **Aus·fälle** [フォス・フェレ] 不具合；（歯・毛髪の）抜け落ち；取りやめ. **aus fallen*** [フォス・ファレン] *es* fällt aus; fiel aus, ausgefallen 動 取りやめ（中止）になる；（歯・毛髪）が抜け落ちる；故障する；欠席（欠場）する. ¶Wegen des Feiertages *fallen* die Vorlesungen *aus*. 祝日のため講義は取りやめ. / Plötzlich *fiel* an seinem Wagen das Rücklicht *aus*. 突然彼の車のテールランプが消えた. **aus·fallend** [フォス・ファレント] 形 1 侮辱的な，無礼な. ¶Er machte eine *ausfallende* Bemerkung. 彼は無礼な発言をした. 2 ausfallen の現在分詞. **aus·fällig** [フォス・フェリヒ] -e [フォス・フェリゲ] 形 侮辱的な，無礼な.

Aus·flug [フォス・フルーク] 男 -[e]s/ **Aus·flüge** [フォス・フリューゲ] 遠足. ¶einen *Ausflug* ins Grüne machen 野外へハイキングに行く. ♦ Ich bin am Sonntag zu einem *Ausflug* eingeladen. 日曜日に私はハイキングに誘われている.

aus fragen [フォス・フラーゲン] 動 j⁴ über et⁴ *ausfragen* 人⁴に物事⁴を根ほり葉ほり問いただす.

aus führen [フォス・フューレン] 動 輸出する；実行に移す；詳しく話す. **aus·führ·lich** [フォスフューァ・リヒ] 形 詳しい.

Aus·führung [フォス・フュールング] 女 -/-en 実行；（品物の）造り. ¶Bei der *Ausführung* des Planes gab es unerwartete Schwierigkeiten. 計画の実行に当たって思いがけぬ困難があった. / Dieses Fahrrad gibt es auch in einer einfacheren *Ausführung*. この自転車にはよりシンプルな仕様のものもある.

aus füllen [フォス・フュレン] 動 （書

類・書式⁴に）記入する；いっぱいにふさぐ；満足させる. ¶Zuerst müssen Sie diesen Fragebogen (dieses Formular) *ausfüllen*. 最初にあなたはこの調査用紙に記入しなければならない. / Das Loch in der Mauer *füllen* wir zunächst mit Steinen *aus*. 壁の穴はとりあえず石でふさいでおく.

Aus·gabe [フォス・ガーベ] 女 -/-n 分配，引渡し；《複》で支出；発行，（新聞の）…版，…刊（例: Abendausgabe 夕刊）. ¶Die *Ausgabe* der neuen Ausweise verzögert sich um eine Woche. 新しい身分証明書の発給は一週間遅れる. / Die *Ausgaben* für Miete，Strom und Wasser sind zu hoch. 家賃，電気代，水道代への支出が高額すぎる. / Von dem Lexikon gibt es bald eine neue *Ausgabe*. この辞典はもうすぐ新版が出ます.

Aus·gang [フォス・ガング] 男 -[e]s/ **Aus·gänge** [フォス・ゲンゲ] 出口；結果，結末；《複 なし》外出許可. ¶Der Saal hat nur einen *Ausgang*. ホールには出口が一つしかない. / Den *Ausgang* der Sache kann niemand vorhersagen. 事柄の結末は誰もあらかじめ言うことができない. **Ausgangs·punkt** [フォスガングス・プンクト] 男-[e]s/-e 出発点.

aus geben* [フォス・ゲーベン] *du* gibst aus, *er* gibt aus; gab aus, ausgegeben 動 支出する；支給する；（株式などを）発行する. ¶Wieviel haben wir heute *ausgegeben*? きょうはいくら支出したろう. / Morgen *gibt* die Post neue Briefmarken *aus*. 郵便局はあした新しい切手を発行する.

aus·gebucht [フォス・ゲブーフト] 1 形 全席予約済み（満席）；約束でいっぱいの. ¶Die Maschine ist total *ausgebucht*. この機は全席予約済みです. 2 ausbuchen の過去分詞.

aus·gefallen [フォス・ゲファレン] 1 形 （普通と）変わった，奇抜な. 2

ausfallen の過去分詞.

aus·geglichen ［アォス・ゲグリヒェン］
1 形 落着いた；調和のとれた. ¶ein *ausgeglichenes* Klima 安定した気候. ◆ Er ist ein *ausgleichener* Mensch. 彼は円満な人間だ.
2 ausgleichen の過去分詞.

aus·gehen* ［アォス・ゲーエン］ ging aus, ausgegangen 動 (s) (楽しみごとのために)外出する；(明かりなどが)消える，(お金が)尽きる；(結果を表す語と)…という結末になる；(毛髪・歯が)抜ける；(機器類が)とまる，動かなくなる. ¶Ich *gehe* davon *aus*, dass ... 私は…を前提としている. / gut(schlecht) *ausgehen* うまくいく(悪い結果になる). / leer *ausgehen* 一文の得にもならない. ◆ Heute Abend *gehen* wir groß *aus*. 今晩の外出は豪勢にやるとしよう. / Allmählich *geht* ihm das Geld *aus*. 彼はだんだんとお金がなくなっていく. / Nach 300 Metern *ging* ihm schon die Puste *aus*. 300メートルで彼はもう息が続かなくなった.

aus·gelassen ［アォス・ゲラセン］ 1 形 楽しく. ¶Auf dem Kindergeburtstag ging es sehr *ausgelassen* zu. 子供のお誕生日会はとても楽しく皆はしゃいで行われた. 2 auslassen の過去分詞.

aus·genommen ［アォス・ゲノメン］ 1 接 …は別として. ¶Anwesende *ausgenommen* ここにいる人たちは別として. / *ausgenommen*, dass ... …であることを除いては. 2 ausnehmen の過去分詞.

aus·gerechnet ［アォス・ゲレヒネト］ 1 副 よりによって. ¶*Ausgerechnet* heute muss es regnen. よりによってきょうが雨だとは. 2 ausrechnen の過去分詞.

aus·geschlossen ［アォス・ゲシュロセン］ 1 形 問題外の，ありえない. 2 ausschließen の過去分詞.

aus·gesprochen ［アォス・ゲシュプロヘン］ 1 形 殊に大きい，格別の. 2 副 非常に. ¶Sie ist *ausgesprochen* nett. 彼女は特別に親切だ. 3 aussprechen の過去分詞.

aus·gestorben ［アォス・ゲシュトルベン］ 形 絶(死)滅した.

aus·gesucht ［アォス・ゲズーフト］ 1 形 よりぬきの. ¶Er wurde mit *ausgesuchter* Höflichkeit behandelt. 彼は格別の丁重な扱いを受けた. 2 副 殊に. 3 aussuchen の過去分詞.

aus·gezeichnet ［アォス・ゲツァイヒネト］ 1 形 優秀な，卓越した，絶妙な. ¶Sie spricht *ausgezeichnet* deutsch. 彼女は申し分ないドイツ語を話す. 2 auszeichnen の過去分詞.

aus·giebig ［アォス・ギービヒ］ -e ［アォス・ギービゲ］ 形 たっぷりした. ¶Sonntags wird bei uns immer *ausgiebig* gefrühstückt. 日曜日わが家ではいつも内容豊かな朝食をとる.

aus·gießen* ［アォス・ギーセン］ *du/er* gießt aus; goss aus, ausgegossen 動 流しだす«Wasser⁴ aus dem Eimer 水をバケツから»；(瓶など⁴の)中身を流し出して空(⁴)にする.

Aus·gleich ［アォス・グライヒ］ 男 -[e]s/-e 均衡，埋め合わせ；相殺(そうさい). 〖スポーツ〗同点. ¶zum *Ausgleich* 埋め合わせに，代わりに. ◆ Kurz vor Spielschluss erzielten die Gäste den *Ausgleich*. ゲームの終る直前にヴィジターチームは同点ゴールを決めた. **aus·gleichen*** ［アォス・グライヒェン］ glich aus, ausgeglichen 動 1 均(なら)す，埋め合わせる. ¶ sich⁴ *ausgleichen* 差し引きゼロになる. ◆ Warum können die beiden ihren Meinungsunterschied nicht *ausgleichen*? 二人は何故意見の違いをなくすことができないのだろう. / Gewinne und Verluste *gleichen* sich *aus*. 損得が相償あっている. 2 〖スポーツ〗タイスコアにする.

Aus·guss ［アォス・グス］ 男 -es/ Aus·güsse ［アォス・ギュセ］ (台所の)シンク；シンクの排水口. ¶Der *Aus-*

guss in der Küche ist schon wieder verstopft. 台所のシンクの排水口がもうまた詰まってしまった.

aus|halten* [フォス・ハルテン] *du* hältst [ヘルツト] aus, *er* hält aus; hielt aus, ausgehalten **動** がまんする;避けない. ¶ *es aushalten* 辛抱する. ◆ Hitze kann ich ganz gut *aushalten*, Kälte weniger. 暑さはかなり我慢できるが,寒さの方はそうは行かない.

aus|händigen [フォス・ヘンディゲン] **動** 交付する.

Aus・hang [フォス・ハング] **男** -[e]s/ Aus・hänge [フォス・ヘンゲ] 掲示.

¹aus|hängen* [フォス・ヘンゲン] hing aus, ausgehangen **動** 掲示(公示)されている. **²aus|hängen** [フォス・ヘンゲン] **動** 掲示(公示)する;取り外す. ¶ die Tür *aushängen* ⁴をヒンジから外す.

aus|helfen* [フォス・ヘルフェン] *du* hilfst aus, *er* hilft aus; half aus, ausgeholfen **動** (困っている人³を)助ける《mit Geld³ お金で》; 臨時に手伝う. ¶ Frau Bauer war so nett, über Ostern in unserem Restaurant *auszuhelfen*. バウアー夫人は大変親切にイースターの間うちのレストランを臨時に手伝ってくれた. **Aus・hilfe** [フォス・ヒルフェ] **女**-/-n 臨時手伝い;(困窮時の)援助.

aus|kennen* [フォス・ケネン] kannte aus, ausgekannt **動** *sich*⁴ in *et*³ *auskennen* 事柄³・場所³に精通している. ¶ *sich*⁴ mit *et*³ *auskennen* 機器³・動物³を扱いなれている. ◆ In der Altstadt *kennt* er sich bestens *aus*. 彼は旧市内に精通している.

Aus・klang [フォス・クラング] **男** -[e]s/ 終り. ¶ zum *Ausklang* des Tages 一日の終りに. **aus|klingen*** [フォス・クリンゲン] klang aus, ausgeklungen **動** (s)《状況・方法を表す語》…で終る. ¶ friedlich (mit mahnenden Worten) *ausklingen* 平和裏に(警告の言葉

をもって)終る.

aus|kommen* [フォス・コメン] kam aus, ausgekommen **動** (s) こと足りる. ¶ mit dem Gehalt gut *auskommen* この給与で充分やっていける. / mit den Klassenkameraden gut *auskommen* 学友とうまくつき合っていける. / ohne Hilfe *auskommen* 援助なしでもやっていける.

Aus・kunft [フォス・クンフト] **女** -/ Aus・künfte [フォス・キュンフテ] 情報,案内,回答;案内所. ¶ Hierüber kann ich Ihnen keine *Auskunft* geben. この件に関してあなたに何もお教えすることはできません. / Dummerweise bekam ich eine falsche *Auskunft*. まずいことに私は間違った情報をもらってしまった. / Verzeihung, wo ist hier die *Auskunft*? 失礼ですが,ここの案内所はどこにありますか.

aus|lachen [フォス・ラヘン] **動** (人⁴を)笑いものにする,あざ笑う.

aus|laden* [フォス・ラーデン] *du* lädst [レーツト] aus, *er* lädt [レート] aus; lud aus, ausgeladen **1** (積荷⁴を)降ろす;(車⁴・船⁴の積荷を)降ろす ¶ ein Schiff *ausladen* 船の積荷を降ろす. **2** (人⁴の)招待を取り消す. **aus|ladend** [フォス・ラーデント] **1形** 巨大な;外側にはり出した;極端なジェスチュアの. **2** ausladen の現在分詞.

Aus・lage [フォス・ラーゲ] **女**-/-n 陳列(展示)品;《**複**で》支出,費用. ¶ meine *Auslagen* für Krankenund Pflegeversicherung 健康保険と介護保険のために私が負担する費用.

Aus・land [フォス・ラント] **中**-[e]s/ 外国. ¶ im (ins) *Ausland* 外国で(外国へ). ¶ Für manche Deutsche ist Bayern fast eine Art *Ausland*. 多くのドイツ人にとってバイエルンはほとんどもう一種の外国である.

Aus・länder [フォス・レンダァ] **男** -s /- (**女性**) **Aus・länderin** [フォス・

54

レンデリン] 囡 -/Aus・länderinnen [ア
ォス・レンデリネン]外 国 人. ¶Nicht
wenige *Ausländer* können heut-
zutage besser Deutsch als
viele Deutsche. 今日では多くのド
イツ人よりドイツ語のうまい外国人が少
なくない. **Ausländer・amt** [ア
ォスレンダ・アムト]　男-s/Ausländer・
ämter [アォスレンダ・エムタァ]（外国
人のための）出入国管理局. **aus・län-
disch** [アォス・レンディシュ]　形　外国
[人・産]の.¶*Ausländische* Zeitun-
gen gibt es in Deutschland an
jedem Kiosk. ドイツでは外国の新
聞がどこのキオスクにもある. **Aus-
lands・reise** [アォスランツ・ライゼ]囡
-/-n 外国旅行.

aus|lassen* [アォス・ラセン]　*du/er*
lässt aus; ließ aus, ausgelas-
sen 動（うっかり）抜かす；やり過ご
す；（怒りなど⁴を）ぶつける《an *j*³
人³に》；（バターなど⁴を）溶かす；（衣服⁴
を）着ないでおく；（TV など⁴を）着
ないでおく.¶Diese Chance *las-
sen* wir nicht *aus*. このチャンス
は逃さないぞ. / Der Chef *lässt* sei-
nen Ärger regelmäßig an seiner
Sekretärin *aus*. 部長はいつも怒り
を秘書にぶつける. / *Lass* die Ja-
cke *aus*, es ist viel zu heiß

hier. 上着を脱いでいなさい、ここは
あまりにも暑すぎる. **aus|lasten** [アォス・ラステン]　動（能
力いっぱい）働かせる.

aus|laufen* [アォス・ラォフェン]　es
läuft aus; lief aus, ausgelau-
fen 動（s）流れ出る；（中身の流出
で容器¹が）からになる；（契約の期間・
任期など¹が）切れる；出航する. ¶Aus
dem Tank ist eine Menge Öl
ausgelaufen. タンクからは多量の
オイルが流れ出した. / Bei dem
Sturm *läuft* die Fähre nicht *aus*.
この嵐ではフェリーは出航しない.

Aus・laut [アォス・ラォト]　男-[e]s/-e
〖文法〗語末音（例えば Auslaut のT
音）. (⇒Anlaut, Inlaut)

aus|leeren [アォス・レーレン]　動　空
（から）にする.

aus|legen [アォス・レーゲン]　動　おお
う《mit *et*³ 物³で》；展示（陳列）す
る；立替える《für *j*⁴/j³ *et*⁴ 人⁴(人³)
に金⁴を》；解釈する.¶Die Schub-
laden *legen* wir erst mit Pa-
pier *aus*. 引き出し[の中]にまず
紙を敷く. / Kannst du für mich
(mir) 50 Euro *auslegen*? ぼくに
50ユーロ立て替えてくれないか. / Die
beiden Theologen *legen* die Bi-
bel ganz unterschiedlich *aus*.

≋ドイツを識るコラム≋　　移民的背景を持つ人々

　2021年のドイツの総人口は8188万人、そのうち「移民の背景を持
つ人々」は2231万人で全体の約27.2％にあたる.「移民の背景を持つ
人々」とは、「本人あるいは少なくとも両親どちらかが誕生の時点で
ドイツ国籍を有しない者」を意味する. 内訳はドイツ国籍を持つ人
1176万人、ドイツ国籍を持たない外国人1055万人である. 第２次世
界大戦後の経済復興期に、ドイツは労働力不足から外国人労働者の受
入れを開始. 1973年の募集停止後も家族を呼び寄せてドイツに留ま
る人が多数いた（トルコ人が最大グループ). 鉄のカーテン崩壊後は
東欧圏や旧ソ連等からの移民が増加. ドイツ系住民の帰還も急増し
た. また各地の紛争や EU の拡大も移住の増加に拍車をかけた. さ
らに2015〜2016年には中東等から多数の難民がドイツに殺到した.
様々な背景を持つ人々のドイツ社会への参加は重要な政治課題であ
り、政府は国籍・移民・滞在関連の法律を整備しつつ、様々な統合支
援策を実施. 反移民の動きが勢いを増す一方で、民間団体による移
民・難民支援活動も盛んであり、今後が注目される.

二人の神学者はバイブルをまったく異なって解釈している.

Aus・leihe [アォス・ライエ] 囡 -/-n 《複なし》貸出し,貸付け;(図書館の)貸出し窓口. **aus|leihen*** [アォス・ライエン] lieh aus, ausgeliehen 動 貸[し出]す. ¶ sich³ et⁴ [von/bei j³] ausleihen 物⁴を[人³から]借りる. ◆ Mein Bügeleisen leihe ich dir gern aus. 私のアイロンをあなたに喜んでお貸しします.

Aus・lese [アォス・レーゼ] 囡-/-n 選別;(ブドウの)房摘み;エリート;選集. ¶ Nach einer strengen Auslese blieben nur noch vier Kandidaten. 厳密の選別の後あとに残ったのはたった4人の候補者だけだった. **aus|lesen*** [アォス・レーゼン] du/er liest aus; las aus, ausgelesen 動 1 選別する. 2 読み終る.

aus|liefern [アォス・リーフェルン] 動 引き渡す《an j⁴ 人⁴に》. ¶ Morgen liefert Frankreich die Täter an Deutschland aus. あした フランスは犯人をドイツに引き渡す.

aus|liegen* [アォス・リーゲン] lag aus, ausgelegen 動 《南ドイツ・オース トリア・スイス》展示(陳列)してある.

aus|löschen [アォス・レシェン] 動 消す,消し去る.

aus|lösen [アォス・レーゼン] 動 作動させる;(興奮⁴などを)惹(ひ)き起こす. ¶ sich⁴ auslösen 作動し始める. **Aus・löser** [アォス・レーザァ] 男 -s /- (カメラの)リリース.

aus|machen [アォス・マヘン] 動 (明かり・機器類などを)消す;取り決める《mit j³ 人³と》;…の額になる;探し出す;(人³にとって)不都合である. ¶ Nun mach doch endlich das Fernsehen aus! さあいい加減にもうテレビを消しなさい. / Wir haben ausgemacht, dass er morgen vorbeikommt. われわれは彼があした立ち寄ってくれることを約束した. / Das macht eine Menge Geld aus. それはたいへんな金額になる. / Macht es Ihnen etwas aus, wenn ich mitkomme? − Nein,

das macht mir gar nichts aus. ご一緒してはご迷惑ですか−いいえ,ぜんぜん迷惑じゃありません.

aus|malen [アォス・マーレン] 動 (絵など⁴に)色を塗る;イメージが湧くよう描写する. ¶ sich³ die Urlaubsreise ausmalen 休暇旅行を心に描く.

Aus・maß [アォス・マース] 匣-es/-e 大きさ,規模. ¶ Das Ausmaß des Erdbebens war geringer als befürchtet. 地震の規模は危惧していたより小さかった.

Aus・nahme [アォス・ナーメ] 囡-/-n 例外. ¶ mit Ausnahme von j³ 人³は別として. / ohne Ausnahme. 例外なしに. / abgesehen von wenigen Ausnahmen 僅かの例外を除いて. ◆ Auch für Sie können wir keine Ausnahme machen. たとえあなたでも特別扱いすることはできない. **ausnahms・los** [アォスナームス・ロース] 形 例外のない;《副 として》例外なく. **ausnahms・weise** [アォスナームス・ヴァイゼ] 副 例外的に,特例として.

aus|nehmen* [アォス・ネーメン] du nimmst aus, er nimmt aus; nahm aus, ausgenommen 動 《料理》(動物⁴の)内臓を取り除く;(人⁴から)金品をまきあげる;例外とする. ¶ sich⁴ ausnehmen 自分を例外として扱う. / j⁴ von der Pflicht ausnehmen 人⁴に義務を免除する. ◆ Verliebt wie er war, hat er sich von ihr tüchtig ausnehmen lassen. 彼は惚れこんでいたものだから彼女からしたたかにたかられた. **aus・nehmend** [アォス・ネーメント] 1 副 格別に. 2 ausnehmen の現在分詞.

aus|nutzen [アォス・ヌツェン], **aus|nützen** [アォス・ニュツェン] 《南ドイツ・オー ストリア・スイ ス》動 とことん利用する. ¶ Seine Gutmütigkeit wird von allen ausgenutzt. 彼の善良さはあらゆる人々にとことん利用されている.

aus|packen [アォス・パケン] 動 (物⁴の)包装を開く,(小包・トランクなど⁴を)開ける;秘密(未知のこと)を明か

A

す． ¶Die Geschenke *packen* wir später *aus*. プレゼントはあとで開ける．

aus|probieren [アオス・プロビーレン] probierte aus, ausprobiert **動** 試みる，試運転する． ¶Akupunktur habe ich noch nicht *ausprobiert*. 鍼(は)治療はまだやってみたことがない．

Aus|puff [アオス・プフ] **男** -[e]s/-e, **Auspuff･rohr** [アオスプフ・ロール] **中** -[e]s/-e【自動車】排気管．

aus|radieren [アオス・ラディーレン] radierte aus, ausradiert **動** 消しゴムで消す．

aus|rangieren [アオス・ランギーレン] rangierte aus, ausrangiert **動** (不要になった物⁴を)より分ける(より分けて捨てる)． ¶Diesen alten Anzug hättest du schon längst *ausrangieren* sollen. この古い背広はもうとっくにお払い箱にすべきだったのに．

aus|räumen [アオス・ロイメン] **動** 取り出す《aus et³ 物³から》；(物⁴の中を)空にする；(偏見など⁴を)取り除く． ¶Bei dem Gespräch wurden alle Missverständnisse *ausgeräumt*. 話し合いをするうちに誤解は全て取除かれた．

aus|rechnen [アオス・レヒネン] **動** 胸算用する，計量的に調査する． ¶*sich³ et⁴ ausrechnen* 事柄⁴を予測する．◆Hast du schon *ausgerechnet*, was das alles kostet? これらがいくらになるか君はもう見当をつけたか． / Wie er reagiert, kann man sich leicht *ausrechnen*. 彼がどう反応するかは簡単に予測がつく．

Aus･rede [アオス・レーデ] **女** -/-n 言いのがれ． ¶Auf seine dummen *Ausreden* falle ich nicht herein. 彼の愚かな言い逃れに私はだまされたりしない． **aus|reden** [アオス・レーデン] **動** 最後まで話す．¶*j³ et⁴ ausreden* 人³に事⁴の断念を説得する．

aus|reichen [アオス・ライヒェン] **動**

足りる，充分である． ¶Mein Gehalt *reicht* nur knapp bis zum Monatsende *aus*. 私の給料はぎりぎり月末までもつかもたないかである． **aus･reichend** [アオス・ライヒェント] **1形** 充分な． **2** ausreichen の現在分詞．

Aus･reise [アオス・ライゼ] **女** -/-n 出国，渡航． **aus|reisen** [アオス・ライゼン] (s) 出国(渡航)する．

aus|reißen* [アオス・ライセン] *du/er* reißt aus; riss aus, ausgerissen **動 1** 引きちぎる． **2** (s) 逃れ去る．

aus|richten [アオス・リヒテン] **動** (依頼を受けて事⁴を人³に)伝達する；主催する；成し遂げる． ¶*Richten* Sie bitte Ihrer Gattin herzliche Grüße *aus*! 奥さまに私からくれぐれもよろしくとお伝えください． / Die nächste Olympiade *richtet* Brasilien *aus*. 次のオリンピックはブラジルが開催する． / Er hat sich fleißig bemüht, konnte aber nichts *ausrichten*. 彼は真面目に努力したが，何も成し遂げることができなかった．

Aus･ruf [アオス・ルーフ] **男** -[e]s/-e 叫び． **aus|rufen*** [アオス・ルーフェン] rief aus, ausgerufen **動** 叫ぶ；宣言(布告)する． **Ausrufe･zeichen** [アオスルーフェ・ツァイヒェン] **中** -s/-, **Ausrufungs･zeichen** [アオスルーフングス・ツァイヒェン]【スイス】**中** -s/-【文法】感嘆記号(！)．

aus|ruhen [アオス・ルーエン] **動** [*sich⁴*] *ausruhen* 休息して体力を回復する． ¶Willst du [dich] nicht *ausruhen*? Du siehst so müde aus. お前は休む気はないのか．ひどく疲れた様子をしているぞ．

Aus･rüstung [アオス・リュストゥング] **女** -/-en 装備．

aus|rutschen [アオス・ルチェン] **動** (s) 滑ってころぶ． ¶Beim Volleyball ist er *ausgerutscht* und hat sich den Fuß verstaucht. バレーボールをしているうちに滑ってころび，彼は足をくじいた．

Aus･sage [アオス・ザーゲ] **女** -/-n

陳述,申し立て;《文法》述語. ¶Nach *Aussage* des Chefarztes besteht kein Anlass zur Sorge. 主任医師の言うところではなんら心配する理由はないとのこと. **aus̲sagen** [ア̲ォス・ザーゲン] **動** 陳述する,申し立てる;言い表す. ¶Über den Unfall hat er vor Gericht *ausgesagt*. この事故について彼は法廷で陳述した. / Ihr Verhalten *sagt* viel über ihren Charakter *aus*. 彼女の振舞いはその性格について多くを物語っている.

aus̲schalten [ア̲ォス・シャルテン] **動** (明かり・機器類⁴の)スイッチを切る. ¶Wo *schaltet* man die Waschmaschine *aus*? この洗濯機はどこでスイッチを切るんだい.

Aus·schank [ア̲ォス・シャンク] **男** –[e]s/ 酒類の小売り.

Aus·schau [ア̲ォス・シャオ] **女** –/ nach j³/et³ *Ausschau* halten 人³(物³)を見張る,待ち伏せする.

aus̲schauen [ア̲ォス・シャオエン] **動** 《南ドイツ・オーストリア》…のように見える. ¶Du *schaust* heute glücklich *aus*. きょうのお前は幸せそうに見える. / Wie *schaut* es *aus*? どんな様子だい. / Der Himmel *schaut* nach Regen *aus*. 雨になりそうな空模様だ.

aus̲scheiden* [ア̲ォス・シャイデン] schied aus, ausgeschieden **動** (s) 退場(退席)する. ¶Er *schied* schon im Viertelfinale *aus*. 彼は準々決勝でもう姿を消した. / Zum Jahresende *scheide* ich aus der Firma *aus*. 年末に私は会社を退社します.

aus̲schimpfen [ア̲ォス・シンプフェン] **動** 叱りとばす,罵り散らす. ¶Warum musst du den Jungen immer gleich *ausschimpfen*? お前は何故息子をいつもすぐ叱りつけずにいられないんだ.

aus̲schlafen* [ア̲ォス・シュラーフェン] *du* schläfst aus, *er* schläft aus; schlief aus, ausgeschlafen **動** (疲れがとれるまで)充分に眠

る.

Aus·schlag [ア̲ォス・シュラーク] **男** –[e]s/Aus·schläge [ア̲ォス・シュレーゲ] 発疹(ホっ).

ausschlag·gebend [ア̲ォスシュラーク・ゲーベント] **形** 決定的な.

aus̲schließen* [ア̲ォス・シュリーセン] *du/er* schließt aus; schloss aus, ausgeschlossen **動** 締め出す《aus et³ 物事³から》,排除する《aus et³ 物³から》;不可能にする. ¶Er schadet dem Ruf unseres Vereins, wir sollten ihn *ausschließen*. 彼はわがクラブの名声を損なう,彼は除名としてしかるべきだ. / Man kann nicht *ausschließen*, dass er der Täter ist. 彼が犯人である可能性も排除できない.

ausschließ·lich [ア̲ォスシュリース・リヒ] **形** 独占的の;《**副** として》もっぱら.

Aus·schluss [ア̲ォス・シュルス] **男** –es/Aus·schlüsse [ア̲ォス・シュリュセ] 除外,追放. ¶unter *Ausschluss* der Öffentlichkeit 非公開で.

aus̲schneiden* [ア̲ォス・シュナイデン] schnitt aus, ausgeschnitten **動** 切り取る,切り抜く《aus et³ 物³から》. ¶Wichtige Zeitungsartikel lässt der Chef gern *ausschneiden*. 新聞の重要記事を社長は切り抜かせるのが好きだ. **Aus·schnitt** [ア̲ォス・シュニト] **男** –[e]s/ –e 切り抜き,切片;一部分;(襟・袖の)刳(く)り. ¶Heute möchten wir Ihnen einen kleinen *Ausschnitt* aus unserem Frühjahrsprogramm vorführen. 本日は皆様方に私どもの初春のファッションのごく一部をお眼にかけたく存じます.

aus̲schreiben* [ア̲ォス・シュライベン] schrieb aus, ausgeschrieben **動** 告示(募集)する;(単語・名前などを略さずに)全書する. ¶Wien *schreibt* erstmals einen Wettbewerb für junge Komponisten *aus*. ウイーンは初めて若い作曲家のためのコンクール参加者を公募する.

Aus·schreitung [ア̲ォス・シュライトゥ

ング] 女-/-en 《ふつう複》暴力行為.
¶zu Ausschreitungen kommen
暴力沙汰になる.

Aus・schuss [アォス・シュス] 男-es/
Aus・schüsse [アォス・シュセ] 委員
会,協議会.

aus:schütten [アォス・シュテン] 動
(容器から中身⁴を)空ける,(容器⁴の)
中身を空ける. ¶einen Eimer aus-
schütten バケツの中身を空ける. /
Wasser aus dem Glas aus-
schütten グラスから水を空ける.

aus:sehen [アォス・ゼーエン] *du*
siehst aus, *er* sieht aus; sah
aus, ausgesehen 動 …のように
見える,…の気配がある《nach *et*³
事³の》. ¶Das Mädchen *sieht*
aus wie das blühende Leben.
あの娘ははつらつとした生命そのものの
ように見える. / Das ist nicht so
einfach, wie es *aussieht*. これ
は外見ほど簡単ではないぞ. / Der
Himmel *sieht* nach Taifun *aus*.
この空模様では台風になりそうだ.
Aus・sehen [アォス・ゼーエン] 中-s/
外観.

関|連|語 **Aussehen**
―容姿を表す形容詞―

groß	大きい.
klein	小さい.
mittelgroß	中背の.
dick	太った.
dünn	やせた.
schlank	ほっそりした.
muskulös	筋肉隆々の.
kräftig (太って)がっしりした.
schwächlich	弱々しい.
zart	繊細な.
schön	美しい.
elegant	エレガントな.
hübsch	かわいい,魅力的な.
süß, niedlich	
	かわいい,キュートな.
cool	クールな,格好いい.
gut aussehend	
	素敵な,格好いい.
attraktiv	魅力的な

---

sportlich スポーティーな.

außen [アォセン] 副 外側は;戸外で
は;国外では. ¶Das Land ist auf
Hilfe von *außen* angewiesen.
この国は外部からの援助に頼らざるを
得ない. / Von *außen* sieht der
Wagen wie neu aus, aber das
täuscht. この車は外観は新しいよう
に見えるが,それは錯覚だ.

Außen・handel [アォセン・ハンデル]
男-s/ 海外貿易.

Außen・minister [アォセン・ミニスタ
ァ]男-s/- (女性) **Außen・minis-
terin** [アォセン・ミニステリン] 女-/
Außen・ministerinnen [アォセン・ミ
ニステリンネン])外務大臣.

Außen・politik [アォセン・ポリティー
ク] 女-/-en 外交,対外政策.

Außen・seiter [アォセン・ザィタァ]
男-s/- (女性) **Außen・seiterin**
[アォセン・ザィテリン] 女-/Außen・sei-
terinnen [アォセン・ザィテリンネン])アウト
サイダー;ダークホース.

außer [アォサァ] 1前《3格支配》
【除外】…の他に;…の外で. Außer
Brot habe ich nichts im Haus.
パンのほか家には何もない. / alle
außer ihm 彼のほかはみな;【外・
外部】*außer* Haus 外出して;
außer Sichtweite 視界の外で;
【休止】*außer* Atem 息を切らせ
て. / *außer* Betrieb 営業【操業・
運転】を休止して. / *außer sich*³ sein
度を失っている. 2接《並列》…の場
合は除いて. ¶*außer* wenn [et]-
was dazwischen kommt 何か不
測のことさえ起こらなければ.

außer・dem [アォサァ・デーム,アォサァ・
デーム] 副 その上に;そのほかに. ¶Jo-
gurt schmeckt gut und ist
außerdem gesund. ヨーグルトは
美味しくてその上健康に良い.

außer・ehelich [アォサァ・エーエリヒ]
形 正式の婚姻によらない. ¶*außer-
ehelich* geboren sein 庶出であ
る.

Äußeres* [オィセレス] 中《形容詞の
名詞化》外観,見た目. ¶Er sollte

---

wirklich etwas mehr auf sein *Äußeres* achten. 本当に彼はもう少し自分の外見に気を遣うべきだろう.

außer·gewöhnlich [ｱｫｻｧ・ｹﾞｳﾞｪｰﾝﾘﾋ] 形 普通でない, 格別な. ¶ Der Sommer war *außergewöhnlich* heiß. この夏はことのほか暑かった.

außer·halb [ｱｫｻｧ・ﾊﾙﾌﾟ] **1** 前 《2格支配》…の外部(外側)に. Das liegt *außerhalb* seiner Kompetenz. それは彼の権限(能力)を越えている. / Der Flughafen Narita liegt weit *außerhalb* von Tokyo. 成田空港は東京からはるか遠く離れている. **2** 副 外で; 都心から遠く離れて. ¶ Er wohnt *außerhalb*. 彼は都心から離れたところにすんでいる. / Manchmal holt unsere Firma gute Mitarbeiter von *außerhalb*. わが社はときどき外部から優れた働き手を連れてくる.

außer·irdisch [ｱｫｻｧ・ｲﾙﾃﾞｨｼｭ] 形 地球外の.

äußer·lich [ｵｨｻｧ・ﾘﾋ] 形 外観の, 見た目の;《医学》外用の.

äußern [ｵｨｾﾙﾝ] 動 言う, 表明する. ¶ sich⁴ äußern 現れる; 自分の意見を言う. ◆ Er *äußerte* seine Bedenken gegen die Pläne der Regierung. 彼は政府の計画に対して懸念を表明した.

außer·ordentlich [ｱｫｻｧ・ｵﾙﾃﾞﾝﾄﾘﾋ] 形 格別(特別)の, 非凡な. ¶ *außerordentlicher* Professor 準教授. ◆ Beim Umweltschutz hat es *außerordentliche* Fortschritte gegeben. 環境保護の面では格段の進歩があった.

außer·parlamentarisch [ｱｫｻｧ・ﾊﾟﾙﾗﾒﾝﾀｰﾘｼｭ] 形 議会外の, 院外の. (⇒APO)

außer·planmäßig [ｱｫｻｧ・ﾌﾟﾗｰﾝﾒｰｼｨﾋ] 形 予定外の, 臨時の. ¶ *außerplanmäßiger* Professor 員外教授.

äußerst [ｵｨｾﾙｽﾄ] 副 極端に. ¶ Das ist eine *äußerst* delikate Angelegenheit. これはきわめてデ

リケートな問題だ.

Äußerung [ｵｨｾﾙﾝｸﾞ] 女 -/-en 発言, 意思表示.

aus|setzen [ｱｫｽ・ｾﾞｯﾂｪﾝ] 動 **1** 遺棄する, 見捨てる;(危険など³に)さらす. ¶ an j³ etwas (nichts) *aus-zusetzen* haben 人³に対しては文句がある(なにも非難する点はない). ◆ Die Gefangenen waren der Sonne hilflos *ausgesetzt*. 捕虜たちはどうすることもできないまま太陽にさらされていた. **2** 一時的に止まる. ¶ Sein Atem *setzte* immer wieder *aus*. 彼の呼吸は再三再四止まった.

Aus·sicht [ｱｫｽ・ｽﾞｨﾋﾄ] 女 -/-en 見通し《auf et⁴ への》;《複なし》眺望 ¶ j³ et⁴ in Aussicht stellen 人³に事柄⁴を約束する. ◆ Von hier aus hat man eine wunderschöne *Aussicht* auf den Fuji. ここからは富士山への眺望がすばらしい. / Es gibt keine *Aussicht* auf Frieden. 平和の見通しはない.

aussichts·los [ｱｫｽｽﾞｨﾋﾂ・ﾛｰｽ] 形 見込みのない.

aus|siedeln [ｱｫｽ・ｽﾞｨｰﾃﾞﾙﾝ] 動 [強制的に]移住させる. **Aus·siedler** [ｱｫｽ・ｽﾞｨｰﾄﾞｩﾗｧ] 男 -s/- (女性) **Aus·siedlerin** [ｱｫｽ・ｽﾞｨｰﾄﾞｩﾚﾘﾝ] 女 -/-Aus·siedlerinnen [ｱｫｽ・ｽﾞｨｰﾄﾞｩﾚﾘﾈﾝ] [強制]移住者.

aus|sortieren [ｱｫｽ・ｿﾞﾙﾃｨｰﾚﾝ] sortierte aus, aussortiert 動 選び出す, 選別して捨てる.

aus|spannen [ｱｫｽ・ｼｭﾊﾟﾈﾝ] 動 リラックスする.

Aus·sprache [ｱｫｽ・ｼｭﾌﾟﾗｰﾍ] 女 -/ 発音; 討議.

aus|sprechen* [ｱｫｽ・ｼｭﾌﾟﾚﾋｪﾝ] du sprichst aus, er spricht aus; sprach aus, ausgesprochen 動 発音する, 口に出して言う. ¶ sich⁴ für et⁴ (gegen et⁴) *aus-sprechen* 事柄⁴に賛成(反対)の意を表する. / sich⁴ über et⁴ mit j³ *aussprechen* 問題⁴について人³と率直に話し合う. ◆ Er *spricht*

das R nicht richtig *aus*. 彼はR
が正しく発音できない。/ Er *sprach*
der Witwe sein Beileid *aus*.
彼は未亡人に哀悼の言葉を述べた。

aus|spucken [アォス・シュプケン] **動**
吐き出す.

aus|statten [アォス・シュタテン] **動**
備えつける《*et*⁴ mit *et*³ 家屋⁴・部
屋など⁴に物³を》. ¶Die Suite ist
äußerst luxuriös *ausgestattet*.
スイートルームはきわめて豪華にしつら
えてある. **Aus・stattung** [アォ
ス・シュタトゥング] **女**-/-en 設備;家具,
装置;装丁.

aus|stehen* [アォス・シュテーエン]
stand aus, ausgestanden **動** が
まんする,こらえる. ¶*j*⁴ (*et*⁴) nicht
ausstehen können 人⁴(事⁴)には
がまんがならない.

aus|steigen* [アォス・シュタイゲン]
stieg aus, ausgestiegen **動**
(s) 降りる;ドロップアウトする. ¶Ich
steige an der nächsten Haltestel-
le *aus* 私は次の停留所で降りる. /
Wegen seiner Rolle *steigt* er aus
seiner Rolle *aus*. 病気のため彼は
その役を降りる.

aus|stellen [アォス・シュテレン] **動** 展
示(陳列)する;(文書を)交付(発行)す
る;(TV などを)とめる. ¶Seine
Gemälde werden zum ersten
Mal in Japan *ausgestellt*. 彼の
絵が初めて日本で展示される. **Aus・
stellung** [アォス・シュテルング] **女**-/
-en展覧会,展示会;《**複** なし》(文書
の)交付, 発行. ¶Die *Ausstellung*
der Kupferstiche Dürers war ein
voller Erfolg. デューラーの銅版画
展覧会は大成功だった.

Aus・stieg [アォス・シュティーク] **男**
-[e]s/-e (航空機などの)降機口;
(政策の)放棄, 撤退《aus *et*³ 事³
からの》. ¶der *Ausstieg* aus der
Kernenergie (aus der Firma)
核エネルギーの放棄(会社からの引退).

Aus・stoß [アォス・シュトース] **男**-es/
Aus・stöße [アォス・シュテーセ] 生産
(産出)高;排出量. **aus|stoßen***
[アォス・シュトーセン] *du/er* stößt

aus; stieß aus, ausgestoßen **動**
追放する,仲間はずれにする;(叫び声
を)発する. ¶Warum hat man ihn
aus dem Verein *ausgestoßen*?
何故彼はクラブから追放されたのか.

aus|strahlen [アォス・シュトゥラーレン]
動 (光・熱などを)放射する. **Aus・
strahlung** [アォス・シュトゥラールング]
女-/-en 放送,放映;(人の発する)オ
ーラ.

aus|strecken [アォス・シュトゥレケン]
動 (手足を)伸ばす. ¶*sich*⁴ *aus-
strecken* 身体を長々と伸ばす,伸び
をする.

aus|suchen [アォス・ズーヘン] **動** 選
び出す. ¶*sich*³ eine Krawatte
aussuchen 自分のネクタイを選ぶ.

Aus・tausch [アォス・タォシュ] **男**
-es/-e 交換,取り換え. ¶im *Aus-
tausch* gegen *et*⁴ 物⁴と交換に(で).
♦ Gegen Ende der Debatte kam
es zum *Austausch* von Beleidi-
gungen. 議論の終りごろには侮辱の
応酬となった. **aus|tauschen**
[アォス・タォシェン] 取り換える,交換
する《gegen *et*⁴ 物⁴と引き換えに》.
¶*sich*⁴ über *et*⁴ *austauschen*
事柄⁴について意見を交わす. ♦ Nach
dem Krieg *tauschten* beide
Staaten bald wieder Botschafter
aus. 戦後まもなく両国はまた大使を
交換した. / Warum *tauscht* der
Trainer den verletzten Stürmer
nicht (gegen einen anderen)
aus? 何故監督は怪我をしたフォワ
ード(と別の者)を交代させないのだろう.

aus|teilen [アォス・タィレン] **動** 分け
与える《*j*³ (an *j*⁴) *et*⁴ 人³(人⁴)
に物⁴を》. ¶In meiner Jugend
teilte mancher Lehrer noch Ohr-
feigen *aus*. 私が子供のころはよく
びんたをはる先生がいた.

Auster [アォスタァ] **女** -/-n 〖貝〗牡
蠣(かき).

aus|tragen* [アォス・トゥラーゲン] *du*
trägst aus, *er* trägt aus; trug
aus, ausgetragen **動** 配達(宅配)
する;(争いなど⁴に)決着をつける;(臨
月まで)懐胎する.

A

Australien [アォストゥラーリエン] 中 -s/ 〔地名〕オーストラリア. **Australier** [アゥストゥラーリァ]男 -s/- 〔女性〕 **Australierin** [アォストゥラーリエリン] 女-/Australierinnen [アォストゥラーリエリンネン])オーストラリア人. **australisch** [アォストゥラーリシュ] 形 オーストラリア[人]の.

aus│treten* [アォス・トゥレーテン] *du* trittst [トゥリット] aus, *er* tritt aus; trat aus, ausgetreten 動 **1** (s) 脱退する;漏れ出る. ¶Immer mehr Christen *treten* aus der Kirche *aus*. 教会を離れるキリスト者の数は増加する一方である. Aus dem Tank *tritt* immer mehr Öl *aus*. タンクから漏れる油の量は増える一方だ. ¶Ich muss mal eben *austreten*. 私はいまちょっとお手洗いに行かなくては. **2** 踏み消す.

aus│trinken* [アォス・トゥリンケン] trank aus, ausgetrunken 動 飲み干す.

Aus│tritt [アォス・トゥリット] 男-[e]s /-e 脱退,脱会;漏出《aus *et*³ 物³ からの》.

aus│trocknen [アォス・トゥロクネン] 動 **1** 完全に乾かす. **2** (s) 湿り気を失う.

aus│üben [アォス・ユーベン] 動 **1** (仕事・職⁴に)ついている. ¶keinen Beruf *ausüben* 何の職にもついていない. **2** 及ぼす《*et*⁴ auf j⁴/et⁴ 影響など⁴を人⁴(事⁴)に》. ¶Ihre Musiklehrerin *übt* einen nicht zu unterschätzenden Einfluss auf sie *aus*. 彼女の音楽教師は侮りがたい影響力を彼女に及ぼしている.

Aus・verkauf [アォス・フェァカォフ] 男-[e]s/Aus・verkäufe [アォス・フェァコイフェ] 在庫一層大売出し. ¶Unsere Möbel haben wir billig im *Ausverkauf* erworben. うちの家具は在庫一掃セールで安く手に入れたものだ. **aus・verkauft** [アォス・フェァカォフト] 形 売切れの.

Aus・wahl [アォス・ヴァール] 女-/ 選択[の余地]. ¶Wir haben eine große *Auswahl* an (von) Ge-

tränken. 当店は飲料品を豊富に取り揃えております. / Nimm, was dir gefällt! Du hast die freie *Auswahl*. 気に入ったものをとりなさい. 自由に選んで良いのだ. / Bei diesem reichen Angebot ist es nicht leicht, eine *Auswahl* zu treffen. こんなに沢山の品揃えでは選ぶのも容易でない. **aus│wählen** [アォス・ヴェーレン] 動 選び出す.

Aus・wanderer [アォス・ヴァンデラァ] 男-s/ 〔女性〕 **Aus・wanderin** [アォス・ヴァンデリン] 女-/Aus・wanderinnen [アォス・ヴァンデリンネン])海外移住者. **aus│wandern** [アォス・ヴァンデルン] 動 (s) 海外へ移住する. **Aus・wanderung** [アォス・ヴァンデルング] 女-/-en 海外移住.

aus・wärtig [アォス・ヴェルティヒ] -e [アォス・ヴェルティゲ] 形 外事関係の;当該地域外の,社外の. ¶das *Auswärtige* Amt (ドイツ連邦共和国の)外務省.

aus・wärts [アォス・ヴェルツ] 副 (地域・自宅の)外で;外側へ. ¶Heute essen wir *auswärts*. きょうは外で食事をしよう(外食).

aus│waschen* [アォス・ヴァシェン] *du* wäschst aus, *er* wäscht aus; wusch aus, ausgewaschen 動 洗濯して汚れを取り除く,手洗いする. ¶Schmutz aus einem Kleid *auswaschen* 衣服を洗って汚れを取る. / Unterwäsche *auswaschen* 下着を手洗いする.

aus│wechseln [アォス・ヴェクセルン] 動 取り換える. ¶die Batterie gegen eine neue *auswechseln* バッテリーを新しいものと取り換える.

Aus・weg [アォス・ヴェーク] 男-[e]s /-e 逃げ道,打開策. ¶Einen *Ausweg* aus diesem Dilemma hat die Parteiführung noch nicht gefunden. 党指導部はこのジレンマの打開策がまだ見つかっていない. **ausweg・los** [アォスヴェーク・ロース] 形 逃げ場のない;進退窮(きゅう)まった. ¶*sich*⁴ in einer *ausweglosen* Lage befinden 進退窮まっている.

aus│weichen* ［アォス・ヴァイヒェン］ wich aus, ausgewichen 動 (人³・物³の進路を)よける；(事柄³を)避ける。¶auf einen anderen Termin ausweichen やむなく別の期日を選ぶ。◆Er weicht seinem Rivalen möglichst aus. 彼はライバルを可能な限り避ける。/ Sie weicht allen Fragen geschickt aus. 彼女はあらゆる質問を巧みにかわす。

Aus·weis ［アォス・ヴァイス］ 男 -es/-e 身分証明書。¶Ihr Ausweis ist nicht mehr gültig. あなたの身分証明書はもう有効ではありません。

aus│weisen* ［アォス・ヴァイゼン］ du/er weist aus; wies aus, ausgewiesen 動 退去させる《aus et³ 場所³から》。¶sich⁴ ausweisen 身分を証明する。/ sich⁴ als Besitzer des Autos ausweisen その自動車の所有者であることを証明する。◆Er wurde zur unerwünschten Person erklärt und aus Deutschland ausgewiesen. 彼は好ましからぬ人物(ペルソナ・ノン・グラータ)と宣告されてドイツから退去させられた。

Aus·weisung ［アォス・ヴァイズング］ 女 国外退去命令。

aus·wendig ［アォス・ヴェンディヒ］ 副 暗記して。¶ein Gedicht auswendig lernen (hersagen) 詩を暗記(暗唱)する。

aus│werten ［アォス・ヴェーァテン］ 動 評価する，検定(分析)する，吟味する；活用する。¶Erfahrungen auswerten 経験を生かす。 **Aus·wertung** ［アォス・ヴェーァトゥング］女-/-en 評価，吟味。

aus│wirken ［アォス・ヴィルケン］ 動 sich⁴ auf et⁴ ... auswirken 物⁴に…の影響(作用)を及ぼす。¶Der politische Konflikt wirkte sich auf die Wirtschaft negativ aus. 政治の紛争は経済にマイナスの影響を及ぼした。 **Aus·wirkung** ［アォス・ヴィルクング］ 女 -/-en 影響，作用，結果。

aus│zahlen ［アォス・ツァーレン］ 動 (人³に報酬・利子など⁴を)支払う。¶

sich⁴ auszahlen やるだけの価値(やり甲斐)がある。

aus│zählen ［アォス・ツェーレン］ 動 全て数え上げる。¶nach der Wahl die Stimmen auszählen 選挙後票を集計をする。/ einen Boxer auszählen 10 までカウントしてボクサーのノックアウトを宣する。

Aus·zahlung ［アォス・ツァールング］ 女-/-en 支払い。

aus│zeichnen ［アォス・ツァイヒネン］ 動 表彰する《mit et³ 賞など³を与えて》；(商品⁴に)値札をつける；特徴づける。¶sich⁴ durch großen Fleiß auszeichnen 非常な勤勉さによって傑出して(際立って)いる。◆Seine Ehrlichkeit zeichnet ihn aus. 誠実さが彼の身上(しんじょう)だ。/ Der Film wurde auf der Berlinale ausgezeichnet. その映画はベルリン映画祭で賞を受けた。/ Du musst den Mantel im Schaufenster noch auszeichnen. ショーウインドウのコートにまだこれから正札をつけなければ。

Aus·zeichnung ［アォス・ツァイヒヌング］ 女 -/-en 《複 なし》表彰；賞金，賞品；値札つけ。¶Diese Auszeichnung gilt dem Lebenswerk des Dichters. この表彰はこの詩人のライフワークを対象としたものだ。/ Diese Auszeichnung hat er sich redlich verdient. 彼はこの表彰を受けて当然である。

aus│ziehen* ［アォス・ツィーエン］ zog aus, ausgezogen 動 1 (人⁴の)着衣・履物を脱がせる；(着衣・履物⁴を)脱ぐ。¶sich⁴ ausziehen 着衣を脱ぐ。◆Zieh die Jacke aus! Heute ist es wieder zu heiß. 上着を脱ぎたまえ。きょうも暑すぎる。 2 (s) 引き払う《aus et³ 住居³から》；出発する。¶Die Wohnung ist zu laut. Wir ziehen möglichst bald aus. この住まいはうるさすぎる。できるだけ早くまた引き払うのだ。

Aus·zu·bildender* ［アォス・ツ・ビルデンダァ］ 男 《女性》 **Aus·zu·bil·dende*** ［アォス・ツ・ビルデンデ］ 女）

A

《形容詞の名詞化》職業訓練生.（略：Azubi）

Aus·zug ［アォス・ツーク］**男**-[e]s/Aus·züge ［アォス・ツューゲ］《**複** なし》引っ越し；抜粋；（銀行の）預金残高明細書. ¶Den Fernseher hat er mir bei seinem *Auszug* überlassen. 引越しの際彼はテレビを私のところに置いて行った. / Alle Zeitungen bringen heute *Auszüge* aus der Rede des Präsidenten. きょう新聞はみな大統領の演説の抜粋を掲載している.

Auto ［アォト］**中**-s/-s 自動車. ¶Japanische *Autos* haben auch in Europa einen sehr guten Ruf. 日本の自動車はヨーロッパでもたいへん好評を得ている.

Auto·bahn ［アォト·バーン］**女**-/-en アウトバーン.

ドイツのアウトバーンが始めて企画されたのは1913年, ベルリン郊外に1921年自動車競走路もかねたAvus（＝**A**utomobil-**V**erkehrs-**u**nd Übungs**s**traße 自動車交通・練習道路）が完成した. 本格的アウトバーンは元首相アーデナウアー（Konrad Adenauer1876–1967）がケルン Köln 市長時代に計画したケルン・ボン間が1932年に供用されたのが始まりである. 今日（2021年）総延長は13192㎞. 通行は原則として無料ではあるが, 有料化も検討中で, die Mautbrücke（料金読取装置）の計画もある（トラックについては導入済み）. ただし全て地続きのヨーロッパのこと, 外国車が縦横無尽に走り回っている状況から, 実現は簡単でなさそうだ.

関─連─語 Auto
─いろいろな車と関連用語─

いろいろな車
der Personenkraftwagen (Pkw, PKW) 乗用車.

der Bus　バス.
das Taxi　タクシー.
der Kombi[wagen]　ステーションワゴン.
der Wohnwagen　キャンピングトレーラー.
der Geländewagen　オフローダー.
der Sportwagen スポーツカー.
das Cabriolet, das Cabrio　カブリオレ（幌付き）.
der Lastkraftwagen (Lkw, LKW)　トラック.
der Streifenwagen　パトロールカー.
der Rettungswagen 救急車.
das Löschfahrzeug　消防車.
der Müllwagen　ごみ収集車.
der Rennwagen レーシングカー.

その他関連語
der Führerschein 運転免許証.
den Führerschein machen　運転免許証を取る.
parken　　駐車する.
der Parkplatz 駐車場.
die Parkuhr パーキングメーター.
die Tankstelle ガソリンスタンド.
das Benzin ガソリン.
voll∥tanken　満タンにする.
der Stau　　渋滞.

Auto·biografie ［アォト·ビオグラフィー］**女**-/Auto·biografien ［アォト·ビオグラフィーエン］自叙伝.

Auto·fahrer ［アォト·ファーラァ］**男**-s/-（**女性**）**Auto·fahrerin** ［アォト·ファーレリン］**女**-/Auto·fahrerinnen ［アォト·ファーレリネン］ドライバー.

Auto·mat ［アォト·マート］**男**-en/-en 自動販売機. ¶Meine Zigaretten ziehe ich mir immer am *Automaten*. タバコはいつも自動販売機で買っている.

auto·matisch ［アォトマーティシュ］**形** オートマチックの；自動的（自然）に. ¶Dieser Reiskocher schaltet sich *automatisch* aus. この炊飯器は自動的にスイッチが切れる.

auto・nom [アォト・ノーム] 形 自治の;自律的な. **Auto・nomie** [アォト・ノミー] / **Auto・nomien** [アォト・ノーミエン] 自治[制・権];自律性.

Autor [アォトーァ] 男 -s/Autoren [アォトーレン] (女性) **Autorin** [アォトーリン] 女-/Autorinnen [アォトーリネン])著作者,作家. ¶Er ist ein vielversprechender *Autor*. 彼は将来有望な作家です.

autoritär [アォトリテーァ] 形 権威主義的な. **Autorität** [アォトリテート] 女-/-en 《複なし》権威;権威者,大家.

Axt [アクスト] 女-s/Äxte (柄の長い)斧.

Azubi [アツービ, アーツビ, アツビ] 男 -s/-s, **Azubi** [アツービ, アーツビ, アツビ] 女-/-s 職業訓練生 (＝**A**uszubildender, **A**uszubildende). ¶Unsere *Azubis* sind alle hoch motiviert. わが社の職業訓練生はみな強い意欲をもっている.

ちょっと文法

ぼくがいて，君がいて

◆人称◆

〈人称〉とは何か，整理しておこう．〈話し手〉，つまり自分たちだけが〈1人称〉だ．この世に自分たち一集団だけ．〈聞き手〉は〈2人称〉.「君」であったり，「おまえ」であったり，「貴様」でもあったり．そしてそれ以外のみんな，要するに〈第3者〉が〈3人称〉だ．この3人称の代名詞を，日本人はあまり使わない.「田中君」を「彼」と呼ぶことはあっても，自分の父親を「彼」と指すことはそれほど多くないだろう？　だからちょっとやっかいなんだ．おまけにドイツ語の名詞には全て性があり,「田中君」も「父」も「木」も「勇気」も er という3人称単数の代名詞を使う.「彼」,「それ」と訳し分けなくてはいけないから，いよいよたいへんなんだね．

ちょっと文法

「父」も「夫」も「机」もみんな「彼」

◆人称代名詞◆

ドイツ語の名詞には，それぞれ文法上の性があるという話はもうしたね．そこで人称代名詞の3人称単数が問題になるんだが，英語みたいに「人」と「もの」で区別はしない．例えば *The desk* is new. を人称代名詞で置きかえれば *It* is new. になる,「机」は「もの」だからね．ところがドイツ語では，**Der Tisch** ist neu. ⇒ **Er** ist neu. だ.「〈彼〉は新しい」なんて訳しちゃだめだよ.「机」が「父」や「夫」と同じ男性名詞だから er を使うので,「〈それ〉は新しい」と訳すこと．つまり er, sie, es は，必ずしも *he, she, it* とイコールではない．そこをしっかり頭に叩き込んでおかないと，人称代名詞が何を指しているのかわからなくなるから気をつけよう．

¹B, ¹b [ベー] **1**囲-/- ドイツ語アル
ファベットの第2字;〚諺〛変ロ音.**2**
〚諺・記号〛(Bは)変ロ長調,(bは)変ロ
短調.

²B [ベー] 〚元素記号〛ホウ(硼)素.

³B [バイト] 〚電算記号〛バイト(=**B**yte).

²b [ビット] 〚電算記号〛ビット(=**B**it).

Ba [ベーアー] 〚元素記号〛バリウム.

Baby [ベービー] 囲-s/-s ベビー.
Baby・sitter [ベービー・ズィタァ] 男
-s/- (女性 **Baby・sitterin** [ベー
ビー・ズィテリン] 女-/Baby・sitterin-
nen [ベービー・ズィテリネン])ベビーシッ
ター.

Bach [バッハ] 男-[e]s/Bäche [ベッ
ヒェ] 小川.

Backe [バッケ] 女-/-n 頬(鬵).(⇒
Wange)

backen(⁎) [バッケン] *du* bäckst
(backst), *er* bäckt (backt); back-
te, gebacken 動 **1**(パン・煉瓦な
どを)焼く;炒める.¶Er *bäckt* ge-
rade. 彼は今ちょうどパンを焼いてい
る.**2**(パンなどが)焼き上がる.

Bäcker [ベッカァ] 男-s/- (女性
Bäckerin [ベッケリン]女-/Bäcke-
rinnen [ベッケリネン])パン職人;パン屋.

Bäckerei [ベケライ] 女-e/-en ベー
カリー.

Back・ofen [バック・オーフェン] 男-s/
Back・öfen [バック・エーフェン] 〚料理〛
オーブン.**Back・stube** [バック・シ
ュトゥーベ] 女-/-n (製パン業の)パン
焼き場.

Bad [バート] 囲 -[e]s/Bäder [ベーダ
ァ] **1**《複なし》(水・湯・日光・空気
を)浴びること.¶ein *Bad* nehmen
風呂に入る.**2**バスルーム;プール.¶
ein Zimmer mit *Bad* バスつきの
部屋.

Bade・anzug [バーデ・アンツーク] 男
-[s]/Bade・anzüge [バーデ・アンツュー
ゲ] [女性用]水着.**Bade・hose**
[バーデ・ホーゼ]女-/-n 水泳パンツ.
Bade・mantel [バーデ・マンテル]
男-s/Bade・mäntel [バーデ・メンテ
ル] バスローブ.

baden [バーデン] 動 **1**入浴(水浴)す
る;浸(ひた)る,浴びる《in et³ 水など³
に(を)》.¶warm *baden* 温水浴を
する. / *baden* gehen 泳ぎに行
く. / 〚ただし表現〛mit *et³* baden gehen

事³に失敗する. / im Meer *baden* 海水浴をする. ♦ Nach dem *Baden* musst du gleich ins Bett. 風呂から出たらすぐに寝なくちゃだめよ. **2** 入浴させる. ¶ das Baby *baden* 赤ん坊を風呂に入れる. / sich⁴ *baden* 入浴する.

Baden-Württemberg [バーデン・ヴュルテンベルク] 由-s/《地名》(ドイツ連邦共和国の)バーデン・ヴュルテンベルク州.

Bade・wanne [バーデ・ヴァネ] 女-/-n バスタブ. ¶ in die *Badewanne* steigen バスタブに入る. **Bade・zimmer** [バーデ・ツィマァ] 由-s/- バスルーム.

Bagger [バッガァ] 男-s/- パワーショベル, 掘削機.

Baguette [バゲット] 女-/-n [バゲッテン] バゲット.

Bahn [バーン] 女-/-en 鉄道;コース, レーン,走路;軌条. ¶ die *Bahn* eines Satelliten 衛星の軌道. / auf *Bahn* zwei laufen 第2レーンを走る. / mit der *Bahn* reisen 列車旅行をする. ♦ Wir nehmen besser die *Bahn*, das geht am schnellsten. 鉄道で行く方がいい, いちばん早い.

Bahn・hof [バーン・ホーフ] 男-[e]s/

Bahn・höfe [バーン・ヘーフェ] 駅. ¶ im *Bahnhof* 駅で. **Bahn・steig** [バーン・シュタイク] 男-[e]s/-e プラットホーム. ¶ auf dem *Bahnsteig* プラットホームで. ♦ Der ICE fährt von *Bahnsteig* vier. インターシティは4番ホームから出る.(⇒ das Gleis [グライス]... …番線)

Bakterie [バクテーリエ] 女-/-n [バクテーリエン] 《ふつう複で》バクテリア.

bald [バルト] eher [エーァァ], am ehesten [エーエステン] 副 間もなく; 危うく, ほとんど. ¶ *bald* danach そのあとすぐに. / so *bald* als (wie) möglich できるだけ早く. ♦ Hans kommt *bald*. ハンスはもうすぐ来る. / Na, wird's *bald*? Ich kann doch nicht ewig warten. おい, まだか(早くしろ), まさかそう何時までも待つことなどできないからな. / Bis *bald*! じゃああとでまたね, 近いうちにまたね.

Balken [バルケン] 男-s/- 角材,梁 (はり). ¶ Wasser hat keine *Balken*. 《ことわざ》君子危うきに近寄らず.

Balkon [バルコーン] 男-s/-s(-e) バルコニー.

¹Ball [バル] 男-[e]s/Bälle [ベレ] ボール;球技.

²Ball [バル] 男-[e]s/Bälle [ベレ] 舞

絵で見るドイツ単語 **Badezimmer**

① die Badewanne　バスタブ.
② die Dusche　　　シャワー.
③ der Wasserhahn　蛇口.
④ die Badematte　　バスマット.
⑤ das Handtuch　　タオル.
⑥ das Badetuch　　バスタオル.
⑦ das Klo[sett]becken 便器.
⑧ der Klo[sett]sitz　便座.
⑨ das Toilettenpapier
　　トイレットペーパー.
⑩ das Waschbecken 洗面台.
⑪ der Spiegel 鏡.
⑫ die Seife　石けん.
⑬ die Zahnbürste 歯ブラシ.
⑭ die Zahnpasta 練り歯磨き.

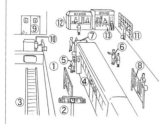

絵で見るドイツ単語　Bahnhof

① der Bahnsteig
　プラットホーム.
② das Gleis... …番線.
③ die Schiene 線路.
④ der Zug 列車.
⑤ der Zugbegleiter,
　die Zugbegleiterin 列車乗務員.
⑥ der Bahnmitarbeiter,
　die Bahnmitarbeiterin
　駅職員，鉄道社員.
⑦ der Fahrkartenautomat 券売機.
⑧ der Fahrplan 運行時刻表.
⑨ die Information 案内所.

⑩ der Entwerter 自動改札機.
⑪ das Schließfach
　コインロッカー.
⑫ der Kiosk キオスク.
⑬ der Imbiss 軽食[スタンド].

Einmal Bonn einfach (hin und zurück), bitte!
　(切符を買うときに)ボンまで片道(往復)一枚下さい.
die erste(zweite) Klasse
　一(二)等.
der [Sitz]platz 座席.
die Sitzplatzreservierung
　座席予約.
der Großraumwagen (コンパートメントではない)解放座席車.
das Abteil コンパートメント.
die Ankunft 到着.
die Abfahrt 出発.
die Verspätung 遅れ.
der Zuschlag 割増料金；特急券.

踏会.

Ballett [バレット] 中 -[e]s/-e 《複なし》バレエ(舞踏劇)；バレエ団.

Ballon [バローン] 男 -s/-s(-e) バルーン, 空気球.

banal [バナール] 形 月並みな, 平凡な.

Banane [バナーネ] 女-/-n 〖果物〗バナナ.

band [バント] binden の過去形・単数・1, 3人称.

¹**Band** [バント] 中-[e]s/Bänder [ベンダァ] リボン；録音テープ. ¶ ein *Band* im Haar tragen 髪にリボンをつけている. / am laufenden *Band* 次から次へと, 絶え間なく. / Musik auf *Band* aufnehmen 音楽を[テープに]録音する.

²**Band** [ベント] 女-/-s [ベンツ] バンド(楽団).

³**Band** [バント] 男-[e]s/Bände [ベンデ] (書物の)冊, 巻. ¶ Storms

Werke in zehn Bänden 10巻のシュトルム作品集.

¹**Bank** [バンク] 女-/Bänke [ベンケ] ベンチ. ¶ *sich*⁴ auf eine *Bank* setzen ベンチに座る.

²**Bank** [バンク] 女-/-en 銀行；(賭け事の)親. ¶Sie arbeitet bei einer *Bank*. 彼女は銀行で働いている.

Bank・note [バンク・ノーテ] 女-/-n 銀行券, 紙幣.

bank・rott [バンク・ロット] 形 破産(倒産)した. ¶ *bankrott* gehen 破産(倒産)する. / *bankrott* sein 破産(倒産)している, 〖だ実現〗文無しである.

bar [バール] 形 現金の；〖だ実現〗《付加語用法のみ》まったくの. ¶*in bar* 現金で. ◆ Das steht zwar so in der Zeitung, aber das ist *barer* Unsinn. それは新聞に出てはいたが, 全くばかげた話だ.

Bar [バール] 女-/-s バー；バー・カウン

ター. ¶ an der *Bar* sitzen バーの
カウンターにもたれて座っている. / in
die *Bar* gehen バーに入る.

Bär [ベーァ] **男**-en/-en 〖動〗クマ.
¶〖〖慣用〗〗 Wer hat dir diesen *Bä-*
ren aufgebunden? だれが君にこ
んなうそ八百を吹きこんだのだ.

Baracke [バラッケ] **女**-/-n バラッ
ク;兵舎.

Bären·hunger [ベーレン・フンガァ]
男-s/〖〖慣用〗〗ひどい空腹. ¶ einen
Bärenhunger haben 腹ペコであ
る.

bar·fuß [バール・フース] **副** 裸足で.
¶ *Barfuß* gehen ist sehr ge-
sund. 裸足で歩くのはとても健康に
良い.

barg [バルク] bergen の過去形・単
数・1, 3人称.

Bar·geld [バール・ゲルト] **中**-[e]s/
現金. ¶ Ich trage nie viel *Bar-*
geld bei mir. 私は決して沢山の現
金を持って歩かない.

Baro·meter [バロ・メータァ] **中**(〖オ
ーストリア・
スイス〗**男**)-s/- 気圧(晴雨)計,バロ
メーター.

Bart [バールト] **男**-[e]s/Bärte [ベー
ルテ] ひげ. ¶ *sich³* einen *Bart*
wachsen lassen ひげを蓄える.

Bar·zahlung [バール・ツァールング]
女-/-en 現金払い.

Basar [バザール] **男**-s/-e バザール
(特に中近東のマーケット);バザー.

Basis [バーズィス] **女**-/Basen [バーゼ
ン] 基礎,土台《für *et⁴* 物⁴のため
の》;基地;〖議〗基盤,基礎構造. ¶ auf
der *Basis* gegenseitigen Ver-
trauens 相互信頼の上に立って.

Bass [バス] **男**-es/Bässe [ベッセ]
〖音〗バス[歌手];コントラバス.

basta! [バスタ] **間**〖〖慣用〗〗もう沢山
(結構),止め. ¶ Ich sage nein,
und damit *basta!* 私はノーだ,それ
でおしまい(これ以上ぐずぐず言うな).

basteln [バステルン] **動** 1 工作をす
る;いじりまわす《an *et³* 物³を》. ¶
Jedes Wochenende *bastelt* er
an seinem alten Auto. 毎週末彼
は自分の古い自動車をいじりまわし

ている. 2 組立てる. ¶ *sich³* einen
Radioapparat *basteln* ラジオを
組み立てる. / an seinem Oldti-
mer *basteln* 旧式自動車を修繕する.

bat [バート] bitten の過去形・単数・
1, 3人称.

Batterie [バテリー] **女**-/Batterien
[バテリーエン] バッテリー,電池. ¶ die
Batterie aufladen バッテリーを
充電する. ◆ Die *Batterie* seines
Autos ist leer. 彼の車のバッテリ
ーはあがってしまった.

Bau [バォ] **男**-[e]s/-ten(-e) 1《**複**
なし》建築,建設,建造. ¶ Der Tan-
ker ist noch im (in) *Bau*. その
タンカーはまだ建造中だ. 2《**複** Bau-
ten》造物,建物. 3《**複** なし》構造,
体格.(**例** Körper*bau* 体格,体つ
き). 4《**複**-e》(動物の)巣穴.

Bauch [バォホ] **男** -[e]s/Bäuche
[ボィヒェ] 腹[部],胴体,〖〖俗語〗〗太鼓
腹,胃;(びん・バイオリンなど弦楽器の)
胴部. ¶ einen *Bauch* bekommen
太鼓腹になる. ◆ Nach der Operati-
on musste ich zunächst auf
dem *Bauch* liegen. 手術のあと
私はしばらくうつ伏せで寝ていなくては
ならなかった.

Bauch·schmerzen [バォホ・シュメル
ツェン] **複** 腹痛. ¶ *Bauchschmer-*
zen haben 腹が痛い.

bauen [バォエン] **動** 1 建築(建設・建
造)する;〖〖俗語〗〗作る,栽培する. 2 当て
(頼り)にする《auf *j⁴/et⁴* 人⁴・物⁴
を》.

¹**Bauer** [バォァ] **男**-n(-s)/-n 〖女性〗
Bäuerin [ボィエリン] **女**-/Bäuerin-
nen [ボィエリネン] 農民;(チェスの)ポ
ーン. ¶ Die dümmsten *Bauern*
haben die dicksten Kartoffeln.
〖ことわざ〗愚か者ほど福がある.

²**Bauer** [バォァ] **中**(**男**)-s/- 鳥か
ご.

Bauern·hof [バォエルン・ホーフ] **男**
-[e]s/Bauern·höfe [バォエルン・ヘー
フェ] (家屋・農地全体を指して)農場.
¶ auf einem *Bauernhof* arbei-
ten 農場で働く.

Bau·jahr [バォ・ヤール] **中**-[e]s/-e

B

建築(建設・建造・製造)年次.

Bau·kasten [バォ・カステン] 男 -s/
Bau·kästen [バォ・ケステン] 積み木
箱.

Baum [バォム] 男-[e]s/Bäume [ボ
ィメ] 木. ¶Was ist das für ein
Baum, der da steht? あそこに立
っているのは何の木ですか.

Baum·wolle [バォム・ヴォレ] 女-/

(種類:-n) 綿, 木綿.

Bau·stelle [バォ・シュテレ] 女-/-n
建築用地, 工事現場.

Bau·werk [バォ・ヴェルク] 中-[e]s
/-e 大建築(構造)物. ¶Der Kölner
Dom ist ein imposantes *Bau-
werk*. ケルンの大聖堂は堂々たる大
建築だ.

Bayern [バィエルン] 中-s/ 〖地名〗¶

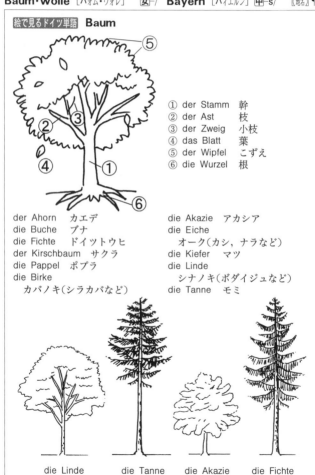

絵で見るドイツ単語 Baum

① der Stamm　幹
② der Ast　　枝
③ der Zweig　小枝
④ das Blatt　　葉
⑤ der Wipfel　こずえ
⑥ die Wurzel　根

der Ahorn　カエデ
die Buche　ブナ
die Fichte　ドイツトウヒ
der Kirschbaum　サクラ
die Pappel　ポプラ
die Birke
　カバノキ(シラカバなど)

die Akazie　アカシア
die Eiche
　オーク(カシ, ナラなど)
die Kiefer　マツ
die Linde
　シナノキ(ボダイジュなど)
die Tanne　モミ

die Linde　　die Tanne　　die Akazie　　die Fichte

≣ドイツを識るコラム≣　**Bayern**

面積　70542（k㎡）
人口　1314（万人）
州都　ミュンヘン
　アルプスの北端に位置し，ドイツで最大の州．美しい自然と歴史的遺産，古い町が連なるロマンティック街道，多彩な催し（バイロイト音楽祭やミュンヒェンのオクトーバーフェスト，ニュルンベルクのクリスマス市など）が国内外から多くの観光客を集める．戦後，農業中心の州から，工業も盛んな州へと変貌を遂げた．州内にはアウディ，BMW，シーメンス等大企業が本社を構えているほか，中小企業も競争力があり，最も失業率の低い州である．ミュンヘンはドイツ第3の都市．多くの観光名所や文化施設が集まるが，自然も身近．マリーエン広場に面した新市庁舎の仕掛け時計はランドマーク的存在．有名なビアホール，ホーフブロイハウスもすぐそば．

ノイシュヴァーンシュタイン城

---

der Freistaat *Bayern*（ドイツ連邦共和国の）バイエルン州（独自にバイエルン共和国と名乗っている）．（⇒Freistaat）

Bazar［バザール］＝Basar.

Be［ベーエー］〖元素記号〗ベリリウム．

be‐［ベ］《アクセントをもたず非分離をつくる前つづり》*bewohnen*（家⁴に住む）＜ *wohnen*（住む）；*beschriften*（物⁴に文字を書く）＜ Schrift（文字）；*bebrillt*（めがねをかけた）＜ Brille（めがね）．

be・absichtigen［ベ・アプズィヒティゲン］[動] 意図する．¶ *beabsichtigen*, ... zu ＋不定詞 …を意図する．◆Er *beabsichtigt* eine Weltreise（Er *beabsichtigt* eine Weltreise zu machen）. 彼は世界旅行をしようともくろんでいる． / Wer weiß, was er damit *beabsichtigt*. それによって彼が何を意図しているのか，誰にもわからない．

be・achten［ベ・アハテン］[動] 尊重する；（物⁴に）注意する．¶ Am besten, du *beachtest* ihn gar nicht. いちばん良いのは彼を全く無視することだ．

beacht・lich［ベアハト・リヒ］[形] かなり（相当）の．

Be・achtung［ベ・アハトゥング］[女] ‐/ 注意，顧慮；遵守．¶ *Beachtung* finden（verdienen）注目を浴びる． / *j³*(*et³*) *Beachtung* schenken 人³・物³に注意する，人³・物³を顧慮する．

Be・amter*［ベ・アムタァ］[男]《形容詞の名詞化》（[女性] **Be・amtin**［ベ・アムティン］[女]‐/Be・amtinnen［ベ・アムティネン］）公務員，（公的機関の）正規職員．（⇒Angestellter）

be・ängstigend［ベ・エングスティゲント］[形] 不安にさせる．¶ ein *beängstigender* Anblick 見るだに恐ろしい光景．◆Die Nachricht war

---

71

sehr *beängstigend*. その知らせにはとても不安だった.

be・anspruchen [ベ・アンシュプルヘン] **動** 要求する;必要とする;(無理なことを)強いる. ¶Der Schrank *beansprucht* allzu viel Platz. そのたんすは場所をとりすぎる.

be・antragen [ベ・アントゥラーゲン] **動** 提案(提議)する;願い出る. ¶Morgen *beantrage* ich meinen Urlaub. あした私は休暇を申請する.

be・antworten [ベ・アントヴォルテン] **動** (問い に)答える. ¶*et⁴* mit *et³* *beantworten* 事⁴に事³で応じる. ◆Die Israelis *beantworteten* den Anschlag mit heftigen Luftangriffen. イスラエル人はテロに激しい空撃で応えた.

be・arbeiten [ベ・アルバイテン] **動** (物⁴に)手を加える(手を入れる);処理する;《ﾄﾋﾟ》(人⁴に)しつこく迫る(ねだる).

be・aufsichtigen [ベ・アオフズィヒティゲン] **動** 監督する,見守る. ¶Sie müssen Ihre Kinder besser *beaufsichtigen*, sie reizen immer unseren Hund. お宅の子供さんをもっと監督してください,彼らはいつもうちのイヌをかまって怒らせています.

be・auftragen [ベ・アオフトゥラーゲン] **動** (人⁴に)委託(依頼)する《mit *et³* 事³》. ¶Wer hat Sie denn damit *beauftragt*? 誰があなたにそれを頼んだのですか.

beben [ベーベン] **動** 揺れる;《ﾄﾋﾟﾃﾞ》震える,おののく.

Becher [ベッヒャァ] **男**-s/- (柄も脚もない)グラス,カップ.

Becken [ベッケン] **中**-s/- 水盤,洗面器,流し;プール,貯水池;《ﾄﾋﾟ》骨盤.

be・danken [ベ・ダンケン] **動** ¶*sich⁴ bedanken* 感謝する《bei *j³* 人³に; für *et⁴* 事⁴について》. ◆Ich *bedanke* mich herzlich bei Ihnen für Ihre Hilfe. 貴方のご援助に心からお礼申し上げます. / Dafür kannst du dich bei ihm *bedanken*! (反語的に)それはあいつのせいだぜ.

be・darf [ベ・ダルフ] < bedürfen.

Be・darf [ベ・ダルフ] **男**-[e]s/ 必要,需要. ¶bei *Bedarf* 必要に応じて. ◆An Rohkaffee besteht großer *Bedarf*. コーヒー豆には大きな需要がある. /《ﾄﾋﾟ》Nein danke, mein *Bedarf* ist gedeckt! もうたくさんだ.

be・darfst [ベ・ダルフスト] < bedürfen.

bedauer・lich [ベダオァ・リヒ] **形** 残念(遺憾)な,惜しい;気の毒な. ¶Dieser Vorfall ist höchst *bedauerlich*. この出来事はきわめて遺憾だ.

be・dauern [ベ・ダオエルン] **動** (事を)残念(気の毒)に思う. **bedauerns・wert** [ベダオエルンス・ヴェールト] **形**(人間について)残念(気の毒)な. ¶Das *bedauernswerte* Opfer liegt im Krankenhaus. 気の毒な犠牲者は入院している.

be・decken [ベ・デッケン] **動** おおう,カバーする《mit *et³* で》.

be・denken* [ベ・デンケン] bedachte, bedacht **動** よく考える. ¶*j³* zu *bedenken* geben, dass ... 人³に…を考慮するよう求める.

Be・denken [ベ・デンケン] **中** -s/-《複なし》熟慮;《複》疑念,ためらい.

bedenk・lich [ベデンク・リヒ] **形** 憂慮すべき,心配な;容易ならぬ;いかがわしい. ¶Sein Zustand ist mehr als *bedenklich*. 彼の状態は心配どころの騒ぎではない.

be・deuten [ベ・ドィテン] **動** 意味する;(事⁴という)価値をもつ;(事¹は事⁴の)前触れ(前兆)である. ¶Was *bedeutet* dieses Wort? この語は何を意味しているのか. / Die Kinder *bedeuten* mir alles. 私にとって子供たちは全てだ. / Dunkle Wolken *bedeuten* Regen. 黒雲は雨の前兆. / Was soll denn das *bedeuten*? それはどういうつもりだ.

be・deutend [ベ・ドィテント] **1 形** 重要(重大)な;著しい. ¶Als Autor ist er nicht sehr *bedeutend*. 作家として彼はさほど著名ではない. /《副として》Heute geht es dem

be·fehlen*

Patienten *bedeutend* besser. きょうは患者の容態がずっとよい。 **2** bedeuten の現在分詞。 **bedeut·sam** [ベドイト・ザーム] 形 重要な、意義ある;意味ありげな。

Be·deutung [ベ・ドイトゥング] 女/-en意味、意義;重要(重大)さ。¶Diese Entscheidung war von besonderer politischer *Bedeutung*. この決定は格別の政治的意義を持っていた。

be·dienen [ベ・ディーネン] 動 (人⁴に)奉仕(給仕)する;操作する。¶ *sich⁴ bedienen* 自分でとって食べる(飲む)。♦In diesem Geschäft wird man sehr gut *bedient*. この店ではとても良くサービスしてくれる。/ Bitte, *bedienen* Sie sich! どうぞ遠慮なくおとりください。

Be·dienung [ベ・ディーヌング] 女/-en 給仕、サービス;(機器の)操作;(ある店の全員を指して)給仕人。

be·dingt [ベ・ディングト] 形 限定(条件)つきの。¶Das ist nur *bedingt* richtig. それは限られた範囲内においてのみ正しい。

Be·dingung [ベ・ディングング] 女/-en [前提]条件;《複で》諸条件。¶ *j³ eine Bedingung* stellen 人³に条件をつける。 **bedingungs·los** [ベディングングス・ロース] 形 無条件の。

be·drohen [ベ・ドゥローエン] 動 脅(おど)す;脅かす。¶Der Tsunami *bedrohte* die Stadt. 津波が町をおびやかした。/ Ich lasse mich von ihm nicht *bedrohen*. 彼に脅されたりはしないぞ。 **bedroh·lich** [ベ・ドゥロー・リヒ] 形 威嚇的な、恐ろしげな;危機的な。

be·dürfen* [ベ・デュルフェン] *ich/er* bedarf, *du* bedarfst; bedurfte, bedurft 動 (物²を)必要として(求めて)いる。¶Ich *bedarf* deines Rates. 私は君の助言を必要としている。

Be·dürfnis [ベ・デュルフニス] 中 Bedürfnisses [ベ・デュルフニセス] /Bedürfnisse [ベ・デュルフニセ] 欲求,必要《nach et³ 事³・物³への》;《複で》要(欲)求,需要。¶auf die Bedürf-

nisse der Verbraucher eingehen 消費者の求めに応じる。♦Kinder haben ein starkes *Bedürfnis* nach *Liebe*. 子供らは愛情を強く求めている。

be·eilen [ベ・アイレン] 動 *sich⁴ beeilen* 急ぐ。/ *sich⁴ beeilen*, ... zu+不定詞 急いで…をする。¶*Beeilen* wir uns, damit wir den Zug nicht verpassen. 列車に乗り遅れないように急ぎましょう。

be·eindrucken [ベ・アインドゥルケン] 動 (人⁴に)強い感銘を与える。¶Sein Verhalten *beeindruckt* mich überhaupt nicht. 彼の振舞いは私にいささかの感銘も与えない。

be·einflussen [ベ・アインフルセン] 動 (人⁴・事⁴に)影響を与える。¶Lass dich besser nicht von ihm *beeinflussen*! 彼の影響など受けない方がいいぞ。

be·einträchtigen [ベ・アイントゥレヒティゲン] 動 損なう、妨げる。

be·enden [ベ・エンデン] 動 終える。

be·erdigen [ベ・エールディゲン] 動 埋葬する。 **Be·erdigung** [ベ・エールディグング] 女/-/-en 埋葬[式];葬儀。

Beere [ベーレ] 女/-/-n 〖植物〗(イチゴ・スグリなどの)漿(しょう)果。

Beet [ベート] 中 -[e]s/-e (園芸用の)畑、苗床。

be·fassen [ベ・ファッセン] 動 *sich⁴ mit j³/et³ befassen* 人³・事³と関わりあう(取り組む)。¶Der Vater *befasst* sich liebevoll mit seinen Kindern. 父親は愛情こめて子供らの世話をする。

Be·fehl [ベ・フェール] 男-[e]s/-e コマンド;〖電算〗命令、オペレーション、インストラクション。¶den *Befehl* zum Angriff geben 攻撃命令を下す。 **be·fehlen*** [ベ・フェーレン] *du* befiehlst, *er* befiehlt; befahl, befohlen 動 (人³に)命令する。¶ *j³ befehlen*, ... zu+不定詞 人³に…するよう命じる。♦Dem Rekruten wurde *befohlen*, draußen zu warten. 初年兵は外で待つよう命じられた。

be·festigen

be·festigen [ベ・フェスティゲン] 動
固定する;補強(強化)する. **Be·fes·tigung** [ベ・フェスティグング] 囡 -/
-en 固定;補強,強化;防衛設備.

be·finden* [ベ・フィンデン] befand,
befunden 動 ¶ *sich⁴ befinden*
いる,ある. / *sich⁴ in et³ befinden* 事³の状態(状況)である. ♦ Der
Minister *befand* sich in einer
unangenehmen Lage. 大臣は困
った状況に置かれていた.

be·folgen [ベ・フォルゲン] 動 (規則
など⁴を·に)守る,従う. ¶ Die Spieler *befolgen* die Anweisungen
des Trainers genau. 選手たちは
監督の指示を厳密に守る.

be·fördern [ベ・フェルデルン] 動 輸
送する;昇進させる《zu et³ 地位³
に》.¶*j⁴* zum Abteilungsleiter *befördern* 人⁴を局長に昇進させる.
Be·förderung [ベ・フェルデルング]
囡-/-en 運搬,輸送;昇進.¶Er hat
nur seine nächste *Beförderung*
im Kopf. 彼は次の昇進のことしか
頭にない.

be·freien [ベ・フライエン] 動 開放す
る.¶*j⁴* von *et³* *befreien* 人⁴を
物³から救い出す,人⁴の事³を免除する.
Be·freiung [ベ・フライウング]囡 -/
-en 開放;救出;免除.

be·freunden [ベ・フロインデン] 動
¶*sich⁴ befreunden* 親しく(友達
に)なる《mit *j³* 人³と》. ♦ Wir sind
sehr gut [miteinander] *befreundet*. われわれは互いにとても仲良く
している.

be·friedigen [ベ・フリーディゲン] 動
満足させる.

be·friedigend [ベ・フリーディゲント]
1 形 そこそこ満足できる,まあまあの;
〖評点〗(6段階評価の)3.¶In Mathematik hat er „*befriedigend*".
算数で彼は「3」をとった. **2** befriedigen の現在分詞.

be·fürchten [ベ・フュルヒテン] 動
危惧(懸念)する. ¶So etwas ist
nicht zu *befürchten*. こんなこと
になる(が起る)のは恐れるに足りない.

be·gabt [ベ・ガープト] 形 生まれなが

らに才能のある, 天分にめぐまれた.
Be·gabung [ベ・ガーブング] 囡-/
-en 生まれながらの才能,天分《für
et⁴ 事⁴の; zu *et³* 事³向きの》.
Der Trainer hat eine neue *Begabung* entdeckt. 監督は才能あ
る新人を発見した.

be·gann [ベ・ガン] beginnen の過
去形・単数・1，3人称.

be·gegnen [ベ・ゲーグネン] 動 (s)
(人³に)偶然出会う;(人³の)身にふり
かかる.¶Zum ersten Mal *begegnet* bin ich ihm vor fünf Jahren in Berlin. 初めて彼と出会った
のは5年前ベルリンでのことだった.
Be·gegnung [ベ・ゲーグヌング]
囡-/-en 遭遇,出会い《mit *j³*/*et³*
人³・事³との》.

be·gehen* [ベ・ゲーエン] beging,
begangen 動 (不正などを)犯す;厳
かに挙行する. ¶einen Fehler *begehen* 間違いを犯す. ♦ Großvaters
Geburtstag werden wir diesmal
festlich *begehen*. お祖父さんの誕
生日を今回は華々しくやる.

be·gehrt [ベ・ゲールト] 形 強く望ま
れている;需要の多い.¶Er ist ein
begehrter Redner. 彼は講演希
望の多い演説家だ.

be·geistern [ベ・ガイステルン] 動 感
激させる;夢中にさせる.¶*sich⁴* für
j⁴/*et⁴* *begeistern* 人⁴・物⁴に夢中
になる. ♦Für Fußball kann ich
mich nicht *begeistern*. 私はサッ
カーに熱中することができない. **Be·geisterung** [ベ・ガイステルング]
囡-/ 感激;熱中《über *j⁴*/*et⁴* 人⁴・
事⁴に対する》.

Be·ginn [ベ・ギン] 男-s/ 開始,始ま
り.¶Zu *Beginn* wollen wir ein
Lied singen. 初めにリートをひとつ
歌いましょう.

be·ginnen* [ベ・ギネン] begann,
begonnen 動**1**始める;しでかす.
2 始まる.¶mit *et³* *beginnen*
事³を始める.

be·gleiten [ベ・グライテン] 動 (人⁴
に)同行する;伴奏する. ¶*j⁴* nach
Hause *begleiten* 人⁴を家まで送

74

B

る. / j⁴ auf dem Klavier *beglei-ten* ピアノで人⁴の伴奏をする.

Be・gleiter [ベ・グライタァ] **男**-s/-（女性）**Be・gleiterin** [ベ・グライテリン] **女**-/Be・gleiterinnen [ベ・グライテリンネン]）同伴者, 護衛；伴奏者.

Be・gleitung [ベ・グライトゥング] **女**-/-en 同行, 同伴, 随伴, 護衛；伴奏. ¶in *Begleitung* eines Herrn 殿方同伴で.

be・gonnen [ベ・ゴネン] beginnen の過去分詞.

be・graben* [ベ・グラーベン] **1** *du* begräbst, *er* begräbt; begrub, begraben **動** 埋葬する, 埋める；（計画などを）諦める. ¶Dieses Projekt mussten wir leider *begraben*. 残念ながらこのプロジェクトは諦めざるを得なかった. **2** begraben の過去分詞. ¶（墓碑銘に）Hier liegt Hans Jensen *begraben*. ここにハンス・イェンゼン眠る.

be・greifen* [ベ・グライフェン] be-griff, begriffen**動** 理解する. ¶*Be-greifst* du nun endlich, dass man so etwas nicht tun darf? そんなことをしてはいけないということが君にはいいかげんにもう理解できるか.

be・grenzen [ベ・グレンツェン] **動** 制限（制約）する；（土地・分野⁴に）境界を設ける. **be・grenzt** [ベ・グレンツト] **1形** 限定された；（知識などが）狭い. ¶Nach seinem Unfall ist er nur noch *begrenzt* arbeitsfä-hig. 事故のあと彼はもうごく限られた範囲内でしか働けない. **2** begren-zen の過去分詞.

be・griff [ベ・グリフ] begreifen の過去形・単数・1, 3人称.

Be・griff [ベ・グリフ] **男**-[e]s/-e 概念, 観念；想像, 考え. ¶im *Begriff* sein (stehen) ... zu+不定詞 今まさに…しようとしている. ◆Der Tsu-nami? Das Wort ist mir ein (kein) *Begriff*. ツナミですって. その言葉なら私は知っている（知らない）.

be・griffen [ベ・グリフェン] begrei-fen の過去分詞.

be・gründen [ベ・グリュンデン] **動**（事⁴の）理由を示す；[意味拡張]（物⁴の）基礎（土台）を築く, 創設（創刊）する. ¶Wie können Sie das *begrün-den*? あなたはこれをどう説明できるのですか.

be・grüßen [ベ・グリューセン] **動**（人⁴）にあいさつをする；（提案などを）歓迎する. ¶Wir *begrüßen* diesen Vorschlag. われわれはこの提案を歓迎します. **Be・grüßung** [ベ・グリュースング] **女**-/-en あいさつ, 歓迎[の辞].

be・halten* [ベ・ハルテン] *du* be-hältst [ベ・ヘルツト], *er* behält; be-hielt, behalten **動**（借りたもの・貰ったものを）手元に置く；保ち続ける；記憶にとどめる. ¶ein Geheimnis für sich *behalten* 秘密を他にもらさない. ◆Das muss ich mir auf-schreiben, das kann ich nicht al-les *behalten*. それを書きとめておかなくては. ぜんぶを記憶しておくことなどできない. / Das *behältst* du bit-te für dich. それは人に漏らさないでくれ.

Be・hälter [ベ・ヘルタァ] **男**-s/- 容器.

be・handeln [ベ・ハンデルン] **動** 取り扱う；加工する；手当てする. ¶Er *behandelt* seine Frau sehr schlecht. 彼は奥さんにとてもひどい扱いをする.

Be・handlung [ベ・ハンドゥルング] **女**-/-en 取扱い；加工；手当て；論述. ¶Sie ist noch immer in ärztli-cher *Behandlung*. 彼女は依然として医者の手当てを受けている.

be・haupten [ベ・ハォプテン] **動** 主張する；[主張して]譲らない. ¶sich⁴ *behaupten* 言い分を通す. ◆Was er *behauptet*, stimmt gar nicht. 彼の主張することはぜんぜん当たっていない.

Be・hauptung [ベ・ハォプトゥング] **女**-/-en 主張. ¶die *Behauptung* zurücknehmen 主張を引っこめる.

be・herrschen [ベ・ヘルシェン] **動** 支配（占有）する；マスターする（してい

る）；制御（抑制）する． ¶ sich⁴ beherrschen 自制する． / mehrere Sprachen beherrschen 数ヶ国語をマスターしている．

Be·herrschung [ベ・ヘルシュング] 囡-/ 支配，占有；マスター（完全に習得する事）；制御，抑制，自制． ¶ Er verliert leicht die Beherrschung. 彼はすぐ自制心を失う．

be·hielt [ベ・ヒールト] behalten の過去形・単数1，3人称．

behilf·lich [ベヒルフ・リヒ] 厖 （人³・事³の）役に立つ，助けになる． ¶ Darf ich Ihnen behilflich sein? なにかお役に立てましょうか（お手伝いしましょうか）．

be·hindern [ベ・ヒンデルン] 働 妨害（邪魔）する． **be·hindert** [ベ・ヒンデルト] **1** 厖 （心身に）障害のある． **2** behindern の過去分詞．

Be·hinderter* [ベ・ヒンデルタァ] 围 （囡性） **Be·hinderte*** [ベ・ヒンデルテ] 囡《形容詞の名詞化》（心身の）障害者．

Be·hörde [ベ・ヘールデ] 囡-/-n 官庁．

bei [バイ] 前《3格支配. bei dem は融合して beim となる》【場所】…のそば（近く）に，そば（近く）で．bei der Post 郵便局のそばに，郵便局で． ¶ Ich wohne bei meinem Onkel. 私は叔父のところに住んでいる．【職場】…において．Gisela arbeitet bei der Lufthansa. ギーゼラはルフトハンザで働いている．【時間】…の時に．bei Beginn des Unterrichts 授業の始まりに． / bei dem Unfall 事故の折に． / bei guter Gesundheit 健康な状態で．【コンタクト】…（身体・衣服などの一部）において．den Jungen bei der Hand nehmen 男の子の手をとる．

bei- [バイ]《常にアクセントをもち分離動詞をつくる前つづり》【付加・添加】 bei│fügen 付け加える；【力添え】 bei│bringen 教えこむ；bei│stehen 味方をする．

bei│bringen* [バイ・ブリンゲン] brachte bei, beigebracht 働 教

える；（言いにくいことを）それとなく伝える． ¶ Das kann man ihm nur schwer beibringen. それを彼にわからせるのは至難のわざだ．

Beichte [バイヒテ] 囡-/-n《キリスト教》告解，ざんげ． **beichten** [バイヒテン] 働 告解（ざんげ）する．

beide [バイデ] 代《不定. ふつう複》で. dieser 型変化. 後続の形容詞は弱変化》両方（双方）の． ¶ beide jungen Frauen 両方の若い女性． / in beiden Fällen いずれの場合でも． ♦《beides の形で独立的に》 Ich mag beides, Bier wie Wein. 私はビールとワインの両方とも好きだ．

Bei·fahrer [バイ・ファーラァ] 围-s/- （囡性） **Bei·fahrerin** [バイ・ファーレリン] 囡-/Bei·fahrerinnen [バイ・ファーレリネン]）（自動車の助手席にいる）同乗者．

Bei·fall [バイ・ファル] 围-[e]s/ 喝采，拍手；賛成． ¶ Beifall klatschen 拍手する． / Beifall finden 賛成を得る． ♦ Der Beifall für den neuen Klassenlehrer hielt sich in Grenzen. 新任のクラス担任はあまり受けがよくなかった．

Bei·hilfe [バイ・ヒルフェ] 囡-/-n 補助（助成）金；《法律》従犯．

Beil [バイル] 围-[e]s/-e 斧（おの）．

Bei·lage [バイ・ラーゲ] 囡-/-n 添付；（雑誌などの）附録；（料理の）付け合せ．

bei│legen [バイ・レーゲン] 働 （物⁴を手紙³などに）添付（同封）する；（争いなどを）解決する． ¶ Wie könnte man diesen Streit am besten beilegen? その争いを解決するのにいちばん良いのはなんだろう．

Bei·leid [バイ・ライト] 围-[e]s/ 弔意． ¶ Ich spreche Ihnen mein herzliches Beileid aus. 心からお悔み申し上げます．

bei│liegen* [バイ・リーゲン] lag bei, beigelegen 働 （手紙など³に）添付（同封）してある． ¶ Dem Paket liegt die Rechnung bei. 小包には勘定書が添えられている．

beim [バイム] =bei dem.

Bein [バイン] 囲-[e]s/-e 脚(股関節から足指まで), 足. ¶ein Stuhl mit drei *Beinen* 3本脚の椅子. ◆ Marlene Dietrich hatte schöne *Beine.* マルレーネ・ディートリヒは美しい足をしていた. / Ich kann meine Uhr nicht finden. Sie hat doch hoffentlich keine *Beine* bekommen. 時計が見つからない. 時計に足がはえたのでなければ良いが. (⇒Fuß)

bei·nah [バイ・ナー, バイ・ナー], **bei·nahe** [バイ・ナーエ, バイ・ナーエ] 副 もう少しで, すんでのところで, 危うく. ¶Das wäre *beinah* danebengegangen. すんでのところで失敗に終わるところだった.

bei·sammen [バイ・ザメン] 副 一緒に, そろって. **Beisammen·sein** [バイザメン・ザイン] 囲-s/ 集(②)い.

bei·seite [バイ・ザイテ] 副 わきへ, 傍らへ. ¶*et⁴ beiseite* bringen 物⁴をわきにとりのけておく. ◆Spaß *beiseite!* 冗談はさておくとして. / Unglaublich, wieviel Geld er *beiseite* gebracht hat. 彼がどれくらいのお金を横領したか, 信じられないほどだ.

Bei·setzung [バイ・ゼツング] 囡-/-en 《丁寧表現》埋葬[式]; 葬儀.

Bei·spiel [バイ・シュピール] 囲-[e]s/-e 例; 模範. ¶ *sich³* an *j³* ein *Beispiel* nehmen 人³を手本にする. / ohne *Beispiel* sein 前代未聞である. / [wie] zum *Beispiel* 例えば(略: z.B.). **beispiels·weise** [バイシュピールス・ヴァイゼ] 副 例えば.

beißen* [バイセン] *du/er* beißt; biss, gebissen 動 噛む, (虫などが)刺す; しみる. ¶*sich³* auf die Lippen *beißen* 唇を噛む. / in den Apfel *beißen* リンゴをかじる. ◆Dieses harte Brot kann ich nicht *beißen.* この固いパンは噛み切れない. / Die Seife *beißt* mir (mich) in die Augen. 石鹸が目にしみる. **beißend** [バイセント] 1 形 刺すような, ひりひりする; 痛烈な. ¶Im Januar herrschte *beißende* Kälte. 1月は刺すような寒さだった.

2 *beißen* の現在分詞.

bei|stehen* [バイ・シュテーエン] stand bei, beigestanden 動 (人³に)味方する, 援助する.

Bei·trag [バイ・トゥラーク] 囲-[e]s/ **Bei·träge** [バイ・トゥレーゲ] 貢献《zu *et³* 事³への》; 寄付[金], 会費《für *et⁴* 会⁴に対する》; 寄稿, 論文《über *et⁴* テーマ⁴についての》. **bei|tragen*** [バイ・トゥラーゲン] *du* trägst bei, *er* trägt bei; trug bei, beigetragen 動 貢献する《zu *et³* 事³に》; 寄稿する. ¶Zu diesem Erfolg haben viele unserer Mitglieder *beigetragen.* この成功のために私たちのメンバーの多くが貢献した.

bei|treten* [バイ・トゥレーテン] *du* trittst [トゥリツト] bei, *er* tritt bei; trug bei, beigetragen 動 (s) (団体³に)加入(加盟・入会)する.

be·jahen [ベ・ヤーエン] 動 肯定(賛成・支持)する.

be·kämpfen [ベ・ケンプフェン] 動 (人⁴・事⁴と)戦う. ¶Er *bekämpft* seine Erkältung mit Zitronensaft. 彼はレモンジュースで風邪と闘(たたか)う.

be·kannt [ベ・カント] 形 誰もが知っている, 有名な. ¶*bekannt* geben (machen) 公表(公示・告知)する. / *j⁴* mit *j³ bekannt* machen 人⁴を人³に紹介する. / mit *j³ bekannt* werden 人³と知り合いになる. / *bekannt* werden 広く知られる. ◆Der Herr kommt mir irgendwie *bekannt* vor. 私はこの男性になにやら見覚えがある. / Dass er wenig taugt, ist allgemein *bekannt.* 彼がほとんど役に立たないということは周知である. / Wenn das *bekannt* wird, ist er ruiniert. これが世間に知れると彼は破滅だ.

be·kannte [ベ・カンテ] bekennen の過去形・単数・1, 3人称.

Be·kannter* [ベ・カンタァ] 囲 (囡性) **Be·kannte*** [ベ・カンテ] 囡《形容詞の名詞化》知人.

bekannt·lich [ベカント・リヒ] 副 誰もが知っているとおり. ¶*Bekanntlich* hat er große Schulden. 周知のごとく彼は大きな借金を背負っている.

Bekannt·schaft [ベカント・シャフト] 女-/-en 知人；面識. ¶seine *Bekanntschaft* machen 彼と知り合いになる. / mit et³ *Bekanntschaft* machen 厄介なこと³とかかわりを持つ.

Be·klagter* [ベ・クラークタァ] 男 (女性 **Be·klagte*** [ベ・クラークテ] 女)《形容詞の名詞化》(民事訴訟の)被告. (⇒Angeklagter)

be·kommen* [ベ・コメン] bekam, bekommen 動 **1** 貰う，入手する，受取る，得る，受ける；(心身の状態を表す名詞と)…になる. ¶Angst (die Grippe) *bekommen* 不安になる (インフルエンザにかかる). / ein Kind *bekommen* 妊娠している. / eine Ohrfeige *bekommen* びんたを食らう. ♦ Ich habe meinen Sohn nicht aus dem Bett *bekommen*. 息子をベッドから引っぱり出すことができなかった. / Heute *bekomme* ich nichts zu essen. きょう私はなにも食べるものがもらえない. **2** (s) ¶j³ [gut] *bekommen* (飲食物が)人³の身体に合う. ♦ Das deutsche Essen *bekommt* ihr nicht gut. 彼女はドイツの食事が性(しょう)に合わない. **3** bekommen の過去分詞.

belang·los [ベラング・ロース] 形 重要でない，とるに足らない. ¶Er redet mal wieder *belangloses* Zeug. 彼はまたまたくだらないことを話している.

be·lasten [ベ・ラステン] 動 (物⁴に)荷物を載せる；(人⁴に)負担をかける，重荷を負わせる；不利にする. ¶Die Abgase *belasten* die Luft. 排気ガスが空気を汚染している.

be·lästigen [ベ・レスティゲン] 動 わずらわす，悩ます《mit et³ 物³で》. ¶Er *belästigt* mich dauernd mit komischen Anrufen. 彼は絶えずおかしな電話で私を悩ます. **Be·las-**

tung [ベ・ラストゥング] 女-/-en 積載，積荷；(心身に対する)負担.

be·legen [ベ・レーゲン] 動 (物⁴に)載せる《mit et³ 物³を》；予約して(とって)おく；証明する《mit et³/durch et⁴ 物³・物⁴で》. ¶ein Brot mit Käse *belegen* パンにチーズをのせる. / einen Platz *belegen* 席を一つとっておく. / Spenden durch Quittungen *belegen* 寄付を領収書で裏付ける.

Beleg·schaft [ベレーク・シャフト] 女-/-en 全従業員.

be·leidigen [ベ・ライディゲン] 動 侮辱する. ¶Sie ist immer gleich beleidigt. 彼女はいつでもすぐ気を悪くする. **Be·leidigung** [ベ・ライディグング] 女-/-en 侮辱. ¶Derartige *Beleidigungen* solltest du dir nicht gefallen lassen. 君はこんな侮辱を受けっぱなしという手は無いぞ.

be·leuchten [ベ・ロイヒテン] 動 (物⁴に)照明をあてる.

be·liebig [ベ・リービヒ] -e [ベ・リービゲ] 形 任(随)意の；誰(何)か適当な.

be·liebt [ベ・リープト] 形 好かれている，人気のある《bei j³ 人³の間で》. ¶Damit machst du dich nicht gerade *beliebt*. そんなことをしては人に好かれるとは限らない.

bellen [ベレン] 動 (犬が)ほえる.

犬の「ワン」にあたるのは wau! [ヴァォ] である. 幼児語の「ワンワン(イヌのこと)」は der Wauwau [ヴァォヴァォ，ヴァォヴァォ] という.

---

be·lohnen [ベ・ローネン] 動 (人⁴に)報いる《für et⁴ 行為⁴に対して；mit et³ 物³をもって》. **Be·lohnung** [ベ・ローヌング] 女-/-en 報い，報酬《für et⁴ 事⁴に対する》. ¶Der ehrliche Finder erhielt eine *Belohnung*. 正直な拾得者は謝礼がもらえた.

be·merken [ベ・メルケン] 動 (事⁴に)気づく；認める；言い添える. **Be·merkung** [ベ・メルクング] 女-/-en

発言, 所見；コメント.

be·mühen [ベ・ミューエン] **動** ¶ sich⁴ bemühen 努力(苦心)する. / sich⁴ bemühen, ... zu +不定詞 …しようと努力する. / sich⁴ um j⁴ bemühen 人⁴の面倒を見ようと骨折る. / sich⁴ um et⁴ bemühen 物⁴を得ようと苦心する. ◆ Leider hat er sich umsonst um den Posten bemüht. 彼はその地位を得ようと骨折ったが, 残念ながら無駄だった. **Be·mühung** [ベ・ミューウング] **女** -/-en 努力, 苦心, 苦労, 骨折り. ¶ Für Ihre Bemühungen bin ich Ihnen sehr dankbar. あなたのお骨折りには深く感謝しております.

be·nachrichtigen [ベ・ナーハリヒティゲン] **動** j⁴ von et³ benachrichtigen 人⁴に事³を知らせる. ¶ Wir müssen ihn sofort benachrichtigen. 彼にはすぐに知らせなければ.

be·nachteiligen [ベ・ナーハタイリゲン] **動** 不利な扱いをする《gegenüber j³ 人³よりも》. ¶ Diese Reform benachteiligt die Rentner. この改革は年金受給者を不利に扱うものだ. **Be·nachteiligung** [ベ・ナーハタイリグング] **女** -/-en 不利な扱いをすること(被ること), 不当な扱い. ¶ Das neue Gesetz beseitigt die Benachteiligung Alleinerziehender. この新しい法律は父(母)子家庭の不利を除去する.

be·nehmen* [ベ・ネーメン] du benimmst, er benimmt; benahm, benommen **動** sich⁴ j³ gegenüber anständig benehmen 人³に対して礼儀正しく振る舞う. ¶ Benehmen Sie sich! お行儀よくしなさい. ◆ Er kann sich einfach nicht benehmen. 彼は初めから礼儀というものを知らないのだ. **Be·nehmen** [ベ・ネーメン] **中** -s/ 行儀, 振舞い.

be·neiden [ベ・ナイデン] **動** うらやむ《um et⁴/wegen et² 事⁴・事²に関して》. **beneidens·wert** [ベ·

ナイデンス・ヴェールト] **形** うらやむべき.

be·nötigen [ベ・ネーティゲン] **動** 必要とする.

be·nutzen [ベ・ヌッツェン], **be·nützen** [ベ・ニュッツェン] 《南ドイツ・オーストリア・スイス》 **動** 使う, 利用する《zu et³/für et⁴ 事³・事⁴のために; als et⁴ 事⁴に》.

Benzin [ベンツィーン] **中** -s/(種類: -e)ガソリン.

be·obachten [ベ・オーバハテン] **動** (動くものについて)観察する. ¶ Die Polizei beobachtet den Verdächtigen. 警察は被疑者を監視している. (⇒betrachten) **Be·obachtung** [ベ・オーバハトゥング] **女** -/-en 観察[結果], 監視.

be·quem [ベ・クヴェーム] **形** 快適(気楽)な；無精な. ¶ Bitte, machen Sie es sich bequem! どうぞお楽(お気楽)に.

be·raten* [ベ・ラーテン] du berätst [ベ・レーツト], er berät; beriet, beraten 人⁴(人⁴に)アドバイスする, (人⁴の)相談にのる；協議(審議)する《über et⁴ 事⁴について》. ¶ sich⁴ mit j³ über et⁴ beraten 人³と一緒に事⁴について協議する. ◆ Sein Arzt hat ihn gut beraten. 医師は彼に有益な助言をしてくれた.

be·rechnen [ベ・レヒネン] **動** 計算する, 見積もる. ¶ Für die Reparatur hat der Elektriker nichts berechnet. 電気屋は修繕の費用を請求しなかった. **be·rechnend** [ベ・レヒネント] **1 形** 打算的な. **2** berechnen の現在分詞. **Be·rechnung** [ベ・レヒヌング] **女** -/-en 計算, 見積もり；《複 なし》打算. ¶ Bei ihr ist alles Berechnung. 彼女は何でも全て勘定づくだ.

be·rechtigen [ベ・レヒティゲン] berechtigte, berechtigt **動** (人⁴に)権利を与える《zu et³/ ... zu +不定詞》事³を(…を)する》. **be·rechtigt** [ベ・レヒティヒト] **形 1** 権利(資格)を有する《zu et³/ ... zu +不定詞》事³を(…を)する》. ¶ Dazu ist die Polizei durchaus berechtigt. 警察は完全にそうする権利を有

する. **2** berechtigen の過去分詞.

Be·reich [ベ・ラィヒ] 男 (中) -[e]s/-e 分野, 領域, 範囲; 区域.

be·reichern [ベ・ラィヒェルン] 動 豊かにする. ¶ *sich⁴ bereichern* (不当な手段で)私腹をこやす. ◆ Er *bereichert* sich auf Kosten anderer. 彼は他人の犠牲の上に金儲けしている.

be·reit [ベ・ラィト] 形 用意(準備)のできた. ¶ *zu et³ bereit sein* (*bereit sein, … zu +* 不定詞) 事³を(…を)する準備ができている, 心積もりをしている. ◆ Ich bin gern *bereit*, dir zu helfen. 喜んで君を助ける用意がある. / Vorsicht! Der Kerl ist zu allem *bereit*. 気をつけろ. あいつはなんでも平気でするやつだ. **be·reiten** [ベ・ラィテン] 動 用意(準備)する;(人³に物⁴を)与える, もたらす. ¶ Die Grammatik *bereitet* ihm nach wie vor Schwierigkeiten. 彼は文法が相変わらず苦手だ.

be·reits [ベ・ラィツ] 副 もうすでに; もうそれだけでも. ¶ Der Krankenwagen ist *bereits* unterwegs. 救急車はすでに出動している.

Bereit·schaft [ベラィト・シャフト] 女 -/ 用意, 準備, 覚悟. ¶ *seine Bereitschaft* zu et³ (… zu + 不定詞) erklären 事³の(…する)用意(覚悟)があると明言する.

be·reuen [ベ・ロィエン] 動 後悔する. ¶ Hoffentlich *bereust* du das nicht später. 君はあとでそれを後悔することにならなければ良いが.

Berg [ベルク] 男 -[e]s/-e 山[岳]. ¶ ein *Berg* von Akten 書類の山. / in die *Berge* fahren 山へ行楽に行く. / über den *Berg* sein 〈くだけた表現〉(病気・困難な事態などが)峠を越えている.

> 低くかつ樹林に覆われた山を表すには der Wald [ヴァルト] (森林) を用いた方が実像に近く理解してもらいやすい.

bergen* [ベルゲン] *du* birgst, *er* birgt; barg, geborgen 動 救助(保護)する; 隠し持って(含んで)いる. ¶ Dein Plan *birgt* ein großes Risiko. 君の計画にはたいへんリスクがひそんでいる.

bergig [ベルギヒ] -e [ベルギゲ] 形 山の多い, 山がちの.

Berg·werk [ベルク・ヴェルク] 中 -[e]s/-e 鉱山.

Be·richt [ベ・リヒト] 男 -[e]s/-e レポート; 報告書; 記事. ¶ Dieser *Bericht* ist sehr sorgfältig gearbeitet. この記事はとても慎重に書かれている.

be·richten [ベ・リヒテン] 動 **1** (人³に)報告(報道)する《über *et⁴* 事⁴について》. **2** 報告(報道)する. ¶ Nun, was können Sie von Ihrem Japanaufenthalt *berichten*? さて日本滞在についてはどんなお話をしてもらえますか.

be·richtigen [ベ・リヒティゲン] berichtigte, berichtigt 動 訂正(修正)する. ¶ *Berichtige* mich bitte, wenn ich etwas Falsches sage. 私が何か間違ったことを言ったら訂正してください.

Berlin [ベルリーン] 中 -s/ 〖地名〗(ドイツ連邦共和国の)ベルリン都市州; ベルリン市(ドイツ連邦共和国首都およびベルリン都市州の州都). **Berliner** [ベルリーナァ] **1** 男 -s/- (女性) **Berlinerin** [ベルリーネリン] 女 -/Berlinerinnen [ベルリーネリネン])ベルリン市民. **2** 形 《無変化》ベルリンの.

be·rücksichtigen [ベ・リュックズィヒティゲン] 動 顧慮(尊重)する. ¶ Du musst seinen Stolz *berücksichtigen*. 彼のプライドを考慮してやらなくてはならない.

Be·ruf [ベ・ルーフ] 男 -[e]s/-e 職業; 天職. ¶ Er hat einen anstrengenden *Beruf*. 彼は骨の折れる仕事を持っている. / Was sind Sie von *Beruf*? あなたの職業は何ですか.

be·rufen* [ベ・ルーフェン] berief, berufen 動 招聘(しょうへい)する, 登用する. ¶ Er glaubt, er sei zu Hö-

≣ドイツを識るコラム≣　**Berlin**

面積　891（㎢）
人口　366（万人）
州都　ベルリン

　ベルリンはドイツ最大の都市であると同時にひとつの州である．ベルリンは戦前，ヨーロッパでもっとも人口の多い，政治，経済，文化の中心地であったが，第二次大戦後ベルリンの壁によって，東ベルリンと西ベルリンに分断され，この状態は1961年から1989年まで続いた．東ベルリンはドイツ民主共和国（東ドイツ）の首都であったが，ドイツ連邦共和国（西ドイツ）の首都はボンに移った．東西ドイツ統一後，ベルリンは再びドイツの首都に返り咲き，町は再開発ラッシュに沸いた．統一の象徴ブ

ランデンブルク門周辺では，ドイツ統一記念日の行事や大掛かりな年越しパーティー等さまざまなイベントが行われる．サッカーワールドカップの時には巨大なパブリックビューイング会場に．

ブランデンブルク門

herem *berufen*. 彼は自分がもっと高級なことに向いた人間だと思っている．

beruf･lich [ベルーフ・リヒ] 形 職業上[の]．¶Was macht er eigentlich *beruflich*? そもそも彼は何を職業としているのだろう．

Berufs･schule [ベルーフス・シューレ] 女-/-n 職業学校．

> ドイツの職業訓練制度の中核を成すのが「デュアルシステム（二元制度）」である．職場での実務訓練（週3～4日）と並行して職業学校に通う（週1～2日）．期間は約2～3年半．

berufs･tätig [ベルーフス・テーティヒ] -e [ベルーフス・テーティゲ] 形 就業している．

be･ruhen [ベ・ルーエン] 動 ¶基づく《auf *et*³事³に》．¶auf einem Missverständnis *beruhen* 誤解に基づいている．♦Am besten lassen wir das auf sich *beruhen*. それはそっとしておくのがいちばん良い．

be･ruhigen [ベ・ルーイゲン] 動 落着

かせる，なだめる．¶sich⁴ *beruhigen* 落着く，安心する；おさまる．♦Bitte, *beruhigen* Sie sich doch! 落着きなさいってば．

be･rühmt [ベ・リュームト] 形 有名な．¶Von Siebold ist in Deutschland nicht so *berühmt* wie in Japan. フォン・シーボルトはドイツでは日本におけるほど著名でない．（⇒ bekannt）

be･rühren [ベ・リューレン] 動（物⁴に）触れる；（事⁴に）軽く言及する；（人⁴の）心を動かす．¶Starkstrom! *Berühren* verboten! Lebensgefahr! 高圧電流です．触れること厳禁．生命にかかわります．**Be･rührung** [ベ・リュールング] 女-/-en 接触．

Be･satzung [ベ・ザッツング] 女-/-en 乗組（乗務）員；《複なし》占領[軍]．

be･schädigen [ベ・シェーディゲン] 動（物⁴に）損傷を与える．

¹be･schaffen [ベ・シャッフェン] 動（人³に物⁴を）調達（入手）してやる．¶sich³ *et*⁴ *beschaffen* 物⁴を調達（工面）する．

²be･schaffen [ベ・シャッフェン] 形

《状態・性質を表す語と》(…な)状態 (性質)で. ¶ Die Straße ist sehr schlecht *beschaffen.* その道路の状態はきわめて悪い.

be·schäftigen [ベ・シェフティゲン] **動** 雇用している, 働かせる; 煩(わずら)わす, (人⁴の)関心を引く. ¶ *sich⁴ mit j³ beschäftigen* 人³の面倒を見る (相手をする). / *sich⁴ mit et³ beschäftigen* 事³に専念して(取り組んで)いる. ◆ Wie kann man kleine Kinder am besten *beschäftigen*? 小さな子供たちの関心を惹くにはどうするのがいちばん良いでしょう.

be·schäftigt [ベ・シェフティヒト] **1形** 多忙である《mit et³ 事³で》; 雇われて(働いて)いる. **2** beschäftigen の過去分詞. ¶ Früher war er bei der Stadt *beschäftigt.* 彼は以前市の仕事をしていた.

Be·schäftigung [ベ・シェフティグング] **女**-/-en 職業, 勤め口;《以下**複**なし》雇用, 就業, 取り組み《mit et³ 事³への》.

be·schämen [ベ・シェーメン] **動** (人⁴に)恥をかかせる. ¶ *sich⁴ beschämt* fühlen 恥入る. ◆ Sie *beschämen* mich mit Ihrer Großzügigkeit. あなたの寛容さには恥入るばかりです.

Be·scheid [ベ・シャイト] **男**-[e]s/-e 回答; 情報. ¶ über et⁴ *Bescheid* bekommen (erhalten) 事⁴について回答(情報)を得る. / j³ über et⁴ *Bescheid* geben 人³に事⁴を知らせる. / über et⁴ *Bescheid* haben (wissen) 事⁴について知って(知らせを受けて)いる. / j³ *Bescheid* sagen 人³に口頭で知らせる. ◆ Du brauchst gar nichts zu sagen, ich weiß schon *Bescheid.* 君は何も言う必要はない, ぼくはもう知っているのだ. / Wir müssen ihm unbedingt *Bescheid* sagen. 彼にはどうしても知らせねばならない.

be·scheiden [ベ・シャイデン] **形** 控えめの, つましい; ささやかな. ¶ Das Essen war mehr als *bescheiden.* 食事はそまつでささやかどころ

の騒ぎではなかった.

be·scheinigen [ベ・シャイニゲン] **動** 書面で証明する. **Be·scheinigung** [ベ・シャイニグング] **女**-/-en 書面による証明; 証明書.

be·schleunigen [ベ・シュロイニゲン] **動** (物⁴の)スピードを上げる. ¶ *sich⁴ beschleunigen* スピードが上がる.

be·schließen* [ベ・シュリーセン] *du/er* beschließt, beschloss, beschlossen **動** 決定(表決)する; (会などを)閉じる, 締めくくる. **Be·schluss** [ベ・シュルス] **男**-es/Beschlüsse [ベ・シュリュッセ] 決定, 決議, 表(採)決《über et⁴ 事⁴に関する》. ¶ Hierzu gibt es einen *Beschluss* des Stadtrats. これについては市議会の決議がある.

be·schränken [ベ・シュレンケン] **動** 制限(抑制)する. ¶ *sich⁴ auf et⁴ beschränken* 事⁴に限定しておく, 事⁴で我慢しておく. ◆ *Beschränke* dich bitte auf das Wichtigste! 最重要なことに限ってくれ! **be·schränkt** [ベ・シュレンクト] **1形** 限られた[範囲内の]. **2** beschränken の過去分詞.

be·schreiben* [ベ・シュライベン] beschrieb, beschrieben **動** 記述(描写)する. ¶ Können Sie den Täter *beschreiben*? 犯人の様子を述べてくれませんか. **Be·schreibung** [ベ・シュライブング] **女**-/-en 記述, 描写. ¶ Seine Arroganz spottet jeder *Beschreibung.* 彼の思い上がりは言葉で言い表せないほどひどいものだ.

be·schuldigen [ベ・シュルディゲン] **動** せいにする(罪に帰する)《j⁴ et² 事²を人⁴の》.

be·schützen [ベ・シュッツェン] **動** 守る.《vor j³/et³ 人³・物³から》 ¶ Den Star *beschützten* zwei Leibwächter. そのスターを二人のボディーガードが守っていた.

Be·schwerde [ベ・シュヴェールデ] **女**-/-n 苦情《gegen j⁴, über j⁴/et⁴ 人⁴・物⁴に対する》;《**複**で》身体の苦痛. ¶ Das Alter bringt viele

Beschwerden. 高齢は多くの身体的苦痛をもたらすものだ.

be・schweren [ベ・シュヴェーレン] **動** *sich*⁴ [bei *j*³] über *j*⁴/et⁴ *beschweren* 人⁴・事⁴のことで[人³に]苦情を言う. / *et*⁴ mit *et*³ *beschweren* 物⁴に物³をのせて重しにする. ¶ Über das Essen kann man sich nicht *beschweren*. ここの食事には文句のつけようがない.

be・seitigen [ベ・ザイティゲン] **動** 取り除く, 排除(駆除)する. **Be・seitigung** [ベ・ザイティグング] **女**-/ 除去, 排除, 駆除.

Besen [ベーゼン] **男**-s/- ほうき.

be・sessen [ベ・ゼッセン] **1形** とりつかれた, 夢中になった《von *et*³ 物³に》. ¶ Von dieser Idee ist er geradezu *besessen*. 彼はこのアイディアに文字通りとりつかれている. **2** besitzen の過去分詞.

be・setzen [ベ・ゼッツェン] **動** (席などを)取っておく, 占める, 占領(占拠)する. ¶*et*⁴ mit *j*³ besetzen 部署・役職など⁴を人³に割りふる. ♦ Alle wichtigen Posten *besetzte* der Präsident mit seinen Parteigängern. 大統領は重要なポストの全てを党の仲間で占めた. **be・setzt** [ベ・ゼット] **1形** (座席・トイレなどが)ふさがっている, 使用中である;(忙しくて)手が離せない. ¶ Die Leitung ist dauernd *besetzt*. 電話がずっとお話中である. **2** besetzen の過去分詞.

be・sichtigen [ベ・ズィヒティゲン] **動** 見物(見学)する. ¶ Heute *besichtigen* wir die Frauenkirche. きょうは聖母教会を見学します.

Be・sichtigung [ベ・ズィヒティグング] **女**-/-en 見物, 見学;視察, 検証. ¶ Der Bürgermeister kommt auch zur *Besichtigung*. 市長も視察に来る.

be・siegen [ベ・ズィーゲン] **動** (人⁴に)勝つ, 負かす;克服する.

be・sinnen* [ベ・ズィネン] besann, besonnen **動** *sich*⁴ *besinnen* 熟考する. / *sich*⁴ auf *et*⁴ *besin-*

nen 事⁴を思い出す. ¶ *Besinnen* Sie sich auf Ihre Pflicht! 自分の義務を自覚しなさい. **Be・sinnung** [ベ・ズィヌング] **女**-/-en 熟慮, 熟考;意識;理性. **besinnungs・los** [ベズィヌングス・ロース] **形** 意識(分別)を失った. ¶ Ihr dürft ihm nicht *besinnungslos* folgen. 君たちは彼の言うことに無分別に従ってはならない.

Be・sitz [ベ・ズィッツ] **男**-es/ 所有物, 財産;所有. ¶Das ist der ganze *Besitz* des Toten. 故人の所有物はこれだけです. / Das Bild ist im *Besitz* der Stadt. この絵は市の所有物です.

be・sitzen* [ベ・ズィッツェン] *du/er* besitzt; besaß, besessen **動** 持っている, 備えている. ¶ Arm ist er sicher nicht, er besitzt vier Häuser. 彼は貧しくは決してない. 家屋を4軒持っている. **Be・sitzer** [ベ・ズィッツァ]**男**-s/- (**女性** **Be・sitzerin** [ベ・ズィッツェリン]**女**-/Be・sitzerinnen [ベ・ズィッツェリネン])所有者.

be・sonder [ベ・ゾンダァ] **形** 特別(格別)の. ¶Das ist ein ganz *besonderer* Wein. これは全く特別のワインです. **Besonder・heit** [ベゾンダァ・ハイト] **女**-/-en 特色, 特徴;特に変わった点.

be・sonders [ベ・ゾンダァス] **副** 特に, とりわけ;別[個]に. ¶ nicht *besonders* sein とりたてて優れたと言えるところはない. ♦ Sie ist *besonders* hübsch. 彼女は特に可愛い. / Der Film war nicht so *besonders*. あの映画は特にどうということはなかった. / Er kann nicht *besonders* gut Japanisch. 彼は格別日本語が上手なわけではない.

be・sorgen [ベ・ゾルゲン] **動** 買う, 取寄せる;世話をする;(用事などを)片づける. ¶Sie *besorgte* uns zwei Theaterkarten. 彼女はわれわれに劇場の切符を2枚手に入れてくれた.

be・sorgt [ベゾルクト] **1形** 心配している《über *j*⁴/et⁴ 人⁴・物⁴につい

be·sprechen*

て》. **2** besorgen の過去分詞.

be·sprechen* [ベ・シュプレッヒェン] *du* besprichst, *er* bespricht; besprach, besprochen **動**(事⁴について)話し合う；論評する. ¶ Das *besprechen* wir besser morgen. その件についてはあした話し合った方が良かろう. **Be·sprechung** [ベ・シュプレッヒュング] **女**-/-en 話し合い；論評；会議.

besser [ベッサァ] 《gut, wohl の比較級》**1 形** より良い. ¶ Sie weiß immer alles *besser*. 彼女はいつも何でも知ったかぶりをする. **2 副** …した方が良い. ¶ Sie gehen *besser* schnell nach Hause. 早く家に帰った方が良い.

bessern [ベッセルン] **動** *sich⁴ bessern* [より]良くなる，改良(改善)される. **Besserung** [ベッセルング] **女**-/-en 改良，改善，(病気などの)回復. ¶ Gute *Besserung*! (病人に)お大事に.

> くしゃみをした人には Gesundheit!（「お大事に」. 直訳すれば「健康を」と言う習慣がある.

best [ベスト] 《gut, wohl の最上級》**1 形** もっとも良い，最高(最上)級の. **2 副** 《am besten の形で》…するのがもっとも良い. ¶ Sie gehen *am besten* schnell nach Hause. 早く家に帰るのが一番だ. (⇒Bestes*)

Bestand·teil [ベシュタント・タイル] **男**-[e]s/-e [構成]要素，[構成]成分，パーツ. ¶ Der Junge zerlegte den Wecker in seine *Bestandteile*. 男の子は目覚まし時計をばらばらにしてしまった.

be·stärken [ベ・シュテルケン] **動** 元気づける，支持する. ¶ Der Kollege *bestärkt* mich in meinem Vorhaben. その同僚は私の目論みに肩入れしてくれている.

be·stätigen [ベ・シュテーティゲン] **動** (事⁴が正しい・適切であることを)確認(裏書き)する. ¶ Können Sie die-

se Meldung *bestätigen*? この情報を確認できますか.

be·stechen* [ベ・シュテッヒェン] *du* bestichst, *er* besticht; bestach, bestochen **動**(人⁴に)贈賄する，買収する，丸めこむ. **bestech·lich** [ベシュテッヒ・リヒ] **形** 賄賂(買収)のきく. **Be·stechung** [ベ・シュテッヒュング] **女**-/-en 賄賂，買収，贈収賄. ¶ aktive (passive) *Bestechung* 贈賄(収賄).

Be·steck [ベ・シュテック] **中**-[e]s/-e 食卓用器具(ナイフ・フォーク・スプーンのセット).

be·stehen* [ベ・シュテーェン] bestand, bestanden **動 1** 存在(存続)する. ¶ auf et³ *bestehen* 事³に固執する，事³を主張する. / aus et³ *bestehen* 物³から成立っている. / in et³ *bestehen* (事¹の本質・実質は)事³にある. **2** (試験⁴に)合格する. ¶ Hoffentlich *besteht* er das Examen. 彼が試験に受かればよいのだが.

be·stellen* [ベ・シュテレン] **動** 注文する，予約する，(人⁴に)来てもらう；伝える. ¶ Heute *bestelle* ich nur ein Steak. きょうはステーキだけしか注文しない. / *Bestellen* Sie Ihrer Frau meine besten Grüße! 奥さんにくれぐれもよろしくと伝えてくれ. **Be·stellung** [ベ・シュテルング] **女**-/-en 注文，予約；伝言.

bestens [ベステンス] **副** たいへん良く；心から. ¶ Danke *bestens*! どうもありがとう. / Er weiß *bestens* Bescheid. 彼はたいへんよく知っている.

Bestes* [ベステス] **中** 《形容詞の名詞化》最良(最善)のもの(こと). ¶ Es ist das *Beste*, wenn ... …するのが一番良い. / sein *Bestes* tun 最善(全力)を尽くす. ♦ Er gibt sein *Bestes*. 彼はベストを尽くす. (⇒best)

be·stimmen* [ベ・シュティメン] **動** 決める，定める《für j⁴/et⁴ 人⁴・物⁴のためのものと；zu et³ 事³とすることに》. ¶ einen Termin für das Treffen *bestimmen* 会合の日取り

を決める。◆ Bei uns zu Hause *bestimmt* meine Mutter. わが家で決定を下すのは母親である。

be·stimmt [ベ・シュティムト] **1** 形 確定した；特定(一定)の。¶für *j⁴*/et⁴ *bestimmt* sein 人⁴・物⁴の(に与えられる)ものと決まっている。/ zu et³/ *j³ bestimmt* sein 事³になると決まっている、役目³に指名されている。**2** 副 きっと、確実に。¶Er kommt *bestimmt* wieder zu spät. 彼はきっとまた遅れてくる。**3** bestimmen の過去分詞。

Be·stimmung [ベ・シュティムング] 女-/-en 規定,定め；本来の用途(目的)；宿命,天職。

be·strafen [ベ・シュトゥラーフェン] 動 処罰する。

be·strebt [ベ・シュトゥレープト] 形 *bestrebt* sein, … zu +不定詞 一生けん命…しようとしている。**Be·strebungen** [ベ・シュトゥレーブンゲン] 複 試み；努力。

be·streiten* [ベ・シュトゥライテン] bestritt, bestritten 動 (事⁴に)異議を唱える。¶Niemand *bestreitet* deinen guten Willen. 誰も君の善意を疑いはしない。

be·stürzt [ベ・シュテュルツト] 形 うろたえた。¶Alle sind sehr *bestürzt* über seinen Tod. 皆が彼の死に衝撃を受けている。

Be·such [ベ・ズーフ] 男-[e]s/-e 訪問《bei *j³* 人³のところへの》；通院；見物；訪問客。¶bei *j³* einen *Besuch* machen 人³を訪問する、医者³に行く。/ *Besuch* bekommen (haben) 訪問客が来る(来客中である)。/ zu *Besuch* kommen 訪ねて来る。◆ Die Rosen sind von unserem *Besuch*. このバラはお客様から戴いたものです。

be·suchen [ベ・ズーヘン] 動 訪問する；(芝居・音楽会などを)見に(聴きに)行く。¶Sie besucht das Beethoven-Gymnasium in Bonn. 彼女はボンのベートーベン・ギュムナージウムに通っている。

Be·sucher [ベ・ズーハァ] 男-s/-

(女性) **Be·sucherin** [ベ・ズーヘリン] 女-/Be·sucherinnen [ベ・ズーヘリネン]訪問客,見物客,観客。

be·tätigen [ベ・テーティゲン] 動 *sich⁴ betätigen* 働く,活動する。/ *sich⁴* künstlerisch (politisch) *betätigen* 芸術(政治)活動をしている。

be·täuben [ベ・トイベン] 動 (人⁴に)麻酔をかける；(人の)意識を失わせる。¶Er *betäubt* seinen Kummer mit Alkohol. 彼は苦悩をアルコールで麻痺させる。

be·teiligen [ベ・タイリゲン] 動 参加させる《an et³ 事³に》。¶*sich⁴* an et³ *beteiligen* 事³に参加する。

beten [ベーテン] 動 祈る《für *j⁴* 人⁴のために；um et⁴ 事⁴を求めて；zu et³ 事³となることを》。

Beton [ベトン] 男 -s/-s(《スイス》-e) コンクリート。

be·tonen [ベ・トーネン] 動 強調する；(音節⁴に)強アクセントを置いて発音する。¶Ich *betone* noch einmal: Das ist ein guter Kompromiss. 私はもう一度強調しておく。これは妥当な妥協である、と。**Be·tonung** [ベ・トーヌング] 女-/-en 強調,力説；強アクセント。

be·trachten [ベ・トゥラハテン] 動 (動かないものについて)観察する；判断する。¶ein Bild *betrachten* 一枚の絵を観察する。/ *j⁴*/et⁴ als *j⁴*/et⁴ *betrachten* 人⁴・物⁴を人⁴・物⁴と見なす。◆ Man *betrachtet* ihn als [den] größten Dichter der Moderne. われわれは彼を当代最高の詩人と見なす。(⇒beobachten)

beträcht·lich [ベトレヒト・リヒ] 形 かなりの。¶um ein *Beträchtliches* 著しく。

Be·trachtung [ベ・トゥラハトゥング] 女-/-en 観察；考察。

Be·trag [ベ・トゥラーク] 男-[e]s/Be·träge [ベ・トゥレーゲ] 金額。

be·tragen* [ベ・トゥラーゲン] *du betragst, er betragt; betrug, betragen* 動 **1** …の額になる。¶Der Gewinn *beträgt* 1.000 Euro. 収益は1,000ユーロである。**2** *sich⁴*

B

... *betragen* ...という態度をとる,
振舞いをする. ¶Richard *beträgt*
sich mir gegenüber frech. リヒ
ルトは私に対して生意気な態度を
っている. 3 betragen の過去分詞.

be·treffen* [ベ・トゥレッフェン] *es*
betrifft; betraf, betroffen 動
(人⁴・事⁴に)関わる;(不幸などが)襲
う. ¶was *j⁴/et⁴ betrifft* 人⁴・事⁴
に関しては(関して言えば). ◆Die
neue Regelung *betrifft* ledig-
lich kinderlose Ehepaare. 新し
い規定は子供のない夫婦にしかあてはま
らない. **be·treffend** [ベ・トゥレッ
フェント] 1 形 当該の. 2 betreffen
の現在分詞.

¹be·treten* [ベ・トゥレーテン] *du*
betrittst [ベ・トゥリットスト], *er* be-
tritt; betrat, betreten 動 (場
所⁴に)[立ち]入る. ¶Bitte den Ra-
sen nicht *betreten!* 芝生に立ち
入らないで下さい.

²be·treten [ベ・トゥレーテン] 1 形
狼狽(困惑)した. 2 betreten の過
去分詞.

be·treuen [ベ・トゥロイエン] 動 (人⁴
の)世話をする,面倒を見る;取りしき
る. ¶Wenn Kinder Tiere *betreu-
en*, können sie viel lernen. 子
供たちが動物の世話をすると,いろいろ
沢山学ぶことができる.

Be·treuer [ベ・トゥロイアァ] 男 -s/-
(女性) **Be·treuerin** [ベ・トゥロイエ
リン] 女 -/Be·treuerinnen [ベ・トゥ
ロイエリネン])付添い人,介護者.

Be·trieb [ベ・トゥリープ] 男 -[e]s/-e
企業[体],経営[体](⇒ Unterneh-
men);事業所,厭わい;操業. ¶den
Betrieb aufnehmen 営業(操業)
を始める. / außer *Betrieb* sein
営業(操業)を休止している. / in *Be-
trieb* sein 営業(操業)している. ◆
Auf dem Markt ist viel *Betrieb.*
市場(ば´う)は活況を示している. / Mein
Mann hat oft Ärger im *Be-
trieb.* 夫は会社でしばしば腹の立つ
出来事がある.

Betriebs·rat [ベトゥリープス・ラート]
男 -[e]s/Betriebs·räte [ベトゥリープ

ス・レーテ] 事業所(被用者)委員[会].
(女性) **Betriebs·rätin** [ベトゥリー
プス・レーティン] 女 -/Betriebs·rätin-
nen [ベトゥリープス・レーティネン]事業所
委員.

be·troffen [ベ・トゥロッフェン] 1 形
狼狽(当惑)した;被害を被っている
《von *et³* 事³による》. 2 betreffen
の過去分詞. **Betroffen·heit**
[ベトゥロッフェン・ハイト] 女 -/ 狼狽,困
惑,とまどい.

Be·trug [ベ・トゥルーク] 男 -[e]s/ 欺
瞞;詐欺.

be·trügen* [ベ・トゥリューゲン] be-
trog, betrogen 動 だます;裏切る.
¶*j⁴* um *et⁴ betrügen* 人⁴から
物⁴をだまし取る. ◆Warum muss
er nur immer seine Frau *betrü-
gen?* 何故彼はしょっちゅう細君をだ
まさなくてはならないのか(不倫する).

Be·trüger [ベ・トゥリューガァ] 男 -s/-
(女性) **Be·trügerin** [ベ・トゥリュー
ゲリン] 女 -/Be·trügerinnen [ベ・ト
ゥリューゲリネン])詐欺師. **be·trüge-
risch** [ベ・トゥリューゲリシュ] 形 詐欺
の,いかさまの,だましの.

be·trunken [ベ・トゥルンケン] 形 酔
っぱらった. ¶*Betrunken* wie er
war, hätte er niemals Auto fah-
ren dürfen. 彼は酔っぱらっていた
のだから,決して車を運転してはいけな
かったのに.

Bett [ベット] 中 -[e]s/-en ベッド.
¶das *Bett* (die *Betten*) ma-
chen メーク・ベッドをする. / ins
Bett gehen 就寝する. ◆Morgens
komme ich nur schwer aus
dem *Bett.* 朝ベッドを離れるのは
ても難しい.

betteln [ベッテルン] 動 物乞いする,
ねだる《um *et⁴* 物⁴がほしいと》.

bett·lägerig [ベット・レーゲリヒ] -e
[ベット・レーゲリゲ] 形 寝たきりの,病床
についた.

Bett·wäsche [ベット・ヴェッシェ]
女 -/ シーツ;ベッド(まくら)カバー.
Bett·zeug [ベット・ツオイク] 中
-[e]s/ 寝具(まくら,かけ布団,シーツ
など). ¶Das *Bettzeug* muss mal

86

gründlich gelüftet werden. 寝具は徹底的に風にあてなければいけない.

beugen [ボイゲン] 動 [下へ]曲げる，かたむける；〖文法〗動詞変化させる. ¶ *sich⁴ beugen* 身をかがめる（かがめてお辞儀する），身をのり出す. / *sich⁴ j³(et³) beugen* 人³・物³に屈する.

Beule [ボイレ] 女/-n こぶ；（金属などの）へこみ. ¶Wo hast du dir die *Beulen* geholt? そのこぶはどこでつくったんだ.

be·unruhigen [ベ・ウンルーイゲン] 動 不安にさせる. ¶*sich⁴ beunruhigen* 不安になる.

be·urteilen [ベ・ウーァタイレン] 動 判断(評価)する. ¶Wie *beurteilen* Sie die Wirtschaftspolitik der Regierung? あなたは政府の経済政策をどのように評価しますか.

Beute [ボイテ] 女/- 獲物；餌食.

Beutel [ボイテル] 男-s/- 小袋.

Be·völkerung [ベ・フェルケルング] 女-/-en（ある地域に住む）住民. ¶Die dortige *Bevölkerung* ist überwiegend protestantisch. そこの住民は圧倒的多数がプロテスタントである. (⇒Bewohner, Einwohner)

be·vollmächtigen [ベ・フォルメヒティゲン] 動（人⁴に）権限を与える《zu et³ (... zu + 不定詞) 事³の(…をする)》.

be·vor [ベ・フォーァ] 接《従属》【時間】…する前に，…までは. 【否定的前提】…しないうちに，…しない限り.

¶Ich trinke eine Tasse Kaffee, *bevor* ich mit der Arbeit anfange. 私は仕事を始める前にコーヒーを１杯飲む. / *Bevor* du mit den Schularbeiten nicht fertig bist, darfst du nicht baden gehen. 宿題が終らないうちは泳ぎに行ってはいけない.

bevor│stehen* [ベフォーァ・シュテーエン] stand bevor, bevorgestanden 動 目前にせまっている.

be·vorzugen [ベ・フォーァツーゲン] 動 優先する，より好む. ¶Unser Lehrer ist sehr fair und *bevorzugt* keinen seiner Schüler. 私たちの先生はとても公平で生徒を誰ひとりえこひいきしたりしない.

be·wachen [ベ・ヴァッヘン] 動 見張る，監視する.

be·wahren [ベ・ヴァーレン] 動 保護する《vor et³ 物³から》；保つ，保持する.

be·währen [ベ・ヴェーレン] 動 *sich⁴ bewähren* 役立つ(信頼できる)ことが実証される. ¶Gerhard *bewährt* sich als Arzt. ゲルハルトは医師として真価を発揮している.

be·wältigen [ベ・ヴェルティゲン] 動 処理(克服)する，片づける.

¹be·wegen [ベ・ヴェーゲン] 動 動かす；感動(動揺)させる. ¶*sich⁴ bewegen* 動く，運動する，(移動して)行く. ♦Seinen linken Arm kann er nur mit Mühe *bewegen*. 彼は苦心しないと左腕が動かせない. / Die

---

≡ドイツを識るコラム≡
人口の多い都市ベスト10(2020年)

			人口密度の高い州（km²あたり）
1.	Berlin	366.4 万人	
2.	Hamburg	185.2 万人	1. Berlin 4112
3.	München	148.8 万人	2. Hamburg 2453
4.	Köln	108.3 万人	3. Bremen 1621
5.	Frankfurt am Main	76.4 万人	
6.	Stuttgart	63.0 万人	人口密度の低い州（km²あたり）
7.	Düsseldorf	62.0 万人	1. Mecklenburg-Vorpommern
8.	Leipzig	59.7 万人	69
9.	Dortmund	58.7 万人	2. Brandenburg 85
10.	Essen	58.2 万人	3. Sachsen-Anhalt 107

²be·wegen*

Ansprache des Gastgebers *bewegte* uns alle tief. 主人役の挨拶はわれわれ全員を深く感動させた.

²be·wegen* [ベ・ヴェーゲン] bewog, bewogen **動** *j*⁴ zu *et*³ (… zu +**不定詞**) 人⁴を動かして事³を(…を)する気にさせる. ¶ Was hat ihn *bewogen*, so plötzlich abzusagen? こんなに突然断ってくるなんてなにが彼をその気にさせたのだろう.

beweg·lich [ベヴェーク・リヒ] **形 動** かすことのできる,移動性の;活発な.

Be·wegung [ベ・ヴェーグング] **女**/-en 動き,運動;《**複** なし》移動,(人事の)異動;《**複**なし》感動,動揺. ¶ in *Bewegung* kommen 動き出す. / *et*⁴ in *Bewegung* setzen 物⁴を動かす. ◆ Seine innere *Bewegung* war ihm leicht anzumerken. 彼の心の動揺は彼を見れば容易にわかった.

Be·weis [ベ・ヴァイス] **男**-es/-e 証拠,あらわれ《für *et*⁴ 事⁴に対する》. ¶ Das ist der *Beweis* für seine Unschuld. これは彼が無実であることの証拠だ. / Es gibt keine *Beweise*, dass er der Täter ist. 彼が犯人であるという証拠はない.

be·weisen* [ベ・ヴァイゼン] *du/er* beweist; bewies, bewiesen **動** 証拠立てる,証明する. ¶ Das ist wissenschaftlich noch nicht *bewiesen*. そのことは科学的にまだ証明されていない.

be·werben* [ベ・ヴェルベン] *du* bewirbst, *er* bewirbt; bewarb, beworben **動** *sich*⁴ [um *et*⁴] *bewerben* [事⁴に]応募(志願)する. ¶ Er will sich um ein Stipendium (bei Siemens als Programmierer) *bewerben*. 彼は奨学金に(シーメンスにプログラマーとして)応募するつもりである.

Be·werbung [ベ・ヴェルブング] **女**-/-en 応募,志願《um *et*⁴ 事⁴への》. ¶ Hast du deine *Bewerbung* schon abgeschickt? 君は応募書類をもう発送したかい.

be·werten [ベ・ヴェルテン] **動** 評

価する.

be·wirken [ベ・ヴィルケン] **動** ひき起こす,(事⁴の)原因となる.

be·wog [ベ・ヴォーク] ²bewegen の過去形・単数・1,3人称.

be·wogen [ベ・ヴォーゲン] ²bewegen の過去分詞.

be·wohnen [ベ・ヴォーネン] **動** (家⁴などに)住む. ¶ Mehrere kleine Inseln bei Okinawa sind nicht *bewohnt*. 沖縄付近の小さな島のいくつかは人が住んでいない.

Be·wohner [ベ・ヴォーナァ] **男**-s/- (**女性**) **Be·wohnerin** [ベ・ヴォーネリン] **女**-/Bewohnerinnen [ベ・ヴォーネリネン]居住者. ¶ Die *Bewohner* des Hauses hatten den Einbrecher nicht bemerkt. その家の住人は泥棒に気づかなかった. (⇒Bevölkerung, Einwohner)

be·wundern [ベ・ヴンデルン] **動** 賛嘆する,(事⁴に)感心する. **Be·wunderung** [ベ・ヴンデルング] **女**-/-en 賛嘆,賛美,感心.

be·wusst [ベ・ヴスト] **形** 意識的な,自覚した;故意の. ¶ *j*³ *et*⁴ *bewusst* machen 人³に事⁴を意識(自覚)させる. **bewusst·los** [ベ・ヴスト・ロース] **形** 無意識の;意識不明の. Das Opfer wurde *bewusstlos* aufgefunden. 犠牲者は意識を失っているところを発見された. **Bewusst·sein** [ベヴスト・ザイン] **中** -s/ 意識;自覚;故意.

be·zahlen [ベ・ツァーレン] **動** (物⁴の)支払いをする;(人⁴に)報酬を支払う;(ある金額⁴を)支払う. ¶ den Kaffee (die Miete) *bezahlen* コーヒー代(家賃)を払う. / einen jungen Mann für seine Arbeit *bezahlen* ある若者にその仕事の報酬を支払う. ◆ Für den Wagen habe ich 40.000 Euro *bezahlt*. 私はその車のに4万ユーロ支払った. (⇒zahlen) **Be·zahlung** [ベ・ツァールング] **女**-/-en 支払い,報酬,賃金.

be·zaubernd [ベ・ツァオベルント] **形** チャーミングな. ¶ In dem neuen Kleid sieht sie *bezaubernd* aus. 新しいドレスを着た彼女はチャーミングだ。

be・zeichnen [ベ・ツァイヒネン] **動** 言い表す。¶ *j⁴(et⁴) als j⁴(et⁴) bezeichnen* 人⁴・物⁴をこれこれ⁴と名づける、呼ぶ。◆ *Er bezeichnet mich als seinen besten Freund.* 彼は私のことを親友と言う。**be・zeichnend** [ベ・ツァイヒネント] **1形** 典型的な。¶ *Dieses Verhalten ist bezeichnend für seinen Unernst.* こうした振舞いは彼の不まじめさに特徴的なものだ。**2** bezeichnen の現在分詞。**Be・zeichnung** [ベ・ツァイヒヌング] **女** -/-en 名称、記号、表示。¶ *Diese Bezeichnung kommt aus dem Englischen.* この名称は英語からきている。

be・ziehen* [ベ・ツィーエン] bezog, bezogen **動** (物⁴に)カバーをする；(場所⁴に)移り住む；関連づける《auf et⁴ 事⁴ に》。¶ *sich⁴ beziehen* 曇る。/ *sich⁴ auf et⁴ beziehen* 事⁴ を引合いに出す、事⁴に結びつけて話す。◆ *Ich muss noch die Betten beziehen.* 私はまだこれからベッドにシーツをかけなければならない。/ *Heute beziehen die Schwimmer das olympische Dorf.* きょうは水泳選手たちがオリンピック村に移り住む。/ *Der Himmel hat sich bezogen.* 空が曇った。

Be・ziehung [ベ・ツィーウング] **女** -/-en 関係、コネ；関連。¶ *Japan hat keine diplomatischen Beziehungen zu Taiwan.* 日本は台湾と外交関係がない。

beziehungs・weise [ベツィーウングス・ヴァイゼ] **接** ないしは、または；と言うよりむしろ。

Bezirk [ベツィルク] **男** -[e]s/-e (行政上などの)区域。(⇒Gebiet, Gegend)

Be・zug [ベ・ツーク] **男** -[e]s/Be・züge [ベ・ツューゲ] (枕 な ど の)カバー；関係、関連《auf et⁴/zu et³ 物⁴・物³との》。¶ *in Bezug auf j⁴/et⁴* 人⁴・物⁴に関[連]して。**bezüg・lich** [ベツューク・リヒ] **前** 《2格支配. 目的語

が複数形なら3格支配》…に関して。

be・zweifeln [ベ・ツヴァイフェルン] **動** 疑わしく思う。

BH [ベーハー] **男** -[s]/-[s] 《くだけた表現》ブラジャー(=**B**üsten**h**alter).

Bi [ベーイー] 《元素記号》ビスマス。

Bibel [ビーベル] **女** -/-n 《複数形は聖書が複数冊ある場合に使う》聖書。¶ *Martin Luther hat die Bibel ins Deutsche übersetzt.* マルチン・ルターは聖書をドイツ語訳した。/ *Platos Werke bilden sozusagen die Bibel für die Philosophen.* プラトンの著作はいわば哲学者のバイブルとなっている。

Bibliothek [ビブリオテーク] **女** -/-en 図書館。¶ *Wann schließt die Bibliothek heute?* 図書館はきょう何時に閉まりますか。(⇒Bücherei)

biblisch [ビーブリシュ] **形** 聖書の；聖書に書かれた(関した)。¶ *Er erreichte ein biblisches Alter.* 彼は非常な高齢に達した。

biegen* [ビーゲン] bog, gebogen **動** **1** 曲げる、たわめる。¶ *sich⁴ biegen* 曲がる、たわむ。**2** (s) 曲がって進む。¶ *Das Auto biegt um die Ecke (in eine Nebenstraße).* 自動車は角を(脇道へ)曲がって行く。**Biegung** [ビーグング] **女** -/-en カーブ、たわみ。¶ *eine Biegung machen* カーブする、たわむ。

Biene [ビーネ] **女** -/-n 《昆虫》ミツバチ。

いわゆる「ハチ」にはこのほか die Wespe [ヴェスペ] (スズメバチ)、die Hornisse [ホルニセ] (モンスズメバチ)、die Hummel [フンメル] (マルハナバチ)がある。

Bier [ビーァ] **中** -[e]s/(種類:-e) ビール。¶ *Bier hat meist unter fünf Prozent Alkohol.* ビールはおおむね5パーセント以下のアルコールを含んでいる。

ビールは dunkles Bier [ドゥンクレス・ビーァ] (黒ビール)、helles Bier [ヘレス・ビーァ] (ふつうの淡

色ビール）が主な種類.

Bier·garten ［ビーァ・ガルテン］ 男-s/Bier·gärten ［ビーァ・ゲルテン］ ビアガーデン.

Bier·krug ［ビーァ・クルーク］ 男-[e]s/Bier·krüge ［ビーァ・クリューゲ］ （陶製の）ビール・ジョッキ.

Bierkrug

bieten* ［ビーテン］ bot, geboten 動 提供する.¶*sich⁴ bieten* 提供される、現れる.◆Endlich *bot* sich ein Ausweg aus dem Dilemma. 遂にこのジレンマからの逃れ道が見つかった. / Für diesen Picasso hat ein Liebhaber zehn Millionen Dollar *geboten*. このピカソの絵にさる愛好家が1000万ドルの値をつけた.

Bikini ［ビキーニ］ 男-s/-s ビキニの水着.¶Ihren *Bikini* sollte sie lieber nicht mehr anziehen. 彼女はそのビキニをもう着ない方がよかろ.

Bilanz ［ビランツ］ 女-/-en バランス・シート、差引き残高；《複なし》成果、結果.

Bild ［ビルト］ 中-es/Bilder ［ビルダァ］ 絵画、写真、画像、光景、イメージ.¶Können Sie diese *Bilder* vergrö-ßern? この写真を引き伸ばすことはできますか.

bilden ［ビルデン］ 動 形づくる、教化する.¶*sich⁴ bilden* 形づくられる、生じる、教養を積む.

Bilder·buch ［ビルダァ・ブーフ］ 中-[e]s/Bilder·bücher ［ビルダァ・ビューヒャァ］ 絵本.¶Das war ein Pass wie aus dem *Bilderbuch*. それは絵に描いたような（見事な）パスだった.

bild·lich ［ビルト・リヒ］ 形 絵のような；比喩（抽象）的な.

Bild·schirm ［ビルト・シルム］ 男-[e]s/-e （テレビなどの）スクリーン；《電算》モニター.¶Beim Endspiel fieberten Millionen vor den *Bildschirmen*. ファイナルで何百万の人々がブラウン管の前で熱狂した.

Bildung ［ビルドゥング］ 女-/-en 形成、《複なし》知識、教養、教育.¶*Bildung* ist das, was übrig bleibt, wenn man alles Gelernte vergessen hat. 教養とは習ったことを全て忘れたあとに残るものを言う.

billig ［ビリヒ］ -e ［ビリゲ］ 形 安い；ちゃちな.¶Er kann sich nur *billige* Sachen leisten. 彼は安いものしか買えない. / Der Anzug sieht echt *billig* aus. その背広はまったく安っぽく見える.

billigen ［ビリゲン］ 動 承認（同意）する.

bin ［ビン］ < sein.

Binde ［ビンデ］ 女-/-n 包帯；生理帯.

binden* ［ビンデン］ band, gebunden 動 結ぶ、縛りつける《an *et⁴* 物⁴に》；拘束する、義務づける.¶*sich⁴ an et⁴ binden* 物⁴ を厳守する. (⇒gebunden)

Binde·strich ［ビンデ・シュトゥリヒ］ 男-[e]s/-e ハイフン.

Bindung ［ビンドゥング］ 女-/-en 結びつき、拘束《an *et⁴* 事⁴への》.

binnen ［ビネン］ 前 《3格支配》…以内に、…のうちに.

Bio·grafie ［ビオ・グラフィー］ 女-/ Bio·grafien ［ビオ・グラフィーエン］ 伝記.

Bio・logie [ビォ・ロ・ギー] 囡-/ 生物学. **bio・logisch** [ビォ・ローギシュ] 形 生物学の.

Bio・tonne [ビォ・トネ] 囡-/-n 生ごみ容器.

Bio・top [ビォ・トープ] 男 (中) -s/ -e ビオトープ.

birgst [ビルクスト] , **birgt** [ビルクト] < bergen.

Birke [ビルケ] 囡-/-n 〖樹物〗カバノキ (シラカバなど).

Birne [ビルネ] 囡-/-n 〖植物〗セイヨウナシ；電球. ¶Diese *Birnen* sind noch nicht ganz reif. このナシはまだ完全に熟してはいない. / Die *Birne* im Flur ist schon wieder kaputt. 玄関の電球はもうまた切れている.

bis [ビス] **1**前 《4格支配. 無冠詞の名詞, 副詞, 数詞以外は伴わない》…まで[に]. ¶【時間】*bis* Montag (morgen/nächste Woche/16Uhr) 月曜日(あした・来週・16時)まで[に]. / *Bis* bald! (別れる時に)じゃあまたね. 【場所】*bis* Berlin (dorthin) ベルリン(あそこ)まで. **2**接《副文を導き出して》…まで[に・には・は]. ¶Warten wir, *bis* er kommt! 彼が来るまで待とう. / Ich will nichts mit ihm zu tun haben, *bis* er sich bei mir entschuldigt. 私に詫びるまでは彼とかかわりを持ちたくない. **3**副《他の前置詞を伴って. 目的語の格は bis に伴われた前置詞の格支配による》¶*bis* an die Knie 膝まで. / *bis* auf j⁴/et⁴ 人⁴・物⁴に至るまで(を含めて, 除いて). / *bis* auf den heutigen Tag 今日に至るまで. / *bis* zu et³ 場所・時間³まで. / *bis* zur Haltestelle 停留所まで. / *bis* zu sechs Jahren 6 歳まで. / *bis* zum letzten Mann 最後の一員まで. ◆Die Verunglückten wurden *bis* auf den letzten gerettet. 遭難者は最後の一人までみな救われた. / Die Teilnehmer waren alle einverstanden *bis* auf einen. 参加者は一人を除いてみな賛成だった.

Bischof [ビショーフ] 男-s/Bischöfe [ビシェーフェ] 〖カトリック〗司 教；〖ドイツ福音派〗監督. **Bischöfin** [ビシェーフィン] 囡-/ Bischöfinnen [ビシェーフィネン] 〖短純〗(女性の)主教；〖ドイツ福音派〗(女性の)監督.

bis・her [ビス・ヘーァ] , **bis・lang** [ビス・ラング] 副 いままで. ¶Können wir wirklich so weitermachen wie *bisher*? 本当にいままでどおりに続けていてよろしいのですか.

biss [ビス] beißen の過去形・単数・1, 3人称.

Biss [ビス] 男-es/-e 咬(か)むこと；咬み傷.

biss・chen [ビス・ヒェン] 代 《不定. 無変化》ein *bisschen* 少し(わずか)ばかりの. ¶Das ist mir ein *bisschen* zu teuer. これは私には少しばかり高過ぎる. / Müde bin ich kein *bisschen*. 私はいささかも疲れてはいない.

Bissen [ビッセン] 男-s/- ひとかじり[の食物]；少量. ¶Der Kranke hat davon keinen einzigen *Bissen* gegessen. 病人はそれをただの一口も食べなかった.

bissig [ビッスィヒ] -e [ビッスィゲ] 形 咬(か)みぐせのある；痛烈な.

bist [ビスト] < sein.

bis・weilen [ビス・ヴァイレン] 副 ときどき.

Bit [ビット] 中-[s]/-[s] 〖電算・統計〗ビット(記号: b).

bitte [ビッテ] 間《< ich bitte 私は願う》【依頼・要求】どうぞ, お願いですから. *Bitte* nehmen Sie Platz! どうぞおかけください. / Können Sie *bitte* das Fenster aufmachen? すみませんが窓を開けてくださいませんか. 【相手に勧める】どうぞ. *Bitte*, greifen Sie tüchtig zu! (食物を勧めて)どうぞ手をおのばしください. 【感謝に対して】Vielen Dank! - *Bitte* [sehr/schön]! どうもありがとう-どういたしまして. 【許可】Darf ich hier rauchen? - Ja, *bitte*! ここでタバコをすってもよろしいですか-ええ, どうぞ. 【受

91

B

容】どうぞ. Nehmen Sie Zucker? – Ja, bitte (Bitte, ja). お砂糖はいかが–はい, お願いします.【聞返して】なんですって. [Wie] bitte? え, なんとおっしゃいましたか.【自分の主張・予想の正しさを誇示して】[Na] bitte! (Bitte schön!) そら言ったとおりでしょう. **Bitte** [ビッテ] 囡-/-n 願い, 頼み 《an *j*⁴ 人⁴ への》; um *et*⁴ 物⁴を求めて》. ¶Ich habe eine dringende Bitte an Sie. あなたにたってのお願いがあるのですが. / Leider muss ich dir deine Bitte abschlagen. 遺憾ながらあなたの頼みは断らざるを得ない.

bitten* [ビッテン] bat, gebeten 動 願う《頼む・求める》《*j*⁴ 人⁴ に物⁴ を》. ¶Morgen bitte ich meinen Vater um mehr Taschengeld. あした父にもっとお小遣いをくれるよう頼むんだ.

bitter [ビッタァ] 形 にがい; 激しい, きびしい, つらい. ¶Diese Pillen sind zwar bitter, aber wirksam. この錠剤は苦いがしかし効く. / Draußen ist es bitter kalt. 外はひどく寒い. **bitter·lich** [ビッタァ・リヒ] 副 激しく.

bizarr [ビツァル] 形 奇異(異様)な.

blamieren [ブラミーレン] blamierte, blamiert 動 侮辱する, 笑いものにする. ¶sich⁴ blamieren 笑いものになる. ♦Bei der Party gestern hat er sich ganz schön blamiert. きのうのパーティーで彼はすっかり笑いものになった.

blank [ブランク] 形 ぴかぴか(すべすべ)の; 【《だ義ば》まったくの. ¶Das ist doch blanker Unsinn! それはまったくばかげている.

Blase [ブラーゼ] 囡-/-n 泡(水泡, 気泡, シャボン玉); 火ぶくれ; 膀胱. **bla·sen*** [ブラーゼン] *du/er* bläst; bliest, geblasen 動 **1** 息を吹きだす, 吹きはらう; (吹奏楽器で)演奏する, (曲を)吹奏する. ¶Er blies mir Rauch ins Gesicht. 彼は煙を私の顔に吹きつけた. **2** (風が)強く吹く.

Blas·instrument [ブラース・インストゥルメント] 中-[e]s/-e 吹奏楽器, 管楽器.

bläst [ブレースト] < blasen.

blass [ブラス] blasser (blässer), am blassesten (blässesten) 形 青ざめた, 青白い; (色が)淡い, 精彩のない. ¶Du bist ganz blass. Fehlt dir was? 君は顔色が青いぞ. どこか悪いのか. **Blässe** [ブレッセ] 囡-/ 青白さ; 精彩のなさ.

Blatt [ブラット] 中-[e]s/Blätter [ブレッタァ] 葉; (1枚の)紙; 新聞. ¶Die Blätter des Ginkos leuchteten gelb. イチョウの葉が黄色に輝いていた. / Ich hätte gern zwanzig Blatt Luftpostpapier. 航空便用便箋を20枚ください.

blättern [ブレッテルン] 動 in *et*³ blättern 本³のページをめくる, 本³を拾い読みする.

blau [ブラォ] 形 青い; 【《だ義ば》酔っぱらった. ¶Nicht alle Deutschen haben blaue Augen. ドイツ人すべてが青い眼をしているわけではない. / Gestern war er wieder total blau. 彼はきのうのうまた完全に泥酔していた. **bläu·lich** [ブロイ・リヒ] 形 青みがかった.

Blech [ブレヒ] 中-[e]s/-e ブリキ, トタン板.

Blei [ブラィ] 中-[e]s/【元素】鉛.

bleiben* [ブラィベン] blieb, geblieben 動 (s) (ある場所に)とどまる, 滞在する; 残る; いつまでも…のままである; 変えない, 守る《bei *et*³ 事³を》. ¶Wie lange bleibst du in Berlin? 君はどれくらいベルリンに滞在するのですか. / Die Tür bleibt zu. ドアは閉まったままだ. / Er bleibt bei seinem Entschluss. 彼は決心を変えない. **bleibend** [ブラィベント] **1** 形 永続的な, 変わらない. **2** bleiben の現在分詞.

bleich [ブラィヒ] 形 青ざめた, 血の気の失せた; 青白い. ¶Du bist immer so bleich, du musst mehr an die frische Luft. 君はいつでもひどく血の気がない, もっと新鮮な空気に当

92

たらねば.

Blei·stift [ブライ·シュティフト] 男 -[e]s/-e 鉛筆, シャープペンシル. ¶Er ist dünn wie ein *Bleistift*. 彼 は 鉛 筆 み た い に 細 い. / Briefe schreibt man nicht mit *Bleistift*. 手紙は鉛筆で書くものではない.

blenden [ブレンデン] 動 (眩しい光で) 人⁴の) 目をくらませる; 巧みにまどわす. **blendend** [ブレンデント] 1形 まぶし い; すばらしい. ¶Du siehst ja *blendend* aus! Die Kur hat dir offenbar gut getan! 君はすごく元気そ うに見えるじゃないか. きっと療養のき き目があったんだぜ. **2** blenden の 現在分詞.

Blick [ブリック] 男 -[e]s/-e 一瞥 (べっ); 視線, まなざし; 眺め. ¶einen *Blick* auf j⁴(et⁴) werfen 人⁴· 物⁴に視線を向ける. / auf den ersten *Blick* ひと目見ただけで. / ein Zimmer mit *Blick* auf den See 湖 の 見 え る 部 屋. ◆Er hat einen scharfen *Blick* für das Wesentliche. 彼は本質的なものを見抜く鋭 い眼を持っている. / Seine Frau warf ihm einen vielsagenden *Blick* zu. 彼の細君は彼に意味あり げな視線を投げた.

blicken [ブリッケン] 動 目を向ける; …なまなざしで見る. ¶aus dem Fenster (in die Ferne/nach links/ zur Seite) *blicken* 窓から(遠く を·左を·わきを)見やる. / freundlich *blicken* やさしいまなざしで見る. / sich⁴ *blicken* lassen 姿を現す. ◆Der Kerl soll sich hier bloß nicht mehr *blicken* lassen! あ いつには二度とここに現れてほしくない ものだ.

blieb [ブリープ] bleiben の過去形·単 数·1, 3人称.

blies [ブリース] blasen の過去形·単 数·1, 3人称.

blind [ブリント] 形 盲目の; 思慮(分 別)のない; 目に見えない. ¶*blindes* Glas 曇りガラス. / *blindes* Vertrauen 盲目的な信頼.

Blinder* [ブリンダァ] 男 (女性) **Blin-**

de* [ブリンデ] 女 《形容詞の名詞 化》目の見えない人.

blinken [ブリンケン] 動 ぴかぴか光 る; 点滅信号で合図する(送る). **Blin-ker** [ブリンカァ] 男 -s/- 《自動車》点 滅信号; ウィンカー. **Blink·licht** [ブリンク·リヒト] 中 -[e]s/-er (交 通 信号·自動車などの)点滅信号, フラッ シャー.

blinzeln [ブリンツェルン] 動 目をぱち ぱちさせる, しばたたく; 目くばせをす る.

Blitz [ブリッツ] 男 -es/-e 電 光, 稲 光; (写真の)フラッシュ. ¶wie der *Blitz* 素早く. / wie ein *Blitz* aus heiterem Himmel 晴天の霹靂(へき れき)のように. ◆In seine Scheune ist der *Blitz* eingeschlagen. 彼 のうちの納屋に雷が落ちた. **blitzen** [ブリッツェン] 動 稲光りする, ぴかっと 光る; フラッシュを使って撮影する. ¶ Es *blitzt*. 稲光りする. **Blitz·licht** [ブリッツ·リヒト] 中 -[e]s/-er (カメラの)フラッシュ.

Block [ブロック] 男 -[e]s/-s(Blöcke) [ブレッケ]) **1** 《複 Blöcke》かたま り, 丸 太. **2** 《複 Blocks/Blöcke》 (街の)一区画; (カレンダー·メモなど の)ひととじ. ¶Er notiert etwas auf einem *Block*. 彼はメモ帳に 何やら書き付けている. **3** 《複 Blöcke》(政治·経済上の)ブロック. **Block·flöte** [ブロック·フレーテ] 女 -/-n リコーダー.

blockieren [ブロキーレン] blockierte, blockiert 動 封鎖(遮断)する; 《スポーツ》ブロックする.

blöd [ブレート] , **blöde** [ブレーデ] 形 愚かな; ばかばかしい, 腹立たしい. **Blöd·sinn** [ブレート·ズィン] 男 -[e]s/ ばかげたこと. ¶Die beiden haben nur *Blödsinn* im Kopf. 二人の頭にはばかげたことしかない.

blond [ブロント] 形 ブロンド[の髪] の. ¶*Blonde* Puppen verkaufen sich am besten. ブロンド髪の人 形がいちばん良く売れる.

bloß [ブロース] 1形 はだかの; 単な る, …だけ. ¶*bloße* Füße はだ

93

し. / mit bloßem Auge 裸眼で. / bloßes Gerede ただのおしゃべり. **2** 副 単に;《命令文で》さあ…しなさいってば;《願望文で》…でありさえすれば;《疑問文で》そもそも…なのだろうか[気になる]. ¶Ich habe bloß noch 10 Euro. 私はもう10ユーロしか持っていない. / Kommen Sie bloß mit! 一緒に来なさいってば. / Wenn ich das bloß wüsste! 私がそれを知っていさえすればなあ. / Was ist denn bloß passiert? そもそもなにが起ったのだ. / Was sollen wir bloß machen? われわれはいったいどうしたらいいのだろう.

blühen [ブリューエン] 動 (花が)咲いている;(商売などが)盛んである. ¶Die Künste blühen. 芸術が花開いている. / Bambus blüht sehr selten. 竹はごく稀にしか花を咲かせない. / Endlich blüht die Wirtschaft wieder. ようやく経済がまた盛んになってきている.

Blume [ブルーメ] 女-/-n 花,鉢植えの花;ビールの泡. ¶In Deutschland schenkt man gern Blumen. ドイツでは花を贈ることが好まれている. / Das Bier hatte eine appetitliche Blume. ビールには美味しそうな泡があった.

Blumen・strauß [ブルーメン・シュトラオス] 男-es/Blumen・sträuße [ブルーメン・シュトロイセ] 花たば. **Blumen・topf** [ブルーメン・トプフ] 男-[e]s/Blumen・töpfe [ブルーメン・テプフェ] 植木鉢. **Blumen・vase** [ブルーメン・ヴァーゼ]女-/-n 花びん.

Bluse [ブルーゼ] 女-/-n ブラウス. ¶Sie kam in einer sichtlich teuren Bluse. 彼女は見るからに高そうなブラウスを着て来た.

Blut [ブルート] 中-[e]s/ 血;血筋. ¶Hast du schon einmal Blut gespendet? 君はこれまでに献血をしたことがあるか.

Blüte [ブリューテ] 女-/-n 花,花盛り;最盛期. ¶in der Blüte seiner Jahre 彼の絶頂期に. ◆Die Bäume stehen in [voller] Blüte. 木々は花盛りだ.

bluten [ブルーテン] 動 出血する;《くだけて》大きな出費をする. ¶Die Wunde blutet stark. 傷からひどく出血している. / Er blutet aus der Nase. 彼は鼻血を流している. **blutig** [ブルーティヒ] -e [ブルーティゲ] 形 血まみれの. **Blutung** [ブルートゥング] 女-/-en 出血;月経.

Bock [ボック] 男-[e]s/Böcke [ベッケ] (鹿・羊・ヤギ・ウサギなどの)雄;(ものをのせる)四脚台;(体操用の)跳馬.

Bock・wurst [ボック・ヴルスト] 女-/ Bock・würste [ボック・ヴュルステ] ボックヴルスト(ゆでて食べる合びきのソーセージ).

Boden [ボーデン] 男-s/Böden [ベーデン] 地,土壌;地面,床;底. ¶Dieser Boden gibt nicht viel her. この土地はあまり多くを生み出さない. / Der Boden in der Lobby war frisch gebohnert. ロビーの床は磨きたてで滑りそうだった. **Boden・schätze** [ボーデン・シェツェ] 複 地下(自然)資源.

bog [ボーク] biegen の過去形・単数・1,3人称.

Bogen [ボーゲン] 男-s/-(《南ドイツ》Bögen [ベーゲン])弓形,カーブ;(武器・弦楽器の)弓;アーチ;《複Bögen》(一定規格の)1枚の紙.

Bohne [ボーネ] 女-/-n 《野菜》(サヤインゲン・ソラマメなど)マメ;コーヒー豆. ¶Bohnen enthalten viel Eiweiß. 豆はたんぱく質を多く含んでいる.

bohren [ボーレン] 動 **1** (物⁴に)穴を開ける;穿(うが)って(掘って)つくる. ¶ein Loch in die Wand bohren 壁に穴をあける. / einen Brunnen bohren 井戸を掘る. **2** ボーリングして探す《nach et³ 物³を》. **Bohrer** [ボーラァ] 男-s/- 錐(きり),削岩(孔)機;ボーリング工.

Bombe [ボンベ] 女-/-n 爆弾;ガスボンベ. ¶Zum Glück ist die Bombe nicht explodiert. 幸い爆弾は破裂しなかった.

Bon [ボン] 男-s/-s クーポン券. ¶

Auf (Für) diesen *Bon* bekommen Sie ein Mittagessen. この クーポン券で昼食が一食食べられます.

Bonbon [ボンボン] 男(中) -s/-s ボンボン. ¶Diese *Bonbons* sind mir zu süß. 私にはこのボンボンは 甘すぎる.

Bonn [ボン] 中-s/ 〖地名〗ボン(ドイツ 連邦共和国の旧首都, 首都がベルリン に移って以後は die Bundesstadt と呼ばれる).

Bonus [ボーヌス] 男-(Bonusses)/ -(Bonusse, Boni) ボーナス.

boomen [ブーメン] 動 活況を呈して いる.

Boot [ボート] 中-[e]s/-e ボート. ¶ Das *Boot* ist alt und leckt etwas. このボートは古くて少し水漏れ する. **booten** [ボーテン] 動 〖電〗 立ち上げる.

¹Bord [ボルト] 中-[e]s/-e (壁板な ど)ボード.

²Bord [ボルト] 男-[e]s/-e 舷側,甲 板;船(機)内. ¶an *Bord* 船(機) 内で. / an *Bord* gehen 乗船(搭 乗)する.

borgen [ボルゲン] 動 *j³ et⁴ bor-gen* 人³に物⁴を貸す. ¶Einem wie ihm würde ich nicht einen Cent *borgen*. 彼のようなやつには 1 セントたりとも貸さない. / *sich³ et⁴* [*von/bei j³*] *borgen* 物⁴を [人³から]借りる.

Börse [ベルゼ] 女-/-n 取引所;証券 (株式)取引所;財布.

bös [ベース] = böse.

bös・artig [ベース・アールティヒ] -e [ベース・アールティゲ] 形 たち(くせ)の悪 い;悪性の. ¶*Bösartig* ist die Geschwulst zum Glück nicht. 幸 い腫瘍は悪性ではない.

böse [ベーゼ] 形 (道義的に)悪い;悪 質な;腹を立てる «*j³*/auf *j³* 人³・人⁴に対して». ¶Das war nicht *böse* gemeint. 悪意はなかった のだ. / Bist du mir (auf mich) noch *böse*? 私のことをまだ怒って いるのかい. / Sie hat eine *böse* Erkältung. 彼女はたちの悪い風邪

をひいている.

bos・haft [ボース・ハフト] 形 悪意の ある;意地の悪い.

Boss [ボス] 男-es/-e ボス, 上役.

bot [ボート] bieten の過去形・単数・ 1, 3人称.

Botanik [ボターニク] 女-/ 植物学. **botanisch** [ボターニシュ] 形 植物 学の. ¶ein *botanischer* Garten 植物園.

Bote [ボーテ] 男-n/-n (女性) **Bo-tin** [ボーティン] 女-/Botinnen [ボ ーティネン])使者;前触れ.

Bot・schaft [ボート・シャフト] 女-/ -en 大使館;メッセージ. **Bot・schafter** [ボート・シャフタァ]男-s/ (女性) **Bot・schafterin** [ボート・ シャフテリン] 女-/Bot・schafterin-nen [ボート・シャフテリネン])大使.

Boutique [ブティーク] 女 -/-n [ブテ ィーケン] ブティック.

Bowle [ボーレ] 女-/-n パンチ(ポン チとも. ワイン・スパークリングワイン・ 果物などを混ぜてつくる飲み物);パン チ・ボウル(パンチを入れる大型の鉢).

boxen [ボクセン] 動 **1** ボクシングを する. ¶Am Samstag boxt er gegen den Weltmeister. 土曜日に 彼は世界チャンピオンとボクシングの試 合をする. **2** こぶしで殴る. ¶*sich⁴ boxen* 殴り合う.

Br [ベーエル] 〖元素記号〗臭素.

brach [ブラーハ] brechen の過去形・ 単数・1, 3人称.

brachte [ブラハテ] bringen の過去 形・単数・1, 3人称.

Branche [ブランシェ] 女 -/-n (経 済上の)部門, 業種.

Brand [ブラント] 男 -[e]s/Brände [ブレンデ] 火事. ¶*et⁴* in *Brand* setzen(stecken) 物⁴に火をつける, 燃やす. ♦ Riesige Schäden entstanden auch durch zahlreiche *Brände* nach dem Beben. 地 震後の多数の火災によっても莫大な損 害が生じた.

Brandenburg [ブランデンブルク] 中 -s/ 〖地名〗(ドイツ連邦共和国の)ブラン デンブルク州.

B

面積 29654（km）
人口 253（万人）
州都 ポツダム

首都ベルリンを取り囲んでいる州．フリードリヒ大王（1712–86）が建てたロココ様式のサンスーシ宮殿をはじめとして，数多くの城や館がある．1945年にドイツの戦後処理をめぐって，ポツダムで米・英・ソ連の会談が行われ，「ポツダム協定」が結ばれた．そのポツダムのバーベルスベルク地区は大規模なメディアシティになっており，欧州最大の映画スタジオや映画のテーマパークもある．

サンスーシ宮殿

Brandung［ブランドゥング］**女** -/-en （岸にあたって）砕ける波．

brand・neu［ブラント・ノィ］**形** まっさらの．

brannte［ブランテ］brennen の過去形・単数・1，3人称．

braten*［ブラーテン］*du* brätst［ブレーツト］，*er* brät; briet, gebraten **動** フライにする，ローストする，いためる．¶Den Rest Kartoffeln *braten* wir zum Abendessen. ジャガイモの残りは夕食用にいためておきましょう．

Braten［ブラーテン］**男**-s/- ロースト．¶Sonntags gibt es bei uns immer *Braten*. 日曜日にはうちではいつもローストが出る．

Brat・hähnchen［ブラート・ヘーンヒェン］**中** -s/- ロースト・チキン．**Brat・kartoffeln**［ブラート・カルトフェルン］**複** フライド（ジャーマン）ポテト．**Brat・pfanne**［ブラート・プファネ］**女**-/-n フライパン．

Bratsche［ブラーチェ］**女**-/-n〖楽〗ビオラ．

Brat・wurst［ブラート・ヴルスト］**女**-/ Brat・würste［ブラート・ヴュルステ］グリル・ソーセージ．

Brauch［ブラォホ］**男**-[e]s/Bräuche ［ブロィヒェ］風習．¶Das ist bei

uns so *Brauch*. 私たちのところではそういう仕来りなのです．（⇒Gewohnheit, Sitte）

brauch・bar［ブラォホ・バール］**形** 役に立つ．

brauchen［ブラォヘン］**動** 必要とする．¶Sie hat alles, was sie *braucht*. 彼女は必要なものなら何でも持っている．《*brauchen*, … nicht［zu＋］不定詞］の形で》．…するには及ばない．Heute *brauchst* du nicht［zu］arbeiten. 君はきょう働かなくても良い．《*brauchen*, … nur［zu＋］不定詞］の形で》…しさえすればよい．Du *brauchst* nur an［zu］rufen, ich komme sofort. お前は電話をするだけでよい，ぼくがすぐ行く．

braun［ブラォン］**形** 褐色の．¶Sie hat ihr Haar *braun* gefärbt. 彼女は髪の毛を茶に染めた．**bräunen**［ブロィネン］**動** 褐色に染める；日焼けさせる．¶*sich*⁴ *bräunen* 褐色になる，日に焼ける．

Braut［ブラォト］**女**-/Bräute［ブロィテ］婚約者（女性），花嫁．**Bräutigam**［ブロィティガム］**男**-s/-e 婚約者（男性），花婿．

Braut・paar［ブラォト・パール］**中** -[e]s/-e 婚約中の男女；新郎新婦．

brav [ブラーフ] 形 行儀のよい, けなげな. ¶Sei schön *brav* und iss deinen Teller leer! お利口にしてお皿のものは全部お食べなさい.

BRD [ベーエルデー] 女-/ 《略》ドイツ連邦共和国 (=die **B**undes**r**epublik **D**eutschland).

brechen* [ブレヒェン] *du* brichst, *er* bricht; brach, gebrochen 動 1 折る, 割る, 砕く;(約束などを)破る;吐く. ¶*sich*⁴ *brechen* 折れる, 割れる, 砕ける. ◆ Seinen Eid kann er nicht *brechen*. 彼は誓いを破ることはできない. / Sie hat sich³ den Arm *gebrochen*. 彼女は腕を折ってしまった. 2 (s) 折れる, 砕ける, 割れる;吐く.

Brei [ブライ] 男-s/-e かゆ;ぬかるみ.

breit [ブライト] 形 幅の広い;(…⁴の)幅がある. ¶die *breite* Masse 一般大衆. ◆Der Tisch passt nicht in die Küche, er ist zu *breit*. このテーブルは台所に入らない. 幅が広すぎるのだ. / Der Fluss ist einen Kilometer⁴ *breit*. その川の幅は1キロメートルある. **Breite** [ブライテ] 女-/-n 幅;緯度. (⇒Länge) ¶Die Straße hat eine *Breite* von 5 Meter[n]. この道路は幅5メートルである. / auf 45°(fünfundvierzig Grad) nördlicher *Breite* liegen 北緯45度に位置している.

Bremen [ブレーメン] 中-s/ 《地名》 Freie Hansestadt *Bremen* (ドイツ連邦共和国の)ブレーメン自由ハンザ都市州;ブレーメン市(ブレーメン都市州の州都).

Bremse [ブレムゼ] 女-/-n ブレーキ. ¶auf die *Bremse* treten ブレーキを踏む. ◆Bei meinem Wagen funktioniert die *Bremse* nicht gut. 私の車はブレーキが良くきかない.

bremsen [ブレムゼン] 動 1 (車⁴に)ブレーキをかける. ¶Zum Glück konnte er den Wagen noch rechtzeitig *bremsen*. 幸運なことに彼は車にブレーキをかけるのがやっと間に合った. 2 ブレーキをかける.

brennen* [ブレネン] brannte, gebrannt 動 1 燃える, 焼ける;(明かりが)ついている;(傷口などが)ひりひり痛む;しみる. ¶Es *brennt*! 火事だ. / Die Seife *brennt* in den Augen. 石鹸が目にしみる. / Bei ihm *brennt* noch Licht. 彼のところはまだ明かりがついている. / Wo

---

≡ドイツを識るコラム≡ **Bremen**

面積	420(km²)
人口	68(万人)
州都	ブレーメン

　正式名称は自由ハンザ都市ブレーメン (Freie Hansestadt Bremen).

　ブレーメン市とヴェーザー川約60キロ下流の飛び地, ブレーマーハーフェン市からなる最小の州. ブレーマーハーフェン港はドイツで第2位, ブレーメン港は6位の貨物取扱量を持つ.

　かつてハンザ都市として栄え, また帝国都市であったブレーメン. マルクト広場に面した美しい市庁舎と, 広場の中に建つローラント像は世界遺産に登録されている. また聖ペトリ大聖堂, グリム童話で有名な「ブレーメンの音楽隊」の像もこの広場にある. 伝説の英雄ローラント像はブレーメンの自由と権利のシンボルであり, 市民たちによって大切に守られてきた.

ブレーメンのマルクト広場と市庁舎

Brenn·nessel

brennt's denn? いったいどこが問題なのだ. **2** 燃やす, 焼く, 焼いて(蒸留して)つくる;〔電算〕(CD⁴,CD-R⁴に)データを書き込む. ¶Er *brennt* immer noch illegal [Schnaps]. 彼は相変わらず非合法に[焼酎を]蒸留している. / Der Vater hat mit der Zigarre ein Loch in den Teppich *gebrannt*. 父は葉巻でじゅうたんに焦げ穴をつくった.

Brenn·nessel [ブレン・ネセル] **女** --/-n 〔植物〕イラクサ.

Brett [ブレット] **中** -[e]s/-er 板. ¶das schwarze *Brett* (大学などの)掲示(黒)板.

Brezel [ブレーツェル] **女** -/-n ブレッツェル(ひもを結んだ形の固焼きパン. 塩味).

≡≡ドイツを識るコラム≡≡
ブレッツェル (Brezel) の形の由来

ブレッツェルはドイツのパン屋さんのマークになっている. ブレッツェルの独特の形についてはさまざまな言い伝えがある. 昔, 悪事を働いたパン職人が, 領主に「パンを通して3回太陽を見ることができたら, 命を助けてやる」と言われ, 一計を案じて焼いたのがこの形のパンである, という話も伝わっている.

---

bricht [ブリヒト], **brichst** [ブリヒスト] < brechen.

Brief [ブリーフ] **男** -[e]s/-e 手紙;証券. ¶einen *Brief* bekommen (schreiben) 一通の手紙をもらう (書く). ◆Kannst du diesen *Brief* einwerfen? この手紙を投函してくれないか.

Brief·kasten
[ブリーフ・カステン]
男 -s/Brief·käs-ten [ブリーフ・ケステン]郵便ポスト;(各家庭の)郵便受け. ¶einen Brief in den *Briefkasten* werfen 手紙を投函する.

Brief·marke
[ブリーフ・マルケ]
女 -/-n 郵便切手. ¶*Briefmarken* sammle ich seit Jahren nicht mehr. 私はもう何年も前から切手を集めていない.

Briefkasten

Brief·tasche [ブリーフ・タシェ] **女** -/-n 紙(札)入れ. ¶Meine *Brieftasche* ist mir gestohlen worden. 私は札入れを盗まれた.

Brief·träger [ブリーフ・トゥレーガァ] **男** -s/- (女性) **Brief·trägerin** [ブリーフ・トゥレーゲリン] **女** -/Brief·trä-gerinnen [ブリーフ・トゥレーゲリネン])郵便配達員.

Brief·wechsel [ブリーフ・ヴェクセル] **男** -s/ 文通. ¶mit *j³* in *Briefwechsel* stehen 人³と文通している.

briet [ブリート] braten の過去形・単数・1, 3人称.

Brikett [ブリケット] **中** -s/-s ブリケット(れんが状の練炭).

Brille [ブリレ] **女** -/-n めがね. ¶die *Brille* aufsetzen めがねをかける. / eine *Brille* tragen めがねをかけている. ◆Ich glaube, ich brauche eine stärkere *Brille*. 私はもっと強めがねが必要だと思う. / Ohne *Brille* sieht er kaum etwas. 彼はめがねなしではほとんど何も見えない.

bringen* [ブリンゲン] brachte, gebracht **動** 連れて行く（来る）、持って行く（来る）；もたらす；（新聞・テレビなどが）報じる；上演する. ¶es zum Direktor (zu hohem Ansehen) *bringen* 社長にまで出世する（名声を得る）. / *j⁴* um *et⁴ bringen* 人⁴から物⁴を奪う. ◆ Soll ich dich eben zum Bahnhof *bringen*? これからちょっと君を駅まで連れて行ってあげようか. / Der Sturm hat die Bauern um die Früchte ihrer Arbeit *gebracht*. 嵐は農民たちの労働の結晶を奪い去った.

> 用法の似た動詞に nehmen［ネーメン］がある. nehmen が「連れて（持って）行く（来る）」途中の経過を表すのに対して、bringen は「連れて（持って）行って（来て）目的地にとどける」までを指す. 例えば「かさ」を nehmen するのは単に「携行する」だけだが、bringen なら「どこかへとどける」までが含まれる.（⇒nehmen）

Brocken [ブロッケン] **男**-s/- （比較的大きい）かたまり. ¶Japanisch kann er nur ein paar *Brocken*. 彼は片言しか日本語が話せない.

Broiler [ブロイラァ] **男**-s/- ブロイラー.

Brom·beere [ブロム・ベーレ] **女**-/-n 〖植〗キイチゴ.

Bronze [ブロンセ] **女**-/-n ブロンズ.

Brosche [ブロシェ] **女**-/-n ブローチ.

Broschüre [ブロシューレ] **女**-/-n 仮綴（と）じ本、パンフレット. ¶Diese *Broschüre* über Heidelberg ist sehr lesenswert. ハイデルベルクに関するこのパンフレットは非常に読む価値がある.

Brot [ブロート] **中**-[e]s/- （種類:-e）パン. ¶belegte *Brote* オープンサンドイッチ. / das tägliche *Brot* 日々の糧（かて）. ◆ Frisches dunkles *Brot* liegt schwer im Magen.

≡≡ドイツを識るコラム≡≡　　パン

朝食用に焼きたてパンを買いに来る人のために、ドイツのパン屋さん（Bäckerei）は明け方にパンを焼き、朝早くから店を開ける. パンの種類は非常に豊富で、使う穀物の種類により、das Weizenbrot（小麦パン）、das Roggenbrot（ライ麦パン）、das Mischbrot（小麦粉＋ライ麦粉のミックス）、das Vollkornbrot（全粒粉パン）、das Sechskornbrot（六穀パン、6種の穀物が入っている）、などに分けられる. 小麦粉が多いと白っぽく、ソフトな味わいになり、ライ麦が多いと黒っぽく、酸味が強くなる. これらにケシ、ゴマ、キャラウェイ、ヒマワリの種、カボチャの種、ナッツ、フルーツ類が加わって、さらに味のバリエーションが広がる. 朝食には das Brötchen という小型の丸いパンをよく食べる. 皮はパリッとして、中は柔らかい. 横からナイフを入れ、上下半分に切り、バターやジャムを塗ったり、ハムやチーズを乗せて食べる. Brötchen は地方により die Semmel, die Schrippe など異なった名前がある. そのほか 8 の字型で塩粒をまぶしたブレッツェル die Brezel はビールのおつまみにも. クロワッサンに似た三日月型のパンは das Hörnchen、三つ編みパンは der Zopf、渦巻きパンはdie Schnecke という.

das Hörnchen

der Zopf

新鮮な黒パンは胃にもたれる.

Bröt·chen [ブレート・ヒェン] **中**-s/- ブレートヒェン（丸く皮のかたい小型パン）. ¶*Brötchen* schmecken am besten ganz frisch. ブレートヒェンはまだ焼き立てのうちがいちばん美味

しい. (⇒Semmel)

Bruch [ブルッフ] **男**-[e]s/Brüche [ブリュッヒェ] 折れる(砕ける)こと；《**複**なし》解消，断絶；骨折；分数. ¶ der *Bruch* eines Vertrages 契約(協定)違反. / in die *Brüche* (zu *Bruch*) gehen こわれる. **brüchig** [ブリュッヒヒ] -e [ブリュッヒゲ] **形** こわれやすい，もろい；(声が)しわがれた. **Bruch・stück** [ブルッフ・シュテュク] **中**-[e]s/-e 破片，断片.

Brücke [ブリュッケ] **女**-/-n 橋. ¶ Die *Brücke* führt über den Rhein. その橋はライン河に架かっている. / In Bonn gibt es drei *Brücken* über den Rhein. ボンでは3本の橋がライン河に架かっている.

Bruder [ブルーダァ] **男**-s/Brüder [ブリューダァ] 兄，弟. ¶ mein älterer (großer) *Bruder* 兄. / mein jüngerer (kleiner) *Bruder* 弟. ◆ Heute muss ich auf meinen kleinen *Bruder* aufpassen. ぼくはきょう弟の面倒を見なくてはならない. (⇒Schwester) **brüder・lich** [ブリューダァ・リヒ] **形** 兄弟の[ような].

Brühe [ブリューエ] **女**-/-n コンソメ，ブイヨン；きたない水(液体).

brüllen [ブリュレン] **動** ほえる；わめく；泣き叫ぶ.

brummen [ブルメン] **動** ぶんぶん音をたてる；うなる；不機嫌そうにぶつぶつ言う.

Brunnen [ブルネン] **男**-s/- 井戸；噴水；鉱泉.

Brust [ブルスト] **女**-/Brüste [ブリュステ] 《**複**なし》胸；《しばしば**複**で》乳房. ¶ Um ihr Kind zu beruhigen, gab sie ihm die *Brust*. 子どもをなだめるために彼女はその子に乳房をあてがった.

brutal [ブルタール] **形** 残酷(野蛮)な.

brüten [ブリューテン] **動** (孵化させるために)卵を抱く. ¶ über et⁴ *brüten* 事⁴についてじっくり考える.

brutto [ブルット] **副** 風袋(税・手数料)こみで. (略: btto) (⇒netto)

Bube [ブーベ] **男**-n/-n (トランプの)ジャック.

Buch [ブーフ] **中**-[e]s/Bücher [ビューヒャァ] 本；帳簿. ¶ Freiwillig hat er noch nie ein *Buch* gelesen. 彼は自分の意志で本を読んだことが一度とない. / Die ganze Zeit saß er über seinen *Büchern*. 彼はその間ずっと本に読みふけっていた.

Buche [ブーヘ] **女**-/-n 〖植物〗ブナ.

buchen [ブーヘン] **動** 帳簿に記入する；ブッキングする，(ホテルの部屋を)予約する. ¶ einen Flug nach Berlin *buchen* ベルリン行きの航空券をブッキングする. ◆ Hast du schon rechtzeitig alles für deinen Urlaub *gebucht*? 君は旅行に必要なすべての予約をもう早目に済ませたか.

Bücherei [ビューヒェライ] **女**-/-en (小規模な)図書館. (⇒Bibliothek)

Buch・führung [ブーフ・フュールング] **女**-/ 簿記，帳簿記載. **Buch・haltung** [ブーフ・ハルトゥング] **女**-/-en (会社などの)簿記部(課)；《**複**なし》

関連語 Buch
—書籍に関する言葉—
die Buchhandlung 書店.
die Bibliothek 図書館.
der Autor 著作者.
der Schriftsteller 作家.
der Herausgeber 編集者.
die Redaktion 編集[作業]，編集部.
herausgeben 編集(発行)する.
publizieren 出版する.
der Verlag 出版社.
der Leser 読者.
der Bestseller ベストセラー.
der Titel タイトル，表題.
das Vorwort 前書き，序文.
das Inhaltsverzeichnis 目次.
die Anmerkung 注.
die Bibliografie 文献目録.
das Nachwort あとがき.
ausgewählte Schriften (Werke) 選集.
sämtliche (gesamte) Werke 全集.

簿記, 帳簿記載.

Buch・handlung [ブーフ・ハンドゥルング] **女**-/-en 書店. ¶In der *Buchhandlung* ein Buch kaufen　書店で本を一冊買う.

Büchse [ビュクセ] **女**-/-n (お菓子入れや缶詰などの)缶. ¶Zum Abendessen gab es Sülze aus der *Büchse*. 夕食には缶詰のアスピック(洋風にこごり)が出た.(⇒Dose)

Buch・stabe [ブーフ・シュターベ] **男** 2格 -ns(-n), 3・4格 -n/-n 文字. ¶Das Wort „Deutsch" ist einsilbig, es besteht aber aus 7 *Buchstaben*. Deutsch という単語は1音節だが, 7文字で成り立っている.

buch・stabieren [ブーフ・シュタビーレン] buchstabierte, buchstabiert **動** (文字を)つづる,(単語⁴の)スペルを言う. ¶Könnten Sie Ihren Namen bitte *buchstabieren*? お名前のつづりをおっしゃってくださいませんか.

Bucht [ブフト] **女**-/-en 湾, 入り江.

bücken [ビュケン] **動** sich⁴ bücken 身をかがめる. ¶Sie *bückte* sich über das Kinderbett. 彼女はベビーベッドの上に身をかがめた. / Ich kann mich nicht mehr richtig tief *bücken*. 私はもう深く身をかがめることができない.

Buddhismus [ブディスムス] **男**-/ 仏教. ¶Der *Buddhismus* gewinnt in Europa immer mehr Anhänger. 仏教はヨーロッパでますます多くの信奉者を獲得する一方だ. **Buddhist** [ブディスト] **男**-en/-en **女性** **Buddhistin** [ブディスティン] **女**-/ Buddhistinnen [ブディスティネン])仏教徒.

Bude [ブーデ] **女**-/-n 屋台, 露天;仮小屋;あばら家,(学生の)下宿部屋.

Budget [ビュジェー] **中**-s/-s 予算.

Büfett [ビュフェット] **中**-[e]s/-e, **Buffet** [ビュフェー] **中**-s/-s サイドボード;[スイス](駅などの)ビュッフェ. ¶kaltes *Büfett* 立食冷肉料理.

Bügel [ビューゲル] **男**-s/- ハンガー;

Bude

(めがねの)つる. ¶et⁴ auf den Bügel hängen　洗濯物など⁴をハンガーにかける

Bügel・brett [ビューゲル・ブレット] **中**-[e]s/-er アイロン台. **Bügel・eisen** [ビューゲル・アイゼン]**中** -s/- アイロン. **bügeln** [ビューゲルン] **動** (物⁴に)アイロンをかける.

Bühne [ビューネ] **女**-/-n 舞台, ステージ;劇場;屋根裏(干し物をかけておく). ¶auf die *Bühne* treten 舞台に登場する. ◆Heute steht er zum ersten Mal auf der *Bühne*. きょう彼は初めて舞台に立つ.

Bulle [ブレ] **男**-n/-n 雄牛;[くだけた表現] (軽蔑的に)警官, お巡り

Bummel [ブメル] **男**-s/- ぶらぶら歩き. **bummeln** [ブメルン] **動** (s) (特にあてもなく)ぶらぶら歩く; (h) ぐうたらして過ごす.

¹Bund [ブント] **男**-[e]s/Bünde [ビュンデ] 結びつき;連合, 同盟;連邦[共和国],連邦国防軍;ウエストバンド(ズボン・スカート上端のあて布). ¶Bund und Länder (ドイツ連邦共和国で)国と連邦州. / der *Bund* der Ehe 結婚のきずな. / einem *Bund* beitreten (einen *Bund* schließen) 同盟に加わる. einen *Bund* schließen 同盟を結ぶ. / beim *Bund* sein [くだけた表現]連邦国防軍に在籍している. / zum *Bund* gehen [くだけた表現] (ドイツの)連邦国防軍に入隊する.

²Bund [ブント] **中**-[e]s/-e 束(⅀). ¶fünf *Bund*[e] Stroh　わら5束.

Bündel [ビュンデル] **中**-s/- (比較的

101

小さい)束(岳). ¶ein *Bündel* Briefe　一束の手紙.

Bundes・heer［ブンデス・ヘーァ］　中
-[e]s/《ミリタリ》連邦国軍；連邦国陸軍.

Bundes・kanzler［ブンデス・カンツラー］　男 -s/- （女性）**Bundes・kanzlerin**［ブンデス・カンツレリン］　女 -/Bundes・kanzlerinnen［ブンデス・カンツレリネン］)連邦首相. ¶Der *Bundeskanzler* bestimmt die Richtlinien der Politik.　連邦首相は政治方針を決める.

Bundes・land［ブンデス・ラント］　中
-[e]s/Bundes・länder［ブンデス・レンダァ］連邦国の州. ¶Jedes *Bundesland* hat einen Kultusminister.　ドイツ連邦各州はそれぞれ文部大臣がいる.

die alten (neuen) *Bundesländer* 連 邦 共 和 国 旧(新)州.（ドイツ統一以前のドイツ連邦共和国領諸州(旧州)とドイツ民主共和国領から新たにに加わった諸州(新州)のこと. 前者は Baden-Württemberg, Bayern, Berlin, Bremen, Hamburg, Hessen, Niedersachsen, Nordrhein-Westfalen, Rheinland-Pfalz, Saarland, Schleswig-Holstein, 後者は Brandenburg, Mecklenburg-Vorpommern, Sachsen, Sachsen-Anhalt, Thüringen 計16州である. なお, ドイツ連邦共和国の中央政府には文部省がなく, 教育は各州にゆだねられている.

Bundes・präsident［ブンデス・プレズィデント］　男 -en/-en （女性）**Bundes・präsidentin**［ブンデス・プレズィデンティン］　女 -/Bundes・präsidentinnen［ブンデス・プレズィデンティネン］)連邦大統領. **Bundes・rat**［ブンデス・ラート］　男 -[e]s/ 連邦参議院. ¶ Der *Bundesrat* besteht aus Mitgliedern der Regierungen der Länder.　連邦参議院は州政府の構成員からなる. **Bundes・republik**

≪ドイツを識るコラム≫
Bundesländer 連邦州

Bundesrepublik Deutschland(ドイツ連邦共和国)という国名が示すように, ドイツは16の連邦州からなる連邦国家である. 各州は強い自治権を持っており, それぞれ州議会, 州政府があり, 州首相がいる. 自治体行政, 治安, 学校, 大学, 文化政策等は州の管轄である. それに対し外交, 国防等国家全体に関することは連邦に立法権がある. 連邦の立法に関わる機関は連邦議会と連邦参議院の２院. 連邦議会は国民の直接自由選挙で選ばれた議員からなる. 連邦参議院は州政府の代表で構成される.

［ブンデス・レプブリーク］　女-/ 連邦共和国. ¶Die *Bundesrepublik* hat 80 Millionen Einwohner.　連邦共和国は8,000万の人口がある. **Bundes・tag**［ブンデス・ターク］　男 -[e]s/連邦議会. **Bundes・wehr**［ブンデス・ヴェーァ］　女-/ 連邦国防軍.

bunt［ブント］　形 (白・黒・灰色以外の)色つきの, カラーの；色とりどりの；多彩な. ¶ein *buntes* Programm バラエティに富んだプログラム. ◆Er trägt gern *bunte* Hemden.　彼は好んでカラフルなシャツを着る.

Bunt・stift［ブント・シュティフト］　男 -[e]s/-e 色鉛筆.

Burg［ブルク］　女-/Burgen［ブルゲン］城砦(じょう).

Bürge［ビュルゲ］　男-n/-n 保証人.

(⇒Bürgin)

Bürger [ビュルガァ] 男-s/-（女性 **Bürgerin** [ビュルゲリン]女-/Bürge-rinnen [ビュルゲリネン]）市（町・村）民，公民．¶Die Soldaten der Bundeswehr sind *Bürger* in Uniform. 連邦国防軍の兵士たちは制服を着た市民である．**Bürger・initiative** [ビュルガァ・イニツィアティーヴェ]女-/-n 市民(住民)運動．¶Diese *Bürgerinitiative* war die Keimzelle einer neuen Partei. この市民運動は新しい政党の萌芽であった．

bürger・lich [ビュルガァ・リヒ] 形 国（市・町・村）民の；(貴族・僧侶に対する)市民の，ブルジョアの．

Bürger・meister [ビュルガァ・マイスタァ] 男-s/-（女性 **Bürger・meisterin** [ビュルガァ・マイスタリン] 女-/Bürger・meisterinnen [ビュルガァ・マイステリネン]）市（町・村・区）長．**Bürger・steig** [ビュルガァ・シュタイク] 男-[e]s/-e [ビュルガァ・シュタイゲ]（車道より高くなった）歩道．

Bürgin [ビュルギン] 女-/Bürginnen [ビュルギネン]（女性の)保証人．（⇒Bürge)

Büro [ビュロー] 中-s/-s オフィス．¶ins *Büro* gehen 会社へ行く．◆Der Chef verlässt stets als Letzter das *Büro*. 課長はいつも最後に事務所を去る．

Büro・klammer [ビュロー・クラマァ] 女-/-n クリップ．

Büro・kratie [ビュロ・クラティー] 女-/官僚主義．**büro・kratisch** [ビュロ・クラーティシュ] 形 官僚主義的な．¶Der deutsche Beamte gilt als sehr *bürokratisch*. ドイツの公務員はきわめて官僚的と見られている．／Könnte man das nicht etwas weniger *bürokratisch* regeln? もう少し官僚的でなくることを片づけることはできませんか．

Bürste [ビュルステ] 女-/-n ブラシ．¶Den Kessel bekommt man nur mit der *Bürste* wieder sauber. この深なべはブラシを使わなければまたきれいにすることができない．

bürsten [ビュルステン] 動 ブラシで払う《von et³ 物³から》；(物⁴に)ブラシをかける．

Bus [ブス] 男Busses/Busse バス．¶Wie lange braucht man mit dem *Bus* bis zum Bahnhof? 駅までバスでどれくらいかかるでしょう．

Busch [ブシュ] 男-[e]s/Büsche [ビュシェ] 低木[の茂み]．

Busen [ブーゼン] 男-s/-（女性の)胸，乳房，バスト．

Bus・haltestelle [ブス・ハルテシュテレ] 女-/-n バス停留所．

Büsten・halter [ビュステン・ハルタァ] 男-s/- ブラジャー(略：BH [ベーハー])．

Butter [ブッタァ] 女-/ バター．¶*Butter* aufs Brot streichen バターをパンに塗る．◆In *Butter* gebraten schmecken Kartoffeln besonders gut. バターでいためるとジャガイモがまた格別美味しい．**Butter・brot** [ブッタァ・ブロート] 中-[e]s/-e（ハム・チーズをのせた)バターつきパン．¶Unsere Mittagspause ist recht kurz, so esse ich meist nur ein *Butterbrot* oder auch zwei. 私たちの昼休みはかなり短いので，私はバターつきパンを1個，あるいはせいぜい2個食べるだけだ．

Byte [バイト] 中-[s]/-[s] 〖電算・記号〗バイト(記号：B)．

ちょっと文法

なかなかクセ者

◆ihr さまざま◆

ihr には4つも種類があるから，整理しておこう．①〈du の複数1格〉つまり主語だね．Was macht **ihr** heute?「君たちはきょう何をするの？」これはわりに簡単．②〈人称代名詞の3人称単数（女性）3格〉Er schreibt **ihr** einen Brief.「彼は彼女へ手紙を書く」この ihr が主語じゃないことは，er という主語1格があることからすぐわかるだろう．③〈所有代名詞の3人称単数（女性）〉英語で言えば，*her* mother「彼女の母」の *her* にあたる．ただしドイツ語は次にくる名詞の性と格によって語尾変化するのでやっかいだ．Sie liebt ihr**e** Mutter.「彼女は自分の母を愛している」というように．④〈所有代名詞の3人称複数〉英語の *their* だね．③と同じく，語尾変化をする．でも ihre Mutter が「彼女の母」なのか「彼らの母」なのかは，これだけではわからない．文章の前後関係から判断するしかない．

ちょっと文法

性には困った

◆名詞の性◆

ドイツ語には男性・女性・中性という文法上の性があるが，いつどういうふうに発生したかについては，今もって定説がない．きっと有史以前の人々が自分のまわりの森羅万象を擬人化し，そこに人の性をあてはめたのだろう．例えば，荒々しい der Sturm「暴風雨」を男性に，やさしく湧く die Quelle「泉」を女性にのように．でも die Sonne「太陽」・ der Mond「月」なんてこともあるが．またどっちつかずの das Wasser「水」は中性に．実は13世紀ころまで，英語にも性はあった．そのうち英語はめんどうな性を捨て，合理一本槍をめざしていく．

C

¹C, ¹c [ツェー] **1** 匣-/- ドイツ語アルファベットの第3字;《諸》ハ音. **2**《諸‧認》(C は)ハ長調, (c は)ハ短調.

²C [ツェー] **1**《元素記号》炭素. **2**《記号》摂氏. (=Celsius)

²c [セント, ツェント]《略》(貨幣単位の) セント(=Cent).

Ca [ツェーアー]《元素記号》カルシウム.

ca. [ツィルカ]《略》約, およそ. (=circa)

Café [カフェー] 匣-s/-s 喫茶店. ¶ ins *Café* gehen 喫茶店に(お茶を飲みに)行く. ◆Im *Café* Meyer ist der Kaffee besonders gut. カフェ・マイアのコーヒーは特に美味しい. (⇒Kaffee) **Cafeteria** [カフェテリーア] 囡-/-s (Cafeterien [カフェテリーエン])カフェテリア.

Camembert [カマンベーァ] 男-s/-s [カマンベーァス] カマンベールチーズ.

Camping [ケンピング] 匣-s/ キャンピング. **Camping‧platz** [ケンピング・プラッ] 男-es/Camping‧plätze [ケンピング・プレッエ] キャンプ場.

Cartoon [カルトゥーン] 男 (匣) -[s]/-s マンガ.

CD [ツェーデー] 囡-/-s《電算》コンパクトディスク.

Cd [ツェーデー]《元素記号》カドミウム.

CD-ROM [ツェーデーロム] 囡-/-s《電算》シーディーロム. **CD-ROM-Laufwerk** [ツェーデーロム・ラオフヴェルク] 匣-[e]s/-e《電算》CDロムドライブ.

CDU [ツェーデーウー] 囡-/《略》キリスト教民主同盟 (= die **C**hristlich-**D**emokratische **U**nion).

Ce [ツェーエー]《元素記号》セリウム.

Celsius [ツェルズィウス] 匣-s/ 摂氏 (記号: C). 10 (zehn) Grad *Celsius* 摂氏10度.

Cent [セント, ツェント] 男-[s]/-[s] セント(ヨーロッパ連合共通通貨単位ユーロの百分の一). (記号軍 c または ct; 複 cts) (⇒Euro)

Cf [ツェーエフ]《元素記号》カリホルニウム.

Chance [シャーンス, シャーンセ] 囡 -/-n [シャーンセン] チャンス. ¶Sofort erkannte er seine *Chance* und nutzte sie. 彼はすぐさま自分のチャンスに気づいてそれを利用した. / Gegen so einen starken Gegner hat er keine *Chance*. あんなに強い敵が相手では彼にチャンスはない.

Chaos [カーオス] 匣-/ 無秩序な状態. **chaotisch** [カオーティシュ] 形 無秩序な.

Charakter [カラクタァ] 男-s/-e [カラクテーレ] 性格;《複なし》特性,特徴. ¶Er hat *Charakter*. 彼はなかなかの人物だ. / Gerade weil beide gegensätzliche *Charaktere* sind, ist die Ehe glücklich. まさに二人の性格が対照的だからこそ夫婦生活は幸福なのだ. / Das Gespräch hatte rein persönlichen *Charakter*. 会話は純粋に個人的な性格のものだった. / Das Werk hat den *Charakter* eines Kriminalromans. この作品は推理小説のようなところがある.

関‧連‧語　**Charakter**
―性格を表す形容詞―
freundlich　親切な, 友好的な.
nett　親切な, 感じのいい.
sympathisch　好感の持てる.
lustig　愉快な, 陽気な.
offen　率直な, オープンな.
aktiv　活動的な, 積極的な.
optimistisch　楽観的な.
tolerant　寛大な.
ruhig　落ち着いた.
höflich　礼儀正しい.
fleißig　勤勉な.
pünktlich　時間を守る.
ehrlich　誠実な, 正直な.
zuverlässig　信頼できる.
ordentlich　きちんとした.

vorsichtig　慎重な.
geduldig　忍耐強い.
klug　賢い，利口な.
kreativ　創造的な.
streng　厳しい.
schüchtern　引っ込み思案の.
verschlossen　内に籠った；無口な.
faul　怠け者の.
unordentlich　だらしのない.
frech　図々しい，礼儀知らずの.
arrogant　横柄な，傲慢な.
geizig　ケチな.
stur　頑固な，意固地な.
ungeduldig　気が短い.
gemein　意地が悪い.
reizbar　怒りっぽい.
aggressiv　攻撃的な.
pessimistisch　悲観的な.
langweilig　退屈な，面白味のない.

charakterisieren [カラクテリズィーレン] charakterisierte, charakterisiert **動**（人⁴の）性格(特色)を記述する；（物⁴の）特色となっている. **charakteristisch** [カラクテリスティシュ] **形** 特徴的な.

charmant [シャルマント] **形** チャーミングな. **Charme** [シャルム] **男**-s/ 魅力. ¶Sie hat einen tollen Charme. 彼女にはすごい魅力がある.

chartern [チャルテルン , シャルテルン] **動** チャーターする.

Chauffeur [ショフェーァ] **男** -s/-e [ショフェーレ] （女性） **Chauffeurin** [ショフェーリン] **女**-/Chauffeurinnen [ショフェーリネン]）（自動車の）ドライバー.

checken [チェッケン] **動** チェックする.

Chef [シェフ] **男**-s/-s （女性） **Chefin** [シェフィン] **女**-/Chefinnen [シェフィネン]）（部局の）長；（レストランの）シェフ；（店の）主人. ¶Der Chef im Ring war eindeutig der Herausforderer. リングで主導権をもっているのは明瞭に挑戦者の方だった.

Chemie [ヒェミー , 《南ドイツ・オース》ケミー] **女**-/ 化学.《悪意》(有害な)化学製品. ¶In Fertiggerichten ist mir zu-

viel Chemie drin. インスタント食品は私にとっては過多な有害物質が入っている. **Chemikalien** [ヒェミカーリエン , 《南ドイツ・オース》ケミカーリエン] **複** 化学[工業]製品. **chemisch** [ヒェーミシュ , 《南ドイツ・オース》ケーミシュ] **形** 化学[上]の.

chic [シック] ＝schick.

China [ヒーナ , 《南ドイツ・オース》キーナ] **中** -s/ 《略》中国. **Chinese** [ヒネーゼ , 《南ドイツ・オース》キネーゼ] **男**n/-n （女性） **Chinesin** [ヒネーズィン , 《南ドイツ・オース》キネーズィン] **女**-/Chinesinnen [ヒネーズィネン , 《南ドイツ・オース》キネーズィネン]）中国人. **chinesisch** [ヒネーズィシュ , 《南ドイツ・オース》キネーズィシュ] **形** 中国(人・語)の. **Chinesisch** [ヒネーズィシュ , 《南ドイツ・オース》キネーズィシュ] **中**-[s]/, **Chinesische*** [ヒネーズィシェ , 《南ドイツ・オース》キネーズィシェ] **中** 《形容詞の名詞化. 常に定冠詞を伴う》中国語.

Chip [チップ] **男**-s/-s ポテトチップ；（ルーレットなどで用いる）チップ；《電算》（シリコンの）チップ.

Chirurg [ヒルルク , 《南ドイツ・オース》キルルク] **男**-en/-en （女性） **Chirurgin** [ヒルルギン , 《南ドイツ・オース》キルルギン] **女**-/Chirurginnen [ヒルルギネン , 《南ドイツ・オース》キルルギネン]）外科医.

Chirurgie [ヒルルギー , 《南ドイツ・オース》キルルギー] **女**-/-n [ヒルルギーエン , 《南ドイツ・オース》キルルギーエン] 外科医学(医術). ¶Sie liegt in der Chirurgie. 彼女は外科に入院している.

Cholesterin [コレステリーン , ヒョレステリーン] **中**-s/ コレステロール. ¶Sie haben viel zu viel Cholesterin. 貴方はコレステロールの量が多すぎます.

Chor [コーァ] **男**-[e]s/Chöre [ケーレ] 合唱[曲・団]；合唱団席.

Christ [クリスト] **男**-en/-en （女性） **Christin** [クリスティン] **女**-/Christinnen [クリスティネン]）キリスト教徒.

Christ・baum [クリスト・バォム] **男** -[e]s/Christ・bäume [クリスト・ボィメ] クリスマスツリー.

Christen・tum [クリステン・トゥーム]

田-s/ キリスト教.

Christ・kind [クリスト・キント] 田 -[e]s/ 幼児キリスト;《南ドイツ》クリスマス・プレゼント.

christ・lich [クリスト・リヒ] 形 キリスト教(教徒・教会・信仰)の. ¶die *Christlich*-Demokratische Union [Deutschlands]キリスト教民主同盟(政党名)(略:CDU). / *Christlich*-Soziale Union [Deutschlands] キリスト教社会同盟(政党名)(略:CSU).

Christus [クリストゥス] 男-/ (または 2格 Christi, 3格 Christo, 4格 Christum)《キリスト教》キリスト. ¶vor *Christus* (*Christo*) 紀 元 前(略:v.Chr.). / nach *Christus* (*Christo*) 紀元後(略: n. Chr.). / 200 vor *Christus* (*Christo*) 紀 元 前 200年に.(⇒Jesus)

Chronik [クローニク] 女-/-en 年代記.

chronisch [クローニシュ] 形 慢性的な;恒常的な. ¶Er hat ein *chronisches* Magenleiden. 彼は慢性的な胃病をわずらっている. / Gib Acht, dass deine Bronchitis nicht *chronisch* wird. 気管支炎が慢性になら ないよう気をつけなさい.

circa [ツィルカ] 副 約,およそ.(略:ca.)

City [スィティ] 女-/-s 中心街,都心. ¶Freitagabends ist in der *City* besonders viel Betrieb. 金曜日 の夜都心は特ににぎわっている.

Cl [ツェーエル]《元素記号》塩素.

clever [クレヴァ] 形 利口な,悪がしこい. ¶Er ist zu *clever* auf seinen Vorteil bedacht. 彼は利口すぎて自分の利益ばかり心がけている. / Die Elf spielte *clever* und holte noch ein Unentschieden heraus.) イレブンはたくみに戦ってどうやら引き分けに持ちこんだ.

Clown [クラォン] 男-s/-s 道化師. ¶Er glaubt, er muss dauernd den *Clown* spielen. 彼は自分が絶えず道化役を演じねばならないのだと思っている.

Cm [ツェーエム]《元素記号》キュリウム.

Co [ツェーオー]《元素記号》コバルト.

Cock・pit [コック・ピト] 田-s/-s 操縦(操舵)室.

Cock・tail [コック・テール] 男-s/-s カクテル;レセプション. ¶Der Botschafter gibt morgen einen *Cocktail*. 大使はあしたカクテルパーティーを催す.

Coiffeur [コァフェーァ] 男-s/-e 《女性》 **Coiffeuse** [コァフェーゼ] 女-/-n)理容(美容)師.

Cola [コーラ] 田-[s]/-s(女-/-s) コーラ.

Comic [コミック] 男-s/-s 《ふつう複で》マンガ,コミック.

Computer [コンピュータァ] 男 -s/- コンピュータ. ¶am [vor dem] *Computer* arbeiten コンピュータを操作する. ◆Den ganzen Tag sitzt er am *Computer*. 彼は一日中コンピューターに向っている.

Con・tainer [コン・テーナァ] 男-s/- コンテナ.

cool [クール] 形 クール(冷静)な;申し分のない. ¶Immer schön *cool* bleiben! 常にクールさを失うな.

Couch [カォチ] 女-/-s(-en) カウチ (低い背もたれと片側にひじ掛けのあるソファー). ¶Wenn du willst, kannst du bei uns auf der *Couch* schlafen. よかったらわが家のカウチで寝てもいいよ.

Cousin [クゼン] 男-s/-s 《女性》 **Cousine** [クズィーネ] 女-/-n)いとこ.

Couvert [クヴェーァ] 田-s/-s (手紙用の)封筒.(=Kuvert)

Cr [ツェーエル]《元素記号》クロム.

Creme [クレーム] 女 -/-s(-n) (美容・食用の)クリーム.

Cs [ツェーエス]《元素記号》セシウム.

CSU [ツェーエスウー] 女-/ キリスト教社会同盟(《略》= die **C**hristlich-**S**oziale **U**nion).

バイエルン州における保守政党の名称で,主張は事実上 CDU とほぼ同じ. 国会でも共同で活動してい

Cu

る.

Cu [ツェーウー] 【元素記号】銅.

Curry [カリ, ケリ] **男**(**中**) -s/ カレー;カレーライス. ¶Der *Curry* kann ihm nicht scharf genug sein. 彼にとってカレーはいくら辛くても辛すぎることはない.

絵で見るドイツ単語 **Computer**

①der Monitor モニター
　der Bildschirm ディスプレー.
②die Tastatur キーボード.
③die Taste キー.
④die Maus マウス.
⑤das Mauspad マウスパッド.
⑥die Diskette
　フロッピーディスク.
⑦das Disketten-Laufwerk フロッピーディスク・ドライブ.
⑧die CD-ROM シーディーロム.
⑨das CD-ROM-Laufwerk
　CDロムドライブ.

der Desktop デスクトップ.
der(das)Laptop ラップトップ.
das Tablet タブレット.
der USB-Stick USB スティック.

der Drucker プリンター.
das Fenster ウィンドウ.
der Ordner フォルダ.
die Datei ファイル.
die Daten(pl.) データ.
der Papierkorb ゴミ箱.
die Einstellungen(pl.) 設定.
das Passwort パスワード.
ein|schalten スイッチを入れる.
aus|schalten スイッチを切る.
ein|geben 入力する.
auf *et⁴* klicken ～をクリックする.
auf *et⁴* tippen ～をタップする.
wischen スワイプする.
bearbeiten 編集する.
kopieren コピーする.
ein|fügen 挿入する.
installieren インストールする.
speichern 保存する.
löschen 消去する.
[aus]|drucken プリントする.
sich⁴ registrieren 登録する.
sich⁴ ein|loggen ログインする.
sich⁴ aus|loggen ログアウトする.
herunter|laden ダウンロードする.
(⇒ Handy, Internet)

ちょっと文法

厳密に区別

◆名詞の格◆
名詞には4つの格がある. とりあえず次のように大ざっぱに頭に入れ
ておこう. ①1格——主語となる. 英語では主格 (= the). 日本語
では「〜は」「〜が」. ②2格——主に所有関係を示す. 英語では所有
格 (= of the). 日本語では「〜の」. 位置は, 規定する語のすぐ後
ろなので注意. ③3格——間接目的語にあたる. 英語の目的格 (=
to the). 日本語では「〜に」. ④4格——直接目的語にあたる. 英語
では目的格 (= the). 日本語では「〜を」. 要するに英語の目的格
が, ドイツ語では厳格に二つに分かれたわけだ. Ich schenke **mei-
nem** Sohn ein Buch.=*I present a book to my son.*「私は息子に本
を1冊プレゼントする」と Ich liebe **meinen** Sohn. = *I love my
son.*「私は息子が好きだ=息子を愛している」の違いだ.

ちょっと文法

謎の外国人登場???

◆名詞, 代名詞の格◆
「あなた妻私妹紹介する」???　まるで謎の外国人だね. 「あなた
が私の妻に妹を紹介する」「あなたの妻が私に妹を紹介する」「あなた
に妻が私の妹を紹介する」「あなたを妻が私の妹に紹介する」…まだ
まだできるね. 「が・の・に・を」の4つを日本語の文法では格助詞
と呼んでいるんだ. 日本語には4つの〈格〉があるということだね.
名詞や代名詞が文の中でどんな働き(例えば主語とか目的語とか)を
するかを示すのが〈格〉だ. 日本語は名詞の後ろに「が・の・に・
を」をつけて〈格〉を示すけれど, ドイツ語は逆に名詞の前に置かれ
る冠詞や形容詞が語尾の形を変えて格を示すしくみになっている. ち
ゃんと格が示されないと謎の外国人になっちゃうよ.

D

¹D,¹d [デー] **1**中 -/- ドイツ語アル
ファベットの第4字;〔諺〕ニ音. **2**〔諺
誦〕(D は)ニ長調, (d は)ニ短調.

²D [デー]〔元素記号〕重水素.

²d [デー]〔略号〕直 径 (=**D**urchmes-
ser).

da [ダー] **1** 副《空間》そこに(で)
(話者からは hier より遠く, dort よ
り近い距離);《時間》そのとき, する
と;《条件》その場合は, そうだとする
と, その点では. ¶das Museum *da*
そこにある(見える)博物館. ♦ Wo ist
bloß meine Brille? — *Da* liegt
sie doch! 私の眼鏡はどこへ行った
んだーそこにあるじゃないの. / Ist
Herr Dau im Büro? — Nein, er
ist nicht *da*. ダウさんは会社におい
ですかーいいえ, ここにはおりません. /
Da lachte die ganze Kneipe.
そうすると酒場中が笑った. / *Da* bin
ich ganz einverstanden. その点
では私はまったく賛成です. / Was
gibt's denn *da* zu lachen? そ
れが何でおかしい. (⇒dort, hier)
2 接《従属》(知っての通り)…なの
で. ¶*Da* der Strom ausfiel, konn-
te man nicht heizen. 停電した
ので, 暖房をすることができなかった.

da- [ダ, ダー] 《前つづり. bei,
durch などの前置詞や方向・場所を
表す her, hin などの副詞に結合して
副詞をつくる. 前置詞のつづりが an,
auf などのように母音で始まるものの
場合は dar- となる》*da*bei, *da*ran
など参照.

> この形式で副詞をつくることのでき
> る前置詞は an, auf, aus, bei,
> durch, für, gegen, hinter, in
> (darin, darein などの形で),
> mit, nach, neben, über,
> um, unter, von, vor, wider,
> zu, zwischen である.

DAAD [デーアーアーデー] 男-/ ドイツ

学術交流会 (**D**eutscher **A**kademi-
scher **A**ustausch**d**ienst の略).

da·bei [ダ·バィ, ダー·バィ] 副 その
場に;その際に;そのくせ;それについて.
¶Da ist ein Blatt Papier, ein
Bleistift liegt *dabei*. 紙が1枚あ
る. 鉛筆も1本そこにある. / Bei
dem Unglück war er *dabei*. その
事故が起った時, 彼はその場に居合わせ
た. / Er isst oft in den teuersten
Restaurants, *dabei* verdient er
nicht viel. 彼はしばしば最高級のレ
ストランで食事をする. あまり稼いでも
居ないくせに. / Was haben Sie
sich eigentlich *dabei* gedacht?
君はあんなことを言ったが(したが)そも
そもどういうつもりだったのか. / Er
raucht schon wieder, *dabei* hat
der Arzt es ihm streng verbo-
ten. 彼はまたまたタバコを吸ってい
る, 医者が彼にそれを厳しく禁じたと言う
のに. 《dabei sein の形で》ちょうど
…しようとしている. Er ist gerade
dabei, die Sache zu erledigen.
彼はいままさにその件を片づけようとし
ているところだ. 《dabei bleiben の
形で》 自分の主張(考え)を変えない.
Trotz allem bleibt er *dabei*,
dass er richtig gehandelt hat.
それでもなお彼は自分が正しく行動した
と言う主張を変えなかった.

dabei|bleiben* [ダバィ·ブラィベン]
blieb dabei, dabeigeblieben
動 (s) ずっととどまる;意見(主張)を
変えない. ¶Schade, dass du
nicht bis zum Schluß *dabeiblei-
ben* kannst. 君が最後までいられな
いとは残念だ.

dabei|haben* [ダバィ·ハーベン] *du*
hast dabei, *er* hat dabei; hat-
te dabei, dabeigehabt 動 手も
とに持っている, 同件している.

Dach [ダッハ] 中-[e]s/Dächer [デ
ッヒャァ] 屋根.

dachte [ダハテ] denken の過去形·

単数・1，3人称.

da·durch [ダ・ドゥルヒ，ダー・ドゥルヒ] 圖 それによって，そのために；それを通り抜けて．¶Sie hatten abgelehnt, *dadurch* kamen wir in große Verlegenheit. 彼らは拒絶した，お蔭でわれわれはおおいに困惑させられた.

da·für [ダ・フューア，ダー・フューア] 圖 その[目的]のために；その代わりに；それに賛成して．¶Ich bin *dafür*. 私はそれに賛成です.

da·gegen [ダ・ゲーゲン，ダー・ゲーゲン] 圖 それに対[抗]して；それに反対して；それに反して．¶Ich bin *dagegen*. 私はそれに反対です.

da·heim [ダ・ハイム] 圖 家(自宅・故郷)で；在宅して.

da·her [ダ・ヘーァ，ダー・ヘーァ] 圖 そこから[こちらへ]；《接 として》そういうわけで，それ故に．¶Deine Kopfschmerzen kommen *daher*, dass du gestern zu viel getrunken hast. 君の頭痛はきのう飲みすぎたことからきている．/ Er ist zuverlässig und hilfsbereit, *daher* mögen ihn alle. 彼は信頼が置けて且つ親切だ，だからみんな彼のことが好きだ.

da·hin [ダ・ヒン，ダー・ヒン] 圖 [bis] *dahin* そこまで；その時まで.

da·hinten [ダ・ヒンテン，ダー・ヒンテン] 圖 そのうしろ(奥)で，あちらで．¶*Dahinten* zieht ein Gewitter auf. あちらに雷雨が近づいてくる． **da·hinter** [ダ・ヒンタァ，ダー・ヒンタァ] 圖 そのうしろ(裏・奥)に.

da·malig [ダー・マーリヒ] -e [ダー・マーリゲ] 形 そのころの.

da·mals [ダー・マールス] 圖 そのころに．¶*Damals* war er noch jung und unerfahren. 当時彼はまだ若くて未経験だった.

Dame [ダーメ] 女-/-n 女性，レディ；(チェス・トランプの)クイーン．¶Vor einiger Zeit war sie noch ein Kind, und jetzt ist sie eine junge *Dame*. 彼女もちょっと前までまだ子供だったのに，今はもう若いレディだ．/ Sie will immer die vornehme *Dame* sein, aber das klappt nie. 彼女はいつも高貴なレディを気取りたいのだが，成功したためしがない.

da·mit [ダ・ミット，ダー・ミト] **1** 圖 それを持って(用いて)；それによって；だから；それと同時に；それについては．¶Hier hast du fünfzig Euro, *damit* musst du bis zum Ersten auskommen. さあ50ユーロやる，これで1日まで間に合わせろ. **2** 接 [ダ・ミット]《従属》…するように(となるように)．¶Ich rate dir das, *damit* du keinen Fehler machst. 君が間違いをおかさないようにこれをすすめるのだ.

Damm [ダム] 男-[e]s/Dämme [デメ] 堤防；ダム．**dämmen** [デメン] 動 せき止める.

dämmern [デメルン] 動 《es を主語として》Es *dämmert*. 夜が明ける，日が暮れる；明るく(暗く)なる． **Dämmerung** [デメルング] 女-/ (朝夕の)薄明；夜明け，たそがれ.

Dampf [ダンプフ] 男-[e]s/Dämpfe [デンプフェ] 水蒸気，湯気；もや．**dampfen** [ダンプフェン] 動 湯気をたてる．**Dampfer** [ダンプファ] 男-s/- 汽船，蒸気船.

da·nach [ダ・ナーハ，ダー・ナーハ] 圖 そのあとで；そのうしろに；それを求めて．¶Zuerst wird mal gelernt, erst *danach* gibt es schönen Kuchen! まずお勉強，その後でないとおいしいケーキをあげないよ.

da·neben [ダ・ネーベン，ダー・ネーベン] 圖 その隣に(へ)，そのかたわらに(へ)；それと同時に．¶Da ist die Post, und *daneben* die Apotheke. あそこに郵便局，そのお隣に薬局がある.

Däne·mark [デーネ・マルク] 中-s/ 《地名》デンマーク． **Däne** [デーネ] 男-n/-n 《女性》 **Dänin** [デーニン] 女-/Däninnen [デーニネン]）デンマーク人． **dänisch** [デーニシュ] 形 デンマーク[人・語]の． **Dänisch** [デーニシュ] 中-[s]/, **Dänische*** [デーニシェ] 中 《形容詞の名詞化．常に

dank

定冠詞を伴う》デンマーク語. (⇒ Deutsch)

dank [ダンク] 前《3格支配. 2格支配も. 複数ではふつう2格支配》…のおかげで；…のせいで. ¶ dank seinem Fleiß 彼の熱心のせいで. / dank seiner Bemühungen 彼の骨折りのおかげで.

Dank [ダンク] 男-[e]s/ 感謝. ¶ Vielen Dank (Haben Sie recht herzlichen Dank) für Ihre Aufmerksamkeit! ご親切に心からお礼申し上げます. / Ihr freundliches Angebot nehme ich mit Dank an. あなたのご親切なお申し出をありがたくお受けいたします.

dank・bar [ダンク・バール] 形 (人³に対して) ありがたく思っている. ¶ Ich bin Ihnen sehr dankbar. あなたにとても感謝しています.

danke! [ダンケ] 間 ありがとう. ¶ Danke sehr (schön)! どうもありがとう. / Nein, danke! いいえ、けっこうです (ややぶっきらぼうな感じ).

danken [ダンケン] 動 お礼を言う《j³ für et⁴ 人³に事⁴の》. ¶ Nichts zu danken. どういたしまして. / Na, ich danke. まっぴらごめんです. / Ich weiß gar nicht, wie ich ihm danken soll. 彼にはなんとお礼を言ったらよいのかわからない. / Für sein Engagement können wir ihm gar nicht genug danken. 彼が積極的に参加してくれることにいくらお礼を言っても言い足りないくらいだ.

dann [ダン] 副 その次に；そうしたら；その場合は；その上. ¶ und dann おまけに. / wenn ..., dann もし…の場合は. / dann und wann ときどき. ♦ Bis dann! じゃあまた.

dar- [ダル, ダール]《前つづり》(⇒ da–)

dar・an [ダラン, ダーラン] 副 そこに (付着して)；その点に；それがきっかけで；それに関して；それが原因 (もと) で. ¶ nahe daran sein, ... zu + [不定詞] いまにも…しそうだ、ちょうど…するところだ. ♦ Daran kann

man sterben. それがもとで命を落とすことがある. / Daran ist niemand interessiert. それにはだれも関心をもっていない.

dar・auf [ダラォフ, ダーラォフ] 副 その上で (へ)；そのあとに；それに向かって；その結果として. ¶ ein Jahr darauf その後1年たってのち. ♦ Wie kommen Sie darauf? どうしてそう思ったのですか.

darauf・hin [ダラォフ・ヒン] 副 その結果として. その点に着目して.

dar・aus [ダラォス, ダーラォス] 副 その中から；それを材料にして. ¶ Wir müssen daraus die nötigen Schlussfolgerungen ziehen. われわれはそこから必要な結論を出さなくてはならない.

dar|bieten* [ダール・ビーテン] bot dar, dargeboten 動 演じる、演奏する；差し出す. ¶ Es wurde Barockmusik auf höchstem Niveau dargeboten. バロック音楽が最高レベルで演奏された.

darf, darfst [ダルフ, ダルフスト] < dürfen.

dar・in [ダリン, ダーリン] 副 その中に (で)；その点で. ¶ Darin sind wir uns einig. この点でわれわれは一致している.

dar|legen [ダール・レーゲン] 動 詳しく説明する.

Dar・lehen [ダール・レーエン] 中 -s/-貸しつけ [金]、借款 (ん). ¶ Ich hoffe, wir brauchen gar kein Darlehen aufzunehmen. 私たちは貸しつけ金を借り入れる必要がないと願う.

Darm [ダルム] 男-[e]s/Därme [デルメ] 〖解剖〗腸.

dar|stellen [ダール・シュテレン] 動 表現する、演じる；記述 (説明) する；(事⁴) である. ¶ Was das Bild darstellen soll, verstehe ich nicht. この絵が何を表現しているのか私にはわからない. / Es gelang ihm nicht, die rechtliche Problematik einleuchtend darzustellen. 彼は法的問題について納得の行くように説明することができなかった. / Die Not in

Afrika *stellt* ein großes Problem für die UNO *dar*. アフリカの窮乏は国連にとって大問題だ.

Dar・steller [ダール・シュテラァ] 男-/-（女性）**Dar・stellerin** [ダール・シュテレリン] 女-/Dar・stellerinnen [ダール・シュテレリネン]）俳優. **Dar・stellung** [ダール・シュテルング] 女-/-en 表現,演じ方；記述,説明.

dar・über [ダリューバァ, ダーリューバァ] 副 それの上［方］に(で),それを越えそれの上［方］へ；それについて. ¶ *darüber* hinaus その上に.

dar・um [ダルム, ダールム] 副 それをめぐって,それについて；《接 として》だから. ¶Es geht *darum*, dass ... 問題は…という事である. ♦ Ach *darum*! ああ,そうなのか；ああ,そのせいなんだ. / Ich werde mich *darum* bemühen, die Sache in Ordnung zu bringen. 私は事態を収拾すべく努力するつもりだ. / Die Luft ist viel zu trocken, *darum* muss ich dauernd husten. 空気が乾燥しすぎているので私は絶えず咳をしないではいられない.

dar・unter [ダルンタァ, ダールンタァ] 副 その下に(で),その下へ；それらの中には；その語(テーマ)に関しては. ¶Demokratie? Was verstehen Sie *darunter*? デモクラシーですって？あなたはそのことをどのように理解しているのですか.

das [ダス] 1冠 《中性・単数・1格,4格》< der. 2代 《指示・関係. 中性・1格,4格》この語が単独で用いられる場合》これ［ら］,それ［ら］,あれ［ら］.< der. ¶Was ist *das*? – *Das* ist ein Apfel. これは何ですか – リンゴです. / Wer ist *das*? – *Das* sind meine Freunde. あれは誰ですか – 私の友人たちです.

Da・sein [ダー・ザィン] 中-/ 存在,生活.

das・jenige [ダス・イェーニゲ] 代 《指示. 中性・単数・1格,4格》< derjenige.

dass [ダス] 接 《従属. 名詞文節を導く》【内容】…ということ；（名詞な

どの内容説明)…という；【目的】…するように；【結果】その為. ¶Er sagt, *dass* er Kopfschmerzen hat(habe). 彼は頭が痛いといっている. / Viel spricht gegen die Annahme, *dass* er Recht hat. 彼は正しいのではないかという推定には多くの点で異論がある. / Mach schnell, *dass* du den Zug noch erreichst! 列車に間に合うよう早くしろ.《so ..., dass の形で》非常に…なのでその結果. Es ist so kalt, *dass* man die Wohnung kaum warm bekommt. とても寒いのでどうしても家の中を暖かくすることができない.

das・selbe [ダス・ゼルベ] 《指示. 中性・単数・1格,4格》< derselbe.

Datei [ダータィ] 女-/-en 【電算】ファイル.

Daten [ダーテン] 複 1データ. 2 (⇒ Datum) **Daten・basis** [ダーテン・バーズィス] 女-/Daten・basen [ダーテン・バーゼン] 【電算】データ・ベース. **Daten・verarbeitung** [ダーテン・フェアアルバイトゥング] 女-/-en 【電算】データ処理.

Dativ [ダーティーフ] 男-s/-e [ダーティーヴェ] 《文法》3格,間接目的格.

Datum [ダートゥム] 中-s/Daten 日付け. ¶Welches Datum ist (haben wir) heute? きょうは何日ですか.

Dauer [ダォァ] 女-/ 持続[時間],継続[期間]. ¶die Dauer der Ferien 休暇期間. / auf [die] Dauer 時間がたつうちには. / auf Dauer 無期限に. **dauer・haft** [ダォァ・ハフト] 形 長持ちする；耐久性のある.

dauern [ダォエルン] 動 (時間が)…かかる；継続(持続)する. ¶Wie lange dauert die Sitzung? – [Sie dauert] 10 Stunden. 会議は何時間かかりますか – 10時間かかります.

dauernd [ダォエルント] 1形 しょっちゅう,ずっと. ¶ Seit November bin ich *dauernd* erkältet. 11月以来私はずっと風邪をひいています. /

113

Daumen

Sein Apparat ist *dauernd* besetzt. 彼の電話はずっと話中だ. **2** dauern の現在分詞.

Daumen [ダォメン] 男-s/- (手の)おや指. ¶Ich drücke dir die Daumen. 君の幸運を祈っているよ.

da•von [ダ・フォン, ダー・フォン] 副 そのおかげで；それによって；その内から；そこから. ¶Was habe ich davon? それが私にとって何になる. / Was halten Sie davon? あなた方はそれをどう思いますか.

davon|kommen* [ダフォン・コメン] kam davon, davongekommen 動 (s) [危険を]免れる. ¶mit dem Leben davonkommen 命拾いをする.

da•vor [ダ・フォーァ, ダー・フォーァ] 副 その前に(で)，その前へ；(時間的に)その前は(に). ¶einige Tage davor 2,3 日前に.

da•zu [ダ・ツー, ダー・ツー] 副 そこに(へ)；その[目的]のために；それに加えて. ¶dazu noch おまけに.

dazu|gehören [ダツー・ゲヘーレン] 動 zu j³/et³ dazugehören 人³・物³の一部である，物³に付随している.

da•zwischen [ダ・ツヴィシェン] 副 【空間・時間】その間に；その中に(へ).

dazwischen|kommen* [ダツヴィッシェン・コメン] kam dazwischen, dazwischengekommen 動 (s) 予期しない邪魔が入る. ¶wenn nichts dazwischenkommt その間に思わぬ邪魔が入らなければ. ◆Immer, wenn ich ins Theater will, kommt mir was dazwischen. 私が観劇に行こうとするといつも何か邪魔が入る.

dB [デツィ・ベル, デーツィ・ベル] 《記号》デシベル(=Dezibel).

DDR [デーデーエル] 女-/ 《地名》ドイツ民主共和国(1990年ドイツ連邦共和国基本法の適用地域となって二つのドイツが一つになるまで存在した社会主義ドイツ国家.) (=die Deutsche Demokratische Republik).

Debatte [デバッテ] 女-/-n ディベート；議会などの討論. ¶eine Debatte über et⁴ führen 事⁴に関するディベートを行う.

Decke [デッケ] 女-/-n かけ布団，毛布；天井. ¶Reicht eine Decke, oder brauchen Sie noch eine? 毛布1枚で足りますか，それとももう1枚必要ですか.

Deckel [デッケル] 男-s/- ふた；ハードカバー；ビニールマット.

deck|en [デッケン] 動 おおう，カバーする《mit et³ 物³で》；かばう. ¶den Tisch decken テーブルの上に食事の支度をする. / sich⁴ decken かさなり合う.

de•fekt [デ・フェクト] 形 欠陥のある，故障した. **De•fekt** [デ・フェクト] 男-[e]s/-e 欠陥，故障.

de•fensiv [デ・フェンスィーフ] -e [デ・フェンスィーヴェ] 形 防衛の；(運転が)安全第一の. ¶defensive Waffen 防御用兵器. ◆Du könntest ruhig etwas defensiver fahren. 少しは安全運転を心がけても良いだろうに.

de•finieren [デ・フィニーレン] definierte, definiert 動 定義する. **De•finition** [デ・フィニツィオーン] 女-/-en 定義.

De•fizit [デー・フィツィット] 中-[e]s/-e 欠損，赤字；欠如. ¶Dieses Defizit ist kaum zu decken. この赤字はほとんどカバーしようがない.

De•flation [デ・フラツィオーン] 女-/-en デフレーション.

deftig [デフティヒ] e [デフティゲ] 形 栄養たっぷりの；荒っぽい. ¶Er mag deftige Kost. 彼はボリュームのある食事を好む.

dehnen [デーネン] 動 伸ばす，広げる. ¶sich⁴ dehnen 伸びる，広がる；(会議などが)ながびく，延びる.

Deich [ダィヒ] 男-[e]s/-e (干拓地を守る)堤防.

dein [ダィン] 代 《所有. 単数・2人称 du に対応して》君の.

	男性	女性	中性	複数
1格	dein	deine	dein	deine
2格	deines	deiner	deines	deiner
3格	deinem	deiner	deinem	deinen
4格	deinen	deine	dein	deine

114

deiner [ダイナァ] 代 《人称．単数・2人称 du の2格》(⇒ich)

De·klination [デ・クリナツィオーン] 囡-/-en 〖文法〗(名詞・代名詞・形容詞・数詞の)格数変化． **de·klinieren** [デ・クリニーレン] 動 deklinierte, dekliniert (名詞・代名詞・形容詞・数詞が)格数変化する．

de·kodieren [デ・コディーレン] 動 dekodierte, dekodiert (暗号など⁴を)解読する．(⇒kodieren)

De·legation [デ・レガツィオーン] 囡-/-en 代表(使節)団． ¶ Bei der Konferenz war Japan mit einer hochrangigen *Delegation* vertreten． その会議では日本から高位の代表団が出席していた． **de·legieren** [デ・レギーレン] delegierte, delegiert 動 (代表として)派遣する《zu einem Kongress 会議に》．

Delfin [デルフィーン] 1男-s/-e 〖動物〗イルカ． 2中-s/ ドルフィン泳法．

Delikatesse [デリカテッセ] 囡-/-n デリカテッセン，調理済み高級食品．

De·likt [デ・リクト] 中-[e]s/-e 不法行為． ¶ Die Strafe für derartige *Delikte* soll verschärft werden． これらの不法行為に対する罰は強化されるそうだ．

Delphin [デルフィーン] ＝Delfin．

dem [デム，デーム] 1冠 《定冠詞．単数・男性・3格；単数・中性・3格》< der. 2代 《指示・関係．単数・男性・3格；単数・中性・3格》< der.

dem·nach [デーム・ナーハ] 副 それに従えば． ¶ Er hat ein Alibi, *demnach* ist er unschuldig． 彼にはアリバイがある，従って彼は無実だ．

dem·nächst [デーム・ネーヒスト] 副 その次に，ほどなく． ¶ *Demnächst* komme ich mal wieder bei euch vorbei． そのうちにまたお前たちのところに立寄る．

Demo·kratie [デモ・クラティー] 囡-/ Demo·kratien [デモ・クラティーエン] デモクラシー． **demo·kratisch** [デモ・クラーティシュ] 形 民主的な．

De·monstrant [デ・モンストゥラント] 男-en/-en （女性） **De·monstrantin** [デ・モンストゥランティン] 囡-/De·monstrantinnen [デ・モンストゥランティネン])デモ参加者．

De·monstration [デ・モンストゥラツィオーン] 囡-/-en デモンストレーション． ¶ Die *Demonstration* verlief friedlich． デモは平和裡に終始した．

de·monstrieren [デ・モンストゥリーレン] demonstrierte, demonstriert 動 1デモをする．¶Die Belegschaft *demonstrierte* für kürzere Arbeitszeiten． 全従業員は労働時間短縮のためにデモをした．2実演する；誇示する．¶Wie schädlich das Rauchen ist, lässt sich leicht anhand dieser Röntgenbilder *demonstrieren*． 喫煙がいかに有害であるか，このレントゲン写真で容易に示すことができる．

De·mut [デー・ムート] 囡-/ 謙遜，屈従． **de·mütigen** [デー・ミューティゲン] 動 はずかしめる．¶*sich*⁴ vor *j*³ *demütigen* 人³に対してへりくだる．

den [デン，デーン] 1冠 《定冠詞．男性・単数・4格；複数・3格》< der. 2《指示・関係．男性・単数・4格》< der.

denk·bar [デンク・バール] 形 考えられる，可能な[限りの]；《副 として形容詞を修飾して》考えられる限り，きわめて．

denken* [デンケン] dachte, gedacht 動 思考する；思う．¶an *et*⁴ *denken* 事⁴を思い出す(思いやる)． / von *et*³ (über *et*⁴) … *denken* 事³(事⁴)について…と思う． / *sich*³ *et*⁴ … *denken* 事⁴について…と想像する． ♦ Ich *denke*, dass die Sache in Ordnung geht． 私が思うに事はうまくいくだろう． / Wir müssen an Mutters Geburtstag *denken*． われわれはお母さんの誕生日を覚えておかなくてはいけない． / Wie *denkst* du über die Sache? この件について君はどう思う． / Niemand weiß, was er sich dabei *gedacht* hat． その際彼が何を考えたか，何人にもわからない．

/ *Denken* ist nicht gerade seine Stärke. 考えるということが彼は必ずしも得意でない.

Denk·mal [デンク・マール] 中 -[e]s/ Denk·mäler [デンク・メーラァ] 記念碑.

denn [デン] **1**接 《並列. 補足的説明》…と言うのは, …ので. ¶ Wir nehmen am besten die Bahn, *denn* das geht am schnellsten. 電車に乗っていくのがベストだ, それがいちばん早いから. **2**副 《疑問を強めて》いったい[ぜんたい]. ¶ Was ist das *denn*? これはいったいどうしたわけだ. / Was hast du *denn* bloß? お前はいったいどこが悪いのだ. 《Es sei *denn*, [dass] ... の形で》…の場合は別として. (⇒da, weil)

den·noch [デノホ] 副 それにもかかわらず.

Deo [デーオ] 中 -s/-s, **De·odorant** [デ・オドラント] 中 -s/-s(-e) デオドラント(防・脱臭剤).

De·ponie [デ・ポニー] 女 -/De·ponien [デ・ポニーエン] ごみ集積所.

De·pression [デ・プレスィオーン] 女 -/-en 〖医学〗うつ病. ¶ Er leidet unter starken *Depressionen*. 彼はひどいうつ病にかかっている. **de·pressiv** [デ・プレスィーフ] -e [デ・プレスィーヴェ] 形 うつ病の. ¶ Sie ist hochgradig *depressiv*. 彼女は強度のうつ病だ.

de·primieren [デ・プリミーレン] deprimierte, deprimiert 動 憂うつにする. ¶ Lass dich davon bloß nicht *deprimieren*. そんなことでくよくよよなんかするなってば.

der [デァ, デーァ] **1**冠 《定冠詞. 特定・既知のものをさす名詞, 類全体を現す名詞につける》 ¶ Das ist *die*

	男性	女性	中性	複数
1格	der	die	das	die
2格	des	der	des	der
3格	dem	der	dem	den
4格	den	die	das	die

Handschrift *des* Täters. これは犯人の筆跡です. / *Der* Löwe ist

der König *der* Tiere. ライオンは百獣の王である.

-m, -r, -s でつづりの終る定冠詞はいくつかの前置詞に融合して短縮形をつくる: am (an dem), im (in dem), beim (bei dem), vom (von dem), zum (zu dem); zur (zu der); ans (an das), aufs (auf das), durchs (durch das), fürs (für das), ins (in das), ums (um das).

2代 《指示. 指示・強調(ほかならぬその)の場合は定冠詞と同変化. 単独用法では下記の変化. [デーァ] のように強アクセントを置く》この, その, あの.

	男性	女性	中性	複数
1格	der	die	das	die
2格	dessen	deren	dessen	deren, derer
3格	dem	der	dem	denen
4格	den	die	das	die

¶ *Die* Frau da ist unsere Deutschlehrerin. そこにいる女の人はわれわれのドイツ語教師だ. / Heinrich? *Den* mag ich nicht. ハインリヒだって? あいつは好かない. / Wer ist *das*? あれはだれだい? / auf Kosten *derer*, die viel verdienen たくさん稼ぐ連中の負担で.

複数の deren は先行する名詞を受けて, derer は関係代名詞の先行詞として使われる. ただしこの用法は今日あまり使われない.

3代 《関係. 先行する名詞や代名詞(先行詞)を受けて関係文(副文)を導き出す. 関係代名詞は先行詞と性・数が一致する. 変化形は上2の複数・2格 derer を欠き, あとは全て同形である. 発音は指示代名詞と同じく[デーァ]のように強アクセントを置く》…する(である)ところの. ¶ der Mann, *den* du da siehst そこにみえる男.

der·art [デーァ・アールト] 副 こんな(そんな・あんな)ふうに. **der·artig**

[デーァ・アールティヒ] −e [デーァ・アールティ
ゲ] **形** こんな(そんな・あんな)ふう
の。¶Sie schrie *derart*, dass das
ganze Haus zusammenlief. 彼
女は家中が集まってくる程の悲鳴をあ
げた。／*Derartige* Vorfälle sind
immer häufiger zu beobachten.
この種の事件はますますひんぱんに見ら
れるようになっている。

derb [デルプ] **形** がさつな；(食物が)
滋養のある。¶Mit seinen *derben*
Späßen macht er sich nicht
überall beliebt. 彼は下品な冗談を
言うのでどこへ行っても好かれない。

deren [デーレン] **代** 《指示・関係. 女
性・単数・2格；複数・2格》< der.

derer [デーラァ] **代** 《指示. 複数・2
格》< der.

der・gleichen [デーァ・グライヒェン]
代 《指示. 無変化》この(その・あの)
ような。

der・jenige [デーァ・イェーニゲ] **代**
《指示. der- の部分は定冠詞と同じ，
-jenige の部分は形容詞の弱変化の
変化をする. 付加的にも単独でも用い
られる》その；(単独で)その人(もの)。

	男性	女性
1格	derjenige	diejenige
2格	desjenigen	derjenigen
3格	demjenigen	derjenigen
4格	denjenigen	diejenige

	中性	複数
1格	dasjenige	diejenigen
2格	desjenigen	derjenigen
3格	demjenigen	denjenigen
4格	dasjenige	diejenigen

¶Wie immer war er *derjenige*,
der die meisten Tore schoss.
いつものことながらもっとも多くゴール
を決めたのは彼だった。／*Diejenige*,
die am albernsten lacht, bist
natürlich wieder du.（女性に対し
て）いちばん馬鹿笑いしているのは勿論
今回もお前だよ。／*Diejenigen*, die
dafür verantwortlich sind, sol-
len sich melden! このことに責任
のある人は申し出なさい。

der・selbe [デーァ・ゼルベ] **代** 《指示.
der- の部分は定冠詞と同じ，-selbe

の部分は形容詞の弱変化の変化を
する。 付加語的にも単独でも用いられ
る》同じ；(単独で)同じ 人(もの)。

	男性	女性
1格	derselbe	dieselbe
2格	desselben	derselben
3格	demselben	derselben
4格	denselben	dieselbe

	中性	複数
1格	dasselbe	dieselben
2格	desselben	derselben
3格	demselben	denselben
4格	dasselbe	dieselben

¶Sie trägt *dasselbe* Kleid wie
gestern. 彼女は昨日と同じドレスを
着ている。／Sie ist immer noch
dieselbe wie damals. 彼女は当
時と少しも変わらない。

der・zeit [デーァ・ツァイト] **副** 目下の
ところ。 ¶Dieser Artikel ist *der-
zeit* ausverkauft. この品物は目下
のところ売り切れです。

des [デス] **冠** 《定冠詞. 男性・単数・
2格；中性・単数・2格》< der.

des・halb [デス・ハルプ] **副** それゆえ
に。¶Er wandert aus, *deshalb*
will er sein Haus verkaufen.
彼は海外へ移住する，だから家を売ろう
と思っている。／Mein Handy war
kaputt, *deshalb* konnte ich
nicht früher anrufen. 私の携帯
電話が壊れていたので，もっと早く電話
することができなかったのです。

Design [ディザイン] **中** -s/-s デザイ
ン。

dessen [デッセン] **代** 《指示・関係.
男性・単数・2格；中性・単数・2格》。
< der.

Dessert [デセーァ] **中** -s/-s デザー
ト。¶Und was nehmen wir als
(zum) *Dessert*? それからデザート
には何をいただきましょうか。(⇒Nach-
tisch)

desto [デスト−] **接** ¶je + |比較級|,
desto + |比較級| それだけ一層。♦Je
tüchtiger wir arbeiten, *desto*
mehr verdienen wir. せっせと働
けば働くほど稼ぎも多い。

des・wegen [デス・ヴェーゲン] **副** そ

Detail

れゆえに. ¶ Er ist total unzuverlässig, *deswegen* solltest du ihm nichts leihen. 彼はまるっきり信用できない、だから彼には何も貸してはいけない. / An deiner Stelle würde ich mich *deswegen* nicht so aufregen. ぼくが君ならそんなことが原因であまり怒ったりしないだろう.

Detail [デタィ, デターィ] 中-s/-s 詳細. ¶ Bis auf ein paar *Details* sind wir uns über das Projekt einig. 二, 三の細部を除いてわれわれはプロジェクトにつき一致している. **detailliert** [デタイ-ルト] 形 詳しい.

deuten [ドィテン] 動 **1** 解釈する. **2** Der Mann *deutete* mit dem Finger auf die Polizisten (in dieser Richtung/nach Westen). 男は警官 (この方向・西の方) を指さした.

deut・lich [ドィト・リヒ] 形 明白 (明瞭・明確) な. ¶ eine *deutliche* Schrift 読みやすい筆跡. ◆ Er hat seinen Standpunkt *deutlich* gemacht. 彼は自分の立場を明確にした. / *Deutlicher* kann man es kaum sagen. これ以上明白に言うことはまずできない.

deutsch [ドィッチュ] 形 ドイツの, ドイツ人の, ドイツ語の, ドイツ製の. (略: dt.) ¶ Sie sprechen gut *deutsch*. あなたはドイツ語がお上手ですね. **Deutscher*** [ドィッチャァ] 男 (女性) **Deutsche*** [ドィッチェ] 女 《形容詞の名詞化》 ドイツ人. **Deutsch** [ドィッチュ] 中-[s]/ (個人や特定集団が用いる) ドイツ語. ¶ das *Deutsch* Goethes ゲーテのドイツ語. / unser *Deutsch* われわれの話す (使う) ドイツ語. ◆ Er kann gut *Deutsch*. 彼はドイツ語がよくできますね. **Deutsche*** [ドィッチェ] 中 《形容詞の名詞化. つねに定冠詞を伴う》 (外国語に対応する一般的な意味での) ドイツ語. ¶ aus dem *Deutschen* (ins *Deutsche*) übersetzen ドイツ語から (へ) 翻訳する. (⇒Hochdeutsch) **Deutsch・**

land [ドィッチュ・ラント] 中-[e]s/ 《地名》 ドイツ. ¶ die Bundesrepublik *Deutschland* ドイツ連邦共和国. ◆ Ich war schon zweimal in *Deutschland*. 私はすでに2度ドイツに行ったことがあります.

deutsch・sprachig [ドィッチュ・シュプラーヒヒ] -e [...シュプラーヒゲ] 形 ドイツ語を話す; ドイツ語を用いた. *deutschsprachige* Literatur ドイツ語の文学. **deutschsprach・lich** [ドィッチュシュプラーハ・リヒ] 形 ドイツ語の. ¶ der *deutschsprachliche* Unterricht ドイツ語授業.

De・vise [デ・ヴィーゼ] 女-/-n 外国通貨 (外貨); 外国為替. ¶ Die neue Regelung erleichtert die Ausfuhr von *Devisen*. 新しい規定は外貨の持ち出しを容易にする. / Im Moment würde ich keine *Devisen* kaufen, da der Kurs zu schlecht ist. 目下のところ私なら外貨は買わない, 相場が悪すぎるから.

Dezember [デツェンバァ] 男-[s]/ 12月 (略: Dez.). (⇒April)

Dezi・bel [デツィ・ベル, デーツィ・ベル] 中-s/- 《量単位》 デシベル (記号: dB).

Dezi・liter [デツィ・リータァ, デーツィ・リータァ] 男 (中) -s/- 《単位》 デシリットル (記号: dl).

d.h. [ダス ハィスト] 《略》 すなわち (= das heißt).

Di. [ディーンスターク] 《略》 火曜日 (= Dienstag).

Dia [ディーア] 中-s/-s (写真の) スライド. ¶ Wollt ihr die *Dias* von meinem Urlaub sehen? お前たちは休暇旅行の私のスライドを見る気があるかい.

Dia・gnose [ディア・グノーゼ] 女-/-n 《医療》 診断. ¶ Zum Glück für ihn erwies sich die *Diagnose* als falsch. 彼にとって幸いなことには診断が誤りだということがわかった.

dia・gonal [ディア・ゴナール] 形 対角線の; 斜めの.

Dia・lekt [ディア・レクト] 男-[e]s/-e 方言. ¶ Er spricht *Dialekt*. 彼は方言を話す. / Wie in Japan, so

118

gibt es auch in Deutschland viele *Dialekte*. 日本同様ドイツにもたくさんの方言がある. (⇒Mundart)

Dia·log [ディア・ローク] 男 -[e]s/-e [ディア・ローゲ] 対話, 問答. ¶Die beiden Außenminister vereinbarten, den *Dialog* fortzusetzen. 双方の外務大臣は対話を継続することに合意した.

Diamant [ディアマント] 男 -en/-en ダイアモンド.

Diät [ディエート] 女 -/-en ダイエット. ¶Der Arzt hat mir eine *Diät* verordnet. 医師は私にダイエットを指示した. / Diese *Diät* müssen Sie streng einhalten. あなたはこのダイエットを厳重に守らなければいけない.

Diäten [ディエーテン] 複 歳費(ドイツでは代議士に日当の形で支給される).

dich [ディヒ] 代 《人称・再帰. 2人称・単数 du の 4格》お前を. (⇒ich, sich)

dicht [ディヒト] 1形 密な, 密集した;すき間のない;(液体・気体を)通さない. ¶*dichtes* Haar 濃い毛髪. ♦In diesem *dichten* Gedränge kommt man kaum vorwärts. このぎゅうぎゅうの雑踏ではほとんど前には進めない. / Diese Region ist besonders *dicht* besiedelt. この地域はことに人口密度が高い. 2副 密接して. ¶*dicht* am Ufer 岸のすぐそばに. **Dichte** [ディヒテ] 女 / [人口]密度, 濃度.

¹dichten [ディヒテン] 動 (物⁴ の)漏れ[すき間]をふさぐ.

²dichten [ディヒテン] 動 詩作(創作)する.

Dichter [ディヒタァ] 男 -/- (女性) **Dichterin** [ディヒテリン] 女 -/Dichterinnen[ディヒテリネン])作家, 詩人. **Dichtung** [ディヒトゥング] 女 -/-en 詩, 創作, 文学[作品].

dick [ディック] 形 厚い, ふとった, 腫れた, 濃い;(…⁴の)厚さがある. ¶ein *dickes* Buch 厚い本. / eine *dicke* Erbsensuppe 濃いエンドウマメスープ. / ein *dicker* Mann ふとった男. / *dicker* Nebel 濃い霧. ♦Das Lexikon ist fünf Zentimeter⁴ *dick*. この事典は厚さが5センチメートルある. / Mittags esse ich nur einen Salat, das macht nicht *dick*. 昼にはサラダ1皿しか食べない, これならふとらない. (⇒dünn)

Dick·kopf [ディック・コプフ] 男 -[e]s/Dick·köpfe [ディック・ケプフェ] 頑固(がん)者.

die [ディ, ディー] 1冠 《定冠詞. 女性・単数・1格, 4格;複数・1格, 4格》< der. 2代 《指示・関係. 女性・単数・1格, 4格;複数・1格, 4格》< der.

Dieb [ディープ] 男-[e]s/-e [ディーベ] (女性) **Diebin** [ディービン] 女-/Diebinnen [ディービネン]) 泥棒.

Dieb·stahl [ディープ・シュタール] 男 -[e]s/Dieb·stähle [ディープ・シュテーレ] 窃盗(せっ).

die·jenige [ディー・イェーニゲ] 代 《指示. 女性・単数・1格, 4格》< derjenige.

die·jenigen [ディー・イェーニゲン] 代 《指示. 複数・1格, 4格》< derjenige.

Diele [ディーレ] 女-/-n 板張りの床;玄関の間.

dienen [ディーネン] 動 (人³・事³ に)奉仕する;役立つ《zu *et*³ 事³ に》, (事³ の)助けとなる;軍務に服する. ¶Er hat der Partei lange Jahre treu *gedient*. 彼は党に長年忠実につくした. / Ich verstehe nicht, wozu die Regelung *dienen* soll. この規定が何の役に立つのか理解できない.

Dienst [ディーンスト] 男-[e]s/-e 勤務, 当番;サービス. ¶Nächste Woche habe ich nur zwei Tage *Dienst*. 来週の勤務は二日だけだ.

Diens·tag [ディーンス・ターク] 男 -[e]s/-e 火曜日(略: Di.). ¶am *Dienstag*, dem 10. (zehnten) Februar 2月10日火曜日に. / am kommenden (nächsten) *Dienstag* 今度の(次の)火曜日に. / bis *Dienstag* 火曜日までに. ♦Heute ist *Dienstag*, der 10. (zehnte) Februar. 今日は2月10日火曜日です. **diens・tags** ［ディーンス・タークス］副 火曜日[毎]に.

Dienst・leistung ［ディーンスト・ライストゥング］女-/-en サービス.

dienst・lich ［ディーンスト・リヒ］形 勤務(職務)上. ¶Das Gespräch war rein *dienstlich* (rein *dienstlicher* Natur). 会話は純粋に職務上のもの(純粋に職務上の性質のもの)だった.

dies ［ディース］代 《指示. 単独用法》この(あの)もの(=dieses). < dieser.

diese ［ディーゼ］代 《指示. 女性・単数・1格, 4格;複数・1格, 4格》< dieser.

Diesel ［ディーゼル］男-s/- ディーゼル機関;ディーゼル自動車;軽油. ¶*Diesel* ist billiger als Benzin. 軽油はガソリンよりも安い.

die・selbe ［ディー・ゼルベ］代 《指示. 女性・単数・1格, 4格》< derselbe.

die・selben ［ディー・ゼルベン］代 《指示. 複数・1格, 4格》< derselbe.

dieser ［ディーザァ］代 《指示》この, (遠くて目に見えるものについて)あの, (単独で)この・あの人(もの). ¶*Die-*

	男性	女性	中性	複数
1格	dieser	diese	dieses	diese
2格	dieses	dieser	dieses	dieser
3格	diesem	dieser	diesem	diesen
4格	diesen	diese	dieses	diese

se Tasche gefällt mir nicht. このハンドバッグは気に入らないわ. / In *diesem* Haus wohnen drei Familien. この(あの)住宅には3家族住んでいる. / Im Februar *dieses* Jahres hat es viel geschneit. 今年の2月に雪がたくさん降った. / Wir diskutierten über *dieses* (*dies*) und jenes. われわれはあれやこれや議論した. 《jener と組んで「前者」, 「後者」を意味する》Mutter und Tochter sahen im Fernsehen einen Krimi, *diese* belustigt, jene bestürzt. 母と娘はテレビで推理映画を見た, 後者は面白

がって, 前者は肝をつぶしながら.

diesig ［ディーズィヒ］-e ［ディーズィゲ］形 もやの掛かった, 視界のはっきりしない.

dies・mal ［ディース・マール］副 今回は.

dies・seits ［ディース・ザィツ］1副 こちら側に(で). 2前 《2格支配》…のこちら側に(で). ¶*diesseits* der Grenze 境界線のこちら側で. (⇒ jenseits)

Dif・ferenz ［ディフェレンツ］女-/-en (数字などの間の)差異 《zwischen *et*³ und *et*³ 数値³と数値³との間の》;《複 で》意見の相違. ¶Die *Differenz* zwischen den beiden Zahlenwerten ist äußerst gering. 二つの数値の差はきわめて僅かだ.

digital ［ディギタール］形 デジタル[方式]の. ¶*digitales* Fernsehen デジタルテレビ. **Digital・kamera** ［ディギタール・カメラ, ディギタール・カーメラ］女-/-s デジタルカメラ.

Dik・tat ［ディク・タート］中-[e]s/-e (筆記させるための)口述;ディクテーション;強引な命令. ¶Frau Baum ist gerade zum *Diktat* beim Chef. バウムさんは今ちょうど口述筆記のため部長のところに行っています. / Nach *Diktat* verreist. 口述後[出張・旅行に]出発(そのため書簡に署名がなされていないことを伝える決まり文句).

Diktatur ［ディクタトゥーァ］女-/-en 独裁. **Diktator** ［ディクタートーァ］男-s/-en ［ディクタトーレン］ (女性 **Diktatorin** ［ディクタトーリン］女-/ Diktatorinnen ［ディクタトーリネン］) 独裁者.

diktieren ［ディクティーレン］diktierte, diktiert 動 口述する, (人³に)口述して筆記させる. ¶auf [Ton] band diktieren 口述をテープにとる. ◆Professor Moser *diktierte* seiner Sekretärin einen Brief an den DAAD. モーザァ教授は彼の秘書にドイツ学術交流会宛ての手紙を口述筆記させた.

Di・lemma ［ディ・レマ］中-s/-s ジレンマ.

Di·mension [ディ・メンズィオーン] 女 -/-en 次元；広がり．¶Das Problem der Arbeitslosigkeit hat inzwischen eine beängstigende *Dimension* angenommen. 失業の問題はこの間に憂慮すべき広がりに達した．

DIN [ディン , ディーン] 女-/ ドイツ工業規格 (**D**eutsches **I**nstitut für **N**ormung 「ドイツ規格協会」の略．日本の JIS にあたる）．

Ding [ディング] 中-[e]s/-e 事物；《複 で》ことがら；《蓄葉》《複 Dinger [ディンガァ]》例のもの（こと）．¶vor allen *Dingen* なかんずく．◆Jedes *Ding* hat zwei Seiten. 何事にも二つの面がある．

Di·plom [ディ・プローム] 中-[e]s/-e 学位[記]；免許状．¶Er macht im März sein *Diplom*. 彼は 3 月に学位を取得する．

Diplomat [ディプロマート] 男-en/-en （女性 **Diplomatin** [ディプロマーティン] 女-/Diplomatinnen [ディプロマーティネン]）外交官．**diplomatisch** [ディプロマーティシュ] 形 外交上の，外交官（外交団）の；外交的な，かけ引き上手の．

dir [ディァ] 代 《人称・再帰. 単数・2 人称 du の 3 格》お前に． （⇒du, sich)

direkt [ディレクト] 形 直接の，直接律して；即時の；まっすぐの，直通の．¶*direkt* nach der Schule 学校が終った直後． / *direkt* neben der Post 郵便局のすぐ隣に．◆Der Zug fährt *direkt* nach Berlin. この列車はベルリン直通だ． / Der Arzt hat ihn *direkt* untersucht. 医師は彼をすぐに診察した．

Di·rektor [ディ・レクトァ] 男-s/-en [ディ・レクトーレン] （女性 **Di·rektorin** [ディ・レクトーリン]女-/Di·rektorinnen [ディ・レクトーリネン]）（組織の）長（社長・校長・院長など）．

Di·rigent [ディ・リゲント] 男-en/-en （女性 **Di·rigentin** [ディ・リゲンティン] 女-/Di·rigentinnen [ディ・リゲンティネン]）《蓄》指揮者．¶Er ge-

hörte zu den berühmtesten *Dirigenten* seiner Zeit. 彼は同時代においてもっとも有名な指揮者の一人であった．**di·rigieren** [ディ・リギーレン] dirigierte, dirigiert 動 《蓄》指揮する．

Diskette [ディスケッテ] 女-/-n 《電算》フロッピーディスク．¶*et⁴* auf [einer] *Diskette* speichern テキスト⁴をフロッピーディスクに記憶させる．**Disketten‐Laufwerk** [ディスケッテン・ラオフヴェルク] 中-[e]s/-e 《電算》フロッピーディスク・ドライブ．

Disko [ディスコ] 女-/-s, **Diskothek** [ディスコ・テーク] 女-/-en ディスコ．¶Also nachher um zehn in der *Disko*! では後で10時にディスコで会おうぜ．

dis·kret [ディス・クレート] 形 慎重な．

dis·kriminieren [ディス・クリミニーレン] diskriminierte, diskriminiert 動 軽んじる，差別する．

Dis·kussion [ディス・クスィオーン] 女-/-en 議論,討論．

dis·kutieren [ディス・クティーレン] diskutierte, diskutiert 動 **1** (事⁴について)議論（討論）する．**2** über *et⁴ diskutieren* 事⁴について議論（討論）する．¶Es wurde bis in die frühen Morgenstunden *diskutiert*. 議論は早暁まで行われた．

dis·qualifizieren [ディス・クヴァリフィツィーレン] disqualifizierte, disqualifiziert 動 （人⁴の)出場資格を剥奪する．

Dis·sertation [ディセルタツィオーン] 女 -/-en 博士論文．

Di·stanz [ディ・スタンツ] 女-/-en 距離,間隔．**di·stanzieren** [ディ・スタンツィーレン] distanzierte, distanziert 動 *sich⁴* von *j³ (et³) distanzieren* 人³・物³に対して距離をおく．

Disziplin [ディスツィプリーン] 女-/-en 分野,部門,種目；《複 なし》規律．¶Seit gut 40 Jahren ist Judo olympische *Disziplin*. 優に 40 年前から柔道はオリンピック種目だ． /

Unser Klassenlehrer achtet sehr auf *Disziplin*. 私たちのクラス担任は規律をきわめて重視する. **diszipliniert** [ディスツィプリニールト] 形 規律のある；しつけのよい.

dividieren [ディヴィディーレン] dividierte, dividiert 動 《数》割る（記号：）. ¶Acht *dividiert* durch zwei ist vier. 8割る2は4. **Division** [ディヴィズィオーン] 女 -/-en 分割；《数》割り算；《軍》師団.

dl [デツィ・リーラァ, デーツィ・リタァ] 《記号》デシリットル（＝**D**eziliter）.

Do. [ドナァスタァク] 《略》木曜日（＝**Don**nerstag）.

doch [ドッホ] 副 だが，しかし；だって…なのだから（から）；《命令・願望の文中で》どうか，ぜひとも．《否定内容の問いを打ち消して》いいえ…ですとも. ¶Das geht unmöglich, ich bin *doch* krank. とてもそうは行かないよ，だってぼくは病気なのだもの. / Ihr zu helfen, dürfte dir *doch* ein Leichtes sein. 彼女に手を貸すくらい君はお茶の子だろうに. / Willst du nicht *doch* etwas essen? せめて何か食べる気はないか. / Kurz vor Spielschluss haben sie *doch* noch ein Tor geschossen. 試合終了の直前に彼らは何とかやっとゴールを決めた. / Du hast wohl kein Interesse für Musik? − *Doch*, sogar großes [Interesse]! 君はたぶん音楽には興味がなかろうね−いいや，それどころかおおいに興味があるよ. (⇒ja, nein)

Docht [ドホト] 男 -[e]s/-e （ろうそくの）灯心.

Doktor [ドクトーァ] 男 -s/-en [ドクトーレン] (女性 **Doktorin** [ドクトーリン, ドクトリン] 女 -/Doktorinnen [ドクトーリネン]) 博士（略：Dr.）；《くだけて》医師.

Dokument [ドクメント] 中 -[e]s/-e ［記録］文書，ドキュメント. **Dokumentation** [ドクメンタツィオーン] 女 -/-en 資料，文献，文書（化）；証明書類. **dokumentieren** [ドクメンティーレン] dokumentierte, doku-

mentiert 動 記録する；文書をもって証明する.

Dollar [ドラル] 男 -[e]s/-s （通貨単位の）ドル（記号：$）. ¶So stark wie früher ist der *Dollar* bei weitem nicht mehr. ドルはとうてい以前ほどの強さはない.

dolmetschen [ドルメチェン] dolmetschte, gedolmetscht 動 通訳する. j⁴ (für j⁴) *dolmetschen* 人⁴の通訳をする. **Dolmetscher** [ドルメチャァ] 男 -s/- (女性 **Dolmetscherin** [ドルメチェリン] 女 -/Dolmetscherinnen [ドルメチェリネン]) 通訳.

Dom [ドーム] 男 -[e]s/-e 大聖堂，[司教座]聖堂；ドーム.

dominieren [ドミニーレン] dominierte, dominiert 動 優勢（支配的）である. ¶In nicht wenigen Ehen *dominiert* heute die Frau. 今日では妻が支配権を持っている夫婦の数は少なくない. / Wir brauchen uns von ihm nicht *dominieren* zu lassen. われわれは何も彼に指図されるいわれはない.

Donner [ドナァ] 男 -s/- 雷，雷鳴[のような音]. **donnern** [ドネルン] 動 **1**《es を主語として》¶Es *donnert*. 雷が鳴る. **2**はげしい音を立てる. ¶Der Wagen *donnerte* über die Brücke. 自動車がガタガタ音を立てて橋を渡って行った.

Donners・tag [ドナァス・タァク] 男 -[e]s/-e 木曜日（略：Do.）. (⇒ Dienstag) **donners・tags** [ドナァス・タァクス] 副 木曜日[毎]に.

Donner・wetter [ドナァ・ヴェタァ] 中 -s/- 大目玉[をくらうこと]；《間として》¶*Donnerwetter* [ドナァヴェッタァ] ! こいつは驚いた. / Zum *Donnerwetter* [nochmal]! ちくしょうめ，いまいましいったら.

doof [ドーフ] 形 《くだけて》愚かな，アホな. ¶sich⁴ *doof* anstellen ばかな振る舞いをする.

Doping [ドーピング] 中 -s/-s ドーピング.

Doppel・bett [ドッペル・ベト] 中 -s

/-en ダブルベッド.

doppelt [ドッペルト] **動** 2 重(2倍)の. ¶Er verdient im Monat *doppelt* soviel, wie ich bekomme. 彼は月に私の倍を稼ぐ.

Doppel·zimmer [ドッペル・ツィマァ] **中**-s/- (ホテルの)ツイン(ダブル)ベッドルーム. (⇒Einbettzimmer, Einzelzimmer)

Dorf [ドルフ] **中**-[e]s/Dörfer [デルファァ] 村.

Dorn [ドルン] **男**-[e]s/-en とげ;いばら. ¶Die Sache war ihm ein *Dorn* im Auge. その事柄が彼にとってはしゃくの種であった.

dort [ドルト] **副** (遠いもの・眼には見えないはるかなものについて)あそこに(で). ¶Die Post ist gleich *dort* drüben. 郵便局はすぐ向こうです. / Ab April studiere ich in Bonn. Kennst du *dort* jemand? 4 月からボン大学へ行く. 君はあそこに誰か知り合いはいないかい. / Das Essen *dort* ist wirklich gut. あそこの食事は本当にうまい. **dort·hin** [ドルト・ヒン, ドルト・ヒン] **副** あそこへ.

Dose [ドーゼ] **女**-/-n (缶詰の)缶, (ふたつきの)容器. ¶Das Verfallsdatum steht oben auf der *Dose*. 賞味期限は缶の上部に書かれている. / Ich habe nur noch eine *Dose* Ölsardinen da. 私はあともうオイルサーディン 1 缶しかない. **Dosen·öffner** [ドーゼン・エフナァ] **男**-s/- 缶きり.

dösen [デーゼン] **動** うつらうつら(ぼんやり)過ごす.

dosieren [ドズィーレン] dosierte, dosiert **動** 調剤する. **Dosis** [ドーズィス] **女**-/Dosen [ドーゼン] (薬の)一回分服用量.

Dozent [ドツェント] **男**-en/-en (女性) **Dozentin** [ドツェンティン] **女**-/Dozentinnen [ドツェンティネン] (大学の)講師.

Dr. [ドクトーァ] 【略】博士(=**D**oktor).

Drache [ドゥラッヘ] **男**-n/-n 竜.

Drachen [ドゥラッヘン] **男**-s/- 凧

(凧). ¶ einen *Drachen* steigen lassen 凧をあげる.

Draht [ドゥラート] **男**-[e]s/Drähte [ドゥレーテ] 針金;電線;電話[線]. ¶ heißer *Draht* ホットライン.

Drama [ドゥラーマ] **中**-s/Dramen [ドゥラーメン] 戯曲. **dramatisch** [ドゥラマーティシュ] **形** 戯曲の,演劇の;ドラマチックな.

dran [ドゥラン] **副** *dran* sein 番が来ている. / gut (schlecht) *dran* sein 調子が良い(悪い). ¶Ich bin *dran*. 今度はぼくの番だ. / Wenn er das nochmal macht, ist er *dran*. 彼がもう一度こんなことをしたらただではすまないぞ.

drang [ドゥラング] dringen の過去形・単数・1,3人称.

Drang [ドゥラング] **男** -[e]s/ 衝動《nach et³ 事³への》;切迫. ¶ im *Drang* der täglichen Arbeit 日々の仕事に追われて. ♦ Glücklicherweise habe ich damals dem inneren *Drang*, nach Amerika auszuwandern, nicht nachgegeben. 幸いなことに当時私はアメリカへ移住したいという内なる衝動に負けなかった.

drängeln [ドゥレンゲルン] **動** 他人をおし分けて進む;(人⁴に)せがむ. ¶ sich⁴ nach vorn *drängeln* 人をおし分けて進む. **drängen** [ドゥレンゲン] **動** おす,おしのける;せきたてる;殺到する;切迫する. ¶auf *et⁴* *drängen* 事⁴を催促する. / [sich⁴] *drängen* むりやりおし進む. ♦ Geschickt *drängte* er sich in den Vordergrund. 彼は巧みに前面に出てきた.

dran|kommen* [ドゥラン・コメン] kam dran, drangekommen **動** (s) 順番が来る;(教室で)指名される. ¶Nach zwei Stunden *kam* ich endlich *dran*. 2 時間たってやっと私の番が来た.

drastisch [ドゥラスティシュ] **形** 強烈(過激)な;徹底的な. ¶Der Minister kündigte mehrere *drastische* Maßnahmen an. 大臣はいくつ

かの思い切った施策を発表した. / Er hat sich wieder einmal *drastisch* ausgedrückt. 彼はまたもや過激な物言いをした.

draußen [ドゥラォセン] 副 外部(戸外・野外・郊外・外国)で. ¶ Hunde müssen *draußen* bleiben. イヌは戸外に置いておかなければならない. / *Draußen* ist es kalt. 戸外は寒い. / Das Hotel liegt weit *draußen* vor der Stadt. そのホテルは町を遠く離れた市外にある.

Dreck [ドゥレック] 男-[e]s/ 汚物, 泥, ごみ; とるに足らないもの(こと). ¶ Das geht ihn einen *Dreck* an. そんなことは彼に何の関係もないぞ.

dreckig [ドゥレッキヒ] -e [ドゥレッキゲ] 形 きたない, 汚れた, 不潔な.

drehen [ドゥレーエン] 動 回転させる; 巻く; (スイッチなどを)ひねる; (映画を)撮影する. ¶ *sich⁴* um *et⁴* drehen 物⁴のまわりを回転する, まわる; 物⁴について堂々めぐりする. ◆ Du musst das Gas kleiner *drehen*. お前は栓をひねってガスの出を小さくしなければいけない. / Dazu muss man diesen Schalter nach rechts *drehen*. そのためにはこのスイッチを右へ回さなければならない.

drei [ドゥライ] 数 《基数詞》3. (⇒ acht) **Drei** [ドゥライ] 女-/-en 3 の数[字]; 〖評〗3(6段階の上から3番目).

Drei·eck [ドゥライ・エク] 中-[e]s/-e 三角形; 三角地帯.

drei·mal [ドゥライ・マール] 副 3 回, 3倍.

drei·ßig [ドゥライ・スィヒ] 数 《基数詞》30. **drei·zehn** [ドゥライ・ツェーン] 数 《基数詞》13.

Dresden [ドゥレースデン] 中-s/ 〖地名〗 ドレスデン(ドイツ連邦共和国ザクセン州 Freistaat Sachsen の州都).

dringen* [ドゥリンゲン] drang, gedrungen 動 (s) 浸入する《in *et³* 物³の中へ》; 到達する, 漏れ出す《aus *et³* 物³から外へ》. ¶ auf *et⁴* dringen 事⁴をしつこくせがむ〔迫る〕.

dringend [ドゥリンゲント] 形 緊急の;

《副として》どうしても, 緊急に. ¶ Die Angelegenheit ist *dringend*. このことは急を要する. / Morgen muss ich *dringend* nach Bonn. 明日私はどうしてもボンに行かねばならない.

drinnen [ドゥリネン] 副 内部(側)に(で), 屋(室)内に(で).

dritt [ドゥリット] 数 《序数詞》第 3 番目の. ¶ zu *dritt* 3 人[連れ]で. (⇒ acht) **drittel** [ドゥリッテル] 数 《分数》3分の1の. **Drittel** [ドゥリッテル] 中-s/- 3分の1. ¶ ein (zwei) *Drittel* 3分の1(3分の2). **drittens** [ドゥリッテンス] 副 3 番目に.

Droge [ドゥローゲ] 女-/-n 麻薬; 薬. ¶ Es heißt, er nimmt weiterhin *Drogen*. 彼は相変わらず麻薬を吸引しつづけているそうだ.

Drogerie [ドゥロゲリー] 女-/-Drogerien [ドゥロゲリーエン] ドラッグストア, 薬店. (⇒Apotheke)

drohen [ドゥローエン] 動 (人³を)おどす《mit *et³* 物³を使って》; (危険などが)迫る. ¶ *drohen*, ... zu + 不定詞 …のおそれがある, …しかかっている. ◆ Der Diktator *drohte* mit dem Einsatz der Atombombe. 独裁者は原子爆弾を使用するといって脅迫した. / Das Hochhaus *drohte* zusammenzustürzen. この高層ビルは今にも崩壊しそうだった.

Drohung [ドゥローウング] 女-/-en おどし. ¶ Das soll keine *Drohung* sein, aber durchaus eine Warnung. 脅そうというのではないが, これは完全に警告ではあるのだ.

Drohne [ドゥローネ] 女-/-e 無人飛行機; 〖昆虫〗オスミツバチ.

drüben [ドゥリューベン] 副 向こう[側]に. ¶ Die Auskunft ist dort *drüben*. インフォメーションはあちらです. **drüber** [ドゥリューバァ] 副 それの上[方]に(で), それを越えそれの上[方]へ; それについて. (⇒darüber)

¹Druck [ドゥルック] 男-[e]s/Drücke [ドゥリュッケ] 押し, 圧迫, 圧力; 〖複なし〗(精神的)プレッシャー. ¶ Die

Mauern hielten dem *Druck* des Tsunami nicht stand. その壁は津波の圧力に耐えきれなかった。/ Vor dem Examen steht er schwer unter *Druck*. 試験の前になると彼はひどくプレッシャーを受ける。

²**Druck** [ドゥルック] **男**-[e]s/-e 印刷;印刷物. ¶ Er sammelt alte *Drucke*. 彼は古版本を集めている。/ Der Aufsatz ist im *Druck*. 論文は印刷中です。

drucken [ドゥルッケン] **動** 印刷(プリント)する《*et*⁴ auf *et*⁴ 模様など⁴を物⁴に》. ¶Und das sollen wir auf die T-Shirts *drucken*? そんなものをTシャツに印刷させようというのかい。

drücken [ドゥリュッケン] **動** 1 押す;圧迫する. ¶ auf den Knopf *drücken* ボタンを押す。◆Die Schuhe *drücken*. 靴がきつい。2 押す;圧 迫 す る. ¶*j³* die Hand *drücken* 人³の手をにぎる(と握手する)。/ den Knopf *drücken*ボタンを押す。/ *sich⁴* vor *et³ drücken* 事³をサボる。◆*Drück* fester, dann kriegst du den Koffer zu. もっと強く押せ、そうすればトランクを閉じることができる。 **drückend** [ドゥリュッケント] 1**形** 圧迫する;重苦しい. ¶ Es herrschte [eine] *drückende* Hitze. うだるような暑さであった。2 drücken の現在分詞.

Drucker [ドゥルッカァ] **男**-s/- 印刷工;【電算】プリンター.

Druckerei [ドゥルッケライ] **女** -/-en [ドゥルッケライエン] 印刷所.

Druck·knopf [ドゥルック・クノプフ] **男**-[e]s/Druck·knöpfe [ドゥルック・クネプフェ] (衣服などの)スナップ.

drunter [ドゥルンタァ] **副** Es geht [alles] *drunter* und drüber. なにもかも大混乱である,上を下への大騒ぎである。(⇒darunter)

du [ドゥー] **代**《人称. 単数・2人称 d-u の1格. 親子・夫婦・兄弟・同僚・同級生の間,子供・神に対して使う》君,おまえ。¶*j⁴* mit *Du* anreden 人⁴と du を使って話す。(⇒ich, Sie)

Duft [ドゥフト] **男**-[e]s/Düfte [デュフテ] 香り. **duften** [ドゥフテン] **動** よい香りがする。¶nach *et³ duften* 物³のよい香りがする。(⇒Geruch)

dulden [ドゥルデン] **動** がまんする,耐える;許容する;(人⁴・物⁴の)存在を大目に見る. ¶ Diese Schlamperei kann ich unmöglich *dulden*. こんなだらしのないやり方はどうしても許せない。 **Duldung** [ドゥルドゥング] **女**-/-en がまん;許容.¶unter stillschweigender *Duldung* 暗黙の了解(黙認)のもとで.

dumm [ドゥム] **形** 愚かな,愚かしい,ばかげた;腹立たしい. ¶Er ist gar nicht so *dumm*, wie er aussieht. 彼は外見ほど馬鹿じゃない。/ Wir sollten diese *dumme* Sache unauffällig aus der Welt schaffen. このばかげた件はひそかに片づけねばなるまい。/ Das war *dumm* von dir, ihr das zu verraten. あのことを彼女に暴露するなんて君もつまらぬことをしたものだ。

Dumm·heit [ドゥム・ハイト] **女** -/ -en《**複**なし》愚かさ;愚かな振舞い.

dumpf [ドゥンプフ] **形** (音が)にぶい;(匂いが)かび臭い;(記憶などが)おぼろげな.

Düne [デューネ] **女**-/-n 砂丘.

düngen [デュンゲン] **動** (植物⁴に)肥料をやる. **Dünger** [デュンガァ] **男**-s/- 肥料.

dunkel [ドゥンケル] **形** 暗い;黒っぽい,(髪・眼が)ブリュネットの;(声が)太く低い;いかがわしい. ¶ Bleibt nicht zu lange weg, es wird früh *dunkel*. あまり長く出かけっぱなしじゃダメだよ,暗くなるのが早いんだから。/ Zu der Feier musst du den *dunklen* Anzug anziehen. 式のときはダークスーツを着なくてはいけないよ。 **Dunkel·heit** [ドゥンケル・ハイト] **女**-/ 暗やみ.

dünn [デュン] **形** 薄い,(身体が)細い;まばらな;(スープなどが)水っぽい. (⇒dick)

Dunst [ドゥンスト] **男**-[e]s/Dünste [デュンステ] もや,かすみ;煙霧,煙;ベー

125

ル.

dünsten [デュンステン] **動** 蒸(む)す.

Dur [ドゥーア] **中**-/ 〖**樂**〗長調. D-Dur ニ長調.

durch [ドゥルヒ] **1前** 《4格支配. durch das は融合して durchs となる》¶【通過】…を通って, 通りぬけて. durch die Tür (die Wand) ドアを通って(壁越しに). 【手段・出来事・動作主】…のおかげで. durch ein Erdbeben(Spezialisten) 地震のおかげで(専門家の手で). /8 [geteilt] durch 2 ist 4. 8 割る 2 は4. 【時間】…の間ずっと. durch das ganze Jahr 一年を通じて. **2副** 通り過ぎて(抜けて);過ぎ去って. ¶ durch und durch すっかり. / durch sein 通り過ぎてしまった;充分火が通っている. ♦ Lassen Sie mich mal [bitte] durch! 私をちょっと通してください.

¹durch- [ドゥルヒ] 《常にアクセントをもち分離動詞をつくる前づづり》【通過】durch|fahren 通り抜ける. 【切断】durch|schneiden 断ち切る. 【強め】durch|atmen 深呼吸する. 【やりとげる】durch|lesen 読み通す.

²durch- [ドゥルヒ] 《アクセントをもたず非分離動詞をつくる前づづり》【通過】durchfahren (物⁴を)通過する. 【分断】durchschneiden 断ち切る. 【完遂】durchsuchen 徹底的に調べる.

durch|atmen [ドゥルヒ・アートゥメン] **動** 深呼吸する.

durch・aus [ドゥルヒ・アォス, ドゥルヒ・アォス] **副** まったく, すっかり;《否定の語句と》まったく…ない. ¶Das ist durchaus denkbar. そんなことは充分考えられることだ. / Wir sind durchaus mit seinen Leistungen zufrieden. 彼の成績には全く満足している. / Hast du etwas gegen ihn? — Nein, durchaus nicht. 君は何か彼に恨みがあるのか—いいえ, ぜんぜん.

¹durch|brechen* [ドゥルヒ・プレヒェン] du brichst durch, er bricht durch; brach durch, durchgebrochen **動 1** 二つに折る(割る). **2** (s) 二つに折れ(割れ)る.

²durch・brechen* [ドゥルヒ・プレヒェン] du durchbrichst, er durchbricht; durchbrach, durchbrochen **動** 突破する;(法律・規則を)破る, (物⁴の)壁を破る.

durch・einander [ドゥルヒ・アイナンダァ] **副** [相互に・前後]入り乱れて, ごちゃごちゃで. ¶ Alle redeten durcheinander. 皆が入り乱れてしゃべった. **Durch・einander** [ドゥルヒアイナンダァ] **中**-s/ 無秩序[な状態].

¹durch|fahren* [ドゥルヒ・ファーレン] du fährst durch, er fährt durch; fuhr durch, durchgefahren **動** (s) (乗り物で)通り抜ける(過ぎる). ¶Fahren wir durch den nächsten Ort durch? 次の村は通り抜けましょうか. **²durch・fahren*** [ドゥルヒ・ファーレン] du durchfährst, er durchfährt; durchfuhr, durchfahren **動** (物⁴を)通過する, 端から端まで走る. ¶Unser Zug durchfuhr einen Tunnel nach dem anderen. われわれの乗った列車は次から次へとトンネルを通り抜けた. **Durch・fahrt** [ドゥルヒ・ファールト] **女**-/-en 通り抜け道;出入り口. ¶Durchfahrt bitte frei lassen! 出入り口につき駐車禁止.

Durch・fall [ドゥルヒ・ファル] **男**-[e]s /Durch-fälle [ドゥルヒ・フェレ] 下痢;落第, 落選. ¶ Sie hat starken Durchfall. 彼女はひどい下痢をしている.

durch|fallen* [ドゥルヒ・ファレン] du fällst durch, er fällt durch; fiel durch, durchgefallen **動** (s) 落第(落選)する. ¶durch et⁴ durchfallen 物⁴の間をすり抜けて落ちる. ♦ Er ist bei der Prüfung durchgefallen. 彼は試験に落ちた.

durch|führen [ドゥルヒ・フューレン] **動** 実行(実現・実施)する, 遂行する.

Durch・gang [ドゥルヒ・ガング] **男**

-[e]s/Durch·gänge ［ドゥルヒ・ゲンゲ］通路;《複なし》通過,通り抜け.¶ Kein Durchgang zum Restaurant! レストランへの通路ではありません.

durch|gehen* ［ドゥルヒ・ゲーエン］ ging durch, durchgegangen 動 **1** 詳細に調べる.¶Am besten gehen wir den Entwurf einmal zusammen durch! 一番良いのは原案を一度いっしょに吟味することだ.**2**(s)通過する,通り抜ける.¶j³ et⁴ durchgehen lassen 人³の物⁴を見逃してやる.**durch·gehend** ［ドゥルヒ・ゲーエント］ **1** 形 一貫した,切れ目のない.¶ein durchgehender Zug 直通列車.◆Durchgehend geöffnet! ［当店は］休みなしで開いています!**2** durchgehen の現在分詞.

durch|halten* ［ドゥルヒ・ハルテン］ du hältst ［ヘルツト］ durch, er hält durch; hielt durch, durchgehalten 動 最後まで耐え抜く(もちこたえる).

durch|lassen* ［ドゥルヒ・ラセン］ du/er lässt durch; ließ durch, durchgelassen 動 通過させる;通す.¶Könnten Sie mich mal bitte durchlassen? 通してくださいませんか.**durch·lässig** ［ドゥルヒ・レスィヒ］ -e ［ドゥルヒ・レスィゲ］ 形(光・液体・気体を)とおす,透過性の.

durch|lesen* ［ドゥルヒ・レーゼン］ du/er liest durch; las durch, durchgelesen 動 読み通す.¶Ich muss das Ganze noch mal in Ruhe durchlesen. 私は全部をもう一度ゆっくりと読み通して見なければならない.

durch|machen ［ドゥルヒ・マヘン］ 動 **1** 耐え抜く.¶Im Krieg hat seine Familie viel durchgemacht. 戦争中彼の家族はいろいろひどい目にあった.**2** 夜通し働く(楽しくやる).

Durch·messer ［ドゥルヒ・メサァ］ 男-s/- 直径(記号: d および φ).

durch·queren ［ドゥルヒ・クヴェーレン］ 動 横切る,横断する.¶Diese Wüste hat er als Erster durchquert. 彼がその砂漠を最初に横断した.

Durch·reise ［ドゥルヒ・ライゼ］ 女-/-n 旅の途中.¶auf der Durchreise 旅の途中で.

durchs ［ドゥルヒス］ =durch das.

Durch·sage ［ドゥルヒ・ザーゲ］ 女-/-n (ラジオ, TV, スピーカーなどによる)アナウンス.¶Die Durchsage war kaum zu verstehen. アナウンスはほとんど聞きとれなかった.

durch|schneiden* ［ドゥルヒ・シュナィデン］ schnitt durch, durchgeschnitten 動 断ち切る,切断する.

Durch·schnitt ［ドゥルヒ・シュニト］ 男-[e]s/ 平均[値];切断;垂直断面図.¶im Durchschnitt 平均して,概して.◆Mit seinem Einkommen liegt er ordentlich über dem Durchschnitt. 収入の点で彼は平均を大幅に越えている.

durchschnitt·lich ［ドゥルヒシュニト・リヒ］ 平均(標準)的な,ごく普通の.¶Die durchschnittliche Lebenserwartung der Japanerinnen ist die höchste der Welt. 日本女性の平均余命は世界最高だ. / Die Theateraufführrng war eher durchschnittlich. 芝居はどちらかと言えばまあまあのできだった.

durch|sehen* ［ドゥルヒ・ゼーエン］ du siehst durch, er sieht durch; sah durch, durchgesehen 動 **1** 透(す)して見る. ¶ durch das Fernrohr durchsehen 望遠鏡で見る.**2** 綿密に調べる.¶die Aufsätze der Schüler auf Fehler durchsehen 誤りがないかと生徒の作文を徹底的に点検する.◆Hast du die Post schon durchgesehen? もう郵便に眼を通しましたか.

durch|setzen ［ドゥルヒ・ゼツェン］ 動 やり遂げる.¶sich⁴ durchsetzen 自分の思い通りにする(考えを通す);(新しい考え・製品が)普及する.◆Gegen seine Frau kann er sich kaum durchsetzen. 彼は細君に対して自分の考えを通すことがほとんど

127

D

できない.

durch·sichtig [ドゥルヒ・ズィヒティヒ] -e[ドゥルヒ・ズィヒティゲ] 形 透明な；見えすいた.

durch｜streichen* [ドゥルヒ・シュトライヒェン] strich durch, durchgestrichen 動 (書いたものに線をひいて)抹消する.

durch·suchen [ドゥルヒ・ズーヘン] 動 徹底的に調べる《nach et³ 物³ を探して》. ¶Nervös durchsuchte er seine Taschen nach Kleingeld. 彼はいらいらしながら小銭を求めてポケットの中をまさぐった.

Durch·wahl [ドゥルヒ・ヴァール] 女-/-en ダイヤル直通電話[番号]. ¶die Nebenstelle mit Durchwahl ダイヤル直通内線電話. ◆Soll ich Ihnen auch meine Durchwahl geben? 私の内線番号もお教えしましょうか.

dürfen* [デュルフェン] ich/er darf, du darfst, wir/sie dürfen, ihr dürft; durfte, gedurft(dürfen) 動¶《話法の助動詞. 他の動詞の不定詞を伴う場合過去分詞は dürfen, 単独で用いられれば gedurft》【許可】…してよい. Darf ich hier rauchen? — Nein, hier dürfen Sie nicht [rauchen]. ここでタバコを吸ってもよろしいですか—いいえ, ここで吸ってはいけません. / Darfst du das? 君はそんなことをしてもいいのかい.《nur とともに用いられて》…しさえすればよい. Sie dürfen nur den Knopf drücken, dann funktioniert alles. ボタンを押しさえすれば機械が全て作動する.《否定文で》【不許可】してはいけない. Du darfst nicht schwänzen. さぼってはいけない. / Das darf doch nicht wahr sein. そんなことがまさか本当であるはずがない.《接続法 II で》【推測】…かもしれない. Jetzt dürfte er wohl in Berlin [angekommen] sein. 今頃彼はベルリンに到着しているのではあるまいか.

dürftig [デュルフティヒ] -e [デュルフティゲ] 形 とぼしい；みすぼらしい.

dürr [デュル] 形 乾燥した；(土地が)不毛の；やせた. **Dürre** [デュレ] 女-/ 乾燥；土地の不毛；やせ[ていること]. ¶Wegen der langen Dürre hatten wir eine miserable Ernte. 長期にわたる干ばつのおかげでわれわれの収穫はみじめなものだった.

Durst [ドゥルスト] 男-[e]s/ のどの渇き, 酒が飲みたい気持ち；渇望《nach et³ 事³ への》. ¶Durst nach Ruhm 名誉欲. ◆Ich habe Durst. 私はのどが渇いた(酒が飲みたい). / Ich hatte allmählich wahnsinnigen Durst auf Bier. 私はだんだんビールがすごく飲みたくなってきた. **durstig** [ドゥルスティヒ] -e [ドゥルスティゲ] 形 のどが渇いた.

Dusch·bad [ドゥシュ・バート, ドゥーシュ・バート] 中-[e]s/Dusch·bäder [ドゥシュ・ベーダァ, ドゥーシュ・ベーダァ] シャワールーム；シャワー；シャワー浴用液体石鹸. **Dusche** [ドゥシェ, ドゥーシェ] 女-/-n シャワー. ¶eine Dusche nehmen (sich⁴ unter die Dusche stellen/unter die Dusche gehen) シャワーを浴(あ)びる. **duschen** [ドゥシェン, ドゥーシェン] 動 シャワーを浴びる. ¶Gestern hatte ich noch nicht mal Zeit zum Duschen. きのうはシャワーを浴びる暇さえなかった.

Düssel·dorf [デュッセル・ドルフ] 中-[e]s/ 《地名》デュッセルドルフ(ドイツ連邦共和国ノルトライン・ヴェストファーレン Nordrhein-Westfalen 州の州都).

düster [デュースタァ] 形 [うす]暗い, 陰鬱(2)な, うっとうしい.

Dutyfree·shop, Duty-Free-Shop [デューティー・フリー・ショップ] 男-s/-s 免税店.

Dutzend [ドゥツェント] 中-s/-e ダース. ¶drei Dutzend Eier たまご3ダース. / Dutzende (または dutzende) [von] Menschen(Unfällen) 大勢の人々(たくさんの事故).

duzen [ドゥーツェン] 動 (人⁴と) du で話す. ¶Wir duzen uns schon seit 10 Jahren われわれはもう10

年来 du で呼び合っている.(⇒du)

かつては兄弟姉妹,縁者同士,恋人や神さまに対してしか du を使わなかったが,今日では簡単に duzen し合うようになっている.これは旧東独では一般的な傾向であったし,また1970年頃の反ベトナム戦争運動や,大学紛争などを通じて一種の連帯感から広く─特に若者の間で─西独でも急速にひろまった.

DVD [デーファォデー] 囡-/-s 〖電算〗ディー・ヴイ・ディー. **DVD-Laufwerk** [デーファォデー・ラォフヴェルク] 中-s/-e ディー・ヴイ・ディー・ドライブ.

Dy [デュプスィロン] 中〖元素記号〗ジスプロシウム.

dynamisch [デュナーミシュ] 厖 力学[上]の;ダイナミックな. ¶Er ist sehr *dynamisch*, aber auch ziemlich oberflächlich. 彼は非常に活動的だが,かなりいい加減でもある.

Dynamo [デュナーモ] 男-s/-s ダイナモ,発電機.

D-Zug [デー・ツーク] 男-[e]s/D-Zü-ge [デー・ツューゲ] 普通急行列車. ¶Kennen gelernt haben wir uns im *D-Zug* auf dem Gang. われわれが互いに知り合ったのは急行列車の廊下でであった.

D-Zug とは Durchgangs*zug*(通廊つき列車)の略.昔の客車は向かい合い2列の座席が一つの客室の単位となっていた.客室の10室程度が一つの車両に備わって,しかも各客室にそれぞれ昇降用のドアがついており,客車全体を通す廊下はなかった.だから駅に着くたびに全客室のドアを開く必要があった.やがてコンパートメント・タイプの客車が出現,これには列車全体に通じる廊下(通廊)が備わっていた(従って出入り口は各車両の前後に一箇所ずつとなった).この客車は当初急行列車にのみ用いられたため,「通廊つき列車」が急行列車をさすようになったのである.今日では der Großraumwagen(大部屋式客車─日本の客車と同じ)をもったものが増えている.

ちょっと文法

この 数 字 に 意 味 が あ る

◆辞書に書いてある数字◆
辞書で動詞を引くと,日本語訳のところに数字が書いてあるよね.例えば lieben なら,「人⁴・物⁴を愛する」「人⁴を愛する」というように.この数字はとても大事なので見逃さないこと.「目的語に4格の名詞・代名詞をとる」という意味だ.これによって Sie liebt **den Mann**.「彼女はその男性を愛している」と書くことができる.え? den Mann がそもそも「その男性〈を〉」を意味するのではないかって? 基本的にはそのとおりだけど,ドイツ語と日本語は仲良くいっしょに文法を作ったわけじゃないから,全ての動詞が対応するとは限らない.helfen みたいに「人³を手伝う」「~³を手伝う」など,不一致例がけっこうある(Ich helfe **ihn**. は間違い! Ich helfe **ihm**. が正解.たとえ意味が「~を」でも3格を取りなさいと指示してあるからね).日本語の意味と一致するかどうか確かめるためにも,辞書の数字を必ずチェックしよう.

家は1軒？　それとも

◆複数形◆
日本人は名詞の単数・複数をほとんど気にしないので，「あそこに家
があります」という．ドイツ人ならきっとこう聞き返すだろう，「そ
の家は1軒？　それとも複数あるの？」と．なぜならそれがわからな
ければ，文が書けないからだ．「家1軒」は Haus［ハォス］だし，複
数なら Häuser［ホィザァ］．発音を聞いただけでは，とても同じもの
を指す単語とは思えないよね．英語みたいに単数語尾にsやes をつ
けるだけなら簡単なのに，ドイツ語はいろんなものが語尾にくっつき，
さらに母音がウムラウトをおこすこともある．複数形から単数形を
導き出すには，とにかく後ろから引き算すること．Häuser-r＝Häuse.
Häuse-e＝Häus. Häus-e＝Haus. ね，見つかったでしょ．

E

E, e [エー] **1** 中-/- ドイツ語アルファベットの第5字;〖楽〗ホ音. **2**〖楽語〗(E は)ホ長調, (e は)ホ短調.

Ebbe [エッベ] 女-/-n 引き潮. ¶*Ebbe* und Flut 干潮満潮. ◆ Bei uns ist (herrscht) *Ebbe* in der Kasse. うちの財政は火の車だ.

eben [エーベン] **1** 形 平らな,平坦な; 一様な. **2** 副 たった今…したばかりで;まさしく;なんと言っても…だ[から仕方ない]《命令・要求の文で》さっさと;《否定文で》必ずしも…ではない. ¶*eben* ..., als ちょうど…していたとき. / *eben* erst ... たった今…したところだ. ◆ *Eben* fuhr die Feuerwehr vorbei, ob es in der Fabrik schon wieder brennt? たった今消防車が走っていった,またあの工場でも火事かしら. / Er hätte *eben* keine Aktien kaufen sollen. 彼は株を買うべきではなかったのに. / Die Schmerzen muss man *eben* aushalten. この痛みは堪えるしか仕方がない. / [Das ist es ja] *eben*! まさにそうなんですよ,まさにそこが問題だ. / Ich arbeitete *eben* im Garten, als er anrief. ちょうど庭で仕事をしていたとき,彼から電話があった. / Das nun *eben* nicht. そういうわけでもないのだ.

Ebene [エーベネ] 女-/-n 平地;水準;レベル. ¶ Gespräche auf höchster *Ebene* トップ会談.

eben・falls [エーベン・ファルス] 副 同じように. ¶Vertreter der VN nahmen *ebenfalls* an der Konferenz teil. 国連の代表たちも会議に参加した. / Danke, *ebenfalls*! ありがとう,こちらこそ.

eben・so [エーベン・ゾー] 副 *ebenso* ... wie (wie 以下と)同じくらい…で. / *ebenso* gut 同じくらい. ¶ Das war *ebenso* dumm wie unhöflich von ihm. それは彼が愚かでもあったし無礼でもあった. / Sie ist

ebenso fleißig wie ihre Schwester. 彼女は姉と同じくらい勤勉だ.

EC [エーツェー] 男-/-s ヨーロッパ超特急(=**E**urocity・**Z**ug).

Echo [エヒョ] 中-s/-s こだま,やまびこ;反響.

echt [エヒト] 形 本物の;本当の;〖くだけて〗すごく. ¶Das war *echt* nett von ihm. それは本当に彼の親切のおかげだった.

Ecke [エッケ] 女-/-n 角(かど);角(かど)の頂点;コーナー. ¶ dort an der *Ecke* あの[街]角で. **eckig** [エッキヒ] -e [エッキゲ] 形 角型の;ぎくしゃくした.

edel [エーデル] edle [エードゥレ] 形 高級な;けだかい. **Edel・stein** [エーデル・シュタイン] 男-[e]s/-e 宝石.

¹Editor [エーディトーァ, エディトーァ] 男-s/Editoren [エディトーレン] (女性 **Editorin** [エディトーリン] 女-/Editorinnen [エディトーリネン])出版(編集)者.

²Editor [エディタァ] 男-s/-s 〖電算〗エディタ,編集者.

EDV [エーデーファオ] 女-/〖電算〗EDP (電子的手段によるデータ処理) (= **E**lektronische **D**atenverarbeitung).

Effekt [エフェクト] 男-[e]s/-e 効果,効力;効率. **effektiv** [エフェクティーフ] -e [エフェクティーヴェ] 形 効率のよい;有効な.

egal [エガール] 形 どちら(どう)でもよい. ¶Willst du Pizza oder Spaghetti? – Das ist mir ziemlich *egal*. 君はピザがいいか,スパゲティかーくはまあどっちでもいいよ.

Egois・mus [エゴイス・ムス] 男-/ エゴイズム. **Egoist** [エゴイスト] 男-en/-en (女性 **Egoistin** [エゴイスティン] 女-/Egoistinnen [エゴイスティネン])エゴイスト. **egoistisch** [エゴイスティシュ] 形 自分本位の.

ehe [エーエ] 接 《従属》…する前に,

131

…ないうちに；《否定文で》…ない限り
は。¶Wir müssen etwas dagegen tun, *ehe* es zu spät ist. 手遅れにならないうちに何か手を打たねば。/*Ehe* er kein Geld sieht, fängt er nicht an. 彼は金を見ないうちは何事も始めない。

Ehe [エーエ] 囡-/-n 結婚，婚姻[関係]。¶die *Ehe* schließen 結婚する。◆Die beiden führen eine vorbildliche *Ehe.* 二人は模範的な夫婦生活を送っている。

Ehe・frau [エーエ・フラォ] 囡-/-en 妻，人妻。(⇒Ehemann) **ehe・lich** [エーエ・リヒ] 厖 夫婦の；婚姻上の（嫡出）。

ehe・malig [エーエ・マーリヒ] -e [エーエ・マーリゲ] 厖 以前の。¶Zum Treffen der *Ehemaligen* laden wir hiermit herzlich ein. 同窓生のお集まりに本状をもって心よりお誘い申し上げます。**ehe・mals** [エーエ・マールス] 剾 以前に。

Ehe・mann [エーエ・マン] 男 -[e]s/ Ehe・männer [エーエ・メナァ] 夫。(⇒Ehefrau) **Ehe・paar** [エーエ・パール] 匣-[e]s/-e 夫婦。

eher [エーァ] 剾 《bald の比較級》より以前に；よりむしろ；どちらかと言うと。¶Kannst du morgen etwas *eher* kommen? あしたは少し早めに来てくれないか。/Er ist *eher* zurückhaltend. 彼はどちらかと言えば控えめだ。/*Eher* wandere ich aus, als das (so was) mitzumachen. それなら私を貸すくらいならむしろどこかへ行ってしまうよ。**ehest** [エーエスト] 《bald の最高級》真っ先に；一番ありそうで。

Ehre [エーレ] 囡-/-n 名誉。¶Es ist mir eine große *Ehre,* Sie hier begrüßen zu dürfen. ここでご挨拶できますことは私にとり大きな名誉でございます。/Sie macht ihrem Lehrer *Ehre.* 彼女は恩師にとって誇りである。/Der Präsident gibt zu *Ehren* des Preisträgers einen Empfang. 大統領は受賞者をたたえてレセプションを催す。

ehren [エーレン] 勔 尊敬する，うやまう；表彰する；(人の)名誉になる。

ehrenamt・lich [エーレンアムト・リヒ] 厖 名誉職[として]の。

Ehr・geiz [エーァ・ガィツ] 男 -es/ 名誉欲，野心。**ehr・geizig** [エーァ・ガィツィヒ] -e [エーァ・ガィツィゲ] 厖 野心的な；名誉欲の強い。

ehr・lich [エーァ・リヒ] 厖 正直(誠実)な。¶*Ehrlich* gesagt, ... 実を言うと…。/Aber *ehrlich!* 本当なんです。

Ei [アィ] 匣-[e]s/Eier [アィァ] タマゴ，鶏卵；卵子。¶gekochte *Eier* ゆでたまご。◆Sie gleichen sich wie ein *Ei* dem andern. 二人は瓜二つだ。(⇒Rührei)

関-連-語 **Ei** ―卵料理の名前―

das gekochte Ei　ゆで卵。
das Rührei　スクランブルエッグ。
das Spiegelei　目玉焼き。
das Omelett　オムレツ。

Eiche [アィヒェ] 囡-/-n 《植》オーク（ブナ科コナラ属の木の総称。カシ，ナラなど）。

Eichel [アィヒェル] 囡-/-n オークの実（ドングリなど）。

Eich・hörnchen [アィヒ・ヘルンヒェン] 匣-s/ 《動》[ヨーロッパ]リス。

Eid [アィト] 男-[e]s/-e 誓い，宣誓。¶einen *Eid* auf et⁴ schwören 物⁴にかけて誓う。**eidesstatt・lich** [アィデスシュタト・リヒ] 厖 宣誓に代えての。

Eifer [アィファ] 男-s/ 熱心，熱中。

Eifer・sucht [アィファ・ズフト] 囡-/ ねたみ，やきもち《auf j⁴ 人⁴への》。¶Die *Eifersucht* auf ihre Rivalin machte sie richtig krank. ライバルへの嫉妬心が彼女を本当に病気にしてしまった。**eifer・süchtig** [アィファ・ズュヒティヒ] -e [アィファ・ズュヒティゲ] 厖 ねたみ(嫉妬)深い《auf j⁴ 人⁴に対して》。¶Seine Freundin ist wahnsinnig *eifersüchtig.* 彼の女友達は恐ろしく嫉妬深い。

Ei·gelb [アィ・ゲルプ] 中-s/-e 卵黄，黄身．

eigen [アィゲン] 形 自分自身の，特有（固有）の；《付加語的用法で》変わった．¶ein *eigenes* Haus 自分の家 ◆In solchen Dingen ist er sehr *eigen*. そういう問題については彼はひどく強情だ．

eigen·artig [アィゲン・アールティヒ] -e [アィゲン・アールティゲ] 形 奇妙な．¶*Eigenartig*, mir hat er was ganz anderes gesagt. 変だなあ，彼はぼくにぜんぜん違うことを言っていたよ．/Er ist ein *eigenartiger* Charakter. 彼は変わった性格の人間だ．

eigen·händig [アィゲン・ヘンディヒ] -e [アィゲン・ヘンディゲ] 形 自筆の，自筆による．

eigen·mächtig [アィゲン・メヒティヒ] -e [アィゲン・メヒティゲ] 形 独断の，自分勝手の．

Eigen·name [アィゲン・ナーメ] 男 2格-ns, 3・4格-n/-n 固有名詞．

Eigen·schaft [アィゲン・シャフト] 女-/-en 固有の性質，特質,特性．

eigen·ständig [アィゲン・シュテンディヒ] -e [アィゲン・シュテンディゲ] 形 独立（独自）の．

eigent·lich [アィゲント・リヒ] 1 副 本来は；実は；《疑問文で》一体全体．¶*Eigentlich* wollte sie schon gestern kommen. 彼女はそもそものう来ようと思っていたのだ．/Was hast du dir dabei *eigentlich* gedacht? それを聞いて君は一体全体どう思ったのか．2 形 本当の；本来の．

Eigen·tum [アィゲン・トゥーム] 中-s/ 所有物,資産；所有権．¶Geistiges *Eigentum* sollte besser geschützt werden. 知的財産権はもっとしっかり保護されるべきだ．**Eigen·tümer** [アィゲン・テューマァ] 男-s/ (女性) **Eigen·tümerin** [アィゲン・テューメリン] 女-/Eigen·tümerinnen [アィゲン・テューメリネン]）所有[権]者．

Eile [アィレ] 女-/ 急ぎ．¶in aller (großer) *Eile* 大急ぎで．◆Sind Sie in *Eile*? お急ぎですか．/Damit hat es keine besondere *Eile*. それは格別急ぎではない．**eilen** [アィレン] 動 (s) 急いで行く（来る）；(h) 急ぎである．¶Der Brief *eilt*. この手紙は急ぎだ．**eilig** [アィリヒ] 1 形 -e [アィリゲ] 急ぎの．¶es *eilig* haben 急いでいる．2 副 急いで．

Eimer [アィマァ] 男-s/- バケツ．

ein [アィン] 1 冠 《不定冠詞．単数形のみ．未知・初出の概念を表す名詞，ある概念全体を表す名詞につける》（⇒ dein, kein)

	男性	女性	中性	複数
1格	ein	eine	ein	―
2格	eines	einer	eines	―
3格	einem	einer	einem	―
4格	einen	eine	ein	―

¶Was ist das? – Das ist *ein* Füller. これは何ですか？ – 万年筆です．/Der Wal ist *ein* Säugetier. クジラは哺乳類です．2 数 《基数詞．付加語的用法では上の 1 と同じ変化》一人（一つ）の．(⇒ 3, eins) Hast du Geschwister? – Ja, [ich habe] *einen* Bruder und *eine* Schwester. 君には兄弟姉妹はあるか？ – ええ，兄(弟)が一人,姉(妹)が一人おります．3 代 《不定》一人のひと，一つのもの；誰かあるひと，何かあるもの．

	男性	女性
1格	einer	eine
2格	eines	einer
3格	einem	einer
4格	einen	eine

	中性	複数
1格	eines, eins	welche
2格	eines	welcher
3格	einem	welchen
4格	eines, eins	welche

¶*einer* meiner Freunde 私の友人たちの一人．/*eine* meiner Töchter 私の娘たちの一人．/*eines* (*eins*) der Bücher 本の1冊．◆Hast du Zigaretten? – Ja, [ich habe] nur noch *eine* (Ja, willst du *welche*?). タバコを持っているかい？ – ああ，まだ1本だけ持っている

（うん，何本かあげようか）．（⇒man）

ein- [アイン]《常にアクセントをもち分離動詞をつくる前つづり》【外から中へ】*ein*steigen 乗り込む，*ein*geben インプットする；【囲い込み】*ein*packen 包装する，包み込む；【開始】*ein*schlafen 眠り込む；【破壊】*ein*schlagen 打ちこわす．

ein·ander [アイナンダァ] 代《相互．1格以下のすべての格・性・数に用いられる》お互いを(に)．¶*einander*³ helfen 互いに助け合う．/ *einander*⁴ kennen lernen 互いに知り合う．

> 再帰代名詞(⇒sich) や相互代名詞が前置詞に伴われると，前置詞＋einander という形をとるのが普通である．an ＋ einander ＞ aneinander (互いに向き合って)；mit ＋ einander ＞ miteinander (相ともに，一緒に)．

ein|arbeiten [アイン・アルバイテン] 動 教えこむ，習熟させる《*j*⁴ in et⁴ 人⁴に物⁴を》．/ *et*⁴ in et⁴ einarbeiten 物⁴を物⁴に加える(組み入れる)．/ *sich*⁴ in et⁴ einarbeiten 事⁴に習熟する．¶Er hat sich überraschend schnell in die schwierige Materie *eingearbeitet*. 彼は驚くほど早く難しい問題に精通した．

ein|atmen [アイン・アートメン] 動 息を(息といっしょに)吸いこむ．

Einbahn·straße [アインバーン・シュトゥラーセ] 囡-/-n 一方通行路．

Ein·band [アイン・バント] 男 -[e]s/Ein·bände [アイン・ベンデ] 表紙；ハードカバー．

ein|bauen [アイン・バオエン] 動 取り(つくり)つける《in et⁴ 物⁴に》．ein neues Schloss in die Tür *einbauen* 扉に新しい錠前をつくりつける．

ein|berufen* [アイン・ベルーフェン] berief ein, einberufen 動 召集(招集)する．

Einbett·zimmer [アインベット・ツィマァ] 中 -s/ シングルベット・ルーム．(⇒ Einzelzimmer, Doppelzimmer)

ein|beziehen* [アイン・ベツィーエン] bezog ein, einbezogen 動 含める．¶*j*⁴ in das Gespräch [mit] *einbeziehen* 人⁴も会話の仲間に入れる．

ein|bilden [アイン・ビルデン] 動 *sich*³ et⁴ einbilden 誤解(妄想)から事⁴と信じこむ．/ *sich*³ viel auf et⁴ einbilden 事⁴を自慢している(うぬぼれている)．¶Er *bildet* sich seine Krankheit nur *ein*. 彼は自分が病気だと思い込んでいるだけだ．/ Er *bildet* sich *ein*, er sei intelligenter als seine Kollegen. 彼は自分が同僚たちより頭が良いと妄想している．**Ein·bildung** [アイン・ビルドゥング] 囡-/-en 空想，妄想；《複なし》自慢，うぬぼれ．

ein|blenden [アイン・ブレンデン] 動 〖TV・ラジオ〗挿入(インサート)する《in et⁴/³ 番組 ⁴/³ に》．¶*sich*⁴ in et⁴ einblenden 番組⁴に切り替える．♦ Wir *blenden* uns bald in die Nachrichten *ein*. 間もなくニュース番組に切り替えます．

Ein·blick [アイン・ブリク] 男 -[e]s/一瞥(いちべつ)；閲覧．¶Von hier hat man *Einblick* in den Garten. ここからは庭園を一目に見ることができる．/ Mir wurde *Einblick* in die Akten gewährt. 私は文書の閲覧を許された．

ein|brechen* [アイン・ブレヒェン] *du* brichst ein, *er* bricht ein; brach ein, eingebrochen 動 (s) むりやり(力ずくで)押し入る，侵入する《in et⁴ 家など⁴に》；(h) 押しこみ強盗に入る《bei j³/in et³ 人³のところに / 家³に》．¶Bei uns (In der Sparkasse) ist gestern *eingebrochen* worden. きのううち(貯蓄銀行)に押しこみ強盗が入った．**Ein·brecher** [アイン・ブレヒャァ] 男-s/ (女性) **Ein·brecherin** [アイン・ブレヒェリン] 囡-/Ein·brecherinnen [アイン・ブレヒェリネン]) 押しこみ強盗．

ein|bringen* [アイン・ブリンゲン] brachte ein, eingebracht 動

運び入れる；(議案を)上程する；(利益などを)もたらす。¶*sich*⁴ in *et*⁴ voll *einbringen* 事⁴に全力を傾ける。

Ein･bruch [アイン・ブルフ] **男** -[e]s/Ein･brüche [アイン・ブリュヒェ] 〔行為〕押しこみ強盗。¶*Der Einbruch* wurde in den frühen Morgenstunden verübt. 押しこみ強盗が行われたのは早朝のことであった。

ein･bürgern [アイン・ビュルゲルン] **動** (人⁴に)国籍を与える 《in die Schweiz⁴/in der Schweiz³ スイスの》。¶*Die Schweiz* wollte ihn zunächst nicht *einbürgern*. スイスは当初彼を帰化させようとしなかった。／*Er* ließ *sich*⁴ in die Schweiz *einbürgern*. 彼はスイスに帰化させてもらった。／*Dieser* amerikanische Brauch hat sich auch in Deutschland *eingebürgert*. アメリカのこの風習はドイツにも根づいた。

ein･checken [アイン・チェケン] **動** 搭乗手続き(チェックイン)をする。

ein･cremen [アイン・クレーメン] **動** (肌など⁴に)クリームを塗(ぬ)る。¶*j³* (*sich³*) das Gesicht *eincremen* 人³(自分)の顔にクリームを塗る。♦ Kannst du mir mal eben den Rücken *eincremen*? ちょっと背中にクリームを塗ってくれないか。

ein･deutig [アイン・ドイティヒ] -e [アイン・ドイティゲ] **形** 明白(明確)の。¶*Das* verstößt *eindeutig* gegen unsere Abmachung. それは明らかにわれわれの申し合わせに反する。

ein･dringen* [アイン・ドゥリンゲン] drang ein, eingedrungen **動** (s) 入りこむ，(力づくで)侵入する《in *et*⁴ 家など⁴に》。**eindring･lich** [アインドゥリング・リヒ] **形** しつこい，強い。

Ein･druck [アイン・ドゥルク] **男** -[e]s/Ein･drücke [アイン・ドゥリュケ] 印象。¶*einen* guten *Eindruck* machen 良い印象を与える。♦ Der erste *Eindruck* ist oft entscheidend. しばしば第一印象が決定的な効果を持つ。／*Auf* mich (Bei mir) hat er keinen guten *Eindruck* ge-

macht. 彼は私に良い印象を与えなかった。

eine [アイネ]，**einer** [アイナァ] < ein.

einer･lei [アイナァ・ライ，アイナァ・ライ] **形** 《無変化. 付加語用法のみ》どうでもよい，同一種類の。

einer･seits [アイナァ・ザイツ] **副** 一方では。(⇒andererseits)

ein[e]s [アイネス，アインス] < ein.

ein･fach [アイン・ファハ] **1形** 単純な，容易な。¶*Ich* glaube，du machst dir die Sache zu *einfach*. 君は事をあまりにも安直にやりすぎると思うよ。／*Bei* seinem Chef hat er es nicht *einfach*. 課長の相手は彼も楽じゃない。**2副** 理屈ぬきに，まったくためらうことなく。¶*Der* Anblick war *einfach* herrlich. その光景はすばらしいとしか言いようがなかった。

Ein･fahrt [アイン・ファールト] **女** -/ -en (乗り物の)入り口，(高速道路の)入路，《**複**なし》進入。¶*Einfahrt* frei halten!出入り口につき駐車禁止。

Ein･fall [アイン・ファル] **男** -[e]s/Ein･fälle [アイン・フェレ] 思いつき。¶*ein* guter *Einfall* グッド・アイディア。♦ Beim Wein hat er immer die verrücktesten *Einfälle*. 酒を飲んでいるとき彼はいつもとっぴなことを思いつく。

ein･fallen* [アイン・ファレン] *es* fällt ein; fiel ein, eingefallen **動** (s) (人³が事¹を)思いつく；崩壊する。¶*Fällt* dir denn keine bessere Ausrede ein? 君はもっとましな言い逃れを思いつかないのかい。／*Mir* fällt der Name des Mannes nicht *ein*. 私はその男の名前が思い出せない。

ein･farbig [アイン・ファルビヒ] -e [アイン・ファルビゲ] **形** モノクローム(単色)の。

Ein･fluss [アイン・フルス] **男** -e/Ein･flüsse [アイン・フリュセ] 影響；影響力。¶*auf* j⁴/*et*⁴ starken *Einfluss* ausüben 人⁴・物⁴に強い影響をおよぼす。／unter dem Einfluss der

135

japanischen Malerei stehen 日本絵画の影響下にある. ◆ Seine Frau hat großen *Einfluss* auf ihn. 彼の細君は彼に大層な影響力をもっている. / Der Täter handelte unter dem *Einfluss* von Drogen. 犯人の行動は麻薬の影響を受けていた.
einfluss·reich [アィンフルス・ラィヒ] 形 影響力のある.
ein|fügen [アィン・フューゲン] 動 はめこむ,挿入する《in *et*⁴ 物⁴に》. ¶ *sich*⁴ in *et*⁴ einfügen 事⁴・物⁴に適応(適合)する. ◆ Der Neue *fügte* sich rasch in meine Gruppe *ein*. その新人はすぐ私のグループに馴染(なじ)んだ.
Ein·fuhr [アィン・フール] 女-/-en 輸入. ¶ Die *Einfuhr* von Waffen aller Art ist streng verboten. あらゆる武器の輸入が厳禁されている.
ein|führen [アィン・フューレン] 動 輸入する;導入する;挿入する.
Ein·gabe [アィン・ガーベ] 女-/-n 請願;《電算》インプット.
Ein·gang [アィン・ガング] 男-[e]s/ Ein·gänge [アィン・ゲンゲ] 入り口.
ein|geben* [アィン・ゲーベン] *du* gibst ein, *er* gibt ein; gab ein, eingegeben 動 《電算》インプットする.
ein·gebildet [アィン・ゲビルデト] **1** 形 妄想の;思い上がった. ¶ Er ist der Typ des *eingebildeten* Kranken. 彼は自分が病気だと思い込んでいるタイプの人間だ. **2** einbilden の過去分詞.
ein|gehen* [アィン・ゲーエン] ging ein, eingegangen 動 (s) (契約・婚約などを)結ぶ;とり組む,共鳴する《auf *et*⁴ 物⁴と(に)》;(濡れて)ちぢむ. **ein·gehend** [アィン・ゲーエント] **1** 形 詳細な. ¶ Alle Zeugen wurden *eingehend* befragt. 証人はみな事細かに尋問された. **2** eingehen の現在分詞.
ein·geschrieben [アィン・ゲシュリーベン] **1** 形 登録ずみの,書留の. **2** einschreiben の過去分詞.
ein·gestellt [アィン・ゲシュテルト] **1**

形 …という立場(考え方)に立っている;興味をもっている《auf *et*⁴ 事⁴に》. ¶ Sie ist sehr konservativ *eingestellt*. 彼女の考え方は非常に保守的だ. **2** einstellen の過去分詞.
ein|gewöhnen [アィン・ゲヴェーネン] gewöhnte ein, eingewöhnt 動 なじませる(慣れさせる)《*j*⁴ in *et*⁴ 人⁴を事⁴に》. ¶ *sich*⁴ in *et*⁴ eingewöhnen 事⁴になじむ(慣れる).
ein|gießen* [アィン・ギーセン] goss ein, eingegossen 動 注ぎ入れる《in *et*⁴ 物⁴に》;(人³に)酒をすすめる.
ein|gliedern [アィン・グリーデルン] 動 組み入れる《in *et*⁴ 物⁴に》. ¶ *sich*⁴ in *et*⁴ eingliedern 物⁴に組み入れられる(とけこむ). ◆ Er konnte sich nur mit Mühe in die Gruppe *eingliedern*. 彼は苦労の末やっとグループにとけこむことができた.
ein|greifen* [アィン・グラィフェン] griff ein, eingegriffen 動 割ってはいる,干渉する《in *et*⁴ 事⁴に》. ¶ *Greif* lieber nicht in die Diskussion *ein*, du machst dir nur Feinde damit. この議論には介入しない方がいい,それによって敵をつくるばかりだ. **Ein·griff** [アィン・グリフ] 男-[e]s/-e 介入,干渉《in *et*⁴ 事⁴への》.
ein|halten* [アィン・ハルテン] *du* hältst [ヘルツト] ein, *er* hält ein; hielt ein, eingehalten 動 (約束事を)守る. ¶ Er hat seine Zusage gewissenhaft *eingehalten*. 彼は良心的に約束を守った.
ein·heimisch [アィン・ハィミシュ] 形 その土地[固有]の;国産の. ¶ Wir verwenden möglichst nur *einheimische* Produkte. われわれは可能な限り国産品しか使わない.
Ein·heit [アィン・ハィト] 女-/-en 統一[体];(数 の)単位. ¶ Der dritte Oktober ist der Tag der Deutschen *Einheit*. 10月3日はドイツ統一記念日である. **einheit·lich** [アィンハィト・リヒ] 形 統一的な;画一

的な.

ein¦holen [アイン・ホーレン] **動** 追いつく；取りもどす；買い入れる． ¶Auf der Zielgeraden *holte* er seinen Rivalen *ein*. 彼はホームストレッチでライバルをとらえて追いついた． / In Latein *holte* er die Klasse bald *ein*. ラテン語で彼は間もなく級友に追いついた．

¹**einig** [アイニヒ] -e [アイニゲ] **形** 一致した《mit *j*³ 人³と；in *et*³/über *et*⁴ 事³(事⁴)に関して》． ¶In diesem Punkt bin ich restlos mit ihm *einig*. この点に関して私は彼と完全に一致している．

²**einig** [アイニヒ] -e [アイニゲ] **代** 《不定》(単数で)若干の；(複数で)2，3の．

	男性		女性	
1格	einiger	-er	einige	-e
2格	einiges	-es	einiger	-er
3格	einigem	-em	einiger	-er
4格	einigen	-en	einige	-e
	中性		複数	
1格	einiges	-es	einige	-e
2格	einiges	-es	einiger	-er
3格	einigem	-em	einigen	-en
4格	einiges	-es	einige	-e

表の-e などは einig に続く形容詞の語尾変化を示す．形容詞は弱変化することもある． ¶mit *einigem* guten Willen 若干の(わずかばかりの)善意をもって． / *einige* neue Bücher 2，3 冊の新しい本． / *einiges* 若干のこと；かなりのこと．

einigen [アイニゲン] **動** *sich*⁴ mit *j*³ [über *et*⁴] *einigen* 人³と[事⁴に関して]意見が一致する． ¶Mit einiger Mühe haben beide sich schließlich *geeinigt*. なにがしかの苦労の末結局二人は意見が一致した．

einiger・maßen [アイニガァ・マーセン] **副** ある程度，いくらか． ¶Seit gestern geht es ihr wieder *einigermaßen*. きのうから彼女の具合はまたどうやらこうやらの状態になった． / Na, wie geht's? ‒ *Einigermaßen*! 調子はどうだい‒まあまあだね．

einiges [アイニゲス] **代** (⇒²**einig**) ¶In seiner Abteilung liegt *einiges* im Argen. 彼の部局は少なからず混乱している．

Ein・kauf [アイン・カオフ] **男** -[e]s/ Ein・käufe [アイン・コイフェ] 買い入れ，購入；(**複**で)買い物． ¶*Einkäufe* machen 買い物をする． ♦*Einkäufe* macht mein Mann nur höchst widerwillig. 買い物を夫は心の底からいやがりながらする．

ein¦kaufen [アイン・カオフェン] **動** 買い入れる，買いこむ；買い物をする． ¶*einkaufen* gehen 買い物に行く． ♦Habt ihr was Schönes *eingekauft*? 何か良い買い物ができたかい．

Ein・klang [アイン・クラング] **男** -[e]s/ 一致，調和． ¶mit *et*³ im (in) *Einklang* 物³と一致して．

Ein・kommen [アイン・コメン] **中** -s /- 所得，収入． ¶Er hat ein tolles *Einkommen*. 彼はものすごい収入がある．

ein¦kremen [アイン・クレーメン] **動** =eincremen.

Ein・künfte [アイン・キュンフテ] **複** 所得，収入．

ein¦laden* [アイン・ラーデン] *du lädst* [レーツト] *ein*, *er lädt* [レート] *ein*; *lud ein, eingeladen* **動** 招待する，おごる《zu *et*³ 飲食などに，を》；積みこむ《in *et*⁴ 物⁴に》． ¶Ich möchte dich gern zum Mittagessen *einladen*. 君を昼食にお招きしたい． / Hast du die Koffer schon *eingeladen*? トランクはもう積みこんだかい．

Ein・ladung [アイン・ラードゥング] **女** /-en 招待；招待状． ¶Hast du schon eine *Einladung* zur Premiere bekommen? 君はもうプレミア・ショーの招待状をもらいましたか．

ein¦lassen* [アイン・ラセン] *du/er lässt ein; ließ ein, eingelassen* **動** 中に入れる． ¶*sich*⁴ mit *j*³ *einlassen* 人³と親しくなる． / *sich*⁴ auf (in) *et*⁴ *einlassen* 事⁴に関わりあう． ♦Auf solche Angebote solltest du dich nie *einlassen*.

E

あんな提案には決して関わりをもつべきではない。

ein|laufen* [アィン・ラォフェン] *du* läufst ein, *er* läuft ein; lief ein, eingelaufen **動** (s) 流れこむ 《in *et*⁴ 物⁴に》;(列車が)入ってくる,入港する;(布地が)ちぢむ. ¶Lass schon mal das Bad *einlaufen*! さあさっさと風呂に水を入れなさい. / Der Intercity nach Berlin *läuft* heute auf Gleis vier *ein*. ベルリン行きインターシティ特急はきょう4番線に入線する.

ein|leben [アィン・レーベン] **動** *sich*⁴ *einleben* 住み慣れる,順応する. ¶Hast du dich schon gut in Bonn *eingelebt*? ボンの町にはもうすっかり住み慣れたかい.

ein|leiten [アィン・ラィテン] **動** 開始する. ¶Die Staatsanwaltschaft *leitete* eine Untersuchung *ein*. 検察当局は調査を開始した. **Ein·leitung** [アィン・ラィトゥング] **女**-/-en 開始;入門;序文.

ein·mal [アィン・マール , アィン・マール] **副** 1[アィン・マール] 一度;《倍数》1倍. ¶noch *einmal* もう一度. / wieder *einmal* またもや. / auf *einmal* 突然;急に. ◆Tu das bloß nicht noch *einmal*! 二度とこんなことはするんじゃないぞ. / Jetzt will sie ihn auf *einmal* nicht mehr heiraten. 突然彼女は彼と結婚する気がなくなった. / Wieder *einmal* hat er das schlechteste Zeugnis seiner Klasse. またもや彼はクラスで最低の成績だ. 2[アィン・マール] かつて;そのうちいつか. 3[アィン・マール(無アクセント)]《命令》まあ…しなさいってば;《あきらめ》…なのだから仕方ない;《強め》何よりも. ¶erst (zu-nächst) *einmal* とりあえず. / nicht *einmal* …ですらない. ◆Erst (Zunächst) *einmal* muss ich mir eine Wohnung suchen. 何よりもまず私は住居を探さねばならない. / Das ist nun *einmal* so. だってそうなんだもの. / Komm nur *ein-mal*! 来なさいってば. **ein·malig**

[アィン・マーリヒ] -e [アィン・マーリゲ] **形** 一度限りの;他に類を見ない. ¶Das war ein *einmaliges* Erleb-nis. それは空前絶後の体験だった. / Sie singt *einmalig* schön. 彼女はこの上なく見事に歌う.

ein|mischen [アィン・ミシェン] **動** *sich*⁴ *einmischen* 介入する,よけいな口出しをする《in *et*⁴ 事⁴に》.

Ein·nahme [アィン・ナーメ] **女**-/-n 収入;《複なし》嚥下(ぇ゛ん),飲みくだすこと.

ein|nehmen* [アィン・ネーメン] *du* nimmst ein, *er* nimmt ein; nahm ein, eingenommen **動** (収入を)得る;飲み下す,服用する,食する;(場所を)とる;占領する. ¶Ge-gen die Magenbeschwerden muss ich regelmäßig Tabletten *einnehmen*. 胃の障害のため私はきちんきちんと錠剤を飲まねばならぬ.

ein|ordnen [アィン・オルドゥネン] **動** 整理する,秩序立てる;*sich*⁴ *ein-ordnen* 順応(適応)する,組み入れられる《in *et*⁴ 物⁴に》;車線を変更する. / links *einordnen* 左車線に入る. **Ein·ordnung** [アィン・オルドゥヌング] **女**-/-en 組み入れ,順応《in *et*⁴ 物⁴への》;(決められた)車線の変更.

ein|packen [アィン・パケン] **動** 荷造りする;包装する. ¶Hast du auch alles für die Reise *eingepackt*? 旅行用のものはもう全部荷造りしたかい.

ein|parken [アィン・パルケン] **動** 車を割り込ませて駐車する. ¶*Einpar-ken* gehört nicht zu seinen Stär-ken. 彼は割りこみ駐車が得意でない.

ein|prägen [アィン・プレーゲン] **動** (人³に)しっかり教えこむ. ¶*sich*³ *et*⁴ *einprägen* 事⁴をしっかり心に刻みこむ. ◆Prägt euch die Voka-beln gut *ein*! これらの単語をしっかり覚えておきなさい.

ein|räumen [アィン・ロィメン] **動** 片づける《in *et*⁴ 物⁴の中に》;(物⁴に)物を収納する;(人³に事⁴を)認めてやる. ¶den Schrank *einräumen*

たんすの中にものを入れて整理する. / Kannst du die Wäsche schon mal *einräumen*? さあとりあえず洗濯物を片づけておくれ. / Privilegien bekommt hier niemand *eingeräumt*. ここでは何人(なんぴと)にも特権は認められない.

ein|reden [アィン・レーデン] **動 1** (人³に事⁴を)信じこませる. ¶ *sich³ et⁴ einreden* 事⁴を信じこまされる ♦ Wer hat dir denn so einen Quatsch *eingeredet*? 誰がそんな馬鹿な話をお前に吹き込んだのだ. **2** auf *j⁴ einreden* 人⁴にくどく言って聞かせる.

ein|reiben* [アィン・ライベン] rieb ein, eingerieben **動** *et⁴* mit *et³ einreiben* 物⁴に物³を塗り(すり)込む. / *sich⁴ einreiben* 身体にクリームを塗り込む. ¶ Am besten *reibst* du die Stelle mit Vaseline *ein*. そこにワセリンをすり込んでおくのが一番で.

ein|reichen [アィン・ライヒェン] **動** 提出する. ¶ Endlich hat er seine Dissertation *eingereicht*. やっとのことで彼は博士論文を提出した. / Die Anwohner *reichten* gegen das Bauprojekt eine Klage *ein*. 地元住民は建設計画に対して訴えを起こした.

Ein・reise [アィン・ライゼ] **女**-/-n 入国. **ein|reisen** [アィン・ライゼン] **動** (s) 入国する. ¶ Zuerst wollte man ihn nicht *einreisen* lassen. 当初当局は彼を入国させようとはしなかった. **Einreise・visum** [アィンライゼ・ヴィーズム] **中**-s/Einreise・visa [アィンライゼ・ヴィーザ] (Einreise・visen [アィンライゼ・ヴィーゼン])入国ヴィザ.

ein|reißen* [アィン・ライセン] *du/er* reißt ein; riss ein, eingerissen **動** 取りこわす;ひき裂く.

ein|richten [アィン・リヒテン] **動** (部屋など⁴に)設備をしつらえる;アレンジ(調整)する;創設する. ¶ *sich⁴ auf j⁴/et⁴ einrichten* 人⁴・物⁴にそなえて準備する. ♦ *Richte* es bitte so

ein, dass du zum Abendessen zu Hause bist! 夕食には家に帰っていられるようアレンジなさい. / Auf plötzlichen Besuch sind wir nicht *eingerichtet*. 突然の訪問客に私たちは準備がしていない. **Ein・richtung** [アィン・リヒトゥング] **女**-/-en 設備;(公共の)機関. ¶ Wir haben uns eine neue *Einrichtung* fürs Wohnzimmer bestellt. 私たちは居間用に新しい家具調度を注文しました.

eins [アィンス] **数** 《基数詞. 付加語としては ein **1** の変化》1. **Eins** [アィンス] **女** -/Einsen [アィンゼン] 1 の数[字];【試験】1(6段階評価の最高点). ¶ Er hat das Examen mit *Eins* bestanden. 彼は評点1で試験に合格した.

ein・sam [アィン・ザーム] **形** 寂しい,人里はなれた;孤独な.

Ein・satz [アィン・ザッツ] **男**-es/ (武器・軍隊・組織の)投入. ¶ Vor dem *Einsatz* von Giftgas schreckten beide Seiten zurück. 毒ガスの投入には双方がひるんだ.

ein|schalten [アィン・シャルテン] **動** (機器類⁴の)スイッチを入れて起動する;(部隊など⁴に)介入させる. ¶ *sich⁴ einschalten* 介入する《in *et⁴* 事⁴に》.

ein|schätzen [アィン・シェッツェン] **動** (人⁴・事⁴を…と)評価する. ¶ Er ist schwer *einzuschätzen*. 彼を評価することは難しい. / Wir haben die Lage falsch *eingeschätzt*. 私たちは状況の評価を誤った.

ein|schlafen* [アィン・シュラーフェン] *du* schläfst ein, *er* schläft ein; schlief ein, eingeschlafen **動** (s) 眠りこむ;(手足が)しびれる;いつしか途絶えてしまう. ¶ Endlich sind die Kinder *eingeschlafen*. やっと子供たちが寝入った. / Der Vortrag war zum *Einschlafen* langweilig. 講演は眠りこみそうになるくらい退屈だった.

ein|schließen* [アィン・シュリーセン] *du/er* schließt ein; schloss ein, eingeschlossen 動 閉じこめる、入れて鍵をかける、含める《in et⁴/et³ 物⁴(物³)に》. ¶sich⁴ in et⁴/et³ einschließen 部屋など⁴/³に閉じこもる. ◆Sie hat sich schon wieder in ihr (ihrem) Zimmer eingeschlossen. またも彼女は部屋に閉じこもってしまった.

ein·schließ·lich [アィンシュリース・リヒ] **1** 前 《2格支配. 2格であることが明白でない複数名詞の場合は3格支配》…を含めて. ¶der Besitz einschließlich des Hofes² (Büchern³) 農場を含めた(書籍を含めた)財産. **2** 副 《並置する語も》含めて. ¶bis einschließlich Sonntag 日曜日まで(日曜日も含んで). / bis Seite 250 einschließlich 250 ページまで(250ページ目も含む).

ein|schneiden* [アィン・シュナィデン] schnitt ein, eingeschnitten 動 **1** (物⁴に)切れ目(きざみ目)を入れる. **2** 食いこむ《in et⁴ 物⁴に》. **ein·schneidend** [アィン・シュナィデント] 形 徹底的な. ¶Die Opposition forderte einschneidende Maßnahmen. 野党は徹底的な措置を求めた.

ein|schränken [アィン・シュレンケン] 動 (出費を)切りつめる. ¶sich⁴ einschränken 出費を切りつめる. / in et³ eingeschränkt sein 行動など³を制約されている. ◆Er ist in seiner Bewegungsfreiheit erheblich eingeschränkt. 彼は行動の自由が著しく制限されている. **Ein·schränkung** [アィン・シュレンクング] 女 -/-en 制限；節約. ¶ohne Einschränkung 無条件で.

ein|schreiben* [アィン・シュラィベン] schrieb ein, eingeschrieben 動 記入(登録)する《in et⁴ 帳簿など⁴に》；書留にする. ¶einen Brief einschreiben lassen 手紙を書留扱いにしてもらう. / sich⁴ an einer Universität einschreiben 大学の入学手続きをとる. **Ein·schreiben** [アィン・シュラィベン] 中 -s/- 書留郵便物. ¶einen Brief als Einschrei-

ben schicken 手紙を書留で送る.

ein|sehen* [アィン・ゼーエン] *du* siehst ein, *er* sieht ein; sah ein, eingesehen 動 理解する；認識する. ¶Er will nicht einsehen, dass er Unrecht hat. 彼は自分が間違っていることを認めようとしない. / Das müsste jeder vernünftige Mensch eigentlich einsehen. そもそも理性的な人間なら誰でもそれを理解するはずだろう.

ein·seitig [アィン・ザィティヒ] -e [アィン・ザィティゲ] 形 一面的(一方的)な. ¶Ich finde, er ernährt sich viel zu einseitig. 彼の栄養のとり方はあまりにも偏りすぎていると思う.

ein|setzen [アィン・ゼッツェン] 動 はめこむ、あてがう；任命する《zu et³ 職位など³に》；(武器・軍隊・組織などを)投入する、動員する. ¶sich⁴ für j⁴ (et⁴) einsetzen 人⁴・物⁴に肩入れする.

Ein·sicht [アィン・ズィヒト] 女 -/-en 理解[力]；認識. ¶Sein Vortrag hat uns ganz neue Einsichten vermittelt. 彼の講演はわれわれに全く新しい洞察を伝えてくれた.

ein·silbig [アィン・ズィルビヒ] -e [アィン・ズィルビゲ] 形 **1** シラブルの；口数の少ない、そっけない.

ein|sparen [アィン・シュパーレン] 動 節約(削減)する.

ein|sperren [アィン・シュペレン] 動 閉じこめる《in et⁴/et³ 部屋など⁴/³に》；刑務所に入れる. ¶Wer so etwas tut, sollte eingesperrt werden. そういうことをするやつは刑務所行きだ.

ein|springen* [アィン・シュプリンゲン] sprang ein, eingesprungen 動 代理を勤める《für j⁴ 人⁴の》. ¶Niemand war da, der einspringen konnte. 代理を勤められる人間は誰もいなかった.

Ein·spruch [アィン・シュプルフ] 男 -[e]s/Ein·sprüche [アィン・シュプリュヒェ] 異議. ¶gegen et⁴ Einspruch erheben 事⁴に異議を申し立てる.

einst [アィンスト] 副 かつて；いつか将

来.

ein stecken [アィン・シュテケン] **動**
つっこむ、しまいこむ《in et⁴ 入れ物⁴
に》、ポケットに入れる。

ein stehen* [アィン・シューテーエン]
stand ein, eingestanden **動**
(h,s) 賠償をする、責任を取る《für et⁴
物⁴ の》。¶In unserer Gruppe
steht einer für den anderen ein.
私たちのグループの中ではお互いがお互
いに責任を取り合うことにしている。
/ Und wer steht für die Folgen
ein? それで誰がこの結末の責任を取
るのか。

ein steigen* [アィン・シュタィゲン]
stieg ein, eingestiegen **動** (s)
乗車(乗船)する《in et⁴ …⁴ に》。¶
Steigt schnell ein, wir sind
schon spät dran. 早く乗りなさ
い、そうでなくてももう遅れているんだか
ら。

ein stellen [アィン・シュテレン] **動** 中
断(中止)する；雇う；片づける《in et⁴/
et³ 物⁴/³ に》；(機器類を)調節す
る。¶et⁴ auf et⁴ einstellen ラジ
オ・カメラを物⁴にあわせる。/
sich⁴ auf et⁴ einstellen 物⁴に適
応する。◆Viel zu wenige Firmen
stellen neue Mitarbeiter ein.
新しい社員を雇う会社があまりにも少な
すぎる。/ Er kann sich wunder-
bar auf andere Leute einstel-
len. 彼は見事に他人に順応できる。(⇒
eingestellt) **Ein·stellung** [アィ
ン・シュテルング] **女**-/-en 中断、中止；
雇い入れ；(機器類の)調節、調整；立
場、見解《zu et³ 事³に対する》。

einstig [アィンスティヒ] -e [アィンステ
ィゲ] **形** かつての。

ein·stimmig [アィン・シュティミヒ] -e
[アィン・シュティミゲ] **形** 全員一致の。¶
Der Antrag wurde einstimmig
angenommen. 動議は満場一致で
採択された。

Ein·sturz [アィン・シュトゥルツ] **男**-es
/Ein·stürze [アィン・シュテュルツェ] 崩
壊、倒壊。**ein stürzen** [アィン・シ
ュテュルツェン] **動** (s) 崩壊(倒壊)す
る。¶Bei dem Erdbeben stürz-

ten zahlreiche Gebäude ein.
その地震の際多数の建物が倒壊した。

einst·weilen [アィンスト・ヴァィレン]
副 さしあたり；その間。¶Einstwei-
len haben wir noch genug
Öl. とりあえずわれわれには充分石油
がある。/ Einstweilen solltest du
das für dich behalten. 当面この
ことは君の胸におさめておけ。

ein teilen [アィン・タィレン] **動** 分割
(分類)する《in et⁴ 物⁴に》；割りあて
る。¶sich³ et⁴ einteilen 時間・金
など⁴を配分する。◆Du musst dir
die Zeit besser einteilen. 君は
時間をもっと上手に配分しなければいけ
ない。

ein·tönig [アィン・テーニヒ] -e [アィ
ン・テーニゲ] **形** 単調な；退屈な。

ein tragen* [アィン・トゥラーゲン] du
trägst ein, er trägt ein; trug
ein, eingetragen **動** 記入する、登
録する《in et⁴/et³ 帳簿など⁴/³
に》。¶eingetragenes Warenzei-
chen 登録商標。

ein treffen* [アィン・トゥレフェン] du
triffst ein, er trifft ein; traf
ein, eingetroffen **動** (s) (予定通
り)到着する；現実となる。(⇒ankom-
men, anlangen)

ein treten* [アィン・トゥレーテン] du
trittst [トゥリット] ein, er tritt
ein; trat ein, eingetreten **動**
(s) 入る、入会(入党)する《in et⁴
組織⁴に》；起る。¶in den Krieg ein-
treten 参戦する。/ in Verhand-
lungen eintreten 交渉を始める。◆
Eine Krise ist eingetreten. 恐
慌が起った。**Ein·tritt** [アィン・トゥ
リト] **男**-[e]s/-e 入ること(入室・入
会・入場など)。¶Eintritt verboten!
立入り禁止。/ Eintritt frei! 入場無
料。**Eintritts·karte** [アィントゥ
リツ・カルテ] **女** -/-n 入場券。

ein·verstanden [アィン・フェァシュタ
ンデン] **形** 同意して《mit j³/et³ 人³
・事³に》。¶Wer ist mit diesem Vor-
schlag nicht einverstanden? こ
の提案に同意でない方はどなたですか。
Ein·verständnis [アィン・フェァシ

Ein·wand

ュテントニス] 中 Ein・verständnisses / 同意, 合意. ¶ im *Einverständnis* mit *j*³ 人³と合意の上で. ◆ Dazu brauchen wir sein *Einverständnis*. それには彼の同意が必要です.

Ein·wand [アィン・ヴァント] 男-[e]s/ Ein·wände [アィン・ヴェンデ] 異議, 異論《gegen *et*⁴ 事⁴に対する》. ¶ Seine *Einwände* sind nicht ganz unberechtigt. 彼の異論にも全く理がないわけではない. ¶ Gegen seine Einstellung bestehen meinerseits keinerlei *Einwände*. 当方としては彼の採用に何ら異議はない.

Ein·wanderer [アィン・ヴァンデラァ] 男 -s/- （女性） **Ein·wanderin** [アィン・ヴァンデリン] 女/Ein·wanderinnen [アィン・ヴァンデリネン] (他国からの)移住者. **ein|wandern** [アィン・ヴァンデルン] 動 (s) (他国から)移住する. ¶ Seine Eltern sind aus Italien *eingewandert*. 彼の両親はイタリアから移住してきた.

einwand·frei [アィンヴァント・フラィ] 形 申し分のない, 完璧(窕)な. ¶ Er hat ein *einwandfreies* Alibi. かれには完璧なアリバイがある. / Ihr Blutdruck ist *einwandfrei*. あなたの血圧は申し分ない.

ein|wechseln [アィン・ヴェクセルン] 動 (通貨を)交換する. ¶ Pfund in Euro *einwechseln* ポンドをユーロに換える. 《スポーツ》 *j*⁴(A) für *j*⁴(B) *einwechseln* Bの交替選手としてAを出場させる. ◆ Der Stürmer wurde leider zu spät *eingewechselt*. 遺憾なことにフォワードの交代が遅すぎた.

Einweg·flasche [アィンヴェーク・フラシェ] 女-/-n ワンウェー・ボトル.

ein|weihen [アィン・ヴァィエン] 動 (建造物⁴の)落成式を行う.

ein|weisen* [アィン・ヴァィゼン] *du/er* weist ein; wies ein, eingewiesen 動 *j*⁴ in *et*⁴ *einweisen* 人⁴を施設⁴に入所(入院)させる, 収容する; 人に事⁴の手ほどきをする.

ein|wenden(*) [アィン・ヴェンデン]

wendete (wandte [ヴァンテ]) ein, eingewendet (eingewandt [アィン・ゲヴァント]) 動 異議を申し立てる《gegen *et*⁴ 事⁴に》. ¶ Dagegen ist nichts *einzuwenden*. それには何も文句のつけようがない. / Vielen Dank, gegen einen Cognac hätte ich jetzt nichts *einzuwenden*. ありがとう, コニャックを戴くのに私としては異議のあろうはずもありません よ.

ein|werfen* [アィン・ヴェルフェン] *du* wirfst ein, *er* wirft ein; warf ein, eingeworfen 動 投函(投入)する. ¶ Kannst du diese Karte *einwerfen*? このはがきを投函してくれないか.

ein|wickeln [アィン・ヴィケルン] 動 くるみ(包み)こむ《in *et*⁴ 物⁴に》.

ein|willigen [アィン・ヴィリゲン] 動 同意する《in *et*⁴ 事⁴に》. ¶ In solche Bedingungen kann man unmöglich *einwilligen*. そのような条件にはとても同意できない. **Ein·willigung** [アィン・ヴィリグング] 女 /-en 同意, 承諾《zu *et*³ 事³への》.

Ein·wohner [アィン・ヴォーナァ] 男 -s/- （女性） **Ein·wohnerin** [アィン・ヴォーネリン] 女-/Ein·wohnerinnen [アィン・ヴォーネリネン]) (一定地域の)居住者. (⇒Bewohner, Bevölkerung)

ein|zahlen [アィン・ツァーレン] 動 振りこむ. ¶ 2.000 Euro auf sein Konto *einzahlen* 2,000ユーロを彼の口座に振りこむ.

Einzel·gänger [アィンツェル・ゲンガァ] 男-s/- 一匹狼, 変人. ¶ Er ist ein notorischer *Einzelgänger*. 彼は悪名高い一匹狼だ.

Einzel·heiten [アィンツェル・ハィテン] 複 詳細. ¶ Die *Einzelheiten* besprechen wir später. 詳細については後日お話し合い致しましょう.

einzeln [アィンツェルン] 形 個々(個別)の; 2, 3 の, 若干の. ¶ *Einzelnes* 詳細. / *Einzelne* (複)若干の人々. / im *Einzelnen* 詳細に. ◆ Im *Einzelnen* ist Folgendes

Element

noch einmal hervorzuheben. 以下の点はもう一度一つずつ強調しておかねばならない。

Einzel·zimmer [アインツェル・ツィマァ] 匣-s/- シングルベットルーム.(⇒ Einbettzimmer, Doppelzimmer)

ein│ziehen* [アイン・ツィーエン] zog ein, eingezogen **動 1** (s)in et⁴ einziehen 部屋などに入りこむ,入居(入室・入場)する;物⁴にしみこむ. **2** 徴収する;召集する. ¶Sein Jahrgang ist nicht eingezogen worden. 彼の年次のものは召集されなかった.

einzig [アインツィヒ] **1** -e [アインツィゲ] 形 ただ一人(一つ)の;他に類を見ない. **2** 副 …だけ. ¶einzig und allein もっぱら(ただ)…だけ. ◆ Das ist einzig und allein seine Schuld. これはもっぱら彼のせいだ.

einzig·artig [アインツィヒ・アールティヒ] -e [アインツィヒ・アールティゲ] 形 他に類を見ない.

Eis [アイス] 匣-es/ 氷;アイスクリーム. ¶Ein Eis (Zwei Eis) zu 50 Cent! 50セントのアイスクリーム1ケ(アイスクリーム2ケ)下さい. **Eis·café** [アイス・カフェー] 匣-s/-s , **Eis·diele** [アイス・ディーレ] 囡-/-n アイスクリームパーラー.

Eisen [アイゼン] 匣-s/ 〖元素〗鉄(記号: Fe).

Eisen·bahn [アイゼン・バーン] 囡-/-en 鉄道. ¶mit der Eisenbahn 鉄道で.

eisig [アイスィヒ] -e [アイスィゲ] , **eis·kalt** [アイス・カルト] 形 氷のように冷たい;冷淡な. ¶Die Atmosphäre bei den Verhandlungen war zu Anfang regelrecht eisig. 交渉の雰囲気は始めまさに冷たいものだった.

Eis·tag [アイス・ターク] 男 -[e]s/-e 〖気象〗真冬日.

Eis·würfel [アイス・ヴュルフェル] 男 -s/- アイスキューブ. ¶Es sind noch Eiswürfel im Gefrierfach. 製氷室にまだアイスキューブがある.

eitel [アイテル] eitle [アイトゥレ]形 うぬぼれ(虚栄心)の強い. ¶Warum ist er nur so eitel? なぜ彼はあんなにうぬぼれ屋なんだろう.

Eiter [アイタァ] 男 -s/ 膿(え). **ei·tern** [アイテルン] 動 (h,s) 化膿する. **eitrig** [アイトゥリヒ] -e [アイトゥリゲ] 形 化膿性の,化膿した. ¶Er hat eine eitrige Mandelentzündung. 彼は扁桃腺が炎症を起こして化膿している.

Ei·weiß [アイ・ヴァイス] 匣-es/-e 卵白,(タマゴの)白身.

Ekel [エーケル] 男 -s/ 吐き気[をもよおすこと];嫌悪[感]《vor et³ 物³に対する》. ¶Wenn man so was sieht, packt einen doch der Ekel. あんなものを見るとどうしても嫌悪感に襲われる. **ekel·haft** [エーケル・ハフト] 形 吐き気をもよおすほどの,見るのもいやな《強め》恐ろしく. ¶Das Ganze ist eine ekelhafte Schweinerei. ことのすべてが行方もない不道徳だ. / Es ist ekelhaft kalt. ものすごく寒い. / Ich finde ihn einfach ekelhaft. 彼のことなど見るのもいやと言うほかない. **ekeln** [エーケルン] 動 sich⁴ vor et³ ekeln 物³に吐き気をもよおす,うんざりする. **eklig** [エークリヒ] -e [エークリゲ] 形 いやらしい,ぞっとするような;《強め》恐ろしく.

elastisch [エラスティシュ] 形 伸縮性(弾性)のある,しなやかな.

Elefant [エレファント] 男-en/-en 〖動〗ゾウ(象).

elegant [エレガント] 形 エレガントな. ¶Sie ist immer besonders elegant gekleidet. 彼女はいつも非常にエレガントな服装をしている.

elektrisch [エレクトゥリシュ] 形 電気の;電動の. ¶Heizt ihr auch elektrisch? お宅も電気暖房ですか. **Elektrizität** [エレクトゥリツィテート] 囡-/ 電気,電力.

Elektronik [エレクトゥローニク] 囡-/ 電子工学,エレクトロニクス. **elektronisch** [エレクトゥローニシュ] 形 電子工学(エレクトロニクス)の.

Element [エレメント] 匣-[e]s/-e 構成要素,成分;元素. ¶Hier ist er in

関連語 elektrisch
—家電製品 (Elektrogerät) の名前—

der Fernseher	テレビ.
der Kühlschrank	冷蔵庫.
die Waschmaschine	洗濯機.
der Staubsauger	掃除機.
die Mikrowelle	電子レンジ.
der Toaster	トースター.
die Spülmaschine	食器洗い機.
das Bügeleisen	アイロン.
der CD-Spieler	CDプレイヤー.
der MP3-Spieler	MP3プレイヤー.
die Stereoanlage	ステレオ.
das Radio	ラジオ.
der Kopfhörer	ヘッドホン.
der Videorekorder	ビデオデッキ.
der DVD-Rekorder	DVDレコーダー.
die Klimaanlage	エアコン.
der Föhn	ドライヤー.
der [Personal] Computer, der PC	パソコン.
die Tischlampe	スタンド.
die Stehlampe	フロアスタンド.
die Fernbedienung	リモコン.

seinem *Element*. ここに来ると彼は水を得た魚のようだ.

elend [エーレント] 形 みじめな,悲惨な,貧しい;やつれ衰えた. ¶Er ist in *elenden* Verhältnissen aufgewachsen. 彼はみじめ極まる環境で育った. / Damals waren wir *elend* dran. 当時われわれは困窮していた. **Elend** [エーレント] 中-[e]s/ みじめさ,貧しさ.

elf [エルフ] 数 《基数詞》11. **Elf** [エルフ] 女-/-en 11の数[字];サッカーチーム.

Elfer [エルファ] 男-s/-, **Elf・me・ter** [エルフ・メータァ] 男-s/- 《スポーツ》ペナルティーキック. ¶Ein *Elfmeter* besiegelte die Niederlage der Gastgeber. 一発のペナルティーキックがホームチームの敗退を確実なものにした.

elft [エルフト] 数 《序数詞》11番目

の.

Ell・bogen [エル・ボーゲン] 男-s/-, **Ellen・bogen** [エレン・ボーゲン] 男-s/- ひじ.

Elsass-Lothringen [エルザス・ロートリンゲン] 女-/ 《地名》アルザス・ロレーヌ.

Eltern [エルテルン] 複 両親. ¶Er wohnt immer noch bei den *Eltern*. 彼は相変わらず両親のもとで暮らしている.

E-Mail [イー・メール] 女-/-s Eメール. ¶eine *E-Mail* schicken (senden) Eメールを送る.

Emanzipation [エマンツィパツィオーン] 女-/ (女性の)解放,同権化. **emanzipieren** [エマンツィピーレン] emanzipierte, emanzipiert 動 解放する,自立させる. ¶sich⁴ *emanzipieren* 解放される,自立する. ◆Sie ist eine völlig *emanzipierte* Frau. 彼女は完全に自立した女性だ.

Emigrant [エミグラント] 男-en/-en (女性) **Emigrantin** [エミグランティン] 女-/Emigrantinnen [エミグランティネン])亡命者. **emigrieren** [エミグリーレン] emigrierte, emigriert 動 (s) 亡命する.

Emotion [エモツィオーン] 女-/-en 感情,情緒. **emotional** [エモツィオナール] 形 感情的な,情緒的な. ¶Warum muss sie immer gleich so *emotional* reagieren? なぜ彼女はいつもすぐあんなに感情的な反応をするのだろう.

emp- [エンプ] (⇒ent-)

emp・fahl [エンプファール] empfehlen の過去形・単数・1,3人称.

emp・fand [エンプファント] empfinden の過去形・単数・1,3人称.

Emp・fang [エンプファング] 男-[e]s/ Emp・fänge [エンプフェンゲ] 受取り,《ﾃﾚﾋﾞ・ﾗｼﾞｵ》受信;出迎え[式],レセプション. ¶einen *Empfang* geben レセプションを催す.

emp・fangen* [エンプファンゲン] du empfängst, er empfängt; empfing, empfangen 動 1 受信する,出迎える;(賞などを)受ける. ¶

144

Die Deutsche Welle kann man hier gut *empfangen*. ドイッチェ・ヴェレ(ドイツの国際放送)は当地でもよく受信できる. / Der Bundespräsident *empfängt* morgen unsere Olympiasieger. 連邦大統領はあしたわがオリンピック勝者を引見する. **2** empfangen の過去分詞. **Emp·fänger** [エンプフェンガァ] 男 -s/- (女性) **Emp·fängerin** [エンプフェンゲリン] 女/-Emp·fängerinnen [エンプフェンゲリネン] ⦅名⦆ 宛人; (男 で)受信(像)器. ¶*Empfänger* unbekannt verzogen. 受取人転居先不明.

emp·fängst [エンプフェングスト], **emp·fängt** [エンプフェングト] < empfangen.

emp·fehlen* [エンプフェーレン] *du* empfiehlst, *er* empfiehlt; empfahl, empfohlen 動 推薦する. ¶Es *empfiehlt* sich, ... zu + 不定詞 …する方がよい. ◆Es *empfiehlt* sich, mit dem Kauf noch etwas zu warten. 買いはもう少し待つ方が得策だ. **empfehlenswert** [エンプフェーレンス・ヴェールト] 形 推薦に値する. ¶Das Restaurant ist durchaus *empfehlenswert*. あのレストランは充分推薦できる. **Emp·fehlung** [エンプフェールング] 女/-en 推薦;推薦状.

emp·fiehlst, emp·fiehlt < empfehlen.

emp·finden* [エンプフィンデン] *du* empfindest, *er* empfindet; empfand, empfunden 動 感じる. ¶Durst *empfinden* のどの渇きを覚える. ◆Für ihn *empfindet* sie schon lange nichts mehr. 彼に対して彼女はもうずっと以前から何も感じていない. **empfind·lich** [エンプフィント・リヒ] 形 感じやすい. ¶In solchen Dingen ist er höchst *empfindlich*. こうした問題に彼はきわめて傷つきやすい.

emp·fing [エンプフィング] empfangen の過去形・単数・1, 3人称.

emp·fohlen [エンプフォーレン] emp-

fehlen の過去分詞.

emp·funden [エンプフンデン] empfinden の過去分詞.

empor [エンポーァ] 副 上の方へ.

empören [エンペーレン] 動 激怒させる. ¶*sich*[4] über *et*[4] *empören* 事[4]に対して憤激する. ◆Seine Äußerungen *empörten* die Bürger zu Recht. 彼の発言は市民を激怒させたがそれも当然のことだ. **empörend** [エンペーレント] **1** 形 腹の立つ, けしからん. **2** empören の現在分詞. **empört** [エンペールト] **1** 形 激怒して[いる]. **2** empören の過去分詞. **Empörung** [エンペールング] 女/-en 激怒, 憤激.

Ende [エンデ] 中-s/-n 終り;端(ⁿ). ¶*Ende* August 8月末に. / das *Ende* der Straße 道路のはずれ. / das hintere *Ende* des Zuges 列車の最後尾. / am *Ende* 結局は. ◆Die Sache nimmt kein gutes *Ende*. 事態はよからぬ結果に終わる. / Er ist mit seinen Kräften am *Ende*. 彼は力が尽きた. / Er wohnt ja fast am *Ende* der Welt. 彼はこの世の果てみたいなところに住んでいる. / Hast du das Buch schon zu *Ende* gelesen? この本をもう終りまで読みましたか.

enden [エンデン] 動 終わる;終える. ¶Die Gasse *endet* hier. 小路はここで行き止まりだ.

end·gültig [エント・ギュルティヒ] -e [エント・ギュルティゲ] 形 最終的な.

end·lich [エント・リヒ] 副 ついに, やっと.

end·los [エント・ロース] 形 終りのない, 無限の.

Endung [エンドゥング] 女/-en ⦅文法⦆ 語尾.

Energie [エネルギー] 女/-Energien [エネルギーエン] エネルギー;精力. **energisch** [エネルギッシュ] 形 エネルギッシュな;断固とした.

eng [エング] 形 (幅だけなく全体的に)狭い, 窮屈(きゅう)な;密集した;緊密な, 近しい. ¶In meiner *engen* Bude werde ich ganz nervös. こ

Enge

の狭っくるしい部屋にいると完全にいらいらしてくる. / Mein Gott, der Rock ist schon wieder zu *eng* geworden. やだぁ, スカートがまた窮屈になっちゃったぁ. / Die beiden sind *eng* befreundet. 二人はとても親密である. / Zwischen Deutschland und Japan bestehen *enge* Beziehungen. ドイツと日本との間には緊密な関係がある. **Enge** [エンゲ] **女**-/-n せまさ, 窮屈; 窮地.

engagieren [アンガジーレン] *engagierte, engagiert* **動** 雇用する, (人⁴と)契約を結ぶ. ¶*sich⁴ in et³ (für et⁴) engagieren* 事³において(事⁴のために)活動する. ◆Für die Hochzeitsfeier haben wir eine Combo *engagiert*. 結婚披露の祝いのためにコンボを雇った. / Unsere Studentinnen sind sozial sehr *engagiert*. わが女子学生たちはおおいに社会的な活動をしている. / Sie hat sich besonders für die Obdachlosen *engagiert*. 彼女は特にホームレスのために力を尽くした.

Engel [エンゲル] **男**-s/- 天使.

England [エングラント] **中**-es/ 《地名》イングランド; (広義に)英国. **Engländer** [エングレンダァ] **男** -s/- (女性)**Engländerin**[エングレンデリン] **女**-/Engländerinnen [エングレンデリネン]英国人. **englisch** [エングリシュ] **形** イギリス[人]の, 英語の. **Englisch** [エングリシュ] **中**[-s]/, **Englische*** [エングリシェ] **中**《形容詞の名詞化. 常に定冠詞を伴う》英語. (⇒Deutsch)

Enkel [エンケル] **男**-s/- (女性)**Enkelin** [エンケリン] **女** -/Enkelinnen [エンケリネン]孫; 子孫.

enorm [エノルム] **形** 巨大な, 莫大な. ¶Ihre Fortschritte im Deutschen sind *enorm*. ドイツ語における彼女の進歩は著しいものがある. / Die Preise sind *enorm* gestiegen. 物価がものすごく上昇した.

ent- [エント] **1**《常にアクセントをもたず非分離動詞をつくる前つづり. f の前では emp- となることがある》¶

【除去】*enthüllen* 覆いをとる; 【回復】*entschädigen* 賠償する; 【離脱】*sich⁴ entfernen* 遠ざかる; 【開始】*entstehen* 発生する; 【対応】*entsprechen* 対応する; 【取出】*entnehmen* 取り出す. **2**《副詞をつくる》*entgegen* …に反して, *entlang* …に沿って.

ent・behren [エント・ベーレン] **動** (人⁴・物⁴)なしですます; (人⁴・物⁴が)なくて不自由する. ¶ihn (seinen Rat) nicht *entbehren* können 彼という人物(彼の助言)なしではいられない. ◆Mein Wörterbuch kann ich nicht einen Tag *entbehren*. 私は一日たりともこの辞書なしではいられない. / Seine Kinder *entbehren* ihre Mutter sehr. 彼の子供たちは母親がいないので淋しがっている.

Ent・bindung [エント・ビンドゥング] **女**-/-en 出産.

ent・decken [エント・デッケン] **動** 発見する. ¶In der Altstadt gibt es viel zu *entdecken*. 旧市内には発見が沢山ある. / Wir *entdeckten*, dass wir entfernt verwandt waren. われわれは互いが遠い親戚であることを発見した. **Ent・deckung** [エント・デックング] **女**-/-en 発見.

Ente [エンテ] **女**-/-n 《鳥》カモ; メスのカモ. **Enterich** [エンテリヒ] **男**-s/-e 《鳥》オスのカモ.

ent・fallen* [エント・ファレン] *es entfällt; entfiel, entfallen* **動** (人³の)記憶から失われる. ¶auf j⁴ *entfallen* 人⁴の取り分(分け前)になる. ◆Der Name des Zuständigen ist mir dummerweise *entfallen*. 馬鹿なことに担当者の名前を忘れてしまった.

ent・falten [エント・ファルテン] **動** (折りたたんだものを)ひろげる; (才能などを)伸ばす. ¶*sich⁴ entfalten* (才能などが)開花する, 発達(発展)する.

ent・fernen [エント・フェルネン] **動** とり除く; 遠ざける; 《解剖》削除する. ¶*sich⁴ von et³ entfernen* 場所など³から立ち去る, 遠ざかる. ◆Blutfle-

cken sind nur schwer zu *entfer-
nen*. 血液のしみは容易なことでは
除去できない. / Der Zug *entfernte*
sich mit wachsender Geschwin-
digkeit. 列車はスピードを上げなが
ら遠ざかって行った.

ent・fernt [エント・フェルント] **1** 形
遠くはなれた《von *et*³ 場所など³か
ら》. ¶Das Luxushotel liegt weit
entfernt von der Stadt. その豪
華ホテルは市内からずっと離れたところ
にある. **2** entfernen の過去分詞.

Ent・fernung [エント・フェルヌング]
女-/-en 距離;除去.

ent・führen [エント・フューレン] 動
誘拐(拉致)する,ハイジャックする.

Ent・führung [エント・フュールング]
女-/-en 誘拐,拉致,ハイジャック. ¶
Die *Entführung* konnte in letz-
ter Minute vereitelt werden.
最後の瞬間にハイジャックを挫折させる
ことができた.

ent・gegen [エント・ゲーゲン] **1** 前
《3格支配. 後置することもある》…に
反して,…とは逆に. ¶*Entgegen*
seiner ursprünglichen Absicht
hat er sie dann doch nicht ge-
heiratet. 当初の意図とは反対に彼は
結局彼女とは結婚しなかった. **2** 副
(物³・事³に)逆らって,反して. ¶dem
Strom *entgegen* 流れに逆らって.
/ unseren Hoffnungen *entge-
gen* 私たちの希望とは逆に.

entgegen– [エントゲーゲン]《常にア
クセントをもち,分離動詞をつくる前つ
づり》¶【対向方向】*entgegen*|kom-
men 出迎える.

entgegen|gehen* [エントゲーゲン・ゲ
ーエン] ging entgegen, entge-
gengegangen 動 (s) (人³を)迎
えに行く. ¶Wollen wir Großvater
nicht ein Stück *entgegenge-
hen*? お祖父さんをひと丁場ばかり迎
えに行かないか.

entgegen・gesetzt [エントゲーゲ
ン・ゲゼット] 形 逆方向の,反対の. ¶In
diesem Punkt sind die Vorsit-
zenden beider Parteien einmal
nicht *entgegengesetzter* Mei-

nung. この点に関しては両党党首と
もに珍しく意見を異にしていない.

entgegen|kommen* [エントゲーゲ
ン・コメン] kam entgegen, entge-
gengekommen 動 (s) (人³の方
に)向かって来る(行く);(人³の)意(希
望)に沿う;人³に譲歩する.

entgegen|nehmen* [エントゲーゲ
ン・ネーメン] *du* nimmst entge-
gen, *er* nimmt entgegen; nahm
entgegen, entgegengenom-
men 動 受けとる,受け入れる,受ける.

ent・gegnen [エント・ゲーグネン] 動
(人³に事⁴と)答える. ¶Auf diese
Vorwürfe wusste er nichts zu
entgegnen. この非難に対して彼は
答える術を知らなかった.

ent・gehen* [エント・ゲーエン] ent-
ging, entgangen 動 (s) (人³・事³
から)逃れる,(人³に)見落とされる. ¶
Der Film gestern war übrigens
miserabel, dir ist nichts *entgan-
gen*. ついでに言っておくときのうの
映画はひどいものだった,君はなにも見
落としはしなかったのだよ(=それくら
い中身のない映画だった).

Ent・gelt [エント・ゲルト] 中-[e]s/-e
報酬,代償.

ent・gleisen [エント・グライゼン] 動
(s) 脱線する.

ent・halten* [エント・ハルテン] *es*
enthält; enthielt, enthalten 動
含む. ¶Himbeergelee *enthält*
sehr viel Zucker. ラズベリーのゼ
リーは非常に多くの糖分を含んでいる.

ent・hüllen [エント・ヒュレン] 動 (物⁴
の)覆(おお)いをとり除く;(秘密などを)
明かす. **Ent・hüllung** [エント・ヒュ
ルング] 女-/-en 覆いの除去,除幕;暴
露.

En・thusiasmus [エン・トゥズィアスム
ス] 男-/ 感激;熱狂.

ent・kalken [エント・カルケン] 動
(物⁴の)カルキを除去する.

ent・kommen* [エント・コメン] ent-
kam, entkommen 動 (s) (人³・
物³から)逃れる. ¶Die Terroristen
entkamen ins Ausland. テロリ
ストたちは国外へ逃れた.

ent·kräften [エント・クレフテン] **動**
(人⁴の)力をそぐ；論破する．¶Der
Hungerstreik hat ihn völlig *ent-kräftet*. ハンガーストライキは彼の
力をすっかり奪ってしまった．/ Seine
Argumente sind unschwer zu
entkräften. 彼の論証を論破するこ
となど難しくない．

ent·laden* [エント・ラーデン] *du*
entlädst [エント・レーツト], *er* ent-
lädt [エント・レート]; entlud, entla-
den **動** (トラックなど⁴の)積荷をおろ
す．¶Ruf mich, wenn du fertig
entladen hast! 荷物をおろし終え
たら，私を呼んでくれ．

ent·lang [エント・ラング] **前** 《4格支
配.前置では3格支配.ふつう後置され
る》…に沿って．¶den Fluss *ent-
lang* (*entlang* dem Fluss) 川沿
いに．

ent·lassen* [エント・ラッセン] *du/er*
entlässt; entließ, entlassen **動**
釈放する，退院させる，解雇する．¶Er
wurde aus der Haft *entlassen*.
彼は拘禁から釈放された．/ Der Di-
rektor hat heute seine Sekretä-
rin *entlassen*. 社長はきょう秘書を
解雇した．**Ent·lassung** [エント・
ラッスング] **女**-/-en 釈放，退学処分，
退院，解雇，開放．

ent·lasten [エント・ラステン] **動** (人⁴
の)負担を軽減する，減らす；(被告⁴
の)疑いを晴らす．¶Dr. Barth wird
seinen Kollegen in der Praxis
entlasten. バールト博士が同僚の診
察の負担を軽減することになる．

ent·laufen* [エント・ラオフェン] *du*
entläufst, *er* entläuft; entlief,
entlaufen **動** (s) (人³の手から)逃
げ去る．

ent·legen [エント・レーゲン] **形** 遠く
はなれた，へんぴな[ところにある]．

ent·leihen* [エント・ラィエン] ent-
lieh, entliehen **動** [*sich³*] *et⁴
entleihen* 物⁴を借用する，借り出す．

ent·machten [エント・マハテン] **動**
(人⁴から)権力を奪う，(物⁴を)無力化
する．

ent·mutigen [エント・ムーティゲン]

動 意気阻喪(そう)させる．

ent·nehmen* [エント・ネーメン] *du*
entnimmst, *er* entnimmt; ent-
nahm, entnommen **動** 取り出す
《[aus] *et³* 物³[の中]から》．¶
Anscheinend hat jemand Geld
aus der Kasse *entnommen*. ど
うも誰かが金庫からお金を取ったらし
い．/ Die Polizei *entnahm* dem
Fahrer eine Blutprobe. 警官は
運転者から検査用の採血をした．

ent·reißen* [エント・ラィセン] *du/er*
entreißt; entriss, entrissen **動**
ひったくる《*j³ et⁴* 人³から物⁴を》．¶
Wir glauben, er kann dem
Meister den Titel *entreißen*.
彼にはチャンピオンからタイトルを奪取
することができると思う．

ent·richten [エント・リヒテン] **動** 支
払う．¶Hast du deinen Obolus
schon *entrichtet*? 心ばかりの寄付
はもうしたのかい．

ent·rüsten [エント・リュステン] **動**
憤慨させる．¶*sich⁴* über *et⁴ ent-
rüsten* 事⁴に憤激する．

ent·schädigen [エント・シェーディゲ
ン] **動** 償いをする《*j⁴* für *et⁴* 人⁴に
事⁴の》．¶Die Opfer der Katastro-
phe wurden großzügig *entschä-
digt*. 大災害の犠牲者たちは大規模
な補償を受けた．**Ent·schädi-
gung** [エント・シェーディグング] **女**-/
-en 賠償，補償《für *et⁴* 物⁴に対する》．

ent·scheiden* [エント・シャィデン]
entschied, entschieden **動** 1 決
定する，(事⁴の)決着をつける．¶*sich⁴
entscheiden* いずれかに決める．/
sich⁴ für *j⁴/et⁴* (gegen *j⁴/et⁴*)
entscheiden 人⁴・事⁴に賛成(人⁴・
事⁴に反対)と決める．♦Das Gericht
wird den Fall *entscheiden*. 裁
判所がこの件を決定することになる．/
Für welchen Bewerber ent-
scheiden wir uns nun? どの応募
者に決めようか．2 決定する《über
et⁴ 事⁴を》．¶Wer *entscheidet*
über den Verkauf der Firma?
会社の売却を決定するのは誰ですか．
ent·scheidend [エント・シャィデント]

E

1 形 決定的な。**2** entscheiden の現在分詞。**Ent·scheidung** [エント・シャイドゥング] 女-/-en 決定, 決心《über et⁴ 事⁴に関する》。**ent·schieden** [エント・シーデン] **1** 形 断固とした;明確な。¶Einen Kompromiss lehnte er entschieden ab. 彼は妥協を断固拒否した。**2** entscheiden の過去分詞。

ent·schließen* [エント・シュリーセン] du/er entschließt; entschloss, entschlossen 動 sich⁴ zu et³ (dazu, ... zu +不定詞) entschließen 事³をしようと(…をしようと)決心する。¶Sie entschloss sich zu einer Scheidung. 彼女は離婚することを決心した。/ Sie konnte sich nur schwer dazu entschließen, noch einmal zu heiraten. 彼女はもう一度結婚したものかなかなか決心がつかなかった。

ent·schlossen [エント・シュロッセン] **1** 形 決然とした、確固とした。**2** entschließen の過去分詞。**Ent·schlossen·heit** [エントシュロッセン・ハイト] 女-/ 断固とした決意、確固とした意志。¶Man bewundert allgemein die Entschlossenheit des Kanzlers. 一般に人々は首相の断固たる意志に感嘆している。**Ent·schluss** [エント・シュルス] 男-es/ Ent·schlüsse [エント・シュリュッセ] 決心,決断,決意。¶Hoffentlich bleibt er bei seinem Entschluss. 彼が決心を変えなければいいが。

ent·schuldigen [エント・シュルディゲン] 動 許す;言い訳する、正当化する;(人⁴の)欠席を届ける。¶sich⁴ bei j³ für et⁴ entschuldigen 人³に事⁴を詫びる。♦ Sein Verhalten lässt sich durch nichts entschuldigen. 彼の態度は如何にしても正当化されえない。(⇒verzeihen) **Ent·schuldigung** [エント・シュルディグング] 女-/-en 許し;弁解;欠席届。

「失礼」、「ごめんなさい」にあたる表現は Entschuldigen Sie, bitte! や Entschuldigung!

である。これらはものを訊ねるため「失礼ですが」と言うときにも使える。同じ用法に Verzeihen Sie, bitte! や Verzeihung! もあるが、前者の方がより一般的。軽く「ごめんなさい」と言う場合には Pardon! がある。

ent·setzen [エント・ゼッツェン] 動 (人⁴に)大きな不快感を与える、仰天(ぎょうてん)させる。¶sich⁴ entsetzen びっくりする。♦ Der Mord an den Schulkindern hat uns alle entsetzt. 小学生たちに対する殺人はわれわれすべてを慄然とさせた。/ Er entsetzte sich über die Schulden seines Sohnes. 彼は息子の借金に仰天した。**Ent·setzen** [エント・ゼッツェン] 中-s/ 大きな不快感,(不快・恐怖に満ちた)驚き。

entsetz·lich [エントゼッツ・リヒ] 形 きわめて不快な、驚きに唖然とするような、恐ろしい。¶Wir hatten entsetzliches Wetter (Das Wetter war entsetzlich). とんでもない悪天候だった。/ Sie ist entsetzlich geizig. 彼女は恐ろしくけちだ。

ent·setzt [エント・ゼッツト] **1** 形 不快感(驚き・恐怖)におそわれた。**2** entsetzen の過去分詞。

ent·sorgen [エント・ゾルゲン] 動 (廃棄物などを)処理する。

ent·spannen [エント・シュパネン] 動 リラックスさせる。¶sich⁴ entspannen リラックスする;沈静化する。♦ In der Dampfsauna kann ich mich wunderbar entspannen. スチームサウナに入ると私は素晴らしくリラックスできる。**Ent·spannung** [エント・シュパヌング] 女-/-en リラックス,緊張緩和。

ent·sprechen* [エント・シュプレッヒェン] es entspricht; entsprach, entsprochen 動 (物³に)相応する、合致する;(希望³・期待³)に沿う。¶ Der Entwurf entspricht ganz unseren Wünschen. この設計図は完全にわれわれの希望に合致している。/ Was er sagt, entspricht nicht den Tatsachen. 彼の言っていることは事実に対応していない. **ent· sprechend** [エント・シュプレッヒェント] **1**形 (物³に)相応した, 合致した; (希望・期待)に沿った. ¶Die Witwe des Opfers erhält eine *entsprechende* Entschädigung. 犠牲者の寡婦はそれ相応の損害賠償を受け取る. / Der Weisung des Bankkunden *entsprechend* wurde die Geheimzahl geändert. 銀行の顧客の指示に応じて暗証番号が変更された. **2** entsprechen の現在分詞.

ent·springen* [エント・シュプリンゲン] entsprang, entsprungen 動 (s) (物³から)発する, 生じる. ¶Der Rhein *entspringt* in der Schweiz. ライン河はスイスに発する.

ent·stehen* [エント・シュテーエン] entstand, entstanden 動 (s) 発生する, 生じる, 出現する. ¶Neben dem Park *entstand* ein großer Kinderspielplatz. 公園のならびに大きな子供の遊び場が出現した. **Ent·stehung** [エント・シュテーウング] 女-/-en 発生, 出現, 成立; 起源.

ent·stellen [エント・シュテレン] 動 (物⁴の)形を損なう, 醜くする. ¶Die Brandnarben *entstellten* ihn fürchterlich. やけどの跡が彼の容姿をひどく損ねた.

ent·täuschen [エント・トイシェン] 動 がっかりさせる; (信頼・期待を)裏切る. ¶Ich werde dich nicht *enttäuschen*. 君を失望させるようなことはしないから[大丈夫だよ]. **Ent·täuschung** [エント・トイシュング] 女-/-en 失望, 落胆, 幻滅.

ent·weder [エント・ヴェーダァ] 接 《並列. entweder ..., oder ... の形で》…かまたは…の一方, …かさもなければ…. ¶*Entweder* du lernst ordentlich, oder wir nehmen dich von der Schule. お前がしっかり勉強するか, さもなければお前に学校を止めさせるか, そのどちらかだ.

ent·werfen* [エント・ヴェルフェン] *du* entwirfst, *er* entwirft; entwarf, entworfen 動 立案(企画)する, 設計する.

ent·werten [エント・ヴェーアテン] 動 (物⁴を)失効させる, (郵便切手などに)押印する, (乗車券に)入鋏(ᵏᵘ³)する. ¶Ihre Fahrkarte ist schon *entwertet*, wie kommt das? あなたの切符はもう入鋏済みです, どういうわけですか.

ent·wickeln [エント・ヴィッケルン] 動 発生させる; 発展させる, 開発する; 現像する. ¶*sich⁴ entwickeln* 生じる, 成長する, 発展する ◆ Wir müssen ein neues Konzept für den Wahlkampf *entwickeln*. われわれは選挙戦のための新しいコンセプトを開発しなければならない. / Das Medikament wurde von der Firma B. *entwickelt*. この薬はB社によって開発された. / Ist mein Film schon *entwickelt*? 私の写真はもう現像されていますか. / Das Kind *entwickelte* sich prächtig. 子供は立派に成長した. **Ent·wicklung** [エント・ヴィックルング] 女-/-en 発展, 発生, 成長. **Entwicklungs· land** [エントヴィックルングス・ラント] 中 -[e]s/Entwicklungs·länder [エントヴィックルングス・レンダァ] 発展途上国.

Ent·wurf [エント・ヴルフ] 男 -[e]s/Ent·würfe [エント・ヴュルフェ] 立案, 企画, デザイン, 設計. ¶Die Opposition hatte an dem *Entwurf* viel auszusetzen. 野党はその立案に大いに文句があった.

ent·ziehen* [エント・ツィーエン] entzog, entzogen 動 (人³に物⁴を)与えない; (人³から物⁴を)取り上げる. ¶*sich⁴ et³ entziehen* 義務など³を果たさない. ◆ Vergeblich versuchte er, sich seiner Verantwortung zu *entziehen*. 彼は自分の責任を逃れようとしたが無駄だった.

ent·zücken [エント・ツュッケン] 動 魅惑する, 恍惚とさせる. **ent·zückend** [エント・ツュッケント] **1**形 魅惑的な, 恍惚とさせる, すばらしい. **2** entzücken の現在分詞.

ent·zünden [エント・ツュンデン] 動 *sich⁴ entzünden* 炎症を起こす.

Ent·zündung [エント・ツュンドゥング] 女-/-en 〖医療〗炎症.

ent·zwei [エント・ツヴァイ] 形《述語的用法のみ》二つに割れた(折れた・裂けた);壊れた. ¶Der Teller ist *entzwei*. お皿が割れた. **entzwei gehen*** [エントツヴァイ・ゲーエン] ging entzwei, entzweigegangen 動 (s) 二つに割れる(折れる・裂ける);壊れる.

Epoche [エポッヘ] 女-/-n エポック, [新]時代. ¶Nach 1945 begann für Europa eine *Epoche* des Friedens. 1945年以後ヨーロッパにとって平和の新時代が始まった. / Der Fall der Berliner Mauer war der Beginn einer neuen *Epoche*. ベルリンの壁の崩壊は新しいエポックの始まりであった.

er [エーァ] 代《人称. 3人称・単数・男性の1格》彼;(男性名詞を受けて)これ, それ, あれ. ¶Was ist Heinz? – *Er* ist Arzt. ハインツの職業は？－彼は医者です. / Wie viel hat der Mantel gekostet? – *Er* war sehr teuer, fast 2.000 Euro. このコートはいくらでしたか？－これは高かったですよ,2,000ユーロ近くはしました.(⇒ich)

Er [エーエル] 〖元素記号〗エルビウム.

er- 《常にアクセントをもたず非分離動詞をつくる前つづり》【獲得・達成】*er*reichen 到達(達成)する;【開始】*er*kranken 病気になる;【破滅・破壊】*er*schießen 射殺する.

Er·achten [エァ・アハテン] 中-s/ Meines *Erachtens* hat er völlig korrekt gehandelt. 私が思うに彼は全く正しく行動した.

Er·barmen [エァ・バルメン] 中-s/ 同情《mit j³ 人³に対する》. ¶Die Terroristen kannten kein *Erbarmen*. テロリストたちには情けと言うものがなかった. **erbärm·lich** [エァベルム・リヒ] 形 哀れな, みじめな. ¶Er sieht wirklich *erbärmlich* aus. 彼は本当にみじめな様子をしている.

er·bauen [エァ・バォエン] 動 (比較

的大きい建造物を)建設する. ¶Rom ist nicht an einem Tag *erbaut* worden. ローマは一日にしてならず(＝作り上げられたのではない).

¹**Erbe** [エルベ] 男-n/-n (男性の)相続人.(⇒Erbin)

²**Erbe** [エルベ] 中-s/ 遺産.

erben [エルベン] 動 遺産相続する;(遺伝的に)受けつぐ. ¶Sie hat das gesamte Vermögen ihrer Tante *geerbt*. 彼女はおばの全財産を相続した.

Erbin [エルビン] 女 -/Erbinnen [エルビネン] (女性の)相続人.(⇒¹Erbe)

erb·lich [エルプ・リヒ] 形 相続の(による);遺伝の(による).

er·blicken [エァ・ブリッケン] 動 眼にする, 認める. ¶見なす《in j³/et³ j⁴/et⁴ 人³・物³を人⁴・物⁴と》. ♦Zum ersten Mal seit langer Zeit *erblickte* er einen wunderschönen Regenbogen. 彼は久し振りに素晴らしく美しい虹を見た. / In diesem Projekt *erblicke* ich einen großen Vorteil für uns. このプロジェクトはわれわれにとって大きな利益だと思う.

er·brechen* [エァ・ブレヒェン] *du* erbrichst, *er* erbricht; erbrach, erbrochen 動 吐く. ¶*sich⁴* erbrechen 嘔吐(む)する.

Erb·schaft [エルプ・シャフト] 女-/-en 遺産[相続].

Erbse [エルプセ] 女-/-n 〖植物〗エンドウ[マメ].

Erd·apfel [エーァト・アプフェル] 男-s/ Erd·äpfel [エーァト・エプフェル] 〖オースリ〗ジャガイモ.(⇒Kartoffel)

Erd·beben [エーァト・ベーベン] 中 -s/- 地震.

Erd·beere [エーァト・ベーレ] 女 -/-n 〖植物〗イチゴ[の実].

Erde [エーァデ] 女-/ 土壌;大地;地球. ¶Auf dieser sandigen *Erde* gedeiht nur Unkraut. この砂質の土壌には雑草しか生えない. / Die Ureinwohner begnügten sich mit dem, was Mutter *Erde* ihnen schenkte. 原住民は母なる大地

が贈ってくれたもので満足していた. /
Die *Erde* dreht sich um die
Sonne. 地球は太陽の周りを回る.

Erd·gas [エーァト・ガース] 中-es/ 天
然ガス.

Erd·geschoss [エーァト・ゲショス]
中-es/-e 一階.

Erd·kunde [エーァト・クンデ] 女 -/
地理学.

Erd·nuss [エーァト・ヌス] 女-/Erd-
nüsse [エーァト・ニュセ] 〖物〗ピーナッ
ツ.

Erd·öl [エーァト・エール] 中-[e]s/ 石
油.

er·drücken [エァ・ドゥリュッケン] 動
圧死させる;(人⁴の)心の重荷になる.
¶Seine Sorgen werden ihn
noch *erdrücken*. 心配事は彼の心
をますます重くするだろう.

Erd·teil [エーァト・タイル] 男 -[e]s/-e
大陸.

er·eignen [エァ・アイグネン] 動
sich⁴ ereignen 起る. ¶Der Un-
fall *ereignete* sich in den frühen
Morgenstunden. 事故は早朝に起
こった.

Er·eignis [エァ・アイグニス] 中 -ses/
-se 出来事;大事件.

¹**er·fahren*** [エァ・ファーレン] *du* er-
fährst, *er* erfährt; erfuhr, er-
fahren 動 聞いて知る,聞かされる
《*et⁴*/von *et³* 事⁴・事³を》;経験す
る. ¶Näheres konnten wir noch
nicht *erfahren*. これ以上詳しいこと
はまだ知ることができなかった. /
Der Trainer *erfuhr* von seiner Ent-
lassung aus der Presse. 監督は新
聞を通じて自分が解雇されたことを知
った. / Was er erzählte, hatte er
am eigenen Leibe *erfahren*. 彼
の話したことは,彼がわが身で経験した
ことだ. (⇒erleben) ²**er·fahren**
[エァ・ファーレン] 1形 経験を積んだ,
経験豊かな. ¶Er ist ein *erfahre-
ner* Trainer. 彼は経験豊富な監
督だ. 2 ¹erfahrenの過去分詞. **Er·
fahrung** [エァ・ファールング] 女 -
/-en 経験. (⇒Erlebnis)

er·fassen [エァ・ファッセン] 動 つか

む,とらえる;把握する;考慮に入れる;
〖電算〗インプットする.

er·finden* [エァ・フィンデン] er-
fand, erfunden 動 発明する;でっ
ち上げる. ¶Er hat das Pulver
nicht gerade *erfunden*. 〖くだけた表現〗彼
はあまりお利口でない.

Er·findung [エァ・フィンドゥング] 女
-/-en 発明;発明品;でっちあげ. ¶
Die *Erfindung* wurde sofort
beim Patentamt angemeldet.
その発明は直ちに特許庁に届出された.

Er·folg [エァ・フォルク] 男 -[e]s/-e
成果;成功. ¶Das Konzert war
ein voller *Erfolg*. コンサートは大
成功だった. **erfolg·reich** [エァフ
ォルク・ライヒ] 形 成果の多い.

erforder·lich [エァフォルダァ・リヒ]
形 必要な. ¶Die *erforderlichen*
Unterlagen werde ich nachrei-
chen. 必要書類は後から提出するこ
とにします. **er·fordern** [エァ・フ
ォルデルン] 動 必要とする,要求する.

er·forschen [エァ・フォルシェン] 動
研究する,調査する.

er·freuen [エァ・フロイエン] 動 喜ば
せる. **erfreu·lich** [エァフロイ・リ
ヒ] 形 喜ばしい,嬉しい. ¶Endlich
mal eine *erfreuliche* Nachricht!
やれやれやっと嬉しい知らせだ. **er·
freut** [エァ・フロイト] 1形 喜んでい
る《über *et⁴* 事⁴に》,嬉しそうな. 2
erfreuen の過去分詞.

er·frieren* [エァ・フリーレン] erfror,
erfroren 動 (s) 凍死する.

er·frischen [エァ・フリッシェン] 動
さわやかに(きりっと)させる. ¶*sich⁴
erfrischen* さっぱり(すっきり)す
る. **Er·frischung** [エァ・フリシュン
グ] 女 -/-en **, Erfrischungs·
getränk** [エァフリシュングス・ゲトゥレン
ク] 中-[e]s/-e 清涼飲料.

er·füllen [エァ・フュレン] 動 満たす;
果たす,実現する. **Er·füllung** [エ
ァ・フュルング] 女-/-en やりがい;実
現,実行. ¶Hoffentlich geht dein
Wunsch in *Erfüllung*. 君の願い
が実現するといいのだが.

Erfurt [エァフルト] 中-[s]/ 〖地名〗エア

152

フルト(ドイツ連邦共和国チューリンゲン州 Freistaat Thüringen の州都).

er・gänzen [エァ・ゲンツェン] 動 補って完全にする《um et⁴ 物⁴の分だけ》. ¶ *sich⁴ ergänzen* 補い合う. ◆ Sein Stellvertreter und er *ergänzen* sich prächtig. 彼の代行者と彼とは見事に補い合っている. **Er・gänzung** [エァ・ゲンツング] 囡-/-en 補足,補完;《文法》補足語.

¹**er・geben*** [エァ・ゲーベン] *du* ergibst, *er* ergibt; ergab, ergeben 動(事⁴という)結果を生み出す. ¶ *sich⁴ ergeben* 結果として生じる;(人³に)身も心も捧げる,降服(投降)する. ◆ Alle Nachforschungen haben bisher nichts *ergeben*. あらゆる調査もこれまでのところ何の結果も生み出さなかった. / Daraus *ergeben* sich für den Kunden viele Vorteile. そこからは顧客にとってたいへんな利益が生じる. / Der Gegner will sich offenbar nicht *ergeben*. 相手は明らかに降伏の意思がない. ²**er・geben** [エァ・ゲーベン] **1** 形 服従した;従順な. **2** ¹ergeben の過去分詞.

Ergeb・nis [エァゲープ・ニス] 中 Ergeb・nisses [エァゲープ・ニセス] /Ergeb・nisse [エァゲープ・ニセ] 結果,成果.

er・giebig [エァ・ギービヒ] -e [エァ・ギービゲ] 形 豊富な;実り豊かな.

er・greifen* [エァ・グライフェン] ergriff, ergriffen 動 つかむ;とらえる;(人⁴の)心をゆさぶる. ¶ *j⁴ an (bei) der Hand ergreifen* 人⁴の手をとる. ◆ Der Bankräuber wurde noch am gleichen Tag *ergriffen*. 銀行強盗はその日のうちに捕まえられた.

Er・halt [エァ・ハルト] 男-[e]s/ 受け取り,領収;保存,維持. ¶ Hiermit bestätige ich den *Erhalt* Ihres Schreibens. これをもって貴信受領を証します.

er・halten* [エァ・ハルテン] *du* erhältst [エァヘルツト], *er* erhält; erhielt, erhalten 動 もらう,受けとる;保持(保存)する. ¶ Für seine Verdienste *erhält* er einen Orden. 彼はその功績に対して勲章が与えられる. / Unser Schreiben muss er inzwischen *erhalten* haben. この間に彼はわれわれの書簡を受け取ったはずだ. / Betrag dankend *erhalten*! 払い込み金額有難く拝受致しました. **erhält・lich** [エァヘルト・リヒ] 形 入手できる,購入可能な.

er・heben* [エァ・ヘーベン] erhob, erhoben 動 高く上げる;申し立てる. ¶ *sich⁴ erheben* 立ち(起き)上がる;暴動(反乱)を起こす. **erheb・lich** [エァヘープ・リヒ] 形 著しい.

er・heitern [エァ・ハイテルン] 動 明るい気分にさせる,うきうきさせる.

er・hellen [エァ・ヘレン] 動 明るくする;明らかにする.

er・hitzen [エァ・ヒッツェン] 動 熱する. ¶ *sich⁴ erhitzen* (人¹の)身体がほてる.

er・höhen [エァ・ヘーエン] 動 高くする,上げる. ¶ *sich⁴ erhöhen* 高くなる,上がる. ◆ Die Zinsen werden schon wieder *erhöht*. 利子がまたもや値上げされる. / Wer sich selbst *erhöht*, wird erniedrigt werden. 《バイブル》だれでも高ぶる者は低くされる.

er・holen [エァ・ホーレン] 動 *sich⁴ erholen* 元気を取りもどす. / *sich⁴ von einer schweren Krankheit (von den Strapazen der Reise) erholen* 重病から立ちなおる(旅の疲れがとれる). ¶ Habt ihr euch im Urlaub gut *erholt*? 休暇にはしっかり元気を取りもどしたかい. **Er・holung** [エァ・ホールング] 囡-/ 保養,静養. ¶ zur *Erholung* fahren リクリエーションの旅に出る. ◆ Sie brauchen unbedingt *Erholung*. あなたは絶対に休養が必要だ.

er・innern [エァ・イネルン] 動 思い出させる,思い起こさせる《j⁴ an et⁴ 人⁴に事⁴を》. ¶ *sich⁴ an et⁴ erinnern* 事⁴を思い出す,思い起こす. ◆ Kannst du mich morgen noch

153

einmal daran *erinnern*? あした もう一度私にそれを思い出させてくれ ないか. / Der Angeklagte kann sich an nichts *erinnern*. 被告人 は何も思い出せない.

Er·innerung [エァ・イネルング] 女-/ -en 記憶[力], 思い出.

er·kälten [エァ・ケルテン] 動 *sich⁴ erkälten* 風邪をひく. ¶Zieh dich warm an, sonst *erkältest* du dich noch! 暖かく着込みなさい, さも ないと風邪をひくよ. **er·kältet** [エァ・ケルテット] **1**形 風邪をひいた. **2** erkälten の過去分詞.

Er·kältung [エァ・ケルトゥング] 女-/ -en 風邪. ¶eine *Erkältung* ha-ben 風邪をひいている.

er·kennen* [エァ・ケネン] erkann-te, erkannt 動 (物⁴・事⁴の実態につ いて)識(し)る, 認識する, 識別する. ¶ Der Fahrer des Busses *erkann-te* die Gefahr gerade noch rechtzeitig. バスの運転手はかろうじ て危険に気づくのに間に合った. (⇒ kennen, wissen) **Er·kennt-nis** [エァ・ケントニス] 女-/Er·kennt-nisse 知識, 認識.

er·klären [エァ・クレーレン] 動 説明 する; 宣言(言明)する. ¶*sich⁴ erklä-ren* 説明がつく《*aus et³* 事³か ら》. / *sich³ zu et³* (... zu + 不定詞) *bereit erklären* 事³(…) をする用意があるという態度を明らかに する. ◆Unser Lehrer kann sehr anschaulich *erklären*. ぼくらの 先生はとても具体的に説明することの できる人だ. / Zu weiteren Zuge-ständnissen(Weiteres zuzugeste-hen) wollte er sich nicht be-reit *erklären*. 彼はこれ以上の譲歩 を表明する意志はなかった. (⇒erläu-tern) **erklär·lich** [エァクレーァ・リ ヒ] 形 説明がつく.

Er·klärung [エァ・クレールング] 女-/ -en 説明; 宣言, 言明.

er·kundigen [エァ・クンディゲン] 動 *sich⁴* nach *j³/et³ erkundigen* 人³・事³についてたずねる, 問い合わせ る. ¶Sie hat sich sehr freund-

lich nach dir *erkundigt*. 彼女は とても親身に君のことを聞いていたぜ.

er·lauben [エァ・ラォベン] 動 (人³に 事⁴を)許す, 可能にする. ¶*sich³ et⁴ erlauben* あえて事⁴をする. ◆Wer hat dir das *erlaubt*? 誰がお前に そんなことを許したのだ. / Was er sich so alles *erlaubt*, ist schon unverschämt. 彼のやりたい 放題はそれだけでも図々しいの極みだ. (⇒genehmigen) **Er·laubnis** [エァ・ラォプニス] 女-/Er·laubnisse 許可, 同意.

er·läutern [エァ・ロイテルン] 動 説明 する. ¶Lassen Sie mich diesen Punkt etwas näher *erläutern*! この点について私に少し詳しく説明させ てください. (⇒erklären) **Er·läu-terung** [エァ・ロイテルング] 女-/-en 説明, 解説, 注釈.

er·leben [エァ・レーベン] 動 体験す る. ¶Na, was habt ihr so alles im Urlaub *erlebt*? 休暇中に君ら はどんなことを体験したのですか. / So etwas *erlebt* man nicht alle Ta-ge. そんなことは滅多に体験するもの ではない. (⇒erfahren) **Erleb·nis** [エァレープ・ニス] 中 Erleb·nis-ses/Erleb·nisse [エァレープ・ニセ] 体 験. (⇒Erfahrung)

er·ledigen [エァ・レーディゲン] 動 (仕事・問題などを)片づける, 処理し終 える. ¶Heute habe ich etwas in der Stadt zu *erledigen*. きょう 私は町で片づける用事がある. **er·le-digt** [エァ・レーディヒト] **1**形 解決済 みの; 疲れ果てた. **2** erledigen の過 去分詞.

er·leichtern [エァ・ラィヒテルン] 動 (人³の事⁴を)軽減する, 容易にする; 安 堵(あんど)させる. **er·leichtert** [エ ァ・ラィヒテルト] **1**形 ほっとした. **2** erleichtern の過去分詞. **Er·leichterung** [エァ・ラィヒテルング] 女-/ 安堵.

er·leiden* [エァ・ラィデン] erlitt, er-litten 動 (心身の苦痛・不快)を受け る, 耐える; (損害などを)蒙(こうむ)る. ¶ Der Verunglückte *erlitt* große

Schmerzen. 事故の負傷者はひどい苦痛を味わった. / Im Endspiel *erlitt* er eine klare Niederlage. 最終戦で彼はまごうことのない敗北を喫した.

er·lernen [エァ・レルネン] **動** 習得する.

Er·lös [エァ・レース] **男** -es/-e 収益. **er·lösen** [エァ・レーゼン] **動** 救う《von *et³* 事³から》.

er·mahnen [エァ・マーネン] **動** (人⁴に)強く注意する. ¶*j⁴* zu *et³* ermahnen (... zu +不定詞) 人⁴に事³を(…を)するようにと注意する. ◆ Wie oft muss ich euch noch *ermahnen*, besser aufzupassen? もっと気をつけるようにとあと何回言ったらいいんだ.

er·mäßigen [エァ・メースィゲン] **動** 値引きする. **Er·mäßigung** [エァ・メースィグング] **女** -/-en 値引き, 割引き. ¶eine *Ermäßigung* von 20% 20パーセントの割引き.

er·messen* [エァ・メッセン] *du/er* ermisst; ermaß [エァ・マース], ermessen **動** 評価する.

er·mitteln [エァ・ミッテルン] **動** 調査する;捜査する. **Er·mittlung** [エァ・ミットルング] **女** -/-en 調査;捜査, 取 調べ. ¶Die Staatsanwaltschaft hat *Ermittlungen* angeordnet. 検察庁は捜査を指示した.

er·möglichen [エァ・メークリヒェン] **動** (人³に事⁴を)可能にしてやる. ¶Sein Onkel *ermöglichte* ihm ein Studium in Deutschland. おじは彼にドイツの大学で学ぶことを可能にしてやった.

er·morden [エァ・モルデン] **動** 殺害する.

er·müden [エァ・ミューデン] **動** 疲れさせる. ¶Die allzu lange Autofahrt *ermüdet* einen. 極端に長いドライブは人に睡魔を誘う.

er·muntern [エァ・ムンテルン] **動** 元気(活気)づける. ¶*j⁴* zu einem neuen Versuch (... neu zu versuchen) *ermuntern* 人⁴を激励して新たな試みをさせる.

er·nähren [エァ・ネーレン] **動** (人⁴に)栄養分を与える;扶養する. ¶Von diesem geringen Einkommen muss er sechs Leute *ernähren*. このわずかな収入で彼は6人を養わねばならぬ. **Er·nährung** [エァ・ネールング] **女** -/ 栄養(滋養)分, 食物;扶養, 養育. ¶Sie legt größten Wert auf eine gesunde *Ernährung*. 彼女は健康な食物に一番の価値を置いている.

er·nennen [エァ・ネネン] ernannte, ernannt **動** 任命(指名)する《*j⁴* zu *et³* 人⁴を役職³に》. ¶Der Minister *ernannte* ihn zum Sonderbotschafter. 大臣は彼を特派大使に任命した.

er·neut [エァ・ノイト] **形** あらためて. また.

ernst [エルンスト] **形** きまじめな, 真剣な;深刻な. ¶Er hat *ernste* Absichten. 彼は本気だ. / Warum ist er nur immer so *ernst*? なぜ彼はいつもあんなにくそ真面目なんだろう. / Die Lage wird immer *ernster*. 状況は深刻になるばかりだ. **Ernst** [エルンスト] **男** -es/ 生真面目, 真剣;深刻. ¶im *Ernst* 本気で. ◆ Das ist doch wohl nicht dein *Ernst*. あれはまさか本気ではなかろうな. **ernst·haft** [エルンスト・ハフト] **形** 生真面目な, 本気の, 真剣な;深刻な.

Ernte [エルンテ] **女** -/-n (農作物の)収穫;収穫量;成果. **ernten** [エルンテン] **動** (農作物を)取り入れる, 刈り入れる;受ける.

er·obern [エァ・オーベルン] **動** 占領する;征服する.

er·öffnen [エァ・エッフネン] **動** 開く, オープンする, 開会する;(人³に事⁴を)打ち明ける. ¶*sich⁴ j³* (für *j⁴*) *eröffnen* 人³(人⁴)に(新たな展望・可能性などが)開かれる. ◆ Mit dem Lottogewinn *eröffnete* sich ihm die Aussicht auf ein angenehmes Leben. ロトくじに当籤(とうせん)したことで彼にはゆったりした生活への展望が開けた. **Er·öffnung** [エァ・

エッフヌング] **囡**-/-en オープン，オープ
ニング，開会，開店，開場；開設．

er・örtern [エァ・エルテルン] **囹**論議
する，討議する．**Er・örterung** [エ
ァ・エルテルング] **囡**-/-en 論議，討議．

erotisch [エローティシュ] **圏** エロチッ
クな；官能的な．

er・pressen [エァ・プレセン] **勔** 恐喝
（;5ぅ）する；ゆすり取る《von j³ 人³
から》．¶Er blieb standhaft und
ließ sich nicht *erpressen*. 彼は
毅然とした態度を崩さず，恐喝には負け
なかった．**Er・pressung** [エァ・プ
レッスング] **囡**-/-en 恐喝，ゆすり．

er・raten* [エァ・ラーテン] *du* er-
rätst [エァ・レット] , *er* errät；er-
riet, erraten **勔** 言い当てる．¶*Er-
rätst* du, was er will? 彼が何
を目論んでいるかわかるか．/ Seine
wahre Absicht ist schwer zu *er-
raten*. 彼の真の意図を察知すること
は難しい．

er・regen [エァ・レーゲン] **勔** 興奮さ
せる；ひき起こす．¶Der Skandal *er-
regte* viel Aufsehen. そのスキャ
ンダルは大センセーションを巻き起こし
た．**er・regt** [エァ・レークト] **1圏**
興奮した．**2** erregen の過去分詞．
Er・reger [エァ・レーガァ] **團**-s/-
病原体．**Er・regung** [エァ・レーグン
グ] **囡**-/-en 興奮．

er・reichen [エァ・ライヒェン] **勔** （場
所⁴に）達する，届く；（人⁴に）電話の連
絡をとる；達成する．¶Er hat in sei-
nem Leben viel *erreicht*. Mit
noch größerem Fleiß hätte er
sogar noch mehr *erreichen* kön-
nen. 彼はその生涯に多くのことを達
成した．もっとゆまずやればもっと多
くを達成することもできただろうに．/
In wenigen Minuten *erreichen*
wir Köln. あとわずか[の時間]でケ
ルンに到着します．

er・richten [エァ・リヒテン] **勔** 建設
する，建立（ごり）する；組み立てる．

er・ringen* [エァ・リンゲン] errang，
errungen **勔** [やっと]勝ち取る．

Er・satz [エァ・ザッツ] **團**-es/ 代替
[物]，代理[人]；補償．¶Für den

Schaden leisten wir *Ersatz*. 損
害に対して私どもは補償を致します．
Ersatz・teil [エァザッツ・タイル] **电**
-[e]s/-e スペア．

er・schaffen* [エァ・シャフェン] er-
schuf，erschaffen **勔** 創造する．

er・scheinen* [エァ・シャイネン] er-
schien，erschienen **勔** 姿を現わ
す；出版される；（人³にとって）…のよう
に思われる．¶Die zweite Auflage
erscheint im April. 第2版は4
月に出版されます．/ Sein Verhal-
ten *erscheint* mir höchst ver-
dächtig. 私には彼の態度がきわめて
怪しく思われる．/ Sie *erschien* mit
reichlicher Verspätung. 彼女は
たっぷり遅刻して現れた．**Er・schei-
nung** [エァ・シャイヌング] **囡**-/-en
現象；出版．

er・schießen* [エァ・シーセン] er-
schoss，erschossen **勔** 射殺す
る．

er・schlagen* [エァ・シュラーゲン] er-
schlug，erschlagen **勔** なぐり殺
す．

er・schöpfen [エァ・シェップフェン]
勔 使い（汲み）尽くす；くたくたに疲れ
させる．**er・schöpft** [エァ・シェップ
フト] **1圏** くたくたに疲れて．¶Von
dem langen Flug war sie total
erschöpft. 長時間の飛行のおかげで
彼女は完全に疲れ果てた．**2** er-
schöpfenの過去分詞．**Er・schöp-
fung** [エァ・シェップフング] **囡**-/ 疲労
困憊（ぱい）．

¹er・schrecken* [エァ・シュレッケン]
du erschrickst，*er* erschrickt；
erschrak，erschrocken **勔** (s)
びっくり（ぎょっと）する．¶Als sie
den Einbrecher sah, *erschrak*
sie zutiefst. どろぼうを見て彼女は
びっくり仰天した．

²er・schrecken [エァ・シュレッケン]
勔 びっくり（ぎょっと）させる．

er・schüttern [エァ・シュッテルン] **勔**
ゆり動かす；動転させる；（人⁴に）ショッ
クを与える．¶Über den Tod sei-
ner Schüler ist er tief *erschüt-
tert*. 生徒たちの死に彼はひどいショ

ックを受けている. **Er・schütte-rung** [エァ・シュッテルング] 女 -/-en 震動；ショック.

er・schweren [エァ・シュヴェーレン] 動 困難にする. ¶Der Mangel an Fachkräften *erschwerte* die Arbeit. 熟練工不足が仕事を困難にした.

erschwing・lich [エァシュヴィング・リヒ] 形 どうやら費用が支払える.

er・setzen [エァ・ゼッツェン] 動 （物⁴の）代わりをする；補償（代替）する，弁償する. ¶Mangelnde Begabung *ersetzt* er durch Fleiß. 才能の欠如を彼は勤勉さで補っている. ／Nach dem Krieg mussten unsere Bäcker Roggenmehl durch Maismehl *ersetzen*. 戦後［ドイツの］パン屋はライ麦粉をトウモロコシ粉で代用しなければならなかった.

erst [エーァスト] 1《序数詞. 形容詞変化》第1番目の，最初の. ¶fürs *Erste* さしあたり. ◆Fritz ist der *erste* Mann in ihrem Leben. フリッツは彼女の人生で最初の男性である. ／Als *Erster* erreichte Hans das Ziel. 先頭でゴールに到達したのはハンスだった. 2 副 最初に，先頭で，はじめは；（…になって）はじめて；まだやっと，（…に）なったばかりで，（…を）したばかりで；《願望の文で》…であればよいのに. ¶Lass mich *erst* mal etwas ausruhen. まず少し休ませてくれ. ／Wir sind *erst* seit gestern hier. 私たちはきのうここに来たばかりだ. ／Hätte ich die Prüfung nur *erst* hinter mir! 試験がもう済んだのだといいのに［まだ済んでいない］.

er・staunen [エァ・シュタォネン] 動 驚嘆する《über et⁴ 事・物⁴に》.

erstaun・lich [エァシュタォン・リヒ] 形 驚くべき. ¶Der Neuling zeigte *erstaunliche* Ausdauer. 新人は驚くべき粘りを見せた. **er・staunt** [エァ・シュタォント] 1 形 驚いて［いる］. 2 erstaunen の過去分詞.

erstens [エーァステンス] 副 第1番目

に，はじめに. ¶*Erstens* regnet es, und zweitens habe ich keine Lust. 第一に雨が降っているし，第二にぼくにはその気がない.

Erster* [エーァスタァ] 男 女性 **Erste*** [エーァステ] 女《形容詞の名詞化》第一人者；（競技の）1着の人. ¶Und wer ist *Erster* (*Erste*) geworden? それで誰が1着になったんだい.

er・sticken [エァ・シュティッケン] 動 1（s）窒息する. ¶Bei dem Brand wären wir beinah *erstickt*. あの火事の際われわれはあやうく窒息するところだった. 2 窒息させる.

erst・klassig [エーァスト・クラスィヒ] -e [エーァスト・クラスィゲ] 形 第一級の. ¶Er ist ein *erstklassiger* Fachmann. 彼は第一級の専門家だ. ／Das Essen war alles andere als *erstklassig*. 食事は一級品とは似ても似つかぬものだった.

erst・mals [エーァスト・マールス] 副 はじめて.

er・strecken [エァ・シュトゥレッケン] 動 sich⁴ erstrecken 広がる. ／sich⁴ auf et⁴ erstrecken 物⁴に関係（関連）する.

Er・trag [エァ・トゥラーク] 男 -[e]s/Er・träge [エァ・トゥレーゲ] 収穫；収益.

er・tragen* [エァ・トゥラーゲン] du erträgst, er erträgt; ertrug, ertragen 動 （苦痛を）我慢する. ¶Diese Kälte ist kaum zu *ertragen*. この寒さはとてもではないが耐えられない. ／Geduldig *ertrug* sie die Launen ihres Chefs. 彼女は我慢強く部長の気まぐれに堪えた. **er・träg・lich** [エァトゥレーク・リヒ] 形 我慢できる.

er・trinken* [エァ・トゥリンケン] ertrank, ertrunken 動 （s）溺死する.

er・wachen [エァ・ヴァッヘン] 動 （s）目覚める.

¹er・wachsen* [エァ・ヴァクセン] du /er erwächst; erwuchs, erwachsen 動 （s）発生する；成長（生長）する. ¶zu j³/et³ *erwachsen*

成長して人³・物³になる. ◆ Daraus erwachsen Ihnen nur Vorteile. あなたにとってそこからは利益が生じるばかりです. **²er·wachsen** [エァ・ヴァクセン] **1** 形 成人した. ¶ erwachsen werden 成長(成人)する. ◆ Wann wirst du endlich erwachsen? いつになったらお前もいい加減にもう大人になるんだい. **2** ¹erwachsen の過去分詞.

Er·wachsener* [エァ・ヴァクセナァ] 男 (女性) **Er·wachsene*** [エァ・ヴァクセネ] 女《形容詞の名詞化》成人. ¶ Der Film ist nur für Erwachsene [geeignet]. この映画はもっぱら成人向きだ. **Erwachsenen·bildung** [エァヴァクセネン・ビルドゥング] 女 -/ 成人教育. ¶ Sie ist in der Erwachsenenbildung tätig. 彼女は成人教育に携わっている.

er·wägen* [エァ・ヴェーゲン] erwog, erwogen 動 考慮する, 吟味する. **Er·wägung** [エァ・ヴェーグング] 女 -/-en 考慮, 吟味.

er·wähnen [エァ・ヴェーネン] 動 (このついでに)触れて言う, 言及する. ¶ Einen solchen Plan hat er mit keinem Wort erwähnt. そのような計画について彼は一言も触れなかった. **Er·wähnung** [エァ・ヴェーヌング] 女 -/-en 軽く触れて言うこと, 言及.

er·wärmen [エァ・ヴェルメン] 動 あたためる. ¶ sich⁴ erwärmen あたたかになる. / sich⁴ für et⁴ erwärmen 物⁴に興味(好感)を持つ. ◆ Für diesen Vorschlag kann ich mich nicht erwärmen. 私はこの提案に興味が持てない.

er·warten [エァ・ヴァルテン] 動 期待する, 待ちうける. ¶ et⁴ nicht (kaum) erwarten können 事⁴が待ち遠しくて仕方がない. / von j³ et⁴ erwarten 人³から事⁴を期待する. ◆ So viel Gutes hätte ich nie von ihm erwartet. 彼にこれほどまでの長所があるとは思ってもいなかった. / Von ihm sollten wir nicht so viel erwarten. 彼にあまり期待す

べきではなかろう. / Die Kinder können die Feiertage kaum erwarten. 子供たちは祝日が待ち遠しくて仕方ない. **Er·wartung** [エァ・ヴァルトゥング] 女 -/-en 期待.

er·weisen* [エァ・ヴァイゼン] du/er erweist; erwies, erwiesen 動 証明する; (敬意・好意などを)示す. ¶ sich⁴ erweisen 証明される. / sich⁴ als ... erweisen …であることがわかる. ◆ Hunderte erwiesen dem Verstorbenen die letzte Ehre. 何百人もの人々が故人の葬儀に参列した(弔意を表した). / Er erwies sich als wahrer Virtuose auf dem Klavier. 彼はピアノの巨匠であることが実証された.

er·weitern [エァ・ヴァイテルン] 動 拡大(拡張)する. ¶ Er muss seinen Horizont noch erheblich erweitern. 彼はもっともっと視野を広げなくてはいけない.

er·werben* [エァ・ヴェルベン] du erwirbst, er erwirbt; erwarb, erworben 動 得る; 購入する. **erwerbs·los** [エァヴェルプス・ロース] 形 失業している.

er·widern [エァ・ヴィーデルン] 動 答える. ¶ auf et⁴ erwidern 事⁴に答える.

er·wischen [エァ・ヴィッシェン] 動 (どうやら)つかまえる, 入手する; (事⁴に)やっと間に合う. ¶ Lasst euch bloß nicht noch einmal hier erwischen! 二度とここでつかまえられるんではないぞ(ここへ来るんじゃないぞ). / Hast du noch Karten fürs Konzert erwischt? まだコンサートのチケットを入手することができたかい.

er·wünscht [エァ・ヴュンシュト] 形 期待どおりの; 歓迎されている. ¶ Die Experimente ergaben nicht das erwünschte Ergebnis. 実験は期待した結果を生まなかった. / Anregungen und Kritik sind durchaus erwünscht. 問題提起と批判は大いに歓迎します.

Erz [エーァツ] 中 -es/-e 鉱石.

er·zählen [エァ・ツェーレン] 動 物語る. ¶von *j³/et³ erzählen* 人³・事³について述べる. ◆*Erzähl das aber auf keinen Fall weiter!* このことは絶対他言するんじゃないぞ. / *Mein Bruder hat mir schon viel von Ihnen erzählt.* 兄はこれまでにあなたのことを沢山話してくれました. **Er·zählung** [エァ・ツェールング] 安 -/-en 物語, [短編]小説.

er·zeugen [エァ・ツォイゲン] 動 発生させる;生産する. **Er·zeugnis** [エァ・ツォイクニス] 中 Er·zeugnisses/Er·zeugnisse 生産物, 生産品.

er·ziehen* [エァ・ツィーエン] erzog, erzogen 動 教育する, しつける. ¶*Er erzieht die Kinder sehr streng.* 彼は子供たちをとても厳しく教育している. **Er·zieher** [エァ・ツィーァ] 男 -s/- (女性) **Er·zieherin** [エァ・ツィーエリン] 安 /Er·zieherinnen [エァ・ツィーエリネン] 教育者(教師・保育士なども).

Er·ziehung [エァ・ツィーウング] 安 -/-en 教育;しつけ. ¶*die Erziehung der Kinder* 子供の教育(しつけ). ◆*Er hat überhaupt keine Erziehung.* 彼は全く無教育だ.

es [エス] 代 1《人称. 3人称・単数・中性・1格, 4格. 中性名詞を受けて》これ, それ, あれ. ¶*Wem gehört das Grundstück? – Es gehört einer Firma.* この地所は誰のものですか? – これはある会社のものです. / *Wo ist mein Heft? – Aber du hast es doch in der Hand.* 私のノートはどこだ? – それは手に持っているじゃないか. 2《副文および zu +不定詞の先行詞として. es は文頭以外では省略される》¶*Es ist mir eine große Ehre, dass ich Sie heute persönlich kennen lernen darf* (*Es ist mir eine große Ehre, Sie heute persönlich kennen lernen zu dürfen*). ただし Dass ich Sie heute persönlich kennen lernen darf (Sie heute persönlich kennen lernen zu dürfen), ist mir eine große

Ehre. 本日あなたとお知り合いになれてとても光栄です. 3《天候・時間・日付・心理などを表す動詞(非人称動詞)の主語として》¶*Es regnet.* 雨が降っている. / *Es ist zehn Uhr.* 10 時である. 4《述語の代理》¶*Meine Frau ist darüber sehr glücklich. Ich bin es auch.* 家内はそれをたいへん喜んでいる. 私もそうだ.

Esel [エーゼル] 男 -s/- 《動》ロバ.

Espresso [エスプレッソ] 男 -[s]/-s エスプレッソ. ¶*Zwei Espresso, bitte!* エスプレッソを2杯お願いします.

ess·bar [エス・バール] 形 食用になる. ¶*essbare Pilze* 食用キノコ.

essen* [エッセン] *du/er* isst; aß, gegessen 動 1食べる. ¶*Damals hatten wir nur wenig zu essen.* 当時はほんのわずかしか食べるものがなかった. / *Wer nicht arbeitet, soll auch nicht essen.* 働かないものは食べてはいけない. 2食事をする. ¶*kalt* (*warm*) *essen* 調理しない食物をとる, ハム・チーズなどをパンにのせて食べる(温かく調理した食事を取る). / *zu Mittag* (*zu Abend*) *essen* 昼食(夕食)をとる.

Essen [エッセン] 中 -s/- 食べもの;食事. ¶*beim Essen sitzen* 食事をしている.

essenziell [エセンツィエル] 形 本質的な.

Essig [エッスィヒ] 男 -s/-e 酢.

Ess·löffel [エス・レッフェル] 男 -s/- テーブル(スープ)スプーン. **Ess·tisch** [エス・ティシュ] 男 -[e]s/-e 食卓. **Ess·zimmer** [エス・ツィマァ] 中 -s/- 食堂.

Es·zett [エス・ツェット] 中 -/- エスツェット(字母 ß の名称).

Etage [エタージュ] 安 -/-n (2階以上の)階. ¶*die erste Etage* 2階. (⇒Stock[werk], Geschoss).

Etappe [エタッペ] 安 -/-n 段階, 行程. ¶*Die Entwicklung des Kleinkindes vollzieht sich in mehreren Etappen.* 幼児の成育はいくつかの段階を追って進行していく. / *So,* die schwerste *Etappe* unserer Reise hätten wir geschafft. さあこれで私たちの旅の最も厳しい行程は乗り切ったぞ.

Etat [エター] **男**-s/-s (国家・自治体の)予算;(家計の)予算. ¶Zum Bau einer Sporthalle reicht der *Etat* der Stadt nicht. 体育館の建設には市の予算が足りない.

etc. [エト・ツェーテラ]〖略〗等々.＜ et cetera.

Ethik [エーティク] **女**-/ 倫理学;道徳. **ethisch** [エーティシュ] **形** 倫理学の;道徳上の. ¶Aus *ethischen* Gründen sind wir gegen das Klonen von Menschen. 倫理的な理由からわれわれは人間のクローンをつくることに反対だ.

Etikett [エティケット] **中**-[e]s/-e[n] (-s) (商品の)ラベル,値札. ¶Das Verfallsdatum steht unten auf dem *Etikett*. 賞味期限はラベルの下の方に記載してあります.

Etikette [エティケッテ] **女**-/-n 《ふつう**複**なし》エチケット.

et・liche [エト・リヒェ] **数** 《不定》若干の;2, 3の.

etwa [エトヴァ] **副** 約;例えば;まさか…では[ないでしょうね]. ¶Wenn man Japan *etwa* mit den USA gleichsetzt, ... 日本を例えばアメリカと同列に置くと…. ◆Sie ist *etwa* dreißig. 彼女はおおよそ30歳だ. / Hast du *etwa* Fieber? まさか熱があるというわけではないだろうね. / Du hast doch nicht *etwa* unseren Hochzeitstag vergessen? あなたはよもや私たちの結婚記念日を忘れてはいませんよね.

etwas [エトヴァス] **代** 《不定. 無変化. 略：was》**1** 何かあるもの(こと);相当な人物,かなり重要なこと. ¶Ich habe euch *etwas* mitgebracht. お前たちにあるものを持ってきてやったぞ. / Er hat *etwas* gegen uns. 彼は何か私たちに含むところがある. / Es muss *etwas* geschehen. 何かが起るにちがいない,何か手を打たなければならない. / Es

liegt *etwas* in der Luft. 何か起りそうな気配だ. / Ist *etwas* für mich da? 私の分はありますか? / Hast du *etwas* zu trinken? 何か飲むものはありますか. **2** **数**《少量の不特定の数量を表して》いくらかの,多少の. ¶Er kann *etwas* Deutsch. 彼はいくらかドイツ語ができる. / Es ist *etwas* wärmer geworden. いくらか暖かくなった. / Haben Sie *etwas* Geld? 多少のお金はお持ちですか? / Bitte, *etwas* lauter! もう少し大きい声で願います. **3**《名詞化した強変化・中性・単数の形容詞をともなって》何か…なもの(こと). ¶*etwas* Nettes 何か楽しいこと(もの):

1格	etwas Nettes
2格	—
3格	etwas Nettem
4格	etwas Nettes

EU [エーウー] **女**-/ ヨーロッパ連合(＝ die **E**uropäische **U**nion).

euch [オイヒ] **代** **1**《人称. 2人称・複数 ihr の3,4格》君たちに;君たちを. **2**《再帰》君たち自身に;君たち自身を. **3**《相互》君たち同士に;君たち同士を.(⇒ich, sich)

euer [オイァ] **1** **代** 《所有. 2人称・複数 ihr に対応して》君たちの.

	男性	女性
1格	euer	eu[e]re
2格	eu[e]res	eu[e]rer
3格	eu[e]rem	eu[e]rer
4格	eu[e]ren	eu[e]re

	中性	複数
1格	euer	eu[e]re
2格	eu[e]res	eu[e]rer
3格	eu[e]rem	eu[e]ren
4格	euer	eu[e]re

¶*euer* Vater 君たちのお父さん. / *eure* Mutter 君たちのお母さん. / *eure* Kind 君たちのご子供. / *eure* Eltern 君たちのご両親. **2**《人称. 2人称・複数 ihr の2格》.(⇒ich)

Euro [オイロ] **男**-[s]/-s ユーロ(ヨーロッパ連合共通通貨単位. 1ユーロは100セント. 略：€).(⇒Cent)

Eurocity・zug [オイロスィティ・ツーク]

E

≡ドイツを識るコラム≡　　Euro 使用国とデザイン

　EU の共通通貨ユーロは2002年から日常的に流通し始めた．2023年現在，EU でのユーロ使用国はオーストリア，ベルギー，キプロス，エストニア，フィンランド，フランス，ドイツ，ギリシャ，アイルランド，イタリア，クロアチア，ラトビア，リトアニア，ルクセンブルク，マルタ，オランダ，ポルトガル，スロバキア，スロベニア，スペインの20か国．デンマーク，スウェーデン，ポーランド，チェコ，ハンガリー，ブルガリア，ルーマニアは EU 加盟国だがユーロを導入していない．逆にアンドラ，コソボ，モナコ，モンテネグロ，サンマリノ，バチカンは EU 非加盟だがユーロを使用．

　紙幣のデザインは各国共通で，表面が「窓や門」，裏面が「橋」となっており，欧州における建築様式の変遷を表わしている（実在の建造物ではない）．5ユーロは古典様式，10ユーロはロマネスク様式，20ユーロはゴシック様式，50ユーロはルネサンス様式，100ユーロはバロックとロココ様式，200ユーロは鉄とガラスの建築，500ユーロは現代建築，となっている．

　硬貨の表面は共通のデザインだが，裏面は発行国により異なる（ただし，ユーロ使用国ならどこでも使える）．ドイツでは，1，2，5セントはオークの小枝，10，20，50セントがベルリンのブランデンブルク門，1，2ユーロがワシの図柄になっている．2006年から，記念2ユーロ硬貨「16連邦州」シリーズが始まっており，毎年1州分ずつ，その州の有名な建築をあしらったものが発行されている．

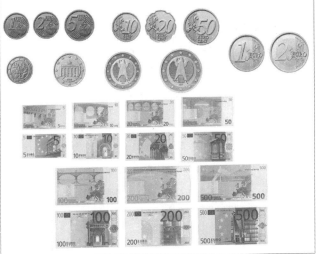

男-[e]s/Eurocity・züge［オィロスィテ
ィ・ツューゲ］ヨーロッパ超特急(日常会
話では単に Eurocity). (略: EC).

Europa［オィローパ］ 中-s/［地名］ヨー
ロッパ.

Europäer［オィロペーァ］
男-s/- 女性 **Europäerin**［オィ

ロペーエリン] **女**-/Europäerinnen [オィロペーエリネン]）ヨーロッパ人. **eu-ropäisch** [オィロペーイシュ] **形** ヨーロッパ[人]の. ¶die *Europäische* Union ヨーロッパ連合（略: EU）.

EU-Staat [エーウー・シュタート] **男** -[e]s/-en ヨーロッパ連合加盟国.

evangelisch [エヴァンゲーリシュ] **形** プロテスタント（新教）の.

eventuell [エヴェントゥエル] **形** ひょっとしてあるかもしれない；場合によっては（略: evtl.）. ¶*Eventuell* komme ich nächste Woche mal bei euch vorbei. ことによったら来週お前たちのところに寄るよ. / Wann hätten Sie *eventuell* Zeit für uns? 何時でしたらひょっとして私どものために時間を割いていただけましょうか.

ewig [エーヴィヒ] -e [エーヴィゲ] **形** 永遠の，永久[不滅]の. ¶*ewiger* Schnee 万年雪. ♦ Seine *ewige* Nörgelei macht mich wahnsinnig. 彼はひっきりなしに不平不満を言っているので私は頭がおかしくなる. **Ewig・keit** [エーヴィヒ・カイト] **女** -/-en《**複**なし》永遠；《話》思い出せないくらい長い時間. ¶Das ist schon *Ewigkeiten* her, dass ich in Deutschland studierte. 私がドイツで大学に行ったのはものすごく昔の話だ.

ex・akt [エクサクト] **形** 正確な，精密な. **Exakt・heit** [エクサクト・ハイト] **女** -/ 正確さ，精密さ.

Ex・amen [エクサーメン] **中**-s/-(Examina [エクサーミナ]) 試験. ¶das *Examen* ablegen (bestehen) 試験を受ける（試験に合格する）.

Exemplar [エクセンプラール] **中**-s/-e 見本；(書籍・新聞の)部数. ¶Gern schicken wir Ihnen heute ein *Exemplar* des Lexikons zur Ansicht. 見本として本日事典1部を貴殿宛にお送り申し上げます.

Exil [エクスィール] **中**-s/-e 亡命. ¶ins *Exil* gehen 亡命する. ♦ Nach dem Krieg ist der Dichter sofort aus dem *Exil* zurückge-

kehrt. その詩人は戦後直ちに亡命から戻ってきた.

Existenz [エクスィステンツ] **女** -/-en《**複**なし》存在，生活基盤；人間存在. ¶Der Angeklagte weiß nichts von der *Existenz* dieses Waffenlagers. 被告人はこの武器集積場の存在について何も知らない. / Mit Fleiß und Mühe hat er sich eine bescheidenen *Existenz* aufgebaut. 勤勉と努力によって彼はつつましい生活基盤を築き上げた. **exis-tieren** [エクスィスティーレン] existierte, existiert **動** 存在する，ある.

ex・klusiv [エクス・クルズィーフ] -e [エクス・クルズィーヴェ] **形** 排他的な，独占的な. **ex・klusive** [エクス・クルズィーヴェ] **前**《2または4格支配》…を除いて.

Ex・kursion [エクス・クルズィオーン] **女**-/-en 研修旅行；遠足. ¶Nimmst du auch an unserer *Exkursion* teil? 君もわれわれの研修旅行に参加するかい.

exotisch [エクソーティシュ] **形** エキゾチックな.

Ex・pedition [エクス・ペディツィオーン] **女** -/-en 調査(探検)旅行. ¶Eine solche *Expedition* sollte gut vorbereitet sein. こうした探検は充分に準備がなされていなければならない.

Ex・periment [エクス・ペリメント] **中** -[e]s/-e 実験. ¶ein *Experiment* durchführen 実験を行う. **ex・perimentieren** [エクス・ペリメンティーレン] experimentierte, experimentiert **動** 実験する《an/mit et³ 物³を使って》.

Ex・perte [エクス・ペルテ] **男** -n/-n (**女性**) **Ex・pertin** [エクス・ペルティン] **女**-/Ex・pertinnen [エクス・ペルティネン]）エキスパート. ¶*Experten* wie wir sind äußerst rar. 彼ほどのエキスパートはきわめて稀だ.

ex・plizit [エクス・プリツィート] **形** 明白な；外在的な. ¶Hat der Generalsekretär das wirklich so *explizit* gesagt? 書記長はそのことを本当にそれほどはっきりと言ったのか.

ex・plodieren [エクス・プロディーレン] explodierte, explodiert **動** (s) 爆発(破裂)する. ¶Als er das hörte, ist er vor Wut *explodiert*. それを聞いて彼は激怒した. **Ex・plosion** [エクス・プロズィオーン] **女**-/-en 爆発, 破裂;急成長.

Ex・port [エクス・ポルト] **男** -[e]s/-e 輸出. ¶Japan und Deutschland sind in hohem Maße auf den *Export* angewiesen. 日本とドイツは極度に輸出に依存せざるを得ない. (⇒Import) **ex・portieren** [エクス・ポルティーレン] exportierte, exportiert **動** 輸出する. (⇒importie-ren)

ex・tern [エクス・テルン] **形** 外部の (に).

extra [エクストゥラ] **副** 特別に;余分に;特別扱いで. ¶Das ist ein *extra* feiner Cognac(Kognak). これは格別に上質なコニャックだ.

extrem [エクストレーム] **形** 極端な. ¶Er vertritt einen *extremen* Standpunkt. 彼は過激な立場を代表している.

ex・zellent [エクス・ツェレント] **形** きわめて優れた;極上の. ¶Sein Wein ist einfach *exzellent*. 彼のワインはまさに極上としか言いようがない.

E

ちょっと文法

似ているけど違う

◆Mann と man◆
Mann も man も発音は[マン]だけど, よく見るとスペルが違う. Mann は大文字で始まるし, n も二つある.「男」「夫」の意味の男性名詞で, 必ずといっていいほど冠詞がつく(der Mann「その男性」, mein Mann「私の夫」というように). 一方, 小文字の man は n が一つしかなく, 冠詞はつけない. 意味は「男女を問わず不特定[多数]の人」. 英語なら one, they, we, people に相当する「誰でもない誰か」だ.「人は辛抱強くなくてはいけない」= Man muss geduldig sein.(= One must be patient.)なのに対して, man は名詞ではないので代名詞では受けない. 何度でも man をくり返すしかないんだ. ちなみに jemand も niemand ももとは man がもとになって作られた語. そして man は実は Mann(昔のつづりは man)からきた語なんだよ.

ちょっと文法

いつも「そこ」とは限らない

◆da の二つの用法◆
da には2種類あるので, きちんと区別しておこう. ①副詞.「ここ」hier=here に対して,「(少し離れた)そこ」が da=there だ.「そこにシュミット氏がいます」なら, Da **ist** Herr Schmidt. 人称形の位置に気をつけて. 2番目にくるんだったね. ②従属接続詞. 英語の接続詞 as と, ほぼ同じ意味だ. 文と文を結びつけるものだから, 二つ以上の文があり, 副文(従属接続詞によって導かれた文)の人称形は副文の最後に置かれる. Da ich krank **bin**, kann ich nicht zu dir kommen.「(ご存知のように)ぼくは病気なので, 君のところへは行かれない」というように. da が副詞か接続詞かは, この人称形の位置の違いから見分けるんだよ.

F

¹**F, ¹f** [エフ] **1** 中 -/- ドイツ語アルファベットの第6字；〖譜〗ヘ音。**2**〖譜記号〗(Fは)ヘ長調，(fは)ヘ短調。

²**F** [エフ] 中 **1** 〖元素記号〗フッ素。**2** 〖略〗華氏(＝**F**ahrenheit)。

³**F.** [フェミニーヌム] 〖文法〗女性［名詞］。(＝**F**emininum)

²**f.** [フェミニーン] 〖文法〗女性［名詞］の。(＝**f**eminin)

fabel・haft [ファーベル・ハフト] 形 すてきな；とても本当とはおもえない。¶ Das neue Produkt erzielte einen *fabelhaften* Gewinn. 新製品は途方もない利益をあげた。/ Sie sieht heute wieder *fabelhaft* aus. 彼女はきょうまたすてきな様子をしている。

Fabrik [ファブリーク] 女 -/-en 工場。

Fach [ファッハ] 中 -[e]s/Fächer [フェッヒャァ] 仕切り棚；専門，科目。¶ Moment, ich muss eben die Akten aus meinem *Fach* holen. ちょっと待って，ちょっと書類を私の仕切り棚から取ってこなければならないところなんだ。/ Deine Post habe ich dir ins *Fach* gelegt. 郵便は君の棚に入れたよ。/ Was ist er eigentlich vom *Fach*? そもそも彼の専門は何だい。/ Welche *Fächer* unterrichtet Frau Röhm? レーム先生は何と何の科目を教えているのですか。

Fach・arbeiter [ファッハ・アルバイタァ] 男 -s/- (女性 **Fach・arbeiterin** [ファッハ・アルバイテリン] 女 -/Fach・arbeiterinnen [ファッハ・アルバイテリネン]) 熟練労働者。¶ Vielerorts fehlt es an qualifizierten *Facharbeitern*. 多くのところで有能な熟練労働者が不足している。

Fach・ausdruck [ファッハ・アオスドゥルク] 男 -[e]s/Fach・ausdrücke [ファッハ・アオスドゥリュケ] 専門[用]語。

Fach・arzt [ファッハ・アールツト] 男 -es/Fach・ärzte [ファッハ・エールツテ] (女性 **Fach・ärztin** [ファッハ・エールツティン] 女 -/Fach・ärztinnen [ファッハ・エールツティネン]) 専門医。¶ Er ist *Facharzt* für Hautkrankheiten. 彼は皮膚病の専門医です。

Fach・frau [ファッハ・フラオ] 女 -/-en 専門家。(⇒Fachmann の女性形)

Fach・gebiet [ファッハ・ゲビート] 中 -[e]s/-e 専門領域。¶ Er ist zwar Jurist, aber Strafrecht ist nicht sein *Fachgebiet*. 彼は法律家であるが，刑法は彼の専門領域ではない。

Fach・hochschule [ファッハ・ホーホシューレ] 女 -/-n (技術・芸術・経営の)専門単科大学。

> 総合大学（Universität）に比べ，専門単科大学では実践的な内容に重点が置かれ，企業との連携も盛ん。カリキュラムに企業での実習が含まれており，卒業後に職場ですぐ生かせるスキルを身に付けることができる。一般アビトゥーア(⇒Abitur)以外の資格でも入学可能。

fach・lich [ファッハ・リヒ] 形 専門上の。¶ *Fachlich* ist er für diese Stelle hervorragend geeignet. 専門の点で彼はこの職にうってつけである。

Fach・mann [ファッハ・マン] 男 -[e]s /Fach・leute [ファッハ・ロィテ] 専門家 《für *et⁴* …⁴ の》。(⇒Fachfrau)

fach・männisch [ファッハ・メニシュ] 形 専門家(として)の。

Fach・werk [ファッハ・ヴェルク] 中 -[e]s/ 木骨組み(ハウスワーク)，

Fachwerk・haus [ファッハヴェルク・ハォス] 中 -es/Fach-

Fachwerkhaus

werk·häuser [ファッハヴェルク・ホイザァ] 木骨組み(ハンスヌ)の家.

Fackel [ファッケル] 女-/-n たいまつ.

fad [ファート] **, fade** [ファーデ] 形 味のない, 気の抜けた；面白みのない. ¶ Ich kann seine *faden* Witze nicht mehr hören. 彼の面白くもないジョークなんかもう聞きたくもない. / Die Suppe schmeckt reichlich *fade*. このスープはまるっきり味がしない.

Faden [ファーデン] 男-s/Fäden [フェーデン] 糸. ¶ In seiner Rede vermisse ich den roten *Faden*. 彼の演説には一貫したテーマと言うものが感じとれない.

fähig [フェーイヒ] -e [フェーイゲ] 形 能力のある. ¶ zu et³ (... zu + 不定詞) *fähig* sein 事³(…)をする能力がある. ◆ Er gilt als *fähiger* Chirurg. 彼は有能な外科医で通っている. / Das Kind ist noch nicht *fähig*, so etwas zu begreifen. この子はまだそんなことを理解する能力はない. / Ich fürchte, der Kerl ist zu allem *fähig*. あいつは何でもやりかねないのではないかと心配だ. **Fähig·keit** [フェーイヒ・カイト] 女-/-en 能力. ¶ die *Fähigkeit* 《複なし》 zu et³ (... zu + 不定詞) 事³(…)をする能力. ◆ Mit seinen *Fähigkeiten* wird er das nicht bringen. 彼の能力をもってしてはとてもそれはやり遂げられないだろう.

fahl [ファール] 形 色の失せた；血の気(生気)のない.

fahnden [ファーンデン] 動 ¶ 捜索(追跡)する《nach j³/et³ 人³·物³を》. ◆ Nach dem Täter wird intensiv *gefahndet*. 犯人は全力を挙げて捜索中です. **Fahndung** [ファーンドゥング] 女-/-en 捜索, 追跡《nach j³/et³ 人³·物³を追っての》.

Fahne [ファーネ] 女-/-n (広い意味で)旗. ¶ die *Fahne* hissen 旗を掲揚する. ◆ Die *Fahnen* wehen auf halbmast. 半旗が翻っている. (⇒Flagge)

Fahr·ausweis [ファール・アオスヴァイ

ス] 男-es/-e 乗車(乗船)券. (⇒ Fahrkarte, Fahrschein, Ticket)

Fahr·bahn [ファール・バーン] 女-/-en 車道.

Fähre [フェーレ] 女-/-n フェリーボート. ¶ Wann geht die nächste *Fähre*? 次のフェリーは何時に出ますか.

fahren* [ファーレン] *du* fährst, *er* fährt; fuhr, gefahren 動 **1** (s) (乗り物が)走行する, 航行する, 運行する；(人が)乗物で行く；すばやい動きをする. ¶ Ski (Schlittschuh/Auto) *fahren* スキー(スケート・自動車)で走る. / Aus dem Bett *fahren* ベッドから飛び起きる. ◆ Der Bus *fährt* zum Hauptbahnhof (nach Köln). このバスは中央駅(ケルン)へ行く. / Heute *fahren* wir erster Klasse. きょうは一等に乗ろう. **2** (乗り物を)運転する, 運転して行く；乗り物で運搬する. ¶ Er *fährt* einen roten Porsche. 彼は赤いポルシェに乗っている.

Fahrer [ファーラァ] 男-s/- (女性) **Fahrerin** [ファーレリン] 女-/Fahrerinnen [ファーレリネン]) 運転者(手). ¶ Als *Fahrer* des Chefs hat er keinen einfachen Job. 彼は社長の運転手だから容易な仕事ではない.

Fahr·gast [ファール・ガスト] 男-es/ Fahr·gäste [ファール・ゲステ] 乗客.

Fahr·geld [ファール・ゲルト] 中-[e]s /-er 運賃.

Fahr·karte [ファール・カルテ] 女-/-n 乗車(乗船)券. ¶ Die *Fahrkarten* besorgen wir am besten im Reisebüro. 乗車券は旅行社で入手するのが一番いい. / Ihre *Fahrkarte* ist nicht mehr gültig. あなたの切符はもう期限切れです.

> Fahrkarte は硬券, Fahrschein (後掲)は軟券を指すことが多い.

Fahrkarten·automat [ファールカルテン・アォトマート] 男-en/-en 券売機. ¶ Der *Fahrkartenautomat* ist nicht leicht zu bedienen. こ

の券売機を使いこなすのは容易でない.

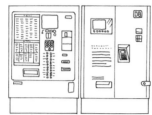

Fahrkartenautomat

Fahrkarten·schalter [ファールカルテン・シャルタァ] 男-s/- 出札口.

fahr·lässig [ファール・レスィヒ] -e [ファール・レスィゲ] 形 不注意(軽率)な.

Fahr·plan [ファール・プラーン] 男 -[e]s/Fahr·pläne [ファール・プレーネ] 運行時刻表.

Fahr·rad [ファール・ラート] 中 -[e]s/Fahr·räder [ファール・レーダァ] 自転車.

Fahr·schein [ファール・シャイン] 男 -[e]s/-e乗車(乗船)券. (⇒Fahrkarte)

Fahr·schule [ファール・シューレ] 女-/-n 自動車教習所.

Fahr·spur [ファール・シュプール] 女-/-en 車線, レーン.

fährst [フェールスト] < fahren.

Fahr·stuhl [ファール・シュトゥール] 男-[e]s/Fahr·stühle [ファール・シュテューレ] エレベータ.

Fahrt [ファールト] 女-/-en (乗り物による)旅行, ドライブ;《複なし》運転, 運行.

fährt [フェールト] < fahren.

Fährte [フェールテ] 女-/-n (獣の)足跡.

Fahr·zeug [ファール・ツォイク] 中 -[e]s/-e 乗り物. ¶Was ist das denn für ein komisches *Fahrzeug*? その変てこな乗り物は一体何だい. / Gesperrt für Fahrzeuge aller Art! 全車種通行禁止.

fair [フェーァ] 形 フェアな. ¶Das Spiel war hart, aber fair. ゲームは激しかったがフェアだった. / Das ist nicht *fair* von dir. 君, それはフェアじゃないぞ.

Fakt [ファクト] 男 (中) -[e]s/-en 事実;《複で》データ. ¶*Fakt* ist, dass er mit Falschgeld bezahlt hat. 事実は彼が贋金で支払ったということだ. / Die *Fakten* sprechen gegen ihn. データは彼に不利な材料を提供している.

Faktor [ファクトーァ] 男-s/Faktoren [ファクトーレン] 要因, 要素.

Fakultät [ファクルテート] 女-/-en (大学の)学部.

Falke [ファルケ] 男-n/-n 《鳥》タカ, ハヤブサ.

Fall [ファル] 男 -[e]s/Fälle [フェレ] 場合;ケース, 事件;落下, (道の)下り; 《文法》格. ¶auf alle *Fälle* どんなことがあっても, 念のために. / auf jeden *Fall* 必ず や. / auf keinen *Fall* 決して…しない. / in diesem *Fall* この場合. / in jedem *Fall* いずれにしても. / im *Fall*, dass … …の場合には. ◆Wir haben für jeden denkbaren *Fall* vorgesorgt. われわれは考えうる限りのケースに備えた. / Gegenwärtig untersucht die Staatsanwaltschaft den *Fall*. 目下検察当局がこの事件を調べている. / Bei einem *Fall* vom Fahrrad brach er sich den Arm. 自転車から落ちた際に彼は腕を折った. / Kommst du heute Abend auch? − Klarer *Fall*, ich freue mich schon darauf. 今晩は君も来るのかい−あたり前さ, いまからもう楽しみにしているよ.

Falle [ファレ] 女-/-n 罠(な), 落とし穴.

fallen* [ファレン] *du* fällst, *er* fällt; fiel, gefallen 動 (s) 落ちる, 倒れる, ころぶ, 倒壊する;(温度・水位など)低くなる;戦死する. ¶in (unter) diese Kategorie *fallen* このカテゴリーに属する. / et⁴ *fallen* lassen 事⁴を放棄する, ついでに言う. ◆Er ist betrunken die Treppe runter *gefallen*. 彼は酔っぱらっ

166

て階段から落っこちた. / Die Temperaturen sind rasch unter den Nullpunkt *gefallen*. 温度は急速に水点下に下がった. / Der Abschied fällt mir schwer. 私は別れがつらい. / Weihnachten *fällt* dieses Jahr auf ein Wochenende. 今年のクリスマスは週末にあたる.

fällen [フェレン] **動** (木を)切り倒す.

fällig [フェリヒ] -e [フェリゲ] **形** 支払期限の来ている;とっくに片づいていてよいはずの.

falls [ファルス] **接** 《従属. falls は「もし(想定される)特定のことが起った場合は」の意. wenn は一般的仮定》…の場合には, もし…ならば. ¶*Falls* mir [et]was dazwischenkommt, rufe ich dich nochmal an. もしぼくに何か差し支えが生じたらまた君に電話するよ.

fällst [フェルスト] < fallen.

fällt [フェルト] < fallen.

falsch [ファルシュ] **形** 間違っている;にせの;不誠実な. ¶falsch parken 違法駐車する. ◆Er ist mit einem *falschen* Pass eingereist. 彼は偽造旅券で入国した. / Was er sagt, ist so *falsch* nicht. 彼の言っていることもあながち間違いとは言えない. / Er ist zu nichts zu gebrauchen, alles macht er *falsch*. 彼は何の役にも立たない, することなすこと全て間違っているのだ.

fälschen [フェルシェン] **動** 偽造する. ¶Die Unterschrift ist *gefälscht*. この署名はにせものだ.

fälsch·lich [フェルシュ・リヒ] **形** 間違いの;いつわりの;《**副**として》間違って;いつわって. ¶Man hat ihn *fälschlich* verdächtigt. 彼は間違って疑いをかけられた. **fälschlicher·weise** [フェルシュリヒャァ・ヴァイゼ] 誤って.

Fälschung [フェルシュング] **女** -/-en 偽造, 贋造(がん). ¶Er erkannte die *Fälschung* auf einen Blick. 彼は偽造であることを一目で見破った.

Falte [ファルテ] **女** -/-n (布·紙·皮膚の)しわ;折り目, ひだ. **falten** [ファルテン] **動** 折りたたむ. ¶die Hände *falten* 手を組み合わせる. **faltig** [ファルティヒ] -e [ファルティゲ] **形** しわ(折り目·ひだ)のある.

familiär [ファミリエーァ] **形** 家族の;打ち解けた. ¶Die Frau sagte ihre Teilnahme aus *familiären* Gründen ab. その女性は家庭的な理由から参加を断った.

Familie [ファミリエ] **女** -/-n [ファミーリエン] 家族, 家庭. ¶Wie geht es der *Familie*? ご家族はいかがお過ごしですか. / Das bleibt aber in der *Familie*. これは家族外にもらしてはいけない. **Familien·name** [ファミリエン·ナーメ] **男** 2格 Fami-

---

Fan

絵で見るドイツ単語 **Familie**

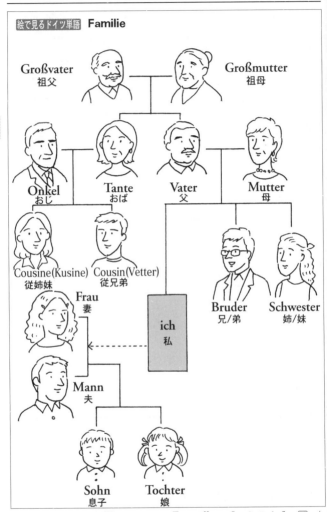

Großvater 祖父
Großmutter 祖母
Onkel おじ
Tante おば
Vater 父
Mutter 母
Cousine(Kusine) 従姉妹
Cousin(Vetter) 従兄弟
Bruder 兄/弟
Schwester 姉/妹
Frau 妻
ich 私
Mann 夫
Sohn 息子
Tochter 娘

lien･namens, 3･4 格 Familien･
namen/Familien･namen 姓.(⇒
Vorname, Zuname)

Fan [フェン] 男-s/-s ファン. ¶Die
Fans feierten den Sieg bis
in den Morgen hinein. ファンは
勝利を翌朝まで祝った.

Fanatiker [ファナーティカァ] 男-s/-
(女性 **Fanatikerin** 女[ファナーテ
ィケリン] -/Fanatikerinnen [ファナー
ティケリネン])熱狂者,狂信者. **fana-
tisch** [ファナーティシュ] 形 熱狂的
(狂信的)な.

fand [ファント] < finden.

168

Fang [ファング] 男-[e]s/Fänge [フェンゲ] 捕獲物,えさ;《複なし》捕獲.

fangen* [ファンゲン] *du* fängst, *er* fängt; fing, gefangen 動 つかまえる,捕獲する. ¶*sich⁴* fangen 心の平安を取りもどす.

Fantasie [ファンタズィー] 女-/-Fantasien [ファンタズィーエン] 空想,想像;空想の産物. ¶Die Kleine hat eine sehr lebhafte Fantasie. 幼い娘は生き生きとした空想力をもっている. **fantasieren** [ファンタズィーレン] fantasierte, fantasiert 動 空想する,夢見る《von *et³* 事³のことを》. **fantasie•voll** [ファンタズィー・フォル] 形 想像力の. **fantastisch** [ファンタスティッシュ] 形 夢(う)そ)みたいな,すばらしい. ¶Der Urlaub war einfach fantastisch. 休暇はすばらしかったとしか言いようがなかった. / Er bekommt ein fantastisches Gehalt. 彼は法外な給料をもらっている.

Farbe [ファルベ] 女-/-n 色,色彩;絵の具,塗料,染料. **färben** [フェルベン] 動 染める,着色する. **farben•blind** [ファルベン・ブリント] 形 色覚障害の.

関-連-語 Farbe	
—色を表す形容詞—	
rot	赤い.
gelb	黄色の.
braun	茶色の.
blau	青い.
grün	緑の.
schwarz	黒い.
weiß	白い.
grau	灰色の.
rosa	ピンクの.
orange	オレンジ(薄茶色)の.
violett	紫の.
beige	ベージュの.
golden	金色の.
silbern	銀色の.
hellblau	水色の.
dunkelblau	紺色の.

farbig [ファルビヒ] -e [ファルビゲ] 形 (白黒以外の)色つきの;色彩豊かな;(人種について)有色の. **Farbiger*** [ファルビガァ] 男 (女性) **Farbige** [ファルビゲ] 女《形容詞の名詞化》有色人[種].

farb•los [ファルプ・ロース] 形 無色[透明]の;これという特徴(特色)のない,中立の.

Faschiertes* [ファシールテス] 中《形容詞の名詞化》【西ドイツ】【料理】ミンチ.

Fasching [ファシング] 男-s/-e(-s) 【西ドイツ】カーニバル. (⇒Fastnacht, Karneval)

Faschismus [ファシスムス] 男-/ ファシズム. **Faschist** [ファシスト] 男-en/-en **Faschistin** [ファシスティン] 女-/Faschistinnen [ファシスティネン] ファシスト. **faschistisch** [ファシスティッシュ] 形 ファシズムの.

Faser [ファーザァ] 女-/-n 繊維.

Fass [ファス] 中-es/Fässer [フェッサァ] 樽(たる). ¶Heute gibt es Bier vom Fass. きょうは生ビールが飲めるぞ.

Fassade [ファサーデ] 女-/-n ファサード.

fassen [ファッセン] 動 **1** つかむ,つかまえる;理解(把握)する;(数量を表す語⁴だけの)分量の)容量がある;はめこむ《in *et⁴* 物⁴に》. ¶*sich⁴* kurz (wieder) fassen 手短かに話す(平静さを取りもどす). / einen Diamanten in Gold fassen ダイアモンドを純金の台にはめこむ. / keinen Gedanken fassen können 考えをまとめることができない. ◆ Der Krug fasst zwei Liter⁴. このつぼは2リットル入る. / Die Polizei konnte den Täter wenig später fassen. 警察は犯人をそれから間もなく捕らえることができた. **2** ¶an (nach) *et³* fassen 物³をとろうとする(手をのばす).

Fassung [ファッスング] 女-/-en フレーム,ソケット,(宝石をはめこむ)台;《複なし》平静さ;(文学作品の)稿,版. ¶*j⁴* aus der Fassung bringen 人⁴をうろたえさせる. / aus

169

der *Fassung* geraten (kommen) うろたえる. **fassungs·los** [ファッスングス・ロース] 形 うろたえた.

fast [ファスト] 副 ほとんど, すんでのところで. ¶Er ist schon *fast* wieder gesund. 彼はもう快復したも同然だ. / *Fast* hätte ich den Zug verpasst. すんでのことに列車に乗り遅れるところだった.

Fast·nacht [ファスト・ナハト] 女-/ カーニバル. ¶*Fastnacht* ist auch nicht mehr das, was es mal war. カーニバルももはや昔とは違っている. (⇒Fasching, Karneval)

faszinieren [ファスツィニーレン] faszinierte, fasziniert 動 魅惑する. ¶Alle schauten *fasziniert* zu. みんなうっとり見ていた.

fatal [ファタール] 形 致命的な; 不快な.

fauchen [ファォヘン] 動 (ネコなどが) ふうっと威嚇する.

faul [ファォル] 形 怠け者の; くさった; いかがわしい. ¶Dumm ist er ja nicht, wenn er nur nicht so *faul* wäre. 彼はアホではないのだ, ただあんなに怠け者でさえなければ. / Das Wasser riecht ähnlich wie *faule* Eier. この水はくさった卵のにおいがする.

faulen [ファォレン] 動 (s,h) くさる.

faulenzen [ファォレンツェン] 動 ぐうたら暮らす.

Faul·heit [ファォル・ハイト] 女-/ ものぐさ. **Faul·pelz** [ファォル・ペルツ] 男-es/-e 怠け者.

Faust [ファォスト] 女-/Fäuste [フォィステ] こぶし. ¶auf eigene *Faust* 自力で, 自分の責任で.

Fauteuil [フォテーユ] 男-s/-s 〚オーストリア〛 肘掛け椅子.

Favorit [ファヴォリート] 男-en/-en (女性 **Favoritin** [ファヴォリーティン] 女-/Favoritinnen [ファヴォリーティネン]) お気に入り(の人); 優勝候補.

Fax [ファックス] 中 (〚スイス〛男) -/-e ファックス. ¶per Fax ファックスで. **faxen** [ファクセン] 動 (人³に

文書など⁴を) ファックスで送る.

Fazit [ファーツィト] 中-s/-e(-s) 結果, 結論.

FDP [エフデーペー] 女-/ 〚政〛自由民主党(＝die **F**reie **D**emokratische **P**artei [Deutschlands]).

Fe [エフエー] 〚元素記号〛鉄.

Feber [フェーバァ] 男-s/- 〚オーストリア〛, **Februar** [フェーブルアール] 男-[s]/- 2月. (⇒April)

Feder [フェーダァ] 女-/-n 羽毛; ペン, ペン先; ぜんまい, ばね, スプリング. **Feder·bett** [フェーダァ・ベット] 中-[e]s/-en (ベッド用の)羽毛の上かけ.

federn [フェーデルン] 動 弾力がある. **Federung** [フェーデルング] 女-/-en (自動車の)サスペンション.

Fee [フェー] 女-/Feen [フェーエン] フェアリー, 妖精.

fegen [フェーゲン] 動 (ほうきで)掃除する, 掃きだす.

fehlen [フェーレン] 動 欠席している, 欠けている; (人³にとって)なくて寂しい(困る). ¶es *fehlt* j³ an et³ 人³には 物³・事³が足りない. ♦ Warum hast du beim Training *gefehlt*? 何故トレーニングを休んだのだ. / Was *fehlt* Ihnen denn? いったい何処がお悪いのですか? / Ihm *fehlt* es an dem nötigen Takt. 彼には必要な節度と言うものが欠けている.

Fehler [フェーラァ] 男-s/- 誤り, あやまち; 欠陥; 短所. ¶Es war ein *Fehler* von mir, ihm so viel Geld zu leihen. 彼にあんなにも沢山のお金を貸すなんて私の間違いだった. / Pass auf, dass du den gleichen *Fehler* nicht wieder machst! 同じあやまちを二度と再びしないよう気をつけろ. / Sein *Fehler* ist, er hat keinerlei Humor. 彼の欠点はユーモアを一切理解しないことだ.

fehler·frei [フェーラァ・フライ] 形 誤り(あやまち・欠陥・短所)のない. ¶Sie lief eine *fehlerfreie* Kür. 彼女はスケートで完璧な自由演技をした. **fehler·haft** [フェーラァ・ハフト] 形 誤り(あやまち・欠陥・短所)のある.

fehler·los [フェーラァ・ロース] 形
=fehlerfrei.

Fehl·schlag [フェール・シュラーク]
男-[e]s/Fehl·schläge [フェール・シュ
レーゲ] 失敗. ¶Für den *Fehl-
schlag* ist allein er verantwort-
lich. この失敗は彼一人に責任がある.

fehl|schlagen* [フェール・シュラーゲ
ン] *es* schlägt fehl; schlug fehl,
fehlgeschlagen 動 (s)失敗する.

Feier [ファイァ] 女-/-n 祝賀会；«複
なし»祝い. ¶Die Feier findet in
der Aula statt. 祝賀会は講堂で開
催される. / An der Feier zur Er-
öffnung des Museums nahm
die halbe Stadt teil. 博物館開館
のお祝いには町の人の半分が参加した.

Feier·abend [ファイァ・アーベント]
男-[e]s/-e 終業, 仕事じまい；(退勤
後の)余暇時間. ¶*Feierabend* ma-
chen 仕事じまいする.

feier·lich [ファイァ・リヒ] 形 厳粛
な, 儀式ばった；まじめくさった.

feiern [ファイエルン] 動 1祝う；ほめ
たたえる. ¶Er *feiert* heute sei-

nen achtzigsten Geburtstag.
きょう彼は80歳の誕生日を祝う. / Er
ist ein *gefeierter* Dirigent. 彼は
人気の指揮者だ. 2盛大にパーティー
を催す.

Feier·tag [ファイァ・タ-ク] 男-[e]s
/-e 祝日；休日.

feig [フィク], **feige** [ファイゲ] 形
意気地(%)なしの, 卑怯な.

Feige [ファイゲ] 女-/-n 〖植物〗イチジ
ク[の実].

Feig·heit [フィク・ハイト] 女-/ 臆
病, 卑怯. **Feig·ling** [フィク・リン
グ] 男-s/-e 臆病(卑怯)者.

Feile [ファイレ] 女-/-n やすり. **fei-
len** [ファイレン] 動 (物4に)やすりを
かける.

fein [ファイン] 形 繊細(蕊)な；感じや
すい；上質の；エレガントな；うまく. ¶
Er kam im *feinen* Anzug. (皮肉
に)彼はエレガントな背広でやってきた.
/ Sie hat ein *feines* Gespür für
Nuancen. 彼女はニュアンスというも
のに繊細なセンスを持っている. / Die
Bluse ist aus besonders *fei-*

〓ドイツを識るコラム〓　ドイツの祝祭日
(●はドイツ国内共通，▲は州により実施が異なる祝日，■は移動
祝日)

1月1日：Neujahr 新年 ●
1月6日：Heilige Drei Könige 主の公現の祝日 ▲
3月～4月：Karfreitag 聖金曜日(復活祭直前の金曜日) ● ■
3月～4月：Ostern 復活祭(春分後，最初の満月のあとの日曜日と
　　月曜日) ● ■
5月1日：Tag der Arbeit, Maifeiertag メーデー ●
5月：Christi Himmelfahrt キリスト昇天祭(復活祭後40日) ● ■
5月～6月：Pfingsten 聖霊降臨祭(復活祭後の第7日曜日と月曜日)
　　● ■
5月～6月：Fronleichnam 聖体の祝日(聖霊降臨祭後の第2木曜日)
　　● ■
8月15日：Mariä Himmelfahrt 聖母マリアの被昇天祭 ▲
10月3日：Tag der Deutschen Einheit ドイツ統一の日 ●
10月31日：Reformationstag 宗教改革記念日 ▲
11月1日：Allerheiligen 諸聖人の祝日 ▲
11月：Buß– und Bettag 懺悔と祈りの日(教会暦最終の日曜日前の
　　水曜日) ▲ ■
12月25日，26日：Weihnachten クリスマス ●

nem Material. このブラウスは特に肌ざわりの柔かな素材でできている。

Feind [ファイント] 男-[e]s/-e（女性 **Feindin** [ファインディン] 女-/Feindinnen [ファィンディネン]）敵。¶*Der Feind meines Feindes ist mein Freund.* 私の敵の敵は私の友である。

feind·lich [ファイント・リヒ] 形 敵の；敵対的な、敵意のある。¶*Diese radikale Gruppe steht den Ausländern in Deutschland feindlich gegenüber.* この過激派グループはドイツ国内の外国人に対し敵意をもって相対している。

Feind·schaft [ファイント・シャフト] 女-/-en 敵意；《複で》敵対関係。*Deutschland und Frankreich haben ihre Feindschaft überwunden.* ドイツとフランスは互いの敵意を克服した。

fein·fühlig [ファイン・フューリヒ] -e [ファイン・フューリゲ] 形 神経の細やかな。¶*Er hat feinfühlig argumentiert.* 彼は神経の行き届いた論証をしてくれた。

Fein·heit [ファイン・ハイト] 女-/-en 《複なし》繊細(せん)さ，しなやかさ；《複で》ニュアンス。

Feld [フェルト] 中-[e]s/Felder [フェルダァ] 野原，畑；記入欄；(活動の)分野；戦場。¶*Wir übernachteten auf freiem Feld.* 私たちは野原で夜を過ごした。/ *Bis auf ein[e]s sind alle Felder abgeerntet.* 畑は一面残して全てとり入れを終えていた。/ *Auf dem Feld der Gentechnologie hat er Beachtliches geleistet.* 遺伝子工学の分野で彼は注目すべき業績を成し遂げた。(⇒Acker) **Feld·weg** [フェルト・ヴェーク] 男-[e]s/-e 野道，農道。

Fell [フェル] 中-[e]s/-e 毛皮；(動物の)体毛。(⇒Pelz)

Fels [フェルス] 男-en/-en, **Felsen** [フェルゼン] 男-s/- 岩石；岩山。

feminin [フェミニーン] 形 女性の，女性らしい；《文法》女性[名詞]の(略；f.)。 **Femininum** [フェーミニーヌ ム] 中-s/Feminina [フェーミニーナ] 《文法》女性[名詞](略；F., f.)。

Feminismus [フェミニスムス] 男-/ フェミニズム(女性解放運動)。 **Feminist** [フェミニスト] 男-en/-en（女性 **Feministin** [フェミニスティン] 女-/Feministinnen [フェミニスティネン]）フェミニズムの支持者(女性の場合は「男女同権論者」)。

Fenster [フェンスタァ] 中-s/- 窓；《電算》ウィンドウ。¶*am Fenster* 窓際で。/ *hinter dem Fenster* (外から見て)窓の内側に。/ *zum Fenster [hinaus]* 窓越しに。◆*Wir müssen bald mal wieder die Fenster putzen.* われわれは間もなくまた窓を磨かなくてはならない。

Fenster·brett [フェンスタァ・ブレット] 中-[e]s/-er 窓敷居。 **Fenster·laden** [フェンスタァ・ラーデン] 男-s/ Fenster·läden [フェンスタァ・レーデン] 窓のよろい戸。 **Fenster·scheibe** [フェンスタァ・シャイベ] 女-/-n 窓ガラス。

Fensterladen

Ferien [フェーリエン] 複 (あらかじめ定められた学校・公共機関の)休暇[期間]，休み。¶*Was machst du in den Ferien?* 休暇には何をしますか/ *Am Freitag beginnen die Ferien.* 金曜日に休暇が始まる。(⇒Urlaub)

fern [フェルン] 形 (空間)遠い；(時

fertig

間)遠い過去(未来)の. ¶Touristen verirren sich nur selten in dieses *ferne* Gebirgstal. 旅行者達がこの遠くにある峡谷に迷い込むことはまずない.

Fern・bedienung [フェルン・ベディーヌング] 囡-/-en リモートコントロール；リモートコントローラー.

Ferne [フェルネ] 囡-/-n 遠方. ¶In der *Ferne* waren die Alpen zu sehen. 遠くにアルプスが見えた.

ferner [フェルナァ] 副 さらに，おまけに.

Fern・gespräch [フェルン・ゲシュプレーヒ] 中-[e]s/-e 長距離通話. ¶ein *Ferngespräch* führen 長距離電話をかける.

Fern・glas [フェルン・グラース] 中-es/ **Fern・gläser** [フェルン・グレーザァ] 双眼鏡，望遠鏡. ¶Ich brauche ein starkes, aber leichtes *Fernglas*. 私は強力でしかも軽い望遠鏡が欲しい.

Fern・licht [フェルン・リヒト] 中-[e]s/ 〖自動車〗ハイビーム.

Fernseh・apparat [フェルンゼー・アパラート] 男-[e]s/-e テレビジョン受像機.

fern|sehen* [フェルン・ゼーエン] *du* siehst fern, *er* sieht fern; sah fern, ferngesehen 動 テレビを見る.

Fern・sehen [フェルン・ゼーエン] 中-s / テレビジョン. ¶im *Fernsehen* テレビジョンで. ◆Ich habe jeden Abend *Fernsehen* geguckt. 私は毎晩テレビを見た. / Darüber kommt nachher sicher etwas im *Fernsehen*. それに関しては後できっとテレビに何か出るぞ. **Fern・seher** [フェルン・ゼーァ] 男-s/- テレビジョン受像機. ¶Bei Schmitz läuft von morgens bis abends der *Fernseher*. シュミッツの家では朝から晩までテレビがついている.

Fern・sprecher [フェルン・シュプレヒァ] 男-s/- (お役所言葉で)電話.

Ferse [フェルゼ] 囡-/-n かかと.

fertig [フェルティヒ] -e [フェルティゲ] 形 仕上がった，出来上がった；《動詞と

関--連--語 **Fernsehen**
—テレビに関する言葉—

der [Fernseh]sender テレビ局.
das digitale Fernsehen デジタルテレビ.
das Kabelfernsehen ケーブルテレビ.
die Livesendung 生中継，生放送.
der Zuschauer, die Zuschauerin 視聴者.
die Einschaltquote 視聴率.
der Rundfunkbeitrag 放送負担金（受信料に代わる負担金）.
das Fernsehprogramm テレビ番組.
die Nachrichten(pl.) ニュース.
die Quizsendung クイズ番組.
die Sportsendung スポーツ番組.
die Fernsehserie 連続ドラマ.
die Doku[mentation] ドキュメンタリー.
die Kochsendung 料理番組.
die Kindersendung 子供番組.
die Wettervorhersage 天気予報.
die Werbung コマーシャル.
der Nachrichtensprecher, die Nachrichtensprecherin ニュースアナウンサー，ニュースキャスター.
der Moderator, die Moderatorin 司会者.

ともに》…し終える；準備ができた；くたくたに疲れた. ¶et⁴ *fertig* bringen 事⁴をやってのける. / es *fertig* bringen, ... zu +不定詞 …をやりとげる. / j⁴ *fertig* machen 人⁴をきびしく批判(叱責)する. / et⁴ *fertig* machen 事⁴を仕上げる，準備し終える. / sich⁴ für et⁴ *fertig* machen 事⁴の用意(準備)をし終える. / et⁴ *fertig* stellen 物⁴を完成する. / mit j³ *fertig* sein 人³とは手を切っている(付き合いがない). / mit j³/et³ *fertig* werden 人³・事³を思いのままにする. ◆Das Essen ist endlich *fertig*. 食事の用意がやっと終った. / Nach dem Dienst ist mein Mann immer völlig *fertig*. 仕事のあと夫はいつでも完全に疲れ果

173

≡ドイツを識るコラム≡　　ドイツのテレビ

　ドイツには1984年まで公共放送しかなかった．ARD（第一ドイツテレビ）は各州の放送局が連合して運営する全国ネット．ZDF（第二ドイツテレビ）も全国放送．さらに ARD 加盟各局が担当地域で制作・放送するローカル放送．この３つの選択肢しかない上に，放送時間も限定されていた．1984年以降民間テレビ局も放送を開始．RTL, SAT.1, ProSieben, kabel eins, VOX などの他，多数のチャンネルが登場した．

　公共放送では，ARD と ZDF が共同で制作する phoenix や子供専用チャンネル KiKA，独仏共同運営で文化的内容の arte，ドイツ・オーストリア・スイス３国による教養チャンネル 3sat などもある．

　テレビ視聴行動は年齢層によりかなり違いがあり，年代が高いほど従来型テレビを視聴する率が高い．若い世代ではテレビ離れとビデオ・オン・デマンドの利用が増加している．それでもアンケートによれば，信頼できるニュース源と思うトップには ARD の „Tagesschau" や ZDF の „heute" が挙げられているし，サスペンスシリーズ „Tatort" は多くのドイツ人が日曜夜に見る定番番組であり続けている．

　各テレビ局はメディア環境の変化に対応し，番組のインターネット同時配信やオンデマンド配信を行っている．インターネットでの視聴が可能になったことから，公共放送の受信料は，受信機の有無にかかわらず全世帯一律に負担金を払う「放送負担金」制度に切り替わった．

ている．

Fessel ［フェッセル］**囡**-/-n（緊縛の）くさり；束縛．**fesseln** ［フェッセルン］**動** しばる．¶*j*⁴ an et⁴ *fesseln* 人⁴を物⁴にしばりつける．◆Durch seine Krankheit ist er ans Haus *gefesselt*. 病気のおかげで彼は家を出ることができない．

fest ［フェスト］**形** 固い；丈夫(頑丈)な，しっかりした，深い(眠り・確信など)；確定した，不動の．¶Ich bin *fest* davon überzeugt, dass … 私は…と固く確信している．/ eine *feste* Zusage　最終的な承諾．◆Sie drückte ihr Kind *fest* an sich. 彼女は子供をしっかり抱きしめた．/ Endlich schläft der Kleine tief und *fest*. 息子はやっとのことでぐっすり眠っている．/ Er glaubt *fest* an ein Leben nach dem Tod. 彼は死後の生を固く信じている．

Fest ［フェスト］**囲**-[e]s/-e 祝祭，祭典，（お祝いの）パーティー；（教会の）祝日．¶ein *Fest* feiern　祝典を催

す．/ ein *Fest* geben　パーティーを催す．

fest- ［フェスト］《常にアクセントをもち分離動詞をつくる前つづり》【固定】*fest*halten つかまえて（とめて）おく；【確定】*fest*setzen 決める；*fest*stehen 確定している．

fest│halten* ［フェスト・ハルテン］*du* hältst ［ヘルツト］ fest, *er* hält fest; hielt fest, festgehalten **動** **1** しっかりつかまえて（とめて）おく；（写真などで）とっておく，記録にとどめておく．¶*sich*⁴ an et³ *festhalten* 物³にしっかりつかまる．/ *et*⁴ auf Video *festhalten* 物⁴をビデオにとっておく．**2** 事³に固執する《an *et*³ 事³に》．¶An dieser ehrwürdigen Tradition sollten wir *festhalten*. この由緒ある伝統をわれわれは捨てるべきではないだろう．

Festig・keit ［フェスティヒ・カイト］**囡**-/強固さ；断固とした決意．¶mit *Festigkeit*　断固として．

Fest・land ［フェスト・ラント］**囲**-[e]s/

174

大陸.

fest｜legen ［フェスト・レーゲン］ **動** 決定する. ¶die Tagesordnung *festlegen* 議事日程を決める. / *sich⁴ auf et⁴ festlegen* 物⁴・事⁴に拘束される,責任を負う. / *sich⁴ auf seine Behauptungen festlegen* 自分の主張に責任を負う(拘束される).

fest・lich ［フェスト・リヒ］ **形** 祝祭の;祝祭にふさわしい.

fest｜machen ［フェスト・マヘン］ **動** 固定する«an *et³* 物³で»;取り決める. ¶Wollen wir den Termin jetzt gleich *festmachen*? いますぐ期日を取り決めようか.

fest｜nehmen* ［フェスト・ネーメン］ *du* nimmst fest, *er* nimmt fest; nahm fest, festgenommen **動** 逮捕する. ¶Der Einbrecher wurde *festgenommen*. 強盗は逮捕された.

Fest・platte ［フェスト・プラテ］ **女**-/-n 〚電算〛ハードディスク.

Fest・spiel ［フェスト・シュピール］ **中** -[e]s/-e 祝祭劇,《ふつう**複**で》フェスティバル.

fest｜setzen ［フェスト・ゼッツェン］ **動** 決める;逮捕する. ¶*sich⁴ festsetzen* 付着して取れない;(考えなどが)頭からはなれない.

fest｜stehen* ［フェスト・シュテーエン］ stand fest, festgestanden **動** 確定している. ¶Ob er die Stelle bekommt, *steht* noch nicht *fest*. 彼がその職を得るかどうかまだ確定していない.

fest｜stellen ［フェスト・シュテレン］ **動** 確認する;気づく;断言する. ¶Die Polizei *stellte* die Personalien der Randalierer *fest*. 警察は暴徒の人物を確認した. / Der Arzt *stellte* bei ihr ein Magengeschwür *fest*. 医師は彼女が胃潰瘍があることを確認した.

Fete ［フェーテ］ **女**-/-e 祝宴,パーティー.

fett ［フェット］ **形** 脂肪分の多い;ふとった;肥沃な. ¶*Fettes* Essen solltest du meiden. 君は脂肪分の多い食事を避けなさい. / Viele Erwachsene sind ausgesprochen *fett*. 明らかにふとりすぎの成人が多い. / So *fett* habe ich lange nicht mehr gegessen. こんなに油っこい食事はずいぶん長い間食べたことがなかった. / Die *fetten* Jahre sind längst vorbei. 好況の時代はとっくに過ぎ去った. **Fett** ［フェット］ **中**-[e]s/-e 脂肪. **fettig** ［フェッティヒ］ -e ［フェッティゲ］ **形** 脂肪を多く含んだ;脂でよごれた.

Fetzen ［フェッツェン］ **男**-s/- 切れはし,ぼろ(布).

feucht ［フォイヒト］ **形** しめった. ¶In Japan sind die Sommer *feuchter* als in Deutschland. 日本の夏はドイツより湿気が多い. **Feuchtig・keit** ［フォイヒティヒ・カイト］ **女**-/ 湿気;湿度.

feudal ［フォイダール］ **形** 封建制度の;封建的な. ¶An seinen *feudalen* Ansichten hält er stur fest. 彼は封建的な見解にかたくなに固執している. **Feudalismus** ［フォイダリスムス］ **男**-/ 封建制度,封建主義.

Feuer ［フォイァ］ **中**-s/- 火;火事;情熱. ¶Feuer! 火事だ. / Haben Sie *Feuer*? (タバコの火を借りようと)ライター(マッチ)はお持ちですか. **feuer・gefährlich** ［フォイァ・ゲフェーァリヒ］ **形** 引火しやすい.

Feuer・löscher ［フォイァ・レシァ］ **男** -s/- 消火器. **Feuer・wehr** ［フォイァ・ヴェーァ］ **女**-/-en 消防隊. **Feuer・werk** ［フォイァ・ヴェルク］ **中**-[e]s/-e 花火. **Feuer・zeug** ［フォイァ・ツォイク］ **中**-[e]s/-e (点火用の)ライター.

Feuilleton ［フォイェトン］ **中**-s/-s (新聞・雑誌の)文芸欄,文芸評論.

feurig ［フォイリヒ］ -e ［フォイリゲ］ **形** 燃えるような;情熱的な.

Fichte ［フィヒテ］ **女**-/-n 〚植物〛ドイツトウヒ.

Fieber ［フィーバァ］ **中**-s/- 熱(38度以上の体温),高熱. ¶Sie hat hohes *Fieber* und muss unbedingt im Bett bleiben. 彼女は高熱があ

って絶対に寝ていなければならない. / Hast du heute schon *Fieber* gemessen? きょうはもう熱を測りましたか. **fieber·haft** [フィーバァ・ハフト] 甲 熱を伴う, 熱中した. **fiebrig** [フィーブリヒ] −e [フィーブリゲ] 形 熱がある.

fiel [フィール] *fallen* の過去形・単数・1, 3人称.

fies [フィース] 形 ものすごく嫌な. ¶ *Das fiese* Wetter geht mir langsam auf die Nerven. このいやな気候は次第に私の神経を苛立たせる. / Warum ist er bloß so *fies* zu uns? そもそもあいつはなぜわれわれにこれほどまでロうるさいんだろう.

Figur [フィグーァ] 女−/−en 姿, 形, スタイル; 像, 図像; (芝居などの)登場人物; (チェスの)駒. ¶ Mit dieser unsympathischen *Figur* will ich nichts zu tun haben. この感じの悪いやつとは何のかかわりも持つつもりはない.

Fiktion [フィクツィオーン] 女−/−en フィクション. **fiktiv** [フィクティーフ] −e [フィクティーヴェ] 形 フィクション(虚構)の.

Filiale [フィリアーレ] 女−/−n 支店, 支社, 出張所.

Film [フィルム] 男−[e]s/−e (写真の)フィルム; 映画; 被膜. ¶ Und wann drehen Sie Ihren nächsten *Film*? 次の映画はいつ撮影するのですか. **filmen** [フィルメン] 動 映画に(映像を)撮(と)る; 映画に出演する.

Filter [フィルタァ] 男 (甲) −s/− (ろ過用および遮光用の)フィルター.

Filz [フィルツ] 男−es/−e フェルト.

Finale [フィナーレ] 甲−s/−[s] (音楽作品・体操競技の)フィナーレ, ファイナル. ¶ Das japanische Doppel kommt ins *Finale* (steht im *Finale*). 日本のダブルスはファイナルに進む(ファイナルに出場している).

Finanz·amt [フィナンツ・アムト] 甲−[e]s/Finanz·ämter [フィナンツ・エムタァ] 税務署. ¶ Fast die Hälfte unserer Zeit arbeiten wir für das *Finanzamt*. 私たちは自分の時

関連語 **Figur**	
—図形・立体—	
der Punkt	点.
die Linie	線.
der Kreis	円.
die Ellipse	楕円.
der Sektor	扇形.
das Dreieck	三角形.
das Quadrat	正方形.
das Rechteck	長方形.
der Rhombus	ひし形.
das Trapez	台形.
das Parallelogramm	平行四辺形.
die Gerade	直線.
die Kurve	曲線.
die Parabel	放物線.
der Quader	直方体.
der Würfel	立方体.
der Kegel	円錐.
der Zylinder	円柱.
die Pyramide	角錐.
die Kugel	球.
die Länge	長さ, 縦.
die Breite	[横]幅.
die Höhe	高さ.
der Durchmesser	直径.
der Radius	半径.
der Winkel	角.
der Schenkel	辺.

間のほとんど半分を税務署のために働いているようなものだ. **Finanzen** [フィナンツェン] 複 [国家]財政; 歳入.

finanziell [フィナンツィエル] 形 財政上の, 財務上の. ¶ *Finanzielle* Probleme kennt sie nicht. 彼女は経済的な困難とは縁のない人間だ. / *Finanziell* steht er sich nicht schlecht. 金銭的には彼の暮らし向きは悪くない. **finanzieren** [フィナンツィーレン] finanzierte, finanziert 動 (人3・事業4に)資金を供給(用立て)する. ¶ einen Künstler *finanzieren* 芸術家のスポンサー(パトロン)になっている. ◆ Sein Onkel hat ihm das Studium *finanziert*. おじが彼の(大学の)学費を払った. **Finanzierung** [フィナンツィールング] 女−/

-en 資金供給, 資金供与.

finden* [フィンデン] fand, gefunden **動 1** 見つける, (事⁴に)思いあたる. ¶ et⁴ ... finden 事⁴を…だと思う, 認める. / sich⁴ finden 見つかる; 判明する. ◆ Arbeit hat er noch immer nicht *gefunden*. 彼は仕事が未だに見つかっていない. / Ich *finde*, du hast Recht. ぼくは君が正しいと思う. / Unser Hotel *fanden* wir nicht so gut. われわれのホテルはあまり上等とは思えなかった. / Wie es weiter gehen soll, [das] wird sich schon *finden*. これから先どうなっていくか, きっと自然にわかってくるだろう. **2** 勝手がわかる. ¶ nach Hause *finden* やっと家への道がわかる.

fing [フィング] fangen の過去形・単数・1, 3人称.

Finger [フィンガァ] **男**-s/- (手・手袋・動物の前あしの)指. ¶ Lass lieber die *Finger* davon! そのことにかかわらない方がいいぞ.

Finger・abdruck [フィンガァ・アプドゥルク] **男** -[e]s/Finger・abdrücke [フィンガァ・アプドゥリュケ] 指紋. ¶ Der Täter hat keine *Fingerabdrücke* hinterlassen. 犯人は指紋を残さなかった. **Finger・nagel** [フィンガァ・ナーゲル] **男**-s/Finger・nägel [フィンガァ・ネーゲル] つめ.

Fingerspitzen・gefühl [フィンガァシュピツェン・ゲフュール] **中**-s/ 勘(淡). ¶ Ihm fehlt jedes *Fingerspitzengefühl*. 彼にはおよそ勘というものが欠けている.

Fink [フィンク] **男**-en/-en 〖鳥〗アトリ.

finster [フィンスタァ] **形** 暗い; 陰気な. ¶ Plötzlich war alles *finster*, der Strom war ausgefallen. 突然全て暗くなった, 停電したのだ. / Mit *finsterer* Miene antwortete er den Reportern. 陰気な表情で彼は報道記者たちに答えた. **Finster・nis** [フィンスタァ・ニス] **女**-/ 暗黒; 〖天文〗食.

Firma [フィルマ] **女**-/Firmen [フィル

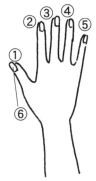

絵で見るドイツ単語 **Finger**

① der Daumen 親指.
② der Zeigefinger 人差し指.
③ der Mittelfinger 中指.
④ der Ringfinger 薬指.
⑤ der kleine Finger 小指.
⑥ der [Finger]nagel 爪.

メン] 会社, 商社.

Fisch [フィッシュ] **男**-[e]s/-e さかな; 魚肉; 《複で》die *Fische* 〖天文〗魚座. ¶ In Japan isst man viel mehr *Fisch* als in Deutschland. 日本ではドイツよりもずっと多く魚を食べる. / In Deutschland wird freitags oft *Fisch* gegessen. ドイツでは金曜日にしばしば魚を食べる.

ドイツ, 特に中部, 南部のカトリック地区において金曜日はキリストの十字架上での死を想起する日であり, この日は飲食を謹んで肉をとらず, その代わり魚を食べる習慣をとる.

fischen [フィッシェン] **動** (魚を)とる.
Fischer [フィッシャァ] **男**-s/- (女性) **Fischerin** [フィッシェリン] **女**-/Fischerinnen [フィッシェリネン] 漁夫, 釣り人.

ドイツの早口言葉; Fischers Fritz fischt frische Fische, frische Fische fischt Fischers

Fritz. フィッシャー家のフリッツ
は新鮮な魚を釣る，新鮮な魚をフ
ィッシャー家のフリッツが釣る．

関-連-語 **Fisch** ―魚の名前―	
der Lachs	サケ．
die Forelle	マス．
der Barsch	スズキ．
die Makrele	サバ．
der Thunfisch	マグロ．
der Hering	ニシン．
der Kabeljau	タラ．
der Karpfen	コイ．
die Scholle	カレイ．
der Aal	ウナギ．
der Tintenfisch	イカ．
die Muschel	貝．
die Miesmuschel	ムール貝．
die Auster	カキ．
die Krabbe	カニ．
der Hummer	ロブスター．
die Languste	伊勢エビ．
die Garnele	エビ．

Fisole [フィゾーレ] 囡-/-n 〖ボタニク〗〖野菜〗インゲンマメ．

fit [フィット] 厖 体調がよい．¶So *fit* wie früher ist er nicht mehr. 彼はもう以前ほどは体調がよくない．/ Durch Schwimmen hält er sich schön *fit*. 彼は水泳をしてよい体調を保っている．**Fit・ness** [フィット・ネス] 囡-/ フィットネス(心身の健康な状態)．

fix [フィックス] 厖 機敏な．¶*fix* und fertig すっかり準備がととのった；くたくたに疲れた．

flach [フラッハ] 厖 平らな，平たい；低い；浅い．¶Diese Gegend ist völlig *flach*. このあたりは全く平坦だ． / Schuhe mit *flachen* Absätzen trägt sie nur selten. ローヒールの靴を彼女は滅多にはかない．/ Die meisten Talkshows sind uns zu *flach*. われわれにはたいがいのトークショーが単調に過ぎる．

Fläche [フレッヒェ] 囡-/-n 平地，平面；面積．¶eine *Fläche* von 300 Quadratmetern 300 平方メートルの面積．

flackern [フラッケルン] 動 (ロウソク・炭などの火が)ちらちら(ゆらゆら)する．¶Im Kamin *flackerte* ein munteres Feuer. 暖炉の中では陽気に火がゆらめいていた．

Flagge [フラッゲ] 囡-/-n (旗ざおなどに掲げられる)旗．¶Die Kanzlerin hat eindeutig *Flagge* gezeigt. 女性首相は疑問の余地がないほどはっきりと自分の立場を明らかにした．(⇒ Fahne)

Flamme [フラメ] 囡-/-n 炎(點の)；(ガスなどの)火口(熊)．¶*et*⁴ in *Flammen* setzen. 物⁴を燃やす．◆Gestern habe ich ihn mit seiner neuen *Flamme* gesehen. きのう私は彼が新しい彼女といるのを見た．

Flasche [フラッシェ] 囡-/-n びん；〖俗語〗まぬけ，能なし．¶eine *Flasche* leeren. びんの中身をからにする．◆Er ist eine richtige *Flasche*. 彼は本当にまぬけな奴だ．

flattern [フラッテルン] 動 (s) 羽ばたきながら飛ぶ(飛んでいく)；(h) (風にあおられて)はためく．¶Der Fasan *flatterte* davon. キジは羽ばたきながら飛び去った．/ Die Wäsche *flatterte* im Wind. 洗濯物が風にあおられてはためいていた．

flau [フラォ] 厖 (人³は)気分がすぐれない，けだるい．¶Ihm ist (wird) *flau*. 彼は体調がよくない(わるくなる)．

Flaum [フラォム] 男-[e]s/ うぶ毛，うぶひげ．

flechten* [フレヒテン] *du* flichtst [フリヒツト]，*er* flicht; flocht, geflochten 動 (髪の毛・花を)編(あ)む．¶Die Nachwelt *flicht* dem Mimen keine Kränze. 後世の人々は名優のために花輪を編むことをしない(＝名優の栄光もうつろいやすいものだ)．

Fleck [フレック] 男-[e]s/-e ，**Flecken** [フレッケン] 男-s/- よごれ，汚点；〖古語〗(小さく限られた)場所．¶Du hast einen *Fleck[en]* auf der Krawatte. 君のネクタイにシミがついているよ.

Fleder·maus [フレーダァ・マォス] 女-/Fleder·mäuse [フレーダァ・モィゼ]【動】コウモリ.

flehen [フレーエン] **動**¶ [zu j^3] um et⁴ flehen [人³に]事⁴を哀願する.

Fleisch [フラィシュ] 中-[e]s/ ○○ ; 食肉. ¶Das Fleisch war gut durchgebraten. その肉には十分火がとおっていた.

Fleischer [フラィシャァ] 男-s/- (女性) **Fleischerin** [フラィシェリン] 女-/Fleischerinnen [フラィシェリネン]肉屋[の主人]. (⇒Metzger, Schlachter) **Fleischerei** [フラィシェラィ]女-/-en 肉屋(店). **Fleisch·hauerei** [フラィシュ·ハォエラィ] 女-/-en 《ﾄ･ｲﾂ》肉屋(店).

Fleiß [フラィス] 男-es/ 勤勉.¶Sein Fleiß hat sich gelohnt. 彼の勤勉は報われた. / Leider war aller Fleiß umsonst. 残念ながら精励の全てが無駄だった. **fleißig** [フラィスィヒ] -e [フラィスィゲ] **形** 勤勉な.¶Mädchen sind in der Schule gewöhnlich fleißiger als Jungen. ふつう学校では女生徒の方が男子より勤勉だ. / Die Kinder löffelten fleißig ihre Suppe. 子供たちはスープをせっせとすくって口に運んだ.

flektieren [フレクティーレン] flektierte, flektiert **動**《x法》語形変化する.

flennen [フレネン] **動** ぎゃあぎゃあ泣く.

flexibel [フレクスィーベル] …xible [フレクスィーブレ] **形** しなやかな;フレキシブルな;《x法》語形変化する. ¶flexible Arbeitszeiten フレックスタイム. ◆ Wir stellen uns flexibel auf die Wünsche unserer Kunden ein. われわれはお客様のご要望には柔軟に対応いたします.

flicht [フリヒト] < flechten.

flichtst [フリヒツト] < flechten.

flicken [フリッケン] **動** (つぎ·補修材料をあてて)つくろう,修繕する. ¶Die Hose ist kaum noch zu flicken.

関-連-語 **Fleisch**	
—肉の名前—	
das Rindfleisch	牛肉.
das Kalbfleisch	子牛肉.
das Schweinefleisch	豚肉.
das Hühnerfleisch	鶏肉.
das Hähnchen	若鶏.
das Lammfleisch	子羊肉,ラム.
das Hammelfleisch	羊肉,マトン.
das Wildschwein	イノシシ肉.
das Reh	鹿肉.
das Kaninchen, der Hase	ウサギ.
das Gänsefleisch	ガチョウ.
die Ente	カモ,アヒル.
die Pute	七面鳥.
der Fasan	キジ.

このズボンはもうほとんどつくろいようがない. **Flicken** [フリッケン] **男**-s/- 修繕用の端(は)切れ(布·皮·金属).

Flieder [フリーダァ] **男**-s/- 《植》ハシドイ,ライラック.

Fliege [フリーゲ] **女**-/-n 《昆虫》ハエ; 蝶ネクタイ.¶zwei Fliegen mit einer Klappe schlagen 一石二鳥である. ◆ Die Fliege ist sein Markenzeichen. 蝶ネクタイは彼のトレードマークだ.

fliegen [フリーゲン] flog, geflogen **動** 1 (s) 飛ぶ;飛行機で行く;《話》追い出される.¶Über Neujahr fliegen wir nach Hawaii. 正月にかけて私たちはハワイへ飛ぶ. / Mit welcher Linie fliegen Sie? どの航空会社でいらっしゃるのですか. / Für diesen Streich flog er von der Schule. このいたずらで彼は放校になった. **2** (飛行機を)操縦する.¶Den neuen Airbus hat er noch nicht geflogen. 彼は新型のエアバスをまだ操縦したことがない.

Flieger [フリーガァ] **男**-s/- パイロット;《ﾄ表現》飛行機. **Fliegerin** [フリーゲリン] **女**-/Fliegerinnen [フリーゲリネン] 女性パイロット.

fliehen* [フリーエン] floh, geflohen **動** (s) 逃げる《vor j^3 人³から》.

Fliese [フリーゼ] **囡**-/-n タイル. ¶ Pass auf, die *Fliesen* sind sehr glatt! 気をつけなさいよ,タイルがとても滑りやすいから.

fließen [フリーセン] *es* fließt; floss, geflossen **動** (s) 流れる. ¶ Der Schweiß *floss* ihm von der Stirn. 彼の額から汗が滴った. / Die Mosel *fließt* in den Rhein. モーゼル河はライン河に注ぐ. / Heute *fließt* der Verkehr einigermaßen. きょうは交通がある程度スムーズに流れている.

fließend [フリーセント] **形** 流暢(りゅうちょう)な;流れている. ¶ Zimmer mit *fließendem* Wasser 洗面台つきの部屋. / *fließende* Rede よどみのない話し方. ◆ Nach nur einem Jahr sprach sie *fließend* Deutsch. わずか1年の後に彼女はドイツ語を流暢に話すようになっていた.

> 最近ではもう見かけないだろうが,かつては安宿にベッドしかない部屋などというものがあった.貧乏学生がヒッチハイクの末に泊まったりしたものだ.その上のランクがこの「洗面台つきの部屋」.もっともこのクラスは古いホテルでは今でも見かける.ゲーテもヒトラーも利用したワイマル Weimar のホテル „Elephant" にもあった.

flimmern [フリメルン] **動** チカチカ(チラチラ)光る.

flink [フリンク] **形** すばしこい.

Flirt [フリルト] **男**-s/-s いちゃつき.

flirten [フリルテン] **動** ¶ mit *j*³ *flirten* 人³といちゃいちゃする.

Flitter·wochen [フリッタァ・ヴォッヘン] **複** ハネムーン. ¶ Die *Flitterwochen* holen wir im Juli nach. ハネムーンはあとで7月になってから取りもどす.

flitzen [フリッツェン] **動** 猛スピードで動く.

floaten [フローテン] **動** (為替相場が)フロートする. **Floating** [フローティング] **中**-s/-s 変動為替相場.

flocht [フロホト] flechten の過去形・単数・1, 3人称.

Flocke [フロッケ] **囡**-/-n 小片;雪のひとひら. ¶ Es schneite in dicken *Flocken*. 大きな雪片がちらちら降っていた.

flog [フローク] fliegen の過去形・単数・1, 3人称.

floh [フロー] fliehen の過去形・単数・1, 3人称.

Floh [フロー] **男**-[e]s/Flöhe 〖蚤〗ノミ. **Floh·markt** [フロー・マルクト] **男**-[e]s/Floh·märkte [フロー・メルクテ] 蚤の市.

Floppy Disk, Floppy·disk [フロッピ・ディスク] **囡**-/-s 〖電算〗フロッピーディスク. (⇒Diskette)

Floskel [フロスケル] **囡**-/-n (中身のない)決まり文句. ¶ Bei der Pressekonferenz hörte man nichts als *Floskeln*. 記者会見の際耳にしたのは中身のない決まり文句以外何もなかった.

floss [フロス] fließen の過去形・単数・1, 3人称.

Flosse [フロッセ] **囡**-/-n (魚の)ひれ;(スキンダイビングの)足びれ.

Flöte [フレーテ] **囡**-/-n フルート. ¶ die *Flöte* (auf der *Flöte*) blasen フルートを吹く.

flott [フロット] **形** スムーズな;シックな;チャーミングな. ¶ In ihrem Hosenanzug sieht sie sehr *flott* aus. パンツスーツを着た彼女はたいへんシックに見える.

Flotte [フロッテ] **囡** -/-n 艦隊.

Fluch [フルーフ] **男**-[e]s/Flüche [フリューヒェ] 呪い[の言葉];«複なし»禍(わざわい). ¶ Auf der alten Villa scheint ein *Fluch* zu lasten. その古い別荘にはのろいがかかっているようだ. **fluchen** [フルーヘン] **動** 口汚くののしる. ¶ auf (über) *j*⁴/et⁴ *fluchen* 人⁴・事に毒づく. / *j*³/et³ *fluchen* 人³・物³を呪う.

Flucht [フルフト] **囡**-/ 逃亡,逃走. ¶ [vor *j*³] die *Flucht* ergreifen [人³の手から]逃れる. / *j*⁴ in die *Flucht* schlagen 人⁴を逃亡(退

却)させる. ♦ Auf der *Flucht* wäre
sie beinahe umgekommen. 逃
亡の途中彼女は危うく命を落すところ
だった. **flüchten** [フリュヒテン] **動**
逃れる《vor *et*³ 物³から》.¶ *sich*⁴
in *et*⁴ (zu *j*³) *flüchten* 建物な
ど(人³のところ)へ避難する, 逃避す
る. **flüchtig** [フリュヒティヒ] -e
[フリュヒティゲ] **形** 逃亡(逃走)中の;
一瞬の, つかの間の;うわべだけの.

Flücht·ling [フリュヒト·リング] **男**-s
/-e 避難民, 亡命者.¶ Die Straßen
waren voller *Flüchtlinge*. 道路
は避難民で満ち溢れていた.

Flug [フルーク] **男**-[e]s/Flüge [フリュ
ーゲ] 飛翔(ひしょう);飛行, 空の旅.¶ Wäh-
rend des ganzen *Flugs* habe
ich kein Auge zugetan. 飛行中
ずっと私は眠ることができなかった. /
Fasziniert schaute er dem *Flug*
der Kraniche zu. 彼はうっとりと
ツルの飛ぶ様を眺めた.

Flügel [フリューゲル] **男**-s/- (鳥·航
空機の)つばさ;(建物の)袖(そで);グラン
ドピアノ.¶ Die Gemäldesamm-
lung ist im rechten *Flügel* des
Schlosses untergebracht. 収集
絵画は城の右ウイングに収納されている.

Flug·hafen [フルーク·ハーフェン] **男**-
s/Flug·häfen [フルーク·ヘーフェン] 空
港.¶ Von der Stadtmitte bis
zum *Flughafen* fährt man gut
2 Stunden. 市内から空港まで乗り
物でたっぷり2時間はかかる.

Flug·linie [フルーク·リーニエ] **女**-/
Flug·linien [フルーク·リーニエン] 航空
路;航空会社.

Flug·platz [フルーク·プラッ] **男**-es/
Flug·plätze [フルーク·プレッェ] 飛行
場. **Flug·zeug** [フルーク·ツォイク]
中-[e]s/-e 航空機.

Flur [フルーァ] **男**-[e]s/-e 玄関(の
間), 廊下.

Fluss [フルッス] **男**-es/Flüsse [フリ
ュッセ] 川, 河川;(会話などの)流れ.¶
in *Fluss* kommen (止まっていたも
のが)また動きだす. ♦ In diesem
Fluss gibt es schon lange keine
Fische mehr. この河にはもうずっ

と以前から魚がいない. / Hier am
Fluss sitzen immer viele Ang-
ler. ここの川岸にはいつもたくさんの釣り
人がいる. / Vergeblich bemühte er
sich, das Gespräch wieder in
Fluss zu bringen. 彼は対話を再び
軌道にのせようと努力したが無駄だった.
flüssig [フリュッスィヒ] -e [フリュッ
スィゲ] **形** 液状の;流暢(りゅうちょう)な;〔経済〕
流動的な. **Flüssig·keit** [フリュッ
スィヒ·カイト] **女**-/-en 液体;流動性;
流暢.

flüstern [フリュステルン] **動** ささやく
《*j*³ ins Ohr 人³の耳に》.¶ Total
heiser wie er war, konnte er
nur noch *flüstern*. 彼は声がすっ
かりしわがれていたので, かろうじてささ
やくことができるだけだった.

Flut [フルート] **女**-/-en 《複なし》満
ち潮;《ふつう複で》大水, 洪水.

Föderalismus [フェデラリスムス] **男**
-/ 連邦制度(主義). **föderativ**
[フェデラティーフ] -e [フェデラティーヴェ]
形 連邦(同盟)の.

Föhn [フェーン] **男**-[e]s/-e 〔気象〕フ
ェーン(山を吹きおりる暖かい南風の
名);ドライヤー.¶ Kannst du mir
mal deinen *Föhn* leihen? あな
たのドライヤーをちょっと貸してくださ
らない?

Folge [フォルゲ] **女**-/-n 連続, 一連の
…;シリーズ[の続き];結果.¶ Die
nächste *Folge* unseres Rund-
briefes ist für Dezember ge-
plant. われわれのお知らせの次号は12
月に予定しております. / Bevor du
das tust, solltest du dir über
die *Folgen* im Klaren sein. そ
れをする前に君は結末がどうなるかはっ
きり知っていなければならない. / Die
hohe Arbeitslosigkeit ist die *Fol-
ge* einer falschen Wirtschafts-
politik. 失業率の高さは誤った経済政
策の結果だ. **folgen** [フォルゲン] **動**
(s) (人³)について(を追って)いく;
(事³の内容)を追う;(事³の)次に来る,
後に続く《auf *et*⁴ 事⁴の》;…という結
論になる《aus *et*³ 事³から考えると》.
¶ Er redete viel zu schnell,

man konnte ihm kaum *folgen*. 彼はあまりにも早口でしゃべったので、彼についていくことはほとんどできなかった。 **folgend** [フォルゲント] 形 **1** 次の、以下の。 **2** folgen の現在分詞。

folgern [フォルゲルン] 動 推論する 《aus *et*³ 事³から》。 **Folgerung** [フォルゲルング] 囡-/-en 推論。 **folg・lich** [フォルク・リヒ] 副 その結果。

Folie [フォーリエ] 囡-/-n ホイル、ラップ。

foltern [フォルテルン] 動 拷問にかける。¶In vielen Ländern der Welt wird heute noch *gefoltert*. 世界の多くの国々では今日なお拷問が行われている。

fordern [フォルデルン] 動 要求する 《von *j*³ 人³に》;(人⁴に)過酷な働きを強いる。¶Wir *fordern* bessere Arbeitsbedingungen われわれはより良き労働条件を要求する。/ Wie viel willst du von ihm *fordern*? 彼にいくら要求するつもりかね。

fördern [フェルデルン] 動 促進(振興・助成)する。¶Der neue Minister will die Genforschung stärker *fördern*. 新大臣は遺伝子研究をより強力に推し進める意図だ。/ Die meisten Theater in Deutschland werden vom Staat *gefördert*. ドイツの劇場の大部分は国から助成を受けている。

Forderung [フォルデルング] 囡-/-en 要求、強要;《経》債権。¶Die *Forderungen* der Gegenseite sind für uns unannehmbar. 相手方の要求はわれわれにとって受け入れがたいものだ。

Förderung [フェルデルング] 囡-/ 促進、振興、助成。

Forelle [フォレレ] 囡-/-n 《魚》ヨーロッパカワマス。

Franz Schubert(1797-1828)作曲の五重奏曲イ長調「ます」第4楽章変奏曲の主題「ます」はこの魚である。

Form [フォルム] 囡-/-en 形態、形式;行儀、作法;(菓子などをつくる)型;《複なし》体調。¶In dieser *Form* braucht er keinen Gegner zu fürchten. この調子なら彼はどんな相手も恐れる必要はない。/ Unsere Spieler kommen langsam wieder in *Form*. わがプレイヤーたちはじわじわとまた調子を上げている。

formal [フォルマール] 形 形式上の;儀礼上の。 **Formali・tät** [フォルマリ・テート] 囡-/-en 形式;しきたり;[正式]手続き。

Format [フォルマート] 中-[e]s/-e (紙・書籍などの)版、型;《複なし》人間としての大きさ。¶Er ist ein Mann von *Format*. 彼はスケールの大きい人間だ。

formatieren [フォルマティーレン] formatierte, formatiert 動 《電算》書式設定する。

Formel [フォルメル] 囡-/-n 数(化学)式、公式;決まり文句;(レーシングカーの)フォーミュラ(規格)。

formen [フォルメン] 動 形づくる;(人格・性格などを)形成する。¶Schule und Elternhaus *formen* ein Kind fürs Leben. 学校と家庭が生涯にわたって子供の人格を形成する。

förm・lich [フェルム・リヒ] 形 形だけの;形式にかなった。 **form・los** [フォルム・ロース] 形 不恰好な;形式自由の;気さくな。

Formular [フォルムラール] 中-[e]s/-e 書式、用紙。¶Auf dem Amt musste ich gleich vier *Formulare* ausfüllen. お役所で私は一度に4通の用紙に記入しなければならなかった。 **formulieren** [フォルムリーレン] formulierte, formuliert 動 言葉で表現する。

forschen [フォルシェン] 動 捜し求める、研究する。《nach *j*³/*et*³ 人³・物³を》 **Forscher** [フォルシャァ] 男-s/- (囡性) **Forscherin** [フォルシェリン] 囡-/Forscherinnen [フォルシェリネン])研究者。¶Nicht jeder große *Forscher* ist auch ein guter

Lehrer. 偉大な研究者がみなよい教育者であるとは限らない.

Forschung [フォルシュング] **女**-/-en 研究;調査.

Förster [フェルスタァ] **男**-s/- (**女性** **Försterin** [フェルステリン]**女**-/-Försterinnen [フェルステリネン]) 営林署員.

fort [フォルト] **副** 去って,失せて;引続き…し続けて. ¶Müsst ihr schon wieder *fort*? お前たちはもうまた行ってしまわなければいけないのかい. / Das ist ganz weit *fort* von hier. それはここからはるか遠くはなれている.

fort- [フォルト] 《常にアクセントをもち分離動詞をつくる前つづり》【前進・継続】*fort*|fahren【乗物で】出かける,*fort*|setzen 続ける;【去って】*fort*|gehen 立ち去る.

fort|**bewegen** [フォルト・ベヴェーゲン] **動** 移動させる. ¶*sich⁴ fortbewegen* 移動する,前進する. ¶Sie kann sich nur noch im Rollstuhl *fortbewegen*. 彼女はもう車椅子でやっと移動することしかできない.

fort|**bilden** [フォルト・ビルデン] **動** *sich⁴ fortbilden* (所定の課程を終えたのち)継続して教育(研修)を受ける. ¶Sie nutzt jede Gelegenheit, sich *fortzubilden*. 彼女は引続き継続して教育を受けるためあらゆる機会を利用する. **Fort·bildung** [フォルト・ビルドゥング] **女**-/-en (成人のための)生涯教育,継続研修.

fort|**fahren*** [フォルト・ファーレン] *du* fährst fort, *er* fährt fort; fuhr fort, fortgefahren **動 1** (s) (乗物で)先へ進む,立ち去る. ¶Morgen fahren wir mit dem neuen Wagen *fort*. あしたは新しい自動車で出かけるのだ. **2** (h,s) さらに引き続き行う.《mit et³ 事³を》. ¶Unbeirrt *fuhr* der Abgeordnete in seiner Rede *fort*. その代議士は動じる様子もなく演説を続けた.

fort|**führen** [フォルト・フューレン] **動** 連れ(運び)去る;受け継いでいく. ¶Er *führt* die Forschungen seines

Lehrers *fort*. 彼は恩師の研究を受け継いでいく.

Fort·geschrittener* [フォルト・ゲシュリテナァ] **男** (**女性** **Fort·geschrittene*** [フォルト・ゲシュリテネ] **女**)《形容詞の名詞化》既習者,中級(上級)者. ¶Ist der Kurs für Anfänger oder [für] *Fortgeschrittene*? このコースは初心者用ですか,それとも既習者のためのものですか.

fort|**gehen*** [フォルト・ゲーエン] ging fort, fortgegangen **動** (s) 立ち去る;続く.

fort|**laufen*** [フォルト・ラォフェン] *du* läufst fort, *er* läuft fort; lief fort, fortgelaufen **動** (s) 走り(逃げ)去る.

fort|**pflanzen** [フォルト・プフランツェン] **動** *sich⁴ fortpflanzen* 増殖する. **Fort·pflanzung** [フォルト・プフランツング] **女**-/-en 増殖,生殖;蔓延(まん).

Fort·schritt [フォルト・シュリト] **男** -[e]s/-e 進歩,上達. ¶So manchen *Fortschritt* in der Technik verdanken wir den Japanern. かくも多くの技術的進歩は日本人のおかげである. / Im Deutschen macht sie erstaunliche *Fortschritte*. 彼女のドイツ語の進歩は驚嘆すべきものがある. **fortschritt·lich** [フォルトシュリット・リヒ] **形** 進歩した;進歩的な.

fort|**setzen** [フォルト・ゼツェン] **動** 続ける. ¶*sich⁴ fortsetzen* 続く. **Fort·setzung** [フォルト・ゼツング] **女**-/-en 継続,続行. ¶*Fortsetzung* folgt. 以下次号.

Foto [フォート] **中**-s/-s 写真. ¶Soll ich mal ein *Foto* von euch machen? 君たちの写真をとってあげようか. **Foto·apparat** [フォート・アパラート]**男**-[e]s/-e カメラ.

Foto·grafie [フォト・グラフィー] **女**- /-n [フォト・グラフィーエン] 写真;写真撮影. **foto·grafieren** [フォト・グラフィーレン] fotografierte, fotografiert **動** 写真撮影する.

Foto·kopie [フォト・コピー] **女**-/-n

[フォト・コピーエン] 複写, コピー. ¶Soll ich dir eine *Fotokopie* von dem Artikel machen? 君にこの記事のコピーを作ってあげようか.

Fr [エフエル]《元素記号》フランシウム.

Fr. [フライターク]《略》金曜日(=**Freitag**).

Fracht [フラハト] 囡-/-en 貨物;貨物運賃. **Frachter** [フラハタァ] 男-s/- 貨物船.

Frage [フラーゲ] 囡-/-n 質問;問題点. ¶eine *Frage* der Zeit sein 時間の問題である. / in *Frage* kommen 考慮の対象になる,問題になる. ◆ Haben Sie noch *Fragen*? まだ質問がありますか. / Auf diese *Frage* kann ich nur kurz eingehen. この問題には簡略にしか立ち入ることしかできない.

fragen [フラーゲン] 動 (人⁴に)質問する. ¶*j⁴* nach *et³* (wegen *j²*) *fragen* 人⁴に事³(のこと)を訊ねる. / *j⁴* um *et⁴* *fragen* 人⁴に事⁴を求める. ◆ Am besten *fragen* wir den Polizisten dort nach dem Weg. あそこの警官に道を聞くのが一番良かろう. / Darf ich Sie mal etwas *fragen*? ちょっとお伺いしてよろしいか. / Sind Sie auch aus Bonn, wenn ich *fragen* darf? お訊ねして失礼ですがあなたもボンの出身ですか. **Frage・zeichen** [フラーゲ・ツァイヒェン] 中-s/-《文法》疑問記号(?). **frag・lich** [フラーク・リヒ] 形 疑わしい;問題の.

Fraktion [フラクツィオーン] 囡-/-en 議員団,院内会派.

Franken [フランケン] 男-s/- スイス・フラン(スイスの通貨. 1スイス・フランは100ラッペン).(⇒Rappen)

Frank・furt [フランクフルト] 中-s/《地名》*Frankfurt* am Main マイン河畔のフランクフルト(ヘッセン Hessen 州にあり,ドイツ商業,経済の中心). / *Frankfurt* an der Oder オーデル河畔のフランクルト(ブランデンブルク Brandenburg 州にある).

frankieren [フランキーレン] frankierte, frankiert 動 (郵便物に)

切手を貼る. ¶Dieser Brief ist nicht ausreichend *frankiert*. この手紙は必要なだけ切手が貼ってない(料金不足である).

Frank・reich [フランク・ライヒ] 中-s/《地名》フランス. **Franzose** [フランツォーゼ] 男-n/-n (女性) **Französin** [フランツェーズィン] 囡-/-Französinnen [フランツェーズィネン] フランス人. **französisch** [フランツェーズィシュ] 形 フランス[人・語]の. **Französisch** [フランツェーズィシュ] 中-[s]/, **Französische*** [フランツェーズィシェ] 中《形容詞の名詞化. 常に定冠詞を伴う》フランス語. (⇒Deutsch)

fraß [フラース] fressen の過去形・単数・1,3人称.

Frau [フラォ] 囡-/-en (既婚の)女性;妻;(既婚女性に対する呼称)…夫人.

> かつては女性の呼称で Frau Schmidt シュミット夫人, Fräulein Schmidt シュミット嬢のように既婚,未婚を厳密に区別していたが,今日では(おおよそ70年代から)そうした扱いが差別と考えられるようになった(男性には呼称上既婚・未婚の区別がない).その結果,未婚であっても一人前の成人女性,特に勤労女性,大学生などに対しては既婚・未婚を問わず,全て Frau を用いるようになった.ヨハナ・シュピーリ Johanna Spyri (1827-1901)作「アルプスの少女ハイジ」 Heidi (1880,1881) に Fräulein が登場するのをご記憶の方もあろう.以前には中年や老人であっても,未婚の女性に対しては Fräulein を用いていたのだ.また初級学校では女子教員は生徒から一般に Fräulein と呼ばれた.(⇒Ehefrau; Ehemann; Mann; Herr)

Frauen・arzt [フラォエン・アールツト] 男-[e]s/Frauen・ärzte [フラォエン・エールツテ] (女性) **Frauen・ärztin**

[フラォエン・エールツティン] **囡**-/Frauen・
ärztinnen [フラォエン・エールツティネン])
婦人科医.

Fräu・lein [フロイ・ライン] **电**-s/- 未
婚女性(人称代名詞には普通 *sie* を
用いる);(未婚女性に対する呼称)…
嬢;ウエートレス,女店員(かつて彼女ら
に声をかけるとき使われた).(⇒Frau)

frech [フレッヒ] **形** あつかましい,
図々しい,礼儀知らずの;《話／諧謔》いか
す. ¶Der Kerl ist ganz schön
frech. あの野郎は本当に図々しいや
つだ. / Das ist eine wunderbar
freche Karikatur. こいつはずいぶ
んといかす漫画じゃないか. **Frech・
heit** [フレッヒ・ハイト] **囡**-/-en あつ
かましさ,図々しさ,礼儀知らず.

frei [フライ] **形** 自由な,とらわれない,
予定がない;(席・トイレなどが)空(あ)
いている;むきだしの;無料の. ¶die
Freie Demokratische Partei
Deutschlands 自由民主党(政
党名)(略：FDP). ◆Können die
Bürger dort im Parlament wirk-
lich *frei* wählen? あの国の市民は
本当に自由な議会選挙ができるのだろう
か. / Verzeihung, ist hier noch
frei? 失礼ですがここはまだ空いていま
すか. / Der Eintritt ist *frei*. 入
場無料. / Morgen habe ich *frei*.
あした私は休みです. / Er ist völ-
lig *frei* von Neidgefühlen. 彼は
嫉妬の念とは全く無縁だ.

freiberuf・lich [フライベルーフ・リヒ]
形 自由業の,フリーの.

Freies* [フライエス] **电** 《形容詞の名
詞化》野外,戸外. ¶ins *Freie* 戸外
へ. ◆Wir haben im *Freien* über-
nachtet. 私たちは戸外で夜を過ごし
た.

frei｜geben* [フライ・ゲーベン] *du*
gibst frei, *er* gibt frei; gab
frei, freigegeben **動** 1自由にする,
解放(釈放)する;一般に開放する. ¶
Die Brücke wurde wieder für
den Verkehr *freigegeben*. 橋は
再び通行自由となった. 2(人³に)休
みを与える.¶Der Direktor *gibt*
uns für morgen frei. 校長はあす

われわれに休みをくれる. **frei・ge・
big** [フライ・ゲービヒ], **frei・giebig**
[フライ・ギービヒ] -e [フライ・ギ(ギ)ービゲ]
形 物惜しみしない,太っ腹の.

frei｜halten* [フライ・ハルテン] *du*
hältst [ヘルツト] frei, *er* hält
frei; hielt frei, freigehalten **動**
おごる;(場所を)とって(空けて)おく.
¶Kannst du mir diesen Platz
freihalten? ぼくにこの席をとってお
いてくれないか. / [Bitte die] Ein-
fahrt *freihalten*! (駐車場の)入り口
につき空けておいて下さい.

frei・händig [フライ・ヘンディヒ] -e
[フライ・ヘンディゲ] **形** 道具を使わず手
だけで;フリーハンドの.¶*freihändig*
[Rad]fahren 自転車に手放しで乗
る.

Frei・heit [フライ・ハイト] **囡** -/-en
自由; 《複で》勝手気まま; 《複なし》
解放,行動の自由. ¶„*Freiheit*" ist
eines der Lieblingswörter des
Präsidenten. 「自由」は大統領お
気に入りの単語の一つだ.

Freiland・kultur [フライラント・クルト
ゥーア] **囡** -/ 露地栽培.

frei｜lassen* [フライ・ラセン] *du/er*
lässt frei; ließ frei, freigelas-
sen **動** 釈放する,自由にする,放つ.
¶Morgen werden die Geiseln
freigelassen. あしたには人質が解
放される.

frei・lich [フライ・リヒ] **副** 《南ドイツ》む
ろん…ではあるが[しかし]. ¶*Frei-
lich*! もちろんだとも. ◆Die neuen
Handys von S. sind hervorra-
gend, *freilich* auch nicht ganz
billig. S 社の携帯電話は最高だ,むろ
ん非常に安いというまではいかないが.

frei｜machen [フライ・マヘン] **動** 1
(郵便物⁴に)切手をはる. 2[*sich*⁴]
freimachen 休みをとる.

frei｜sprechen* [フライ・シュプレヒェ
ン] *du* sprichst frei, *er* spricht
frei; sprach frei, freigespro-
chen **動** (人⁴に)無罪判決を下す. ¶
Der Angeklagte wurde aus
Mangel an Beweisen *freigespro-
chen*. 被告人は証拠不十分のため無

罪の判決を受けた.

Frei·staat [フライ・シュタート] 男
-[e]s/-en 共和国(ドイツ連邦共和国
のバイエルン Bayern, ザクセン Sach-
sen, テューリンゲン Thüringen
3州の呼称.例えばザクセン州は *Frei-
staat Sachsen* と名乗っている).

frei stehen* [フライ・シュテーエン]
stand frei, freigestanden 動
(人³の)裁量にまかされている. ¶
Ob du ihn auch einlädst oder
nicht, *steht* dir natürlich völlig
frei. 彼も招待するかどうかはむろん
全く君の思うとおりでいいよ.

frei stellen [フライ・シュテレン] 動
(人³の)裁量にまかす.

Frei·tag [フライ・ターク] 男-[e]s/-e
金曜日(略:=Fr.). (⇒Dienstag)
　　frei·tags [フライ・タークス] 副 金
曜日[毎]に.

frei·willig [フライ・ヴィリヒ] -e [フラ
ィ・ヴィリゲ] 形 自発的な. ¶Hat sie
ihn damals *freiwillig* geheiratet?
彼女は当時全くの自由意志で彼と結婚
したのだろうか. / Von überall her
kamen *freiwillige* Helfer in das
Erdbebengebiet. 四方八方からヴ
ォランティアの救援者たちが地震被害
の地区にやって来た.

Frei·zeit [フライ・ツァイト] 女 -/
自由時間,余暇. ¶In ihrer *Freizeit*
treibt sie viel Sport. 彼女は余暇
にいろいろなスポーツをしている. / Als
Hausfrau hat sie wenig *Frei-
zeit*. 主婦の身であってみれば彼女に
は余暇がほとんどない.

fremd [フレムト] 形 他国の,他人の;
見知らぬ. ¶fremdes Eigentum
他人の所有物. ♦Ich bin *fremd*
hier. 私はここに不案内だ. / Der
alte Seemann wusste viel von
fremden Ländern zu erzäh-
len. 老マドロスは異国のことについて
話すことが沢山あった. / In der *frem-
den* Umgebung fühlte er sich ent-
setzlich einsam. 見知らぬ環境の
中にあって彼はいやになるくらい孤独に
感じた. / Die Kleine hat große
Angst vor *fremden* Leuten. 娘

≡≡≡ドイツを識るコラム≡≡≡
余暇とクラブ

　ドイツ人はプライベートな時間
を大切にする.その余暇の過ごし
方に大きな役割を果たしているの
がクラブ(der Verein)である.
クラブとは地域の同好会のような
もので,費用も手頃であり,加入率
は結構高い.ドイツには約60万以
上のクラブがあるといわれてい
る.スポーツ系では2021年,約
87,600のクラブがあり,およそ
2300万人が所属.一番人気はサッ
カーで会員700万人以上,さらに
体操,テニス,射撃,登山,陸上競
技,ハンドボールと続く.この他合
唱,切手収集からカーニバル,環境
保護,ボランティア活動にいたる
まで,あらゆる趣味・目的を同じ
くする人の団体がある.日本のよ
うな学校の「部活」はあまり盛ん
ではないので,地域のクラブで活
動する青少年も多い.自分のペー
スで参加できて,学校外の居場所
が得られるという利点もある.

は知らない人々をとても怖がる.

Fremde [フレムデ] 女 -/ 外国,異郷.
¶Fremd ist der Fremde nur in
der *Fremde*. 異国人が異国の(=
見知らぬ)人となるのは異国にいるとき
だけだ. (⇒Fremder*)

Fremden·führer [フレムデン・フュー
ラァ] 男-s/- ガイド;ガイドブック.
(女性) **Fremden·führerin** [フ
レムデン・フューレリン] 女-/Fremden·
führerinnen [フレムデン・フューレリネン])
ガイド.

Fremder* [フレムダァ] 男 (女性)
Fremde* [フレムデ] 女《形容詞の
名詞化》他国人;他人,見知らぬ人.

Fremd·sprache [フレムト・シュプ
ラーへ] 女-/-n 外国語. ¶Fremd-
sprachen beherrschen 外国語
をマスターする.

Fremd·wort [フレムト・ヴォルト] 中
-[e]s/Fremd·wörter [フレムト・ヴェル
タァ] 外来語. ¶Demokratie ist für

diesen Diktator ein *Fremdwort*.
デモクラシーという言葉はこの独裁者にとって外来語のようなものだ（＝全く無縁な言葉だ）.

Frequenz ［フレクヴェンツ］ **女** -/-en
頻度(どう);〖電気〗周波数.

fressen* ［フレッセン］ *du/er* frisst;
fraß, gefressen **動** (動物が)食べる;〖た禁乗〗(人が)食らう.

> ふざけて, 人間についても用いることがある. また比喩的な使い方もある. Der isst nicht, der *frisst*. あいつは「食べる」のではない, がつがつ「食らう」のだ. Der Motor frisst viel Benzin. このエンジンはガソリンをたくさん食う.

Freude ［フロイデ］ **女**-/ 喜び, 歓喜;
《複》で喜びの種. ¶ vor Freude
喜びのあまり. ◆ Womit können
wir Mutter eine *Freude* machen? どうしたらお母さんを喜ばせることができるだろう. / Die Freude
über den Wahlsieg war riesengroß. 選挙における勝利への喜びはきわめて大きかった.

> ベートーベン Ludwig van Beethoven(1770-1827) の「交響曲第 9 番ニ短調《合唱つき》」(1822-24)の第 4 楽章合唱部分が「歓喜に寄す」 An die Freude と言う題名であることはご存知だろう. この詩を作ったのは, ゲーテ(⇒Goethe) とともにドイツ古典主義文学を代表する詩人シラー Friedrich Schiller
(1759-1805) である. 代表作「群盗」 Die Räuber(1781)が原因で故郷を追われて放浪, ようやくライプチヒ Leipzig に居をかまえたときこの詩を書いた. その家は, 今日「シラーの家」という小さな博物館になっている.

freudig ［フロイディヒ］ -e ［フロイディ
グ］ **形** 喜ばしい, 嬉しい, 楽しい. ¶
Das ist ja wirklich eine *freudi-*

ge Nachricht. こいつは本当に嬉しい知らせだ. / Freudig erregt warteten
die Kinder auf den Nikolaus.
嬉しさのあまり興奮して子らはサンタクロースを待っていた.

freuen ［フロイエン］ **動** (物[1]・事[1]が人[4]を)喜ばせる, 楽しませる, 満足させる.
¶ *sich*[4] freuen 喜ぶ, 楽しむ, 満足する. / *sich*[4] auf *et*[4] freuen
事[4]・物[4]を楽しみにして(待って)いる. / *sich*[4] über *et*[4] freuen 事[4]・物[4]を喜んでいる. ◆ Dass er bald
kommt, *freut* mich sehr. 彼が間もなく来るというのが私はとても嬉しい. / Ich *freue* mich schon auf
den Urlaub. 私はいまからもう休暇を楽しみにしている. / Wir *freuen*
uns über seinen Erfolg. 彼の成功をわれわれ皆が喜んでいる.

Freund ［フロイント］ **男** -[e]s/-e
(女性) **Freundin** ［フロインディン］
女-/-Freundinnen ［フロインディネン］)
友人;愛好家, ファン;味方;ボーイフレンド(男性形), ガールフレンド(女性形). (今日では Freundin を単なる「友人」でなく, 「情人」の意味で使うことが多い. 普通の友人であれば, Bekannte を用いる.)(⇒Bekannter). ¶ Er ist ein guter *Freund*
von mir. 彼は私のよき友だ. /
Wir sind ja alte *Freunde*. われわれは旧友ではないか.

freund・lich ［フロイント・リヒ］ **形** 好意的な, 親切な, 愛想がよい;(事物について)快適な, 好ましい. ¶ Haben Sie
vielen Dank für Ihre *freundliche* Einladung! ご親切なご招待有難うございます! / Das Wetter
wird wieder *freundlicher*. お天気はまた良くなってくる. **Freundlich・keit** ［フロイントリヒ・カイト］ **女**-/ 好意, 親切, 愛想;快適さ, 好ましさ.

Freund・schaft ［フロイント・シャフト］
女 -/-en 友情;友人関係.

Frieden ［フリーデン］ **男**-s/ 平和. ¶
Frieden zu schließen scheint
oft viel schwieriger, als Krieg
zu führen. 講和を結ぶことは戦争を行うよりもはるかに難しいように思わ

れる.

Fried·hof [フリート・ホーフ] 男-[e]s/
Fried·höfe [フリート・ヘーフェ] 墓地.
¶Meine Eltern und Brüder lie-
gen alle auf demselben *Fried-
hof.* 私の両親と兄弟はみな同じ墓地
に眠っている.

fried·lich [フリート・リヒ] 形 平和
[的]な,平和を好む. ¶Die Demon-
stration verlief völlig *friedlich.*
デモンストレーションはまったく平和裏
に終わった.

frieren* [フリーレン] fror, gefro-
ren 動 こごえる;(s) 氷結する. ¶
Es *friert.* 氷が張る. / Mich *frie-
rt.* 私はこごえる. / Mir *frieren*
die Hände. 私は両手がかじかむ. /
Auf dem Motorrad habe ich
jämmerlich *gefroren.* オートバ
イに乗っていて私はものすごくこごえ
た.

Frikadelle [フリカデレ] 女-/-n 《料
理》焼きミートボール.¶Ohne Senf
schmecken die schönsten *Fri-
kadellen* nicht. からしがなくては
極上のフリカデレも美味しくない.

frisch [フリッシュ] 形 新鮮な,フレッ
シュな,出来立ての;清潔な. ¶*fri-
sches* Brot 焼きたてのパン. / *sich⁴
frisch* machen(シャワーなど浴び
て)さっぱりする.♦Ist dieser Fisch
wirklich ganz *frisch?* この魚は本
当に全く新鮮なのですか. / Ein *fri-
sches* Hemd habe ich dir
schon [he]rausgelegt. あなた
に清潔なシャツを出しておいたわよ. /
Frisch gestrichen! ペンキ塗りたて.

Friseur [フリゼェーァ] 男-s/-e 《女性
Friseurin [フリゼェーリン] 女-/-
seurinnen [フリゼェーリンネン])理髪師.
frisieren [フリズィーレン] frisier-
te, frisiert 動(人⁴の)髪をとかす,
セットする.

frisst [フリスト] < fressen.

Frist [フリスト] 女-/-en 期限,期日.
¶Die *Frist* läuft noch bis zum
Monatsende. 期限はまだ月末まで
ある. **frist·los** [フリスト・ロース]
形 猶予なしの.

Frisur [フリズーァ] 女-/-en ヘアスタ
イル.

froh [フロー] 形 楽しい,嬉しい,喜ば
しい. ¶Ich bin *froh,* dass alles
so gut geklappt hat. 何もかもこ
んなにうまく行って私は嬉しい.

fröh·lich [フレー・リヒ] 形 陽気(愉
快)な,楽しい. **Fröhlich·keit**
[フレーリヒ・カイト] 女-/ 陽気さ,愉快
さ,楽しさ.

fromm [フロム] frommer (fröm-
mer),am frommsten (fröm-
msten) 形 信心深い.

Front [フロント] 女-/-en (家の)正
面;(自動車の)フロント;最前線;《軍》
前線.

fror [フロール] frieren の過去形・単
数・1,3人称.

Frosch [フロッシュ] 男-[e]s/Frö-
sche [フレッシェ]《動》カエル.

Frost [フロスト] 男-[e]s/Fröste [フ
レステ](氷点下の)寒気. **frösteln**
[フレステルン] 動 1 ¶Es *fröstelt*
mich/Mich *fröstelt.* 私は寒気がす
る. 2寒さを感じる,震える. **Frost·
tag** [フロスト・ターク] 男-[e]s/-e 《気
象》冬日.

Frucht [フルフト] 女-/Früchte [フ
リュヒテ] 果実;成果. **frucht·bar**
[フルフト・バール] 形 実りをもたらす,多
産の,実り豊かな. ¶Die Anregun-
gen fielen auf *fruchtbaren* Bo-
den. 提起した問題は広く受入れ
られた. **fruchtig** [フルフティヒ] -e
[フルフティゲ] 形 果実の味(香り)の強い.

früh [フリュー] 1形 (時間的・時期的
に予想より)早い;初期の. ¶im *frü-
hen* Mittelalter 中世初期に. / am
frühen Morgen 早朝に. 2副
朝に. ¶gestern (heute/morgen)
früh きのう(きょう・あした)の朝に.
/ von *früh* bis spät 朝早くから
夜遅くまで.♦Du kommst heute
aber *früh.* それにしてもきょうは早く
来たものだね. **Frühe** [フリューエ] 女
-/ 早朝. ¶in aller *Frühe* 未明に.

früher [フリューァ] 1形 《frühの
比較級》(時間的に)より早い;以前の.
¶In *früheren* Zeiten war das

Leben weniger hektisch. 昔は生活にあくせくしたところが少なかった. / Der Bürgermeister der Stadt ist ein *früherer* Lehrer von mir. 私たちの町の市長は私のかつての教師である. **2** 副 かつては；(…の分だけ) 早く. ¶einige Minuten *früher* もう数分早く. / *früher* oder später 遅かれ早かれ. / von *früher* 以前から. ◆ Wir kennen uns von *früher*. 私たちは以前からの知り合いです. **frühe・stens** [フリューエ・ステンス] 副 早くても.

Früh・jahr [フリュー・ヤール] 中 –[e]s /-e 春. ¶Nächstes *Frühjahr* geht er ins Examen. 来春彼は試験を受ける.

Früh・ling [フリュー・リング] 男 –s/-e 春；青春期.

Früh・stück [フリュー・シュテュク] 中 –[e]s/-e 朝食；午前のスナック. ¶beim *Frühstück* sitzen 朝食の席についている. ◆ Was möchten Sie zum *Frühstück*? 朝食には何をご所望ですか. **früh・stücken** [フリュー・シュテュケン] 動 朝食をとる.

ドイツの食事は kalte Speisen (直訳すれば「冷たい食事」)と warme Speisen (同じく「温かい食事」)とに分かれる. 前者は朝食, 夕食で, パン, ハム, バター, チーズなど冷たい(温めない)料理をさす. 後者は昼食で, 温かく調理した食事である. 今日では以前と異なり, 家族揃って本格的な「温かい料理」を食べるのは週末くらいしかなくなった. なお朝食時には好みにより, コーヒー Kaffee, 紅茶 Tee, ミルクMilch, ゆでたまごgekochte Eier などもとる. またコーンフレーク Cornflakes やミュースリ das Müsli (オートフレーク[燕麦の細片] Haferflocken, ミルク Milch, 蜂蜜 Honig, 果物 Obst の細片, 干しブドウ Rosinen, ナッツ Nuss の細片を混ぜたもの)を食べる人もいる. なお, Frühstück は午前に食べる軽食をさす

こともある.

früh・zeitig [フリュー・ツァイティヒ] –e […ツァイティゲ] 形 早期の；早すぎる；遅れないうちに. ¶Zum Glück wurde der Krebs *frühzeitig* erkannt. 幸いなことにガンは早期に発見された.

Frust [フルスト] 男–[e]s/ フラストレーション. ¶Der *Frust* im Büro ist kaum auszuhalten. 会社におけるフラストレーションは堪え難いほどだ. / Wie machst du das bloß, dass du deinen *Frust* so gut bewältigst? いったいお前は自分のフラストレーションをどう始末するのだ.

Fuchs [フックス] 男–es/Füchse [フュクセ] 【動】キツネ. 【比喩的に】ずる賢い(海千山千の)人. ¶Er ist ein alter *Fuchs*. 彼は老獪(ろうかい)だ.

fuchteln [フフテルン] 動 ¶振りまわす《mit et³ 物³を》.

¹**Fuge** [フーゲ] 女–/-n (建築物の各部分の)継ぎ目；すき間.

²**Fuge** [フーゲ] 女–/-n 【音楽】フーガ.

fügen [フューゲン] 動 **1** ¶継ぎ合わせる《et⁴ an et⁴ 物⁴を物⁴に》. / sich⁴ an et⁴ *fügen* 物⁴にぴったりである. **2** ¶sich⁴ et³ *fügen* 人³・事³に従う. ◆ Auch Sie haben sich dieser Anordnung zu *fügen*. あなたもこの命令には従わなくてはいけない.

fühlen [フューレン] 動 触れてみる(知る)；感じる. ¶sich⁴ … *fühlen* 自分で…と感じる. ◆ Der Arzt *fühlte* dem Ohnmächtigen den Puls. 医者は気を失った男の脈に触れた. / Sie *fühlte* sofort, dass etwas mit ihm nicht stimmte. 彼女は彼が何かおかしいことをすぐさま感じた. / In diesem Hotel *fühlt* man sich richtig wohl. このホテルは本当に居心地がよい. / Jetzt *fühlt* er sich als Held. 今や彼は英雄気取りだ. **Fühler** [フューラァ] 男 –s/- 触角, 触手.

fuhr [フール] fahren の過去形・単数・1, 3人称.

führen [フューレン] **動 1** 導く，案内する；経営する，(商品として)扱って(売って)いる；指導する． ¶Hunde an der Leine *führen* 犬をひもにつないで行く． ◆Mein Freund *führte* uns in ein kleines Restaurant. 友人は私たちを小さなレストランに案内した． / Er versteht es, seine Mitarbeiter zu *führen*. 彼は部下を統率するすべを心得ている． / Diese Marke *führen* wir leider nicht. 申し訳ございませんがこの銘柄は扱っておりません． **2** (競争で)トップにいる，リードしている；(道などが…に)通じている． ¶zu *et*³ *führen* 場所³にたどり着く，事³という結果を生む． ◆Die Straße *führt* in die City. この道路は都心に通じている． / Eine solche Diktatur *führt* am Ende zur Revolution. そのような独裁政治は結局革命という結果を生む．

Führer [フューラァ] **男**-s/- 観光案内人，ガイド；組織の長；観光案内書.(⇒ Führerin)

ナチス政権時代に Führer と言えば自動的にヒトラーのことを指したが，今日ではもちろんそうした意味では用いられない．

Führer・ausweis [フューラァ・アォスヴァイス] **男**-es/-e 《スイス》運転免許証.(⇒Führerschein)

Führerin [フューレリン] **女**-/Führerinnen [フューレリネン] 観光案内人，ガイド；組織の長.(⇒Führer)

Führer・schein [フューラァ・シャイン] **男**-s/-e 運転免許証. ¶Warum machst du nicht endlich den *Führerschein*? いい加減にもう免許証をとったらどうなんだい． / Sie hat gerade erst ihren *Führerschein* gemacht. 彼女はちょうど免許証を取得したところだ．

Führung [フュールング] **女**-/-en 《複なし》指導，経営；《複なし》リード，優位；トップグループ，指導部；観光案内. ¶in *Führung* liegen (競技などで)トップに立っている． ◆Die Gast-

geber gingen schon bald in *Führung*. ホームチームは早くももうリードした．

füllen [フュレン] **動** いっぱいにする《mit *et*³ 物³で》；注ぐ《in *et*⁴ 物⁴に》. ¶*sich*⁴ *füllen* いっぱいになる． ◆Den Rest *füllen* wir am besten in einen kleineren Behälter. 残りは小さい方の容器に詰めるのが一番良かろう． / Allmählich *füllte* sich der Saal. だんだんホールはいっぱいになっていった．

Füller [フュラァ] **男**-s/-, **Füll・[feder]halter** [フュル・(フェーダァ)ハルタァ] **男**-s/- 万年筆.

Füllung [フュルング] **女**-/-en 中身(な),詰め物；(歯の)充填物.

Fund [フント] **男**-[e]s/-e 発見,拾得；発見(発掘)物,拾得物. ¶Die *Funde* aus der Steinzeit sind im Heimatmuseum ausgestellt. 石器時代の発掘物は郷土博物館に陳列されている．

Fundament [フンダメント] **中** -[e]s/-e 土台,基礎. ¶das *Fundament* zu *et*³ legen 物³の土台を築く，基礎をつくる．

Fundamentalismus [フンダメンタリスムス] **男**-/ 原理主義. **Fundamentalist** [フンダメンタリスト] **男** -en/-en 原理主義者. ¶Auch unter (bei) den Christen gibt es *Fundamentalisten*. キリスト教徒の中にも原理主義者はいる．

Fund・büro [フント・ビュロー] **中** -s/-s 遺失物取扱(保管)所. ¶Ihre Tasche können Sie im *Fundbüro* abholen. あなたのハンドバッグは遺失物保管所で受け取れます．

fundiert [フンディールト] **形** 基礎のしっかりした,精確な. ¶Er verfügt über *fundierte* Deutschkenntnisse. 彼は基礎のしっかりしたドイツ語の知識をもっている．

fünf [フュンフ] **数** 《基数詞》5.(⇒ acht) **Fünf** [フュンフ] **女**-/-en 5の数[字]；『ツ゚』5(6段階評価で上から5番目). **fünft** [フュンフト] **数**《序数詞. 形容詞変化》第5番目の.(⇒

190

acht) **fünftel** [フュンフテル] 数
《分数》5 分の 1 の. **Fünftel** [フュンフテル] 中-s/- 5 分の 1. **fünf・tens** [フュンフ・テンス] 副 5 番目に.

fünf・zehn [フュンフ・ツェーン] 数《基数詞》15. **fünf・zig** [フュンフ・ツィヒ] 数《基数詞》50.

Funk [フンク] 男-s/《ふつう無冠詞で》ラジオ放送[局];無線通信[装置]. ¶Die Polizei wurde über (durch) *Funk* benachrichtigt. 警察は無線で通報を受けた.

Funke [フンケ] 男 2格-ns,3・4格 -n/-n 火花,スパーク. **funkeln** [フンケルン] 動 きらめく. **Funken** [フンケン] 男-s/- =Funke.

Funktion [フンクツィオーン] 女-/-en 機能,役割. ¶Der neue Ausschuss hat lediglich beratende *Funktion*. 新しい委員会は助言者的な機能しかもっていない.

Funktionär [フンクツィオネーァ] 男-s /-e (女性) **Funktionärin** [フンクツィオネーリン] 女-/Funktionärinnen [フンクツィオネーリンネン](政党・組合などの)活動家,役員.

funktionieren [フンクツィオニーレン] funktionierte, funktioniert 動 機能する,(機械が)作動する.

für [フューァ] 前《4 格支配. für das は融合して fürs となる》【…の目的(利益)のために】*für* die Familie arbeiten 家族のために働く. 【賛成・支持】…に賛成して,…を支持して. *für* den Vorschlag sein 提案に賛成である,提案を支持する. 【対象・適応】Unterricht *für* Anfänger 初級者のための授業. / Der Film ist noch nichts *für* dich. この映画はまだお前向きではない. 【代理】*für* seine minderjährige Tochter unterschreiben 未成年の娘のかわりに署名する. 【期間】Willst du *für* immer in Deutschland bleiben? 君はずっとドイツにいるつもりかい. 【交換】einen Wagen *für* 20.000 Euro kaufen 自動車を 20,000 ユーロで買う. 《was für ein の形で》どんな,どのような種類の,

何という. Was *für* eine Blume ist das? これは何と言う種類の花ですか? / Was *für* einen Wagen fährt er? 彼はどんな(何という種類の)自動車に乗っていますか?

	男性	女性
1格	was für ein	was für eine
2格	was für eines	was für einer
3格	was für einem	was für einer
4格	was für einen	was für eine

	中性	複数
1格	was für ein	was für
2格	was für eines	was für
3格	was für einem	was für
4格	was für ein	was für

《単独で用いられる場合は,〈**男性**〉was für welcher, was für welches, was für welchem, was für welchen/ 〈**女性**〉was für welche, was für welcher, was für welcher, was für welche/ 〈**中性**〉was für welches, was für welches, was für welchem, was für welches/ 〈**複数**〉was für welche, was für welcher, was für welchen, was für welche と変化する》Hast du Zigaretten? − Was *für* welche willst du? 君はタバコをもっているかい? −どんな[タバコがほしいんだい]?

Furcht [フルヒト] 女-/ 恐怖. ¶Die Kinder zittern vor *Furcht*. 子供たちは恐怖のあまり震えている.

furcht・bar [フルヒト・バール] 形 恐ろしい;ものすごい;とても. ¶ein *furchtbares* Unglück 身の毛もよだつような事故. / eine *furchtbare* Hitze ひどい暑さ. / Es ist *furchtbar* nett von Ihnen, dass … …してくださって本当に有難うございます. ◆Sie hat immer noch *furchtbare* Schmerzen. 彼女は未だにひどい痛みがある. / Der Direktor ist *furchtbar* wütend. 社長(校長)は恐ろしく怒っている.

fürchten [フュルヒテン] 動 恐れる,こわがる;心配する. ¶*sich*⁴ vor *et*³ *fürchten* 物³を恐れる. ◆Er *fürchtet*, im Examen durchzufallen.

彼は試験に落ちはしないかと心配している。/ Ich *fürchte*, das Geld reicht nicht bis zum Monatsende. 私はお金が月末までもたないのではないかと心配だ。/ Wer braucht denn heute nicht um seinen Job zu *fürchten*. 今日自分の仕事のことを心配しないですむ人間などいようか。

fürchter・lich [フュルヒタァ・リヒ] 形 恐ろしい；ものすごい。¶Unsere Mannschaft hat sich *fürchterlich* blamiert. わがチームはひどい物笑いになった。

für・einander [フューア・アイナンダァ] 副 お互いのために。¶Robert und Maria haben nie Zeit *füreinander*. ローベルトとマリーアはお互いのための時間を決して持たない連中だ。

fürs [フューァス] ＝für das.

Für・sorge [フューァ・ゾルゲ] 女-/ 介護；社会福祉[事業]。

Fusion [フジィオーン] 女-/-en 企業合併。

Fuß [フース] 男-es/Füße [フューセ] (くるぶしから足先までの)足；(家具・グラスなどの)脚；基底部；山麓(ろく)。¶Meine *Füße* sind ganz geschwollen. 私の足はすっかり腫れてしまった。/ Wir haben uns die *Füße* richtig wund gelaufen. われわれは歩きすぎてすっかり足を痛めてしまった。/ Am *Fuß* des Denkmals war eine Inschrift angebracht. 記念碑の足元に碑文が取り付けてあった。/ Gehen wir zu *Fuß* zum Bahnhof? 駅まで歩いて行こうか。

Fuß・ball [フース・バル] 男-[e]s/Fuß・bälle [フース・ベレ] サッカー；サッカーボール。¶Es heißt, die Brasilianer spielen den besten *Fußball* der Welt. ブラジル人は世界で最も優れたサッカーをすると言われる。

Fußball・platz [フースバル・プラッツ] 男-es/Fußball・plätze [フースバル・プレッツェ] サッカー場。¶Wenn du ihn suchst, er ist bestimmt auf dem *Fußballplatz*. 君が彼を探し

ているなら、きっとサッカー場にいるよ。

Fußball・spiel [フースバル・シュピール] 中-[e]s/-e サッカー試合。

Fuß・boden [フース・ボーデン] 男-s/Fuß・böden [フース・ベーデン] 床。

Fussel [フッセル] 女-/-n (男-s/-[n])ケバ,糸くず,毛玉。¶Du hast ein paar Fusseln am Kleid. 君の服に二つ三つ糸くずがついているよ。

Fuß・gänger [フース・ゲンガァ] 男-s/- 女性 **Fuß・gängerin** [フース・ゲンゲリン] 女-/Fuß・gängerinnen [フース・ゲンゲリネン]歩行者。**Fußgänger・zone** [フースゲンガァ・ツォーネ] 女-/-n 歩行者専用地区。

Fuß・note [フース・ノーテ] 女-/-n 脚注。

¹Futter [フッタァ] 中-s/ (家畜の)飼料,えさ。

²Futter [フッタァ] 中-s/- (衣服の)裏地,ライニング。

¹füttern [フュッテルン] 動 (動物⁴に)食べ物(えさ)を与える,(子供⁴に)食べ

物を与える. ¶Ist der Hund schon gefüttert? 犬にはもうえさをやってあるのかい.

²**füttern** [フュッテルン] **動** (衣服など⁴に)裏地(ライニング)をつける. ¶Die Jacke ist dick *gefüttert*. ジャケ

ットには厚いライニングがついている.

Futur [フトゥーア] **中** -s/-e 〖文法〗未来[時称]. ¶Futur I (eins) 未来[時称]. / Futur II (zwei) 未来完了[時称].

F

ちょっと文法

名前で生きるわけじゃない／動詞(0)

〈動詞〉っていうのはぼくの名前だけど, 生きている (＝文の中では) ぼくには 3 つの顔がある. 一つは〈不定詞〉. これは一人でいるときのぼくだ. 辞書にはこの顔が載っている. もう一つは〈人称形〉. こいつは働くときの顔. なにしろ会社のボス (＝主語) があって勤務時間 (時制＝現在・過去) が決まってるから素顔じゃいられない. 背広を着て (＝人称変化して) 変身さ. でも世間はこの顔を 1 番知りたがる (文の中心だから). 最後は〈分詞〉. 家の中ではパパだからね, またまた変身. でも会社と違って家の中では大事にしてもらえない. 一人じゃたいしたことはできないんだ. 〈助動詞〉に助けてもらったり, 女房 (名詞のこと) にアクセサリーを買ったり (修飾). それぞれの顔はまた別に説明してあるから読んでみてくれたまえ.

ちょっと文法

助動詞は脇役じゃありません

◆助動詞◆

ぼくらは〈動詞〉兄さんの弟の〈助動詞〉です. ぼくらは三つ子です. 一人が〈話法の助動詞〉(können, müssen, dürfen, mögen, wollen, sollen). もう一人は〈完了の助動詞〉(haben, sein). 3 人目が〈受動の助動詞〉(werden). ところでぼくら〈助動詞〉は脇役や補助じゃありません. そして〈動詞〉兄さんと同じように〈不定詞〉〈人称形〉〈分詞〉という 3 つの顔も持っています. ぼくが〈人称形〉の顔で働くとき, 〈動詞〉兄さんは〈不定詞〉や〈分詞〉の顔をして休むか遊ぶかしています. もちろんぼくらが主役 (文の中心) なんです. ぼくらをしっかりつかまえてください.

G

¹**G, g** [ゲー] **1**囲-/- ドイツ語アルフ
ァベットの第 7 字.《諜》ト音. **2**《諜記
号》(G は)ト長調, (g は)ト短調.

²**G** 《略号》(電磁単位の)ガウス.

²**g** 《略号》グラム(=**G**ramm).

³**g** 《略》グロッシェン(=**G**roschen).

Ga [ゲーアー] 《元素記号》ガリウム.

gab [ガープ] geben の過去形・単数・
1, 3 人称.

Gabe [ガーベ] 囡-/-n 贈り物;才能.

Gabel [ガーベル] 囡-/-n フォーク. ¶
mit Messer und *Gabel* essen
ナイフとフォークで食事をする.

gackern [ガッケルン] 動 (鶏が)コッ
コッと鳴く.

Gage [ガージュ] 囡-/-n 出演料,ギャ
ラ.

gähnen [ゲーネン] 動 あくびをする.

Galerie [ガレリー] 囡-/-n [ガレリーエ
ン] 画廊.

Galle [ガレ] 囡 -/-n 胆汁;胆嚢.

galt [ガルト] gelten の過去形・単数・
1, 3 人称.

Gang [ガング] 男-[e]s/Gänge [ゲン
ゲ] 《複なし》歩み,足取り;(買い物の
ための)外出;《複なし》経過;廊下;
(コース料理の)一品;(トランスミッシ
ョンの)…段. ¶Die Vorbereitun-
gen sind in vollem *Gang*. 準備は
着々と進んでいる. / Morgens kom-
me ich nur schwer in den *Gän-
ge*. 朝は調子がなかなか出ない.

gängig [ゲングィヒ] -e [ゲングィゲ] 形
一般に行われて(言われて)いる;売れ行
きのよい.

Gans [ガンス] 囡 -/Gänse [ゲンゼ]
ガチョウ.

ganz [ガンツ] **1**形 全体の;完全な
[ままで];まるまる…. ¶den *gan-
zen* Tag 一日中. / in *ganz*
Deutschland ドイツ全土で. / *gan-
ze* zwei Tage まるまる二日間. ◆
Die Vase ist (nicht) *ganz*. 花
瓶は無傷だ(壊れている). **2**副《肯定
的な表現とともに》まったく,すっかり,

とても;《否定的内容の表現の中で》ま
あまあで. ¶*ganz* und gar 完全に.
◆ Wie geht's? — Tja, *ganz*
gut. 調子はどうだい―まあまあだね.

Ganzes* [ガンツェス] 囲 《形容詞の
名詞化》全体,完全なもの. ¶im Gro-
ßen und *Ganzen* 大体において.

gar [ガール] **1**副《否定の語句と》ま
ったく…ない. ¶Darauf konnte er
gar nicht antworten. 彼はそれに
全然答えることができなかった. / Ich
habe *gar* kein Interesse dafür.
私はそれにまるで興味がない. **2**形
(食物が)煮えた,焼けた.

Garage [ガラージュ] 囡-/-n ガレー
ジ.

Garantie [ガランティー] 囡-/-n [ガラ
ンティーエン] 保証«für et⁴ 物⁴ に対
する». ¶Der Mixer hat ein Jahr
Garantie. このミキサーは 1 年間保
証つきだ. **garantieren** [ガランテ
ィーレン] garantierte, garantiert
動 **1**保証する. ¶Er kommt *ga-
rantiert* wieder zu spät. 彼がま
た遅刻するのは請け合いだ. **2**保証す
る«für et⁴ 事⁴を».

Garde・robe [ガルデ・ローベ] 囡-/-n
クロゼット.ワードローブ;《単で》(個
人の)衣服.

Gardine [ガルディーネ] 囡-/-n (窓用
の薄地)カーテン.

garen [ガーレン] 動 **1**煮る,(物⁴に)
火を通す. **2**煮える,火が通る.

gären⁽*⁾ [ゲーレン] gor(gärte), ge-
goren(gegärt) 動 (s,h) 発酵す
る. ¶Dieser Wein muss noch
etwas *gären*. このワインはもう少
し発酵しなくては.

Garn [ガルン] 囲 -[e]s/-e より糸.

garnieren [ガルニーレン] garnierte,
garniert 動 《料理》付け合せる(添え
る)«et⁴ mit et³ 物⁴に物³を».

Garnitur [ガルニトゥーア] 囡 -/-en
(衣類・器具の)セット,そろい;チーム.
¶Dieser Spieler gehört sicher

nicht zur ersten *Garnitur*. この
選手が第１級品でないことは確かだ.

Garten [ガルテン] 男-s/Gärten [ゲルテン] 庭, 庭園.

Gärtner [ゲルトゥナァ] 男-s/- (女性 **Gärtnerin** [ゲルトゥネリン] 女-/Gärtnerinnen [ゲルトゥネリネン])植木職人, 庭師, 園芸家.

Gärtnerei [ゲルトゥネライ] 女-/-en 園芸農園. ¶*Diese Rosen sind ganz frisch aus der Gärtnerei.* このバラは園芸農園からとって来たばかりのものだ.

Gas [ガース] 中-es/-e ガス, 気体;〖自韓〗アクセル. ¶*Auf der Autobahn kann man so richtig Gas geben.* アウトバーン上なら思いっきりスピードが出せる. **Gas・heizung** [ガース・ハイツング] 女-/-en ガス暖房. **Gas・herd** [ガース・ヘルト] 男-[e]s/-e ガスレンジ.

Gasse [ガッセ] 女-/-n 路地.

Gast [ガスト] 男-[e]s/Gäste [ゲステ] [招待]客, 来客.

Gast・arbeiter [ガスト・アルバイタァ] 男-s/- (女性 **Gast・arbeiterin** [ガスト・アルバイテリン] 女-/Gast・arbeiterinnen [ガスト・アルバイテリネン])(外国からの)出稼ぎ労働者.

Gäste・zimmer [ゲステ・ツィマァ] 中-s/- 来客用の部屋.

gast・freundlich [ガスト・フロイントリヒ] 形 もてなしの良い. **Gastfreund・schaft** [ガストフロイント・シャフト] 女-/-en もてなしの良さ, 歓待.

Gast・haus [ガスト・ハォス] 中-es/Gast・häuser [ガスト・ホイザァ], **Gast・hof** [ガスト・ホーフ] 男-[e]s/Gast・höfe [ガスト・ヘーフェ] 宿屋.

どちらも地方でみかける小規模な宿屋.一般に後者の方が大きい.また後者は宿泊客用のガレージを備えている.1階には食堂兼酒場があり,地元の人々の団欒(☆)の場でもある.後出の Gastwirtschaft はさらに小規模な宿屋.

Gastro・nomie [ガストゥロ・ノミー] 女-/-n [ガストゥロ・ノミーエン] ホテル・レストラン経営;料理法. ¶*Er ist in der Gastronomie tätig.* 彼は飲食業界で働いている.

Gast・spiel [ガスト・シュピール] 中-[e]s/-e (演劇などの)客演.

Gast・stätte [ガスト・シュテテ] 女-/-n 飲食店(宿泊もできる).

Gast・stube [ガスト・シュトゥーベ] 女-/-n (宿屋の)食堂兼酒場.

Gast・wirt [ガスト・ヴィルト] 男-[e]s/-e (女性 **Gast・wirtin** [ガスト・ヴィルティン] 女-/Gast・wirtinnen [ガスト・ヴィルティネン])宿屋の主人.

Gast・wirtschaft [ガスト・ヴィルトシャフト] 女-/-en 宿屋. (⇒Gasthaus)

Gatte [ガッテ] 男-n/-n 〖☆〗ご主人. **Gattin** [ガッティン] 女-/Gattinnen [ガッティネン] 〖☆〗奥様. ¶*Grüßen Sie bitte Ihre Gattin!* 奥様によろしく.

いずれも自分の夫, 妻に対してはこれらを使わず, mein Mann, meine Frau と言う.

(⇒Gemahl, Gemahlin; Mann, Frau)

Gattung [ガットゥング] 女-/-en 種類;ジャンル.

Gaul [ガォル] 男-[e]s/Gäule [ゴイレ] 駄馬.

Gaumen [ガォメン] 男-s/- 上あご;味覚.

Gauner [ガォナァ] 男-s/- (女性 **Gaunerin** [ガォネリン]女-/Gaunerinnen [ガォネリネン])ペテン師, ならず者;憎めない男の子. ¶*Na, alter Gauner, wie geht's?* (親しみをこめて)ねえ, 君, 景気はどうだい.

Gd [ゲーデー] 〖元素記号〗ガドリニウム.

Ge [ゲーエー] 〖元素記号〗ゲルマニウム.

ge- [ゲ] **1**《第１シラブルにアクセントをもつ動詞の過去分詞をつくる》arbeiten > gearbeitet 働く; finden > gefunden 発見する. **2**《常にアクセントをもたず非分離動詞を

つくる前つづり》【集合・集積】gehören 所属する；【凝固】gefrieren 氷結する.

Ge·bäck [ゲ・ベック] 回-[e]s/ クッキー，ビスケット；パイ.

gebar [ゲバール] gebären の過去形・単数・1，3人称.

Ge·bärde [ゲ・ベールデ] 囡-/-n 身振り，手振り.

gebären* [ゲベーレン] *du* gebierst, *sie* gebiert; gebar, geboren 動 生む. ¶Ich wurde 1945 in Tokyo *geboren*. 私は1945年に東京で生まれました. / Ich bin in Kyoto *geboren*. 私は京都生まれです.

Gebär·mutter [ゲベーァ・ムタァ] 囡-/Gebär·mütter [ゲベーァ・ミュタァ] 子宮.

Ge·bäude [ゲ・ボィデ] 回 -s/- (比較的大きい)建物

ge·baut [ゲ・バォト] 1形 …の体格をした. ¶Die junge Frau ist zierlich *gebaut*. あの若い女性はきゃしゃな身体つきをしている. 2 bauen の過去分詞.

geben* [ゲーベン] *du* gibst, *er* gibt; gab, gegeben 動 与える，[手]渡す，貸す. ¶*sich*⁴ … *geben* …に振舞う. ◆Er *gibt* sich freundlich. 彼は親切な態度をとる.《es gibt j⁴/et⁴の形式で》人⁴・物⁴がある，存在する，起る. In diesem Fluss *gibt* es viele Fische. この川には魚がたくさんいる. / Morgen wird *es* Regen *geben*. あしたは雨が降るだろう. / Was *gibt* es Neues? 何かあたらしいことはあるかい. / Was *gibt* es heute zu Mittag? きょうの昼食は何が出るんだい. / Das *gibt* es doch nicht! まさかそんな馬鹿なことが.

Ge·bet [ゲ・ベート] 回-[e]s/-e 祈り；祈りの言葉.

ge·beten [ゲ・ベーテン] bitten の過去分詞.

Ge·biet [ゲ・ビート] 回-[e]s/-e (気象・行政など特定の条件によって定められた)地域，領域；(研究などの)分野.

¶Auf diesem *Gebiet* kennt er sich bestens aus. 彼はこの分野の事情通だ. (⇒Bezirk, Gegend)

Ge·bilde [ゲ・ビルデ] 回-s/- 物；姿，形，形成物；イメージ.

ge·bildet [ゲ・ビルデト] 1形 教養ある. 2 bilden の過去分詞.

Ge·birge [ゲ・ビルゲ] 回-s/- 山脈. ¶ins *Gebirge* fahren 山に旅行(ドライブ)する. **ge·birgig** [ゲ・ビルギヒ] -e [ゲ・ビルギゲ] 形 山がちの，山脈の. ¶Japan ist ein *gebirgiges* Land. 日本は山がちの国だ.

Ge·biss [ゲ・ビス] 回-es/-e 歯の全部；入れ歯. ¶Der Mann ist schon siebzig, hat aber noch sein volles *Gebiss*. その男はもう70歳になるが，歯はまだぜんぶ自分の歯だ.

ge·bissen [ゲ・ビッセン] beißen の過去分詞.

ge·blieben [ゲ・ブリーベン] bleiben の過去分詞.

ge·blümt [ゲ・ブリュームト] 形 花柄模様の.

ge·bogen [ゲ・ボーゲン] biegen の過去分詞.

ge·boren [ゲ・ボーレン] 1形 (既婚女性の実家の姓に付して)旧姓；生まれながらの；生まれつき. ¶Frau Groth, *geb.* (=*geborene*) Worm グロート夫人，旧姓ヴォルム. / ein *geborener* Berliner 生まれながらのベルリンっ子. / ein *geborener* Sänger 根っからの歌い手. / zum Sänger *geboren* sein 歌い手になるべく生まれた. 2 gebären の過去分詞.

ge·borgen [ゲ・ボルゲン] 1形 安全な. ¶Bei den Großeltern fühlt sie sich *geborgen*. 祖父母のもとだと彼女は安心感がある. 2 bergen の過去分詞.

ge·boten [ゲ・ボーテン] bieten の過去分詞.

ge·bracht [ゲ・ブラハト] bringen の過去分詞.

Ge·brauch [ゲ・ブラォホ] 男 -[e]s/ Ge·bräuche [ゲ・ブロィヒェ] 使用，

服用;《複で》風習, 慣習. ¶Vor Gebrauch gut schütteln! 使用前によく振ること.

ge·brauchen [ゲ・ブラオヘン] **動** 使う, 役立てる. ¶Er ist aber auch zu nichts zu gebrauchen. 彼は文字通り何の役にも立たない奴だ. **gebräuch·lich** [ゲブロイヒ・リヒ] **形** 一般に使われて(行われて)いる, 慣例的な.

Gebrauchs·anleitung [ゲブラオホス・アンライトゥング] **女** -/-en, **Ge·brauchs·anweisung** [ゲブラオホス・アンヴァイズング] **女** -/-en 使用(取扱い)説明書.

ge·braucht [ゲ・ブラオホト] **1 形** 使用済みの, 中古の. **2** brauchen, gebrauchen の過去分詞.

Gebraucht·wagen [ゲブラオホト・ヴァーゲン] **男** -s/- 中古車.

gebrech·lich [ゲブレヒ・リヒ] **形** 高齢のため体が弱い;壊れやすい. ¶Trotz seiner 80 Jahre ist er alles andere als gebrechlich. 彼は80歳にもなって虚弱とはまるで縁がない.

ge·brochen [ゲ・ブロッヘン] **1 形** 打ちひしがれた;(言葉が)ブロークンな. ¶sich⁴ in gebrochenem Deutsch unterhalten ブロークンなドイツ語で話し合う. ◆Er spricht nur gebrochen deutsch. 彼はブロークンなドイツ語しか話せない. **2** brechen の過去分詞.

Ge·brüll [ゲ・ブリュル] **中** -[e]s/ わめき声.

Ge·bühr [ゲ・ビュール] **女** -/-en 料金. ¶Die Gebühr hierfür beträgt fünf Euro. この料金は5ユーロです. / Du solltest seine Hilfe nicht über Gebühr beanspruchen. 彼の援助を分を超えて求めるべきでない. **gebühren·frei** [ゲビューレン・フライ] **形** 無料の. **gebühren·pflichtig** [ゲビューレン・プフリヒティヒ] -e [ゲビューレン・プフリヒティゲ] **形** 有料の.

ge·bunden [ゲ・ブンデン] **1 形** an et³ gebunden sein 事⁴に拘束

(束縛)されている. ¶Zeitlich bin ich überhaupt nicht gebunden. 私に時間的な制約はありません. **2** binden の過去分詞.

Ge·burt [ゲ・ブールト] **女** -/-en 誕生, 出生. ¶Er ist von Geburt an blind. 彼は生まれながらに眼が見えない.

ge·bürtig [ゲ・ビュルティヒ] -e [ゲ・ビュルティゲ] **形** …生まれの, 生born の. ¶ein gebürtiger Berliner ベルリン生まれの男. / aus Berlin gebürtig sein ベルリン生まれである.

G

≡≡ドイツを識るコラム≡≡
ドイツの出生率

ドイツの出生率は2021年に1.58人。少子高齢化対策は重要な課題だ。2000年代からドイツの家族政策は両親双方のより平等な育児・家事への参加を目指している。政府は保育施設の整備, 育児休暇中の給付金「両親手当」, 時短勤務向けの「両親手当プラス」等で仕事と家庭の両立を支援。父親の育児休暇取得率も上昇してきている。

Geburts·datum [ゲブールツ・ダートゥム] **中** -s/Geburts·daten [ゲブールツ・ダーテン] 生年月日. **Geburts·name** [ゲブールツ・ナーメ] **男** 2格 -ns,3・4格 -n/-n 出生時の姓;旧姓. **Geburts·ort** [ゲブールツ・オルト] **男** -[e]s/-e 出生地. **Geburts·tag** [ゲブールツ・ターク] **男** -[e]s/-e 誕生日. **Geburtstags·geschenk** [ゲブールツタークス・ゲシェンク] **中** -[e]s/-e バースデイプレゼント.

Ge·büsch [ゲ・ビュッシュ] **中** -[e]s/-e やぶ;ブッシュ;植え込み.

ge·dacht [ゲ・ダハト] denken, gedenken の過去分詞.

Gedächt·nis [ゲデヒト・ニス] **中** Gedächt·nisses/記憶力;思い出. ¶Er hat ein Gedächtnis wie ein Sieb. 彼の記憶力はざる同然だ.

Ge·danke [ゲダンケ] **男** 2格 -s, 3・4格 -n/-n 考え;思いつき, アイディア. ¶sich³ über et⁴ Gedanken machen 事⁴ について考えをめぐらす，頭を痛める．

Gedanken·austausch [ゲダンケン・アォスタォシュ] 男-[e]s/ 意見交換. ¶Die beiden Politiker trafen sich zu einem *Gedankenaustausch*. 二人の政治家は意見交換のために会った.

gedanken·los [ゲダンケン・ロース] 形 考えがまとまらない，無考えな. ¶Das war sehr *gedankenlos* von mir, Entschuldigung! これはどうも私の配慮が足りなかった. ごめんなさい.

gedank·lich [ゲダンク・リヒ] 形 思考上の；頭の中だけの.

Ge·deck [ゲ・デック] 中-[e]s/-e 一人前の食器（ナイフ・フォーク・スプーン・皿）；定食.

ge·deihen* [ゲ・ダイエン] gedieh, gediehen 動 (s) 成長（生長）する，繁茂する；繁栄する. ¶Reis *gedeiht* in diesem Klima nur schlecht. この気候では米の成長が極めて悪い. / Der Plan ist schon weit *gediehen*. この計画はすでにかなり出来上がっている.

ge·denken* [ゲ・デンケン] gedachte, gedacht 動 1（人²・事²を）思い出す；追想する. 2 *gedenken*,

... zu ＋不定詞 …しようと思っている. **Ge·denken** [ゲ・デンケン] 中-s/ 思い出，追想，記念《an j⁴/et⁴ 人⁴・事⁴の》. **Gedenk·stätte** [ゲデンク・シュテテ] 女-/-n メモリアル（碑・講堂・会館など）.

Ge·dicht [ゲ・ディヒト] 中-[e]s/-e 詩.

ge·dieh [ゲ・ディー] gedeihen の過去形・単数・1，3人称.

ge·diehen [ゲ・ディーエン] gedeihen の過去分詞.

Ge·dränge [ゲ・ドゥレンゲ] 中-s/ 雑踏，押し合いへし合い.

ge·drückt [ゲ・ドゥリュックト] 1 形 気落ちした. ¶Trotz des herrlichen Wetters war sie in *gedrückter* Stimmung. すばらしい天気というのに彼女はしょげていた. 2 drücken の過去分詞.

ge·drungen [ゲ・ドゥルンゲン] 1 ずんぐりした；簡潔な. 2 dringen の過去分詞.

Ge·duld [ゲ・ドゥルト] 女-/ 忍耐；根気《für et⁴ 事⁴に対する》. ¶Da hilft nur Geduld. この場合耐えるしかない. **ge·duldig** [ゲ・ドゥルディヒ] -e [ゲ・ドゥルディゲ] 形 忍耐強い.

ge·durft [ゲ・ドゥルフト] dürfen の過去分詞.

ge·ehrt [ゲ・エールト] 1 形（手紙の冒頭で，相手の名に冠して）尊敬すべき. ¶Sehr *geehrter* Herr Biermann (Sehr *geehrte* Frau Biermann) 敬愛するビーアマン様. 2 ehren の過去分詞.

ge·eignet [ゲ・アィグネト] 1 形 適した《für et⁴ 事⁴に》. ¶Für diesen Beruf ist sie nicht *geeignet*. 彼女はこの職業には向かない. 2 eignen の過去分詞.

Ge·fahr [ゲ・ファール] 女-/-en 危険. ¶*Gefahr* laufen, ... zu ＋不定詞 …する危険がある.

gefährden [ゲフェールデン] 動 危険にさらす. ¶Rauchen *gefährdet* Ihre Gesundheit. 喫煙はあなたの健康を害する危険があります. **gefährdet** [ゲ・フェールデト] 1 形 危

険にさらされた. **2** gefährden の
過去分詞.

ge·fahren [ゲ・ファーレン] fahren
の過去分詞.

gefähr·lich [ゲフェーア・リヒ] 形 危
険な,生命に関わる,無謀な. **Ge-
fährlich·keit** [ゲフェーアリヒ・カイト]
女 -/ 危険さ.

ge·fallen* [ゲ・ファレン] **1** *du* ge-
fällst, *er* gefällt; gefiel, gefal-
len 動 (人³の)気に入る. ¶*sich*³
*et*⁴ *gefallen* lassen 事⁴を甘んじ
て受ける,受入れる. ♦ Der Plan hat
mir *gefallen*. 私はその計画が気に
入った. / Das lasse ich mir
nicht *gefallen*. そんなことはとても
承知できないぞ. **2** 形 戦死した. **3**
fallen, gefallen の過去分詞.

¹Ge·fallen [ゲ・ファレン] 男 -s/- 好
意,親切. ¶Könnten Sie mir ei-
nen *Gefallen* tun? お願いがある
のですが.

²Ge·fallen [ゲファレン] 中 -s/ 喜び.
¶an *j³/et³* *Gefallen* finden 人³・
事³を好ましく(楽しく)思う.

ge·fälligst [ゲ・フェリヒスト] 副 (お
どし気味に)頼むから. ¶Halt *gefäl-
ligst* endlich mal den Mund!
いい加減にもう口を閉じてもらいたいね.

ge·fangen [ゲ・ファンゲン] fangen
の過去分詞.

Ge·fangener* [ゲ・ファンゲナァ] 男
(女性) **Ge·fangene*** [ゲ・ファンゲ
ネ] 女 《形容詞の名詞化》捕虜;囚人.

Gefangen·schaft [ゲファンゲン・シ
ャフト] 女 -/ 捕われの身,監禁.

Gefäng·nis [ゲフェング・ニス] 中
fäng·nisses/Gefäng·nisse 刑務
所;刑期. ¶Dafür kommt man
ins *Gefängnis*. そんなことをしたら
牢屋に入れられる.

Ge·fäß [ゲ・フェース] 中 -es/-e (液
体・粉末・顆粒などを入れる)小容器.

ge·fasst [ゲ・ファスト] **1** 形 落着き
はらった. ¶Trotz allem blieb er
sehr *gefasst*. あれこれあったもの
の彼は非常に落着きはらっていた. **2**
fassen の過去分詞.

ge·fiel [ゲ・フィール] fallen, gefal-

len の過去形・単数・1,3人称.

ge·flochten [ゲ・フロホテン] flech-
ten の過去分詞.

ge·flogen [ゲ・フローゲン] fliegen
の過去分詞.

ge·flohen [ゲ・フローエン] fliehen
の過去分詞.

ge·flossen [ゲ・フロッセン] fließen
の過去分詞.

Ge·flügel [ゲ・フリューゲル] 中 -/ (家
畜に対し鳥類をさして)家禽(きん). ¶
Zu *Geflügel* trinkt man meist
Weißwein. 鳥料理にはたいてい白ワ
インを飲む.

ge·fragt [ゲ・フラークト] **1** 形 需要
の多い. ¶ein *gefragter* Schau-
spieler 出演を希望される需要の多い
俳優. ♦ Dein Typ ist *gefragt*. 君
のようなタイプが求められている,
《名詞説》君に会いたいという人がいるぜ.
2 fragen の過去分詞.

ge·fressen [ゲ・フレッセン] fressen
の過去分詞.

ge·frieren [ゲ・フリーレン] gefror,
gefroren 動 (s) 凍る,氷結する.
Gefrier·fach [ゲフリーァ・ファハ]
中 -[e]s/Gefrier·fächer [ゲフリー
ァ・フェヒャァ] (冷蔵庫の)冷凍室.

ge·froren [ゲ・フローレン] **1** 形 凍っ
た,氷結した. **2** frieren, gefrieren
の過去分詞.

Ge·fühl [ゲ・フュール] 中 -[e]s/-e
《複なし》感じ;感情,気持ち;《複なし》
(漠然とした)予感. ¶Ich habe das
Gefühl, er will uns täuschen.
私は彼がわれわれをだますつもりでいる
ような気がする. / Auf die *Ge-
fühle* anderer nimmt er kei-
nerlei Rücksicht. 彼は他人の気持
ちに一切気をくばらない. **gefühl·
los** [ゲフュール・ロース] 形 薄情な;(手
足などが)無感覚な. **gefühl·voll** [ゲ
フュール・フォル] 形 感情のこもった.
¶Bei nur etwas *gefühlvoller*
Musik kommen ihr gleich die
Tränen. ただちょっと感傷的な音楽を
聴くと彼女はすぐ涙があふれてくるのだ.

ge·funden [ゲ・フンデン] finden の
過去分詞.

ge·gangen [ゲ・ガンゲン] gehen の
過去分詞.

ge·geben [ゲ・ゲーベン] geben の
過去分詞.

gegen [ゲーゲン] 前《4格支配》¶
【対抗】ein Mittel *gegen* Erkäl-
tung 感冒薬. / Bist du *gegen*
ihn? 君は彼に反対か. / *Gegen*
wen spielt Japan morgen? あ
した日本はどこと対戦するのか.【逆行】
gegen den Strom schwimmen
流れに逆らって泳ぐ. 【向かう方向】
sich⁴ *gegen* die Wand leh-
nen 壁によりかかる.【交換】Das
Medikament erhält man nur
gegen Rezept. この薬は処方箋と
引き換えでないともらえない.【ある時
間の直前・直後】*gegen* acht Uhr
abends 夜8時ごろ(前後)に.

Gegend [ゲーゲント] 女-/-en (漠然
とある場所をさして)地方. ¶Die Poli-
zei suchte die ganze *Gegend*
nach Spuren ab. 警察は痕跡を
求めて全域を捜査した. / Wir woh-
nen in einer ruhigen *Gegend*.
私どもは静かな界隈に暮らしておりま
す. (⇒Bezirk, Gebiet)

gegen·einander [ゲーゲン・アィナンダ
ァ] 副 互いに対抗(対立・反対)の関
係で. ¶Leider haben sie unnöti-
gerweise etwas *gegeneinander*.
残念ながら彼らは必要もないのに角突
き合っている.

Gegen·satz [ゲーゲン・ザツ] 男-es/
Gegen·sätze [ゲーゲン・ゼッエ] 対立
関係. ¶Im *Gegensatz* zu früher
ist er jetzt sehr sparsam. 昔と
逆にこの頃彼はとても倹約的だ.

gegensätz·lich [ゲーゲンゼッ・リヒ]
形 対抗(対立・反対)関係の. ¶Bei-
de sind völlig *gegensätzliche*
Charaktere. 二人は正反対の性格だ.

gegen·seitig [ゲーゲン・ザィティヒ]
-e [ゲーゲン・ザィティゲ] 形 相互の；双
方の. ¶Wir helfen uns immer *ge-*
genseitig. 私たちはいつも互いに助
け合っている.

Gegen·stand [ゲーゲン・シュタント]
男-[e]s/Gegen·stände [ゲーゲン・

シュテンデ] もの；対象.

Gegen·teil [ゲーゲン・タィル] 中
-[e]s/-e 反対[の人・もの・こと]. ¶
Ganz im *Gegenteil*! 話はまった
く逆だ.

gegen·über [ゲーゲン・ユーバァ] 前
《3格支配.名詞が目的語なら前置ま
たは後置,代名詞なら常に後置》【向か
いに】*Gegenüber* der Post
steht eine hohe Linde. 郵便局
の向かいに大きな菩提樹が立っている.
/ Mir *gegenüber* sitzt Frau
Hahn. 私の向かいにハーン夫人が坐って
いる.【対象】Er ist *gegenüber* sei-
nen Mitschülern immer hilfsbe-
reit.彼は学友に対して常に親切だ.【比較】
Gegenüber dem Vorjahr ist
das Defizit viel größer. 前年に
比較し赤字はずっと大きい.

gegen·über- [ゲーゲン・ユーバァ]《常
にアクセントをもち分離動詞をつくる前
つづり》¶【向き合って】*gegenüber*|
setzen 人を向かい合わせに座らせ
る. / *gegenüber*|sitzen 向かい合
って座っている.

gegenüber｜stehen* [ゲーゲンユーバ
ァ・シュテーエン] stand gegenüber,
gegenübergestanden 動 (物³
と)向き合って立っている；(人³に)…な
態度をとる. ¶Die Mehrzahl der
Wähler *steht* dem Programm
der Regierung kritisch *gegen-*
über. 選挙民の多数は政府の基本政
策に批判的な態度をとっている.

gegenüber｜stellen [ゲーゲンユーバ
ァ・シュテレン] 動 (人⁴を人³に)対抗(対
決)させる. **Gegenüber·stel-**
lung [ゲーゲンユーバァ・シュテルング] 女-/
-en 対抗,対決；対比.

Gegen·verkehr [ゲーゲン・フェアケー
ァ] 男-s/ (自分とは)逆方向の交通.
¶Heute haben wir wenig *Ge-*
genverkehr. きょうは対向車が少ない.

Gegen·wart [ゲーゲン・ヴァルト] 女-
/ 現在,現代；存在,プレゼンス. ¶In
Gegenwart des Präsidenten re-
det man besser nicht so viel.
大統領のいるところではあまりいろいろ
話さない方がいいぞ.

G

gegen·wärtig [ゲーゲン・ヴェルティ ヒ] -e [ゲーゲン・ヴェルティゲ] 形 現在 の, 現代の. ¶Gegenwärtig geht es ihm wieder besser. 現在彼 の調子はまた上向いている.

ge·gessen [ゲ・ゲッセン] essen の 過去分詞.

ge·glichen [ゲ・グリッヒェン] glei- chen の過去分詞.

ge·glitten [ゲ・グリッテン] gleiten の過去分詞.

ge·glommen [ゲ・グロメン] glim- men の過去分詞.

Gegner [ゲーグナァ] 男 -s/- (女性 **Gegnerin** [ゲーグネリン] 女/-Geg- nerinnen [ゲーグネリネン]) 対抗者, 競 争相手, 敵対者. ¶Er ist mein Gegner, aber mein Feind ist er nicht. 彼は私の競争相手だが, さり とて敵ではない. **gegnerisch** [ゲ ーグネリシュ] 形 敵方の.

ge·golten [ゲ・ゴルテン] gelten の 過去分詞.

ge·gossen [ゲ・ゴッセン] gießen の過去分詞.

ge·graben [ゲ・グラーベン] graben の過去分詞.

ge·griffen [ゲ・グリッフェン] greifen の過去分詞.

ge·habt [ゲ・ハープト] haben の過 去分詞.

¹**Ge·halt** [ゲ・ハルト] 男 -[e]s/-e (作品・論文などの)内容; 成分. ¶ Sein neuer Roman hat nur we- nig Gehalt. 彼の新しい小説は中身 がほとんどない.

²**Ge·halt** [ゲ・ハルト] 中 -[e]s/Ge- hälter [ゲ・ヘルタァ] 給与. ¶Sein Gehalt ist sehr gut, aber er muss es sehr schwer verdienen. 彼の給料はとても良いが, 彼はそれを稼 ぐのにとても苦労しなければならない.

ge·halten [ゲ・ハルテン] halten の 過去分詞.

ge·hangen [ゲ・ハンゲン] ¹hängen の過去分詞.

ge·hässig [ゲ・ヘッスィヒ] -e [ゲ・ヘ ッスィゲ] 形 根性の悪い, 意地悪の. ¶ über j⁴ gehässig reden 人⁴の事

を悪く言う. ◆Sei nicht so gehäs- sig zu ihr! 彼女にそう意地悪する な.

ge·hauen [ゲ・ハォエン] hauen の 過去分詞.

Ge·häuse [ゲ・ホィゼ] 中 -s/- 容 器, ケース.

geh·behindert [ゲー・ベヒンデルト] 形 歩行障害のある. ¶Seit seinem Unfall ist er stark gehbehin- dert. 事故以来彼は足が非常に不自 由だ.

ge·heim [ゲ・ハィム] 形 秘密の. ¶ Die Regierung hielt diesen Un- fall lange geheim. 政府はこの事 故を長い間秘密にしていた.

Geheim·nis [ゲハイム・ニス] 中 Ge- heim·nisses/Geheim·nisse 秘密; 神秘. **geheimnis·voll** [ゲハイム ニス・フォル] 形 不可解な; 神秘的な. ¶Sag, was los ist! Tu doch nicht so geheimnisvoll! 何が起 こったのか言いたまえ. そんな意味あり げな顔をするな.

ge·heißen [ゲ・ハィセン] heißen の 過去分詞.

gehen* [ゲーエン] ging, gegangen 動 (s) [歩いて]行く, 出かける; 立ち 去る; (列車などが)出発する; (機器類 が)動く; (仕事などが)進行する, 行わ れる; 達する; (道が)通じている; 入る. ¶Morgen gehe ich zu meiner Oma. あした祖母のところへ行く. / Jetzt gehe ich einkaufen. 私 はこれから買い物に行く. / Leider muss ich jetzt gehen. 残念なが らもうおいとましなくては. / Unser Zug geht um 15 Uhr. 私たち の乗る列車は15時に発車する. / Die Uhr geht nicht mehr. この時計は もう動かない. / Unsere Geschäfte gehen gut. うちの商売はうまくい っている. / Der Weg geht dort nach links. 道はあそこで左にまがる. / Der Tisch geht nicht in mein Zimmer. この机は私の部屋に入 らない. / Es geht. まあまあである. 《es geht j³ の形で》人³の健康(調 子)は…である. Wie geht es Ihnen? – Danke, [es *geht* mir] gut. 調子はどうです？ – ありがとう, 元気です. 《es *geht* um *j⁴/et⁴* の形で》ほかならぬ人⁴・物⁴の問題である. Es *geht* um meine Tochter. 私の娘の問題だ.

---

gehen は kommen（来る,行く）と対比することによって理解が容易になる. Der Sohn geht um drei Uhr nach Hause. / Der Sohn kommt um drei Uhr nach Hause. 訳はいずれも「息子は(出先から)3時に帰宅する」である. しかし gehen を用いた場合は「息子が(出先から)自宅に向かって出発するのが3時」なのであって, 出先から自宅まで行く途中の経過が表現されているに過ぎない. つまり「出発＋途中」の動作を言う. 自宅への到着は含まれていない. 他方 kommen を用いると「息子が帰宅するのが3時」なのであり, こちらは「途中＋自宅到着」を指している. 同行者に「(ちょっと出かけてくるが)すぐもどるからね」は Ich komme gleich. であって, gehen は使えない. gehen では行ったきりになってしまう.

Ge·hilfe [ゲ・ヒルフェ] 男 -n/-n （女性）**Gehilfin** [ゲ・ヒルフィン] 女-/Ge·hilfinnen [ゲ・ヒルフィネン]) 見習い期間修了者.

Ge·hirn [ゲ・ヒルン] 中-[e]s/-e 脳, 脳髄. ¶Sein *Gehirn* funktioniert nicht mehr präzise. 彼の頭脳はもうきちんと働かない.

ge·hoben [ゲ・ホーベン] **1** 形 高尚な. **2** heben の過去分詞.

ge·holfen [ゲ・ホルフェン] ＜ helfen の過去分詞.

Ge·hör [ゲ・ヘーァ] 中-[e]s/ 聴覚. ¶Bei unserem Bürgermeister finden wir immer *Gehör*. わが町の町長はいつでも人の言葉に耳傾けてくれる.

ge·horchen [ゲ・ホルヒェン] 動

(人³の)言う(命じる)ことに従う.

ge·hören [ゲ・ヘーレン] 動 (人³・物³の)ものである. ¶*sich⁴ gehören* 適切である. / zu et³ *gehören* 人³・物³の一部である. ◆Das *gehört* zu meinem Beruf. それも私の職業の一部である. / Zu einem so guten Essen *gehört* natürlich auch ein besonderer Wein. こんなすばらしい食事にはむろん極上のワインがつきものだ. **ge·hörig** [ゲ・ヘーリヒ] -e [ゲヘーリゲ] 形 (人³・物³の)ものである. ¶zu et³ *gehörig* sein 物³の一部である.

gehör·los [ゲヘーァ・ロース] 形 耳の聞こえない.

gehor·sam [ゲホール・ザーム] 形 [人の]言うことをよく聞く. ¶Schön *gehorsam* ist bei uns nur der Hund, die Kinder sind es nur hin und wieder. 我が家でちゃんと言うこと聞くのは犬だけで, 子供たちはたまにしか聞かない. **Gehor·sam** [ゲホール・ザーム] 男-s/ 従順. ¶Man kann den *Gehorsam* auch übertreiben. 従順さというものが度を過ごすこともある.

Geh·steig [ゲー・シュタイク] 男-[e]s /-e, **Geh·weg** [ゲー・ヴェーク] 男-[e]s/-e 歩道.

Geige [ガイゲ] 女-/-n バイオリン. ¶Er will immer die erste *Geige* spielen. 彼はいつでも自分が親分でいたがる.

geil [ガイル] 形 淫欲の強い;《若者言葉》凄い, すばらしい, 上等の.

Geisel [ガイゼル] 女-/-n 人質. **Geisel·nahme** [ガイゼル・ナーメ] 女-/-n 人質拉致.

Geist [ガイスト] 男-[e]s/ 精神,知力;ものの考え方;《複-er》(ある精神を)体現した人;《複-er》亡霊. ¶Die *Geister* der Vergangenheit lassen uns keine Ruhe. 過去の亡霊が我々にやすらぎを与えてくれない. / Diese heiße Musik geht mir total auf den *Geist*. このホットな音楽に私はほとほといらつかされる. **geistes·abwesend** [ガイステス・アプ

ヴェーゼント]形 放心した.

Geistes・wissenschaften [ガイステス・ヴィセンシャフテン] 複 人文科学.

geistig [ガイスティヒ] -e [ガイスティゲ] 形 精神的な. ¶Das ist eine enorme *geistige* Leistung. それはたいへん知的な仕事だ. / *Geistig* ist er noch völlig fit. 彼の頭はまだ完全にしっかりしている.

geist・lich [ガイスト・リヒ] 形 宗教上の;教会の.

Geist・licher* [ガイスト・リヒャァ] 男 (女性) **Geist・liche*** [ガイスト・リヒェ] 女 《形容詞の名詞化》聖職者.

geist・los [ガイスト・ロース] 形 間の抜けた. **geist・reich** [ガイスト・ライヒ] 形 機知にとんだ. ¶Das war nicht gerade *geistreich* von ihm. 彼の言ったこともあまり気が利いていたとは言えない.

Geiz [ガイツ] 男-es/ (性質としての)けち. **Geiz・hals** [ガイツ・ハルス] 男-es/Geiz・hälse [ガイツ・ヘルゼ] けちん坊. **geizig** [ガイツィヒ] -e [ガイツィゲ] 形 けちな.

ge・kannt [ゲ・カント] kennen の過去分詞.

ge・klungen [ゲ・クルンゲン] klingen の過去分詞.

ge・kniffen [ゲ・クニッフェン] kneifen の過去分詞.

ge・kommen [ゲ・コメン] kommen の過去分詞.

ge・konnt [ゲコント] 1形 質の高い. ¶Das war eine *gekonnte* Darbietung. それは質の高い上演であった. / Er spielte sehr *gekonnt*. 彼の芝居(演奏)はたいへん達者だった. 2 können の過去分詞.

Gel [ゲール] 中-s/-e 《化学》ゲル.

Ge・lächter [ゲ・レヒタァ] 中-s/ 大笑い.

ge・laden [ゲ・ラーデン] 1形 auf j⁴ *geladen* sein 人⁴に対して激怒している. 2 laden の過去分詞.

Ge・lände [ゲ・レンデ] 中-s/- 土地;(スポーツ・空港・駅など特定目的のための)地形,ゲレンデ. ¶Das *Gelände* dort ist sehr unübersichtlich.

そこの地形は見通しがとてもきかない.

Ge・länder [ゲ・レンダァ] 中-s/- (階段・バルコニーなどの)手すり.

Gelände・wagen [ゲレンデ・ヴァーゲン] 男-s/- ランドクルーザー.

ge・lang [ゲ・ラング] gelingen の過去形.

ge・langen [ゲ・ランゲン] 動 (s) 到達する《an (in) et⁴ 場所⁴に / zu et³ 場所³に》.

ge・lassen [ゲ・ラッセン] 1形 落着きはらった. ¶Schön *gelassen* bleiben! Ändern kannst du sowieso nichts. 落着くのだ. どっちみち君には手の下しようがないのだから. 2 lassen の過去分詞.

Gelatine [ジェラティーネ] 女-/ ゼラチン.

ge・laufen [ゲ・ラォフェン] laufen の過去分詞.

ge・läufig [ゲ・ロィフィヒ] -e [ゲ・ロィフィゲ] 形 広く知られた;流暢(りゅうちょう)な.

ge・launt [ゲラォント] 形 …な気分で. ¶gut (schlecht) *gelaunt* sein 上機嫌(不機嫌)である.

gelb [ゲルプ] 形 黄色(黄金色・レモン色)の. ¶die *gelbe* Karte イエローカード. ◆Die Nummer finden Sie in den *Gelben* Seiten. 電話番号は(電話帳の)企業別電話番号簿で見つけられます. / Er wurde *gelb* vor Neid. 彼は嫉妬の余り顔色が変わった. **gelb・lich** [ゲルプ・リヒ] 形 黄色味を帯びた.

Geld [ゲルト] 中-[e]s/-er (金(かね)). ¶ großes *Geld* 紙幣. / kleines *Geld* 硬貨. ◆Viel *Geld* habe ich nie bei mir. 沢山のお金を持って外出したことは一度もない.

Geld・automat [ゲルト・アォトマート] 男-en/-en 現金自動預け払い機, ATM. ¶Der *Geldautomat* ist außer Betrieb. Ich kann mir kein Geld ziehen. ATM が動いていない. 私はお金を引き出すことができない.

Geld・beutel [ゲルト・ボィテル] 男-s/- , **Geld・börse** [ゲルト・ベルゼ] 女-/-n 財布, ウォレット.

Geld・buße [ゲルト・ブーセ] 囡 -/-n
過料, 反則金.

Geld・karte [ゲルト・カルテ] 囡 -/-n
プリペイドカード. **Geld・schein**
[ゲルト・シャイン] 男-[e]s/-e 紙幣.
Geld・stück [ゲルト・シュテュク]
中-[e]s/-e 硬貨.

Gelee [ジェレー] 男 (中) -s/-s (果
汁などの)ゼリー.

ge・legen [ゲ・レーゲン] 1形 位置し
ている;適切な. ¶Das Haus ist
sehr schön *gelegen*. その家は環
境絶佳のところにある. / Das
kommt mir sehr *gelegen* 私には
それが非常に好都合に思われる. 2
liegen の過去分詞.

Gelegen・heit [ゲレーゲン・ハイト]
囡-/-en 機会, チャンス. ¶Diese tol-
le *Gelegenheit* dürfen wir nicht
verpassen. こういう絶好のチャン
スを逃してはいけない.

gelegent・lich [ゲレーゲント・リヒ] 形
機会を見ての;時折の.

ge・lehrt [ゲ・レーァト] 1形 学識の
ある. ¶ein *gelehrter* Mann 学
者. ◆Er ist nicht so *gelehrt*,
wie er tut. 彼は言うほど学問があ
るわけではない. 2 lehren の過去分
詞.

Ge・lehrter* [ゲ・レーァタァ] 男
(女性) **Ge・lehrte*** [ゲ・レーァテ]
(囡)《形容詞の名詞化》学者, 学識あ
る人. ¶Darüber streiten sich
die *Gelehrten*. その点に関して学
者たちは論争している.

Ge・lenk [ゲ・レンク] 中-[e]s/-e 関
節.

ge・lenkig [ゲ・レンキヒ] -e [ゲ・レン
キゲ] 形 体がしなやかな. ¶Turnen
macht *gelenkig*. 体操は身体を柔
軟にする.

ge・lernt [ゲ・レルント] 1形 (専門
の)職業訓練を受けた. ¶Er ist *ge-
lernter* Bäcker. 彼は本職のパン職
人である. 2 lernen の過去分詞.

ge・lesen [ゲ・レーゼン] lesen の過
去分詞.

Ge・liebter* [ゲ・リープタァ] 男
(女性) **Ge・liebte*** [ゲ・リープテ]

(囡)《形容詞の名詞化》愛人, 情人.

---

geliebt は lieben (愛する)の過
去分詞で「愛されている」という
意味になる. 古くは「神の自由な恩
寵の選びを受けた者(つまり神の愛
を受けた者)」という意味だったそ
うだ. しかし, 最新のドイツ語辞典で
は「既婚男女で, 夫または妻以外の
男女と不倫の性的関係を持ってい
る者」と説明されている. ただし,
未婚男女に関してもそう言うよう
だ. なお, Freund はふつう「(男
性の)友人」の意味で使われるが,
「恋人」の意味にもなる. これに対
して Freundin の方は「友人」
というより最近では「情人」の意
味で使うことが多い. 蛇足ながらこ
れにあたる英語の friend は古くは
単数 freond の複数形だった.

---

ge・liehen [ゲ・リーエン] leihen の過
去分詞.

ge・lingen* [ゲ・リンゲン] gelang,
gelungen 動 (s) *et*^{1} *gelingt* *j*^{3}
人^{3}が事^{1}に成功する. ¶Die Arbeit
ist ihm gut *gelungen*. 彼はその
仕事をうまくやり遂げた. / Es *ge-
lang* mir nicht, sie zu überre-
den. 私は彼女を説き伏せることに成
功しなかった.

ge・litten [ゲ・リッテン] 1形 *gelit-
ten* sein 受入れられている. ¶Sie
ist überall gut *gelitten*. 彼女は
皆に好かれている. 2 leiden の過去
分詞.

Gelöb・nis [ゲレープ・ニス] 中 Ge-
löb・nisses/Gelöb・nisse 宣誓. ¶
ein Gelöbnis ablegen 誓約す
る.

ge・logen [ゲ・ローゲン] lügen の過
去分詞.

ge・löst [ゲ・レースト] 1形 リラック
スした. 2 lösen の過去分詞.

gelten* [ゲルテン] *du* giltst [ギルツ
ト], *er* gilt; galt, gegolten 動
有効である;事^{3}に向けられて(関わっ
ている). ¶als (für) *j*^{4}/*et*^{4} gelten
人^4・物^{4}と見なされている;人^4・物^{4}に当

てはまる。◆Er *gilt* als der beste Spieler der Mannschaft. 彼はチームで最良の選手と見られている。《es gilt *et*⁴ の形で》物⁴に関わっている，物⁴ に値する，事⁴ が肝要だ。es *gilt*, ... zu＋不定詞 …する必要がある。Es *gilt*, den Schaden möglichst zu begrenzen. 損害は可能な限り抑えることが大事だ。

geltend［ゲルテント］**1**形 有効な，通用している。¶Das ist *geltendes* Recht. これは現在有効な法律です。**2** gelten の現在分詞。**Geltung**［ゲルトゥング］女-/ 有効[性]，評価，効果。

ge·lungen［ゲ・ルンゲン］**1**形 （多く皮肉に）見事な；馬鹿げた。¶Seine Idee finden alle sehr *gelungen*. 皆が彼のアイディアはたいせつなものだと思っている（皮肉）。**2** gelingen の過去分詞。

Ge·mahl［ゲ・マール］男-s/-e〖表現〗（対話相手の夫をさして）ご主人様。**Ge·mahlin**［ゲ・マーリン］女-/Ge·mahlinnen［ゲ・マーリネン］（対話相手の妻をさして）ご令室様。¶Grüßen Sie Ihren Herrn *Gemahl* (Ihre Frau *Gemahlin*)! ご主人様（奥様）によろしくお伝えを。

> 自分の夫ないし妻に対しては使わない。今日では対話相手に対しても使うことはほとんどない。

（⇒Mann, Frau; Gatte, Gattin）

Ge·mälde［ゲ・メールデ］中-s/- 絵画。

ge·mäß［ゲ・メース］前《3格支配。ふつう後置》…に基づいて；…に応じて。¶Internationalem Recht *gemäß* wurde er verurteilt. 国際法によって彼は有罪とされた。

ge·mäßigt［ゲ・メースィヒト］**1**形 ほどほどの。¶Er vertritt eine *gemäßigte* Linie. 彼は中道路線を代表している。**2** mäßigen の過去分詞。

ge·mein［ゲ・マイン］形 卑しい，下品な；しゃくにさわる。¶Warum bist du nur so *gemein* zu ihr? どうして君は彼女にそんな下等な態度が取れるのだ。

Ge·meinde［ゲ・マインデ］女-/-n 地方自治体，市町村；〖キリスト教〗教区，教区民。

Gemein·heit［ゲマイン・ハイト］女-/-en 下等な態度（言葉）；《複なし》しゃくにさわること。¶Das ist eine große *Gemeinheit* von ihm. 彼もたいへん下劣な振舞いをしたものだ。

gemein·nützig［ゲマイン・ニュツィヒ］-e［ゲマイン・ニュツィゲ］形 公共の。

gemein·sam［ゲマイン・ザーム］形 共同(共通・共有・共用)の；一緒の。¶Nur *gemeinsam* sind wir stark. 共同してこそ我々は強いのだ。/ Das ist euer *gemeinsames* Verdienst. これは君たち共同の手柄だ。

Gemeinsam·keit［ゲマインザーム・カイト］女-/-en 共通，共通点；共有，共用；《複なし》連帯。

Gemein·schaft［ゲマイン・シャフト］女-/-en 共同体，コミュニティ，結社。¶Japan gehört zur westlichen *Gemeinschaft*. 日本は西側共同体の一員である。（⇒Gesellschaft）

gemeinschaft·lich［ゲマインシャフト・リヒ］形 共通(共有・共用)の，共同の。¶Nur *gemeinschaftliche* Anstrengungen bringen uns ans Ziel. 一致した努力だけが我々に目的を達成させてくれる。

ge·messen［ゲ・メッセン］**1**形 落着いた；堂々とした。¶*Gemessenen* Schritts geht er zum Altar. 落着いた足取りで彼は祭壇に向う。**2** messen の過去分詞。

ge·mieden［ゲ・ミーデン］meiden の過去分詞。

Ge·misch［ゲ・ミッシュ］中-es/-e 混合，混合物。¶Das Ganze ist ein *Gemisch* aus Lüge und Wahrheit. 何もかも全て嘘と真実のごちゃ混ぜだ。

ge·mocht［ゲ・モホト］mögen の過去分詞。

ge·molken［ゲ・モルケン］melken

205

の過去分詞.

Ge·müse [ゲ·ミューゼ] 中-s/- 野菜.

> レストランのメニューに「Gemü-se の付け合せ」とあればごく一般的には温野菜のことであり, 生野菜なら Salat と書かれている. ジャガイモは Gemüse に入らない.

関連語 **Gemüse**
—野菜の名前—

die Zwiebel	タマネギ.
der Kohl	キャベツ.
die Karotte, die Möhre	ニンジン.
der Spinat	ホウレンソウ.
der Spargel	アスパラガス.
die Tomate	トマト.
der Kopfsalat	サラダ菜.
die Gurke	キュウリ.
die Erbse	エンドウ[マメ].
die Bohne	マメ科植物 (とくにサヤインゲン, ソラマメ).
der Mais	トウモロコシ.
der Knoblauch	ニンニク.
die Aubergine	ナス.
der Kürbis	カボチャ.
der Paprika	パプリカ, ピーマン.
der Sellerie	セロリ.
der Blumenkohl	カリフラワー.
die Petersilie	パセリ.
der Pilz	キノコ.
der Lauch	ネギ.
der Porree	リーキ, ポロネギ.
der Rettich	ダイコン.
das Radieschen	ハツカダイコン.
die Brokkoli (pl.)	ブロッコリ.

---

ge·musst [ゲ·ムスト] müssen の過去分詞.

ge·mustert [ゲ·ムステルト] **1** 形 (衣類について)模様入りの. ¶Dieser Stoff ist schön gemustert. この布地は美しく模様づけされている. **2** mustern の過去分詞.

Ge·müt [ゲ·ミュート] 中 -[e]s/-er 《複なし》気質, 感性; 《複で》人々. ¶Das Regenwetter schlägt mir aufs Gemüt. 雨天は私の気分を滅入らせる.

gemüt·lich [ゲミュート·リヒ] 形 気持ちのよい, 居心地のよい; くつろいだ.

Gen [ゲン] 中 -s/-e 遺伝子.

ge·nannt [ゲ·ナント] **1** 形 上記の. **2** nennen の過去分詞.

ge·nas [ゲ·ナース] genesen の過去形·単数· 1, 3 人称.

genau [ゲナォ] **1** 形 正確な, きっちりした, 詳細な. ¶Hast du die genaue Zeit? 正確な時間が分かるかい? **2** 副 まさに, ちょうど. ¶Die Bodenpreise sind viel zu hoch. – Genau. 地価はあまりにも高すぎる. –おっしゃるとおりです. **Ge·nauig·keit** [ゲナォイヒ·カィト] 女-/ 正確さ.

genau·so [ゲナォ·ゾー] 副 genauso ... [wie ...] [···と]まったく同じように···で. ¶Meine Frau ist genauso groß wie ich. 家内の背丈は私とまったく同じです.

ge·nehmigen [ゲ·ネーミゲン] 動 認可する, 許可する. ¶sich³ einen genehmigen 酒を一杯やる. ♦Ihren Antrag können wir leider nicht genehmigen. 貴殿の申請は遺憾ながら認可することができません. **Ge·nehmigung** [ゲ·ネーミグング] 女 -/-en 認可, 許可.

Generation [ゲネラツィオーン] 女 -/-en 世代, ジェネレーション. ¶ein Computer der dritten Generation 第三世代コンピュータ. ♦Die Fabrik ist seit fünf Generationen im Besitz der Familie Schöpfer. この工場は五世代このかたシェップファー家の所有である.

generalisieren [ゲネラリズィーレン] generalisierte, generalisiert 動 一般化する.

generell [ゲネレル] 形 一般(全般)的な. ¶Das kann man so generell nicht behaupten. それはそのように一般化して言うことはできない.

generieren [ゲネリーレン] generierte, generiert 動 生み出す.

ge·nesen* [ゲ·ネーゼン] genas,

genesen **1** 動 (s) (病気・怪我から)快復する。¶Er ist noch nicht vollständig *genesen*. 彼はまだ完全には治癒していない。**2** genesen の過去分詞。

genial [ゲニアール] 形 天才的な、独創的な。¶Das ist einfach *genial*. それは天才的と言うほかない。/ Das ist *genial* einfach. それはおそろしく簡単だ。

Ge·nick [ゲ・ニック] 中 -[e]s/-e 首すじ。¶Der Chef sitzt mir dauernd im *Genick*. 課長はたえず私に仕事の解決を迫っている。

Genie [ジェニー] 中 -s/-s 天才。

genieren [ジェニーレン] genierte, geniert 動 *sich*⁴ genieren 恥ずかしがる。¶*Geniere* dich nur nicht, greif zu! もじもじしていないで[食べ物に]手を伸ばしなさいよ。

ge·nießen* [ゲ・ニーセン] *du/er* genießt; genoss, genossen 動 食べる、飲む、味わう；エンジョイする；(教育を)受ける。¶Wir *genießen* das schöne Frühlingswetter. 我々は春の好天を楽しむ。 **ge·nießerisch** [ゲ・ニーセリシュ] 形 おいしそうに、味わい尽くして。¶Er zog *genießerisch* an seiner Pfeife. 彼は美味そうにパイプをくゆらした。

Genitale [ゲニターレ] 中 -s/Genitalien [ゲニターリエン] 生殖器。

Genitiv [ゲーニティーフ] 男 -s/Genitive [ゲーニティーヴェ] 【文法】2 格、所有格。

ge·nommen [ゲ・ノメン] nehmen の過去分詞。

ge·noss [ゲ・ノス] genießen の過去形・単数・1、3 人称。

Ge·nosse [ゲ・ノッセ] 男 -n/-n （女性）**Ge·nossin** [ゲ・ノッスィン] 女 -/Ge·nossinnen [ゲ・ノッスィネン]）同志。

ge·nossen [ゲ・ノッセン] genießen の過去分詞。

genug [ゲヌーク] 副 十分に、たっぷりと。¶Er hat nie *genug*. 彼は決して満足できない。/ Das ist für heute *genug*. きょうのところはこ

れで充分だ。/ Das allein ist schon schlimm *genug*. これだけでも充分不幸だ（もう沢山だ、という気持ちで）。《nicht *genug* + 不定詞 können の形で》いくら…してもし足りない。Er kann nie *genug* bekommen. 彼はきわめて貪欲である。 **genügen** [ゲニューゲン] 動 十分である、足りる；(義務など³を)果たす、(要求など³に)応じる。¶Er *genügte* den gesellschaftlichen Pflichten. 彼は社会的な義務を果たした。 **genügend** [ゲニューゲント] **1** 形 十分な；【六段階評価】(5段階評価の上から)4番目。**2** genügen の現在分詞。 **genügsam** [ゲニューク・ザーム] 形 つましい、無欲の。**Genug·tuung** [ゲヌーク・トゥーウング] 女 -/ 満足、満足感。

Genus [ゲーヌス , ゲヌス] 中 -/Genera [ゲーネラ , ゲネラ] 【文法】(名詞類の)性。¶*Genus* verbi (動詞の)態。

Ge·nuss [ゲ・ヌス] 男 Genusses/Genüsse [ゲ・ニュセ] 《複なし》(飲食物の)摂取；(…から得る)満足、楽しみ。¶Das Konzert war ein *Genuss*. コンサートは文字通り楽しみに浸（ひた）れた。**Genuss·mittel** [ゲヌス・ミテル] 中 -s/- (コーヒー・酒・甘味類などの)嗜好(しこう)品。

Geo·grafie, **Geo·graphie** [ゲオ・グラフィー] 女 -/ 地理学。**geo·grafisch**, **geo·graphisch** [ゲオ・グラーフィシュ] 形 地理学の。

Geo·metrie [ゲオ・メトゥリー] 女 -/ 幾何学。**geo·metrisch** [ゲオ・メートゥリシュ] 形 幾何学の。

Ge·päck [ゲ・ペック] 中 -[e]s/ (旅行時の)荷物。¶Unser *Gepäck* geben wir am besten auf. 荷物は送るのがいちばん良かろう。**Gepäck·träger** [ゲペック・トゥレーガァ] 男 -s/- (駅・空港の)ポーター。**Gepäck·versicherung** [ゲペック・フェアズィヒェルング] 女 -/-en 旅行者荷物保険。

ge·pfeffert [ゲ・プフェッフェルト] 形 高額な；途方もない；辛らつな；胡椒をきかせた。¶Die Mieten in Berlin sind ganz schön *gepfeffert*. ベ

ルリンの家賃は途方もなく高い.

ge·pfiffen [ゲ・プフィッフェン] pfeifen の過去分詞.

ge·pflegt [ゲ・プフレークト] **1** 形 手入れの行きとどいた;身だしなみの良い,洗練された. ¶Dort gibt es ein *gepflegtes* Bier. あそこには上質の優れたビールがある. **2** pflegen の過去分詞.

ge·rade [ゲ・ラーデ] **1** 形 まっすぐの;偶数の. **2** 副 たった今,…したばかりで;まさに…するところで;ほかならぬ…;よりによって;《否定の語句と》必ずしも…ではない,ますますもって…でない. ¶gerade noch かろうじて[間に合って]. ◆Sie ist *gerade* beim Essen. 彼女は今ちょうど食事中です. /Er ist nicht *gerade* ein Genie. 彼は必ずしも天才とは言えない. /Das hat mir *gerade* noch gefehlt! 私の身にそんなことまで起ころうとは.

Ge·rade* [ゲ・ラーデ] 女 《形容詞の名詞化》直線;〔スポーツ〕直線コース,ストレートパンチ.

gerade·aus [ゲラーデ・アォス] 副 まっすぐに. ¶Gehen Sie immer *geradeaus*! ずっとまっすぐいらっしゃい.

gerade·zu [ゲラーデ・ツー] 副 まさに,文字どおり. ¶Das ist *geradezu* lächerlich. そいつはまさにお笑いだ.

g[e]rad·linig [ゲラート・リーニヒ] -e [ゲラーデ・リーニゲ] 形 直線の;率直な.

ge·rann [ゲ・ラン] gerinnen の過去形・単数・1,3人称.

ge·rannt [ゲ・ラント] rennen の過去分詞.

Ge·rät [ゲ・レート] 中 -[e]s/-e 道具,器具;体操用具.

¹ge·raten* [ゲ・ラーテン] *du* gerätst [ゲ・レーツト] , *er* gerät; geriet, geraten 動 (s) (偶然)入りこむ,陥る《in *et*⁴ 物⁴に》;(人³にとって)うまくいく,…の結果になる. ¶Er *geriet* in eine Sackgasse. 彼は進退窮まった.

²ge·raten [ゲ・ラーテン] **1**(<¹geraten)出来の良い. ¶Heute ist der Kuchen gut *geraten*. きょうはケーキがうまく出来た. **2** raten, ¹geraten の過去分詞.

ge·räumig [ゲ・ロイミヒ] -e [ゲ・ロイミゲ] 形 広々とした.

Ge·räusch [ゲ・ロイシュ] 中 -[e]s/-e 物音,騒音.

ge·recht [ゲ・レヒト] 形 公正な. ¶*j*³/*et*³ gerecht werden 人³・物³に対する評価が公正である;要求など³に応じる,希望³を満たす. ◆Ob er diesen Anforderungen *gerecht* wird? 彼がこの要求にこたえてくれるかどうかが問題だ.

Gerechtig·keit [ゲレヒティヒ・カィト] 女-/ 正義.

Ge·rede [ゲ・レーデ] 中-s/ おしゃべり;陰口. ¶*j*⁴ ins *Gerede* bringen 人⁴を噂の種にする. ins *Gerede* kommen (geraten) 噂の種になる.

ge·reizt [ゲ・ラィツト] **1** 形 いらいら(ぴりぴり・ぷりぷり)した. **2** reizen の過去分詞.

¹Ge·richt [ゲ・リヒト] 中 -[e]s/-e 料理.

²Ge·richt* [ゲ・リヒト] 中 -[e]s/-e 裁判所;法廷;《複なし》裁判. ¶*j*⁴ vor *Gericht* bringen 人⁴を訴える. /vor *Gericht* stehen 訴えられる. **gericht·lich** [ゲリヒト・リヒ] 形 裁判による,裁判上の.

ge·rieben [ゲ・リーベン] **1** 形 すれっからしの. **2** reiben の過去分詞.

ge·riet [ゲ・リート] geraten の過去形・単数・1,3人称.

ge·ring [ゲ・リング] 形 僅かの;取るに足りない. ¶nicht das *Geringste* いささかも…でない. /nicht im *Geringsten* 少しも…でない. /*et*⁴ *gering* achten (schätzen) 事⁴を軽視(軽蔑)する. ◆Die Aussicht auf Besserung ist *gering*. 回復の見通しは少ない.

ge·rinnen* [ゲ・リネン] gerann, geronnen 動 (血液などが)凝固(ぎょうこ)する.

Ge·rippe [ゲ・リッペ] 中-s/- 骨格,骸骨;(構造物の)骨組み. ¶Er

nur noch ein *Gerippe*. 彼はもう骨と皮だけだ.

ge·rissen [ゲ・リッセン] **1**形 ずるがしこい. **2** reißen の過去分詞.

ge·ritten [ゲ・リッテン] reiten の過去分詞.

Germanistik [ゲルマニスティク] 囡-/ ドイツ語ドイツ文学.

gern [ゲルン], **gerne** [ゲルネ] lieber,am liebsten 副 喜んで(好んで)(…する);(自分としては)かまわない;できることなら(…したいのだが). ¶*j⁴* (*et⁴*) *gern* haben 人⁴・物⁴が好きだ. ♦ Danke schön! — *Gern* geschehen. どうもありがとう—どういたしまして. / Ich hätte *gern* einen Termin bei Dr. Eisen. アイゼン先生の予約がしたいのですが. / Sie können *gern* mitkommen. 一緒に来てくださって結構ですよ.

ge·rochen [ゲ・ロッヘン] riechen の過去分詞.

ge·ronnen [ゲ・ロネン] gerinnen の過去分詞.

Gerste [ゲルステ] 囡-/《種類:-e》オオムギ.

Ge·ruch [ゲ・ルッフ] 男-[e]s/Ge·rüche [ゲ・リュッヒェ] 匂い. (⇒Duft) **geruch·los** [ゲルッフ・ロース] 形 無臭の.

Ge·rücht [ゲ・リュヒト] 中-[e]s/-e 噂話. ¶Das *Gerücht* verbreitete sich in Windeseile. 噂はあっという間にひろまった.

Ge·rümpel [ゲ・リュンペル] 中-s/ がらくた,古道具.

ge·rungen [ケ・ルンゲン] ringen の過去分詞.

Ge·rüst [ゲ・リュスト] 中-[e]s/-e 《建築》足場.

ge·samt [ゲ・ザムト] 形《付加語用法のみ》全て[ひっくるめて]の. ¶Ich habe mein *gesamtes* Vermögen verloren. 私は全財産を失った. **Gesamt·heit** [ゲザムト・ハイト] 囡-/ 総体,ひっくるめて全て.

Gesamt·schule [ゲザムト・シューレ] 囡-/-n 総合制学校.

基礎学校 Grundschule (1〜4学年,州によっては6学年まで)を終えた生徒が入学する. 3種類の学校,すなわちHauptschule (基幹学校,9〜10学年まで), Realschule (実科学校,10学年まで), Gymnasium (ギュムナジウム,12〜13学年まで)を統合し一体化した学校. 早期の学校分岐に変わるモデルとして1970年代頃から導入され始めた.

ge·sandt [ゲ・ザント] senden の過去分詞.

Ge·sang [ゲ・ザング] 男-[e]s/Ge·sänge [ゲ・ゼンゲ] 歌;賛美歌;《複》なし》歌うこと,声楽.

Ge·säß [ゲ・ゼース] 中-es/-e 尻. ¶Am *Gesäß* ist die Hose zu weit. ヒップのところでズボンがだぶだぶだ.

Ge·schäft [ゲ・シェフト] 中-[e]s/-e 商売;(比較的小規模な)会社,商店;店舗(");取引;仕事. ¶Das ist kein gutes *Geschäft* für mich. これは私にとって割の良い話ではない. / Sie steht den ganzen Tag im *Geschäft*. 彼女は一日中店に立っている.

ge·schäftig [ゲ・シェフティヒ] -e [ゲ・シェフティゲ]形 忙しい. ¶Auf dem Markt herrscht ein *geschäftiges* Treiben. 市場はあわただしい活気に満ちている.

geschäft·lich [ゲシェフト・リヒ] 形 営業上の;仕事上の.

Geschäfts·frau [ゲシェフツ・フラオ] 囡-/-en ビジネスウーマン. (⇒Geschäftsmann) **Geschäfts·leute** [ゲシェフツ・ロイテ] 複 (男女を問わず全体をさして)ビジネスマン; Geschäftsmann の複数形. **Geschäfts·mann** [ゲシェフツ・マン] 男-[e]s/Geschäfts·leute [ゲシェフツ・ロイテ] ビジネスマン.

Geschäfts·stelle [ゲシェフツ・シュテレ] 囡-/-n 事務所.

geschäfts·tüchtig [ゲシェフツ・テュヒティヒ] -e [ゲシェフツ・テュヒティゲ]

Geschäfts·zeit

関・連・語 Geschäft
―店の名前―

die Bäckerei パン屋.

die Konditorei ケーキ屋.

das Gemüsegeschäft 八百屋.

die Metzgerei, die Fleischerei 肉屋.

der Bioladen 自然食品店.

das Delikatessengeschäft デリカテッセン.

der Supermarkt スーパーマーケット.

der Markt 市場.

der Flohmarkt フリーマーケット.

der Kiosk キオスク.

die Buchhandlung 書店.

das Schreibwarengeschäft 文房具店.

der Optiker 眼鏡店.

das Schuhgeschäft 靴屋.

das Blumengeschäft 花屋.

das Spielwarengeschäft おもちゃ屋.

das Sportgeschäft スポーツ用品店.

das Elektrogeschäft 電気店.

das Möbelgeschäft 家具店.

die Apotheke 薬局.

die Drogerie ドラッグストア.

die Boutique ブティック.

die Reinigung クリーニング店.

das Juweliergeschäft 宝石貴金属店.

die Videothek ビデオレンタル店.

das Kaufhaus, das Warenhaus デパート.

das Einkaufszentrum ショッピングセンター.

der Baumarkt ホームセンター.

形 商才がある，商売上手である．

Geschäfts·zeit [ゲシェフツ・ツァイト] 囡-/-en 営業時間.

ge·schah [ゲ・シャー] geschehen の過去形・単数・1，3人称.

ge·schehen* [ゲ・シェーエン] es geschieht; geschah, geschehen 1 動 (s) 起る，行われる. ¶et⁴ geschehen lassen 事⁴が起るにまかせる. / j³ geschieht et¹ 人³の身の上に事¹が起る. ◆Das geschieht dir recht. お前には当然の報いだ. 2 geschehen の過去分詞.

Ge·schehen [ゲ・シェーエン] 甲 -s / , **Gescheh·nis** [ゲシェー・ニス] 甲 Gescheh·nisses/Gescheh·nisse 出来事，事件. ¶Atemlos verfolgte die Menge das Geschehnis. 群集は息づまる思いで出来事を見守った.

ge·scheit [ゲ・シャイト] 形 利口な. ¶So etwas wird er nie versuchen, dazu ist er zu gescheit. 彼ならそんなことは決してしようとしないだろう，それには利口過ぎるのだ.

Ge·schenk [ゲ・シェンク] 甲 -[e]s/-e プレゼント. ¶Kleine Geschenke erhalten die Freundschaft. ちょっとしたプレゼントが友情をささえる.

Ge·schichte [ゲ・シヒテ] 囡-/-n 歴史；物語；(不愉快な)出来事，ごたごた. **geschicht·lich** [ゲシヒト・リヒ] 形 歴史[上]の，歴史的な. ¶Geschichtlich zu denken ist nicht jedermanns Sache. 歴史的にものを考えるのはだれにでも出来ることではない.

Ge·schick [ゲ・シック] 甲-[e]s/ 巧みさ，才能《für et⁴ 物⁴の》；《復-e》運命. ¶Der Minister meisterte die Krise mit bewundernswertem Geschick. 大臣は危機を感嘆すべき巧妙さで乗り切った. **Geschicklich·keit** [ゲシックリヒ・カイト] 囡-/ 才能；巧妙さ. ¶An Geschicklichkeit ist er kaum zu übertreffen. 巧みさの点でとても彼を凌駕することが出来ない

ge·schickt [ゲ・シックト] 1 形 器用な. ¶Er geht sehr geschickt mit seinen Kindern um. 彼は自分の子供の扱いが上手だ. 2 schicken の過去分詞.

ge·schieden [ゲ・シーデン] 1 形 別れた，離婚した. ¶Geschieden zu

210

sein ist heutzutage fast normal. 今日では離婚がまるで当たり前みたいになっている. **2** scheiden の過去分詞.

ge・schieht [ゲ・シート] geschehen の現在形・単数・3人称.

ge・schienen [ゲ・シーネン] scheinen の過去分詞.

Ge・schirr [ゲ・シル] 中 -s/ (料理・飲食用の)容器一式.

Geschirr・spüler [ゲシル・シュピューラァ] 男 -s/ - , **Geschirr・spülmaschine** [ゲシル・シュピュールマシーネ] 女 -/-n 食器洗い機.

Ge・schlecht [ゲ・シュレヒト] 中 -[e]s/-er 性, 性器; 類, 種属, 種族; 家系, 一族. ¶Der Kampf der Geschlechter wird wohl niemals enden. 両性間の戦いは決して終る

ことがないだろう. / Er stammt aus einem alten Geschlecht. 彼は古い家柄の出である.

geschlecht・lich [ゲシュレヒト・リヒ] 形 性の, 性的な.

Geschlechts・organ [ゲシュレヒツ・オルガーン] 中 -s/-e 性器. **Geschlechts・verkehr** [ゲシュレヒツ・フェァケァ] 男 -s/ 性交.

ge・schlichen [ゲ・シュリッヒェン] schleichen の過去分詞.

ge・schliffen [ゲ・シュリッフェン] schleifen の過去分詞.

ge・schlossen [ゲ・シュロッセン] **1** 形 閉じられた; すき間のない; 内輪の, 非公開の. ¶eine geschlossene Gesellschaft 会員だけ(内輪)の会合. ◆Museen sind montags geschlossen. 博物館は月曜日休館で

G

絵で見るドイツ単語 Geschirr

① der Teller 皿.	⑨ das Weinglas ワイングラス.
② das Besteck	⑩ das Trinkglas コップ.
卓上器具(ナイフ, フォーク,	⑪ die Schüssel ボウル, 深皿.
スプーンのセット).	⑫ die Zuckerdose
③ das Messer ナイフ.	シュガーポット.
④ die Gabel フォーク.	⑬ der Salzstreuer 食塩入れ.
⑤ der Löffel スプーン.	⑭ die Butterdose
⑥ die Tasse カップ.	バターケース.
⑦ die Untertasse ソーサー.	⑮ die Serviette ナプキン.
⑧ die Kanne ポット.	⑯ der Brotkorb パン籠.

ある。/ Die Wolkendecke ist *geschlossen*. 厚い雲が空一面をおおっている. **2** schließen の過去分詞.

Ge·schmack [ゲ・シュマック] 男 -[e]s/ 味,味わい;《複なし》味覚,趣味,センス. ¶Du hast einen guten *Geschmack*. 君はセンスがいいね. / Das ist ganz nach meinem *Geschmack*. それは私の趣味(好み)にぴったりだ.

関・連・語 Geschmack
—味覚を表す形容詞—

süß	甘い.
sauer	酸っぱい.
süßsauer	甘酸っぱい.
salzig	塩辛い.
scharf	辛い.
bitter	苦い.
lecker, gut, köstlich	おいしい.
herb	渋い.
dick	濃厚な, どろりとした.
dünn, fade	薄い, 水っぽい.

geschmack·los [ゲシュマック・ロース] 形 悪趣味の,センスのない;無味の. ¶Er benimmt sich mal wieder völlig *geschmacklos*. 彼はまたもまったく悪趣味な振舞いに及ぶ.

geschmack·voll [ゲシュマック・フォル] 形 趣味(センス)のよい. ¶Sie kleidet sich immer sehr *geschmackvoll*. 彼女はいつもまったくセンスの良い服装をしている.

ge·schmolzen [ゲ・シュモルツェン] schmelzen の過去分詞.

ge·schnitten [ゲ・シュニッテン] schneiden の過去分詞.

ge·schoben [ゲ・ショーベン] schieben の過去分詞.

Ge·schöpf [ゲ・シェップフ] 中 -[e]s /-e 生物;(神の)創造物. ¶Alle Menschen sind *Geschöpfe* Gottes. 人間は全て神の創造物である. / Sie ist ein hinreißendes *Geschöpf*. 彼女は魅力的な女の子だ.

¹Ge·schoss [ゲ・ショス] 中 -es/-e 弾丸,砲弾. ¶Das *Geschoss* explodierte zum Glück nicht. 砲

弾は幸い爆発しなかった.

²Ge·schoss [ゲ・ショス] 中 -es/-e (建物の)階. ¶ein Haus mit drei *Geschossen* 3 階建ての家. / im dritten *Geschoss* wohnen 3 階に住む. (⇒Etage, Stock[werk])

ge·schossen [ゲ・ショッセン] schießen の過去分詞.

Ge·schrei [ゲ・シュライ] 中 -s/ 叫び[声];悲鳴.

ge·schrieben [ゲ・シュリーベン] schreiben の過去分詞.

ge·schrieen [ゲ・シュリーエン] , **ge·schrien** [ゲ・シュリーン] schreien の過去分詞.

Ge·schwätz [ゲ・シュヴェッツ] 中 -[e]s/ おしゃべり. ¶Hör besser nicht auf sein dummes *Geschwätz*! 彼のあほなおしゃべりなんか聞かない方がいい. **ge·schwätzig** [ゲ・シュヴェッツィヒ] -e [ゲ・シュヴェッツィゲ] 形 おしゃべりな.

ge·schweige [ゲ・シュヴァイゲ] 副 geschweige [denn]... (…ではない),いわんや…ではありません. ¶Er hat gar kein Interesse fürs Lesen, *geschweige* denn, dass er Goethe liest. 彼はものを読むことにまったく興味がない, ましてやゲーテなど読むことなど思いもよらない.

ge·schwiegen [ゲ・シュヴィーゲン] schweigen の過去分詞.

Geschwindig·keit [ゲシュヴィンディヒ・カイト] 女 -/-en 速度. ¶mit einer *Geschwindigkeit* von 300 Stundenkilometern 時速300キロメーターのスピードで. **Geschwindigkeits·begrenzung** [ゲシュヴィンディヒカイツ・ベグレンツング] 女 -/-en スピード制限. ¶Auf deutschen Autobahnen gibt es meist keine *Geschwindigkeitsbegrenzungen*. ドイツのアウトバーンではおおむねスピード制限はない.

Ge·schwister [ゲ・シュヴィスタァ] 複 兄弟姉妹. (⇒Bruder, Schwester)

ge·schwollen [ゲ・シュヴォレン] **1** 形 (表現が)大げさな. ¶Er redet

immer so *geschwollen*. 彼はいつもおおげさな話し方をする. **2** schwellen の過去分詞.

ge·schwommen [ゲ・シュヴォメン] schwimmen の過去分詞.

ge·schworen [ゲ・シュヴォーレン] schwören の過去分詞.

Ge·schwulst [ゲ・シュヴルスト] 囡-/Ge·schwülste [ゲ・シュヴュルステ] 腫瘍(しゅよう). ¶Gott sei Dank ist die *Geschwulst* nicht bösartig! やれやれ助かった, 腫瘍は悪性のものではなかった.

ge·schwungen [ゲ・シュヴンゲン] schwingen の過去分詞.

Ge·schwür [ゲ・シュヴューァ] 匣-[e]s/-e 潰瘍(かいよう).

ge·sehen [ゲ・ゼーエン] sehen の過去分詞.

ge·sellig [ゲ・ゼリヒ] -e [ゲ・ゼリゲ] 厖 人付き合いのよい;(会合などが)楽しい. ¶Zu unserem *geselligen* Beisammensein laden wir Sie herzlich ein. 我々の楽しい集いに貴殿を心からお招きいたします.

Gesell·schaft [ゲゼル・シャフト] 囡-/-en 社会,利益社会;会社,社団;《複 なし》交友,仲間,同件. ¶Sie kam in [der] *Gesellschaft* zwei-

er Freunde. 彼女は二人の友人と連れ立ってきた. / Leider geriet er in schlechte *Gesellschaft*. 残念ながら彼はよからぬ仲間に入った.

gesellschaft·lich [ゲゼルシャフト・リヒ] 厖 社会の;社交上の.

ge·sessen [ゲ・ゼッセン] sitzen の過去分詞.

Ge·setz [ゲ・ゼッツ] 匣 -es/-e 法律;法則.

Gesetz·geber [ゲゼッツ・ゲーバァ] 男-s/- 立法機関. **gesetz·lich** [ゲゼッツ・リヒ] 厖 法律[上]の,法律によって定められた.

ge·setzt [ゲ・ゼッツト] **1**厖 分別のある. ¶Er ist ein *gesetzter* älterer Herr mit viel Humor. 彼は分別のある中年紳士でユーモアも豊かである. **2** setzen の過去分詞.

gesetz·widrig [ゲゼッツ・ヴィードゥリヒ] -e [ゲゼッツ・ヴィードゥリゲ] 厖 法律違反の. ¶Folter ist bei uns *gesetzwidrig*. 拷問はわが国では違法である.

Ge·sicht [ゲ・ズィヒト] 匣 -[e]s/-er 顔. ¶Auf Grund dieser Affäre verlor er völlig sein *Gesicht*. この事件のおかげで彼は完全に面目を失った.

G

絵で見るドイツ単語 **Gesicht**

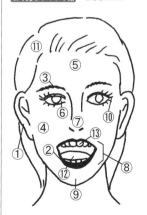

① das Ohr 耳.
② die Lippe 唇.
③ die Augenbraue 眉.
④ die Wange, die Backe 頬.
⑤ die Stirn 額.
⑥ das Auge 目.
⑦ die Nase 鼻.
⑧ der Mund 口.
⑨ das Kinn, der Kiefer 顎.
⑩ die Wimper まつげ.
⑪ die Haare (pl.) (<das Haar) 髪.
⑫ die Zunge 舌.
⑬ der Zahn 歯.

Gesichts·punkt [ゲズィヒツ・プンクト] 男-[e]s/-e 観点, 視点. ¶Das ist ein interessanter *Gesichtspunkt*. それは興味深い見方だ.

Ge·sinnung [ゲ・ズィヌング] 女-/-en ものの考え方. ¶Er wechselt seine *Gesinnung* leicht und schnell. 彼は自分の考え方をたちまちあっさりと変えてしまう.

ge·sittet [ゲ・ズィッテト] 形 行儀のよい.

ge·soffen [ゲ・ゾッフェン] saufen の過去分詞.

ge·sogen [ゲ・ゾーゲン] saugen の過去分詞.

ge·sollt [ゲ・ゾルト] sollen の過去分詞.

ge·spalten [ゲ・シュパルテン] spalten の過去分詞.

ge·spannt [ゲ・シュパント] **1**形 わくわくして, 好奇心に満ちて; 緊張(緊迫)した. ¶auf den Krimi⁴ *gespannt* sein スリラー番組に興味津々(しんしん)である. ♦Ich bin *gespannt*, ob er das schafft. 彼にそれが出来るかどうか興味のあるところだ. **2** spannen の過去分詞.

Ge·spenst [ゲ・シュペンスト] 中-[e]s/-er お化け. **ge·spenstisch** [ゲ・シュペンスティシュ] 形 不気味な.

ge·sperrt [ゲ・シュペルト] **1**形 閉鎖された. ¶Durchgang *gesperrt*! 通路閉鎖中. **2** sperren の過去分詞.

ge·sponnen [ゲ・シュポネン] spinnen の過去分詞.

Ge·spräch [ゲ・シュプレーヒ] 中-[e]s/-e 会話, 対話; 通話. ¶ein *Gespräch* mit j³ führen 人³と会話をする. ♦Zu *Gesprächen* mit der nordkoreanischen Führung fliegt der Außenminister nach Pjöngjang. 北朝鮮指導部との会談のため外相はピョンヤンに飛ぶ.

ge·sprächig [ゲ・シュプレーヒヒ] -e [ゲ・シュプレーヒゲ] 形 おしゃべり好きな. ¶Herr Löwe ist alles andere als *gesprächig*. レーヴェ氏

はおしゃべり好きとは正反対の人だ.

Gesprächs·partner [ゲシュプレーヒス・パルトゥナァ] 男-s/- (女性) **Gesprächs·partnerin** [ゲシュプレーヒス・パルトゥネリン] 女-/Gesprächs·partnerinnen [ゲシュプレーヒス・パルトゥネリネン]) 会話の相手. ¶Er ist ein höchst angenehmer *Gesprächspartner*. 彼はとても気持ちのよい話し相手だ.

Gesprächs·thema [ゲシュプレーヒス・テーマ] 中-s/Gesprächs·themen [ゲシュプレーヒス・テーメン] 話題, 会話のテーマ. ¶Hast du kein anderes *Gesprächsthema*? 君には他に話の種がないのか.

ge·sprochen [ゲ・シュプロッヘン] sprechen の過去分詞.

ge·sprungen [ゲ・シュプルンゲン] springen の過去分詞.

Ge·spür [ゲ・シュピュール] 中-s/ 勘 《für et⁴ 事⁴に対する》. ¶Für derlei Dinge hat er ein gutes *Gespür*. こういうことには彼は勘が働く.

Ge·stalt [ゲ・シュタルト] 女-/-en 《複なし》身体つき; (物語などの)人物, 登場人物; 姿かたち. ¶Der Plan nimmt nach und nach *Gestalt* an. 計画が次第次第に具体化してくる. **ge·stalten** [ゲ・シュタルテン] 動 形づくる. ¶Herr Kars *gestaltet* die Weihnachtsfeier unseres Klubs. カルス氏が我々のクラブのクリスマスパーティーを盛り上げてくれる.

ge·stand [ゲ・シュタント] gestehen の過去・単数・1, 3人称.

ge·standen [ゲ・シュタンデン] **1**形 (主として男性が)経験豊かな. ¶Er ist ein *gestandener* Mann. 彼は経験豊富な男だ. **2** stehen, gestehen の過去分詞.

Geständ·nis [ゲシュテント・ニス] 中Geständ·nisses/Geständ·nisse 白状, 自白.

Ge·stank [ケ・シュタンク] 男-[e]s/悪臭. ¶ein scheußlicher (unerträglicher) *Gestank* 不快な(耐えがたい)悪臭.

ge·statten [ゲ・シュタッテン] 動
(人³に事⁴を)許す。¶sich³ et⁴ ge-statten あえて事⁴をする。♦Ich ge-statte mir, Sie zum Abendessen einzuladen. 失礼ですが夕食にお招きいたします。/ Gestatten Sie? (行為の非礼を予め詫びて)失礼します。

Geste [ゲステ] 女-/-n しぐさ、ジェスチャー。¶Das war eine nette Geste von ihm. それは彼の好意的な意思表示だった。

ge·stehen* [ゲ・シュテーエン] ge-stand, gestanden 動 白状する；打ち明ける。

Ge·stell [ゲ・シュテル] 中 -[e]s/-e 棚；枠、フレーム。

gestern [ゲステルン] 副 きのう。¶gestern früh (Morgen) きのうの朝。/ bis (seit) gestern きのうのまで(から)。♦Das ist Schnee von gestern. そんなことにはもう誰も興味を持たない。/ Er ist ja nicht von gestern. 彼は愚かな人間ではないのだから。

ge·stiegen [ゲ・シュティーゲン] stei-gen の過去分詞。

ge·stochen [ゲ・シュトッヘン] **1** 形 入念(きちょうめん)な。¶ein gesto-chen scharfes Foto きわめて鮮明な写真。**2** stechen の過去分詞。

ge·stohlen [ゲ・シュトーレン] steh-len の過去分詞。¶Der Kerl kann mir gestohlen bleiben. 私にとってあいつはどうなってもいい奴だ。

ge·storben [ゲ・シュトルベン] ster-ben の過去分詞。

ge·stoßen [ゲ・シュトーセン] stoßen の過去分詞。

ge·streift [ゲ・シュトゥライフト] **1** 形 ストライプの。¶ein blau-weiß ge-streiftes Oberhemd 青白ストライプのワイシャツ。**2** streifen の過去分詞。

ge·strichen [ゲ・シュトゥリッヒェン] streichen の過去分詞。¶Vorsicht! Frisch gestrichen! 注意、ペンキ塗りたて。

gestrig [ゲストゥリヒ] -e [ゲストゥリゲ] 形 きのうの。¶Der gestrige

Vorfall wird noch ein Nach-spiel haben. きのうの出来事はこのままでは済まない。

ge·stritten [ゲ・シュトゥリッテン] streiten の過去分詞。

ge·stunken [ゲ・シュトゥンケン] stin-ken の過去分詞。

ge·sund [ゲ・ズント] gesünder (gesunder), am gesündesten (gesundesten) 形 健康(健全)な；健康によい。¶ein gesundes Kind 健康な子供。/ gesunde Luft 健康(身体)に良い空気。/ gesund sein (werden) 健康である(健康になる)。♦Rauchen ist nicht ge-sund. 喫煙は健康によくない。

ge·sunden [ゲ・ズンデン] gesun-dete, gesundet 動 (s) 健康になる。¶Robust wie er ist, wird er sicher schnell gesunden. 強健なだけに彼はきっとすぐまた健康になるだろう。

Gesund·heit [ゲズント・ハイト] 女-/ 健康。¶Gesundheit! (くしゃみをした人に)お大事に。/ Auf deine Ge-sundheit! 君の健康を祈って乾杯。**gesundheit·lich** [ゲズントハイト・リヒ] 形 健康上[の]。

ge·sungen [ゲ・ズンゲン] singen の過去分詞。

ge·sunken [ゲ・ズンケン] sinken の過去分詞。

ge·tan [ゲ・ターン] tun の過去分詞。

ge·tragen [ゲ・トゥラーゲン] tragen の過去分詞。

Ge·tränk [ゲ・トゥレンク] 中 -[e]s/-e 飲み物。**Getränke·auto-mat** [ゲトゥレンケ・アォトマート] 男-en /-en 飲料自動販売機。

Ge·treide [ゲ・トゥライデ] 中-s/- 穀物。

ge·trennt [ゲ・トゥレント] **1** 形 別々の。¶getrennt [be]zahlen 割り勘にする。♦Zahlen Sie zu-sammen oder getrennt? お支払いはご一緒ですか、それとも別々ですか。/ Die beiden leben ge-trennt. 二人は別居している。**2** trennen の過去分詞。

G

G

関—連—語 Getränk
—飲み物の名前—

die alkoholischen Getränke (pl.)	アルコール飲料.
die alkoholfreien Getränke (pl.)	ノンアルコール飲料.
das Bier	ビール.
der Rotwein	赤ワイン.
der Weißwein	白ワイン.
der Whisky	ウィスキー.
der Sekt	スパークリングワイン, シャンパン.
der Schnaps	シュナップス.
das Mineralwasser	ミネラルウォーター (mit Kohlensäure 炭酸入り, ohne Kohlensäure 炭酸なし).
der Saft	ジュース.
der Kaffee	コーヒー.
der [schwarze] Tee	紅茶.
der Kakao	ココア.
die Milch	牛乳.
das(die) Cola	コーラ.
die Limonade	レモネード.

ge·treten [ゲ・トゥレーテン] treten の過去分詞.

Ge·triebe [ゲ・トゥリーベ] 中 -s/- 伝導装置, ギア. ¶Irgendwo ist Sand im *Getriebe*. 歯車のどこかが狂っている.

ge·trieben [ゲ・トゥリーベン] treiben の過去分詞.

ge·troffen [ゲ・トゥロッフェン] treffen の過去分詞.

ge·trunken [ゲ・トゥルンケン] trinken の過去分詞.

geübt [ゲユープト] 1形 熟練した. 2 üben の過去分詞.

Ge·wächs [ゲ・ヴェクス] 中 -es/-e 植物;腫れ物, こぶ.

ge·wachsen [ゲ・ヴァクセン] 1形 *j³/et³ gewachsen sein* 人³・物³に負けない, 事³を処理する能力がある. ¶Dieser Aufgabe (Dem Weltmeister) ist er nicht *gewachsen*. 彼にはこの課題を解決する力がない(世界チャンピオンには太刀打ちできない). 2 wachsen の過去分詞.

ge·wagt [ゲ・ヴァークト] 1形 思いきった, 大胆な. ¶ein *gewagtes* Unternehmen 思いきった企て. 2 wagen の過去分詞.

Ge·währ [ゲ・ヴェーァ] 女 -/ 保証, 担保. ¶Dafür können wir keine *Gewähr* übernehmen. それに対する保証はお引き受けできません. / Die Angabe der Lottozahlen erfolgt ohne *Gewähr*. (TV などで) お知らせするロトの当選数字に保証はありません.

ge·währen [ゲ・ヴェーレン] 動 供与する, 提供する.

gewähr·leisten [ゲヴェーァ・ライステン] gewährleistete, gewährleistet 動 保証する. ¶Seine Sicherheit ist *gewährleistet*. 彼の安全は保証されている. **Gewähr·leistung** [ゲヴェーァ・ライストゥング] 女 -/-en 担保給付, 保証給付.

Ge·walt [ゲ・ヴァルト] 女 -/-en 《複なし》暴力, 腕力;権力《über *j*⁴ 人⁴に対する, 及ぼす》. ¶Wir sind gegen jede Form von *Gewalt*. 私たちはいかなる形の暴力にも反対です. / Den Verkauf der Firma will er mit aller *Gewalt* verhindern. 彼は会社の売却を是が非でも妨げるつもりだ. **ge·waltig** [ゲ・ヴァルティヒ] -e [ゲ・ヴァルティゲ] 形 強力な;すさまじい. ¶Das ist ein *gewaltiger* Irrtum. それはたいへんな勘違い(誤算)だ. **gewalt·sam** [ゲヴァルト・ザーム] 形 暴力による, 力ずくの. ¶Die Polizei musste sich *gewaltsam* Zugang verschaffen. 警官は力ずくで進入するほかなかった.

ge·wandt [ゲ・ヴァント] 1形 すばしこい. ¶Mit den Kunden geht sie sehr *gewandt* um. 彼女はお客の応対が非常に達者だ. 2 wenden の過去分詞.

ge·wann [ゲ・ヴァン] gewinnen の過去分詞.

ge·waschen [ゲ・ヴァッシェン] waschen の過去分詞.

Ge·wässer [ゲ・ヴェッサァ] 中 -s/-

(大量で一続きの)水(海・湖・河川などのこと). ¶Stehende *Gewässer* sind meist nicht sehr sauber. 静止水(流れない水)はおおむねあまり清潔とは言えない.

Ge·webe [ゲ・ヴェーベ] 匣-s/- 織物;〖解剖〗組織体.

Ge·wehr [ゲ・ヴェーァ] 匣-[e]s/-e ライフル.

Ge·weih [ゲ・ヴァイ] 匣-[e]s/- (シカの)枝角.

Ge·werbe [ゲ・ヴェルベ] 匣-s/- 職業,商売.

Gewerk·schaft [ゲヴェルク・シャフト] 囡-/-en 労働組合. ¶In welcher Gewerkschaft bist du? 君はどの組合に入っているんだい.

Gewerk·schafter [ゲヴェルク・シャフタァ], **Gewerk·schaftler** [ゲヴェルク・シャフトラァ] 男-s/- (囡性) **Gewerk·schafterin** [ゲヴェルク・シャフテリン], **Gewerk·schaftlerin** [ゲヴェルク・シャフトゥレリン] 囡-/Gewerk·schaft[l]erinnen [ゲヴェルク・シャフテリネン・ゲヴェルク・シャフトゥレリネン])労働組合員.

ge·wesen [ゲ・ヴェーゼン] sein の過去分詞.

Ge·wicht [ゲ・ヴィヒト] 匣-[e]s/-e 《複なし》重さ; 錘(ぉも); 《複なし》重要性. ¶Er hat viel *Gewicht* verloren. 彼は体重がとても減った. / Sein Wort hat nach wie vor *Gewicht* 彼の言葉には依然として重みがある. **ge·wichtig** [ゲ・ヴィヒティヒ] -e [ゲ・ヴィヒティゲ] 形 重要な.

Ge·winde [ゲ・ヴィンデ] 匣-s/- ねじ山.

Ge·winn [ゲ・ヴィン] 男-[e]s/-e もうけ,得;当たりくじ. ¶Unsere *Gewinne* sind wieder beachtlich. わが社の収益はまたも著しいものがある. / Der neue Stürmer ist ein *Gewinn* für unsere Mannschaft. 新しいフォワードはわがチームにとってもうけものだ. / Deinen Mercedes kannst du jetzt mit *Gewinn* verkaufen. 今なら君のメルツェーデ

ス・ベンツを売って儲けることが出来る.

ge·winnen* [ゲ・ヴィネン] gewann, gewonnen 動 (事4に)勝利を得る;獲得する. ¶ein Spiel *gewinnen* ゲームに勝つ. / einen Vorteil *gewinnen* 利益を得る. / einen bekannten Professor für die Partei *gewinnen* 有名な教授を党の味方につける(党員に獲得する).

Ge·winner [ゲ・ヴィナァ] 男-s/- (囡性) **Ge·winnerin** [ゲ・ヴィネリン] 囡-/Ge·winnerinnen [ゲ・ヴィネリネン])勝者;当選者.

ge·wiss [ゲ・ヴィス] **1** 形 確実な;確信して;《付加語用法で》ある[種の]. ¶gewisse Dinge ある種の事柄. ◆Er kommt zurück, da bin ich ganz *gewiss*. 彼は帰ってくるさ,その点私はまったく自信がある. **2** 副 確かに,きっと. ¶Beeile dich, sonst kommst du *gewiss* zu spät! 急げ,さもないときっと遅刻するぞ.

Ge·wissen [ゲ・ヴィッセン] 匣-s/ 良心.¶Ich habe ein schlechtes *Gewissen*. 私は気がとがめている. / Er hat absolut kein *Gewissen*. 彼には良心というものが全然ない. / Ich kann nicht gegen mein *Gewissen* handeln. 私は自分の良心に反する行動はとれない.

gewissen·haft [ゲヴィッセン・ハフト] 形 良心的な. ¶*Gewissenhaftes* Verhalten ist das nicht. それは良心的な態度とは言えない.

gewissen·los [ゲヴィッセン・ロース] 形 不誠実な. ¶Er hat völlig *gewissenlos* gehandelt. 彼はまったく誠意のない行動をとった.

Gewissens·bisse [ゲヴィッセンス・ビセ] 複 良心の呵責(ぅゃく). ¶*Gewissensbisse* haben 気がとがめている.

gewisser·maßen [ゲヴィッサァ・マーセン] 副 ある程度まで,ある意味では.

Gewiss·heit [ゲヴィス・ハイト] 囡-/ 確信.

Ge·witter [ゲ・ヴィッタァ] 匣-s/-

217

雷雨. ¶Heute gibt es bestimmt noch ein Gewitter. きょうはこれからまだきっと雷雨がある.

ge·wogen [ゲ・ヴォーゲン] wiegen の過去分詞.

ge·wöhnen [ゲ・ヴェーネン] gewöhnte, gewöhnt **動** 慣れさせる《j⁴ an j⁴/et⁴ 人⁴を人⁴・事⁴に》. ¶ sich⁴ an j⁴/et⁴ gewöhnen 人・事⁴に慣れる.

Gewohn·heit [ゲヴォーン・ハイト] **女**-/-en 習慣, 習性. ¶Er lügt schon aus Gewohnheit. 彼は嘘をつくのがもう癖になっている.

gewöhn·lich [ゲヴェーン・リヒ] **形** 普通の. ¶im gewöhnlichen Leben 日常(普通)の生活で. / für gewöhnlich 普通は. / wie gewöhnlich いつものように.

ge·wohnt [ゲ・ヴォーント] **1 形** 習慣となった, (事⁴に)慣れた. ¶Meine Frau ist [es] nicht gewohnt, früh aufzustehen. 妻には早起きの習慣がない. **2** wohnen の過去分詞.

ge·wollt [ゲ・ヴォルト] wollen の過去分詞.

ge·wonnen [ゲ・ヴォネン] gewinnen の過去分詞.

ge·worben [ゲ・ヴォルベン] werben の過去分詞.

ge·worden [ゲ・ヴォルデン] werden の過去分詞.

ge·worfen [ゲ・ヴォルフェン] werfen の過去分詞.

Ge·würz [ゲ・ヴュルツ] **中**-es/-e スパイス, 調味料.

ge·wusst [ゲ・ヴスト] wissen の過去分詞.

Ge·zeiten [ゲ・ツァイテン] **複** 潮の満ち干.

ge·zogen [ゲ・ツォーゲン] ziehen の過去分詞.

ge·zwungen [ゲ・ツヴンゲン] **1 形** むりやりの, わざとらしい. ¶Sie lächelte gezwungen. 彼女はいやいや微笑んだ. **2** zwingen の過去分詞.

gezwungener·maßen [ゲツヴンゲナァ・マーセン] **副** むりやりに;やむを

得ず. ¶Busse fuhren nicht mehr, so mussten wir gezwungenermaßen zu Fuß gehen. バスがもう運行していなかったので,我々はやむなく歩いて行かざるを得なかった.

gibst [ギープスト] , **gibt** [ギープト] < geben.

Giebel [ギーベル] **男**-s/- 〖建築〗切妻(㞮ま)〔屋根〕(棟を中心に「∧」の形につくられた屋根).

Gier [ギーァ] **女**-/ 激しい欲 《nach et³/auf et⁴ 物³(物⁴)への》. ¶Seine Gier nach Reichtum ist widerlich. 彼の富への貪欲さにはむかむかする. **gierig** [ギーリヒ] -e [ギーリゲ] **形** がつがつした《nach et³/auf et⁴ 物³(物⁴)を求めて》. ¶Nun iss doch nicht so gierig! そんなにがつがつ食うな. / Gierig wartete er auf Post aus der Heimat.彼は故郷からの手紙が待ちきれないほどだった.

gießen* [ギーセン] du/er gießt; goss, gegossen **動 1** (植物⁴に)水をやる;注ぐ;鋳型に流しこむ. ¶die Blumen (Wasser auf die Blumen) gießen 花に水をかける. **2** 《es を主語として》Es gießt [in Strömen]. 雨が土砂降りである.

Gift [ギフト] **中**-[e]s/-e 毒. **giftig** [ギフティヒ] -e [ギフティゲ] **形** 有毒の;邪悪な. ¶Deine giftigen Bemerkungen sind völlig überflüssig. 意地の悪い君のコメントはまったく余計だ.

gigantisch [ギガンティシュ] **形** 巨大な. ¶eine gigantische Summe 巨額.

giltst [ギルツト] , **gilt** [ギルト] < gelten.

ging [ギング] gehen の過去形・単数・1,3人称.

Gipfel [ギップフェル] **男**-s/- 頂上;ピーク;最高首脳会議, サミット. ¶auf einen Gipfel steigen 山頂に登る. / sich⁴ auf dem Gipfel des Ruhmes befinden 人気の絶頂にある. ◆ Jetzt ist er mittags schon wieder völlig betrunken, das ist doch der *Gipfel*. 彼はまたもや昼日中から酔っぱらっているなんて,しまりがないにも程がある.

Gipfel・konferenz [ギップフェル・コンフェレンツ] 囡-/-en, **Gipfel・treffen** [ギップフェル・トゥレフェン] 中-s/- 最高首脳会議, サミット. ¶Die *Gipfelkonferenz* brachte keine nennenswerten Ergebnisse. サミットは特に言及に価するほどの成果をあげなかった.

Gips [ギプス] 團-es/ 石膏, ギプス. ¶Er hat die linke Hand in *Gips*. 彼は左手にギプスをしている.

Giraffe [ギラッフェ] 囡-/-n 〖動〗キリン.

Girlande [ギルランデ] 囡-/-n ガーランド(植物の花・実・葉を網状に編んだ飾り).

Giro・konto [ジーロ・コント] 中-s/ Giro・konten [ジーロ・コンテン] 振替(当座)口座. ¶Wie viel haben wir noch auf dem *Girokonto*? 振替口座にはあとどれくらい残っているんだい.

Gitarre [ギタレ] 囡-/-n ギター.

Gitter [ギッター] 中-s/- 格子(ξξ). ¶Seit einem Jahr sitzt er hinter *Gittern*. 一年来彼は格子の向うにいる(=刑務所に入っている).

Glace [グラーセ] 囡-/-n 〖スイス〗アイスクリーム. ¶Eine Kugel *Glace*! [球状の]アイスクリームを一つ下さい.

Glanz [グランツ] 團-es/ 輝き;栄光. ¶Sein Examen hat er mit *Glanz* bestanden. 彼は[修了]試験に見事に合格した. **glänzen** [グレンツェン] 動 輝く,ぴかぴかである;際立っている. **glänzend** [グレンツェント] **1**形 抜群の. ¶Unsere Mannschaft hat *glänzend* gespielt. わがチームは目覚しいゲームをした. **2** glänzen の現在分詞.

Glas [グラース] 中-es/Gläser [グレーザァ] 〖複なし〗ガラス; グラス(飲み物の単位として使うときは無変化);ガラス容器. ¶farbiges *Glas* 色ガラス. / drei *Glas* Bier ビール3杯. / Ein *Glas* trinken wir noch!

もう一杯だけ呑もうぜ. **gläsern** [グレーゼルン] 形 ガラス製の.

Glasur [グラズーァ] 囡-/-en 〖工芸〗グレージング(エナメル・うわぐすりのガラス状表面);グレーズ(冷凍品の表面をおおった皮膜).

glatt [グラット] 形 平らな;平でつるつるの;《副として》難なく. ¶ein *glatter* Wasserspiegel 平らな水面. ◆Die vereiste Straße ist sehr *glatt*. 凍結した道路はつるつるで滑りやすい. / Hoffentlich läuft (geht) alles *glatt*. 全て首尾よく行けば良いのだが. **Glätte** [グレッテ] 囡-/ 平ら,滑りやすさ. **Glatt・eis** [グラット・アイス] 中-es/ (道路表面などにはった)つるつるの薄氷.

glätten [グレッテン] 動 滑らかにする,(布の)しわをのばす.

Glatze [グラッツェ] 囡 -/-n はげ頭.

Glaube [グラォベ] 團 2格-ns, 3・4格-n/-n 信頼,信用《an *j*⁴/et⁴ 人⁴・事⁴への》;信仰,信心. ¶Ich kenne ihn. Du solltest ihm keinen *Glauben* schenken. ぼくは彼のことを知っている. 彼を信用してはいけないよ.

glauben [グラォベン] 動 **1** …と信じる,思う. ¶*j*³ *et*⁴ *glauben* 人³が事⁴と言うのを信じる. ◆Das *glaube* ich dir nicht. 君の言うことは信じない. / Ich *glaube*, dass er recht hat. 彼の言うことは正しいと思う. / Ob es morgen wohl regnet? – Ich *glaube*, ja (doch). あした雨が降るかしら –降ると思うよ. **2** 信じる《an *j*⁴/et⁴ 人⁴・事⁴を》. **glaub・haft** [グラォブ・ハフト] 形 信用できる.

gläubig [グロイビヒ] -e [グロイビゲ] 形 信心深い. ¹**Gläubiger*** [グロイビガァ] 團 (女性 **Gläubige*** [グロイビゲ] 囡)《形容詞の名詞化》信者.

²**Gläubiger** [グロイビガァ] 團-s/- 債権者.

glaub・würdig [グラォブ・ヴュルディヒ] -e [グラォブ・ヴュルディゲ] 形 信頼(信用)するに値する.

gleich [グラィヒ] **1**形 同じ,等しい.

¶das *gleiche* Gewicht 同じ重さ. ◆Meine Schwester und ich sind *gleich* groß. 妹と私は身長が同じだ. / Was er dazu meint, ist mir völlig *gleich*. 彼がそれに対して何を言おうが(考えようが)、ぼくにはまったくどうでもいいことだ. **2** 副 すぐに；はじめから；すぐ近くに. ¶Ich komme *gleich*. すぐ行く(戻って)くるから. / Ich habe ja *gleich* gesagt, dass … はじめから…と言ったじゃないか.

gleich·berechtigt [グライヒ・ベレヒティヒト] 形 [男女]同権の(で). **Gleich·berechtigung** [グライヒ・ベレヒティグング] 囡-/ [男女]同権. ¶Es geht um die *Gleichberechtigung* am Arbeitsplatz. 問題は職場における男女同権だ.

gleichen* [グライヒェン] glich, geglichen 動 (人³・物³に)等しい、似ている. ¶Die Schwestern *gleichen* sich (einander) wie ein Ei dem andern. 姉妹は互いにそっくりだ.

gleich·falls [グライヒ・ファルス] 副 同様に. ¶Ich wünsche Ihnen ein schönes Wochenende! − Danke, *gleichfalls*! 気持のよい週末を祈ります−ありがとう、あなたも.

Gleich·gewicht [グライヒ・ゲヴィヒト] 匣-[e]s/ 平衡、バランス；心の安定. ¶das *Gleichgewicht* halten (verlieren) バランスを保つ(失う).

gleich·gültig [グライヒ・ギュルティヒ] -e [グライヒ・ギュルティゲ] 形 無関心の《gegen *et⁴* 事⁴に対して》；(人³にとって)どうでもいいことで. ¶Diese Not darf uns nicht *gleichgültig* sein (lassen). この困窮に私たちは無関心であってはならない.

Gleich·heit [グライヒ・ハイト] 囡-/ 平等.

gleich·mäßig [グライヒ・メースィヒ] -e [グライヒ・メースィゲ] 形 規則正しい、むらのない；均等な. ¶Endlich wurde sein Atem wieder *gleichmäßig*. やっとのことで彼の呼吸はまた規則正しくなった.

gleich·setzen [グライヒ・ゼッツェン] 動 同一視する《j⁴/et⁴ mit j³/et³ 人⁴・物⁴を人³・物³と》. ¶Man kann Kapitalismus nicht von vornherein mit Ausbeutung *gleichsetzen*. はじめから資本主義を搾取と同列に置くことはできない.

gleich·stellen [グライヒ・シュテレン] 動 同列に置く《j⁴/et⁴ [mit] j³/et³ 人⁴・物⁴を人³・物³と》. **Gleich·stellung** [グライヒ・シュテルング] 囡-/-en 同列の扱い. ¶Die *Gleichstellung* von Mann und Frau wurde seit Jahren gefordert. 男女の平等は何年も以前から求められてきた.

Gleichung [グライヒュング] 囡-/-en [数学]方程式. ◆Diese *Gleichung* geht nicht auf. この方程式は解けない.

gleich·wertig [グライヒ・ヴェールティヒ] -e [グライヒ・ヴェールティゲ] 形 等価の；同等レベルの. ¶Beide Boxer sind absolut *gleichwertig*. 二人のボクサーはまったく同レベルだ.

gleich·zeitig [グライヒ・ツァイティヒ] -e [グライヒ・ツァイティゲ] 形 同時の. ¶Bitte nicht alle *gleichzeitig* reden! みなが同時に話すのは止めてください.

Gleis [グライス] 匣-es/-e レール；(ホームの)…番線. ¶Der Zug fährt auf *Gleis* 8 ein. 列車は8番線に入ってまいります. / Der Tod seiner Frau hat ihn völlig aus dem *Gleis* gebracht. 妻の死はすっかり彼の平静を失わせた. (⇒Bahnsteig)

gleiten* [グライテン] glitt, geglitten 動 (s) 滑る、スリップする. ¶*gleitende* Arbeitszeit フレックスタイム.

glich [グリッヒ] gleichen の過去形・単数で 1, 3人称.

Glied [グリート] 匣-[e]s/-er (手足などの)一部、関節；(社会の)一員；陰茎. ¶Er zitterte an allen *Gliedern*. 彼は体中をふるわせた. / Er ist ein nützliches *Glied* der Gesellschaft. 彼は有用な社会の一員だ。

gliedern [グリーデルン] **動** 区切る《in et⁴ 部分⁴ に》；構成する。 ¶Der Aufsatz ist in drei Hauptpunkte (übersichtlich) *gegliedert*. この論文は3つの主要部分で(明快に)構成されている。 **Gliederung** [グリーデルング] **女**-/-en 分類；構成。

glimmen⁽*⁾ [グリメン] glomm (glimmte), geglommen (geglimmt) **動** かすかに燃える。 ¶Vorsicht, unter der Asche *glimmt* es vielleicht noch. 気をつけて、灰の下はまだひょっとすると火種があるかもしれない。

glimpf・lich [グリンプフ・リヒ] **形** こととなく、つつがなく。 ¶Die Sache ist *glimpflich* abgegangen. ことは何事もなく運んだ。

glitschig [グリッチヒ] -e [グリッチゲ] **形** つるつる滑る。 ¶Der Schneeregen machte den Weg ganz *glitschig* (ließ den Weg ganz *glitschig* werden). 雪まじりの雨が道をすっかり滑りやすくした。

glitt [グリット] gleiten の過去形・単数・1，3人称。

glitzern [グリッツェルン] **動** きらきら光る。

global [グロバール] **形** 全地球的な。 ¶*Global* gesehen ist die Wirtschaftslage gar nicht so schlecht. 全般的に見れば経済状況は全くそんなに悪くない。

Globus [グローブス] **男**Globus[ses]/Globusse(Globen) 地球儀。

Glocke [グロッケ] **女**-/-n 鐘；〖オーストリア〗ベル。 ¶die *Glocke* läuten 鐘を鳴らす。

glomm [グロム] glimmen の過去形・単数・1，3人称。

Glück [グリュック] **中**-[e]s/ 幸運；幸福。 ¶*Glück* haben 運がよい。／auf gut *Glück* 運を天にまかせて。zum *Glück* 幸いにも。◆Ich hatte gerade noch mal *Glück*. 私はどうやらやっと難を免れた。 **glücken** [グリュッケン] **動** (s) うまく

いく。 ¶Es *glückte* mir, mich mit ihm in Verbindung zu setzen. 彼とうまく連絡をつけることができた。

gluckern [グルッケルン] **動** (液体が)ごぼごぼと音をたてる(立てて流れる)。 ¶Der Schnaps *gluckert* ins Glas. コルン(焼酎)がとくとくと音をたててグラスに注がれる。

glück・lich [グリュック・リヒ] **形** 幸運(幸福)な；無事な。 ¶Die beiden sind *glücklich* verheiratet. 二人は幸せな結婚生活を送っている。／Ich bin *glücklich* nach Hause zurückgekommen. 私は無事帰宅しました。 **glücklicher・weise** [グリュックリヒャァ・ヴァイゼ] **副** 運のよいことに、幸いに。

Glücks・spiel [グリュックス・シュピール] **中**-[e]s/-e ギャンブル。 ¶Die meisten *Glücksspiele* sind zu Recht verboten. たいがいのギャンブルは禁止されているがもっとものことである。

Glück・wunsch [グリュック・ヴンシュ] **男**-[e]s/Glück・wünsche [グリュック・ヴュンシェ] 祝福のことば。 ¶Herzlichen (Besten) *Glückwunsch* zum Geburtstag! お誕生日おめでとう。

Glüh・birne [グリュー・ビルネ] **女**-/-n 電球。 ¶Die nackte *Glühbirne* an der Decke wirkt unschön. 天井の裸電球は見た目がよくない。

glühen [グリューエン] **動** 灼熱する；(身体の部分が)ほてる。 ¶Seine Ohren *glühten* vor Eifer. 熱中のあまり彼の耳がほてった。

Glüh・lampe [グリュー・ランペ] **女**-/-n 白熱電球。

Glüh・wein [グリュー・ヴァイン] **男**-[e]s/《種類：-e》グリューワイン(赤ぶどう酒に砂糖、蜂蜜、香辛料などを入れて熱した飲み物。クリスマスのころ愛飲される)。(⇒Weihnachtsmarkt)。

Glut [グルート] **女**-/ 赤熱；残り火。 ¶Der Schmied legte das Hufeisen in die *Glut*. 鍛冶屋は蹄鉄を火中に置いた。

Gnade [グナーデ] 囡-/ 恩恵；慈悲. ¶Er bittet nicht um *Gnade*, dazu ist er zu stolz. 彼は慈悲を請わない，そうするには誇り高すぎるのだ. **gnädig** [グネーディヒ] -e [グネーディゲ] 厖 恵深い；寛大な. ¶Bist du wohl so *gnädig* und hilfst mir mal? 後生だから私に手を貸してくれないかね.

Goal [ゴール] 甲-s/-s 《オーストリア／スイスで》(サッカーの)ゴール(ドイツでは das Tor).

Gold [ゴルト] 甲-es/ 金，黄金. **golden** [ゴルデン] 厖 金(黄金)の.

Gong [ゴング] 男-s/-s ゴング.

gönnen [ゲネン] 動 恵む，(特別に)与える. ¶*sich*³ *et*⁴ gönnen (自分に対するご褒美・プレゼントとして)物⁴をもらう. ◆Ich *gönne* dir deine Urlaubsreise. 君に喜んで旅行をプレゼントしよう. / Ich *gönne* mir etwas Ruhe. すこし休ませてもらう.

goss [ゴス] gießen の過去形・単数・1，3人称.

Gotik [ゴーティク] 囡-/ 《芸術・建築》ゴシック様式.

Gott [ゴット] 男-es/Götter [ゲッター] (キリスト教のように一神教では複なし. 日本の神道，ゲルマン神話では複数の神々がいる)神. ¶an *Gott* glauben 神を信じる. ◆*Gott* sei Dank! 有難い，助かった. ¶Ach *Gott*! Unser Zug hat schon wieder Verspätung. おやおや，列車がまた遅れた. / Er ist weiß *Gott* kein Menschenkenner. 彼はたしかに人を見る眼がない. (⇒Göttin)

Gottes・dienst [ゴッテス・ディーンスト] 男-[e]s/-e 《キリスト教》礼拝，ミサ. ¶Der *Gottesdienst* heute war wieder gut besucht. きょうの礼拝もまた参加者が多数であった.

Göttin [ゲッティン] 囡-/Göttinnen [ゲッティネン] (ギリシャ・ローマ神話の)女神. ¶Venus ist die *Göttin* der Liebe. ビーナスは愛の女神である.

gött・lich [ゲット・リヒ] 厖 神の[ような].

Grab [グラープ] 甲-[e]s/Gräber [グレーバァ] 墓. ¶Er steht mit einem Fuß im *Grab*. 彼は棺おけに片足を突っ込んでいる.

graben* [グラーベン] *du* gräbst, *er* gräbt; grub, gegraben 動 掘る；掘ってつくる. ¶nach *et*³ graben 鉱物³を採掘する. / ein Loch graben 穴を掘る.

Graben [グラーベン] 男-s/Gräben [グレーベン] 堀，溝. ¶Dieser *Graben* ist gefährlich tief. この溝は危険なくらい深い.

Grad [グラート] 男-[e]s/ (温度・角度・緯度・経度の)度(記号：°)《温度単位の場合しばしば甲》；《複-e》度合い，程度. ¶der *Grad* der Umweltverschmutzung 環境汚染の度合. akademischer *Grad* 学位. ◆Es sind 25 *Grad* (℃) im Schatten. 日陰で25度だ.

Grafik, Graphik [グラーフィク] 囡-/-en グラフィックアート作品；図形，図表；《複なし》グラフィックアート. ¶Das Museum zeigt *Grafiken*. 美術館はグラフィックアート作品を展示している. **Grafik・karte** [グラーフィク・カルテ] 囡-/-n 《電算》グラフィックスカード.

Gramm [グラム] 甲 《略》グラム(記号：g).

Grammatik [グラマティク] 囡-/-en 《複なし》《文法》文法；文法書. **grammatisch** [グラマティシュ] 厖 文法上の；文法的に正しい.

Graphik [グラーフィク] =Grafik.

Gras [グラース] 甲-es/Gräser [グレーザァ] 草，草地. ¶das *Gras* wachsen hören 耳ざとい. ◆Über die Affäre ist längst *Gras* gewachsen. あの事件はとっくに忘れ去られている. **grasen** [グラーゼン] 動 (動物が)草を食(は)む.

gräss・lich [グレス・リヒ] 厖 ゾッとするような；いやな；《くだけて》ものすごく. ¶ein *grässlicher* Anblick 恐ろしい光景. ◆Ich habe einen *grässlichen* Schnupfen. 私はひどい鼻かぜをひいている.

Gräte [グレーテ] 囡-/-n 魚の骨(小骨). ¶Dieser Fisch hat mir zu

関連語 **Grammatik**			
—文法用語—			
der Text	文章.	das Subjekt	主語.
der Satz	文.	das Objekt	目的語.
das Satzglied	文の成分.	die Ergänzung	補足語.
die Wortstellung	語順.	die Angabe	添加語.
die Wortart	品詞.	der Singular	単数.
das Adjektiv	形容詞.	der Plural	複数.
das Adverb	副詞.	das Maskulinum	男性名詞.
der Artikel	冠詞.	das Femininum	女性名詞.
die Konjunktion	接続詞.	das Neutrum	中性名詞.
das Modalverb	話法の助動詞.		
die Präposition	前置詞.	das Aktiv	能動態.
das Pronomen	代名詞.	das Passiv	受動態.
das Substantiv	名詞.		
das Verb	動詞.	der Indikativ	直説法.
		der Konjunktiv I	接続法I.
das Tempus	時制.	der Konjunktiv II	接続法II.
das Präsens	現在.	der Imperativ	命令法.
das Präteritum	過去.		
das Perfekt	現在完了.	das Partizip Präsens	現在分詞.
das Plusquamperfekt	過去完了.	das Partizip Perfekt	過去分詞.
das Futur I	未来.	der Infinitiv	不定詞.
das Futur II	未来完了.		
		das Relativpronomen	
der Kasus	格.	関係代名詞.	
der Nominativ	1格.	das Reflexivpronomen	
der Genitiv	2格.	再帰代名詞.	
der Dativ	3格.	das reflexive Verb	再帰動詞.
der Akkusativ	4格.	das trennbare Verb	分離動詞.
		das untrennbare Verb	
		非分離動詞.	

viele *Gräten*. 私にはこの魚はあまりにも小骨が多すぎる.

gratis [グラーティス] 副 無料で. ¶ Eintritt für Kinder *gratis*. 子供入場無料.

gratulieren [グラトゥリーレン] gratulierte, gratuliert 動 お祝いを言う 《*j³* zu *et³* 人³に事³の》. *j³* [zum Geburtstag/zum bestandenen Abschlussexamen] *gratulieren* 人³に[誕生日・卒業試験の合格について]おめでとうと言う.

grau [グラォ] 形 灰色(グレー)の,陰鬱な;血の気の失せた;退屈な. ¶ein *grauer* Tag 曇り日. ◆ Seine Frau ist ganz *grau* geworden.

彼の細君はすっかり白髪になった. / Er wurde *grau* im Gesicht. 彼は顔が真っ青になった.

grauen·haft [グラォエン・ハフト] 形 身の毛のよだつような;《口語》ものすごく. **grau·sam** [グラォ・ザーム] 形 残酷な;《口語》耐えられないほどの. ¶ Das Essen war einfach *grausam*. 食事はひどいものと言うほかなかった.

gravierend [グラヴィーレント] 形 重大な;深刻な.

greif·bar [グライフ・バール] 形 眼に見えるほどの;手許に;すぐ用立てられる. ¶Mein Wörterbuch habe ich stets *greifbar*. 私は辞書を常

greifen*

に手の届くところに置いている.

greifen* [グライフェン] griff, gegriffen **動 1** つかむ. ¶Er *griff* sich³ ein Buch vom Regal. 彼は一冊の本を本棚から取り上げた. **2** 手をのばして取ろうとする《nach *et*³ 物³を». ¶Das Baby *greift* dauernd nach meiner Brille. 赤ん坊はしょっちゅう私のめがねを取ろうとする.

grell [グレル] **形** まぶしい；けばけばしい；けたたましい.

Grenze [グレンツェ] **女**-/-n (国・自治体・地所・学問領域などの)境界[線], 限界. ¶über die *Grenze* zwischen Deutschland und der Schweiz gehen ドイツとスイスの国境を越えていく. ◆Der Ehrgeiz Napoleons kannte keine *Grenzen*. ナポレオンの野心には際限がなかった.

grenzen [グレンツェン] **動** an *et*⁴ *grenzen* 物⁴と境を接している, ほとんど物⁴も同然である. ¶sich⁴ in *Grenzen* halten 度を越していない, 普通の程度である. ◆Österreich *grenzt* an die Schweiz. オーストリアはスイスと国境を接している. / Was er sagte, *grenzte* schon an Beschimpfung. 彼の言い草はほとんどもう侮辱も同然だった. **grenzenlos** [グレンツェン・ロース] **形** 限りがない.

Grenzer [グレンツァァ] **男**-s/- (**女性** **Grenzerin** [グレンツェリン] **女**-/Grenzerinnen [グレンツェリネン]) 国境警備隊員.

Grieß [グリース] **男**-es/ 粗挽(あら)びきした穀物.

griff [グリフ] greifen の過去形・単数・1, 3人称.

Griff [グリフ] **男**-[e]s/-e 取(把)っ手, にぎり, グリップ；つかもう(取ろう)とする動作. ¶der *Griff* nach der Zigarette シガレットを手に取ろうとすること. / j⁴/*et*⁴ im *Griff* haben 人⁴・事⁴を扱いなれている, 掌握している. **griffbereit** [グリフ・ベライト] **形** すぐ手に取れる[用意のできた]. ¶Deine Pistole solltest du stets *griffbereit* halten. 君はピストルを常に手に取れるようにしておく方がよかろう.

Grill [グリル] **男**-s/-s グリル, 焼き網. ¶[Brat]würste auf den *Grill* legen ソーセージをグリルにのせる.

grillen [グリレン] **動** 網焼きにする. ¶Morgen Abend *grillen* wir im Garten. あしたの晩は庭でバーベキューをしよう.

grimmig [グリミヒ] -e [グリミゲ] **形** 激怒した. ¶ein *grimmiges* Gesicht machen 憤怒(ふん)の形相をする.

grinsen [グリンゼン] **動** にたりとする. ¶spöttisch *grinsen* 冷笑する.

Grippe [グリッペ] **女**-/-n 〖医学〗インフルエンザ. ¶Er hat eine schwere *Grippe*. 彼はひどいインフルエンザにかかっている.

grob [グローブ] gröber, am gröbsten **形** 粗い；大まかな；とんでもない；粗野な. ¶ein *grober* Irrtum とんでもない間違い. / *grobes* Leinen 目の粗いリンネル. / den Kaffee *grob* mahlen コーヒーを粗挽きする. / die Sache in *groben* Zügen schildern 事柄を大まかに記述する.

gröber [グレーバァ] , **gröbst** [グレープスト] < grob.

Grog [グロック] **男**-s/-s グロッグ.

> グロッグはラム, 砂糖, 熱湯を混ぜてつくる. ラム酒はサトウキビから醸造され, 生産はもともと西インド諸島で始まった. ふつう40度くらいだが, 75度～81度のものもある. 18世紀からは英国海軍支給の飲料となる. たまたま Edward Vernon 提督(1684－1757)なる人物がラムの水割りを愛用し, 彼はまたグロッグ・ラム grogram (絹・モヘヤ・毛の粗い織物)製のコートを愛用していたことから, 水割りのラムをグロッグと呼ぶようになった(提督のあだ名は Old Grog). 北ドイツでも冬の飲み物として知られている. グロッグを飲みすぎると足元

が危なくなることに由来して、ボクシングなどでも使われる「グロッキー　groggy」(ふらふらの)という語が生まれた. 日本人バーテンダー考案のカクテルはミリオン・ダラーなどごく少数しか外国に知られていないが, 名バーテンダーの評価も高い佐野繁雄さん(1997 没)が考案した「サノ・グロッグ」はアメリカのカクテル目録に登録されている.

Groschen [グロッシェン] 男-s/- (2001 年まで流通していたオーストリアの通貨単位. シリングの百分の一)グロッシェン.(記号 g) (⇒Schilling); はした金. ¶Bei ihm fällt der *Groschen* immer reichlich spät. 彼は頭の回転がひどく遅い.

groß [グロース] größer, am größten 形 大きい, 広い;(…4の)高さ(広さ)である;(時間的に)長い;著しい;重要な, 偉大な;年長の. ¶der *große* Bruder 兄. / ein *großer* Junge 大きな少年. / ein *großes* Zimmer 広い部屋. / mit einer *großen* Verspätung 長時間の遅れで. / *groß* schreiben 大文字で書き始める.《長さ・広さを表す4格の単位と》Das Mädchen ist erst einen Meter *groß*. 少女の背丈は1メートルになったばかりだ. / Der Saal ist 500 Quadratmeter⁴ *groß*. 広間は500平方メートルの広さである.

groß·artig [グロース・アールティヒ] -e [グロース・アールティゲ] 形 すばらしい, 目ざましい. ¶Ozawa hat mal wieder *großartig* dirigiert. 小澤はまたもすばらしい指揮ぶりだった.

Größe [グレーセ] 女-/-n 大きさ, 身長;サイズ;《複 なし》規模. ¶Alle Schuhe in so kleinen *Größen* sind schon ausverkauft. そんなに小さいサイズの靴はもう全部売り切れました.

Groß·eltern [グロース・エルテルン] 複 祖父母.

Groß·macht [グロース・マハト] 女-/ Groß·mächte [グロース・メヒテ] 大国.

größer [グレーサァ] < groß.

Großes* [グローセス] 中《形容詞の名詞化》大きいもの, 大筋. ¶*Großes* leisten 大きな事を成しとげる. / im *Großen* und Ganzen 大体において.

Groß·mutter [グロース・ムタァ] 女-/ Groß·mütter [グロース・ミュタァ] 祖母.

Großraum·wagen [グロースラォム・ヴァーゲン] 男-s/- 《鉄道》(コンパートメントのような間仕切りがない)オープンプラン型客車;《市街電車》(何台か連結して車両間を行き来できる)連結車両.

日本の鉄道車両はほとんど全てこのタイプである.

Groß·reine·machen [グロース・ラィネ・マヘン] 中-s/ (徹底的な)大掃除.

Groß·stadt [グロース・シュタト] 女-/ Groß·städte [グロース・シュテーテ] (人口10万人以上の)大都会.

größt [グレースト] < groß.

Groß·teil [グロース・タィル] 男-[e]s/ 大部分. ¶Ein *Großteil* der Spenden geht an das neue Museum. 寄付の大部分は新しい博物館のために使われる.

größten·teils [グレーステン・タィルス] 副 大部分は. ¶Diese Angaben sind *größtenteils* gelogen. この主張は大部分が嘘だ.

Groß·vater [グロース・ファータァ] 男-s/Groß·väter [グロース・フェータァ] 祖父.

groß|ziehen* [グロース・ツィーエン] zog groß, großgezogen 動 (子供を大きくなるまで)育て上げる,(成獣になるまで)飼育する.

groß·zügig [グロース・ツューギヒ] -e [グロース・ツューギゲ] 形 気前のよい, ふとっぱらな;広大な.

grub [グルーブ] graben の過去形・単数・1, 3人称.

Grube [グルーベ] 女-/-n 穴;鉱山, 炭鉱.

grübeln [グリューベルン] 動 思い悩む,

G

頭を悩ます《über *et*⁴ 事⁴について》. ¶Viel zu **grübeln** hilft auch nicht weiter. あまり思い悩んでもそれ以上何の助けになるわけではない.

grüezi! [グリューエツィ] **間** 《スイス》お早う, 今日は, 今晩は, さようなら.

grün [グリューン] **形** 緑色の, (信号が)青の, みずみずしい; 未熟な; 環境保護[派]の, 緑の党の. ¶eine *grüne* Partei 緑の党. / Die Ampel ist *grün*. 信号は緑だ. / Nun fahr endlich, *grüner* wird's nicht. さあいい加減に発進しろ, [待っていたって]これ以上緑にはならないぞ. ¹**Grün** [グリューン] **中** -s/-[s] 緑色, 青信号; 《複なし》(植物をさして)みどり; ¶im Zimmer viel *Grün* haben 部屋にたくさんの草花が置いてある. ²**Grün** [グリューン] **中** -s/- 緑色.

Grund [グルント] **男** -[e]s/Gründe [グリュンデ] 理由, 動機; 《複なし》(所有物としての)土地; 《複なし》(川・容器などの)底. ¶*et*³ auf den *Grund* gehen 事³の真相をきわめる. / der Wert meines *Grund* und Bodens 私の土地の価値. ♦ Sein seltsames Verhalten hat einen guten *Grund*. 彼の奇妙な振舞いにはそれなりの理由があるのだ.

gründen [グリュンデン] **動** 創立(創設・設立)する.

Grund·gesetz [グルント・ゲゼツ] **中** -es/-e 基本原則; 基本法(1949年制定のドイツ憲法は「基本法」と呼ばれている).

Grund·lage [グルント・ラーゲ] **女** -/-n 基礎(基盤), 土台, 基本; 根拠. ¶Der Ministerpräsident erläuterte die *Grundlagen* seiner Politik. 首相は彼の政策の基本を説明した.

grund·legend [グルント・レーゲント] **形** 根本的な, 本質的な.

gründ·lich [グリュント・リヒ] **形** 根本的な, 徹底的な. ¶Der Fall wird *gründlich* untersucht. この事件は徹底的に調査される.

grund·los [グルント・ロース] **形** 理由のない, 根拠のない.

grundsätz·lich [グルントゼツ・リヒ]

形 原則としての. ¶Ich esse *grundsätzlich* kein Fleisch. 私は原則として肉は食べません.

Grund·schule [グルント・シューレ] **女** -/-n 基礎学校(6歳ないし7歳から4年間, 州によって6年間通学する). ¶Mein Sohn ist noch in der *Grundschule* (geht noch in die *Grundschule* / besucht noch die *Grundschule*). 私の息子はまだ基礎学校に通っている. (⇒Gesamtschule)

Grund·stück [グルント・シュテュク] **中** -[e]s/-e 地所.

Gründung [グリュンドゥング] **女** -/-en 創設, 創立. ¶Die *Gründung* einer neuen Partei ist eher unwahrscheinlich. 新党の結成はむしろありそうにない.

Grüner* [グリューナァ] **男** (女性) **Grüne*** [グリューネ] **女** 《形容詞の名詞化》緑の党党員.

grün·lich [グリューン・リヒ] **形** 緑色がかった.

Gruppe [グルッペ] **女** -/-n グループ, 集団, 群. ¶Taschendiebe arbeiten oft in *Gruppen*. すりはしばしば集団で仕事をする.

Gruppe der Acht [グルッペ・デァ・アハト] **女** -/ 先進8ヵ国グループ(アメリカ, イギリス, ドイツ, フランス, イタリア, 日本, カナダ, ロシア). (略: G8)

Gruß [グルース] **男** -es/Grüße [グリューセ] (挨拶の身振りとしての)握手, 会釈; 《複で》よろしくという伝言. ¶mit besten (freundlichen/herzlichen) *Grüßen* 手紙の末尾で)敬具. / Ich soll Ihnen einen *Gruß* (*Grüße*) von meiner Frau ausrichten. 家内からあなたさまによろしくお伝えするようにとのことです.

grüßen [グリューセン] **動** (人⁴に)挨拶する, 会釈する. ¶Wir (beiden) *grüßen* uns nicht mehr. われわれ二人はもはや挨拶を交わさない. / Ich soll Sie von meiner Frau *grüßen*. 家内からもあなたさまによろしくとのことでした. / Grüß Gott! 《南ドイツ》お早う, 今日は, 今晩は, さような

ら.

Grütze [グリュッツェ] 女-/-n 〚糧〛ポリッジ（挽き割りのカラスムギ〔製のかゆ〕）．¶rote *Grütze*（赤いフルーツのジュースや実を煮てつくる）赤いコンポート．

gucken [グッケン] 動 のぞき見る，見やる；見(観)る．¶*Guck* mal, wie die Kleine lacht! (女の)チビちゃんが笑うところをまあ見てご覧よ．

Gulasch [グーラシュ] 中 (男) -[e]s /-e(-s) 〚糧〛グーラッシュ．

gültig [ギュルティヒ] -e [ギュルティゲ] 形 有効な．¶ein *gültiger* Ausweis 有効な身分証明書．◆Die Kreditkarte ist *gültig* bis 31. Dezember. このクレジットカードは12月31日まで有効です．

Gummi [グミ] 男 (中) -s/-s ム．

günstig [ギュンスティヒ] -e [ギュンスティゲ] 形 有利な，好都合な．¶eine *günstige* Gelegenheit 都合の良い機会．

Gurgel [グルゲル] 女-/-n のど(咽喉・気管・食道)．**gurgeln** [グルゲルン] 動 うがいをする．¶Ich *gurgle* gern mit Kamillentee. 私はカミツレ茶でうがいをするのを好む．

Gurke [グルケ] 女-/-n 〚糵〛キュウリ．

Gurt [グルト] 男-[e]s/-e シートベルト；(幅広の)ベルト．¶den *Gurt* anlegen (festziehen) シートベルトを締める(引張って強く締めつける)．

Gürtel [ギュルテル] 男-s/- (スラックス用などの)ベルト．

gut [グート] besser, am besten 形 良い，満足のいく，快適な；善良な；健康な；上質な，(品質が)良い；良く効く．¶〚鉄道〛sehr *gut* (6段階評価の)1(最上位)；*gut* (6段階評価の)2．/et¹ tut *gut* 物¹は気持ちが良い．/es *gut* haben 幸せである，うまくいっている．/*gut* aussehend 格好がよい，器量よしの，男前の．《so *gut* wie ...の形で》…と同じくらい(同様)で．Er hat mich so *gut* wie betrogen. 彼は私をだま

したも同然だ．/Er weiß nur zu *gut*, dass das nicht geht. あれは事がそう運ばないことをあまりにも良く知りすぎている．/Bei seinen Großeltern hat er es sehr *gut*. 祖父母のもとで彼は非常に楽しい思いをしている．

Gut [グート] 中-[e]s/Güter [ギュータァ] 財産；貨物，積荷；大農場．¶bewegliches (unbewegliches) *Gut* 動産(不動産)．◆Gesundheit ist das höchste *Gut*. 健康は最高の財産．

Gut・achten [グート・アハテン] 中-s /- 鑑定，鑑定書．¶ein medizinisches *Gutachten* über et⁴ abgeben (einholen) 物⁴を医学的に鑑定する(鑑定してもらう)．

gut・artig [グート・アールティヒ] -e [グート・アールティゲ] 形 気立てのよい；(病気について)悪性でない．¶Bisher galt dieser Schäferhund als *gutartig*. 従来このシェパードはおとなしいとされていた．

Güte [ギューテ] 女-/ 善良，善意；上質．¶Du meine (liebe) *Güte*! 何たることだ．

Guter* [グータァ] 男 (女性) **Gute*** [グーテ] 女《形容詞の名詞化》善人．**Gutes*** [グーテス] 中《形容詞の名詞化》良いこと(もの)．Alles *Gute*!(別れの挨拶)お気をつけて，お幸せに．

gut｜haben* [グート・ハーベン] *du* hast gut, *er* hat gut; hatte gut, gutgehabt 動 貸している《bei j³ et⁴ 人³に物⁴を》．¶Bei ihm *habe* ich noch zwanzig Euro *gut*. 彼にはまだ20ユーロ貸してある．**Gut・haben** [グート・ハーベン] 中-s/- 貸し，掛け．¶ein *Guthaben* auf der Bank besitzen. 銀行に預金がある．

gütig [ギューティヒ] -e [ギューティゲ] 形 親切な；理解のある．¶Sie hat ihm *gütig* alles verziehen. 彼女は親切にも彼に全てを許した．

gut｜machen [グート・マヘン] 動 償う，弁償する．¶Diesen Fehler kann er kaum *gutmachen*. こ

の過失を彼は殆んどつぐなうことが出来ない.

gut·mütig [グート・ミューティヒ] -e
[グート・ミューティゲ] 形 気立てのよい.

Gut·schein [グート・シャイン] 男
-[e]s/-e 商品券, 小切手, 有価証券.

gut│schreiben* [グートシュライベン]
schrieb gut, gutgeschrieben
動 貸し方に記入する《*et*⁴ *j*³ 物⁴を
人³の》.¶Die restlichen hundert
Euro *schreiben* wir Ihnen gut.
残金100ユーロはあなたの貸し方につ
けておきます.

Gymnasiast [ギュムナズィアスト] 男-
en/-en 女性 **Gymnasiastin**
[ギュムナズィアスティン] 女/-/Gymnasi-
astinnen [ギュムナズィアスティネン])ギュ
ムナジウムの生徒.

Gymnasium [ギュムナーズィウム] 中
-s/Gymnasien [ギュムナーズィエン]
ギュムナジウム(8年もしくは9年生高
等学校).(⇒Gesamtschule)

> 基礎学校卒業後の進路の一つであ
> るギュムナジウムは,大学進学を目
> 指す8〜9年制の学校である.大

学で必要となる論理的・自立的思
考力や表現力,発言力を身に付ける
教育に重きが置かれ,その力は論述
と口述試験からなるアビトゥーア試
験(⇒Abitur 高校卒業・大学入
学資格試験)で試されることにな
る.アビトゥーア試験は最高学年の
終盤に行われ,これに合格すると大
学入学資格が与えられる.近年は大
学進学希望者が増加し,ギュムナジ
ウムを選ぶ生徒が増えた.またアビ
トゥーアを取得後,すぐに大学に進
まないで,職業訓練を始める人もい
る.
ドイツでは教育行政は各州に権限
があるため,州ごとにシステムが異
なることがよくある.ギュムナジウムの
通学年数も州によって8年制(G
8と呼ばれる)のところと9年制
(G9)のところがある.
学年は基礎学校の1年生から続け
て数えていく.例えばギュムナジウム
の6年目の生徒は「10年生」と
いうことになる.

ちょっと文法

家族も肩書もないから不安定／動詞(1)

◆不定詞◆
ぼくの名前は〈動詞〉.なんにも束縛されないぼくの素顔が〈不定詞〉
(末尾が -en ないし -n で終る)さ.辞書の見出しにはこの顔で載っ
ている.会社で働くときはボス(主語)と勤務時間(時制=現在・過
去)に縛られて,しょうがなく背広を着て(=人称変化して)かしこ
まってるけれど,素顔のぼくはすごく自由だ.誰かに何かやらされる
わけじゃなし(主語=「〜が」が決まっていない),時間に縛られる
こともない(時制=現在・過去も関係ない).でもやっぱり何か決ま
ってないと不安になっちゃう.しょうがないからみんなの後ろにくっ
ついてることが多いんだ(他の語句とともに句を作るときは末尾に置
かれる).気が小さいのかなあ.

肩書がつくとえらいのだ／動詞(2)

◆人称形◆

ぼくの名前は〈動詞〉．社会で（＝文の中では）ばりばり働くぼくの顔が〈人称形〉だ．もちろんだらしない恰好はしてられない．仕事の性格（主語）と時（時制＝現在・過去）に応じて着るものだってふさわしいものに替えている（＝人称変化）．こうしたぼくの姿〈人称形〉をしっかり見極めれば，ドイツ語の文は半分はわかったようなもんだ．なにしろぼくがどこにいるかで文の種類が決まるんだからね（先頭にあれば疑問文・命令文，2番目にあれば主文で平叙文，末尾にあれば副文，詳しくは各項目を参照）．言い添えとくと，ぼくの兄弟の〈助動詞〉のやつも〈人称形〉になって働くからね．馬鹿にしちゃいけないよ．

G

H

¹**H, h** [ハー] **1**中-/- ドイツ語アルフ
ァベットの第 8 字;〖諧〗ロ音. **2**〖諧
記号〗(Hは)ロ長調, (hは)ロ短調.

²**H** [ハー] 〖元素記号〗水素.

ha! [ハ, ハー] 間 (意地悪そうに)ほら
ね,そうら.

Haar [ハール] 中-[e]s/-e (全般的
に)毛;毛髪. ¶ das Haar kurz tra-
gen 髪の毛を短くしている. / sich³
das Haar (die Haare) kämmen
毛髪をとかす. / sich³ das Haar
(die Haare) schneiden lassen
髪を刈る. ♦ Sie ließ sich³ das
Haar (die Haare) blond fär-
ben. 彼女は髪をブロンドに染めてもら
った. / Sie hat Haare auf den
Zähnen. 彼女は気が強い. / Er fin-
det immer ein Haar in der
Suppe. 〖慣用的表現〗彼はしょっちゅうあ
らを探し出す.

haaren [ハーレン] 動 毛が抜け落ち

る.

Haares·breite [ハーレス・ブライテ]
女-/ um Haaresbreite 間一髪の
ところで.

haar·genau [ハール・ゲナォ] 副 正
確無比に. ¶ Ich kann mich an al-
les haargenau erinnern. 私は全
て細かに思い出せる.

haar·scharf [ハール・シャルフ] 副
(空間的に)すれすれに;正確無比に.

Haar·schnitt [ハール・シュニト] 男
-[e]s/-e ヘアカット,ヘアスタイル.

haar·sträubend [ハール・シュトゥロイ
ベント] 形 身の毛のよだつような. ¶
Was er berichtete, war gerade-
zu haarsträubend. 彼の知らせは
まさに身の毛もよだつような話だった.

Hab [ハープ] 中《常にこの形で》Hab
und Gut 全財産.

Habe [ハーベ] 女-/ 所有物.

haben* [ハーベン] du hast, er

絵で見るドイツ単語 Haar

① ② ③ ④ ⑤

①der Pferdeschwanz
　ポニーテール.
②der Dutt　　　　お団子ヘア.
③der Zopf　　　　三つ編み.
④der Pagenkopf ボブ.
⑤der Bubikopf ショートカット.

der Haarschnitt, die Frisur
　ヘアスタイル, 髪型.
die Haarbürste　ヘアブラシ.

der Kamm　　　　櫛.
die Haarnadel　ヘアピン.
die Haarspange 髪留め.
der Föhn　　　　ドライヤー.
das Shampoo　　シャンプー.
die Spülung　　リンス.
der(das) Haarspray
　ヘアスプレー.
das Haarwasser ヘアローショ
　ン, ヘアトニック.

hat; hatte, gehabt **動 1** 持っ
ている．¶Er *hat* ein großes
Haus (blaue Augen). 彼は大き
な家を持っている(青い眼をしている)．
／Ich *habe* Kopfschmerzen(Hun-
ger). 私は頭痛がしている(おなか
が空いている)．／Mit meinem Com-
puter *habe* ich nur Ärger. 私の
コンピューターには腹が立つばかりだ．
／Heute *haben* wir den ersten
Mai. 今日は5月1日です．／Was
hast du gegen ihn? 何を彼に文
句があるのだ．《zu+不定詞と》…し
なければならない． Wir *haben*
noch Hausaufgaben zu machen.
僕たちはまだ宿題をしなければならな
い．《es と》Du *hast* es gut
(schlecht). 君はついているよ(つい
ていない)． **2**《過去分詞と結んで現在
完了・過去完了・未来完了の各形式をつ
くる》¶*Haben* Sie das Drama
schon gesehen? あのドラマはも
う見ましたか．

Hab·gier [ハープ・ギーァ] **女**-/ 貪欲．
hab·gierig [ハープ・ギーリヒ] -e
[ハープ・ギーリゲ] **形** 貪欲な．

Habicht [ハービヒト] **男**-s/-e 《鳥》
ハイタカ(オオタカと同属)．

Hab·seligkeiten [ハープ・ゼーリヒカィ
テン] **複** 所持品．

¹**Hacke** [ハッケ] **女**-/-n 鍬(ホ)，つる
はし．²**Hacke** [ハッケ] **女**-/-n 《北
ドイツ》かかと；(靴の)ヒール．

hacken [ハッケン] **動** (木・肉などを)
細かく刻む；鍬(ホ)(つるはし)で耕作す
る．¶Ich muss mal wieder
Brennholz *hacken*. 私はまた薪
(ホ)割りをしなければならない．

Hacker [ハッカァ] **男**-s/- （女性）
Hackerin [ハッケリン] **女**-/-Hacke-
rinnen [ハッケリネン]《電算》ハッカー．

Hack·fleisch [ハック・フラィシュ]
中-[e]s/ ひき肉．

Hafen [ハーフェン] **男**-s/Häfen [ヘ
ーフェン] 港[湾]，マリーナ． ¶Das
Schulschiff liegt im Hamburger
Hafen vor Anker. 練習船はハン
ブルク港に停泊している．

Hafer [ハーファ] **男**-s/ 《穀物》エンバ

ク．**Hafer·brei** [ハーファ・ブラィ]
男-[e]s/-e オートミール．**Hafer·
flocken** [ハーファ・フロッケン] **複** 《食
物》オートフレーク．

Haff [ハフ] **中**-[e]s/-s(-e) 《地理》ラ
グーン，潟湖(ホホ)，礁湖．

Haft [ハフト] **女**-/ 《法律》拘留；勾留；
拘禁．**haft·bar** [ハフト・バール] **形**
(法律上)責任がある《für *et*⁴ 負債・
損害など⁴に対して》． **Haft·be-
fehl** [ハフト・ベフェール] **男**-[e]s/-e
勾留状；拘禁命令．

¹**haften** [ハフテン] **動** 補償する，責任
を負う《für *et*⁴ 負債・損害など⁴に対
して》．

²**haften** [ハフテン] **動** くっつく，付着
する《auf *et*³ 物³に》．

Häft·ling [ヘフトゥ・リング] **男**-s/-e
《法律》被抑留者．

Haft·pflicht [ハフト・プフリヒト] **女**
-/ 《法律》(損害賠償などの)責任《für
*et*⁴ 損害など⁴に対する》．

Haftung [ハフトゥング] **女**-/ 《法律》責
任《für *j*⁴/*et*⁴ 人⁴・物⁴に対する》．
¶Gesellschaft mit beschränk-
ter *Haftung* 有限[責任]会社(略：
GmbH). ♦Dafür muss der Her-
steller die *Haftung* überneh-
men. それに対しては製造者が責任
を引き受けなければならない．

Hag [ハーク] **男**-[e]s/-e(Häge [ヘ
ーゲ]) 《スイス》垣根．

Hage·butte [ハーゲ・ブテ] **女**-/-n
《果実》ノイバラの実．

Hagel [ハーゲル] **男**-s/ あられ，ひょ
う．**hageln** [ハーゲルン] **動** 《es
を主語として》¶Es *hagelt*. あられ
(ひょう)が降る．／Es *hagelt et*¹.
[不快な]事¹が次から次と起こる．
Es *hagelte* Kritik. 雨あられと批
判を浴びせられた．

hager [ハーガァ] **形** 痩せて骨ばった．
¶Nach der Magenoperation ist
er ganz *hager* geworden. 胃の
手術後彼は全くやせ衰えてしまった．

haha! [ハハー] **間** (皮肉な調子で)は
はあ，なるほどね．

Hahn [ハーン] **男**-[e]s/Hähne [ヘー
ネ] 雄鶏(⇒Henne, Huhn)；(水

231

道・ガスなどの）コック． ¶Auf dem
Ball war er wieder *Hahn* in
Korb． 舞踏会で彼はまたも女性た
ちにもてもてだった． /Der *Hahn* in
der Küche ist undicht． 台所の蛇
口は水漏れしている． **Hähn·chen**
[ヘーン・ェェン] 中-s/- ローストチキン．
Hai [ハィ] 男-[e]s/-e， **Hai·
fisch** [ハィ・フィシュ]男-[e]s/-eサメ．
häkeln [ヘーケルン] 動 **1** 鉤(%)針で
編む． **2**鉤針編みをする．
Haken [ハーケン]男-s/- ホック，掛
け金；×印(チェック印.日本のレ印に
あたる）；(思いもかけない)障害．
halb [ハルプ] 形 半分の；不十分な；ほ
とんど…も同然の． ¶*halb* drei
2時半． /*halb* tot なかば死んだも
同然で． /eine *halbe* Stunde 半
時間．《halb ..., halb ...の形で》
半ば…半ば…で． ◆Das ist nur die
halbe Wahrheit． それはとても真
実とは言えない． /Herr Doi hat
mehr als sein *halbes* Leben in
München verbracht． 土井さんは
彼の人生の半分以上をミュンヘンで過
ごした． /Mit der Arbeit bin ich
schon *halb* fertig． 私はすでに仕
事の半ばを終えた． /Das sagte er *halb*
im Scherz, *halb* im Ernst． それ
を彼は半ば冗談で，半ば本気で言った．
Halbe* [ハルベ] 女《形容詞の名詞
化》ビール半リットル．
halb·herzig [ハルプ・ヘルツィヒ] -e
[ハルプ・ヘルツィゲ] 形 中途半端な，一
応の． ¶Schließlich stimmte sie
halbherzig zu． 結局彼女はしぶし
ぶに同意を表明した．
halbieren [ハルビーレン] halbierte,
halbiert 動 二つに分ける．
Halb·insel [ハルプ・インゼル] 女-/-n
半島．
Halb·jahr [ハルプ・ヤール] 中-[e]s/
-e 半年．
Halb·pension [ハルプ・パンズィオーン]
女-/ ドミペンション(ホテルやペンショ
ンにおける一泊朝食プラス一食つき宿
泊)．(⇒Vollpension)
Halb·schuh [ハルプ・シュー] 男-s/-e
オクスフォード[シューズ]（結び紐つき

短靴）．
halb·tags [ハルプ・タークス] 副 半日
の間．
halb·wegs [ハルプ・ヴェークス] 副 あ
る程度まで．¶Nun benimm dich
wenigstens *halbwegs* vernünf-
tig． せめて多少なりともちゃんとした
振舞いをしろよ．
Halb·zeit [ハルプ・ツァイト] 女-/ 《スポ
ーツ》ハーフタイム．
half [ハルフ] helfen の過去形・単数・
1,3人称．
Hälfte [ヘルフテ] 女-/-n 半分． ¶
auf der *Hälfte* des Weges 半道
行ったところ． ◆Mehr als die *Hälf-
te* der Kosten will er nicht über-
nehmen． 彼は費用の半分以上を引
き受けるつもりはない． /Die *Hälfte*
der Fahrt habe ich geschla-
fen． 私は行程の半分を眠っていた．
Halle [ハレ] 女-/-n (工場・展示会場
などの)ホール；体育館．
hallen [ハレン] 動 反響する．¶Das
Bierlokal *hallte* vom Gelächter
der Gäste． ビアホールは客たちの
哄笑がひびきわたっていた．
Hallen·bad [ハレン・バート] 中-[e]s/
Hallen·bäder [ハレン・ベーダァ] 屋内
プール．
hallo! [ハロー, ハロ] 間 (注意を喚起
して，また電話口で)もしもし；やあこん
にちは；(驚きを表して)おやおや．
Halluzination [ハルツィナツィオーン]
女-/-en 《心理》幻覚．
Halm [ハルム] 男-[e]s/-e 茎． (⇒
Stiel)
Hals [ハルス] 男-es/Hälse [ヘルゼ]
首，頚部；(瓶の)くび． ¶Vom lan-
gen Liegen habe ich einen stei-
fen *Hals*． 長時間ごろ寝をしてい
たおかげで首が凝ってしまった． /Vor
lauter Freude fiel sie dem Trai-
ner um den *Hals*． 嬉しさのあまり
彼女はコーチの首っ玉に抱きついた． /
Das Kantinenessen hängt mir
zum *Hals* raus． 社員食堂の食事
にはうんざりだ．(⇒Gurgel, Kehle,
Nacken)
hals·brecherisch [ハルス・ブレヒェリ

シュ]形 危険極まりない.

Hals·schmerzen [ハルス・シュメルツェン] 複 [医療]咽喉痛.

¹halt! [ハルト] 間 (交通標識で)とまれ.

> 現在では EU 加盟各国とも「一時停止」の標識に Stop! を用いている.なおドイツで交通標識以外に使う場合は Stopp! とつづる.

²halt [ハルト] 副 《南ドイツ・オースト リア・スイス》…なのだから仕方がない.¶Da kann man *halt* nichts machen. これはもうどうしようもないことだ.

Halt [ハルト] 男-[e]s/-e 支え;休止,停止,停車.¶*Halt* machen 停止する,一休みする.

halt·bar [ハルト・バール] 形 持ちがいい;耐久性がある. **Haltbar·keit** [ハルトバール・カイト] 女-/ 持ちのよさ;耐久性.

halten* [ハルテン] *du* hältst [ヘルツト], *er* hält; hielt, gehalten 動 **1** (手に)つかんでいる;ささえる;とめて離さない;保持する;(約束などを)守る;(ペットを)飼う;(講演・研究発表などを)行う;持ちこたえる.¶*et⁴ für et⁴ halten* 物⁴を物⁴と見なす. / viel (nichts) von *j³/et³ halten* 人³・物³を評価する(評価しない). / *sich⁴ halten* 身をささえる;…の姿勢をとる;長持ちする. / *sich⁴ an j⁴ halten* 人⁴を頼る. / *sich⁴ gerade halten* 背筋をのばした姿勢をとる. 《es と》es mit *j³ halten* 人³の味方である(側に立つ). ◆ Die Schwester *hielt* den Patienten am Arm. 看護婦は患者の腕を支えた. / Kannst du nicht mal endlich den Mund *halten*? いい加減にもう口を閉じることはできないのかい. / Er *hält*, was er verspricht. 彼は約束したことは守る. / Morgen muss ich ein Referat *halten*. あした私は研究報告をしなければならない. / Das *halte* ich für die beste Lösung. 私はそれが最善の解決策だと思う. / Von seiner Begabung

halte ich nicht viel. 私は彼の才能をあまり評価しない. / Seine Theorie lässt sich wohl kaum *halten*. 彼の理論はたぶん維持し続けることはできまい. / In dieser Frage *hielt* er sich an seinen Lehrer. この問題に関して彼は指導教授(恩師)をよりどころとした. **2** 持ちがいい;止まる. **Halter** [ハルタァ] 男-s/- ホルダー;飼主;(車の)オーナー;(記録などの)保持者.

Halte·stelle [ハルテ・シュテレ] 女-/-n 停留所.¶An der nächsten *Haltestelle* steigen wir aus. 私たちは次の停留所で降ります. / Bis zum Bahnhof sind es nur zwei *Haltestellen*. 駅までは停留所二つだけです.

Haltung [ハルトゥング] 女-/-en 姿勢;態度. ¶Viele Kommentare befassen sich mit der undurchsichtigen *Haltung* des Kanzlers. 多くの論評が首相のはっきりしない態度を扱っている.

Hamburg [ハンブルク] 中-s/ 《地名》(ドイツ連邦共和国の)ハンブルク自由都市州Freie und Hansestadt *Hamburg* (ハンブルク市は同都市州の州都). **Hamburger** [ハンブルガァ] **1** 男-s/- ハンブルク市民;《形 無変化》ハンブルク[市民]の. **2** [ヘンバーガァ] 男-s/ 《飲物》ハンバーガー. **Hamburgerin** [ハンブルゲリン]女-s/Hamburgerinnen [ハンブルゲリネン] (女性の)ハンブルク市民.

Hammer [ハマァ] 男 -s/Hämmer [ヘマァ] ハンマー.

Hamster [ハムスタァ] 男-s/- ハムスター. **hamstern** [ハムステルン] 動 買いだめする;買出しに行く.

Hand [ハント] 女-/Hände [ヘンデ] (手首から先の)手.¶*j³* die *Hand* drücken 人³と握手する. / *Hand* in *Hand* 手に手をとって. / *unter der Hand* ひそかに. ◆ Ich gehe mir mal eben die *Hände* waschen. ちょっとトイレに行ってくる. / Wo kann man sich hier die *Hände* waschen? お手洗いはどち

面積　755（km²）
人口　185（万人）
州都　ハンブルク

　正式名はハンブルク自由都市州（Freie und Hansestadt Hamburg）. ドイツ第二の都市, ハンブルクはドイツ最大の港を持つ重要な貿易・物流の拠点であり, 多数の内外企業がここに進出している. また, ドイツ通信社（dpa）や北ドイツ放送（NDR）, 広告会社, 映画会社, 大手出版社, 新聞社, 音楽産業などが居を構えるメディアの中心地でもある. エルベ川中州の倉庫群と隣接する商館街が世界遺産となっている. 劇場が多く, ミュージカルでも有名である.

アルスター湖

らですか. / Dass er es war, liegt auf der *Hand*. それが彼だったということは明白だ. / Seine Argumente sind nicht von der *Hand* zu weisen. 彼の論拠を的外れだと言うことは出来ない.（⇒Arm）

Hand·arbeit［ハント・アルバイト］**女** –/–en 手仕事；手細工.

Hand·ball［ハント・バル］**男** –[e]s/ Hand·bälle［ハント・ベレ］ハンドボール［用ボール］.

Hand·buch［ハント・ブーフ］**中** –[e]s/ Hand·bücher［ハント・ビューヒャァ］ハンドブック, 手引書.

Hände·druck［ヘンデ・ドゥルク］**男** –[e]s/Hände·drücke［ヘンデ・ドゥリュケ］握手.

Handel［ハンデル］**男** –s/［商］取引, 売買, 貿易. ¶Der *Handel* mit Gebrauchtwagen lohnt sich kaum noch. 中古車売買はほとんどもう引き合わない. / Dieses Schmerzmittel ist nicht mehr im *Handel*. この鎮痛剤はもう販売されていない.

handeln［ハンデルン］**動** 行動する. ¶ mit *j³* handeln 人³と商取引をする. / mit *et³* handeln 商品³を商（あきな）う. ♦ In seiner Eile hat er völlig falsch *gehandelt*. 急ぐあまり彼はやり方をまるっきり間違えてしまった. / Er *handelt* mit Teppichen. 彼はじゅうたんを商っている.《es を主語として》es *handelt* sich um *et⁴* 事⁴が問題（主眼）である. ¶Es *handelt* sich um seine Aufenthaltsgenehmigung. 問題は彼の滞在許可である.

hände·ringend［ヘンデ・リンゲント］**副** もみ手をしながら；必死で.

Hand·feger［ハント・フェーガァ］**男** –s /– 手ぼうき.

hand·fest［ハント・フェスト］**形** 体つきのがっしりした；素朴で栄養たっぷりの；明明白白の.

Hand·fläche［ハント・フレヒェ］**女** –/–n 手のひら.

Hand·gelenk［ハント・グレンク］**中** –[e]s/–e 手首[の関節].

Hand·gepäck［ハント・ゲペク］**中** –[e]s/（機内などに持ち込む）手荷物.

hand·greiflich［ハント・グライフリヒ］**形** 暴力的な；明明白白の.

Hand·griff［ハント・グリフ］**男** –[e]s /–e 巧みな手際；取っ手, グリップ.

händisch［ヘンディシュ］**形**《南ドイツ・オーストリア・スイス》手[づかみ]の.

Händler［ヘンドゥラァ］**男** –s/– （**女性** **Händlerin**［ヘンドゥレリン］**女**–/ Händlerinnen［ヘンドゥレリネン］）販売業者, ディーラー. ¶Der *Händler* hat mir ordentlich Rabatt gegeben. ディーラーはたっぷりリベートをく

れた. / Du solltest bei mehreren *Händlern* nach ihren Preisen fragen. 君は複数の業者に値段を聞いてみるべきだ.

hand·lich [ハント・リヒ] 形 手ごろな，使いやすい.

Handlung [ハンドゥルング] 囡 -/-en 行為；(小説などの)ストーリー. ¶Diese *Handlung* ist aufs Schärfste zu verurteilen. この行為は厳しく非難されるべきだ. / Ort der *Handlung* seines neuen Romans ist wieder Berlin. 彼の新作のストーリーの舞台はまたもやベルリンだ.

Hand·mehr [ハント・メーァ] 匣 -s/ 《スイス》挙手投票.

Hand·rücken [ハント・リュケン] 男 -s/-s 手の甲.

Hand·schlag [ハント・シュラーク] 男-[e]s/ mit (durch) *Handschlag* 握手によって. / keinen *Handschlag* tun 縦のものを横にもしない.

Hand·schrift [ハント・シュリフト] 囡-/-en 筆跡；[古]写本. **hand·schrift·lich** [ハントシュリフト・リヒ] 形 手書きの；[古]写本の，古文書の.

Hand·schuh [ハント・シュー] 男 -[e]s/-e 手袋.

Hand·tasche [ハント・タシェ] 囡-/-n ハンドバッグ. ¶Ihr ist der Pass aus der *Handtasche* gestohlen worden. 彼女はパスポートをハンドバッグから盗まれた.

Hand·tuch [ハント・トゥーフ] 匣 -[e]s/Hand·tücher [ハント・テューヒァ] タオル. ¶Hier hast du ein frisches *Handtuch*. さあここに新しいタオルを置いておくよ.

Hand·umdrehen [ハント・ウムドゥレーエン] 匣-s/ im *Handumdrehen* あっと言う間に.

Hand·werk [ハント・ヴェルク] 匣 -[e]s/-e 手仕事；《複なし》手工業. ¶Endlich konnte die Polizei den Dieben das *Handwerk* legen. 《ことわざ表現》警察はやっと泥棒の犯行をくいとめることができた.

Hand·werker [ハント・ヴェルカァ]

男-s/- (囡性) **Hand·werkerin** [ハント・ヴェルケリン] 囡-/Hand·werkerinnen [ハント・ヴェルケリネン])手仕事職人；手工業者.

Handy [ヘンディ] 匣-s/-s 携帯電話. ¶Für alle Fälle gebe ich dir die Nummer von meinem *Handy*. 念のためぼくの携帯電話の番号を教えておくよ. (⇒Mobiltelefon)

関連語 **Handy**
—携帯電話に関する言葉—

Das Handy klingelt. 携帯が鳴る.
das Handy ein|schalten
  (aus|schalten)
  携帯の電源を入れる(切る).
j⁴ auf dem Handy an|rufen
  人⁴の携帯に電話をする.
die Handynummer 携帯番号.
das Smartphone スマートフォン.
eine E-mail schreiben(schicken/
  erhalten)
  メールを書く(送る／貰う).
die SMS SMS.
die Nachricht メッセージ.
der Kommentar コメント.
die SIM-Karte シムカード.
Der Akku ist leer.
  バッテリーが切れている.
den Akku auf|laden
  バッテリーを充電する.
das Ladegerät 充電器.
eine App installieren
  アプリをインストールする.
ein Video auf|nehmen動画を撮る.
sich³ Videos an|schauen
  動画を見る.
(⇒Computer, Internet)

Hang [ハング] 男-[e]s/Hänge [ヘンゲ] 傾斜,斜面；《複 なし》癖，好み《zu et³ 事³をする》. ¶Für Anfänger ist dieser *Hang* etwas zu steil. 初心者にとってこの傾斜はいささかきつすぎる. / Er hat einen *Hang* zum Übertreiben (einen *Hang* dazu, alles zu übertreiben). 彼は誇張癖がある.

¹**hängen*** [ヘンゲン] hing, gehan-

H

12世紀後半からドイツの貿易商人団はドイツの東方殖民に伴いバルト海方面への進出を果たした。やがて海外貿易における利権を独占・保護するため，バルト海沿岸の重要港湾都市リューベック Lübeck 市の主導の下，都市連合体ハンザ同盟 die Hanse が結成された。14世紀には最盛期を迎え，所属する都市の版図はバルト海・北海沿岸，イングランド南部，スペイン沿岸，イタリア東岸，エーゲ海沿岸，ライン河・エルベ河沿岸などに及び，中心的所属都市のみで70，さらにそれらの周辺130都市を数えた。ヨーロッパ全土を巻きこんだ30年戦争（1618－48）の影響で衰退したが，リューベック，ハンブルク Hamburg，ブレーメン Bremen の3都市はハンザ同盟の伝統を引き継いだ。これら3都市の正式名称は，Hansestadt Lübeck, Freie und Hansestadt Hamburg, Freie Hansestadt Bremen であって，往昔のハンザ同盟都市の誇りをとどめている。

gen **動**（h, s）掛かって（ぶら下がって・垂れて・つながれて）いる《an *et³* 物³に》；のらくらしている。¶an *j³/et³* hängen 人³（物³）に心惹かれている，執着している。/ sich⁴ hängen lassen やる気をなくしている。◆Ich finde, das Bild *hängt* an der falschen Stelle. この絵はふさわしくない場所にかかっていると思う。/ Wo habe ich bloß meine Jacke *hängen* lassen? ジャケットはどこに掛けたのだったかしら。/ Sie *hängt* sehr an ihrer Großmutter. 彼女は祖母にとても愛着を持っている。

²hängen［ヘンゲン］**動** 掛ける；ぶら下げる；絞首刑にする。¶*Häng* deinen Mantel auf den Bügel! コートをハンガーに掛けなさい。

Hannover［ハノーファ］**中**-s/ 《地名》ハノーファー（ドイツ連邦共和国ニーダーザクセン Niedersachsen 州の州都）。

Hans・dampf［ハンス・ダンプフ，ハンス・ダンプフ］**男**-[e]s/-e ein Hans-dampf in allen Gassen sein 知ったかぶり（でしゃばり）である。

hänseln［ヘンゼルン］**動** からかう，笑いものにする。

Hanse・stadt［ハンゼ・シュタット］**女**-/ Hanse・städte［ハンゼ・シュテーテ］ハンザ同盟都市。

hantieren［ハンティーレン］hantierte, hantiert **動** 何かごそごそ仕事している《an *et³* 物³相手に》。

Happen［ハッペン］**男**-s/- ほんのちょっぴり［の食べもの］。¶ein Happen Fleisch ほんの一切れの肉。◆Willst du nicht doch einen Happen essen? ほんの一口でもいいから食べる気にはなれないかい。

Happy End［ヘッピ・エント］**中**-－[s]/-－s , **Happy・end**［ヘッピ・エント］**中**-[s]/-s ハッピーエンド。

Harras［ハラス］**男**-es/-e 《スイス》木枠の柵。

Hard・ware［ハード・ウェーア］**女**-/-s 《電算》ハードウェア。

Harfe［ハルフェ］**女**-/-n ハープ。

Harke［ハルケ］**女**-/-n 《北ドイツ》レーキ（熊手の一種）。

harm・los［ハルム・ロース］**形** 害（悪意）のない。¶Der Eingriff ist nicht

ganz so *harmlos*, wie der Arzt sagt. 手術は医者が言うほどまったく危険のないものではない。

Harmonie [ハルモニー] 女-/-n [ハルモニーエン] ハーモニー, 調和. **harmonieren** [ハルモニーレン] harmonierte, harmoniert 動 mit *et*³ (miteinander) *harmonieren* 物³と(互いに)調和する。 **harmonisch** [ハルモーニシュ] 形 調和の取れた。

Harn [ハルン] 男-[e]s/-e 《生理》尿。

Harst [ハルスト] 男-[e]s/-e 《スイス》群。¶ein *Harst* Schüler 一群の生徒たち。

hart [ハルト] härter [ヘルタァ], am härtesten [ヘルテステン] 形 固(堅・硬)い;つらい, 厳しい;激しい。¶*Harte* Matratzen sind nicht für jeden Rücken gut. 固いマットレスは誰の背中にもよいというわけではない。/ Bringen Sie mir *hart* gekochte Eier! 私に固ゆでの卵を下さい。/ Der Euro ist eine *harte* Währung. ユーロは安定した通貨(自由交換可能通貨)である。 **Härte** [ヘルテ] 女-/-n 固(堅・硬)さ;つらさ, 厳しさ;激しさ。

hart・herzig [ハルト・ヘルツィヒ] -e [ハルト・ヘルツィゲ] 形 無慈悲な。

hart・näckig [ハルト・ネキヒ] -e [ハルト・ネキゲ] 形 強情な, がんこな。

Harz [ハールツ] 中-es/-e 木のやに。

Hasch [ハッシュ] 中-s/ , **Haschisch** [ハッシュ] 男-[s]/ ハシッシュ, マリファナ。

Hase [ハーゼ] 男-n/-n 《動》ウサギ;雄兎。

Hasel・nuss [ハーゼル・ヌス] 女-s/ Hasel・nüsse [ハーゼル・ニュセ] 《植物》ヘーゼルナッツ。

Hass [ハス] 男-es/ 憎しみ, 憎悪《gegen *j*⁴ 人⁴に対する》。

hassen [ハッセン] 動 憎む, 嫌う。

häss・lich [ヘス・リヒ] 形 醜い;下品(下劣)な。¶Anfangs wohnten wir in einem *hässlichen* Altbau. 当初われわれはみじめな古い家に住んでいた。/ Manchmal ist er richtig *hässlich* zu seiner Sekretärin.

時々彼は秘書に本当に意地の悪い態度をとる。/ Ich würde an deiner Stelle nicht so *hässlich* von ihm reden. 私が君だったら彼のことをそんなにひどく言わないだろう。

hast [ハスト] < haben.

Hast [ハスト] 女-/ 大急ぎ。¶mit (in) großer *Hast* 大急ぎで。♦In seiner *Hast* vergaß er die Haustür abzuschließen. 急ぐあまり彼は玄関の戸に鍵を掛けるのを忘れた。 **hasten** [ハステン] 動 (s) 大急ぎで行く。 **hastig** [ハスティヒ] -e [ハスティゲ] 形 性急な, あわてた。

hat [ハット] < haben.

hatte [ハッテ] haben の過去形・単数・1, 3 人称。

Haube [ハォベ] 女-/-n ボンネット(女性の帽子), (尼僧の)頭巾, (看護婦の)キャップ;(機器類の)フード, カバー, (自動車の)ボンネット。

Hauch [ハォホ] 男-[e]s/ 吐息;微風;少量。¶ein *Hauch* von Frühling かすかな春の気配。

hauch・dünn [ハォホ・デュン] 形 きわめて薄い。¶Die Koalition hat nur eine *hauchdünne* Mehrheit. 連立政府はかろうじて多数を占めているに過ぎない。

hauchen [ハォヘン] 動 1 吐息で作り出す;ささやく。 2 auf (in) *et*⁴ *hauchen* 物⁴に息を吹きかける。

hauen⁽*⁾ [ハォエン] haute/hieb, gehauen 動 打つ, たたく;刻みこむ《in *et*⁴ 物⁴に》。¶Warum musst du deine kleinen Brüder immer *hauen*? お前は何故自分の弟たちをしょっちゅうぶたねばいけないのだ。/ Mit kräftigen Schlägen *haute* er die Nägel in den Balken. 彼は力任せに釘を角材に打ち込んだ。

Haufen [ハォフェン] 男-s/- 堆積;多量。¶ein *Haufen* Geld たくさんのお金。 **haufen・weise** [ハォフェン・ヴァイゼ] 副 多量に。

häufig [ホイフィヒ] -e [ホイフィゲ] 形 ひんぱんに。¶Krebs gehört zu den *häufigsten* Todesursachen. ガンはもっとも頻度の高い死亡原因の

一つである. / In letzter Zeit fliege ich nicht so *häufig* mehr nach Deutschland. 最近ではもうそれほどひんぱんにドイツへ飛ぶことはない.

Häufig·keit [ホイフィヒ・カイト] **女** – /-en 頻度.

Haupt [ハォプト] **中**-[e]s/Häupter [ホイプタァ] (組織・部族などの)長; 頭. (⇒Kopf)

Haupt·bahnhof [ハォプト・バーンホーフ] **男**-[e]s/Haupt·bahnhöfe [ハォプト・バーンヘーフェ] 中央駅.

Haupt·beruf [ハォプト・ベルーフ] **男**-[e]s/-e 本業. ¶Unser Chorleiter ist im *Hauptberuf* Rechtsanwalt. 私たちの合唱指揮者は本業が弁護士だ.

Haupt·darsteller [ハォプト・ダールシュテラァ] **男**-s/-s (**女性** **Haupt·darstellerin** [ハォプト・ダールシュテレリン] **女**-/Haupt·darstellerinnen [ハォプト・ダールシュテレリネン]) 主役, 主演俳優.

Haupt·eingang [ハォプト・アィンガング] **男**-[e]s/Haupt·eingänge [ハォプト・アィンゲンゲ] 中央入り口.

Haupt·fach [ハォプト・ファハ] **中**-[e]s/Haupt·fächer [ハォプト・フェヒァァ] (大学の)主専攻分野(科目). ¶Im *Hauptfach* studiert er Biologie. 彼は主専攻として生物学を学んでいる. (⇒Nebenfach)

Haupt·gebäude [ハォプト・ゲボィデ] **中** -s/ 主要建物, 本館.

Haupt·gericht [ハォプト・ゲリヒト] **中**-[e]s/-e メーンディッシュ(一般に肉料理).

Haupt·gewinn [ハォプト・ゲヴィン] **男**-[e]s/-e (くじの)一等賞.

Häupt·ling [ホィプト・リング] **男** -s/-e 首長.

Haupt·person [ハォプト・ベルゾーン] **女**-/-en 主要人物.

Haupt·rolle [ハォプト・ロレ] **女**-/-n 主役.

Haupt·sache [ハォプト・ザヘ] **女** -/-n 主要点. ¶*Hauptsache*, dass ... 大事なのは…ということだ. / in der *Hauptsache* 主として, もっ

ぱら. ♦*Hauptsache*, man ist gesund. 大事なのは健康であることだ. / Ein glückliches Familienleben ist für ihn die *Hauptsache*. 幸せな家庭生活が彼には一番大切なことだ. **hauptsäch·lich** [ハォプトゼヒ・リヒ] **形** 主に. (⇒Nebensache, nebensächlich)

Haupt·satz [ハォプト・ザツ] **男**-es/Haupt·sätze [ハォプト・ゼツェ] 〖文法〗主文. (⇒Nebensatz)

Haupt·schule [ハォプト・シューレ] **女**-/-n 基幹学校.

> 基礎学校修了後に進学する学校の一つで, 5～6年制. 一般基礎教育に加えて, 将来の職業選択に向けた様々な取り組みが行われる. 卒業後の主な進路は職業訓練である. 職場での訓練と職業学校を組み合わせたデュアルシステムが代表的制度だが, 全日制の学校型職業訓練や, 進路の決まらない人向けの職業準備コース等もある. 近年基幹学校は生徒数が減少, 多くの州で他種学校との統合が進んでいる.

Haupt·stadt [ハォプト・シュタト] **女**-/Haupt·städte [ハォプト・シュテーテ] 首都, 首府.

Haupt·straße [ハォプト・シュトゥラーセ] **女**-/-n 幹線道路, メーンストリート. ¶Die Geschäfte in der *Hauptstraße* sind ein bisschen teuer. メーンストリートの商店は少し高い. / Ein Lkw nach dem anderen donnert über (durch) die *Hauptstraße*. トラックが次から次へと轟音を立てて幹線道路を走っていく. (⇒Nebenstraße)

Hauptverkehrs·zeit [ハォプトフェァケアース・ツァィト] **女**-/-en ラッシュアワー.

Haus [ハォス] **中**-es/Häuser [ホィザァ] (一戸建ての)家; 自宅. ¶nach *Hause* gehen 帰宅する. / zu *Hause* sein 在宅している. ♦Er hat ein wunderschönes *Haus* am Stadtrand. 彼は町のはずれに

絵で見るドイツ単語 Haus

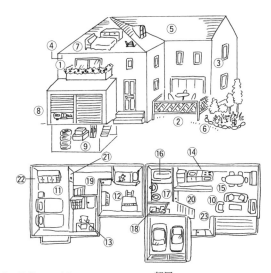

①der Balkon バルコニー.
②die Terasse テラス.
③das Fenster 窓.
④die Decke 天井.
⑤das Dach 屋根.
⑥der Garten 庭.
⑦der Dachboden 屋根裏部屋.
⑧die Garage ガレージ.
⑨der Keller 地下室.
⑩das Wohnzimmer 居間.
⑪das Schlafzimmer 寝室.
⑫das Kinderzimmer 子供部屋.
⑬das Arbeitszimmer 書斎, 仕事

部屋.
⑭die Küche 台所.
⑮das Esszimmer 食堂.
⑯das Badezimmer, das Bad 浴室.
⑰die Toilette, das WC トイレ.
⑱der Abstellraum 物置.
⑲der Flur 廊下.
⑳die Treppe 階段.
㉑die Tür ドア.
㉒die Wand 壁.
㉓der Fußboden 床.

豪奢な家をもっている. / Dr. K. ist nicht im *Haus*. K博士は社内(所内)におりません. / Haben wir noch Kartoffeln im *Haus*? うちにはまだジャガイモがあったかしら. / Kommen Sie zu uns nach *Hause*! わが家にいらして下さい. / Komm rechtzeitig zum Essen nach *Hause*! お食事に間に合うよう帰ってきなさいよ. / Bei dem Wetter bleibe ich lieber zu *Hause*. こんな天気では家にいた方がいい. (⇒Wohnung)

Haus・arzt [ハォス・アールツト] **男**-es/ Haus・ärzte [ハォス・エールツテ] （**女性** **Haus・ärztin** [ハォス・エールツティン] **女**-/Haus・ärztinnen [ハォス・エールツティネン]）ホームドクター.

Haus・aufgabe [ハォス・アォフガーベ] **女** -/-n 《ふつう**複**》宿題.

Haus・besitzer [ハォス・ベズィツァ]

Haus・besitzerin

男-s/- （女性）**Haus・besitze-rin** [ハォス・ベズィッツェリン] **女**-/Haus・besitzerinnen [ハォス・ベズィッツェリネン]）家屋所有者，家主.

Haus・besuch [ハォス・ベズーフ] **男**-[e]s/-e 往診.

Haus・frau [ハォス・フラォ] **女**-/-en 主婦. (⇒Hausmann)

Haus・halt [ハォス・ハルト] **男**-[e]s/-e 世帯，所帯；家政，家計；国家予算，財政.

Haushalts・kasse [ハォスハルツ・カセ] **女**-/-n 家政費用.

Haus・inhaber [ハォス・インハーバァ] **女**-/-en 《ホールッ》家屋所有者，家持ち.

häus・lich [ホィス・リヒ] **形** 家庭の；家庭的な. ¶*häusliche* Verhältnisse 家庭の事情. ◆Ihre *häuslichen* Pflichten erfüllt sie gewissenhaft. 彼女は家庭における義務を誠実に果たしている. / Seine Frau ist sehr *häuslich*. 彼の細君はとても家庭的だ.

Haus・mann [ハォス・マン] **男**-[e]s/Haus・männer [ハォス・メナァ] 主夫. (⇒Hausfrau)

Haus・meister [ハォス・マィスタァ] **男**-s/- （女性）**Haus・meisterin** [ハォス・マィステリン] **女**-/Haus・meisterinnen [ハォス・マィステリネン]）家屋管理人.

Haus・nummer [ハォス・ヌマァ] **女**-/-n 番地.

> ドイツでは全ての道路に道路名が与えられている（日本の地番方式は世界でもきわめて珍しい部類に属する）. 住所は当該の家が面する道路名の次に番地をおいて示す. 道路の一方の側は奇数番地，反対側は偶数番地がつけられるので，片側は1，3，5…番地，反対側は2，4，6…番地と並ぶ. 建物正面がきわめて広く，1と2，3と4のように向かい合わなくなる場合は，その家の番地に1〜3番地のごとく幅を持たせ，以後5と6番地がまた向かい合うようにする.

Haus・ordnung [ハォス・オルドゥヌング] **女**-/-en（会館などの）使用規則，社内規則.

Haus・räuke [ハォス・ロィケ] **女**-/-n 《スイス》引っ越し祝い.

Haus・schlüssel [ハォス・シュリュセル] **男**-s/- 家の鍵，[正面]玄関の鍵.

Haus・schuh [ハォス・シュー] **男**-s/-e 室内履き，スリッパ.

Haus・tier [ハォス・ティーァ] **中**-[e]s/-e 家畜；ペット.

Haus・tür [ハォス・テューァ] **女**-/-en 正面玄関のドア.

Haut [ハォト] **女** -/Häute [ホィテ] 皮膚，肌. ¶nur noch *Haut* und Knochen sein 骨と皮ばかりにやせている. / auf der faulen *Haut* liegen のらくらしている. / nicht in seiner *Haut* stecken mögen 彼の立場にはなりたくない. 《慣用表現》mit *Haut* und Haaren すっかり. ◆Diese Salbe ist gut gegen raue *Haut*. この軟膏は荒れた肌に良い. / Er ist eine ehrliche *Haut*. 《慣用表現》彼は正直なやつだ.

haut・eng [ハォト・エング] **形**（衣類が）肌にぴったり密着した，スキンタイトの.

He [ハーエー] 《元素記号》ヘリウム.

he! [ヘー] **間** おおい，おい君(え).

Heb・amme [ヘープ・アメ] **女**-/-n 助産婦.

> 法律上は Entbindungs・pfleger [エントビンドゥングス・プフレーガァ]，…pflegerin と呼ばれ，男性もこの資格を取得することができる.

Hebel [ヘーベル] **男**-s/- レバー，クランク. ¶einen *Hebel* betätigen クランクを操作する. ◆Er sitzt am längeren *Hebel*. 《慣用的表現》(他人に比べて)彼はより有利な立場にある.

heben* [ヘーベン] hob, gehoben **動** 持ち上げる，引き揚げる；高める. ¶sich⁴ *heben* 上昇する；高まる. ◆Ich bitte Sie, mit mir die Gläser zu *heben*! ご一緒に[乾杯のため]グラスを上げてくださるよう願い

240

ます. / Sie konnte den Koffer nur mit größter Mühe *heben*. 彼女はたいへんな苦労をしてかろうじてトランクを持ち上げることができた. / Sanitäter *hoben* den Verletzten behutsam auf eine Bahre. 救急隊員は負傷者を慎重に担架にのせた. / Von selbst *hebt* sich das Niveau niemals. 自然にレベルが上がるなどということは決してない.

hecheln [ヘッヒェルン] **動** あえぐ.

Hecht [ヘヒト] **男**-[e]s/-e 〖魚〗モトカワカマス.

Heck [ヘック] **中**-[e]s/-e(-s) 船尾.

Hecke [ヘッケ] **女**-/-n 生垣.

Heer [ヘーア] **中**-[e]s/-e 陸軍, 軍隊；大群. ¶ Willst du lieber zum *Heer* oder zur Marine? 君は陸軍に入隊したいのか, それとも海軍の方がいいのか. / Ein *Heer* von Touristen bevölkerte Mallorca. マリョルカ島（地中海にあるスペイン領の島. ドイツ人のリゾート地として有名）はツーリストの大群であふれている.

> ドイツ連邦共和国の国防軍は die Bundeswehr と呼ばれる. 陸軍 das Heer, 海軍 die Marine, 空軍 die Luftwaffe の三軍からなる. さらに三軍共生の統合支援軍（総合的支援）, 衛生軍（医療部隊）という後方支援組織がある. また2017年にはサイバー・IT担当のサイバー・情報空間軍が設置された. 2011年に兵役（⇒Wehrdienst）が停止されて以来, 連邦軍は人員不足であり, 採用強化を進めている.

Hefe [ヘーフェ] **女**-/-n イースト.
Hefe・teig [ヘーフェ・タイク] **男**-[e]s/-e イースト生地.

¹Heft [ヘフト] **中**-[e]s/-e ノート；（定期刊行物の）…号, 分冊. ¶ Meine Ausgaben trage ich jeden Abend in ein *Heft* ein. 私は支出を毎晩ノートに記入する. / Die ersten *Hefte* der Zeitschrift bekommt man nur noch antiquarisch. こ

の雑誌の初期の号はもう古本でしか入手できない. / Das Handbuch wird in einzelnen *Heften* geliefert. このハンドブックは一冊ずつ分冊の形で配布される.

²Heft [ヘフト] **中**-[e]s/-e （刀などの）柄（つか）.

Heft・chen [ヘフト・ヒェン] **中**-s/- （回数券などの）つづり.

heften [ヘフテン] **動** 留める, 綴じつける《an *et*⁴ 物⁴に》；仮縫い（仮綴じ）する.

heftig [ヘフティヒ] -e [ヘフティゲ] **形** 強烈な, 激しい；激情的な. ¶ Er hat ein sehr *heftiges* Temperament. 彼は激しい気性の持ち主だ.

Heft・pflaster [ヘフト・プフラスタァ] **中**-s/- バンドエイド.

hegen [ヘーゲン] **動** 保護（育成）する；心に抱く.

Hehl [ヘール] **男**（**中**） -s/ kein [en] *Hehl* aus *et*³ machen 事³を隠し立てしない.

¹Heide [ハイデ] **女**-/-n （ヒースなど低木の生えた砂地の）荒地.

²Heide [ハイデ] **男**-n/-n （**女性** **Heidin** [ハイディン] **女**-/Heidinnen [ハイディネン]）（キリスト教徒・ユダヤ教徒・イスラム教徒以外の）異教徒.

Heidel・beere [ハイデル・ベーレ] **女**-/-n 〖植〗ビルベリー.

heidnisch [ハイドゥニッシュ] **形** 異教[徒]の；不信心な.

heikel [ハイケル] **形** 厄介な. ¶ Der Minister befindet sich in einer *heiklen* Lage. 大臣は面倒な状況に置かれている. / In diese *heikle* Sache möchte ich nicht verwickelt werden. こんな難しい件に私は巻きこまれたくない.

Heil [ハイル] **中** -[e]s/ 救済；幸せ.

heil [ハイル] **形** 無傷の；（病気・怪我から）治った.

heil・bar [ハイル・バール] **形** 治すことのできる. ¶ Frühzeitig behandelt ist diese Krankheit durchaus *heilbar*. 早期に治療を受ければこの病気は完全に治癒できる.

heilen [ハイレン] **動** **1** 治す《*j*⁴ von

et³ 人⁴の病気³・怪我³を》. ¶Ein guter Psychotherapeut *heilte* ihn von seiner Angst. 精神療法の名医が彼の恐怖心を治癒した. **2** (s) 治る. ¶So kleine Wunden *heilen* gewöhnlich von selbst. そんな小さな傷はふつう自然に治るものだ. **heil·froh** [ハイル・フロー] 形 すごく嬉しい, ほっとした.

heilig [ハイリヒ] -e [ハイリゲ] 形 神聖な, 聖なる; 信仰の篤い. ¶der *Heilige* Abend クリスマス・イブ. **Heilig·abend** [ハイリヒ・アーベント] 男 -s/-e クリスマス・イブ.

Heiliger* [ハイリガァ] 男 (女性) **Heilige*** [ハイリゲ] 女 《形容詞の名詞化》聖人 (聖女).

Heilig·tum [ハイリヒ・トゥーム] 中 -[e]s/Heilig·tümer [ハイリヒ・テューマァ] 聖地, 聖堂; 聖遺物.

heil·los [ハイル・ロース] 形 どうしようもない程ひどい. ¶Am Unglücksort herrschte eine *heillose* Verwirrung. 事故現場は手のつけようのない混乱であった.

Heil·mittel [ハイル・ミテル] 中 -s/- 薬.

Heil·praktiker [ハイル・プラクティカァ] 男 -s/- (女性) **Heil·praktikerin** [ハイル・プラクティケリン] 女 -/Heil·praktikerinnen [ハイル・プラクティケリンネン] 治療師 (医師の免許によらず, 独自の資格を得て治療にあたる者).

heil·sam [ハイル・ザーム] 形 有益な; 治癒力のある.

Heilung [ハイルング] 女 -/-en 治癒; 治療法.

Heim [ハイム] 中 -[e]s/-e 収容施設, ホーム; クラブハウス;《複なし》わが家. ¶Die Autorin ist in einem *Heim* aufgewachsen. その女流作家はある施設で育った. / Nach dem Golfturnier haben wir im *Heim* noch ein paar Bier getrunken. ゴルフコンペのあと私たちはなおクラブハウスでビールを二, 三杯飲んだ.

heim [ハイム] 副 わが家へ, 故郷へ.

Heimat [ハイマート] 女 -/ 故郷; 原産 (原生) 地; 発祥の地. ¶Richtig wohl

fühle ich mich nur in der *Heimat*. 文字どおり快適に感じられるのはふるさとにいるときだけだ. / Die *Heimat* der Kartoffel ist Südamerika. ジャガイモの原産地は南アメリカだ. **heimat·lich** [ハイマート・リヒ] 形 故郷の[ような].

heim·fahren* [ハイム・ファーレン] *du* fährst heim, *er* fährt heim; fuhr heim, heimgefahren 動 (s) (乗物で) 家 (故郷) へ帰る.

Heim·fahrt [ハイム・ファールト] 女 -/-en (乗物による) 帰宅, 帰郷. ¶Die Karten für die *Heimfahrt* sind schon besorgt. 帰郷の切符はもう入手済みです.

heimisch [ハイミシュ] 形 当地 (土着・原産) の; わが家のようにくつろいだ.

heim·kehren [ハイム・ケーレン] 動 (s) 家 (故郷) へ帰る.

heim·lich [ハイム・リヒ] 形 ひそかな, 内密の.

Heim·reise [ハイム・ライゼ] 女 -/-n 帰宅, 帰郷.

heim·suchen [ハイム・ズーヘン] 動 (疫病・災害などが) 襲う; 訪問する.

heim·tückisch [ハイム・テュキシュ] 形 たちの悪い; 思いもよらぬほど危険な. ¶Das Virus gilt als überaus *heimtückisch*. このウイルスはきわめて危険とされている.

heim·wärts [ハイム・ヴェルツ] 副 自宅 (故郷) に向って.

Heim·weh [ハイム・ヴェー] 中 -s/ ホームシック.

Heirat [ハイラート] 女 -/-en 結婚.

heiraten [ハイラーテン] 動 (人⁴と) 結婚する. ¶Sie hat ihn nur wegen seines Geldes *geheiratet*. 彼女はその財産だけが理由で彼と結婚した. / Standesamtlich haben wir schon *geheiratet*, kirchlich *heiraten* wir im Mai. 戸籍役場での結婚式はすでに済ませた. 教会での結婚式は5月にする. (⇒Standesamt)

Heirats·antrag [ハイラーツ・アントゥラーク] 男 -[e]s/Heirats·anträge [ハイラーツ・アントゥレーゲ] 結婚申し込

み.

heiser [ハイザァ] 形 しわがれた. ¶ Die Stimme des Redners wurde immer heiserer. 講演者の声はしわがれる一方だった. **Heiser・keit** [ハイザァ・カイト] 女-/しわがれ声.

heiß [ハイス] 形 暑(熱)い, 熱のこもった, 激しい, ホットな(ジャズなど); 厄介な; 発情した, 性的に興奮した. ¶ eine heiße Quelle 温泉. / der heiße Tag 〖燚〗真夏日. ◆ Gewöhnlich ist der August der heißeste Monat des Jahres. ふつう8月が1年で最も暑い月だ. / Bei dieser Kälte ist ein heißer Tee genau das Richtige. この寒さでは熱い紅茶がまさにうってつけだ. / Es wurde zwar heiß debattiert, aber einigen konnte man sich nicht. 激しい議論が交わされたが, 一致することはできなかった. / Nach langem Warten bekam sie endlich das heiß begehrte Autogramm. 長い間待って彼女は熱烈に求めていたサインをやっと手に入れた.

heißen* [ハイセン] du/er heißt; hieß, geheißen 動 …という名である; 意味する. ¶ Wie heißen Sie?–Ich heiße Richard Wagner. あなたのお名前は何とおっしゃいますか–リヒァルト・ワーグナーと申します. / Wie heißt das auf Deutsch? これはドイツ語で何と言いますか. / Was soll das heißen? それはいったいどういう意味(どういうこと)だ. 《es heißtの形で》Es heißt, … …という話だ. 《das heißt の形で》つまり, すなわち(略: d.h.).

Heiß・hunger [ハイス・フンガァ] 男-s / 激しい食欲《auf et⁴ 食べ物⁴に対する》.

heiter [ハイタァ] 形 朗らかな; 明るい, 晴れた. ¶ Heute ist es heiter bis bewölkt. (広域的には)きょうは晴れ, 所により曇り, (限定された地域内では)きょうは晴れのち曇り. / Dein heiteres Gemüt möchte ich haben. (皮肉に)ぼくも君のような朗らかな気質が欲しいものだ. / Das

kann ja heiter werden! これはとんだことになるかもしれないぞ.

Heiter・keit [ハイタァ・カイト] 女-/ 明朗, 陽気.

heizen [ハイツェン] 動 暖房する.

Heiz・kosten [ハイツ・コステン] 複 暖房費. **Heiz・öl** [ハイツ・エール] 中-[e]s/ 暖房用油.

Heizung [ハイツング] 女-/-en 暖房装置; 《複 なし》暖房.

Hektik [ヘクティク] 女-/ あわただしさ. **hektisch** [ヘクティシュ] 形 あわただしい. ¶ in hektischer Eile あたふたと. ◆ In dieser hektischen Atmosphäre kann sich⁴ kein Mensch konzentrieren. こんな騒々しい環境で集中できる人間はいない. / Heute war es im Geschäft ganz besonders hektisch. きょうお店では格別多忙だった.

Held [ヘルト] 男-en/-en (女性 **Heldin** [ヘルディン] 女-/-Heldinnen [ヘルディネン])英雄, ヒーロー; 主人公. **helden・haft** [ヘルデン・ハフト] 形 英雄的な.

helfen* [ヘルフェン] du hilfst, er hilft; half, geholfen(helfen) 動 《単独で用いられる場合の過去分詞は geholfen, 他の動詞の不定詞を伴う場合は helfen》(人³に)手を貸す, 救いの手を差し伸べる; 有効である. ¶ Morgen muss ich Vater im Garten helfen. あしたは庭で父の手伝いをしなければならない. / Diese Tabletten helfen gegen Kopfschmerzen. この錠剤は頭痛に効く. / Darf ich Ihnen in den Mantel helfen? コートをお召しになるのをお手伝いしましょうか. / Er will sich von niemand helfen lassen. 彼は誰の助けも借りる気はない. 《他の動詞の不定詞を伴って》…を手伝う. Der Junge hat der alten Frau den Koffer tragen helfen. 少年は老婆がトランクを運ぶのを手伝った.

Helfer [ヘルファァ] 男-s/- (女性 **Helferin** [ヘルフェリン] 女-/-Helferinnen [ヘルフェリネン])助力者, 救助者, 救援者; 助手.

Helikopter [ヘリコプタァ] 男-s/- ヘリコプター.（⇒Hubschrauber）

hell [ヘル] 形 明るい,晴れた;高く澄んだ(声);冴えた(頭脳);完全な.

hell・hörig [ヘル・ヘーリヒ] -e [ヘル・ヘーリゲ] 形 注意深い;防音効果の悪い.

Hellig・keit [ヘリヒ・カイト] 女-/ 明るさ.

Hell・seherei [ヘル・ゼーエラィ] 女-/ 透視術.

hell・wach [ヘル・ヴァハ] 形 はっきり目覚めた.

Helm [ヘルム] 男-[e]s/-e ヘルメット,兜.

Hemd [ヘムト] 中-[e]s/-en ワイシャツ;アンダーシャツ,シュミーズ.¶ ein frisches *Hemd* anziehen 洗いたてのシャツを着る.◆ Seine *Hemden* bügelt mein Sohn selbst. 息子は自分のシャツには自分でアイロンをかける.

hemmen [ヘメン] 動 (物⁴・事⁴に)ブレーキをかける;妨げる;抑圧する.

Hemmung [ヘムング] 女-/-en ためらい;《複で》〖心理〗抑制. **hemmungs・los** [ヘムングス・ロース] 形 何のためらい(見境)もない.¶ Er ist ein *hemmungsloser* Egoist. 彼は際限のないエゴイストだ.

Hendel [ヘンデル] 中-s/- 〖オ゜ストリア〗ローストチキン.

Hengst [ヘングスト] 男-[e]s/-e 〖動物〗牡馬.（⇒Pferd）

Henkel [ヘンケル] 男-s/- (カップなどの)取っ手;(カバンの)握り.

Henne [ヘネ] 女-/-n 雌 鳥.（⇒Hahn, Huhn）

her [ヘーァ] 副 (話者に向って)こちらへ;きょうまで.¶ *Her* mit dem Geld! その金をこちらによこせ. / Wie lange ist das *her*? － Schon zwei Jahre. あれからどれくらいたつのかな－もう2年になるよ.《von et³ *her* の形で》物³・事³から. von der Technik *her* 技術の点から見て. / von früher *her* 以前から.（⇒hin）

her- [ヘーァ] 《常にアクセントをもち分離動詞をつくる前つづり. またアクセントをもたず他の副詞と結合して意味を添える》【こちらへ】*her*kommen こちらへ来る. / *her*unter こちらの下方へ.

her・ab [ヘラプ] 副 (上方から話者のいる)下方へ.¶《von et³ *herab* の形で》vom Berg *herab* 山から下ってきて.

herab blicken [ヘラブ・ブリケン] 動 (こちらを)見おろす;見くだす.

herab・gesetzt [ヘラブ・ゲゼット] 1 形 激安の. 2 herabsetzen の過去分詞.

herab・lassend [ヘラブ・ラセント] 形 見くだしたような.

herab setzen [ヘラブ・ゼッツェン] 動 下げる,値下げする;さげすむ.

her・an [ヘラン] 副 こちらへ[近づいて].

heran fahren* [ヘラン・ファーレン] *du* fährst heran, *er* fährt heran; fuhr heran, herangefahren 動 (s) (乗物が・乗物で)接近してくる,乗りつける《an j⁴/et⁴ 人⁴・物⁴に向って》.¶ *Fahr* ruhig noch etwas dichter an den Bordstein *heran*! もうちょっと縁石のほうに近づいて運転してもいいぞ.

heran kommen* [ヘラン・コメン] kam heran, herangekommen 動 (s) 近づいてくる,追いついてくる,手がとどく《an j⁴/et⁴ 人⁴・物⁴に向って》,入手する《an et⁴ 物⁴を》.¶ Der Attentäter *kam* bis auf fünf Meter an den Präsidenten *heran*. 暗殺者は大統領の5メートルそばまで近づいた. / Wie bist du an das Geld *herangekommen*? その金はどうやって手に入れたのだ.

heran nahen [ヘラン・ナーエン] 動 (s) 近づく.

heran wachsen [ヘラン・ヴァクセン] *du/er* wächst heran; wuchs heran, herangewachsen 動 (s) 成長する.¶ zu Jugendlichen *heranwachsen* (子供たちが)成長して少年(青年)になる.

heran ziehen* [ヘラン・ツィーエン]

H

zog heran, herangezogen 動 **1** 引き寄せる《an *et*⁴ 物⁴に》;（人⁴に）意見(助言)を求める;考慮に入れる;（動植物を)育てる,育成する. ¶*Zieh dir deinen Stuhl doch näher heran!* 椅子をもっと近くに引き寄せなさい. / *Hierzu würde ich einen Fachmann heranziehen.* それに対して私なら専門家の意見を請うのだが. / *Für die Studie wurden alle erreichbaren Quellen herangezogen.* この研究のため入手できる限りの資料が援用された. **2** (s) 近づく. ¶*Der Karnevalszug zog langsam heran.* カーニバルの山車行列がゆっくり近づいてきた.

her·auf [ヘラォフ] 副 (下方から話者のいる)上方へ.

herauf beschwören* [ヘラォフ・ベシュヴェーレン] beschwor herauf, heraufbeschworen 動 (過去の思い出を)呼び覚ます;(不幸などを)引き寄せる. ¶*Das Buch beschwor die Schrecken des Kriegs herauf.* その本は戦争の恐怖を呼び覚ました.

herauf ziehen* [ヘラォフ・ツィーエン] zog herauf, heraufgezogen 動 **1** 引き上げる. **2** (s) 近づいてくる. ¶*Niemand sah das Unheil heraufziehen.* 災害が近づいてくることに誰も気づかなかった.

her·aus [ヘラォス] 副 (中から話者のいる)外へ.

heraus bekommen* [ヘラォス・ベコメン] bekam heraus, herausbekommen 動 お釣りとしてもらう;突きとめる;抜き取る.

heraus bringen* [ヘラォス・ブリンゲン] brachte heraus, herausgebracht 動 市場に出す;《大衆語》突き止める《über *et*⁴ 事⁴に関して》;声に出す. ¶*Was haben Sie bisher über den Fall herausgebracht?* あなたはこの件についてこれまでに何を突き止めましたか.

heraus fahren* [ヘラォス・ファーレン] *du* fährst heraus, *er* fährt heraus; fuhr heraus, herausgefah-

ren 動 (s)aus der Garage *herausfahren* (乗物が・乗物で)ガレージから出てくる.

heraus finden* [ヘラォス・フィンデン] fand heraus, herausgefunden 動 **1** 見つけ出す;突き止める. **2** aus dem Labyrinth *herausfinden* 迷路からの出口を見つける.

heraus fordern [ヘラォス・フォルデルン] 動 挑発する《zu *et*³ 行為³をさせようと》. ¶*Es heißt, Paul werde den Meister zu einem Titelkampf herausfordern.* パウルはチャンピオン相手にタイトルマッチに挑戦するだろうという話だ. / *Was er sagte, forderte zu energischem Widerspruch heraus.* 彼の言ったことは激しい反論を呼び起こした. **Heraus·forderung** [ヘラォス・フォルデルング] 女-/-en 挑発,挑戦.

heraus geben* [ヘラォス・ゲーベン] *du* gibst heraus, *er* gibt heraus; gab heraus, herausgegeben 動 お釣りとして(お釣りを)出す;編集(発行)する. ¶*Auf hundert Euro kann ich nicht herausgeben, haben Sie es nicht kleiner?* 100 ユーロではお釣りが出せません. もっと小さなお金はお持ちでありませんか. / *Der Verlag gibt demnächst die Memoiren des Altkanzlers heraus.* 出版社は間もなく前首相の回顧録を出版する.

heraus gehen* [ヘラォス・ゲーエン] ging heraus, herausgegangen 動 (s) (汚れなどが)取れる. ¶*Diese Flecken gehen nur schwer heraus.* このシミは容易なことでは取れない.

Heraus·geld [ヘラォス・ゲルト] 中 -[e]s/-er《スイス》お釣り.

heraus halten* [ヘラォス・ハルテン] *du* hältst [ヘルツト] heraus, *er* hält heraus; hielt heraus, herausgehalten 動 外に出しておく. ¶*j*⁴ aus *et*³ *heraushalten* 人⁴を事³の巻き添えにしない. / *sich*⁴ aus *et*³ *heraushalten* 事³の巻き添えにならない.

H

heraus|kommen* [ヘラォス・コメン] kam heraus, herausgekommen **動** (s) 外へ出てくる《aus *et*³ 場所³から》; 発売される; 表沙汰になる. ¶aus dem Lachen nicht *herauskommen* 笑いが止まらない. / mit *et*³ *herauskommen* 事³を白状する. ◆Sie will nicht aus ihrem Zimmer *herauskommen*. 彼女は自分の部屋から出ようとしない. / Die neue Auflage *kommt* in zwei Wochen *heraus*. 新しい版は２週間後に刊行される. / Wenn das *herauskommt*, muss er zurücktreten. もしこのことが表沙汰になったら彼は身を退かなければならない.

heraus|nehmen* [ヘラォス・ネーメン] *du* nimmst heraus, *er* nimmt heraus; nahm heraus, herausgenommen **動** 取り出す(去る). ¶*sich*³ etwas (zu viel) *herausnehmen* 非常に図々しい振る舞いをする.

heraus|reden [ヘラォス・レーデン] **動** *sich*⁴ [mit *et*³] *herausreden* 事³を口実に]言い訳をする.

heraus|reißen* [ヘラォス・ライセン] *du/er* reißt heraus; riss heraus, herausgerissen **動** ちぎり取る; 助け出す《aus *et*³ 事³から》. ¶Er *riss* ein Blatt aus seinem Notizbuch *heraus* und kritzelte seine Telefonnummer darauf. 彼はメモを１枚ちぎってそれに自分の電話番号を書きなぐった.

heraus|rücken [ヘラォス・リュケン] **動** 1いやいや渡す. 2 (s) mit *et*³ *herausrücken* 事³をいやいや話す.

heraus|stellen [ヘラォス・シュテレン] **動** 強調する. ¶*sich*⁴ *herausstellen* 明らかになる. ◆Der neue Minister *stellte heraus*, dass er die Politik seines Vorgängers fortführen werde. 新大臣は前任者の政策を継続すると強調した. / Bald *stellte* sich⁴ *heraus*, dass sein Diplom gefälscht war. 間もなく彼の学位記は偽造されたものであることが明らかになった.

heraus|wachsen* [ヘラォス・ヴァクセン] *du/er* wächst heraus; wuchs heraus, herausgewachsen **動** (s) aus *et*³ *herauswachsen* 大きく成長して服など³が合わなくなる.

herb [ヘルプ] **形** 辛口の; 苦味のある; 辛らつな. ¶Mir ist dieser Wein zu *herb*. 私にとってこのワインは辛口すぎる.

her・bei [ヘァ・バィ] **副** (話者の方に向って) こちらへ.

herbei|eilen [ヘァバィ・アィレン] **動** (s) 駆けつけてくる.

herbei|führen [ヘァバィ・フューレン] **動** (事故などを) ひき起こす.

herbei|rufen* [ヘァバィ・ルーフェン] rief herbei, herbeigerufen **動** 呼び寄せる.

Herberge [ヘァベルゲ] **女**-/-n ユースホステル; (安直な) 宿屋.

Herbst [ヘルプスト] **男**-[e]s/-e 秋. ¶Der *Herbst* ist die vielleicht schönste Jahreszeit in Japan. 秋が日本ではたぶん最も美しい季節だ. **herbst・lich** [ヘルプスト・リヒ] **形** 秋の, 秋めいた.

Herd [ヘールト] **男**-[e]s/-e レンジ.

Herde [ヘールデ] **女**-/-n (同種の動物の) 群.

Herd・platte [ヘールト・プラテ] **女**-/-n (レンジの) ホットプレート.

her・ein [ヘァイン] **副** (外から話者のいる方向に向って) 中へ. ¶Die Sonne schien immer weiter ins Zimmer *herein*. 部屋の奥へ奥へと日がさしてきた.

herein|fallen* [ヘァイン・ファレン] *du* fällst herein, *er* fällt herein; fiel herein, hereingefallen **動** (s) 中に落ちる, (光が) 中に漏れる. ¶auf *j*⁴/*et*⁴ *hereinfallen* 人⁴・事⁴にだまされる. ◆Wie sie auf ihn *hereinfallen* konnte, ist uns allen unverständlich. どうして彼女が彼にだまされる羽目になったのか, われわれには理解しかねる. / Ein zweites Mal *falle* ich auf so was nicht mehr *herein*. 私はも

う二度と再びそんなことにはだまされないぞ.

herein|kommen* [ヘァイン・コメン] kam herein, hereingekommen **動** (s) 入って来る(行く);配達されて来る;(お金が)入って来る.

herein|legen [ヘァイン・レーゲン] **動** 中へ入れる;だます.

Her・fahrt [ヘーァ・ファールト] **女**/-en 帰路,復路;こちらへ来る途中.

Hering [ヘーリング] **男**-s/-e 《魚類》ニシン.

her|geben* [ヘーァ・ゲーベン] *du* gibst her, *er* gibt her, gab her, hergegeben **動** (こちらに)手渡す. ¶ *Gib* das Buch noch mal eben *her*, ich schreibe dir noch eine Widmung rein. もう一度本をちょっとこちらによこしなさい.献辞も書き入れてあげるから.

her|kommen* [ヘーァ・コメン] kam her, hergekommen **動** (s) こちらへ来る;由来する,出身である. ¶ Wo kommen Sie *her*? － Ich komme aus Bonn. どちらのご出身ですか?－ボン出身です. / Wo kommt der Käse *her*? このチーズはどこの産ですか. / Ich frage mich oft, wo sein ganzes Geld *herkommt*. 私はよく自問するのだが,これだけの彼の金は全てどこから来るのだろう.

herkömm・lich [ヘーァケム・リヒ] **形** 従来(在来)の.

Her・kunft [ヘーァ・クンフト] **女**/- 由来,起源,原産.

her|leiten [ヘーァ・ライテン] **動** (人⁴・物⁴の)由来(起源)を導き出す《aus *et*³ 物³・事³から》. ¶ *sich*⁴ von (aus) *et*³ *herleiten* 物³に由来する.

her|machen [ヘーァ・マヘン] **動** 見栄えが…である. ¶ viel (wenig) *hermachen* 見栄えがする(しない). / *sich*⁴ über *j*⁴/*et*⁴ *hermachen* 人⁴を攻撃(非難)する,物⁴をがつがつ食べ始める.

her・oben [ヘローベン] **副** 《南ドイツ・オーストリア》ここ上方で.

Heroin [ヘロイーン] **中**-s/ 《薬》ヘロイン.

Herr [ヘル] **男** 2,3,4格 -n/-en 紳士,男性;(男性に対する呼称)…さま(様・殿・君);主人;《キリスト教》主(しゅ). ¶ *Herr* Engel エンゲル氏. / *Herr* Professor Steger シュテーガー教授. / Ihr *Herr* Vater あなたのお父上. / der *Herr* des Hauses 一家の主(あるじ). / *Herr* der Lage sein 事態を掌握している. / sein eigener *Herr* sein 自主独立している. (⇒Herrin)

Herr・gott [ヘル・ゴト] **男**-[e]s/ (神に対する親しみをこめて)神さま;《リゾディースフ》キリスト十字架像. ¶ *Herrgott* noch mal! ちくしょうめ.

Herrin [ヘリン] **女**/-Herrinnen [ヘリネン] 女主人《über *et*⁴ 土地など⁴を支配するところの》. (⇒Herr)

herr・lich [ヘル・リヒ] **形** すばらしい,立派な. ¶ Von hier oben hat man eine *herrliche* Aussicht. この高みからはすばらしい眺めだ. / Der Wein schmeckt einfach *herrlich*. このワインはなんともすてきな味わいだ. **Herrlich・keit** [ヘルリヒ・カィト] **女**/- 栄華,栄光.

Herr・schaft [ヘル・シャフト] **女**/-en 《複 なし》支配[権],権力《über *et*⁴ 物⁴に対する》;《複 で》紳士淑女. ¶ Meine *Herrschaften*! (呼びかけで)皆さん.

herrschen [ヘルシェン] **動** 支配する《über *j*⁴/*et*⁴ 人⁴・物⁴を》,支配的(優勢)である. ¶ Über diesen Punkt *herrscht* weitgehend Einigkeit. この点に関しては広く意見が一致している.

Herrscher [ヘルシャァ] **男**-s/- (《女性》 **Herrscherin** [ヘルシェリン] **女**/-Herrscherinnen [ヘルシェリネン])支配者.

herrsch・süchtig [ヘルシュ・ズュヒティヒ] -e […ズュヒティゲ] **形** 権勢(支配)欲の強い.

her|stellen [ヘーァ・シュテレン] **動** 製造(生産)する. ¶ Fernseher kann man in China kostengünstiger *herstellen* als in Deutschland.

H

Her·stellung

テレビはドイツよりも中国で製造する方がコストが安い. **Her·stellung** [ヘーァ・シュテルング] 囡-/-en 製造,生産.

her·über [ヘリューバァ] 圓 (話者のいる方向に向かって、越えて)こちらへ.

her·um [ヘルム] 圓 《ふつう um *et*⁴ herum の形で》《(物⁴の)回りに,回って;約. ¶um unser Haus *herum* わが家の回りに. ∕um München *herum* ミュンヘン周辺で. ∕um 10 Euro (10 Uhr) *herum* 約10ユーロ(およそ10時ごろ).

herum ärgern [ヘルム・エルゲルン] 圗 sich⁴ mit j³/et³ herumärgern 人³・事³にしょっちゅう腹を立てている.

herum bummeln [ヘルム・ブメルン] 圗 **1** のらくらする. **2** (s) ぶらぶら歩きまわる.

herum drücken [ヘルム・ドリュッケン] 圗 sich⁴ herumdrücken ぶらぶらして過ごす. ∕sich⁴ um et⁴ herumdrücken 事⁴を避ける(免れる).

herum fahren* [ヘルム・ファーレン] du fährst herum, er fährt herum; fuhr herum, herumgefahren 圗 (s) (乗り物で)当てもなく走りまわる. ¶um et⁴ herumfahren 物⁴を迂回(うかい)する.

herum führen [ヘルム・フューレン] 圗 案内して回る.

herum gehen* [ヘルム・ゲーエン] ging herum, herumgegangen 圗 (s) 歩きまわる;(時間が)過ぎ去る;(噂が)広まる. ¶um et⁴ herumgehen 物⁴の回りをぐるりと回る.

herum horchen [ヘルム・ホルヒェン] 圗 (好奇心から)聞いて回る.

herum kommen* [ヘルム・コメン] kam herum, herumgekommen 圗 (s) 広く旅行して回る. ¶um et⁴ herumkommen 事⁴を避けて通る. ¶Um eine Haftstrafe wird er kaum herumkommen. 彼はまず拘留は免れない.

herum kriegen [ヘルム・クリーゲン] 圗 説き伏せる,口説く.

herum laufen [ヘルム・ラォフェン] du

läufst herum, er läuft herum; lief herum, herumgelaufen 圗 (s) 走って(歩いて)回る. ¶um et⁴ herumlaufen 事⁴を避けて通る.

herum liegen* [ヘルム・リーゲン] lag herum, herumgelegen 圗 散らかって(散らばって)いる;ごろごろしている.

herum lungern [ヘルム・ルンゲルン] 圗 何もしないで(ごろごろ)過ごす.

herum schlagen* [ヘルム・シュラーゲン] du schlägst herum, er schlägt herum; schlug herum, herumgeschlagen 圗 sich⁴ mit j³/et³ herumschlagen 人³といさかいを起こす,厄介ごと³にとり組む.

herum schnüffeln [ヘルム・シュニュフェルン] 圗 (情報を求めて)嗅ぎまわる.

herum stehen* [ヘルム・シュテーエン] stand herum, herumgestanden 圗 何もしないで立っている;無秩序に置いてある.

herum treiben* [ヘルム・トゥラィベン] trieb herum, herumgetrieben 圗 sich⁴ herumtreiben 何もしないでぶらぶらしている. ¶Wo hast du dich denn schon wieder herumgetrieben? お前はまたどこをうろついていたのだ?

her·unten [ヘルンテン] 圓 《南ドイツ/オーストリア》下のここで.

her·unter [ヘルンタァ] 圓 (上方から話者のいる)下方へ.

herunter·gekommen [ヘルンタァ・ゲコメン] **1** 匚 落ちぶれた,衰退した. **2** herunterkommen の過去分詞

herunter handeln [ヘルンタァ・ハンデルン] 圗 値切る.

herunter hauen⁽*⁾ [ヘルンタァ・ハォエン] haute herunter, heruntergehauen 圗 j³ herunterhauen 人³の横っ面に一発(2,3発)お見舞いする.

herunter kommen* [ヘルンタァ・コメン] kam herunter, heruntergekommen 圗 (s) こちらに向かって降りて来る.

248

herunter|machen [ヘルンタァ・マヘン] 動 こき下ろす. ¶Wie kann sie ihren Ehemann nur so *heruntermachen*? 自分の亭主のことを彼女はよくもまあんなにこき下ろすことができるものだ.

herunter|nehmen* [ヘルンタァ・ネーメン] *du* nimmst herunter, *er* nimmt herunter; nahm herunter, heruntergenommen 動 取りおろす;〔《キッチュ》はがす, 外す.

herunter|schlucken [ヘルンタァ・シュルケン] 動 飲みこむ;ぐっとこらえる.

her·vor [ヘァ・フォーァ] 副 (中から話者のいる)外へ.

hervor|bringen* [ヘァフォーァ・ブリンゲン] brachte hervor, hervorgebracht 動 生み(つくり)出す;取り出す.

hervor|gehen* [ヘァフォーァ・ゲーエン] ging hervor, hervorgegangen (s) 生み(つくり)出される;明らかになる«aus *et*³ 事³から». ¶Aus ihrer Ehe *gingen* zwei Kinder *hervor*. その結婚で子供が二人できた.

hervor|heben* [ヘァフォーァ・ヘーベン] hob hervor, hervorgehoben 動 強調(力説)する.

hervor|holen [ヘァフォーァ・ホーレン] 動 取り出す.

hervor|ragen [ヘァフォーァ・ラーゲン] 動 そびえ立つ;抜きん出る. **hervor·ragend** [ヘァフォーァ・ラーゲント] 形 卓越した. ¶Seine Leistungen sind alles andere als *hervorragend*. 彼の成績は抜群とはとても言いがたい.

hervor|treten* [ヘァフォーァ・トゥレーテン] *du* trittst [トゥリット] hervor, *er* tritt hervor; trat hervor, hervorgetreten 動 (s) 歩み出る.

hervor|tun* [ヘァフォーァ・トゥーン] tat hervor, hervorgetan 動 *sich*⁴ hervortun 抜きん出る.

Herz [ヘルツ] 中 2格 Herzens, 3格 Herzen, 4格 Herz/Herzen 心臓;心;愛する人;〔《トランプ》ハート. ¶leichten *Herzens* 心も軽く. / *sich*³ ein *Herz* fassen 勇気を奮い起こす. / es am *Herz*[en] haben 心臓が悪い. / *j*³ ans *Herz* gewachsen sein とても人³の気に入られている. / *et*⁴ nicht übers *Herz* bringen (気の毒で)事⁴をする気になれない. / von ganzem *Herzen* 心の底から. / *sich*³ *et*⁴ zu *Herzen* nehmen 事⁴を真剣に受け止める. ◆Wenn ich diese Armut sehe, blutet mir das *Herz*. このような困窮を見ると私の心が痛む. / Er hat ein *Herz* für seine Mitmenschen. 彼は同胞に対して思いやりがある(気配りをしている). / Warum weinst du so, mein *Herz*? お前, どうしてそんなに泣くんだい. / Könntest du mich morgen in die Klinik fahren? — Von *Herzen* gerne. あした私を車で病院に連れて行ってくれないか—よろしいですとも. (⇒Karo, Kreuz, Pik) **Herzens·lust** [ヘルツェンス・ルスト] 女 -/ nach *Herzenslust* 気の済むように.

herz·haft [ヘルツ・ハフト] 形 栄養豊富な;断固とした. ¶Ihren *herzhaften* Eintopf esse ich immer gern. 彼女の栄養満点な煮込み料理はいつも喜んで食べる.

her|ziehen* [ヘーァ・ツィーエン] zog her, hergezogen 動 1 手前へ引く;背後に引張って歩く. 2 (s) 引っ越して来る;ついて回る. ¶über *j*⁴ *herziehen* (h, s) 人⁴の悪口を言う. ◆Wie kann er nur derart über seinen Lehrer *herziehen*? 彼は自分の先生のことをどうしてあんなにひどく言えるのだろう.

Herz·infarkt [ヘルツ・インファルクト] 男 -[e]s/-e 〔医療〕心筋梗塞.

Herz·klopfen [ヘルツ・クロプフェン] 中 -s/ 〔医療〕動悸(どう),心悸亢進(しんき).

herz·lich [ヘルツ・リヒ] 形 心のこもった,心からの. ¶Sie hat ein wunderbar *herzliches* Wesen. 彼女はすばらしく心の温かい人間だ. /

H

Ich soll Sie *herzlich* von meiner Frau grüßen. 家内からあなたに心からよろしくとのことです. / Für Ihre Hilfe möchte ich Ihnen *herzlich* danken. あなたのご援助には心から御礼申し上げたく存じます.

herz·los [ヘルツ・ロース] 形 思いやりのない,心ない.

Herz·schlag [ヘルツ・シュラーク] 男 -[e]s/Herz·schläge [ヘルツ・シュレーゲ]〖医学〗心拍動.

herz·zerreißend [ヘルツ・ツェアライセント] 形 胸をひき裂かれるような,悲痛な.

hetero·sexuell [ヘテロ・ゼクスエル] 形 異性愛の.

Hessen [ヘッセン] 中-s/〖地名〗(ドイツ連邦共和国の)ヘッセン州.

Hetze [ヘッツェ] 女-/ 誹謗(ひぼう);大急ぎ,あわただしさ. **hetzen** [ヘッツェン] 動 **1** 駆り立てる,追う. ¶*sich⁴ hetzen* 急ぎに急ぐ. **2** (s) 大急ぎで(あわただしく)行く. ¶*gegen j⁴ hetzen* (h) 人々を扇動して人⁴に対する憎悪をかき立てる. ◆ *Dieses rechtsradikale Pamphlet hetzt in geradezu krimineller Weise gegen die Regierung.* この極右パンフレットはまさに犯罪的とも言うべき方法で反政府感情をかきたてるべく扇動している. **Hetzerei** [ヘツェライ] 女-/ 大急ぎ,あわただしさ.

Heu [ホイ] 中-[e]s/ 干し草.

Heuchelei [ホイヒェライ] 女-/-en 見せかけ[だけの言動]. **heucheln** [ホイヒェルン] 動 **1** ふりをする. ¶*Liebe* (Mitleid) *heucheln* 愛(同情)をよそおう. **2** 本心をいつわる.

heuer [ホイア] 副〖南ドイツ・オーストリア方言〗今年.

heulen [ホイレン] 動 泣きわめく;遠吠えする.

Heu·schnupfen [ホイ・シュヌプフェン] 男-s/ 花粉症.

> der Heuschnupfen は一般的な呼び方で,医学的には die Pollinose, die Pollenallergie と言う.ドイツでは2月上旬にハシバミ die Hasel, 3月上中旬にハンノキ die Erle, 4月にシラカバ die Birke, そして5月以降9月頃までになると各種の雑草,ライ麦 der Roggen, ヨモギ der Beifuß に原因するアレルギーが盛んに

≣ドイツを識るコラム≣   Hessen

面積 21116(km²)
人口 629(万人)
州都 ヴィースバーデン

　ドイツ経済・金融の中心地.金融都市フランクフルトには数多くの銀行とドイツ連邦銀行,欧州中央銀行ならびにヨーロッパ有数の証券取引所がある.フランクフルト空港の利用客はヨーロッパ第7位(2021年).交通の重要拠点のため,空港関係企業とドイツ鉄道がかなりの雇用を生み出している.フランクフルトの正式名称はFrankfurt am Main(マイン河畔のフランクフルト)という.わざわざam Main とつけるのは,もう一つFrankfurt an der Oder(オーダー河畔のフランクフルト)という市

がドイツ東部にあるため.古くから温泉保養地として栄えた州都ヴィースバーデンは金融業や保険業が重要な産業である.州第3の都市カッセルでは国際的な現代美術展ドクメンタが5年に一度開催される.

フランクフルトの高層ビル

発症する.

heute [ホイテ] 副 きょう;昨今. ¶ *heute* in acht Tagen 一週間後のきょう. / *heute* früh (Früh) 今朝. / *heute* Morgen 今朝. / *heute* Mittag きょうの昼. / *heute* Abend 今晩. / *heute* Nacht (午前0時まで)今夜,(午前0時以後)今暁. / von *heute* ab (an) きょうから後. / bis *heute* きょうまで. **heutig** [ホイティヒ] 副-e [ホイティゲ] きょうの;昨今の.

heut・zutage [ホイト・ツターゲ] 副 今日(ﾆﾁ)では,昨今では.

Hexe [ヘクセ] 女 -/-n 魔女.

Hf [ハーエフ] 〖元素記号〗ハフニウム.

Hg [ハーゲー] 〖元素記号〗水銀. (⇒Quecksilber)

Hieb [ヒープ] 男-[e]s/-e 強烈な一撃.

hieb [ヒープ] hauen の過去形・単数・1,3人称.

hielt [ヒールト] halten の過去形・単数・1,3人称.

hier [ヒーア] 副 ここに,ここで. ¶ *Hier* ist ein Apfel für dich. ここにお前のリンゴが一つある. / Sie ist nicht von *hier*. 彼女は当地出身ではない. / Das Buch *hier* solltest du auch lesen. ここにある本はお前も読むべきだ. (⇒da, dort)

Hierarchie [ヒエラルヒー, ヒラルヒー] 女-s/-n [ヒエラルヒーエン, ヒラルヒーエン] (階級制度に基礎を置く)権威の体系,ヒエラルキー.

hier・auf [ヒーラォフ, ヒーラォフ] 副 この上で(に);それに続いて;その結果.

hier・bei [ヒーアバイ, ヒーアバイ] 副 その際;この場合.

hier・für [ヒーアフューア, ヒーアフューア] 副 そのために;それに対して. ¶ *Hierfür* habe ich nur 89 Euro bezahlt. これに対して私は89ユーロしか支払わなかった.

hier・her [ヒーアヘーア, ヒーアヘーア] 副 こちらへ. ¶ Bis *hierher* und nicht weiter! ここ止(と)まりだ,それより先へ行けない.

hier・in [ヒーリン, ヒーリン] 副 この中に(で);この点に関して. ¶ *Hierin* sind wir nicht ganz einer Meinung. これに関してわれわれは必ずしも同意見ではない.

hier・mit [ヒーアミット, ヒーアミット] 副 これを用いて;これに関して.

Hiero・glyphe [ヒエロ・グリューフェ] 女-/-n 象形文字(特に古代エジプトの).

hier・von [ヒーア・フォン, ヒーア・フォン] 副 ここから;その結果;これに関して. ¶ *Hiervon* habe ich bisher nichts gewusst. それについて私はこれまで何も知らなかった.

hier・zu [ヒーア・ツー, ヒーア・ツー] 副 そのためには;それに加えて;これに対して. ¶ *Hierzu* kann ich ihn nur ermutigen. 私はそれをするよう彼を励ましてやるほかない.

hier・zulande [ヒーア・ツランデ] 副 〖書き言葉〗この国(地方・社会)では. ¶ So etwas ist *hierzulande* nicht üblich. そういうことは当地ではふつう行われない.

hiesig [ヒーズィヒ] -e [ヒーズィゲ] 形 当地の. ¶ Das *hiesige* Bier schmeckt mir sehr gut. 私は当地のビールがなんともうまい.

hieß [ヒース] heißen の過去形・単数・1,3人称.

Hi-Fi-Anlage [ハイファイ・アンラーゲ, ハイフィ・アンラーゲ] 女-/-n ハイ・ファイ装置.

High・tech [ハイテク] 中-[s]/ (女-/), **High Tech** [ハイテク] 中-[s]/ (女-/)ハイ・テク,先端技術.

Hilfe [ヒルフェ] 女-/-n 手助け,援助;救助. ¶erste *Hilfe* leisten 応急手当をする. / um *Hilfe* rufen 助けを呼ぶ. / et⁴ zu *Hilfe* nehmen 物⁴の助けを借りる. ◆Sie braucht sofort ärztliche *Hilfe*. 彼女はすぐに医者の手当てを必要としている. / Der junge Staat erhält finanzielle *Hilfe* aus dem Ausland. この新興国は外国からの財政援助を受けている. / Ohne deine *Hilfe* wären wir nicht rechtzeitig fertig geworden. 君の手助けがなかったらわれわれは仕事を終えるのに間に合わなかったろう. / [Zu] *Hilfe!* 助けてくれ.

hilf·los [ヒルフ・ロース] 形 途方にくれた. **hilf·reich** [ヒルフ・ライヒ] 形 役立つ. **hilfs·bereit** [ヒルフス・ベライト] 形 喜んで手を貸す.

Hilfs·kraft [ヒルフス・クラフト] 女–/Hilfs·kräfte [ヒルフス・クレフテ] 補助員. ¶Eine *Hilfskraft* könnten wir gut brauchen. 手伝いが一人いてくれると大助かりなのだが.

Hilfs·mittel [ヒルフス・ミテル] 中–s/– 補助手段(器具);《複 で》援助物資. ¶Er hat das Ganze fast ohne nennenswerte *Hilfsmittel* geschafft. 彼は全事業を特に言うほどの補助もなしでやってのけた.

hilfst [ヒルフスト] < helfen.

hilft [ヒルフト] < helfen.

Him·beere [ヒン・ベーレ] 女–/–n 《果実》ラズベリー, エゾイチゴ.

Himbeere

Himmel [ヒメル] 男–s/ 空, 天；天国.

Himmel·fahrt [ヒメル・ファールト] 女–/《キリスト教》昇天. ¶Christi *Himmelfahrt* キリストの昇天[の大祝日；父の日].

Himmels·körper [ヒメルス・ケルパァ] 男–s/– 天体.

Himmels·richtung [ヒメルス・リヒトゥング] 女–/–en 方位.

himmel·weit [ヒメル・ヴァイト] 形 非常に大きな隔たりのある. ¶*himmelweit* auseinanderliegen 互いに非常に大きなへだたりがある.

himmlisch [ヒムリシュ] 形 空(天・天

国)の. ¶Das ist wirklich ein *himmlischer* Wein. これは本当にすばらしいワインだ. / Mozarts Musik ist einfach *himmlisch*. モーツァルトの音楽は妙(ミョ)なるものと言うほかない.

hin [ヒン] 副 (話者から離れて)あちらへ；去って. ¶auf *et⁴ hin* 事⁴に応じて. / vor *sich⁴ hin* 何となく, 自分だけで. / vor *sich³ hin* singen 鼻うたを歌う. / *hin* und her あちらこちら[へ], 行ったり来たり. / *hin* und wieder ときどき. / eine Fahrkarte *hin* und zurück 往復乗車券. ◆Einmal Bonn [*hin*] und zurück! ボン往復1枚下さい. (⇒her)

hin– [ヒン]《常にアクセントをもち分離動詞をつくる前つづり. またアクセントをもたず他の副詞と結合して意味を添える》【話者から離れて】 *hin*bringen むこうまで連れて(運んで)行く. / *hin*aus (話者のいる中から)外へ.

hin·ab [ヒナプ] 副 (話者から離れて)下方へ.

hin|arbeiten [ヒン・アルバイテン] 動 auf *et⁴ hinarbeiten* 事⁴を目ざして懸命に努力する. ¶Ganz zielstrebig hat er auf seine Beförderung *hingearbeitet*. 彼は全くがむしゃらに昇進をめざしてがんばった.

hin·auf [ヒナォフ] 副 (話者から離れて)上方へ.

hinauf|fahren* [ヒナォフ・ファーレン] du fährst hinauf, er fährt hinauf; fuhr hinauf, hinaufgefahren 動 (s) (乗り物が・乗り物で)登って行く.

hinauf|steigen* [ヒナォフ・シュタイゲン] stieg hinauf, hinaufgestiegen 動 (s) (徒歩で)登って行く.

hin·aus [ヒナォス] 副 (話者のいる中から)外へ.

hinaus|gehen* [ヒナォス・ゲーエン] ging hinaus, hinausgegangen 動 (s) 外へ出て行く. ¶auf *et⁴ hinausgehen* 物⁴に面している. / über *et⁴ hinausgehen* 権限・能力など⁴を越えている. ◆Das Fens-

252

H

ter *geht* aufs Meer *hinaus*. 窓は海側に面している。/ Das dürfte weit über seine Kräfte *hinausgehen*. それは彼の力量をはるかに超えているのではあるまいか。

hinaus|laufen* [ヒナォス・ラォフェン] *du* läufst hinaus, *er* läuft hinaus; lief hinaus, hinausgelaufen 動 (s) 外へ駆け出す. ¶ *auf et⁴ hinauslaufen* 事⁴という結果(結末)になる. ◆ Alles *läuft* auf eine Vereinigung der beiden Firmen *hinaus*. 全てが両社の合併という結果になっていく。

hinaus|lehnen [ヒナォス・レーネン] 動 *sich⁴ hinauslehnen* 外へ身をのり出す. ¶ Nicht *hinauslehnen*! (列車の窓の掲示)身をのり出さないこと.

hinaus|schieben* [ヒナォス・シーベン] schob hinaus, hinausgeschoben 動 外へ押し出す;先へのばす.

hinaus|werfen* [ヒナォス・ヴェルフェン] *du* wirfst hinaus, *er* wirft hinaus; warf hinaus, hinausgeworfen 動 外へ放り出す,追い出す,首にする. ¶ Er *wirft* sein Geld zum Fenster *hinaus*. 彼は金を無駄につかっている.

hinaus|zögern [ヒナォス・ツェーゲルン] 動 延期する. ¶ *sich⁴ hinauszögern* 延び延びになる.

Hin·blick [ヒン・ブリク] 男 -[e]s/ in (im) *Hinblick* auf *et⁴* 事⁴に関して,事⁴を考慮して.

hin|bringen* [ヒン・ブリンゲン] brachte hin, hingebracht 動 (目的地まで)連れて(持って)行く;やり遂げる;(時間を)つぶす.

hindern [ヒンデルン] 動 妨げる《*j⁴ an et³* 人⁴の事³を》. ¶ Man hätte ihn am Verkauf seiner Gemälde *hindern* müssen. 彼が絵画を売払うのを止(と)めるべきだったのに. / Seine Frau konnte ihn nicht *hindern*, das Haus zu verkaufen. 妻は彼が家を売却するのを妨げることができなかった. **Hinder·**

nis [ヒンダァ・ニス] 中 Hinder·nis·ses [ヒンダァ・ニセス] /Hinder·nisse [ヒンダァ・ニセ] 妨害,障害.

hin|deuten [ヒン・ドィテン] 動 指す,示唆(暗示)する《*auf et⁴* 事⁴を》. ¶ Viele Anzeichen *deuten* auf eine baldige Einigung *hin*. 多くの徴候が間もない合意を示唆している.

Hinduismus [ヒンドゥイスムス] 男 -/ ヒンズー教.

hin·durch [ヒン・ドゥルヒ] 副 durch *et⁴ hindurch* 物⁴を通り抜けて,時間⁴のあいだずっと.

hin·ein [ヒナイン] 副 (現地点から向こうへ離れて)中へ. ¶ *Hinein* mit euch ins Haus! 君たち家に入りたまえ.

hinein|finden* [ヒナイン・フィンデン] fand hinein, hineingefunden 動 *sich⁴* in *et⁴ hineinfinden* 物⁴の中へ入る;事⁴に順応する. ¶ Schließlich *fand* sie sich in ihr Schicksal *hinein*. 結局彼女は運命に従った.

hinein|gehen* [ヒナイン・ゲーエン] ging hinein, hineingegangen 動 (s)in *et⁴ hineingehen* 家・部屋など⁴の中に入る;物⁴の中におさまる.

hinein|knien [ヒナイン・クニーエン] 動 没頭する《in *et⁴* 事⁴に》. ¶ Bewundernswert, wie er sich in seine Arbeit *hineinkniet*! 彼が仕事に打ち込む様は感嘆に値する.

hinein|steigern [ヒナイン・シュタイゲルン] 動 *sich⁴* in *et⁴ hineinsteigern* 怒り・絶望など⁴にとらわれる.

hinein|versetzen [ヒナイン・フェァゼッツェン] 動 *sich⁴* in *j⁴/et⁴ hineinversetzen* 人⁴の身になって(事⁴という状況に身をおいて)考える. ¶ Sie hat ein bewundernswertes Talent, sich in ihre Mitmenschen *hineinzuversetzen*. 彼女は人の身になって考えることに賛嘆すべき才能をもっている.

hin|fahren* [ヒン・ファーレン] *du* fährst hin, *er* fährt hin; fuhr hin, hingefahren 動 1 (s) (乗り物で何かを目指して)出かけて行く.

2（人⁴を乗り物で）送り届ける. **Hin・fahrt** [ヒン・ファールト] 囡-/-en 往路.

hin¦fallen* [ヒン・ファレン] *du* fällst hin, *er* fällt hin; fiel hin, hingefallen 動 (s) ころぶ.

hin・fällig [ヒン・フェリヒ] -e [ヒン・フェリゲ] 形 無効の；病みおとろえた，老いさらばえた. ¶Diese Vereinbarung ist nunmehr *hinfällig*. この申し合わせは以後無効である.

Hin・flug [ヒン・フルーク] 男 -[e]s/ Hin・flüge [ヒン・フリューゲ] 飛行の往路.

hin¦führen [ヒン・フューレン] 動 **1** 案内して行く. **2**（道が）…に通じている. ¶Wo *führt* diese Straße *hin*? この道はどこへ通じているのだろう.

hing [ヒング] ¹hängen の過去形・単数・1，3人称.

Hin・gabe [ヒン・ガーベ] 囡-/ 献身；没頭. ¶mit großer *Hingabe* 献身的に. ◆Sie pflegt ihren kranken Vater voller *Hingabe*. 彼女は病気の父親を献身的に看病している. / Wissenschaftliche Arbeit verlangt große *Hingabe*. 学問研究はたいへんな集中を必要とする.

hin¦geben* [ヒン・ゲーベン] *du* gibst hin, *er* gibt hin; gab hin, hingegeben 動 犠牲にする. ¶*sich*⁴ et³ *hingeben* 事³に献身（没頭・耽溺）する. / *sich*⁴ j³ *hingeben*（女性が）人³に身体を許す.

hin・gegen [ヒン・ゲーゲン] 接 これに対して(反して). ¶Ihr Mann ist ein völlig verträumter Typ, sie *hingegen* steht mit beiden Beinen im Leben. 彼女の夫が夢想家であるのにたいして，彼女は現実家である.

hin¦gehen* [ヒン・ゲーエン] ging hin, hingegangen 動 (s) そこへ行く；（人が）亡くなる. ¶Wo *gehst* du *hin*? 君はどこへ行くんだい. / Ich weiß immer noch nicht, wo das Schiff *hingeht*. 私はいまだもってこの船がどこへ行くのか知らないのです.

hin¦gehören [ヒン・ゲヘーレン] 動 （物³に）所属している，ふさわしい. ¶Wo *gehört* das (er) *hin*? これはどこに置いたらいいだろう（彼はどういうグループに属しているのだろう）.

hin¦halten* [ヒン・ハルテン] *du* hältst [ヘルツト] hin, *er* hält hin; hielt hin, hingehalten 動 （人³に）差し出す；（故意に）待たせる.

hinken [ヒンケン] 動 片足を引きずって歩く.

hin¦knien [ヒン・クニーン, ヒン・クニーエン] 動 [*sich*⁴] hinknien ひざまづく.

hin¦kommen* [ヒン・コメン] kam hin, hingekommen 動 (s) 行きつく；（運んで行って）置く；ほぼ足りる. ¶Wo *kommen* die Bücher *hin*? この本は何処に置いたらいいのだろう. / Wo *kämen* wir *hin*, wenn jeder machte, was er wollte? おのおのが好き勝手なことをしていたら，われわれはどうなってしまうだろう. / Mit seinem Gehalt *kommt* er so gerade *hin*. 彼はその給料でどうやらぎりぎり足りている.

hin¦kriegen [ヒン・クリーゲン] 動 うまくやり遂げる；直す. ¶Das hat er wirklich prima *hingekriegt*. 彼はそれを見事にやってのけた.

hin¦legen [ヒン・レーゲン] 動 （そこへ）置く；（多額の金⁴を）支払う. ¶*sich*⁴ *hinlegen*（眠る・休むため）横になる.

hin¦nehmen* [ヒン・ネーメン] *du* nimmst hin, *er* nimmt hin; nahm hin, hingenommen 動 甘んじて受ける. ¶Diese Grobheit solltest du nicht einfach so *hinnehmen*. こんな無礼を君はそのまま我慢していることはないぞ. / Allmählich lernte er, sein Schicksal *hinzunehmen*. 彼は段々運命に従うことを覚えた.

hin・reichend [ヒン・ライヒェント] 形 充分な，足りる. ¶Mit allem Nötigen sind wir *hinreichend* versorgt. われわれは必要なものの全て

を充分に調達してある.

Hin・reise [ヒン・ライゼ] 囡-/-n 往路
の旅.

hin|reißen* [ヒン・ライセン] *du/er*
reißt hin; riss hin, hingeris-
sen 動 感動(感激)させる. **hin・rei・
ßend** [ヒン・ライセント] **1** 形 魅惑的
な,心を惹きつける. **2** hinreißen
の現在分詞.

hin|richten [ヒン・リヒテン] 動 処刑
する. **Hin・richtung** [ヒン・リヒトゥ
ング] 囡 -/-en 処刑.

hin|sehen* [ヒン・ゼーエン] *du*
siehst hin, *er* sieht hin, sah
hin, hingesehen 動 見やる.

hin|setzen [ヒン・ゼッツェン] 動 (そこ
へ)置く;座らせる. ¶ *sich⁴ hinset-
zen* 座る. ◆ *Setzen* Sie sich⁴ ru-
hig *hin*! ご遠慮なくそこにお座り
下さい. / *Setz* deinen schweren
Rucksack erst mal hier *hin*!
その重いリュックサックをとりあえずそ
こへ置けよ.

Hin・sicht [ヒン・ズィヒト] 囡 -/-en
in dieser (jeder) *Hinsicht* この
点に関しては(あらゆる点で). / in
Hinsicht auf et⁴ 事⁴に関して.

hinsicht・lich [ヒンズィヒト・リヒ] 前
《2格支配》…に関して.

hin|stellen [ヒン・シュテレン] 動 (あ
る場所へ)置く. ¶ *sich⁴ hinstellen*
(ある場所に)身を置く. / *j⁴/et⁴* als
j⁴/et⁴ hinstellen 人⁴・物⁴を人⁴・物⁴
と称する. ◆ Sie *stellt* ihn als Lüg-
ner (dumm) *hin*. 彼女は彼を嘘
つきと呼ぶ(馬鹿呼ばわりする).

hinten [ヒンテン] 副 後ろに,奥に. ¶
Hinten sitze ich nicht gern, da
hört man schlecht. 後ろに座るの
は好きじゃない,後ろではよく聞こえな
いのだ.

hinter [ヒンタァ] **1** 前 《3格・4格
支配. hinter dem は融合して hin-
term に, hinter den は hintern,
hinter das は hinters となる》《3格
と》…の後ろで;《4格》…の後ろへ.
¶《背後》 *hinter* dem (hinterm)
Haus³ 家の後ろで(に). / *hinter*
das (hinters) Haus⁴ 家の後ろへ.

【時間的経過】Das Referat habe
ich schon *hinter* mir³. 研究発
表はもう済ませた. / Das Referat
möchte ich schnell *hinter* mich⁴
bringen. 研究発表を早く済ませたい
ものだ. **2** 形 後ろの. ¶ die *hintere*
Seite 後ろ側. **3** 副 《南ドイツ・[ズ
オーストリア]》後ろへ.
¶ bis *hinter* … dort あの…の裏
側まで.

¹**hinter-** [ヒンタァ] 《常にアクセントを
もち分離動詞をつくる前つづり》¶《後
ろ,背後,奥》 *hinter*|gehen 裏へま
わる. ²**hinter-** [ヒンタァ] 《常にアク
セントをもたず非分離動詞をつくる前つ
づり》¶ *hinter*lassen あとに遺す.
/ *hinter*legen (比喩的な意味で後ろ
に,奥に)預ける.

Hinter・bliebener* [ヒンタァ・ブリー
ベナァ] 男 (女性) **Hinter・bliebe-
ne*** [ヒンタァ・ブリーベネ] 囡《形容詞
の名詞化》(特に戦争犠牲者の)遺族.

hinter・einander [ヒンタァ・アィナンダ
ァ] 副 相前後して,次々に.

Hinter・gedanke [ヒンタァ・ゲダンケ]
男 2格-ns, 3・4格-n/-n 下心. ¶ Ich
bin sicher, sie hat mal wieder
Hintergedanken. 彼女はまたまた
下心を抱いているとぼくは確信してい
る.

hinter・gehen* [ヒンタァ・ゲーエン]
hinterging, hintergangen 動 だ
ます. ¶ Sein Buchhalter hat ihn
jahrelang *hintergegangen*. 会計
係は長年にわたって彼をだましていた.

Hinter・grund [ヒンタァ・グルント]
男-[e]s/Hinter・gründe [ヒンタァ・グ
リュンデ] 背景;背後関係. ¶ Über die
Hintergründe des Verbrechens
scheint noch nichts bekannt zu
sein. 犯罪の背景関係に関してはま
だ何もわかっていないらしい.

Hinter・halt [ヒンタァ・ハルト] 男
-[e]s/-e 待ち伏せ場所. ¶ in einen
Hinterhalt geraten 待ち伏せにひ
っかかる. **hinter・hältig** [ヒンタ
ァ・ヘルティヒ] -e [ヒンタァ・ヘルティゲ]
形 陰険(狡猾)な.

hinter・her [ヒンタァ・ヘーァ] 副 後ろ
から;あとから. ¶ *Hinterher* ist

man immer klüger. 良い知恵は
あとになってから出てくる.

hinterher｜laufen* [ヒンタァヘーァ・ラ
ォフェン] *du* läufst hinterher, *er*
läuft hinterher; lief hinterher,
hinterhergelaufen **動** (s) (人³
の)後ろから追っていく;(利益など³を)
追い求める,(人³に)好かれようとつき
まとう. ¶Wegen der paar Euro
laufe ich ihm nicht *hinterher*.
わずかな金がおしくて彼を追い回したり
はしないよ.

Hinter･kopf [ヒンタァ・コプフ] **男**
-[e]s/Hinter･köpfe [ヒンタァ・ケプフ
ェ] 後頭部.

hinter･lassen* [ヒンタァ・ラッセン]
1 *du/er* hinterlässt; hinter-
ließ, hinterlassen **動** (没後に)あ
とに遺す;置いて行く. ¶Sein Onkel
hat ihm ein beträchtliches Ver-
mögen *hinterlassen*. 彼のおじは
彼にぼう大な財産を遺した. **2** hinter-
lassen の過去分詞.

Hinter･lassener* [ヒンタァ・ラッセナ
ァ] **男** [女性] **Hinter･lassene***
[ヒンタァ・ラッセネ] **女**《形容詞の名詞
化》[スイス]遺族.

hinter･legen [ヒンタァ・レーゲン] **動**
(保管してもらうために)預ける;供託す
る.

Hinter･list [ヒンタァ・リスト] **女**-/ 腹
黒さ;背信行為. **hinter･listig**
[ヒンタァ・リスティヒ] -e [ヒンタァ・リステ
ィゲ] **形** 腹黒い.

Hintern [ヒンテルン] **男**-s/- 尻. ¶
Dem Kerl müsste man mal or-
dentlich in den *Hintern* tre-
ten. いつかはあの野郎の尻をしっか
りけっとばしてやらねばなるまい.

hinter･rücks [ヒンタァ・リュクス] **副**
背後から;陰険に.

Hinter･treffen [ヒンタァ・トゥレフェ
ン] **中**-s/ im *Hintertreffen* sein
(ins *Hintertreffen* geraten) 不利
な状態にある(不利な状態に置かれる).

Hinter･tür [ヒンタァ・テューァ] **女**-/
-en 裏口. ¶Raffiniert hielt er
sich⁴ stets eine *Hintertür* offen.
彼はいつも抜け目なく逃げ口上をつくっ

ておいた.

hinter･ziehen* [ヒンタァ・ツィーエン]
hinterzog, hinterzogen **動** (税
金を)払わない.

hin･über [ヒニューバァ] **副** (話し手か
ら見て)あちらへ越えて.

hin･unter [ヒヌンタァ] **副** (話し手か
ら見て)あちらの下方へ.

hinunter｜gehen* [ヒヌンタァ・ゲーエ
ン] ging hinunter, hiunterge-
gangen **動** 降りて行く;下りになる.

hin･weg [ヒン・ヴェク] **副** über *et⁴*
hinweg 場所⁴・時間⁴を越えて,時間⁴
を経て.

hinweg｜setzen [ヒンヴェク・ゼッツェン]
動 (h, s) ¶über *et⁴ hinweg-
setzen* 物⁴をとび越える. / *sich⁴*
über *et⁴ hinwegsetzen* 物⁴を無
視する. ◆ Immer wieder versuchte
er, sich über die Vorschriften
hinwegzusetzen 彼は再三規則を
無視しようとした.

Hin･weis [ヒン・ヴァイス] **男**-es/-e
指示,参照,説明《auf *et⁴* 事⁴の》.
¶Diesen *Hinweis* verdanke ich
meinem Doktorvater. この助言
は私の博士論文指導教授にいただいた
ものである. / Weitere *Hinweise*
zur Benutzung finden Sie auf
den Seiten 7 bis 12. 使用法に
関するその他の説明は7ページから12
ページをご覧下さい. / Warum ha-
ben Sie meinen ausdrücklichen
Hinweis nicht befolgt? 何故あな
たは私が与えた明白な指示に従わなか
ったのですか.

hin･weisen* [ヒン・ヴァイゼン] *du/er*
weist hin; wies hin, hingewie-
sen **動 1** [*j⁴*] auf *et⁴ hinwei-
sen* [人⁴に]事⁴への注意を喚起する. **2**
指し示している《auf *et⁴* 事⁴(物⁴)
を》. ¶Auf mögliche Gefahren
bei der Reise wurde vorher
nicht *hingewiesen*. 旅行中に起こ
るかも知れない危険についてあらかじめ
注意はなかった.

hin｜werfen* [ヒン・ヴェルフェン] *du*
wirfst hin, *er* wirft hin; warf
hin, hingeworfen **動** ほうり投げ

る;中途でやめる. ¶*sich⁴ hinwerfen* ぱっと伏せる. ◆Die Knochen kannst du dem Hund *hinwerfen*. 骨は犬に投げ与えてかまわない.

hin|ziehen* [ヒン・ツィーエン] zog hin, hingezogen **動** **1** 引っぱって行く. ¶*zu sich³ hinziehen* 引き寄せる. / *sich⁴ hinziehen* 長びく. ◆Die Sitzung *zieht* sich endlos *hin*. 会議はいつ終るともなく続いている. **2** (s) 引っ越す,移る.

hin·zu [ヒン・ツー] **副** それに加えて.

hinzu|fügen [ヒンツー・フューゲン] **動** [つけ]加える;添える.

hinzu|kommen* [ヒンツー・コメン] kam hinzu, hinzugekommen **動** (s) その場へ行きあわす;さらに加わる. ¶*Hinzukommt, dass die Maschine wegen Nebels nicht starten konnte*. そこへもってきておまけに霧のため飛行機が出発できないということになった.

Hirn [ヒルン] **中**-[e]s/-e 脳,頭脳.

Hirsch [ヒルシュ] **男**-[e]s/-e 〖動物〗シカ;雄鹿.

hissen [ヒッセン] **動** (旗を)掲揚する.

Historiker [ヒストーリカァ] **男** -s/- (〖女性〗 **Historikerin** [ヒストーリケリン] **女**-s/Historikerinnen [ヒストーリケリネン]) 歴史学者. **historisch** [ヒストーリシュ] **形** 歴史上の,歴史的な.

Hit [ヒット] **男**-[s]/-s ヒット曲;ヒット商品.

Hitze [ヒッツェ] **女**-/ 暑さ. ¶Bei dieser feuchten *Hitze* bekomme ich regelmäßig Herzbeschwerden. こういう湿気の多い暑さになると私はいつも心臓が苦しくなる. / Nach dem Gewitter hat die *Hitze* etwas nachgelassen. 夕立のあと暑さはいくらか和らいだ.

hitze·frei [ヒッツェ・フライ] **形** 酷暑休暇の(朝9時現在の気温が木陰で25℃を超えている場合,機関の長の指示で学校,職場などが休業になる). ¶Heute war *hitzefrei*. きょうは暑さ休みだった. **Hitze·frei** [ヒッツェ・フライ] **中** -/ 酷暑休暇. ¶Heute hatten wir *Hitzefrei*. きょうは暑さ休みだった. / Lange halte ich's nicht mehr aus, wann gibt es endlich *Hitzefrei*? もう長くは堪えられない. いい加減にもうあつになったら暑さ休みになるんだ.

hitzig [ヒッツィヒ] -e [ヒッツィゲ] **形** 怒りっぽい;激しい.

Hitz·schlag [ヒッツ・シュラーク] **男** -[e]s/Hitz·schläge [ヒッツ・シュレーゲ] 〖医療〗熱射病. ¶einen *Hitzschlag* bekommen 熱射病になる.

HIV [ハーイーファオ] **中**-[e]s/ 〖医療〗エイズウイルス,ヒト免疫不全ウイルス.

Ho [ハーオー] 〖元素記号〗ホルミウム.

hob [ホープ] heben の過去形・単数・1,3人称.

Hobby [ホビ] **中**-s/-s ホビー,趣味.

Hobel [ホーベル] **男**-s/- 鉋(かんな);野菜スライス器. **hobeln** [ホーベルン] **動** (物⁴に)鉋をかける;(野菜をスライス器で)スライスする.

hoch [ホーホ] höher [ヘーァ], am höchsten [ヘーヒステン] **形** 《名詞を修飾し付加語として用いる場合は hoh [ホー] という形をとる》高い;(…⁴の)高さのある;高所の;高位の. ¶Der Berg ist sehr *hoch*. その山は非常に高い. / ein *hoher* Berg 高い山. / *hohes* Fieber 高熱. / *hohe* Mieten 高額の家賃. / eine *hohe* Stimme 高い声. ◆Der Mount Everest (Der Chomolungma) ist 8846 Meter *hoch*. エヴェレスト(チョモランマ)は高さ8,846メートルである. / Das Dorf liegt *hoch* auf dem Hügel. その村は丘の上の高みにある. / Unsere Mannschaft hat beschämend *hoch* verloren. わがチームは屈辱的な大敗を喫した. / Bis ins hohe Alter spielte er regelmäßig Tennis. 高齢になるまで彼はテニスをするのが日課だった. / Sein Vater war ein *hoher* Offizier. 彼の父は高級将校だった. / Dieser Stahl ist von besonders *hoher* Qualität. この鋼鉄は特に高品質である. / Die Arbeiter streiken

H

für *höhere* Löhne. 労働者たちは
より高い賃金を求めてストライキをして
いる。/ Derlei wird auf *höchster*
Ebene entschieden. そのような
ことは最高のレベルで決定される。

Hoch [ホーホ] 中-s/-s 〖気〗高気圧
[帯]。(⇒Tief)

Hoch・achtung [ホーホ・アハトゥング]
女-/ 尊敬の念。¶Meine *Hochach-
tung* für diesen Politiker hält
sich in Grenzen. この政治家に対
する私の尊敬の念はまあまあといったと
ころだ。/ Vor unserem Pfarrer
habe ich die größte *Hochach-
tung*. われわれの牧師を私は最高に
尊敬している。

hoch・aktuell [ホーホ・アクトゥエル]
形 非常に現実に即した。¶Das The-
ma Geburtenrückgang ist der-
zeit *hochaktuell*. 出生率の低下は
目下きわめて大きな話題となっている。

hoch・arbeiten [ホーホ・アルバイテン]
動 *sich⁴ hocharbeiten* 刻苦して
出世する。

hoch・deutsch [ホーホ・ドィチュ] 形
標準ドイツ語の;高[地]ドイツ語の。
Hoch・deutsch [ホーホ・ドィチュ]
中《語形変化については deutsch
参照》〖語〗標準ドイツ語;高[地]ド
イツ語。

ドイツ語は Düsseldorf 付近から
ほぼ東へ伸びる線の北側で使われる
方言を Niederdeutsch 低[地]
ドイツ語,南側の言語を高[地]ド
イツ語と呼ぶ。高[地]ドイツ語はさら
に北寄りの Mitteldeutsch 中部
ドイツ語と南部の Oberdeutsch
上部ドイツ語とに分けられる。低
[地]ドイツ語はいろいろな点でオラ
ンダ語に近い。現代ドイツ語の標
準語は高[地]ドイツ語を土台とし
て作られたので,Hochdeutsch
は「標準語」という意味でも使わ
れる。ただし「標準語」というもの
の定義はあまり明瞭でない。また
Hoch- とか Nieder-, Ober-
などの表現はドイツの地形から来て
いる。ドイツの南部はアルプスにつな

がる高地であり,北はバルト海,北
海に面した低地なのである。

hoch・gehen* [ホーホ・ゲーエン] ging
hoch, hochgegangen 動 (s)
登って行く;(幕などが)上がる;激怒す
る。¶Wenn er das hört, *geht*
er bestimmt gleich *hoch*. 彼が
それを聞いたらたちまち激怒するぞ。/
Beim Entschärfen wäre die
Mine beinah *hochgegangen*.
地雷の信管を取り外す際あやうく爆発
するところだった。

hoch・gradig [ホーホ・グラーディヒ] -e
[ホーホ・グラーディゲ] 形 極度の,高度
の。

hoch・halten* [ホーホ・ハルテン] *du*
hältst [ヘルツト] hoch, *er* hält
hoch; hielt hoch, hochgehal-
ten 動 高く上げたままにしておく;尊
重する。¶In manchen Dörfern wer-
den die alten Traditionen noch
hochgehalten. 昔ながらの伝統を
尊重している村がまだいくつかある。

Hoch・haus [ホーホ・ハォス] 中-es/
Hoch・häuser [ホーホ・ホィザァ] 高層
ビル。

hoch・heben* [ホーホ・ヘーベン] hob
hoch, hochgehoben 動 高く[持
ち]上げる。

hoch・kommen* [ホーホ・コメン]
kam hoch, hochgekommen 動
(s) 上がって来る;出世(昇進)する。
¶es *kommt* j³ *hoch* 人³の胸が
(吐きそうで)むかつく。♦ Durch aller-
lei Intrigen ist er schnell *hoch-
gekommen*. あらゆる奸策を弄(ろう)
して彼はスピード出世した。/ Wenn
ich diese Hetze[rei] höre, *kommt*
es mir *hoch*. この種の扇動を耳に
すると私はむかむかする。

Hoch・konjunktur [ホーホ・コンユン
クトゥーァ] 女-/-en 〖経済〗好景気。

hoch・leben [ホーホ・レーベン] 動 *j⁴/
et⁴ hochleben* lassen 人⁴(組
織⁴)の万歳を唱える。

Hoch・mut [ホーホ・ムート] 男-[e]s/
高慢。¶Durch seinen *Hochmut*
hat er sich höchst unbeliebt

gemacht. その高慢さによって彼は
おおいに嫌われ者になった. **hoch・
mütig** [ホーホ・ミューティヒ] -e [ホー
ホ・ミューティゲ] 形 高慢な.
hoch・näsig [ホーホ・ネーズィヒ] -e
[ホーホ・ネーズィゲ] 形 うぬぼれた.
hoch・rangig [ホーホ・ランギヒ] -e
[ホーホ・ランギゲ] 形 高位の. ¶Bei
den Verhandlungen ist Japan
mit einer *hochrangigen* Delega-
tion vertreten. 折衝にあたって日
本からは高官の代表団が出席している.
Hoch・rechnung [ホーホ・レヒヌング]
女-/-en (選挙などの)予想最終値,
得票結果推計. ¶Nach ersten
Hochrechnungen liegt die Op-
position knapp vorn. 最初何回
かの投票結果推計では野党が僅かに優
勢である.
Hoch・saison [ホーホ・ゼゾーン] 女
-/-[s] (旅行, ショッピングなどの「書
き入れ時」という意味で)シーズン.
Hoch・schule [ホーホ・シューレ] 女-
/-n (一般的に)大学; 単科大学.

> ドイツの大学は大きく次のように分
> けられる.
> ・総合大学 Universität
> ・専門分野を実践的に学ぶ専門単
> 科大学 Fachhochschule,
> Hochschule für angewandte
> Wissenschaften
> ・芸術大学 Kunsthochschule,
> 音楽大学 Musikhochschule, 映
> 像大学 Filmhochschule 等の芸
> 術系大学
> Hochschule という語は「単科
> 大学」の意味の他, 上記すべての大
> 学をまとめて指す時にも使う.
> 大学行政は各州の管轄で, 国立大
> 学の予算の大部分は州が担ってい
> る. 大半の学生は国立大学で学んで
> いるが, 教会立の大学や私立大学も
> ある. 大学の入学資格は一般大学
> 入学資格(⇒Abitur)だけではない.
> 特定の専門分野のみ, あるいは専門
> 単科大学のみに入学可能な資格もあ
> る. また職業経験, 職業資格などを
> 生かして大学に進む道も開かれている.

(学位, 学費など⇒Studium/
専門単科大学⇒Fachhochschule)

Hoch・sommer [ホーホ・ゾマァ] 男
-s/ 夏のさかり, 盛夏.
Hoch・spannung [ホーホ・シュパヌン
グ] 女-/-en 高電圧. ¶Vorsicht!
Hochspannung! 高電圧注意.
Hoch・sprache [ホーホ・シュプラーヘ]
女-/-n 〖語〗標準語.
höchst [ヘーヒスト] 形 《hoch の最
高級》最も高い;《副として》きわめて.
¶Sein Besuch kommt mir
höchst ungelegen. 彼の訪問は私
にとって[時間的に]きわめて都合が悪い.
Hoch・stapler [ホーホ・シュターブラァ]
男-s/ 紳士詐欺師.
höchstens [ヘーヒステンス] 副 せい
ぜい[のところ]. ¶Sie ist *höch-
stens* 40 [Jahre]. 彼女はせいぜい
40歳だ. / Von dem, was er
sagt, stimmt *höchstens* die
Hälfte. 彼の言うことはどう多く見積も
っても半分しか真実でない. / Alkohol
trinkt sie fast nie, *höchstens* bei
Partys. 彼女はアルコール類をほとん
ど飲まない. 飲むのはせいぜいパーティ
ーの席だけだ.
Höchst・geschwindigkeit [ヘ
ーヒスト・ゲシュヴィンディヒカイト] 女-/-en
最高速度.
Höchst・maß [ヘーヒスト・マース] 中
-es/ 最大限. ¶mit einem *Höchst-
maß* an Genauigkeit 最高度の精
確さをもって.
Hoch・wasser [ホーホ・ヴァサァ] 中
-s/- 洪水.
hoch・wertig [ホーホ・ヴェールティヒ]
-e [ホーホ・ヴェールティゲ] 形 価値(栄
養価)の高い.
¹**Hoch・zeit** [ホッホ・ツァイト] 女-/
-en 結婚式. ¶*Hochzeit* feiern
結婚式をあげる.
²**Hoch・zeit** [ホーホ・ツァイト] 女-/
-en 最盛期. ¶Die *Hochzeit* der
Hanse war im 14. und 15. Jahr-
hundert. ハンザ同盟の最盛期は14
および15世紀だった.
Hochzeits・geschenk [ホッホツァ

ィツ・ゲシェンク] 中-[e]s/-e 結婚式プ
レゼント.

Hochzeits·tag [ホッホツァイツ・ターク] 男-[e]s/-e 結婚式の日;結婚記念日.

hoch︱ziehen* [ホーホ・ツィーエン] zog hoch, hochgezogen 動 引っぱり上げる,上げる. ¶die Schultern *hochziehen* 肩をそびやかす. / *sich⁴ an et³ hochziehen* 物³・事³を面白がる.

hocken [ホッケン] 動 しゃがんでいる;座り続けている. ¶*sich⁴ hocken* しゃがむ. ◆Er *hockt* stundenlang vor der Glotze. 彼は何時間でもテレビの前に座り込んでいる. **Hocker** [ホッカァ] 男-s/- スツール.

Hockey [ホッケ, ホッキ] 中-s/ 〖スポーツ〗ホッケー.

Hoden [ホーデン] 男-s/- 睾丸(ぷ).

Hof [ホーフ] 男-[e]s/Höfe [ヘーフェ] 中庭;(家屋・農地全体を指して)農場;宮廷.

hoffen [ホッフェン] 動 希望する,願う《[auf] *et⁴* 事⁴を》. ¶Seit Tagen *hoffen* wir auf besseres Wetter. 何日も前から私たちはお天気がよくなることを願っている. / Ich *hoffe*, es geht dir bald besser. 君の病気がもうすぐよくなるよう希望する. / Ich will nicht *hoffen*, dass du so etwas nochmal tust. お前にはこんなことを二度とくりかえしてほしくない.

hoffent·lich [ホッフェント・リヒ] 副 望むらくは,…であれば良いが. ¶*Hoffentlich* sehen wir uns bald wieder! すぐまたお会いできますように. / Glaubst du, du schaffst das? – *Hoffentlich!* 君はそれをやり遂げられると思っているのかい—そうあってほしいものだ.

Hoffnung [ホッフヌング] 女-/-en 希望,見込み《auf *et⁴* 事⁴への》. **hoffnungs·los** [ホッフヌングス・ロース] 形 望みのない,絶望的な. **hoffnungs·voll** [ホッフヌングス・フォル] 形 希望に満ちた.

höf·lich [ヘーフ・リヒ] 形 礼儀正し

い. ¶Die Beamten hätten *höflicher* sein können! お役人というものはもっと親切であってくれても良かったはずだ. **Höflich·keit** [ヘーフリヒ・カイト] 女-/ 礼儀正さ.

hoh [ホー] 形 《hoch を付加語として用いる場合の形》¶Der Berg dort ist *hoch*. あの山は高い. / Dort sehen Sie einen *hohen* Berg. あそこに高い山が見えるでしょう.

Höhe [ヘーエ] 女-/-n (山・温度・値段・音・レベルなどの)高さ;高み. ¶wieder auf der *Höhe* sein また元どおり健康である. / in *Höhe* von 10 Euro 10ユーロの(で).

Höhe·punkt [ヘーエ・プンクト] 男-[e]s/-e 頂点. ¶Der Autor steht auf dem *Höhepunkt* seines Schaffens. この作家は創作活動の頂点に立っている.

höher [ヘーァ] 形 《hochの比較級》より高い.

hohl [ホール] 形 空洞の,中身のない. **Höhle** [ヘーレ] 女-/-n 洞くつ.

Hohn [ホーン] 男-[e]s/ 侮蔑,嘲弄(ちょうろう). **höhnisch** [ヘーニシュ] 形 嘲弄的な.

Hokus·pokus [ホークス・ポークス] 男-/ チチンプイプイ(呪文);ごまかし.

holen [ホーレン] 動 連れて(持って・取って・呼んで)来る,勝ち取る;取り出す《aus *et³* 物³から》. ¶*sich³ et⁴ holen* 病気⁴にかかる. ◆Man sollte besser einen Arzt *holen*. 医者を呼んだ方がいいのではないか. / *Holst* du uns noch eine Flasche Wein aus dem Keller? 地下室からワインをもう1本取ってきてくれるかい. / Bei solchem Wetter kann man sich leicht eine Grippe *holen*. こういうお天気のときは風邪をひきやすい.

Holland [ホラント] 中 〖地名〗オランダ. (⇒Niederlande) **Holländer** [ホレンダァ] 男-s/- (女性 **Holländerin** [ホレンデリン] 女-/Holländerinnen [ホレンデリネン])オランダ人. **holländisch** [ホレンディシュ] 形 オランダ(人・語)の. **Holländisch**

260

[ホレンディシュ] 中-[s]/, **Holländi-sche*** [ホレンディシェ] 中《形容詞の名詞化. 常に定冠詞を伴う》オランダ語. (⇒Deutsch)

Hölle [ヘレ] 女-/ 地獄. **höllisch** [ヘリシュ] 形 地獄の[ような];極端な. ¶Er musste *höllisch* aufpassen, dass er sich nicht im Nebel verirrte. 霧の中で迷わないよう彼はものすごく注意しなければならなかった.

holpern [ホルペルン] 動 (s) がたがたと走る. **holprig** [ホルプリヒ] -e [ホルプリゲ] 形 でこぼこの. ¶*holprig* sprechen つかえつかえ話す. / Sein Deutsch ist noch *holprig*. 彼のドイツ語はまだたどたどしい.

Holz [ホルツ] 中-es/Hölzer [ヘルツァ] 木材;たきぎ. **hölzern** [ヘルツェルン] 形 木[製]の;ぎこちない. **holzig** [ホルツィヒ] -e [ホルツィゲ] 形 (野菜・果物が)固い;繊維質の.

¹**Homo** [ホーモ] 中-s/Homines [ホーミネース] 人間.

²**Homo** [ホーモ] 男-[s]/-s 同性愛者.

homo・gen [ホモ・ゲーン] 形 同種(同質)の;均質の.

Homo・sexualität [ホモ・ゼクスアリテート] 女-/ 同性愛. **homo・sexuell** [ホモ・ゼクスエル] 形 同性愛の. **Homo・sexueller*** [ホモ・ゼクスエラァ] 男 (女性 **Homo・sexuelle** [ホモ・ゼクスエレ] 女)《形容詞の名詞化》同性愛者.

Honig [ホーニヒ] 男-s/(種類:-e) 蜂蜜.

Honorar [ホノラール] 中-s/-e (自由業の人に対する)謝金, ギャラ.

Hopfen [ホップフェン] 男-s/《植物》ホップ.

hoppla! [ホップラ] 間 おっと,どっこい;びっくりしたなあ.

hopsen [ホプセン] 動 (s) ぴょんぴょん跳んで歩く.

hör・bar [ヘーァ・バール] 形 聞き取れる.

horchen [ホルヒェン] 動 聞き耳を立てる.

Horde [ホルデ] 女-/-n 大群;(規律のない)群集.

hören [ヘーレン] 動《他の動詞の不定詞を伴う場合の過去分詞は gehört, hören のどちらも使われる》**1** 聞く,耳にする;聴力がある. ¶Weißt du, was ich von ihm *gehört* habe? 彼から何を聞いたと思う. / Mein Opa *hört* schlecht. 祖父は耳が良くない. / Hat Max in letzter Zeit von sich *hören* lassen? 最近マックスは自分の消息を知らせてきたかい. / Sie werden noch von mir *hören*. いずれ私からご連絡しますが;いずれ言って聞かせることがあるからね. / Na, *hören* Sie mal! (不満・不同意を表現して)ちょっと待ってくれよ,なんということを言うんだ.《他の動詞の不定詞を伴って》Ich habe das Kind schreien *hören/gehört*. 私は子供が泣き喚くのを聞いた. **2** auf die Eltern (einen Rat) *hören* 両親の言うこと(忠告)をよく聞く.

Hören・sagen [ヘーレン・ザーゲン] 中-s/ 伝聞. ¶Das weiß ich auch nur vom *Hörensagen*. 私もそれは伝聞で知っているだけです.

¹**Hörer** [ヘーラァ] 男-s/- (女性 **Hörerin** [ヘーレリン] 女-/Hörerinnen [ヘーレリネン])聞き手,聴取者,聴衆.

²**Hörer** [ヘーラァ] 男-s/- 受話器.

Horizont [ホリツォント] 男-[e]s/-e 地平線,水平線. **horizontal** [ホリツォンタール] 形 水平の. (⇒vertikal)

Hormon [ホルモーン] 中-s/-e ホルモン.

Horn [ホルン] 中-[e]s/Hörner [ヘルナァ] 角(?);《楽器》ホルン.

Hörn・chen [ヘルン・ヒェン] 中-s/- クロワッサン;《動物》リス.

Horo・skop [ホロ・スコープ] 中-s/-e 星占い.

Horror [ホローァ] 男-s/ 恐怖,ホラー. ¶Vor dem Zahnarzt hat sie einen schrecklichen *Horror*. 歯科医に対して彼女はひどい恐怖心をもっている. **Horror・film** [ホローァ・フィルム] 男-[e]s/- ホラー映画.

Hör·saal [ヘーァ・ザール] 男-[e]s/Hör·säle [ヘーァ・ゼーレ] (大学の)教室.

Hör·spiel [ヘーァ・シュピール] 中-[e]s/-e ラジオドラマ.

Hort [ホルト] 男-[e]s/-e 託児所,保育園.

Hose [ホーゼ] 女-/-n 《しばしば複で》ズボン,スラックス;ショーツ. ¶Bei Meiers hat sie die *Hosen* an. マイアー家はかかあ天下だ. **Hosen·anzug** [ホーゼン・アンツーク] 男-[e]s/Hosen·anzüge [ホーゼン・アンツューゲ] パンタロンスーツ. **Hosen·tasche** [ホーゼン・タシェ] 女-/-n ズボンのポケット.

Hospital [ホスピタール] 中-s/-e (Hospitäler [ホスピテーラァ])小規模病院.

Hospiz [ホスピーツ] 中-es/-e 修道院付属宿泊所;《医療》ホスピス.

Hostess [ホステス] 女-/-en (見本市などで接客にあたる)コンパニオン;(女性の)客室乗務員.

Hotel [ホテル] 中-s/-s ホテル. **Hotel·führer** [ホテル・フューラァ] 男-s/- ホテルガイド. **Hotel garni** [ホテル ガルニー] 中-/-s -s ホテル・ガルニー(朝食つきの簡易ホテル). **Hotel·zimmer** [ホテル・ツィマァ] 中-s/- ホテルの客室.

Hot·line [ホット・ライン] 女-/-s 電話相談サービス.

hübsch [ヒュプシュ] 形 感じの良い;かわいい,魅力的な. ¶Ich finde, sie ist sogar noch *hübscher* als auf diesem Foto. それどころか彼女はこの写真よりもっと魅力的だとさえ思うよ.

Hub·schrauber [フープ・シュラォバァ] 男-s/- ヘリコプター. (⇒Helikopter)

hudeln [フーデルン] 動 雑な仕事をする.

Huf [フーフ] 男-[e]s/-e ひづめ. **Huf·eisen** [フーフ・アィゼン] 中-s/- 蹄鉄(ていてつ).

Hüfte [ヒュフテ] 女-/-n 腰,ヒップ.

Hügel [ヒューゲル] 男-s/- 丘,丘陵.

関─連─語 **Hotel**
―宿泊施設の種類と関連用語―

die Pension ペンション.
das Hotel garni (宿泊,朝食のみの)簡易ホテル.
der Gasthof, das Gasthaus (レストラン兼)旅館.
die Jugendherberge ユースホステル.

einchecken チェックインする.
auschecken チェックアウトする.
das Einzelzimmer シングル.
das Doppelzimmer ダブル.
die Suite スイート.
mit Bad 浴室付き.
mit Dusche シャワー付き.
der Empfang フロント.
der Schlüssel 鍵.
der(das) Safe セーフティボックス.

---

hügelig [ヒューゲリヒ], **hüglig** [ヒューゲリヒ] -e [ヒューゲリゲ, ヒューゲリゲ] 形 丘陵の多い,起伏のある.

Huhn [フーン] 中-[e]s/Hühner [ヒューナァ] 《動》ニワトリ. (⇒Hahn, Henne)

Hülle [ヒュレ] 女-/-n 覆い,包み,ケース. **hüllen** [ヒュレン] 動 覆う,包む,くるむ,納める《in *et⁴* 物⁴の中に》. ¶*sich⁴* in *et⁴* hüllen 毛布など⁴にくるまる. ◆Die Mutter *hüllte* das Kind in eine warme Decke. 母親は子供を暖かい毛布にくるんだ. /Er *hüllt* sich nach wie vor in Schweigen. 彼は依然として沈黙を守っている.

Hülse [ヒュルゼ] 女-/-n 莢(さや),カプセル,キャップ,ケース.

human [フマーン] 形 人間の,人間的な;人道的な. **humanitär** [フマニテーァ] 形 人道主義的な.

Humor [フモーァ] 男-s/ ユーモア. ¶Er hat einen tollen *Humor*. 彼はすばらしいユーモア感覚を持っている.

humor·los [フモーァ・ロース] 形 ユーモアを解さない. **humor·voll** [フモーァ・フォル] 形 ユーモアたっぷりの.

humpeln [フンペルン] 動 (s, h) 片足を引きずる; (s) 片足を引きずって行く.

Hund [フント] 男-[e]s/-e 〖動〗イヌ.

hunde·elend [フンデ・エーレント] 形 ひどくみじめな. **hunde·müde** [フンデ・ミューデ] 形 くたくたに疲れた.

hundert [フンデルト] 数 《基数》100. **Hundert** [フンデルト] **1** 女-/-en 百の数[字]. **2** 中-s/-[e] 百[という数];《複》で》数百,何百.¶ vier von *Hundert* 4パーセント(略: vH, v.H.). **hundert·prozentig** [フンデルト・プロツェンティヒ] -e [フンデルト・プロツェンティゲ] 形 100パーセントの,完全な.

hundertst [フンデルツト] 数 《序数》第100番目の. **hundertstel** [フンデルツテル] 数 《分数》100分の1の.

Hunger [フンガァ] 男-s/ 空腹.¶ *Hunger* bekommen (haben) 腹が減る(空腹である).

hungern [フンゲルン] 動 空腹である.

hungrig [フングリヒ] -e [フングリゲ] 形 空腹な,飢えた.

Hupe [フーペ] 女-/-n クラクション.

hupen [フーペン] 動 クラクションを鳴らす.

hüpfen [ヒュップフェン] 動 (s) ぴょんぴょん跳んで行く(跳ぶ).

Hürde [ヒュルデ] 女-/-n 障害物,ハードル.¶ eine *Hürde* überwinden 障害を克服する.

hurra! [フラー] 間 万歳.

husch! [フッシュ] 間 そらそら,そら急げ.¶ *Husch, husch*, ins Bett mit euch! さあさあ早くおやすみなさい.

huschen [フッシェン] 動 (s) 音もなくすばやく通り過ぎる.¶ Unsere Katze *huscht* gern zu den Kindern ins Bett. うちの猫は子供たちのベッドにそっともぐりこむのが好きだ.

hüsteln [ヒューステルン] 動 [続けざまに]軽いせきをする.

husten [フーステン] 動 せきをする. **Husten** [フーステン] 男-s/ せき.

Hut [フート] 男-[e]s/Hüte [ヒューテ] 帽子.¶ den *Hut* aufsetzen 帽子をかぶる. / den *Hut* aufhaben 帽子をかぶっている. / den *Hut* abnehmen 帽子を脱ぐ. ♦ Bei so einer Hitze gehe ich nicht ohne *Hut* aus dem Haus. この暑さでは帽子なしで外出しない.

hüten [ヒューテン] 動 (人⁴・動物⁴の)世話をする.¶ *sich*⁴ vor *j*³/*et*³ hüten 人³ / 物³に用心する.

Hütte [ヒュッテ] 女-/-n 小屋.

hybrid [ヒュブリート] 形 ハイブリッドの.

Hybrid·auto [ヒュブリート・アォト] 中-s/-s ハイブリッドカー.

Hygiene [ヒュギエーネ] 女-/ 衛生,清潔. **hygienisch** [ヒュギエーニシュ] 形 衛生的な,清潔な.

Hymne [ヒュムネ] 女-/-n 賛歌.

Hypnose [ヒュプノーゼ] 女-/-n 催眠[状態];催眠術.

Hypo·thek [ヒュポ・テーク] 女-/-en 抵当[権].

Hypo·these [ヒュポ・テーゼ] 女-/-n 仮説,仮定.

Hysterie [ヒュステリー] 女-/Hysterien [ヒュステリーエン] 〖医学〗ヒステリー. **hysterisch** [ヒュステーリシュ] 形 ヒステリーの.

ちょっと文法

陰の主役は肩書無し／動詞(3)

◆分詞◆
ぼくの名前は〈動詞〉. 仕事を離れているけど素顔でないといったぼくの顔が〈分詞〉かな. 実は〈分詞〉の顔にも2種類あるんだ. 一つは〈過去分詞〉. 家庭でのぼくの顔さ.「もう終ってる」んだ. 一人じ

ゃなんにもできないんで，女房の飾り物（修飾語）にもなるけれど，弟の助動詞（haben, sein）といっしょに完了形を作ったり，同じく弟の助動詞（werden, sein）といっしょに受動態を作ったりするときは，弟たちの助動詞が主役（＝人称形となる）で，ぼくは陰に隠れてる（＝末尾に置かれる）．もう一つは〈現在分詞〉．ときどきしかやらないけれど，こっちは遊んでるぼくの顔だね．「今やってる」ということさ．でも〈過去分詞〉に較べると出番が少ないのが残念だ．

H

I

¹**I, i** [イー] 中-/- ドイツ語アルファベットの第9字.

²**I** [イー] 中 《元素記号》インジウム.

i.A. [イム・アォフトゥラーク] 《略》委任により（＝im **A**uftrag）.

IC [イーツェー] 《略》＝**I**nter**c**ity.

ICE [イーツェーエー] 《略》＝**I**nter**c**ity・**e**xpress.

ich [イヒ] 代 《人称. 1人称・単数・1格》私. 【人称代名詞】それぞれの用法については1格の形で本書をひくこと. 2格は「所有」とは関係がない. 動詞, 前置詞, 形容詞の目的語として使われる. ¶statt *deiner* 君のかわりに.

【単数】

	1人称	2人称		3人称		
		親称	敬称	男性	女性	中性
1格	ich	du	Sie	er	sie	es
2格	meiner	deiner	Ihrer	seiner	ihrer	seiner
3格	mir	dir	Ihnen	ihm	ihr	ihm
4格	mich	dich	Sie	ihn	sie	es

【複数】

	1人称	2人称		3人称
		親称	敬称	
1格	wir	ihr	Sie	sie
2格	unser	euer	Ihrer	ihrer
3格	uns	euch	Ihnen	ihnen
4格	uns	euch	Sie	sie

ideal [イデアール] 形 理想的な. ¶ein *idealer* Partner 理想的なパートナー. ◆ Die Wohnung liegt *ideal* zur Universität. 住まいは大学へ行くのに理想的なところにある.

Ideal [イデアール] 中-s/-e 理想；理想像.

Idealismus [イデアリスムス] 男-/ 理想主義；《哲学》観念論. **idealistisch** [イデアリスティシュ] 形 理想主義の；《哲学》観念論の.

Idee [イデー] 女-/-n [イデーエン] アイディア；理念, 観念. ¶Das ist eine gute (keine schlechte) *Idee*. それはグッド・アイディアだ（そのアイディアは悪くない）. / Schließlich kam ihm eine *Idee*. 彼は遂にアイディアが浮かんだ.

identifizieren [イデンティフィツィーレン] identifizierte, identifiziert 動 (身元などを)確認(識別)する. ¶ sich⁴ mit j³/et³ *identifizieren* 人³(事³)と自分の一致を認める, 一体感を持つ. ◆ Die Leiche ist noch nicht *identifiziert*. 遺体はまだ身元が確認されていない. / Mit einem solchen Weltbild kann ich mich nicht *identifizieren*. 私はそのような世界像には共鳴できない.

identisch [イデンティシュ] 形 まったく同一の. ¶Die Ziele der beiden Politiker sind nahezu *identisch*. 二人の政治家の目標はほとんど一致している. / Die Fingerabdrücke sind mit denen des Verdächtigen *identisch*. その指紋は容疑者のそれと完全に一致している.

Identität [イデンティテート] 女-/-en アイデンティティー(自己同一性；独自性；身元). **Identitäts・karte** [イデンティテーツ・カルテ] 女-/-n 《スイス》IDカード, 身分証明書.

Ideo・logie [イデオ・ロギー] 女-/ Ideo・logien [イデオ・ロギーエン] イデオロギー. **ideo・logisch** [イデオ・ローギシュ] 形 イデオロギー上の.

Idiot [イディオート] 男-en/-en 愚か者. ¶Welcher *Idiot* hat denn vergessen, hier abzuschließen? ここの鍵を閉め忘れたアホは誰だ. **idiotisch** [イディオーティシュ] 形 愚かな, ばかげた.

Idol [イドール] 中-s/-e 偶像；アイドル(人気者). ¶*Idole* der Jugend 若者のアイドルたち.

Idylle [イデュレ] 女-/-n 牧歌. **idyllisch** [イデュリシュ] 形 牧歌的な.

Igel [イーゲル] 男-s/- 《動物》ナミハリネズミ.

ignorieren [イグノリーレン] ignorierte, ignoriert **動** 無視する. ¶Am besten *ignorierst* du ihn (du, was er sagt). 彼のこと(彼の言うこと)なんか無視するのが一番だ.

ihm [イーム] **代** 《人称．3人称・単数・男性 er, 同中性 es の3格》彼に；それに. (⇒ich)

ihn [イーン] **代** 《人称．3人称・単数・男性 er の4格》彼を. (⇒ich)

ihnen [イーネン] **代** 《人称．3人称・複数 sie（彼ら）の3格》彼らに. (⇒ich)

Ihnen [イーネン] **代** 《人称．Sie の単数，複数・3格》あなた[たち]に. (⇒ich)

ihr [イーァ] **代** **1**《人称．3人称・単数・女性 sie の3格》彼女に；《2人称・複数・1格》君たち. (⇒ich) **2** 《所有．sie（彼女；彼ら）に対応して》彼女の；彼らの.

	男性	女性	中性	複数
1格	ihr	ihre	ihr	ihre
2格	ihres	ihrer	ihres	ihrer
3格	ihrem	ihrer	ihrem	ihren
4格	ihren	ihre	ihr	ihre

Ihr [イーァ] **代** 《所有．Sie（あなた；あなたたち）に対応して》あなたの；あなたたちの(格数変化は上の表における ihr, ihres などを Ihr, Ihres などと読みかえる).

ihrer [イーラァ] **代** 《人称．3人称・単数・女性 sie（彼女），同複数（彼ら）の2格. (⇒ich)

Ihrer [イーラァ] **代** 《人称．単数・複数2人称 Sie（あなた；あなたたち）の2格》 (⇒ich)

il·legal [イレガール, イレガール] **形** 非合法な，違法な. ¶Der Mann hielt sich *illegal* in der Bundesrepublik auf. その男は連邦共和国に不法滞在をしていた.

Il·lusion [イルズィオーン] **女** -/-en 錯覚，幻想. ¶Nach der Scheidung ist sie um eine *Illusion* ärmer. 離婚後彼女は幻想をひとつ失った.

il·lusorisch [イルゾーリシュ] **形** 非現実的な；無駄な.

Il·lustration [イルストゥラツィオーン] **女** -/-en イラスト[レーション]，挿絵，

図解. **illustrieren** [イルストゥリーレン] illustrierte, illustriert **動** (物4に)イラスト(図解)をつける.

Il·lustrierte* [イルストゥリールテ] **女** 《形容詞の名詞化》グラフ雑誌. ¶Diese *Illustrierte* bringt immer wieder erfundene Interviews. このグラフ誌は繰り返しでっちあげのインタビュー記事を載せる.

im [イム] =in dem.

Image [イミチュ] **中** -[s]/-s イメージ.

Im·biss [イン・ビス] **男** -es/-e スナック，軽食，軽食堂.

Imitation [イミタツィオーン] **女** -/-en イミテーション. **imitieren** [イミティーレン] imitierte, imitiert **動** 模倣する. ¶Er *imitiert* unseren Professor perfekt. 彼はわれわれの教授を完璧にまねてみせる.

Imker [イムカァ] **男** -s/- (**女性** **Im·kerin** [イムケリン] **女**/-/Imkerinnen [イムケリンネン])養蜂業者.

Immatrikulation [イマトゥリクラツィオーン] **女** -/-en 大学入学手続き，学籍登録. **immatrikulieren** [イマトゥリクリーレン] immatrikulierte, immatrikuliert **動** (学生を)学籍登録する. ¶*sich4 immatrikulieren* 大学入学手続きをとる.

immer [イマァ] **副** 常に；絶えず. ¶auf (für) *immer* 永久に. / *immer* noch (noch *immer*) 相変わらず. / *immer* wieder 再三再四. / nicht *immer* 常に…だとは限らない. 《形容詞・副詞の比較級と》ますます…. Es wird *immer* wärmer. ますます暖かくなる一方だ. 《譲歩の副文で》たとえ…であろうとも. Was auch *immer* geschieht, … よしんば何が起ころうとも. Sie kommt fast *immer* zu spät. 彼女はほとんど常に遅刻をして来る. / Er studiert *immer* noch in Bonn. 彼は相変わらずボン大学で学んでいる.

immer·hin [イマァ・ヒン] **副** 少なくとも；とにもかくにも. ¶Natürlich kann er Deutsch, *immerhin* hat er drei Jahre in Berlin gelebt.

彼はドイツ語が出来る，何と言ったって3年間もベルリンで暮らしたのだから．

immer・zu [イマア・ツー] 副 しょっちゅう；何度も何度も．¶Er hockt *immerzu* vor dem Fernseher. 彼は絶えずテレビの前に座っている．

Im・migrant [イミグラント] 男-en/-en 女性 **Im・migrantin** [イミグランティン] 女-/Im・migrantinnen [イミグランティネン] (外国からの)移住者．

Im・mobilie [イモビーリエ] 女-/-n [イモビーリエン] 不動産．

im・mun [イムーン] 形 免疫の《gegen *et⁴* 病気⁴に対して》；〖法律〗免責の，不逮捕特権を持つ．¶Nicht jeder ist gegen Bestechungsversuche *immun*. 買収の企てに関しては誰もが抵抗力を持っているわけではない．

Imperativ [インペラティーフ] 男-s/-e [インペラティーヴェ] 〖文法〗命令法．

Imperialismus [インペリアリスムス] 男-/ 帝国主義．

impfen [インプフェン] 動 (人⁴に)予防注射(接種)をする．¶Ich bin gegen Grippe *geimpft*. 私はインフルエンザの予防注射をしてある．**Impfung** [インプフング] 女-/-en 予防注射(接種)，ワクチン投与．

im・plizit [イン・プリツィート] 形 暗黙のうちに示された；外示的な．

im・ponieren [イン・ポニーレン] imponierte, imponiert 動 強い印象(感銘)を与える．¶Dein Mut *imponiert* mir mächtig. 君の勇気は私に大きな感銘を与える．

Im・port [イン・ポルト] 男-[e]s/-e 輸入；輸入品．¶Japan und Deutschland sind auf den *Import* von Rohstoffen angewiesen. 日本とドイツは原料を輸入に頼らざるを得ない．

im・portieren [イン・ポルティーレン] importierte, importiert 動 輸入する．

im・posant [イン・ポザント] 形 大きな感銘を与える．¶Der Kölner Dom ist eines der *imposantes-* *ten* Kirchengebäude Deutschlands. ケルンの大聖堂はドイツにおける最も堂々たる教会建築のひとつだ．

im・potent [イン・ポテント] 形 (男性が)勃起(ぼっき)(性交)不能な．

im・provisieren [イン・プロヴィズィーレン] improvisierte, improvisiert 動 即興で行う(演奏する)．¶Wenn er auf dem Saxofon *improvisiert*, ist er am besten. 彼がサキソフォンで即興演奏をすると最高だ．

Im・puls [イン・プルス] 男-es/-e 衝撃，刺激；〖電気〗インパルス．**impulsiv** [インプルズィーフ] -e [インプルズィーヴェ] 形 衝動的な．¶Er hat mal wieder unnötig *impulsiv* reagiert. 彼は必要もないのにまたも反射的に行動に出た．

im・stande [イム・シュタンデ]，**im Stande** [イム・シュタンデ] 副 …する能力がある，…できる立場にある．¶zu einer großen Leistung *imstande* (im Stande) sein 大きな成果を上げるだけの力がある．♦Er war nicht *imstande*, seine Schulden zu tilgen. 彼は借金を返済することができなかった．

In [イーエン] 〖元素記号〗インジウム．

in [イン] 1前 《3格・4格支配． in dem は融合して im，in das は ins となる》《3格と》…の中で(に)；《4格と》…の中へ．【空間】Die beiden sitzen *in* einem Café³. 二人は喫茶店に座っている．/ Die beiden gehen *ins* Café⁴. 二人は喫茶店に入る．/ Seine Jacke hängt *im* Schrank³. 彼の上着は洋服だんすに掛かっている．/ Sie hängt seine Jacke *in* den Schrank⁴. 彼女は彼の上着を洋服だんすにかける．【時間】*In* dieser Woche³ bleibe ich in Bonn. 今週はボンにおります．/ *In* zehn Jahren³ wird die Stadt ganz anders aussehen. 10 年後この町は様相をまったく変えているだろう． / Die Geschichte geht *in* die vierziger Jahre⁴ zurück. 話は40年代にさかのぼる．【書・

In·begriff

描かれたもの】*In* diesem Gedicht³ besingt der Dichter die Schönheit der Natur. この詩で詩人は自然の美を歌っている. / Der Text ist *in* deutscher Sprache³ abgefasst. この文章はドイツ語で書かれている. / ein Bild *in* vielen Farben³ 多くの色彩を使った絵.【状況】Er war *in* Schwierigkeiten³. 彼は困難な状況にあった. / Er geriet *in* Schwierigkeiten⁴. 彼は困難な状況に陥った. **2** 形 《話》 *in* sein 大流行している, 注目を浴びている.

In·begriff [イン・ベグリフ] 男-[e]s/-e 典型, 権化, 具現化. ¶Venus ist der *Inbegriff* der Schönheit. ヴィーナスは美の化身だ. **in·begriffen** [イン・ベグリフェン] 形 含まれている. 100 Euro (Mehrwertsteuer *inbegriffen*) 100ユーロ(付加価値税を含む).

in·dem [イン・デーム] 接 《従属》…する間に, …しながら;…することを通じて. ¶*Indem* er kaute, redete er weiter. 彼はものをかみながら話し続けた. / Nur *indem* du das Rauchen aufgibst, kannst du dich gesund halten. 君はタバコを止めるだけで健康が保てる.

Inder [インダァ] 男-s/- (女性) **Inderin** [インデリン] 女-/Inderinnen [インデリネン])インド人.

in·des [イン・デス], **in·dessen** [イン・デッセン] 副 その間に;しかし. ¶Der Sturm hatte sich *indes* (*indessen*) gelegt. そうこうするうちに嵐はやんだ.

In·dex [イン・デクス] 男-[e]s/-e (Indizes [インディツェース])インデックス, 索引;《経済·数学》(複 Indizes) 指数.

Indien [インディエン] 中-s/《地名》インド.

In·dikativ [イン・ディカティーフ] 男-s/-e [イン・ディカティーヴェ]《文法》直説法.

in·direkt [イン・ディレクト] 形 間接の.

indisch [インディシュ] 形 インド[人]の. ¶Heute essen wir mal *indisch*. きょうはひとつインド料理を

食べるとしよう. (⇒Inder, Indien)

in·diskret [イン・ディスクレート, イン・ディスクレート] 形 ぶしつけな. ¶Wer so *indiskret* fragt wie du, macht sich überall unbeliebt. 君みたいにぶしつけなことを聞く人間は自分をみんなの嫌われ者にしているのだぞ.

In·dividualismus [イン・ディヴィドゥアリスムス] 男-/ 個人主義.

In·dividualist [イン・ディヴィドゥアリスト] 男-en/-en (女性 **In·dividualistin** [イン・ディヴィドゥアリスティン] 女-/In·dividualistinnen [イン・ディヴィドゥアリスティネン])個人主義者.

in·dividualistisch [イン・ディヴィドゥアリスティシュ] 形 個人主義の. **In·dividualität** [イン・ディヴィドゥアリテート] 女-/ 個性.

in·dividuell [イン・ディヴィドゥエル] 形 個人(個々)の;特異な, 一味(ぱ)違った. ¶Für ihre *individuellen* Wünsche hat er überhaupt kein Verständnis. 彼女の変った願いに対して彼は一切理解がない.

In·dividuum [イン・ディヴィードゥウム] 中-s/In·dividuen [イン・ディヴィードゥエン] 個人, 個体.

In·diz [イン・ディーツ] 中-es/In·dizien [イン・ディーツィエン] 兆候;《法律》情況証拠. ¶Sämtliche *Indizien* sprechen gegen den Angeklagten. あらゆる状況証拠が被告人に対して不利である.

Indo·europäer [インド・オィロペーァ] 男-s/- 《ふつう複》インド·ヨーロッパ語族に属する人間. **indo·europäisch** [インド・オィロペーイシュ] 形 インド·ヨーロッパ語族の. ¶die *indoeuropäischen* Sprachen インド·ヨーロッパ諸語.

industrialisieren [インドゥストリアリズィーレン] industrialisierte, industrialisiert 動 工業化する;工業国化する.

Industrie [インドゥストゥリー] 女-/In·dustrien [インドゥストゥリーエン] 工業, 産業. ¶Nennenswerte *Industrien* gibt es dort überhaupt nicht.

そこにはとり立てて言うほどの産業はまるでない．／Der neue amerikanische Botschafter kommt aus der Industrie． 新任のアメリカ大使は産業界の出である．

Industrie·land [インドゥストゥリー・ラント] 中-[e]s/Industrie·länder [インドゥストゥリー・レンダァ] 工業国．¶ Japan und Deutschland sind bedeutende Industrieländer．日本とドイツは重要な工業国である．／In fast allen Industrieländern werden zu wenig Kinder geboren． ほとんどすべての工業国では出生数が少なすぎる．

industriell [インドゥストゥリエル] 形 工業(産業)の．**Industrie- und Handels·kammer** [インドゥストゥリー・ウント・ハンデルス・カマァ] 女-/ 商工会議所．

in·einander [イン・アィナンダァ] 副 互いに相手の中へ．¶ ineinander flieẞen（川が）合流する．◆ Die Farben sind ineinander geflossen．これらの色は互いに入りまじりあっている．／Die beiden sind ineinander verliebt． 二人は互いに惚れこんでいる．

In·farkt [イン・ファルクト] 男-[e]s/-e〖医学〗梗塞．¶ Zwei Infarkte hat er schon hinter sich． 彼は梗塞をもう2度経験した．

In·fekt [イン・フェクト] 男-[e]s/-e 感染症；感染．**In·fektion** [イン・フェクツィオーン] 女-/-n 感染．

In·finitiv [イン・フィニティーフ, イン・フィニティーフ] 男-s/-e Infinitive [イン・フィニティーヴェ]〖文法〗不定詞．

in·fizieren [イン・フィツィーレン] infizierte, infiziert 動 j⁴ mit et³ infizieren 人⁴に病気など³を感染させる．¶ sich⁴ [bei j³/im Krankenhaus/mit Aids] infizieren [人³から/病院で・エイズで]感染する．

In·flation [イン・フラツィオーン] 女-/-n〖経済〗インフレーション．

Info [インフォ] 中-s/-s（女-/-s）情報を伝えるパンフ；〖複〗で情報（=**In·fo**rmation）．

in·folge [イン・フォルゲ] 前《2格支配》…の結果．¶ Infolge des Gewitters fiel der Strom aus． 荒天のため電気が切れた．／Infolge seiner Krankheit ist er nicht mehr voll arbeitsfähig． 病気の結果彼はもはや完全な労働能力がない．**infolge·dessen** [インフォルゲ・デッセン] 副 その結果として．

In·formant [イン・フォルマント] 男-en/-en（女性 **In·formantin** [イン・フォルマンティン] 女-/Informantinnen [イン・フォルマンティネン]）情報提供者．**In·formatik** [イン・フォルマーティク] 女-/ 情報科学．

In·formation [イン・フォルマツィオーン] 女-/-en インフォメーション；案内所．¶ Von ihm bekommen wir immer die neuesten Informationen． 彼からはいつも最新の情報を得ている．／Am besten fragen Sie bei der Information! 案内所でお聞きになるのが一番よろしいですよ．

in·formativ [イン・フォルマティーフ] -e [イン・フォルマティーヴェ] 形 豊富な情報を与える．

in·formieren [イン・フォルミーレン] informierte, informiert 動 j⁴ [über et⁴] informieren 人⁴に[事⁴についての]情報を提供する,人⁴に[事⁴について]知らせる．¶ sich⁴ [über et⁴] informieren [事⁴について]情報をもらう,照会する．◆ Wurden die Angehörigen schon über den Unfall informiert? 家族の方々は事故のことをもう知らされたか．／Über die Börsenkurse informiert er sich jeden Morgen als erstes． 毎朝彼は真っ先に株式相場の情報を聞く．

in·frage [イン・フラーゲ], **in Frage** [イン・フラーゲ] 副 infrage (in Frage) kommen 考慮の対象となる．／nicht infrage (in Frage) kommen 論外である．/ et⁴ infrage (in Frage) stellen 事⁴を疑わしく思う,事⁴の実現を危うくする．

Infra·struktur [インフラ・シュトゥルクトゥーァ] 女-/-en〖経済〗インフラストラ

クチャー，基礎構造，社会経済基盤．

In·fusion ［イン・フュズィオーン］ 囡 –/-en 〖医療〗注入，輸液．

Ingenieur ［インジェニエール］ 男–s/-e（囡性 **Ingenieurin** ［インジェニエーリン］ 囡-/Ingenieurinnen ［インジェニエーリンネン］）技師．

In·haber ［イン・ハーバァ］ 男–s/-（囡性 **In·haberin** ［イン・ハーベリン］ 囡-/In·haberinnen ［イン・ハーベリネン］）所有者．(手工業などの)経営者．

in·haftieren ［イン・ハフティーレン］ inhaftierte, inhaftiert 動 〖法律〗拘束する．

in·halieren ［イン・ハリーレン］ inhalierte, inhaliert 動 吸い込む；〖医療〗吸入する．¶Gierig *inhalierte* den Rauch seiner Zigarette. 彼はがつがつとタバコの煙を吸った．/ Kamillendämpfe *inhalieren* hilft recht gut gegen Schnupfen. カミツレ茶の湯気を吸いこむと鼻風邪にかなりよく効く．

In·halt ［イン・ハルト］ 男-[e]s/-e 中身；内容[物]．¶Der *Inhalt* des Berichtes ist vertraulich. 報告の内容は秘密である． / Die Zöllner untersuchten den *Inhalt* des Koffers nur oberflächlich. 税関吏たちはトランクの中身をいいかげんに調べただけだった．

inhalt·lich ［インハルト・リヒ］ 形 中身(内容)に関する．¶*Inhaltlich* bietet der Plan nichts Neues. 内容的に見てこの計画は新しいことを何も約束していない．

Inhalts·verzeichnis ［インハルツ・フェァツァイヒニス］ 中 Inhalts·verzeichnisses ［インハルツ・フェァツァイヒニセス］/Inhalts·verzeichnisse ［インハルツ・フェァツァイヒニセ］ 目次，内容目録．

Initiative ［イニツィアティーヴェ］ 囡-/-n イニシアチブ，主導権；住民運動．¶Wollen Sie ihm wirklich die *Initiative* überlassen? あなたは本当に主導権を彼にゆだねるつもりですか． / Das Treffen kam auf *Initiative* eines gemeinsamen Freundes

zustande. 会見は共通の友人のイニシアチブで実現した．

In·jektion ［イン・イェクツィオーン］ 囡-/-en 〖医療〗注射；注入．

in·klusive ［イン・クルズィーヴェ］ **1** 前 《2格支配》《物²を》含めて．¶*Inklusive* Mehrwertsteuer beträgt der Preis 130 Euro. 付加価値税を含めて値段は130ユーロになる． **2** 副 《後置》《…を》含めて．¶bis zum 22. November *inklusive* 11月22日まで(当日を含む)． / bis Seite 18 *inklusive* 18ページまで(18ページを含む)．

in·kompetent ［イン・コンペテント］ 形 専門知識のない，無能な，熟練していない；〖言語〗言語能力のない．¶Leider geriet sie an einen völlig *inkompetenten* Arzt. まずいことに彼女はまったく無能な医師にぶつかった．

in·konsequent ［イン・コンゼクヴェント］ 形 首尾一貫性を欠いた．

in·korrekt ［イン・コレクト］ 形 不正確な．

In·land ［イン・ラント］ 中-[e]s/ 国内，自国；内国，奥地．**in·ländisch** ［イン・レンディシュ］ 形 国内(内国)の．

In·laut ［イン・ラォト］ 男-[e]s/-e 〖文法〗語中音(例えば Inlaut の au)． (⇒Anlaut, Auslaut)

inne haben* ［イネ・ハーベン］ *du* hast inne, *er* hat inne; hatte inne, innegehabt 動 (地位・役目など⁴に)ついている．¶Jahrelang *hatte* er den Posten eines Staatssekretärs *inne.* 長年にわたって彼は次官の地位についていた．

inne halten* ［イネ・ハルテン］ *du* hältst ［ヘルツト］ inne, *er* hält inne; hielt inne, innegehalten 動 in (mit) *et³* innehalten 仕事など³を中断する．

innen ［イネン］ 副 内部で，内側で．

Innen·dienst ［イネン・ディーンスト］ 男 -[e]s/ 社内勤務．

Innen·minister ［イネン・ミニスタァ］ 男 -s/- 内務大臣．

Innen·politik ［イネン・ポリティーク］ 囡 -/ 内政．

Innen·stadt [イネン・シュタト] **女** -/Innen·städte [イネン・シュテーテ] 都心、町の中心。¶In der *Innenstadt* ist immer was los. 市の中心部では常に何事か行われて(起って)いる。

inner [イナァ] **形** 内部の、内側の。¶*innere* Krankheiten 内科疾患。

Inneres* [イネレス] **中** 《形容詞の名詞化》内部、内側；国内；内心、本心。

Innereien [イネライエン] **複** (食用になる)臓物。

inner·halb [イナァ・ハルプ] **1 前** 《2格支配》【空間】…の内部(内側)で。¶*innerhalb* des Hauses 家の内側で。◆ *Innerhalb* des Regierungsviertels sind Demonstrationen verboten. 省庁地区内でのデモは禁止されている。【時間】…の[経過する]間に。¶*innerhalb* der Ferien 休暇の間に。 **2 副** ¶*innerhalb* von et³ 【空間】場所³の内部(内側)で *innerhalb* von München ミュンヘン市内で。【時間】時間³の[経過する]間に。/ *innerhalb* von einem Jahr 1年経つうちに。◆ *Innerhalb* der Hauptsaison sind keine Zimmer mehr frei. (休暇旅行の)最盛期には部屋ひとつ空いていない。

inner·lich [イナァ・リヒ] **形** 内面(内心)の；【医療】内服用の。¶Ich musste *innerlich* grinsen. 私は内心ほくそえまずにはいられなかった。

Innerstes* [イネルステス] **中** 《形容詞の名詞化》内奥のもの。¶mein *Innerstes* 私の心。◆ Sie ist im *Innersten* gekränkt. 彼女は心の奥底を傷つけられている。

innert [イナァト] **前** 《2格または3格支配》【オーストリア】【スイス】【空間】…の内部(内側)で；【時間】…の[経過する]間に。

innig [イニヒ] -e [イニゲ] **形** 心からの、心のこもった。 ¶Für seine selbstlose Hilfe gebührt ihm unser *innigster* Dank. 彼の無私の援助には心からの感謝が捧げられて当然だ。

In·novation [イノヴァツィオーン] **女** -/-en 刷新。¶technische *Innovationen* 技術革新。

Innung [イヌング] **女** -/-en 【経済】インヌング、同業[者]組合。

in·offiziell [イン・オフィツィエル, イン・オフィツィエル] **形** 非公式の。¶Seine Kandidatur ist vorläufig noch *inoffiziell*. 彼の立候補は当面まだ非公式のものだ。

in·offiziös [イン・オフィツィエース, イン・オフィツィエース] **形** 未確認の(情報など)。

ins [インス] =in das.

In·sasse [イン・ザセ] **男** -n/-n 【女性】**In·sassin** [イン・ザスィン] **女**-/-sassinnen [イン・ザスィネン]) 乗客；(ホーム・刑務所などの)収容者。

ins·besondere [インス・ベゾンデレ] **副** とりわけ。 ¶Die Partei verlor viele Wähler, *insbesondere* auf dem Lande. 党は多数の選挙民を失った、特に地方において。

In·schrift [イン・シュリフト] **女**-/-en (記念のため石・金属・木などに彫られた)碑文。

In·sekt [イン・ゼクト] **中** -[e]s/-en 昆虫。

Insel [インゼル] **女** -/-n 島。

In·serat [イン・ゼラート] **中**-[e]s/-e 新聞(雑誌)広告。**in·serieren** [イン・ゼリーレン] inserierte, inseriert **動 1** [in et³] *inserieren* [新聞³などに]広告を出す。 **2** et⁴ *inserieren* (新聞などに物⁴を)広告を出す。¶ein Auto zum Verkauf *inserieren* 「自動車売りたし」の広告を出す。

ins·geheim [インス・ゲハイム] **副** ひそかに。¶*Insgeheim* haben die beiden auch mit Drogen gehandelt. 二人はひそかに麻薬の取引もしていた。

ins·gesamt [インス・ゲザムト, インス・ゲザムト] **副** 全部あわせて。

in·sofern 1 副[イン・ゾーフェルン, イン・ゾーフェルン, イン・ゾーフェルン] その限りでは。¶《als とともに》Er hat *insofern* recht, als die Beweise für ihn sprechen. 有利な証拠が

271

in·soweit

あるという点では彼の言うことは正しい。**2**挫[イン・ゾーフェルン，イン・ゾーフェルン，イン・ゾーフェルン]《従属》…の場合には，…の限りでは。¶Ich helfe dir, *insofern* ich die Mittel dazu habe. お金がある限りは君を手助けするよ。**in·soweit 1**副[イン・ゾーヴァイト，イン・ゾーヴァイト，イン・ゾーヴァイト]＝insofern **1**。 **2**挫[イン・ゾーヴァイト，イン・ゾーヴァイト，イン・ゾーヴァイト]《従属》＝insofern **2**。

In·spektion[イン・スペクツィオーン]女-/-en 検査，点検。 **In·spektor**[イン・スペクトァ]男-s/In·spektoren[イン・スペクトーレン]（女性 **In·spektorin**[イン・スペクトーリン]女-/In·spektorinnen[イン・スペクトーリネン]）監督官，検査官。

in·spirieren[イン・スピリーレン] inspirierte, inspiriert 動 *j*⁴ zu *et*³ *inspirieren* 人⁴を発奮させて(鼓舞して)事³をさせる。¶Das Elend, das er dort sah, *inspirierte* den Autor zu seinem ersten Roman. 彼がその地で見た悲惨は彼に最初の長編小説を書かせる刺激となった。

in·spizieren[イン・スピツィーレン] inspizierte, inspiziert 動 検査(点検)する。

In·stallateur[イン・スタラテーァ]男-s/-e（女性 **In·stallateurin**[イン・スタラテーリン]女-/In·stallateurinnen[イン・スタラテーリネン]）（電気・水道・ガス・暖房設備の)据付け(取付け)職人。

In·stallation[イン・スタラツィオーン]女-/-en（電気・水道・ガス・暖房設備の)据付け(取付け)；【電算】セットアップ，インストール。

in·stallieren[イン・スタリーレン] installierte, installiert 動(電気・水道・ガス・暖房設備を)据付ける(取付ける)；【電算】セットアップ(インストール)する。¶Die Heizung ist noch nicht fertig *installiert*. 暖房はまだ据付が終わっていない。

in·stand[イン・シュタント]， **in Stand**[イン・シュタント]副 *et*⁴ *in-stand*（*in Stand*）halten 物⁴を良好な(即時使用可能な)状態に保つ。/ *et*⁴ *instand*（*in Stand*）setzen 物⁴を修理(修繕)する。

in·ständig[イン・シュテンディヒ]-e[イン・シュテンディゲ]形 心からの，切なる。

In·stanz[イン・スタンツ]女-/-en 所管官署(部局)；(裁判の)第…審。¶in der ersten *Instanz* 第一審で。◆Der Prozess geht in die zweite *Instanz*. 審理は第二審に移る。

In·stinkt[イン・スティンクト]男-[e]s/-e 本能；直覚。¶Er hat einen sicheren *Instinkt* dafür, wie weit er gehen darf. 彼はどこまでやることが許されるのかということに対して確かな勘をもっている。 **in·stinktiv**[イン・スティンクティーフ]形 本能(直覚)的な。

In·stitut[イン・スティトゥート]中-[e]s/-e 研究機関，研究所；学科。

In·stitution[イン・スティトゥツィオーン]女-/-en 公的機関(施設)；制度。

Instru·ment[インストゥル・メント]中-[e]s/-e（研究用の)機械・器具；楽器；手段。

in·szenieren[イン・スツェニーレン] inszenierte, inszeniert 動 演出する；でっち上げる。

in·takt[イン・タクト]形 無傷の，完全な姿の。¶Sein Herz ist nicht mehr so ganz *intakt*. 彼の心臓はもはや完全に健全とはいえない。

In·tegration[イン・テグラツィオーン]女-/-en 統合，融合；調整。¶Der Verstorbene hat sich zeitlebens um die europäische *Integration* bemüht. 故人は生涯ヨーロッパ統合に努力した。 **in·tegrieren**[イン・テグリーレン] integrierte, integriert 動 *j*⁴/*et*⁴ in *et*⁴ *integrieren* 人⁴・物⁴を物に吸収する(取り込んで一本化する)。

intel·lektuell[インテレクトゥエル]形 知性に関する；知的的な。¶Als Erzieher beobachtet er mit viel Freude die *intellektuelle* Entwicklung seiner Schützlinge. 教育

者として彼は子らの知的発達を大きな喜びの気持ちで見守っている.

Intel·lektueller* [インテレクトゥエラァ] 男 (女性) **Intel·lektuelle*** [インテレクトゥエレ] 女 《形容詞の名詞化》知識人, インテリ.

intel·ligent [インテリゲント] 形 頭の良い. ¶Das schafft sie nie, dazu ist sie einfach nicht *intelligent* genug. 彼女には決してそれができない, それができるほど彼女は頭が良くないんだから.

Intel·ligenz [インテリゲンツ] 女-/-en 聡明さ;知識階級;《複 で》知識人たち. ¶Er ist von mäßiger *Intelligenz*. 彼はまあまあの知識の持ち主だ.

In·tensität [イン·テンズィテート] 女-/-en 強さ, 激しさ. **in·tensiv** [イン·テンズィーフ] -e [インテンズィーヴェ] 形 インテンシブな, 徹底的(集中的)な;強度な. ¶Er bereitet sich seit Monaten *intensiv* auf sein Staatsexamen vor. 何カ月も前から彼は懸命に国家試験の準備をしている.

In·tention [イン·テンツィオーン] 女-/-en 意図, 規格.

Intercity [インタァスィティ] 男-[s]/-s 大都市間特急. (略: IC) **Inter·city·express** [インタァスィティ·エクスプレス] 男-[es]/-e 大都市間超特急列車. (略: ICE)

> ドイツ鉄道 die Deutsche Bahn (DB) の急行列車には der Intercityexpress (ICE) 大都市間超特急, der Intercity (IC) 大都市間特急, der Regionalexpress (RE) 近距離急行などがある.

inter·essant [インテレサント] 形 興味をそそる, 面白い. ¶*sich⁴ interessant* machen ことさら人の関心を引く(引こうとする).

Inter·esse [インテレッセ] 中-s/-n 《複なし》興味, 関心; 《ふつう複で》利害. ¶Das *Interesse* an um-

weltfreundlichen Autos ist heute enorm gestiegen. 今日では環境に配慮した自動車に対する関心が著しく高まった.

inter·essieren [インテレスィーレン] interessierte, interessiert 動 興味を抱かせる《j⁴ für et⁴ 人⁴に事⁴·物⁴への》. ¶*sich⁴* für *j⁴/et⁴ interessieren* 人⁴·物⁴に興味を持つ. / an *j³/et³ interessiert* sein 人³·物³に関心を持っている. ◆Seine Meinung *interessiert* mich überhaupt nicht. 彼の意見なんかまるっきりぼくの興味をひかない.

Inter·jektion [インテル·イェクツィオーン] 女-/-en 《文法》間投詞, 感嘆詞.

in·tern [イン·テルン] 形 内部の, 内輪だけに関係した. ¶Dieser Bericht ist nur für den *internen* Gebrauch. このレポートは内部の利用に限ること.

In·ternat [イン·テルナート] 中-[e]s/-e 寮制学校.

inter·national [インテル·ナツィオナール, インテル·ナツィオナール] 形 国際間の, 国際的な. ¶Er ist ein *international* hoch angesehener Politiker. 彼は国際的に高く評価されている政治家である.

Inter·net [インタァ·ネット] 中-s/ 《電算》インターネット. ¶Im *Internet* habe ich eine Menge Informationen gefunden. インターネットで私はたくさんの情報を得た. / Die ganze Reise habe ich im *Internet* gebucht. 全旅程を私はインターネットで予約した.

関連語 **Internet**	
ーインターネットー	
die E-Mail	Eメール.
die E-Mail-Adresse	
Eメールアドレス.	
die Mailbox	メールボックス.
die Homepage	ホームページ.
die Website	ウェブサイト.
die URL	URL (ユーエルアール).
das Passwort	パスワード.

surfen　ネットサーフィンする.
suchen　検索する.
chatten　チャットする.
downloaden　ダウンロードする.
bookmarken　ブックマークする.

Inter·nist [インタァ・ニスト] **男** -en /-en 内科医.

Inter·pretation [インタァ・プレタツィオーン] **女**/-en インタープリテーション, 解釈, 注釈. ¶Die *Interpretation* des Wahlergebnisses ist diesmal besonders schwierig. 選挙結果の分析は今回ことに難しい. **inter·pretieren** [インタァ・プレティーレン] interpretierte, interpretiert **動** 解釈(解説)する. ¶*et*⁴ als *et*⁴ *interpretieren* 事⁴を事⁴と解釈する.

Inter·punktion [インタァ・プンクツィオーン] **女**/ 《文法》句読(くとう)法；句読点.

Interrogativ·pronomen [インタァロガティーフ・プロノーメン, インタァロガティーフ・プロノーメン] **中**-s/ 《文法》疑問代名詞.

Inter·view [インタァ・ヴュー, インタァ・ヴュー] **中**-s/-s インタビュー；面接. ¶Bei seinem ersten *Interview* machte er eine gute Figur. 最初の記者会見で彼は好印象を与えた. **inter·viewen** [インタァ・ヴューエン, インタァ・ヴューエン] interviewte, interviewt **動** インタビューする；面接する.

intim [インティーム] **形** 親密な, 心の通い合う；性的な. ¶mit *j*³ *intim* sein (werden) 人³と性的な関係がある(関係になる).

in·tolerant [イン・トレラント, イン・トレラント] **形** 寛容でない. ¶*Intolerant* wie er ist, lässt er keine andere Meinung gelten. 彼は了見が狭くて, 他人の意見を認めない. **In·toleranz** [イン・トレランツ, イン・トレランツ] **女** -/-en 不寛容.

In·tonation [イン・トナツィオーン] **女**/-en 《語》イントネーション, 抑揚.

in·transitiv [イン・トゥランズィティーフ] -e [イン・トゥランズィティーヴェ] **形** 《文法》自動[詞]の. **In·transitiv** [イン・トゥランズィティーフ] **中**-s/-e [イン・トゥランズィティーヴェ] 《文法》自動詞.

In·trige [イン・トゥリーゲ] **女**-/-n 陰謀. **in·trigieren** [イン・トゥリギーレン] intrigierte, intrigiert **動** 陰謀をめぐらす《*gegen j*⁴ 人⁴に対して》.

In·tuition [イン・トゥイツィオーン] **女**/-en 直感, 直覚. **in·tuitiv** [イン・トゥイティーフ] -e [イン・トゥイティーヴェ]**形** 直感(直覚)的の. ¶Er erkannte *intuitiv*, dass man ihn betrog. 彼にはだまされたということが本能的にわかった.

Invalide [インヴァリーデ] **男**-n/-n （女性 **Invalidin** [インヴァリーディン] **女**-/Invalidinnen [インヴァリーディネン]）（軍務・職場などで傷害を負った）傷害病者.

In·ventar [イン・ヴェンタール] **中**-s /-e 《商》棚卸資産；動産；在庫品目録.¶Das Geschäft musste schließen, das ganze *Inventar* wurde verkauft. 店は閉店せざるを得なかった, 在庫品はすべて売却されてしまった. **In·ventur** [イン・ヴェントゥーァ] **女**-/-en 《商》棚卸し；棚卸し表.

in·vestieren [イン・ヴェスティーレン] investierte, investiert **動** 投資する《*et*⁴ in *et*⁴ 資本⁴を事業⁴に》. ¶Sie hat viel Geld (Zeit) in die Erziehung der Kinder *investiert*. 彼女は多大の金(時間)を子供らの教育につぎ込んだ. **In·vestition** [イン・ヴェスティツィオーン] **女**/-en 投資.

in·wie·fern [イン・ヴィー・フェルン] **副** どの程度まで；なぜ. ¶*Inwiefern* ist denn er dafür verantwortlich? 彼はその件になぜ(どの程度)責任があるのだろうか.

in·wie·weit [イン・ヴィー・ヴァイト] **副** どの程度(範囲)に. ¶Man muss erst prüfen, *inwieweit* er verantwortlich ist. 彼がどの程度責任があるのか, まず調べなければならない.

in·zwischen [イン・ツヴィッシェン]
副 その間に；そうこうするうちに．¶
Ruh dich erst mal aus, ich gehe *inzwischen* unter die Dusche. ひとまず休んでいなさい，その
間に私はシャワーを浴びてくる．／Vorige Woche hatte er einen Herzinfarkt, *inzwischen* geht es ihm
besser. 先週彼は心筋梗塞を起こし
た，その後また良くなりつつある．

Ir [イー・エル] 中 〖元素記号〗イリジウム．

Irak [イラーク，イーラーク] 男-s/ 〖地名〗
[der] *Irak* イラク．**Iraker** [イラ
ーカァ] 男-s/- （女性）**Irakerin** [イ
ラーケリン] 女-/Irakerinnen [イラーケ
リネン]）イラク人．**Iraki** [イラーキ]
男・女-s/-s イラク人．**irakisch**
[イラーキシュ] 形 イラク[人]の．

Iran [イラーン] 男-s/ 〖地名〗 [der]
Iran イラン．**Iraner** [イラーナァ]
男-s/- （女性）**Iranerin** [イラーネリ
ン] 女-/Iranerinnen [イラーネリネ
ン]）イラン人．**iranisch** [イラーニシ
ュ] 形 イラン[人]の．

irgend [イルゲント] 副 《不定の意味を
強めて》なんらかの；何とか[して]．¶*irgend* so ein komisches Gefühl
何かこう奇妙な気分．◆ Ich stehe
dir bei, so lange ich *irgend*
kann. 何とかやれる間は君に手を貸す
よ．

irgend- [イルゲント] 《常にアクセント
をもち疑問副詞・疑問代名詞などに
「不定」の意味を添えて不定副詞・不
定代名詞をつくる》*irgend*·ein [イル
ゲント・アイン] 何かある；*irgend*·etwas [イルゲント・エトヴァス] 何かあるも
の；*irgend*·jemand [イルゲント・イェ
ーマント] 誰かある人；*irgend*·wann
[イルゲント・ヴァン] いつかある時；irgend·was [イルゲント・ヴァス]何かある
もの；*irgend*·wie [イルゲント・ヴィー]
何らかの方法で；*irgend*·wo [イルゲ
ント・ヴォー] どこかある所で；*irgend*·
woher [イルゲント・ヴォーヘーァ] どこか
ある所から；*irgend*·wohin [イルゲン
ト・ヴォーヒン] どこかある所へ．

Ironie [イロニー] 女-/-n [イロニーエン]
アイロニー，皮肉，風刺．**ironisch**

[イローニシュ] 形 皮肉な，風刺的な．

irr [イル] **,irre** [イレ] 形 （気持ちな
どが）混乱した；印象的な；《話しことば》(irre のみ) ものすごい，最高の；《副》と
して》ものすごく．¶Er verdient ein
irres Geld. 彼はものすごい金を稼
いでいる．／Der Film ist *irre* gut.
あの映画は最高だぜ．

irre│führen [イレ・フューレン] 動 道に
迷わせる；惑(まど)す．

irre│machen [イレ・マヘン] 動 惑
(まど)わす；狂気にさせる．¶Lass dich
von ihm in deinem Vorhaben
bloß nicht *irremachen* ! 君の
計画をどうか彼に迷わされるな．

irren [イレン] 動 **1** sich⁴ *irren*
思い違いをする．／sich⁴ in j³/et³ irren 人違いをする，事³を間違える．¶
wenn ich mich nicht *irre* 私の
思い違いでなければ．**2** 思い(判断)
違いをする．**irrig** [イリヒ] -e [イリ
ゲ] 形 思い違いの．

ir·ritieren [イリティーレン] irritierte, irritiert 動 困惑させる；いらだた
せる．

irr·sinnig [イル・ズィニヒ] -e [イル・ズ
ィニゲ] 形 正気でない；途方もない；
《副 として》ものすごく．¶Er hat
sich *irrsinnig* über seinen Lottogewinn gefreut. 彼はロトくじにあ
たってものすごく喜んだ．

Irr·tum [イル・トゥーム] 男-s/Irr·tümer [イル・テューマァ] 誤り；思い違い．
¶im *Irrtum* sein (sich⁴ im *Irrtum* befinden) 思い違いしている．
◆ Ich glaube, da ist er schwer
im *Irrtum*. 彼はその点で大いに誤
解していると思う．**irrtüm·lich**
[イルテューム・リヒ] 形 うっかりした．

Islam [イスラーム，イスラム] 男-[s]/ イ
スラム教．**islamisch** [イスラーミシ
ュ] 形 イスラム教の．

Isolation [イゾラツィオーン] 女-/-en
隔離；分離；絶縁[体]．**isolieren**
[イゾリーレン] isolierte, isoliert 動
隔離する；絶縁(断熱・防水)する．¶
Der Patient muss sofort isoliert werden. 患者は直ちに隔離しな
ければならない．／Das Zimmer ist

gut *isoliert*, man braucht nur wenig zu heizen. この部屋の断熱はよくできている、ほんのちょっと暖房しさえすればいい。

isst [イスト] < essen.

ist [イスト] < sein.

Italien [イターリエン] 中 -s/ 《地名》イタリア. **Italiener** [イタリエーナァ] 男 -s/ (女性) **Italienerin** [イタリエーネリン] 女 -/Italienerinnen [イタリエ

ーネリネン])イタリア人. ¶《人畜境》 Ganz in der Nähe ist ein guter *Italiener*. すぐ近くにおいしいイタリア料理店があるよ. **italienisch** [イタリエーニシュ] 形 イタリア[人・語]の.

Italienisch [イタリエーニシュ] 中 -[s]/ **Italienische*** [イタリエーニシェ] 中 《形容詞の名詞化. 常に定冠詞を伴う》イタリア語. (⇒Deutsch)

ちょっと文法

10 の位から先に言ってほしかった…

◆数字◆
ドイツ人から2桁の数字を言われると、一瞬フリーズしてしまうかもしれない. なぜって1の位を先に言うため、頭にすんなり入ってこないんだ. 例えば86. 日本語は [はちじゅう・ろく]、英語も *eighty six* と、10の位をまず言う. ところがドイツ語ときたひには、「6と80」 = sechs/und/achtzig なんていう. 慣れないと「68」かと錯覚してしまいそうになる. じゃあ3桁の数字はどうかというとこちらは難しくなくて、「286」なら「200、6と80」 = zwei/hundert/sechs/und/achtzig になる. 4桁も、「3286」なら「3000、200、6と80」 = drei/tausend/zwei/hundert/sechs/und/achtzig. 要するに、10の位までの2桁だけが難物なんだね. 必死に覚えるしかない.

ちょっと文法

100 を忘れずに

◆年号◆
年号の読み方は、英語と似ているようで少し違う.「1989年」を例にとると、英語なら「19、89」 = *nineteen eightynine* と、100の位と10の位の間に区りを入れる. ドイツ語も同じところで区切るが、ついでにそこへ必ず「100」 = hundert を入れて読む. つまり「19、100、9と80」 = neunzehn/hundert/neun/und/achtzig というふうにね. 読みやすいように斜線を入れたけど、正式には「neunzehnhundertneunundachtzig」. くっついているので区切りに注意しよう. ところで今や21世紀.「2007年」は、幸いにしてふつうの数字と同じく「zwei/tausend/sieben」と読むので楽だ. でも「2100年」以降はまた100の位と10の位の間に hundert を入れた読み方をするので注意が必要なんだ.

J

¹J, j [ヨット, 《ｵｰｽﾄﾘｱ》イェー] 中-/- ド
イツ語アルファベットの第10字.

²J [ヂォル, ヂュール] 《物理》ジュール(仕
事およびエネルギーの単位). (⇒Jou-
le)

ja [ヤー] 副 **1**《文の先頭で》《問いに
対する肯定の答え》はい. ¶Kommst
du mit? — Ja, ich komme mit.
一緒に来るかい. — ええ, 行きます.《相
手の主張を肯定して》はい. Judith
ist ein liebes Mädchen. — Ja,
das finde ich auch. ユーディット
は良い女の子だ. —うん, ぼくもそう思
う.《相手の言い分を聞こうとする気持
ちを表して》はい. Du, Heinz! —
Ja, was ist? おい, ハインツ—うん,
なんだい.《聞き損って, あるいは真偽を
計りかねて聞き返す》ええ？ Jürgen
macht nun doch auch mit. —
Ja, wirklich? ユルゲンもやっぱり一
緒に加わるとさ. —なんだって, 本当か
い.《先行する文の内容を確認して》そう
だろう. Du bleibst doch noch
ein bißchen, ja? もう少しここにい
てくれますよね, いいでしょう？《先行す
る文の内容を強めて》いやそれどころか.
Grass ist ein großer Erzähler,
ja der größte. グラスは偉大な作
家だ, いやそれどころか最大の作家だ.
2《文の中で》《主張の内容が周知の事
実であることを強調して》知ってのとお
り. ¶Der Everest ist ja der
höchste Berg der Welt. エベレス
トはなにしろ世界最高の山だものね. /
Du weißt ja, dass er ein Geiz-
kragen ist. 彼がけちん坊だと言う
ことは君だって知っている[はず]じゃな
いか.《驚き・皮肉を表現して》…じゃな
いか. Da bist du ja endlich! な
んだ君じゃないか, やっと来たのか. /
Das kann ja heiter werden!
こいつは面白いことになるぞ.《強め》…
しろってば. Lass das ja sein! ほ
うっておけってば. (⇒doch, nein)

Ja [ヤー] 中-[s]/-[s] 肯定(同意)

の返事；賛成[票].

Jacht [ヤハト] 女-/-en ヨット.

Jacke [ヤッケ] 女-/-n (男性用・女
性用を問わず)ジャケット. **Ja-
ckett** [ジャケット] 中-s/-s (紳士
服の)ジャケット.

Jagd [ヤークト] 女-/-en 狩猟；追跡.
¶die Jagd auf Hasen (einen
Verbrecher) ウサギ狩り(犯人追
跡). **jagen** [ヤーゲン] 動 **1**(鳥
獣の)狩りをする；(犯人⁴を)追跡する.
2 狩猟に行く.

Jäger [イェーガァ] 男-s/- ハンター；
戦闘機. (女性 **Jägerin** [イェーゲリ
ン] 女-/Jägerinnen [イェーゲリネン])
ハンター.

jäh [イェー] 形 急な, だしぬけの；急な
下りの. ¶Mit seiner jähen Kündi-
gung hatte niemand gerech-
net. 彼の出し抜けの退職申し出は誰
も予期していなかった. / Dieser jäh
abfallende Hang ist ideal für
gute Schifahrer. この急な下りの傾斜
は熟達したスキーヤーには理想的だ.

Jahr [ヤール] 中-[e]s/-e 年. ¶ein
Jahr voller Ereignisse 多くの出
来事があった年. / in diesem Jahr
今年に. / im nächsten Jahr 来
年に. / im vorigen Jahr 昨年に.
/ im Jahr 2010 2010年に. ◆
Mein Vater ist 60 Jahre alt.
私の父は60歳です. / Er dürfte
noch mehr als drei, vier Jahre
vor sich haben. 彼はまだ3, 4年
以上はもつだろう.

jahr·aus [ヤール・アォス] 副 jahr-
aus, jahrein 毎年毎年.

jahre·lang [ヤーレ・ラング] 形 《付加
語としてのみ》何年にもわたる. 副 と
して》何年にもわたり. ¶Sie hat
ihn jahrelang an der Nase her-
umgeführt. 彼女は何年も彼をいい
ようにだましてきた.

Jahres·tag [ヤーレス・ターク] 男
-[e]s/-e 記念日. ¶am Jahrestag

277

des Kriegsendes 終戦記念日に.
Jahres·wechsel [ヤーレス・ヴェクセル] 男-s/- 年の変わり目. **Jahres·zahl** [ヤーレス・ツァール] 女-/-en 暦年. ¶ die Jahreszahl 1789 1789 年.

Jahres·zeit [ヤーレス・ツァイト] 女-/-en (春夏秋冬の)季節. ¶ die vier Jahreszeiten 四季.

関・連・語	**Jahreszeit**
—季節—	
der Frühling	春.
der Sommer	夏.
der Herbst	秋.
der Winter	冬.
im Sommer	夏に.

Jahr·gang [ヤール・ガング] 男-[e]s/Jahr·gänge [ヤール・ゲンゲ] 年度,年次;同年次に生まれた人々. ¶ Welcher Jahrgang sind Sie? − Ich bin Jahrgang 1980. 何年生まれですか. −1980年生まれです.

Jahr·hundert [ヤール・フンデルト] 中-s/-e 100年間, 1世紀. ¶ im 21. Jahrhundert 21世紀に.

jähr·lich [イェール・リヒ] 形 年間の,毎年の.

Jahr·zehnt [ヤール・ツェーント] 中-[e]s/-e 10年間. ¶ in den ersten Jahrzehnten des 21. Jahrhunderts 21世紀の最初の何十年間.

jäh·zornig [イェー・ツォルニヒ] -e [イェー・ツォルニゲ] 形 怒りっぽい.

Jalousie [ジャルズィー] 女-/-n [ジャルズィーエン] [ベネチアン]ブラインド (引き上げ式ブラインド)

jämmer·lich [イェマァ・リヒ] 形 哀れを催させる;悲惨な;(副 として)ものすごく. ¶ Er haust in einer jämmerlichen Mansarde. 彼はみじめな屋根裏部屋に住まっている. / Sie machte einen jämmerlichen Eindruck. 彼女は憐憫の情を催させた. / Wir haben jämmerlich gefroren. われわれはものすごくこごえた. **jammern** [ヤメルン] 動 嘆き悲しむ, 泣く;愚痴る《über et⁴

物⁴・事⁴のことを》.

Jänner [イェナァ] 男-[s]/-s 《オーストリア》1月.

Januar [ヤヌアール] 男-[e]s/-e 1月. (⇒April)

Japan [ヤーパン] 中-[s]/《地名》日本. **Japaner** [ヤパーナァ] 男-s/- (女性 **Japanerin** [ヤパーネリン] 女-/Japanerinnen [ヤパーネリネン] 日本人. **japanisch** [ヤパーニッシュ] 形 日本[人・語]の. **Japanisch** [ヤパーニッシュ] 中-[s]/, **Japanische*** [ヤパーニッシェ] 中 《形容詞の名詞化. 常に定冠詞を伴う》日本語 (⇒Deutsch)

Jargon [ジャルゴーン] 男-s/-s 《言語》特殊用語(特定グループ,職種・職業集団においてのみ使われる言語);スラング.

jäten [イェーテン] 動 (雑草類⁴を)ひき抜きく. ¶ Im Garten (Der Garten) muss mal ordentlich gejätet werden. そのうちに庭の雑草をきちんと始末しなければならない.

jauchzen [ヤォホツェン] 動 喜び(熱狂)の声を上げる.

jaulen [ヤォレン] 動 (イヌなどが)哀れな声で鳴く.

Jause [ヤォゼ] 女-/-n 《オーストリア》スナック, [午後の]軽食.

ja·wohl [ヤ・ヴォール] 副 《肯定の答え, ja を強調して》はい,そのとおりです, 承知しました. ¶ Verstanden? − Jawohl, Herr Hauptmann! わかったか. −はいっ, 大尉殿.

Jazz [ジェス] 男-/ ジャズ.

¹**je** [イェー] 副 《数詞の前で》それぞれ, …ずつ, …ごとに;かつて,いつか[のことだが]. ¶ Für je zwei Personen gibt es eine Flasche Wein. 二人に一本あてワインがございます. / Das war das Schrecklichste, was ich je erlebt habe. これは私がこれまでに体験した中で最も恐ろしい出来事だった.《je nach の形で》…に応じて, …次第で. je nach den Umständen 事情に応じて. / Machst du mit? − Je nachdem. 君も一緒にやるかい. −ことと次第によるね.

²**je** [イェー] 接 《従属. 比較級を伴って》…であればあるほど一層. ¶«je ..., desto の形で» Je älter man wird, desto regelmäßiger muss man Sport treiben. 年をとればとるほど規則正しくスポーツをしなければいけない.

³**je** [イェー] 前 《4格支配》…あたり，…について(…ずつ). ¶Je Teilnehmer entstehen Kosten von 20 Euro. 参加者一人あたり20ユーロの費用を要する.

⁴**je** [イェー] 間 《ach や oh と組み合せて》あれっ，おやまあ. ¶Ach (Oh) je, ich habe mich wieder verspätet. わっ，しまった，また遅刻した.

Jeans [ヂーンズ] 複 ジーンズ.

jeden·falls [イェーデン・ファルス] 副 いずれにせよ；少なくとも. ¶Das scheint mir jedenfalls die beste Lösung. いずれにしても私はそれが最善の解決策だと思う.

jeder [イェーダァ] 代 《不定. 複数形なし》おのおの.

	男性	女性	中性	複数
1格	jeder	jede	jedes	—
2格	jedes	jeder	jedes	—
3格	jedem	jeder	jedem	—
4格	jeden	jede	jedes	—

¶den Luftdruck jedes einzelnen Reifens überprüfen タイヤ一つ一つの空気圧を点検する. / auf jeden Fall いずれにせよ. / jeden zweiten Tag 一日おきに. / in jedem dritten Jahr 三年目ごとに. ♦ Jeder Student (Jede Studentin) sollte mindestens zwei Fremdsprachen lernen. どの学生も少なくとも二つの外国語を学ばなくてはならない. / Jeden Tag kommt eine Altenpflegerin und betreut meine Großmutter. 毎日老人介護の女性が訪ねてきて祖母の面倒を見てくれる.

jeder·mann [イェーダァ・マン] 代 《不定. 2格 jedermanns，3・4格 jedermann》誰でも. ¶Jedermann weiß von der Affäre des Ministers. 誰もが大臣の情事について知

っている. / Das ist nicht jedermanns Sache. これは誰にでも好まれることじゃない.

jeder·zeit [イェーダァ・ツァイト] 副 いつでも. ¶Wenn du Probleme hast, kannst du dich jederzeit an mich wenden. 問題があったらいつでも私を当てにしていい.

je·doch [イェー・ドッホ] **1** 副 それなのに. ¶Wir wollten die Wohnung unbedingt mieten, sie war jedoch schon vergeben. 私たちはどうしてもその家が借りたかった，それなのにもう予約済みだった. **2** 接 《並列. 定動詞より後方に置かれることもある》しかし. ¶Der Abschied fiel mir schwer, jedoch es musste sein (..., es musste jedoch sein). 別れは辛かったが，別れねばならなかった.

jeg·licher [イェーク・リヒァァ] 代 《不定. jeder と同じ語尾変化. 複数形なし》おのおのの.

je·her [イェー・ヘーァ，イェー・ヘーァ] 副 von (seit) jeher 前々から. ¶Die deutsche Medizin hat von jeher in Japan einen guten Ruf. ドイツ医学は昔から日本で評価が高い.

je·mals [イェー・マールス] 副 《未来》いつか；《過去》かつて.

jemand [イェーマント] 代 《不定. 1格 jemand，2格 jemand[e]s，3格 jemand[em]，4格jemand[en]》[だれか]ある人. ¶Ist jemand zu Hause? 誰か家にいますか. / Kennst du jemand[en], der zu ihr passt? 彼女にぴったりの人を誰か知らないかい. (⇒niemand)

jener [イェーナァ] 代 《指示》《眼に見えない範囲のものも含めて》あの，かの，例の；前者の；《単独で》あの人(もの).

	男性	女性	中性	複数
1格	jener	jene	jenes	jene
2格	jenes	jener	jenes	jener
3格	jenem	jener	jenem	jenen
4格	jenen	jene	jenes	jene

¶Es ist nicht leicht, jene [Art von] Demonstrationen zu ver-

J

279

bieten. あの種のデモを禁じることは難しい. / Dieses Haus ist ganz neu, *jenes* [Haus] (ist) alt und verfallen. この家はまったく新しい,あの家は古くて荒れ果てている. 《*dies und jenes* の形で》あれこれいろいろなもの,がらくた. (⇒dieser)

jen·seits [イェン・ツァイツ] **1** 副 あちら側に(で). ¶Er ist schon *jenseits* von Gut und Böse. 彼は既に善悪を超えたところにいる. **2** 前 《2格支配》…のあちら側に(で). ¶*jenseits* des Flusses 河の向う側に. **Jen·seits** [イェン・ツァイツ]中 -/ あの世. ¶Noch nie ist jemand aus dem *Jenseits* zurückgekommen. 未だかつてあの世から戻ってきた者はいない.

Jesus [イェーズス] 男-/ (または2・3格 Jesu, 4格 Jesum)《キリスト教》イエス. ¶*Jesus* Christus (《古い語形》2 格 *Jesu* Christus (Christi), 3 格 *Jesu* Christus (Christo), 4 格 *Jesum* Christus (Christum), 呼びかけ *Jesus* Christus (*Jesu* Christe)!) イエス・キリスト. (⇒Christus)

jetzt [イェツト] 副 いま,目下;《過去に関する表現の中で》いまや;(怒りや困惑を表して)なんということだ.《von jetzt an の形で》今からあとは. ¶*Jetzt* muss ich aber gehen. もう行かなくては. / *Jetzt* fing sie zu heulen an. そのとき彼女は泣きはじめた. / Was soll das denn *jetzt*? これはいったい何事だ. / Was soll ich mit den Kindern *jetzt* anfangen? 子供たちはどうしたらいいのだろう. / *Jetzt* oder nie! いまを逃したら二度とチャンスはない.

je·weilig [イェー・ヴァイリヒ] **1** 形 -e [イェー・ヴァイリゲ] その時その時の. **2** 副 =jeweils.

je·weils [イェー・ヴァイルス] 副 その都度,いつも. ¶Die Raten sind *jeweils* zum Monatsanfang zu zahlen. 割賦金は月初めにその都度支払うこと. / Nach Japan reist er *jeweils* zur Kirschblütenzeit. 彼は

桜の時期にいつも日本に旅する.

Job [ヂョッブ] 男-s/-s アルバイト;職業;職場. ¶einen *Job* suchen アルバイトの口を探す. **jobben** [ヂョッペン] jobbte [ヂョッブテ], ge-jobbt [ゲヂョッブト] 動 アルバイトをする. ¶Er finanziert *sich*[3] sein Studium durch Jobben. 彼は学費をアルバイトをすることで賄っている.

Joga [ヨーガ] 男 (中) -[s]/ ヨガ. ¶*Joga* [be]treiben ヨガをする.

joggen [ヂョッゲン] joggte [ヂョックテ], gejoggt [ゲヂョックト] 動 (h, s) ジョギングする.

Jogger [ヂョッガァ] 男 -s/- (女性) **Joggerin** [ヂョッゲリン] 女-/Jog-gerinnen [ヂョッゲリネン]) ジョガー.

Jogging [ヂョッギング] 中-s/ ジョギング.

Joghurt, Jogurt [ヨーグルト] 男 (《オーストリア》中) -[s]/-[s] ヨーグルト. ¶Mittags esse ich meist nur einen *Joghurt*. 昼にはたいがいヨーグルトを一つ食べるだけです.

Johannis·beere
[ヨハニス・ベーレ]
女-/-n 《植物》フサスグリ;《複》でフサスグリの実.

Joint [ヂョイント]
男-s/-s 手巻きタバコ(しばしばハシッシュやマリファナの吸引に用いる).

jonglieren [ジョングリーレン] jonglierte, jongliert 動 mit *et*[3] *jonglieren* 物[3]を使って曲芸をする;物[3]を巧みに操る.

Joule [ヂュール] 中-[e]s/- 《物理》ジュール(仕事およびエネルギーの単位. 略: J).

Journal [ジュールナール] 中-s/-e グラフ雑誌(新聞);(TV・ラジオのショー形式による)時事番組;《商業》仕訳(し)帳. **Journalist** [ジュールナリスト]男-en/-en (女性) **Journalis-tin** [ジュールナリスティン] 女-/Journa-listinnen [ジュールナリスティネン]) ジャーナリスト.

Jubel [ユーベル] 男-s/ 大喜び；歓声. ¶in *Jubel* ausbrechen どっと歓声をあげる. **jubeln** [ユーベルン] 動 歓声をあげる.

Jubiläum [ユビレーウム] 中-s/Jubiläen [ユビレーエン] (50周年，100周年などの)記念祭. ¶Er feiert heute sein 25. *Jubiläum* als Schulleiter. きょう彼は校長勤務25周年を祝う.

jucken [ユッケン] 動 1 かゆい，むずむず(ちくちく)する. ¶Mein Rücken *juckt*. 背中がむずむずする. / Der Mückenstich *juckt*. 虫刺されのあとがかゆい. 2 *et*^{1} juckt j$^{3/4}$ 人$^{3/4}$の体の部分^{1}がかゆい，むずむず(ちくちく)する. ¶Der Fuß *juckt* mir (mich). 私は足がかゆい. / Der Vorband *juckt*[mich]scheußlich. ほうたいがすごくちくちくする. / Was er von mir sagt, *juckt* mich überhaupt nicht. 彼が私について言っていることなんかぜんぜん興味がない.《es を主語として》Es *juckt* mir (mich) auf dem Rücken. 私は背中がむずむずする. 3 j^1 juckt sich^4 《大衆語》人^{1}が掻く. ¶Ich *jucke* mich auf dem Rücken. 私は背中を掻く.

Jude [ユーデ] 男-n/-n (女性 **Jüdin** [ユーディン] 女-/Jüdinnen [ユーディネン])ユダヤ人.

Juden・tum [ユーデン・トゥーム] 中-s/《集合的に》ユダヤ人；ユダヤ教；ユダヤ気質.

jüdisch [ユーディシュ] 形 ユダヤ[人]の；ユダヤ的な.

Jugend [ユーゲント] 女-/ 青少年；青少年期；《集合的に》若い人たち. ¶Die heutige *Jugend* ist bestimmt besser als ihr Ruf. 今日の青少年は間違いなく評判よりましだ.

Jugend・herberge [ユーゲント・ヘァベルゲ] 女-/-n ユースホステル. ¶Übernachten wollen wir möglichst in *Jugendherbergen*. 宿泊はなるべくユースホステルでしようと思っている.

jugend・lich [ユーゲント・リヒ] 形 青

少年の；未成年の.

Jugend・licher* [ユーゲント・リヒャァ] 男 (女性 **Jugend・liche*** [ユーゲント・リヒェ])《形容詞の名詞化》青少年；《法律》少年(14歳以上18歳未満の青少年). ¶Ich finde, dieser Film ist für *Jugendliche* nicht geeignet. この映画は青少年には不適切だと思う.

Julei [ユーライ，ユーリィ] 男-[s]/-s =Juli (発音上 Juni とはっきり区別するために使う).

Juli [ユーリ] 男-[s]/-s 7月.(⇒April, Julei)

jung [ユング] jünger, am jüngsten 形 若い，幼い. ¶*Jung* und Alt 老いも若きも.

Junge [ユンゲ] 男-n/-n (Jungs) 少年；《トランプ》ジャック. ¶*Junge, Junge!* おやおや，やれやれ. **Junges*** [ユングス]中《形容詞の名詞化》(動物の)子；(鳥の)ひな.

Jung・frau [ユング・フラォ] 女-/-en 処女. ¶die Jungfrau 《天文》乙女座.

Jung・geselle [ユング・ゲゼレ] 男-n /-n (女性 **Jung・gesellin** [ユング・ゲゼリン] 女-/Jung・gesellinnen [ユング・ゲゼリネン]) 独身男性(女性). ¶Mit vierzig ist er noch immer *Junggeselle*. 40歳にもなって彼は未だに独身だ.

jüngst [ユングスト] 1 副 最近，この間. 2 jung の最高級.

Juni [ユーニ] 男-[s]/-s 6月. (⇒April, Juno)

Junior [ユーニオァ] 男-s/Junioren [ユニオーレン] (女性 **Juniorin** [ユニオーリン] 女-/Juniorinnen [ユニオーリネン]) ジュニア，息子，娘；《スポーツ》ジュニア.

Juno [ユーノ] 男-[s]/-s =Juni (発音上 Juli とはっきり区別するために使う).

Junta [ホゥンタ，ユンタ] 女-/Junten [ホゥンテン，ユンテン] 革命評議会(革命後の臨時政府).

Jupe [ジューブ] 男-s/-s 《スイス》スカート.

Jura [ユーラ] 複 《常に無冠詞で》法

J

学, 法律学. ¶Er studiert im dritten Semester *Jura*. 彼は 3 学期に法学を学んでいる. / *Jura* ist ein beliebtes Studienfach. 法学は人気のある学科である.

Jurist [ユリスト] 男 -en/-en (女性)
Juristin [ユリスティン] 女-/Juristinnen [ユリスティネン]) 法学者, 法律学者；法学部学生. ¶*Juristen* gibt es viele, aber wirklich gute gibt es selten. 法律家なら沢山いるが, 実際に良い法律家となるとめったにいない.

juristisch [ユリスティシュ] 形 法学 (法律学) の, 法律上の.

Jury [ジュリー] 女-/-s 審判員, 審査委員. ¶Die Entscheidung der *Jury* wurde heftig kritisiert. 審判の決定は激しく批判された.

Justiz [ユスティーツ] 女-/ 司法[権]；司法当局.

¹**Juwel** [ユヴェール] 中(男) -s/-en 宝石；貴重なもの. ²**Juwel** [ユヴェール] 中-s/-e 貴重な人物. ¶Seine Haushälterin ist ein wahres *Juwel*. 彼のハウスキーパーは本当に貴重な人物だ.

Juwelier [ユヴェリーァ] 男 -s/-e (女性) **Juwelierin** [ユヴェリーリン] 女-/Juwelierinnen [ユヴェリーリネン]) 宝石細工師；宝石商.

Jux [ユックス] 男-es/-e ジョーク, 冗談, おふざけ.

ちょっと文法

主語はどこにある？

◆主語の位置◆
主語は文頭にある——そう思い込んではいないかい？ だとしたらそれは英語に引きずられた発想だ. ドイツ語は英語と違い, 格を冠詞の変化であらわす. つまり冠詞を見たらすぐ, 格 (＝日本語でいえば助詞のテニヲハ) がわかるんだ. 例えば Den Mann kenne ich nicht. を「その男性〈は〉, 私〈を〉知らない」と理解するドイツ人はいない. だって Den Mann は 4 格だから, 「その男性〈を〉」以外に訳しようがない. ということは主語は後ろから 2 番目にある ich だね. この文は「その男性〈を〉, 私〈は〉知らない」という意味だ. 英語はこんな語順にするわけにはいかない. 冠詞が格変化しないから, 主語を勝手な場所に置いたら混乱してしまう.

ちょっと文法

文, ちゃんと見えるかな？

◆長文を訳すコツ◆
まっさきにすべきは動詞を見つけることだが, 主語を見つけることも大事. 主語は英語と違って, いつも 1 番先にあるとは限らない. でも「1 格の名詞が主語」——このことを忘れなければ, 冠詞をヒントに何とか探し出せるはず. 「誰 (何) がどうした」という大樹の幹を発見すれば, どんなに目くらましの葉がいっぱい茂っていようともう怖くない. 例えば Nach ....hat **der Mann** ....**geliebt**. という長い文章でも, 「その男は愛した」という太い幹が見えているのだから, 「誰を」「いつ」「どんなふうに」という葉や枝なんかは, あとから一つずつゆっくり片づけていけばいい.

K

¹K, ¹k [カー] 中–/– ドイツ語アルファベットの第11字.

²K [カー]《元素記号》カリウム.

²k [カラート]《記号》カラット.(=Karat)

³k [キーロ]《記号》キロ[グラム].(=Kilo, Kilogramm)

Kabarett [カバレット, カバレト] 中–s/–e(–s) カバレ(風刺ショー・寸劇・シャンソンなどを上演するレストラン・シアター);(カバレで上演される)ショー.

Kabel [カーベル] 中–s/– ケーブル. **Kabel·fernsehen** [カーベル・フェルンゼーエン] 中–s/– ケーブルテレビ.

Kabine [カビーネ] 女–/–n (試着室・公衆電話などの)ボックス;船室.

Kabinett [カビネット] 中–s/–e 内閣;(博物館などの展示用)キャビネット. ¶ein *Kabinett* bilden 組閣する.

Kabis [カービス] 男–/–《南ドイツ・スイス》《野菜》キャベツ.

Kachel [カッヘル] 女–/–n 化粧タイル. **kacheln** [カッヘルン] 動 (物⁴に)化粧タイルを貼る.

Käfer [ケーファ] 男–s/– 《昆》カブトムシ;ビートル(VW車の愛称).

Kaffee [カフェー, カフェー] 男–s/(種類:–s) コーヒー豆,(挽いた)コーヒー粉末,(飲料としての)コーヒー;コーヒータイム;コーヒーつき朝食. ¶eine Tasse (ein Kännchen) *Kaffee* カップ1杯(小ポット1杯)のコーヒー. / *Kaffee* kochen (machen) コーヒーを沸かす. /j⁴ zum *Kaffee* einladen 人⁴をコーヒータイムに招く. ◆Ein ordentlicher *Kaffee* würde mir gut tun. 強いコーヒーなら私をすっきりさせてくれるだろう. / Haben Sie schon *Kaffee* getrunken? もうコーヒーは飲みましたか;(朝食時に)もう朝食は食べましたか. / Herr Ober, zwei *Kaffee*, bitte! ボーイさん,(カップの)コーヒーを二つ下さい. **Kaffee·bohne** [カフェー・ボーネ] 女–/–n コーヒー豆.

Kaffee·haus [カフェー・ハォス] 中–es/Kaffee·häuser [カフェー・ホイザァ]《オーストリア》喫茶店. **Kaffee·maschine** [カフェー・マシーネ] 女–/–n コーヒーメーカー. **Kaffee·mühle** [カフェー・ミューレ] 女–/–n コーヒーミル.

Kaffee·pause [カフェー・パォゼ] 女–/–n コーヒーブレーク. ¶So, jetzt machen wir erst mal eine kleine *Kaffeepause*! さあ,まずひとつちょっとコーヒーブレークとするか. / Darüber sprechen wir besser in der *Kaffeepause*. それについてはコーヒーブレークのときに話した方がいい.

Käfig [ケーフィヒ] 男–s/–e (動物・鳥を入れる)檻(お),籠(き). ¶Ich finde, dein Wellensittich braucht einen viel größeren *Käfig*. 君のセキセイインコはもっとずっと大きい籠が必要だと思うよ.

kahl [カール] 形 禿(は)げた;何の飾りもない.

Kahn [カーン] 男–[e]s/Kähne [ケーネ] (オールで操る)小舟. ¶[mit dem] *Kahn* fahren ボートに乗る.

Kai [カィ] 男–s/–e(–s) 埠頭,岸壁.

Kaiser [カィザァ] 男–s/– 皇帝. **Kaiserin** [カィゼリン] 女–/Kaiserinnen [カィゼリネン] 女帝.

Kaiser·schnitt [カィザァ・シュニト] 男–[e]s/–e《医》帝王切開.

Kajüte [カユーテ] 女–/–n 船室.

Kakao [カカオ] 男–s/(種類:–s)《植物》ココア;ココア豆;(飲み物の)ココア.

Kaktus [カクトゥス] 男–(Kaktusses)/Kakteen [カクテーン, カクテーエン],(Kaktusse)《植物》サボテン.

Kalb [カルプ] 中–[e]s/Kälber [ケルバァ] 子牛;子牛の肉. ¶Sonntags bringt sie immer *Kalb* auf den Tisch. 日曜日には彼女はいつも子牛料理を食卓に出す. **Kalb·fleisch** [カルプ・フライシュ] 中–[e]s/ 子牛の肉.

K

Kalender

Kalender [カレンダァ] 男-s/- カレンダー. ¶Ich muss mal in meinem *Kalender* nachschauen, ob ich an dem Tag Zeit habe. その日に時間があるかどうかまず予定表を調べてみなくてはならない. **Kalender・woche** [カレンダァ・ヴォヘ] 女-/-n (暦の上の月曜日から日曜日までの)週.

Kaliber [カリーバァ] 中-s/- (銃砲の)口径.

Kalk [カルク] 男-[e]s/(種類:-e) 石灰;しっくい. **kalken** [カルケン] 動 (物4に)しっくい塗料を塗る.

Kalkulation [カルクラツィオーン] 女-/-en (費用の)計算,算出. **kalkulieren** [カルクリーレン] kalkulierte, kalkuliert 動 (費用などを)計算(算出)する. ¶Die Preise in diesem Supermarkt sind sehr scharf *kalkuliert*. このスーパーの価格はたいへん厳密に計算されている.

Kalorie [カロリー] 女-/-n [カロリーエン] 〖熱計算〗カロリー.

kalt [カルト] kälter [ケルタァ], am kältesten [ケルテステン] 形 寒い;冷たい. ¶ein *kalter* Blick 冷ややかな視線. / *kalte* Füße bekommen 足が冷える. / der *Kalte* Krieg 冷戦. ◆Gewöhnlich ist es bei uns im Februar am *kältesten*. わが国ではふつう2月がもっとも寒い. / Morgen wird es wieder *kalt*. あしたはまた寒くなる. / Mir ist *kalt*. 私は寒い. / Bier sollte *kalt* angeboten werden. ビールは冷やして供さなくてはいけない. / Abends essen wir immer *kalt*. 夕食はいつも冷たい食事をとる. / *Kalt* lächelnd verließ sie ihn. 冷笑しながら彼女は彼のもとを去った.(⇒kühl) **kalt・blütig** [カルト・ブリューティヒ] -e [カルト・ブリューティゲ] 形 (動物が)冷血の;冷静な,無情な.

Kälte [ケルテ] 女-/ 寒さ;冷たさ;冷ややかさ. ¶Diese *Kälte* ist kaum auszuhalten. この寒さはとても耐えられない.

kälter [ケルタァ] kalt の比較級.

kältest [ケルテスト] kalt の最高級.

kalt・machen [カルト・マヘン] 動 〖くだけた表現〗殺害する.

Kalt・miete [カルト・ミーテ] 女-/-n 暖房費抜きの家賃.

kam [カーム] kommen の過去形・単数・1, 3人称.

Kamel [カメール] 中-[e]s/-e 〖動〗ラクダ;のろま,とんま.

Kamera [カメラ, カーメラ] 女-/-s カメラ. ¶einen Film in die *Kamera* einlegen カメラにフィルムを入れる.

Kamerad [カメラート] 男-en/-en (女性 **Kameradin** [カメラーディン] 女-/Kameradinnen [カメラーディネン])同志,仲間.

Kamille [カミレ] 女-/-n 〖植〗カミツレ. **Kamillen・tee** [カミレン・テー] 男-s/ 〖ハーブ〗カミツレ茶.

Kamin [カミーン] 男-s/-e (壁に焚き口を備えた)暖炉.

Kamm [カム] 男-[e]s/Kämme [ケメ] 櫛(し). **kämmen** [ケメン] 動 くしげずる. ¶*sich*4 kämmen (自分の)髪を梳(と)かす. ◆Ich *kämme* mir die Haare mit Vaters Kamm. 私は父の櫛で髪を梳かしている.

Kammer [カマァ] 女-/-n (二院制議会の)[議]院;会議所(例: Handels*kammer* 商工会議所);(比較的小さな)部屋. ¶die erste (zweite) *Kammer* 上院(下院).

Kampf [カンプフ] 男-[e]s/Kämpfe [ケンプフェ] 戦闘,闘争;争い. ¶ein *Kampf* auf Leben und Tod 生死をかけた闘い. / der *Kampf* für eine bessere Zukunft より良き将来を得るための戦い. / der *Kampf* ums Dasein 生存競争. / in den *Kampf* ziehen 出撃する. ◆Der *Kampf* gegen die Arbeitslosigkeit muss intensiviert werden. 失業との戦いは強化されねばならない.

kämpfen [ケンプフェン] 動 戦う《für j4/et4 人4・事4のために》. ¶gegen j4/et4 kämpfen 人4・事4を相手として戦う. / mit j3/et3 kämpfen 人3・物3と闘う. / mit den Tränen *kämpfen* 涙を必死でこらえる. / um et⁴ *kämpfen* 物⁴を得るために闘う. / um den Sieg *kämpfen* 勝利を得るために奮闘する. ◆ Die Partei *kämpft* für die Gleichberechtigung der Frauen und gegen jede Art von Diskriminierung. 党は女性の同権のため,またいかなる差別にも反対して闘っている.

Kämpfer [ケンプファ] **男** -s/- (女性) **Kämpferin** [ケンプフェリン] **女** -/- Kämpferinnen [ケンプフェリネン])戦士,闘士; 選手. **kämpferisch** [ケンプファリシュ] **形** ファイトのある,戦闘的な.

Kanal [カナール] **男**-s/Kanäle [カネーレ] 運河; 下水道;〚Ⅳ〛チャンネル. ¶einen *Kanal* anlegen 運河を掘削(㊀)する. / einen *Kanal* wählen チャンネルを選ぶ. ◆ Der *Kanal* ist verstopft. 下水道が詰まっている. **Kanalisation** [カナリザツィオーン] **女**-/-en 下水網,運河掘削,下水道工事.

Kanarien・vogel [カナーリエン・フォーゲル] **男**-s/Kanarien・vögel [カナーリエン・フェーゲル]〚鳥〛カナリア.

Kandidat [カンディダート] **男** -en/-en (女性) **Kandidatin** [カンディダーティン] **女**-/Kandidatinnen [カンディダーティネン])候補者. ¶j⁴ als *Kandidaten* für die Bundestagswahl aufstellen 人⁴を連邦議会選挙の候補者に立候補させる.◆ Um diese Position bewerben sich drei *Kandidatinnen*. このポストに３人の女性候補が立っている. **Kandidatur** [カンディダトゥーア] **女** -/-en 立候補. ¶Wegen dieses Skandals musste er seine *Kandidatur* zurückziehen. このスキャンダルが原因で,彼は立候補を取り下げざるを得なかった. **kandidieren** [カンディディーレン] kandidierte, kandidiert **動** für et⁴ *kandidieren* 職位⁴・ポスト⁴に立候補する.

Känguru [ケングル] **中**-s/-s〚動〛カンガルー.

Kanin・chen [カニーン・ヒェン] **中** -s

/-〚動〛アナウサギ; カイウサギ.

Kanister [カニスタァ] **男**-s/- (ガソリンなどを入れる)携帯用ブリキ(プラスティック)缶.

kann [カン] < können.

Kanne [カネ] **女**-/-n (コーヒーなどの)ポット. ¶heißen Kaffee in die *Kanne* füllen 熱いコーヒーをポット一杯にする. ◆ Wir haben zwei *Kannen* Kaffee getrunken. われわれはコーヒーをポット２杯飲んだ.

kannst [カンスト] < können.

kannte [カンテ] kennen の過去形・単数・１,３人称.

Kanon [カーノン] **男**-s/-s〚諜〛カノン; 基準.

Kanone [カノーネ] **女**-/-n カノン砲(砲身が長く長距離砲撃用.走行可能).

Kante [カンテ] **女**-/-n (二つの平面が交わる)角(㊀); 稜線,へり. ¶Ich habe mich an der *Kante* des Tisches gestoßen. 私は机のへりにぶつかった.

Kantine [カンティーネ] **女**-/-n (会社などの)社員食堂. ¶Jeden Tag esse ich in der *Kantine*. 私は毎日社員食堂で食事をします.

Kanton [カントン] **男**-s/-e〚スイス〛州(略: Kt.). **Kantonal・präsident** [カントナール・プレズィデント] **男**-en/-en (女性) **Kantonal・präsidentin** [カントナール・プレズィデンティン] **女** -/Kantonal・präsidentinnen [カントナール・プレズィデンティネン])〚スイス〛州政府代表.

Kanu [カーヌ, カヌー] **中**-s/-s カヌー. ¶*Kanu* fahren カヌーに乗る.

Kanzel [カンツェル] **女**-/-n〚キリスト教〛説教壇.

Kanzlei [カンツライ] **女**-/-en 弁護士事務所;官房.

Kanzler [カンツラァ] **男**-s/- (女性) **Kanzlerin** [カンツリリン] **女**-/Kanzlerinnen [カンツレリネン])〚ドイツ・オーストリア〛連邦首相;(大学の)事務局長,(在外公館の)事務長.

Kap [カプ] **中**-s/-s 岬(㊀㊀).

Kapazität [カパツィテート] **女** -/-en

285

《(複)なし》容量, 収容能力; エクスパート. ¶Die *Kapazität* der Festplatte beträgt 5 Gigabyte. このハードディスクの容量は5ギガバイトである. / Die *Kapazität* des Opernhauses sollte erweitert werden. オペラハウスの収容能力は拡大されるべきだ. / Auf diesem Gebiet ist er eine *Kapazität*. この分野で彼はエキスパートだ.

Kapelle [カペレ] 囡-/-n 《キリスト教》礼拝堂, チャペル; 楽団, バンド.

kapieren [カピーレン] kapierte, kapiert 動 《口語表現》わかる. ¶Mathe *kapiert* er überhaupt nicht. 彼は算数が全然わからない.

Kapital [カピタール] 匣-s/Kapitalien [カピターリエン] (-e) 《経済》資本[金]; (貸借関係の)元金, 元本. ¶„Das *Kapital*" (Karl Marxの)「資本論」. **Kapitalismus** [カピタリスムス] 男-/ 資本主義[体制].

Kapitän [カピテーン] 男-s/-e (女性 **Kapitänin** [カピテーニン] 囡-/Kapitäninnen [カピテーニネン])船長, 機長.

Kapitel [カピテル] 匣-s/- (書物の)章(略: Kpt.). ¶ein *Kapitel* für sich sein [詳しい説明を要するような]厄介な存在(問題)である.

Kapitulation [カピトゥラツィオーン] 囡-/-en 降伏. ¶die bedingungslose *Kapitulation* 無条件降伏. **kapitulieren** [カピトゥリーレン] kapitulierte, kapituliert 動 降伏する. ¶vor unerwarteten Schwierigkeiten *kapitulieren* 思いもかけない困難にお手上げである.

Kaplan [カプラーン] 男-s/Kapläne [カプレーネ] 《キリスト教》(各種施設などの)団体付き司祭; 助任司祭.

Kappe [カッペ] 囡-/-n ふちなし帽子; (器具の)キャップ. ¶Wie heißt die *Kappe*, die Juden in der Synagoge tragen? ユダヤ人がシナゴーグ(ユダヤ教会堂)でかぶるふちなし帽は何というのですか. / Er sagt, er nehme alles auf seine *Kappe*. 彼は全ての責任を取ると言っている.

Kapsel [カプセル] 囡-/-n 《医薬》カプセル; 小容器; 宇宙カプセル.

kaputt [カプット] 形 こわれた; 疲れ果てた. ¶Unser Fernseher (Die Firma) ist *kaputt*. うちのテレビはこわれている(会社が破産した). / Er hat meinen *kaputten* Wagen im Nu repariert. 彼はこわれた私の車をあっという間に修理した.

kaputt gehen* [カプット・ゲーエン] ging kaputt, kaputtgegangen 動 (s) こわれる. ¶Wer weiß, warum seine Ehe *kaputtgegangen* ist. 彼の結婚生活がなぜ破れたのか誰にもわからない.

kaputt lachen [カプット・ラヘン] 動 sich⁴ [über et⁴] *kaputtlachen* [事⁴に]腹を抱えて笑う.

kaputt machen [カプット・マヘン] 動 こわす. ¶Musst du denn jedes neue Spielzeug gleich *kaputtmachen*? いったいお前は新しいおもちゃをどれもこれもすぐこわさずにはいられないのか.

Kapuze [カプーツェ] 囡-/-n (アノラックの)フード; (修道服の)頭巾. ¶die *Kapuze* aufsetzen (über den Kopf ziehen) フードをかぶる.

Kapuziner [カプツィーナー] 男-s/- 《オースト》カプチーノ(イタリア風コーヒー. Kapuziner カプチン会修道士の修道服の色に似ているので).

Karaffe [カラッフェ] 囡-/-n デカンター, カラフェ(ワインを入れるガラス容器).

Karat [カラート] 匣-/- カラット(宝石類の重量単位. 略: k, c).

Kardinal [カルディナール] 男-s/Kardinäle [カルディネーレ] 《カトリック》枢機卿.

Kardinal・zahl [カルディナール・ツァール] 囡-/-en 《数学》基数. (⇒Ordinalzahl)

Karfiol [カルフィオール] 男-s/ 《オースト》《野菜》ハナヤサイ, カリフラワー.

Kar・freitag [カール・フライターク] 男-[e]s/-e 聖金曜日, 《プロテスタント》受難日(復活祭直前の金曜日. キリスト受難の記念日).

karg [カルク] karger (kärger [ケルガァ]), am kargsten (am kärgsten [ケルクステン]) 形 僅かの, 乏しい《an et³ 物³が》; 倹約な. ¶ein *karger* Boden やせた土地. / ein *karges* Leben führen つましい生活をする. / mit et³ *karg* sein 物³をけちけちする. ◆Damals im Krieg gab es nur *karge* Kost. 戦争当時は僅かの食物しかなかった. / Das Zimmer ist *karg* eingerichtet. その部屋は飾りけがない(みすぼらしい). **kärg·lich** [ケルク・リヒ] 形 乏しい, 貧しい; けちな.

kariert [カリールト] 形 チェック(格子縞)の.

Karies [カーリエス] 安-/ 〖医学〗虫歯; カリエス.

Karikatur [カリカトゥーァ] 安 -/-en 風刺画; マンガ, カリカチュア.

> ドイツの外来語辞典には Manga 中(男)-s/-s という単語が掲載されている. もちろん日本語の〈マンガ(漫画)〉から来ており, どちらかといえば〈劇画〉を指すもののようである. ミッキーマウス Mickey Maus やバットマン Batman など Comics とはちがうジャンルのものか.

karikieren [カリキーレン] karikierte, karikiert 動 カリカチュアで風刺する.

karitativ [カリタティーフ] -e [カリタティーヴェ] 形 慈善の. ¶eine *karitative* Organisation 慈善団体.

Karneval [カルネヴァル] 男-s/-e(-s) カーニバル, 謝肉祭. (⇒Fasching, Fastnacht)

> 3月21日以後最初の満月の次の日曜日が復活祭日曜日. その前日から(日曜日を除き)逆算して40日間が大斉(キリストの苦難を偲んで行う断食節), その初日が der Aschermittwoch (灰の水曜日), その前日が die Fastnacht (懺悔の火曜日), それ以前3～7日

間行われるのがカーニバルである. ゲルマン人の春祭りの慣習と融合してかなり羽目を外して騒ぐ祭りと化している. ラインラント地方では懺悔の火曜日が 「菫の火曜日」 der Veilchendienstag とも呼ばれ, 深夜12時までどんちゃん騒ぎをする. ただしドイツでは, 期間中の der Rosenmontag (狂乱の月曜日)に山車行列などに山車行列などにぎやかながら, リオのカーニヴァルのような乱痴気騒ぎは行われない. どちらかと言えばカトリック地域のお祭り. 日本ではリオのカーニヴァルの印象が強くて, 夏祭りのような印象を持つ人が多いが, これは時期的に南半球が夏真っ盛りであるせいであり, 一方北半球のヨーロッパでは冬から春にいたる寒い時期の祭りなのである. 地方にもよるが, カーニバルは11月11日11時11分に始まる. 乱痴気騒ぎの幕開けという意味から, 11という数を「阿呆の数」と言ったりする. カーニバル関連のさまざまな行事は, 地区ごとに設けられたカーニバル実行委員会が行う.

Karnickel [カルニッケル] 中-s/- 〖動物〗アナウサギ, カイウサギ; お人よし.

Karo [カーロ] 中-s/-s ひし形; 格子縞; 〖トランプ〗ダイア. (⇒Herz, Kreuz, Pik)

Karosserie [カロセリー] 安-/-n [カロセリーエン] 〖自動車〗車体[構造].

Karotte [カロッテ] 安-/-n 〖野菜〗[ノラ]ニンジン; 〖地域により〗赤カブ.

Karpfen [カルプフェン] 男-s/- 〖魚類〗コイ.

Karre [カレ] 安-/-n, **Karren** [カレン]男-s/- 手押し車, 荷馬車. ¶eine *Karre* (einen *Karren*) schieben 手押し車を押す.

Karriere [カリエレ] 安-/-n 輝かしい経歴, キャリア. ¶Er will unbedingt *Karriere* machen. 彼はどうあっても出世したいと思っている. / Ein Englandaufenthalt würde deiner *Karriere* nur gut tun. 英国滞在はむしろきみのキャリアのため

K

になるだろう.

Karte ［カルテ］ **囡**-/-n はがき, カード; 入場券, (硬券の)乗車券; 名刺; メニュー; トランプ; 地図. ¶〖スポーツ〗die gelbe (rote) *Karte* イエロー(レッド)カード. / *j³* die *Karten* legen 人³のトランプ占いをする. ♦Er hat mir aus dem Urlaub eine *Karte* geschrieben. 彼は休暇先から私にはがきを書いてよこした. / Haben Sie noch *Karten* für das Konzert übermorgen? あさってのコンサートの入場券はまだありますか. / Die *Karten* sind nicht gut gemischt. (トランプの)カードはまだ良く切ってない. / Heute essen wir nach der *Karte*! 今日はア・ラ・カルトで食事しよう.

Kartei ［カルタイ］ **囡**-/-en カードファイル. ¶Der Name steht nicht in unserer *Kartei*. この名前はわれわれのファイルには載っていない.

Karten·spiel ［カルテン・シュピール］ **匣**-[e]s/-e トランプゲーム. ¶ein *Kartenspiel* machen (spielen) トランプをする.

Kartoffel ［カルトッフェル］ **囡**-/-n 〖植物〗ジャガイモ. ¶*Kartoffeln* einkellern ジャガイモを地下室に蓄える. / *Kartoffeln* schälen (pellen) 生のジャガイモの皮をむく(ボイルしたジャガイモの皮をむく). ♦Die Deutschen essen im Durchschnitt nur etwa dreimal so viel *Kartoffeln* wie die Japaner. 平均してドイツ人は日本人の３倍ほどジャガイ

モを食べるに過ぎない.

> ドイツ人はジャガイモの主食とソーセージしか食べないなどと信じている人が少なくないが, それは間違い, ジャガイモは肉などのつけあわせとして食べるのである. ジャガイモがヨーロッパにもたらされたのは16世紀半ばのこと. 1537年スペイン人がアンデス山中で発見, 航海中の予備食料として持ち帰った. 当初ジャガイモはセヴィリア周辺で栽培されていたが, 1588年オランダの植物学者クルージウス Carolus Clusius（1526－1609)がこれをドイツに移植する. 1618－1648年の間続いた30年戦争はヨーロッパ中を疲弊させ, 長年にわたり餓死者が続出した. この後ドイツのフリードリヒ大王 Friedrich der Große（1712－1786)は人民の窮乏を救うため, 寒冷地での栽培に適したジャガイモに着目する. 1756年には勅令を発して国家事業としてジャガイモの栽培を進めた. 以後ドイツでは飢餓に苦しむ者の数が激減する. オーストリアでは die Kartoffel のかわりに, フランス語のジャガイモ pomme de terre (地中のリンゴ)を訳した der Erdapfel が用いられる.

Kartoffel·brei ［カルトッフェル・ブライ］ **團**-[e]s/ 〖料理〗(ミルクで薄めたかゆ状の)マッシュポテト. **Kartoffel·chip** ［カルトッフェル・チプ］ **團**-s/

絵で見るドイツ単語 **Kartenspiel**

der König	die Dame	der Bube	das Ass	der Joker
キング	クィーン	ジャック	エース	ジョーカー

≡ドイツを識るコラム≡
ジャガイモ料理

ドイツ料理には欠かせない重要な食品ジャガイモ.調理法も茹でる,焼く,炒める,のみならず,つぶしてマッシュに,またフライドポテトにしたり,お団子にしたりと多様である.付け合せ以外にもサラダやスープ,パンや焼き菓子,とジャガイモ料理だけで一冊の本になるほどである.

レシピ紹介

Bratkartoffeln ジャガイモソテー(いわゆるジャーマンポテト)

> 材料 ジャガイモ：500グラム
>   タマネギ：中サイズ　1個
>   ベーコン：適量
>   サラダ油,バター等：少々

1) ジャガイモは洗って,皮付きのまま,塩を加えた水から茹でる(20-30分).さましてから皮をむき,3〜5ミリの薄切りにする.
2) フライパンに油を熱し,ベーコン(短冊切りや角切り)を炒める.薄切りにしたタマネギも加えて炒め,取り出す.
3) 鍋に油を足してジャガイモを両面こんがりと炒める.
4) ベーコン,タマネギを戻し,塩コショウで調味.好みでパプリカパウダー又はみじん切りのパセリを加えてもよい.

Kartoffelbrei マッシュポテト

> 材料 ジャガイモ：500グラム
>   バター：15-30グラム
>   牛乳：100-125 ml

1) ジャガイモは皮をむいて半分に切り,塩水で柔らかく茹でる.ざるに上げ,水を切る.
2) ジャガイモを鍋に戻し,押しつぶしてマッシュにする.
3) バターと温めた牛乳を加えて,よくまぜる.
4) 塩(好みでナツメグパウダーも)で味を整える.

ザワークラウト(炒めるときにバター少々を加える)と焼きソーセージに付け合せるとおいしい!!

Bratkartoffeln

-s《ふつう複》ポテトチップス. **Kar·toffel·püree** [カルトッフェル・ピュレー] 中-s/-s 《料理》ポテトピューレ,マッシュポテト. **Kartoffel·salat** [カルトッフェル・ザラート] 男-[e]s/-e 《料理》ポテトサラダ.

Karton [カルトーン] 男-s/-s(-e) ボール紙;ボール紙の箱. ¶ *et⁴* in einem *Karton* [ver]packen 物⁴をボール箱に梱包(設)する.

Karussel [カルセル] 中-s/-s(-e) 回転木馬. ¶ [mit dem] *Karussel* fahren メリーゴーラウンドに乗る.

kaschieren [カシーレン] kaschierte, kaschiert 動 おおい隠す.

Käse [ケーゼ] 男-s/- チーズ. ¶ Zum Abendessen gibt es Brote mit Wurst und *Käse*. 夕食はソーセージとチーズを添えてパンが出る. / Dieser *Käse* schmeckt nicht, er ist angeschimmelt. このチーズはうまくない,カビがついている.

Kaserne [カゼルネ] 囡-/-n 兵営.

käsig [ケーズィヒ] -e [ケーズィゲ] 形 (顔色が)蒼白い.

Kasper [カスパァ] 男-s/- , **Kasperle** [カスペルレ] 中・男-s/- 《南ドイツ》カスペルレ(人形芝居の道化役). **Kasperle-theater** [カスペルレ・テアータァ] 中-s/- 《カスペルレが主人公の)人形劇;人形劇場.

Kassa [カッサ] 囡-/Kassen [カッセン] 《オーストリ》=Kasse.

Kasse [カッセ] 囡-/-n 現金箱,箱型金庫;レジ,会計係,出納窓口;チケット売り場;金庫(信用金庫 die Sparkasse, 健康保険組合 die Krankenkasse など);現金.¶gut bei Kasse sein 懐が暖かい(金がある)./ bei j³ ist Ebbe in der Kasse 人³は懐がさびしい./in die Kasse greifen 横領をする.◆Zahlen Sie bitte an der Kasse! どうぞレジでお支払い下さい./Holen Sie Ihre Karten bitte rechtzeitig an der Kasse ab! 入場券は早めにチケット売り場でお受け取り下さい.

Kassen-arzt [カッセン・アールツト] 男-es/Kassen-ärzte [カッセン・エールツテ] (囡性 **Kassen-ärztin** [カッセン・エールツティン] 囡-/Kassen-ärztinnen [カッセン・エールツティネン]) 健康保険医.

Kassen-zettel [カッセン・ツェテル] 男-s/- 売上伝票.

Kassette [カセッテ] 囡-/-n カセットテープ;手提げ金庫.¶eine Kassette abspielen カセットテープを回す./Musik auf Kassette aufnehmen 音楽をカセットテープに録音する.

Kassetten-rekorder , Kassetten-recorder [カセッテン・レコルダァ] 男-s/- カセットレコーダー.

kassieren [カスィーレン] kassierte, kassiert 動 (金銭を)徴収する;金銭を徴収する.¶Darf ich schon kassieren? (レストランで)もうお勘定を戴いてよろしいですか.

Kastanie [カスターニエ] 囡-/-n [カスターニエン] 《植物》[ヨーロッパ]クリ,マロニエ;クリの実.

Kasten [カステン] 男-s/Kästen [ケステン] (一)箱,ケース;(瓶を入れる)仕切り箱.¶zwei Kästen Bier ビール2ケース.

kastrieren [カストゥリーレン] kastrierte, kastriert 動 (人⁴・動物⁴を)去勢する.¶eine kastrierte Zigarette フィルターつきシガレット.

Kasus [カーズス] 男-/- [カーズース] 《文法》格(ドイツ語では Nominativ 1格, Genitiv 2格, Dativ 3格, Akkusativ 4格の4つ).

Kata-log [カタ・ローク] 男-[e]s/-e カタログ.¶et⁴ aus (nach) einem Katalog bestellen 品物⁴をカタログから選んで注文する.

Kata-lysator [カタ・リュザートァァ] 男-s/Kata-lysatoren [カタ・リュザトーレン] 《自動車》排出ガス浄化装置;《化学》触媒.

Katarrh [カタル] , **Katarr** [カタル] 男-s/-e 《医学》カタル.

kata-strophal [カタ・ストゥロファール] 形 破滅的な.

Kata-strophe [カタ・ストゥローフェ] 囡-/-n 大災害,恐ろしい出来事,破局;《人間関係》とんでもないやつ(事),最悪.¶Es kam beinahe zu einer Katastrophe. すんでのところで大災害になるところだった./Der Präsident ist einfach eine Katastrophe. あの大統領はとんでもない奴としか言いようがない.

Kategorie [カテゴリー] 囡-/Kategorien [カテゴリーエン] カテゴリー,範疇(はんちゅう).¶et⁴ in (unter) eine Kategorie einordnen 物⁴をあるカテゴリーに分類する.◆Was er sagt, gehört in eine andere Kategorie. 彼の言っていることは話がちがう. **kategorisch** [カテゴーリシュ] 形 絶対的な,断固とした.¶et⁴ kategorisch ablehnen 事⁴を断固拒否する.

Kater [カータァ] 男-s/- 《動物》雄ネコ;二日酔い.¶einen Kater haben 二日酔いである.(⇒Katze)

Kathedrale [カテドゥラーレ] 囡-/-n

大聖堂；司教座教会，カテドラル．

Katholik [カトリーク] 男 -en/-en
（女性） **Katholikin** [カトリーキン]
（女-/Katholikinnen [カトリーキネン]）
カトリック教徒．

katholisch [カトーリシュ] 形 カトリック[教徒]の．

Katze [カッツェ] 女-/-n ネコ；雌ネコ．¶Die Katze miaut (faucht).
ネコがニャアと鳴く（フーッとうなる）．
（⇒Kater）

Kauder・welsch [カォダァ・ヴェルシュ] 中-[s]/ カウダーウェルシュ（いくつかのことばが混ざり合った理解できない言語の）．

kauen [カォエン] 動 **1** かむ．¶An dem Steak heute kaut man sich ja müde. きょうのステーキはかみ疲れてしまうな． **2** かじる《an (auf) et³ 物³を》．

Kauf [カォフ] 男-[e]s/Käufe [コィフェ] 買い入れ，購入；購入物．¶ein günstiger Kauf 有利な買い物．/et⁴ in Kauf nehmen (他のこととのバランス上)事⁴を我慢(甘受)する．/et⁴ zum Kauf anbieten 物⁴を売りに出す．

kaufen [カォフェン] 動 買う；買い物をする．¶Er kauft immer auf dem Markt. タマゴはいつも市場で買う．/Sie kauft nur in Fachgeschäften. 彼女は専門店でしか買い物をしない．/Was hast du heute Schönes gekauft? きょうはどんないいものを買ったんだ．

Käufer [コィファァ] 男 -s/- （女性）
Käuferin [コィフェリン] 女-/Käuferinnen [コィフェリネン]）買い手，バイヤー． **Kauf・frau** [カォフ・フラォ] 女-/-en 商人．（⇒Kaufmann の女性形）

Kauf・haus [カォフ・ハォス] 中 -es/Kauf・häuser [カォフ・ホィザァ] デパート；大規模専門小売店． **Kauf・kraft** [カォフ・クラフト] 女-/ 購買力．

Kauf・leute [カォフ・ロィテ] Kaufmann の複数形．

käuf・lich [コィフ・リヒ] 形 お金で買

える；買収できる．¶käufliche Waren 商品．/ein käuflicher Beamter 収賄官吏．

Kauf・mann [カォフ・マン] 男-[e]s/Kauf・leute [カォフ・ロィテ]（専門の養成指導を終了した）商人．¶Er hat Kaufmann gelernt. 彼は商業の修業をした．/Reiche Kaufleute nannte man früher auch Pfeffersäcke. 金持ちの商人のことを昔はコショウ袋と呼んだ(コショウが貴重品で，その売買により大もうけできたことから)．（⇒Kauffrau） **kauf・männisch** [カォフ・メニシュ]形 商人(商業)の；営業担当の．¶eine kaufmännische Ausbildung 商業(営業)の養成訓練．/kaufmännisch tätig sein 営業の仕事をしている．

Kauf・rausch [カォフ・ラォシュ] 男 -[e]s/ 買いあさり；消費ラッシュ．

Kau・gummi [カォ・グミ] 男 中 -s/-s チューインガム．¶Er kaut den ganzen Tag auf seinem Kaugummi herum. 彼は一日中ガムを噛んでいる．

kaum [カォム] 副 ほとんど…ない；やっと…し終えたばかりで；やっと…に達するかどうかで；恐らく…ではなかろう．¶Bei ihrer Geburt wog sie kaum 2,000 Gramm. 彼女が生まれたとき体重はほとんど2,000グラムにも達しなかった．/Sie hat kaum geschlafen. 彼女はほとんど眠らなかった．/Es ist schon zwölf. Jetzt wird er kaum noch kommen. もう12時だ．これから彼が来ることはまずあるまい．/Kaum war er zu Hause, ging er schon ins Bett. 帰宅したかと思うと彼はもう就寝した．/Ich habe den letzten Bus kaum noch erreicht. 最終バスにかろうじて間に合った．/Stell dir vor, er hat die Prüfung geschafft! – Kaum zu glauben. 考えてもみろ，彼は試験に合格したぞ—とても信じられない．

Kaution [カォツィオーン] 女-/-en 保証金，敷金；保釈金．¶Sein Rechtsanwalt hat heute die Kaution für ihn hinterlegt. 彼の弁護士はきょう彼のための保釈金を供託した.

Kavalier [カヴァリーァ] **男** -s/-e (特に女性に親切な)紳士. ¶Er ist ein *Kavalier* der alten Schule. 彼は昔風のりっぱな紳士だ.

keck [ケック] **形** お気楽な.

Kegel [ケーゲル] **男** -s/-- (九柱戯・ボウリングの)ピン;〖数学〗円錐. **kegeln** [ケーゲルン] **動** 九柱戯(ボウリング)をする.

Kehle [ケーレ] **女** -/-n のど. ¶eine trockene *Kehle* bekommen のどがからからにかわく. (⇒Gurgel, Hals, Nacken)

Kehr·blech [ケーァ・ブレヒ] **男** -[e]s/-e ちりとり.

¹**kehren** [ケーレン] **動** **1** (物⁴の)向きを変える. ¶j³/et³ den Rücken *kehren* 人³・物³に背を向ける, 人³・物³を見限る. / in *sich⁴ gekehrt* 物思いにふけって. / *sich⁴* gegen j⁴ /et⁴ *kehren* 人⁴・物⁴に背を向ける. ♦Er *kehrte* die Hosentaschen nach außen, aber den Schlüssel fand er nicht. 彼はズボンのポケットを裏返しにしたが, 鍵は見つからなかった. **2** 向きを変える.

²**kehren** [ケーレン] **動** (ほうきで)掃(は)く.

Kehr·richt [ケーァ・リヒト] **男** (**中**) -s/ 掃(は)き集めたごみ;〖スイス〗ごみ. ¶Das geht dich einen feuchten *Kehrricht* an. そんなことはお前に何の関係もない.

Kehr·seite [ケーァ・ザイテ] **女** -/-n 裏面;不利な面. ¶die *Kehrseite* der Medaille メダルの裏面, 欠点.

kehrt|machen [ケーァト・マヘン] **動** 回れ右をする;引き返す.

keifen [カイフェン] **動** 甲(かん)高い声でののしる.

Keim [カイム] **男** -[e]s/-e (植物の)胚(はい);〖医学〗病原菌. **keimen** [カイメン] **動** 芽が出る. **keim·frei** [カイム・フライ] **形** 無菌の, 消毒(殺菌)した.

kein [カイン] **代** 《不定. 名詞に冠して》一人(一つ)も…[し]ない, すこしも

…[し]ない.

		男性	女性	中性	複数
1格		**keiner**	**keine**	**kein[e]s**	**keine**
2格		**keines**	**keiner**	**keines**	**keiner**
3格		**keinem**	**keiner**	**keinem**	**keinen**
4格		**keinen**	**keine**	**kein[e]s**	**keine**

¶*Kein* Mensch (*Kein* Wasser) war da. ひとっこ一人そこにはいなかった(一滴の水もそこにはなかった). / *Kinder* waren *keine* zu sehen. 一人の子供も見えなかった. / Es fuhr *keine* Straßenbahn mehr. もう一台の市電も走っていなかった. / Hab doch *keine* Angst! 怖がるんじゃない. / Das ist *keine* gute Idee. それはいい考えではない. / Ich spreche *kein* Spanisch. 私はスペイン語が話せません. / Ich hatte *keine* 5 Minuten gewartet, und schon war er da. 私が5分も待たないうちにもう彼はやって来た. 《名詞的に用いられて》だれ(どれ)も…ない.

		男性	女性	中性	複数
1格		**kein**	**keine**	**kein**	**keine**
2格		**keines**	**keiner**	**keines**	**keiner**
3格		**keinem**	**keiner**	**keinem**	**keinen**
4格		**keinen**	**keine**	**kein**	**keine**

Keiner der Schüler (*Keine* der Schülerinnen/*Keines* der Kinder) wollte mitgehen. 生徒たち(女生徒たち・子どもたち)の一人としていっしょに行こうとはしなかった. / Geholfen hat mir damals *keiner*. 当時私を助けてくれるものは誰一人いなかった.

keiner·lei [カイナァ・ライ, カイナァ・ライ] **形** 《無変化. 付加語用法のみ》どのような種類のものも…ない. ¶Er konnte *keinerlei* Beweis dafür liefern. 彼はそれに対する何らの立証をすることができなかった.

keines·falls [カイネス・ファルス] **副** 絶対に…[し]ない. ¶Ich werde ihn *keinesfalls* heiraten. 私は彼となんか決して結婚しない. / Ein Sieg unserer Mannschaft ist *keinesfalls* unmöglich. わがチームの勝利も絶対不可能ということはない.

keines·wegs [カィネス・ヴェークス]
副 決して…[し]ない. ¶Recht hat
er *keineswegs*. 彼が正しいなどと
いうことは絶対にない. / Liebt
(Mag) sie ihn? – *Keineswegs*!
彼女は彼を愛しているだろうか–絶対
愛してなんかいない.

Keks [ケークス] 男 (中) –(-es)/
–(-e) (《オ─ス》中 –/[-e]) クッキー.

Kelch [ケルヒ] 男-[e]s-e シャンパ
ングラス(足つきグラス).

Kelle [ケレ] 女-/-n レードル(スー
プ・ドレッシングなどをすくうお玉じゃく
し型のスプーン).

Keller [ケラァ] 男-s/- 地下室;地下
酒場/ワインのストック.

Kellner [ケルナァ] 男 -s/-　(女性)
Kellnerin [ケルネリン] 女-/Kellne-
rinnen [ケルネリネン]) (レストランなど
の) 給仕係(ボーイ, ウェイトレス).

kennen* [ケネン]　kannte, ge-
kannt 動 (自分の体験・見聞を通じ
て内容・性質を)知っている;(人⁴と)知
り合いである. ¶*Kennst* du einen
guten Zahnarzt? 良い歯医者さん
を知っているかい. / Ich *kenne* Mün-
chen. 私はミュンヒェンを良く知っ
ている. / Ich *kenne* Herrn Brod
näher (nur flüchtig). 私はブロー
ト氏を良く知っている(ちょっとしか知
らない). / Wir *kennen* uns schon
lange. われわれはずっと以前から
の知り合いだ. 《*sich*⁴と》*sich*⁴
nicht mehr *kennen* 我を忘れる.
/ Er *kannte* sich nicht mehr in
seiner Wut. 彼は怒りのあまり我を
忘れた. 《lernenと》知り合う. In
Berlin lernte ich Dr. Wiese *ken-
nen*. 私はベルリンでヴィーゼ博士と
知り合いになった.

「知っている」には kennen と
wissen があるが, kennen は対
象の内容・本質について「識ってい
る, 精通している」ことを表現す
る. Ich *kenne* Herrn Wald.
(私はヴァルト氏を知っている, 知り
合いである)という文は, 私がヴァル
ト氏の, 例えば人柄, 学識, 趣味, 仕

事, 経歴などのいずれか, ないし全て
を知っていることを意味する. 他方
wissen は「情報として, 抽象的
知識として知っている」ことを意味
する. だから Ich *weiß* seinen
Namen. (私は彼の名前を知って
いる)とは言えても, Ich *weiß*
Herrn Wald. とは言えない. 全体
的に見て wissen は物, 事を対象
として言うのが普通に(人に関して
は使わない, と思ってもよい), 従っ
て dass ...(…ということ)のよ
うな情報関連の副文を対象とする
ことが多い. *Wissen* Sie seine
Adresse? (あなたは彼の住所を
知っていますか) *Wissen* Sie,
dass er krank ist? (彼が病気
だということをご存知ですか) なお
Ich *weiß* ein gutes Lokal.
(私はいい飲み屋のあるところを知
っている)と Ich *kenne* ein gu-
tes Lokal. (私はいい飲み屋を知っ
ている)の違いを考えてみれば理
解しやすいだろう.

kennt·lich [ケント・リヒ] 形 容易に
見分けのつく;顕著(明白)な.

Kennt·nis [ケント・ニス] 女-/
Kennt·nisse [ケント・ニセ] 《複で》
[専門的]知識;《複なし》知っているこ
と. ¶*j*⁴ zur Kenntnis nehmen
人⁴の存在に気づく. / *et*⁴ zur Kennt-
nis nehmen 事⁴をテークノートする.
◆ Der Chemiker besitzt auch
besondere *Kenntnisse* auf dem
Gebiet der Physik (besondere
Kenntnisse der Physik). その化
学者は物理学の分野でも特に大きな知
識(物理学の特に大きな知識)を持って
いる. / Es geschah ohne seine
Kenntnis. それは彼の知らないうち
に起こった.

Kenn·wort [ケン・ヴォルト] 中-[e]s
/Kenn·wörter [ケン・ヴェルタァ] 合
言葉, 暗証.

Kenn·zeichen [ケン・ツァイヒェン]
中-s/- 目印, 符号. ¶Die ersten
Kennzeichen von Krebs wer-
den leicht übersehen. ガンの最

初の徴候はとかく見逃されがちだ.

kenn・zeichnen [ケン・ツァイヒネン]
動（物⁴に）しるしをつける；特徴づけ
る. ¶den Weg mit Schildern
kennzeichnen 道に標識で道しるべ
をつける. ◆ Was ihn *kennzeich-
net*, ist sein feiner Humor. 彼を特
徴づけているのはその繊細なユーモア
だ. **kenn・zeichnend** [ケン・ツァ
ィヒネント] **1** 形 特徴的な《für j⁴/et⁴
人⁴・物⁴に》. ¶Diese Gemälde
sind *kennzeichnend* für den
Jugendstil. これらの絵画はアール・
ヌーヴォー様式の典型である. **2**
kennzeichnen の現在分詞.

kentern [ケンテルン] 動 (s)（舟・船
が）転覆する.

Keramik [ケラーミク] 女-/-en 陶磁
器；セラミックス.

Kerl [ケルル] 男-s/-e（軽蔑または親
愛の情を表して）やつ. ¶ein gemei-
ner (netter) *Kerl* 下等な（良い）
やつ.

Kern [ケルン] 男-[e]s/-e（果物の）
中心部，核；〖物理〗原子核；（物事の）核
心. ¶den *Kern* der Sache tref-
fen 事柄の核心をつく. ◆ Diese Ap-
felsinen haben kaum *Kerne*.
このオレンジにはほとんど種がない. /
Sein Vorschlag ist im *Kern*
durchaus praktikabel. 彼の提案
は基本的に完全に実行可能だ.

Kern・energie [ケルン・エネルギー]
女-/〖物理〗原子核エネルギー，原子力.

kern・gesund [ケルン・ゲズント] 形
きわめて健康な，強壮な.

kernig [ケルニヒ] -e [ケルニゲ] 形
（果物の）種子が多い；自然のままで健
康な.

Kern・kraft [ケルン・クラフト] 女-/
原子核エネルギー，原子力.

Kernkraft・werk [ケルンクラフト・ヴ
ェルク] 中-[e]s/-e 原子力発電所
（略：KKW）. ¶Die meisten
Kernkraftwerke sind mittlerweile
stillgelegt. 大部分の原子力発電
所はこの間に休止になっている. / Wer
will schon in der Nähe eines
Kernkraftwerks wohnen? そもそ

も誰が原子力発電所の近くに住みたが
るものか.

Kerze [ケルツェ] 女-/-n ろうそく；
（エンジンの）点火栓. **kerzen・ge-
rade** [ケルツェン・ゲラーデ] 形 棒立ち
の，真っ直ぐの. ¶ein *kerzengera-
der* Baum 真っ直ぐに立った木. /
kerzengerade auf der Bank sit-
zen 姿勢をピンとしてベンチに腰掛け
ている.

kess [ケス] 形（女性が）若くて明る
い；（流行が）大胆な.

Kessel [ケッセル] 男-s/- 湯沸し，や
かん，深鍋；（ガス・ガソリンなど運送用
の）タンク；盆地.

Ket・chup, Ket・schup [ケ・チャ
プ，ケ・チュプ，ケ・チェプ] 中-[s]/-s ケ
チャップ.

Kette [ケッテ] 女-/-n 鎖（⸢ぐさり⸣），チェ
ーン；（首飾りの）鎖，ネックレス；（人間
の）列，人間の鎖（抗議などのために腕と
腕を組んで人間が形づくる長い列）. ¶
den Hund an die *Kette* legen
(von der *Kette* lassen) イヌを
鎖につなぐ（イヌを鎖から放つ）. ◆ Sie
trägt eine goldene *Kette*. 彼女
は金のネックレスをしている. / Die
Demonstranten bildeten eine
Kette. デモ参加者たちが人間の鎖を
つくった.

keuchen [コイヒェン] 動 あえぐ.

Keule [コイレ] 女-/-n 棍（⸢こん⸣）棒；（鳥
の）腿（⸢もも⸣）肉，（動物の）太もも肉.

keusch [コイシュ] 形 純潔な，汚れの
ない；童貞（処女）の.

Kfz [カーエフツェット] 中 -/-[s] 〖略〗自
動車など原動機つき車両（＝**K**raftfahr-
zeug）.

kg [キロ・グラム] 〖記号〗キログラム＝Kilo-
gramm.

kichern [キッヒェルン] 動 くすくす笑
う，忍び笑いする.

kid・nappen [キッド・ナペン] kid-
nappte, gekidnappt 動（特に子
供を）誘拐する.

¹**Kiefer** [キーファ] 男-s/- あご.（⇒
Kinn）

²**Kiefer** [キーファ] 女-/-n 〖植物〗マツ.

¹**Kiel** [キール] 男-[e]s/-e（鳥の）羽

柄,羽茎;鷲(がし)ペン.

²Kiel [キール] **男**-[e]s/-e 〖船〗キール,
竜骨.

³Kiel [キール] **中**-s/ 〖地名〗キール(ドイ
ツ連邦共和国シュレースヴィヒ・ホルシ
ュタイン Schleswig-Holstein 州の
州都).

Kieme [キーメ] **女** -/-n 《ふつう**複**》
で)(魚の)えら.

Kies [キース] **男**-es/ 砂利;〖鉱物〗黄鉄
鉱;〖くだけて俗〗大金.

kiffen [キッフェン] **動** 大麻(マリファ
ナ)を吸う.

kikeriki! [キケリキー] **間** コケコッコ
ー(おんどりの鳴き声).

Killer [キラァ] **男**-s/ (**女性** **Kille-
rin** [キレリン] **女**-/Killerinnen [キ
レリネン])(プロの)殺し屋.

Kilo [キーロ] **中** -s/-[s], **Kilo·
gramm** [キロ・グラム]**中**-s/-e 〖単位〗
キログラム(略: kg).

Kilo·meter [キロ・メータァ] **男**-s/-
〖単位〗キロメートル(略: km).

Kind [キント] **中**-[e]s/-er (年少者
としての)子供,小児,(自分の息子・娘
をさして)子供;女の子;生粋の…の人.
¶ein *Kind* von einem halben
Jahr 生まれて半年の小児. / *Kin-
der* bis zu 12 Jahren (bis 12
Jahre) 12 歳以下の子供. / ein
Kind bekommen (erwarten) 妊
娠する,子供ができる(妊娠している).
/ von *Kind* auf (an) 子供の頃か
ら. / ein Berliner *Kind* 生粋のベ
ルリンっ子. ◆Sie hat zwei *Kinder*
aus erster Ehe. 彼女は最初の
結婚の子が 2 人いる. / Trotz ihrer
17 Jahre ist sie noch ein hal-
bes *Kind*. 17 歳にもなって彼女は
まだ半分子供だ. / Er hat ihr ein
Kind gemacht. 彼は彼女を身ごも
らせた.

Kinder·garten [キンダァ・ガルテン]
男-s/Kinder·gärten [キンダァ・ゲルテ
ン]幼稚園.

ドイツでは 3 歳から 3 (ないし4)
年間幼稚園に通うのが普通.90パー
セント超の子供らが通っている

(義務ではない). 英語で幼稚園を
kindergarten と言う,もちろんド
イツ語から入ったもの.

Kinder·gärtner [キンダァ・ゲルトゥ
ナァ]**男**-s/ (**女性** **Kinder·gärt-
nerin** [キンダァ・ゲルトゥネリン] **女**-/
Kinder·gärtnerinnen [キンダァ・ゲ
ルトゥネリネン])幼稚園の先生.

Kinder·geld [キンダァ・ゲルト] **中**
-[e]s/ 子供養育補助金.

kinder·leicht [キンダァ・ライヒト] **形**
ごく簡単な,子供だましの. **kinder·
lieb** [キンダァ・リープ] **形** 子供好き
の. **kinder·los** [キンダァ・ロース]
形 子供のない. **kinder·reich**
[キンダァ・ライヒ] **形** 子沢山の.

Kinder·spiel [キンダァ・シュピール]
中-[e]s/-e 子供の遊び. ¶für j⁴
ein *Kinderspiel* sein 人⁴にとって
赤子の手をひねるようなもの(朝飯前・
楽勝)だ. ◆Die schönen alten *Kin-
derspiele* werden allmählich
von Computerspielen verdrängt.
昔の楽しい子供の遊びは次第にコンピ
ューターゲームに駆逐されていく. /
Was er vorhat, ist beileibe kein
Kinderspiel. 彼の企てていることは
決して遊びごとではない.

Kinder·wagen [キンダァ・ヴァーゲン]
男-s/- 乳母車. ¶den *Kinderwa-
gen* schieben 乳母車を押す. /
das Baby in den *Kinderwagen*
legen 赤ん坊を乳母車に寝かせる.

Kind·heit [キント・ハイト] **女**-/ 幼年
時代(14,5歳まで),幼児(児童)期.

kindisch [キンディシュ] **形** (おとな
が)子供っぽい;愚かな. ¶Manchmal
benimmt er sich noch ausge-
sprochen *kindisch*. 彼はよくひど
く子供っぽい振舞いをする.

kind·lich [キント・リヒ] **形** 子供の,
子供らしい,(おとなが)子供のような;
無邪気な.

Kinker·litzchen [キンカァ・リッツヒェ
ン] **複** つまらない(ささいな)こと.

Kinn [キン] **中**-[e]s/-e 〖下〗あ ご.
(⇒¹Kiefer)

Kino [キーノ] **中**-s/-s 映画館;《**複**

Kiosk

関連語 Kinderspiel
―子供の遊び―

der Spielplatz
　遊び場, 児童公園.
die Schaukel　ぶらんこ.
die Rutschbahn　すべり台.
die Wippe　シーソー.
der Sandkasten　砂場.
das Klettergerüst
　ジャングルジム.
das Verstecken　かくれんぼ.
das Fangen　鬼ごっこ.
Räuber und Gendarm
　泥棒と警官.
die Blindekuh　目隠し鬼.
der Plumpsack　ハンカチ落とし.
der Völkerball　ドッジボール.
der Gummitwist　ゴム跳び.
das Seilspringen　縄跳び.
das Skateboard
　スケートボード.
Schere, Stein, Papier
　じゃんけん.
das Fadenspiel　あやとり.
das Kickern
　キッカー(サッカーゲーム).
das Brettspiel　ボードゲーム.
das Halma　ダイヤモンドゲーム.
die Dame　チェッカー.
das Kartenspiel　トランプゲーム.

なし》映画の上映. ¶ins *Kino* gehen 映画を見に行く. ◆Heute läuft im *Kino* „007“. きょうは映画館で「007」を上映している. / Nach dem *Kino* gehen wir essen. 映画を見た後で食事に行こう.

Kiosk [キーオスク] 男–[e]s/–e キオスク. ¶am *Kiosk* eine Zeitung kaufen キオスクで新聞を買う. ◆Ich gehe mal eben zum *Kiosk* Zigaretten [zu] holen. ちょっとキオスクまでタバコを買いに行ってくる.

Kipfel [キップフェル] 中–s/–, **Kipferl** [キップフェルル] 中–s/–[n] 《南ドイツ・オーストリア》クロワッサン.

¹Kippe [キッペ] 女–/–n タバコの吸殻.

²Kippe [キッペ] 女–/–n ゴミ捨て場. ¶auf der *Kippe* stehen 深刻な状況にある; 不確かである.

kippen [キッペン] 動 **1** 傾ける; ぶちまける. ¶den Eimer *kippen* (中身を捨てるため)バケツを傾ける. / den Müll auf die Straße *kippen* ごみを路上にぶちまける. **2** 傾く; 傾いて倒れる(転覆する). ¶Das Boot ist *gekippt*. ボートが傾いて転覆した.

Kirche [キルヒェ] 女–/–n 教会[建物]; 《複なし》礼拝; 宗派, (宗派としての)教会. ¶die katholische (protestantische) *Kirche* カトリック(プロテスタント)教会. / in die *Kirche* gehen 教会に行く. ◆Es heißt, er sei aus der *Kirche* ausgetreten. 彼は教会から脱会したという噂である. / Nach der *Kirche* treffen wir uns immer zum Frühschoppen. 教会のあと(=日曜礼拝のあと)われわれはいつも朝の一杯をやるためおち合う.

der Frühschoppen とは, 朝軽く一杯やること. かつてテレビ番組で, 毎日曜日の朝, 各国のジャーナリストがワインのグラスを傾けながら国際情勢を語り合う „Internationaler Frühschoppen“ という長寿人気番組があった. その後司会者がナチとかかわりのあったことが発覚して, 番組は中止となった. Berlin の東南部 Kreuzberg に „Berlin Museum“ という小さな美術館がある. ベルリンの下層民を描いた Rudolf Heinrich Zille (1858 – 1929) という画家の作品収集で有名. この美術館の名物は日曜日朝に催される Frühschoppen の会である. 食堂でシャンペンを軽くひっかけ, 微醺(ぎ)を帯びた見物人たちが館内をぶらぶら見物している.

Kirchen・steuer [キルヒェン・シュトイァ] 女–/–n 教会税. **kirch・lich** [キルヒ・リヒ] 形 教会[上]の. ¶*kirch-*

296

lich heiraten 教会信仰にのっとって結婚する(戸籍役場で宗教と関係なく結婚するのに対して).

ドイツ連邦共和国では基本法(憲法)の定めにより，教会は所属信徒から所得税の8～10%にあたる租税を徴収することができる。徴収は財政官庁が行う。また結婚はまず戸籍役場において必要手続きをした後に教会結婚を行うよう法的に定められている。教会結婚は随意.

Kirmes [キルメス] 女 -/Kirmessen [キルメセン] 歳の市(日本のお祭りのような行事．露店やメリーゴーランド，射的なども出る). ¶auf die *Kirmes* gehen 歳の市に行く.

Kirsche [キルシェ] 女-/-n 【果物】サクランボ;サクラの木.

Kissen [キッセン] 中-s/- クッション,枕.

Kiste [キステ] 女-/-n 箱;一箱の容量;(軽蔑的に)自動車,船,飛行機. ¶3 *Kisten* Wein ワイン3箱./ *et*⁴ in *Kisten* verpacken 物⁴を箱詰めにする.

Kitsch [キッチュ] 男-[e]s/ キッチュ,まがい物の芸術,俗悪なもの(考え). ¶Er verkauft *Kitsch* für teures Geld an Touristen. 彼は高いお金でくだらない物を観光客に売りつけている. **kitschig** [キッチヒ] -e [キッチゲ] 形 キッチュな,俗悪な.

Kittel [キッテル] 男-s/- うわっぱり,(医師などの着る)白衣. ¶Der Arzt trägt einen weißen *Kittel*. 医者が白衣を着ている.

kitzeln [キッツェルン] 動 くすぐる;(人⁴の)心をくすぐる.

日本語で子供をくすぐりながら「こちょこちょ」と言うのにあたる擬声語(幼児語)は „Killekille!" である. bei einem Kind Killekille machen (子供ののどもとをくすぐる).

Kitzler [キッツラァ] 男-s/- 【解剖】ク

リトリス. **kitzlig** [キッツリヒ] -e [キッツリゲ] 形 くすぐったい;くすぐったがる. ¶eine *kitzlige* Stelle くすぐったい部位. ◆Sie ist sehr *kitzlig*. 彼女はとてもくすぐったがりだ.

Kiwi [キーヴィ] 女-/-s 【果物】キウイ・フルーツ.

KKW [カーカーヴェー] 【略】原子力発電所(=**K**ernkraftwerk).

kläffen [クレッフェン] 動 (イヌが)キャンキャンほえる.

≡≡ドイツを識るコラム≡≡
キルメス―移動式簡易遊園地

キルメスといえばまず，食べ物の屋台と，そのときだけ設置される移動式の簡易遊園地．屋台では，ビール，ワイン，ソーセージ，ポップコーン，綿菓子，飴がけリンゴ，焼きアーモンド，クレープ，ジャガイモパンケーキ，魚のフライ，フライドポテトなどが売られる．遊園地には観覧車(das Riesenrad)，メリーゴーラウンド(das Karussell)，ジェットコースター(die Achterbahn)，ゴーカート(der Gokart)，お化け屋敷(die Geisterbahn ―乗り物でまわるタイプ)，射的(der Schießstand)，くじ引き(die Losbude)，鏡の迷路(der Spiegelpalast)などがある．このほか，歌や踊り，パレード，物品の販売などで大いに盛り上がる．射撃祭が行われる町もある．小規模なキルメスは週末の2，3日だが，大規模なものはもっと長い．デュッセルドルフのキルメスは9日間続き，約400万人もの観光客を集める大きな祭りである.

Klage [クラーゲ] **囡**-/-n 悲嘆；苦情《über *et*⁴ 事⁴に対する》；〖法律〗訴え．¶gegen *j*⁴ eine *Klage* einreichen 人⁴に対する訴訟を起こす／in laute *Klagen* ausbrechen 大声で嘆き悲しむ．◆Es gibt immer mehr *Klagen* über die steigende Umweltverschmutzung. 高まる環境汚染に対する苦情は増す一方である．／Mein Rechtsanwalt rät mir von einer *Klage* ab. 私の弁護士は訴訟を起こさないようすすめている．

klagen [クラーゲン] **動** 嘆く；苦情を言う《über *et*⁴ 事⁴に対して》；〖法律〗訴える《gegen *j*⁴ 人⁴を》．¶Er *klagt* über seine finanzielle Not (über Schmerzen). 彼は経済的ピンチについてこぼしている（苦痛を訴えている）．／Er *klagt* gegen seinen Konkurrenten. 彼は商売がたきを訴える．

Kläger [クレーガァ] **男** -s/- **囡性** **Klägerin** [クレーゲリン] **囡**-/Klägerinnen [クレーゲリネン]〖法律〗原告．

kläg·lich [クレーク・リヒ] **形** 貧弱な；みじめな，哀れな，取るに足りない．¶Mit *kläglicher* Stimme bat sie um Hilfe. 彼女は哀れな声で助けを求めた．／Von seinem Lottogewinn blieb ihm bald nur noch ein *kläglicher* Rest. 彼はロトくじで当てたがいくらもたたぬうちにもうほんのちょっぴりしか残っていなかった．

Klamauk [クラマォク] **男** -s/ バカ騒ぎ，(喜劇映画などの)ドタバタ，スラップスチック．

klamm [クラム] **形** 湿っぽい；(寒さで)かじかんだ．

Klammer [クラマァ] **囡**-/-n クリップ，洗濯ばさみ，(ホッチキスの)針，クランプ；かっこ．¶eckige (runde) *Klammern* 角(丸)かっこ．／*et*⁴ in *Klammern* setzen 物⁴をかっこでくくる．◆Die Wäsche wird mit *Klammern* an der Leine befestigt. 洗濯物を洗濯ばさみで物干しひもに留める． **klammern** [クラメルン] **動** (クリップ・留め具などで)留める《an *et*⁴ 物⁴に》．¶die Wäsche an die Leine *klammern* 洗濯物を洗濯ばさみで物干しひもに留める．〖医療〗eine Wunde *klammern* 傷口をクリッピングする．◆Er *klammerte* die Papiere (mit einer Klammer) zusammen. 彼は書類をクリップでひとまとめに留めた．

Klamotten [クラモッテン] **複** みすぼらしい衣類．

klang [クラング] *klingen* の過去形・単数・1，3人称．

Klang [クラング] **男** -[e]s/Klänge [クレンゲ] 音，響き；《**複**で》音楽．

Klappe [クラッペ] **囡**-/-n (郵便受けなどの)上げぶた，(ポケットの)フラップ，(封筒の)ふた；〖くだけた表現〗口．¶die *Klappe* am Briefkasten öffnen (schließen) 郵便受けのふたを開ける(閉める)．◆Nun halt doch endlich die *Klappe*! いい加減にもうおしゃべりはやめろ！

klappen [クラッペン] **動** うまくいく；ぱたんと音がする．¶Na, hat alles *geklappt*? どうした，全てうまくいったかい．／Seine Holzsandalen *klappten* laut auf dem Asphalt. 彼の木製のサンダルがアスファルトの上でカタカタと大きな音をたてた．

klappern [クラッペルン] **動** ぱたん(がたん)と音をたてる，がたがたと鳴る．¶Er *klapperte* vor Kälte mit den Zähnen. 彼は寒さに歯をがちがち鳴らした． **klapprig** [クラップリヒ] -e [クラップリゲ] **形** がたがたの；よぼよぼの．

Klaps [クラップス] **男** -[e]s/-e (軽く)ぴしゃんと叩くこと．¶Er gab seinem Kollegen einen aufmunternden *Klaps*. 彼は同僚を励ますためぽんと叩いた．

klar [クラール] **形** 澄んだ，よく見える；晴れ渡った；明らかな，決まりきっている．¶*klar* sehen はっきりわかる．／nicht *klar* im Kopf sein 頭がおかしい．／sich³ über *et*⁴ *klar* (im *Klaren*) sein 事⁴をはっきり認識している．／sich³ über *et*⁴ *klar*

werden 事⁴がはっきりわかってくる.
♦ In manchen Ländern ist *klares Wasser Mangelware.* 澄んだ水が不足している国はかなりある. / Bei *klarem Wetter sieht man die Domtürme schon von weitem.* 晴れた日には聖堂の塔がもう遠くからでも見える. / Natürlich mache ich mit, das ist doch *klar.* むろんぼくもいっしょにやるよ, 決まっているじゃないか. / Na *klar!* もちろんだとも. / Alles *klar?* 用意はいいな, 調子はどうだい. / Klarer Fall! もちろんだ.

klären [クレーレン] **動** 明らかにする; 浄化する.

Klarer* [クラーラァ] **男** 《形容詞の名詞化》(透明な)蒸留酒. ¶einen *Klaren* bestellen 焼酎を一杯注文する. ♦ Bringen Sie uns bitte noch zwei *Klare!* 焼酎をもう二杯ください. **Klares*** [クラーレス] **中** 《形容詞の名詞化》*sich³ über et⁴ im Klaren sein* 事⁴がはっきりわかっている. (⇒klar)

klar|gehen* [クラール・ゲーエン] ging klar, klargegangen **動** (s) うまく行く, 片づく.

Klar・heit [クラール・ハイト] **女** -/-en 《ふつう複なし》明るさ, 明白さ.

Klarinette [クラリネッテ] **女** -/-n 〖音楽〗クラリネット.

klar|kommen* [クラール・コメン] kam klar, klargekommen **動** (s) 〖くだけた表現〗うまくやって行く《mit j³ 人³と》. ¶mit et³ *klarkommen* 事³をうまくやってのける(片づける).

klar|machen [クラール・マヘン] **動** 明らかにする, 説明する《j³ et⁴ 人³に事⁴を》. ¶sich³ et⁴ *klarmachen* 事⁴をはっきり理解する.

klar|stellen [クラール・シュテレン] **動** (誤解のないよう)はっきり言う. ¶Ich möchte ein für alle Mal *klarstellen,* dass wir uns ein solches Vorgehen nicht gefallen lassen. 断固はっきり言っておくがわれわれはそんなやり方を認めない.

Klar・text [クラール・テクスト] **男**

-[e]s/-e 平文(総); 〖電算〗プレーンテクスト, クリアテクスト. ¶Man muss ihn dazu bringen, endlich *Klartext zu reden.* 彼にはもういい加減にはっきりと話すよう仕向けねばならない.

klasse [クラッセ] **形** 《無変化》〖くだけた表現〗すごく良い, すごくきれいな. ¶Wir haben einen *klasse* Film gesehen. 私たちはすごく良い映画を見た. / Der Film war *klasse.* その映画は最高だった. / Sie kocht einfach *klasse.* 彼女の料理は最高と言うほかない.

Klasse [クラッセ] **女** -/-n クラス, 学級; 学年; 教室; (社会的身分としての)階級; 《複なし》等級, (分類上の)組. ¶Sie ist die Beste in der *Klasse.* 彼女はクラスで最優秀だ.

Klassen・arbeit [クラッセン・アルバイト] **女** -/-en (教室での)ペーパーテスト. **Klassen・buch** [クラッセン・ブーフ] **中** -[e]s/Klassen・bücher [クラッセン・ビューヒャァ] 出席簿, 学籍簿.

Klassik [クラスィク] **女** -/ (ギリシャ・ローマ時代の)古典期; (文学・芸術上の)古典主義. **Klassiker** [クラスィカァ] **男** -s/- (女性 **Klassikerin** [クラスィケリン] 複 **Klassikerinnen** [クラスィケリネン])(文学・芸術上の)古典主義作家(芸術家), 最高級の芸術家(学者).

klassisch [クラスィシュ] **形** (ギリシャ・ローマ時代の)古典期の; (文学・芸術上の)古典主義[時代]の; 古典的な.

Klatsch [クラッチュ] **男** -[e]s/-e ピシャン(パチャン・ピシャリ)という音; 《複なし》陰口. ¶Mit einem *Klatsch* fiel der Mann ins Wasser. 男はパチャンと水の中に落ちた.

klatschen [クラッチェン] **動** 1 ピシャン(パチャン)と音をたてる; 手をパチパチたたく. ¶in die Hände *klatschen* 拍手する. 2 j³ Beifall *klatschen* 人³に拍手喝采する.

klatsch・nass [クラッチュ・ナス] **形** びしょぬれの.

Klaue [クラォエ] **女** -/-n 《ふつう複》(猛獣・猛禽類の)つめ; ひづめ.

klauen [クラォエン] 動 盗む，ねこばばする《i^3 et^4 人³から物⁴を》.

Klausur [クラォズーァ] 囡-/-en (大学の)筆記試験；修道院の禁域(外部の人の立入りを禁じた区域)．¶Morgen schreiben wir die letzte *Klausur*. 明日は最後の筆記試験を受ける．

Klavier [クラヴィーァ] 匣-s/-e [アップライト・]ピアノ．¶*Klavier* spielen ピアノを弾く．/ eine Sonate auf dem *Klavier* spielen ピアノでソナタを弾く．

Klebe·band [クレーベ・バント] 匣-[e]s/Klebe·bänder [クレーベ・ベンダァ] 粘着テープ，セロファンテープ，ガムテープ．

kleben [クレーベン] 動 1 貼りつける《an/auf/in et^4 物⁴に》．¶Vergiss nicht, Marken auf die Umschläge zu *kleben*. 封筒に切手を貼るのをわすれるな．/ Sorgfältig klebte er die Fotos in das Album. 彼は入念に写真をアルバムに貼った．2 貼りついている《an/auf/in et^3 物³に》；ねばねば(べとべと)くっついている．¶An allen Mauern klebten Wahlplakate. 塀という塀に選挙のポスターが貼ってあった．/ An den Feiertagen *klebt* der Kleine an seinem Vater. 休日になると小さな息子は父親にまつわりつきっぱなしだ． **Kleber** [クレーバァ] 男-s/- 接着剤． **klebrig** [クレーブリヒ] -e [クレーブリゲ] 形 ねばねば(べとべと)する． **Kleb·stoff** [クレープ・シュトフ] 男-[e]s/-e 接着剤．

kleckern [クレッケルン] 動 1 (うっかり液体をこぼして)しみをつける《auf et^4 物⁴に》；(s) (液体が)こぼれてしみをつける《auf et^4 物⁴に》．¶*Kleckere* nicht so! そんなにこぼすんじゃありません．2 (液体など⁴を)こぼしてしみをつける《auf et^4 物⁴に》．¶Er hat *sich³* Eis auf die Hose *gekleckert*. 彼はアイスクリームをズボンにこぼしてしみをつけた．

Klecks [クレックス] 男-es/-e (液体などによる)しみ；(やわらかいものの)少量．¶ein *Klecks* Schlagsahne 少量のホイップクリーム．

Klee [クレー] 男-s/ 〖植物〗クローバー． **Klee·blatt** [クレー・ブラト] 匣-[e]s/Klee·blätter [クレー・ブレタァ] クローバーの葉．¶ein *Kleeblatt* mit vier Blättern (ein vierblättriges *Kleeblatt*) 四葉のクローバー．

Kleid [クライト] 匣-[e]s/-er (ワンピースの)婦人服，ドレス；《榎》で衣類；〖スイス〗背広．¶ein elegantes *Kleid* tragen エレガントなドレスを着ている．/ schnell in die *Kleider* schlüpfen 急いで衣服を身につける．◆In diesem *Kleid* erkältest du dich bestimmt. こんなドレスを着ていてはきっと風邪をひくぞ．(⇒Anzug, Kostüm)

kleiden [クライデン] 動 (人⁴に)衣服を着せる；(衣服が)人⁴に似合う．¶*seine* Gefühle in Worte *kleiden* 自分の感情をうまく言葉に言い表す．/ *sich⁴ ... kleiden* …な服装をする．◆Sie *kleidet* sich sportlich. 彼女はスポーティーな服装をしている．/ Die Mutter *kleidet* ihre Tochter immer hübsch. 母は娘にいつも可愛い服を着せる．/ Sie ist stets nach der neuesten Mode *gekleidet*. 彼女はいつも最新の服装をしている．/ Das Kostüm *kleidet* dich gut. そのスーツはお前によく似合うよ．

Kleider·bügel [クライダァ・ビューゲル] 男-s/- ハンガー，洋服かけ． **Kleider·schrank** [クライダァ・シュランク] 男-[e]s/Kleider·schränke [クライダァ・シュレンケ] 洋服ダンス．

Kleidung [クライドゥング] 囡-/-en 〖総称〗衣服，衣類．¶Heute kaufen wir uns³ neue *Kleidung* für den Winter. きょうは新しい冬着を買います． **Kleidungs·stück** [クライドゥングス・シュテュック] 匣-[e]s/-e (上着・ズボン・スカートなど個々の)衣類．

klein [クライン] 形 小さい，小柄な；(数量が)少ない；些細な；幼い；取るに足らない．¶Leckeres für den *kleinen* Hunger zwischendurch 小腹のすいたとき合間に食べる美味しい

関連語 **Kleidung** ―衣服―	
der Anzug	(男性用)スーツ.
das Kostüm	(婦人服の)スーツ.
das Kleid	ワンピース.
die Jeans	ジーンズ.
die Jacke	ジャケット.
das Hemd	[ワイ]シャツ.
die Krawatte	ネクタイ.
die Weste	ベスト.
die Hose	ズボン.
die Bluse	ブラウス.
der Gürtel	ベルト.
der Rock	スカート.
der Pullover	セーター.
die Strickjacke	カーディガン.
das T-Shirt	Tシャツ.
die Socken (pl.)	ソックス.
die Strümpfe (pl.)	[長]靴下.
die Strumpfhose	
	タイツ,パンティストッキング.
die Handschuhe (pl.)	手袋.
der Schal	マフラー.
das Halstuch	スカーフ.
der Mantel	コート.
der Schlafanzug, der Pyjama	
	パジャマ.
der Hut	帽子.

食べ物. ♦ Pass gut auf deine *kleine* Schwester auf! 妹によく気をつけるんだよ. / Das war nur ein *kleiner* Scherz. あれはちょっとした冗談だったのだ. / Vor Jahren hat er als *kleiner* Kaufmann angefangen. 何年か前に彼は取るに足らない商人として仕事を始めた. / Die Schuhe sind mir zu *klein*. この靴は私には小さすぎる. / Für diesen Film bist du noch zu *klein*. この映画にはお前はまだ小さすぎるのだよ. / Haben Sie's nicht *kleiner*? (高額紙幣を出した客に店員が)もっと小さいお金はございませんか.

Kleiner* [クライナァ] **男** (女性)
Kleine* [クライネ] **女**《形容詞の名詞化》小さな(幼い)子;可愛い人.
Kleines* [クライネス] **中**《形容詞の名詞化》(女の)子供;些細なこと.

Klein·geld [クライン・ゲルト] **中**-[e]s / 小銭,硬貨.

Kleinig·keit [クライニヒ・カイト] **女** -/-en 些細なこと(もの),つまらない(取るに足らない)こと(もの);粗品,はした金.

klein·kariert [クライン・カリールト] **形** 細かいチェックの;けちくさい.

Klein·kind [クライン・キント] **中**-[e]s /-er (3~6歳の)小さい(幼い)子.

klein|kriegen [クライン・クリーゲン] **動** ばらばらにする;屈服させる.

klein·laut [クライン・ラォト] **形** (出だしと違って)威勢の悪くなった.

klein·lich [クライン・リヒ] **形** 度量の小さい,こせこせした.

Klein·stadt [クライン・シュタト] **女**-/ Klein·städte [クライン・シュテーテ] (人口5千~2万人の)小[規模]都市;田舎町.

Kleister [クライスタァ] **男**-s/- (小麦粉と水でつくる)糊(のり).

Klemme [クレメ] **女**-/-n はさむ(締めつける)道具:クランプ,[ヘア]クリップ. **klemmen** [クレメン] **動** **1** はさむ. ¶ *sich*³ die Bücher unter den Arm *klemmen* 本を小脇に抱える. / *sich*³ den Finger in der Tür *klemmen* 指をドアにはさむ. **2** ひっかかって動かない(きしむ). ¶Die Schublade *klemmt*. 引き出しがつかえて動かない. / Bei diesem feuchten Wetter *klemmen* alle Türen. この湿った天候ではドアがみなつかえて開かない.

Klempner [クレンプナァ] **男** -s/- (女性) **Klempnerin** [クレンプネリン] **女**-/Klempnerinnen [クレンプネリネン]) 板金工,鉛管工.

Klette [クレッテ] **女**-/-n いが;しつこくつきまとう人;【植】ゴボウ.

klettern [クレッテルン] **動** (s) よじのぼる,這い上がる;(値段などが)高騰する;(s,h) クライミングをする. ¶ auf die Mauer (über den Zaun) *klettern* 塀によじのぼる(垣根に這い上がって越える). ♦ Die Verbraucherpreise *klettern* von Mo-

K

301

nat zu Monat. 消費者物価は月を
追って上がっていく. / Er ist (hat)
an den Seilen *geklettert*. 彼は
ザイルにすがってクライミングをした.
/ *Klettere* mal endlich aus dem
Bett, du Faulpelz! もういい加減
にベッドから出てこい, 怠け者.

Klett·verschluss ［クレット・フェア
シュルス］ **男**-es/Klett·verschlüsse
［クレット・フェアシュリュセ］ 面テープ,〚錯
離〛マジックテープ.

klicken ［クリッケン］ **動** カチッと音を
たてる;〚電算〛クリックする.

Klient ［クリエント］ **男**-en/-en（**女性**
Klientin ［クリエンティン］ **女**-/Klien-
tinnen ［クリエンティネン］）（弁護士・コ
ンサルタントなどの）依頼人, クライアン
ト. ¶Die Spannungen zwischen
dem Verteidiger und seinem
Klienten waren deutlich spür-
bar. 弁護人と依頼人との間の不和は
はっきり見てとれた. / Mein Steuerbe-
rater nimmt keine neuen *Klien-
ten* mehr an. 私の税理士はもはや
これ以上新しい依頼人は引き受けない.

Klima ［クリーマ］ **中** -s/-ta（〚線〛
Klimate ［クリマーテ］）気候;環境.
¶Das *Klima* in Deutschland
wird immer wärmer. ドイツの気
候は温暖化する一方である. / Das *Kli-
ma* in der Firma hat sich merk-
lich verbessert. 社内の雰囲気は
目に見えて改善された.

Klima·anlage ［クリーマ・アンラーゲ］
女-/-n エアコンディショナー. ¶Als
die *Klimaanlage* ausfiel, war es
kaum zum Aushalten. エアコン
が故障したときはほとんどもう辛抱でき
なかった. / In Deutschland
kommt man auch ohne *Klimaan-
lage* ganz gut über den Som-
mer. ドイツではよしんばエアコンが
なくともどうやら夏を越せる.

Klinge ［クリンゲ］ **女**-/-n（刀などの）
刃(は).

Klingel ［クリンゲル］ **女**-/-n ベル, 呼
び鈴. ¶auf die *Klingel* drücken
呼び鈴を押す.

klingeln ［クリンゲルン］ **動 1** ベルを

鳴らす;（物¹の）ベルが鳴る. ¶Das
Handy *klingelt*. 携帯電話が鳴って
いる. / Du musst dreimal *klin-
geln*, dann weiß ich, dass du
es bist. きみは3度ベルを鳴らして
くれなければいけない, そうすれば君だと
わかるから.《es を主語として》Es
hat *geklingelt*. ベルが鳴った. **2**
j⁴ aus dem Schlaf (aus dem
Bett) *klingeln* ベルを鳴らして人⁴
を起こす. ¶Tut mir leid, dass
ich dich wach *geklingelt* habe.
ベルで目を覚めさせてしまったのは申し
訳ない.

klingen* ［クリンゲン］ klang, ge-
klungen **動** 鳴る, 響く. ¶nach
et³ klingen 物³のように聞こえる
（思われる）.

Klinik ［クリーニク］ **女**-/-en〚大学付
属〛病院. ¶*j⁴* in eine *Klinik* ein-
liefern （einweisen）人⁴を病院に
運びこむ(人⁴に病院へ入るよう指示す
る). / in einer *Klinik* liegen 病
院に入院している.

Klinke ［クリンケ］ **女**-/-n （ドアの)取
っ手, ノブ.

klipp ［クリップ］ **副** *klipp* und klar
はっきり（ずけずけと）と.

Klippe ［クリッペ］ **女**-/-n 岩礁(がん
しょう);障害,困難.

klirren ［クリレン］ **動** カチャカチャ(チ
リンチリン)と音をたてる.

Klischee ［クリシェー］ **中**-s/-s 偏
見;紋切り型,決まり文句. ¶in *Kli-
schees* sprechen 紋切り型の話し
方をする. ♦Viel mehr als *Kli-
schees* über Japan bietet die-
ses Buch nicht. この本は日本に
関してありきたりのこと以上のものは示
してくれない.

Klitoris ［クリートリス, クリトリス］ **女**-
/- 〚解剖〛クリトリス.

klitsch·nass ［クリッチュ・ナス］ **形**
ずぶ濡れの.

Klo ［クロー］ **中**-s/-s トイレ. ¶aufs
Klo gehen トイレに行く. ♦Ich
muss mal eben aufs *Klo*. 私は
いまちょっとトイレに行かなくては. (⇒
Klosett)

klobig [クロービヒ] -e [クロービゲ] 形 無骨な, 不細工な；かさばった.

Klon [クローン] 男-s/-e 《生物》クローン. **klonen** [クローネン] 動 《生物》 クローニングする.

Klo·papier [クロー・パピーァ] 中-s/ -e トイレットペーパー. ¶eine Rolle *Klopapier* トイレットペーパー一巻き.

klopfen [クロップフェン] 動 **1**（軽く）たたく《an/auf et⁴ 物⁴を》，ノックする；トントンと音をたてる. ¶an die Tür *klopfen* ドアをノックする. / j³ auf die Schulter *klopfen* j³の肩をたたく. ◆ Das Herz *klopft*. 心臓が高鳴る. / Der Motor *klopft*. エンジンがノッキングする. / Kannst du morgen um 7 Uhr bei mir *klopfen*? あした7時にぼくの部屋をノックしてくれるかい. 《esを主語として》 Es *klopft* [an die/der Tür]. ［ドアを］ノックする音がする. **2** たたく,（じゅうたんなど⁴を）たたいて埃を取る. ¶Wann hast du eigentlich das letzte Mal die Teppiche *geklopft*? この前じゅうたんをたたいたのはいったい何時だい. / Er *klopfte* sich³ den Staub vom Mantel. 彼はコートをたたいて埃を落とした.

Klops [クロップス] 男-es/-e 《料理》ミートボール.

Klosett [クロゼット] 中-s/-s(-e) 《古風表現》トイレ.

Kloß [クロース] 男-es/Klöße [クレーセ] ダンプリング（洋風ダンゴ. スープなどに入れる）.（⇒Knödel）

Kloster [クロースタァ] 中-s/Klöster [クレースタァ] 修道院. ¶Seine Witwe ist schließlich ins *Kloster* gegangen. 彼の遺した妻は結局修道院に入った.

Klotz [クロッツ] 男-es/Klötze [クレッツェ] 塊（かたまり）；丸太, 切り株；薪（まき）割り台；途方もない建築物；無骨な人. ¶ein *Klotz* aus Holz (aus Beton) 木塊（コンクリートの塊）. ◆ Sitz doch nicht da so steif wie ein *Klotz*! そんなに丸太棒みたいにし

ゃちほこばって座っているものじゃないよ.

Klub [クルプ] 男-s/-s クラブ[ハウス]. ¶Wie kannst du dich in so einem vornehmen *Klub* nur wohl fühlen? きみはあんなお上品なクラブでよくまあ気楽にいられるものだな.

¹Kluft [クルフト] 女-/-en 制服, ユニフォーム；仕事着, 晴れ着.

²Kluft [クルフト] 女-/Klüfte [クリュフテ] 裂け目, 断絶, ギャップ.

klug [クルーク] klüger [クリューガァ], am klügsten [クリュークステン] 形 賢い, 理性的な；抜け目のない. ¶Hätte er sich nicht so *klug* zurückgehalten, wäre es wahrscheinlich zu einem schlimmen Streit gekommen. 彼があれほど賢明に自制しなかったらたぶんひどい争いになっただろう.

klüger [クリューガァ] klug の比較級.

Klug·heit [クルーク・ハイト] 女-/-en 賢明, 理知；如才なさ.

klügst [クリュークスト] klug の最高級.

klumpen [クルムペン] 動 塊（かたまり）（団子状）になる. **Klumpen** [クルムペン] 男-s/-（特定の形を持たない）塊（かたまり）. ¶ein *Klumpen* Butter バターの塊.

km [キロメータァ] 《記号》キロメートル＝**Kilometer**.

kn [クノーテン] 《記号》ノット＝**Kn**oten.

knabbern [クナッベルン] 動 **1** ぽりぽりかじって食べる. ¶Er sitzt vor dem Fernseher und *knabbert* Erdnüsse. 彼はテレビの前に座ってピーナッツをぽりぽりかじっている. **2** an et³ *knabbern* 物³をかじる；事³に頭を悩ます. ¶Daran wird er schwer zu *knabbern* haben. この点で彼はきっと苦労するだろう.

Knabe [クナーベ] 男-n/-n 《だ表現》少年.

Knäcke·brot [クネッケ・ブロート] 中-[e]s/-e クネッケ（ライ麦や小麦のひき割りを材料につくった薄手のぱりぱりしたパン）.

303

knacken

knacken [クナッケン] 動 **1** ポキッ（ペキッ・パチッ）と音をたてる．¶Das Bett knackte. ベッドがきしんだ． **2**（クルミなどの堅い殻を）割る，割って中身を出す；こじ開ける．¶Mandeln knacken アーモンドの殻を割る．/ einen Geldschrank knacken 金庫をこじ開ける．

knackig [クナッキヒ] -e [クナッキゲ] 形 （ニンジン・リンゴなどが）新鮮で堅い；（性的な意味で）格好の良い．

Knall [クナル] 男 -[e]s/-e ドン（ドカン・ドシン・バタン）という音，破裂（爆発）音．¶Du hast ja einen Knall. お前は頭がおかしいぞ． **knallen** [クナレン] 動 **1** ドン（ドカン・ドシン・バタン・パチッ）という音をたてる；(s) ドン（ドシン）とぶつかる《an/auf/gegen et⁴ 物⁴に》．¶Müsst ihr denn immer so mit den Türen knallen? お前らはいったい何時もドアをバタンバタン閉めないではいられないのか．/ Er ist mit dem Kopf gegen die Mauer geknallt. 彼は頭をガンと塀にぶつけた． **2** バタンとぶつける．¶die Bücher in die Ecke knallen 本を隅っこにほうり投げる．

knall・gelb [クナル・ゲルプ] 形 けばけばしい黄色の．**knall・grün** [クナル・グリューン] 形 どぎつい緑色の．**knallig** [クナリヒ] -e [クナリゲ] 形 けばけばしい，どぎつい．**knall・rot** [クナル・ロート] 形 真っ赤な．

knapp [クナップ] 形 乏しい；かろうじて足りる，ぎりぎりの；（衣服が）ぴったりの；簡潔な．¶ein knappes Einkommen 僅かの収入．/ ein knapper Pullover ぴったりの（窮屈な）プルオーバー．/ ein knapper Sieg 辛勝．/ die Sache mit knappen Worten schildern 事柄を簡潔な言葉で表現する．/ der Gefahr knapp entgehen かろうじて危険を脱する．◆ Die Lebensmittel wurden knapp. 食料が乏しくなった．/ Vor dem Zahltag bin ich meist knapp bei Kasse. 給料日前日はおおむね私の懐はさびしい．《数字と》Sie ist knapp dreißig. 彼女は30歳

そこそこだ．/ knapp vor drei Tagen (vor knapp drei Tagen) 3日そこそこ前に．**Knapp・heit** [クナップ・ハイト] 女 / 欠乏；簡潔さ．

knarren [クナレン] 動 ガタガタ（キーキー・キュウキュウ）音をたてる．¶Die alte Treppe knarrt furchtbar. 古い階段がひどくきしむ．

Knast [クナスト] 男 -[e]s/Knäste [クネステ]（懲役などの）自由刑；牢屋．¶Er sitzt im Knast. 彼は監獄に入っている．/ Er bekam drei Jahre Knast. 彼は3年の刑をくらった．

knattern [クナッテルン] 動 カタカタ（ダダダッ）という音をたてる．

Knäuel [クノィエル] 中 ・男 -s/- 糸の玉．¶ein Knäuel Wolle 毛糸を巻いた玉．

knauserig [クナォゼリヒ] -e [クナォゼリゲ] 形 ひどくけちな，しみったれの．

Knautsch・zone [クナォチュ・ツォーネ] 女 -/-n 《自動車》衝撃吸収部分，クランプルゾーン．

kneifen* [クナィフェン] kniff, gekniffen 動 **1** つねる．¶Sie hat mir［mich］in den Arm gekniffen. 彼女は私の腕をつねった． **2** つねる；（衣服が）窮屈である；怖気をふるう《vor j³/et³ 人³・事³に》．¶Die Hose kneift. ズボンが窮屈だ．/ Sie hat mir in den Arm gekniffen. 彼女は私の腕をつねった．/ Er kneift vor dem Chef (der Aufgabe). 彼は課長に怖気づいて（任務にしりごみして）いる．

Kneipe [クナィペ] 女 -/-n 飲み屋．¶in die Kneipe auf ein Bier gehen 飲み屋へビールを飲みに行く．◆ Die Kneipen in der Altstadt sind urgemütlich. 旧市内の飲み屋は非常に気分が良い．

kneten [クネーテン] 動 こねる，こねてつくる；マッサージする．

¹Knick [クニック] 男 -[e]s/-e （急角度の）カーブ．**²Knick** [クニック] 男 -[e]s/-s 《北ドイツ》防風（境界）用生垣．

knicken [クニッケン] 動 **1** 折り曲げ

る；ポキッと折る. **2** (s) 折れ曲が
る；ポキッと折れる.

Knie [クニー] 中 -s/- [クニーエ，クニ
ー] ひざ；(河・道・パイプなどの)屈折部
分. ¶die Knie durchdrücken ひ
ざをぴんとのばす. / auf die Knie
fallen ひざまづく. / weiche Knie
bekommen (恐ろしさに)よろよろす
る. ◆Mir zitterten die Knie. 私
はひざがかくがくした. / Sie hat ein
kaputtes Knie. 彼女はひざを痛め
ている. / Das Knie unterm Spül-
becken ist durchgerostet. 流し
の下の継ぎ手がすっかり錆びている.

knien [クニーン，クニーエン] ich knie
[クニー，クニーエ] 動 **1** ひざまづいて
いる. **2** sich⁴ knien ひざまづ
く. ¶sich⁴ in et⁴ knien 仕事な
ど⁴に没頭する.

Knie·strumpf [クニー・シュトルンプ
フ] 男 -[e]s/Knie·strümpfe [クニ
ー・シュトゥリュンプフェ] ニーレングス，ハイ
ソックス.

Kniff [クニッフ] 男 -[e]s/-e こつ；ト
リック. ¶Endlich habe ich den
Kniff raus. 私はやっとこつをつかん
だ.

kniff [クニッフ] kneifen の過去形・
単数・1，3人称.

kniff·lig [クニッフリヒ] -e [クニッフリ
ゲ] 形 忍耐を要する；慎重さを要す
る，厄介な.

knipsen [クニプセン] 動 [人⁴・物⁴の]
写真をとる.

Knirps [クニルプス] 男 -es/-e ちび
公；折りたたみ傘.

knirschen [クニルシェン] 動 きしむ.
¶mit den Zähnen knirschen
歯ぎしりをする.

knistern [クニステルン] 動 パチパチ
音をたてる. ¶Das Feuer knisterte
im Kamin. 暖炉の中で火がパチパ
チ音をたてて燃えていた.

Knob·lauch [クノープ・ラォホ] 男
-[e]s/- 〖野菜〗ニンニク；〖料理〗ガーリック.

Knöchel [クネッヒェル] 男 -s/- (内外
の)くるぶし；(つけねの)指関節.

Knochen [クノッヘン] 男 -s/- (個々
の)骨；《複で》四肢. ¶die Kno-

chen der Hand 手を構成する骨.
◆Der Knochen ist gebrochen.
骨が折れている.

Knödel [クネーデル] 男 -s/- 〖南ドイツ〗
ダンプリング(洋風ダンゴ. スープなど
に入れる). (⇒Kloß)

Knolle [クノレ] 女 -/-n 〖植物〗(ジャガ
イモ・ダリアなどの)球根，塊根.

Knopf [クノップフ] 男 -[e]s/Knöpfe
[クネップフェ] (衣服の)ボタン；(機器類
の)ボタン. ¶Der Knopf ist schon
wieder abgegangen. このボタン
はまたもや取れてしまった. / An dei-
nem Mantel fehlt ein Knopf.
あなたのコートはボタンが一つなくなっ
ていますよ. / Pass auf, dass du
den richtigen Knopf drückst!
正しいボタンを押すよう気をつけるのだ
ぞ.

Knospe [クノスペ] 女 -/-n 芽，つぼ
み.

Knoten [クノーテン] 男 -s/- 結び目；
巻き髪；〖医学〗結節；〖単位〗《-/-》ノット
(時速1海里. 略: kn). ¶einen
Knoten machen (lösen) 結び目
をつくる(解く).

Know-how [ノー・ハォ，ノー・ハォ]
中 -[s]/ ノーハウ，技術情報.

knüpfen [クニュップフェン] 動 結ぶ，
結びつける《an et⁴ 物⁴・事⁴に》. ¶
sich⁴ an et⁴ knüpfen 物⁴に結び
つく. ◆Meine Großmutter knüpf-
te sehr schöne kleine Teppi-
che. 祖母はとてもきれいな小さいじゅ
うたんを編んだ. / Er knüpfte Kon-
takte, wo er ging und stand.
彼はどこに行ってもコンタクト(コネ)を
つくった. / An mein Angebot
muss ich jedoch eine Bedin-
gung knüpfen. 私の提案には条件
を一つつけておかねばならない. / Für
mich knüpfen sich an diese
Landschaft schöne Erinnerun-
gen. この風景には楽しかった想い
出が結びついている.

Knüppel [クニュッペル] 男 -s/- 棍
(え)棒，警棒.

knurren [クヌレン] 動 (イヌが)うー
っとうなる；ぶつぶつ言う，(胃が)ぐうぐ

K

knusprig

う言う. ¶Mir *knurrt* schon die ganze Zeit der Magen. さっきからずっと私の胃がグウグウなっている.

knusprig [クヌスプリヒ] -e [クヌスプリゲ] 形 (パンなどがよく焼けて)かりかり(ぱりぱり)した. ¶Brötchen müssen frisch und *knusprig* sein. ブレートヒェンは焼き立てでカリカリしていなければいけない.

knutschen [クヌーチェン] 動 **1** かたく抱きしめてキスする. ¶*sich*⁴ *knutschen* 抱き合ってキスを交わす. **2** 抱きしめてキスする《mit *j*³ 人⁴を》.

k.o. [カー・オー] 形 《ボクシング》ノックアウトされた;くたくたに疲れた. ¶Schon in der zweiten Runde ging er *k.o.* 彼は第2ラウンドで早くもノックアウトされた. / Nach der anstrengenden Arbeit war sie völlig *k.o.* 骨の折れる仕事の後で彼女は完全にのびてしまった.

Ko·alition [コ・アリツィォーン] 女 -/-en (政党などの)連立,連合,合同. ¶Bei einem solchen Wahlergebnis wäre eine große *Koalition* vielleicht das Beste. ああいう選挙結果では大連立がたぶん最善善だろう.

Koch [コッホ] 男 -[e]s/Köche [ケッヒェ] 女性 **Köchin** [ケッヒン] 女 -/Köchinnen [ケッヒネン] コック. **Koch·buch** [コッホ・ブーフ] 中 -[e]s/Koch·bücher [コッホ・ビューヒャァ] 料理の本. ¶nach dem *Kochbuch* kochen クッキングブックに従って料理する.

kochen [コッヘン] 動 **1** 料理する;煮る,ゆでる,沸かす. ¶Kaffee *kochen* コーヒーを入れる. / Kartoffeln *kochen* ジャガイモをゆでる. / eine Suppe *kochen* スープをつくる. / Wasser *kochen* お湯を沸かす. ◆Meine Frau *kocht* sehr gut. 家内は料理が非常にうまい. / Willst du das Ei *gekocht* oder als Spiegelei? あなたは卵はゆでたのがいいですか,それとも目玉焼きですか. **2** 煮える,茹(ゆ)だる,沸く,沸騰する. ¶Moment noch, das Kaffeewasser *kocht* gleich. まあお待ちなさい,コーヒーを入れるお湯はすぐ沸きます.

Koch·feld [コッホ・フェルト] 中 -[e]s/-er 《料理》(ホットプレートの)調理面.

Koch·topf [コッホ・トプフ] 男 -[e]s/Koch·töpfe [コッホ・テプフェ] 調理鍋,ソースパン;コッヘル. ¶Das Huhn ist in den *Kochtopf* gewandert. ニワトリは料理された.

kodieren [コディーレン] kodierte, kodiert 動 暗号(記号)化する.(⇒ dekodieren)

Koffer [コッファ] 男 -s/- トランク,スーツケース. ¶den *Koffer* packen (auspacken) トランクを荷造りする(開ける). / die Wäsche in den *Koffer* packen 下着類をスーツケースに詰める. ◆Mein *Koffer* steht am Bahnhof im Schließfach. 私のトランクは駅のコインロッカーの中に置いてあります. **Koffer·raum** [コッファ・ラォム] 男 -[e]s/Koffer·räume [コッファ・ロィメ] 《自動》トランクルーム.

Kohl [コール] 男 -[e]s/-e 《野菜》キャベツ.

Kohle [コーレ] 女 -/-n 石炭. **Kohlen·stoff** [コーレン・シュトフ] 男 -[e]s/ 炭素(記号: C).

Kohl·rabi [コール・ラービ] 男 -[s]/-[s] 《野菜》コールラビ,キュウケイカンラン.

koitieren [コイティーレン] koitierte, koitiert 動 mit *j*³ *koitieren* 人³と性交する. **Koitus** [コーイトゥス] 男 -/- [コーイトゥース] (Koitusse [コーイトゥセ]) 性交.

Kokain [コカイーン] 中 -s/ 《化学》コカイン. ¶*Kokain* schnupfen コカインを吸引する.

kokett [コケット] 形 色っぽい. ¶Sie warf ihm einen *koketten* Blick zu. 彼女は彼に色っぽい視線を投げた.

Kokos·nuss [コーコス・ヌス] 女 -/Kokos·nüsse [コーコス・ニュセ] 《植物》ココナッツ;ヤシの実.

Koks [コークス] 男 (中) -es/ 《ぞくご》コカイン;《男のみ》コークス. ¶

Koks schnupfen コカインを吸引する.

Kol·lege [コ・レーゲ] 男 -n/-n (女性 **Kol·legin** [コ・レーギン] 女 -/Kol·leginnen [コ・レーギネン])同僚;〖話〗友人. ¶Ich fürchte, der neue *Kollege* passt nicht zu uns. 新しい同僚がわれわれとうまく行かないのではないかと心配だ. / Darf ich Sie mal kurz stören, Herr *Kollege*? ちょっとお邪魔をしてもよろしいですか, あなた. / *Kollege* kommt gleich. (レストランなどでボーイが)係のものがすぐまいります.

> ドイツの議員が日本の議員に対して呼びかける場合にも „Sehr geehrter Herr Kollege!" などと言う. またドイツのレストランでは個々のボーイが担当するテーブルが決まっている. 彼らはそのテーブルの売り上げから歩合で賃金をもらう(若干の固定給もある). チップは大事な収入の一つ. だから自分が担当するテーブル以外では給仕をしない. うっかり別のテーブル担当のボーイに声をかけると „Kollege kommt gleich." と言われてしまうのである.

Kol·lektion [コレクツィオーン] 女 -/-en 〖服飾〗コレクション(パリなどの高級ファッションショー);収集品.

Kol·lektiv [コレクティーフ] 中 -s/-e [コレクティーヴェ] (-s) 作業(研究)集団. **Kollektiv·lohn** [コレクティーフ・ローン] 男 -[e]s/Kollektiv·löhne [コレクティーフ・レーネ] 〖経済〗協定賃金表.

kol·lidieren [コリディーレン] kollidierte, kollidiert 動 衝突する, ぶつかる《mit j^3/et^3 人³·物³と》.

Kol·loquium [コロークヴィウム, コロクヴィウム] 中 -s/Kol·loquien [コロークヴィエン] コロキウム, 学会, セミナー.

Köln [ケルン] 中 -s/ 〖地名〗ケルン(ライン河畔にありローマ帝国時代以来の古都. 世界文化遺産の大聖堂がある).

kolonial [コロニアール] 形 植民[地]

の. **Kolonialismus** [コロニアリスムス] 男 -/ 植民地主義(政策). **Kolonie** [コロニー] 女 -/-n [コロニーエン] 植民地;(芸術家·障害者などの)集団居住地.

Kolonne [コロネ] 女 -/-n 隊列;(人·自動車の)長い列. ¶in *Kolonne[n]* 長蛇の列を成して.

kolossal [コロサール] 形 巨大な;ものすごい. ¶Er hat sich *kolossal* darüber gefreut. 彼はそのことを非常に喜んだ. / Er redet mal wieder *kolossalen* Unsinn. 彼はまたぞろ途方もないたわごとをしゃべっている. / Wir hatten *kolossales* Glück bei dem Erdbeben. あの地震の際われわれはすごく幸運だった.

Koma [コーマ] 中 -s/-s (**Komata** [コーマタ]) 〖医学〗昏睡(ᇂ). ¶Sie liegt schon seit drei Tagen im *Koma*. 彼女は既に3日前から昏睡状態にある.

Kom·bination [コン・ビナツィオーン] 女 -/-en 結合, 組み合わせ;総合判断;〖スポーツ〗コンビネーション. **kom·binieren** [コンビニーレン] kombinierte, kombiniert 動 **1** 組み合(結び)合わせる《mit et^3 物³と》. **2** 総合判断する.

Kombi·wagen [コンビ・ヴァーゲン] 男 -s/- ステーションワゴン.

Komet [コメート] 男 -en/-en 彗星(ᇤい).

Kom·fort [コン・フォーァ, コン・フォルト] 男 -s/ 快適;便利. **kom·fortabel** [コン・フォルターベル] …ble [コン・フォルターブレ] 形 快適な;便利な.

Komik [コーミク] 女 -/ こっけい, おかしさ;こっけいな演技.

komisch [コーミシュ] 形 こっけいな;奇妙な, 変な.

Komitee [コミテー] 中 -s/-s 委員会《für et^4 事⁴のための》.

Komma [コマ] 中 -s/-s(Kommata [コマタ]) 〖文法〗コンマ.

kommen* [コメン] kam, gekommen 動 (s) 来る;到着する;[訪問に]行く《zu j^3 人³のところへ》;もた

らされる；生じる；思いつく《auf *j*⁴/*et*⁴ 人⁴・事⁴を》；（学校・病院などに）入る；置かれる；（ある状態に）いたる；起こる；手に入れる《an *et*⁴ 物⁴を》；…出身である《aus Bonn ボンの》．¶前置詞付きの語句と《場所・方向を表す語句と》ans Ziel *kommen* 目的地（目標）に達する． / aus dem Restaurant *kommen* レストランから出てくる． / in Gefahr *kommen* 危険に陥る． / ins Krankenhaus *kommen* 入院する． / nach Hause (nach Hamburg) *kommen* 帰宅する（ハンブルクに着く）． / ums Leben *kommen* 死ぬ． / zu Geld *kommen* 金を手に入れる． / zur Schule *kommen* 入学する． ♦ Da *kommt er*. あそこに彼がやってくる． / Der Zug *kam* pünktlich. 列車は定時に来た． / Ist Post für mich *gekommen*? 私宛の手紙は［配達されて］来ましたか． / Meinem Jungen ist der erste Zahn *gekommen*. 息子に最初の歯が生えてきた． / Wie *komme* ich auf die Autobahn? アウトバーンへはどう行ったらよいでしょう． / Wie *kommen* Sie auf so eine Idee? どうしてそんなことを思いついたのですか． / Woher *kommen* Sie? ― Ich *komme* aus Süddeutschland. どちらの出身ですか―南ドイツから参りました． / Wohin *kommt* die Lampe (das Buch)? ― Sie *kommt* auf den Tisch (Das *kommt* ins Regal). 電気スタンド（この本）はどこへ置きますか―机の上（書棚の中）に置いて下さい． / Sein Husten *kommt* vom Rauchen. 彼の咳は喫煙が原因だ． / Das *kommt* davon, dass ... それは…が原因である． / *Komme* ich hier zum Bahnhof? ここを行けば駅に参りますか． / Morgen *komme* ich zu euch. あした君たちのところへ行く． / Da ich mich um［den］Besuch aus Deutschland kümmern musste, *komme* ich erst heute dazu, Ihnen zu schreiben. このところドイツからのお客の世話をし

なければならなかったので，きょうやっとあなたにお手紙を差し上げる時間ができました．《lassen と》Ich lasse einen Arzt *kommen*. 私は医者に来てもらう．（⇒gehen の解説参照）

Kom·mentar ［コメンタール］ 男 -s/-e 注釈；解説，コメント． **kom·mentieren** ［コメンティーレン］ kommentierte, kommentiert 動 （文献など⁴に）注釈をつける；解説する．¶ Das möchte ich zum jetzigen Zeitpunkt nicht *kommentieren*. 現時点ではそのことにコメントをしたくない．

kom·merziell ［コメルツィエル］ 形 商業［上］の． ¶ Die Erfindung lässt sich leicht *kommerziell* nutzen. この発明は容易に商業ベースにのせて利用することが可能だ．

Kom·militone ［コミリトーネ］ 男-n/-n （女性 **Kom·militonin** ［コミリトーニン］ 女-/Kom·militoninnen ［コミリトーニネン］）（大学の）学友．

Kom·mission ［コミスィオーン］ 女-/-en 委任，委託；委員会．

Kom·mode ［コモーデ］ 女-/-n 整理だんす，戸棚．

kom·munal ［コムナール］ 形 地方自治体の（に関する）．¶ Das sollte auf *kommunaler* Ebene geregelt werden. それは地方自治体レベルで調整されるべきだろう． **Kom·mune** ［コムーネ］ 女-/-n 地方自治体．

Kom·munikation ［コムニカツィオーン］ 女-/-en コミュニケーション． ¶ die *Kommunikation* per Telefon, Fax oder E-Mail 電話，ファックスまたは E メールによるコミュニケーション．

Kom·munion ［コムニオーン］ 女-/-en 〖カトリック〗聖体拝領．

Kom·munismus ［コムニスムス］ 男-/ 共産主義． **kom·munistisch** ［コムニスティシュ］ 形 共産主義の．

Komödie ［コメーディエ］ 女-/-n 喜劇；喜劇劇場．

kom·pakt ［コン·パクト］ 形 コンパクトな；こじんまりして経済的な．

Kom·parativ [コン・パラティーフ，コン・パラティーフ] 男-s/-e［…ヴェ］《文法》比較級.

Kompass [コンパス] 男-es/-e コンパス，羅針盤.

kom·patibel [コン・パティーベル] 形 両立する，相容れる；《電算》互換性のある.

kom·pensieren [コン・ペンズィーレン] kompensierte, kompensiert 動 補う，相殺(清算)する《et⁴ durch et⁴ (mit et³) 物⁴を物⁴(物³)で》. ¶Dieser Verlust lässt sich nur durch konsequentes Sparen kompensieren. この損害は徹底的な節約によってしか清算できない.

kom·petent [コン・ペテント] 形 権限(資格)のある；専門知識(言語能力)のある. ¶Das Gremium besteht aus sechs kompetenten Juristen. この委員会は6人の法律専門家から成り立っている. / Professor Kaufmann gilt als besonders kompetenter Orthopäde. カウフマン教授は豊かな学識経験のある整形外科医と見なされている. **Kom·petenz** [コン・ペテンツ] 女-/-en 権限，資格；専門知識，言語能力.

kom·plett [コン・プレット] 形 完全な，全てを備えた；《副》でまったく. ¶Das ist doch kompletter Unsinn. それはまったくナンセンスだ.

Kom·plex [コン・プレックス] 男-es/-e 複合体；複合建築；《心理》コンプレックス. **kom·plex** [コン・プレックス] 形 複合した；総合(多面)的な.

Kom·plikation [コン・プリカツィオーン] 女-/-en ごたごた，紛糾，面倒.

Kom·pliment [コン・プリメント] 中-[e]s/-e 賞賛の言葉. ¶j³ Komplimente machen 人³をほめそやす，人³にお世辞を言う. ◆ [Mein] Kompliment! たいしたものです，敬意を表します.

kom·pliziert [コン・プリツィールト] 形 複雑な，こみいった，厄介な. ¶Er versteht es, auch komplizierte Sachverhalte gut zu erklären. 彼はこみいった事情もうまく説明する術

を心得ている. / Unser Steuerrecht ist viel zu kompliziert. わが国の租税法はあまりにも複雑すぎる.

kom·ponieren [コン・ポニーレン] komponierte, komponiert 動 (絵画などを)構成する；作曲する. **Kom·ponist** [コン・ポニスト] 男-en/-en 《女性》 **Kom·ponistin** [コン・ポニスティン] 女-/Kom·ponistinnen [コン・ポニスティネン])作曲家.

Kom·post [コン・ポスト] 男-[e]s/-e (特に都市ごみや汚泥からつくった)堆肥，コンポスト.

Kom·pott [コン・ポット] 男-[e]s/-e 《料理》果物の砂糖煮(砂糖漬け)，コンポート.

Kom·presse [コン・プレッセ] 女-/-n 湿布(じっ). ¶Dagegen helfen heiße Kompressen am besten. それに対しては温湿布が一番良く効く.

Kom·promiss [コン・プロミス] 男(中)-es/-e 妥協；示談. ¶mit j³ einen (ein) Kompromiss schließen 人³と妥協する.

Kondens·milch [コンデンス・ミルヒ] 女-/ コンデンスミルク，(加糖した)エバーミルク.

Kon·dition [コン・ディツィオーン] 女-/-en 《経済》《ふつう複で》(支払いなどの)条件；《複なし》(からだの)コンディション. ¶Er hat eine unglaubliche Kondition. 彼は信じられないほどの体力をもっている.

Konditor [コンディートァ] 男-s/Konditoren [コンディトーレン] 《女性》 **Konditorin** [コンディトーリン] 女-/Konditorinnen [コンディトーリネン]) (マイスターの資格をもった)ケーキ製造業者. **Konditorei** [コンディトライ] 女-/-en (ふつう der Konditor/die Konditorin の経営する)洋菓子店，喫茶店. ¶In der Konditorei am Markt sitzt man besonders gemütlich. アム・マルクトの喫茶店は特に居心地が良い.

Kondom [コンドーム] 中(男)-s/-e コンドーム.

Kon·dukteur [コン・ドゥクテーア] 男-s/-e 《スイス》《女性》 **Kon·duk-**

K

teurin [コン・ドゥクテーリン] 囡 –/
Kon·dukteurinnen [コン・ドゥクテー
リンネン])車掌.

Kon·fekt [コン・フェクト] 甲 –[e]s/
(種類:-e) プラリーヌ；[南ドイツ・オース
トリア・スイス]クッキー.

Kon·ferenz [コン・フェレンツ] 囡 –/
-en 会議. ¶Auf ihrer *Konferenz* beschlossen die Außenminister, sich künftig regelmäßig zu treffen. 会議の席上外相たちは将来定期的に会うことを決めた. / Bei der *Konferenz* morgen müssen wir zum Glück nicht unbedingt dabei sein. 幸いなことにわれわれはあすの会議に必ずしも出席する必要はない.

Kon·fession [コン・フェスィオーン]
囡 –/-en [キリスト教]信仰告白；信条書；宗派.

Kon·firmation [コン・フィルマツィオーン] 囡 –/-en [プロテスタント]堅信礼，信仰告白式；[聖公会]堅信式.

Kon·fitüre [コン・フィテューレ] 囡 –/
-n [料理](一種類の果物から作られた)ジャム，マーマレード.

Kon·flikt [コン・フリクト] 男 –[e]s/
-e 争いごと，紛争. ¶Internationale *Konflikte* sollten gewaltlos gelöst werden. 国際紛争は武力などで解決されるべきであろう. / Die beiden Staaten streben eine friedliche Lösung des *Konfliktes* an. 両国は紛争の平和的な解決目指して努力している.

Kon·frontation [コン・フロンタツィオーン] 囡 –/-en 対決；衝突. **kon·frontieren** [コン・フロンティーレン] konfrontierte, konfrontiert 動 j⁴ mit j³/et³ konfrontieren 人⁴を人³と対決させる(人⁴を事³に直面させる). ¶Ganz plötzlich sah er sich mit neuen Schwierigkeiten *konfrontiert*. 全く突然彼は自分が新しい困難に直面していることを知った. / Mit seiner Vergangenheit will er lieber nicht *konfrontiert* werden. 彼はできることなら自分の過去と相対したくなかった.

kon·fus [コン・フース] 形 混乱した；不明確な. ¶Er redet mal wieder total *konfuses* Zeug. 彼はまたしてもまるっきり滅茶苦茶なことを話している.

Kon·gress [コン・グレス] 男 –es/-e (国家間などの大規模な)会議.

König [ケーニヒ] 男 –s/-e [ケーニゲ] 国王；[トランプ]キング. **Königin** [ケーニギン] 囡 –/Königinnen [ケーニギネン] 女王，王妃；[トランプ]クイーン. **kö·nig·lich** [ケーニク・リヒ] 形 王の，王室の，王国の.

Kon·jugation [コン・ユガツィオーン] 囡 –/-en [文法]動詞の変化(活用). **kon·jugieren** [コン・ユギーレン] konjugierte, konjugiert 動 [文法](動詞を)変化させる.

Kon·junktiv [コン・ユンクティーフ] 男 –s/-e [···ヴェ] [文法]接続法.

Kon·junktur [コン・ユンクトゥーァ] 囡 –/-en [経済]景気；好景気. ¶Ob derlei Maßnahmen die *Konjunktur* beleben werden, bleibt abzuwarten. このような措置が景気を活気づけるかどうか，様子を見て待つしかない. / Mit der *Konjunktur* sieht es nicht gut aus. 景気の様子はあまり思わしくない.

Kon·kordat [コン・コルダート] 甲 –[e]s/-e (教皇と国家との)政教協約；[スイス](スイス各州間の)協約.

kon·kret [コン・クレート] 形 具体的な.

Kon·kurrent [コン・クレント] 男 –en/-en [女性] **Kon·kurrentin** [コン・クレンティン] 囡 –/Kon·kurrentinnen [コン・クレンティネン])競争者，競争企業. **Kon·kurrenz** [コン・クレンツ] 囡 –/-en [経済]《ふつう複なし》競合，競争；競争相手. ¶*Konkurrenz* belebt das Geschäft. 競争はビジネスを活気づける. / Auf seinem Spezialgebiet hat er kaum *Konkurrenz*. 彼は専門分野では競争相手がほとんどいない. **kon·kur·rieren** [コン・クリーレン] konkurrierte, konkurriert 動 mit j³ konkurrieren 人³と競合(競争)する.

Kon·kurs [コン・クルス] 男-es/-e
〖商〗破産[手続き]。¶in *Konkurs*
gehen (geraten) 破産(倒産)す
る。

können [ケネン] *ich/er* kann, *du*
kannst, *wir/sie* können, *ihr*
könnt; konnte, gekonnt(kön-
nen) 動《話法の助動詞. 他の動詞の
不定詞を伴う場合の過去分詞は kön-
nen, 単独で用いられれば gekonnt》
【能力】…できる。¶Ich *kann* zwar
schwimmen, aber nicht so
schnell. 私は泳げるがそんなに早く
は泳げない。/ Wir haben ihn nicht
aufhalten *können*. われわれは彼を
押しとどめることができなかった。
【可能性】…かもしれない、…でありう
る。¶Das *kann* wahr sein. それ
は本当かもしれない。/ Der Arzt *kann*
jeden Augenblick kommen.
お医者さんは今にも来るかもしれない。
/ Das Flugzeug *kann* nicht not-
gelandet sein. 飛行機は不時着し
たはずがない。【許可】…してもよ
い。¶Sie *können* ruhig mitkom-
men. ごいっしょにいらしても一向に
構いませんよ。【丁寧な願い】…し
てくださいませんか。¶Könnten Sie
mir vielleicht erklären, was das
ist? これが何であるかわかったら説
明してくれませんか。/ Kann ich noch
eine Tasse Kaffee bekommen?
コーヒーをもう一杯もらえませんか。
《不定詞を伴わず単独で》¶Ich *kann*
Deutsch und Englisch. 私はド
イツ語と英語ができる。 **Können**
[ケネン] 中-s/ 能力,力量.

konnte [コンテ] können の過去形・
単数・1，3人称.

Kon·sens [コン・ゼンス] 男-es/-e
コンセンサス,合意.

kon·sequent [コン・ゼクヴェント] 形
首尾一貫した。¶Heutzutage ist
„konsequent" für manche ein
Fremdwort. 今日では多くの人にとって
「徹底的」は無縁なものになっている。

Kon·sequenz [コン・ゼクヴェンツ]
女-/-en (ある行為の)結果,帰結;
《複 なし》首尾一貫性。¶die Konse-

quenzen ziehen (自分のしたこと
に)責任をとる。/ aus *et³* die Kon-
sequenzen ziehen 事³から結論を
引き出す。/ mit Konsequenz わ
き目もふらずに、徹底的に。◆Schließ-
lich zog der Minister aus dem
Vorfall die Konsequenzen und
trat zurück. 結局大臣は事件の責
任をとって退任した。

kon·servativ [コン・ゼルヴァティー
フ, コン・ゼルヴァティーフ] -e [コン・ゼルヴ
ァティーヴェ, …ティーヴェ] 形 保守的な.

Kon·serve [コン・ゼルヴェ] 女-/-n
(缶・ビンなどに詰めた)保存食品,缶
詰,瓶詰め. **kon·servieren** [コ
ン・ゼルヴィーレン] konservierte,
konserviert 動 (食品を)保存加工
する;缶詰(瓶詰め)にする.

Kon·sonant [コン・ゾナント] 男-en
/-en 〖語〗子音;子音字.(⇒Vokal)

kon·stant [コン・スタント] 形 不変
(一定)の。¶Sie blieb *konstant*
bei ihrer Meinung. 彼女は意見を
変えなかった。

Kon·stellation [コン・ステラツィオー
ン] 女 -/-en 〖天文〗星位;情勢.

Kon·stitution [コン・スティトゥツィオ
ーン] 女 -/-en 体質,素質.

kon·struieren [コン・ストゥルイーレ
ン] konstruierte, konstruiert
動 設計(建築)する,組み立てる;構成
する;でっちあげる。 ¶Sein Alibi
wirkt ziemlich konstruiert. 彼の
アリバイはかなりでっちあげの印象を与
える。 **Kon·struktion** [コン・ス
トゥルクツィオーン] 女-/-en 設計,構
築[物];構成;でっちあげ. **kon·
struktiv** [コン・ストゥルクティーフ]
-e [コン・ストゥルクティーヴェ] 形 建設
的な、前向きの.

Kon·sul [コン・ズル] 男-s/-n 領事.
Kon·sulat [コン・ズラート] 中-[e]s
/-e 領事館。¶Morgen muss ich
aufs Konsulat. 私はあした領事館
へ行かなければならない。 **Kon·su·
lin** [コン・ズリン] 女 -/Kon·sulin-
nen [コン・ズリネン] (女性の)領事

Kon·sum [コン・ズーム] 男-s/ 消費.
¶Der private Konsum stag-

niert weiterhin. 個人消費は引続き停滞している. **Kon·sument** [コン·ズメント] **男** -en/-en **女性** **Kon·sumentin** [コン·ズメンティン] **女**-/Kon·sumentinnen [コン·ズメンティネン])消費者. (⇒Verbraucher, Verbraucherin) **kon·sumie·ren** [コン·ズミーレン] konsumierte, konsumiert **動** 消費する. ¶Wenn die Leute mehr *konsumierten*, ginge es der Wirtschaft besser. みながもっと消費すれば経済はより良くなろう.

Kon·takt [コン·タクト] **男**-[e]s/-e 接触. ¶mit *j*³ den *Kontakt* aufnehmen (abbrechen) 人³と連絡をとる(接触を断つ). / mit *j*³ in *Kontakt* kommen 人³に接する. / *Kontakt* zu *j*³ herstellen 人³と個人的なつながりをつくる. ♦ Wir haben schon seit Jahren keinen *Kontakt* miteinander. 私たちは何年も前からもう互いに何の連絡もない. **kontakt·freudig** [コンタクト·フロイディヒ]-e [コンタクト·フロイディゲ]**形** 人づき合いの良い. **Kontakt·linse** [コンタクト·リンゼ] **女**-/-n コンタクトレンズ.

Kon·tinent [コン·ティネント] **男**-[e]s/-e 大陸.

kontinuier·lich [コンティヌイール·リヒ]**形** 連続(継続)的な. **Kon·tinuität** [コン·ティヌイテート] **女**-/ 連続[性],持続[性].

Konto [コント] **中**-s/Konten [コンテン] (Konti [コンティ]) (鐘)口座. ¶ein *Konto* eröffnen 口座を開く. / ein *Konto* überziehen 口座から残高以上に引き出す. ♦ Kannst du das Geld auf mein *Konto* überweisen? その金を私の口座に振り込んでくれないか. / Wieviel haben wir noch auf dem *Konto*? 口座にはあとまだいくらあるのか.

Konto·auszug [コント·アォスツーク] **男**-[e]s/Konto·auszüge [コント·アォスツューゲ] 預金残高明細書. **Konto·inhaber** [コント·インハーバァ] **男**-s/- 口座所有者. **Konto·**

nummer [コント·ヌマァ] **女**-/-n 口座番号. **Konto·stand** [コント·シュタント] **男**-[e]s/Konto·stände [コント·シュテンデ] 勘定残高.

kon·tra [コン·トゥラ] **前** 《4格支配》… に対して,… 対 …. (⇒pro) **Kon·tra** [コン·トゥラ] **中**-s/ 反対. ¶das Pro und *Kontra* 賛成と反対,利害得失. (⇒Pro)

Kontrast [コントゥラスト] **男**-[e]s/-e コントラスト.

Kontrolle [コントゥロレ] **女**-/-n チェック;コントロール,検査. ¶Der Fahrer verlor die *Kontrolle* über seinen Wagen. 運転手は車のコントロールがとれなくなった. / Die Armee hat die Lage unter *Kontrolle*. 軍隊は状況を制御している.

Kontrolleur [コントゥロレーァ] **男**-s/-e **女性** **Kontrolleurin** [コントゥロレーリン] **女**-/Kontrolleurinnen [コントゥロレーリネン])検査官;検札係. **kontrollieren** [コントゥロリーレン] kontrollierte, kontrolliert **動** チェックする;コントロールする.

Kontur [コントゥーァ] **女**-/-en 《ふつう**複**で》輪郭.

Kon·vention [コン·ヴェンツィオーン] **女**-/-en 取り決め; 《ふつう**複**で》慣習,しきたり. **kon·ventionell** [コン·ヴェンツィオネル]**形** 慣習的な,在来の;(〖軍〗)(核兵器でない)通常型の.

Kon·versation [コン·ヴェルザツィオーン] **女**-/-en 会話,歓談《über *et*⁴ 事⁴に関する》.

Kon·zentration [コン·ツェントゥラツィオーン] **女**-/-en 《ふつう**複**なし》(精神の)集中《auf *et*⁴ 事⁴への》,集中力;〖化学〗濃縮. **Konzentrations·lager** [コンツェントゥラツィオーンス·ラーガァ] **中**-s/- (ナチの)強制収容所(略: KZ).

kon·zentrieren [コン·ツェントゥリーレン] konzentrierte, konzentriert **動** 集中する《*et*⁴ auf *j*⁴/*et*⁴ 事⁴を人⁴·事⁴に》. ¶*sich*⁴ auf *j*⁴/*et*⁴ *konzentrieren* [精神·注意を]人⁴·事⁴に集中する. ♦ Die Polizei

312

konzentrierte ihre Beobachtungen auf einen Waffenhändler. 警察はある武器商人に監視を集中した. 《*sich⁴ konzentrieren* の形で》精神を集中する. Bei dem Lärm kann man sich unmöglich *konzentrieren*. この騒音ではとても集中できたものではない.

Kon·zept [コン・ツェプト] 中-[e]s/-e 草案,企画,コンセプト,構想. ¶ *j⁴ aus dem Konzept bringen* 人⁴を混乱(狼狽)させる. ◆ Es fehlt an einem *Konzept* zur Bekämpfung der Arbeitslosigkeit. 失業と戦うためのコンセプトが欠けている.

Kon·zern [コン・ツェルン] 男-s/-e 《経済》コンツェルン.

Kon·zert [コン・ツェルト] 中-[e]s/-e 音楽会;協奏曲. ¶ *ins Konzert gehen* 音楽会に行く.

Ko·operation [コ・オペラツィオーン] 女-/-en 協力,提携. **ko·operieren** [コ・オペリーレン] kooperierte, kooperiert 動 協力(提携)する 《*mit j³/et³* 人³・組織³と》.

ko·ordinieren [コ・オルディニーレン] koordinierte, koordiniert 動 調整する.

Kopf [コップフ] 男-[e]s/Köpfe [ケップフェ] あたま,頭部;ヘッド,リーダー;頭数. ¶ *die besten Köpfe* 最高の頭脳の持ち主たち. / *den Kopf hängen lassen* 意気消沈している. / *sich³ den Kopf über et⁴ zerbrechen* 事⁴にあたまを悩ます. / *sich⁴ auf den Kopf stellen* 逆立ちをする. / *nicht auf den Kopf gefallen sein* ばかではない. / *aus dem Kopf* そらで,暗記して. / *et⁴ im Kopf haben* 事⁴を覚えている,事⁴のことを考えている. / *pro Kopf* 一人あたり. ◆ *Der Kopf der Bande wurde endlich gefasst.* 一味の頭目はついに逮捕された. / *Er ist ein kluger Kopf.* 彼は聡明な頭脳の持ち主だ. / *Der Präsident hat die besten Köpfe als Ratgeber.* 大統領は最優秀な顧問たちを補佐官にもっている. / *Die Oppo-*sition forderte den *Kopf* des Staatssekretärs. 野党は次官の罷免を要求した. / *Kopf hoch!* 元気を出せ.

Kopf·bedeckung [コップフ・ベデクング] 女-/-en かぶりもの;帽子,頭巾,スカーフ.

köpfen [ケップフェン] 動 斬首の刑に処する;(物⁴の)上端を切り落とす;《スポーツ》ヘディングする. ¶ *eine Flasche Sekt köpfen* シャンパンの栓を抜く.

Kopf·ende [コップフ・エンデ] 中-s/-n (ベッドの)頭部.

Köpf·hörer [コップフ・ヘーラァ] 男-s/- ヘッドホーン.

kopf·los [コップフ・ロース] 形 分別を失った,パニックにおちいった. ¶ *Er hat total kopflos reagiert.* 彼はすっかり周章狼狽した.

Kopf·salat [コップフ・ザラート] 男-[e]s/-e 《植物》サラダ菜,タマヂシャ.

Kopf·schmerzen [コップフ・シュメルツェン] 複 頭痛. ¶ *Ich habe Kopfschmerzen.* 私は頭が痛い. / *Die Sache macht uns Kopfschmerzen.* 事態はわれわれにとって頭痛の種だ.

Kopf·sprung [コップフ・シュプルング] 男-[e]s/Kopf·sprünge [コップフ・シュプリュンゲ] 《スポーツ》逆さ飛びこみ.

Kopf·tuch [コップフ・トゥーフ] 中-[e]s/Kopf·tücher [コップフ・テューヒァァ] スカーフ.

kopf·über [コプフ・ユーバァ] 副 まっさかさまに.

Kopf·weh [コップフ・ヴェー] 中-s/- 頭痛. ¶ *Ich habe Kopfweh.* 私は頭が痛い. **Kopf·zerbrechen** [コップフ・ツェァブレヒェン] 中-s/ 悩み,思いわずらい. ¶ *sich³ über et⁴ Kopfzerbrechen machen* 事⁴について思い悩む.

Kopie [コピー] 女-/-n [コピーエン] コピー,複写,複製;模造品. ¶ *Kopie und Original sind kaum zu unterscheiden.* コピーとオリジナルはほとんど区別がつかない. **kopieren** [コピーレン] kopierte, kopiert

K

動 コピー(プリント)する;模写する. **Kopierer** [コピーラァ] **男**-s/- コピー機.

Koralle [コラレ] **女**-/-n 《ふつう**複**で》サンゴ;〖動物〗サンゴ虫;サンゴ細工.

Koran [コラーン] **男**-s/-e コーラン(イスラム教の経典).

Korb [コルプ] **男**-[e]s/Körbe [ケルベ] 篭(ざ). ¶ein *Korb* Äpfel リンゴ一篭.

Kord [コルト] **男**-[e]s/ 〖服飾〗コーデュロイ,コール天.

Korea [コレーア] **中**-s/ 〖地名〗朝鮮(大韓民国と朝鮮民主主義人民共和国). **Koreaner** [コレアーナァ] **男**-s/-(**女性** **Koreanerin** [コレアーネリン] **女**-/Koreanerinnen [コレアーネリンネン])韓国人,朝鮮人. **koreanisch** [コレアーニシュ] **形** 韓国[人・語]の,朝鮮[人・語]の. **Koreanisch** [コレアーニシュ] **中** -[s]/, **Koreanische*** [コレアーニシェ] **中**《形容詞の名詞化. 常に定冠詞を伴う》韓国語,朝鮮語.(⇒Deutsch)

Kork [コルク] **男**-s/ コルク. **Korken** [コルケン] **男**-s/- コルク栓. ¶den *Korken* ziehen コルク栓を抜く. **Korken·zieher** [コルケン・ツィーァ] **男**-s/- コルク栓抜き.

¹**Korn** [コルン] **中**-[e]s/Körner [ケルナァ] 穀物粒;《**複**-e》製パン用穀物.

²**Korn** [コルン] **男**-[e]s/《種類:-》, **Korn·branntwein** [コルン・ブランントヴァイン] **男**-[e]s/《種類:-e》(麦類を原料として蒸留してつくる)焼酎. ¶Noch zwei *Korn*, bitte! 焼酎をもう2杯くれ.

körnig [ケルニヒ] -e [ケルニゲ] **形** 粒状の.

Körper [ケルパァ] **男**-s/- からだ;物体;主要部分;(人間・楽器の)胴;〖物理〗物体;〖数学〗立体;団体. ¶Die Tänzerinnen zeigten viel *Körper*. 踊子たちは大胆に肉体をあらわにした. / Die *Körper* seiner Geigen sind besonders elegant geformt. 彼のバイオリンの胴は特にエレガントな形をしている. / In der Physik un-

---

絵で見るドイツ単語 Körper

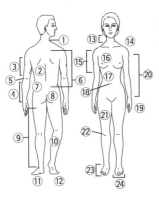

⑥ der Rumpf	胴.
⑦ die Taille	ウエスト.
⑧ die Hüfte	ヒップ.
⑨ das Bein	脚.
⑩ die Wade	ふくらはぎ.
⑪ die Ferse	かかと.
⑫ die Sohle	足の裏.
⑬ der Hals	首.
⑭ die Schulter	肩.
⑮ die Brust	胸.
⑯ der Busen	乳房.
⑰ der Bauch	腹.
⑱ der Nabel	へそ.
⑲ die Hand	手.
⑳ der Arm	腕.
㉑ der Oberschenkel	ふともも.
㉒ das Knie	ひざ.
㉓ der Fuß	足.
㉔ die Zehen(pl.)	足指.

① die Kehle	のど.
② der Rücken	背中.
③ der Oberarm	二の腕.
④ der Unterarm	前腕.
⑤ der Ell[en]bogen	ひじ.

terscheidet man zwischen festen, flüssigen und gasförmigen *Körpern*. 物理学では固体,液体,気体が区別される.

Körper·bau [ケルパァ・バォ] 男-[e]s/ 体格,からだつき.

körper·lich [ケルパァ・リヒ] 形 からだの,肉体の. ¶*körperliche* Arbeit 肉体労働. ◆Er ist in guter *körperlicher* Verfassung. 彼は体調がよい.

Körper·pflege [ケルパァ・プフレーゲ] 女-/ からだの手入れ.

Körper·teil [ケルパァ・タイル] 男-[e]s/-e からだの各部分,肢体.

korpulent [コルプレント] 形 太った.

kor·rekt [コレクト] 形 正確な,正しい;几帳面な. ¶Unser Englischlehrer achtet sehr auf eine *korrekte* Aussprache. われわれの英語教師は正確な発音を重視する. / *Korrektes* Benehmen ist nicht jedermanns Sache. 几帳面な態度をとるのはだれにでもできることではない.

Kor·rektur [コレクトゥーァ] 女-/-en 修正;《印刷》校正.

Kor·respondent [コレスポンデント] 男-en/-en (女性 **Kor·respondentin** [コレスポンデンティン] Kor·respondentinnen [コレスポンデンティネン])(新聞・TVなどの)特派員.

Kor·respondenz [コレスポンデンツ] 女-/-en 文通,通信;一致.

Korridor [コリドーァ] 男-s/-e 廊下;回廊.

kor·rigieren [コリギーレン] korrigierte, korrigiert 動 校正する;(人⁴・事⁴の)間違いを正す. ¶Könntest du meine Übersetzung vielleicht *korrigieren*? ぼくの翻訳をできたら点検修正してくれないか.

kor·rupt [コルプト] 形 (道徳的に)腐敗した,堕落した. ¶*Korrupte* Beamte findet man leider in den meisten Ländern. 遺憾ながら腐敗官僚は大部分の国々で見られる.

Kor·ruption [コルプツィオーン] 女-/-en (道徳的な)腐敗,堕落.

Kose·name [コーゼ・ナーメ] 男 2格-ns, 3・4格-n/-n 愛称.

Kosmetik [コスメーティク] 女-/ 化粧[法],美容術. **Kosmetikum** [コスメーティクム] 中-s/Kosmetika [コスメーティカ] 化粧品. **kosmetisch** [コスメーティシュ] 形 化粧[法]の,美容術の.

関連語 Kosmetika
—化粧品—

die Lotion	ローション.
die Gesichtsmilch	乳液.
die Creme	クリーム.
das Make-up	ファンデーション.
der Puder	パウダー.
der Lippenstift	口紅.
der Lidschatten	アイシャドー.
die Wimperntusche	マスカラ.
das Rouge	頬紅.
der Augenbrauenstift	まゆ墨.
der Nagellack	マニキュア.
das Parfüm	香水.
die Puderdose	コンパクト.
der Puderpinsel	パウダーブラシ.
die Wimpernzange	ビューラー.

Kosmo·naut [コスモ・ナォト] 男-en/-en (女性 **Kosmo·nautin** [コスモ・ナォティン] 女-/Kosmo·nautinnen [コスモ・ナォティネン])(旧ソ連時代の)宇宙飛行士.

Kosmo·polit [コスモ・ポリート] 男-en/-en (女性 **Kosmo·politin** [コスモ・ポリーティン] 女-/Kosmo·politinnen [コスモ・ポリーティネン])コスモポリタン,世界主義者,世界市民.

Kosmos [コスモス] 男-/ 宇宙;秩序と調和のある世界.

Kost [コスト] 女-/ 食物;賄(まかな)い. ¶Fette *Kost* bekommt mir nicht gut. 脂っこい食事は私の身体に合わない. / Sie hat freie *Kost*. 彼女は食費がただである.

kost·bar [コスト・バール] 形 高価な.

¹kosten [コステン] 動 試食(試飲)する;味わう.

²kosten [コステン] 動 (物¹の)値段は…⁴である;(物¹は人⁴にとって)…⁴の

315

Kosten

負担になる(費用がかかる). ¶ Wie viel (Was) würde eine Reparatur in etwa *kosten*? – Höchstens 500 Euro. 修理はおよそいかほどかかるでしょう－せいぜい500ユーロです. / Das Studium seiner Tochter hat den Vater⁴ ein Vermögen⁴ *gekostet*. 娘の大学進学は父親⁴にとってひと財産⁴ほども費用がかかった. / Die Übersetzung hat mich⁴ viel Mühe⁴ *gekostet*. その翻訳は私にとってたいへんな苦労になった.

Kosten [コステン] 複 費用. ¶ Wir müssen viel mehr *Kosten* sparen. われわれはもっと費用を節約しなければならない. / Und wer übernimmt die *Kosten* für das Projekt? で, プロジェクトの費用は誰が引き受けるんだい.

kosten・los [コステン・ロース] 形 ただ(無料)の.

köst・lich [ケスト・リヒ] 形 おいしい;素敵な;愉快な. ¶ *sich*⁴ *köstlich* amüsieren とても楽しい思いをする. / Der Wein ist einfach *köstlich*. このワインは美味としか言いようがない. / Er hat immer die *köstlichsten* Witze auf Lager. 彼は常にきわめて愉快なジョークを持ち合せている.

Kost・probe [コスト・プローベ] 女 -/-n 試食品, 試飲み物.

kost・spielig [コスト・シュピーリヒ] -e [コスト・シュピーリゲ] 形 金のかかる, 高価な.

Kostüm [コステューム] 中 -s/-e (婦人用の)スーツ;舞台衣装. ¶ In ihrem *Kostüm* sieht sie bezaubernd aus. このスーツを着ると彼女は魅力的に見える.

Kot [コート] 男 -[e]s/-e 《複 まれ》糞便;泥土.

Kotelett [コテレット, コトゥレット] 中 -s/-e (骨つきの)カツレツ.

日本でふつう「カツレツ」と呼んでいる料理は Wiener Schnitzel (ウィーン風カツレツ)と呼ばれるものが近い.

Koteletten [コテレッテン] 複 頬ひげ (長くのばしたもみ上げ).

Köter [ケータァ] 男 -s/- (軽蔑的に)犬.

Kot・flügel [コート・フリューゲル] 男 -s/- (自動車・自転車の)フェンダー.

kotzen [コッツェン] 動 へどを吐く.

kotz・übel [コッツ・ユーベル] 形 《いだ覧》ひどく気分の悪い.

Kpt. [カピテル] (書物の)章. (=**Kapitel**)

Kr [カーエル] 《元素記号》クリプトン.

krabbeln [クラッベルン] 動 1 (s) よつんばいで進む, (虫などが)這(は)う. 2 くすぐる, むずがゆさを感じさせる. ¶《es を主語として》Es *krabbelt* mich. 私はかゆい.

Krach [クラッハ] 男 -[e]s/-e(-s) 《ふつう複 なし》バリバリ(バタン・ガタン)という音;騒ぎ;けんか. ¶ *Krach* machen (schlagen) バリバリ(バタン・ガタン)という音をたてる;文句を言う, 喧嘩を売る. ♦ Macht doch nicht dauernd so einen *Krach*! そんな騒ぎをしょっちゅう起こすものじゃない. / Richtig *Krach* habe ich mit meinem Mann noch nie gehabt. 夫と本当に喧嘩したことなどまだ一度もございませんわ.

krachen [クラッヘン] 動 1 バリッ(バタン・ガタン)という音をたてる, 轟音を響かせる. ¶ Der Donner (Ein Schuss) *krachte*. 雷がバリバリッ(射撃がドカン)と激しい音をたてた. 2 (s) gegen et⁴ *krachen* 大きな音をたてて物⁴にぶつかる.

krächzen [クレヒツェン] 動 (カラスなどが)かあかあ(ぎゃあぎゃあ)鳴き声をたてる;しわがれ声で話す. ¶ Seine *krächzende* Stimme macht die Zuhörer langsam, aber sicher nervös. 彼のガアガア声は聴衆を次第次第にではあるが確実にいらいらさせる.

Kraft [クラフト] 女 -/Kräfte [クレフテ] 力;エネルギー;影響力, 効力;((働

316

き手としての)スタッフ. ¶aus eigener *Kraft* 自力で. / außer (in) *Kraft* treten 効力を失う(発する). / mit voller *Kraft* 全力で. / wieder zu *Kräften* kommen 元気を取りもどす. ◆Im linken Bein habe ich fast keine *Kraft* mehr. 左脚にはもうほとんど力がない. / Seinen Argumenten fehlt jede *Kraft*. 彼の論証にはなんらの効力もない. / Die *Kraft* des Präsidenten reicht nicht mehr aus. 大統領の影響力はもはや充分ではない.

Kraft·fahrer [クラフト・ファーラァ] 男-s/- (女性) **Kraft·fahrerin** [クラフト・ファーレリン] 女-/Kraft·fahrerinnen [クラフト・ファーレリネン]) 【官用語】[職業]自動車運転者. **Kraft·fahrzeug** [クラフト・ファールツォイク] 中-[e]s/-e (自動車・オートバイなど)原動機つき車両(略: Kfz).

kräftig [クレフティヒ] -e [クレフティゲ] 形力強い;激しい. ¶Für sein Alter ist der Junge ganz schön *kräftig*. 年齢のわりに少年はとてもがっしりしている. / Dem muss man mal *kräftig* die Meinung sagen. あいつには一度きつく意見を言ってやらなければいけない. / Das ist *kräftig* gelogen. それは嘘っぱちだ. **kräftigen** [クレフティゲン] 動 (人⁴・物⁴に)力をつける, 元気にする. ¶sich⁴ *kräftigen* 丈夫(元気)になる.

kraft·los [クラフト・ロース] 形無力の;効力のない. **Kraft·stoff** [クラフト・シュトフ] 男-[e]s/-e 動力(原動力)用燃料. **kraft·voll** [クラフト・フォル] 形力強い, 力のこもった. **Kraft·wagen** [クラフト・ヴァーゲン] 男-s/- 自動車. **Kraft·werk** [クラフト・ヴェルク] 中-[e]s/-e 発電所.

Kragen [クラーゲン] 男-s/- 襟(゙), カラー; 【ぁぇ】首, 命. ¶den *Kragen* des Mantels hochschlagen コートの襟を立てる. / Kopf und *Kragen* riskieren 命をかける.

Krähe [クレーエ] 女-/-n 【鳥類】カラ

ス. **krähen** [クレーエン] 動 (雄鶏が)鳴く.

Kralle [クラレ] 女-/-n (動物の)つめ, 蹴爪(゙).

Kram [クラーム] 男-[e]s/ がらくた. **kramen** [クラーメン] 動 探す《in et³ nach et³ 物³の中をかきまわして物³を》. ¶Sie *kramte* in der Tasche nach der Sonnenbrille. 彼女はハンドバッグの中をかきまわしてサングラスを探した.

Kran [クラーン] 男-[e]s/Kräne [クレーネ] クレーン, 起重機.

krank [クランク] kränker [クレンカァ], am kränksten [クレンクステン] 形病気の;悩みがある. ¶Er behauptet, er sei immer noch *krank*. 彼はいまだに病気だと言い張っている. / Der Krach von nebenan macht mich ganz *krank*. お隣の騒音で私は全く気分が悪くなってしまう. / Sie ist *krank* vor Eifersucht. 彼女は嫉妬のあまり憔悴(しよう)しきている.

kränkeln [クレンケルン] 動 [長期にわたり]病気がちである. ¶In letzter Zeit *kränkelt* er immer wieder. このところ彼はしじゅう病気がちだ. **kränken** [クレンケン] 動 (人⁴の)心を傷つける, 侮辱する.

Kranken·besuch [クランケン・ベズーフ] 男-[e]s/-e (病人の)お見舞い.

Kranken·haus [クランケン・ハォス] 中-es/Kranken·häuser [クランケン・ホィザァ] 病院. ¶Am besten bringen wir das Kind sofort ins *Krankenhaus*. 子供をすぐに病院へ連れて行くのが一番だ. / Sie muss gut drei Wochen im *Krankenhaus* bleiben. 彼女はたっぷり3週間は入院していなければならない.

Kranken·kassa [クランケン・カサ] 女-/Kranken·kassen [クランケン・カセン] 【ぉぇすと】, **Kranken·kasse** [クランケン・カセ] 女-/-n 疾病保険金庫, 健康保険. ¶In welcher *Krankenkasse* sind Sie? あなたはどの健康保険に入っておいでですか. / In diesem besonderen Fall erstat-

関─連─語 **Krankenhaus**
―病院関連用語―

die Klinik　病院，クリニック.
die Praxis　医院，診療所.
der Arzt, die Ärztin　医師.
der Patient, die Patientin　患者.
die Sprechstunde　診療時間.
einen Termin beim Arzt machen
　診察の予約を取る.
ins Krankenhaus kommen
　入院する.
j⁴ im Krankenhaus besuchen
　人⁴を病院に見舞う.
aus dem Krankenhaus entlassen
　werden　退院する.
das Rezept　処方箋.
die Apotheke　薬局.

Krankenwagen

-en 病気. ¶An dieser *Krankheit* stirbt man nicht. この病気では死にはしない. / Diese *Krankheit* gilt als unheilbar. この病気は不治とされている. **Krankheits·erreger** [クランクハィツ・エァレーガァ] 男-s /- 〖医学〗病原体.

関─連─語 **Krankheit**
―病気や症状の名前―

die Erkältung　風邪.
der Husten　咳.
die Grippe　インフルエンザ.
die Bauchschmerzen (pl.)
　腹痛.
die Kopfschmerzen (pl.) 頭痛.
der Durchfall　下痢.
die Bronchitis　気管支炎.
das Asthma　喘息.
die Lungenentzündung 肺炎.
der Krebs　　ガン.
der Herzinfarkt　心筋梗塞.
der [Ge]hirnschlag 脳卒中.
das Rheuma　リューマチ.
das Aids　　エイズ.
der Heuschnupfen 花粉症.
die Zuckerkrankheit, der Diabetes
　糖尿病.
die Karies　虫歯.
der Hexenschuss　ぎっくり腰.
der Knochenbruch 骨折.
die Verstauchung　捻挫.

tet die *Krankenkasse* sämtliche Kosten. この特殊なケースでは健康保険が全費用を弁済してくれる.

Kranken·pfleger [クランケン・プフレーガァ] 男-s/- (女性) **Kranken·pflegerin** [クランケン・プフレーゲリン] 女-/Kranken·pflegerinnen [クランケン・プフレーゲリネン])看護師.

Kranken·schein [クランケン・シャィン] 男-[e]s/-e 健康保険診療券. ¶ Diese Behandlung kann auf *Krankenschein* nicht durchgeführt werden. この治療は健康保険では実施できない.

Kranken·schwester [クランケン・シュヴェスタァ] 女-/-n 看護婦(看護師).

Kranken·versicherung [クランケン・フェァズィヒェルング] 女-/-en 公的(個人)疾病保険.

Kranken·wagen [クランケン・ヴァーゲン] 男-s/- 救急車.

Kranker* [クランカァ] 男 (女性 **Kranke*** [クランケ] 女)《形容詞の名詞化》病人，患者.

kränker [クレンカァ] krank の比較級.

krank·haft [クランク・ハフト] 形 病気[が原因]の；病的な.

Krank·heit [クランク・ハィト] 女-/

kränk·lich [クレンク・リヒ] 形 病気がちの，病弱な. ¶Sie hat eine *kränkliche* Tochter. 彼女には病弱な娘がいる. / In letzter Zeit sieht sie sehr *kränklich* aus. ここのところ彼女は病気でたいへん弱っているように見える.

krank｜melden [クランク・メルデン] **動** [*sich*⁴] *krankmelden* 病欠届けを提出する.

krank｜schreiben* [クランク・シュライベン] schrieb krank, krankgeschrieben **動** (人⁴の)病気診断書を書く.

kränkst [クレンクスト] krank の最高級.

Kränkung [クレンクング] **女** –/-en 侮辱, 無礼. ¶Diese *Kränkung* vergaß sie ihm nie. この侮辱を彼女は彼に対して決して忘れなかった.

Kranz [クランツ] **男** –es/Kränze [クレンツェ] 花輪, 花冠.

krass [クラス] **形** 極端な;《若者語》すごく良い.

Krater [クラータァ] **男** –s/– 噴火口; クレーター.

kratzen [クラッツェン] **動** **1** ひっかく;(人⁴に)かゆい思いをさせる. ¶*j*⁴ auf dem Rücken *kratzen* 人⁴の背中をかく. / *sich*⁴ am Kopf *kratzen* 自分の頭をかく. ♦ Die Wolle *kratzt* mich. ウールが私にちくちくする. **2** ちくちく(むずむず)する. ¶Dass er den Job nicht bekommt, *kratzt* ihn gewaltig. 仕事を得られなかったことが彼をひどくいらだたせる. **Kratzer** [クラッツァ] **男** –s/– 引っかき傷, すり傷.

¹kraulen [クラォレン] **動** 軽くかく(なでる).

²kraulen [クラォレン] **動** (s,h) クロールで泳ぐ.

kraus [クラォス] **形** (髪の毛が)縮れた, 巻き毛の.

Kraut [クラォト] **中** –[e]s/Kräuter [クロィタァ]《ふつう**複**で》薬草, ハーブ;《南ドイツ・オーストリア》キャベツ.

Krawall [クラヴァル] **男** –s/-e《ふつう**複**で》暴動, 騒乱. ¶Es kam zu Demonstrationen und *Krawallen*. デモや暴動になった.

Krawatte [クラヴァッテ] **女** –/-n ネクタイ. ¶*sich*³ die *Krawatte* binden ネクタイを結ぶ.

kraxeln [クラクセルン] **動**《南ドイツ・オーストリア》[よじ]登る. ¶auf einen Berg kra-xeln [苦労して]山によじ登る.

kreativ [クレアティーフ] –e [クレアティーヴェ] **形** 創造的な, 創造力のある.

Kreatur [クレアトゥーァ] **女**-/-en (神の)被造物, 人間;《**複**なし》生物, 動物.

Krebs [クレープス] **男** –es/-e《動》甲殻類(エビ, カニ, ザリガニ). ¶der *Krebs*《天文》蟹(ざ)座.

Kredit [クレディート] **男** –s/-e 信用;《商》当座勘定信用, 当座貸越信用; クレジット.

Kredit·karte [クレディート・カルテ] **女**-/-n クレジットカード. ¶Kann ich mit *Kreditkarte* zahlen? – Natürlich akzeptieren wir auch *Kreditkarten*. クレジットカードで支払えますか―当店ではクレジットカードも勿論お受けいたします.

Kreide [クライデ] **女**-/-n チョーク. ¶Erst musst du dir die *Kreide* von der Jacke bürsten. まずジャケットのチョークをブラシでおとさなければ. **Kreide·bleich** [クライデ・ブライヒ] **形** (顔面が)蒼(そ)白の.

Kreis [クライス] **男** –es/-e 円, 円形; 範囲; サークル;《**複**で》社会層. ¶ein *Kreis* von jungen Leuten 若い人たちの仲間. / im *Kreis*[e] herum 輪になって. / im *Kreis* der Familie 家族うちで. / in unseren *Kreisen* 私たちのグループで. ♦ Wie man den Umfang eines *Kreises* berechnet, haben wir im Unterricht noch nicht gehabt. どうやって円周を計算するのか, ぼくたちは授業でまだ習っていない. / Ein derartiges Benehmen ist in seinen *Kreisen* nicht üblich. そのような振舞いは私たちの仲間うちでは普通しないものだ.

kreischen [クライシェン] **動** 金切り声をあげる, キーキーと言う(鳴く).

kreisen [クライゼン] **動** (s,h) 回転(旋回)する; 循環する. ¶um *et*⁴ *kreisen* 物⁴の周りを回る.

Kreis·lauf [クライス・ラォフ] **男** –[e]s / 循環;《生理》血行;《**複**なし》サイクル. ¶Er hat Probleme mit dem

Kreislauf. 彼は血行に問題がある.

Kreiß·saal [クライス・ザール] 男-[e]s /Kreiß·säle [クライス・ゼーレ] (病院の)分娩室.

Krem [クレーム] 女-/-s (男-s/-e (-s)) (美容・食用の)クリーム. (⇒ Creme)

Krempel [クレンペル] 男-s/ がらくた.

krepieren [クレピーレン] krepierte, krepiert 動 (s) 爆発する;《くだけた表現》死ぬ. ¶Zum Glück ist die Granate nicht *krepiert*. 爆弾は幸いに破裂しなかった.

Kreuz [クロイツ] 中-es/-e 十字形のもの;十字架,十字架像;＋じるし,×じるし;〖音楽〗シャープ(♯);腰,背中;〖解剖〗仙骨部;〖トランプ〗クラブ. ¶das Deutsche Rote *Kreuz* ドイツ赤十字社(略: DRK). / *kreuz* und quer (むやみやたらに)あちこちへ. ♦ Über der Tür hing ein schlichtes *Kreuz*. 入り口の上に飾りけのない十字架がかかっていた. / Er hat Riesenprobleme mit dem *Kreuz*. 彼は腰(仙骨部)に大きな問題を抱えている. (⇒Herz, Karo, Pik).

kreuzen [クロイツェン] 動 交差させる;(物⁴と)交差する. ¶die Arme (die Beine) *kreuzen* 腕(脚)を組む. / *sich⁴ kreuzen* 交差する,すれちがう. ♦ Die Straße *kreuzt* die Bahnlinie. 道路が線路と交差する.

Kreuzung [クロイツング] 女-/-en 交差点. ¶An dieser *Kreuzung* passieren dauernd Unfälle. この十字路では始終事故が起きる. / Mitten auf der *Kreuzung* blieb der Wagen stehen. 交差点のまん真ん中で車が止まってしまった.

Kreuz·worträtsel [クロイツ・ヴォルトレーツェル] 中-s/- クロスワードパズル. ¶Das *Kreuzworträtsel* heute war kinderleicht. きょうのクロスワードパズルは子供だましだった.

kribbeln [クリッベルン] 動 (身体が)むずむずする,かゆい. ¶Mein Rücken *kribbelt*. 背中がかゆい. 《es を主語として》Es *kribbelt* mir

(mich) in den Beinen. 足がむずがゆい.

kriechen* [クリーヒェン] kroch, gekrochen 動 (s) 這う,這って進む;のろのろ進む.

Krieg [クリーク] 男-[e]s/-e 戦争. **kriegerisch** [クリーゲリシュ] 形 戦争の;好戦的な. **Kriegs·dienst** [クリークス・ディーンスト] 男-[e]s/ 兵役,軍務.

kriegen [クリーゲン] 動 《くだけた表現》もらう,受けとる;受ける,(物⁴・事⁴に)見舞われる;《方向を現す語句と》…させる;《状態を表す語句と》…の状態にする. ¶Besuch *kriegen* お客が来る. / einen Brief *kriegen* 手紙を受けとる. / ein Kind *kriegen* 子供が生まれる. / einen Kuss *kriegen* キスされる. / eine Ohrfeige *kriegen* ぴんたをくらう. / einen Preis *kriegen* 賞をもらう. / Schnupfen *kriegen* 鼻かぜをひく. / j⁴ aus dem Bett *kriegen* 人⁴を無理に起こす. / die Kiste in den Kofferraum *kriegen* 箱をトランクルームに収納する. / j⁴ zum Reden *kriegen* 人⁴に話させる. / die Kinder satt *kriegen* 子供たちを満足させる. ♦ Haben wir heute Post *gekriegt*? きょう郵便は来ましたか. 《zu + 不定詞 と》*et⁴* zu hören (zu sehen) *kriegen* 物⁴が耳(眼)に入る,物⁴を聞く(見る)機会を得る.

Krimi [クリミ] 男-s/-s 推理小説(ドラマ). ¶Das Endspiel war ein echter *Krimi*. 決勝戦はまさにスリリングだった. **Kriminal·film** [クリミナール・フィルム] 男-[e]s/-e 推理(犯罪)映画.

Kriminalität [クリミナリテート] 女-/ 犯罪性;犯罪行為.

Kriminal·polizei [クリミナール・ポリツァイ] 女-/ 刑事警察(略: Kripo). **Kriminal·roman** [クリミナール・ロマーン] 男-[e]s/-e 推理(犯罪)小説.

kriminell [クリミネル] 形 犯罪性のある;無謀な. ¶eine *kriminelle* Handlung 犯罪行為. ♦ Das ist wirklich *kriminell*! これは本当に

犯罪行為だ.

Krims·krams [クリムス・クラムス] **男** -[es]/（小さい）がらくた.

Kripo [クリーポ] **女**-/ 刑事警察（＝**Kri**minalp**oli**zei）.

Krippe [クリッペ] **女**-/-n 飼い葉おけ；（クリスマス飾りの）馬小屋；託児所.

Krippe

Krise [クリーゼ] **女**-/-n 危機；不況，恐慌. ¶Die Exportwirtschaft ist von der *Krise* kaum betroffen. 輸出産業は不況にほとんど見舞われていない. ／Der Patient hat die *Krise* besser als erwartet überstanden. 患者は危機を思ったよりうまく克服した.

¹**Kristall** [クリスタル] **男**-s/-e 水晶；〘化学〙結晶.

²**Kristall** [クリスタル] **中**-s/ クリスタルガラス，カットグラス.

Kriterium [クリテーリウム] **中**-s/Kriterien [クリテーリエン]（判断の）基準 《für et⁴ 事⁴に関する》.

Kritik [クリティーク] **女**-/-en 《ふつう**複** なし》批判，非難；評論，論評. ¶Konstruktive *Kritik* ist jederzeit willkommen. 建設的な批判なら常に歓迎だ. ／Das neue Stück hat hervorragende *Kritiken* bekommen. 新作はすばらしい評価を受けた. ／Seine Leistungen sind unter aller *Kritik*. 彼の業績など批評する価値もない.

Kritiker [クリーティカァ] **男** -s/- （**女性** **Kritikerin** [クリーティケリン] **女**-/Kritikerinnen [クリーティケリンン]）批評家，評論家.

kritisch [クリーティシュ] **形** 批評（評論）の；批判的な；危機的な；〘原子力〙臨界

の. ¶*Kritische* Kommentare wird man in diesem Blatt kaum finden. この新聞では批判的な評論などほとんど見られないだろう. ／Ich finde, du siehst das Ganze zu *kritisch*. きみは全体をあまりにも批判的に見過ぎていると思う. ／Der Zustand des Patienten ist weiterhin *kritisch*. 患者の容態は引き続き危機的だ. **kritisieren** [クリティズィーレン] kritisierte, kritisiert **動** 批評（評論）する；批判（非難）する.

kritzeln [クリッツェルン] **動** なぐり（走り）書きする；落書きする.

kroch [クロッホ] kriechen の過去形・単数・1，3人称.

Krokodil [クロコディール] **中** -s/-e 〘動〙ワニ.

Krone [クローネ] **女**-/-n 王冠；最頂部；花冠，樹冠，梢，波頭；シャンデリア.

krönen [クレーネン] **動**（人⁴に）戴冠する；（事⁴の）有終の美を飾る.

Krönung [クレーヌング] **女**-/-en 戴冠式；最後を飾るもの，ハイライト.

Kröte [クレーテ] **女**-/-n 〘動〙ヒキガエル；《**複**で》〘ぞんざいに〙お金.

Krücke [クリュッケ] **女**-/-n 松葉杖. ¶an (auf) *Krücken* gehen 松葉杖をついて歩く.

Krug [クルーク] **男**-[e]s/Krüge [クリューゲ] つぼ，かめ，ジョッキ.

Krümel [クリューメル] **男**-s/- 《ふつう**複** で》パン（ケーキ）くず. **krümelig** [クリューメリヒ] -e [クリューメリゲ] **形** ぼろぼろにくずれ（くだけ）やすい. **krümeln** [クリューメルン] **動**（パンなどが）ぼろぼろにくだける.

krumm [クルム] krümmer [クリュマァ]，am krümmsten [クリュムステン] **形** 曲がった，曲がりくねった. **krümmen** [クリュメン] **動** 曲げる，たわめる. ¶*sich⁴ krümmen* 曲がる，曲がりくねる，たわむ，背をかがめる.

krümmer [クリュマァ] krumm の比較級.

krümmst [クリュムスト] krumm の最高級.

Krümmung [クリュムング] **女**-/-en 湾曲，屈曲，カーブ.

Kruste [クルステ] 囡-/-n 外皮,殻,パンの固い皮,かさぶた.

Kt. [カントーン] 【略】(スイスの)州.(= **Kanton**)

Kübel [キューベル] 男-s/- 桶;プランター.

Kubik・meter [クビーク・メータァ] 男(中)-s/- 立方メートル(略: m³).

Küche [キュッヒェ] 囡-/-n キッチン;キッチンセット;キュイジーヌ,料理法. ¶Sie hilft ihrer Mutter oft in der *Küche*. 彼女は台所でしばしば母親の手伝いをする. / Er ist ein großer Kenner der französischen *Küche*. 彼はフランス料理のたいへんな通である.

Kuchen [クーヘン] 男-s/- ケーキ.

Küchen・schrank [キュッヒェン・シュランク] 男-[e]s/Küchen・schränke [キュッヒェン・シュレンケ] 台所とだな.

Kuckuck [クックク] 男-s/-e 【鳥】カッコウ.

Kugel [クーゲル] 囡-/-n 球;球形のもの(砲丸投げの砲丸など);弾丸. ¶Die Erde ist eine *Kugel*. 地球は球体である. / Er stieß die *Kugel* nicht weiter als fünfzehn Meter. 彼は砲丸を投擲したが15メートル以上には行かなかった. **kugeln** [クーゲルン] 動 **1** ごろごろと転がす. **2** (s) 転がる. **kugel・rund** [クーゲル・ルント] 形 玉のように丸い,まるまると太った.

Kugel・schreiber [クーゲル・シュライバァ] 男-s/- ボールペン.(⇒Kuli)

Kuh [クー] 囡-/Kühe [キューエ] 雌牛;【くだけて】女の子 (50歳くらいまでの)女性.(⇒Ochse, Rind, Stier)

kühl [キュール] 形 涼しい;冷たい;クールな.(⇒kalt) **Kühle** [キューレ] 囡-/ 涼しさ. **kühlen** [キューレン] 動 冷やす. ¶Das Hotelzimmer war viel zu stark *gekühlt*. ホテルの部屋は強く冷房されすぎていた.

Kühl・schrank [キュール・シュランク] 男-[e]s/Kühl・schränke [キュール・シュレンケ] 冷蔵庫.

kühn [キューン] 形 大胆な;思い切った,とっぴな.

Küken [キューケン] 中-s/- ひな,ひよこ.

Kukuruz [ククルツ] 男-es/【オーストリア】【野菜】トウモロコシ.

Kuli [クーリ] 男-s/-s 【くだけて】ボールペン.(⇒Kugelschreiber)

Kulisse [クリッセ] 囡-/-n 【演】書き割り;【経済】自由市場取引;非公認証券市場.

kullern [クレルン] 動 (s) ころころ転がる.

Kult [クルト] 男-[e]s/-e 祭祀,祭儀;(過度の)崇拝,礼賛;カルト.

Kultur [クルトゥーァ] 囡-/-en 文化;《複なし》教養;耕作,養殖. ¶keine *Kultur* haben 教養がない. ♦Er zeigt starkes Interesse für die japanische *Kultur*. 彼は日本文化に大きな興味をもっている. / Die Griechen sind mit Recht stolz auf Ihre alte *Kultur*. ギリシャ人は彼らの古い文化を誇りに思っているが当然のこと. / Für die *Kultur* von Kartoffeln sind die Böden dort zu nass. ジャガイモを栽培するにはあそこの土壌は湿気が多すぎる.

kulturell [クルトゥレル] 形 文化に関する,文化的な. ¶Auch auf *kulturellem* Gebiet bestehen zwischen Japan und Deutschland enge Beziehungen. 文化の領域でも日本とドイツの間には緊密な結びつきがある. / In dieser Stadt wird *kulturell* nur wenig geboten. この町では文化的に観るべきものはほとんどない.

Kultus [クルトゥス] 男-/ 文化事業;儀式(=Kult). **Kultus・minis-terium** [クルトゥス・ミニステーリウム] 中-s/Kultus・ministerien [クルトゥス・ミニステーリエン] 文部省.

ドイツの中央政府に文部省はない. 教育は各州に委ねられているので,州ごとに文部省があり,文部大臣がいる.各州文部大臣は定期的に首都に集まり,文教政策について協議する.各州の教育制度もそれぞれにまかされているから,大筋では一致

絵で見るドイツ単語 **Küche**

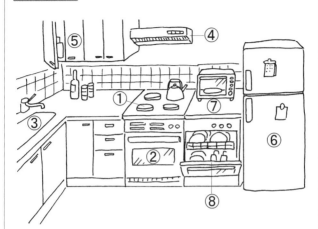

① der Herd　　　　レンジ.
② der Backofen　　オーブン.
③ die Spüle　　　　流し.
④ die Dunstabzugshaube 換気扇.
⑤ der Küchenschrank
　　台所戸棚.
⑥ der Kühlschrank 冷蔵庫.
⑦ der Mikrowellenherd,
　　die Mikrowelle 電子レンジ.
⑧ die Geschirrspülmaschine
　　食器洗い機.

der Topf　鍋.
die Pfanne フライパン.
der Wasserkessel　　やかん.
die [Rühr]schüssel　ボウル.
das Hackbrett　まな板.
das [Küchen]messer 包丁.
der [Braten]wender フライ返し.
der Kochlöffel 調理用スプーン.

die Schöpfkelle, der Schöpflöffel
　　おたま.
der Schneebesen　　泡立て器.
der Büchsenöffner,
　　der Dosenöffner　缶きり.
der Flaschenöffner　栓抜き.
der Korkenzieher コルク栓抜き.
der Messbecher　計量カップ.
die Zitronenpresse
　　レモン絞り器.
die Waage　はかり.
der Toaster トースター.
die Kaffeemaschine
　　コーヒーメーカー.
das Handrührgerät
　　ハンドミキサー.
der Mixer　　ミキサー.
die Küchenmaschine
　　フードプロセッサー.

しているものの, 例えば学年数など
州により異なるものもある.

Kummer ［クマァ］ 男-s/ 苦悩, 心
痛, 心配《über j⁴/et⁴ 人⁴・事⁴につい
ての》. ¶mit j³ Kummer haben
人³に苦労させられる. ◆ Unser Sohn

macht uns viel Kummer. うち
の息子にはたいへん心配させられてい
る.

kümmer·lich ［キュマァ・リヒ］ 形 み
すぼらしい, 貧しげな, 不十分な.

kümmern ［キュメルン］ 動 sich⁴
um j⁴/et⁴ kümmern 人⁴・事⁴のこ

323

≪ドイツを識るコラム≫
ドイツ料理

ドイツ料理の代表的なものをいくつかあげてみよう.

Schnitzel シュニッツェル
薄く叩き延ばした肉をパン粉焼きにしたもの.ヴィーナーシュニッツェルは小牛のカツレツ,イェーガーシュニッツェルはキノコソースがかかっている.

Eisbein アイスバイン
塩漬けにした豚のすね肉を骨や皮付きのまま,じっくりと茹でた料理.一皿のボリュームがすごいので,日本人は圧倒されてしまう. Eisbein という名称は昔,豚のすねの骨を削って靴にくくりつけ,スケート靴として用いたことからきている.

Sauerbraten ザウアーブラーテン
ワイン,酢,香料のマリネ液につけた牛肉をローストしてから煮込んだもの.

Rinderbraten リンダーブラーテン
牛のロースト.

Frikadelle フリカデレ
ハンバーグ.

Bauernfrühstück
バウアーンフリューシュトゥック
じゃがいも,タマネギ,ベーコンを炒め,卵でとじてある.

Roulade ルーラーデ
野菜などを牛肉で巻いて煮込んだもの.

Eintopf アイントップフ
野菜,肉,豆などいろいろな材料を煮込んだ鍋風シチュー.

Spätzle シュペッツレ
パスタの一種.

Maultaschen マウルタッシェン
ひき肉,ほうれん草,タマネギ,パン粉などをパスタ生地に詰めた,大型ラビオリのようなもの.

Forelle Müllerin フォレレ・ミュレリン
マスのムニエル.

Aalsuppe アールズッペ
ウナギのぶつ切り入りスープ.

Gulaschsuppe グーラシュズッペ
牛肉,パプリカ,タマネギなどを煮込んだトマト味シチュー.香辛料が利いている.

Eisbein

とを気にかける,人⁴の面倒をみる. ¶ *Kümmere* dich lieber um deine eigenen Angelegenheiten! [他人のことに口出しせず]自分のことに気をつかえ.

Kumpel [クンペル] 男-s/- 《くだけた表現》同輩,友人;坑夫. ¶Er ist ein alter *Kumpel* von mir. 彼は私の古くからの仲間だ.

¹**Kunde** [クンデ] 男 -n/-n (女性) **Kundin** [クンディン] 女-/Kundin-nen [クンディネン]顧客,お得意さん.

²**Kunde** [クンデ] 女/ 《古風表現》知らせ, 《ふつう複で他の語と合成して》学問.

Kunden・dienst [クンデン・ディーンスト] 男-[e]s/-e 顧客サービス,アフターサービス,サービスステーション. ¶ Die regelmäßige Wartung des Geräts ist Teil des *Kundendienstes*. 機器を定期的に点検することは顧客サービスの一部である. / Morgen kommt jemand vom *Kundendienst*. あしたはサービスステーションから誰か来てくれる.

Kund・gebung [クント・ゲーブング] 女-/-en 政治集会;デモ.

kündigen [キュンディゲン] 動 1《商業・労働》退職を申し出る,(人³に)解約(解

雇）を通告する．**2**（契約など⁴の）破棄を予告する．**Kündigung**［キュンディグング］**女**-/-en【商業・労働】解約告知，

解雇告知．

Kund·schaft［クント・シャフト］**女**-/《全体をさして》顧客．

≋ドイツを識るコラム≋
ドイツのケーキ・お菓子

　ドイツ人はケーキが大好き．香り高いコーヒーとケーキでコーヒータイムを楽しむ．たっぷりのホイップクリームを添える場合は「クリーム付きで」 „mit Sahne“，いらないときは「クリーム無しで」 „ohne Sahne“ と言う．～torte，～kuchen という名前がついていることが多い．

Baumkuchen　バウムクーヘン
　樹の年輪模様になるように生地を回りに重ねながら焼いていくケーキ．

Apfelstrudel　アプフェルシュトルーデル
　リンゴとレーズンを薄い生地で巻いて焼いたもの．粉砂糖を振りかけ，カスタードソースをかけて食べる．

Schwarzwälder Kirschtorte
シュヴァルツヴェルダー・キルシュトルテ
　ココア生地のケーキをキルシュ漬けサクランボと生クリームで飾ったもの．

Stollen　シュトレン
　ドライフルーツやナッツ入りのどっしりしたクリスマス用菓子．日持ちするので早めに焼いて味をなじませる．ドレスデンのものが有名．

Lebkuchen　レープクーヘン
　ツリーやハート型に焼いたクリスマス用の柔らかなクッキー．シナモン，クローブなどの香料入り．リボンやアイシングで飾り，クリスマスツリーに吊るすことも．

Marzipan　マジパン
　アーモンド粉に砂糖，香料を混ぜて焼いたもの．動物などの可愛い形に細工してある．リューベックのものが有名．

Obsttorte　オプストトルテ
　果物の乗ったケーキ．

Streuselkuchen
シュトロイゼルクーヘン
　粉，バター，砂糖を混ぜたそぼろをケーキに乗せて焼いたもの．

Sachertorte　ザッハートルテ
　ウィーン名物．チョコレート生地のケーキをさらにチョコレートでコーティングしてある．

Frankfurter Kranz
フランクフルター・クランツ
　冠形ケーキにバタークリームをはさみ，さらにバタークリームでコーティングし，細かく砕いた甘いアーモンドを散らしてある．

Windbeutel　ヴィントボイテル
　シュークリーム．

Schneeballen　シュネーバレン
　ひも状生地を丸い型に入れて揚げ，粉砂糖をまぶしたお菓子．コロッとした形がまさに雪の玉．

Bienenstich　ビーネンシュティッヒ
　イースト発酵生地の上に，カラメル状の薄切りアーモンドが乗っている．間にクリームを挟むことも．

Kalte Schnauze (Kalter Hund)
カルテ・シュナウツェ（カルター・フント）
　型の中にビスケットとココアクリームを何層にも重ね，冷やし固めた菓子．切り分けて食べる．

Apfelstrudel

künftig [キュンフティヒ] -e [キュンフティ
ゲ] 形 将来(未来)の；これから先.

Kunst [クンスト] 囡-/Künste [キュ
ンステ] (美術・工芸・音楽・文芸など全
てをさして)芸術，美術；技(㐥)，技術，
技能；《全体をさして. 複 なし》芸術
作品. ¶Von *Kunst* versteht er
fast gar nichts. 彼は芸術について
ほとんど何もわからない. / Abstrakte
Kunst sagt mir nur wenig. 抽
象芸術は私に訴えるところがほとんどな
い. / So, dann zeig mal deine
Künste! なるほど，それでは君の腕前
を見せてもらおうか. / Das ist
doch keine *Kunst*. Das kann
ich auch. そんなもの大したことで
はない. 私にだってできる. **Kunst-
handlung** [クンスト・ハンドゥルング]
囡 -/-en 美術工芸品店.

Künstler [キュンストゥラァ] 男 -s/-
(女性) **Künstlerin** [キュンストゥレリ
ン] 囡-/Künstlerinnen [キュンストゥ
レリネン]芸術家，アーチスト.

künstlerisch [キュンストゥレリシュ]
形 芸術の，芸術的な；芸術館の[よう
な].

künst・lich [キュンスト・リヒ] 形 人工
(人造)の；わざとらしい，作為的な. ¶
Reg dich doch nicht *künstlich*
auf! わざとらしく怒ってみせるのは止
せ.

Kunst・stoff [クンスト・シュトフ] 男
-[e]s/-e 合成物質，プラスチック.

Kunst・stück [クンスト・シュテュク]
囲-[e]s/-e 曲芸；手品.

Kunst・werk [クンスト・ヴェルク] 囲
-[e]s/-e 芸術作品；(出来上がりの優
れたものをさして)芸術品.

kunter・bunt [クンタァ・ブント] 形
色とりどりの；ごちゃまぜの.

Kupfer [クップファァ] 囲-s/ 《元素》銅
(記号: Cu)；銅製品.

Kuppel [クッペル] 囡-/-n 《建築》(ドー
ムの)丸屋根，丸天井.

Kupplung [クップルング] 囡-/-en
《自車》クラッチ；(車両の)連結装置；
《複なし》連結. ¶die *Kupplung*
treten クラッチを踏む.

Kur [クーァ] 囡-/-en 保養，療養. ¶

eine *Kur* machen 療養をする. /
in *Kur* gehen 保養に行く.

Kur・ort [クーァ・オルト] 男-[e]s/
-e 保養地.

Kür [キューァ] 囡-/-en 《スポーツ》自 由
演技.

Kürbis [キュルビス] 男Kürbisses [キュ
ルビセス] /Kürbisse [キュルビセ] 《野菜》
カボチャ，ナタウリ.

Kur・haus [クーァ・ハォス] 囲 -[e]s/
Kur・häuser [クーァ・ホィザァ] クアハ
ウス.

Kurier [クリーァ] 男 -s/-e (女性)
Kurierin [クリーリン]囡-/Kurierin-
nen [クリーリネン]クーリエ(外交文書
を運搬する急使)；宅配便，メッセンジ
ャー；《外交官用語》外交行嚢(⑤). ¶Tun
Sie das bitte noch in den *Ku-
rier!* これも行嚢に入れておいて下さ
い. / Der *Kurier* ist noch nicht
verteilt. 行嚢の内容物はまだ分配さ
れていない.

kurios [クリオース] 形 奇妙な.

Kurs [クルス] 男-es/-e 講座，課程，
講習会；コース，針路，航路；《経済》相場，
為替レート. ¶einen *Kurs* in
Französisch besuchen フランス
語の講習(講座)に通う. / *Kurs* auf
Hamburg nehmen ハンブルクへ
向うコースをとる. ◆Der *Kurs* des
Dollars ist gesunken. ドル相場
が下がった. / Heute haben wir ei-
nen günstigen *Kurs*, ich würde
an Ihrer Stelle tauschen. きょ
うは有利な相場です，私があなたの立場
なら交換しますね.

Kurs・buch [クルス・ブーフ] 囲-[e]s/
Kurs・bücher [クルス・ビューヒャァ] 列
車時刻表.

Kurs・leiter [クルス・ライタァ] 男-s/
- (女性) **Kurs・leiterin** [クルス・
ライテリン] 囡-/Kurs・leiterinnen
[クルス・ライテリネン]課程担任.

Kurve [クルヴェ] 囡-/-n カーブ. ¶
eine *Kurve* fahren (乗物が・乗物
で)カーブを切って走る.

kurz [クルツ] kürzer [キュルツァ] ，
am kürzesten [キュルツェステン]
形 (距離・時間の)短い，(背の)低い；簡

潔な，即座の．¶*kurz* hinter（vor）der Post　郵便局のすぐ裏に（すぐ前に）．/ *kurz* nach Mitternacht　真夜中ちょっとすぎに．/ *kurz* und gut　要するに．/ seit *kurzem*　少し前から．◆Kann ich dich mal *kurz* sprechen?　ちょっとお話があ);ますが，よろしいでしょうか．/ Kannst du dich nicht *kürzer* fassen?　もっと簡潔には言えないのか．/ Der Sohn kam *kurz* vor mir nach Hause.　息子は私よりちょっと前に帰宅した．/ Um es *kurz* zu machen: er will sich scheiden lassen.　簡単に言えば，彼は離婚したいのだ．

Kurz·arbeit [クルツ・アルバイト] 女-/ 〖経〗短時間労働，操業短縮．

kurz·ärmelig [クルツ・エルメリヒ] -e [クルツ・エルメリゲ] 形 半そでの．

Kürze [キュルツェ] 女-/ 短さ，近さ；短時間；簡潔さ．¶in *Kürze*　間もなく，近いうちに．

kürzen [キュルツェン] 動 短くする；簡潔にする；カットする．¶Der Aufsatz muss um ein Viertel *gekürzt* werden.　この論文は四分の一をカットしなければいけない．/ Kannst du dein Manuskript auf die Hälfte *kürzen*?　あなたの原稿を半分まで短縮してくれませんか．

kürzer [キュルツァ] kurz の比較級．

kurzer·hand [クルツァ・ハント] 副 即座に．

kürzest [キュルツェスト] kurz の最高級．

kurz·fristig [クルツ・フリスティヒ] -e [クルツ・フリスティゲ] 形 短期的な，即座の，早々の．

kurz·lebig [クルツ・レービヒ] -e [クルツ・レービゲ] 形 短命な．¶Dieser Boom dürfte nur *kurzlebig* sein.　このブームは短命に終わるのではなかろうか．

kürz·lich [キュルツ・リヒ] 副 最近，先日．¶*Kürzlich* war er ein paar Tage im Krankenhaus.　この間彼は2,3日入院していた．/ Ich habe ihn erst *kürzlich* kennen

gelernt.　私はついこの間彼と知り合ったばかりだ．

Kurz·schluss [クルツ・シュルス] 男-es/Kurz·schlüsse [クルツ・シュリュセ]〖電〗ショート；短気，早とちり．¶Es gab einen *Kurzschluss*.　電気がショートした．/ Der *Kurzschluss* löste einen Brand aus.　ショートが火事をひき起こした．

kurz·sichtig [クルツ・ズィヒティヒ] 形 [クルツ・ズィヒティゲ] -e 近視の；近視眼的な．¶Ein solches Angebot abzulehnen, erscheint mir recht *kurzsichtig*.　このような提案を拒否するとはまさに先見の明がないように思える．

Kürzung [キュルツング] 女-/-en 短縮，縮小，減額，削減，縮減．¶Die Gewerkschaft kämpft für eine weitere *Kürzung* der Arbeitszeit.　労働組合は今以上の労働時間短縮のため闘争する．/ *Kürzungen* von Gehältern und Löhnen sind nicht beabsichtigt.　給与や賃金の減額は計画されていない．

kuscheln [クッシェルン] 動 sich⁴ an j⁴ *kuscheln*　人⁴にまとわりつく，寄りそう．/ sich⁴ ins Bett *kuscheln*　ベッドにもぐりこむ．

kuschen [クッシェン] 動 逆らわない，従順に従う．¶Ihr blieb nichts übrig als zu *kuschen*.　彼女には従順に従う以外道は残されていなかった．

Kusine [クズィーネ] 女-/-n（女性の）いとこ．(=Cousine)

Kuss [クス] 男-es/Küsse [キュッセ] キス．¶Er gab ihr einen leidenschaftlichen *Kuss*.　彼は彼女に情熱的なキスをした．/ Ihren ersten *Kuss* bekam sie mit 13 Jahren.　彼女が最初にキスされたのは13歳の時だった．

küssen [キュッセン] 動（人⁴に）キスをする．¶Er *küsste* ihr die Hand.　彼は彼女の手に接吻した．

Küste [キュステ] 女-/-n 海岸；沿岸．¶an die *Küste* fahren　海岸にドライブ（旅行）する．/ den Urlaub an der *Küste* verbringen 休暇を海岸で過ごす.

Kutsche [クッチェ] 囡-/-n（乗用の）馬車；《くだけた表現》おんぼろ自動車.

Kutte [クッテ] 囡-/-n 頭巾つき修道服.

Kutter [クッタァ] 男-s/- カッター（艦船備え付けの小型ボート；一本マストの小型帆船）.

Kuvert [クヴェーァ] 匣-s/-s（手紙用の）封筒.

KZ [カーツェット] 匣-[s]/-[s]《略》ナチの強制収容所（＝**K**onzentrationslager）.

ちょっと文法

二つの*顔*をもつ

◆形容詞◆

ドイツ語の形容詞のほとんどは、そのままの形で副詞としても使われる. 辞書に書いていないわけじゃないのだが、まっ先にあげられていないので、少しわかりにくいかもしれない. でも覚えておくと便利だよ. 例えば英語の *good* にあたる gut は、このまま *well* の意味でも使えるんだ. Das Kind ist **gut**.「この子はいい子だ」. Das Kind singt **gut**.「この子は上手に歌をうたう」. というようにね. あるいは、Er ist **fleißig**.「彼は勤勉だ」. Er arbeitet **fleißig**.「彼は勤勉に働いている」など. つまり形容詞は二つの顔をもつということだね.

L

L, ¹l [エル] 田-/- ドイツ語アルファベットの第12字.

²l [リータァ, リッタァ]〖単位〗リットル. (=Liter)

La [エルアー] 田〖元素記号〗ランタン.

labil [ラビール] 形 不安定な.

Labor [ラボーァ] 田-s/-s(-e) ラボ, 実験室.

Labyrinth [ラビュリント] 田-[e]s/-e 迷路;迷宮.

Lache [ラッヘ] 囡-/-n 水溜(な)り, (液体の)溜ったもの. ¶Überall hatten sich Lachen von Öl gebildet. 至るところにオイルの溜りができた.

lächeln [レッヒェルン] 動 微笑む. ¶über j⁴/et⁴ lächeln 人⁴・事⁴を笑いものにする. **Lächeln** [レッヒェルン] 田-s/ 微笑.

lachen [ラッヘン] 動 笑う. ¶Was gibt's denn da zu lachen? 何を笑うことがある. / Dass ich nicht lache! 笑わせるな. / Über seine Witze kann ich nicht lachen. あいつのジョークはとても笑えたものじゃない. **Lachen** [ラッヘン] 田-s/ 笑い,笑い声. ¶Warte nur ab, das Lachen wird dir schon vergehen. 待っていろよ,きっともう笑ってなんかいられなくなるぞ.

lächer・lich [レッヒァ・リヒ] 形 ばかばかしい;とるに足りない.

lach・haft [ラッハ・ハフト] 形 愚かしい,ばかばかしい.

Lachs [ラックス] 男-es/-e [ラックセ]〖魚〗〖タイセイヨウ〗サケ.

Lack [ラック] 男-[e]s/-e ラッカー.

Lackel [ラッケル] 男-s/-〖南ドイツ・オーストリア〗不器用な男.

lackieren [ラキーレン] lackierte, lackiert 動 (物⁴に)ラッカー(エナメル・ニスなど)を塗る. ¶sich³ die Fingernägel lackieren マニキュアをする.

¹laden* [ラーデン] du lädst [レーツト] , er lädt [レート] ; lud, geladen 動 積み込む《auf et⁴ トラックなど⁴に》,《目的語なしで》積載する;(蓄電池⁴に)充電する;〖電算〗ロードする. ¶Auf den Anhänger können wir noch mehr Müll laden. トレーラーにはもっとごみを積むことができる. / Hast du den Akku wieder geladen? 蓄電池にはまた充電をしておいたか.

²laden* [ラーデン] du lädst [レーツト] , er lädt [レート] ; lud, geladen 動 招待する《zu j³/et³ 人³・事³に》;〖法律〗召喚する. ¶als Zeugen vor Gericht laden 証人として法廷に召喚する. ◆Der Bürgermeister hat seine Mitarbeiter zu einem Essen geladen. 市長は部下を食事に招いている.

Laden [ラーデン] 男-s/Läden [レーデン] (小売り)店; 《複なし》例の件(話). ¶wie ich den Laden kenne 私の知る限りでは. ◆Der kleine Laden an der Ecke macht bald zu. 角の小さい店はもうすぐ店を閉じる. **Laden・schluss** [ラーデン・シュルス]男-es/ 閉店[時間].

Ladung [ラードゥング] 囡-/-en 積荷;充電[量];装てん,(装てんされた)弾丸;〖法律〗召喚.

lag [ラーク] liegen の過去形・単数・1,3人称.

Lage [ラーゲ] 囡-/-n 場所,位置;状況;姿勢,体位. ¶sich⁴ in seine Lage versetzen 彼の身になって考える. / in der Lage sein, … zu + 不定詞 (zu et³) …することができる(事³が可能な)状況にある. / nach Lage der Dinge 諸般の状況から見て. ◆Wie ist die Lage? − Die Lage ist unverändert ernst. 状況はどうだ‐状況は相変わらず深刻だ. / Zu weiteren Zugeständnissen ist meine Partei nicht in der Lage. わが党にとってこれ以上の譲歩は不可能だ.

≡ドイツを識るコラム≡
閉店法
(das Ladenschlussgesetz)

　ドイツには「閉店法」といわれる法律があり，商業に従事する人の権利を守るため，商店の営業時間を規制している．1956年制定の閉店法では，平日の7時〜18時30分，土曜日14時までしか営業できず，日曜・祝日は例外を除いて，閉店となっていた．閉店法は徐々に緩和され，2006年には閉店時間を制定する権限が各州に委譲された．現在かなりの州が平日（月〜金または土）の24時間営業と年に数回の日曜営業を認めている．だが州により規則が異なるので，営業日や時間の確認は欠かせない（バイエルン州は最も規則が厳しいことで有名）．12月24日や大晦日も注意が必要である．

Lager [ラーガァ] 中-s/- （一時的な）宿営地，（難民などの）収容所；倉庫，在庫品，ストック；（政治上の）陣営．¶ et⁴ auf *Lager* haben 物⁴の在庫がある，持ち合わせている．◆ Zwischen beiden *Lagern* gibt es viele inoffizielle Kontakte. 両派の間には多くの非公式のコンタクトがある．**Lager・feuer** [ラーガァ・フォイァァ] 中-s/- キャンプファイヤ．**lagern** [ラーゲルン] 動 **1**ストックされている．**2**ストックする．

lahm [ラーム] 形 （四肢などが）萎(な)えた，しびれた，麻痺した；元気のない；間の抜けた．¶ et⁴ lahm legen 物⁴を麻痺させる．◆ Du solltest etwas gegen dein *lahmes* Kreuz tun. 君は腰痛を何とか処置すべきではないのか．**lähmen** [レーメン] 動 麻痺させる．¶ Das Giftgas hat die Muskeln (Das Erdbeben hat das wirtschaftliche Leben) *gelähmt*. 毒ガスは筋肉（地震は経済活動）を麻痺させた．**Lähmung** [レーミング] 女 -/-en 麻痺．

Laib [ライプ] 男-[e]s/-e 丸型（長方形）のパン（チーズ）の大きなかたまり．

Laie [ライエ] 男-n/-n （女性 **Laiin** [ライイン] 女-/Laiinnen [ライイネン]）素人；平信徒；俗人．

Laken [ラーケン] 中-s/- シーツ．

lallen [ラレン] 動 （ろれつの）まわらない舌でしゃべる．

Lametta [ラメッタ] 中-s/ (女-/)ラメッタ（クリスマスツリー用の金属箔のモール）．

Lamm [ラム] 中-[e]s/Lämmer [レマァ] 子羊，子山羊；《キリスト教》子羊（清純・従順などの象徴）．**Lamm・braten** [ラム・ブラーテン] 男-s/- 《料理》ラムのロースト．

Lampe [ランペ] 女-/-n あかり，電灯；電球．¶ Die rechte *Lampe* an meinem Wagen ist kaputt. 私の車の右のライトは壊れている．**Lampen・fieber** [ランペン・フィーバァ] 中-s/ 過度の緊張．¶ *Lampenfieber* haben （緊張のあまり）あがる．

Lampion [ランピオーン] 男-s/-s ちょうちん．

Land [ラント] 中-[e]s/Länder [レンダァ] 国，（ドイツ連邦共和国の）州；領邦；《複 なし》陸，土地，地方，いなか．¶ fruchtbares *Land* 豊かな土地．/ an *Land* gehen 上陸する．/ auf dem *Land* 地方で．/ aufs *Land* gehen 地方へ行く．/ im *Land*[e] 国内で．/ zu *Land*[e] 陸 路 で(を)．◆ Aus welchem *Land* kommt er? 彼はどこの国から来たのか．/ Sie kommt vom *Lande*, in der Stadt tut sie sich schwer. 彼女は地方出身で，都会では苦労している．**land・einwärts** [ラント・アィンヴェルツ] 副 （海から）陸の内部へ，（国境から）国の内部へ．

landen [ランデン] 動 (s) 着陸（着地）する；上陸する；《くだけて》着く，達する．¶ Wegen Nebels konnte die Maschine nicht in Berlin *landen*. 霧のため機はベルリンに着陸できなかった．

Land・haus [ラント・ハォス] 中-es/Land・häuser [ラント・ホィザァ] （都会の外の）別荘．**Land・karte** [ラ

ント・カルテ] **女** –/–n 地図.

länd・lich [レント・リヒ] **形** いかにも地方らしい.

Land・schaft [ラント・シャフト] **女** –/–en （その地方独特の）風土, 風景. ¶ Die Kargheit der *Landschaft* hat die Menschen dort geprägt. やせた土地柄がその地の人間の性格を特徴づけている. **landschaft・lich** [ラントシャフト・リヒ] **形** 地方（地域）の;（その地方に独特な）風景の, 風土の.

Lands・mann [ランツ・マン] **男**–[e]s/Lands・leute （女性） **Lands・männin** [ランツ・メニン]**女**–/Lands・männinnen [ランツ・メニネン]同国（同郷）人.

Land・straße [ラント・シュトゥラーセ] **女**–/–n （地方の町村間を結ぶ）街道; 地方道.

Land・tag [ラント・ターク] **男**–[e]s/–e （ドイツ連邦共和国の）州議会.

Landung [ランドゥング] **女**–/–en 着陸, 着水; 上陸. ¶ Die Astronauten trainieren für die *Landung* auf dem Mars. 宇宙飛行士たちは火星への着陸に備えてトレーニングをしている.

Land・wirt [ラント・ヴィルト] **男**–[e]s/–e （女性） **Land・wirtin** [ラント・ヴィルティン] **女**–/Land・wirtinnen [ラント・ヴィルティネン]営農家, 農民.

Land・wirtschaft [ラント・ヴィルトシャフト] **女**–/ 農業. **landwirtschaft・lich** [ラントヴィルトシャフト・リヒ] **形** 農業の.

lang [ラング] länger [レンガァ], am längsten [レングステン] **形** （空間的・時間的に）長い, （…⁴の）長さの, 丈（含）の高い;（時間的に）長い間. ¶ ein *langer* Bericht 長い（詳細な）報告書. / eine *lange* Brücke 長い橋. / nach *langem* Überlegen 長考の末. / eine *lange* Zeit 長時間. ◆ Die Brücke ist hundert Meter *lang*. その橋の長さは100メートルである. / eine hundert Meter⁴ *lange* Brücke 長さ100メートルの橋. / in Lang ロングドレスを

着て. / seit *langem* (*Langem*) ずっと以前から. / über kurz oder *lang* 遅かれ早かれ.

lange [ランゲ] länger [レンガァ], am längsten [レングステン] **副** 長い間, ずっと以前から. ¶ Es ist schon *lange* her. それはもうずっと昔のことだ. / so *lange*, bis … …するまでの間ずっと. / Wie *lange* sind Sie schon in Berlin? あなたはどれくらいベルリンにいるのですか. / Was der kann, das kann ich schon *lange*. あいつにできることくらいぼくならうまくやれるさ. 《否定の語句と》[noch] *lange* nicht … …には程遠い. / Das ist [noch] *lange* nicht alles. まだまだとても終りにはならない. / Er ist noch *lange* kein richtiger Arzt. 彼はまだ本物の医者というには程遠い.

Länge [レンゲ] **女**–/–n （空間的・時間的な）長さ;長たらしさ;丈（含）, 縦;〖地理〗経度, 経線. ¶ eine Brücke von hundert Meter[n] *Länge* 長さ100メートルの橋. / et⁴ in die *Länge* ziehen 事⁴を引き延ばす. / sich⁴ in die *Länge* ziehen 長びく, 延びる. ◆ Die *Länge* des Theaterstücks überfordert die Kinder. その劇の長さは子供たちにとって荷が重過ぎる. / Berlin liegt auf 13 Grad östlicher *Länge*. ベルリンは東経13度に位置している.

langen [ランゲン] **動** 足りる《für et⁴ 物⁴に》;（つかもうと）手をのばす. ¶ in die Tasche *langen* ポケットの中に手を突っ込んでまさぐる. / nach einem Wörterbuch *langen* 辞書を取ろうと手をのばす. 《es を主語として》j³ *langt* es 人³の堪忍袋の緒が切れる. ◆ Ob das Geld bis zum Monatsende *langt*? 月末まで金が持つかな. / 5.000 Euro *langen* für diesen Wagen nicht. 5,000 ユーロではこの車には足りない. / Jetzt *langt* es mir aber! もう我慢ならない.

länger [レンガァ] **1** **形** 比較的長い. ¶ *längere* Zeit かなり長い間. **2**

lang の比較級.

Lange・weile [ラング・ヴァイレ , ラン
ゲ・ヴァイレ] 囡-/ 退屈. ¶*Langewei-
le* haben 退屈している.

lang・fristig [ラング・フリスティヒ] -e
[ラング・フリスティゲ] 形 長期の.
lang・haarig [ラング・ハーリヒ] -e
[ラング・ハーリゲ] 形 長髪の. **lang・
jährig** [ラング・イェーリヒ] -e [ラン
グ・イェーリゲ] 形 長年の.

Lang・lauf [ラング・ラオフ] 男-[e]s/
クロスカントリースキー.

lang・lebig [ラング・レービヒ] -e [ラン
グ・レービゲ] 形 長命の；いたみにくい，
保存のきく.

läng・lich [レング・リヒ] 形 長めの，縦
長の.

längs [レングス] **1** 副 縦に. **2** 前
《2格，まれに3格支配》…に沿って.

lang・sam [ラング・ザーム] **1** 形 （ス
ピードの）遅い，動作ののろい；のろま
な. ¶In so einem Gedränge
kommt man nur *langsam* vor-
an. こんな人ごみではのろのろとしか前
に進めない. **2** 副 もういい加減に，そ
ろそろ. ¶Wollen wir uns *langsam*
verabschieden? そろそろおいとま
しようか.

Lang・schläfer [ラング・シュレーファ]
男 -s/- （囡性 **Lang・schläfe-
rin** [ラング・シュレーフェリン] 囡-/Lang-
schläferinnen [ラング・シュレーフェリネ
ン]）朝寝坊[の人].

längst [レングスト] **1** 副 とっくに. ¶
Mit dem Studium ist er *längst*
fertig. 彼は大学をずっと以前に終え
ている. **2** lang の最高級.

Lang・weile [ラング・ヴァイレ] 囡-/
=Langeweile. **lang・weilen**
[ラング・ヴァイレン] 動 退屈（あきあき）
させる. ¶*sich*⁴ *langweilen* 退屈
（あきあき）する.

lang・weilig [ラング・ヴァイリヒ] -e
[ラング・ヴァイリゲ] 形 退屈な，あきあき
（うんざり）させる. ¶Er ist ein to-
tal *langweiliger* Typ. 彼はまったく
退屈なタイプだ.

われわれの犯しやすい間違いに

„Ich bin langweilig." という
言い方がある. 本人は「私は退屈
している」のつもりであっても，
実は「私は退屈な人間だ」と言って
いることになる. 正しくは *sich*⁴
langweilen の方を使わなくてはい
けない.

lang・wierig [ラング・ヴィーリヒ] -e
[ラング・ヴィーリゲ] 形 時間の長くかか
る，長時間（長期間）にわたる；手間のか
かる.

Lappalie [ラパーリエ] 囡-/-n [ラパー
リエン]《複数表現》くだらない（とるにたりな
い）こと.

Lappen [ラッペン] 男-s/- （掃除など
に使う）ぼろきれ.

läppisch [レッピシュ] 形 子供じみ
た；ごく僅かの.

Lap・top [レップ・トプ] 男-s/-s 《電
算》ラップトップ型コンピューター.

Lärche [レルヒェ] 囡-/-n 《植物》カラ
マツ.

Lärm [レルム] 男-s/ 騒音. ¶*Lärm*
machen 騒音を立てる，騒ぎ立てる.
♦ Bei so einem *Lärm* kann
doch kein Mensch schlafen.
こんな騒音では眠れる人間なんていやし
ない. **lärmen** [レルメン] 動 騒音を
立てる，騒ぎ立てる.

Larve [ラルフェ] 囡-/-n 幼虫.

las [ラース] lesen の過去形・単数・
1，3人称.

lasch [ラッシュ] 形 無気力な；なげや
りな；味つけの足りない，気の抜けた，水
っぽい（ビールなど）.

Lasche [ラッシェ] 囡-/-n （ポケット
の）垂れぶた，（靴の）舌革，（封筒の）折
り返しぶた，（ベルトの）留め金.

lassen* [ラッセン] *du/er* lässt；
ließ, gelassen(lassen) 動《他の
動詞の不定詞を伴う場合過去分詞は
lassen, 単独で用いられれば gelas-
sen》**1**《使役の助動詞. 他の動詞の
不定詞を伴って》…させる，してもらう，
させておく. ¶Ich *lasse* meinen
Sohn einkaufen gehen. 息子を
買い物に行かせる. / Ich habe mir
das Buch schicken *lassen*. 私

は本を送ってもらった（送らせた）. /
Lass ihn das machen, er hat
die meiste Erfahrung. それは彼
にやらせなさい, 彼がいちばんの経験者
だ. / Er *lässt* den Arzt kommen.
彼は医者に来てもらう. / Wir *las-
sen* die Sache laufen. われわ
れは事が進行するに任せておく. 《不
定詞が他動詞の場合その目的語
が von *j³/et³* で表されることがある》
Der Chef *lässt* seine Sekretärin
immer die Post öffnen. (Der
Chef *lässt* die Post immer von
seiner Sekretärin öffnen.) 課
長はいつも秘書に郵便物を開けさせる.
《*sich⁴* +不定詞+ *lassen* の形式
で》…され得る. Das *lässt* sich gut
denken. それは充分考えられるこ
とだ. **2**《４格の目的語を伴って》…を
そのまま放っておく, 中止する. ¶*j³*
seinen Willen *lassen* 人³の好きな
ようにやらせておく. / das Rauchen
lassen タバコをやめる. ♦ *Lass*
das! そんなことは止めておけ. / Wo
habe ich nur meinen Kugel-
schreiber *gelassen*? 私はボール
ペンをどこにやったのだろう.

lässig [レッスィヒ] -e [レッスィゲ] 形
さりげない, 無造作な; なげやりな.
Der Typ ist mir einfach zu *läs-
sig*. 私にはあのタイプの人間がいかに
もいい加減なやつに思える.

Lasso [ラッソ] 中 (男) -s/-s 投げ
なわ.

Last [ラスト] 女-/-en 重荷, 負担.
¶*j³* zur *Last* fallen 人³の重荷に
なる. **lasten** [ラステン] 動 のしか
かっている, 重荷(負担)になっている
《auf *j³/et³* 人³·物³に》.

¹**Laster** [ラスタァ] 中-s/- 悪習, 悪
徳.

²**Laster** [ラスタァ] 男-s/- 《くだけた表現》ト
ラック. (＝Lastkraftwagen)

Läster・maul [レスタァ・マォル] 中
-[e]s/Läster・mäuler [レスタァ・モイ
ラァ] 毒舌家.

lästern [レステルン] 動 悪口を言う
《über *j⁴/et⁴* 人⁴·物⁴の》.

lästig [レスティヒ] -e [レスティゲ] 形

重荷(負担)になる, 迷惑な.

Last・kraftwagen [ラスト・クラフト
ヴァーゲン] 男-s/- , **Last・wa-
gen** [ラスト・ヴァーゲン] 男-s/- 貨
物自動車, トラック(略: Lkw.). ¶
Sonntags ist die Autobahn für
Lastkraftwagen gesperrt. 日曜
日にはアウトバーンのトラックの通行は
禁止されている. / Der Sperrmüll
wurde mit (auf) *Lastwagen* ab-
transportiert. 粗大ごみはトラック
で運び去られた.

Latein [ラタィン] 中-s/ ラテン語.
lateinisch [ラタィニシュ] 形 ラテ
ン語の.

latent [ラテント] 形 潜在的な.

Laterne [ラテルネ] 女-/-n 街灯.
Laternen・pfahl [ラテルネン・プファ
ール] 男-s/Laternen・pfähle [ラテ
ルネン・プフェーレ] 街灯の柱.

latschen [ラーチェン] 動 (s) ぶらぶ
ら(のそのそ)と歩く.

Latte [ラッテ] 女-/-n 《建築》しっくい
の下地材, ラス, 薄板; 《スポーツ》(高跳び
などの)バー, クロスバー.

Latz [ラッツ] 男-es/Lätze [レッツェ]
よだれかけ, (エプロンなどの)胸当て.

lau [ラォ] 形 ぬるい, なま暖かい. ¶
Laues Bier schmeckt über-
haupt nicht. 生ぬるいビールはまる
っきりうまくない.

Laub [ラォプ] 中-[e]s/《集合的に》
木の葉. **Laub・baum** [ラォプ・バォ
ム] 男-[e]s/Laub・bäume [ラォプ・
ボィメ] 広葉樹.

Laube [ラォベ] 女-/-n あずまや.

Lauch [ラォホ] 男-[e]s/-e 《野菜》[セ
イヨウ]ネギ.

lauern [ラォエルン] 動 待ちぶせする
《auf *j⁴/et⁴* 人⁴·物⁴を》.

Lauf [ラォフ] 男-[e]s/Läufe [ロィフ
ェ] 競走; コース, 軌道; 《複なし》走
行. ¶den Dingen ihren *Lauf* las-
sen 物事を成り行きに任せる. / im
Lauf der Zeit (des Gesprächs)
時間のたつうちに(会話をしているうち
に). ♦ Der deutsche Sprinter
startet im zweiten *Lauf* der Vor-
runde. ドイツのスプリンターは予選

の第２回目にスタートする. **Lauf·bahn** [ラォフ・バーン] **女**-/-en 経歴, 履歴.

laufen* [ラォフェン] *du* läufst, *er* läuft; lief, gelaufen **動** (s) 走る (rennen「駆ける」より遅い速さで), 走って(急いで)行く; 歩いていく; (機器類が)動いている; 上映されている; 流れる. ¶Unser Enkel kann schon *laufen*. うちの孫はもう歩ける. / Nehmen wir ein Taxi oder *laufen* wir? タクシーに乗ろうか, それとも歩いて行こうか. / Das Verfahren *läuft* noch. 裁判はまだ続いている. / Alles ist überraschend gut *gelaufen*. 全て思いもかけぬほどうまく行った. 《４格を伴って》(s, h) Marathon *laufen* マラソンをする. / 2004 ist (hat) Mizuki Noguchi 42,195 Kilometer in zwei Stunden sechsundzwanzig Minuten *gelaufen*. 2004年野口みずき選手は42.195キロメートルを２時間26分で走破した.(⇒rennen) **laufend** [ラォフェント] **1形** 現在の; 繰り返しの, ひっきりなしの. ¶am *laufenden* Band ひっきりなしに, 休みなく. / im *laufenden* Jahr 本年に. 《形容詞の名詞化》auf dem *Laufenden* sein (bleiben) 最近の事情に通じている. **2** laufen の現在分詞.

Läufer [ロィファ] **男**-s/- 走者, ランナー;〚チェス〛ビショップ. **Läuferin** [ロィフェリン] **女**-/Läuferinnen [ロィフェリネン] 女性走者(ランナー).

läufst [ロィフスト], **läuft** [ロィフト] < laufen.

Lauf·werk [ラォフ・ヴェルク] **中** -[e]s/-e 駆動機構;〚電算〛ドライブ.

Lauge [ラォゲ] **女**-/-n 石鹸液; 灰汁(あく); アルカリ溶液.

Laune [ラォネ] **女**-/-n 機嫌;《複で》気まぐれ. ¶gute (schlechte) *Laune* haben / guter (schlechter) *Laune* sein 上機嫌(不機嫌)である. / *Launen* haben お天気屋である. ◆Wir müssen alles versuchen, [um]sie bei *Laune*

zu halten. 彼女のご機嫌を保っためには何でもやってみなければならない. **launisch** [ラォニシュ] **形** 不機嫌な; 気まぐれな.

lauschen [ラォシェン] **動** 耳を傾ける《auf *et*⁴ 物⁴に》; (人³・事³に)聞き耳をたてる.

lauschig [ラォシヒ] -e [ラォシゲ] **形** 人目につかず居心地の良い, コージーな.

¹laut [ラォト] **形** (音・声の)大きい, よく聞き取れる; 騒々しい. ¶Die Musik ist viel zu *laut*. 音楽が余りにもうるさすぎる. / Diese *laute* Musik geht mir auf die Nerven. この騒々しい音楽は私の神経にさわる.

²laut [ラォト] **前** 《２格または３格支配. 形の上で名詞が２格の特徴を示さないものは３格支配》…に書かれて(言われて)いるところによれば. ¶*laut* eines Gesetzes² ある法律によれば. / *laut* Gesetzen³ 法律(複数)によれば. ◆*Laut* Fahrplan müssen wir in fünf Minuten ankommen. 時刻表によると５分後には到着するはずだ.

Laut [ラォト] **男**-[e]s/-e 音,〚語〛音声.

lauten [ラォテン] **動** …という内容である, …と書いてある. ¶Der Originaltext *lautet* folgendermaßen. 原文は以下のとおりである. / Das Urteil *lautete* auf Freispruch. 判決は無罪であった.

läuten [ロィテン] **動** **1**(鐘が)鳴る. ¶Um Mitternacht *läuteten* die Glocken zur Christmette. 深夜には鐘が鳴ってクリスマス深夜ミサへといざなった. **2**(鐘を)鳴らす. ¶Um diese große Glocke zu *läuten*, braucht man viel Kraft. この大きな鐘を鳴らすにはたいへんな力が必要だ.

lauter [ラォタァ] **副** 《無変化》まったくの, ただ…ばかり. ¶vor *lauter* Freude 喜びのあまり. ◆Er redet *lauter* Unsinn. 彼は全くばかげたことを話している. / Im Wartezimmer saßen *lauter* alte Leute. 待合室には老人ばかり座っていた.

laut·los [ラォト・ロース] 形 音のしない、静まり返った.

Laut·sprecher [ラォト・シュプレヒャァ] 男 -s/- ラウドスピーカー.

laut·stark [ラォト・シュタルク] 形 大声の、騒々しい. **Laut·stärke** [ラォト・シュテルケ] 女-/-n 音の強さ、音量.

lau·warm [ラォ・ヴァルム] 形 ぬるい、なま暖かい. ¶ Vor dem Schlafengehen sollte man nur *lauwarm* duschen. 就寝前にはぬるめのシャワーを浴びるべきだ.

Lava [ラーヴァ] 女-/Laven [ラーヴェン]〚地質〛熔岩.

Lavabo [ラヴァーボ, ラーヴァボ] 中 -[s]/-s〚カトリック〛手洗式, 聖水盤；〚スイス〛洗面台.

Lawine [ラヴィーネ] 女-/-n 雪崩(²⁄₃).

Lay-out, Lay·out [レー・アォト, レー・アォト] 中-s/-s レイアウト.

Lazarett [ラツァレット] 中-[e]s/-e 野戦病院.

leben [レーベン] 動 生きる、生存する；暮らす、生活する；住んでいる；生きている《von *et³* 物³を摂取して、物³に頼って》. ¶ Der Verletzte *lebt* noch. その負傷者はまだ生きている. / Wir *leben* in Frieden. われわれは平和に暮らしている. / In welchem Jahrhundert *lebte* Mozart? モーツァルトが生きたのは何世紀ですか. / Heinz *lebt* in Hamburg. ハインツはハンブルクに住んでいる. / Vielleicht *lebt* er jetzt unter falschem Namen. ひょっとすると彼は偽名で暮らしているかもしれない. / Ich *lebe* allein von der Rente. 私は年金だけで暮らしている. / Es *lebe* die Freiheit! 自由ばんざい!

Leben [レーベン] 中-s/- 生, 生命；生活, 生涯, 人生,(各分野における)生活. ¶ das künstlerische *Leben* 芸術生活. / am *Leben* bleiben (sein) 生存している. / ums *Leben* kommen 死ぬ. ◆ Er genießt sein *Leben*. 彼は人生を享受している. / Er hat ihr das Le-ben gerettet. 彼は彼女の命を救った. / Süßigkeiten isst er für sein *Leben* gern. 彼は甘いものが大好きだ. / So etwas habe ich in meinem ganzen *Leben* noch nicht gesehen. こんなことはこれまでの全人生でまだ見たことがない.

lebendig [レベンディヒ] -e [レベンディゲ] 形 生きている；生き生きした.

Lebens·abend [レーベンス・アーベント] 男-s/-e 晩年. **Lebens·dauer** [レーベンス・ダウァ] 女-/-n 寿命；耐用年数. **Lebens·erwartung** [レーベンス・エァヴァルトゥング] 女-/ 平均余命.

Lebens·gefahr [レーベンス・ゲファール] 女-/ 生命の危機. ¶ außer *Lebensgefahr* sein 生命の危険を脱している. / unter *Lebensgefahr* 命を懸けて. ◆ *Lebensgefahr* besteht in diesem Fall keineswegs. このケースでは命の危険は絶対にない.

Lebens·gefährte [レーベンス・ゲフェールテ] 男-n/-n (女性) **Lebens·gefährtin** [レーベンス・ゲフェールティン] 女-/Lebens·gefährtinnen [レーベンス・ゲフェールティネン]) 人生の伴侶；同棲相手.

lebens·länglich [レーベンス・レングリヒ] 形 終身の, 生涯.

Lebens·lauf [レーベンス・ラォフ] 男-[e]s/Lebens·läufe [レーベンス・ロィフェ] 履歴, 履歴書. ¶ Er hat einen interessanten *Lebenslauf*. 彼は興味深い経歴をもっている. / Ich schreibe meinen *Lebenslauf*. 私は履歴書を書く.

Lebens·mittel [レーベンス・ミテル] 複 食品, 食糧. ¶ Im Erdbeben- und Tsunamigebiet fehlte es vor allem an *Lebensmitteln*. 地震と津波の被災地では特に食料が不足していた.

lebens·müde [レーベンス・ミューデ] 形 生活(生きること)に疲れた. **lebens·nah** [レーベンス・ナー] 形 実生活に即した, リアルな.

Lebens·standard [レーベンス・シュタンダルト] 男-s/-s 生活水準. **Le-**

L

335

bens·unterhalt［レーベンス・ウンタァハルト］**男**-[e]s/ 生計[費]. **Lebens·versicherung**［レーベンス・フェズィヒェルング］**女**-/-en 生命保険. **Lebens·weg**［レーベンス・ヴェーク］**男**-[e]s/-e 人生の道程. **Lebens·weise**［レーベンス・ヴァイゼ］**女**-/-n 生き方. ¶eine gesunde Lebensweise 健全な生活態度.

lebens·wichtig［レーベンス・ヴィヒティヒ］-e［レーベンス・ヴィヒティゲ］**形** 生命(生活)にとって必要不可欠な；きわめて重要な.

Lebens·zeichen［レーベンス・ツァイヒェン］**中**-s/- 生けるしるし；消息. ¶ein Lebenszeichen von j³ erhalten 久し振りで人³の消息に接する.

Leber［レーバァ］**女**-/-n 肝臓；〖料理〗レバー. **Leber·wurst**［レーバァ・ヴルスト］**女**-/Leber·würste［レーバァ・ヴュルステ］〖料理〗レバーソーセージ.

Lebe·wesen［レーベ・ヴェーゼン］**中**-s/- 生きもの.

Lebe·wohl［レーベ・ヴォール］**中**-[e]s/-s(-e)〖改まった表現〗さようなら. ¶j³ Lebewohl sagen 人³に別れを告げる.

leb·haft［レープ・ハフト］**形** 生き生き(はつらつ)とした；《副詞的に》おおいに. ¶Die Diskussion war äußerst lebhaft. ディスカッションはきわめて活発だった. / Den Großeltern sind die Enkel oft zu lebhaft. 祖父母にとって孫たちは時に元気がすぎる.

Leb·kuchen［レープ・クーヘン］**男**-s/- レープクーヘン(蜂蜜入りクッキー).

leb·los［レープ・ロース］**形** 生命のない；生気のない.

Leck［レック］**中**-[e]s/-s 浸水箇所.

¹lecken［レッケン］**動** 水漏れする.

²lecken［レッケン］**動** 舐(な)める.

lecker［レッカァ］**形** 美味しい. **Lecker·bissen**［レッカァ・ビセン］**男**-s/- 美味な食べもの.

Leder［レーダァ］**中**-s/- 皮革，皮革製品(革製の衣類など). ¶Der Gürtel ist aus echtem Leder. このベルトは本革製です. **ledern**［レーデルン］**形** 皮革製の.

ledig［レーディヒ］-e［レーディゲ］**形** 独身(未婚)の. ¶Sie sagt, sie will ledig bleiben. 彼女は独り者で通すと言っている. / Die Zahl der ledigen Mütter steigt von Jahr zu Jahr. 未婚の母の数は年々増加している. (⇒verheiratet)

ledig·lich［レーディク・リヒ］**副** 単に，ただ…のみ.

leer［レーァ］**形** 空(から)の，中身のない；空(あ)いている；人気(ひとけ)のない. ¶Nun iss schon deinen Teller leer! さあ，お皿の食べ物を全部平らげなさい. / In der Bibliothek war es heute angenehm leer. きょう図書館は気持ちが良いくらいすいていた. / Dieses Haus steht schon zwei Monate leer. この家はもうふた月も空き家です. **Leere**［レーレ］**女**-/ 空(から)，空虚，人気のなさ. **leeren**［レーレン］**動** 空(から)にする，(物⁴の)中身を出す(捨てる). ¶das Glas in einem Zug leeren グラスを一息に飲み干す. **Leer·gut**［レーァ・グート］**中**-[e]s/ (リサイクリング利用の)空の容器. **Leerung**［レールング］**女**-/-en 空にすること；(郵便ポストの)開函.

legal［レガール］**形** 合法の. **legalisieren**［レガリズィーレン］legalisierte, legalisiert **動** 合法と認める. **Legalität**［レガリテート］**女**-/ 適法(合法)性.

legen［レーゲン］**動** 横にして置く；敷く，あてがう；(髪を)セットする. ¶eine Flasche Wein in den Kühlschrank legen ワインを1本冷蔵庫に入れる. / sich⁴ legen 横になる，(風・怒りなどが)静まる. ♦Ich lege dir die Post auf deinen Schreibtisch. お前の郵便物は机の上に置いておくよ. / Leg dir doch ein Kissen in den Rücken! クッションを背中にあてがいなさい. / Er hat sich ins Bett (aufs Sofa) gelegt. 彼はベッド(ソファー)に横になった. / Der Wind (Sein Zorn) hat sich gelegt. 風(彼の怒り)がおさまった.

「物を置く」には legen と stellen の二つの表現がある。前者は「横にして置く」．ワインをワインセラーや冷蔵庫に入れる場合，通常瓶を「横に寝かせて置く」ので legen を使う．それに対し，テーブルの上に「立てて置く」なら stellen を使うことになる．グラスをテーブルの上に置く場合も stellen を使う．面白いことにお皿のような平たいものでも，裏返しに置くのでない限り stellen するのである．legen されたものは liegen（横たわっている），stellen されたものは stehen（立っている）ことになる．（⇒stellen）

legendär [レゲンデーァ] 形 聖人伝の；伝説上の．**Legende** [レゲンデ] 女 -/-n 聖人伝；伝説．

leger [レジェーァ] 形 くつろいだ，くだけた．

Legislative [レギスラティーヴェ] 女 -/-n〔法律〕立法権；立法府．

legitim [レギティーム] 形 合法的な，適法の．**legitimieren** [レギティミーレン] legitimierte, legitimiert 動 合法（適法）と認める． ¶ sich⁴ legitimieren 自分の身分を証明する．◆ Ich legitimierte mich als der Eigentümer des Autos. 私は自分がその車の所有者であることを証明した．

Lehm [レーム] 男 -[e]s/ 粘土，〔地質〕ローム．

Lehne [レーネ] 女 -/-n（椅子の）背もたれ．**lehnen** [レーネン] 動 もたせかける，よりかからせる《an/gegen et⁴ 物⁴に》．¶ die Leiter an（gegen）die Wand lehnen はしごを壁にもたせかける．／ sich⁴ an（gegen）j⁴/et⁴ lehnen 人⁴・物⁴にもたれかかる．

Lehr·buch [レーァ・ブーフ] 中 -[e]s/ Lehr·bücher [レーァ・ビューヒャァ] 教科書．

Lehre [レーレ] 女 -/-n 職業訓練，研修；学説，…論；教え．¶ eine dreijährige Lehre machen 3年間の職業訓練を受ける．◆ Die Lehre von

der Dreifaltigkeit ist schwer zu verstehen. 三位一体説を理解するのは難しい．／ Er geht bei einem Konditor in die Lehre. 彼はケーキ職人の下で職業指導を受ける．

lehren [レーレン] 動 （人⁴に事⁴を）教える．¶ Ich lehre die Schüler Deutsch（rechnen）. 私は生徒たちにドイツ語（計算）を教える．／ Professor Wiese lehrt in Bonn Philosophie. ヴィーゼ教授はボン大学で哲学を講義している．

Lehrer [レーラァ] 男 -s/- （女性）**Lehrerin** [レーレリン] 女 -/Lehrerinnen [レーレリネン]）教師．

Lehr·gang [レーァ・ガング] 男 -[e]s/ Lehr·gänge [レーァ・ゲンゲ] 教科課程，コース．¶ Der Lehrgang war die Gebühren wert. この講座は受講料だけの値打ちはあった．／ Der Besuch dieses Lehrgangs ist sehr zu empfehlen. この課程を受けることはおおいに推薦できる．

Lehr·jahr [レーァ・ヤール] 中 -[e]s/ -e 職業訓練期間．

Lehr·ling [レーァ・リング] 男 -s/-e 〔オーストリア・ズイス〕職業訓練生． ¶ Weibliche Lehrlinge sind oft besonders motiviert. 女性の訓練生は多く殊に強いやる気を持っている．（⇒Azubi）

Lehr·plan [レーァ・プラーン] 男 -[e]s/ Lehr·pläne [レーァ・プレーネ] カリキュラム．

lehr·reich [レーァ・ライヒ] 形 有益な，示唆に富んだ．

Lehr·stelle [レーァ・シュテレ] 女 -/-n（職業訓練生の）実習の口．

Lehr·stoff [レーァ・シュトフ] 男 -[e]s/-e 教材；授業内容．

Leib [ライプ] 男 -[e]s/-er からだ，肉体．¶ mit Leib und Seele … sein 全力を傾注して…，全身これ…である．／ sich³ j⁴ vom Leib[e] halten 人⁴を遠ざける．／ j³/et³ zu Leib[e] rücken 厄介な人間・仕事など³と取り組む．◆ Er ist mit Leib und Seele Arzt. 彼は骨の髄から医者である．

Leib·gericht [ライプ・ゲリヒト] 中

-[e]s/-e 大好物.

leib·haftig [ライプ・ハフティヒ] -e
[ライプ・ハフティゲ] 形 人間の姿をした；
まぎれもない. ¶eine *leibhaftige*
Prinzessin sein ほんもののお姫さ
まである.

leib·lich [ライプ・リヒ] 形 肉親(血
縁)の.

Leib·wächter [ライプ・ヴェヒタァ]
男 -s/- (女性 **Leib·wächterin**
[ライプ・ヴェヒテリン] 女 -/Leib·wäch-
terinnen [ライプ・ヴェヒテリネン])ボ ディ
ーガード.

Leiche [ライヒェ] 女 -/-n 死体. **lei-
chen·blass** [ライヒェン・ブラス] 形
血の気を失った. **Leichnam** [ライ
ヒナーム] 男 -[e]s/-e 《改まった表現》死体.

leicht [ライヒト] 形 軽 い, 軽 量(少
量・軽度)の, 消化の良い；容易な；(副
として)…しやすい. ¶eine *leichte*
Arbeit 簡単(楽)な仕事. / ein
leichter Koffer 軽いトランク. /
eine *leichte* Lektüre 軽い読み物.
/ eine *leichte* Mahlzeit 軽い食
事. / eine *leichte* Verletzung 軽
傷. / *leicht* gekleidet 軽装で. /
j³ *leicht* fallen 人³にとって容易
である. ♦Für ihre Größe ist sie
zu *leicht*. 彼女は背のわりには体重
が軽すぎる. / Der Abschied fiel
mir nicht *leicht*. 私にとって別れは
容易でなかった. / Du solltest die
Sache nicht zu *leicht* nehmen.
この件をあまり軽く見すぎてはいけな
い. / Das ist *leicht* gesagt. 口
で言うのは簡単だ.

Leicht·athletik [ライヒト・アトゥレー
ティク] 女 -/ 陸上競技.

leicht·fertig [ライヒト・フェルティヒ]
-e [ライヒト・フェルティゲ] 形 軽率(軽
薄)な.

leicht·gläubig [ライヒト・グロイビヒ]
-e [ライヒト・グロイビゲ] 形 信じこみや
すい, だまされやすい.

leicht·hin [ライヒト・ヒン] 副 軽はず
みに；あっさり.

Leicht·sinn [ライヒト・ズィン] 男
-[e]s/ 軽はずみ. **leicht·sinnig**
[ライヒト・ズィニヒ] -e [ライヒト・ズィニゲ]

関—連—語 Leichtathletik —陸上競技—	
der Kurzstreckenlauf, der Sprint	短距離走.
der 100-Meter-Lauf	100m 走.
der Langstreckenlauf	長距離走.
der Marathon[lauf]	マラソン.
der Staffellauf	リレー.
der Hürdenlauf	ハードル走.
das Kugelstoßen	砲丸投げ.
das Diskuswerfen	円盤投げ.
das Hammerwerfen	ハンマー投げ.
das Speerwerfen	槍投げ.
der Hochsprung	高飛び.
der Weitsprung	幅跳び.
der Stabhochsprung	棒高跳び.
der Dreisprung	三段跳び.
der Zehnkampf	十種競技.
das Gehen	競歩.

形 軽はずみな. ¶Es war sehr
leichtsinnig von dir, dass du
das getan hast. あんなことをする
なんて君もずいぶん軽率だったね. /
Ich war so *leichtsinnig*, ihm zu
glauben. 彼のことを信用するなんて
ぼくも迂闊(うかつ)だった. /

leid [ライト] j⁴/et⁴ *leid* sein
(werden) 人⁴・事⁴にうんざりして
いる(する). **Leid** [ライト] 中 -[e]s
/ 悩み, 憂い. ¶j³ *sein Leid* kla-
gen 人³に悩みを訴える. ♦Die
Nachbarin klagte mir ihr *Leid*.
隣の奥さんが私に悩みを訴えた. 《j³
Leid tun の形で》人³を残念(気の毒)
がらせる. Das Kind tut mir *Leid*.
私はその子がかわいそうだ. / Es tut
mir furchtbar *Leid*, dass ich
Ihnen nicht behilflich sein
kann. 力をお貸しできなくてなんとも
申し訳ない.

leiden* [ライデン] litt, gelitten 動
1 (苦痛・困難に)耐える. ¶Hunger
leiden 空腹に苦しむ. / Schaden
leiden 損害をこうむる. / j⁴/et⁴
nicht *leiden* können (mögen)
人⁴・事⁴には我慢ならない. / j⁴ [gut]

leiden können (mögen) 人⁴の
ことが好きだ. **2** an et³ *leiden* 病
気(障害)³に苦しんでいる(かかってい
る). / unter der Hitze *leiden*
暑さに悩まされる. **Leiden** [ライデ
ン] 申-s/- 病気, 苦痛；苦難, 悩み.

Leiden·schaft [ライデン・シャフト]
女-/-en 情熱, 欲情, 熱中《für j⁴/et⁴
人⁴・事⁴に対する》. ¶Seine ganze
Leidenschaft gilt der Pferde-
zucht. 彼の情熱の全ては馬の飼育に向
けられている. / Er ist der Sklave
seiner *Leidenschaften*. 彼は欲情
の奴隷だ. **leidenschaft·lich**
[ライデンシャフト・リヒ] 形 情熱(熱狂)
的な.

leider [ライダァ] 副 残念ながら. ¶Er
ist erkältet und kann *leider*
nicht kommen. 彼は風邪をひいて
いて残念ながら来られない. / Morgen
kann ich *leider* nicht. 申し訳
ないことにあしたは都合がつかない.
/ Er glaubt, er wird nicht ope-
riert. – *Leider* doch. 彼は手
術はされないと思っているが一気の毒だ
が手術されるのだ.

leidig [ライディヒ] -e [ライディゲ] 形
厄介な, 忌々しい.

leid·lich [ライト・リヒ] **1**形 まあまあ
の. **2**副 どうにかこうにか.

Leid·wesen [ライト・ヴェーゼン] 申
-s/ zu meinem *Leidwesen* 遺
憾ながら.

leihen* [ライエン] lieh, geliehen
動 貸す《j³ et⁴ 人³に物⁴を》. / 借
りる《von j³ et⁴ 人³に物⁴を》. ¶
Kannst du mir mal zehn Euro
leihen? 私に10ユーロ貸してくれな
いか. / Ich habe mir von Karl
10 Euro *geliehen*. 私はカールか
ら10ユーロ借りた.

Leih·wagen [ライ・ヴァーゲン] 男-s
/- レンタカー.

Leim [ライム] 男-[e]s/-e 接着剤. ¶
et⁴ mit *Leim* bestreichen (fest-
kleben) 物¹に接着剤を塗る(物⁴を
接着剤でしっかり貼りつける). / j³
auf den *Leim* gehen 人³のペテ
ンにひっかかる. **leimen** [ライメン]

動 接着剤で貼りつける.

Leine [ライネ] 女-/-n (長くて丈夫
な)ひも, 綱. ¶den Hund an der
Leine führen 犬を綱につけて連れ
歩く. / et⁴ mit einer *Leine* fest-
binden 物⁴をひもでくくる. ◆Die
Wäsche hängt auf der *Leine*.
洗濯物が干しひもに下がっている.

Leinen [ライネン] 申-s/-〖織物〗リンネ
ル, リネン. **Lein·wand** [ライン・ヴ
ァント] 女-/Lein·wände [ライン・ヴェ
ンデ] (映画の)スクリーン, 画面.

Leipzig [ライプツィヒ] 申-[s]/〖地名〗ラ
イプチヒ(ドイツ連邦共和国東部の町.
国際見本市や出版業で有名).

leise [ライゼ] 形 音(声)の小さな；か
すかな. ¶Sei schön *leise*! Die
Kinder schlafen. 静かに. 子供た
ちが眠っていますよ. / Kannst du
das Radio *leiser* stellen? ラジオ
の音をもっと小さくしてくれないか. /
Davon hatte er nicht die *lei-
seste* Ahnung. そのことについて
彼はほんの僅かですら知ってはいなかっ
た.

Leiste [ライステ] 女-/-n 〖建築〗枠縁；
〖解剖〗鼠径部(ない).

leisten [ライステン] 動 行う, 成し遂
げる. ¶Erstaunliches *leisten* 驚
異的な成果をあげる. / sich³ et⁴
leisten können 物⁴・事⁴を買う余裕
がある(することが許される). ◆In Ma-
thematik *leisten* seine Schüler
viel. 彼の生徒たちは算数で成績をあ
げている. / Ein zufällig anwesen-
der Arzt *leistete* erste Hilfe. た
またま居合わせた医師が応急処置を施
した. / Dieses Jahr können wir
uns keine Urlaubsreise *leis-
ten*. 今年は休暇旅行をするゆとりは
ない.

Leistung [ライストゥング] 女-/-en
成果, 業績, 成績；性能, 能力. **leis-
tungs·fähig** [ライストゥングス・フェー
イヒ] -e [ライストゥングス・フェーイゲ] 形
能力のある；性能の良い.

Leit·bild [ライト・ビルト] 申-[e]s/-er
手本, 模範.

leiten [ライテン] 動 経営(管理・マネ

ージ・指導)する；(ある方向へ)導く；〖物理〗伝導する。¶einen Betrieb *leiten* 企業を経営管理する。♦ Wasser in ein Becken *leiten* 水を水槽に導き入れる。♦ Kupfer *leitet* Wärme. 銅は熱を伝える。/ Wer *leitet* heute die Sitzung? きょうは誰が会議の議長役をするのですか。/ Der Bergführer *leitete* die Touristen an einen sicheren Ort. 山案内人は旅行者たちを安全な場所に導いた。**leitend** [ラィテント] **1**形 指導的な；〖物理〗伝導性の。¶in *leitender* Stellung tätig sein 指導的(管理的)な地位にある。♦ In diesem Kindergarten fehlt die *leitende* Hand. この幼稚園には指導者が欠けている。**2** leiten の現在分詞。

¹**Leiter** [ラィタァ] 男-s/- (ある組織の)長，リーダー；《女なし》〖物理〗導体。

²**Leiter** [ラィタァ] 女-/-n はしご。

Leiterin [ラィテリン] 女-/-Leiterinnen [ラィテリネン] ¹Leiter の女性形。

Leit・faden [ラィト・ファーデン] 男-s/Leit・fäden [ラィト・フェーデン] 入門書，手引書。

Leit・planke [ラィト・プランケ] 女-/-n ガードレール。

Leitung [ラィトゥング] 女-/-en 経営，管理，マネージメント，指導；配管(伝導)システム。¶Die Schüler brauchen eine verständnisvolle *Leitung*. 生徒たちには理解ある指導者が必要だ。/ Die *Leitung* für Mikrofon und Lautsprecher ist schon verlegt. マイクロフォンとラウドスピーカー用のコードは既に配線してある。/ In Japan kann man ohne weiteres Wasser aus der *Leitung* trinken. 日本では問題なく水道の水を飲むことができる。/ Unter *Leitung* von Seiji Ozawa feierten die Wiener Philharmoniker einen Erfolg nach dem anderen. 小澤征爾指揮ウィーン・フィルハーモニー管弦楽団は次から次と成功をおさめた。**Leitungs・wasser** [ラィトゥングス・ヴァッサァ] 中-s/ 水道水。

Lektion [レクツィオーン] 女-/-en (教科書の)課，レッスン；教訓，叱責。¶*j³* eine *Lektion* erteilen 人³にお説教をする。♦ Wir sind in Französisch bei der 3. *Lektion*. 私たちはフランス語の授業で第3課を習っている。/ Die Niederlage war für den Champion eine bittere, doch heilsame *Lektion*. チャンピオンにとってその敗北は苦いが良い薬だった。

Lektor [レクトーァ] 男-s/Lektoren [レクトーレン] (女性) **Lektorin** [レクトーリン] 女-/-Lektorinnen [レクトーリネン])(特に外国語の授業を担当する)大学講師；(原稿審査を担当する)編集者。¶Sie ist *Lektorin* für Japanisch. 彼女は日本語講師です。

Lektüre [レクテューレ] 女-/-n 《ふつう複 なし》読むこと，講読，(特に学校での)読み方；外国語の授業；(軽い)読み物。¶bei der *Lektüre* eines Briefes 手紙を読んでいるときに。♦ Im Japanischunterricht nimmt Professor Doi als *Lektüre* gern „Tosa-Nikki". 日本語の授業で土井教授は好んで「土佐日記」を読本に使う。

lenken [レンケン] 動 運転(操縦)する；誘導する，向ける《auf *j⁴/et⁴* 人⁴・事⁴に》。¶Er *lenkte* das Auto in die Goethestraße. 彼は車を運転してゲーテ通りへ入って行った。/ Seine Frau versteht es hervorragend, ihn zu *lenken*. 彼の細君は彼の操り方をよく心得ている。/ Ich *lenkte* ihre Aufmerksamkeit auf eine preiswerte Tasche. 私は彼女の注意をお買い得なハンドバッグの方に向けた。

¹**Lenker** [レンカァ] 男-s/- (女性) **Lenkerin** [レンケリン] 女-/-Lenkerinnen [レンケリネン])運転者，操縦者。

²**Lenker** [レンカァ] 男-s/-，**Lenk・rad** [レンク・ラート] 中-[e]s/Lenk・räder [レンク・レーダァ] (自動車・二輪車などの)ハンドル(自転車のハンドルは Lenkrad を使わない)。

Lerche [レルヒェ] 女-/-n 〖鳥類〗ヒバ

リ.

lernen [レルネン] **動** 習う,学ぶ.¶einen Beruf *lernen* 職業の修行をする. / Deutsch *lernen* ドイツ語を習う. / ein Gedicht auswendig *lernen* 詩を暗記する. / aus der Erfahrung *lernen* 経験から学ぶ. ◆ Bei wem *lernst* du Gitarre? 君は誰にギターを習っているのか. / Ich *lerne* schwimmen. 私は泳ぎを習っている.

Lerner [レルナァ] **男**-s/- （女性）**Lernerin** [レルネリン] **女**-/Lernerinnen [レルネリネン]）[言語]学習者.

lern・fähig [レルン・フェーイヒ] -e [レルン・フェーイゲ] **形** 学習能力のある.

Lesbe [レスベ] **女**-/-n レスビアン.¶Schwule und *Lesben* ホモとレスビアン. **lesbisch** [レスビシュ] **形** レスビアンの.

¹lesen* [レーゼン] *du/er* liest; las, gelesen **動 1** 読む.¶ein Buch (einen Roman) *lesen* 本(長編小説)を読む. / Gedanken *lesen* 考えを読みとる. / j³ aus der Hand *lesen* 人³の手相を見る. ◆ Das Buch *liest* sich⁴ leicht. この本は読みやすい. **2** 読書する；(大学で)講義をする. ¶in der Zeitung *lesen* 新聞を読む. ◆ Er *liest* gern. 彼は読書好きだ. / Früher habe ich heimlich im Bett *gelesen*. 以前は内緒でベッドで読書したものです. / Dieses Semester *liest* Professor Moser über Goethe (Schillers Dramen). 今学期モーゼル教授はゲーテ(シラーの演劇)の講義をする. 《名詞化して》 Hast du etwas zu[m] *Lesen* für mich? 何か私の読むものを持っていないか.

²lesen* [レーゼン] *du/er* liest; las, gelesen **動** (果物・穀物を)摘み集める. ¶Wein *lesen* ブドウを収穫する. ◆ Nach dem Krieg haben wir auf den Feldern Ähren *gelesen*. 戦後われわれは畑で落穂を拾い集めたものだ.

Leser [レーザァ] **男**-s/- （女性）**Leserin** [レーゼリン] **女** -/Leserinnen [レーゼリネン]）読者.

leser・lich [レーザァ・リヒ] **形** (筆跡が)読みやすい.¶eine *leserliche* Handschrift (Unterschrift) 読みやすい筆跡(署名).

letzt [レット] **形** 最後(最終)の；最近(最新)の；後者の.¶*letzten* Endes 結局のところ. / mein *letztes* Geld 私の最後のお金. / das *letzte* Haus in dieser Straße この通りの最後の家. / zum *letzten* Mal 最後に. / die *letzten* Nachrichten 最新(最終)のニュース. / *letzte* Woche 先週. / in *letzter* Zeit 最近は.《名詞化して》 bis ins *Letzte* 徹底的に. ◆ Heute fällt die *letzte* Stunde aus. きょうは最後の[授業]時間がお休みだ. / Er kommt meist als *Letzter*. 彼はたいがいビリに来る. / Er hat sein *Letztes* gegeben. 彼は全力をふりしぼった. **letztens** [レッツェンス] **副** 先ごろ；(1番目,2番目…と列挙して)最後に. **letzt・lich** [レット・リヒ] **副** 結局のところは,最後に[は].

leuchten [ロイヒテン] **動** 輝く,光る；照らす.¶mit der Taschenlampe j³ ins Gesicht *leuchten* 懐中電灯で人³の顔を照らす.

Leucht・turm [ロイヒト・トゥルム] **男**-[e]s/Leucht・türme [ロイヒト・テュルメ] 灯台.

leugnen [ロイグネン] **動** 否定(否認)する.¶Er *leugnete* nicht, die Bank überfallen zu haben. 彼は銀行を襲ったことを否認しなかった. / Dass er große Fortschritte gemacht hat, lässt sich nicht *leugnen*. 彼が大きな進歩を成し遂げたことを否定することはできない.

Leute [ロイテ] **複** 人々.¶Meine Nachbarn sind nette *Leute*. 私の隣人は良い人たちだ. / Seine Frau hat ihn vor allen *Leuten* blamiert. 彼の細君はみんなのいる前で彼に恥をかかせた. / Solche Musik ist wohl nur was für junge *Leute*. こんな音楽はたぶん若い人たちだけのものだ.

Lexikon

Lexikon [レクスィコン] 中-s/Lexika [レクスィカ] 《元素記号》事典;辞典.

Li [エルイー] 《元素記号》リチウム.

liberal [リベラール] 形 リベラルな;寛容な. **Liberalismus** [リベラリスムス] 男-/ リベラリズム.

licht [リヒト] 形 まばらな,すけた.

Licht [リヒト] 中-[e]s/-er 灯火; 《複なし》光,あかり. ¶Setz dich ans Fenster, da hast du besseres *Licht*. 窓際に座りなさい,そうすればもっと明るいから. / Machst du mal bitte das *Licht* an? さあ灯をつけてくれないか. / Bei künstlichem *Licht* kann er nicht malen. 彼は人工の光のもとで絵を描くことはできない. / Du stehst mir im *Licht*! 君はぼくの光をさえぎっているよ.

Licht・bild [リヒト・ビルト] 中-[e]s/-er パスポート用写真. **Licht・blick** [リヒト・ブリク] 男-[e]s/-e 一筋の光明. **Licht・hupe** [リヒト・フーペ] 女-/-n 《自動車》パッシングライト.

Lichtschutz・faktor [リヒトシュッ・ファクトール , リヒトシュッ・ファクトァ] 男-s/（日焼け止め化粧品の）日光防止指数, SPF.

Lichtung [リヒトゥング] 女-/-en （伐採による）森の中の空地.

Lid [リート] 中-[e]s/-er まぶた. ¶ die *Lider* schließen まぶたを閉じる.

lieb [リープ] 形 心優しい,好もしい,愛する;可愛い. ¶Sie ist wirklich ein *liebes* Mädchen. 彼女は本当に気立てのいい娘だ. / Die Mutter hat ihre Kinder alle gleich *lieb*. 母親は子供たち全て同じように愛している. / Es wäre mir *lieb*, wenn du mitkämest. 君が一緒に来てくれればたいへんありがたいのだが. / Die Oma ist sehr *lieb* zu den Enkelkindern. おばあちゃんは孫たちにとても優しい. 《手紙の冒頭や呼びかけで》*Lieber* Herr Bachmann! 親愛なるバッハマン様. / *Liebe* Zuhörerinnen und Zuhörer! 聴取者の皆さん.

Liebe [リーベ] 女-/-n 愛,愛情,恋,愛好,愛着《zu j³/et³ 人³・物³・事³への》;恋人. ¶die *Liebe* der Mutter zu den Kindern 子供らに対する母の愛. ◆Wie kann man für so ein Ekel nur *Liebe* fühlen? そもそもどうしたらあんないやなやつに愛情など感じることができるだろうか. / Unser Lehrer weckte in uns die *Liebe* zur Musik. 先生は私たちの心に音楽への愛好心を目覚めさせた. / Er war ihre große *Liebe*. 彼は彼女の最愛の人だった. / Er hat sie aus *Liebe* geheiratet. 彼は愛するがゆえに彼女と結婚した.

Liebelei [リーベライ] 女-/-en 戯れの情事.

lieben [リーベン] 動 愛する,愛好する,(人⁴と)性交する. ¶Ich *liebe* Sabine (Musik/Wein). 私はザビーネ（音楽・ワイン）が好きだ. / Wir *liebten* uns. われわれは愛し合った.

liebens・wert [リーベンス・ヴェールト] 形 愛すべき. ¶Eigentlich ist er durchaus *liebenswert*. そもそもが彼は全く愛すべき人間なのだ. **liebens・würdig** [リーベンス・ヴュルディヒ] -e [リーベンス・ヴュルディゲ] 形 親切な,好意ある. ¶Danke, das ist sehr *liebenswürdig* von Ihnen! ありがとう,どうもご親切様.

lieber [リーバァ] **1** 副 より好んで,むしろ…する方が良い. ¶Was hast du *lieber*, Brot oder Reis? 君はパンとライスとどちらが良い. / Bei diesem Wetter bleibe ich *lieber* zu Hause. このお天気では家にいる方が良い. / Ehrlich gesagt, will ich *lieber* allein mit ihr reden. 正直言うとぼくは彼女と二人きりで話す方がいいのです. **2** lieb, gern の比較級.

Liebes・brief [リーベス・ブリーフ] 男-[e]s/-e ラブレター.

Liebes・kummer [リーベス・クマァ] 男-s/ 恋(失恋)の悩み.

liebe・voll [リーベ・フォル] 形 愛情のこもった.

342

Lieb·haber [リープ・ハーバァ] 男-s/- 恋人、愛人；愛好家．¶einen Liebhaber haben 恋人（情人）がいる．/ ein Liebhaber von Modellflugzeugen 模型飛行機ファン．**Lieb·haberin** [リープ・ハーベリン] 女-/Liebhaberinnen [リープ・ハーベリネン] 愛好家．

lieb·lich [リープ・リヒ] 形 愛すべき、快い、マイルドな．

Lieb·ling [リープ・リング] 男-s/-e お気に入り、人気者；（親しい人への呼びかけで）お前．¶Meist ist das erste Enkelkind der Liebling der Großeltern. たいてい最初の孫は祖父母のお気に入りだ．**Lieblings·essen** 中-s/- （食物について）大好物．

lieb·los [リープ・ロース] 形 愛情（思いやり）のない．

liebst [リープスト] 1 副 am liebsten 最も好んで．¶Meine Tochter trinkt am liebsten Johannisbeersaft. うちの娘はフサスグリのジュースがいちばん好きだ．2 gern, lieb の最高級．

Lied [リート] 中-[e]s/-er 歌曲、リート．¶Von wem ist der Text dieses Liedes? この歌の歌詞は誰が書いたものですか．/Es ist immer das alte Lied mit ihm, er lehnt jeden Rat ab. いつも同じことの繰り返しだが、彼はいかなる忠告も受け入れないのだ．

lieder·lich [リーダァ・リヒ] 形 だらしのない；身持ちの悪い．¶Ihr liederlicher Lebenswandel ist Stadtgespräch. 彼女の不品行は町中の噂だ．

Lieder·macher [リーダァ・マハァ] 男-s/- （女性 **Lieder·macherin** [リーダァ・マヘリン] 女-/Lieder·macherinnen [リーダァ・マヘリネン]）シンガーソングライター．

lief [リーフ] laufen の過去形・単数・1，3人称．

Lieferant [リーフェラント] 男-en/-en （女性 **Lieferantin** [リーフェランティン] 女-/Lieferantinnen [リーフェランティネン]）納入[業]者．

liefer·bar [リーフェァ・バール] 形 納入可能な；（証券の）交付可能な．¶Sofort lieferbar ist nur die Taschenbuchausgabe. いますぐ納品可能なのはポケットブック版だけです．/ Alle lieferbaren Artikel finden Sie in dieser Liste. 納入可能な品物は全てこのリストでご覧になれます．

liefern [リーフェルン] 動 納入（納品・供給）する；提供する．¶Bis wann können Sie die Ersatzteile liefern? いつまでにスペア部品を納品できますか．/An wen sollen wir die Blumen liefern? このお花はどなたのところに配達したらよろしいのですか．**Lieferung** [リーフェルング] 女-/-en （複なし）納入、納品、供給、引渡し；提供；納入品．

Liege [リーゲ] 女-/-n 寝椅子．

liegen* [リーゲン] lag, gelegen 動 (h)《ただし南ドイツ・オーストリア・スイスでは (s)》横に寝て（横たわって）いる；（横にして）置いてある；（船が）停泊している；（地理上のある地点に）ある；理由（原因）がある《an j^3/et³ 人³・事³に》．¶auf dem Rücken (Bauch) liegen 仰向け（腹ばい）に寝ている．/j^1/et¹ liegt j^3 nicht 人³は人¹・物¹が気に入らない（人¹・物¹は人³の性に合わない）．◆Schon drei Monate liegt er krank im Bett. もう3か月も彼は病の床についている．/Liegt bei euch schon Schnee? 君たちの方ではもう雪は積もっているかい．/München liegt an der Isar. ミュンヘンはイーザル河畔にある．/Sein Brief liegt auf dem Tisch. 彼の手紙は机の上に置いてある．/Die Schiffe liegen still im Hafen. 船は静かに港に停泊している．《es liegt an j^3/et³ の形で》Es liegt an dir, dass ... …は君の責任だ．/Mir liegt viel (wenig) daran, dass ... …は私にとってとても大切だ（あまり重要でない）．《他の動詞と》liegen bleiben 横たわったままである、（仕事などが）手つかずの

ままである. / et⁴ liegen lassen 物⁴を置き忘れる, 置きっぱなしにする.

legen の項参照.

Liege·stuhl [リーゲ・シュトゥール] 男 -[e]s/Liege·stühle [リーゲ・シュテューレ] デッキチェア. **Liege·wagen** [リーゲ・ヴァーゲン] 男-s/- 〖鉄道〗簡易寝台車.

lieh [リー] leihen の過去形・単数・1, 3人称.

ließ [リース] lassen の過去形・単数・1, 3人称.

liest [リースト] < lesen.

Lift [リフト] 男-[e]s/-e(-s) エレベーター. ¶Den Lift nehme ich nur, wenn ich schwer zu tragen habe. 私は重いものを持っているときしかエレベーターには乗らない.

Liga [リーガ] 女 -/Ligen [リーゲン] 連盟;〖スポーツ〗リーグ.

Likör [リケーァ] 男-s/-e リキュール.

lila [リーラ] 形 《無変化》薄紫色の.

Lilie [リーリエ] 女-/-n [リーリエン] 〖植物〗ユリ.

Limo [リモ] 女-/-[s] , **Limonade** [リモナーデ] 女-/-n レモネード.

Linde [リンデ] 女-/-n 〖植物〗(ボダイジュなど)シナノキ.

lindern [リンデルン] 動 (苦痛などを)和らげる, 緩和する.

Lineal [リネアール] 中-s/-e 定規(じょうぎ).

Linie [リーニエ] 女 -/-n [リーニエン] 線, すじ, ボディーライン;(交通機関の)…線(系統);(施策の)路線, 方針. ¶ eine gerade (krumme) Linie 直線(曲線). / auf der ganzen Linie 全面的に. / auf die schlanke Linie achten スリムなボディーラインを保つよう気をつける. / in einer Linie stehen 一列に並んでいる. / in erster Linie 第一に, 何よりもまず. ♦ Linie 5 fährt bis zur Hauptpost. 5番系統のバス(市電)は中央郵便局まで行く.

linien·treu [リーニエン・トゥロイ] 形 (政党などの)路線に忠実な.

link [リンク] 形 左[側・方]の;左翼の;ずるがしこい. ¶der linke Flügel der Partei 党の左派. / mein linker Nachbar うちの左隣. ♦ Auf dem linken Ohr hört sie nicht gut. 彼女は左耳がよく聞こえない. / Er hat extrem linke Ansichten. 彼は極左的考えの持主である. (⇒ recht) **Linke*** [リンケ] 〖形容詞の名詞化〗左手, 左側;左派, 左翼; 〖スポーツ〗(ボクシングで)左パンチ. (⇒ Rechte*)

linken [リンケン] 動 ペテンにかける.

linkisch [リンキシュ] 形 不器用な.

links [リンクス] 副 左側(左手)に;左派(左翼)として. ¶sich⁴ links einordnen 左側車線に入る. / links sein 左利きである;左派(左翼)である. / links stehen 左派(左翼)である. / j⁴ links überholen 人⁴を左側から追い越す. ♦ In Europa fährt man links und überholt rechts. ヨーロッパでは(車は)右側を走行し左側で追い越す. / Der Platz links von (neben) mir ist noch frei. 私の左側の席はまだ空いている. / Rutsch noch ein bisschen nach links. もうちょっと左へ寄ってくれ. (⇒rechts)

Links·händer [リンクス・ヘンダァ] 男-s/- (女性 **Links·händerin** [リンクス・ヘンデリン] 女-/Links·händerinnen [リンクス・ヘンデリネン])左利きの人.

Links·verkehr [リンクス・フェァケーァ] 男 -s/ 左側通行.

Linse [リンゼ] 女-/-n レンズ;〖野菜〗ヒラマメ(レンズマメ).

Lippe [リッペ] 女-/-n 唇. ¶sich³ die Lippen schminken 口紅を塗る. **Lippen·stift** [リッペン・シュティフト] 男-[e]s/-e リップスティック, 口紅.

lispeln [リスペルン] 動 s の音を[θ] のように発音する.

List [リスト] 女-/-en トリック, 策略;悪賢さ.

Liste [リステ] 女-/-n リスト. ¶eine Liste aufstellen リストを作る.

♦ Machen Sie bitte schnellstens eine *Liste* aller Vermissten! 大至急行方不明者全員のリストを作ってくれ.

listig [リスティヒ] -e [リスティゲ] 形 ずるがしこい.

Liter [リータァ, リッタァ] 男 (中) -s /- 《鞄》リットル(略: l).

literarisch [リテラーリシュ] 形 文学の, 文学に関する; 文書による.

Literatur [リテラトゥーァ] 女 -/-en 文学, 文芸;《複なし》文献.

Litfaß·säule [リトゥファス・ゾィレ] 女 -/-n 広告塔(考案者でベルリンの印刷業者 Ernst Litfaß 1816-1874 の名にちなむ).

litt [リット] leiden の過去形・単数・1, 3人称.

live [ライフ] 形 《無変化》(TVなどで)ライブ(生($\frac{x}{x}$))の. ¶das (ein) Fußballspiel live übertragen サッカーの試合を生中継する. ♦ In der Stadt hat er den berühmten Sänger live gesehen. 彼は市中であの有名な歌手の本物を見た.

Litfaßsäule

Live·sendung, Live-Sendung [ライフ・ゼンドゥング] 女 -/-en (TV, ラジオの)生放送, 生中継.

Lizenz [リツェンツ] 女 -/-en ライセンス. ¶Mein Bruder hat die Lizenz zum Verkauf von Tabakwaren bekommen. 私の兄はタバコ類販売の免許を取得した.

Lkw, LKW [エルカーヴェー, エルカーヴェー] 男 -[s]/-s 《略》貨物自動車, トラック(=Lastkraftwagen).

Lob [ローブ] 中 -[e]s/ 賞賛, 賛美.

loben [ローベン] 動 ほめる, 賛美する. ¶Dafür kann man ihn gar nicht genug loben. そのことについては彼をいくらほめてもほめきれない.

《*sich³ et⁴* loben の形で》物⁴を高く評価する. Da lob' ich mir ein kühles Bier. ビールは冷えたやつに限る.

Loch [ロッホ] 中 -[e]s/Löcher [レッヒャァ] 穴. ¶Sie hat ein großes Loch im Strumpf. 彼女はストッキングに大きな穴があいている. **lochen** [ロッヘン] 動 (物⁴に)穴をあける;《鞄》パンチする.

Locke [ロッケ] 女 -/-n 巻き毛, カール.

locken [ロッケン] 動 誘う. ¶Bei solcher Hitze lockt das Freibad. この暑さが屋外プールへといざなう.

locker [ロッカァ] 形 緩($\frac{x}{x}$)んだ; いい加減な, 気楽な.

locker lassen* [ロッカァ・ラセン] du/er lässt locker; ließ locker, lockergelassen 動 nicht lockerlassen (追求などの)手を緩($\frac{x}{x}$)めない, 食い下がる.

lockern [ロッケルン] 動 緩($\frac{x}{x}$)める. ¶sich⁴ lockern 緩む.

lockig [ロッキヒ] -e [ロッキゲ] 形 (毛髪について)カールした, 巻き毛の.

Löffel [レッフェル] 男 -s/- スプーン. ¶Von diesem Hustensaft nimmt man dreimal täglich zwei Löffel. この咳止めシロップは一日3回2さじ服用すること. **löffeln** [レッフェルン] 動 スプーンで食べる.

essen の項参照.

log [ローク] lügen の過去形・単数・1, 3人称.

Loge [ロージェ] 女 -/-n ボックス席.

Logik [ローギク] 女 -/ 論理, 論理学. **logisch** [ローギシュ] 形 論理的な, 論理学[上]の.

Lohn [ローン] 男 -[e]s/Löhne [レーネ] 労働報酬, 賃金. ¶Ein Arbeiter erhält (bekommt) Lohn, ein Angestellter Gehalt. 労働者は賃金を, 職員は給料を受け取る.

lohnen [ローネン] 動 sich⁴ lohnen …し甲斐がある. ¶Unsere Mühe hat sich gelohnt. われわれの努力

345

はしただけのことがあった.

Lohn·steuer [ローン・シュトィァ] 囡-/-n 労働報酬税, 給与所得税.

Loipe [ロィペ] 囡-/-n (スキー距離競技の)コース.

Lok [ロク] 囡-/-s 〚略〛機関車(＝**Lokomotive**).

lokal [ローカール] 厖 局地的(ローカル)な, ある地方独特の.

Lokal [ローカール] 匣-[e]s/-e 飲食店. ¶Samstags ist dieses *Lokal* brechend voll. 土曜日にはこの店ははちきれんばかりだ. / In seinem *Lokal* isst man hervorragend. 彼の店の食事はすばらしい.

Lokomotive [ロコモティーヴェ, ロコモティーフェ] 囡-/-n 機関車(略：Lok).

Look [ルック] 男-s/-s [最新流行の]スタイル, ルック. ¶der sportliche *Look* スポーティなスタイル. (参考：Safari·look サファリルック.)

los [ロース] 1厖《付加語用法なし》[ゆるんで・ちぎれて]とれた；解き放たれた；起こった；(人⁴・物⁴を)免(ホ\u309bが)れた. ¶Der Knopf (Der Hund) ist *los*. ボタンがとれた(犬が解き放たれた). / In der Altstadt ist heute viel *los*. きょう旧市内はなかなかの盛況だ. / Was ist mit dir *los*? 君はどうしたんだ, 何が起こったのだ. / Endlich bin ich ihn (den Schnupfen) *los*. やっとのことで彼から逃れる(鼻かぜから解放される)ことができた. 2副 行け, かかれ, やれ, 始めろ. ¶Nun aber *los*! さあ行け(やれ)！

Los [ロース] 匣-es/-e くじ引き；(宝くじ・ロトなどの)くじ；運命. ¶*et*⁴ durch das *Los* bestimmen 事⁴をくじ引きで決める. ◆Mein *Los* hat gewonnen. 私のくじが当たった.

los- [ロース]《常にアクセントをもち分離動詞をつくる前つづり》【開始】*los*fahren (乗り物が・で)出発する；【解放】*los*lassen (つかんでいたものを)離す.

lös·bar [レース・バール] 厖 解決する

ことができる.

löschen [レッシェン] 動 (火・灯火・データ・録画・録音などを)消す. ¶Der Hausmeister konnte den Brand schnell *löschen*. 管理人(マンションなどの)はすばやく火事を消すことができた. / Ach du Schreck, jetzt habe ich alle Kundendaten *gelöscht*! (パソコンで)わっ, しまった, 顧客データを全部消してしまった.

lose [ローゼ] 厖 ゆるんだ, 固定してない；(とじてなくて)ばらばらの；ばら売りの. ¶Den *losen* Knopf an deiner Jacke habe ich dir wieder angenäht. あんたの上着のゆるんだボタンをまた縫いつけておいたわよ. / Der Schal hing ihr *lose* um den Hals. マフラーが彼女の首にだらりと下がっていた. / Kleingeld trägt er *lose* in der Tasche. 彼は小銭をバラでポケットに入れている.

Löse·geld [レーゼ・ゲルト] 匣-[e]s/-er 身代金.

losen [ローゼン] 動 くじ引きで決める《um *et*⁴ 事⁴を》.

lösen [レーゼン] 動 ゆるめる, はがす；解消する；(問題を)解く；(乗車券・入場券を)買う. ¶*sich*⁴ *lösen* ゆるむ, 解ける. / *sich*⁴ von *j*³/*et*³ *lösen* 人³・事³から解放される, 身をふりほどく. ◆Jetzt die Handbremse *lösen*, und dann los! さあハンドブレーキをゆるめて出発だ. / Dieses Problem ist leicht zu *lösen*. この問いは簡単に解ける. / Die Karten *lösen* wir am Automaten. 切符は自動販売機で買おう.

los|fahren* [ロース・ファーレン] *du* fährst los, *er* fährt los; fuhr los, losgefahren 動 (s) (乗り物が・乗り物で)出発する. ¶Wann *fahren* wir endlich *los*? いったいいつになったら出発するんだ.

los|gehen* [ロース・ゲーエン] ging los, losgegangen 動 (s) 出発する；始まる. ¶Gleich *geht* der Streit wieder *los*. またすぐ争いが始まるぞ.

los|lassen* [ロース・ラセン] *du/er*

346

lässt los; ließ los, losgelassen 動 離す，解き放す．¶Diese schlimmen Erinnerungen *ließen* ihn nicht *los*. このいやな思い出が彼から離れようとしなかった．

lös·lich [レース・リヒ] 形 溶けやすい．

los machen [ロース・マヘン] 動 解く，解き放つ．¶den Hund *losmachen* イヌを解き放つ．

los reißen* [ロース・ライセン] *du/er* reißt los; riss los, losgerissen 動 もぎとる，引きちぎる．¶*sich⁴ losreißen* 身を引き離す．

Lösung [レーズング] 女-/-en 解決，解消；解消；溶液．¶Eine Scheidung ist vielleicht die beste *Lösung*. たぶん離婚が最善の解決策ではなかろうか．

los werden* [ロース・ヴェールデン] *du* wirst los, *er* wird los; wurde los, losgeworden 動 (s) (人⁴・物⁴から)のがれる，免(まぬか)れる；厄介払いする；失う．¶Ich *wurde* den Erpresser (meine Alpträume) einfach nicht *los*. 私は脅迫者(悪夢)から逃れようもなかった．/ Mit dieser Diät bin ich sechs Kilo *losgeworden*. このダイエットで私は6キロ体重を減らした．

Lot [ロート] 中-[e]s/-e *et⁴* ins *Lot* bringen (kriegen) 事⁴を正常にする(修復する)．

Lotion [ロツィオーン] 女-/-en スキンローション．

Lotos [ロートス] 男-/- , **Lotos·blume** [ロートス・ブルーメ] 女-/-n 〖植物〗ハス．

Lotse [ローツェ] 男-n/-n 水先案内人．

Lotterie [ロテリー] 女-/-n [ロテリーエン] 宝くじ，福引．¶in der *Lotterie* spielen 宝くじを買う．**Lotto** [ロット] 中-s/-s ロト(数字合わせの宝くじ)．

Löwe [レーヴェ] 男-n/-n 〖女性〗**Löwin** [レーヴィン] 女-/Löwinnen [レーヴィネン]〗〖動物〗ライオン．der *Löwe* 〖天文〗獅子座．

Lr [エルエル] 〖元素記号〗ローレンシウム．

Lu [エルウー] 〖元素記号〗ルテチウム．

Lücke [リュッケ] 女-/-n すきま；欠陥[箇所]．¶Wir müssen die *Lücke* im Zaun endlich flicken. もういい加減にフェンスの裂け目をつくろわなくては．/ Hier liegt eine *Lücke* im Gesetz vor. ここに法律の欠陥がある．/ Sein Wissen weist große *Lücken* auf. 彼の知識にはひどく欠落したところがある． **lücken·los** [リュッケン・ロース] 形 すきまのない，完全な．

lud [ルート] laden の過去形・単数・1，3人称．

Luft [ルフト] 女-/ 空気，大気；空中，野外．¶dicke *Luft* 険悪な空気．/ keine *Luft* mehr bekommen もう息ができない．/ tief *Luft* holen 深く息を吸う．/ für *j⁴ Luft* sein 人⁴にとって物の数ではない(問題にもならない)．/ an die frische *Luft* gehen 戸外(野外)に出る．/ völlig in der *Luft* hängen まだ宙に浮いている(未定である)；職がなくてぶらぶらしている．◆ In diesen Reifen ist zu wenig *Luft*. このタイヤは空気圧が低すぎる．/ Bei der Explosion flog das Boot in die *Luft*. 爆発の際ボートは空中に飛んで行った．

Luft·ballon [ルフト・バロン] 男-s /-s 風船；気球．¶einen *Luftballon* aufblasen 風船をふくらませる．

luft·dicht [ルフト・ディヒト] 形 気密性の．

lüften [リュフテン] 動 (部屋など⁴に)風を通す，換気する；(秘密などを)あばく．

Luft·fahrt [ルフト・ファールト] 女-/ -en 空の旅，航空．

Luft·linie [ルフト・リーニエ] 女-/-n 最短距離．

Luft·matratze [ルフト・マトゥラツェ] 女-/-n エアマット．

Luft·post [ルフト・ポスト] 女-/ 航空便．¶mit (per) *Luftpost* 航空便で．

Luft·pumpe [ルフト・プンペ] 女-/-n (自転車用の)空気ポンプ．

Luft·sprung [ルフト・シュプルング]

男-[e]s/Luft・sprünge [ルフト・シュプリュンゲ] einen Luftsprung machen 小躍りする.

Lüftung [リュフトゥング] 女-/-en 換気;換気装置.

Luft・verschmutzung [ルフト・フェァシュムツング] 女-/ 大気汚染. ¶Die wachsende Luftverschmutzung gefährdet die Gesundheit der Bevölkerung. 増大する大気汚染は住民の健康を危険にさらす.

Lüge [リューゲ] 女-/-n うそ. ¶eine glatte Lüge 真っ赤なうそ. ◆Auf seine Lügen fällt niemand mehr herein. 彼のうそにはもう誰もひっかからない. **lügen*** [リューゲン] log, gelogen 動 うそをつく. ¶Dass sie log, sah man ihr am Gesicht an. 彼女がうそをついているのはその顔つきから見て取れた. / Manchmal muss man aus Höflichkeit lügen. 時には儀礼上うそをつかなければならないこともある.

Lügner [リューグナァ] 男-s/ (女性 **Lügnerin** [リューグネリン] 女-/Lügnerinnen [リューグネリネン])うそつき.

Luke [ルーケ] 女-/-n 天窓;ハッチ.

lukrativ [ルクラティーフ] -e [ルクラティーヴェ] 形 割のいい, 儲かる.

Lümmel [リュメル] 男-s/- 《ぞぐだばゐ無作法な若者. **lümmeln** [リュメルン] 動 sich⁴ lümmeln だらしない姿勢をとる. ¶sich⁴ aufs Sofa lümmeln だらしなくソファーにねそべる.

Lunge [ルンゲ] 女-/-n 肺. ¶die grüne Lunge der Stadt 町の緑地. ◆Auf Lunge rauche ich schon lange nicht mehr. もうずいぶん前から私は深々とタバコを吸い込んだりしてない. / Hast du deine Lunge schon einmal röntgen lassen? 今までに肺のレントゲンをとってもらったことがありますか.

Lupe [ルーペ] 女-/-n ルーペ. ¶j⁴/et⁴ unter die Lupe nehmen 人⁴・物⁴を細かく観察する(調べる).

Lust [ルスト] 女-/Lüste [リュステ] 《複 なし》…したい気持ち;喜び. ¶Hast du Lust auf ein Eis? 君はアイスクリームを食べる気はあるかい. / Ich habe jede Lust verloren, ihn noch einmal zu treffen. 私はもう一度彼に会う気が全く失せてしまった.

lustig [ルスティヒ] -e [ルスティゲ] 形 愉快な, 陽気な. ¶Er ist ein lustiger Typ. 彼は陽気なやつだ. / Wenn er ein paar getrunken hat, wird er immer lustig. 彼は2,3杯飲むといつでも陽気になる.

lust・los [ルスト・ロース] 形 気乗りのしない;(株が)気乗り薄の.

lutschen [ルッチェン] 動 なめる;しゃぶる《an et³ 物³を》. ¶ein Bonbon lutschen ボンボンをなめる. / am Daumen lutschen 親指をしゃぶる.

luxuriös [ルクスリエース] 形 ぜいたくな;デラックスな. **Luxus** [ルクスス] 男-/ ぜいたく.

Lyrik [リューリク] 女-/ 抒情詩.

ちょっと文法

ひっくりかえすだけ

◆疑問文の作り方◆

嬉しいことにドイツ語の疑問文の作り方は, 英語よりずっとやさしい. 何といっても主語と人称形を入れかえるだけでオーケーなんだ. 英語のように do だの does にあたる助動詞を使う必要は全くなし. Sie fahren mit der U-Bahn nach Shinjuku. を疑問文にしたければ, Fahren Sie mit der U-Bahn nach Shinjuku?「あなたは地下鉄で新宿へ行きますか?」. 同じ文を現在完了形にしたものでも, Sind Sie mit der U-Bahn nach Shinjuku gefahren? だし, 話法の助動詞を加

えたものなら，Wollen Sie mit der U-Bahn nach Shinjuku fahren?
「地下鉄で新宿へ行く気ですか？」だ．疑問詞をつけたければ，1番
前に置くといい．Wohin fahren Sie mit der U-Bahn?「あなたは地下
鉄でどこへ行きますか？」．楽だねえ．

ちょっと文法

英語の3倍だ，やれやれ

◆命令文◆
命令文というのは，話す相手（2人称）に要求したりお願いしたりす
る文のこと．英語の2人称は you だけなので，1種類の命令文を覚
えさえすればよかった．ところがドイツ語の2人称には敬称 Sie と
親称 du の2種があり，そのうえ du の複数形が ihr という別の単
語（敬称は単数も複数も同じ Sie）だ．だから Sie, du, ihr に対し
てそれぞれ異なった命令形ができることになる．犬に「お座り！」と
言いたければ du への命令文（Sitz!），幼稚園の子たちに「静かに！」
と言うなら ihr への命令文（Seid ruhig!），来客に対して「少しお待
ちください」だと Sie への命令文（Warten Sie mal!）というふう
に．英語の3倍というのはちょっと辛いね．

¹M, ¹m

M

¹**M, ¹m** [エム] 田-/- ドイツ語アルフ
ァベットの第13字.

²**M** [マィレ] 〘記号〙マイル（＝**M**eile）.

²**m 1**[メータァ] 〘記号〙メートル （＝**Me**-
ter）. **2**[ミヌーテ] 〘記号〙分（＝**M**inu-
te）.

M. [マスクリーヌム] 〘文法〙男性[名詞].
（⇒Maskulinum）

m. [マスクリーン] 〘文法〙男性[名詞]の.
（⇒maskulin）

m² [クヴァドゥラート・メータァ] 〘記号〙平方メ
ートル.（⇒Quadratmeter）

m³ [クビーク・メータァ] 〘記号〙立方メート
ル.（⇒Kubikmeter）

machen [マッヘン] 〘動〙つくる；行う；
ひき起こす.¶einen Ausflug ma-
chen 遠足に行く. / die Betten
machen ベッドを整える. / in
et³ seinen (den) Doktor machen
専門³の博士号を取得する. / einen
Fehler machen 間違いを犯す. /
Fotos von j³/et³ machen 人³・
物³の写真をとる. / Hausaufga-
ben machen 宿題をする. / Kaffee
machen コーヒーをいれる. /
sich³ ein neues Kleid machen
lassen 新しい服を仕立てさせる.
/ sich⁴ an et⁴ machen 事⁴にとり
かかる.♦Was sollen wir bloß
machen? 私たちはどうしたらいい
のだろうか. / Morgen kann ich
nicht. — Das macht nichts,
dann kommst du halt übermor-
gen. あしたはだめだ—それはかまわ
ない,明後日来ればいい. / Was ma-
chen deine Eltern? ご両親はどう
しておいでですか. / Wie viel (Was)
macht das? - Das macht fünf-
zig Euro. いかほどですか—50ユーロ
になります.《特定の名詞と》 eine Be-
merkung machen 所見(意見)
を言う. / einen Versuch ma-
chen,...zu＋不定詞 …をやってみる.

Macht [マハト] 〘女〙-/Mächte [メヒ
テ] 《複なし》力,能力,体力；《複な

し》権力,支配力；強国.¶die ver-
bündeten Mächte England,
Frankreich und die USA 同盟を
結んだ列強イギリス,フランス,アメリ
カ合衆国. / an die Macht kom-
men 権力の座につく.♦Die Macht
des Taifuns war enorm. 台風の
力はたいへんなものであった. / Der
Präsident der USA verfügt über
große Macht. アメリカ合衆国の
大統領は強大な権力を持っている. /
Es steht nicht in meiner Macht,
... zu＋不定詞 …することは私の
権限外である. **Macht・haber**
[マハト・ハーバァ] 〘男〙 -s/- 《女性
Macht・haberin [マハト・ハーバリン] 〘女〙
-/Macht・haberinnen [マハトハーバ
リネン]》権力者,独裁者.

mächtig [メヒティヒ] -e [メヒティゲ]
〘形〙強力な. 強大な；《くだけて》ものすご
く.¶eine mächtige Eiche 巨大
なカシの木. / ein mächtiges Un-
ternehmen 強大な企業. / et²
mächtig sein 事²の能力がある,事²
をマスターしている. ♦Er ist des
Deutschen kaum mächtig. 彼は
ドイツ語がほとんど身についていない. /
Gestern war es mächtig kalt.
きのうはおそろしく寒かった.

macht・los [マハト・ロース] 〘形〙無力
な；権力のない.

Macke [マッケ] 〘女〙-/-n 妙な考え；
欠陥.¶eine Macke haben 頭が
おかしい.

Mäd・chen [メート・ヒェン] 田-s/-
《中性名詞ではあるが,人称代名詞 sie
で受けることが多い》女の子；娘；《古い表
現》メイド.¶Mädchen für alles
あらゆる仕事をやらされる人. ♦Wir
haben ein Mädchen bekom-
men. わが家は娘に恵まれた. / Mäd-
chen sind im Allgemeinen fleißi-
ger als Jungen. 一般に女の子の
方が男の子より勤勉だ. **Mädchen・
name** [メートヒェン・ナーメ] 〘男〙2格

Made [メーデ] 囡-/-n ウジ.

mag [マーク] < mögen.

Magazin [マガツィーン] 匣-s/-e 娯楽雑誌, マガジン;《放送》報道番組, ニュースショー;倉庫;(連発銃の)弾倉.

Magdeburg [マクデ・ブルク] 匣 -s/ 《地名》マクデブルク(ドイツ連邦共和国ザクセン・アンハルト州 Sachsen-Anhalt の州都).

Magen [マーゲン] 男-s/Mägen [メーゲン] 胃. ¶mit leerem Magen 腹ペコで. / et¹ liegt j³ schwer im Magen 事¹が人³の気持ちに重くのしかかっている. ◆Mein Magen knurrt. 私のおなかがぐうぐう言っている.

mager [マーガァ] 形 やせた;脂肪分の少ない. ¶mageres Fleisch 肉の赤身. ◆Nun iss ordentlich, sonst wirst du noch magerer! ちゃんと食べなさい, さもないともっと痩せてしまうぞ. (⇒schlank)

Mager·milch [マーガァ・ミルヒ] 囡-/ 脱脂乳.

Magie [マギー] 囡-/-n [マギーエン] 魔法. ¶schwarze Magie 黒魔術. **magisch** [マーギシュ] 形 魔法のような, 不思議な力をもった.

Magister [マギスタァ] 男-s/-《雅文》(人文科学の)マスター. ¶in et³ seinen (den) Magister machen 専門³の修士号を取得する.

Magistrat [マギストゥラート] 男-[e]s /-e 市当局, 市役所;市町村参事会.

Magnet [マグネート] 男-[e]s(-en)/-e 磁石. **magnetisch** [マグネーティシュ] 形 磁石の, 磁性をもった. **Magnet·schwebebahn** [マグネート・シュヴェーベバーン] 囡-/-en リニアモーターカー.

mähen [メーエン] 動 (草などを)刈る;(芝生・草地など²を)刈る.

Mahl [マール] 匣-[e]s/Mähler [メーラァ] 《さま雅文》食事;会食.

mahlen [マーレン] 動 ひいて粉にする. ¶Korn [zu Mehl] mahlen 麦をひく(ひいて小麦粉にする).

Mahl·zeit [マール・ツァイト] 囡-/-n 食事. ¶Mahlzeit halten 食事をする. 《Gesegnete》Mahlzeit! いただきます, 召し上がれ. / Dieses Restaurant bietet besondere Mahlzeiten für Senioren an. このレストランは高齢者用に特別のメニューを提供している. / Dreimal täglich zwischen den Mahlzeiten einzunehmen! 1 日 3 回食間に服用のこと.

Mähne [メーネ] 囡-/-n (馬・ライオンなどの)たてがみ.

mahnen [マーネン] 動 (人⁴に)強く求める, 警告する. ¶Else mahnte ihn an sein Versprechen. エルゼは彼に約束を思い起こさせた. / Sie mahnte ihn zur Eile (... ihn, sich zu beeilen). 彼女は彼に急ぐよう注意した. **Mahnung** [マーヌング] 囡-/-en 勧告, 警告;督促.

Mai [マイ] 男-[s]/ 5 月. ¶der Erste Mai メーデー. / Maienfröste sind schlimme Gäste. 5 月の霜は好ましからぬ来訪者だ. (⇒April)

Mai·glöckchen [マイ・グレックヒェン] 匣-s/-《植物》ドイツスズラン.

Mai·käfer [マイ・ケーファ] 男 -s/- 《昆虫》コフキコガネ(コガネムシの一種).

mailen [メーレン] 動 《電算》E メールで送る(知らせる).

Mainz [マインツ] 匣-[s]/ マインツ(ドイツ連邦共和国ラインラント・プファルツ州 Rheinland-Pfalz の州都).

Mais [マイス] 男-es/(種類:-e) トウモロコシ.

Majestät [マイェステート] 囡 -/-en 陛下(皇帝, 皇后, 国王, 王妃に対する敬称);《複で》皇帝皇后(国王王妃)両陛下. ¶Seine Majestät, der König 国王陛下. / Ihre Majestät, die Kaiserin 皇后陛下. / die Majestäten von Dänemark デンマーク国王ご夫妻. 《2 人称の扱いで》Eure (Euer) Majestät wollen die Stadt besichtigen? 陛下には市内をご見物なさいますか. **majestätisch** [マイェステーティシュ] 形 威厳のある;荘厳な.

M

Majonäse [マヨネーゼ, 《ｵｰｽﾄﾘｱ》マヨネーズ] 囡 -/-n マヨネーズ. (⇒Mayonnaise)

Majoriät [マヨリテート] 囡 -/-en 《複なし》(票決で)多数;多数派. (⇒Minorität)

makaber [マカーバァ] -e [マカーブレ] 厖 不気味な.

Makel [マーケル] 男-s/- 欠点,欠陥;汚点. **makel•los** [マーケル・ロース] 厖 欠点(欠陥)のない.

Make-up [メーク・アップ] 囲-s/-s メーキャップ,メイク.

Makler [マークラァ] 男-s/- 《女性》 **Maklerin** [マークレリン] 囡-/-Maklerinnen [マークレリネン] (不動産などの)周旋業者. ¶Weißt du einen vertrauenswürdigen Makler für uns? われわれが信頼するに足る周旋業者を知っているかい.

mal [マール] 圖 **1**(乗じることを表して)掛ける. ¶zwei mal drei ist sechs. 2掛ける3は6. **2**(過去や未来の不定の時を表して)一度,かつて,いつ[の日]か;【要求の意味を添えて】まあ(さあ)…してください,…しなさい. 【mal ..., mal ...の形で】ある時は…またある時は…. ¶endlich mal やっとのことで. / nicht mal …できない. ◆Heute gibt's endlich mal Heringssalat. きょうはようやくまた塩漬けニシンのサラダが出るぞ. / Kommen Sie mal! さあいらっしゃいってば. / Mal regnet's, mal scheint die Sonne, richtiges Aprilwetter. 雨が降ったかと思うとお日さまが照る. 典型的な4月の天気だ.(⇒einmal)

¹Mal [マール] 囲-[e]s/-e … 回,…度. ¶das erste (letzte) Mal 最初(最後). / jedes Mal 毎回. / ein für alle Mal[e] 最終的(永久)に. / mit einem Mal[e] 急に,突然. ◆Das ist das erste und das letzte Mal, dass wir hier einkaufen. ここで買い物をするのはこれが最初で最後だ. / Hilf mir bitte nur noch dieses eine Mal! これで最後だ,もう一度だけ頼むから手を貸してくれ. / Ich habe schon viele Male versucht, ihn zu erreichen. 彼に連絡をつけようと私は何度も何度も試みた.

²Mal [マール] 囲-[e]s/-e (皮膚の)しみ,あざ,ほくろ.

malen [マーレン] 動 (人⁴•物⁴の)絵を描く,描写する;(物⁴に)絵の具(ペンキ・口紅・マニキュア)を塗る. ¶gern malen 絵を描くのが好きである. / sich³ die Lippen malen 口紅を塗る. ◆Er hat sie schöner gemalt, als sie ist. 彼は彼女を実際より美しく描いた. / Er malt alles schwarz in schwarz. 彼は何もかも余りにも悲観的に描く.

Maler [マーラァ] 男-s/- 画家;ペンキ屋. (⇒Malerin) **Malerei** [マーレライ] 囡 -/-en 《複なし》絵画[芸術];(個々の)絵画作品.

Malerin [マーレリン] 囡 -/Malerinnen [マーレリネン] 画家;ペンキ屋. (Maler の女性形)

malerisch [マーレリシュ] 厖 [絵のように]美しい.

Malheur [マレーァ] 囲-s/-e(-s) (ちょっとした)災難;失敗.

mal｜nehmen* [マール・ネーメン] du nimmst mal, er nimmt mal; nahm mal, malgenommen 動 5 mit 6 malnehmen 5 に6をかける. ¶5 mit 6 malgenommen, ergibt 30. 5に6をかけると30になる.

Malz [マルツ] 囲-es/ 麦芽. **Malz•bier** [マルツ・ビーァ] 囲-[e]s /(種類:-e) 麦芽ビール(アルコール分のきわめて少ない,甘い味の黒ビール).

Mama [ママ] 囡 -/-s ママ.

man [マン] 代 《不定. 2格 eines, 3格 einem, 4格 einen. 所有代名詞,再帰代名詞は sein, sich》 人々(世間・私たち)は,誰でも;《man を主語とする文は受動文と理解することができる》…される. ¶In dem Café sitzt man sehr gemütlich. あの喫茶店はとても居心地がいい. / Dort hat man eine schöne Aussicht. あそこの景色は美しい. / Heute

(Heutzutage) raucht *man* immer weniger. 今日では喫煙する人が減る一方だ. / *Man* sagt, dass … …と言われている.

Manage・ment [メニヂメント] 中-s /-s (大企業の)マネージメント；経営陣.

managen [メニヂェン] *du* managst [メニヂュスト], *er* managt [メニヂュト]; managte [メニヂュテ], gemanagt [ゲメニヂュト]; managt! [メニヂュ] 動 経営する；処理する.

Manager [メニヂァァ] 男-s/- (女性) **Managerin** [メニヂェリン] 女-/ Managerinnen [メニヂェリネン])(大企業・ホテルなどの)マネージャー.

manch [マンヒ] 代《不定. weniget と viel の中間の数を表す》相当数の；《複で》数人の, いくつかの, いろいろな.

	男性		女性	
1格	**mancher** -e		**manche** -e	
2格	**manches** -en		**mancher** -en	
3格	**manchem** -en		**mancher** -en	
4格	**manchen** -en		**manche** -e	
	中性		複数	
1格	**manches** -e		**manche** -e	
2格	**manches** -en		**mancher** -en	
3格	**manchem** -en		**manchen** -en	
4格	**manches** -e		**manche** -e	

上表の -e などは manch に続く形容詞の語尾変化を示す. 単数形では弱変化, 複数形では強変化・弱変化いずれの変化もありうる.

¶ *manche* wissenschaftliche Arbeit 多くの研究論文. / in *mancher* kalten Winternacht 何日もの寒い冬の夜に. / *manche* alte/alten Männer 数多くの老人たち. / Wir haben schon *manchen* schönen Abend dort verbracht. 私たちはすでに幾晩もあそこで楽しい宵を過ごした.《manch が無変化で用いられる場合, 後続する形容詞は強変化》 *manch* bunte Blumen 沢山の色とりどりの花. / Er hat mir schon *manch* guten Rat gegeben. 彼はこれまでに幾多の有益な助言を私に与えた.

manch・mal [マンヒ・マール] 副 時には, 折にふれて. ¶ *Manchmal* geht er mir wirklich auf die Nerven. 時々彼が本当に気にさわることがある. / *Manchmal* hat er sogar recht. 時には彼の言が正しいことだってある.

Mandarine [マンダリーネ] 女-/-n 〖果物〗マンダリン(中国みかん, 温州みかん).

Mandat [マンダート] 中-[e]s/-e 議席；委託, 委任.

Mandel [マンデル] 女-/-n 〖植物〗アーモンド[の実]；〖解剖〗扁桃[腺].

Manege [マネージェ] 女-/-n (サーカスの)円形演技場, アリーナ.

Mangel [マンゲル] 男-/Mängel [メンゲル] 《複なし》不足《an *et*³ 物³の》；欠陥. ¶ Der *Mangel* an Arbeitsplätzen ist unser größtes Problem. 働き口の不足がわれわれ最大の問題だ. / Er wurde aus *Mangel* an Beweisen freigesprochen. 彼は証拠不充分で無罪になった. **mangel・haft** [マンゲル・ハフト] 形 不充分な；欠陥のある. **mangels** [マンゲルス] 前《2格支配》…が不足しているために.

Manie [マニー] 女-/-n [マニーエン] 熱狂, 癖；〖心理〗躁(゜)病.

Manier [マニーァ] 女-/-en 流儀, 手法；《複で》マナー. **manier・lich** [マニーア・リヒ] 形 行儀のよい；まずまずの.

Mani・fest [マニ・フェスト] 中-[e]s /-e マニフェスト, 宣言.

Mani・küre [マニ・キューレ] 女-/-n 《複》まれ》マニキュア[セット].

mani・pulieren [マニ・プリーレン] manipulierte, manipuliert 動 巧みに操る；(市場・相場・選挙などを)不正に操作する.

Manko [マンコ] 中-s/-s 不足[額]；欠損, 欠陥.

Mann [マン] 男-[e]s/Männer [メナァ] 男；夫. ¶ein alter (junger) *Mann* 年老いた(若い)男. ◆Sie will nur einen reichen und gutaussehenden *Mann* heiraten.

彼女は金持ちで男前の男性としか結婚しようとは思わない。／Er ist wirklich ein *Mann* von Format. 彼は本当に懐の深い男だ。／Als *Mann* aus dem Volk ist der Präsident sehr beliebt. 庶民出の男として大統領は非常に好かれている。／Sei ein *Mann*! しっかりしろ。／Meine *Männer* sind alle im Stadion. うちの男どもはみなスタジアムにいるわ。／Mein *Mann* ist auf einer Dienstreise. うちの夫は出張中です。(⇒Ehemann, Ehefrau, Frau)

Mannequin [マネケーン, マネケーン] 中 -s/-s 《服飾》マヌカン, モデル.

män·lich [メン・リヒ] 形 男性の, 男性らしい;《文法》男性の. ¶Er hat keine *männlichen* Nachkommen. 彼には男性の子供がいない。／Sein *männliches* Wesen gewann ihm viele Sympathien. 彼の男性的な人柄は多大の好感を得た。／Sein bewusst *männliches* Auftreten wirkte irritierend. 彼のことさら男っぽい振舞いは人の神経にさわった.

Mann·schaft [マン・シャフト] 女 -/-en チーム;(船の)乗組員,(航空機の)乗員.

Manöver [マネーヴァ] 中 -s/- 機動演習;運転[の仕方]. **manövrie·ren** [マネヴリーレン] manövrierte, manövriert 動 (乗り物を)巧みに操る.

Mansarde [マンザルデ] 女 -/-n 屋根裏部屋.

Manschette [マンシェッテ] 女 -/-n (ワイシャツの)カフス. **Manschet·ten·knopf** [マンシェッテン・クノプフ] 男 -[e]s/Manschetten·knöpfe [マンシェッテン・クネプフェ] 《ふつう複で》カフスボタン.

Mantel [マンテル] 男 -s/Mäntel [メンテル] コート, オーバー. ¶Darf ich Ihnen in den *Mantel* helfen? コートをお召しになるお手伝いしましょうか.

manuell [マヌエル] 形 手による, 手動の.

Manu·skript [マヌ・スクリプト] 中 -[e]s/-e 原稿;手写本.

Mappe [マッペ] 女 -/-n 書類ばさみ, ファイル;ブリーフケース.

Mär·chen [メール・ヒェン] 中 -s/- メルヘン, おとぎ話, 民話. ¶Kinder brauchen *Märchen*. 子供たちにはおとぎ話が必要だ。／Das *Märchen* vom Aschenputtel ist sehr bekannt. 灰かぶり姫のおとぎ話は広く知られている。／Erzähl bloß keine *Märchen*! いい加減なことを言うな. **märchen·haft** [メールヒェン・ハフト] 形 おとぎ話のような, 夢のように美しい(すばらしい).

≣ドイツを識るコラム≣
グリム童話

　グリム兄弟 (Jacob Grimm 1785-1863, Wilhelm Grimm 1786-1859) はドイツの民間伝承を収集し,「子供と家庭のための童話集」(Kinder- und Hausmärchen) という本にまとめて出版した.1812年に初版を出し,その後第7版 (1857) まで改訂を重ねた. グリム童話は数多くの言語に翻訳され, ルターの聖書と並んで最も知られたドイツの本と言われている.

日本でもおなじみの作品
「いばら姫」Dornröschen
「赤ずきん」Rotkäppchen
「灰かぶり」Aschenputtel
「ブレーメンの音楽隊」
　Die Bremer Stadtmusikanten
「ヘンゼルとグレーテル」
　Hänsel und Gretel
「蛙の王様または鉄のハインリヒ」
　Der Froschkönig oder der eiserne Heinrich
「白雪姫」Schneewittchen
「狼と七匹の子やぎ」
　Der Wolf und die sieben jungen Geißlein

Margarine [マルガリーネ] 女 -/ マーガリン. ¶In Deutschland schmeckt die *Margarine* nicht salzig. ドイツではマーガリンに塩味

M

はない. / Man sagt, *Margarine* sei gesünder als Butter. マーガリンの方がバターより健康的だと言われる.

Marien·käfer [マリーエン・ケーファ] **男**-s/- 〚昆虫〛テントウムシ.

Marihuana [マリフアーナ] **中**-[s]/ マリファナ.

Marille [マリレ] **女**-/-n 〚果物〛〔オーストリア〕アンズ.

Marine [マリーネ] **女**-/-n 《ふつう**複**なし》海軍;(一国の全ての)艦船.

Marionette [マリオネッテ] **女**-/-n マリオネット.

¹**Mark** [マルク] **女**-/- (2001年まで流通していたドイツの通貨単位)マルク. ¶2001 wurde alle Konten von *Mark* auf Euro umgestellt. 2001 年に全ての口座はマルクからユーロに切り換えられた.

²**Mark** [マルク] **中** -[e]s/ 〚解剖〛髄(ずい);〚植物〛髄質;真髄.¶Er spürte die Kälte bis ins *Mark*. 彼は骨の髄まで寒さを感じた.

Marke [マルケ] **女**-/-n トレードマーク, ブランド, 銘柄;標識, 鑑札;クーポン券;郵便切手. ¶Nivea ist eine international bekannte *Marke*. ニヴェアは国際的に知られた銘柄です. / Er raucht immer dieselbe *Marke*. 彼はいつでも同じ銘柄のタバコをすっている. / Fünf *Marken* zu siebzig, bitte! 70 セントの切手を 5 枚ください. **Marken·artikel** [マルケン・アルティーケル] **男**-s/- ブランド商品.

markieren [マルキーレン] markierte, markiert **動** (物⁴に)目印をつける;よそおう. ¶Er *markiert* die wichtigen Wörter in der Wortliste. 彼は単語集の重要語に印を付ける. / Hier habe ich sein Haus *markiert*. 私は彼の家のところに印をつけた. / Grippe hat er nicht, er *markiert* bloß. 彼は風邪なんかじゃない, そのふりをしているだけだ. **Markierung** [マルキールング] **女**-/-en 標識, マーク;〚経済〛マーキング.

Markt [マルクト] **男**-[e]s/Märkte

[メルクテ] 市(いち), 市場(いちば);市場(しじょう);市の立つ広場;市場(しじょう). ¶Gemüse kaufe ich immer auf dem *Markt*. 野菜はいつも市場(いちば)で買います. / Meine Mitarbeiter beobachten den *Markt* sehr genau. 私の部下は市場(しじょう)を非常に精密に観察している. / Für so etwas gibt es schon lange keinen *Markt* mehr. そんなものにはもうとっくの昔から販路はない. / Unsere Firma versucht, in Asien neue *Märkte* zu erschließen. わが社はアジアで新しい市場を開拓しようとしている.

Markt·platz [マルクト・プラツ] **男**-es/Markt·plätze [マルクト・プレツェ] 市(いち)の立つ広場.

〓ドイツを識るコラム〓
マルクト広場

今日でもドイツの歴史ある町にはマルクト広場を中心とした石畳の旧市街が残っている. 広場を囲んで立ち並ぶ木組みや石造りの建物が中世の風情を今に伝えている. また広場には泉がつきものだが, その昔, 人々や家畜に水を供給するのに不可欠なものだった.

中世中頃からの農業生産の増大に支えられ, 手工業や商業も活発化. 遠隔地商業の興隆は経済を著しく発展させ, 都市に富をもたらした. こうして都市が力を持つようになると, 都市領主から様々な権利を金銭や闘争で獲得し, 自治権を持つところが各地に誕生した. 交易の中心であったマルクト広場の周辺には, 堂々たる市庁舎, 教会, 上流市民の館, 商人や手工業者の会館など都市の顔となるような建築物が建てられた. また宗教行事, 様々な催し, 裁判, 処刑等もこの広場で行われ, まさに市民生活の中心であった.

Markt·wirtschaft [マルクト・ヴィルトシャフト] **女**-/-en 〚経済〛市場(しじょう)経済.

Marmelade [マルメラーデ] **女** -/-n

ジャム，マーマレード． ¶Selbstgemachte *Marmelade* schmeckt immer noch am besten. 自家製のマーマレードはなんといってもいちばん美味しい． / In Japan isst man den Toast oft mit Butter oder *Marmelade*, in Deutschland meist mit Butter und *Marmelade*. 日本ではトーストにバターを，さもなければマーマレードをつけて食するが，ドイツではおおむねバターとマーマレードとをつけて食べる．

Marmor [マルモーァ] 男 -s/(種類: -e) 大理石．

Marone [マローネ] 女-/-n マロン（クリの実）；〖植〗ニセイロガワリ（食用になるアワタケの一種）．

¹**Marsch** [マルシュ] 男 -[e]s/Märsche [メルシェ] 行進；行進曲．

²**Marsch** [マルシュ] 女-/-en（ドイツ北海岸の肥沃な）沼沢地．

marschieren [マルシーレン] marschierte, marschiert 動 (s) 行進する；とっとと歩く． ¶Die Rekruten können noch nicht richtig *marschieren*. 新兵はまだ正しい行進ができない． / Gestern sind wir drei Stunden durch den Wald *marschiert*. きのうは森を通って３時間も歩いた．

Märtyrer [メルテュラァ] 男 -s/- (女性) **Märtyrerin** [メルテュリリン] 女-/Märtyrerinnen [メルテュレリネン]）殉教者．

Marxismus [マルクスィスムス] 男 -/ マルクス主義．

März [メルツ] 男 -[es]/ ３月． (⇒ April)

Marzipan [マルツィパーン] 中 （男） -s/-e マルツィパン，マジパン（アーモンド・サトウなどからつくる砂糖菓子の一種）．

北ドイツに旅行したら，文豪トーマス・マン（1875－1955）の生地リューベック Lübeck を訪れると良い．小さいハンザ同盟都市だが見ものはいっぱい．疲れた人は市庁舎の向かいにあるニーダーエガー Nie

deregger という老舗の喫茶店で憩う．この店はマルツィパンの製造販売で有名な店だ．動物や野菜，果物の形をした可愛いマルツィパンは長持ちするし，美味しいし，お土産に好適である．国内外の慶事，例えば英国女王の戴冠式などにリューベック市からのお祝いものとしても使われる由緒正しいお菓子．

¹**Masche** [マッシェ] 女-/-n 縫い（編み・かがり・針）目；蝶結びのリボン，ボー．

²**Masche** [マッシェ] 女-/-n 妙手，うまい手．

Maschine [マシーネ] 女-/-n 機械［装置］；航空機，オートバイ；タイプライター． ¶Wir produzieren größtenteils mit (auf) den neuesten *Maschinen*. われわれは大部分最新の機械で製造をしている． / Die *Maschine* aus Frankfurt wird pünktlich landen. フランクフルトからの機は定時に着陸するでしょう． / Am besten diktiert man gleich in die *Maschine*. 口述筆記はすぐタイプライターで打たせるのがいちばん良い． **maschinell** [マシネル] 形 機械による（よって）． **Maschinen・bau** [マシーネン・バォ] 男-s/ 機械製造；機械工学．

Masern [マーゼルン] 複 〖医学〗はしか．

Maske [マスケ] 女-/-n 仮面；マスク． **maskieren** [マスキーレン] maskierte, maskiert 動(人⁴に)仮面をつけさせる，仮装させる． ¶ *sich⁴ maskieren* 仮面をつける，仮装する．

maskulin [マスクリーン] 形 男性の；男性らしい；〖文法〗男性［名詞］の（略；m.）． **Maskulinum** [マスクリーヌム] 中 -s/Maskulina [マスクリーナ] 男性名詞（略: M., m.）．

maß [マース] messen の過去形・単数・１，３人称．

¹**Maß** [マース] 中-es/-e 度量（長さと重さ）単位；計測（計量）結果；分量，度合；適度，限度；ものさし． ¶ein volles *Maß* Korn ひとます一杯の穀

粒. / die *Maße* des Zimmers 部屋の広さ. / ideale *Maße* haben 理想的なプロポーションをもっている. / einen Anzug nach *Maß* machen lassen 背広をあつらえて作らせる. / über das übliche *Maß* weit hinausgehen 並外れたものになる. ◆ In den USA benutzt man andere *Maße* als in Europa. アメリカではヨーロッパとは異なる度量単位を用いている. / So, dann will ich mal bei Ihnen *Maß* nehmen. さあそれでは貴女の寸法を測りたいと存じます. / Beim Trinken kann er einfach nicht *Maß* halten. 飲むときに彼は節度を守れないのだからどうしようもない.

²**Maß** [マース] 女-/- 《靴》マース(1～2リットル). ¶zwei (eine) *Maß* Bier ビール2(1)マース.

Massage [マサージェ] 女-/-n マッサージ.

Masse [マッセ] 女-/-n (粘性のある物質の)かたまり;多数(量),集団;《複で》群集. ¶die breite *Masse* 住民の大半. / eine namenlose *Masse* 無名の人々. / eine *Masse* reife[r] Birnen たくさんの熟したナシ. ◆ Die *Masse* der Bevölkerung hat konservativ gewählt. 住民の多数は保守派を選出した. / Dafür hat er eine *Masse* Geld ausgegeben. そのために彼は多額の金を支出した. **massen·haft** [マッセン・ハフト] 形 多数(大量)の;大群をなしての.

Massen·medium [マッセン・メーディウム] 中-s/Massen·medien [マッセン・メーディエン] 《ふつう複で》マスメディア.

Masseur [マッセーァ] 男-s/-e (女性) **Masseurin** [マッセーリン] 女-/Masseurinnen [マッセーリネン] マッサージ師.

maß·gebend [マース・ゲーベント], **maß·geblich** [マース・ゲープリヒ] 形 標準的な;権威ある;決定的な. ¶Seine Meinung ist absolut nicht *maßgebend*. 彼の意見は

関—連—語 ¹**Maß**
—いろいろな単位— [ ]内は単位記号

das Gramm グラム[g].
das Kilo[gramm] キログラム[kg].
das Pfund ポンド(500グラム)[Pfd.].
die Tonne トン[t].
der(das) Millimeter ミリメートル[mm].
der(das) Zentimeter センチメートル[cm].
der(das) Meter メートル[m].
der Kilometer キロメートル[km].
der(das) Quadratzentimeter 平方センチメートル[cm²].
der(das) Quadratmeter 平方メートル[m²].
der Quadratkilometer 平方キロメートル[km²].
das(der) Ar アール[a].
das(der) Hektar ヘクタール[ha].
der(das) Kubikzentimeter 立方センチメートル[cm³].
der(das) Kubikmeter 立方メートル[m³].
der(das) Deziliter デシリットル[dl].
der(das) Liter リットル[l].
der Grad (気温,角度の)度[°].
10 Grad C (10℃) 摂氏10度.
ein Winkel von 40° 40度の角.

ぜんぜん権威がない. / An dem guten Ergebnis war er *maßgeblich* beteiligt. 優れた成果を生むのに彼は決定的に関与した.

massieren [マスィーレン] massierte, massiert 動 マッサージする.

massig [マッスィヒ] -e [マッスィゲ] 形 大きくて重い,どっしりした.

mäßig [メースィヒ] -e [メースィゲ] 形 適度な;平凡な.

mäßigen [メースィゲン] 動 ほどほどに抑える,抑制する. ¶*sich⁴ mäßigen* 和らぐ,静まる. / *sich⁴* in

M

et³ *mäßigen* 事³を慎む，控える．♦
Im (Beim) Trinken kann und
kann er sich nicht *mäßigen*.
飲むという点で彼は控えることがまった
くできない．

massiv [マスィーフ] -e [マスィーヴェ]
形 中身のつまった；堅牢(½½)な；激し
い．

maß・los [マース・ロース] 形 過度の．

Maß・nahme [マース・ナーメ] 女-/-n
措置，方策，手段《gegen et⁴ 事⁴に
対する》．¶alle *Maßnahmen* zur
Verhütung von Unfällen treffen
(ergreifen) 事故を防止するため
らゆる手段を講じる．♦ Nach der
Katastrophe ordnete der Minis-
ter sofort *Maßnahmen* gegen
die Seuchengefahr an. 災害後
大臣は直ちに疫病の危険に対する措置
を指示した．

Maß・stab [マース・シュターブ] 男
-[e]s/Maß・stäbe [マース・シュテーベ]
基準；縮尺；ものさし．¶ein Modell
im *Maßstab* 10:1 (zehn zu
eins) 縮尺10分の1の模型．

maß・voll [マース・フォル] 形 適度な，
節度ある．

¹Mast [マスト] 男-[e]s/-e マスト，
ポール，旗ざお，電柱，帆柱．

²Mast [マスト] 女-/-en （食肉用家
畜の）肥育．**mästen** [メステン] 動
（食用用家畜に）太らせる．

Masturbation [マストゥルバツィオーン]
女-/-en オナニー．

Material [マテリアール] 中-s/Materi-
alien [マテリアーリエン] 材料，原料；機
(器)材；資料．¶Er sammelt
schon *Material* für seine Dok-
torarbeit. 彼はもう博士論文の資料
を集めている．

Materialismus [マテリアリスムス]
男-s/ 唯物論；物質主義．

Materie [マテーリエ] 女-/-n 物，物
質；テーマ．**materiell** [マテリエル]
形 物質の，物質的な；金銭上の．¶*Ma-
teriell* ist er sehr gut gestellt.
彼は金銭的にはとても恵まれた境遇に
ある．

Mathe [マテ] 女-/ 《くだけた表現》，**Ma-**

thematik [マテマティーク] 女-/
数学．**mathematisch** [マテマー
ティシュ] 形 数学[上]の．

Matratze [マトゥラッツェ] 女-/-n マ
ットレス．

Matrose [マトゥローゼ] 男-n/-n マ
ドロス，船員．

Matsch [マッチ] 男-[e]s/ 泥んこ，
ぬかるみ．**matschig** [マッチヒ]
-e [マッチゲ] 形 泥んこの，ぬかるん
だ；(果物・野菜が)熟しすぎた，やわらか
く粥(ﾟ)状の．

matt [マット] 形 疲れ果てた，弱った；
(光が)にぶい．

Matte [マッテ] 女-/-n マット；ドア
マット．

Matura [マトゥーラ] 女-/《オーストリア，ｽｲｽ》ア
ビトゥーア(ギムナジウム卒業・大学入
学資格試験)．¶Die *Matura*
wird auch in Deutschland aner-
kannt. Matura はドイツでも有効で
ある．(⇒Abitur)

Mauer [マォァ] 女-/-n 石(コンクリ
ート)塀．**mauern** [マォエルン] 動
石(コンクリート)塀を作る．

Maul [マォル] 中-[e]s/Mäuler [モィ
ラァ] (動物の)口，《俗語表現》(人間の)口．
¶Halt's *Maul*! 黙れ．**maulen**
[マォレン] 動 ぶつぶつ文句を言う．

maul・faul [マォル・ファォル] 形 《くだ
けた表現》口の重い．

Maul・korb [マォル・コルブ] 男-[e]s/
Maul・körbe [マォル・ケルベ] (イヌな
どに装着する)口輪，口かせ．

Maul・wurf [マォル・ヴルフ] 男-[e]s/
Maul・würfe [マォル・ヴュルフェ] [ヨ
ーロッパ]モグラ；潜入諜報員．

Maurer [マォラァ] 男-s/-　《女性》
Maurerin [マォレリン] 女-/Maure-
rinnen [マォレリネン]煉瓦積み工，石
工(いしく)，左官；フリーメーソ
ン(正式には Freimaurer という)．

Maus [マォス] 女-/Mäuse [モィゼ]
マウス，[ヨーロッパハツカ]ネズミ；《複
刊》マウス．¶eine weiße *Maus* 白
ねずみ，《俗で》白バイ警官．

Maut [マォト] 女-/-en (高速自動車
道などの)通行料．**Maut・brücke**
女-/-n ETC (電子料金徴収システ

ム).

> ドイツのアウトバーンでは普通乗用車は無料だが、トラックに対しては2005年1月から通行料が導入された。オーストリアやイタリアの高速道路は有料である。(一部無料区間あり)

maximal [マクスィマール] 形 最大[限]の、最高の. **Maximum** [マクスィムム] 中-s/Maxima [マクスィマ] 最大[限]、最高. (⇒minimal, Minimum)

Mayonnaise [マヨネーゼ, 《オーストリア》マヨネーズ] 女-/-n マヨネーズ. (⇒Majonäse)

MB [メーガ・バイト, メガ・バイト] 中-[s]/-[s] 《電算・記号》メガバイト(＝**Me**ga**b**yte).

MBit [メーガ・ビット, メガ・ビット] 中-[s]/-[s] 《電算・記号》メガビット(＝**Me**ga**b**it).

Mbyte [メーガ・バイト, メガ・バイト] ＝MB.

Md [エムデー] 《元素記号》メンデレビウム.

Md., Mrd. [ミリアルデ] 《略》10億(＝**Milliarde**).

Mechanik [メヒャーニク] 女-/-en 《複なし》力学;メカニズム、機械装置、構造.

Mechaniker [メヒャーニカァ] 男-s/- （女性 **Mechanikerin** [メヒャーニケリン] 女-/Mechanikerinnen [メヒャーニケリネン]）機械工;(カーレースの)

メカ[ニック]. ¶Er ist ein hervorragender *Mechaniker*, aber kein guter Kaufmann. 彼は優秀な機械工だが、商売は上手でない.

mechanisch [メヒャーニシュ] 形 力学[上]の;機械の、機械装置による;自動(習慣・無意識)的な. ¶Diese kleine Uhr ist ein *mechanisches* Wunderwerk. この小さな時計は機械技術の傑作だ. / Diese Webstühle arbeiten *mechanisch*. この織機は自動的に稼動する. / Die Art, wie er grüßt, hat etwas *Mechanisches*. 彼の挨拶の仕方は何か機械的だ.

Mechanismus [メヒャニスムス] 男-/Mechanismen [メヒャニスメン] 機械[装置]、メカニズム.

meckern [メッケルン] 動 (ヤギが)メエメエと鳴く;ぐずぐず文句を言う.

Mecklenburg-Vorpommern [メークレンブルク・フォーアポッメルン, メックレンブルク・フォーアポッメルン] 中-s/ 《地名》(ドイツ連邦共和国の)メクレンブルク・フォーアポメルン州.

Medaille [メダリエ] 女-/-n [メダリエン] メダル.

Medien [メーディエン] 複 (新聞・TV・ラジオ・インターネットなど)情報媒体. (⇒Medium)

Medika·ment [メディカ・メント] 中-[e]s/-e 薬剤. ¶Vergiss nicht, deine *Medikamente* zu nehmen! 薬の服用をわすれるなよ.

Meditation [メディタツィオーン] 女

M

-/-en 瞑想(紡). **meditieren**
[メディティーレン] meditierte, medi-
tiert 動 瞑想(紡)する. ¶über
et⁴ meditieren 事⁴について沈思黙
考する.

Medium [メーディウム] 中-s/Medi-
en [メーディエン] 媒体,中間物;教材;
《複で》=Medien.

Medizin [メディツィーン] 女-/-en
(主に液体の)薬剤;《複なし》医学.
¶Mittlerweile nimmt unsere Klei-
ne ganz brav ihre Medizin. そ
うこうするうちにうちの娘はたいへんお
利口さんに薬をのむようになった. /Er
studiert im sechsten Semester
Medizin. 彼は医学を学んで6学期
目になる. **medizinisch** [メディツ
ィーニシュ] 形 医学(医療)の;医薬の.

Meer [メーア] 中-[e]s/-e 海. ¶Im
Urlaub fahren wir immer ans
Meer. 休暇にはいつも海辺へ行く.
/Das Meer bietet uns fast al-
les, was wir zum Leben brau-
chen. 海は生きるために必要なほと
んど全てをわれわれに提供してくれる.

Meeres・früchte [メーレス・フリュヒ
テ] 複 シーフード,海の幸. **Mee-
res・spiegel** [メーレス・シュピーゲル]
男-s/ [平均]海面. ¶3776m über
dem Meeresspiegel 海抜3776
メートル.

Meer・rettich [メーア・レティヒ] 男
-s/-e [稶]セイヨウワサビ,ワサビダ
イコン. **Meer・schweinchen**
[メーア・シュヴァインヒェン] 中 [動]モル
モット.

Mega・bit [メーガ・ビット,メガ・ビット]
中-[s]/-[s] [電算]メガビット(記号:
MBit).

Mega・byte [メーガ・バイト,メガ・バイ
ト] 中-[s]/-[s] [電算]メガバイト(記
号: MB, MByte).

Mehl [メール] 中-[e]s/ 穀粉(特に小
麦粉). ¶Nimm mehr Eier und
weniger Mehl, sonst schmeckt
der Pfannkuchen nicht. もっと
沢山のたまごと小麦粉を少なめに入れ
なさい,さもないとパンケーキが美味し
くない. /Mir ist das Mehl aus-

gegangen. 私は小麦粉がなくなって
しまった. **mehlig** [メーリヒ] -e
[メーリゲ] 形 粉にまみれた;粉状の.
Mehl・speise [メール・シュパイゼ]
女-/-n パスタ(など小麦粉を材料とす
る食品).

mehr [メーア] 1形 《viel の比較級》
より多くの,より大きい,より優れた. ¶
Ich brauche mehr Geld. 私は
もっとお金が必要だ. /Mehr arbei-
ten kann man wohl nicht. こ
れ以上働くことはたぶんもう不可能
だ. 《als と》Meine Frau verdient
mehr als ich. 家内は私より沢山
稼ぐ. /Drei Euro Trinkgeld ist
mehr als genug. 3 ユーロのチッ
プは充分すぎるくらいだ. 《immer
と》In den letzten Jahren ka-
men immer mehr Touristen
nach Kyoto. 近年京都に来る観光客
の数はますます増加していた. 《名詞的
に》Du solltest mehr für die Ge-
sundheit tun. 君は健康のためにな
ることをもっとやるべきだ. /Mehr
als die Hälfte war/waren da.
半分以上の人々が来ていた. 2副
《sehr の比較級》より一層. ¶Zuvor-
kommend könnte er durchaus
etwas mehr sein. 彼はもうちょっ
と親切にすることだって充分できるだ
ろうに. /Er hat sich mehr be-
müht als ich. 彼は私以上に努力した.
/mehr oder weniger 程度の差
こそあれ. 《否定の語句と》nicht
mehr ... もはや…でない. ¶keiner
(niemand) mehr ... だれもう
…ではない. /nie mehr ... 二度
と…ではない. ◆Meine Uhr geht
nicht mehr. 私の時計はもう動かな
い. /Außer der Sekretärin war
keiner mehr da. 秘書以外はも
う誰もいなかった.

mehr・deutig [メーア・ドイティヒ] -e
[メーア・ドイティゲ] 形 多義的な,あいま
いな.

mehrere [メーレレ] 代 ・数 《不定.
dieser 型の変化 (manch 参照).
後続する形容詞は強変化》いくつかの,
(ふつう3以上の)数人(数個)の;いろ

いろな. ¶Ich war *mehrere* Tage in Berlin. 私は数日ベルリンにいた. / Vorgesehen ist auch die Besichtigung *mehrerer* Sehenswürdigkeiten. いくつかの名所見物も予定されている. / *Mehrere* neue Produkte waren ausgestellt. いろいろな新製品が展示されていた. / Die Taschendiebe arbeiten zu *mehreren*. スリは数人で仕事をする.

mehr・fach [メーァ・ファハ] 形 《付加語用法のみ》幾重(いく)もの;《副として》何度かにわたって.

Mehr・heit [メーァ・ハイト] 女-/-en (表決で)大多数[の人々], 過半数;多数派. ¶Die *Mehrheit* der Bürger ist gegen die Todesstrafe. 市民の大多数は死刑に反対している. / Der Kanzler hat nur noch eine knappe *Mehrheit*. 首相はかろうじて過半数を得ている.(⇒Minderheit)

mehr・malig [メーァ・マーリヒ] -e [メーァ・マーリゲ]形 たび重なる. **mehr・mals** [メーァ・マールス] 副 何度か, 数回.

mehr・sprachig [メーァ・シュプラーヒヒ] -e [メーァ・シュプラーヒゲ] 形 多数言語による, マルチリンガルの.

Mehrwert・steuer [メーァヴェールト・シュトイア] 女-/-n 付加価値税(略: MwSt, MWSt).

Mehr・zahl [メーァ・ツァール] 女-/ 多数,過半数;《文法》複数.

meiden* [マイデン] mied, gemieden 動 避ける. ¶Als Vegetarier *meidet* er Grillabende wie die Pest. 彼は菜食主義者としてバーベキューパーティーをペストのように避けている. / Leute wie ihn sollte man tunlichst *meiden*. 彼のような人間は可能な限り避けるべきだ.

Meile [マイレ] 女-/-n 《靴》マイル (記号: M);《古風》長い直線道路.

mein [マイン] 代 《所有. ich に対応して》私の. ¶Er kann *Mein* und *Dein* nicht unterscheiden. 彼は自分のものと人のものの区別ができない(=他人のものを盗む).

	男性	女性	中性	複数
1格	mein	meine	mein	meine
2格	meines	meiner	meines	meiner
3格	meinem	meiner	meinem	meinen
4格	meinen	meine	mein	meine

Mein・eid [マイン・アイト] 男-[e]s/-e (偽りの)宣誓. ¶einen *Meineid* leisten 偽りの宣誓をする.

meinen [マイネン] 動 思う;(…という意味・意見だと)言う,…をさして言う. ¶Ich *meine*, wir fahren besser sofort los. Was *meinst* du dazu? 私たちはすぐ出発した方がいいと思う. 君はどう思う. / Dora *meint* zu mir, dass ich feige bin. ドーラは私にあなたは臆病者だと言う. / Wen *meinst* du? - Ich *meine* deinen Bruder. 君は誰のことを言っているのだ―君の兄弟のことを言っているのだ. / Was *meinen* Sie damit?(相手の発言・行為について)それはどういうつもりなのですか.

meiner [マイナァ] 代 《人称. ich の2格》(⇒ich)

meinet・wegen [マイネト・ヴェーゲン] 副 わたしのために;わたしとしては[異存はない]. ¶*Meinetwegen* hat er auf vieles verzichtet. わたし故に彼は多くのことを諦めた. / Darf ich heute länger aufbleiben? - *Meinetwegen*! きょうはいつもより長く起きていてもいい? - お好きなように. / Macht *meinetwegen* keine Umstände! どうぞお構いなく.

Meinung [マイヌング] 女-/-en 意見,見解,考え. ¶Was ist Ihre *Meinung* zu diesem Thema? このテーマについてあなたはどうお考えですか. / Ich bin Ihrer *Meinung*. あなたのご意見には賛成です. / Ich bin der *Meinung*, dass er sich sofort entschuldigen soll. わたしは彼がすぐ詫びるべきだと思う. / Meiner *Meinung* nach (Nach meiner *Meinung*) passen die beiden nicht zueinander. わたしの見たところあの二人はうまく折り合えません.

Meinungs・freiheit [マイヌングス・

361

M

フライハイト] **女**-/ 言論の自由. **Mei-nungs・umfrage** [マイヌングス・ウムフラーゲ] **女**-/-n アンケート, 世論調査. **Meinungs・verschiedenheit** [マイヌングス・フェァディデンハイト] **女**-/-en 《ふつう**複**で》意見の相違; 口論.

Meise [マイゼ] **女**-/-n 《鳥》シジュウカラ.

meist [マイスト] **1形**《vielの最高級》もっとも多い, 最高(最大)の; 大部分の. **2副**《sehrの最高級》たいてい, 大部分.

meistens [マイステンス] **副** たいていは. ¶*Meistens* ist er sehr pünktlich. 彼はおおむね時間厳守だ. / Samstags treffe ich mich *meistens* mit Freunden. 土曜日にはたいてい友人たちと会うことにしています.

Meister [マイスタァ] **男**-s/- マイスター, 親方; 大家(たいか), 名人;(人・チームをさして)チャンピオン, 選手権保持者. ¶*seinen Meister* machen マイスター(親方)資格を取得する. ♦ Der *Meister* behandelt seine Lehrlinge streng, aber gerecht. 親方は見習たちを厳しく, しかし分け隔てなく扱う. / Seine Kollegen loben ihn als *Meister* der Sprache. 同僚たちは彼を言葉のマイスターだとほめている. / Er ist *Meister* im Schwergewicht. 彼は重量級のチャンピオンだ. (⇒Meisterin)

> 手工業マイスター(Handwerksmeister)の資格を得るには, まず職業訓練 die Ausbildung を受けて, 職人試験 die Gesellenprüfung に合格する必要がある. その後, 職人 der Geselle, die Gesellin として経験を積みながら, マイスター試験 die Meisterprüfung に備える. 手工業会議所 die Handwerkskammer によるマイスター試験では実技に加えて口頭・筆記試験もあり, 理論や経営, 法律, 教育などに関する知識が問われる. 合格するとマイスター免許状 der Meisterbrief が授与

され, これにより独立して開業し, 職業訓練生の教育をする資格を得る. マイスター資格を必要とする業種が以前は94種であったが, 資格を得るための負担が大きく, 起業の障壁であるという批判などから, 2004年に41業種に削減. だが2020年にマイスターの必要な業種が再び増えて, 計53となった. マイスターはその分野の優れた技能を持つ専門家として, 社会的地位も高い. 手工業マイスター以外のマイスター資格もある. 例えば主として企業に勤務する工業マイスター(Industriemeister). こちらは商工会議所が審査機関である.

meister・haft [マイスタァ・ハフト] **形** 見事な, すばらしい.

Meisterin [マイステリン] **女**-/-Meisterinnen [マイステリネン] Meister の女性形. Die Autorin gilt als *Meisterin* knapper und klarer Darstellung. この作家は簡潔で明確な記述の巨匠とみなされている.

meistern [マイステルン] **動** マスターする;(感情などを)制御する.

Meister・schaft [マイスタァ・シャフト] **女**-/-en 《**複**なし》熟練, 熟達, 名人芸; 選手権, チャンピオンシップ; 選手権試合.

Melancholie [メランコリー] **女**-/ 憂うつ;《心理》うつ病. **melancholisch** [メランコーリッシュ] **形** ふさぎこんだ; うつ病の.

Melange [メラーンジェ] **女**-/-n 《ネストリ》ミルクコーヒー.

melden [メルデン] **動** 届け出る; 報道する, 伝える. ¶Das Fernsehen *meldet* neue Unruhen im Irak. テレビはイラクにおける新たな騒乱を報じている. / Der Diener hat die Ankunft der Gäste *gemeldet*. 召使は 客の来訪を取り次いだ. / Ich *meldete* dem Chef die Ergebnisse unserer Arbeit. 私は課長にわれわれの仕事の成果を報告した. / Wir müssen den Unfall bei der Polizei *melden*. 事故を警察に知

らせなければならない.《sich⁴ と》
sich⁴ melden（電話口で）名乗る,
発言を求める. / sich⁴ krank mel-
den 病気の届けを提出する. / sich⁴
bei j³ melden 人³の許に出頭する,
立ち寄る,届け出る. / sich⁴ für ei-
nen Kursus melden 講習会参加
を申し込む. / sich⁴ zu et³ mel-
den 事³に志願する. / Wenn ich in
München ankomme, melde ich
mich gleich bei dir. ミュンヘン
に着いたらすぐ君に連絡するよ. **Mel-
dung** [メルドゥング] **女**-/-en 報告,
報道《über et⁴/von et³ 事 ⁴/³に
関する》;届け出,出願,志願《zu et³
事³への》.

melken(*) [メルケン] molk (melk-
te), gemolken **動** (動物⁴の)乳を
しぼる.

Melodie [メロディー] **女**-/-n [メロデ
ィーエン] メロディー;《語》イントネーシ
ョン. **melodisch** [メローディシュ]
形 旋律の美しい.

Melone [メローネ] **女**-/-n 《果》メロ
ン.

Memoiren [メモアーレン] **複** 回想
録,回顧録.

Menge [メンゲ] **女**-/-n (一定の)
量,数;多量,多数;大人数,群集. ¶ei-
ne kleine Menge Salz 少量の
塩. / eine Menge ... 多量(多
数)の…. / eine ganze Menge
... かなり多くの…. / eine Menge
Arbeit (Bücher/ Geld) 沢山の仕
事(本・お金). ♦ Pilze gibt es dort
in rauen Mengen. きのこならあ
そこに山ほどある. / Eine Menge
Leute drängte/drängten sich
im Saal. 沢山の人々がホールの中
で押し合いへし合いしていた. / Eine
große Menge sammelte sich
vor dem Rathaus. 大群衆が市庁
舎の前に集まった.

Meno·pause [メノ・パォゼ] **女**-/-n
《生理》閉経[期].

Mensa [メンザ] **女**-/Mensen [メン
ゼン] (大学の)学生食堂.

Mensch [メンシュ] **男**-en/-en 人,
人間;(間投詞として)おやまあ. ¶

Der Mensch ist das höchstent-
wickelte Lebewesen. ヒトは最高
度に発達した生き物である. / Auf
dem chinesischen Festland
leben 1,3 Milliarden Menschen.
中国大陸には13億の人間が住んでい
る. / Er kann sehr gut mit Mens-
chen umgehen. 彼は人の扱い方
が上手だ. / Das weiß kein Mens-
ch. そんなこと誰か知るものか. / Pass
doch auf, Mensch! 気をつけろ
ったら,野郎め.

Menschen·kenner [メンシェン・ケ
ナァ] **男**-s/- (女性) **Menschen·
kennerin** [メンシェン・ケネリン] **女**-/
Menschen·kennerinnen [メンシェ
ン・ケネリネン)人情の機微に通じた人.
Menschen·kenntnis [メンシェ
ン・ケントニス] **女**-/ 他人を見る眼.
Menschen·rechte [メンシェン・レヒ
テ] **複** 人権. **Menschen·wür-
de** [メンシェン・ヴュルデ] **女**-/ 人間の
尊厳.

Mensch·heit [メンシュ・ハイト] **女**-/
人類;人間としての存在;人間性.
mensch·lich [メンシュ・リヒ] **形** 人
間の,人類の;人間らしい,人情に篤い,
人道的な. **Menschlich·keit**
[メンシュリヒ・カイト] **女**-/ 人間らしさ,
人情の篤さ.

Menstruation [メンストゥルアツィオー
ン] **女**-/-en 《生理》月経,生理.

Mentalität [メンタリテート] **女**-/ メ
ンタリティー,心的状態,精神作用.

Menü [メニュー] **中**-s/-s コース料
理;《スイス》食事;《情報》メニュー. ¶Brin-
gen Sie mir bitte das Menü
zwei (das Menü zu 17 Euro)!
私にコース2(17ユーロ)の食事を持っ
てきてください. / Für die Kindtau-
fe hat er ein tolles Menü zu-
sammengestellt. 幼児洗礼[の日]
のために彼はすばらしい献立を組んだ.

Merk·blatt [メルク・ブラト] **中**-[e]s
/Merk·blätter [メルク・ブレタァ] 注
意書き,説明書.

merken [メルケン] **動** (事⁴に)気づ
く. ¶sich³ et⁴ merken 事⁴を覚
えておく.

merk·lich [メルク・リヒ] 形 目につくほどの、顕著な.

Merk·mal [メルク・マール] 中-s/-e 特徴、メルクマール；目印,指標,標識. ¶Das *Merkmal* des Münsters sind seine beiden hochragenden Türme. 大聖堂の特徴は2本のそびえ立つ塔である.

merk·würdig [メルク・ヴュルディヒ] -e [メルク・ヴュルディゲ] 形 奇妙な. ¶Dass die Presse hierüber nichts berichtet, finde ich sehr *merkwürdig*. 報道機関がこの件について何も報道しないのが私には奇妙に思える. / Manchmal benimmt er sich richtig *merkwürdig*. 折々彼はまさに奇怪な振舞いをする.

Mess·becher [メス・ベヒャァ] 男-s /- 計量カップ.

¹Messe [メッセ] 女-/-n 《カトリック》ミサ；ミサ曲. ¶eine *Messe* halten ミサを執行する.

²Messe [メッセ] 女-/-n メッセ,見本市. ¶Auf der *Messe* waren viele Autohersteller vertreten. メッセでは多数の自動車メーカーが出展していた.

messen* [メッセン] *du/er* misst; maß, gemessen 動 計る；(…⁴という)値である. ¶Der Arzt hat dem Patienten den Blutdruck *gemessen* 医師が患者の血圧を測った. / Der Turm *misst* 20 Meter. 塔の高さは20メートルである. 《sich⁴と》sich⁴ mit j³ *messen* 人³と競(ぎ)う.《主語が複》*sich⁴* (einander) *messen* 競い合う.

Messer [メッサァ] 中-s/- ナイフ,包丁. ¶Mit *Messer* und Gabel zu essen, ist gar nicht so leicht. ナイフとフォークを使って食事をするのはとてもではないがそうやさしくはない. / Er versuchte, den Polizisten mit einem *Messer* zu bedrohen. 彼は警官をナイフでおどそうとした.

Messing [メッスィング] 中-s/ 真鍮.

Messung [メッスング] 女-/-en 計量,計測.

Metall [メタル] 中-s/-e 金属. ¶Blei ist ein weiches *Metall*. 鉛はやわらかい金属である. / Statt *Metall* verwendet man heute oft Plastik. 今日では金属のかわりにしばしばプラスチックが使われる. **metallen** [メタレン] 形 金属(製)の.

Meta·physik [メタ・フュズィーク] 女-/-en 形而(け)上学.

Meteoro·logie [メテオロ・ロギー] 女-/ 気象学.

Meter [メータァ] 男 (中)-s/-《単位》メートル(記号: m). ¶Von diesem Stoff kostet das *Meter* 27 Euro. この生地の値段はメートルあたり27ユーロです. / Inzwischen liegt der Schnee einen halben *Meter* hoch. そうこうするうちに雪が50センチ積もっている. **Meter·maß** [メータァ・マース] 中-es/-e メートル尺.

Methode [メトーデ] 女-/-n 方法. ¶Deutsch wird dort nach einer ganz neuen *Methode* unterrichtet. そこではドイツ語が全く新しい方法で教えられている.

Metro·pole [メトゥロ・ポーレ] 女-/-n 首都；大都会.

Metzger [メツガァ] 男-s/- (女性) **Metzgerin** [メツゲリン] 女-/ **Metzgerinnen** [メツゲリネン]《南·西ド》肉屋[の主人]. ¶Der *Metzger* steht von früh bis spät hinter der Theke. 肉屋は朝早くから遅くまでカウンターに向って立ち通しだ. (⇒Fleischer, Schlachter).

Metzgerei [メツゲラィ] 女-/-en 《南·西ド》肉屋(店). ¶Seine *Metzgerei* gilt als die beste der Stadt. 彼の精肉店は町一番と言われている. (⇒Fleischerei).

Meute [モイテ] 女-/-n 猟犬の群；《軽蔑》無秩序な群集.

Meuterei [モイテラィ] 女-/-en (水夫·囚人などの)反乱.

Mi. [ミット·ヴォホ]《略》水曜日(=**Mittwoch**).

miauen [ミアオエン] miaute, miaut 動 (ネコが)ニャーと鳴く.

mich [ミッヒ] 代《人称・再帰・単数1人称 ich の4格》. (⇒ich, sich)

mickrig [ミックリヒ] -e [ミックリゲ] 形《くだけた表現》みすぼらしい, 貧乏たらしい; ひ弱な.

mied [ミート] meiden の過去形・単数・1, 3人称.

Mief [ミーフ] 男-[e]s/《くだけた表現》にごった空気, 悪臭. **miefen** [ミーフェン] 動 悪臭を放つ. ¶Hier **mieft** es. ここはひどい匂いがする.

Miene [ミーネ] 女-/-n 表情. ¶ohne eine *Miene* zu verziehen 眉(まゆ)一つ動かさずに.

mies [ミース] 形 いやな, 下劣な, くだらない. **Mies・macher** [ミース・マハァ] 男-s/- (女性 **Mies・macherin** [ミース・マヘリン] 女-/Miesmacherinnen [ミース・マヘリネン]) (他人の)興をそぐ(楽しみに水をさす)やつ.

Miete [ミーテ] 女-/-n 借り賃. ¶zur *Miete* wohnen 借家人である. ◆Wir bezahlen monatlich 600 Euro *Miete* für unsere Wohnung. うちは住まいに月々600ユーロの家賃を支払っています.

mieten [ミーテン] 動 賃借りする. ¶Für die Italienreise *mieteten* wir uns ein Auto. イタリア旅行のためにレンタカーを借りました. /An deiner Stelle würde ich mir in einer ruhigen Gegend ein Zimmer *mieten*. ぼくが君だったら閑静なところに部屋を借りるだろう.

Mieter [ミータァ] 男-s/- (女性 **Mieterin** [ミーテリン] 女-/Mieterinnen [ミーテリネン]) 賃借人, 借家(借間)人.

Miets・haus [ミーツ・ハォス] 中-es/Miets・häuser [ミーツ・ホィザァ] (かなり大きい)借家, 賃貸マンション.

Miet・vertrag [ミート・フェァトゥラーク] 男-[e]s/Miet・verträge [ミート・フェァトゥレーゲ] 賃貸借契約.

Migräne [ミグレーネ] 女-/-n 《医学》偏頭痛. ¶*Migräne* haben 偏頭痛がする.

Migrant [ミグラント] 男-en/-en (女性 **Migrantin** [ミグランティン] 女-/Migrantinnen [ミグランティネン]) 移住者; 移動動物(渡り鳥・回遊魚など). **Migration** [ミグラツィオーン] 女-/-en 移住; (鳥の)渡り, (魚の)回遊.

Mikro・chip [ミークロ・チプ] 男-s/-s 《情報》マイクロチップ, 超小型集積回路.

Mikro・fiche [ミークロ・フィーシュ] 中・男-s/-s 《情報》マイクロフィッシュ.

Mikro・fon, Mikro・phon [ミクロ・フォーン] 中-s/-e マイクロフォン.

Mikro・skop [ミクロ・スコープ] 中-s/-e 顕微鏡.

Mikro・welle [ミークロ・ヴェレ] 女-/-n 《電波》マイクロウエーブ, 極超短波; 電子レンジ. **Mikrowellen・herd** [ミークロヴェレン・ヘールト] 男-[e]s/-e 電子レンジ. ¶*et⁴ im Mikrowellenherd* zubereiten 食物⁴を電子レンジで調理する.

Milch [ミルヒ] 女-/(種類:-e[n]) 乳, 牛乳. ¶Leider hat sie zu wenig *Milch* für ihre Zwillinge. 困ったことに彼女は双子のために充分なほど乳が出ない. /In Deutschland isst man gern saure *Milch*. ドイツでは好んでサワーミルクが食べられる. /Unsere Ziege gibt keine *Milch* mehr. うちのヤギはもう乳を出さない. **milchig** [ミルヒヒ] -e [ミルヒゲ] 形 乳状の.

Milch・kaffee [ミルヒ・カフェー] 男-s/-s ミルクコーヒー.

Milch・straße [ミルヒ・シュトゥラーセ] 女-/-n 《天文》天の川, 銀河.

mild [ミルト], **milde** [ミルデ] 形 マイルドな, 温和な, 柔らかな, (色が)淡い, 味の濃くない; 寛大な. ¶Er fand einen *milden* Richter. 彼は寛大な裁判官に当たった. /Das Klima dort ist ziemlich *mild*. あそこの気候はかなり温和だ. /Dieses *milde* Licht ist angenehm für meine Augen. この柔らかな光は私の目にとって快い. **mildern** [ミルデルン] 動 和らげる. ¶*sich⁴ mildern* 和らぐ, 弱まる.

365

M

Milieu [ミリエー] 中 -s/-s 環境.

militant [ミリタント] 形 戦闘(闘争)的な.

Militär [ミリテーァ] 中-s/《総合的に》軍隊,軍人；《後-s》将校. ¶ beim *Militär sein* 軍人である. / zum *Militär gehen* 軍隊に入る. **Militär·dienst** [ミリテーァ・ディーンスト] 男-[e]s/ 兵役,軍務. **militärisch** [ミリテーリシュ] 形 軍隊の；軍隊式の.

Mill. [ミリオーン，ミリオーネン]《略》100万(＝**Mill**ion[en]).

Milliarde [ミリアルデ] 女-/-n 10億(略：Md., Mrd.).

> アメリカ，そして最近では英国でも「10億」は Billion (以前英国では1兆を指した)と言う.ドイツ語の die Billion は今も「1兆」である.

Milli·meter [ミリ・メータァ] 男 (中) -s/-《靴に》ミリメートル(記号：mm).

Million [ミリオーン] 女-/-en 100万(略：Mio., Mill.).

Millionär [ミリオネーァ] 男 -s/-e (女性) **Millionärin** [ミリオネーリン] 女-/Millionärinnen [ミリオネーリネン]百万長者.

> 100万ユーロは約1億4000万円(2022年10月)なので，Millionär は日本語の感覚では億万長者,富豪のイメージ.

Mimik [ミーミク] 女-/ 表情,身振り.

minder [ミンダァ] 形《gering, wenig の比較級の役割で》より少ない(小さい)；マイナーな,より劣った；それほど(…でない). ¶ mehr oder *minder* 程度の差こそあれ. / nicht *minder* それに劣らず,同様にまた. / nicht *minder* vorteilhaft sein 有利な点では引けをとらない.

Minder·heit [ミンダァ・ハイト] 女-/-en《複なし》(表決で)少数,少数[の人々]；少数派；少数民族. ¶ Gegen den Antrag war nur eine *Minderheit*. 動議に反対したのは少

ドイツの億万長者

経済誌 Forbes は毎年「世界のビリオネアランキング」を発表している. 2022年度版では米テスラの CEO イーロン・マスクがトップ. 資産10億ドル以上の大富豪は世界で2668人. 100位以内のドイツ人は7人（組）.

28位ディーター・シュヴァルツ（主な収入源：ディスカウントスーパー Lidl 他），33位クラウス＝ミヒャエル・キューネ（運送），35位ベアーテ・ハイスターとカール・アルブレヒト・ジュニア＆一族（ディスカウントスーパーAldi Süd. 2人は兄妹で，Aldi 創業者である父，カール・アルブレヒト・シニアから資産を引き継いだ），56位ズザンネ・クラッテン（BMW, 医薬品），77位シュテファン・クヴァント（BMW），84位ラインホルト・ヴュルト＆一族（自動車部品，建築資材，工具から金融サービス等幅広い事業を展開），85位テオ・アルブレヒト・ジュニア＆一族（ディスカウントスーパーAldi Nord 他. 父テオ・アルブレヒト・シニアと，カール・アルブレヒト・シニアと兄弟で，ともに Aldi を創業. 2人ともフォーブス長者番付の常連だった）.

数だけだった. / Ich fürchte, die Vernünftigen sind in der *Minderheit*. 理性的な人々が少数派ではないかと私は恐れる.(⇒Mehrheit)

minder·jährig [ミンダァ・イェーリヒ] -e [ミンダァ・イェーリゲ] 形 未成年(18歳未満)の.(⇒volljährig)

mindern [ミンデルン] 動 減らす,低下させる,弱める. ¶ sich⁴ mindern 減る,低下する,弱まる.

minder·wertig [ミンダァ・ヴェールティヒ] -e [ミンダァ・ヴェールティゲ] 形 価値の低い,粗悪な.

mindest [ミンデスト]《gering, wenig の最高級の役割で》もっとも少ない

（小さい），もっとも劣った．¶von
et³ nicht die mindeste Ahnung
haben 事³がぜんぜんわかっていな
い．/ nicht das Mindeste (*min-
deste*) まったく…でない．/ nicht
im Mindesten (*mindesten*) ま
ったく…でない．/ zum Mindesten
(*mindesten*) 少なくとも．♦ An
so was ist er nicht im *mindesten*
interessiert. そんなことに彼はまっ
たく興味がない．

mindestens [ミンデステンス] **副** 少
なくとも．

Mine [ミーネ] **女**-/-n 地雷，機雷，水
雷，空雷；（ボールペン・シャープペンシ
ルの）芯(ﾋﾝ)，カートリッジ．

Mineral [ミネラール] **中**-s/-e(Mine-
ralien [ミネラーリエン])ミ ネ ラ ル，鉱
物，無 機 物．**Mineral・wasser**
[ミネラール・ヴァサァ] **中**-s/(種類:Mi-
neral・wässer [ミネラール・ヴェサァ])ミネ
ラルウオーター．

> 日本で「ミネラルウオーター」と言
> えば発泡性でないものをさし，発泡
> 性のものは「炭酸ソーダ」と言っ
> て区別している．ドイツで „Mine-
> ralwasser" を注文するとふつう
> 「炭酸ソーダ」が出てくる．ただし
> 最近では „stilles Wasser" と言
> えばわれわれの考える「ミネラルウ
> オーター」も出されるようになっ
> た．なお „der Sprudel" とか
> „das Sprudelwasser" も「炭
> 酸水」である．「水道水」は „Lei-
> tungswasser".

minimal [ミニマール] **形** 最 小［限］
の，最低［限］の．¶Der Kostenunter-
schied ist nur *minimal*. 費用の
差はごく僅かに過ぎない．**Mini-
mum** [ミーニムム] **中**-s/Minima
[ミーニマ] 最 小［限］，最 低［限］．(⇒
maximal, Maximum)

Mini・rock [ミニ・ロク，ミーニ・ロク]
男-[e]s/Mini・röcke [ミニ・レケ，ミ
ーニ・レケ]，**Mini** [ミニ] **男**-s/-s
ミニスカート．

Minister [ミニスタァ] **男** -s/- (女性)

Ministerin [ミニステリン] **女**-/Mi-
nisterinnen [ミニステリネン])大臣．¶
Minister in Deutschland bleiben
oft sehr lange im Amt. ドイツ
の大臣はしばしば非常に長くその職にあ
る．/ Die *Ministerin* kämpft ener-
gisch für die Rechte allein er-
ziehender Mütter. その女性大臣は
単独で子供を養育する母親たちの権利
のため精力的に闘っている．

Ministerium [ミニステーリウム] **中**-s/
Ministerien [ミニステーリエン] 省．¶
das *Ministerium* des Inneren
内務省．

Minister・präsident [ミニスタァ・プ
レズィデント] **男** -en/-en (女性) **Mi-
nister・präsidentin** [ミニスタァ・
プレズィデンティン]**女**-/Minister・präsi-
dentinnen [ミニスタァ・プレズィデンティネ
ン])（ドイツ連邦共和国の）州政府首
相．

Minorität [ミノリテート] **女** -/-en
《複なし》(表決で)少数；少数派．(⇒
Majorität)

minus [ミーヌス] **1接** より少なく，減
じて(記号：-)．¶8 *minus* 3 ist
gleich (macht/gibt) 5. 8 マイナ
ス3は5．**2副** マイナス，零下，負．
¶In Sapporo sind heute *minus*
5 Grad (5 Grad *minus*). 札幌
ではきょう零下5度です．/ Der
Strom fließt von plus nach
minus. 電流はプラスからマイナスへ
流れる．**3前**《2格支配》…を差引い
て．¶der Betrag *minus* der übli-
chen Abzüge 通常の控除額を差引い
た金額．**Minus** [ミーヌス] **中**-/ 損
失，マイナス．(⇒plus, Plus) ¶Wir
haben ein *Minus* von 300
Euro. われわれは300ユーロの損失
だ．

Minute [ミヌーテ] **女**-/-n (時間・度
の)分；瞬時．¶Sechzig Sekunden
ergeben (sind) eine *Minute*.
60 秒で1分になる．/ Hast du ei-
ne *Minute* für mich? ほんのちょっ
と時間をくださいますか．/ Der Film
dauert 106 *Minuten* その映画
の上映時間は106分だ．/ Bis zum

Mio.

Bahnhof sind es mit dem Bus 20 Minuten. 駅まではバスで20分です。/ Der Bus muss jede *Minute* kommen. バスはもうすぐやって来るにちがいない。/ Er ist immer pünktlich auf die *Minute*. 彼は1分とたがわず時間厳守だ。/ In zehn *Minuten* essen wir. 10分後には食事をする。

Mio. [ミリオーン，ミリオーネン]【略】100万(=**Million**[en]).

mir [ミーァ] 代《人称・再帰．単数・1人称 ich の3格》(⇒ich, sich).

Misch·brot [ミッシュ・ブロート] 中 -[e]s/-e ミッシュブロート(小麦粉とライ麦粉を混合したパン).

mischen [ミッシェン] 動 混ぜ合わす．¶einen Drink *mischen* ミックスしてカクテルをつくる。/ Gin und Wermut[wein] *mischen* ジンとベルモットを混ぜ合わす。/ die Karten *mischen* (トランプの)カードを切る。/ Wein mit Mineralwasser *mischen* ワインをミネラルウオーターで割る。/ Mineralwasser in/unter den Wein *mischen* 炭酸水をワインに混ぜる。《sich⁴ と》sich⁴ mit et³ *mischen* 物³と混ざる。/ sich⁴ in et⁴ *mischen* 物⁴に入りこむ，事⁴に介入する。/ sich⁴ unter die Leute *mischen* 人々の中にまぎれこむ。/ Öl und Wasser *mischen* sich nicht. 油と水は混ざらない。/ Der Attentäter *mischte* sich unauffällig unter die Passanten. 暗殺者は気づかれないよう通行人の中にまぎれこんだ。/ *Misch* dich bitte nicht in meine Angelegenheiten! 私のことに口を出さないでくれ。

Misch·ling [ミッシュ・リング] 男 -s/-e 混血児；【動】雑種。

Misch·masch [ミッシュ・マシュ] 男 -[e]s/-e《ふつう複なし》まぜこぜ．

Mischung [ミッシュング] 女 -/-en 混合，調合；混合物；【ｴﾚｸﾄﾛﾆｸｽ】ミキシング．

miserabel [ミゼラーベル] -e [ミゼラーブレ] 形 ひどい；悲惨な．¶Das *miserable* Wetter verdirbt uns die Laune. みじめな天候に私たちの気分がこわされる。/ Finanziell geht es ihm *miserabel*. 経済的に彼はみじめな状態だ。/ Das Essen schmeckte *miserabel*. 食事はひどい味だった。/ Ich fühle mich *miserabel*. 私はみじめな気分だ。

Misere [ミゼーレ] 女 -/-n みじめ，困窮．

miss- [ミス]《ふつうアクセントをもたず非分離動詞をつくる前つづり》【誤り，失敗】*miss*verstehen 誤解する；【否定】*miss*fallen 気に入らない；【不良】*miss*brauchen 悪用する，性的暴力を加える。

miss·achten [ミス・アハテン，ミス・アハテン] missachtete, missachtet/gemissachtet 動 軽視(無視)する．

miss·billigen [ミス・ビリゲン] missbilligte, missbilligt 動 非とする，(事⁴に)賛成しない，拒否する．

Miss·brauch [ミス・ブラォホ] 男-[e]s/Miss·bräuche [ミス・ブロィヒェ] 悪用，乱用；(婦女子に対する)性的暴力． **miss·brauchen** [ミス・ブラォヘン] missbrauchte, missbraucht 動 悪用(乱用)する；(婦女子に)性的暴行を加える．

missen [ミッセン] *j⁴/et⁴ missen* wollen (können) 人⁴・物⁴を手放したがらない，人⁴・物⁴なしではいられない。

Miss·erfolg [ミス・エァフォルク] 男 -[e]s/-e 失敗，不成功．¶Die Aufführung war ein *Misserfolg*. 公演は不成功だった。/ Trotz aller *Misserfolge* gab er nicht auf. 全ての失敗にもかかわらず彼は決して諦めなかった。

Miss·fallen [ミス・ファレン] 中 不評，不機嫌．¶sein *Missfallen* erregen 不興をする。 **miss·fallen*** [ミス・ファレン] du missfällst, er missfällt; missfiel, missfallen 動 (人³の)気に入らない．

Miss·geschick [ミス・ゲシク] 中 -[e]s/-e 災難．¶Mir ist ein *Missgeschick* passiert. 私は不運な目

368

にあった.

miss·glücken [ミス・グリュッケン]
missglückte, missglückt **動**
(s) 失敗に終る.

miss·handeln [ミス・ハンデルン]
misshandelte, misshandelt **動**
虐待する.

Mission [ミスィオーン] **女** -/-en 使
命;[外交]使節団;[キリスト教]宣教.

miss·lang [ミス・ラング] misslin-
gen の過去形・単数・1, 3人称.

miss·lich [ミス・リヒ] **形** 不愉快な.

miss·lingen* [ミス・リンゲン] miss-
lang, misslungen **動** (s)et¹
misslingt j³ 人³が事¹に失敗する.

miss·lungen [ミス・ルンゲン] miss-
lingen の過去分詞.

miss·mutig [ミス・ムーティヒ] -e
[ミス・ムーティゲ] **形** 不機嫌な.

miss·raten* [ミス・ラーテン] du
missrätst [ミス・レーツト], er miss-
rät; missriet, missraten **動** う
まくいかない. ¶et¹ missrät j³ 人³
が事¹に失敗する.

miss·riet [ミス・リート] missraten
の過去形・単数・1, 3人称.

misst [ミスト] < messen.

miss·trauen [ミス・トゥラオエン]
misstraute, misstraut **動** (人³・
事³を)信用しない. **Miss·trauen**
[ミス・トゥラオエン] **中** -s/ 不信[感],疑
惑. **miss·trauisch** [ミス・トゥラオ
イシュ] **形** 不信感(疑念)に満ちた.

miss·verständlich [ミス・フェァシ
ュテントリヒ] **形** 誤解を生みやすい.

Miss·verständnis [ミス・フェァシュ
テントニス] **中** -/ Missverständnisses
[ミス・フェァシュテントニセス]/Miss·ver-
ständnisse [ミス・フェァシュテントニセ]
誤解,勘違い. ¶Ich glaube, das
Ganze war ein *Missverständ-
nis*. 全てが誤解だったと思う. / Die-
ses *Missverständnis* muss
schnellstens ausgeräumt wer-
den. この誤解は速やかに取除かれな
ければならない.

miss·verstehen* [ミス・フェァシュテ
ーエン] missverstand, missver-
standen; misszuverstehen **動**

誤解(勘違い)する.

Mist [ミスト] **男** -[e]s/ (家畜の)糞
尿,堆肥;がらくた;くだらないこと.
Mist·kübel [ミスト・キューベル]
男 -s/- [ｵｰｽﾄﾘｱ]ごみバケツ.

mit [ミット] **1前** 《3格支配》¶【同
伴・付随】…を伴った. ein Bröt-
chen *mit* Marmelade ジャムつき
プレートヒェン. / Wir fuhren *mit*
den Kindern in die Stadt. 私た
ちは子供らを連れて街に出かけた. /
Die Fahrt kostete *mit* Drum und
Dran 500 Euro. この旅は雑費も
含めて500ユーロかかった.【手段・道
具】… を 使 っ て. das Papier
mit dem Messer schneiden 紙
をナイフで切る. / Das habe ich
nicht *mit* Absicht getan. わたし
はそれを意図的にやったわけではない.
【時間】…と同時に,…歳で. *mit*
dem Tod des Vaters 父の死を
機に. / *Mit* 80 Jahren fing sie an
Deutsch zu lernen. 彼女は80歳
でドイツ語を習い始めた. **2副** いっし
ょに.

mit- [ミット] 《常にアクセントをもち分
離動詞をつくる前つづり》【共同・協
力】*mit*|arbeiten 共同で仕事をす
る;【同時】*mit*|schreiben 筆記す
る.

Mit·arbeit [ミット・アルバイト] **女** -/
(自発的な)協力. ¶ die *Mitarbeit*
an einem Projekt あるプロジェク
トへの参加協力.

mit|arbeiten [ミット・アルバイテン] **動**
共同で仕事(勉強)をする,協力する. ¶
An dem Projekt *arbeiten* viele
Wissenschaftler *mit*. このプロジ
ェクトには多くの科学者が協力してい
る.

Mit·arbeiter [ミット・アルバイタァ]
男 -s/- (**女性** **Mit·arbeiterin**
[ミット・アルバイテリン] / Mit·arbei-
terinnen [ミット・アルバイテリンネン])共同
研究(作業)者;協力者,部下;(新聞な
どの役付きでない,ないし社外の)寄稿
者.

Mitarbeiter は本来の語義どおり

M

mit|bekommen*

解釈すれば「協力者」だが，今日企業などでは「役付きでない社員，従業員」を指して使う．¶Die Firma hat 3000 Mitarbeiter. その会社は社員が3000人いる．

mit|bekommen* ［ミット・ベコメン］ bekam mit, mitbekommen **動** (持ち帰り用・携行用に)持たされる；偶然に聞いて(知って)しまう；理解する；共体験する． ¶Er sprach so schnell, dass ich nur die Hälfte *mitbekam*. 彼の話し方が早口すぎて私は半分しかついていけなかった．

mit|bestimmen ［ミット・ベシュティメン］ 共同で決定する《über *et*⁴ 事⁴について》． **Mit・bestimmung** ［ミット・ベシュティムング］ **女**-/ 〖経〗共同決定(使用者と被用者が業務上の事柄について共同で決定すること)． ¶Die betriebliche *Mitbestimmung* gilt im Großen und Ganzen als Erfolgsmodell. 企業における共同決定は全体として成功例と見なされている．

Mit・bewohner ［ミット・ベヴォーナァ］ **男**-s/- (女性) **Mit・bewohnerin** ［ミット・ベヴォーネリン］ **女**-/Mit・bewohnerinnen ［ミット・ベヴォーネリネン］)同居者．

mit|bringen* ［ミット・ブリンゲン］ brachte mit, mitgebracht **動** 連れて(持って)行く，連れて(持って)来る；(知識・才能などを)あらかじめ備えて(持って)いる． ¶Der neue Kollege *brachte* die nötige Sachkenntnis *mit*. 新しい同僚は初めから必要な専門知識を備えていた．(⇒bringenの解説)

Mit・bringsel ［ミット・ブリングゼル］ **中** -s/- お土産．

Mit・bürger ［ミット・ビュルガァ］ **男**-s/- (女性) **Mit・bürgerin** ［ミット・ビュルゲリン］ **女**-/Mit・bürgerinnen ［ミット・ビュルゲリネン］)同地方人． ¶Der Abgeordnete H. kümmert sich tatkräftig um die ausländischen *Mitbürger* seines Wahlkreises. 代議士H氏は自分の選挙区の外国人市民の面倒を懸命に見ている．

mit・einander ［ミット・アィナンダァ］ **副** いっしょに，協力して． ¶Die beiden Parteien konkurrieren *miteinander* um die gleichen Wählergruppen. 両党は同じ選挙民のグループを獲得しようと互いに競い合っている．

Mit・esser ［ミット・エサァ］ **男**-s/- にきび．

mit|fahren* ［ミット・ファーレン］ *du* fährst mit, *er* fährt mit; fuhr mit, mitgefahren **動** (s) (乗り物に)同乗して行く，同行する．¶Wenn er *mitfährt*, gibt es nur Ärger. あいつが一緒に乗って行くと腹の立つことばかり起こる．

mit|fühlen ［ミット・フューレン］ **動** *et*⁴ (mit *j*³) *mitfühlen* 事⁴(人³)に共感する．

mit|geben* ［ミット・ゲーベン］ *du* gibst mit, *er* gibt mit; gab mit, mitgegeben **動** 持たせてやる，持って行ってもらう《*j*³ *et*⁴ 人³に物⁴を》．

Mit・gefühl ［ミット・ゲフュール］ **中** -[e]s/ 共感，同情．

mit|gehen* ［ミット・ゲーエン］ ging mit, mitgegangen **動** (s) いっしょに行く．

Mit・glied ［ミット・グリート］ **中**-[e]s /-er (団体などの)メンバー，会員，社員． ¶Er ist seit Jahren *Mitglied* der SPD. 彼は何年も前からドイツ社民党の党員だ． / Sind Sie *Mitglied* in irgendeinem Verein? あなたは何かクラブの会員になっていますか． **Mitglied・schaft** ［ミットグリート・シャフト］ **女**-/-en (団体などの)メンバーとしての身分，会員資格．

mit|helfen ［ミット・ヘルフェン］ *du* hilfst mit, *er* hilft mit; half mit, mitgeholfen **動** 力を貸す．¶Es ginge schneller, wenn er *mithelfen* würde. 彼が手を貸してくれたら事はより早く運ぶだろうに． / Kann ich *mithelfen*? お手伝いしましょうか．

mit・hilfe, mit Hilfe ［ミット・ヒルフェ］ **1 前**《2格支配》…を使って；

…の助けを借りて．**2** 劚 mithilfe von *et*³ 物³を使って．**Mit·hilfe** [ミット・ヒルフェ] 囡 -/ 助力．¶auf *Mithilfe* angewiesen sein　助力をあてにせざるを得ない．

mit|kommen* [ミット・コメン] kam mit, mitgekommen 勭 (s) いっしょに来る(行く)；歩調をあわせる；(遅れずに)ついて行く．¶*Kommen* Sie *mit*? ― Ja, ich *komme mit*. ついて来るかい―うん，ついて行くよ．/ Wer *kommt* morgen alles *mit*? あしたはだれだれがいっしょに行くんだい．/ Hans *kommt* in der Schule kaum *mit*. ハンスは学校[の授業]にとてもついていけない．

Mit·leid [ミット・ライト] 回 -[e]s/ 同情．¶mit *j*³ *Mitleid* empfinden 人³に同情する．**mit·leidig** [ミット・ライディヒ] -e [ミット・ライディゲ] 形 同情心のある，気の毒そうな．

mit|machen [ミット・マヘン] 勭 (事⁴に)参加する，いっしょに行う；身体験する．¶bei *et*³ *mitmachen* 事³に参加する．♦Er *macht* jeden Unsinn *mit*. 彼はばかげたことなら何にでも加わる．/ Lass mich *mitmachen*! ぼくも仲間に入れてくれ．

Mit·mensch [ミット・メンシュ] 男 -en/-en 《ふつう複 で》共に生きる仲間としての人間．

mit|nehmen* [ミット・ネーメン] *du* nimmst mit, *er* nimmt mit; nahm mit, mitgenommen 勭 連れて(持って)行く．¶Ihre Kinder *nimmt* sie überallhin *mit*. 彼女は子供をどこへ行くにも連れて行く．/ Das Wetter wird schlecht. *Nimm* einen Regenschirm *mit*! お天気が悪くなる．傘を持って行きなさい．(⇒bringen の解説)

mit|reißen* [ミット・ライセン] *du/er* reißt mit; riss mit, mitgerissen 勭 熱狂させる．

mit·samt [ミト・ザムト] 前 《3格支配》…と共に．

Mit·schuld [ミット・シュルト] 囡 -/ 《溮》双方の有責，共同責任．

Mit·schüler [ミット・シューラァ] 男

-s/- 《女性》**Mit·schülerin** [ミット・シューレリン] 囡 -/Mit·schülerinnen [ミット・シューレリネン])(大学以外の学校の)同級生．

mit|spielen [ミット・シュピーレン] 勭 いっしょに遊ぶ，ゲームに出場(参加)する；原因の一つである；(人³に)意地悪く扱う．¶Das Wetter hat nicht *mitgespielt*. お天気は味方してくれなかった．/ Der Mann hat seiner Frau übel *mitgespielt*. その男は細君にひどい仕打ちをした．

Mitsprache·recht [ミットシュプラーヘ・レヒト] 回 -[e]s/ 共同決定権．

Mittag [ミッターク] 男 -s/-e 正午，昼．¶gestern (heute/morgen) *Mittag* きのう(きょう・あした)の昼に．/ zu *Mittag* essen 昼食をとる．♦Komm doch morgen *Mittag* bei uns vorbei! あしたのお昼うちに寄りたまえ．

Mittag·essen [ミッターク・エセン] 回 -s/- 昼食．¶das *Mittagessen* einnehmen 昼食をとる．♦Zum *Mittagessen* gibt es Spaghetti. 昼食はスパゲティーだ．

ドイツでは一日に一回，昼食のときだけ調理した「温かい食事」warme Speisen が出る．朝夕は「冷たい食事」kalte Speisen である．(⇒Frühstück)「温かい食事」では肉，野菜，ジャガイモの料理やスパゲティーなどの麺類が好まれる．よくジャガイモがドイツの主食と言われるが，実は肉がメインでジャガイモは付け合せに過ぎない．かつては昼にお勤め人も帰宅して昼食を自宅で食べた．今日では勤め先の昼休みが短いし(30分～１時間)，勤務先も遠くなったので帰宅して食事をとることは難しい．したがってお勤め人は会社の「職員食堂」die Kantine や街のレストランで食事をするのが一般的である．もちろんお弁当(ハムやチーズ，ソーセージをのせたバターつきパンと果物程度)Butterbrot，belegtes Brötchen を持っていく場合もある．生

徒，児童は昼には帰宅するから，自宅で昼食を食べる。給食制度は普及していない。大学生は「学生食堂」die Mensa で昼，夕とも食事をすることができる。

mittags [ミッタークス] 副 毎昼，昼時に，正午に．¶Mein Mann kommt *mittags* meist zum Essen nach Hause. 夫は昼にはたいがい食事をしに帰宅する．

Mittags・pause [ミッタークス・パォゼ] 女-/-n 昼休み．¶in der *Mittagspause* 昼休みに．

Mitte [ミッテ] 女-/-n 中央，中心；半ば，中旬；中間(中道)派．¶die *Mitte* des Kreises 円の中心．/ *Mitte* Mai 5月半ばに．/ in der *Mitte* des Zimmers 部屋の真ん中に．♦ China wird auch „das Reich der *Mitte"* genannt. 中国は「中心の国」と呼ばれている．/ Die Oma nehmen wir am besten in die *Mitte*. おばあちゃんは真ん中に座らせるのが一番いい．/ Er ist *Mitte* sechzig. 彼は60代半ばだ．

mit|teilen [ミット・タィレン] 動 (人³に事⁴を)伝える，報告する．¶*j³ et⁴* schriftlich (mündlich/telefonisch) *mitteilen* 人³に事⁴を文書(口頭・電話)で伝える．♦ Die Privatanschriften unserer Mitarbeiter teilen wir normalerweise nicht *mit*. わが社員の自宅住所はふつうお教えしません．/ Bitte *teilen* Sie uns Ihre Bankverbindung *mit*! 当方まで貴殿の銀行・口座番号をお知らせ下さい．**Mit・teilung** [ミット・タィルング] 女-/-en 伝達，報告；報道，ニュース．

Mittel [ミッテル] 中 -s/- 手段；薬《für *et⁴* 機能⁴を促進する；gegen *et⁴* 疾患⁴を防ぐ；zu *et³* 事³をするための》；薬剤《für *et⁴* 事⁴のための；gegen *et⁴* 害虫など⁴の駆除の；zu *et³* 事³をするための》；《複で》資産，資金；平均．¶ein *Mittel* für die Verdauung (zur Reinigung) 消化薬(洗剤)．/ ein *Mittel* ge-

gen Husten (gegen Ungeziefer) 咳止め薬(害虫駆除剤)．/ ein *Mittel* zum Einschlafen (zum Spülen) 誘眠剤(台所用洗剤)．/ im *Mittel* 平均して．/ zum letzten *Mittel* greifen 最後の手段に訴える．♦ Angeblich ist das *Mittel* gut für die Durchblutung. この薬は血行促進に良いと称されている．/ Für ihn sind wir nichts weiter als *Mittel* zum Zweck. 彼にとって私たちは目的のための手段以上の何物でもない．/ Für das Projekt fehlen dem Institut die *Mittel*. このプロジェクトを実行するためには研究所に資金がない．

Mittel・alter [ミッテル・アルタァ] 中 -s/ 中世．¶im frühen *Mittelalter* 中世初期に．

mittel・fristig [ミッテル・フリスティヒ] -e [ミッテル・フリスティゲ] 形 (長期と短期の間の)中期の．

mittel・los [ミッテル・ロース] 形 資金(資産)のない．¶Nach dem Tod ihres Mannes stand sie auf einmal *mittellos* da. 夫の死後彼女は突然無一文になった．

Mittel・maß [ミッテル・マース] 中-es / (軽蔑・非難の気持ちで)中程度．

mittel・mäßig [ミッテル・メースィヒ] -e [ミッテル・メースィゲ] 形 並みの，中クラスの；平均的な．

Mittel・meer [ミッテル・メーァ] 中 -[e]s/ 《地名》地中海．

Mittel・punkt [ミッテル・プンクト] 男-[e]s/-e (円・球の)中心；中心[人物]．¶Paris gilt als kultureller *Mittelpunkt* Frankreichs. パリはフランス文化の中心と見なされている．/ Er will immer im *Mittelpunkt* stehen. 彼は常に中心人物でありたがる．

mittels [ミッテルス] 前 《2格支配》…を用いて，…によって．

Mittel・schicht [ミッテル・シヒト] 女 -/-en 中間層．

mitten [ミッテン] 副 真ん中で，真っ只中で．¶*mitten* auf der Straße 道路の真ん中で．♦ Der Unfallwagen stand noch immer *mitten auf die Straße.* 事故車は今なお道路の真ん中に止まっていた. / *Mitten in ihrer Arie bekam sie plötzlich einen Hustenanfall.* アリアの真っ最中に彼女は突然咳の発作に襲われた. / *Der Kerl hat wieder mitten in der Nacht angerufen.* あいつはまたも真夜中に電話をかけてきた.

Mitter・nacht [ミッタァ・ナハト] 女 -/ 真夜中(午前0時). gegen (um /nach) *Mitternacht* 午前0時ごろ・前後に(真夜中に・午前0時過ぎに). ◆ Vor *Mitternacht* kommt er fast nie nach Haus. 彼が真夜中前に帰宅することはほとんどない.

mittler [ミットゥレル] 形 《mittel の比較級》真ん中の；中くらいの，平均的な. ¶ Sie ist die *mittlere* von drei Schwestern. 彼女は三人姉妹の真ん中だ.

mittler・weile [ミットゥラァ・ヴァイレ] 副 そうこうするうちに.

Mitt・woch [ミット・ヴォホ] 男 -[e]s /-e 水曜日(略: Mi.). (⇒Dienstag) **mitt・wochs** [ミット・ヴォホス] 副 水曜日[毎]に.

mit・unter [ミト・ウンタァ] 副 ときどき；中に混じって.

mit│wirken [ミット・ヴィルケン] 動 (積極的に)協力する，参加する《bei et³ 事³に》.

mixen [ミクセン] 動 ミックスする，ミキサーにかける. ¶ einen Cocktail *mixen* カクテルを造る. **Mixer** [ミクサァ] 男 -s/- (調理用の)ミキサー；バーテンダー；【映像】ミキサー(音・映像を調整する技師).

mm [ミリメータァ] 【記号】ミリメートル (=**Millimeter**).

Mn [エムエン] 【元素記号】マンガン.

Mo [エムオー] 【元素記号】モリブデン.

Mo. [モーンタークク] 【略】月曜日(=**Montag**).

mobben [モッベン] 動 いびる.

Möbel [メーベル] 複 (テーブル・椅子・たんすなど全部ひっくるめて)家具，調度. ¶ Die *Möbel* müssen mal

neu gebeizt werden. この家具は一度新しく塗りなおさなくてはならない. **Möbel・stück** [メーベル・シュテュク] 中 -[e]s/-e (個々の)家具.

mobil [モビール] 形 動かすことのできる，機動的な；(軍隊など)動員された.

Mobiliar [モビリアール] 中 -s/ 家財，家具；動産.

mobilisieren [モビリズィーレン] mobilisierte, mobilisiert 動 動員する. ¶ alle Kräfte *mobilisieren* 全力をふりしぼる.

Mobilität [モビリテート] 女 -/ 機動性，移動性.

Mobil・telefon [モビール・テレフォーン] 中 -/-e 携帯電話. (⇒Handy)

möbliert [メブリールト] 形 家具つきの. ¶ *Möbliertes* Zimmer zu vermieten! 家具つき貸間あり. ◆ Bisher habe ich immer *möbliert* gewohnt. これまで私はいつも家具つきの住居に住んでいた.

学生向け賃貸物件には「家具付き」möbliert と「家具無し」unmöbliert がある.家具付きは少なくともベッド，タンス，机，椅子が備え付けられており，その分家賃は少し高い.家具無しなら必要な物は自分で備える. Wohngemeinschaft (シェアハウス，シェアフラット)では個室の家具付き・無しにかかわらず，キッチン，バスルーム，冷蔵庫，洗濯機などの設備を共同で使う.

---

mochte [モホテ] mögen の過去形・単数・1，3人称.

möchte [メヒテ] mögen の接続法 II・現在形・単数・1，3人称.

Modal・verb [モダール・ヴェルプ] 中 -s/-en 【文法】話法の助動詞 (dürfen, können, mögen, müssen, sollen, wollen; pflegen, scheinen など).

Mode [モーデ] 女 -/-n 【服飾】モード，ファッション；流行のスタイル[の服]. ¶ Sie macht jede *Mode* mit. 彼女はどんな流行にもついていく. /

373

Model

Schmale Krawatten sind schon längst aus der *Mode* (nicht mehr in *Mode*). 細いネクタイはもうずっと前から流行おくれだ(もはや流行していない).

Model [モデル] 中-s/-s (写真・ファッションの)モデル.

Modell [モデル] 中-s/-e 模型,モデル;(製作品の型),型式;(絵画などの)モデル. ¶ein *Modell* der neuen Oper 新しいオペラハウスのひな型. / einem Maler *Modell* stehen 画家のモデルになる. ♦ Das Motorrad ist ein ganz neues *Modell*. このオートバイは全く新しいタイプだ.

modellieren [モデリーレン] modellierte, modelliert 動 (物⁴の)型(形)をつくる. ¶Wachs *modellieren* 蝋(ろう)で形を取る. / eine Figur in Gips *modellieren* 石膏で像を作る.

Modem [モーデム] 男 (中) -s/-s [電算]モデム.

Moderator [モデラートァ] 男 -s/-en [モデラトーレン] (女性**Moderatorin** [モデラートーリン] 女-/Moderatorinnen [モデラートーリネン]) [ラジォ]ニュースキャスター, 司会者. **moderieren** [モデリーレン] moderierte, moderiert 動 (TV・ラジオ番組⁴の)キャスター(司会)を勤める.

¹modern [モーデルン] 動 (s) 腐る, 朽ちる.

²modern [モデルン] 形 現代(近代)的な, 現代感覚の. ¶Von *moderner* Kunst versteht er gar nichts. 彼は現代芸術について何もわからない. / Seine Wohnung ist ganz *modern* eingerichtet. 彼の住まいは非常にモダンな設備が施してある. **modernisieren** [モデルニズィーレン] modernisierte, modernisiert 動 現代(近代)化する.

modifizieren [モディフィツィーレン] modifizierte, modifiziert 動 (部分的に)修正する.

modisch [モーディシュ] 形 流行の, 現代感覚の.

Modul [モドゥール] 中-s/-e [電算]モジュール.

Mofa [モーファ] 中-s/-s [略] (50 cc 以下の)モーターバイク(=**Mo**tor**fa**hrrad).

mogeln [モーゲルン] 動 (ゲームで)いかさまをする, カンニングをする. ¶beim Kartenspielen (beim Mathetest) *mogeln* トランプでごまかし(算数のテストでカンニング)をする.

mögen [メーゲン] *ich/er* mag, *du* magst, *wir/sie* mögen, *ihr* mögt; mochte, gemocht (mögen) 動 **1**『話法の助動詞. 他の動詞を伴う場合過去分詞は mögen, 単独で用いられば gemocht』【推測】…だろう, かもしれない. Sie mag Mitte dreißig sein. 彼女の年は30代半ばだろう. 【なげやりな許可】《現在形のみ》…したければするがいい. Von mir aus *mag* er sagen, was er will. 彼は言いたいことを何でも言うがいい, 私としては一向に構わない. / Du *magst* rauchen, wenn du unbedingt willst. どうしてもというなら勝手に喫うがいいさ. 《接続法 II *möchte* の形で》…したい, したがる. Ich *möchte* gern ein kühles Bier trinken. わたしは冷たいビールが飲みたい. / Herr Sanders, Sie *möchten* zum Chef auf die dritte Etage kommen. ザンダースさん, 4階の社長のところに来てほしいそうです. / *Möchten* Sie Wein trinken oder Schnaps? ワインが飲みたいですか, それともシュナップスですか. 《j⁴/et⁴ leiden mögen の形で》…を好む. Sie *mag* den Tenor gern leiden. 彼女はそのテノールが大好きだ. / So einen widerlichen Typ *mag* ich gar nicht leiden. ああいう神経にさわるタイプはとても好きになれない. **2**『他の動詞を伴わずに』好きである;《遠慮がちに》ほしいのだが. ¶Mein Bruder *mag* seine Kusine sehr. 弟は従妹が大好きだ. 《接続法IIで》【願望】…したい. Ich *möchte* gern ins Kino. 私は映画館に行きたい. / Ich *möchte* nicht, dass du das weitersagst. これを人に言ってほしくない。

mög·lich [メーク・リヒ] 形 可能な, ありうる. ¶Gegenwärtig wäre das die einzig *mögliche* Lösung. 現在ではそれがただ一つ可能な解決策だろう。/ Gestern war es mir leider nicht *möglich*, Sie anzurufen. 申し訳ないことですがきのうはあなたにお電話することは不可能でした。/ Die Ärzte haben alles *Mögliche* versucht, ihn aber nicht retten können. 医師たちはありとあらゆることを試みたが, 彼を救うことはできなかった。

Möglich·keit [メークリヒ・カィト] 女-/-en 可能性, チャンス. ¶In meiner Jugend hatte man kaum die *Möglichkeit*, im Ausland zu studieren. 私の若いころは外国で勉強する可能性はほとんどなかった。/ Gibt es denn keine *Möglichkeit*, sie zu retten? 彼女を助けるチャンスはいったいないものか。/ Amerika nennt man oft das Land der unbegrenzten *Möglichkeiten*. アメリカはしばしば無限の可能性がある国といわれる。/ Man sollte sich nach *Möglichkeit* um ihn kümmern. 可能な限り彼の面倒を見るべきだろう。

möglicher·weise [メークリヒャァ・ヴァィゼ] 副 ひょっとすると.

mög·lichst [メーク・リヒスト] 形 《möglich の最高級》できるだけの; 《副 として》できる限り. ¶Er will *möglichst* noch in diesem Jahr Examen machen. 彼は可能な限り今年中に卒業試験を受けたいと思っている。/ Komm *möglichst* bald wieder! できるだけ早くまた来てくれよ。

Mohn [モーン] 男-[e]s/ 《植物》ケシ.

Möhre [メーレ] 女-/-n 《野菜》ニンジン. **Mohr·rübe** [モール・リューベ] 女-/-n 《北ドイツ》ニンジン.

Mokka [モカ] 男-s/-s モカコーヒー; 強いブラックコーヒー.

Mole [モーレ] 女-/-n 突堤, 防波堤.

mollig [モリヒ] -e [モリゲ] 形 小ぶとりの.

¹**Moment** [モメント] 男-[e]s/-e ちょっとの時間, 瞬間; 時点. ¶im *Moment* 目下のところ. ♦Im entscheidenden *Moment* hat er versagt. 決定的な瞬間に彼は本領を発揮できなかった。/ Er müsste jeden *Moment* hier sein. 彼はすぐにもここへやって来るにちがいないのだが。/ Einen *Moment*, bitte! ちょっとお待ちください。

²**Moment** [モメント] 中-[e]s/-e 要因, 動機; 観点. ¶Das Ergebnis der Genanalyse war das entscheidende *Moment* für die Verurteilung. 遺伝子分析の結果が有罪判決の決定的な要因であった。

momentan [モメンターン] 形 目下の; 瞬時の.

Monarch [モナルヒ] 男-en/-en 君主. **Monarchie** [モナルヒー] 女-/-Monarchien [モナルヒーエン] 君主国; 君主制. **Monarchin** [モナルヒン] 女-/-Monarchinnen [モナルヒネン]（女性の）君主（Monarch の女性形）.

Monat [モーナト] 男-[e]s/-e（暦の）月. ¶diesen *Monat* 今月に. / den ganzen *Monat* まるまる1か月のあいだ. / im (pro) *Monat* 1か月あたり. / ein Baby von drei *Monaten* 生後3か月の赤ん坊. ♦Ende nächsten *Monats* fliegen wir nach Deutschland. 来月末私たちはドイツへ飛びます。/ In welchem *Monat* bist du geboren? 君は何月生まれですか。/ Sie ist schon im siebten *Monat*. 彼女は既に妊娠7か月です。/ Er ist schon seit *Monaten* krank. 彼はもう何か月も前から病気です。

monat·lich [モーナト・リヒ] 形 月々の; 1か月間の.

Monats·karte [モーナツ・カルテ] 女-/-n（1か月有効の）定期乗車券, 定期入場券.

Mönch [メンヒ] 男-[e]s/-e 《キリスト教》修道士; 《仏教》僧侶.

M

Mond

関—連—語 **Monat** 　—月の名前—	
der Januar, 【ｵｰｽﾄﾘｱ】 der Jänner	1月.
der Februar, 【ｵｰｽﾄﾘｱ】 der Feber	2月.
der März	3月.
der April	4月.
der Mai	5月.
der Juni	6月.
der Juli	7月.
der August	8月.
der September	9月.
der Oktober	10月.
der November	11月.
der Dezember	12月.
im September	9月に.
Anfang März	3月始めに.
Mitte Januar	1月中頃に.
Ende Oktober	10月末に.

Mond [モーント] 男–[e]s/ (天体の) 月. ¶halber (voller) *Mond* 半月(満月). ◆Der *Mond* geht auf (unter). 月が昇る(沈む). / Der *Mond* stand hoch am Himmel. 月は空高く昇っていた. / Er will nicht glauben, dass die Amerikaner auf dem *Mond* gelandet sind. 彼はアメリカ人が月に着陸したことを信じようとしない.

Monitor [モーニトァ] 男 –s/Monitoren [モニトーレン] モニター,【電算】ディスプレイ. ¶Die Pressekonferenz haben wir auf einem *Monitor* im Nebenraum verfolgt. われわれは記者会見の様子を隣室のモニターで見守った. / Der *Monitor* deines Personalcomputers ist mittlerweile veraltet. 君のパソコンのディスプレイはそうこうするうちに古くなってしまった.

Mono·grafie [モノグラフィー] 女–/– Mono·grafien [モノグラフィーエン] モノグラフ(特定分野の論文).

Mono·log [モノ・ローク] 男 –s/–e 独白,モノローグ.

Mono·pol [モノ・ポール] 中 –s/–e

【経済】独占, 供給独占. ¶Noch heute hat die japanische Post das *Monopol* beim Transport von Briefen. 今日なお日本の郵便は信書輸送を独占している.

mono·ton [モノ・トーン] 形 短調な,退屈な.

Monster [モンスタァ] 中–s/– モンスター.

Mon·tag [モーン・ターク] 男–[e]s/–e 月曜日(略：Mo.). ¶blauer *Montag* 理由もなくさぼってしまった月曜日. ◆Am kommenden *Montag* muss ich wieder zum Arzt. 今度の月曜日にはまた医者に行かねばならぬ. / Bis *Montag* kann ich nicht bleiben. 月曜日までは留まっていられない. / Der *Montag* und nicht der Sonntag ist der erste Tag der Woche. 日曜日ではなくて月曜日が週の第一日である.

> ドイツ連邦共和国では1973年から公式にこのように定められた. (⇒ Dienstag)

Montage [モンタージュ] 女–/–n (機器・建造物の)組み立て.

mon·tags [モン・タークス] 副 月曜日[毎]に.

montieren [モンティーレン] montierte, montiert 動 (機器・家具などを)据え付ける,組み立てる. ¶eine Antenne auf das (dem) Dach *montieren* アンテナを屋根に取りつける.

Monument [モヌメント] 中–[e]s/–e モニュメント. ¶ein *Monument* für die Gefallenen errichten 戦没者のための記念碑を建てる. **monumental** [モヌメンタール] 形 モニュメンタルな；壮大な.

Moor [モーァ] 中 –[e]s/–e 湿原.

Moos [モース] 中 –es/–e 【植物】コケ.

Moped [モーペト, モーペート] 中–s/–s バイク.

Moral [モラール] 女–/ 道徳,教訓；やる気,士気. **moralisch** [モラーリシュ] 形 道徳[上]の,道徳的な.

Morast [モラスト] 男-[e]s/Moräste [モレステ] 沼地;《複なし》泥.

Mord [モルト] 男-[e]s/-e 殺人. ¶ einen Mord begehen 殺人を犯す. ◆ Auf Mord steht in Deutschland nicht mehr die Todesstrafe. ドイツでは殺人に対して今日ではもう死刑は科されない. **morden** [モルデン] 動 殺人を犯す. **Mörder** [メルダァ] 男-s/- （女性）**Mörderin** [メルデリン] 女-/Mörderinnen [メルデリネン] 殺人者.

morgen [モルゲン] 副 あした,翌日;近い将来に. ¶morgen früh 明朝. / morgen Abend 明晩. ◆ Hast du [für] morgen schon etwas vor? 君はあした何かする予定があるか. / Also dann bis morgen! ではあしたまたね.

Morgen [モルゲン] 男-s/- 朝. ¶ heute (gestern) Morgen 今朝(きのうの朝). / am Morgen 朝に. ◆ Gibt es heute Morgen keine Zeitung? 今朝は新聞はないのか. / Heute habe ich den ganzen Morgen auf ihn gewartet. 今日は午前中ずっと彼を待っていた. / Am Morgen seiner Prüfung fühlte er sich hundeelend. 試験の朝彼はひどく気分が悪かった.

morgend·lich [モルゲント・リヒ] 形 朝の,朝らしい.

Morgen·essen [モルゲン・エセン] 中-s/- 《スイス》朝食. (⇒Frühstück)

Morgen·mantel [モルゲン・マンテル] 男-s/ Morgen·mäntel [モルゲン・メンテル] (寝巻きの上に着る)部屋着,ガウン.

Morgen·muffel [モルゲン・ムフェル] 男-s/-e 寝起きの悪い[不機嫌な]人.

morgens [モルゲンス] 副 朝に. ¶ Morgens stehe ich immer um halb sieben auf. 私はいつも朝6時半に起床する.

morgig [モルギヒ] -e [モルギゲ] 形 あしたの. ¶Die morgige Besprechung fällt aus. あしたの協議は中止だ. / Für die morgige Vorstellung gibt es keine Karten mehr. あしたの公演のチケットがもうない.

Morphium [モルフィウム] 中-s/ 《医療》モルヒネ.

morsch [モルシュ] 形 朽ちてぼろぼろの,もろい.

Mörtel [メルテル] 男-s/ モルタル.

Mosaik [モザイーク] 中-s/-en モザイク.

Moschee [モシェー] 女-/-n [モシェーエン] モスク(イスラム教寺院).

Moslem [モスレム] 男-s/-s （女性）**Moslemin** [モスレミン] 女-/ Mosleminnen [モスレーミネン] ムスリム(イスラム教徒). (⇒Muslim)

Most [モスト] 男-[e]s/-e モスト(まだ発酵中の果汁).

Motel [モーテル] 中-s/-s モーテル.

Motiv [モティーフ] 中-s/Motive [モティーヴェ] 動機,やる気;主題,モチーフ. **Motivation** [モティヴァツィオーン] 女-/-en モチベーション,動機づけ. **motivieren** [モティヴィーレン] motivierte, motiviert 動 (事⁴の)動機(理由)づけをする. ¶j⁴ zu et³ motivieren 人⁴に事³をする動機を与える,人⁴に事³への関心を持たせる,人⁴に事³をやる気を起こさせる.

Motor [モートァ,モトァ] 男-s/ Motoren [モトーレン] エンジン. ¶ den Motor laufen lassen エンジンを稼動させる. ◆ Im Winter springt der Motor schwer an. 冬はエンジンがなかなかかからない. / In der Garage muss man den Motor unbedingt abstellen. ガレージの中では絶対エンジンを止めなければならない. / Was ist bloß mit dem Motor los, er klopft so. いったいエンジンはどうなったんだ,こんなにノッキングして.

Motor·rad [モートァ・ラート,モトァ・ラート] 中-[e]s/Motor·räder [モートァ・レーダァ,モトァ・レーダァ] オートバイ. ¶Am Wochenende fahren wir mit dem Motorrad ins Grüne. われわれは週末にはオートバイで野外に出かける. **Motor·roller** [モートァ・ロラァ,モトァ・ロラァ]

M

男 -s/- スクーター.

Motte [モッテ] 女 -/-n 〔昆虫〕ガ, スガ.

Motto [モット] 中 -s/-s モットー. ¶ unter dem *Motto* „Frieden" 「平和」というモットーのもとで.

motzen [モッツェン] 動 文句を言う.

Mountain・bike [マウントゥン・バイク] 中 -s/-s マウンテンバイク.

Möwe [メーヴェ] 女 -/-n 〔鳥類〕カモメ.

Md., Mrd. [ミリアルデ, ミリアルデン] 〔略〕10億(=**Milliarde**[n]).

Mücke [ミュッケ] 女 -/-n 〔昆虫〕カ, ブヨ.

müde [ミューデ] 形 眠い, 疲れた. ¶ Abends kommt er immer sehr *müde* von der Arbeit. 夕方彼は仕事にひどく疲れて帰ってくる. / In letzter Zeit werde ich immer so schnell *müde*. 私は最近すぐ疲れてしまう. **Müdig・keit** [ミューディヒ・カイト] 女 -/ 眠気, 疲労.

muffig [ムッフィヒ] -e [ムッフィゲ] 形 かび臭い. ¶ Es riecht *muffig*. かび臭いにおいがする.

Mühe [ミューエ] 女 -/-n 苦労, 骨折り. ¶ nicht der *Mühe* wert sein 苦労するのに値しない. / unter großen *Mühen* たいへんな苦労(苦心惨憺)して. ◆ Haben Sie vielen Dank für Ihre *Mühe*! お骨折りありがとうございます. / Trotz all seiner *Mühe* hatte er keinen Erfolg. あらゆる彼の苦労にもかかわらず成果がなかった. **mühe・los** [ミューエ・ロース] 形 たやすい, 容易な. ¶ et⁴ *mühelos* schaffen 事⁴を難なく(苦もなく)やってのける.

Mühle [ミューレ] 女 -/-n 製粉機, 粉砕機; 製粉所, 水車, 風車.

mühsam [ミューザーム] 形 骨の折れる. ¶ Er kann nur *mühsam* gehen. 彼はやっとの思いで歩いている.

Mull [ムル] 男 -[e]s/(種類:-e) 〔医療〕ガーゼ.

Müll [ミュル] 男 -s/ ごみ, 廃棄物.

Müll・abfuhr [ミュル・アプフーァ] 女 -/ ごみ収集; 清掃局. **Müll・beutel** [ミュル・ボイテル] 男 -s/- (プラスチック製の)ごみ袋. **Müll・eimer** [ミュル・アイマァ] 男 -s/- ごみバケツ. **Müll・tonne** [ミュル・トネ] 女 -/-n (Mülleimer より大きい円筒形蓋つきの)ごみ収集容器. **Müll・trennung** [ミュル・トゥレヌング] 女 -/ ごみの分別.

> ごみ収集日になると各家庭ではこのMülltonne を所定の場所に出しておく. あるいは共同ごみ置き場(屋根, 扉つき) die Bucht にそれぞれのごみ容器が置いてある. やがてごみ収集車がやってきて, 車備えつけの機械でこの金属製の容器を「くわえ上げ」ガチャガチャとゆすって中身を取り込む. 収集車のうしろから係員が何人か追っかけて走るのは日本と同じ. 「粗大ごみ」は der Sperrmüll である.

mulmig [ムルミヒ] -e [ムルミゲ] 形 気持ちが落ち着かない; (雲行きなどが)怪しい.

multi・kulturell [ムルティ・クルトゥレル] 形 マルチカルチュラル(多文化的)な.

Multi・plikation [ムルティ・プリカツィオーン] 女 -/-en 〔数〕掛け算. **multi・plizieren** [ムルティ・プリツィーレン] multiplizierte, mulitipliziert 動 〔数〕掛ける《mit et³ 数³を》. ¶ Acht *multipliziert* mit zwei gibt sechzehn. 8 掛ける2は16.

Mumie [ムーミエ] 女 -/-n [ムーミエン] ミイラ.

München [ミュンヒェン] 中 -s/ ミュンヒェン(ドイツ連邦共和国バイエルン州 Freistaat Bayern の州都).

Mund [ムント] 男 -[e]s/Münder [ミュンダァ] 口. ¶ ein Bonbon im *Mund* haben ボンボンを口に入れている. / den *Mund* halten 口をつぐむ, 黙る. ◆ Man spricht nicht dauernd mit vollem *Mund*. 食べ物を口に入れたままひっきりなしにしゃべるものではありません. / Das Gerücht verbreitete sich von *Mund* zu *Mund*. 噂は口から口へと広がっていった.

Mund·art [ムント・アールト] 囡-/-en 〖語〗方言. (⇒Hochsprache)

münden [ミュンデン] 動 (s)in *et⁴ münden* (河川が)河川⁴・海⁴に流入する.

mündig [ミュンディヒ] -e [ミュンディゲ] 肜 成人(成年)の;(一人前の人間として)判断力のある. ¶Mit achtzehn wird man *mündig*. 18歳で成人になる.

münd·lich [ミュント・リヒ] 肜 口頭(口述)の. ¶eine *mündliche* Prüfung 口述試験. ◆*Mündlich* geprüft werden wir nächsten Mittwoch. 口述試験が行われるのは次の水曜日です. / Ein *mündlicher* Gedankenaustausch fand nicht statt. 口頭による意見交換は行われなかった.

Mündung [ミュンドゥング] 囡-/-en 河口.

Munition [ムニツィオーン] 囡-/-en 弾薬.

munkeln [ムンケルン] 動 ひそかに噂をする.

Münster [ミュンスタァ] 回-s/- 〖キリスト教〗大聖堂.

munter [ムンタァ] 肜 生き生きした,快活な;目覚めた. ¶Abends wird er erst richtig *munter*. 晩になると彼はいよいよもって元気になる.

Münze [ミュンツェ] 囡-/-n コイン,硬貨;メダル.

mürbe [ミュルベ] 肜 もろい;柔らかな.

Murks [ムルクス] 男 -es/ 〖くだけた表現〗へま. ¶*Murks* machen へまをする.

Murmel [ムルメル] 囡-/-n ビー玉.

murmeln [ムルメルン] 動 つぶやく,ぶつぶつ(もぐもぐ)言う.

murren [ムレン] 動 ぶつぶつ文句を言う《über *et⁴* 物⁴について》.

mürrisch [ミュリシュ] 肜 不機嫌な;文句ばかり言う.

Mus [ムース] 回-es/-e 〖食物〗ムース;ピューレ;(果物を煮詰めた)ソース.

Muschel [ムッシェル] 囡-/-n 貝,貝

殻;(電話機の)受話(送話)口.

Museum [ムゼーウム] 回-s/Museen [ムゼーエン] ミュージアム(博物館,美術館). ¶Die meisten *Museen* sind montags geschlossen. たいがいのミュージアムは月曜日休館である. / Die Ausstellung im städtischen *Museum* ist wirklich sehenswert. 市立美術館の展示は本当に一見の価値がある.

Musical [ミューズィカル] 回-s/-s ミュージカル.

Musik [ムズィーク] 囡-/ 音楽. ¶Seine *Musik* wird heute nur noch selten gespielt. 今日彼の音楽は稀にしか演奏されない. / Sie will in München *Musik* studieren. 彼女はミュンヘンで音楽を学びたいと思っている. **musikalisch** [ムズィカーリシュ] 肜 音楽の,音楽的な,音楽の才能がある.

Musiker [ムーズィカァ] 男-s/- (女性) **Musikerin** [ムーズィケリン] 囡-/ Musikerinnen [ムーズィケリネン])音楽家.

Musik·instrument [ムズィーク・インストゥルメント] 回 -[e]s/-e 楽器.

musizieren [ムズィツィーレン] musizierte, musiziert 動 音楽を奏する.

Muskel [ムスケル] 男-s/-n 筋肉. **Muskel·kater** [ムスケル・カータァ] 男-s/ 筋肉痛. **muskulös** [ムスクレース] 肜 筋骨たくましい.

Müsli [ミュースリ] 回-s/-s ミュースリ(オート麦フレークを牛乳・蜂蜜・果実片などに混ぜた食品.朝食に供する).

Muslim [ムスリム] 男 -s/-s (女性) **Muslimin** [ムスリーミン]囡-/ Musliminnen [ムスリーミネン], **Muslima** [ムスリーマ]囡-/-s)イスラム教徒(=Moslem, Moslemin).

muss [ムス] müssen の現在形・単数・1,3人称.

Muße [ムーセ] 囡 -/ 余暇.

müssen [ミュッセン] *ich/er* muss, *du* musst, *wir/sie* müssen, *ihr* müsst; musste, gemusst (müssen) 動 《話法の助動詞. 他の動詞

M

379

musste

関連語 Musik
―音楽関連用語―

die klassische Musik	クラシック音楽.
die Oper	オペラ.
die Operette	オペレッタ.
der Pop, die Popmusik	ポップス.
der Rock, die Rockmusik	ロック.
das(der) Techno	テクノ.
der Hip-Hop	ヒップホップ.
der Jazz	ジャズ.
die Volksmusik	民族音楽.
das Volkslied	民謡.
der Schlager	流行歌.
der Musiker	音楽家.
der Komponist	作曲家.
der Dirigent	指揮者.
das Orchester	オーケストラ.
der Chor	合唱[団].
der Solist	ソリスト.
der Sänger	歌手.
der Pianist	ピアニスト.
die Band	バンド.
der Liedermacher	シンガーソングライター.
das Konzert	コンサート.
ins Konzert gehen	コンサートに行く.

関連語 Musikinstrument
―楽器―

die Geige	バイオリン.
die Bratsche	ビオラ.
das Cello	チェロ.
der Kontrabass	コントラバス.
die Querflöte	フルート.
die Pikkoloflöte	ピッコロ.
die Oboe	オーボエ.
die Klarinette	クラリネット.
das Fagott	ファゴット.
die Trompete	トランペット.
die Posaune	トロンボーン.
das Horn	ホルン.
die Tuba	チューバ.
die Pauke	ティンパニー.
die Trommel	太鼓.
das Becken	シンバル.
die Harfe	ハープ.
der Flügel	グランドピアノ.
das Klavier	縦型ピアノ.

を伴う場合過去分詞は müssen, 単独で用いられれば gemusst》【義務】…しなければならない. Ich *muss* spätestens um 8 Uhr im Büro sein. わたしは遅くとも8時には会社にいなくてはならない.【必須】必ず…でなくてはいけない. Der Brief *muss* sofort abgeschickt werden. この手紙はすぐに発送しなければいけない. / Den Film *muss* man gesehen haben. あの映画は絶対見ておかなければだめだ.【確実】…に違いない. Was er sagte, *muss* stimmen. 彼の言ったことは真実にちがいない. / Der Bus *muss* jeden Augenblick kommen. バスはもういますぐにも来るに違いない.《接続法 II で》【話し手の願望】…であってほしいのだが. Eigentlich *müsste*

es immer so sein. 本来はいつだってこうでなくてはいけないのだが.《否定で》【不必要】…しなければならないわけではない. Man *muss* nicht alles glauben, was in der Zeitung steht. 新聞に書いてあることを何でもかんでも信じる必要はない.《他の動詞を伴わずに》…ねばならない. Du hast Fieber. Du *musst* gleich zum Arzt. 君は熱がある. すぐ医者に行かねば. / Morgen *muss* ich nach Köln. あしたはケルンへ行かなくてはならない. / Ich *muss* mal. トイレへ行きたい.

musste [ムステ] müssen の過去形・単数・1, 3人称.

Muster [ムスタァ] 中-s/-e（織物などの）模様, 柄；見本；規範. ¶das *Muster* der Tapete 壁紙の模様. ◆Das ist ein *Muster* des neuen Artikels. これは新製品の見本です. / Meine Frau ist ein *Muster* an Fleiß. 家内は働き者の典型です.

mustern [ムステルン] 動（吟味するように）しげしげと見る；(軍隊で)徴兵検査をする.

Mut [ムート] 男-es/ 勇気. ¶*Mut haben* 勇気がある. ◆*Kein Zeuge hatte den Mut, gegen den Bandenchef auszusagen.* ギャングの親分に対する陳述をする勇気は証人の誰も持っていなかった. / *Nach dem großen Erdbeben haben wir uns gegenseitig Mut gemacht.* 大地震のあとでは互いに勇気づけ合った. ¶**mutig** [ムーティヒ] -e [ムーティゲ] 形 勇気のある. **mut·los** [ムート・ロース] 形 意気消沈した, 勇気のない.

mutmaß·lich [ムートマース・リヒ] **1** 形 推定上の. **2**副 恐らくは.

¹**Mutter** [ムッタァ] 女-/Mütter [ミュッタァ] 母. ¶*eine allein erziehende Mutter* 一人で子供を養育する母親. / *eine werdende Mutter* 妊婦. ◆*Unsere Mutter wohnt eine Etage über uns.* われわれの母は一階上に住んでいる.

²**Mutter** [ムッタァ] 女-/-n ナット, 雌ねじ.

mütter·lich [ミュッタァ・リヒ] 形 母の;母方の;母親のような, 母性的な.

mutterseelen·allein [ムッタァゼーレン・アライン] 副 一人さびしく, 一人っきりで.

Mutter·söhnchen [ムッタァ・ゼーンヒェン] 中-s/- お母さんっ子;甘ったれ.

Mutter·sprache [ムッタァ・シュプラーヘ] 女-/-n 〚語〛母語, 母国語.

Mutter·tag [ムッタァ・ターク] 男-[e]s/-e 母の日.

Mutti [ムッティ] 女 (無冠詞では-s)/-s (母親の愛称)おかあちゃん.

Mütze [ミュッツェ] 女-/-n 縁なし帽, キャップ, ハンチング, ベレー帽.

MwSt, MWSt [メーァヴェールト・シュトィァ] 〚略〛付加価値税(=**Mehrwertsteuer**).

Mythos [ミュートス] 男-/Mythen [ミューテン] 神話.

M

―――――― ちょっと文法 ――――――

英語と違うぞ, 使い方

◆過去形の用法◆
ドイツ語の過去形の使い方は英語と大きく違うので, 注意が必要だ. もっぱら歴史上の事実を記述するとき, あるいは小説や物語の中で使われる. そのため例えば君が友人に, Ich trank gestern Bier. などと過去形で言おうものなら, 「私はビールを飲んだのであった」みたいなニュアンスに聞こえてしまう. 過去のできごとを現在に結びつけて語るときには〈現在完了形〉を使い, Gestern habe ich Bier getrunken. と言わなくちゃいけない. これではじめて「きのうビールを飲んだんだよ」と, ふつうの会話になる. 英語の癖がぬけなくてたいへんだと思うけれど,〈小説的過去〉という言葉を頭の隅に入れておくといいかもしれない. 過去形は客観的な叙述に使うものだってことを忘れずに!

英語よりも用途がひろい

◆現在完了形◆
過去のことを言うとき，客観的な文章には過去形を使うんだったね．
ではふつうの会話はどうだろう．それには圧倒的に現在完了形が使わ
れる．つまりドイツ語の現在完了形というのは，過去と現在を生き生
きと結びつけるための表現方法なんだ．だから英語の完了形には許さ
れなかった〈時の副詞［句］〉（過去のある一点を示す）も，ドイツ語
でなら許される．**Vorgestern** hat er ein Auto gekauft.「一昨日，彼
は車を買った」というようにね．もちろん英語と同じく，過去の経験
をあらわすときにも，動作の完了をあらわすときにも使われる．要す
るにドイツ語の現在完了形は，英語にくらべてずっと用途がひろいと
いうことだね．

M

N

¹N, n [エン] 匣-/- ドイツ語アルファベットの第14字.

²N [エン]【元素記号】窒素.

³N [ノルト, ノルデン]【記号】北. (⇒Nord, Norden)

N. [ノイトゥルム]【文法】中性[名詞].(⇒Neutrum)

n. [ノイトゥラール]【文法】中性[名詞]の. (⇒neutral)

na! [ナ, ナー] 間【親しみをこめた問いの導入】Na, wie geht es euch? ねえ, 君ら調子はどうだい./【期待どおりの結果に安堵して】Na, endlich! やれやれ, やっとのことで. /Na also! ほらね./【催促. 待ちかねる気持ち】Na, komm doch endlich! さあ, いい加減に来いったら./【驚き】Na, so was! まさか, そんなことってあるものじゃない./【冗談めかしてたしなめる】Na, na, so was sagt man nicht. なんだ, なんだ, そんなことは言うものじゃないぞ. /予想通りであることを表して】Na bitte! そら見たことか./【諦め】Na gut! じゃあ, まあいいとするか. /Na, ja! それはまあそうだけれど. /【おどし】Na, warte! いいかい, いまに見てろよ. 《Na und? の形で》それで?, それがどうした.

Na [エンアー]【元素記号】ナトリウム.

Nabel [ナーベル] 男-s/- へそ.

nach [ナーハ] **1** 前 《3格支配》¶【方向】 nach Hause gehen 帰宅する./nach oben (unten) 上へ(下へ)./Die Maschine fliegt von Tokyo nach Frankfurt. 飛行機は東京からフランクフルトに飛ぶ.【時間的に】…の後で(に). Nach zehn Tagen kam die ersehnte Nachricht. 10日の後に待ちに待った知らせが来た. /Mein Sohn kommt erst nach dem Examen zurück. 息子は試験の後でないと戻ってこない. /Jetzt ist es zehn Minuten nach drei. 今は3時10分過ぎです.

同じ「…のあとに(で)」でも nach は過去の事柄について用いる. Nach Ostern kam er nach Hause. (彼はイースターのあとに帰ってきた). これから先の事柄に関しては in を用いる. In zehn Minuten komme ich zurück. (私は10分後に帰ってくる)

【順序. 目的語の後におかれることがある】 …の後から, …の後ろから. nach der Reihe (der Reihe nach) 順番に. /Die Studenten kamen einer nach dem andern in den Hörsaal. 学生たちは一人また一人と教室に入ってきた. /Nach Ihnen. お先にどうぞ(順番をゆずって相手のあとから行くことを伝える表現).【根拠・基準. 目的語の後におかれることがある.】 …によれば, …に従って. nach meiner Meinung (meiner Meinung nach) 私の意見では. /nach altem Brauch (altem Brauch nach) 古くからの仕来りによると. **2** 副 nach und nach 次第に. /nach wie vor 相変わらず.

nach- [ナーハ] 《常にアクセントをもち分離動詞をつくる前つづり》【後続】 nachfolgen …のあとを追う;【追加】nachbestellen 追加注文する;【調査】nachprüfen 再検査する;【模倣】nachahmen 真似する.

nachahmen [ナーハ・アーメン] 動 真似る;見習う;模造する. ¶Sie ahmte in allem ihre Mutter nach. 彼女は何でも母親の真似をした. /Ist dieser Picasso nun echt oder nur gut nachgeahmt? このピカソはほんものかね, それとも上手な模写に過ぎないのかしら. **Nach·ahmung** [ナーハ・アームング] 囡-/-en

模倣.

Nach·bar [ナッハ・バール] 男 –n(–s)/–n (女性) **Nach·barin** [ナッハ・バーリン] 女–/Nach·barinnen [ナッハ・バーリネン])隣 人. ¶Mit unseren *Nachbarn* verstehen wir uns sehr gut. お隣さんたちとはとても気が合っている. / So einen Typ hat man nicht gern als *Nachbar*. ああいうタイプの人間は隣人に欲しくないものだ.

Nachbar·schaft [ナッハバール・シャフト] 女–/ 近所;近所の人々. ¶In meiner *Nachbarschaft* wohnt ein deutsches Ehepaar. うちの近所にドイツ人夫婦が住んでいる.

nach bestellen [ナーハ・ベシュテレン] 動 追加注文する.

nach·dem [ナーハ・デーム] 接 《従属》…したあとで. ¶*Nachdem* die Gäste gegangen waren, ging er sofort ins Bett. お客たちが立ち去ったあと彼はすぐに就寝した. / Eine Woche, *nachdem* ihm gekündigt worden war, fand er schon eine neue Stelle. 解雇通知を受けて一週間後に彼はもう新しい仕事を見つけた.

nach denken* [ナーハ・デンケン] dachte nach, nachgedacht 動 よく考えてみる《über *et*[4] 事[4]について》. **nachdenk·lich** [ナーハ・デンクリヒ] 形 考えこんでいる. ¶eine *nachdenkliche* Miene 考えごとをしている顔つき.

Nach·druck [ナーハ・ドゥルク] 男 –(e)s/ 強め,強調. ¶mit *Nachdruck* 力をこめて,語勢を強めて. **nachdrück·lich** [ナーハドゥリュク・リヒ] 形 (口調など)強調した. ¶Jemand muss ihm *nachdrücklich* klarmachen, dass er pünktlich zu sein hat. 誰かが彼に時間厳守を強く言ってはっきりわからせてやる必要がある.

nach·einander [ナーハ・アィナンダァ] 副 次々に,あとからあとから. ¶Die Kinder sprangen *nacheinander* ins Wasser. 子供たちは次から次

水に跳びこんだ. / Gestern habe ich mir drei Videos *nacheinander* angesehen. きのう私はビデオを立て続けに3本視た.

Nach·folge [ナーハ・フォルゲ] 女–/ 後任. ¶Die *Nachfolge* ist noch nicht geregelt. 後任[者]はまだ調整がついていない. **nach folgen** [ナーハ・フォルゲン] 動 (人[3]・物[3]の)あとを追う.

Nach·folger [ナーハ・フォルガァ] 男 –s/ (女性) **Nach·folgerin** [ナーハ・フォルゲリン] 女–/Nach·folgerinnen [ナーハ・フォルゲリネン])後継者,後任.

nach forschen [ナーハ・フォルシェン] 動 (事[3]を)探る,調査する.

Nach·frage [ナーハ・フラーゲ] 女–/–n 【経済】需要. ¶Wegen der Hitzewelle ist die *Nachfrage* nach Klimaanlagen sprunghaft gestiegen. 熱波のためにエアコンの需要は飛躍的に増大した.

nach fragen [ナーハ・フラーゲン] 動 **1** [bei *j*[3] nach *j*[3]/*et*[3]] *nachfragen* [人[3]に人[3]・事[3]について]問い合わせる. **2** (商品[4]を)求める. ¶Dieser Artikel wird stark *nachgefragt*. この商品には強い需要がある.

nach fühlen [ナーハ・フューレン] 動 (他人の気持ちを)共感する. ¶Deinen Schmerz kann ich (Den Schmerz kann ich dir) *nachfühlen*. 君の心痛はよくわかるよ.

nach füllen [ナーハ・フュレン] 動 (液体[4]を)注ぎ足す;(容器[4]に)注ぎ足す. ¶Wein in das Glas *nachfüllen* ワインをグラスに注ぎ足す. / die Gläser *nachfüllen* グラスに(ワインなどを)注ぎ足す.

nach geben* [ナーハ・ゲーベン] *du* gibst nach, *er* gibt nach; gab nach, nachgegeben 動 (事[3]に)譲歩する,負ける;たわむ,しなう. ¶Ich musste seinen Bitten endlich *nachgeben*. わたしは彼の願いに結局譲歩せざるを得なかった. / Der Schrank war so schwer, dass der Boden *nachgab*. キャビネッ

トがあまりにも重いので床がたわんだ.

nach·gehen* [ナーハ・ゲーエン] ging nach, nachgegangen **動** (s) (人³・事³)について(を追って)行く；(事³を)調査(追及)する；(仕事など³に)専念する；(時計などが)遅れる. ¶ Komisch, dass die Polizei der Sache nicht *nachgeht*. 警察がこの件を調査しないのは変だ. / Der Wecker *geht* schon wieder zehn Minuten *nach*. 目覚まし時計がまたももう10分遅れている.

nach·giebig [ナーハ・ギービヒ] –e [ナーハ・ギービゲ] **形** 人の言いなりになる.

nach·helfen* [ナーハ・ヘルフェン] du hilfst nach, *er* hilft nach；half nach, nachgeholfen **動** (人³に)手を貸す, 後押しする. ¶ dem Schüler in Französisch *nachhelfen* 生徒にフランス語の補習をしてやる.

nach·her [ナーハ・ヘーァ] **副** あとで. ¶ Gehst du *nachher* mit uns ins Kino? あとでぼくらと一緒に映画に行くかい. / Bis *nachher*! あとでまたね.

Nach·hilfe [ナーハ・ヒルフェ] **女**–/–n 補習. ¶ *Nachhilfe* geben (bekommen) 補習授業をする(受ける).

nach·holen [ナーハ・ホーレン] **動** あとから連れて(持って)くる；(事⁴の)遅れを取りもどす. ¶ Mathematik *nachholen* 数学の遅れを取りもどす.

nach·kommen* [ナーハ・コメン] kam nach, nachgekommen **動** (s) あとから(遅れて)来る. ¶ mit *et*³ *nachkommen* 事⁴に遅れをとらない. / beim Diktat mit dem Schreiben gut *nachkommen* 書き取りの際筆記を遅れずついていく. ◆ Er geht für seine Firma nach Düsseldorf, die Familie lässt er *nachkommen*. 彼は会社の用務でデュッセルドルフに赴任する. 家族はあとから来させる.

Nach·lass [ナーハ・ラス] **男**–es/–e (Nach·lässe [ナーハ・レセ])値引き, 割引き；遺産. ¶ In seinem *Nachlass* fand sich ein unveröffent-

lichtes Manuskript. 彼が遺したものの中に未公開の原稿が見つかった.

nach·lassen* [ナーハ・ラセン] *du/er* lässt nach；ließ nach, nachgelassen **動** 1弱まる, おとろえる. ¶ Das Fieber *lässt nach*. 熱が下がる. 2値引く, 割り引く. ¶ Die Marktfrau *ließ* keinen Cent *nach*. 市場のおばさんは1セントもまけてくれなかった.

nach·lässig [ナーハ・レスィヒ] –e [ナーハ・レスィゲ] **形** だらしのない. ¶ So *nachlässig* putzt du mir nicht noch einmal! あんないい加減な掃除は二度とするのじゃないぞ.

nach|machen [ナーハ・マヘン] **動** (人³の事⁴を)まねする；模造(偽造)する；あとから(遅れて)する. ¶ die Prüfung *nachmachen* 追試験を受ける. ◆ Kinder *machen* den Erwachsenen alles (die Erwachsenen) *nach*. 子供たちは大人のすることは何でも(大人の)真似をする.

Nach·mieter [ナーハ・ミータァ] **男**–s /– (**女性**) **Nach·mieterin** [ナーハ・ミーテリン] **女**–/Nach·mieterinnen [ナーハ・ミーテリネン])(前住者の)次の間借り(借家)人.

Nach·mittag [ナーハ・ミターク] **男** –s/–e午後. ¶ gestern (heute/morgen) *Nachmittag* きのう(きょうあした)の午後. / am späten *Nachmittag* 午後遅くに.

nach·mittags [ナーハ・ミタークス] **副** 午後に. ¶ *Nachmittags* ist im Laden meist viel zu tun. お店ではおおむね午後作業に忙しい.

Nach·name [ナーハ・ナーメ] **男** 2格 –ns, 3・4格–n/–n 姓.(⇒Vorname)

nach|prüfen [ナーハ・プリューフェン] **動** 再検査(再調査)する.

Nach·richt [ナーハ・リヒト] **女**–/–en 知らせ；《**複**で》(新聞・TV・ラジオの)ニュース. ¶ eine erfreuliche *Nachricht* bekommen 嬉しい知らせを受け取る. / sich³ die *Nachrichten* anhören ニュースを聞く. ◆ Als letztes sehe ich mir

385

abends immer die *Nachrichten*
an. 晩はいつも最後にニュースを視る.
/ Der Vorfall wurde in den *Nach-richten* ausführlich erwähnt.
事件はニュースで詳しく報じられた.

nach rücken [ナーハ・リュケン] **動**
(s) (人³の)あとについていく, 後任
になる; 昇進する.

Nach・ruf [ナーハ・ルーフ] **男** -[e]s/
-e 追悼の言葉《auf *j*⁴ 人⁴に対す
る》.

nach sagen [ナーハ・ザーゲン] **動** 繰
り返して言う. ¶*j*³ *et*⁴ *nachsagen*
人³のことを事⁴だと陰口を言う. ♦
Ihm wird Arroganz *nachgesagt*.
彼は傲慢(ごう)だと陰口を叩かれている.

nach schlagen* [ナーハ・シュラーゲン]
du schlägst nach, *er* schlägt
nach; schlug nach, nachge-
schlagen **動** 調べる《*et*⁴ in *et*³
事⁴を辞書・事典など³で》. ¶Wie
schlägt man eigentlich chinesi-
sche Schriftzeichen im Lexikon
nach? そもそも漢字はどうやって辞
書で引くのですか. **Nachschlage
・werk** [ナーハシュラーゲ・ヴェルク] **中**-
[e]s/-e 辞書, 事典, 便覧.

Nach・schub [ナーハ・シューブ] **男**
-[e]s/ 補給; 補給物資.

nach sehen* [ナーハ・ゼーエン] *du*
siehst nach, *er* sieht nach;
sah nach, nachgesehen **動** 1
(人³・物³を)目で追う, 見送る. 2 点
検する. ¶*j*³ *et*⁴ *nachsehen* 人³
の事⁴を大目に見る. ♦Eure Auf-
sätze habe ich noch nicht *nach-
gesehen*. 君たちの作文はまだ見て
ないんだ. / *Sieh* mir bitte *nach*,
dass ich mich jetzt erst melde.
今頃になってやっとお便りすることをお
許しください.

Nach・sehen [ナーハ・ゼーエン] **中**-s/
das *Nachsehen* haben 指をく
わえて見ている, ほしいものが貰えない.

nach senden* [ナーハ・ゼンデン]
sandte [ザンテ] (sendete) nach,
nachgesandt [ナーハ・ゲザント] (nach-
gesendet) **動** あとから送る, 転送す
る. ¶Bitte *nachsenden*! 転送し

て下さい.

Nach・sicht [ナーハ・ズィヒト] **女** -/
寛大, 寛容. ¶bei *j*³ *Nachsicht*
üben 人³のことを大目に見る.

Nach・speise [ナーハ・シュパイゼ]
女-/-n デザート. ¶Als *Nachspei-
se* gibt es einen Eisbecher.
デザートとしてアイスクリームパフェが
でる. (⇒Nachtisch, Vorspeise)

Nach・spiel [ナーハ・シュピール] **中**
-[e]s/-e 〖謔〗後奏曲,〖劇〗エピロー
グ;(出来事・行為の)好ましからぬ余
波. ¶Die Angelegenheit dürfte
für ihn noch ein *Nachspiel* ha-
ben. この件は彼にとって面白からぬ
余波をもたらすかも知れない.

nächst [ネークスト] **形** 《nah, nahe
の最高級》もっとも近い; この(その)次
の. ¶Selbst das *nächste* Dorf
ist 200 km entfernt. もっとも近
い村さえ200キロメートル離れている.
/ *Nächsten* Sonntag machen
wir eine Wanderung. 次の日曜
日にハイキングに行きます. / Ent-
schuldigung, wo ist hier die
nächste Polizeiwache? 失礼, こ
のあたりで一番近い交番はどこですか.

Nacht [ナハト] **女** -/Nächte [ネヒ
テ] (日没から夜明けまでをさして)夜.

> 就寝時間以前の夜間は der
> Abend. heute Nacht と言う場
> 合はきょうの午前0時以後の深夜
> 帯, および今夜24時に近い時間帯
> を指す.

¶gestern (heute/morgen)
Nacht 昨夜(今夜・明晩). / in der
Nacht von Montag auf Diens-
tag 月曜日から火曜日にかけての夜.
♦ Gute *Nacht*! おやすみなさい.

Nach・teil [ナーハ・タイル] **男**-[e]s/
-e 不利, 不利益;短所. ¶*j*³ gegen-
über im *Nachteil* sein 人³と比べ
て不利な立場にいる(ハンディキャップ
がある). ♦Der Wagen hat einen
Nachteil, der Kofferraum ist zu
klein. この自動車には短所が一つあ
る. トランクルームが小さすぎるのだ.

/ Die Regelung hat mehr Vor- als Nachteile. この規制には不利より有利な点が多い。《Vorteile und Nachteile の略した書き方》 / Sein Leichtsinn hatte erhebliche finanzielle Nachteile zur Folge. 彼の軽率さは経済的に著しい不利益を伴った。(⇒Vorteil)

Nacht・essen [ナハト・エセン] 中 -s/- 〖スイス〗夕食.

Nacht・hemd [ナハト・ヘムト] 中 -[e]s/-en (主に婦人用のワンピース型夜着)ナイトドレス，ナイティー.

Nachtigall [ナハティガル] 女 -/-en 〖鳥〗サヨナキドリ，ナイチンゲール.

Nach・tisch [ナーハ・ティシュ] 男 -[e]s/-e デザート. (⇒Nachspeise, Vorspeise)

nächt・lich [ネヒト・リヒ] 形 夜の.

Nach・trag [ナーハ・トゥラーク] 男 -[e]s/Nach・träge [ナーハ・トゥレーゲ] 補遺，付録.

nach tragen* [ナーハ・トゥラーゲン] du trägst nach, er trägt nach; trug nach, nachgetragen (人³に)あとから届ける；(人³の言葉など⁴を)後々までうらみに思う；追加する。¶Ich musste meinem Chef den Aktenkoffer nachtragen. 私は上司の書類カバンを持ってついて行かねばならなかった。/ Hier müssen wir noch die Daten nachtragen. ここにデータを追記しなければならない。**nach・tragend** [ナーハ・トゥラーゲント] 1形 執念深い。2 nachtragen の現在分詞。**nach・träg・lich** [ナーハ・トゥレークリヒ] 形 事後になってからの，付け足しの。¶Nachträglich meinen herzlichen Glückwunsch! 遅ればせながら，本当におめでとうございます。

nachts [ナハツ] 副 夜に.

Nacht・tisch [ナハト・ティシュ] 男 -[e]s/-e (ベッドわきの)サイドテーブル.

nach vollziehen* [ナーハ・フォルツィーエン] vollzog nach, nachvollzogen 動 (他人の論拠⁴に)ついていく。¶Diesen komplizierten Gedan-

kengang kann ich kaum nachvollziehen. この複雑な思考過程に私はとてもついていけない。

Nach・weis [ナーハ・ヴァイス] 男 -es/-e 証明，立証。¶Der Nachweis seiner Unschuld ist ihm glänzend gelungen. 彼の無実の立証に彼は見事に成功した。

nach weisen* [ナーハ・ヴァイゼン] du/er weist nach; wies nach, nachgewiesen 動 証明(立証)する；(人³に物⁴を)斡旋(周旋)する。¶Verdächtig ist er natürlich, aber ich fürchte, man kann ihm nichts nachweisen. 彼が怪しいのは勿論だが，私は無実の立証はできないのではないかと危惧する。**nachweis・lich** [ナーハ・ヴァイスリヒ] 形 証明(立証)できるような；《副として》明白に。

Nach・welt [ナーハ・ヴェルト] 女 -/ 後世[の人々].

nach wirken [ナーハ・ヴィルケン] 動 後々まで影響(効果)をのこす.

Nach・wort [ナーハ・ヴォルト] 中 -[e]s/-e あとがき. (⇒Vorwort)

Nach・wuchs [ナーハ・ヴクス] 男 -es/ 後続の世代，子供；後進.

nach zählen [ナーハ・ツェーレン] 動 検算する.

nach ziehen* [ナーハ・ツィーエン] zog nach, nachgezogen 動 1 (足⁴を)引きずって歩く；(まゆ墨などで)なぞる，なぞって際立たせる；(引く，ねじるなどして)堅く締める。¶die Schrauben nachziehen ねじを締める。/ sich³ die Augenbrauen (die Lippen) nachziehen 眉をなぞって描く(口紅をなぞって塗る)。♦ Seit seinem Schlaganfall zieht er das rechte Bein etwas nach. 卒中の発作以来彼は右足を少し引きずって歩く。2 (s) (人³に)追随する。¶Sie zog ihm nach Bonn nach. 彼女は彼を追ってボンに引っ越した。

Nacken [ナッケン] 男 -s/- うなじ，首筋。¶j⁴ im Nacken haben 人⁴に追われている。(⇒Hals, Kehle)

nackt [ナックト] 形 はだかの，覆いの

387

ない;ありのままの. ¶ein *nackter* Baum 葉の落ちた樹. / nur das *nackte* Leben retten können 身一つで(命からがら)助かる. / mit *nacktem* Oberkörper 上半身はだかで. / die *nackten* Tatsachen ありのままの事実. ◆ Im Sommer schlafe ich oft ganz *nackt*. 夏にはよく丸裸で寝ます.

Nadel [ナーデル] 囡-/-n 針,ピン; (針葉樹の)針葉. ¶Mit *Nadel* und Faden kann sie noch immer nicht richtig umgehen. 彼女は未だに針と糸を正しく使いこなせない.

Nadel・baum [ナーデル・バォム] 男-[e]s/Nadel・bäume [ナーデル・ボィメ] 針葉樹.

Nagel [ナーゲル] 男-s/Nägel [ネーゲル] 釘;つめ. ¶einen *Nagel* in die Wand schlagen 釘を壁に打ちこむ. / sich³ (j³) die *Nägel* schneiden 自分の(人³の)つめを切る.

nageln [ナーゲルン] 動 釘で固定する;釘を打ってつくる. ¶ein Schild an die Wand *nageln* 看板を釘で壁に打ちつける. / eine Kiste *nageln* 釘を打って木箱をつくる.

nah [ナー], **nahe** [ナーエ] näher [ネーァ], am nächsten [ネーヒステン] 形 近い,近くの;親密な. ¶das *nahe* Dorf 近隣の村. / in *naher* Zukunft 近い将来. / *nahe* mit j³ befreundet sein 人³と親友関係にある. ◆ Die Kinder sollen nicht zu *nah* an das Feuer herangehen. 子供は火に近づきすぎてはいけない.

Nähe [ネーエ] 囡-/ 近く,近所. ¶die *Nähe* zum Bahnhof 駅に近いこと. / in greifbare *Nähe* rücken (期限などが)さし迫っている. ◆ Wir wohnen in der *Nähe* eines Supermarktes. 私どもはスーパーマーケットの近所に住んでおります.

nahe legen ナーエ・レーゲン動 強くすすめる《j³ et⁴ 人³に事⁴を》.

nahe liegen* lag nahe, nahegelegen ナーエ・リーゲン動 もっともである. ¶Es liegt *nahe*, dass ...

…ということが考えられる.

nähen [ネーエン] 動 1 縫い物をする. ¶mit der Hand (Maschine) *nähen* 手縫いをする(ミシンで縫う). 2 縫う. ¶ein Kleid *nähen* ドレスを縫う. / einen Knopf an ein Kleid *nähen* 服にボタンを縫いつける. / eine Wunde *nähen* 傷口を縫合する.

näher [ネーァ] 形《nah, nahe の比較級》より近い;より親密な;より詳しい ¶die *nähere* Umgebung 近郊. / j⁴ *näher* kennen lernen 人⁴とより知り合うようになる.

Näheres* [ネーエレス] 甲《形容詞の名詞化》詳細. ¶*Näheres* weiß ich auch nicht. 詳しいことは私も知らない.

nähern [ネーエルン] 動 sich⁴ nähern 近づく.

nahe・zu [ナーエ・ツー] 副 ほとんど;危うく. ¶Ein Kompromiss erscheint *nahezu* unmöglich. 妥協はほとんど不可能と思われる.

nahm [ナーム] nehmen の過去形・単数・1,3人称.

Näh・maschine [ネー・マシーネ] 囡-/-n ミシン.

nahr・haft [ナール・ハフト] 形 栄養のある.

Nähr・stoff [ネーァ・シュトフ] 男-[e]s/-e 《ふつう複で》栄養素.

Nahrung [ナールング] 囡-/-n 食物,餌;栄養.

Nahrungs・mittel [ナールングス・ミテル] 甲-s/- 《ふつう複で》食品.

Nähr・wert [ネーァ・ヴェールト] 男-[e]s/ 栄養価.

Naht [ナート] 囡-/Nähte [ネーテ] 縫い目. **naht・los** [ナート・ロース] 形 継ぎのない,シームレスの.

Nah・verkehr [ナー・フェァケーァ] 男-[e]s/ 近距離交通.

naiv [ナイーフ] -e [ナイーヴェ] 形 ナイーブな,無邪気な;無知な. ¶Wer das glaubt, ist völlig *naiv*. それを信じる人は完全におめでたい.

Name [ナーメ] 男 2格-ns, 3・4格-n/-n 名前;名称;名声. (⇒Famili-

Namens·tag [ナーメンス・タ-ク] 男
-[e]s/-e 《ｶﾄﾘｯｸ》霊名の聖人の祝日.

näm·lich [ネーム・リヒ] 副 すなわち.
¶Ich habe ihn schon zweimal
darum gebeten, *nämlich* vorletz-
ten Samstag und gestern wie-
der. 私はすでに２回彼にこれを頼
んだ。すなわち先週の土曜日ときのう
また頼んだ。

nannte [ナンテ] nennen の過去形・
単数・1，3人称.

na·nu! [ナヌー] 間 (驚き怪訝を表し
て)おや、はてな、またどうして.

Narbe [ナルベ] 女-/-n 傷あと.

Nar·kose [ナル・コーゼ] 女-/-n
《医療》麻酔. ¶dem Patienten eine
Narkose geben 患者に麻酔をかけ
る。

Narr [ナル] 男-en/-en 《女性》**När-
rin** [ネリン] 女-/Närrinnen [ネリネ
ン]愚か者；道化.

Narzisse [ナルツィッセ] 女-/-n 《植物》
スイセン.

NASA [ナーザ] 女-/ ナサ(アメリカ
航空宇宙局).

naschen [ナッシェン] 動 Kuchen
(vom Kuchen) *naschen* ケー
キをつまみ食い(盗み食い)する.

NASDAQ [ナスデク] 男-[s]/《経済》
ナスダック(全米証券業者協会相場報
道システム).

Nase [ナーゼ] 女 -/-n 鼻. ¶*sich*³
die *Nase* putzen 鼻をかむ. / sei-
ne *Nase* in alles stecken. 何に
でも首を突っ込む、でしゃばる. / j⁴ an
der *Nase* herumführen 人⁴をい
いように引き回す(だます). ♦Die *Na-
se* ist verstopft. 鼻が詰まってる.
/ Einatmen sollte man mög-
lichst durch die *Nase*. 息を吸う
のはなるべく鼻孔を通してするべきだ.

> ヨーロッパ人は鼻をかむときふつう
> ハンカチまたはティッシューを使い、
> 鼻の穴の片方をおさえ、もう片方の
> 穴から猛烈な勢いで息を「ぶわっ」
> と音をたてて吹き出す。次に反対の
> 穴から。日本人式はなにやら不潔な

感じがするのだとか.

**Nasen·blu-
ten** [ナーゼン・ブ
ルーテン] 中 -s/鼻
血. ¶*Nasenblu-
ten* haben 鼻
血が出ている.

Nas·horn [ナー
ス・ホルン] 中-s/
Nas·hörner
[ナース・ヘルナァ] 《動物》サイ.

nass [ナス] nasser(nässer) [ネッ
サァ] , am nassesten (nässes-
ten) [ネッセステン] 形 濡れた、湿った；
《主に付加語用法》雨の多い. ¶*ein
nasser* Sommer 雨の多い夏. /
nass bis auf die Haut sein ず
ぶ濡れである. ♦Das Wetter war
nass. 天候はじめじめしていた. **Näs-
se** [ネッセ] 女 -/ 湿気、しめり気.
¶bei dieser *Nässe* この雨では.
/ vor *Nässe* triefen ずぶ濡れで
滴(しずく)がしたたっている.

nässer [ネッサァ] , **nässest** [ネ
ッセスト] nass の比較級,最高級.

Nation [ナツィオーン] 女-/-en 国民；
国家. **national** [ナツィオナール] 形
国民の；国家の.

National·feiertag [ナツィオナール・
ファィアタ-ク] 男-[e]s/-e 国の祝日.

> 「国の祝日」という場合,「建国
> 記念日」を指すことが多い.ドイツ
> 連邦共和国ではドイツ民主共和国
> (旧東ドイツ)をドイツ連邦共和国
> 基本法の適用範囲とすることが同
> 意され、統一ドイツが生まれた日
> (1990年10月３日)を国の祝日
> としている.オーストリアは「永世
> 中立」を宣言した日(1955年10
> 月26日)が、スイスでは３つの州が
> 合併して今日のスイスの基礎を築い
> た日(1291年８月１日)がそれで
> ある.ドイツの百科事典では日本の
> 項に国の祝日として天皇誕生日と
> ２月11日の建国記念日があげられ
> ている.

National·hymne [ナツィオナール・ヒュムネ] 囡-/-n 国歌.

> ドイツ連邦共和国の国歌はフォン・ファラースレーベン Hoffmann von Fallersleben（1798－1874）が1841年に作った詩をハイドン Joseph Haydn（1732－1809）が1797年に作曲した曲で歌う。この曲はもともとハイドンがオーストリア皇帝のために作ったものだった。それがやがて民謡となり、1922年にドイツ帝国の国歌に採用された。そこで作曲年が作詞年より古く、曲は作詞者が生まれる前年にできた、というちぐはぐが生じたのである。歌詞は３番まである。ただ戦前に歌われた１番は「世界に冠たるドイツの国よ」で始まりナチの思想を想起させるし、また現在は他国領となっている旧ドイツ領の地名を歌いこんでいるため不適切というので、戦後はこれを歌わず、1952年以降は無難な３番「団結と正義と自由」で始まる歌詞のみが国歌として歌われるようになった。

Nationalismus [ナツィオナリスムス] 男-/ ナショナリズム，国家主義． **nationalistisch** [ナツィオナリスティシュ] 形 ナショナリスティックな，国家主義の．

Nationalität [ナツィオナリテート] 囡-/-en 国籍；国内の少数民族．¶Die Nationalität des Schiffes war nicht eindeutig festzustellen. その船の船籍国ははっきり確認できなかった。（⇒Staatsangehörigkeit）

National·rat [ナツィオナール・ラート] 男 -[e]s/National·räte [ナツィオナール・レーテ] 《オーストリア/スイス》国民議会（下院）；国民議会議員．

National·sozialismus [ナツィオナール・ゾツィアリスムス] 男-/ 国家社会主義，ナチズム．

NATO, Nato [ナート] 囡-/ ナトー（北大西洋条約機構）．

Natur [ナトゥーァ] 囡-/-en 《複なし》自然；天性，素質；《複なし》（固有の）性格．¶die freie Natur 野外．/ eine gesunde Natur haben 健康な身体をしている。/ et¹ liegt in der Natur der Sache. 事¹は当然の成り行きである，事柄の本質に根ざしている。/ von Natur aus 生まれつき。◆Letzten Endes ist die Natur doch stärker als der Mensch. 結局のところ何といっても自然は人間より強い。/ Anderen zu helfen, ist ihm zur zweiten Natur geworden. 他人を助けるということが彼の第二の天性となった．

natur·getreu [ナトゥーァ・ゲトロィ] 形 自然のままの，写実的な．

Natur·katastrophe [ナトゥーァ・カタストゥローフェ] 囡-/-n 自然災害．

natür·lich [ナテューァ・リヒ] **1**形 自然[のまま]の，生まれつきの，当たり前の．¶natürliche Blumen（造花でない）自然の花。/ in natürlicher Größe 実物大で。/ ein natürliches Wesen haben 生まれたままの性格をしている。◆Es ist ganz natürlich, dass … …というのはまったく当然のことだ。**2**副 もちろん，当然…ではあるが．¶Natürlich hat er Recht. もちろん彼の言うことは正しい．

Natur·schutz [ナトゥーァ・シュツ] 男-es/ 自然保護．¶Diese seltene Tierart steht unter Naturschutz. この希少種の動物は自然保護の対象に指定されている．

Natur·wissenschaften [ナトゥーァ・ヴィセンシャフテン] 複 自然科学．

Nazi [ナーツィ] 男-s/-s ナチ党員；ナチ支持者．

Nb [エンベー] 【元素記号】ニオブ．

Nd [エンデー] 【元素記号】ネオジム．

Ne [エンエー] 【元素記号】ネオン．

Nebel [ネーベル] 男-s/- 霧．¶Wegen dichten Nebels wurde die Autobahn gesperrt. 濃い霧のためアウトバーンが閉鎖された．

neben [ネーベン] 前《3格・4格支配》《3格と》…の隣（横）に，…と並んで…とくらべて；《4格と》…の隣（横）へ．¶【隣接】Das Sofa steht neben dem Schrank³. そのソファー

N

はキャビネットの横にある. / Er stellte das Sofa *neben* den Schrank⁴. 彼はソファーをキャビネットの横に置いた.【並列追加】*Neben* ihrer Tätigkeit³ als Lehrerin opfert sie ihre Freizeit für die Altenpflege. 彼女は教師としての仕事のほかに余暇を老人介護に捧げている.【比較】*Neben* einem Kerl³ wie ihm³ bist du ja fast ein Heiliger. あの野郎とくらべれば君などまるで聖人さまだ.

neben·an [ネーベン・アン] 副 隣接して. ¶*Nebenan* wurde ein großes Haus gebaut. 隣に大きな家が建った. / Ich gehe mal eben nach *nebenan* zu Meiers. ちょっと隣のマイアー家まで行ってくる.

neben·bei [ネーベン・バイ] 副 ついでに, そのかたわら; 並んで. ¶*nebenbei* bemerkt ついでに言えば, ちなみに. ♦ Unser Musiklehrer leitet *nebenbei* einen Chor. ぼくらの音楽の先生はコーラスを指導している. / Dass er sich verloben werde, hat er nur ganz *nebenbei* gesagt. 婚約するという話を彼はごくさりげなく言った.

Neben·effekt [ネーベン・エフェクト] 男 –/–n 副次的な効果.

neben·einander [ネーベン・アイナンダァ] 副 相並んで, 同時に. ¶In der Schule haben wir *nebeneinander* gesessen. 学校でぼくたちは席が隣同士だった.

Neben·fach [ネーベン・ファハ] 中 –[e]s/Neben·fächer [ネーベン・フェヒャァ] (大学の)副専攻分野(科目). ¶Sie studiert im *Nebenfach* Politologie. 彼女は副専攻で政治学を学んでいる. (⇒Hauptfach)

Neben·fluss [ネーベン・フルス] 男 –es/Neben·flüsse [ネーベン・フリュセ] 支流.

Neben·kosten [ネーベン・コステン] 複 付随(付帯)費用.

Neben·sache [ネーベン・ザヘ] 女 –/–n 末梢的なこと. ¶Sport gilt vielen als die schönste *Nebensache* der Welt. 多くの人にとってスポーツはなくてもすむものとは言えこの世で最も楽しい営みごとと見なされている. **nebensäch·lich** [ネーベンゼヒ・リヒ] 形 末梢的な. (⇒Hauptsache, hauptsächlich)

Neben·satz [ネーベン・ザツ] 男–es/Neben·sätze [ネーベン・ゼツェ]【文法】副文, 従属文. (⇒Hauptsatz)

Neben·straße [ネーベン・シュトゥラーセ] 女–/–n 脇道, 裏道. (⇒Hauptstraße)

Neben·wirkung [ネーベン・ヴィルクング] 女–/–en 副次的効果; 副作用. ¶Das neue Medikament soll kaum *Nebenwirkungen* haben. この新薬は副作用がほとんどないということだ.

neblig [ネーブリヒ] –e [ネーブリゲ] 形 霧のかかった.

nee [ネー] 副【くだけて】=nein.

Neffe [ネッフェ] 男–n/–n 甥(おい). (⇒Nichte)

negativ [ネーガティーフ] –e [ネーガティーヴェ] 形 否定的な; ネガチブな, マイナスの. (⇒positiv)

nehmen* [ネーメン] *du* nimmst, *er* nimmt; nahm, genommen 動〈手に〉取る; 自分のものにする, 受け取る;〈人⁴から物⁴を〉奪う; 使う;〈人⁴・物⁴を〉…とみなす. ¶*et⁴* (*j⁴*) ernst *nehmen* 事⁴(人⁴の言うこと)を本気にする. / *et⁴* aus/von *et³* *nehmen* 物⁴を物³から取り出す. / *et⁴* auf *sich⁴* *nehmen* 事⁴を引き受ける. / *j⁴* nicht für voll *nehmen* 人⁴の言うこと(すること)を重視しない, 人⁴を一人前扱いしない. 《特定の名詞と》…する. Abschied *nehmen* 別れを告げる. Welchen Zug *nehmen* wir? どの列車に乗ろうか. / Der Krieg hat ihnen alles *genommen*. 戦争は彼らから全てを奪ってしまった. / Und so einen willst du zum Mann *nehmen*? 君はあんな男を亭主にするつもりか.

Neid [ナイト] 男–[e]s/ ねたみ. **neidisch** [ナイディシュ] 形 auf *j⁴*

N

(et⁴) *neidisch* sein 人⁴(事⁴)を羨ましがっている.

neigen [ナイゲン] 動 **1** 傾ける. ¶ *sich⁴ neigen* 傾く, 傾斜になっている. **2** *zu et³ neigen*. 事³の傾向がある, 事³をしがちである. ¶*Er neigt zu plötzlichen Wutausbrüchen.* 彼は突然かんしゃくをおこす傾きがある. **Neigung** [ナイグング] 女-/-en 傾斜；傾向, 素質, 愛着《zu j³/et³ 人³・物³への》. ¶*eine Neigung zum Optimismus haben* 楽観的なたちである.

nein [ナイン] 副 **1**《文の先頭で》《問いに対する否定の答え》いいえ. ¶ *Kommst du mit? – Nein,* ich komme nicht mit. いっしょに来るかい – いいえ, 行きません. / *Hast du Zigaretten? – Nein,* ich habe keine. タバコはありますか – いいえ, ありません. / *Trinken Sie noch eine Tasse Kaffee? – Danke, nein.* もう一杯コーヒーを召し上がりますか – いいえ, 結構です. 《否定の問いに対して内容を肯定する答え》はい. Haben Sie keine Zigaretten? – *Nein,* ich habe keine. タバコをお持ちでありませんか – ええ, 持っていません. 《驚き・喜び・恐怖などを表して》まさか. *Nein,* so ein Glück! まさかこんなに運がいいなんて. / Wieso sagst du so etwas Verrücktes? Bist du besoffen? – Aber *nein!* 何故そんなばかなことを言うんだ. お前は酔っぱらっている – まさかとんでもない.

Nektar [ネクタル] 男-s/ 《転》ネクター.

Nelke [ネルケ] 女-/-n 《植物》カーネーション, セキチク.

nennen* [ネネン] nannte, genannt 動 (人⁴・物⁴を物⁴と)名づける；(人⁴・物⁴の)名[前]をあげる, (事⁴を)述べる. ¶*Wir nennen unseren Sohn Kevin.* われわれは息子をケヴィンと名づける. / *Man nennt ihn einen Lügner.* 人は彼のことをうそつきと言う. / *Der Inhaber nannte mir den Grund für die In-* vestition. 持ち主はわたしに投資をする理由を述べた. / *Der Lehrer nennt mich beim* (bei meinem/ mit meinem) *Vornamen.* 先生はぼくを[姓でなく]名前で呼ぶ. / *sich⁴ j¹ nennen* 人¹と自称する. / *Der junge Mann nennt sich kaufmännischer Leiter eines Betriebes.* その若い男はさる企業の営業部長だと称している.

nennens·wert [ネネンス・ヴェールト] 形 《ふつう否定表現の中で》取り立てて言うほどの. ¶*Er besitzt kein nennenswertes Vermögen.* 彼には特に言うほどの財産はない.

Neo·faschismus [ネオ・ファシスムス, ネーオ・ファシスムス] 男-/ ネオファシズム.

Neo·nazi [ネーオ・ナーツィ] 男 -s/-s ネオナチ.

Neon·licht [ネーオン・リヒト] 中 -[e]s/-er ネオン灯；蛍光灯.

Nerv [ネルフ] 男-s/-en 神経；《ふつう複 で》神経系, 神経組織. ¶*die Nerven behalten* 冷静さを保つ. / *j³ auf die Nerven gehen* (fallen) 人³の神経にさわる. **nerven** [ネルフェン] 動 (人⁴の)神経を逆なでする.

nervös [ネルヴェース] 形 神経質な；神経[系]の. ¶*Das Warten machte ihn immer nervöser.* 待つことは彼をますますいらいらさせた. / *Ihre Magenbeschwerden sind nervös bedingt.* 彼女の胃病は神経性のものである. **Nervosität** [ネルヴォズィテート] 女-/ 神経過敏；神経質.

Nest [ネスト] 中-[e]s/-er (鳥・虫などの)巣, ねぐら.

nett [ネット] 形 感じ(気持ち)のいい, 親切な；こざっぱりした；相当な. ¶ *Vielen Dank! Das ist sehr nett von Ihnen!* どうも有難う, ご親切さまに. / *Dein Freund macht einen netten Eindruck.* あなたのお友達は好印象を与える. / *Vielen Dank für den netten Abend!* 楽しい夕べのひとときを有難う. / *Das dürfte eine nette Summe ge-*

N

kostet haben. それはかなりの金額になったのじゃないか.

netto [ネット] 副 正味で; 手取りで. (⇒brutto) **Netto·gewicht** [ネット・ゲヴィヒト] 中-[e]s/-e 《 》正味重量.

Netz [ネッツ] 中-es/-e 網, ネット; ネットワーク; 【電算】インターネット. ¶ einen Computer ans *Netz* anschließen コンピューターをインターネットに接続する. / den Ball ins *Netz* schlagen (テニスなどで)ボールをネットにひっかける. / den Ball ins *Netz* schießen (サッカーで)ボールをゴールにシュートする.

neu [ノィ] 形 新しい. ¶ seit neuestem 最近では. / von neuem 改めて, はじめから, 新たに. ◆ Die neue Regierung ist auch nicht besser als die alte. 新政府が以前の政府より良いという訳でもない. / Weißt du, dass er schwer krank ist? – Nein, das ist mir neu. 彼が重病だということを知っているかい – いや, ぼくは初耳だ.

neu·artig [ノィ・アールティヒ] -e [ノィ・アールティゲ] 形 新種(新型)の.

Neu·bau [ノィ・バォ] 男-[e]s/Neu·bauten [ノィ・バォテン] 新築家屋, 新築中の家屋;《 なし》新築[工事].

neuer·dings [ノィァ・ディングス] 副 最近では, 近ごろ.

Neues* [ノィエス] 中《形容詞の名詞化》新しい事(物), ニュース. ¶ etwas *Neues* 新しい事(物). / aufs *Neue* 新たに, 再び. ◆ Was gibt es Neues? 何か新しい話はあるかい.

Neugier [ノィ・ギーァ], **Neu·gier·de** [ノィ・ギールデ] 女-/ 好奇心《auf j⁴/et⁴ 人⁴·物⁴に対する》. ¶ aus reiner *Neugier* (*Neugierde*) 単に純然たる好奇心から. ◆ Sie platzte fast vor *Neugier*. 彼女は好奇心でいっぱいだった.

neugierig [ノィギーリヒ] -e [ノィギーリゲ] 形 好奇心の強い, 知識欲の旺盛な. ¶ Du bist aber gar nicht *neugierig*! (反語的に)君は好奇心が少しも強くないね(=なんて好奇心の強

いやつだ). / Am Unfallort drängten sich Dutzende von *Neugierigen*. 事故現場には何十人もの野次馬がひしめきあっていた.

Neu·heit [ノィ・ハィト] 女-/-en 《複なし》新しさ; 《ふつう複で》新製品, 新作, ニューモデル.

Neuig·keit [ノィヒ・カィト] 女-/-en 新しい出来事(話); ニュース. ¶ Dass er ein miserabler Politiker ist, ist wirklich keine *Neuigkeit*. 彼がお粗末な政治家だということは実際何もいま始まったことではない.

Neu·jahr [ノィ・ヤール, ノィ・ヤール] 中-s/ 新年, 正月. ¶ zu *Neujahr* 新年に. ◆ Prosit Neujahr! 新年おめでとう.

大晦日 der (das) Silvester の夜午前0時を過ぎると, あちこちで „Prosit Neujahr!"(Prosit! は「乾杯, おめでとう」という意味)と挨拶を交わし, しばしばシャンパンで乾杯する. 旧年と新年との時間のすき間から悪魔が忍び出て来るという迷信がある. あちらの悪魔は騒音が嫌いなので, 人々はクラッカーを鳴らして悪魔祓いをしたりする.

---

neu·lich [ノィ・リヒ] 副 この間, 先ごろ. ¶ Weißt du, wen ich *neulich* getroffen habe? この間私が会ったのは誰だと思う? / Die Krankenschwester von *neulich* war heute nicht da. 先日の看護婦さんはきょうはいなかった.

neun [ノィン] 数 《基数詞》9. (⇒ acht) **Neun** [ノィン] 女-/-en 9 の 数[字]. **neunt** [ノィント] 数 《序数詞》第9番目の. **neun·tel** [ノィン·テル] 数 《分数》9分の1の. **Neun·tel** [ノィン·テル] 中-s/- 9分の1. **neun·tens** [ノィン·テンス] 副 9番目に.

neun·zehn [ノィン·ツェーン] 数 《基数詞》19. **neun·zig** [ノィン·ツィヒ] 数 《基数詞》90.

neusprach·lich [ノィシュプラーハ·リ

ヒ]形 (ギリシャ語・ラテン語に対して英語などの)近代外国語[授業]の.

neutral [ノィトゥラール] 形 中立の;《文法》中性[名詞]の(略: n.). ¶Er hat sich strikt *neutral* verhalten. 彼は厳密に中立的な態度をとった.

Neutralität [ノィトゥラリテート] 女 -/ 中立. ¶die immer während *Neutralität* 永世中立.

Neutrum [ノィトゥルム] 中 -s/Neutra [ノィトゥラ] 中 性[名 詞](略: N., n.).

Neu·zeit [ノィ・ツァィト] 女 -/ (1500年以降をさして)近代.

Ni [エンイー] 《元素記号》ニッケル.

nicht [ニヒト] 副 【否定】…ではなくて.¶Ich kenne den Herrn *nicht*. わたしはあの男を知らない. / Das Wasser dort ist *nicht* trinkbar. あそこの(あの)水は飲めない. 【完全な文の代りに単独で】Meinst du, ob er sich an mich erinnert? – Ich glaube *nicht*. 彼がわたしのことを覚えていると思う? – そうは思わないわね. 【肯定の答えを期待する問いの文で】Hast du *nicht* Lust, mit mir ins Kino zu gehen? ぼくと映画に行く気はないかい. 【驚き・皮肉の気持ちを表して】Was du *nicht* alles weißt! 本当に君は何でも知っているんだなあ. 《sondern と組み合わせて》…ではなくて…. Ich lerne *nicht* Niederländisch, sondern Deutsch. わたしが習っているのはオランダ語ではなくてドイツ語です. 《nicht nur ..., sondern [auch]...の形で》…であるのみならずまた…. Diese Rosen sind *nicht* nur sehr preiswert, sondern halten auch besonders lange. このバラはお買い得であるばかりか特に長くもつ. 《nicht wahr? の形で. また単独で》…ですね, 違いますか. Du trinkst doch am liebsten Korn, *nicht* wahr? 君がいちばん好きなのは焼酎だ, そうだろう. / Du brauchst Geld, *nicht*? お金が要るんだろう, ね. 《nicht, dass ...の形で》…というわけではないのだが. *Nicht*,

dass du mich falsch verstehst. 君が私の言うことを誤解しているというわけでもないのだが;私の言うことを誤解しないでくれ. ⇒³ein}の形で. ⇒³ein}一人(一つ)も…ない. *Nicht* einer (=*Nicht* ein Mensch) hat mir geholfen. 誰一人わたしに救いの手をさしのべる者はなかった.

Nichte [ニヒテ] 女 -/-n 姪(めい). (⇒ Neffe)

Nicht·raucher [ニヒト・ラォハァ] 男 -s/- 非喫煙者;禁煙車両.¶Ist hier *Nichtraucher*? これは禁煙車両ですか. **Nicht·raucherin** [ニヒト・ラォヘリン] 女 -/Nicht·raucherinnen [ニヒト・ラォヘリネン] (女性の)非喫煙者.

nichts [ニヒツ] 代 《不定》何も…ない;つまらない物, どうでもいい事. ¶ Haben wir noch etwas zu essen? – Nein, wir haben *nichts* mehr zu essen. 何か食べるものはまだあるかい – いや, 食べるものはもう何もない. / Vielen Dank! – *Nichts* zu danken! どうも有難う. – どう致しまして. 《nichts als ...の形で》…以外の何もない. Mit ihm hat man *nichts* als Ärger. あいつには腹の立つことばかりだ. 《形容詞の名詞化と》Heute gibt es in den Nachrichten *nichts* Neues. きょうはニュースに何も新しい話¹はない.

1格	**nichts Neues**
2格	—
3格	**nichts Neuem**
4格	**nichts Neues**

nichts sagend, nichts·sagend [ニヒツ・ザーゲント] 形 内容のない;無表情な;あいまいな.

nicht Zutreffendes* [ニヒト・ツートゥレフェンデス] 中 《形容詞の名詞化》該当しない事項. ¶*Nichtzutreffendes* bitte streichen! 該当しない項目は抹消してください.

nicken [ニッケン] 動 (肯定して)うなずく, こっくりする.

nie [ニー] 副 一度も(二度と再び, 決

して)…ない。¶Ich werde *nie* vergessen, was er damals sagte. 当時彼が言ったことは決して忘れないぞ. / So einen schrecklichen Unfall habe ich noch *nie* erlebt. あんな恐ろしい事故はまだ一度も経験したことがなかった. / So viel Sekt trinke ich *nie* wieder. あんなにたくさんのスパークリングワインは二度と飲まない.

nieder [ニーダァ] **1**副 下方へ. ¶ *Nieder* mit den Waffen! 武器を捨てろ. **2**形 低い. ¶ein *niederer* Beamter 下級の公務員.

nieder·deutsch [ニーダァ・ドィチュ] 形 低[地]ドイツ語の. **Nieder·deutsch** [ニーダァ・ドィチュ] 中 《語形変化については deutsch 参照》〖言語〗低[地]ドイツ語. (⇒deutsch, hochdeutsch)

Nieder·gang [ニーダァ・ガング] 男 -[e]s/ 下降;没落.

nieder·geschlagen [ニーダァ・ゲシュラーゲン] **1**形 打ちひしがれた,しょげ返った. ¶Warum bist du nur so *niedergeschlagen*? 君は何故そんなにしょんぼりしているんだい. **2** niederschlagen の過去分詞.

Nieder·lage [ニーダァ・ラーゲ] 女-/-n 敗北.

Nieder·lande [ニーダァ・ランデ] 複 〖地名〗オランダ. **Nieder·länder** [ニーダァ・レンダァ]男-s/ (女性 **Nieder·länderin** [ニーダァ・レンデリン] 女-/Nieder·länderinnen [ニーダァ・レンデリンネン])オランダ人. **nieder·ländisch** [ニーダァ・レンディシュ] 形 オランダ[人・語]の. **Nieder·ländisch** [ニーダァ・レンディシュ] 中[-s]/, **Nieder·ländische*** [ニーダァ・レンディシエ] 中 《形容詞の名詞化.常に定冠詞を伴う》オランダ語. (⇒Holländisch, Deutsch)

nieder·lassen* [ニーダァ・ラッセン] *du /er* lässt nieder; ließ nieder, niedergelassen 動 *sich⁴ niederlassen* 腰を下ろす;…に定住する,…に居を定めて働く. / *sich⁴* auf dem Sofa *niederlassen* ソファ

ーに座る. / *sich⁴* in München *niederlassen* ミュンヘンに定住する. / *sich⁴* in Bonn als Rechtsanwalt *niederlassen* ボンで弁護士を開業する. **Nieder·lassung** [ニーダァ・ラスング] 女-/-en 〖商業〗営業所. ¶Ihre *Niederlassung* in Bonn will die Firma demnächst schließen. 会社はボンの出張所を間もなく閉鎖する意向だ.

nieder·legen [ニーダァ・レーゲン] 動 〖英語調〗[下に]置く;(職務を)止める. ¶ *sich⁴ niederlegen* 横になる,寝そべる. / Der Abgeordnete R. *legte* sein Mandat *nieder*. R 議員は辞職した.

Nieder·sachsen [ニーダァ・ザクセン] 中-s/ 〖地名〗(ドイツ連邦共和国の)ニーダーザクセン州.

Nieder·schlag [ニーダァ・シュラーク] 男-[e]s/Nieder·schläge [ニーダァ・シュレーゲ] (雪雨など)降水. **nieder·schlagen*** [ニーダァ・シュラーゲン] *du* schlägst nieder, *er* schlägt nieder; schlug nieder, niedergeschlagen 動 なぐり(打ち)倒す,鎮圧する;下に向ける. ¶die Augen *niederschlagen* 目を伏せる.

nied·lich [ニート・リヒ] 形 可愛い,キュートな. ¶In dem neuen Kleidchen sieht sie besonders *niedlich* aus. 新しいお洋服を着るとあの子は特に可愛く見える.

niedrig [ニードゥリヒ] -e [ニードゥリゲ] 形 低い;低級な. ¶ein *niedriger* Tisch 低い机. / *niedrige* Löhne 低賃金. / eine *niedrige* Zimmerdecke 低い天井. ◆Ich finde, der Hubschrauber da fliegt arg *niedrig*. あのヘリコプターはひどく低空を飛んでいると思う. / So *niedrige* Temperaturen hat man hier selten. 気温がこんなに低いのは当地では稀なことだ. / Das Niveau der Bewerber ist erschreckend *niedrig*. 応募者のレベルは驚くほど低い.

nie·mals [ニー・マールス] 副 一度も(二度と再び・決して)…ない. ¶So

≣ドイツを識るコラム≣
Niedersachsen

面積　47710(km²)
人口　800(万人)
州都　ハノーファー

　農業と畜産が盛んで，ドイツのジャガイモの約2分の1を生産している．商工業も盛んな州で，ハノーファーは産業見本市で有名．工業はハノーファーからブラウンシュヴァイク間に集中している．ヴォルフスブルクにはフォルクスワーゲン社がある．北海沿いからリューネブルクの荒野，ハルツ山地など変化にとんだ自然と歴史のある町々が旅行客に人気である．

ツェレの木組みの家

---

einen Fehler wie er würde ich *niemals* machen. 彼のような間違いを私だったら決して起こさない.

nie·mand [ニーマント] 代《不定. 2格 niemand[e]s，3格 niemand[em]，4格 niemand[en]》誰も…ない(しない). ¶Ich glaube, das Problem kann *niemand* lösen. この問題は誰にも解決できないと思う. / Hierin kennt sich *niemand* so gut aus wie er. この点(事)について彼ほど詳しい人間はいない. / Hat euch auch *niemand* gesehen? お前たちのことを見たやつはよもやいないだろうな.

Niere [ニーレ] 女 -/-n 〖解剖〗腎臓(じん). ¶*j³* an die *Nieren* gehen 人³に[精神的]打撃を与える.

nieseln [ニーゼルン] 動《es を主語として》Es *nieselt*. 小ぬか雨(霧雨)が降る.

niesen [ニーゼン] 動 くしゃみをする.

くしゃみをした人に対しては„Gesundheit!" と声をかける習慣がある.「おだいじにね」と言ったところか.

Niete [ニーテ] 女 -/-n はずれくじ；役立たず人間.

Nikotin [ニコティーン] 中 -s/ ニコチ

ン.

nimmst [ニムスト]，**nimmt** [ニムト] < nehmen.

nippen [ニッペン] 動 am Wein (seinem Glas) *nippen* ワインをちびちび(グラスをなめるように)飲む.

nirgends [ニルゲンツ] 副 どこでも…ない(しない). ¶Ich konnte meinen Schlüssel *nirgends* finden. わたしは鍵をどこにも見つけられなかった. / Solche lustigen Karnevalszüge kann man sonst *nirgends* (*nirgends* sonst) sehen. よそではこんなに面白いカーニバルパレードは見られない.

Nische [ニッシェ] 女 -/-n ニッチ(壁面に設けられた凹部. 彫像などを置いて飾る).

Niveau [ニヴォー] 中 -s/-s 水準，レベル. ¶Die Mannschaft ist heute weit unter ihrem *Niveau* geblieben. [サッカー]チームはきょう実力よりはるか劣ったレベルに留まった.

No [エンオー] 〖元素記号〗ノーベリウム.

nobel [ノーベル] noble [ノーブレ] 形

ハイレベルの；気前のよい．

Nobel·preis [ノベル・プライス] **男**
-es/-e ノーベル賞．**Nobelpreis·**
träger [ノベルプライス・トゥレーガァ] **男**
-s/- （**女性** **Nobelpreis·träge·**
rin [ノベルプライス・トゥレーゲリン] **女**-/
Nobelpreis·trägerinnen [ノベルプ
ライス・トゥレーゲリネン]）ノーベル賞受賞者．

noch [ノッホ] **1 副** 《状況・状態がま
だ終わっていないことを表す》まだ，今のと
ころ． Heinz liegt *noch* krank
im Bett. ハインツはまだ病気で寝て
いる． / Ilse ist immer *noch*
nicht zurück. イルゼはいまだに帰っ
てこない．《限られた時間内の行動・出
来事を表す》Das erledige ich heu-
te *noch*. この仕事は今日中にやり遂
げます． / Er wird *noch* kom-
men. 彼はまだこれから来るかもしれな
い． / Gestern konnte er *noch*
laufen. 彼もきのうはまだ歩くこと
ができた． / Kurz vor der Abreise
habe ich ihn *noch* gespro-
chen. 出発のちょっと前彼と話かに
間に合った．《追加》さらに． Gib mir
noch zwei Äpfel! リンゴをもう2
個くれ． / *Noch* zwei Kilometer,
und Sie finden auf der linken
Seite die Tankstelle. もう2キ
ロメートル行くと左側にガソリンスタン
ドがあります．《形容詞・副詞の比較級
と》より一層…な（で）． Der Junge
ist *noch* größer als mein Älte-
ster. 少年は私の長男よりもっと背が
高い．《知っていたはずのことが思い出
せない状態を表して》Wie hieß er
noch? (Wie war *noch* sein Na-
me?) ええっと，あいつは何という名前
だったかな．**2 接** 《weder …
noch の形で》…でもなければ…でもない．
¶Ich mag weder Bier *noch*
Wein. 私はビールもワインも好きでない．

noch·mals [ノッホ・マールス] **副** もう
一度． ¶Ich habe ihn *nochmals*
angerufen, aber nicht erreicht.
私は彼にもう一度電話したが通じなか
った． / Für Ihre freundliche Hilfe
möchte ich mich *nochmals* be-
danken. あなたのご親切に重ねて御

礼申し上げたく存じます．

Nominativ [ノーミナティーフ] **男**-s/-
e [ノーミナティーヴェ] 《文法》1格，主格．

Nonne [ノネ] **女**-/-n 修道女，尼僧．

Nord [ノルト] **男** **1**《無変化・無冠詞
で》北．¶*Nord* und Süd 南北；四
方八方．◆《船》Der Wind kommt
aus/von *Nord*. 風は北から吹いて
いる．**2**《-[e]s/-e》《詩》北
風．**3**《地名や方位名と複合して》北
…．¶*Nord*amerika 北アメリカ．
/ Bahnhof Frankfurt *Nord* フラ
ンクフルト北駅．/ *Nord*osten 東
北．

Norden [ノルデン] **男**-s/《ふつう無
冠詞で》北；北方，北部，北欧；北方（北
欧）の人（略：N）．¶Der Wind
weht aus/von *Norden*. 風は北から
吹いている．/ im *Norden* Deutsch-
lands ドイツ北部で．/ Er fährt
nach *Norden*. 彼は北に向かう．

nörd·lich [ネルト・リヒ] **形** 北の，北
にある；北方（北部北欧）の．《2格また
は von *et³* を伴って》…の北に
（で）．¶*nördlich* der Donau ド
ナウ川の北に．/ *nördlich* von Ber-
lin ベルリンの北に．

Nord·pol [ノルト・ポール] **男**-s/ 北
極．¶Am *Nordpol* geht die Son-
ne am 21. März auf und am
23. September unter. 北極では
太陽が3月21日に昇り9月23日に
沈む．(⇒Südpol)

Nordrhein-Westfalen [ノルトライ
ン・ヴェストファーレン] **中**-s/ 《地名》（ドイ
ツ連邦共和国の）ノルトライン・ウェス
トファーレン州．

Nord·see [ノルト・ゼー] **女**-/ 《地名》
北海．

nörgeln [ネルゲルン] **動** 文句ばかり
言う，あら探しをする《an *j³/et³*
人³・事³に対して》． ¶Wenn sie
nicht an allem *nörgeln* kann,
ist sie nicht glücklich. 何でもか
んでも文句をつけることができないと，
彼女は面白くない．

Norm [ノルム] **女**-/ 基準，標準，規
範；ノルマ．

normal [ノルマール] **形** ノーマルな．

≋ドイツを識るコラム≋
Nordrhein-Westfalen

面積　34112（km²）
人口　1792（万人）
州都　デュッセルドルフ

　最も人口の多い州. ルール地方はヨーロッパ最大の工業地帯で, 伝統的産業は炭鉱, 鉄鋼業などであったが, 現在では他の分野に重点が移っている. ベートーヴェンの生地で, ドイツ連邦共和国のかつての首都ボンもこの州にある. 州都デュッセルドルフには多くの日本企業が支社を置いているため, 日本人が多く住む. ボルシア・ドルトムントをはじめ強豪サッカークラブがひしめく州でもある.

ケルンの大聖堂

¶Der ist doch nicht mehr ganz *normal*. あいつはもうノーマルじゃないな.

normaler・weise [ノルマーラァ・ヴァイゼ] 副 普通なら. ¶*Normalerweise* ist er um diese Zeit im Büro. 普通ならこの時間彼は会社にいます.

normalisieren [ノルマリズィーレン] normalisierte, normalisiert 動 正常化する；標準（規格）化する.

normieren [ノルミーレン] normierte, normiert 動 （事⁴の）規格を統一する.

Norwegen [ノルヴェーゲン] 中 -s/ 〖地名〗ノルウェー. **Norweger** [ノルヴェーガァ] 男-s/ (女性 **Norwegerin** [ノルヴェーゲリン] 女-/Norwegerinnen [ノルヴェーゲリネン]）ノルウェー人. **norwegisch** [ノルヴェーギシュ] 形 ノルウェー[人・語]の. **Norwegisch** [ノルヴェーギシュ] 中 [-s] / , **Norwegische*** [ノルヴェーギシェ] 中 《形容詞の名詞化. 常に定冠詞を伴う》ノルウェー語. （⇒ Deutsch）

Not [ノート] 女-/Nöte [ネーテ] 窮乏, 困窮；不足, 欠乏；苦境；《ふつう複で》困難, 苦悩. ¶*Not* leiden 困窮する. / in *Not* geraten (kommen) 窮地に陥る. / in *Not* sein 困窮している. / ohne *Not* leben なに不自由なく暮らす. ◆ Die *Not* der

Bevölkerung interessierte das Regime überhaupt nicht. 国民の困窮に対して政権は一切興味を持たなかった. / Nach dem Erdbeben herrscht in der Gegend eine furchtbare *Not*. 地震のあとその被災地では恐るべき困窮が支配している.

Notar [ノタール] 男 -s/-e (女性 **Notarin** [ノターリン] 女-/Notarinnen [ノターリネン]）公証人.

Not・arzt [ノート・アールツト] 男-[e]s /Not・ärzte [ノート・エールツテ] (女性 **Not・ärztin** [ノート・エールツティン] 女-/Not・ärztinnen [ノート・エールツティネン]）救急医. ¶Zum Glück kam der *Notarzt* gerade noch rechtzeitig. 幸い救急医の到着がかろうじて間に合った.

Not・aufnahme [ノート・アオフナーメ] 女 -/-n 急患受入れ.

Not・ausgang [ノート・アォスガング] 男-[e]s/Not・ausgänge [ノート・アォスゲンゲ] 非常口. ¶Wo ist der *Notausgang*? 非常口はどこですか.

not・dürftig [ノート・デュルフティヒ] -e [ノート・デュルフティゲ] 形 一時しのぎの. ¶Zuerst muss das Dach *notdürftig* repariert werden. まず屋根を応急に修理しなければならない. / Auf Deutsch kann er sich nur *notdürftig* verständigen. 彼はドイツ語でかろうじて意志を通じさせることができるだけだ.

Note [ノーテ] 女-/-n 〘諏〙音符;《複
で》楽譜;(成績の)評点;〘スイス〙銀行
券。¶*Noten* lesen 楽譜を読む。/
eine gute (schlechte) *Note* in
et³ bekommen 学科³で良い(悪
い)点をとる。

Note·book [ノゥト・ブク] 中-s/-s
〘電算〙ノートパソコン。

Not·fall [ノット・ファル] 男-[e]s/
Not·fälle [ノート・フェレ] 緊急事態。
not·falls [ノート・ファルス] 副 緊
急の場合には,やむを得なければ。¶
Notfalls kannst du bei uns über-
nachten. 必要とあれば君はうちに泊
っていいぞ。

notieren [ノティーレン] notierte,
notiert 動 [sich³] et⁴ *notieren*
事⁴をメモする。

nötig [ネーティヒ] -e [ネーティゲ] 形
必要な。¶*et⁴ nötig* haben 物⁴を
必要としている。/ Er hat es *nötig*,
… zu +不定詞。彼は…をすることが
必要である。◆ Sie hat jetzt unbe-
dingt Ruhe *nötig*. 彼女はどうし
ても休息が必要だ。/ Eigentlich
hat er es nicht *nötig*, noch zu
arbeiten. そもそも彼は仕事を続け
る必要はないのである。

Notiz [ノティーツ] 女-/-en 《ふつう
複で》メモ,(新聞雑誌の)短信欄。¶
[sich³] *Notizen* machen メモを
取る。/ von j³/et³ *Notiz* neh-
men 人³・物³に注意を払う。◆ Leih mir
doch mal deine *Notizen* von
der Besprechung gestern. さ
あきのうの会議のメモをちょっと貸して
くれ。**Notiz·buch** [ノティーツ・ブー
フ] 中-[e]s/Notiz·bücher [ノティー
ツ・ビューヒャァ] メモ帳。

not·landen [ノート・ランデン] not-
landete, notgelandet; notzulan-
den 動 (s) 緊急着陸(不時着)する。

Not·ruf [ノート・ルーフ] 男-[e]s/-e
(警察・消防への)緊急電話[番号]。

> ドイツでは警察が110番,消防が1
> 12番,救急は地区ごとに異なる。

Not·wehr [ノート・ヴェーァ] 女-/ 正

当防衛。 ¶ Er hat eindeutig in
(aus) *Notwehr* gehandelt. 彼
の行為は明らかに正当防衛であった。

not·wendig [ノート・ヴェンディヒ] -e
[ノート・ヴェンディゲ] 形 ぜひとも必要
な,不可欠な;必然的な。¶*et⁴ not-
wendig* brauchen 物⁴を絶対に必
要としている。**notwendiger·wei-
se** [ノートヴェンディガァ・ヴァイゼ] 副 必
然的に。

Novelle [ノヴェレ] 女-/-n 短編小
説。

November [ノヴェンバァ] 男-[s]/
11月。(⇒April)

Np [エンペー] 〘元素記号〙ネプツニウム。

nüchtern [ニュヒテルン] 形 しらふ
の,まだ朝食をとっていない;冷静な;簡
素な。

Nudel [ヌーデル] 女-/-n 《ふつう複
で》ヌードル。¶ In Japan gibt es
besonders viele Arten von *Nu-
deln*. 日本では特に麺の種類が多
い。

null [ヌル] 数・形 《基数詞》0,ゼ
ロの。¶*null* Komma vier Sekun-
den 0.4 秒。/ *null* und nichtig
sein (werden) (法的に)無効であ
る(無効になる)。/ in *null* Komma
nichts あっという間に。◆〘くだけた
表現〙 Von Computern hat er *null* Ah-
nung. 彼はコンピュータについて何一つ
知らない(わからない)。**Null** [ヌル]
女-/-en ゼロ;役立たず。¶ Die Zahl
hat neun *Nullen*. その数はゼロが
9 個ついている。/ Dummerweise
kann man diese *Null* nicht so
ohne weiteres vor die Tür set-
zen. まずいことにこんな役立たずで
もそう簡単にくびにはできないのだ。

Numerus [ヌーメルス, ヌメルス] 男-/
Numeri [ヌーメリ, ヌメリ] 〘文法〙数。
¶*Numerus* clausus [クラォズス]
(特に大学の)入学定員。

Nummer [ヌマァ] 女-/-n 番号,ナ
ンバー;サイズ;(演芸などの)出しもの,
曲目。¶ ein Wagen mit Bonner
Nummer ボン市ナンバーの自動車。

nummerieren [ヌメリーレン] num-
merierte, nummeriert 動 (物⁴
に)番号をつける。

Nummern·schild [ヌメルン・シルト]
回-[e]s/Nummern·schilder [ヌメ
ルン・シルダァ] ナンバープレート．¶Das
Nummernschild war nicht les-
bar. ナンバープレートは読むことがで
きなかった．

nun [ヌーン] 副 今，いまや，これまで
に；さて，ところで．¶*Nun* kann ich
in aller Ruhe einen heben. こ
れで落着いて一杯やることができる．／
Ich studiere in Berlin *nun*
schon drei Semester. 私はベル
リン大学にこれでもう3学期在学して
いる．／*Nun* fangen wir an! さ
あ始めようぜ．／Was *nun*? これか
らどうしたものだろうか．《他の語と結
んで》*nun* also 【自分の主張の正
しさを主張して】だから言っただろう，
それみろ．／*nun* ja 【躊躇・不同意】
そうだなあ，どうかなあ．／Das ist
nun einmal so. 【諦めの気持ち】
だってそうなのだから仕方がない．

nur [ヌーァ] 副 ただ…だけ．¶Ich
habe *nur* noch 3 Euro. 私はも
う3ユーロしか持っていない．／Ich
kann *nur* raten, schnell zum
Arzt zu gehen. 私にはただ急いで医
者に行くようすすめることができるだ
けだ．／Ich konnte *nur* die Hän-
de in den Schoß legen. 私は傍
観するしかなかった．《疑問文で》い
ったい．Was hat er *nur* vor? い
ったい彼は何を企てていることやら．
《命令文で》…しなさいってば．
Bitte greif *nur* tüchtig zu! さあせ
っせと食べなさいよ．《願望の文で》せ
めて…でありさえすればなあ．Wenn
ich das *nur* gewusst hätte! 私が
それを知っていたらなあ．《先行する文
の内容を制限して》ただし…という条件
つきで．Der Chef ist tüchtig, *nur*
könnte er zu uns Mitarbeitern
noch netter sein. 課長は確かに
有能だが，ただわれわれ部下に対しても
っと親切であってもいいだろうに．

nuscheln [ヌッシェルン] 動 小声で不
明瞭な話し方をする．¶Wenn einer
so stark *nuschelt*, sollte er
nicht Lehrer werden. あんなにぼ

そぼそ話すのだったら教師になどなるべ
きではなかろう．

Nuss [ヌス] 囡 -/Nüsse [ニュッセ]
ナッツ，クルミ[の実]．

nutz·bar [ヌッツ・バール] 形 役に立
つ．¶Mit unendlicher Mühe ha-
ben die ersten Siedler den Bo-
den *nutzbar* gemacht. 最初の移
住者たちは際限のない苦労をして土地
を開墾した．

nutzen [ヌッツェン] 《北ドイツ》，**nüt-
zen** [ニュッツェン] 《南ドイツ・オース
トリア・スイス》動 1
役立てる，利用する．¶Er hat seine
Chance gut *genutzt*. 彼はチャン
スをうまく利用した．／Er ist
sehr darauf bedacht, seine Zeit
optimal zu *nutzen*. 彼は時間を
有効に使うことをおおいに心がけてい
る．2 (人³・物³の)役に立つ．¶Seine
Deutschkenntnisse *nutzten* ihm
sehr. ドイツ語の知識が彼にはとて
も役立った．**Nutzen** [ヌッツェン]
男-s/ 利用，使用；効用，有用[性]；利
益．

nütz·lich [ニュッツ・リヒ] 形 役に立
つ．¶Seine Ratschläge waren
mir sehr *nützlich*. 彼の忠告は私
にとって非常に有用だった．

nutz·los [ヌッツ・ロース] 形 役に立た
ない．¶Seit ich in Rente bin,
komme ich mir oft recht *nutzlos*
vor. 年金生活者になってから，私は
自分がまさに役立たずであるように思え
ることがよくある．

Nutzung [ヌッツング] 囡-/ 利用，使
用；利益．¶Nicht alle Bürger
sind für die *Nutzung* der Kern-
energie. 全ての市民が核エネルギー
の利用に賛成なわけでもない．

Nylon [ナイロン] 回-s/《商標》ナイロ
ン．

N

未来は現在形で

◆未来形◆
日本でラジオの天気予報が始まったばかりのころ、アナウンサーが
「あしたは雨が降るでしょう」と言うと、多くの人がびっくりしたの
だそうだ。というのはそれまでの日常日本語には、未来形はほとんど
なかったからだ。今もそれが尾を引き、「あしたテニスをする」とは
言っても、「あしたテニスをするだろう」なんて言わない。ドイツ語
も事情は似ている。近い将来確実に起こると思われることに対して
は、現在形が使われるんだ。もちろんその場合、未来を示す副詞
［句］などは添えるけどね。Morgen spiele ich Tennis.「あしたぼく
はテニスをする」というように。

〈未来形〉だけではない

◆werden◆
よく間違えられるんだが、未来の助動詞は wollen じゃなくて werden
だ。wollen の1人称と3人称の人称形が will で、英語と同じスペル
だから混同してしまうのだろう、気をつけて。単純な未来をあらわす
には、ふつう現在形を使うということはもう知ってるよね。werden
はむしろ他の二つの使い方の方が大事だ。①1人称主語の場合〈意
志〉をあらわす。Ich werde morgen Tennis spielen.「あしたぼくは
テニスをするつもりなんだよ」⇒次の文と比較してほしい。Ich spiele
morgen Tennis.「あしたぼくはテニスをする」。ニュアンスの違い
がわかるだろうか。②推量をあらわす。Er wird jetzt zu Haus sein.
「今ごろ彼は家にいるだろうね」

N

O

¹O, o [オー] 中-/- ドイツ語アルファベットの第15字.

²O 1 [オー] 中 〖元素記号〗酸素. **2** [オスト, オステン] 〖記号〗東(＝Ost, Osten).

Ö, ö [エー, φ:] 中-/- ドイツ語アルファベット O, o の変母音字.

Oase [オアーゼ] 女-/-n オアシス.

ob [オブ] 接《従属》《…かどうか. ¶ Sie zweifelt, ob sie ihm trauen kann. 彼女は彼を信頼できるかどうか疑っている.《als ob の形で》あたかも…であるかのように. Er tut so, als ob er ein harmloser Mensch wäre. 彼はまるで無害な人間であるかのように振舞う.《Ob … ... ob (oder) ...の形で》…であろうと…であろうと. Ob alt, ob jung, alle mögen seine Musik. 老いも若きもみな彼の音楽が好きだ.《und ob の形で》…どころの騒ぎではない. Kennst du ihn?－Und ob! Wir haben zusammen die Schulbank gedrückt. 君は彼を知っているかい.－知っているどころの話じゃないよ, 彼とは一緒に学校に通った仲だよ.

obdach・los [オプダハ・ロース] 形 ホームレスの.

Obdach・loser* [オプダハ・ローザァ] 男 (女性) **Obdach・lose*** [オプダハ・ローゼ] 女《形容詞の名詞化》ホームレスの人.

O-Beine [オー・バイネ] 複 O脚.

oben [オーベン] 副 上[の方]に, 上の階に;上位に;北部に;表面に. ¶von oben bis unten 上から下まで, 何から何まですっかり. / von oben herab 見くだして. / et¹ steht j³ bis oben 人³は事¹にうんざりしている. ♦ Die Paperbacks stehen im Regal ganz oben. ペーパーバックは本棚の一番上にある. ¶ Oben auf dem Dach sitzen viele Krähen. 屋根の上に沢山のカラスがとまっている. / Dort oben liegt noch Schnee. あの上の方にはまだ雪が積もっている. / Die da oben wissen gar nichts von unseren schlechten Arbeitsbedingungen. 上のお偉いさんたちはわれわれの劣悪な労働条件については何もご存知でないのだ. / Mein Onkel wohnt oben in Lübeck. おじは北部のリューベックに住んでいる. / Siehe oben (Siehe die oben erwähnte Stelle)! 上記参照(前述の箇所を参照のこと). / Bring die Wäsche nach oben! 洗濯物は上の階(物干部屋)に持っていってくれ.《oben ohne の形で》トップレスで.

ober [オーバァ] 形 上[の方]の;上位の. ¶die obere Hälfte 上半分.

Ober [オーバァ] 男-s/- ボーイ, ウェイター. ¶Herr Ober! ボーイさんお願いします.

Ober・arm [オーバァ・アルム] 男 -[e]s/-e 上膊(じょうはく), 二の腕.

Ober・fläche [オーバァ・フレヒェ] 女 -/-n 表面. ¶Ein Ölteppich bedeckte die Oberfläche des Meeres. 油の層が海の表面を覆っていた.

oberfläch・lich [オーバァフレヒ・リヒ] 形 表面の;表面的な, 上っ面(つら)だけの. ¶die oberflächliche Verletzung 表面の傷. / ein oberflächlicher Mensch 軽薄な人間. / bei oberflächlicher Betrachtung 表面的な観察では.

ober・halb [オーバァ・ハルプ] **1** 前《2格支配》…の上方(上部)に. ¶ Temperaturen oberhalb 90℃ 90度以上の温度. ♦ Oberhalb unseres Dorfes liegt ein altes Kloster. 村の上手(かみて)には古い修道院がある. **2** 副 上方(上部)に. ¶Oberhalb von Rüdesheim liegt die Burg Ehrenfels. リューデスハイムはエーレンフェルス城から見おろす位置

にある.

Ober・haupt [オーバァ・ハォプト] 中 -[e]s/Ober・häupter [オーバァ・ホィプタァ] 首長,首領,チーフ.

Ober・hemd [オーバァ・ヘムト] 中 -[e]s/-en ワイシャツ.

ober・irdisch [オーバァ・イルディシュ] 形 地表の;架空の(空中に架けた). ¶ eine *oberirdische* Freileitung 架空送電線.

Ober・körper [オーバァ・ケルパァ] 男 -s/- 上半身.

Ober・schenkel [オーバァ・シェンケル] 男 -s/- 大腿(だい),ふともも.

oberst [オーバァスト] 形 《ober の最高級》もっとも上の,最高の,最も優れた.

Ober・stufe [オーバァ・シュトゥーフェ] 女-/-n 上級[段階],(ギュムナジウムの)上級 3 学年(11, 12, 13学年).

Ober・weite [オーバァ・ヴァィテ] 女 -/-n バスト.

ob・gleich [オプ・グラィヒ] 副《従属》…であるにもかかわらず,事実…ではあるもの. ¶Er hat nicht angerufen, *obgleich* er das versprochen hatte. 彼は約束していたのに電話をかけなかった.(⇒obwohl)

Objekt [オブイェクト] 中-[e]s/-e 対象[物],客体;建物;〖〈文法〉〗目的語. ¶ Holzschnitte sind das einzige *Objekt* seines Interesses. 木版画は彼の唯一の興味の対象だ. / Der Makler hat uns schon fünf *Objekte* gezeigt, aber keines davon hat uns gefallen. 不動産屋は私たちにもう 5 つの物件を見せたが,私たちはどれも気に入らなかった.

objektiv [オブイェクティーフ] 形 客観的な. ¶ *objektive* Tatsachen 客観的事実. / *objektiv* beurteilen 客観的に判断する. ♦ *Objektiv* betrachtet hat er seine Notlage selbst zu verantworten. 客観的に見ると彼は自分で苦境の責任を取らなくてはならない.

Obst [オープスト] 中-[e]s/ 果物. ¶ frisches *Obst* 新鮮な果物. / *Obst* ernten 果物を収穫する. ♦ Ich

esse gern *Obst*. 私は好んで果物を食べる. **Obst・salat** [オープスト・ザラート] 男-[e]s/-e フルーツサラダ.

関連語 **Obst**
—果物の名前—

der Apfel	リンゴ.
die Birne	西洋ナシ.
die Erdbeere	イチゴ.
die Orange, die Apfelsine オレンジ.	
die Zitrone	レモン.
die [Wein]traube	ブドウ.
die Banane	バナナ.
die Ananas	パイナップル.
die Kirsche	サクランボ.
der Pfirsich	モモ.
die Melone	メロン.
die Pflaume, die Zwetschge, die Zwetsche西洋スモモ, プラム.	
die Johannisbeere フサスグリ.	
die Brombeere	キイチゴ.
die Himbeere	ラズベリー.
die Blaubeere	ブルーベリー.
die Aprikose	アンズ.
die Kiwi	キウイ.
die Wassermelone	スイカ.
die Feige	イチジク.

---

ob・szön [オブ・スツェーン] 形 わいせつな. ¶ein *obszöner* Film ポルノ映画.

ob・wohl [オブ・ヴォール] 接《従属》…であるにもかかわらず,事実…ではあるもの. ¶*Obwohl* es sehr kalt war, spielten draußen Kinder. とても寒かったが子供たちは戸外で遊んでいた. / *Obwohl* der Arzt es ihm verboten hat, kann er das Rauchen nicht lassen. 医者が禁じたにもかかわらず,彼は喫煙をやめることができない.(⇒obgleich)

Ochse [オクセ] 男-n/-n 〖〈動〉〗去勢した雄牛;〖〈ののしって〉〗アホ.（⇒Bulle, Kuh, Rind, Stier）

öd [エート] , **öde** [エーデ] 形 荒涼とした;寂寞(せき)とした;退屈な. ¶eine *öde* Wüste 荒涼とした砂漠.

O

oder [オーダァ] 接 ¶《並列》…または…，…か[あるいは]…，さもなければ…．Was isst du lieber, Fleisch *oder* Fisch? 肉かそれとも魚か，どちらが好きだい．/ Nun mach schon schnell, *oder* ich fahre allein. さあ急げ，さもないとぼくは一人で行くぞ．《自分の発言内容を相手に認めさせるための文と同等の働き》Du hast doch gelogen, *oder*? おまえは嘘を言ったな，ちがうとでも言うのか．《oder aber の形で》…でなければ Heute Abend, *oder* aber spätestens morgen Vormittag bin ich mit der Arbeit fertig. 今晩中か，さもなければ遅くともあしたの午前中には仕事を仕上げます．《entweder ... oderの形で》…かまたは…の一方，…かさもなければ…．Entweder trinken wir Wein *oder* Sekt. ワインかさもなければスパークリングワインを飲む．/ Einer [von uns] muss hierbleiben, entweder du *oder* ich. [私たちのうちの]一人がここに残らなければならない，おまえか私のどちらかだ．

Ofen [オーフェン] 男 -s/Öfen [エーフェン] 炉，ストーブ，オーブン．¶am *Ofen* sitzen ストーブにあたっている．♦ Der *Ofen* heizt gut. このストーブはよく暖まる．

offen [オッフェン] 形 開いた；未解決の，未払いの；(働き口が)空いている；あからさまな，(人柄)フランクな．¶eine *offene* Frage 未解決の問題．/ ein *offenes* Geheimnis 公然の秘密．/ alle *offenen* Rechnungen bezahlen 全ての未払いの勘定を支払う．/ *offen* gesagt 率直に言えば．♦ Der Laden ist heute *offen*. この店はきょう開いている．

offen·bar [オッフェン・バール] **1** 形 明らかな．¶ein *offenbarer* Irrtum 明らかな誤り．♦ Ein mutiger Reporter machte den Skandal *offenbar*. ある勇気あるレポーターがスキャンダルを明らかにした．**2** 副 どうも(明らかに)…らしい．¶Ich bin *offenbar* zu früh gekommen. ど

うも私は早く来すぎたらしい．

Offen·heit [オッフェン・ハイト] 女 -/ 率直さ．¶in aller *Offenheit* sagen 包み隠さず(正直)に言う．/ in schonungsloser *Offenheit*. 歯に衣を着せずに．

offensicht·lich [オッフェンズィヒト・リヒ] **1** 形 明白な．¶ein *offensichtlicher* Betrug 明らかなごまかし．**2** 副 どうも(明らかに)…らしい．¶Er hat es *offensichtlich* vergessen. 彼はそれをどうも忘れたらしい．

of·fensiv [オフェンズィーフ] -e [オフェンズィーヴェ] 形 攻撃的な；挑戦的な．

öffent·lich [エッフェント・リヒ] 形 公の，公共の；公然(周知)の．¶ein *öffentliches* Geheimnis 公然の秘密．/ die *öffentliche* Meinung 世論．♦ Er arbeitet im *öffentlichen* Dienst. 彼は公務員だ(公的機関で働いている)．/ Die Sitzung des Ausschusses ist nicht *öffentlich*. この委員会の会議は非公開だ．

Öffentlich·keit [エッフェントリヒ・カイト] 女 -/ 公衆，一般大衆．¶unter Ausschluss der *Öffentlichkeit* 非公開で．/ die *Öffentlichkeit* täuschen 世間を欺く．/ et⁴ an die *Öffentlichkeit* bringen 事⁴を世間に暴露(公表)する．

offiziell [オフィツィエル] 形 公式(公用)の，正式の．¶der *offizielle* Besuch des Außenministers 外務大臣の公式訪問．/ ein Land *offiziell* anerkennen ある国を正式に承認する．

Offizier [オフィツィーァ] 男 -s/-s (女性) **Offizierin** [オフィツィーリン] 女-/Offizierinnen [オフィツィーリネン] 将校，士官．

offiziös [オフィツィエース] 形 半官半民の；消息筋による．¶eine *offiziöse* Zeitung 半官半民の新聞．

öffnen [エッフネン] 動 **1** 開(ぁ)ける，開く；開店(開業)する．¶*sich⁴ öffnen* 開(ぁ)く，開く．♦ Samstags ist das Restaurant nur abends *geöffnet.* 土曜日にはこのレストランは夜だけ開店しています。/ Könnten Sie Ihren Koffer bitte mal *öffnen?* あなたのトランクをちょっと開けて頂けませんか。**2** 開店(開業)する。¶ Unser Geschäft *öffnet* um 8 Uhr. 当店は8時に開店します。

Öffner [エッフナァ] **男**-s/- 缶切り,栓抜き。

Öffnung [エッフヌング] **女**-/-en 開くこと(開封,開放など);開口部。¶ Die *Öffnung* der Grenze ist nur noch eine Frage der Zeit. 国境の開放はもう時間の問題だ。

Öffnungs·zeit [エッフヌングス・ツァイト] **女**-/-en 《ふつう**複**で》営業時間。

oft [オフト] **öfter** [エフタァ] , am **öftesten** [エフテステン] **副** しばしば,よく。¶ eine *oft* gespielte Oper しばしば演じられるオペラ。♦ Ich habe ihn *oft* dort gesehen. 私は彼をしばしばそこで見かけた。

öfter [エフタァ] **1副** 時おり。¶ In letzter Zeit ist er *öfter* krank. 最近彼は時々病気になる。**2形** oft の比較級。¶ Er war *öfter* im Theater als ich. 彼は私より頻繁に芝居に行った。**öfters** [エフタァス] **副** 時おり。

oh! [オー] **間** 《驚き・感嘆・不快などを表して》おお。¶ *Oh*, là, là! (びっくりした気持ちを表して)おやまあ,あらあら。

ohne [オーネ] **1前** 《4格支配》…なしに(で);…は別にして。¶ *ohne* Appetit sein 食欲がない。/ *ohne* jeden Grund 何の理由もなしに。/ *ohne* Zweifel 疑いの余地無く。/ *ohne* weiteres 直ちに,簡単に。♦ *Ohne* Gruß ging sie vorbei. 挨拶もしないで彼女は通り過ぎていった。**2副** 何もなしで。¶ oben *ohne* トップレスで。**3接** 《zu +不定詞または dass に導かれる文と》…(すること)なしで。¶ *ohne sich* zu verabschieden 別れも告げずに。/ *ohne* dass es jemand bemerkt 誰もそれに気づくことなく。♦ Er fährt nach Frankreich, *ohne* die Spra-

che gelernt zu haben. 彼は言葉を学びもしないでフランスへ行く。

ohne·hin [オーネ・ヒン] **副** そうでなくとも,どっちみち。¶ Den Brief kann ich gerne mitnehmen, ich muss *ohnehin* zur Post. その手紙を持って行ってあげますよ,私はどうせ郵便局に行かなくてはならないんですから。

Ohn·macht [オーン・マハト] **女** -/-en 意識不明。¶ in *Ohnmacht* fallen 気を失う。/ aus der *Ohnmacht* erwachen 意識が戻る。**ohn·mächtig** [オーン・メヒティヒ] -e [オーン・メヒティゲ] **形** 意識不明の。¶ Sie wurde plötzlich *ohnmächtig.* 彼女は突然意識を失った。

Ohr [オーァ] **中**-[e]s/-en 耳;聴力。¶ gute (schlechte) *Ohren* haben 耳が良い(悪い)。/ bis über beide *Ohren* すっかり。/ j⁴ übers *Ohr* hauen 人⁴にいっぱい食わす。♦ Auf dem rechten *Ohr* bin ich taub. 私は右耳が聞こえない。

Ohr·feige [オーァ・ファイゲ] **女**-/-en 平手打ち。¶ j³ eine *Ohrfeige* geben 人³にびんたを食らわす。**ohr·feigen** [オーァ・ファイゲン] ohrfeigte, geohrfeigt **動** (人⁴に)びんたを食らわす。

Ohr·ring [オーァ・リング] **男**-[e]s/-e イヤリング。¶ *Ohrringe* tragen イヤリングをつけている。

Ohr·läppchen [オーァ・レプヒェン] **中** -s/- 耳たぶ。

okay [オケー] **1形** 《付加語用法なし》大丈夫な,さしつかえのない;まあまあの。¶ Ist es *okay*, wenn ich Ihre beiden Kollegen mit einlade? あなたの二人の同僚を一緒に招待してもいいですか？ **2副** 《賛成・了解を表して》オーケー。¶ Darf ich mitkommen? － *Okay!* 一緒に行ってもいいかい。－いいさ！

Öko·logie [エコ・ロギー] **女**-/ エコロジー,生態学。**öko·logisch** [エコ・ローギッシュ] **形** エコロジカルな,生態学[上]の。

Öko·nomie [エコ・ノミー] **女**-/-n

öko·nomisch

[エコ・ノミーエン] エコノミー，経済[学]；経済性，やりくり．（⇒Wirtschaft）**öko·nomisch** [エコ・ノーミシュ] 形 エコノミックな，経済[学]に関する；経済的な．

Oktave [オクターヴェ] 女-/-n 【楽】オクターブ．¶zwei *Oktaven* singen können 2 オクターブの音程を歌うことができる．

Oktober [オクトーバァ] 男-s/ 10月．（⇒April）**Oktober·fest** [オクトーバァ・フェスト] 中-[e]s/-e 10月祭．

ミュンヘンで毎年行われる10月祭は世界でも最大級の民間祭典と言われる．10月の第一日曜日までの16日間テレージエン・ヴィーゼ die Theresienwiese という大草原で開催され，集まる人の数は600万人代を下らない．ミュンヘンの7大ビール製造会社が巨大なテントのビアホールを開設，ビールは今日ではビール樽に代ってコンテナーから供されると言うから，そこで飲まれるビールの量は恐るべきものになる．もともとは1810年，後のバイエルン王ルートヴィヒ1世 Ludwig I. von Bayern（1786-1868）が皇太子時代にテレージア・フォン・ザクセン・ヒルトブルクハウゼン Theresia von Sachsen-Hildburghausen（1792-1854）と結婚した記念に催された競馬大会が祭の起源である．

Öl [エール] 中-[e]s/（種類:-e）（各種の）オイル，灯油，《複なし》:石油．¶pflanzliches *Öl* 植物油．/ in *Öl* malen 油絵を描く．/ *Öl* ins Feuer gießen 火に油を注ぐ．

Öl·farbe [エール・ファルベ] 女-/-n 油絵の具．**Öl·gemälde** [エール・ゲメールデ] 中-s/- 油彩画．

Öl·heizung [エール・ハイツング] 女-/-en 灯油暖房．

Öl·sardine [エール・ザルディーネ] 女-/-n オイル・サーディン．

Olive [オリーヴェ] 女-/-n 【植】オリー

ブの木；オリーブの実．**Oliven·öl** [オリーヴェン・エール] 中-[e]s/（種類:-e）オリーブオイル．

Öl·pest [エール・ベスト] 女-/（タンカー事故などの石油流出による海水の）石油汚染．

Olympiade [オリュンピアーデ] 女-/-n オリンピック．¶an der *Olympiade* teilnehmen オリンピックに参加する．♦ Wo findet die nächste *Olympiade* statt? 次のオリンピックはどこで開催されるのですか．

オリンピックは die Spiele der Olympiade（オリンピック競技大会）が正式名称．当初その一部として行われていたスキー，スケートは1925年に独立して die olympischen Winterspiele（オリンピック冬季競技大会）と称することになった（なお第1回オリンピック冬季大会はその前年の1924年に行われたシャモニー・モンブラン大会だが，さかのぼってそう呼ぶこととした）．

olympisch [オリュンピシュ] 形 オリンピックの．¶das *olympische* Feuer オリンピック聖火．

Oma [オーマ] 女-/-s 《幼語》おばあちゃん．（⇒Großmutter, Opa）

Omelett [オメレット，オムレット] 中-[e]s/-e(-s) 《料理》オムレツ．

Omnibus [オムニブス] 男Omnibusses [オムニブセス] /Omnibusse [オムニブセ] バス．

Onkel [オンケル] 男-s/- 叔父，伯父；《幼語》(よその)おじちゃん．（⇒Tante）

Opa [オーパ] 男-s/-s 《幼語》おじいちゃん．（⇒Großvater, Oma）

Oper [オーパァ] 女-/-n オペラ；オペラハウス．¶eine *Oper* aufführen オペラを上演する．♦ Wir treffen uns vor der *Oper*. 私たちはオペラ座の前で落ち合う．

Operation [オペラツィオーン] 女-/-en 手術．¶eine *Operation* vornehmen 手術を行う．/ sich⁴ einer *Operation* unterziehen 手術を受ける．♦ Ihr Mann hat die *Opera-*

406

tion gut überstanden. 彼女の夫は手術にうまく持ちこたえた. **operativ** [オペラティーフ] =e [オペラティーヴェ] 形 手術による. ¶*et⁴ operativ entfernen* 物⁴を手術により取り除く.

Operette [オペレッテ] 女-/-n オペレッタ；喜歌劇場.

operieren [オペリーレン] operierte, operiert 動 手術する. ¶*j⁴ am Magen operieren* 人⁴の胃の手術をする. ♦ *Sie musste sofort operiert werden.* 彼女の手術は急を要した.

Opfer [オップファァ] 中-s/- 犠牲；犠牲者，被害者；神への捧げ物. ¶*das Opfer eines Verkehrsunfalls* 交通事故の犠牲者. / *ein Opfer für j⁴ bringen* 人⁴のために犠牲を払う. ♦ *Das Erdbeben forderte zahlreiche Opfer.* その地震により多数の犠牲者がでた.

Opposition [オポズィツィオーン] 女-/-en 反対，対立，抵抗；反対派，野党. ¶*zu j³ in Opposition stehen* 人³と対立している. / *in die Opposition gehen* 野党になる. ♦ *In diesem Punkt stimmen Regierung und Opposition überein.* この点では政府と野党は一致している.

Optik [オプティク] 女-/ 光学. **Optiker** [オプティカァ] 男-s/- (女性 **Optikerin** [オプティケリン] 女-/Optikerinnen [オプティケリネン]) 眼鏡屋；眼鏡製造者.

optimal [オプティマール] 形 最高(最善)の. ¶*die optimale Lösung* 最善の解決策. ♦ *Das Wahlergebnis ist nicht optimal, aber wir können damit zufrieden sein.* 選挙結果は最高のものではなかったが，私たちはそれに満足はできる.

Optimismus [オプティミスムス] 男-/ オプティミズム. **Optimist** [オプティミスト] -en/-en (女性 **Optimistin** [オプティミスティン] 女-/Optimistinnen [オプティミスティネン]) オプティミスト. ¶*Er ist ein unverbesserlicher Optimist.* 彼はどうしようもない楽天家だ. **optimistisch** [オプティミスティシュ] 形 楽天主義の, 楽天的な.

orange [オランジュ] 形 《無変化》オレンジ(ダイダイ・薄茶)色の.

Orange [オランジュ] 女-/-n [オランジェン] 《果物》オレンジ, ネーブル. **Orangen・saft** [オランジェン・ザフト] 男-[e]s/Orangen-säfte [オランジェン・ゼフテ] オレンジジュース.

Orchester [オルケスタァ, オルヒェスタァ] 中-s/- オーケストラ. ¶*ein Orchester dirigieren* オーケストラを指揮する.

Orchidee [オルヒデーエ] 女-/Orchideen [オルヒデーエン] 《植物》ラン.

Orden [オルデン] 男-s/- 《キリスト教》修道会；勲章. ¶*einen Orden verleihen (erhalten)* 勲章を授ける(もらう). / *einen Orden auf der Brust tragen* 勲章を胸につける. / *einem Orden angehören* ある教団に属している.

ordent・lich [オルデント・リヒ] 形 正規の；まともな；《話・強調》たっぷりの. ¶*eine ordentliche Sitzung* 定例会議. / *ein ordentliches Leben führen* 堅実な生活を送る. ♦ *Er ist ordentlicher Professor.* 彼は正教授だ. / *Jetzt habe ich aber ordentlich Hunger.* 今私はひどく空腹だ.

Ordinal・zahl [オルディナール・ツァール] 女-/-en 《文法》序数. (⇒Kardinalzahl)

ordinär [オルディネーァ] 形 下品な；普通の. ¶*ein ordinärer Ausdruck* 下品な表現. ♦ *Das ist eine ganz ordinäre Rose.* それはごくありきたりのバラだ.

Ordination [オルディナツィオーン] 女-/-en 《オーストリア》診療，診察室；診察時間.

ordnen [オルドゥネン] 動 整理する；(乱れたものを)整える. ¶*die Akten ordnen* 書類を整理する. / *et⁴ alphabetisch ordnen* 物⁴をアルファベット順に並べる.

Ordner [オルドゥナァ] 男-s/- ファイル(書類挟み)；《電算》フォルダー.

Ordnung [オルドゥヌング] 囡 –/–en
《複 なし》秩序, 整頓;《複 なし》社会
秩序, 規律; 序列. ¶ alphabetische
Ordnung アルファベット順. / Ord-
nung halten 秩序を保つ, きちんと
整理しておく. / et⁴ in Ordnung
bringen 物⁴・事⁴を整理する, 修理す
る, 収拾する. / in Ordnung sein
(事態が)正常(順調)である. / gegen
die Ordnung verstoßen 規律に
違反する. ◆ Im Zimmer herrschte
Ordnung. 部屋はきちんと整理され
ていた. / Ordnung muss sein!
秩序が必要だ.

Organ [オルガーン] 匣 –s/–e (生ある
ものの)器官;(公式の)機関, 機関誌
(紙). ¶ die inneren Organe 内
臓. / ein künstliches Organ 人
工臓器. / das offizielle Organ ei-
ner Partei 政党の公式の機関誌.
/ ein Organ verpflanzen (spen-
den) 臓器を移植(提供)する.

Organisation [オルガニザツィオーン]
囡 –/–en 組織. ¶ die Organisati-
on des Treffens 会合の準備(企
画). / eine politische Organisati-
on 政治団体. / eine Organisati-
on gründen (aufbauen) ある団
体を設立する.

organisatorisch [オルガニザトーリシ
ュ] 厖 組織上の. ¶ organisatori-
sche Mängel 組織上の欠陥.

organisch [オルガーニシュ] 厖 有機
[体]の. ¶ organische Verbindun-
gen 有機化合物.

organisieren [オルガニズィーレン] or-
ganisierte, organisiert 動 組織
[立て]する; 企画する; くすねる. ¶
sich⁴ organisieren 結集する. /
eine Ausstellung organisieren
展覧会を企画する. / das organi-
sierte Verbrechen 組織犯罪.

Organismus [オルガニスムス] 围
–/Organismen [オルガニスメン] 有機
物, 有機体;《ふつう複で》生物体.

Organist [オルガニスト] 围–en/–en
(女性) **Organistin** [オルガニスティ
ン] 囡–/Organistinnen [オルガニステ

≡ドイツを識るコラム≡　ドイツ語圏のオーケストラ

ウィーン・フィルハーモニー管弦楽団 Wiener Philharmoniker,
ベルリン・フィルハーモニー管弦楽団 Berliner Philharmoniker,
ライプツィヒ・ゲヴァントハウス管弦楽団
　　　Gewandhausorchester Leipzig,
ドレスデン・シュターツカペレ Sächsische Staatskapelle Dresden,
バイエルン放送交響楽団
　　　Symphonieorchester des Bayerischen Rundfunks,
ミュンヘン・フィルハーモニー管弦楽団 Münchner Philharmoniker,
北ドイツ放送交響楽団
　　　NDR(Norddeutscher Rundfunk) Sinfonieorchester,
バンベルク交響楽団 Bamberger Symphoniker,
ケルン放送交響楽団
　　　WDR(Westdeutscher Rundfunk) Sinfonieorchester Köln,
チューリッヒ・トーンハレ管弦楽団 Tonhalle-Orchester Zürich,

のような世界的に有名なオーケストラ以外にも各地に優れたオーケス
トラがあり, 比較的安く, 良い演奏が聴ける. 定期演奏会やオペラの
シーズンは大体9月から6月末で, 夏季は音楽祭のシーズンとなる.
チケット入手困難なザルツブルク音楽祭, バイロイト音楽祭の他にも
ミュンヘン・オペラ祭, ベルリン音楽祭, ライプツィヒ・バッハ音楽
祭, ドレスデン音楽祭など数多くの音楽祭が各地で開催され, 世界中
からたくさんのクラッシックファンが訪れる.

ィネン])）オルガン奏者.

Orgasmus［オルガスムス］**男** –/Or-
gasmen［オルガスメン］オルガスム.

Orgel［オルゲル］**女**–/–n パイプオルガ
ン.

Orient［オーリエント，オリエント］
男–s/ 〖地名〗オリエント，中近東，東洋.
orientalisch［オリエンターリシュ］
形 オリエント(中近東)の，東洋風の.

orientieren［オリエンティーレン］ori-
entierte, orientiert **動**（人⁴・物⁴
に)方向を示す；(人⁴に)情報を与える.
¶ die Politik an (nach) den
Realitäten *orientieren* 現実に合っ
た政治を行う. / *j⁴/et⁴* auf *et⁴* ori-
entieren 人⁴・物⁴を事⁴に集中させる.
/ sich⁴ an (nach) *j³/et³* orien-
tieren 物⁴によって自分の位置(立場)
を知る；人³・事³に倣(な)う. / sich⁴
über *et⁴* orientieren 事⁴に関して
情報を得る. / links orientiert 左
翼的な. **Orientierung**［オリエンテ
ィールング］**女**–/–en オリエンテーショ
ン，方向づけ，進路指導；位置づけ.

original［オリギナール］**形** オリジナル
の. **Original**［オリギナール］**中**–s
/–e オリジナル，原作，原本，原画；(服
装・生き方などの点で)素っ頓狂な人，
変人. ¶ einen Text im *Original*
lesen テクストを原書で読む. ♦ Er
ist wirklich ein *Original*. 彼は本
当に変わっている.

Originalität［オリギナリテート］**女**–/
オリジナリティー，独創[性]，創意，創
造力.

originell［オリギネル］**形** ユニークな；
(普通とは)変わった. ¶ ein *originel-
ler* Plan ユニークな計画.

Ort［オルト］**男**–[e]s/–e 場所；村，
町. ¶ am *Ort* der Katastrophe
災害現場で. ♦ Der *Ort* der Ver-
handlungen steht noch nicht
fest. 交渉の場所はまだ決まっていな
い. **ört•lich**［エルト・リヒ］**形** ロー
カルな，地方(局地)的な.

Orts•gespräch［オルツ・ゲシュプレー
ヒ］**中**–[e]s/–e 市内通話.

Ort•schaft［オルト・シャフト］**女**–
/–en 小村.

Os［オーエス］〖元素記号〗オスミウム.

Ossi［オッスィ］**男**–s/–s（**女**–/–s）
〖くだけた表現〗東の人(ドイツ連邦共和国の新
州，旧東独の住民). (⇒Wessi)

Ost［オスト］**男** 1《無変化・無冠詞
で》東(略：O). ¶ *Ost* und West
東西 ； 四方八方. ♦ Der Wind
kommt aus/von *Ost*. 風は東から
吹いている. 2《–[e]s/–e》〖詩〗東風.
3《地名や方位名と複合して》 ¶ *Ost*-
asien 東アジア. / Neustadt *Ost*
ノイシュタット東地区. / Südost 東
南. (⇒Nord)

Osten［オステン］**男**–s/《ふつう無冠
詞で》東；東方，東部，東洋，東欧；東洋
(東欧)の人(略：O). ¶ der Ferne
(Mittlere/Nahe) *Osten* 極 東
(中東・近東). ♦ Die Sonne geht
im *Osten* auf. 太陽は東から昇る.
/ Er wohnt im *Osten* Frank-
furts. 彼はフランクフルトの東部に住
んでいる. (⇒Norden)

Oster•ei［オースター・アィ］**中**–[e]s
/–er イースター・エッグ. **Oster•
hase**［オースタァ・ハーゼ］**男**–n/–n イ
ースターうさぎ.

> イースター(復活祭 ⇒下記)には彩
> 色したゆでたまご，それに似せたチ
> ョコレートをプレゼントする習慣が
> ある. たまごを家の中や庭に隠して
> おき，子供らに探させるという遊び
> も. もともと春たまごに生命のしる
> しを見る，という風習があり，またキ
> リストの復活を祝う時期が春である
> ことと重なってうまれた. このたまご
> を運んでくるのがイースターうさぎ
> である. うさぎが多産のシンボルと
> 考えられているため.

Ostern［オーステルン］**中**–/–《ふつう
無冠詞で単数扱い》イースター，復活
祭. ¶《北ドイツ》zu *Ostern*，《南ドイツ》
an *Ostern* イースターの日に. /
Fröhliche (Frohe) *Ostern*! イ
ースターおめでとう.

> キリストの復活を祝うキリスト教最
> 高の祝日. 3月21日(春分の日)

409

Osterei

以後の最初の満月の次の日曜日が
イースターの第1の主日.

Öster·reich [エースタァ・ライヒ] 中–
s/ 《地名》オーストリア. **Öster·rei-
cher** [エースタァ・ライヒァァ] 男 –s/–
(女性 **Öster·reicherin** [エース
タァ・ライヒェリン] 女–/Öster·reiche-
rinnen [エースタァ・ライヒェリネン]) オー
ストリア人. **öster·reichisch**
[エースタァ・ライヒシュ] 形 オーストリア
[人]の.

öst·lich [エスト・リヒ] 形 東の;東方
(東部)の;東洋(東欧)の:東からの,東
から来る,東に向う. 《2格または
von et³ を伴って》…の東に(で). ¶
der *östliche* Himmel 東の空. / im
östlichen Teil der Stadt 町の東
部に. / *östlich* von München ミ
ュンヘンの東で. ◆ Deutschland
liegt *östlich* von Frankreich.
ドイツはフランスの東にある.

Ost·see [オスト・ゼー] 女 –/ 《地名》バ
ルト海.

out [アウト] 形 《付加語用法なし》
out sein 流行おくれである.

oval [オヴァール] 形 卵形の,長円形
の. **Oval** [オヴァール] 中 –[e]s/–e
卵形,長円形.

Ozean [オーツェアーン] 男 –s/–e 大
洋. ¶ der Atlantische *Ozean* 大
西洋.

Ozon [オツォーン] 中 –s/ 《化学》オゾン.
Ozon·loch [オツォーン・ロホ] 中
–[e]s/Ozon·löcher [オツォーン・レヒャ
ァ] オゾンホール.

ちょっと文法

苦手な冠詞は抜き

◆無冠詞◆
国籍, 職業, 身分をあらわす名詞が, sein(＝*be*), werden(＝*become*), bleiben(＝*remain*) といっしょに使われる場合は無冠詞になる (英語は不定冠詞をつけるんだったね).「ぼくはアメリカ人だ」は Ich bin Amerikaner.＝*I am an American*.「彼は大学生になる」は Er wird Student.＝*He bocomes a student*. さて, Er ist Diplomat. は「彼は外交官だ」. では Er ist ein Diplomat. と言ったらどうなるか.「彼も外交官の一人だ, 彼は外交的な性格だ」などとなる. さわらぬ ein にたたりなし, うっかりつけないことだ. ただし形容詞がつくときには, ドイツ語も不定冠詞をつけなくちゃいけない.「彼女は有名な女優です」＝Sie ist **eine** berühmte Schauspielerin.＝*She is a famous actress*.

長すぎる名詞

◆複合名詞◆

英語ではお目にかからないほど長い名詞が，ドイツ語にはよくある．辞書を引いても出ていない．さて，困った．こういう場合は名詞が2つも3つもくっつきあっているので，分解すればいい．der Abendsonnenschein なら，der Abend「夕方」＋ die Sonne「太陽」＋ der Schein「輝き」＝「夕焼け」（＝ *evening sunshine*）．性と変化は1番最後の単語に従うので，「夕焼け＜の＞」と2格にしたければ，**des** Abendsonnenschein**s** となる．Wasserstoffbombe なんてぶっそうなのもある．性は最後の成分（この場合は Bombe）の性によるのだから，**die** Wasserstoffbombe だね．他にも複合名詞は，複数形がついているもの，例えば die Bilder（das Bild の複数形）＋ das Buch＝das Bilderbuch「絵本」とか，単語と単語を s で接着しているもの，例えば die Zeitung＋s＋die Anzeige＝die Zeitungsanzeige「新聞広告」などがあるので気をつけよう．

P

¹P, p [ペー] 由-/- ドイツ語アルファベットの第16字.

²P [ペー]〖元素記号〗燐(%).

Pa [ペーアー]〖元素記号〗プロトアクチニウム.

paar [パール] 形《無変化 ein paar の形で》僅かの,2,3の. ¶ein paar Minuten 2,3分. / ein paar Hundert [Leute] 2,3百人. ♦ Heute ist es ein paar Grad kälter als gestern. きょうは昨日より2,3度寒い.

Paar [パール] 由-[e]s/-e《単位としては -/-》カップル(夫婦・恋人など);一組,一対. ¶ein (zwei) Paar Socken 一足(二足)のソックス. ♦ Wir sind seit zwei Jahren ein Paar. われわれは2年前から夫婦(恋人)だ.

Pacht [パハト] 囡-/-en 賃貸借契約;賃貸借料. ¶ein Haus in Pacht geben (nehmen) 家を賃貸し(賃借り)する. **pachten** [パハテン] 動 賃借りする. ¶ein Grundstück pachten 土地を賃借りする.

Päck·chen [ペック・ヒェン] 由-s/- 小型の包み(パッケージ);(1kg 以上 2kg 以下の)郵便小包. ¶ein Päckchen packen (zustellen) 小包を作る(配達する). (⇒Paket)

packen [パッケン] 動 つかむ;包む,詰める《in et⁴ 物⁴に》,荷造りする;(熱・感情などが)襲う. ¶j⁴ am Arm packen 人⁴の腕をつかむ. / seinen Koffer packen トランクの荷造りをする. / Bücher in eine Kiste packen. 書物を箱詰めにする. ♦ Da hat mich echt die Wut gepackt. そのとき本当に怒りが私を襲った.

Packerl [パッケルル] 由-s/-〖オーストリア〗小型の包み(パッケージ);郵便小包.

Packung [パックング] 囡-/-en 包装 [した品物]. ¶eine Packung Zigaretten タバコ一箱.

Päd·agoge [ペダゴーゲ] 男-n/-n (囡性 **Päd·agogin** [ペダゴーギン]

囡-/**Päd·agoginnen** [ペダゴーギンン])教育者,教育学者.

Päd·agogik [ペダゴーギク] 囡-/ 教育学. **päd·agogisch** [ペダゴーギシュ] 形 教育の,教育学の.

Paddel [パッデル] 由-s/- パドル(カヌーの櫂). **Paddel·boot** [パッデル・ボート] 由-s/-e カヌー,カヤック. **paddeln** [パッデルン] 動 (h,s) カヌー(カヤック)を漕ぐ;(s) カヌー(カヤック)に乗って進む.

Paket [パケート]由 -[e]s/-e パッケージ;(2kg 以上の)郵便小包;パッケージ(互いに関係のあるいくつかの事項を一つにまとめたもの). ¶ein Paket Aktien〖経済〗大口同種株. (⇒Päckchen)

Pakt [パクト] 男-[e]s/-e 同盟,条約,協定. ¶einen Pakt schließen (brechen) 条約を締結する(破棄する).

Palast [パラスト] 男 -es/Paläste [パレステ] 宮殿. ¶der königliche Palast 王宮.

Palatschinke [パラチンケ] 囡 -/-n 〖オーストリア〗《ふつう複で》パラチンケン(クレープの一種).

Palme [パルメ] 囡-/-n〖植物〗ヤシ,シュロ. ¶j⁴ auf die Palme bringen 人⁴を激怒させる. / auf die Palme gehen 激怒する. ♦ Er lässt sich leicht auf die Palme bringen. 彼はすぐ腹を立てる.

PAL-System [パール・ズュステーム] 由-s/ パル方式(ドイツのカラーテレビ標準方式). 日米は NTSC-System, フランスは SECAM-System.

Pampel·muse [パンペル・ムーゼ, パンペル・ムーゼ] 囡-/-n〖果物〗グレープフルーツ.

panieren [パニーレン] panierte, paniert 動〖調理〗(物⁴に)ころもを着せる.

Panik [パーニク] 囡-/ パニック. ¶

412

von *Panik* befallen (ergriffen) werden パニックに襲われる. / *j⁴* in *Panik* versetzen 人⁴をパニックに陥れる. **panisch** [パーニシュ] 形 パニック状態の. ¶Vor Hunden hat das Kind *panische* Angst. 犬に出会うとその子は不意の激しい不安に襲われる.

Panne [パネ] 囡-/-n (自動車の)故障，パンク；へま，失敗. ¶Der Wagen hatte eine *Panne*. 自動車が故障した. / Beim Examen hatte er eine *Panne*. 彼は試験に失敗した.

Pan・orama [パノラーマ] 中-s/Pa-n・oramen [パノラーメン] 全景；全景写真.

Panter , Panther [パンタァ] 男-s/- 〖動物〗ヒョウ，レパード.

Pantoffel [パントッフェル] 男-s/-n スリッパ. ¶in *Pantoffeln* herumlaufen スリッパで歩きまわる. / unter dem *Pantoffel* stehen 女房の尻に敷かれている.

Panto・mime [パント・ミーメ] **1**囡-/-n 〖演劇〗パントマイム. **2**男-n/-n パントマイムの俳優.

Panzer [パンツァ] 男-s/- 戦車；よろい；(カメなどの)甲. ¶den *Panzer* ablegen (anlegen) よろいを脱ぐ(着る).

Papa [パパ] 男-s/-s パパ.

Papagei [パパガィ] 男-en(-s)/-en 〖鳥類〗オウム.

Paper・back [ペーパァ・ベク] 中-s/-s ペーパーバック，紙装本.

Papier [パピーァ] 中-s/-e 〖複〗なし〗紙；文書，書類；《ふつう複〗で》身分証明書，旅券，免許証. ¶ein Blatt *Papier* 1枚の紙. / *et⁴* zu *Papier* bringen 事⁴を書き留める. ◆Hast du schon alle *Papiere* für die Bewerbung zusammen? 君はもう応募の書類を全て揃えたのかい.

Papier・korb [パピーァ・コルプ] 男-[e]s/Papier・körbe [パピーァ・ケルベ] 紙くずかご.

Papp・becher [パップ・ベヒァァ] 男-s/- 紙コップ.

Pappe [パッペ] 囡-/-n 厚紙，ボール紙. ¶eine Schachtel aus *Pappe* ボール箱. / *et⁴* aus *Pappe* anfertigen (basteln) 物⁴を厚紙から作る. / nicht von (aus) *Pappe* sein 見掛け倒しではない.

Pappel [パッペル] 囡-/-n 〖植物〗ハコヤナギ，ポプラ.

¹Paprika [パプリカ] 男-s/-[s] 赤トウガラシ；〖調理〗パプリカ.

²Paprika [パプリカ , パープリカ] 男(囡)-/-[s], **Paprika・schote** [パプリカ・ショーテ , パープリカ・ショーテ] 囡-/-n 〖野菜〗ピーマン.

Papst [パープスト] 男-[e]s/Päpste [ペープステ] 〖カトリック〗[ローマ]教皇. **päpst・lich** [ペープスト・リヒ] 形 [ローマ]教皇の. ¶*päpstlicher* als der Papst sein 必要以上に厳密である.

Parabel [パラーベル] 囡-/-n たとえ話，寓話.

Parade [パラーデ] 囡-/-n パレード.

Paradeiser [パラダィザァ] 男-s/- 〖オーストリア〗トマト.

Parade・beispiel [パラーデ・バィシュピール] 中-[e]s/-e 典型的(模範的)な例.

Paradies [パラディース] 中-es/-e 天国；パラダイス. ¶ein *Paradies* auf Erden 地上の楽園. / ein *Paradies* für Bergsteiger 登山家の理想郷. / ins *Paradies* kommen 死んで天国に行く.

para・dox [パラ・ドックス] 形 逆説的な.

Para・graf , Para・graph [パラグラーフ] 男-en/-en 段落，パラグラフ；(法令の)第…条.

par・allel [パラレール] 形 平行の；相似の. ¶*parallele* Linien 平行線. **Par・allele** [パラレーレ] 囡-/-n 平行線；相似のもの《zu *et³* 物³と》. ¶eine *Parallele* zu einem früheren Ereignis 以前のものとそっくりの出来事.

Para・sit [パラ・ズィート] 男-en/-en パラサイト，寄生虫，寄生体.

parat [パラート] 形 準備(用意)の整った. ¶*et⁴* parat haben 物⁴・事⁴

413

の準備(用意)ができている.

pardon! [パルドーン] 圃 失礼, ごめん
なさい.

Parfüm [パルフューム] 囲 -s/-e(-s)
香水. ¶Ihr *Parfüm* ist ausge-
sprochen aufdringlich. 彼女の香
水はあまりにも強すぎる.

Park [パルク] 團-s/-s 公園. ¶in ei-
nem *Park* spazieren gehen 公
園を散歩する.

parken [パルケン] 勵 駐車する. ¶
Parken verboten! 駐車禁止. /
Wo hast du deinen Wagen ge-
parkt? 君は車をどこに駐車したの
か.

Parkett [パルケット] 囲-[e]s/-e(-s)
寄木張り床; (劇場の)一階前部正面
席.

Park・gebühr [パルク・ゲビュール]
囡 -/-en 駐車料金.

Park・haus [パルク・ハォス] 囲 -es/
Park・häuser [パルク・ホィザァ] 立体
駐車場.

Park・platz [パルク・プラッ] 團 -es/
Park・plätze [パルク・プレツェ] 駐 車
場;駐車スペース. ¶einen *Parkplatz*
suchen 駐車場を探す.

Park・scheibe [パルク・シャィベ] 囡-
/-n 駐車時間表示盤.

合わせてそれを示しておく.これをダ
ッシュボードの上など見やすいとこ
ろに置く規則.駐車時間制限などを
守らせるための工夫である.

Park・schein [パルク・シャィン] 團
-[e]s/-e パーキングチケット. **Park-
schein・automat** [パルクシャィン・
アォトマート] 團-en/-en パーキングチ
ケット自動販売機.

Park・uhr [パルク・ウーァ] 囡 -/-en
パーキングメーター. ¶Meine *Park-
uhr* läuft gleich ab. 私のパーキ
ングメーターの時間がもうすぐ切れる.

Parlament [パルラメント] 囲-[e]s/
-e 議会;議事堂. ¶das *Parlament*
auflösen (neu wählen) 議会を
解散する(新たに議員の選挙を行う).

Partei [パルタィ] 囡-/-en [パルタィエ
ン] 政党,党派,派閥;(訴訟・紛争など
の)当事者;(集合住宅の)入居世帯. ¶
eine fortschrittliche *Partei* 進歩
派政党. /in eine *Partei* eintre-
ten 入党する. ◆In unserem
Apartmenthaus wohnen zehn
Parteien. うちのアパートには10世
帯が入居している. **partei・isch**
[パルタィ・イシュ] 厖 党派的な,ある党
派に偏(なた)った.

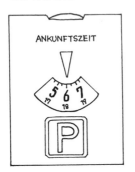

ANKUNFTSZEIT

駐車する際,駐車時間表示盤の時
計型の文字盤上(時計と同じように
針がついており,普通ボール紙製で
ある)で自分の駐車開始時刻に針を

P

関連語 Partei
―政党関連用語―

der Parteivorsitzende, die Partei-
　vorsitzende 党首.
die Regierungspartei 与党.
die Oppositionspartei 野党.
die große Koalition 大連立.
die Rechte 右派.
die Linke 左派.
die Mitte 中間(中道)派.
konservativ 保守的な.
liberal 　リベラルな.
rot 　　　社民党の.
schwarz
　　　キリスト教民主・社会同盟の.
grün 　　緑の党の.
schwarz-rot キリスト教民主・社
　　会同盟と社民党の連立の.

≣ドイツを識るコラム≣

ドイツ連邦議会に議席を持つ政党
（2021年9月の総選挙後）

・SPD ドイツ社会民主党 206
・CDU キリスト教民主同盟 152
・CSU キリスト教社会同盟 45
・Bündnis 90/Die Grünen 同盟90/
緑の党 118 ・FDP 自由民主
党 92 ・AfD ドイツのため
の選択肢 83 ・Die Linke 左
翼党 39 ・SSW 南シュレー
スヴィヒ選挙人同盟 1
　連邦議会での小政党の乱立を避
けるため,「5％条項」がある。
選挙で比例票の5％,または3選
挙区以上で党の候補者が当選しな
ければ,その政党は比例票の議席
配分は受けられないという規定.

Par・terre [パルテル, パルテレ] 中 -s/
-s 一階. ¶Die Wohnung liegt
im *Parterre*. 住居は一階にある.
Partie [パルティー] 女-/-n [パルティー
エン] 部分;（トランプなどの）1ゲーム.
Partitur [パルティトゥーァ] 女 -/-en
〖諺〗スコア, 総譜.
Partizip [パルティツィープ] 中-s/Parti-
zipien [パルティツィーピエン] 〖文法〗分
詞. ¶das *Partizip* Präsens (Per-
fekt) 現在分詞（過去分詞）.
Partner [パルトゥナァ] 男-s/- （女性）
Partnerin [パルトゥネリン] 女 -/
Partnerinnen [パルトゥネリネン]）パー
トナー;配偶者;〖スポーツ〗対戦相手,（ダ
ブルスの）パートナー.
Partner・schaft [パルトゥナァ・シャフ
ト] 女-/-en パートナーシップ;共同
経営;配偶関係. **Partner・stadt**
[パルトゥナァ・シュタト] 女 -/Partner・
städte [パルトゥナァ・シュテーテ] 姉妹
都市.
Party [パァティ] 女-/-s パーティー.
¶eine *Party* geben パーティーを
催す. / auf (bei) einer *Party* あ
るパーティーの席上で. / auf eine
(zu einer) *Party* gehen あるパー
ティーに出かける. / *j*⁴ zu einer *Party*

einladen 人⁴をパーティーに招待す
る.
Pass [パス] 男-es/Pässe [ペセ] パ
スポート;峠;〖スポーツ〗パス. ¶einen
Pass beantragen パスポートを申請
する. / den *Pass* kontrollie-
ren パスポートを検査する. ♦ Der *Pass*
ist ungültig. そのパスポートは失効
している. / Halten Sie bitte Ih-
re *Pässe* bereit! パスポートを用
意しておいてください.
Passagier [パサジーァ] 男 -s/-e
（女性） **Passagierin** [パサジーリン]
女-/Passagierinnen [パサジーリネ
ン]）乗客, 搭乗者, 船客. ein blinder
Passagier ただ乗りの客.
Passant [パサント] 男 -en/-en
（女性） **Passantin** [パサンティン]
女-/Passantinnen [パサンティネン]）
通行人.
passen [パッセン] 動 （人³に）ぴった
り合う;似つかわしい«zu *j*³ 人³に»;
（人³に）都合がよい,（人³の）気に入る.
¶Die Schuhe *passen* ihm. 靴
のサイズは彼にぴったりだ. / Der
Schlüssel *passt* nicht ins
Schloss. この鍵は鍵穴に合わない. /
Der Kerl *passt* nicht zu ihr. あ
いつは彼女にふさわしい人間ではない. /
Passt es Ihnen, wenn ich am
Sonntag zu Ihnen komme? 日
曜日にうかがっても[ご都合は]よろしい
でしょうか. **passend** [パッセント]
1 形 適切な, ぴったり合う, 似合う.
¶bei *passender* Gelegenheit
適当な機会に. / die *passenden*
Worte finden（その場に）ふさわしい
言葉を見つける. **2** passen の現
在分詞.
passieren [パスィーレン] passierte,
passiert 動 **1** (s) （事故などが）
起こる;実行される. ¶Ein großes
Eisenbahnunglück ist *passiert*.
大きな鉄道事故が起こった. / Mir ist
etwas Unangenehmes *passiert*.
私は不愉快な目にあった. / Was ist
denn mit ihm *passiert*? いった
い彼に何が起こったのか. **2** 通過する.
Gerade hat ein Zug den Bahn-

P

hof *passiert*. たった今列車がこの駅を通過した.

passiv [パッスィーフ, パッスィーフ] -e [...ヴェ] 形 受身の; 消極的な; 〖文法〗受動の. (⇒positiv)

Pass·wort [パス・ヴォルト] 中-[e]s/ Pass·wörter [パス・ヴェルタァ] 〖電算〗パスワード. ¶ sein *Passwort* eingeben 自分のパスワードをインプットする.

Paste [パステ] 女-/-n 〖調理〗ペースト; 〖医療〗パスタ (泥膏).

Pastete [パステーテ] 女-/-n 〖調理〗パテ, ヴォロヴァン (鳥獣肉, 魚肉, 松露などを詰めて焼き上げたパイ).

Pastor [パストーァ] 男-/-en [パストーレン] 〖カトリック〗主任司祭; 〖プロテスタント〗牧師; 〖北ドイツ〗聖職者. **Pastorin** [パストーリン] 女-/Pastorinnen [パストーリネン] 〖プロテスタント〗(女性の)牧師; 〖キリスト教〗牧師の妻.

Pate [パーテ] 男-n/-n 代父. ¶*Paten* 代親. **Patin** [パーティン] 女-/Patinnen [パーティネン] 代母.

> 代父, 代母とは洗礼や堅信に立会い, その後も実の父母に代わってキリスト教徒にふさわしい生活を送るよう指導する精神的な親のこと. 子の方は「代子 das Patenkind」(男子は der Patensohn, 女子は die Patentochter) という. 映画「ゴッドファーザー」Godfather はこの「代父」を表す単語であり, したがって同映画のドイツ語題名は „Der Pate" である.

patent [パテント] 形 [感じがよくて]有能な, 賢い; (事物について)役に立つ. ¶ein *patenter* Kerl いいやつ. ◆Das ist eine *patente* Idee. それはグッドアイデアだ.

Patent [パテント] 中-[e]s/-e 特許, 特許権; 特許証[書]. ¶Seine Erfindung hat er zum *Patent* angemeldet. 彼は自分の発明を特許出願した.

Pathos [パートス] 中-/ 激情, パト

ス.

Patient [パツィエント] 男-en/-en (女性 **Patientin** [パツィエンティン] 女-/Patientinnen [パツィエンティネン]) 患者. ¶ein schwerkranker *Patient* 重病患者. ◆Dem *Patienten* auf Zimmer zwölf geht es etwas besser. 12 号室の患者の容態はいくらか良くなっている.

Patriot [パトゥリオート] 男-en/-en (女性 **Patriotin** [パトゥリオーティン] 女-/Patriotinnen [パトゥリオーティネン])愛国者. **patriotisch** [パトゥリオーティシュ] 形 愛国[心]の.

Patrone [パトゥローネ] 女-/-n (インキなどの)カートリッジ, (フィルムの)パトローネ; 薬莢 (やっきょう).

Patsche [パッチェ] 女-/ 〖くだけた表現〗苦境. ¶in der *Patsche* sitzen (sein) 窮地に陥っている. ◆Er hat mir mehr als einmal aus der *Patsche* geholfen. 彼は私を一度ならず苦境から救ってくれた.

patzen [パッツェン] 動 〖くだけた表現〗ミスを犯す. ¶Er hat bei der Generalprobe *gepatzt*. 彼はゲネプロでミスを犯した.

Pauke [パォケ] 女-/-n 〖音楽〗ティンパニー. ¶die *Pauken* schlagen ティンパニーを叩く. / mit *Pauken* und Trompeten durch die Prüfung fallen ものの見事に落第する.

pauken [パォケン] 動 〖くだけた表現〗ガリ勉をする. ¶jede Menge Vokabeln *pauken* 非常にたくさんの単語をがむしゃらに覚え込む.

pauschal [パォシャール] 形 全てひっくるめた, 一括概算の; 一般的な. ¶Die Auslandsreise kostet *pauschal* 3000 Euro. この海外旅行の費用は全てひっくるめて3000ユーロです. / Diese Frage kann ich nur *pauschal* beantworten. この質問にはごく大雑把な答えしかできません.

Pauschale [パォシャーレ] 女-/-n 一括払い金額; 概算評価.

Pause [パォゼ] 女-/-n (一時的な)中断, 休止; 休憩; (芝居の)幕間 (まくあい).

P

¶ohne *Pause* 休みなしに. ◆Machen wir mal *Pause*! まあ一休みしようよ. ¶In der *Pause* treffen wir uns im Foyer. 幕間の間に私たちはロビーで落ち合いましょう.

Pavillon [パヴィリオン, パヴィリオーン] **男**-s/-s パビリオン. ¶Der deutsche *Pavillon* auf der Expo war gut besucht. エクスポのドイツ館は入りがよかった.

Pazifik [パツィーフィク, パーツィフィク] **男**-s/ 《地名》太平洋. **pazifisch** [パツィフィシュ] **形** 太平洋の. ¶der *Pazifische* Ozean 太平洋.

Pazifismus [パツィフィスムス] **男**-/ 平和主義.

Pb [ペーベー] 《元素記号》鉛.

PC [ペーツェー] **男**-[s]/-[s] 《略》《電算》パーソナルコンピュータ (=**P**ersonal-**c**omputer).

Pd [ペーデー] 《元素記号》パラジウム.

Pech [ペヒ] **中**-s/(種類:-e) ピッチ;《**複**なし》不運, 災難, へま. ¶Heute hatte ich großes *Pech*. きょう私はたいへんな災難に逢った.

Pech・strähne [ペヒ・シュトゥレーネ] **女**-/-n 不運続き. ¶Der Spieler hat eine *Pechsträhne*. 選手はこのところ不運続きだ.

Pedal [ペダール] **中**-s/-e ペダル. ¶kräftig in die *Pedale* treten ペダルを強く踏む.

pedantisch [ペダンティシュ] **形** ペダンチックな, 小事にこだわる. ¶ein *pedantischer* Mensch ペダンチックな人. ◆Er ist *pedantisch* pünktlich. 彼はひどく時間にうるさい.

Pegel [ペーゲル] **男**-s/- (川・海・湖などの)水位[計].

pein・lich [パイン・リヒ] **形** ばつ(間)の悪い, 気まずい思いをさせられる;《付加語用法のみ》きちょうめんな. ¶eine *peinliche* Situation 気まずい状況. / eine *peinliche* Beachtung aller Vorschriften 全ての規則をきちんと守ること.

Peitsche [パイッチェ] **女**-/-n むち. ¶Der Jockei gab dem Pferd die *Peitsche*. 騎手は馬にむちをくれた.

pellen [ペレン] **動** 《北ドイツ》(ゆでたジャガイモなど**4**の)皮をむく.

Pell・kartoffel [ペル・カルトフェル] **女**-/-n 《ふつう**複**で》《料理》ゆでた皮つきジャガイモ.

Pelz [ペルツ] **男**-es/-e ファー, (衣服に用いる)毛皮, (コートや襟巻きなどの)毛皮製品. ¶Sie trägt einen eleganten *Pelz*. 彼女はエレガントなファーコートを着ている.

Pendel [ペンデル] **中**-s/- 振り子. **pendeln** [ペンデルン] **動** (s) (振り子のように)揺れる;郊外の自宅と勤務先との間を往復する. **Pendler** [ペンドゥラァ] **男**-s/- (**女性** **Pendlerin** [ペンドゥリリン] **女**-/Pendlerinnen [ペンドゥリリネン])通勤者.

通勤者が乗り物で郊外の自宅と勤務先との間を振り子のように行ったりきたり pendeln するところからできた言葉. 通学者にも言う.

penibel [ペニーベル] penible [ペニーブレ] **形** きちょうめん(細か)過ぎる.

Penis [ペーニス] **男**-/Penisse [ペーニセ] ペニス.

Penizillin [ペニツィリーン] **中**-s/-e 《医療》ペニシリン.

pennen [ペネン] **動** 《くだけた表現》眠っている. **Penner** [ペナァ] **男**-s/- (**女性** **Pennerin** [ペネリン] **女**-/Pennerinnen [ペネリネン])ホームレス.

Pension [パンズィオーン, ペンズィオーン] **女**-/-en (公務員の)退職年金, 恩給;《**複**なし》退職生活; (食事つきの)ペンション. ¶Er bekommt eine gute *Pension*. 彼は高額の恩給をもらっている. / Ich gehe bald in *Pension*. 私はもうすぐ年金生活に入る. / Wir wohnten in der „*Pension* Adler". 私たちはペンション「アードラァ」に泊った.

Pensionär [パンズィオネーァ, ペンズィオネーァ] **男**-s/-e (**女性** **Pensionärin** [パンズィオネーリン, ペンズィオネーリン] **女**-/Pensionärinnen [パンズィオネーリネン, ペンズィオネーリネン])(公務員

の)年金(恩給)受給者.

pensionieren [パンズィオニーレン，ペ
ンズィオニーレン] pensionierte, pensi-
oniert **動**《公務員**4**に)年金(恩給)を
つけて退職させる. ¶ *sich*⁴ *pensio-*
nieren 《スイス》(公務員が)退職する，
退職して年金(恩給)を受給する. ♦
Herr Mangold wird Mitte des Jah-
res *pensioniert*. マンゴルト氏は年
の半ばに退職となる.

Pensum [ペンズム] **中** -s/Pensen
[ペンゼン] (Pensa [ペンザ]) 一定期
間内に済ませるべき課題(宿題)，ノル
マ.

per [ペア] **前**《4格支配》…([輸送]
手段)によって；…につき，…ごとに；
…を期限として. ¶ *per* Bahn 鉄道で.
/ *per* Luftpost 航空便で. / *per*
Nachnahme 代金着払いで. / 10
Euro *per* Stück 1 ヶあたり10ユ
ーロ. / *per* sofort (1. April) 直
ちに(4月1日までに). ♦ Ich habe
meinen alten Freund *per* Zufall
wiedergesehen. 私は偶然旧友と
再会した.

perfekt [ペルフェクト] **形** 完全な；
(契約などが)締結された，発効した. ¶
Sein Deutsch ist nahezu *per-*
fekt. 彼のドイツ語はほとんど完璧
だ. / Das Abkommen ist *perfekt*.
この条約は締結された(発効している).

Perfekt [ペルフェクト，ペルフェクト] **中**
-[e]s/-e《**複**まれ》《文法》完了[時称]
(特に現在完了).

Periode [ペリオーデ] **女**-/-n 周期；
時期；《生理》月経. ¶ Das Meister-
werk entstand in seiner reifs-
ten *Periode*. この名作は彼の円熟
期に生まれた.

Perle [ペルレ] **女**-/-n 真珠；真珠状
のもの(小さな玉，滴，シャンパンの泡な
ど)，珠玉. ¶ eine Kette aus *Per-*
len 真珠のネックレス. / die *Per-*
len im Sekt シャンパンの泡.

permanent [ペルマネント] **形** 永続
(永久)的な. ¶ eine *permanente*
Krise 絶えざる危機.

Perron [ペローン] **中** (**男**) -s/-《ス
イス》プラットホーム.

Person [ペルゾーン] **女**-/-en 個人，
人物；(劇・小説の)登場人物；(人数を
表す単位として)…人；《文法》人称. ¶ ei-
ne wichtige *Person* 重要な人物.
/ die *Personen* eines Dramas
ドラマの登場人物. / eine Familie
von fünf *Personen* 5 人家族. /
pro *Person* 一人あたり.

Personal [ペルゾナール] **中**-s/ 従業
員，スタッフ，乗員；使用人. ¶ das
Personal des Hotels ホテルの従
業員.

Personal・ausweis [ペルゾナール・
アォスヴァイス] **男**-es/-e 身分証明書.
¶ Haben Sie Ihren *Personalaus-*
weis bei sich? 身分証明書をお持
ちですか.

**Personal・computer , Perso-
nal Computer** [ペルゾナール・コン
ピュータァ] **男**-s/- パーソナルコンピュ
ータ(略: PC).

Personalien [ペルゾナーリエン] **複** 身
上書，個人に関するデータ.

Personal・pronomen [ペルゾナー
ル・プロノーメン] **中**-s/Personal・pro-
nomina [ペルゾナール・プロノーミナ] 《文
法》人称代名詞.

personell [ペルゾネル] **形** 従業員に
関する.

Personen・kraftwagen [ペルゾ
ーネン・クラフトヴァーゲン] **男**-s/- 乗用車
(略: Pkw, PKW).

persön・lich [ペルゼーン・リヒ] **形** 個
人の，個人的(私的)な. ¶ j⁴ *persön-*
lich kennen lernen 人⁴と個人的
に知り合いになる. / et⁴ aus *persön-*
lichen Gründen tun 事⁴を個人的
な理由で行う.

Persönlich・keit [ペルゼーンリヒ・カィ
ト] **女**-/-en 《**複**なし》個性，人格；
ひとかどの人物. ¶ eine historische
Persönlichkeit 歴史上の人物.
/ die eigene *Persönlichkeit* entwi-
ckeln 個性を伸ばす.

Per・spektive [ペルスペクティーヴェ]
女-/-n (将来の)見通し；パースペクテ
ィヴ，遠近法；視点. ¶ Dieser Beruf
hat heute keine *Perspektive*
mehr. この職業は今日ではもう将来

418

性がない.

Perücke ［ペリュッケ］ 女 -/-n かつら. ¶eine *Perücke* tragen かつらをつけている.

pervers ［ペルヴェルス］ 形 (性的に)異常な;いやな.

Pessimismus ［ペスィミスムス］ 男 -/ ペシミズム,厭世(えんせい)主義. **Pessimist** ［ペスィミスト］ 男 -en/-en (女性 **Pessimistin** ［ペスィミスティン］ 女 -/Pessimistinnen ［ペスィミスティネン］)ペシミスト,厭世主義者. **pessimistisch** ［ペスィミスティシュ］ 形 厭世主義の,悲観的な. ¶Was die Friedensgespräche angeht, bin ich eher *pessimistisch*. 平和会談について私はどちらかというと悲観的です.

Pest ［ペスト］ 女 -/ 〖医療〗ペスト. ¶an der *Pest* sterben ペストで死亡する. / j^4/et^4 wie die *Pest* hassen 人^4・物^{4}を忌(い)み嫌う.

Peter·silie ［ペータァ・ズィーリエ］ 女 -/-n 〖野菜〗パセリ,オランダゼリ.

Pfad ［プファート］ 男 -[e]s/-e 小道; 〖電算〗パス,経路.

Pfand ［プファント］ 中 -[e]s/Pfänder ［プフェンダァ］ 〖商業〗質物(しちもの),担保;担保物;保証金,デポジット《für et^4 品物^{4}に対する》. ¶j^3 et^4 als *Pfand* geben 人^{3}に物^{4}を担保として渡す. / et^4 als *Pfand* behalten 物^{4}を担保として受け取る. ♦Wie viel *Pfand* muss ich bezahlen? どれくらいの保証金を私は支払うのですか.

pfänden ［プフェンデン］ 動 [j^3] et^4 *pfänden* [人^{3}の]物件^{4}を担保として差し押さえる. / j^4 *pfänden* 人^{4}の担保物件を差し押さえる.

Pfand·flasche ［プファント・フラシェ］ 女 -/-n デポジットボトル(ミルクやジュースなど飲料の瓶を,預かり金を上乗せして売り,空き瓶と引き換えに預かり金を返す).

Pfanne ［プファネ］ 女 -/-n フライパン;〖スイス〗深なべ. ¶zwei Eier in die *Pfanne* schlagen 卵二つを割ってフライパンに落とす.

Pfann·kuchen ［プファン・クーヘン］ 男 -s/- パンケーキ(菓子).

Pfarrer ［プファラァ］ 男 -s/- 〖カトリック〗主任司祭;〖プロテスタント〗牧師. **Pfarrerin** ［プファレリン］ 女 -/Pfarrerinnen ［プファレリネン］ 〖プロテスタント〗女性牧師.

Pfd. ［プフント］ 〖記号〗 ポンド(＝**Pfund**).

Pfeffer ［プフェッファ］ 男 〖料理〗ペッパー,コショウ[の実]. ¶schwarzer (weißer) *Pfeffer* 黒(白)コショウ.

Pfeffer·minze ［プフェッファ・ミンツェ,プフェファ・ミンツェ］ 女 -/ 〖植物〗ペパーミント,セイヨウハッカ. **Pfeffer·minz·tee** ［プフェッファミンツ・テー,プフェファミンツ・テー］ 男 -s/-s ペパーミントティー.

pfeffern ［プフェッフェルン］ 動 (料理^{4}に)ペッパーをかける(入れる);〖くだけた表現〗ほうり出す. ¶das Fleisch salzen und *pfeffern* 肉に塩コショウする. / Er hat die Dose in die Ecke *gepfeffert*. 彼は缶を角っこへほうり投げた.

Pfeife ［プファイフェ］ 女 -/-n ホイッスル,警笛,笛;(タバコの)パイプ. ¶die *Pfeife* (auf der *Pfeife*) blasen 笛を吹く. / *sich*^{3} eine *Pfeife* anzünden パイプに火をつける. / eine *Pfeife* rauchen パイプをくゆらす.

pfeifen* ［プファイフェン］ pfiff, gepfiffen 動 口笛(警笛)を吹く,ホイッスルを吹いて合図する;(風などが)ピューピューと音をたてる. ¶eine Melodie *pfeifen* メロディーを口笛で吹く. / Bevor der Polizist *pfeift*, darfst du nicht losfahren. 警官が警笛を吹く前に君は発車してはならない.

Pfeil ［プファイル］ 男 -[e]s/-e 矢,矢印. ¶Er schoss drei *Pfeile* hintereinander ab. 彼は立て続けに3本の矢を射た. / Der *Pfeil* zeigt nach Norden. 矢印は北を示している.

Pfeiler ［プファイラァ］ 男 -s/- 柱. ¶ein eiserner *Pfeiler* 鉄柱. ♦Die *Pfeiler* tragen die Decke. 柱が天井を支えている.

P

Pfennig

Pfennig [プフェニヒ] **男**-s/-e [プフェニゲ] ペニヒ(2001年まで流通していたドイツの通貨単位．1マルク Mark の百分の一)．

Pferd [プフェールト] **中**-[e]s/-e 《動》馬．《スポーツ》鞍馬．¶ein wildes *Pferd* 野生の馬．/ vom *Pferd* steigen 馬から下りる．/ vom *Pferd* fallen 落馬する．/ wie ein *Pferd* arbeiten 馬車馬のように働く．◆Das *Pferd* wiehert. 馬がいななく．

Pferde・schwanz [プフェールデ・シュヴァンツ] **男**-es/Pferde・schwän-ze [プフェールデ・シュヴェンツェ] 馬の尻尾；《髪型》ポニーテール．

pfiff [プフィフ] pfeifen の過去形・単数・1，3人称．

Pfiff [プフィフ] **男**-[e]s/-e ピーッという音；《口語》魅力．¶Diese Mode hat *Pfiff*. このファッションはセンスがいい．

Pfiffer・ling [プフィファ・リング] **男**-s/-e 《植物》アンズタケ．

pfiffig [プフィフィヒ] **形**-e [プフィフィゲ] お利口な，抜け目のない．

Pfingsten [プフィングステン] **中**-/《ふつう無冠詞》聖霊降臨祭；《ユダヤ教》五旬祭，ペンテコステ．

> Pfingsten はギリシャ語の pente-koste [hemera](第50番目[の日])から来ている．キリスト復活後約50日目に聖霊が使徒の上に降臨したことを祝う祝日であることからこう呼ばれる．ユダヤ教で過越祭(イスラエル人のエジプト脱出を祝う日)から50日後，モーゼが律法を授けられた記念の日を Pentekoste と言うのも同じ語源．ちなみにアメリカ国防省建物は五角形なので「ペンタゴン」と言い，ギリシャ語 pentagonos (五角形)から．

Pfirsich [プフィルズィヒ] **男**-s/-e 《果物》モモ．

Pflanze [プフランツェ] **女**-/-n 植物．¶immergrüne (tropische) *Pflanze* 常緑(熱帯)植物．◆Die *Pflanze* wächst. 植物が発育する．/ Die *Pflanze* trägt Früchte. 植物が実をつける．

pflanzen [プフランツェン] **動** 植える．¶Blumen auf dem Beet (aufs Beet) *pflanzen* 花壇に花を植える．

pflanz・lich [プフランツ・リヒ] **形** 植物の，植物性(質)の．¶pflanzliche Fette 植物性脂肪．

Pflaster [プフラスタァ] **中**-s/- 敷石，(道路の)舗装；バンドエイド．¶*Pflas-ter* legen 舗装する．/ das *Pflas-ter* aufreißen (erneuern) 舗装をする(し直す)．/ ein *Pflaster* auf die Wunde kleben バンドエイドを傷口に貼る．**pflastern** [プフラステルン] **動** (道路を)舗装する．¶die Straße *pflastern* 通りを舗装する．

Pflaume [プフラオメ] **女**-/-n 《果物》セイヨウスモモ，プラム，プルーン．

Pflege [プフレーゲ] **女**-/ 世話，介護；手入れ，保護，育成．¶eine aufopfernde *Pflege* 献身的な介護．/ die *Pflege* der Haare (des Gar-tens) 髪(庭)の手入れ．/ die *Pfle-ge* der Kulturgüter 文化財の保護．/ bei j³ in *Pflege* sein 人³の世話になっている．

pflegen [プフレーゲン] **動** (人⁴の)面倒を見る，介護をする；手入れをする，保護(育成)する．¶einen Kranken *pflegen* 病人の世話(介護)をする．◆Sein Nachfolger hat diese wichtige Beziehung leider nicht weiter *gepflegt*. 彼の後任はこの重要な関係を残念ながらそれ以上続けることをしなかった．《zu + 不定詞 と》…をするのが常である．¶Sie *pflegte* im Bett zu lesen. 彼女はベッドで本を読む習慣があった．

Pfleger [プフレーガァ] **男**-s/- (女性 **Pflegerin** [プフレーゲリン] **女**-/Pflegerinnen [プフレーゲリンネン])介護人，(法律用語では)保護人．

Pflege・versicherung [プフレーゲ・フェアズィヒェルング] **女**-/-en 介護保険．

Pflicht [プフリヒト] **女**-/-en 義務，職責；(スポーツの)規定演技．¶eine

420

selbstverständliche *Pflicht* 当然の義務. / *j³* eine *Pflicht* auferlegen 人³に義務を課す. / *seine Pflicht* erfüllen 義務を果たす. ◆ Wählen zu gehen halte ich für meine *Pflicht*. 選挙に行くことを私は自分の義務だと思っている.

pflicht·bewusst [プフリヒト・ベヴスト] 形 義務(責任)感のある.

pflücken [プフリュッケン] 動 摘む, 摘み取る. ¶Blumen *pflücken* 花を摘む.

Pflug [プフルーク] 男 -[e]s/Pflüge [プフリューゲ] 犂(き). **pflügen** [プフリューゲン] 動 犂で耕す.

Pförtner [プフェルトゥナァ] 男 -s/- (女性 **Pförtnerin** [プフェルトゥネリン] 女-/Pförtnerinnen [プフェルトゥネリネン]) 門番, コンシェルジュ(共同住宅の管理人).

Pfosten [プフォステン] 男-s/- 柱.

Pfote [プフォーテ] 女-/-n (四足獣の)前足.

Pfropfen [プフロップフェン] 男 -s/- (樽などの)栓, コルク. ¶Der *Pfropfen* geht nur schwer aus der Flasche! この瓶の栓はなかなか抜けない.

pfui! [プフイ] 間 (不快・非難を表して)ちぇっ, なんだよ, ばかめ, げっ. ¶*Pfui*, fass das nicht an! きたないっ, それにさわるなよ.

Pfund [プフント] 中-[e]s/-e 《靴》ポンド (500g) (略: Pfd.). ¶Meine Frau hat ein halbes *Pfund* (zwei *Pfund*) Tomaten gekauft. 家内はトマトを半ポンド(2ポンド)買った.

Pfütze [プフュッツェ] 女-/-n 水たまり.

Phänomen [フェノーメン] 中 -s/-e 現象;非凡な人物;異常な出来事. ¶ein unerklärliches *Phänomen* 説明できない現象. ◆In Mathe war er ein echtes *Phänomen*. 彼は数学の鬼才だった.

Phantasie [ファンタズィー] (⇒Fantasie) **phantasieren** [ファンタズィーレン] (⇒fantasieren) **phanta-**

sie·voll [ファンタズィー・フォル] (⇒fantasievoll)

phantastisch [ファンタスティシュ] (⇒fantastisch)

Phase [ファーゼ] 女-/-n 段階, 局面. ¶Die Verhandlungen treten jetzt in die entscheidende *Phase*. 交渉はこれから決定的な段階に入る.

Phil·harmonie [フィル・ハルモニー] 女-/-n [フィルハルモニーエン] フィルハーモニー.

Philo·soph [フィロ・ゾーフ] 男-en/-en 哲学者. (⇒Philosophin)

Philo·sophie [フィロ・ゾフィー] 女-/-n [フィロゾフィーエン] 哲学.

Philo·sophin [フィロ・ゾーフィン] 女-/Philosophinnen [フィロゾーフィネン] (女性の)哲学者. (⇒Philosoph)

phlegmatisch [フレグマーティシュ] 形 粘液質の, 無感動な. ¶Seit Stunden sitzt er *phlegmatisch* in seinem Sessel. 何時間も前から彼は安楽椅子にぼうっと座っている.

Phonetik [フォネーティク] 女-/ 《語》音声学.

photo..., Photo... (⇒foto ..., Foto ....)

Physik [フュズィーク] 女-/ 物理学. **physikalisch** [フュズィカーリシュ] 形 物理学の, 物理学上の.

Physiker [フューズィカァ] 男 -s/- (女性 **Physikerin** [フューズィケリン] 女-/Physikerinnen [フューズィケリネン])物理学者.

physisch [フューズィシュ] 形 肉体の, 肉体的な.

Pianist [ピアニスト] 男 -en/-en (女性 **Pianistin** [ピアニスティン] 女-/Pianistinnen [ピアニスティネン]) ピアニスト.

Piano [ピアーノ] 中-s/-s ピアノ. (⇒Klavier)

¹Pickel [ピッケル] 男-s/- ピッケル.

²Pickel [ピッケル] 男-s/- 《医療》にきび.

picken [ピッケン] 動 (鳥が)ついばむ.

Pickerl [ピッケルル] 中 -s/-n 《ォーストリア》ステッカー.

Pick・nick [ピック・ニク] 中 -s/-e (-s) ピクニック. ¶Morgen halten (machen) wir *Picknick* an einem See. あしたはある湖畔でピクニックをする.

pico・bello [ピコ・ベロ] 形 《無変化》申し分のない.

piepen [ピーペン] 動 ピヨピヨ(ピーピー・チュウチュウ)鳴く.

Pik [ピーク] 中-[s]/- 《トランプ》スペード. (⇒Herz, Karo, Kreuz)

pikant [ピカント] 形 ピリッとする味つけの；エッチな.

Pilger [ピルガァ] 男-s/- (女性) **Pilgerin** [ピルゲリン] 女-/Pilgerinnen [ピルゲリンネン])巡礼者. ¶Die *Pilger* wallfahren nach Rom. 巡礼者たちがローマへ巡礼の旅をする.

Pille [ピレ] 女-/-n 錠剤；ピル(経口避妊薬). ¶eine *Pille* gegen Kopfschmerzen 頭痛剤. / die *Pille* verschreiben ピルを処方する.

Pilot [ピロート] 男 -en/-en (女性) **Pilotin** [ピローティン] 女-/Pilotinnen [ピローティンネン])パイロット(操縦士)、レーサー. ¶Schon als Junge wollte er *Pilot* werden. 少年の時から彼はパイロットになりたかった.

Pils [ピルス] 中-/(種類:-e) ピルスナー(淡色で苦味のやや強いビール).

Pilz [ピルツ] 男-es/-e キノコ；《ふつう複 で》菌類；皮膚真菌症(水虫など). ¶ein essbarer (giftiger) *Pilz* 食用キノコ(毒キノコ). / wie *Pilze* aus der Erde schießen 雨後のたけのこのように生じる.

Pinguin [ピングイーン] 男-s/-e 《鳥類》ペンギン.

Pinsel [ピンゼル] 男-s/- 筆，画筆；刷毛. ¶mit dem *Pinsel* Farbe auftragen 筆で色を塗る.

Pinzette [ピンツェッテ] 女-/-n ピンセット.

Pistole [ピストーレ] 女-/-n ピストル. ¶die *Pistole* auf j⁴ richten ピストルを人⁴に向ける. / j⁴ mit der

Pistole bedrohen 人⁴をピストルで脅す. ♦Beim Reinigen der *Pistole* löste sich plötzlich ein Schuss. ピストルを掃除していたとき突然一発暴発した.

Pizza [ピッツァ] 女 -/-s (Pizzen [ピッツェン])《料理》ピザ.

Pkw , PKW [ベーカーヴェー，ペーカーヴェー] 男-[s]/-s 《略》乗用車(=**P**ersonen**k**raft**w**agen).

Pl., pl. [プルラール，プルラール] 《略》複数[形](=**Pl**ural).

Plage [プラーゲ] 女-/-n 苦労；しゃくの種. ¶Sie ertrug alle *Plagen* mit Geduld. 彼女はあらゆる苦労を辛抱強く耐えた. **plagen** [プラーゲン] 動 悩ませる，苦しめる. ¶sich⁴ plagen 悩む，苦しむ. ♦Ihr Rheuma *plagte* sie sehr. リューマチがひどく彼女を苦しめた.

Plakat [プラカート] 中-[e]s/-e ポスター. ¶*Plakate* [an]kleben (abreißen) ポスターを貼る(はがす).

Plan [プラーン] 男-[e]s/Pläne [プレーネ] 計画；設計図. ¶einen *Plan* entwerfen (durchführen) 計画を立案(遂行)する. ♦Hast du schon *Pläne* für die Ferien ? 君にはもう休みの計画はあるのかい. / Wie findest du die *Pläne* für den Umbau des Museums? 君は博物館の改築の設計図をどう思う.

planen [プラーネン] 動 計画(立案)する，企画する. ¶Sie *plant* im Sommer eine Reise ins Gebirge. 彼女は夏に山への旅行を計画している.

Planet [プラネート] 男-en/-en 惑星，遊星. ¶der Blaue *Planet* 地球. / die Bahn der *Planeten* beobachten 惑星の軌道を観察する.

plan・los [プラーン・ロース] 形 無計画な.

plan・mäßig [プラーン・メースィヒ] -e […メースィゲ] 形 計画(予定)どおりの. ¶die *planmäßige* Abfahrt des Zuges 列車の定時(時刻表どおりの)発車.

planschen [プランシェン]，**plantschen** [プランチェン] 動 ピチャピ

チャ（バシャバシャ）と水をはねる．¶in der Badewanne *planschen* バスタブの中で湯をバシャバシャはねかえす．

Planung ［プラーヌング］**女** -/-en 立案．¶Die *Planung* des Projekts ist abgeschlossen. プロジェクトの立案は終了した．

¹**Plastik** ［プラスティク］**女**-/-en 彫刻品．¶eine *Plastik* aus Bronze ブロンズ像．

²**Plastik** ［プラスティク］**中**-s/ プラスチック．**Plastik・tüte** ［プラスティク・テューテ］**女**-/- ポリ袋．

platt ［プラット］**形** 平たい，ぺしゃんこな；平々凡々とした．¶platte Ausdrucksweise 月並みな表現．¶sich³ die Nase an der Fensterscheibe *platt* drücken 好奇心をもって鼻を窓ガラスに押しつけぺしゃんこにして見る．

Platte ［プラッテ］**女**-/-n プレート；お盆，皿；レコード；〖〈だ義〉〗はげ．¶eine *Platte* aus Metall 金属製のプレート．/ eine *Platte* kriegen 禿になる．（⇒Schallplatte）

Platten・spieler ［プラッテン・シュピーラァ］**男** -s/- レコードプレーヤー．

Platt・form ［プラット・フォルム］**女** -/-en 高所の平らなところ，展望台；（客車の）デッキ；（政党の）綱領．¶auf die *Plattform* [hinauf] steigen 展望台に登る．♦Von der *Plattform* des Fernsehturms hat man einen wunderschönen Blick auf die Altstadt. テレビ塔の展望台からの旧市街の眺めはすばらしく美しい．

Platz ［プラッツ］**男**-es/Plätze ［プレッツェ］広場；〖複 なし〗場所；座席；競技場．¶der *Platz* vor dem Rathaus 市役所前の広場．♦Für noch mehr Bücher habe ich zu Haus[e] keinen *Platz*. 私の家にはもうこれ以上本を置くスペースがない．/ Ist dieser *Platz* noch frei? この席はまだ空いていますか．/ Die *Plätze* hier sind alle reserviert. この席は全て予約席です．

Platz・angst ［プラッツ・アングスト］

女-/ 〖医学〜心理〗広場恐怖；〖〈だ義〉〗閉所恐怖症．

Plätz・chen ［プレッツ・ヒェン］**中**-s/- 1 ビスケット，クッキー．2 Platz の縮小名詞．

platzen ［プラッツェン］**動** (s) 破裂する．¶vor Wut *platzen* かんかんに怒っている．

platzieren ［プラツィーレン］platzierte, platziert **動**（方向を表す語句と）…へ置く：（球⁴をある方向へ）打ち（けり）こむ．¶sich⁴ *platzieren* （ある位置・順位）を占める． / die Vase auf den Tisch *platzieren* 花瓶を机の上に置く． / sich⁴ unter den ersten drei Schwimmern *platzieren* 泳者のベストスリーに入る．♦Er *platzierte* den Ball ins linke Eck. 彼はボールをゴールの左すみに蹴りこんだ．

Platz・karte ［プラッツ・カルテ］**女** -/-n （乗り物の）座席券．

Platz・mangel ［プラッツ・マンゲル］**男** -s/ 場所（座席）の不足．

Platz・reservierung ［プラッツ・レゼルヴィールング］**女**-/-en （乗り物の）座席の予約．

plaudern ［プラォデルン］**動** おしゃべりをする《mit j³ 人³と；über et⁴ 話題⁴について》．¶Er hat über sein Hobby geplaudert. 彼は自分の趣味について話した．

plausibel ［プラォズィーベル］…sible ［…ズィーブレ］**形** 納得のいく，もっともな．¶j³ et⁴ plausibel machen 人³に事⁴を納得させる．♦Was er sagt, finde ich plausibel. 私は彼の言うことはもっともだと思う．

Pleite ［プライテ］**女**-/-n 〖〈だ義〉〗破産，倒産；失敗．¶Pleite machen 破産（倒産）する．

Plombe ［プロンベ］**女**-/-n ブロンベ（虫歯の充填材）．**plombieren** ［プロンビーレン］plombierte, plombiert **動** （虫歯⁴に）ブロンベを詰める．

plötz・lich ［プレッツ・リヒ］**形** 突然の，思いもかけない．¶Sein plötzlicher Tod war ein riesiger

P

Schock für die ganze Familie. 彼の突然の死は全家族にとって大きなショックだった.

plump [プルンプ] 形 不恰好な，ぶしつけな. ¶einen *plumpen* Witz machen 駄洒落を言う.

plündern [プリュンデルン] 動 略奪する. ¶Während der Unruhen wurden Geschäfte *geplündert*. 騒乱のさなか商店は略奪された.

Plural [プルーラール, プルラール] 男 -s/ -e 〚文法〛複数[形]（略: Pl., pl.）.

plus [プルス] **1** 接 プラス（記号 +）. ¶8 *plus* 3 ist（macht/gibt）11. 8 ＋ 3 は11. **2** 副 プラス，正. ¶Heute beträgt die Temperatur *plus* zwei Grad. きょうの気温はプラス2度だ. **3** 前 《2格支配》〚商〛…を加えて. ¶Die Wohnung kostet 600 Euro *plus* Nebenkosten. この住宅は諸雑費込みで600ユーロです. **Plus** [プルス] 中 -/-利益，プラス. ¶Seine Deutschkenntnisse erwiesen sich als großes *Plus* für ihn. 彼のドイツ語知識は彼にとって大きなプラスとなった.（⇒minus, Minus）

Plusquam・perfekt [プルスクヴァム・ペルフェクト] 中 -[e]s/-e 〚複まれ〛〚文法〛過去完了[時称].

PLZ [ポスト・ライトツァール] 〚略〛郵便番号（＝**P**ost**l**eit**z**ahl）.

Pm [ペーエム] 〚元素記号〛プロメジウム.

Pneu [プノイ] 男 -s/-s 〚スイス〛タイヤ.

¹Po [ペーオー] 〚元素記号〛ポロニウム.

²Po [ポー] 男 -s/-s 〚ち祇蒸〛おしり. ¶auf den *Po* fallen しりもちをつく.（⇒Popo）

pochen [ポッヘン] 動 トントンとたたく. ¶Das Herz *pochte* ihm vor Schreck. 驚愕のあまり彼は心臓がどきどきした. / Es pocht. ノックの音がする.

Pocken [ポッケン] 複 〚医学〛天然痘. ¶Die *Pocken* sind heute nahezu ausgerottet. 天然痘は今日ほとんど根絶したも同然だ.

Podium [ポーディウム] 中 -s/Podien [ポーディエン] 演壇，式壇.

Poesie [ポエズィー] 女 -/Poesien [ポエズィーエン] ポエジー，詩.

Poet [ポエート] 男 -en/-en 〚女性〛 **Poetin** [ポエーティン] 女 -/Poetinnen [ポエーティネン]）（場合により皮肉で）詩人. **poetisch** [ポエーティシュ] 形 詩の，詩的な.

Pointe [ポエーンテ] 女 -/-n（話 の）山，落ち. ¶Der Geschichte fehlt die *Pointe*. その話には山場がない. / Sie hat die *Pointe* gar nicht verstanden. 彼女には話の落ちが全くわからなかった.

Pokal [ポカール] 男 -s/-e 賞杯（優勝カップなど）. ¶den *Pokal* gewinnen 優勝カップを獲得する.

Poker [ポーカァ] 中 -s/〚トランプ〛ポーカー. **pokern** [ポーケルン] 動 ポーカーをする.

Pol [ポール] 男 -s/-e 〚地理〛極.（⇒Nordpol, Südpol）

Pole [ポーレ] 男 -n/-n ポーランド人（男性）.（⇒Polin）

Polen [ポーレン] **1** 中 -s/〚地名〛ポーランド.（⇒polnisch, Polnisch）**2** 複 Pole の複数形.

Police [ポリース] 女 -/-n 保険証券. ¶Deine *Police* solltest du sicher aufbewahren. 保険証書は大事に保管しておかなければならない.

polieren [ポリーレン] polierte, poliert 動 磨（み）く. ¶den Spiegel blank *polieren* 鏡をぴかぴかに磨く.

Polin [ポーリン] 女 -/Polinnen [ポーリネン] ポーランド人（女性）.（⇒Pole）

Politik [ポリティーク] 女 -/ 政治，政策；駆け引き. ¶die internationale *Politik* 国際政治. / eine *Politik* der Entspannung 緊張緩和政策. / *Politik* machen 〚くだけた表現〛政治的に振舞う. / *sich*⁴ in die *Politik* eines anderen Staates einmischen 他国の政治に介入する.

Politiker [ポリーティカァ] 男 -s/ 〚女性〛 **Politikerin** [ポリーティケリン] 女 -/Politikerinnen [ポリーティケリネン]）政治家.

politisch [ポリーティシュ] 形 政治の，

424

政治上の；政治的な，駆け引きの. ¶
die *politischen* Hintergründe 政
治的背景. / *politische* Flüchtlinge
政治亡命者. / *politisch* tätig sein
政治活動をしている.

Polizei [ポリツァイ] 囡-/-en 警察.
¶ die *Polizei* anrufen 警察に電
話する. / sich⁴ der *Polizei* stel-
len 警察に出頭する. / zur *Polizei*
gehen 警察に行く.

polizei･lich [ポリツァイ・リヒ] 形 警
察の，警察による. ¶ *polizeiliche* Un-
tersuchung 警察による捜査. /
sich⁴ *polizeilich* anmelden (転
入・転出などを)警察に届け出る.

Polizei･station [ポリツァイ・シュタツィオーン] 囡-/-en 警察署.

Polizist [ポリツィスト] 男 -en/-en
(囡性 **Polizistin** [ポリツィスティン]
囡-/Polizistinnen [ポリツィスティネン])警察官.

Pollen [ポレン] 男-s/- 花粉. **Pol-
len･allergie** [ポレン・アレルギー] 囡
-/-n [ポレン・アレルギーエン], **Pollino-
se** [ポリノーゼ] 囡-/-n 花粉症. (⇒
Heuschnupfen)

polnisch [ポルニシュ] 形 ポーランド
[人・語]の. **Polnisch** [ポルニシュ]
匣-[s]/, **Polnische*** [ポルニシェ]
匣《形容詞の名詞化. 常に定冠詞を
伴う》ポーランド語. (⇒Deutsch)

Polster [ポルスタァ] 匣-s/- (《オースト リア》
男-s/Pölster [ペルスタァ])(椅子など
の)詰め物；クッション；《医学》パッド.
polstern [ポルステルン] 動 (椅子
など⁴に)詰め物をする.

Polter･abend [ポルタァ・アーベント]
男-s/-e 婚礼前夜の騒音騒ぎ.

婚礼前夜に陶器類を床や壁に叩き
つけて割り，悪魔を追い払う古い習
慣.第2次大戦後ベルリンでこの騒
ぎをしている現場から，ある考古学
者が貴重な古代の食器類を発見し
た.それらは戦火で破壊された博物
館の廃墟からひろってきたものだっ
た.

---

poltern [ポルテルン] 動 どたんどた

ん(がたんがたん)と騒音を立てる.

Pommes frites [ポム フリ] 複
《料理》ポンフリ，フレンチ・フライドポテ
ト.

Pony [ポニ] **1**匣-s/-s ポニー(英国
産の小型の馬). **2**男-s/-s (女性
の額にかかる)切り下げ前髪.

Popo [ポポー] 男-s/-s 《幼児語》おし
り.(⇒Po)

populär [ポプレーァ] 形 ポピュラー
な，広く知られた(愛されている). ¶
ein *populärer* Schauspieler よ
く知られた(人気のある)俳優. / j⁴ *po-
pulär* machen 人⁴を有名にする.
◆ Diese Maßnahme ist nicht *po-
pulär*. この措置は大衆の理解(支
持)を得ていない.

≡ドイツを識るコラム≡
ドイツのポップミュージック

80年代, Nenaの「99 Luftballons」
が世界的なヒットとなったが, そ
の後ドイツ語のポップスがドイツ
のヒットチャートに登場すること
は稀だった. ベルリンで行われる
テクノの祭典ラブパレードやジャ
ーマンメタルでも歌詞は英語が主
流. Die Prinzen や Die Fantas-
tischen Vier 等ドイツ語で歌うア
ーティストは限られていた. しか
し2000年代に入ると状況が変わ
り, ドイツ語のポップスやロック
がチャートの上位に多数ランクイ
ンするようになった. それまでは
稀だった女性ヴォーカルのバンド
も登場. ブームの先駆けとなった
Wir sind Helden, Silbermond, デ
ビューアルバムが70万枚以上売
れた Juli らが人気を得た. 最も成
功したドイツのバンドと言われて
いる1982年結成の Die Ärzte や
Die Toten Hosen も健在. Namika,
Sarah Conner, Max Giesinger,
Mark Forsterらソロシンガーの他,
様々なジャンルの新旧アーティスト
達が音楽シーンを牽引している.

Pore [ポーレ] 囡-/-n 毛穴.
Porree [ポレ] 男-s/-s 《野菜》リーキ,

ニラネギ, ポロネギ.

Portal [ポルタール] 中-s/-e (教会堂などの)堂々たる)正面玄関. ¶Vor dem *Portal* der Kathedrale hockte eine Bettlerin. 聖堂正面入口に女の物乞いが一人うずくまっていた.

Porte·monnaie [ポルト・モネー, ポルト・モネー] 中-s/-s ＝Portmonee.

Portier [ポルティエー] 男-s/-s (ホテルの)ドアマン, (マンションなどの)管理人.

Portion [ポルツィオーン] 女-/-en (食事の)一人前. ¶eine *Portion* Suppe スープ一人前. ◆Er ist ja nur eine halbe *Portion*. (軽蔑的に)彼は半人前だ(一人前ではない).

Port·monee [ポルト・モネー, ポルト・モネー] 中-s/-s (小型の)財布, 小銭入れ, がま口. ¶Er hat sein *Portmonee* verloren. 彼は財布をなくした.

Porto [ポルト] 中-s/-s (Porti [ポルティ])郵送料. ¶*Porto* zahlt Empfänger. 送料着払い.

Porträt [ポルトゥレー] 中-s/-s (上半身のみの)肖像画(写真), ポートレート. **porträtieren** [ポルトゥレティーレン] porträtierte, porträtiert 動 (人⁴の)肖像画(写真)をつくる.

Portugal [ポルトゥガル] 中-s/《地名》ポルトガル. **Portugiese** [ポルトゥギーゼ] 男-n/-n 《女性》**Portugiesin** [ポルトゥギーズィン] 女-/Portugiesinnen [ポルトゥギーズィ(ネン)]) ポルトガル人. **portugiesisch** [ポルトゥギーズィシュ] 形 ポルトガル[人・語]の. **Portugiesisch** [ポルトゥギーズィシュ] 中-[s]/, **Portugiesische*** [ポルトゥギーズィシェ] 中《形容詞の名詞化. 常に定冠詞を伴う》ポルトガル語. (⇒Deutsch)

Porzellan [ポルツェラーン] 中-s/《複なし》磁器;磁器製食器. ¶Meißener *Porzellan* マイセン磁器.

Position [ポズィツィオーン] 女 地位;順位;位置. ¶eine führende (leitende) *Position* 指導的地位. / eine hohe *Position* haben 高い地位にある. / die *Position* eines Schiffes angeben (melden) 船の位置を知らせる. ◆Ausführlich erläuterte der Botschafter die *Position* seiner Regierung. 大使は詳しく自国の政府の立場を述べた.

positiv [ポーズィティーフ] -e [ポーズィティーヴェ] 形 肯定的な;ポジティヴな, プラスの. ¶eine *positive* Antwort 肯定的な返事. / eine *positive* Reaktion 〖医学〗陽性反応. / einen *positiven* Vorschlag machen 建設的な提案をする. ◆Wir hoffen, er wird darauf *positiv* reagieren. これに対して彼が建設的な反応をしてくれるよう望む. (⇒passiv, negativ)

Post [ポスト]

女-/ 郵便制度, 郵便局;郵便物. ¶auf die (zur) *Post* gehen 郵便局に行く. / bei der *Post* arbeiten 郵便局に勤めている. / et⁴ auf die (zur) *Post* bringen 物⁴を郵便局に持って行く.

郵便局のマーク

> ドイツの郵便制度は1989年と1995年の制度改革を通じて, 郵便事業部門はドイツ郵便 die Deutsche Post AG に, 郵便貯金部門はドイツ郵便銀行 die Deutsche Postbank に, 電信電話部門はドイツ・テレコム die Deutsche Telekom AG (いずれも株式会社)に分割された.

Post·amt [ポスト・アムト] 中-[e]s/Post·ämter [ポスト・エムタァ] 郵便局. ¶aufs *Postamt* gehen 郵便局に行く. / auf dem *Postamt* Briefmarken kaufen 郵便局で切手を買う.

Post·bote [ポスト・ボーテ] 男-n/-n 《女性》**Post·botin** [ポスト・ボーティン] 女-/Post·botinnen [ポスト・ボーティネン]) 郵便配達員. ¶War der *Postbote* heute schon da? き

426

関—連—語 Post
—郵便関連用語—

der Brief	手紙.
die Postkarte	はがき.
die Ansichtskarte	絵葉書.
die Briefmarke	郵便切手.
der Umschlag, das Kuvert	封筒.
das Paket	郵便小包.
das Päckchen	小型の郵便小包.
das Einschreiben	書留〔郵便物〕.
die Eilpost	速達.
das Telegramm	電報.
die Postleitzahl	郵便番号.
die Adresse, die Anschrift	住所.
der Absender	差出人.
der Empfänger	受取人.
per(mit) Luftpost	航空便で.
per Schiff	船便で.
der Briefkasten	
	郵便ポスト;郵便受け.

ょう郵便配達はもう来たかい.

Posten [ポステン] 男–s/– (職務上の)地位,ポスト;〖商〗ロット(商品の一定数量);〖軍〗歩哨. ¶einen Posten aufgeben (von einem Posten zurücktreten) 職を辞する. / einen Posten bekommen 地位を得る. / einen Posten suchen 職を探す. / Posten aufstellen 歩哨を立てる. / Posten stehen 歩哨に立っている.

Poster [ポースタァ] 中 (男) –s/–[s] (装飾用の)ポスター.

Post·fach [ポスト・ファハ] 中–[e]s/ Post·fächer [ポスト・フェヒャァ] 郵便私書箱.

postieren [ポスティーレン] postierte, postiert 動 配置する. ¶eine Wache am Eingang postieren 警備員を入り口に立たせる. / sich⁴ vor dem (das) Tor postieren 門前に立つ.

Post·karte [ポスト・カルテ] 女–/–n はがき. ¶j³ eine Postkarte schreiben 人³にはがきを書く. / eine Postkarte schicken はがき

を出す.

post·lagernd [ポスト・ラーゲルント] 形 局留めの. ¶einen Brief postlagernd schicken 手紙を局留めで出す.

Post·leitzahl [ポスト・ライトツァール] 女 –/–en 郵便番号(略: PLZ).

> ドイツの郵便番号は5桁.ベルリンは10000番台,ミュンヘンは80000番台,ライプツィヒは04000番台である.以前から郵便番号は使われていたが,再統一されたドイツのために,1993年から5桁の新システムが導入された.これと似た略語に die Bankleitzahl (略:BLZ)がある.こちらは銀行のコード番号のこと.

Pöstler [ペストラァ] 男–s/– (女性) **Pöstlerin** [ペストルリン] 女–/Pöstlerinnen [ペストルリネン])〖スイス〗郵便配達員.

post·wendend [ポスト・ヴェンデント] 副 折り返しで,直ちに. ¶j³ auf et⁴ postwendend antworten 人³に物⁴の返事を直ちに出す.

potentiell [ポテンツィエル] (⇒potenziell)

Potenz [ポテンツ] 女–/ (男性の)性的能力;能力;力をもった人.

potenziell [ポテンツィエル] 形 潜在的な. ¶eine potenzielle Gefahr 潜在的危険. / die potenziellen Besucher des Films その映画の潜在的な観客.

Potsdam [ポツダム] 中 –s/〖地名〗ポツダム(ドイツ連邦共和国ブランデンブルク州 Brandenburg の州都).

Poulet [プレー] 中–s/–s 〖スイス〗〖料理〗若鶏.

Pr [ペーエル] 〖元素記号〗プラセオジウム.

Pracht [プラハト] 女–/ 華麗さ. ¶Die Rosen blühten in voller Pracht. バラが華麗に咲き誇っていた.

prächtig [プレヒティヒ] 形 華麗な. ¶ein prächtiges Abendkleid 華麗なイブニングドレス. / prächtiges Wetter すばらしい天気. ◆

P

Wir haben uns *prächtig* amüsiert. 私たちはものすごく楽しんだ.

Prädikat [プレディカート] 中-[e]s/-e 評価;《文法》述語. (⇒Subjekt) **prädikativ** [プレディカティーフ] -e [プレディカティーヴェ] 形 《文法》述語的な. (⇒subjektiv)

Präfix [プレフィクス, プレーフィクス] 中-es/-e 《文法》前つづり,接頭辞. (⇒Suffix)

prägen [プレーゲン] 動 (人⁴・物⁴に) 形を与える,特徴を与える. ¶Münzen *prägen* 貨幣を鋳造する. / neue Wörter *prägen* 新語を作る. ◆ Dieses Erlebnis hat ihn stark *geprägt*. この体験は彼に強い影響を与えた.

pragmatisch [プラグマーティシュ] 形 実際的(実用的)な.

prahlen [プラーレン] 動 威張る,誇示する. ¶mit *et³ prahlen* 物³・事³をひけらかす(見せびらかす).

Praktik [プラクティク] 女-/-en 方法,やり方. ¶betrügerische *Praktiken* 詐欺的なやり方.

Praktikant [プラクティカント] 男-en /-en (女性 **Praktikantin** [プラクティカンティン] 女-/Praktikantinnen [プラクティカンティネン])インターン,実習生. (⇒Azubi)

Praktikum [プラクティクム] 中-s/ Praktika [プラクティカ] 実習. ¶Unser Sohn macht gerade ein *Praktikum* bei einer Bank. 私たちの息子はちょうど銀行で実習をしている.

praktisch [プラクティシュ] 形 実際的(実用的)な;実務的な. ¶*praktischer Arzt* 開業医. / die *praktische* Ausbildung 実地訓練(教育). / eine *praktische* Erfindung 実用的な発明. / *praktische* Ratschläge 役に立つ助言.

praktizieren [プラクティツィーレン] praktizierte, praktiziert 動 **1**(医師・弁護士などが開業する(している). ¶Dr. H. *praktiziert* wieder ab 3. Februar. H博士は2月3日からまた診察を始める. **2**実地に適用する. ¶eine neue Methode *prak-*

tizieren 新しい方法を実地に移す.

Praline [プラリーネ] 女-/-n プラリーヌ(アーモンド・ヘーゼルナッツなどをチョコレートでくるんだボンボン).

prall [プラル] 形 パンパンにふくらんだ,まるまる太った.

prallen [プラレン] 動 (s) はげしくぶつかる《an/auf/gegen *et⁴* 物⁴に》. ¶Mit dem Kopf ist er heftig gegen die Tür *geprallt*. 彼はドアに激しく頭をぶつけた.

Prämie [プレーミエ] 女-/-n 賞金,報奨金,奨励金.

prämieren [プレミーレン], **prämiieren** [プレミイーレン] prämi[i]erte, prämi[i]ert 動 (人⁴・事⁴に)賞金(奨励金・報奨金)を与える.

Präparat [プレパラート] 中-[e]s/-e 調合薬.

Präposition [プレポズィツィオーン] 女-/-en 《文法》前置詞.

Präsens [プレーゼンス] 中-/Präsentia [プレゼンツィア] (Präsenzien [プレゼンツィエン])《文法》現在[時称].

Präsent [プレゼント] 中-[e]s/-e プレゼント. ¶*j³* ein *Präsent* machen 人³に(ちょっとした)プレゼントをする.

Präsentation [プレゼンツィオーン] 女-/-en プレゼンテーション,提示説明. ¶Morgen findet die *Präsentation* des neuen Produktes statt. あした新製品のプレゼンテーションが行われる.

präsentieren [プレゼンティーレン] präsentierte, präsentiert 動 提供する,プレゼントする. ¶*sich⁴* [*j³*] *präsentieren* [人³の前に]姿を現す. / *j³* die Visitenkarte *präsentieren* 人³に名刺を差し出す. / *j³* Kaffee *präsentieren* 人³にコーヒーをすすめる. ◆ *Präsentiert* das Gewehr! ささげ銃(3)(号令).

Präservativ [プレゼルヴァティーフ] 中-s/-e [プレゼルヴァティーヴェ] コンドーム.

Präsident [プレズィデント] 男-en/ -en (女性 **Präsidentin** [プレズィデンティン] 女-/Präsidentinnen [プ

428

レズィデンティネン]）大統領；議長；（企業など団体の）長,会長,社長；（学外者も対象に選出された）学長.（⇒Rektor）

Präsidium [プレズィーディウム] 中-s/ Präsidien [プレズィーディエン] 幹部会,議事団；警察本部.

prasseln [プラッセルン] 動 (h) パチパチと音をたてる；(s)（雨が）音をたてて降りかかる. ¶Der Regen prasselte nur so aufs Dach. 雨がパラパラと音をたてひたすら屋根に降りかかった.

Präter・itum [プレテーリトゥム] 中-s/ 〖文法〗過去[時称].

Praxis [プラクスィス] 女 -/Praxen [プラクセン] 《複なし》実地,実践；実務,実務経験；診療所,弁護士事務所. ¶der Gegensatz zwischen Theorie und Praxis 理論と実践の対立. / eine langjährige Praxis 長年にわたる実務経験. / et⁴ in die Praxis umsetzen 事⁴を実行に移す. / eine Praxis, … zu + 不定詞 …をする仕方. ◆Ihm fehlt die Praxis. 彼には実務の経験が欠けている. / Kommen Sie bitte nach der Praxis zu mir! 診療時間のあとで私のところにいらして下さい.

präzis [プレツィース], **präzise** [プレツィーゼ] 形 精確な,精密な. ¶eine präzise Auskunft 精確な情報. / eine präzise Diagnose 的確な診断. **präzisieren** [プレツィズィーレン] präzisierte, präzisiert 動 より精確(精密)に表現(規定)する. ¶seinen Standpunkt präzisieren 自分の立場を明確にする. **Präzision** [プレツィズィオーン] 女-/ 精確さ,精密さ.

predigen [プレーディゲン] 動 （司祭や牧師などが）説教をする；（福音を）説く. ¶tauben Ohren predigen 馬の耳に念仏. **Predigt** [プレーディヒト] 女-/ （司祭や牧師などの）説教. ¶eine Predigt halten 説教をする.

Preis [プライス] 男-es/-e 値段；価値；賞. ¶hohe (niedrige) Preise 高い(安い)値段. / um jeden Preis

ぜひとも. / einen Preis bekommen 賞をもらう. ◆Die Preise sind schon wieder gestiegen. 物価はまた値上がりした.

Preis・ausschreiben [プライス・アオスシュライベン] 中-s/- 懸賞募集.

Preisel・beere [プライゼル・ベーレ] 女-/-n 〖植物〗コケモモ.

Preis・schild [プライス・シルト] 中-[e]s/-er 値札.

preis・wert [プライス・ヴェールト] 形 お買い得の. ¶eine preiswerte Ware お買い得商品. / et⁴ preiswert kaufen 物⁴をリーズナブルな値段で買う.

prellen [プレレン] 動 **1** 激しくぶつけて怪我をする. ¶sich³ et⁴ prellen 身体の一部⁴をぶつけて怪我をする. ◆Ich habe mir die Schulter geprellt.(Ich habe mich an der Schulter geprellt.) 私は肩をしたたかぶつけた. **2** だます. ¶j⁴ um et⁴ prellen 人⁴の物⁴をだまし取る. ◆Der Mensch hat schon wieder versucht, die Zeche zu prellen. あの野郎はまたしても無銭飲食をしようとした. **Prellung** [プレルング] 女-/-en 打撲傷. ¶sich³ eine Prellung zuziehen 打撲傷を負う.

Premiere [プレミエーレ] 女-/-n （劇などの)初演,（映画の)封切り.

Presse [プレッセ] 女-/ 新聞,雑誌,報道機関,ジャーナリズム. ¶die Freiheit der Presse verteidigen 出版(言論)の自由を守る. / eine schlechte Presse bekommen 新聞でたたかれる. ◆Ihr Name ist in die Presse gekommen. 彼女の名前が新聞種になった.

pressen [プレッセン] 動 押す,押しつぶす,圧する；しぼる《aus et³ 物³から》；押しつける. ¶sich⁴ pressen 身体を押しつける. / sich⁴ an die Wand pressen 壁へへばりつく. ◆Ich habe den Saft schon aus der Zitrone gepresst. 私はもうレモンの汁をしぼった.

pressieren [プレスィーレン] pressierte, pressiert 動 〖南ドイツ・オーストリア・スイス〗急

を要する；《スイス》急ぐ．¶es *pressiert* j³ mit et³ 事³は人³にとって緊急事である．

Prestige [プレスティージ] 甲 -s/ 名声；威信．¶das *Prestige* einer Regierung 政府の威信． / das *Prestige* wahren (verlieren) 威信を保つ(失う)．

prickeln [プリッケルン] 動 (シャンペンなどが)ピチピチと泡立つ．

Priester [プリースタァ] 男 -s/- 司祭；《北ドイツ》牧師． **Priesterin** [プリーステリン] 女 -/Priesterinnen [プリーステリネン]《北ドイツ》(女性の)牧師．

prima [プリーマ] 形《無変化》すばらしい．¶Wir hatten einen *prima* Urlaub. 私たちの休暇はすばらしかった． / Das schmeckt *prima*. この味はすばらしい．

Primar·schule [プリマール・シューレ] 女 -/-n 《スイス》小学校．

> 6歳で入学，州により違いがあるが，4ないし6年在学の後上級学校に進学する． ドイツの基礎学校 die Grundschule, オーストリアの小学校(国民学校) die Volksschule にあたる．

Primel [プリーメル] 女 -/-n 《植物》プリムラ，サクラソウ．

primitiv [プリミティーフ] -e [プリミティーヴェ] 形 原始的な，素朴な，幼稚な．¶*primitive* Völker 未開民族． / eine *primitive* Lebensweise 素朴な暮らし方． / ein *primitiver* Mensch 無教養な人． / *primitiv* leben 原始的な暮らしをする．♦Die Flüchtlinge hausten zunächst in höchst *primitiven* Unterkünften. 避難民は当初きわめて粗末な宿泊施設に住まっていた．

Printe [プリンテ] 女 -/-n プリンテ(スパイス入りのクッキー)．

Prinz [プリンツ] 男 -en/-en 王子． **Prinzessin** [プリンツェッスィン] 女 -/Prinzessinnen [プリンツェッスィネン] 王女．

Prinzip [プリンツィープ] 甲 -s/Prinzipien [プリンツィーピエン] 原理，原則，主義．¶die *Prinzipien* der friedlichen Koexistenz 平和共存の諸原則． / seinen *Prinzipien* treu bleiben 自分の主義に忠実でいる． / im *Prinzip* 原則的には． / nach einem *Prinzip* handeln 原則(主義)に従って行動する． **prinzipiell** [プリンツィピエル] 形 原理的(原則的)な，主義上の．¶ein *prinzipieller* Unterschied 原則的な(根本的な)相違． ♦Im *Prinzipiellen* stimme ich mit ihm überein. 原則的な点では私は彼と一致している．

> 日本で言う「原則的」は例外のあることを前提としている場合に使われることが多いが，それにはむしろ grundsätzlich の方があたるようだ．

Priorität [プリオリテート] 女 -/-en プライオリティ，優先権，《複 で》優先順位．¶j³ [die] *Priorität* einräumen (zuerkennen) 人³に優位を与える(人³の優位を認める)． / Aus Sicht der Experten hat die Stabilisierung der Währung oberste *Priorität*. 専門家の意見では通貨の安定化が最優先である．

Prise [プリーゼ] 女 -/-n ひとつまみ，ほんのちょっぴり．¶eine *Prise* Salz ひとつまみの塩．

Pritsche [プリッチェ] 女 -/-n (幅の狭い)[板張り]簡易寝台．

privat [プリヴァート] 形 プライベート，私的な，親密な；内密の，非公開の．¶*private* Angelegenheiten 私用． / *privates* Eigentum 私有財産． / ein *privates* Gespräch プライベートな会話． / eine *private* Schule 私立学校． / seine *private* Meinung äußern 個人的な意見を述べる． / eine Feier im *privaten* Kreise begehen 内輪でパーティーを行う．♦Ich bin *privat* hier. 私はプライベートでここにいる．

Privat·patient [プリヴァート・パツィエント] 男 -en/-en (女性) **Privat·**

patientin [プリヴァート・パツィエンティン] 女-/Privat・patientinnen [プリヴァート・パツィエンティネン])健康保険外診療(私保険加入)の患者.

Privileg [プリヴィレーク] 中-[e]s/Privilegien [プリヴィレーギエン] 特権,特典. ¶Er genießt das Privileg, früher als andere Feierabend zu machen. 彼は他の人間より早く仕事じまいをする特権を与えられている. **privilegiert** [プリヴィレギールト] 形 特権を与えられた. ¶eine privilegierte Klasse 特権階級.

pro [プロ] 前 《4格支配》…ごとに,…あたり;…に賛成で. ¶Eintritt pro Person 3 Euro. 入場料は一人あたり3ユーロ. / Wir sind pro Demokratie und kontra Diktatur. 我々は民主主義に賛成,独裁に反対である. **Pro** [プロ] 中-s/ 賛成. ¶Pro und Kontra 賛成と反対,利害得失. (⇒Kontra)

Probe [プローベ] 女-/-n 試み,テスト;サンプル:リハーサル. ¶j⁴ auf die Probe stellen 人⁴を試す. / Proben abhalten リハーサルを行う. **proben** [プローベン] 動 (劇など⁴の)稽古(リハーサル)をする.

Probe・zeit [プローベ・ツァイト] 女-/-en 試用期間.

probieren [プロビーレン] probierte, probiert 男 試みる;試着する;味見する. ¶den Wein probieren ワインを試飲する. ♦Probier mal, es schmeckt wirklich gut! 試食してごらん,これは本当においしいよ.

Pro・blem [プロ・ブレーム] 中-s/-e 課題,問題;《複で》難しい問題. ¶ein aktuelles Problem 時事問題. / soziale Probleme 社会的問題. / ein Problem lösen 問題を解決する. ♦Das ist dein Problem. それは君の問題だ(私の知ったことではない). / Ich habe Probleme mit meinem Computer. 私はコンピュータのことで困っている.

pro・blematisch [プロ・ブレマーティシュ] 形 問題のある.

problem・los [プロブレーム・ロース] 形

問題のない. ¶Bis übermorgen schaffen wir das problemlos. あさってまでにはそれを難なくやりとげてみせます.

Pro・dukt [プロ・ドゥクト] 中-[e]s/-e 生産物,産品. ¶die Produkte der Landwirtschaft 農産物. / ein Produkt von hoher Qualität 品質の良い製品. ♦Das Produkt verkauft sich besser als erwartet. その製品は予想した以上によく売れている.

Pro・duktion [プロ・ドゥクツィオーン] 女-/-en 生産,製造,製作. ¶die industrielle Produktion 工業生産.

pro・duktiv [プロドゥクティーフ] -e [プロドゥクティーヴェ] 形 生産的な;創造的な;多産の. ¶ein produktiver Mensch 創造的な人間.

pro・duzieren [プロドゥツィーレン] produzierte, produziert 動 生産(製造)する. ¶Waren produzieren 製品を製造する.

pro・fessionell [プロ・フェシオネル] 形 プロの,職業的な;専門家の. ¶ein professioneller Sportler プロのスポーツ選手.

Pro・fessor [プロ・フェッソーア] 男-s /Pro・fessoren [プロ・フェソーレン] (女性) **Pro・fessorin** [プロ・フェソーリン] 女-/Pro・fessorinnen [プロ・フェソーリネン])教授.

Profi [プローフィ] 男-s/-s プロ選手;プロ[フェッショナル]. ¶Als Profi hat er überhaupt nicht reüssiert. 彼はプロとしてはまったく大成しなかった.

Profil [プロフィール] 中-s/-e (人・彫像などの)横顔;個性;(タイヤ・靴底などの)溝模様.

Profit [プロフィート] 男-[e]s/-e 利益,儲け. ¶Profit machen 利益を上げる. **profitieren** [プロフィティーレン] profitierte, profitiert 動 von et³ profitieren 事³・物³で利益を上げる(儲(ホ)ける,得をする). ¶Von der neuen Regelung profitieren vor allen kinderreiche Ehepaare. 新しい規則によって得

431

P

をするのは特に子供の多い夫婦である.

Pro·gnose [プロ・グノーゼ] 囡 -/-n 予知, 予想, 予測. ¶ eine *Prognose* über *et⁴* stellen 事⁴の予想を行う. ◆ Die *Prognose* dieses Instituts über den Ausgang der Wahlen erwies sich als richtig. 選挙結果についてのこの研究所の予想は正しいことが明らかになった.

Pro·gramm [プロ・グラム] 匣 -s/-e プログラム(番組・曲目・番組表);行動計画;《電算》プログラム. ¶ das *Programm* der Regierung 政府の綱領. / ein *Programm* installieren プログラムをインストールする. / nach *Programm* 予定通りに. ◆ Was steht denn für heute auf dem *Programm*? きょうの予定はどうなっていますか.

pro·grammieren [プロ・グラミーレン] programmierte, programmiert 動 (事⁴の)プログラムを組む;《電算》プログラム化する.

Pro·grammierer [プロ・グラミーラァ] 男 -s/- (囡性 **Pro·grammiererin** [プロ・グラミーレリン] 囡 -/Pro·grammiererinnen [プロ・グラミーレリネン])《電算》プログラマー.

Programmier·sprache [プログラミーア・シュプラーヘ] 囡 -/-n 《電算》プログラム言語.

pro·gressiv [プロ・グレスィーフ] -e [プロ・グレスィーヴェ] 厖 進歩的な. ¶ ein *progressiver* Politiker 進歩的な政治家.

Pro·jekt [プロイェクト] 匣 -[e]s/-e プロジェクト, 計画. ¶ ein *Projekt* entwerfen (verwirklichen) プロジェクトを立案する(実現する). ◆ Das *Projekt* ist gescheitert. そのプロジェクトは失敗に終った.

Pro·jektor [プロ・イェクトーァ] 男 -s /-en [プロイェクトーレン] プロジェクター, 映写機. **pro·jizieren** [プロ・イツィーレン] 動 映写する;投射(投影)する.

Pro·kurist [プロ・クリスト] 男 -en/ -en (囡性 **Pro·kuristin** [プロ・クリスティン] 囡 -/Pro·kuristinnen [プロ・クリスティネン]《商》業務代理人.

Pro·menade [プロ・メナーデ] 囡 -/ -n プロムナード, 散歩道. ¶ auf der *Promenade* spazieren gehen. プロムナードを散歩する.

Pro·mille [プロ・ミレ] 匣 -[s]/- 10 00分の1, パーミル(記号:‰);《とくに飲酒運転の》血中アルコール濃度. ¶ Sie haben 1,5 *Promille*. あなたの血中アルコール濃度は1.5プロミルです. **Pro·mille·grenze** [プロミレ・グレンツェ] 囡 -/-n (運転者に対する)血中アルコール濃度の上限. ¶ Die *Promillegrenze* liegt bei 0,5 *Promille*. 血中アルコール濃度の上限は0.5プロミルである.

> ドイツでは現在上限 0.5‰ と定められている.

pro·minent [プロ・ミネント] 厖 有名な, 一流の. ¶ ein *prominenter* Schriftsteller 著名な作家. **Pro·minenz** [プロ・ミネンツ] 囡 -/ 名士たち, 一流人士. ¶ Bei der Tagung war die ganze *Prominenz* aus Wirtschaft und Politik versammelt. 会議には経済界や政界の著名人が全員集まっていた.

Pro·motion [プロ・モツィオーン] 囡 -/ 博士号授与(取得). ¶ seine *Promotion* abschließen 博士号を取得して大学を終える. **pro·movieren** [プロモヴィーレン] promovierte, promoviert 動 ドクター論文を書く; (人⁴に)ドクターの学位を授与する. ¶Er hat bei Professor Wiese über Kant (in Philosophie) *promoviert*. 彼はヴィーゼ教授の指導でカントに関する博士論文を書いた(哲学博士号を取得した).

prompt [プロンプト] **1** 厖 即座の. ¶ eine *prompte* Antwort 即答. / *prompt* reagieren 即座に反応する. **2** 副 やっぱり, まんまと. ¶ Sie kam *prompt* wieder zu spät. 彼女はやっぱりまた遅刻した.

Pro·nomen [プロ・ノーメン] 匣 -s/-

《文법》代名詞.

Pro·paganda [プロ・パガンダ] 囡-/
プロパガンダ;広告, 宣伝. ¶für *j*⁴/*et*⁴
Propaganda machen 人⁴・事⁴・
物⁴の宣伝をする.

Pro·peller [プロ・ペラァ] 男-s/- プ
ロペラ.

Pro·phet [プロ・フェート] 男-en/
-en (女性) **Pro·phetin** [プロ・フェ
ーティン] 囡-/Pro·phetinnen [プロ・
フェーティネン]) 預言者;予言者. ¶Der
Prophet gilt nichts in seinem
Vaterland. 予言者は自分の故郷では
重んじられないものだ. **pro·phezei·**
en [プロ・フェツァイエン] prophezei-
te, prophezeit 動 予言する.

Pro·portion [プロ・ポルツィオーン] 囡
-/-en プロポーション;割合, つりあい.
¶Sie hat gute *Proportionen*.
彼女はすごいプロポーションをしている.

Prosa [プローザ] 囡-/ 散文.

prosit! [プロージット] 聞 プロージット
(乾杯の発声). ¶*Prosit* Neujahr!
新年おめでとう.

prost! [プロースト] 聞 《くだけた表現》=pro-
sit.

Pro·spekt [プロ・スペクト] 男 (《オース
》:匣 も) -[e]s/-e (宣伝・旅行案
内・内容説明などの)パンフレット;《スイ
ス》小冊子.

Pro·stituierte* [プロ・スティトゥイール
テ] 囡 《形容詞の名詞化》売春婦.
Pro·stituierter* [プロ・スティトゥ
イールタァ] 男 《形容詞の名詞化》男
娼. **Pro·stitution** [プロ・スティト
ゥツィオーン] 囡-/ 売春.

Pro·test [プロ・テスト] 男 -[e]s/-e
抗議. ¶ein scharfer (heftiger)
Protest 激しい抗議. / ein stum-
mer *Protest* 無言の抗議. / ge-
gen *j*⁴/*et*⁴ *Protest* erheben 人⁴・
事⁴に抗議を申し入れる. ◆ Unter *Pro-*
test verließ er die Versamm-
lung. 抗議の意思を表明して彼は集
会を退席した.

Pro·testant [プロ・テスタント] 男
-en/-en (女性) **Pro·testantin**
[プロテスタンティン] 囡-/Pro·testan-
tinnen [プロ・テスタンティネン]) プロテス

タント, 新教徒.

pro·testantisch [プロ・テスタンティ
シュ] 形 プロテスタントの;新教の.

pro·testieren [プロ・テスティーレン]
protestierte, protestiert 動 抗議
する, 異議を唱える《gegen *j*⁴/*et*⁴
人⁴・事⁴に». ¶gegen ungerechte
Maßnahmen *protestieren* 不当
な措置に抗議する.

Pro·these [プロ・テーゼ] 囡-/-n 《医
학》義肢.

Proto·koll [プロト・コル] 匣-s/-e
会議録, 議事録. ¶[das] *Protokoll*
führen 記録(調書)をとる. / *et*⁴
im *Protokoll* festhalten 事⁴を記
録にとどめる.

Proviant [プロヴィアント] 男 -s/-e
携帯食料. ¶Wir haben nur noch
Proviant für drei Tage. 私たち
にはもうあと3日分の携帯食料しかな
い.

Provinz [プロヴィンツ] 囡-/-en 行政
区域(州, 県など);《複 なし》田舎.

Pro·vision [プロ・ヴィジオーン] 囡-
/-en 手数料, 口銭. ¶Der Makler
erhielt eine *Provision* von 12
Prozent. 仲介業者は12パーセント
の手数料をとった.

pro·visorisch [プロ・ヴィゾーリシュ]
形 暫定的な, 一時しのぎの. ¶eine
provisorische Regierung 臨時
政府.

pro·vozieren [プロヴォツィーレン]
provozierte, provoziert 動(人⁴を)
挑発する, (事⁴を)誘発する. ¶eine
Panik *provozieren* パニックをひ
き起こす. ◆ Er wollte mich *provo-*
zieren. 彼は私を挑発しようとした.

Pro·zent [プロ・ツェント] 匣-[e]s/-e
100分の1, パーセント(記号: %).
¶Der Likör enthält 40 *Prozent*
Alkohol. このリキュールのアルコー
ル度数は40度だ. / Der Plan wur-
de nur zu 70 *Prozent* erfüllt.
計画は70%しか達成されなかった.

Prozent·satz [プロツェント・ザツ]
男-es/Prozent·sätze [プロツェント・
ゼツェ] パーセンテージ, 百分率. ¶Der
Prozentsatz der Aidserkrankun-

P

gen in diesem Land ist sehr hoch. この国におけるエイズ罹病のパーセンテージは非常に高い.

Pro·zess [プロ・ツェス] 男 -es/-e 訴訟;プロセス. ¶ein historischer *Prozess* 歴史的プロセス. / gegen j⁴ einen *Prozess* anstrengen (führen) 人⁴に対して訴訟を起こす. / j³ den *Prozess* machen 人³を告訴する.

Pro·zession [プロ・ツェスィオーン] 女 -/-en (宗教行事における)行列.

prüde [プリューデ] 形 (性的に度を超えて)お堅い, おつにすました.

prüfen [プリューフェン] 動 試験(検査・吟味)する. ¶et⁴ genau (gründlich) *prüfen* 物⁴を詳しく (徹底的に)検査する. / j⁴ mündlich (schriftlich) *prüfen* 人⁴に口述(筆記)試験をする. ◆Morgen werden wir in Physik *geprüft*. 明日私たちは物理の試験がある.

Prüfung [プリューフング] 女 -/-en 試験, 検査, 吟味. ¶eine mündliche (schriftliche) *Prüfung* 口述(筆記)試験. / die *Prüfung* von Lebensmitteln 食品の検査. / eine *Prüfung* ablegen (machen) 試験を受ける. / eine *Prüfung* abhalten 試験を行う. / eine *Prüfung* bestehen 試験に合格する. / bei einer *Prüfung* durchfallen 試験に落第する.

Prügel [プリューゲル] 複 殴打. ¶*Prügel* bekommen 殴られる. **prügeln** [プリューゲルン] 動 殴打する. ¶sich⁴ mit j³ *prügeln* 殴り合う.

pst! [プスト] 間 シーッ(静かに).

Psyche [プスューヒェ] 女 -/-n プシュケー(霊魂, 生命, 心, 心理).

Psych·iater [プスュヒアータァ] 男 -s /- [女性] **Psychiaterin** [プスュヒアーテリン] 女 -/Psychiaterinnen [プスュヒアーテリンネン] 精神科医.

psychisch [プスューヒシュ] 形 心(精神)の, 心理的な. ¶*psychische* Krankheiten 心的障害.

Psycho·loge [プスュヒョ・ローゲ] 男 -n/-n [女性] **Psycho·login**

[プスュヒョ・ローギン] 女 -/Psycho·loginnen [プスュヒョ・ローギネン] 心理学者.

Psycho·logie [プスュヒョ・ロギー] 女 -/ 心理学.

psycho·logisch [プスュヒョ・ローギシュ] 形 心理学上の, 心理的な.

Pt [ペーテー] 〖元素記号〗白金.

Pu [ペーウー] 〖元素記号〗プルトニウム.

Pubertät [プベルテート] 女 -/ 思春期. ¶in der *Pubertät* sein 思春期である. / in die *Pubertät* kommen 思春期になる.

Public·relations, Public Relations [パブリク・リレーションズ] 複 パブリック・リレーションズ.

publik [プブリーク] 形 et⁴ *publik* machen 事⁴を公開する. ¶Als der Skandal *publik* wurde, musste der Minister zurücktreten. スキャンダルがおおやけになったとき, 大臣は辞任せざるを得なかった.

Publikation [プブリカツィオーン] 女 -/-en 出版(刊行)物. ¶eine wissenschaftliche *Publikation* 学術刊行物. ◆Die Liste seiner *Publikationen* ist beachtlich. 彼の出版目録はかなりのものである.

Publikum [プブリクム] 中 -s/ 大衆, 観客, 聴衆, 視聴者. ¶Der Schauspieler ist beim *Publikum* beliebt. その俳優は大衆に人気がある.

publizieren [プブリツィーレン] publizierte, publiziert 動 出版(刊行)する;(論文・作品などを)発表する. ¶ein Buch *publizieren* 本を出版する.

Pudding [プディング] 男 -s/-e(-s) プディング.

Pudel [プーデル] 男 -s/- 〖動〗プードル.

Puder [プーダァ] 男 -s/- (化粧用の)パウダー, 粉白粉. **pudern** [プーデルン] 動 (顔など⁴に)粉白粉をつける. ¶das Gesicht (die Nase) *pudern* 顔(鼻)に白粉をたたく.

Pulli [プリ] 男 -s/-s 〖くだけた表現〗プルオーバー.

Pull·over [プローヴァ, プル・オーヴァ]

P

男-s/- プルオーバー. ¶ *sich³* einen *Pullover* überziehen (ausziehen) プルオーバーを着る(脱ぐ).

Puls [プルス] **男**-es/-e 脈,脈拍;〖医〗パルス. ¶ dem Kranken den *Puls* fühlen (messen) 病人の脈を計る.

Pult [プルト] **中**-[e]s/-e (上板が手前に向けて傾斜した)斜面机.

Pulver [プルファ] **中**-s/- 粉,粉末;火薬. ¶ den Kaffee zu *Pulver* mahlen コーヒーを挽いて粉にする. / ein *Pulver* verordnen 粉薬を処方する. ◆ *Pulver* entzündet sich extrem leicht. 火薬は極めて発火しやすい.

pummelig [プメリヒ] -e [プメリゲ] **形** まるまる(ころころ)と太った.

Pumpe [プンペ] **女**-/-n ポンプ. **pumpen** [プンペン] **動** (水などをポンプで汲みいれる《in *et⁴* 物⁴の中へ》;汲み出す《aus *et³* 物³の中から》;(人³から金など⁴を)借りる. ¶ *sich³* bei *j³* Geld *pumpen* 人³から金を借りる. / Wasser in den Tank *pumpen* 水をポンプでタンクに汲みいれる. ◆ Die Feuerwehr musste Unmengen von Wasser aus der Tiefgarage *pumpen*. 消防は地下駐車場から大量の水を汲み出さなければならなかった.

Pumper・nickel [プンパァ・ニッケル] **男**-s/ プンパーニッケル(粗びきライ麦の黒パン).

Pumps [ペンプス] **男**-/- 《ふつう**複**で》パンプス(女性用靴の一種).

Punk [パンク] **男**-[s]/-s パンク(奇矯な風俗で反体制的・退廃的な行動に出る若者).

Punkt [プンクト] **男**-[e]s/-e 点;ピリオド;地点;(時間を表して)正…,ぴったり…;[問題]点;評点,点数. ¶ der schönste *Punkt* der Stadt 町の最も美しい場所. / am Ende des Satzes einen *Punkt* setzen 文の終りにピリオドを打つ. / *j⁴* in einem empfindlichen *Punkt* treffen 人⁴の痛いところをつく. ◆ Es ist jetzt *Punkt* 2 Uhr. 今2時きっか

りだ.

pünkt・lich [ピュンクト・リヒ] **形** 時間通りぴったりの. ¶ ein *pünktlicher* Mench 時間に正確な人. ◆ Er kommt immer *pünktlich*. 彼はいつも時間どおりに来る.

Punsch [プンシュ] **男**-[e]s/-e ポンチ,パンチ(ラム酒にレモン,砂糖,水,香料などを混ぜてつくった飲料.熱くして飲むことも).

Pupille [プピレ] **女**-/-n 瞳孔. ¶ Die *Pupillen* erweitern sich (verengen sich). 瞳孔が広がる(狭くなる).

Puppe [プッペ] **女**-/-n 人形. ¶ eine hübsche *Puppe* かわいらしい人形,かわいい女の子. ◆ Das Mädchen spielt mit seinen *Puppen*. その少女は人形で遊んでいる. / Stolz zeigte die Kleine ihre *Puppe*. 幼い女の子は得意気に人形を見せてくれた.

pur [プーァ] **形** ピュアな,混じりけなしの,純粋の;ただの. ¶ den Whisky *pur* trinken ウイスキーをストレートで飲む. ◆ Das ist *purer* Unsinn. それは全くばかげたことだ.

Püree [ピュレー] **中**-s/-s 〖料〗ピュレー(じゃがいもや野菜類をつぶして裏ごしした食品).

pusten [プーステン] **動** 息を強く吹きかける.

Puter [プータァ] **男**-s/- (雄の)七面鳥. **Pute** [プーテ] **女**-/-n (雌の)七面鳥. ¶ So eine dumme *Pute*! あんなばか女なんて.

Putsch [プッチュ] **男**-es/-e 反乱. ¶ einen *Putsch* unterdrücken 反乱を鎮圧する. / durch einen *Putsch* an die Macht kommen 反乱を起こして権力の座に着く.

Putz [プッツ] **男**-es/ しっくい. ¶ auf den *Putz* hauen 大言壮語する,はめをはずす.

putzen [プッツェン] **動** (物⁴の)汚れ(ほこり)をとる,掃除する. ¶ Fenster *putzen* 窓を磨く. / [*sich³*] die Zähne *putzen* 歯を磨く.

Putz・frau [プッツ・フラォ] **女** -/-en

掃除婦,家政婦. ¶eine *Putzfrau* suchen 家政婦を探す.

putzig [プツィヒ] -e [プッツィゲ] 形 可愛い;ひょうきんな.

Puzzle [パズル , パスル , プスル] 中 -s /-s , **Puzzle・spiel** [パズル・シュピ ール] 中 -[e]s/-e ジグソーパズル.

Pyjama [ピュヂャーマ] 男-s/-s パジ ャマ.

Pyramide [ピュラミーデ] 女 -/-n ピ ラミッド.

ちょっと文法

どれとくっつくの？

◆前置詞◆

前置詞というのは，名詞（代名詞を含む）の〈前〉に〈置〉かれた〈詞＝ことば〉という意味だ．とうぜん前置詞のあとには名詞，代名詞がきて，一つのかたまりを作っている．だから例えば Ich trinke immer Kaffee mit Milch. のうち，Kaffee mit をひとかたまりに考えて，「ぼくはいつもコーヒーといっしょにミルクを飲む」なんて訳すのは，位置関係からしてありえないのがわかるだろう？　ここで mit とくっついているのは Kaffee じゃなくて Milch の方だ. mit Milch ——このつながりをバラバラに切ることはできない.「ぼくはいつもミルク入りコーヒーを飲んでいる」というのが正解だね．もっとも，ごくごくたまに後置される前置詞もある．その場合は必ず辞書にそのことが書かれているので，あまり気にしなくて大丈夫.

Q

Q,¹ q ［ク－］ 甲 -/- ドイツ語アルファベットの第17字.

²q ［クヴァドゥラート］〖數〗平方；2乗（＝**Q**uadrat）.

Quadrat ［クヴァドゥラート］ 甲 -[e]s /-e 正方形；平方，2乗（略：q）. ¶ Das *Quadrat* von 4 ist 16. 4の2乗は16. **quadratisch** ［クヴァドゥラーティシュ］ 形 正方形の；2乗の，2次の.

Quadrat・meter ［クヴァドゥラート・メータ］ 男（甲）-s/- 平方メートル（略：m²）.

quaken ［クヴァーケン］ 動（カエル・アヒルなどが）ガアガア鳴く.

Qual ［クヴァール］ 女 -/-en 苦しみ，苦痛，苦悩. ¶unter *Qualen* 苦しみの中で. zur *Qual* werden 苦痛となる. ♦ In der Schule war Latein für ihn nichts als *Qual*. 学校で彼にとってラテン語は苦痛以外の何物でもなかった. / Der Tod hat ihn von seinen *Qualen* erlöst. 死が彼を苦痛から救った. **quälen** ［クヴェーレン］ 動 ひどく苦しめる. ¶ sich⁴ *quälen* ひどく苦しむ，深く悩む. ♦ *Quäle* nie ein Tier zum Scherz, denn es fühlt wie du den Schmerz. 面白半分に動物を苦しめてはならない. なぜなら動物だってお前と同じように痛みを感じるのだから. / In (Für) Mathematik habe ich mich immer *quälen* müssen. 数学には何時も私は苦しまざるを得なかった.

Quali・fikation ［クヴァリ・フィカツィオーン］ 女 -/-en 資格，資格証明，出場資格.《für et⁴ 試合⁴に出るための》¶Für diese Tätigkeit fehlt ihm die nötige *Qualifikation*. 彼にはこの仕事に必要な資格が欠けている.

quali・fizieren ［クヴァリ・フィツィーレン］ qualifizierte, qualifiziert 動 資格を与える《j⁴ als (für) et⁴ 人⁴に仕事⁴の》. ¶sich⁴ für et⁴ quali-

fizieren 職業⁴の資格を取る，試合など⁴の出場資格を得る. ♦ Sein Wissen und seine Erfahrung *qualifizieren* ihn für diese Aufgabe. 彼はその知識と経験により任務に適格である. / Sie hat sich als Erzieherin *qualifiziert*. 彼女は保母の資格を取った.

qualifiziert ［クヴァリフィツィールト］ **1** 形 有資格（適格）の；特に有能（有用）な. ¶Als *qualifizierte* Hebamme hätte sie das eigentlich wissen müssen. 彼女は助産婦の資格があるのだから本来このことは知っているべきだったのに. **2** qualifizieren の過去分詞.

Qualität ［クヴァリテート］ 女 -/-en 質；品質. ¶Unser Produktionsleiter legt größten Wert auf gute *Qualität*. わが社の生産部門の責任者は質の良さをきわめて重視している. / An manchen Berufsschulen lässt die *Qualität* der Ausbildung viel zu wünschen übrig. 多くの職業学校にあっては養成に改善すべき点が多々ある.

qualitativ ［クヴァリタティーフ］ -e ［クヴァリタティーヴェ］ 形 質的な，品質上の.

Qualm ［クヴァルム］ 男 -[e]s/ 濃い煙. ¶viel *Qualm* machen たくさんの濃い煙を吐く. **qualmen** ［クヴァルメン］ 動 **1** 濃い煙を出す. **2**〚くだけた表現〛（タバコを）吸う.

qual・voll ［クヴァール・フォル］ 形 苦痛の多い，苦悩に満ちた.

Quantität ［クヴァンティテート］ 女 -/-en 量. ¶eine an *Quantität* und *Qualität* unzureichende Verpflegung 量の上でも質の点でも不十分な食事. ♦ Die *Quantität* des Warenangebots ist überwältigend. 商品の供給量は圧倒的多量である.

quantitativ ［クヴァンティタティーフ，ク

437

ヴァンティタティーフ] -e［クヴァンティタティーヴェ, クヴァンティタティーヴェ］形 量的な, 量に関する.

Quarantäne［カランテーネ］女-/-s 検疫, 隔離. ¶in *Quarantäne* kommen 検疫隔離される. / unter *Quarantäne* stehen 検疫隔離中である.

Quark［クヴァルク］男-s/ カッテージチーズ; くだらないこと.

Quartal［クヴァルタール］中-s/-e 四半期, 3か月. ¶im dritten *Quartal* 第3四半期に.

Quartier［クヴァルティーア］中 -s/-e 宿泊場所. ¶ein *Quartier* für eine Nacht suchen 一夜の宿を探す.

quasi［クヴァーズィ］副 いわば, ほとんど…も同然で. ¶ Einen Unterschied würde ich da gar nicht machen, das ist *quasi* das Gleiche. 私はそこで区別はしない, それはほとんど同じことなのだから. / Die beiden sind *quasi* verlobt. 二人は婚約したも同然だ.

quasseln［クヴァッセルン］動 くだらないおしゃべりをする.

Quatsch［クヴァッチュ］男-es/ 無意味な言葉(振る舞い). ¶ Red (Mach) keinen *Quatsch*! くだらないことを言う(するな). / *Quatsch*! 何だ, くだらない. **quatschen**［クヴァッチェン］動 くだらないおしゃべりをする.

Quatsch・kopf［クヴァッチュ・コプフ］男-[e]s/Quatschköpfe［クヴァッチュ・ケプフェ］くだらないおしゃべりをするやつ, おしゃべりなやつ.

Queck・silber［クヴェック・ズィルバァ］中-s/ 水銀(記号：Hg).

Quelle［クヴェレ］女-/-n 泉; 出典, 原典; 情報源. ¶eine heiße *Quelle* 温泉. / eine Nachricht aus zuverlässiger *Quelle* 信頼すべき筋からの情報. ♦ Seine Enkelkinder waren ihm eine *Quelle* der Freude. 孫たちは彼の喜びの泉だった. / Diese alte Chronik gilt als eine der wichtigsten *Quellen* für die Geschichte der Stadt.

この古年代記は町の歴史にとって最も重要な情報源の一つと見なされている.

quellen*［クヴェレン］ es quillt; quoll, gequollen 動 (s) 噴き出す, あふれ出す; (湿気を帯びて)膨れる, ふやける. ¶Aus dem Schornstein *quoll* weißer Rauch. 煙突から白い煙がもくもくと噴き出していた.

quengeln［クヴェンゲルン］動《くだけた表現》(子供が)ねだる, ぐずぐず言う.

quer［クヴェーア］副 斜めに; 横切って. ¶kreuz und *quer* (むやみやたらに)あちこちへ. 《前置詞 durch, über と》*quer* durch den Park gehen 公園を突っきって行く. / *quer* über die Straße laufen 走って道路を横切る.

Quere［クヴェーレ］女-/ j^3 in die *Quere* kommen 人³の邪魔をする.

quer・feld・ein［クヴェーア・フェルト・アイン］副 野原を突っ切って.

Quer・flöte［クヴェーア・フレーテ］女-/-n《楽》横笛.

quetschen［クヴェッチェン］動 押しつぶす. ¶ sich³ den Finger in der Tür *quetschen* 指をドアにはさんで怪我をする.

quieken［クヴィーケン］動 (子豚が)キーキー鳴く; (子供が)キャーキャー言う.

quietschen［クヴィーチェン］動 (ドア・機械類が)キーキーときしむ; (子供が)キーキー声をあげる.

quillt［クヴィルト］< quellen.

Quirl［クヴィルル］男-[e]s/-e《調理》泡立て器.

quitt［クヴィット］形《付加語用法なし》mit j^3 *quitt* sein 人³とは話がついている, 人³とは貸し借りがない. ¶ Hier hast du deine 20 Euro zurück. Jetzt sind wir doch *quitt* (miteinander), oder? さあ君の20ユーロは返すぜ. これでお互いに貸し借りなしだ, 違うかい.

Quittung［クヴィットゥング］女-/-en 受領(領収)書; 報い. ¶j^3 eine *Quittung* über 650 Euro ausstellen 人³に650ユーロの領収書を出す. ♦

Das ist die *Quittung* für dein schlechtes Benehmen. これがお前の無作法に対する報いだ.

Quiz [クヴィス] 甲-/- (テレビなどの) クイズ番組. ¶So ein kinderleichtes *Quiz* macht keinen Spaß. こんな子供だましのやさしいクイズなんか面白がる人はいない.

quoll [クヴォル] quellen の過去形・単数・1, 3人称.

Quote [クヴォーテ] 女-/-n 割合,比率. ¶Die hohe *Quote* der Langzeitarbeitslosen ist Anlass zu größter Sorge. 長期失業者の割合が高いことはきわめて大きな憂慮の原因である.

> 12ヶ月以上定職のなかった失業者は Langzeitarbeitslose[r] と呼ばれる.

ちょっと文法

何格を持ってくればいいのでしょう？

◆前置詞◆
前置詞のあとには名詞・代名詞がくるんだったね. 英語の場合, その名詞の格はすべて目的格だった. for **he** じゃなく, for **him** というように. ところが全くめんどうなんだがドイツ語では, それぞれの前置詞ごとに名詞の格が違っている. 例えば für なら, 4格名詞と決まっているので, für **den** Mann「その男のために」, für **ihn**「彼のために」だし, mit なら3格だから, mit **der** Frau「その女性とともに」, mit **ihr**「彼女とともに」となる. 辞書には〈für 前《4格支配》〉などと表記されていて, 後ろにくる名詞の格を示しているんだ.

ちょっと文法

くっついて*離れ*ない

◆前置詞＋疑問詞◆
前置詞は動詞と結びついてよく熟語をつくる. 例えば Ich warte auf ihn.「ぼくは彼を待っている」は, 〈warten auf 4格〉という熟語があるからだね. ところでこれを疑問文(「君は誰を待っているの？」)にするときは, どうしたらいいだろう. 英語と違うのは, 疑問詞の前に前置詞を置くこと. Auf wen wartest du?(＝*Whom do you wait for?*)これは前置詞とそのあとにくる名詞が一つのかたまりを成すのと同じで, 疑問詞も前置詞とひとかたまりになり, 引き離せないからなんだ. 別の前置詞を使ってみよう. Mit ihr spielt er Tennis.「彼は彼女とテニスをする」の疑問詞が, Mit **wem** spielt er Tennis?「彼は誰とテニスをするの？」と3格になっているのがわかるね.

R

R, r [エル] 中–/– ドイツ語アルファベットの第18文字.

Rabatt [ラバット] 男–[e]s/–e 割引, 値引き. ¶*j³ 6 Prozent Rabatt geben* 人³に6パーセントの割引をする. ◆ *Bei Barzahlung erhalten unsere Kunden auf alle Artikel 6 Prozent Rabatt.* 現金払いのときお客様は全商品に対し6パーセントの割戻しをお受け取りいただきます.

Rabbiner [ラビーナァ] 男–s/– ラビ (ユダヤ教の僧侶, 律法学者).

Rabe [ラーベ] 男–n/–n 〖鳥〗(大型の)カラス, ワタリガラス. (⇒Krähe)

Rache [ラッヘ] 女–/ 復讐, 仕返し. ¶*Rache an j³ für et⁴ nehmen* 人³に事⁴に対する復讐をする.

Rachen [ラッヘン] 男–s/– のど(口腔の一番奥), 咽頭; (猛獣の)大きく開いた口.

rächen [レッヘン] 動 (人⁴の)仇を討つ. ¶*sich⁴ an j³ für et⁴ rächen* 人³に事⁴に対する恨みをはらす. ◆ *Für diesen Betrug werden wir uns an ihm rächen.* このペテンに対して私たちは彼に仕返ししてやるぞ. / *Ich fürchte, dieser Leichtsinn wird sich noch rächen.* この軽率な行為の報いがあるのではないかと心配だ.

Raclette [ラクレット, ラクレット] 女–[s]/–s 〖料理〗ラクレット(チーズを溶かしてパンやジャガイモにつけて食べる).

Rad [ラート] 中–[e]s/Räder [レーダァ] 車輪; 自転車. ¶*Rad fahren* 自転車に乗る. / *ein Rad wechseln* タイヤを交換する. / *aufs (vom) Rad steigen* 自転車に乗る(から降りる). / *unter die Räder kommen* (車に)轢かれる, 落ちぶれる. ◆ *Bist du heute mit dem Rad da?* きょうは自転車で来たのかい.

Radar [ラダール, ラーダル] 中 (男) –s/–e レーダー.

Radau [ラダォ] 男–s/ 〖くだけた表現〗大騒ぎ, 騒音. ¶*Radau machen* 大騒ぎをする.

radeln [ラーデルン] 動 〖くだけた表現〗(s) 自転車に乗る.

Rad・fahrer [ラート・ファーラァ] 男–s/– (女性) **Rad・fahrerin** [ラート・ファーレリン] 女–/Rad・fahrerinnen [ラート・ファーレリネン]) 自転車に乗る人; 上にへつらい下には辛くあたる人.

radieren [ラディーレン] radierte, radiert 動 消しゴムで消す.

Radier・gummi [ラディーァ・グミ] 男 –s/–s 消しゴム.

Radies・chen [ラディース・ヒェン] 中 –s/– 〖植物〗ハツカダイコン.

radikal [ラディカール] 形 急進的な, 過激な; 徹底的な. ¶*Er gehört dem radikalen Flügel seiner Partei an.* 彼は党の過激派に属している. / *Der Minister forderte erneut eine radikale Reform.* 大臣は改めて徹底的な改革を求めた.

Radio [ラーディオ] 中 (〖南ドイツ・オーストリア・スイス〗男) –s/–s ラジオ[受信機], ラジオ放送. ¶*Was gibt's denn heute Abend im Radio?* 今晩ラジオにはいったい何がある.

radio・aktiv [ラーディオ・アクティーフ] –e […アクティーヴェ] 形 放射性の, 放射能のある. **Radio・aktivität** [ラーディオ・アクティヴィテート] 女–/ 放射能.

Radius [ラーディウス] 男–/Radien [ラーディエン] 〖数学〗半径.

Rad・rennen [ラート・レネン] 中–s/– 自転車レース. **Rad・tour** [ラート・トゥーァ] 女–/–en サイクリング. **Rad・weg** [ラート・ヴェーク] 男 –[e]s/–e 自転車専用道路.

raffen [ラッフェン] 動 さっと取る(つかむ); 縮約する; (衣類⁴に)ひだをつける.

raffiniert [ラフィニールト] 形 洗練された; ずる賢い. ¶*Dank dieser raffinierten Technik lässt sich viel*

Strom sparen. この巧妙な技術のおかげで多量の電力が節約できる. / So ein *raffiniert* gewürztes Ragout bekommt man selten. こんな手のこんだ味つけのシチュウには滅多にお目にかかれるものではない.

Rahm [ラーム] 男-[e]s/《地域によって》クリーム,乳脂. ¶den *Rahm* abschöpfen 一番良いところを先取りする.

rahmen [ラーメン] 動 (絵画など⁴を)額縁(枠)に入れる.

Rahmen [ラーメン] 男-s/- 枠,額縁;《複なし》枠組み,環境. ¶aus dem *Rahmen* fallen 枠からはずれる;そぐわない. / im *Rahmen* bleiben (通常の)枠内に留まる. ◆ Im *Rahmen* seines diesmaligen Besuches wird der Präsident auch einen Weinkeller besichtigen. 今回の訪問の一環として大統領がワインセラーも見学することになっている.

Rakete [ラケーテ] 女-/-n ロケット,ミサイル. ¶Angriffe mit *Raketen* ミサイル攻撃. ◆ Die *Rakete* startete zur Raumstation. ロケットは宇宙ステーションに向けてスタートした.

Rallye [レリ] 女-/-s ラリー(長距離の自動車レース).

rammen [ラメン] 動 (杭などを)打ち込む;(物⁴に)激突して壊す.

ramponiert [ランポニールト] 形 《くだけて》損created,痛んだ. ¶Sein Selbstbewusstsein ist arg *ramponiert*. 彼の自信はひどく傷ついている.

Ramsch [ラムシュ] 男-[e]s/-e 《くだけて》がらくた,くず.

Rand [ラント] 男-[e]s/Ränder [レンダァ] 縁(ち),へり;欄外,余白. ¶am *Rande* bemerkt ついでに言うと,欄外注で. ◆ Am scharfen *Rand* der Dose hat er sich den Finger verletzt. 彼は缶詰の鋭いへりで指に怪我をした. / Was er an den *Rand* geschrieben hat, kann man kaum lesen. 彼が余白に書いたことはほとんど読めない. / Links müsst ihr 3 Zentimeter *Rand*

lassen. (用紙を示して)左側に3センチメートルの余白を残しておきなさい.

randalieren [ランダリーレン] randalierte, randaliert 動 大騒ぎをする,暴れ回る.

rang [ラング] ringen の過去形・単数・1,3人称.

Rang [ラング] 男-[e]s/Ränge [レンゲ] 地位,身分;等級;序列. ¶beim Militär einen hohen *Rang* einnehmen 軍で高い地位を占めている. / von *Rang* 一流の. ◆ Das ist eine Leistung ersten *Ranges*. これは第一級の出来ばえだ.

rangieren [ランジーレン] rangierte, rangiert 動 **1** (…の)地位(順位)にある. ¶an erster Stelle *rangieren* 第1位である. **2**《鉄道》(車両を)操車する.

Ranke [ランケ] 女-/-n 《植物》つる.

ranken [ランケン] 動 *sich⁴* um *et⁴ ranken* (つたなどが)物⁴に巻き付く;まといつく.

rann [ラン] rinnen の過去形・単数・1,3人称.

rannte [ランテ] rennen の過去形・単数・1,3人称.

Ranzen [ランツェン] 男-s/- ランドセル.

ranzig [ランツィヒ] -e [ランツィゲ] 形 腐った油脂の臭いの,いやな臭いの.

Rappe [ラッペ] 男-n/-n 青毛馬,黒馬. ¶auf Schusters *Rappen* reiten 《おどけて》徒歩で行く.

Rappen [ラッペン] 男-s/- ラッペン(スイスの貨幣単位, 1/100 Franken).

rar [ラール] 形 めったにない,まれな.

rasant [ラザント] 形 《くだけて》非常に速い;魅力的な.

rasch [ラッシュ] 形 [素]速い,迅速な;即座の.

rascheln [ラッシェルン] 動 カサカサ(サラサラ)音を立てる.

rasen [ラーゼン] 動 怒り狂う; (s) 疾走する. ¶Wer mit seinem Motorrad so *rast* wie er, wird bestimmt nicht alt. 彼みたいにオー

441

トバイで突っ走るやつはきっと長生きしない。

Rasen [ラーゼン] **男**-s/- 芝生. ¶
den *Rasen* mähen 芝を刈る.

rasend [ラーゼント] **1形** 狂ったような,激しい,猛烈な. ¶In *rasender*
Fahrt näherte sich der Wagen dem Kontrollpunkt. 狂ったようなスピードで車は検問所に近づいた. /
Meine Migräne macht mich *ra-send*. 私は偏頭痛で気が狂いそうになる. **2** rasen の現在分詞.

Rasier·apparat [ラズィーァ・アパラート] **男** -[e]s/-e 〔安全〕カミソリ.

rasieren [ラズィーレン] rasierte, rasiert **動** (人⁴の)ひげを剃る. ¶
sich⁴ rasieren ひげを剃る. / *sich⁴
rasieren* lassen ひげを剃ってもらう.

Rasierer [ラズィーラァ] **男**-s/- 電気カミソリ.

Rasier·klinge [ラズィーァ・クリンゲ]
女 -/-n 安全カミソリの刃.

Rasse [ラッセ] **女**-/-n 人種,種族.
¶Je seltener die *Rasse*, desto teurer ist ein Hund. 犬は珍しい種類であればあるほど値段が高い. /
Dieser Wein hat wirklich *Ras-se*. このワインは極上品だ.

rasseln [ラッセルン] **動** 〔たき義声〕ガタガタ(ガラガラ)と音を立てる.

Rassismus [ラスィスムス] **男**-/ 人種差別[主義]. **rassistisch** [ラスィスティッシュ] **形** 人種差別[主義]の. ¶
Viele Rechtsradikale hängen *rassistischen* Ideen an. 多くの右翼過激派は人種差別的理念を信奉している.

Rast [ラスト] **女**-/-en (ドライブなどの)休憩,休息.¶*Rast* machen 休憩(休息)する.

rast·los [ラスト・ロース] **形** 休むことのない,不断の;落着きのない.

Rast·platz [ラスト・プラツ] **男**-[e]s/
Rast·plätze [ラスト・プレツェ] 休憩(息)所;(高速道路の)サービスエリア.

Rasur [ラズーァ] **女**-/-en 剃ること;削除,抹消.

Rat [ラート] **男** -[e]s/Räte [レーテ]

忠告,助言(⇒Rat·schlag);(**複**なし)手段,方策,相談;(**複**なし)協議,評議会,参事会;評議員,委員.¶Wer hat dir diesen *Rat* gegeben?
誰が君にこんな忠告をしたのだ. / Das
Projekt muss noch im *Rat* be-sprochen werden. このプロジェクトはまだこれから評議会で協議されねばならない.(⇒Rätin)

rät [レート] < raten.

Rate [ラーテ] **女**-/-n 分割払い[金];割合,比率. ¶Die *Rate* der Ge-burten geht drastisch zurück.
出生率はひどく低下している. / Sei-nen ersten Wagen kaufte er sich auf *Raten*. 最初の車を彼は割賦で購入した.

raten* [ラーテン] *du* rätst [レーツト], *er* rät; riet, geraten **動**
1 (人³に事⁴を)忠告(助言)する,勧める;言い当てる. ¶*Rate* mal! 当ててごらん. Wer hat dir denn das *ge-raten*? そんなことを一体誰が君に勧めたのか. **2** (人³に)助言を与える.

Rat·geber [ラート・ゲーバァ] **男**-s/-
(**女性**) **Rat·geberin** [ラート・ゲーベリン] **女**-/Rat·geberinnen [ラート・ゲーベリネン] 助言者;案内書.

Rat·haus [ラート・ハォス] **中** -es/
Rat·häuser [ラート・ホイザァ] 市役所,市庁舎.

Rätin [レーティン] **女**-/Rätinnen [レーティネン] 評議員,委員.(⇒Rat)

Ration [ラツィオーン] **女**-/-en 配給[量].

rational [ラツィオナール] **形** 合理的な.

rationalisieren [ラツィオナリズィーレン] rationalisierte, rationali-siert **動** (経営などを)合理化する. ¶
Der Konzern *rationalisierte* gna-denlos, 600 Arbeiter wurden entlassen. コンツェルンは情け容赦のない合理化を行って,600人の労働者が解雇された.

Rationalismus [ラツィオナリスムス]
男 -/ 合理主義.

rationell [ラツィオネル] **形** 効率の良い,経済的な.

R

rat·los [ラート・ロース] 形 途方に暮れた. ¶In diesem Fall waren selbst die Experten *ratlos*. このケースではエクスパートたちですら途方にくれた. / So *ratlos* wie heute erlebt man den Präsidenten höchst selten. きょうほど困惑しきった大統領を見ることは滅多にない.

rat·sam [ラート・ザーム] 形 《付加語的用法なし》得策の, 賢明な.

Rat·schlag [ラート・シュラーク] 男 -[e]s/Rat·schläge [ラート・シュレーゲ] 忠告, 助言. ¶*j³ Ratschläge* geben 人³に助言する. ♦ Ihren *Ratschlag* nehme ich gern an. ご忠告は喜んで受入れます.

Rätsel [レーツェル] 中 -s/- 謎; クイズ, なぞなぞ.

rätst [レーツト] < raten.

Ratte [ラッテ] 女 -/-n 《動》ネズミ. ¶der *Rattenfänger* von Hameln ハーメルンの笛吹き男.

rau [ラォ] 形 粗い, ざらざらした; (気候が)厳しい, 荒涼とした; 粗暴な.

Raub [ラォプ] 男 -[e]s/-e 強奪[品], 略奪, 強盗. ¶einen *Raub* [an *j³*] begehen [人³に対して]強盗を働く.

rauben [ラォベン] 動 強奪(略奪)する《*j³ et⁴* 人³から物⁴を》. ¶Zwei junge Kerle *raubten* der alten Dame die Handtasche. 二人の若い男らが老婆のハンドバッグを強奪した.

Räuber [ロィバァ] 男 -s/- (女性) **Räuberin** [ロィベリン] 女 -/Räuberinnen [ロィベリネン] 強盗, 略奪者. ¶《くだけて》Na, du kleiner *Räuber*! (いたずらっ子に向かって)どうしたんだい, お前.

Raub·tier [ラォプ・ティーァ] 中 -[e]s/-e 猛獣, 肉食獣. **Raub·vogel** [ラォプ・フォーゲル] 男 -s/Raub·vögel [ラォプ・フェーゲル] 猛禽, 肉食鳥.

Rauch [ラォホ] 男 -[e]s/- 煙. ¶Die Familie über uns wäre in dem *Rauch* fast erstickt. 上の階の一家は煙で危うく窒息するところだった.

rauchen [ラォヘン] 動 煙を出す; (タ

バコを)吸う. ¶*Rauchen* verboten! 禁煙.

Raucher [ラォハァ] 男 -s/- 喫煙者; 喫煙車両.

Raucherin [ラォヘリン] 女 -/Raucherinnen [ラォヘリネン] 喫煙者.

räuchern [ロィヒェルン] 動 燻製にする, いぶす.

rauf [ラォフ] 形 《くだけて》=herauf, hinauf.

raufen [ラォフェン] 動 むしり取る. ¶*sich⁴* mit *j³ raufen* 人³と取っ組み合いの喧嘩をする. / *sich³* die Haare *raufen* 髪をかきむしる, 全く途方にくれる.

Raum [ラォム] 男 -[e]s/Räume [ロィメ] 部屋, 空間, 場所; 宇宙[空間]. ¶wenig *Raum* einnehmen 場所をとらない. / eine Rakete in den *Raum* schießen ロケットを宇宙に打ち上げる. ♦ Bekanntlich ist das Weltall ein luftleerer *Raum*. 周知のごとく宇宙は真空の空間である. / Die meisten Kunden habe ich im Kölner *Raum*. 私のお得意さんの大部分はケルン地域にいます.

räumen [ロィメン] 動 取り除く, 片づける; 立ち退く. ¶Ende des Monats müssen wir die Wohnung *räumen*. 月末には家を立ち退かなければならない. / Kannst du deine Sachen nicht etwas zur Seite *räumen*? お前のものを少しわきに片づけられないか.

Raum·fahrt [ラォム・ファールト] 女 -/ 宇宙飛行(旅行). **Raum·flug** [ラォム・フルーク] 男 -[e]s/Raum·flüge [ラォム・フリューゲ] 宇宙飛行.

räum·lich [ロィム・リヒ] 形 空間(場所)に関する, 空間(立体)的な. ¶*räumliches* Sehen 立体視. ♦ In unserer bisherigen Wohnung waren wir *räumlich* sehr beengt. これまでの家は空間的にたいへん窮屈だった.

Raum·schiff [ラォム・シフ] 中 -[e]s/-e 宇宙船. **Raum·station** [ラォム・シュタツィオーン] 女 -/-en 宇宙

R

Räumung

ステーション.

Räumung [ロィムング] 囡-/-en 立ち退き, 明け渡し; 在庫一掃.

Raupe [ラォペ] 囡-/-n 《昆虫》幼虫, 毛虫.

raus [ラォス] 剾《口語表現》=heraus, hinaus. ¶*Raus!* 出て行け. / Willst du nicht mal wieder *raus* ins Grüne? 一度また戸外へ出てみる気はないか.

Rausch [ラォシュ] 男 -[e]s/Räusche [ロィシェ] 酔い, 陶酔. ¶*seinen Rausch* ausschlafen 眠って酔いを覚ます.

rauschen [ラォシェン] 動 (水や風が)ザワザワ音を立てる; (s) ザワザワ音を立てて流れる.

Rausch・gift [ラォシュ・ギフト] 囲 -[e]s/-e 麻薬. **rauschgift・süchtig** [ラォシュギフト・ズュヒティヒ] 形 麻薬中毒の.

räuspern [ロィスペルン] 動 *sich*⁴ *räuspern* 咳払いをする.

Raute [ラォテ] 囡-/-n ひし形.

Razzia [ラッツィア] 囡-/Razzien [ラッツィエン] (警察の)手入れ. ¶*Die Polizei führte immer wieder Razzien durch, jedoch ohne Erfolg.* 警察は再三手入れを実施したが効果がなかった.

reagieren [レアギーレン] reagierte, reagiert 動 反応する, 答える《auf *et*⁴ 事⁴に》. ¶*Ich bin gespannt, wie er auf deinen Vorschlag reagiert.* 彼が君の提案にどう反応するか, 私は興味津々だ.

Reaktion [レアクツィオーン] 囡-/-en 反応《auf *et*⁴ 事⁴への》, 反作用. ¶*Seine spontane Reaktion auf unsere Bitte hat uns riesig gefreut.* 私たちの願いに対する彼のとっさの反応は我々をとても喜ばせた.

reaktionär [レアクツィオネーァ] 形 反動的な.

Reaktor [レアクトーァ] 男 -s/Reaktoren [レアクトーレン] 原子炉.

Real・gymnasium [レアール・ギュムナーズィゥム] 囲 -s/Real・gymnasien [レアール・ギュムナーズィエン] 《オーストリア》実科ギ

ュムナジウム.

現代外国語教育に重点を置いたギュムナジウム. 大学入学資格試験 die Matura に合格して大学に進学する.

realisieren [レアリズィーレン] realisierte, realisiert 動 実現する, 現実化する.

Realismus [レアリスムス] 男-/ リアリズム, 写実主義; 現実主義.

Realist [レアリスト] 男 -en/-en 《女性》 **Realistin** [レアリスティン] 囡-/Realistinnen [レアリスティネン]) 現実主義者; 実利主義者.

realistisch [レアリスティシュ] 形 現実的な; 写実的な, 写実主義の.

Realität [レアリテート] 囡-/-en 現実[性], 事実.

Real・schule [レアール・シューレ] 囡-/-n 実科学校.

基幹学校(⇒Hauptschule)とギュムナジウム(⇒Gymnasium)の中間的な性格を持つ学校. 第5学年から第10学年までの6年制. 卒業後は職業訓練に進む他に, 上級専門学校などに進学する者も多い. その後大学進学の可能性もある.

Rebe [レーベ] 囡-/-n 《植物》ブドウ[の木].

rebellieren [レベリーレン] rebellierte, rebelliert 動 反乱を起こす, 反抗する《gegen *et*⁴ 体制など⁴に対して》. ¶*Es ist verwunderlich, dass die Arbeiter dort nicht rebellieren.* あの労働者たちが反抗して騒ぎ立てないのは不思議だ.

Rechen・schaft [レッヒェン・シャフト] 囡-/ 弁明, 釈明, 申し開き. ¶*j*⁴ [für *et*⁴] zur *Rechenschaft* ziehen [事⁴について]人⁴に釈明を求める. / *j*³ über *et*⁴ *Rechenschaft* geben 人³に対して事⁴の釈明をする. / *j*³ [für *et*⁴] *Rechenschaft* schuldig sein 人³に[事⁴に関して]釈明しなければならない.

Re·cherche [レ・シェルシェ] 女-/-n 《ふつう複》調査，捜査．¶ über j⁴/et⁴ *Recherchen* anstellen 人⁴・事⁴について調査をする．

re·cherchieren [レ・シェルシーレン] recherchierte, recherchiert 動 調査(捜査)する．¶ Haben Sie in dieser Sache schon *recherchiert*? この件についてはもう調査しましたか．

rechnen [レヒネン] 動 計算する；計算(考え)に入れる，見込む；見積もる．¶ falsch *rechnen* 計算を間違える．/ auf j⁴/et⁴ *rechnen* 人⁴・事⁴をあてに(頼りに)する．/ im Kopf *rechnen* 暗算する．/ mit et³ *rechnen* 事³を考慮に入れる．◆ Für die Fahrt solltest du mindestens 3 Stunden *rechnen*. 行くのには少なくとも３時間は計算に入れておかなければいけないだろう．/ Wir *rechnen* fest auf deine Hilfe. 私たちは必ず君の助けがあるものとあてにしているからな．/ Mit dem Fall der Berliner Mauer hatte niemand *gerechnet*. ベルリンの壁が崩壊することなど誰も考えたことはなかった．

Rechner [レヒナァ] 男-s/- 計算機，コンピュータ．

Rechnung [レヒヌング] 女-/-en 計算，請求(勘定)書．¶ et³ *Rechnung* tragen 事³を考慮に入れる．◆ Vergiss nicht, die *Rechnung* zu bezahlen! 勘定の支払いを忘れるな．/ Die *Rechnung* liegt bei. 請求書同封．/ Das Essen geht (kommt) auf meine *Rechnung*. 食事は私が勘定をもつ．

recht [レヒト] 形 右(側)の；正しい；合法の；右翼(右派)の；ふさわしい；都合のよい；《副として》まさしく，本当に，まあまあの．¶ *seine rechte* Hand sein (…の)右腕である．/ nach dem *Rechten* sehen ちゃんとしているかどうか確かめる．/ *rechter* Hand (zur *Rechten*) 右手(側)に．/ zur *rechten* Zeit ちょうどよい時に．/ erst *recht* いよいよもって．◆ Wenn es Ihnen *recht* ist, ... もしご都合がよろしければ…．/ Wenn ich mich *recht* entsinne, ... 私の記憶に間違いなければ…．/ Haben Sie *recht* herzlichen Dank für Ihre Hilfe! ご援助本当にありがとうございます．(⇒Link)

Recht [レヒト] 中-[e]s/-e 権利；法[律]；《複なし》正義．¶ deutsches *Recht* ドイツ法．/ ein *Recht* ausüben 権利を行使する．/ *Recht* bekommen 正しいことが認められる．/ j³ *Recht* geben 人³の言う(行う)ことを正しいと認める．/ *Recht* haben (言うことが)正しい．/ mit *Recht* 当然にも，正当に．

Rechter* [レヒタァ] 男 (女性) **Rechte*** [レヒテ] 女 《形容詞の名詞化》右翼(人)；《女で》右手，極右グループ(政党)．

Recht·eck [レヒト・エク] 中 -[e]s/-e 長方形，四角形．**recht·eckig** [レヒト・エキヒ] -e [レヒト・エキゲ] 形 長方(四角)形の．

recht·fertigen [レヒト・フェルティゲン] 動 (人⁴の)正当性を証明する；弁明(釈明)する．¶ sich⁴ *rechtfertigen* 弁明する，正当化される．◆ Wie will er sein Verhalten *rechtfertigen*? どうやって彼は自分の態度を正当化するのだろう．

recht·lich [レヒト・リヒ] 形 法律上の，合法的な．

recht·mäßig [レヒト・メースィヒ] -e [レヒト・メースィゲ] 形 合法の，法律に基づいた．¶ Er behauptet, er sei der einzige *rechtmäßige* Erbe. 彼は自分がただ一人適法な相続人であると主張する．

rechts [レヒツ] 副 右側(右手)に；右派(右翼)として．¶ Politisch steht (ist) er eindeutig *rechts*. 政治的に彼は明白に右翼である．(⇒links)

Rechts·anwalt [レヒツ・アンヴァルト] 男-[e]s/Rechts·anwälte [レヒツ・アンヴェルテ] (女性) **Rechts·anwältin** [レヒツ・アンヴェルティン] 女-/Rechts·anwältinnen [レヒツ・アンヴェルティネン]) 弁護士．

Recht·schreibung [レヒト・シュライ

445

ブング] 囡 -/-en 正書法.

Rechts·verkehr [レヒツ・フェァケーァ] 男-[e]s/-e 右側通行.

recht·winklig [レヒト・ヴィンクリヒ] -e [レヒト・ヴィンクリゲ] 形 直角の.

recht·zeitig [レヒト・ツァイティヒ] -e [レヒト・ツァイティゲ] 形 ちょうどいい時に, 遅れないうちに. ¶Wir waren gerade noch *rechtzeitig* am Bahnhof. 我々は駅につくのがかろうじて間に合った.

Re·corder [レ・コルダァ] 男-s/- = Rekorder.

re·cyceln [リ・サィケルン] recycelte, recycelt 動 リサイクルする.

Re·cycling [リ・サィクリング] 匣-s/ リサイクル.

Redakteur [レダクテーァ] 男-s/-e (囡性 **Redakteurin** [レダクテーリン] 囡-/Redakteurinnen [レダクテーリネン]) 編集者, 編集部員.

Redaktion [レダクツィオーン] 囡 -/-en 編集[作業], 編集部.

Rede [レーデ] 囡-/-n 発言, 談話; 演説, スピーチ. ¶eine *Rede* halten 演説(講演)する. / große *Reden* schwingen 大きな口をたたく. / von *et³* die *Rede* sein 事³が問題とされる, 事³について語られる.

reden [レーデン] 動 話す, 語る, 論じる; 演説(講演)する. ¶über *j⁴/et⁴* (von *j³/et³*) *reden* 人⁴・事⁴ (人³・事³)について話し合う. ◆ Nun lass ihn doch erst mal zu Ende *reden*! まあ彼にまず終りまで話させろ. / Über so ein Angebot lässt sich *reden*. こういう提案については話し合う余地がある. / Er hört sich sehr gern *reden*. 彼は話が上手だとうぬぼれてよくしゃべる.

Redens·art [レーデンス・アールト] 囡-/-en 慣用句; 《ふつう複で》決まり文句.

Rede·wendung [レーデ・ヴェンドゥング] 囡 -/-en 慣用句, 成句.

redigieren [レディギーレン] redigierte, redigiert 動 編集(校訂)する.

Redner [レードゥナァ] 男-s/- (囡性 **Rednerin** [レードゥネリン] 囡 -/

Rednerinnen [レードゥネリネン]) 演説(講演)者.

re·duzieren [レ・ドゥツィーレン] reduzierte, reduziert 動 軽減する, 削減(縮小)する; 簡略化する. ¶Bisher ist es nicht gelungen, die Zahl der Arbeitslosen zu *reduzieren*. こんにちまでのところ失業者数を減らすことに成功していない. / Mit dieser Maßnahme lassen sich die Produktionskosten um ein Fünftel *reduzieren*. この措

R

置によって生産費が五分の一削減でき
る.

Reederei [レーデライ] 女-/-en 船会
社,船舶業.

Re・ferat [レ・フェラート] 中-[e]s/-e
報告,口頭(研究)発表. ¶ **Wann
musst du dein *Referat* halten?**
君はいつ研究発表をしなければならない
のですか.

Re・ferendar [レ・フェレンダール] 男
-s/-e (女性) **Re・ferendarin**
[レ・フェレンダーリン] 女-/Re・ferenda-
rinnen [レ・フェレンダーリネン]) 司法修
習生;判事補.

Re・ferent [レ・フェレント] 男 -en/
-en (女性) **Re・ferentin** [レ・フェ
レンティン] 女-/Re・ferentinnen
[レ・フェレンティネン] [研究]報告者;担
当官. ¶ **Der zuständige *Referent*
ist heute außer Haus.** 担当官は
きょう外出しています.

Re・ferenz [レ・フェレンツ] 女-/-en
《ふつう複》紹介(状),推薦(状);照会
先.

Re・flex [レ・フレックス] 男-es/-e 反
射[光]. ¶ **bedingter *Reflex* 〖生〗**
条件反射.

re・flexiv [レ・フレクスィーフ] -e [レ・
フレクスィーヴェ] 形 〖文法〗再帰的な.

Reflexiv・pronomen [レフレクスィ
ーフ・プロノーメン] 中-s/- 〖文法〗再帰代
名詞.

Re・form [レ・フォルム] 女-/-en 改
革,改造. ¶ **Die Regierung hat
die *Reform* überstürzt.** 政府は
性急な改革を行った.

Re・formation [レ・フォルマツィオーン]
女-/-en 《複なし》〖歴史〗宗教改革;
改革,革新.

re・formieren [レ・フォルミーレン] re-
formierte, reformiert 動 改革
(革新)する. ¶ **Alle wollen die Uni-
versitäten *reformieren*.** 皆が大
学を改革したいと思っている.

Regal [レガール] 中-s/-e 本棚,書
架. ¶ **Bücher ins *Regal* stellen**
本を本棚に置く.

rege [レーゲ] 形 活発な,元気な.

Regel [レーゲル] 女-/-n 規則,規定;

〖生理〗月経. ¶ **eine *Regel* aufstel-
len** 規則を立てる. / **sich⁴ an ei-
ne *Regel* halten** 規則を守る. / **ge-
gen eine *Regel* verstoßen** 規
則に違反する. / **in der (aller) *Re-
gel*** 普通(通例)は.

regel・mäßig [レーゲル・メースィヒ] -e
[レーゲル・メースィゲ] 形 規則正しい,規
則的な. ¶ **Er kommt *regelmäßig*
zum Training.** 彼はきちんきちんと
練習に来る.

regeln [レーゲルン] 動 整理する;規則
立てる. ¶ **sich⁴ regeln** 解決され
る. ◆ **Vor meiner Abreise muss
ich noch allerhand *regeln*.** 出
発する前に私はいろいろなことを片づけ
ておかねばならない. / **Die Angele-
genheit hat sich von selbst ge-
regelt.** この件はおのずと片づいた.

regel・recht [レーゲル・レヒト] 形 規
則にかなった;〖くだけて〗まったくの. ¶ **Er
hat sich *regelrecht* blamiert.**
彼は赤恥をかいた.

Regelung [レーゲルング] 女-/-en 整
理;規制,規定.

Regen [レーゲン] 男 -s/- 雨. ¶ **j⁴
im *Regen* stehen lassen** 人⁴を
見殺しにする. ◆ **Der *Regen* hört
auf.** 雨がやむ.

regen [レーゲン] 動 動かす. ¶ **sich⁴
regen** 動く;(心の動きが)生じる.
◆ **Jetzt regt sich endlich auch
sein Gewissen.** 遂に彼の良心も芽
生えてくる.

Regen・bogen [レーゲン・ボーゲン]
男 -s/- 虹.

Regen・mantel [レーゲン・マンテル]
男-s/Regen・mäntel [レーゲン・メンテ
ル] レインコート. **Regen・
schirm** [レーゲン・シルム]男-[e]s/-e
雨がさ.

Regie [レジー] 女-/ (映画などの)演
出,監督.

regieren [レギーレン] regierte, re-
giert 動 統治(支配)する. ¶ **einen
Staat *regieren*** 国家を統治する.

Regierung [レギールング] 女 -/-en
政府;内閣. ¶ **an die *Regierung*
kommen** 政権の座に着く. / **an**

R

447

der *Regierung* sein 政権を握っている.

Regime [レジーム] 中-s/-,-s 政権, 政体;体系,組織;秩序.

Region [レギオーン] 女-/-en 地域, 地方,地帯. ¶in höheren *Regionen* schweben 現実離れしている.

regional [レギオナール] 形 地域の,地方の;局地的な.

Regisseur [レジセーァ] 男-s/-e 演出家,舞台(映画)監督.

Register [レギスタァ] 中-s/- 索引, インデックス,記録(登録)簿.

registrieren [レギストゥリーレン] registrierte, registriert 動 記録する,登録する.

regnen [レーグネン] 動《es を主語として》¶Es *regnet*. 雨が降る. / Es *regnet* et⁴. 物⁴が雨あられと降ってくる. / Es *regnete* Vorwürfe. 非難ごうごうであった.

regnerisch [レーグネリシュ] 形 雨が降りそうな,雨がちな.

regulär [レグレーァ] 形 規則通りの,普通の,正規の.

regulieren [レグリーレン] regulierte, reguliert 動 調節する,規制する.

regungs・los [レーグングス・ロース] 形 動かない,身動きしない.

re・habilitieren [レ・ハビリティーレン] rehabilitierte, rehabilitiert 動 (人⁴の)名誉を回復する,復権させる;(身体障害者など⁴を)社会復帰させる.

Reh [レー] 中-[e]s/-e 《動》ノロ[ジカ]

Reibe [ライベ] 女-/-n 《料理》おろし金.

reiben* [ライベン] rieb, gerieben 動 こする;すりおろす;こすり取る;磨く. ¶*sich³* die Hände *reiben* (満足して)もみ手をする. / das Messer blank *reiben* ナイフをぴかぴかに磨く. ◆ Soll ich dir Creme auf die wunde Stelle *reiben*? すりむいたところにクリームを塗ってやろうか.

Reibung [ライブング] 女-/-en こすること;摩擦;磨くこと;軋轢(あつれき),いざ

こざ. ¶Wegen des neuen Projektes dürfte es im Vorstand einige *Reibungen* geben. 新しいプロジェクトをめぐって理事会内に何がしかの軋轢が起るのではあるまいか.

reich [ライヒ] 形 金持ちの;豊かな,豊富な;豪華な. ¶Arm und *Reich* 貧しき者も富める者も. / an et³ *reich* sein 物³が豊富である. / in *reichem* Maße おびただしく,たっぷりと. ◆ Auf diesem Gebiet verfügt er über eine *reiche* Erfahrung. この分野で彼は豊かな経験を持っている. / Das Buch ist *reich* illustriert. この本は豊富な挿絵が入っている.(⇒arm)

Reich [ライヒ] 中-[e]s/-e ライヒ;帝国,王国. ¶das Heilige Römische *Reich* [Deutscher Nation] 神聖ローマ帝国. / das Dritte *Reich* 第三帝国(ナチ政権下のドイツ).

---

das Heilige Römische Reich Deutscher Nation（ドイツ民族の神聖ローマ帝国.962 - 1806）を第一のドイツ帝国とし, das Deutsche Reich（Otto von Bismarck 1815 - 1898 時代のドイツ帝国. 1871 - 1918）を第二帝国として,ヒトラーの君臨したドイツを第三帝国（1933 - 1945）と呼んだ.

Reicher* [ライヒァァ] 男 (女性) **Reiche*** [ライヒェ]《形容詞の名詞化》金持ち. ¶Die *Reichen* werden immer reicher, die Armen immer ärmer. 富める者はますます富む一方であり,貧しい者は貧しくなるばかりだ.

reichen [ライヒェン] 動 (高さ・深さなどが...まで)達する;足りる;手渡す,差し出す. ¶*j³ reicht* es 人³の忍耐も限界だ. ◆ Der Park *reicht* bis zum Kanal. 公園は運河まで達している. / Sein Gehalt *reicht* immer nur knapp bis zum Monatsende. 彼の俸給はかろうじて月末まで

R

足りるかどうかと言ったところだ. / *Reichen* Sie mir bitte mal das Salz! (食卓で)塩をこちらに回してくださいませんか. / Jetzt *reicht* mir's aber! もうたくさんだ.

reich·lich [ライヒ・リヒ] 形 豊富な, 大量の, たっぷりの.

Reich·tum [ライヒ・トゥーム] 男 -s/ Reich·tümer [ライヒ・テューマァ] 財産, 資産;《複なし》富, 豊富, 豊かさ. ¶*Reichtum* erwerben 富を手に入れる. / zu *Reichtum* kommen 財をなす.

reif [ライフ] 形 (果実などが)熟した; 成熟した; 円熟した. ¶für *et⁴* reif sein 事⁴の機が熟している, 事⁴を必要としている. ◆Für die Aufgabe ist er noch nicht *reif*. 彼はこの任務を果たすにはまだ未熟すぎる.

¹Reif [ライフ] 男 -[e]s/ 霜.

²Reif [ライフ] 男 -[e]s/-e 《雅語》(婚約・結婚)指輪, 腕輪.

Reife [ライフェ] 女 -/ 成熟, 熟成;円熟. ¶Um das einzusehen, fehlt ihm die nötige *Reife*. それを悟るために必要な成熟が彼には欠けている.

Reifen [ライフェン] 男 -s/- タイヤ; 輪. ¶den *Reifen* wechseln タイヤを交換する. ◆Der *Reifen* ist geplatzt. タイヤがパンクした.

Reife·prüfung [ライフェ・プリューフング] 女 -/-en 高校卒業(大学入学)資格試験. (=Abitur) **Reife·zeugnis** [ライフェ・ツォイクニス] 中 -ses/ -se 高校卒業資格証書.

Reihe [ライエ] 女 -/-n 列, 行列;連続;シリーズ;順番. ¶bunte *Reihe* 男女交互に. / eine *Reihe* von Tagen 何日も. / an der *Reihe* sein (人¹の)番である. / an die *Reihe* kommen 順番がくる. / aus der *Reihe* tanzen 《俗語》身勝手な振舞いをする. / der *Reihe* nach (nach der *Reihe*) 順番に. ◆Damals hatte er mit einer ganzen *Reihe* von Problemen auf einmal zu kämpfen. 当時彼はたくさんの問題といっぺんに闘わねば

ならなかった.

Reihen·folge [ライエン・フォルゲ] 女 -/-n 順序, 連続.

Reihen·haus [ライエン・ハォス] 中 -es/Reihen·häuser [ライエン・ホィザァ] テラスハウス;列状住宅.

Reim [ライム] 男 -[e]s/-e 《詩語》《押韻》韻, 脚韻.

reimen [ライメン] 動 韻を踏む《auf *et⁴* 音韻⁴に合わせて》. ¶*sich⁴* auf *et⁴* reimen (音韻⁴に合わせて)韻を踏む. ◆"Wein" *reimt* sich auf "Rhein". Wein と Rhein は韻が合っている.

¹rein [ライン] 形 純粋な;清潔な;純然たる, まったくの. ¶*reines* Gold 純金. / *reine* Hände haben 手を汚していない, 潔白である. ◆Die *reine* Flugzeit ist nur fünfzig Minuten. 飛行時間は正味僅かに50分です. / *Rein* finanziell gesehen springt dabei nicht viel für ihn heraus. 純粋に経済的に見た場合それによって彼が得る利益は多くない.

²rein [ライン] 副 《口語》Alle Abfälle hier *rein*! ゴミはみなこの中に入れなさい. (=herein, hinein)

Reine·machen [ライネ・マヘン] 中 -s/ 掃除.

Reines* [ライネス] 中 《形容詞の名詞化》*et⁴* ins *Reine* bringen 問題など⁴を解決する. / mit *j³/et³* im *Reine* sein 人³と話し合いがつく(ついている), 事³について決着がつく(ついている).

Rein·fall [ライン・ファル] 男 -[e]s/ Rein·fälle [ライン・フェレ] 《口語》期待はずれ, 失望;失敗.

Rein·gewinn [ライン・ゲヴィン] 男 -[e]s/-e 純益.

Rein·heit [ライン・ハイト] 女 -/ 純粋, 清潔, 純潔.

reinigen [ライニゲン] 動 きれいにする;掃除をする;クリーニングする.

Reinigung [ライニグング] 女 -/-en 清掃, クリーニング;浄化;クリーニング店. ¶Der Anzug muss unbedingt in die *Reinigung*. この背広を絶対にクリーニングに出さなくては

ならない.

¹Reis [ライス] 男-es/-e 〖穀物〗米；〖植物〗イネ. ¶*Reis* kochen ご飯を炊く.

²Reis [ライス] 男-[e]s/-er 若枝, 小枝.

Reise [ライゼ] 女 -/-n 旅, 旅行. ¶eine *Reise* machen 旅をする. / auf der *Reise* sein (auf *Reisen* sein) 旅行中である.

Reise·büro [ライゼ·ビュロー] 中 -s/-s 旅行会社.

Reise·führer [ライゼ·フューラァ] 男-s/- 旅行のガイド(案内人)；(旅行の)ガイドブック. **Reise·führerin** [ライゼ·フューレリン] 女-/Reise·führerinnen [ライゼ·フューレリネン] 旅行のガイド(案内人). **Reise·krankenversicherung** [ライゼ·クランケンフェアズィヒェルング] 女-/-en 旅行疾病保険. **reise·lustig** [ライゼ·ルスティヒ] -e [ライゼ·ルスティゲ] 形 旅行好きな.

reisen [ライゼン] 動 (s) 旅行する, 旅をする.

Reisender* [ライゼンダァ] 男 (女性 **Reisende*** [ライゼンデ] 《形容詞の名詞化》旅行者.

Reise·pass [ライゼ·パス] 男 -es/Reise·pässe [ライゼ·ペセ] パスポート.

reißen* [ライセン] du/er reißt; riss, gerissen 動 1 引き裂く, 引きちぎる；強く引っ張る. ¶et⁴ an sich⁴ *reißen* 物⁴を強引に我がものにする. ◆Wütend *riss* sie sein Foto in kleine Schnipsel. 怒り猛って彼女は彼の写真を細かくちぎった. / Der Wind *riss* ihr den Hut vom Kopf. 風が彼女の頭から帽子をひっさらっていった. 2 (s) ぷっつり切れる, 裂ける. ¶Ihr Badeanzug ist entlang der Naht *gerissen*. 彼女の水着は縫い目沿いに裂けた.

reißend [ライセント] 1形 (流れなどが)激しい；売れ行きがいい. ¶*reißenden* Absatz finden 飛ぶように売れる. ◆Der Fluss ist hier *reißend*. 川はこのあたりでは急流である.

る. 2 reißen の現在分詞.

Reiß·nagel [ライス·ナーゲル] 男 -s/Reiß·nägel [ライス·ネーゲル] 画鋲(がびょう). **Reiß·verschluss** [ライス·フェアシュルス] 男-es/Reiß·verschlüsse [ライス·フェアシュリュセ] ファスナー, チャック. **Reiß·wolf** [ライス·ヴォルフ] 男 -[e]s/Reiß·wölfe [ライス·ヴェルフェ] 裁断機, シュレッダー. **Reiß·zwecke** [ライス·ツヴェケ] 女-/-n 画鋲(がびょう).

reiten* [ライテン] ritt, geritten 動 1 (s,h) (馬などに)乗る, 乗っていく. ¶auf einem Pferd *reiten* 馬に乗る. 2 (馬などに)乗る, 乗っていく. ¶einen Schimmel *reiten* 白馬に乗る.

Reiter [ライタァ]男-s/- (女性 **Reiterin** [ライテリン] 女 -/Reiterinnen [ライテリネン]) (馬などの)乗り手, 騎手.

Reiz [ライツ] 男-es/-e 刺激《auf j⁴/et⁴ 人⁴·物⁴に対する》；魅力. ¶einen *Reiz* auf j⁴/et⁴ ausüben 人⁴·物⁴を刺激する.

reizen [ライツェン] 動 刺激する, 興奮させる, 怒らせる；魅惑する. ¶den Appetit *reizen* 食欲をそそる. / sich⁴ gereizt fühlen いらいらさせられる. ◆Solche Gewürze *reizen* mir zu stark den Magen. この種の香辛料は私の胃に対して刺激が強すぎる. / Die Ausstellung *reizt* ihn überhaupt nicht. その展覧会は彼にとってまるで魅力がない.

reizend [ライツェント] 1形 魅力的な, チャーミングな. ¶Sie ist eine ganz *reizende* Gastgeberin. 彼女は全く魅力的な接待役だ. 2 reizen の現在分詞.

Re·klamation [レ·クラマツィオーン] 女-/-en クレーム, 異議申し立て. ¶*Reklamationen* haben (bekommen) wir nur selten. われわれはクレームをつけられることなどめったにない.

Re·klame [レ·クラーメ] 女-/-n 広告, 宣伝. ¶für et⁴ *Reklame* machen 物⁴の宣伝(広告)をする.

450

re·konstruieren [レ・コンストゥルイ
ーレン] rekonstruierte, rekon-
struiert **動** 復元(再建)する;再現す
る.

Re·kord [レ・コルト] **男**–[e]s/-e 《ス
ポーツ》記録, レコード. ¶einen neuen
Rekord aufstellen 新記録を樹立
する. ◆Seit drei Jahren hält sie
den *Rekord* im Hochsprung. 3
年来彼女は高跳びの記録を保持してい
る. / Heute waren es 33 Grad
im Schatten, das ist neuer *Re-
kord* für unsere Stadt. きょうは
日陰で33度だった, わが市にとって新
記録だ.

Re·korder [レ・コルダァ] **男**–s/- 記
録装置, テープレコーダ.

Rektor [レクトァ] **男**–s/Rektoren
[レクトーレン] （**女性** **Rektorin** [レ
クトーリン] **女**–/Rektorinnen [レクト
ーリネン]）(学内選挙によって選出され
た)学長, 総長;諸学校の校長. (Gym-
nasium の校長は Direktor)

Re·lation [レ・ラツィオーン] **女**–/-en
関係, 関連.

re·lativ [レ・ラティーフ] -e [レ・ラティ
ーヴェ] **形** 相対的な. ¶Dort kann
man *relativ* billig Urlaub ma-
chen. あそこなら比較的安価に休暇
が過ごせる.

re·levant [レ・レヴァント] **形** 重要
な, 意味のある. ¶Das ist eine poli-
tisch höchst *relevante* Aussa-
ge. それは政治的にきわめて重要な
発言だ. / Was er vorbringt, ist
überhaupt nicht *relevant*. 彼の
主張することはぜんぜん重要ではない.

Religion [レリギオーン] **女**–/-en 宗
教.

religiös [レリギエース] **形** 宗教的な,
宗教上の;敬虔な.

Re·naissance [レ・ネサーンス] **女**–
/-n [レ・ネサーンセン] ルネッサンス.

Rendez·vous [ランデ・ヴー] **中**–/-
[ランデ・ヴース] デート;(宇宙船の)ラン
デブー.

rennen* [レネン] rannte, gerannt
動 (生物が)走る, 競走する;駆けつけ
る;ぶつかる. ¶an die Wand ren-

関·連·語 Religion
—宗教関連用語—

【宗教名】
das Christentum キリスト教.
der Christ, die Christin
　　　　　　　　キリスト教徒.
das Judentum　　　ユダヤ教.
der Jude, die Jüdin ユダヤ教徒.
der Islam イスラム教.
der Muslim, die Muslimin
　イスラム教徒.
der Buddhismus 仏教.
der Buddhist, die Buddhistin
　仏教徒.
der Shintoismus 神道.
der Shintoist, die Shintoistin
　神道家.

【キリスト教関連用語】
katholisch カトリックの.
evangelisch, protestantisch
　プロテスタントの.
der Glaube　　　　信仰.
der Gottesdienst 礼拝.
die Messe　　　　ミサ.
die Taufe　　　　洗礼.
der Papst　[ローマ] 教皇.
der Kardinal 枢機卿.
der Bischof　司教.
der Priester　司祭.
der Pater　神父.
der Pfarrer 《カトリック》主任司祭,
　　　　　　《プロテスタント》牧師.
die Kirche　　教会.
der Dom　　　大聖堂.
das Kloster　修道院.
die Bibel　　　聖書.
das Alte Testament 旧約聖書.
das Neue Testament 新約聖書.

---

nen 壁にぶつかる. / um die Wet-
te *rennen* 競走する. ◆Nun
renn doch nicht so, Zeit haben
wir genug. そんなに急ぐのじゃな
い, 時間ならたっぷりあるのだ. / Er ist
mit dem Kopf voll gegen die
Glastür *gerannt*. 彼はまともに頭
をガラス戸にぶつけた.

≣ドイツを識るコラム≣
ドイツ人の教会離れ

　ドイツでは教会離れが進んでおり，2021年にはカトリック，プロテスタント両宗派合わせて約64万人が教会から離脱した．2021年の登録信者数はカトリック2164万人，プロテスタント1970万人で，両宗派の信者数はついに人口の50%を下回るに至った．

　現代の価値観と教会の旧態依然とした見解の乖離，教会における性的虐待や金銭をめぐるスキャンダルも信者減の大きな原因である．また信者は教会税（所得税の8〜9%）を徴収されるので，これを避けるために教会を離れる人も多い．

　それでもドイツの社会・文化がキリスト教に深く根ざしていることは変わらない．教育・福祉・医療などの分野で教会は今も大きな役割を果たしている．

Rennen [レネン] 中-s/- 競走，レース． ¶das *Rennen* gewinnen (verlieren) レースに勝つ（負ける）.

Renner [レナァ] 男-s/- ヒット商品.

re・novieren [レ・ノヴィーレン] renovierte, renoviert 動 修繕する，修復する.

rentabel [レンターベル] ...table [レンターブレ] 形 採算の取れる，儲かる.

Rente [レンテ] 女-/-n 年金. ¶in (auf) *Rente* gehen 年金生活に入る. ♦Von seiner *Rente* kann er bequem leben. 彼は年金でゆったり暮らせる.

Renten・alter [レンテン・アルタァ] 中-s/ 年金受給資格年齢. ¶ins *Rentenalter* kommen 年金受給資格年齢に達する.

Renten・versicherung [レンテン・フェアズィヒェルング] 女-/-en 年金保険.

rentieren [レンティーレン] rentierte, rentiert 動 *sich⁴ rentieren* 採算が合う；利益が上がる.

Rentner [レントナァ] 男-s/- （女性

Rentnerin [レントゥネリン] 女-/Rentnerinnen [レントゥネリネン]）年金生活者.

Re・paratur [レ・パラトゥーァ] 女-/-en 修理，修繕.

re・parieren [レ・パリーレン] reparierte, repariert 動 修理（修繕）する.

Re・port [レ・ポルト] 男-[e]s/-e 報告，レポート.

Re・portage [レ・ポルタージェ] 女-/-n 報告[記事]，ルポルタージュ.

Re・porter [レ・ポルタァ] 男-s/- （女性 **Re・porterin** [レ・ポルテリン] 女-/Re・porterinnen [レ・ポルテリネン]）リポーター，ルポライター.

re・präsentativ [レ・プレゼンタティーフ] -e [レ・プレゼンタティーヴェ] 形 代表の；代理の；地位（身分）にふさわしい.

re・präsentieren [レ・プレゼンティーレン] repräsentierte, repräsentiert 動 代表（代理）する；（価値などを）表す；地位（身分）にふさわしく振る舞う. ¶Er *repräsentiert* die Interessen seiner Firma. 彼は自分の会社の利益を代表している. / Diese fünf Skulpturen *repräsentieren* zusammen einen Wert von anderthalb Millionen Euro. この彫刻は5点あわせて150万ユーロの値打ちがある.

Re・produktion [レ・プロドゥクツィオーン] 女-/-en 再生[産]，複写，複製. ¶Die *Reproduktion* dieser Skulptur wirkt täuschend echt. この彫像の複製は見間違えるくらい本物そっくりだ.

re・produzieren [レ・プロドゥツィーレン] reproduzierte, reproduziert 動 再生産する，複写する.

Reptil [レプティール] 中-s/Reptilien [レプティーリエン]《動》は虫類.

Re・publik [レ・プブリーク] 女-/-en 共和国；共和制.

Re・serve [レ・ゼルヴェ] 女-/-n 貯え，備蓄；予備軍；《複なし》控え目，遠慮. ¶eine eiserne *Reserve* 非常用のたくわえ． ♦Die *Reserven* an Öl reichen für mindestens drei Monate. 石油の備蓄は少なくとも3か月分には足りる。

re·servieren [レ・ゼルヴィーレン] reservierte, reserviert **動** 予約して取っておく。¶Er hat mir (für mich) einen Tisch am Fenster *reserviert*. 彼は私のために窓際のテーブルを予約してくれた。/ Wir haben [uns] einen Tisch im Restaurant *reservieren* lassen. 私たちはレストランの席を予約した。/ Diesen Cognac habe ich für besondere Anlässe *reserviert*. このコニャックは特別の機会のために取っておいたものだ。

re·serviert [レ・ゼルヴィールト] **1 形** 予約済みの;冷ややかな。¶*Reservierte* Karten müssen rechtzeitig abgeholt werden. 予約済み入場券は適時受け取りに来なくてはならない。**2** reservieren の過去分詞。

re·signieren [レ・ズィグニーレン] resignierte, resigniert **動** 諦める、断念する。¶Ich finde, er hat viel zu schnell *resigniert*. 彼は諦めがあまりにも早すぎたと私は思う。

Re·spekt [レ・スペクト] **男**-[e]s/ 尊敬、敬意《vor *j³* 人³に対する》。¶Bei allem *Respekt* vor seinem Können, ein angenehmer Kollege ist er nicht. 彼の能力には敬意を表するが、さりとて彼は感じの良い同僚ではない。

re·spektieren [レ・スペクティーレン] respektierte, respektiert **動** 尊敬する;尊重する。¶Natürlich *respektiere* ich seine Meinung, aber teilen kann ich sie nicht. 勿論彼の意見は尊重するが、かといって同意見ではない。

Rest [レスト] **男**-[e]s/-e 残り[物]、残部。¶die *Reste* vom Abendessen 夕食の食べ残し。/ den *Rest* des Weges zu Fuß gehen 道のりの残りは徒歩で行く。

Re·staurant [レ・ストラーン] **中**-s/ -s レストラン。¶ins *Restaurant* gehen レストランに行く、外で食事

をする。

Re·stauration [レ・スタォラツィオーン] **女**-/-en (美術品などの)修復;再建;[王制]復古。

re·staurieren [レ・スタォリーレン] restaurierte, restauriert **動** 修復(再建)する。

rest·lich [レスト・リヒ] **形** 残りの、余りの。

rest·los [レスト・ロース] **形** 余すところのない、完全な。¶Der Film hat uns *restlos* begeistert. その映画は私たちをすっかり感動させた。

Re·sultat [レ・ズルタート] **中** -[e]s/ -e 結果、成果;[数学](計算の)答え。

retten [レッテン] **動** 救助する。¶*j⁴* aus einer Gefahr *retten* 人⁴を危険から救い出す。/ *j³* das Leben *retten* 人³の生命を救う。/ *sich⁴ retten* 逃れる、避難する。◆Bist du denn noch zu *retten*? 君は全く救いようがないよ。

Rettich [レッティヒ] **男**-[e]s/-e 《野菜》ダイコン。

Rettung [レットゥング] **女**-/-en 救助、救出;[オランダ]救急車。 **Rettungs·mannschaft** [レットゥングス・マンシャフト] **女**-/-en 救助隊。

re·tuschieren [レ・トゥシーレン] retuschierte, retuschiert **動** (写真などを)修正する。

Reue [ロィエ] **女**-/ 後悔、悔い。¶über *et⁴ Reue* empfinden 事⁴を後悔する。

reu·mütig [ロィ・ミューティヒ] -e [ロィ・ミューティゲ] **形** 後悔している。

Re·vanche [レ・ヴァーンシュ、レ・ヴァーンシュ] **女**-/-n 雪辱;仕返し、報復。

re·vanchieren [レ・ヴァンシーレン] revanchierte, revanchiert **動** *sich⁴ für et⁴ revanchieren* 事⁴の仕返しをする、報復をする;好意など⁴に対して返礼をする。¶Für eine solche Beleidigung werde ich mich zu *revanchieren* wissen. あんな侮辱に対しては何とか仕返しをしてやるつもりだ。

Re·vier [レ・ヴィーァ] **中**-s/-e (警察などの)管轄区域、担当地区;所轄

453

署. ¶Ich muss Sie bitten, mit aufs *Revier* zu kommen. 所轄署まで同行願います.

Re·volution [レ・ヴォルツィオーン] 囡-/-en 革命. ¶eine technische *Revolution* 技術革命. ◆Die *Revolution* ist ausgebrochen. 革命が起こった. **re·volutionär** [レ・ヴォルツィオネーァ] 厖 革命の, 革命的な.

re·volutionieren [レ・ヴォルツィオニーレン] revolutionierte, revolutioniert 動 (事⁴に)革命を起こす. ¶Die Erfindung der Transistors *revolutionierte* die moderne Elektronik. トランジスタの発明は現代エレクトロニクスに根本的変革をもたらした.

Re·volver [レ・ヴォルヴァー] 男 -s/- リボルバー, 回転式ピストル. ¶Der *Revolver* war geladen. そのリボルバーには弾丸が装填されていた.

Re·zept [レ・ツェプト] 中 -[e]s/-e 処方箋;(料理の)レシピ. ¶Dieses Mittel gibt es nur auf *Rezept*. この薬は処方箋を提示しないと入手できない. / Genau nach *Rezept* kocht sie schon lange nicht mehr. 彼女は厳密にレシピどおりの料理をもうずっとやったことがない. **re·zept·frei** [レツェプト・フライ] 厖 (投薬に)処方箋を必要としない. **re·zept·pflichtig** [レツェプト・プフリヒティヒ] -e [レツェプト・プフリヒティゲ] 厖 (投薬に)処方箋を必要とする.

Re·zeption [レ・ツェプツィオーン] 囡-/-en 受け入れ, 受け継ぎ;(ホテルの)フロント.

Re·zitation [レ・ツィタツィオーン] 囡-/-en 朗読. **re·zitieren** [レ・ツィティーレン] rezitierte, rezitiert 動 朗読する.

¹**Rhabarber** [ラバルバァ] 男-s/ 〖植物〗ラバーブ, ダイオウ[の葉柄].

²**Rhabarber** [ラバルバァ] 中-s/ 〖演劇〗(群衆の)がやがや言う声.

Rhein [ライン] 男-[e]s/ der *Rhein* 〖地名〗ライン川.

Rheinland–Pfalz [ラインラント・プファルツ] 中-/ 〖地名〗(ドイツ連邦共和国の)ラインラント・プファルツ州(ドイツ中西部).

Rhetorik [レトーリク] 囡-/ 修辞法(学), レトリック;雄弁術.

Rheuma [ロイマ] 中-s/ , **Rheumatismus** [ロイマティスムス] 男 -/ Rheumatismen [ロイマティスメン] 〖医学〗リューマチ. ¶Bei so einem Wetter spüre ich mein *Rheuma* besonders arg. こういうお天気だと私はリューマチの痛みをことにひどく感じる.

≡ドイツを識るコラム≡
Rheinland–Pfalz

面積　19858(km²)
人口　409(万人)
州都　マインツ

　ライン川, モーゼル川流域に広がるブドウ畑と数々の古城が旅情を誘う. ワインはドイツ全体の3分の2を生産. 世界最大の化学メーカーBASFはルートヴィヒスハーフェンにあり, 州内最大の雇用を創出している. 州都マインツは活版印刷の生みの親グーテンベルクとカーニバルで有名. 2000年を超える歴史を持つトリーアにはローマ時代の遺跡が点在する.

ライン川とブドウ畑

Rhythmus [リュトゥムス] 男 -/
Rhythmen [リュトゥメン] リズム.

richten [リヒテン] 動 **1** 向ける；整え
る；用意（準備）する．¶ das Essen
richten 食事の準備をする．/ *sei-
ne* Aufmerksamkeit auf et⁴ *rich-
ten* 物⁴に注意を向ける．/ sich⁴ *rich-
ten* 整列する；身支度をする．/ sich⁴
auf et⁴ *richten* 物⁴の方を向く．/
sich⁴ nach j³/et³ *richten* 人³・
事³に従う，人³・事³を手本とする．
♦ Der Beschwerdebrief war an
den Minister persönlich *gericht-
tet*. 苦情の手紙は大臣個人あてであった．
/ Alle Kameras waren auf die
Schönheitskönigin *gerichtet*. 全
てのカメラがビューティーコンテストの
女王に向けられていた．**2** über
j⁴/et⁴ *richten* 人⁴・事⁴に判決を下
す．

Richter [リヒタァ] 男 -s/- (女性
Richterin [リヒテリン] 女 -/Rich-
terinnen [リヒテリネン]) 裁判官，判
事．

richtig [リヒティヒ] -e [リヒティゲ]
形 正しい，正確な；本格的な；適切な．
¶ eine *richtige* Antwort (Lö-
sung) 正解．/ ein *richtiger* Som-
mer 本格的な夏．/ ein Wort *rich-
tig* übersetzen 語を的確に訳す．
♦ Es war vollkommen *richtig*,
dass er sofort den Notarzt ge-
rufen hat. 彼が直ちに救急医を呼ん
だのは全く適切なことだった．/ Du
sollst erst einmal einen *richti-
gen* Beruf lernen. 君は何よりも
まず相応しい職業の修行をするべきだ．
/ Ich meine, er hat die *richtige*
Wahl getroffen. 彼の選択は正し
かったと私は思う．Ich war darüber
richtig erschrocken. 私はそれに
は本当にびっくりした．/ Geht deine
Uhr *richtig*? 君の時計は正確か．

Richtung [リヒトゥング] 女 -/-en 方
向，方角；傾向，趨勢（すうせい）．¶ der
Zug *Richtung* Berlin ベルリン行
きの列車．/ aus allen *Richtun-
gen* あらゆる方向から．/ eine poli-
tische *Richtung* 政治的傾向．♦ In

welcher *Richtung* liegt der Bo-
densee? ボーデン湖はどの方向にあ
りますか．/ Die Autobahn verläuft
genau in *Richtung* Norden. ア
ウトバーンは真北に向かって走っている．

rieb [リープ] reiben の過去形・単数・
1，3人称．

riechen* [リーヒェン] roch, gero-
chen 動 **1** 臭いがする《nach
et³ 物³の》；臭いを嗅ぐ《an et³ 物³
の》．¶ an einer Rose *riechen*
バラの香りを嗅ぐ．♦ Der Kaffee
riecht gut. このコーヒーはいい匂い
がする．《es を主語として》Hier
riecht es nach Gas, *riechen*
Sie nichts? ここはガスの臭いが
する，あなたは臭いませんか．**2** (物⁴
の)臭いを嗅ぐ．

rief [リーフ] rufen の過去形・単数・
1，3人称．

Riegel [リーゲル] 男 -s/- かんぬき，掛
け金；(木・金属・食べ物などの)バー．¶
ein *Riegel* Schokolade (Seife)
(切れ目の入った)チョコレート(棒石
鹸)のバー．/ den *Riegel* an der
Tür vorlegen ドアにかんぬきをかけ
る．/ j³/et³ einen *Riegel* vor-
schieben 人³・事³を阻止する．

Riemen [リーメン] 男 -s/- (革など
の)ひも，ベルト．¶ Nun reißt euch
mal am *Riemen*. 【くだけた表現】さあ，しっ
かりやれ．

Riese [リーゼ] 男 -n/-n 巨人，大男．
(⇒Riesin)

rieseln [リーゼルン] 動 (s) (水など
が)ちょろちょろ流れる，(雪が)さらさら
降る．

riesig [リーズィヒ] -e [リーズィゲ] 形
巨大な；とてつもない．¶ Mit *riesiger*
Begeisterung begann er sein
Studium. 非常な熱心さで彼は大学
生活を始めた．/ Die Kinder freu-
en sich *riesig* auf euren Be-
such. 子供たちはあなた方の訪問を
とても楽しみにしている．

Riesin [リーズィン] 女 -/Riesinnen
[リーズィネン] 女巨人．(⇒Riese)

riet [リート] raten の過去形・単数・
1，3人称．

Rille [リレ] 囡 -/-n 溝,刻み目.

Rind [リント] 囲-[e]s/-er 〖動〗牛.

Rinde [リンデ] 囡-/-n 樹皮;(パン・チーズなどの)外皮.

Rinder・wahn [リンダァ・ヴァーン] 囲-[e]s/ , **Rinder・wahnsinn** [リンダァ・ヴァーンズィン] 囲-[e]s/ BSE, 牛海綿状脳症.

Rind・fleisch [リント・フライシュ] 回 -[e]s/ 牛肉.

Ring [リング] 囲-[e]s/-e 指輪;輪;環状道路;リング;結社,同盟. ¶einen *Ring* bilden 輪をつくる. ◆ Die Zuschauer bildeten einen *Ring* um den Jongleur. 観客たちは曲芸師の周りで輪になった. / Als erster betrat der Herausforderer den *Ring*. まず最初に挑戦者がリングに上がった.

ringen* [リンゲン] rang, gerungen 勴 格闘する《mit *j³*/*et³* 人³・事³と》;努力する《nach *et³* 物³を得ようと》. ¶mit *et³* ringen 事³に取り組む. / nach Worten *ringen* (適切な)言葉をさがす. / um Anerkennung *ringen* 真価を認めてもらおうと力を尽くす.

rings [リングス] 勯 周りに. ¶*rings* um *j⁴*/*et⁴* 人⁴・物⁴の周りに.

Rippe [リッペ] 囡-/-n 〖解剖〗あばら骨,肋骨;〖植物〗(葉の)葉脈.

Risiko [リーズィコ] 回-s/-s(Risiken [リーズィケン]) 危険,リスク. ¶das *Risiko* laufen 危険を冒す. / auf eigenes *Risiko* 自分の責任で. ◆ Dieser Plan ist nicht ganz ohne *Risiko*. この計画は全くリスクなしではない. / Ein solches *Risiko* würde ich nicht eingehen. 私だったらそんな危険は冒さないだろう.

riskant [リスカント] 形 危険な,リスクを伴う. ¶Er hat sich selbst in eine *riskante* Lage gebracht. 彼は自ら危険な状況に身を置いた. / Ausländische Aktien sind mir zu *riskant*. 外国の株は私には危険すぎる.

riskieren [リスキーレン] riskierte, riskiert 勴 (生命・名誉など⁴を)賭ける,危険にさらす;(事⁴の)危険を冒す. ¶Als Feuerwehrmann hat er oft genug sein Leben *riskiert*. 彼は消防士として充分すぎるくらい生命の危険を冒してきた. / Sei lieber vorsichtig und *riskiere* keinen Herzinfarkt! 用心して心筋梗塞の危険を冒さないで下さい.

riss [リス] reißen の過去形・単数・1,3人称.

Riss [リス] 囲-es/-e 割れ目,裂け目;不和;割れる(裂ける)こと.

ritt [リット] reiten の過去形・単数・1,3人称.

Ritt [リット] 囲-[e]s/-e 乗馬,乗馬行.

Ritze [リッツェ] 囡-/-n 割れ(裂け)目;隙間;ひび.

ritzen [リッツェン] 勴 (物⁴に)ひび(割れ目)を入れる,(物⁴に)引っ掻き傷をつける. ¶*sich⁴* *ritzen* ひび(引っ掻き傷)ができる.

Rivale [リヴァーレ] 囲 -n/-n (女性**Rivalin** [リヴァーリン] 囡-/Rivalinnen [リヴァーリネン])ライバル,競争相手.

Robbe [ロッベ] 囡-/-n 〖動〗き脚類(アザラシ・オットセイ・アシカなど).

Roboter [ロボタァ] 囲-s/- ロボット.

robust [ロブスト] 形 強壮な,たくましい. ¶Dank seiner *robusten* Konstitution hat er die Operation gut überstanden. たくましい体質のおかげで彼は手術を無事乗り切った. / Psychisch ist der Patient zum Glück sehr *robust*. 幸い患者は精神的にたいへんしっかりしている.

roch [ロッホ] riechen の過去形・単数・1,3人称.

röcheln [レッヒェルン] 勴 のどをゼイゼイ鳴らす.

¹Rock [ロック] 囲-[e]s/Röcke [レッケ] スカート;〖地域により〗ジャケット. ¶den *Rock* anziehen (ausziehen) スカートをはく(脱ぐ).

²Rock [ロック] 囲-[s]/-s ロック(ミュージック). **Rock・konzert**

R

[ロック・コンツェルト] 中-[e]s/-e ロックコンサート.

Rodel [ローデル] 男-s/- 《南ドイツ》リュージュ，ボブスレー，トボガン． **rodeln** [ローデルン] 動 (s,h) 《地方により》リュージュ(ボブスレー・トボガン)で滑る．

roden [ローデン] 動 開墾する．

Roggen [ロッゲン] 男-s/- 《植物》ライ麦．

roh [ロー] 形 生の；未加工の；きめの粗い；粗暴な． ¶*rohes* Ei 生卵． / *rohes* Holz 原木． / *rohes* Material 原[材]料． ◆ *Roh* schmecken Austern am besten. 牡蠣(ﾆ)はなまが一番美味しい． / Wie kann man die eigene Frau nur so *roh* behandeln? どうして自分自身の妻をこんなにまで乱暴に扱えるのだろう．

Rohr [ロール] 中-[e]s/-e 管，パイプ；《複なし》《植物》アシ，ヨシ，トウ，サトウキビ． ¶ein Stuhl aus *Rohr* 籐でできた椅子． / Wasser durch ein *Rohr* pumpen パイプを通して水を流す．

Röhre [レーレ] 女-/-n 管，パイプ；真空管；天火．

Roh・stoff [ロー・シュトフ] 男-[e]s/-e 原料． ¶Japan und Deutschland sind arm an *Rohstoffen*. 日本とドイツは原料に乏しい．

Roll・bahn [ロル・バーン] 女-/-e 滑走路．

Rolle [ロレ] 女-/-n (劇の)役；役割，役目；(椅子などの)キャスター；巻いてあるもの． ¶eine wichtige *Rolle* spielen 重要な役割を演ずる． / keine *Rolle* spielen 重要でない． ◆ In den letzten 50 Jahren hat sich die *Rolle* der Frauen in der Gesellschaft stark geändert. 過去50年間に女性の社会における役割は著しく変わった． / Kannst du aus der Stadt zehn *Rollen* Papier fürs Fax mitbringen? 町からファックス用紙を10ロール買ってきてくれませんか．

rollen [ロレン] 動 **1** (s) 転がる，

回転する；(乗り物が)ゆっくりと進む． ¶ins *Rollen* kommen 転がり始める，進行し始める． ◆ Langsam *rollte* der Ball ins Tor. ボールはゆっくりとゴールへ転がりこんだ． **2** 転がす；回転させる；巻く． ¶Sie *rollte* den Einkaufswagen auf den Parkplatz. 彼女はショッピングカートを駐車場に転がして行った．

Roller [ロラァ] 男-s/- スクーター；(波の)うねり．

Roll・kragen [ロル・クラーゲン] 男-s/- タートルネック．

Roll・laden [ロル・ラーデン] 男 -s/ Roll・läden [ロル・レーデン] 巻き上げブラインド；スライディングシャッター．

Roll・schuhe [ロル・シューエ] 複 ローラースケート[靴]．

Roll・stuhl [ロル・シュトゥール] 男-[e]s/Roll・stühle [ロル・シュトューレ] 車椅子． ¶Den Rest seines Lebens verbrachte er im *Rollstuhl*. 彼は余生を車椅子で送った．

Roll・treppe [ロル・トレペ] 女 -/-n エスカレーター． ¶Sie ist auf der *Rolltreppe* hingefallen und hat sich³ den Arm gebrochen. 彼女はエスカレーターで転んで腕を折った．

Roman [ロマーン] 男-s/-e 長編小説．

Romantik [ロマンティク] 女-/ ロマン派，ロマン主義．

romantisch [ロマンティシュ] 形 ロマンチックな；ロマン派(主義)の．

Römer [レーマァ] 男-s/- ローマ人；レーマー(大型のワイングラス)．

röntgen [レントゲン] *du* röntgst [レントゲクスト，…トゥヒツト]，*er* röntgt [レントゲクト，…トゥヒツト] ；röntgte [レントゥゲクテ，…トゥヒテテ]，geröntgt [ゲレントゥゲクト，…トゥヒツト] 動 (人⁴・物⁴の)レントゲン写真を撮る． ¶Wann ist Ihre Lunge zum letzten Mal *geröntgt* worden? この前あなたの肺のレントゲンをとったのは何時ですか．

rosa [ローザ] 形 《無変化》バラ色の，ピンクの． ¶et⁴ durch eine *rosa* Brille sehen 事⁴を楽観的に考え

る.

Rose [ローゼ] 囡-/-n 〖植物〗バラ.

Rosé [ロゼー] 男-s/-s ロゼ・ワイン.

Rosen・kohl [ローゼン・コール] 男
-[e]s/ 〖野菜〗芽キャベツ.

Rosen・montag [ローゼン・モーンターク] 男-[e]s/-e 狂乱の月曜日(灰の水曜日すなわち四旬節の前々日。カーニバルのクライマックス).

rosig [ローズィヒ] -e [ローズィゲ] 厖
バラ色の;希望に満ちた. ¶Gesunde Säuglinge haben meist eine *rosige* Haut. 健康な乳児はおおむねバラ色の肌をしている. / Seine finanzielle Lage ist alles andere als *rosig*. 彼の経済状況はバラ色どころの騒ぎではない.

Rosine [ロズィーネ] 囡-/-n 〖食物〗レーズン.

¹Rost [ロスト] 男-[e]s/ (金属の)さび.

²Rost [ロスト] 男-[e]s/-e (ガスレンジの)火口(ぐち)格子.

rosten [ロステン] 動 (s,h) さびる.

rösten [レステン] 動 ローストする,グリルする.

rostig [ロスティヒ] -e [ロスティゲ] 厖
さび[つい]た.

rot [ロート] 厖 赤い,赤色の;(顔が)紅潮した;左翼の. ¶〖スポーツ〗die *rote* Karte (退場を命じる)レッドカード. / das *Rote* Kreuz 赤十字. / *rote* Zahlen 赤字. ◆ Dass Mädchen *rot* werden, erlebt man heutzutage höchst selten. 娘さんが赤くなるなどということは,こんにちごく稀にしかお目にかかれない. / In Industriestädten wird überwiegend *rot* gewählt. 工業都市ではもっぱら左派が選挙される.

Rot [ロート] 匣-s/- 赤,赤色. ¶*Rot* steht ihr sehr gut. 赤色は彼女にとても似合う. / Bei *Rot* geht man nicht über die Straße. 赤信号では道路を横断しないこと.

Röte [レーテ] 囡-/ 赤さ,赤味;紅潮. ¶die *Röte* des Abendhimmels 夕焼け.

Röteln [レーテルン] 複 〖医学〗風疹(ぷう
ん).

röten [レーテン] 動 赤くする;赤く染める. ¶*sich⁴ röten* 赤くなる.

rotieren [ロティーレン] rotierte, rotiert 動 回転する;(天体が)自転する.

Rot・kohl [ロート・コール] 男-[e]s/,
Rot・kraut [ロート・クラォト] 匣
-[e]s/ 〖野菜〗ムラサキキャベツ,タマナ.

röt・lich [レート・リヒ] 厖 赤みを帯びた,赤みがかった.

Rot・wein [ロート・ヴァイン] 男-[e]s/
(種類:-e) 赤ワイン.

Roulade [ルラーデ] 囡-/-n 〖料理〗ルラード(牛肉を巻いた料理).

Route [ルーテ] 囡-/-n ルート,コース,進路.

Routine [ルティーネ] 囡-/ 熟練;慣れ,お決まりの仕事(日課). ¶So gut einzupacken, dazu gehört viel *Routine*. こんなに上手に包装するには相当の熟練が必要だ.

rubbeln [ルッベルン] 動 〖地域によっては〗(洗濯物などを)こすりごしする.

Rübe [リューベ] 囡-/-n 〖野菜〗フダンソウ,カブ;〖くだけて〗頭. ¶*rote Rübe* カエンサイ,ビート.

Ruck [ルック] 男-[e]s/-e 急激な動き(一押し). ¶mit einem *Ruck* 急に,突然.

rück・blickend [リュック・ブリケント] 厖 過去を回顧して. ¶*Rückblickend* würde ich die damalige Entscheidung als verfehlt bezeichnen. 過去を振り返ってみて私なら当時の決定を間違いと言うところだ.

rücken [リュッケン] 動 1 (ぐっと)動かす,ずらす. ¶Kannst du deinen Sessel eine Idee nach rechts *rücken*? 君の椅子を心もち右へずらしてくれないか. 2 (s) (ぐっと)動く,ずれる,移動する. ¶Der Wahltag *rückt* immer näher. 投票日がどんどん迫ってくる.

Rücken [リュッケン] 男-s/- 背,背中;背面. ¶auf dem *Rücken* liegen 仰向けに寝ている. / auf den *Rücken* fallen ひっくり返るほど驚

R

く. / hinter seinem *Rücken* 彼の背後で、彼の知らないところで。/ mit dem *Rücken* zur Wand 背水の陣で. ◆ Du solltest deinen *Rücken* regelmäßig massieren lassen. 君は背中を定期的にマッサージして貰うべきではないか.

Rücken・lehne [リュッケン・レーネ] 女 -/-n (座席などの)背[もたれ].

Rückfahr・karte [リュックファール・カルテ] 女 -/-n 往復切符.

Rück・fahrt [リュック・ファールト] 女 -/-en (乗り物での)帰路.

Rück・fall [リュック・ファル] 男 -[e]s/ Rück・fälle [リュック・フェレ] 逆戻り、ぶり返し;《医学》再発. ¶Der Patient hat einen *Rückfall* erlitten. 患者は病気がぶり返した.

Rück・gabe [リュック・ガーベ] 女 -/-n 返却、返還;《スポーツ》バックパス.

Rück・gang [リュック・ガング] 男 -[e]s/Rück・gänge [リュック・ゲンゲ] 減少;後退;逆行.

Rück・grat [リュック・グラート] 中 -[e]s/-e 《解剖》背骨、脊柱. ¶Bei dem Sturz hat sie sich am *Rückgrat* verletzt. 転落した際に彼女は背骨に損傷を受けた. / So viel *Rückgrat* hätte ich bei ihm nie erwartet. 彼にそれ程の根性があろうとはぜんぜん期待していなかった.

Rück・kehr [リュック・ケーァ] 女 -/ 帰還;復帰. ¶Seine verfrühte *Rückkehr* kam für uns völlig unerwartet. 彼の予想外に早い帰още は我々の思ってもみないことだった.

Rück・licht [リュック・リヒト] 中 -[e]s/-er 《自動車》テールランプ.

Rück・reise [リュック・ライゼ] 女 -/-n 帰り旅. ¶Auf der *Rückreise* haben wir in Salzburg Station gemacht. 旅の帰りに私たちはザルツブルクに寄った.

Rück・ruf [リュック・ルーフ] 男 -[e]s/-e 呼び戻し;(商品の)回収、リコール;返事の電話. ¶Er bittet um *Rückruf*. 彼は折り返し電話をして欲しいと言っています.

Ruck・sack [ルック・ザク] 男 -[e]s/

Ruck・säcke [ルック・ゼケ] リュックサック.

Rück・seite [リュック・ザイテ] 女 -/-n 裏面.

Rück・sicht [リュック・ズィヒト] 女 -/-en 《複》まれ)配慮、思いやり;考慮、事情. ¶auf *j4/et4 Rücksicht* nehmen 人4・事4のことを顧慮する.

rücksichts・los [リュックズィヒツ・ロース] 形 配慮(思いやり)のない.

rücksichts・voll [リュックズィヒツ・フォル] 形 配慮(思いやり)のある.

Rück・sitz [リュック・ズィツ] 男 -es/-e 後部座席.

Rück・spiegel [リュック・シュピーゲル] 男 -s/- 《自動車》バックミラー.

Rück・sprache [リュック・シュプラーヘ] 女 -/-n 話し合い、相談. ¶Eine *Rücksprache* deswegen ist nicht mehr nötig. その件についての協議はもう必要ありません.

Rück・tritt [リュック・トゥリト] 男 -[e]s/-e 退任、辞任. ¶Die Opposition forderte den *Rücktritt* des Ministers. 野党は大臣の辞任を要求した.

rück・wärts [リュック・ヴェルツ] 副 後方へ;後ろ向きに. ¶Er ist *rückwärts* die Treppe runtergefallen. 彼はさかさまに階段を転落した. / Wollen wir den Film mal *rückwärts* laufen lassen? フィルムを一度逆回ししてみましょうか.

Rück・zug [リュック・ツーク] 男 -[e]s/ 撤退、退却.

Ruder [ルーダァ] 中 -s/- (ボートの)オール、櫂(かい);(船の)舵.

rudern [ルーデルン] 動 1 (ボートを)オールでこぐ. 2 (s) こいで進む;水をかく.

Ruf [ルーフ] 男 -[e]s/-e 叫び[声];鳴き声;アピール;名声、評判;招聘. ¶Es reute ihn, nicht auf den *Ruf* seines Gewissens gehört zu haben. 彼は良心の呼び声を聴かなかったことを後悔した. / Bei seinen Kollegen hat er einen hervorragenden *Ruf*. 彼は同僚の間で抜群の評判を得ている. / Professor

R

N. hat einen *Ruf* an die Universität Freiburg erhalten. N 教授はフライブルク大学への招聘を受けた.

rufen* [ルーフェン] rief, gerufen 動 呼ぶ;呼びかける《zu *et³* 事³をするように》;呼び寄せる《nach *j³/et³* 人³・物³を》;叫ぶ. ¶den Arzt (die Polizei) *rufen* 医者(警察)を呼ぶ. / um Hilfe *rufen* 助けを呼ぶ. ♦ Gestern habe ich im Park einen Kuckuck *rufen* hören. きのう私は公園でカッコウが鳴くのを聞いた. / Die Gewerkschaft *rief* zum Streik. 労働組合はストライキを呼びかけた.

Ruf·name [ルーフ・ナーメ] 男 2格 -ns, 3·4格 -n/-n 呼び名. **Ruf·nummer** [ルーフ・ヌマァ] 女 -/-n 電話番号. **Ruf·zeichen** [ルーフ・ツィヒェン] 中 -s/- (電話の)呼び出し音,コールサイン.

Ruhe [ルーエ] 女 -/ 静けさ;静養,休養,安静;平穏,平静;静止. ¶in [aller] *Ruhe* 落着いて,じっくりと. / zur *Ruhe* kommen 落着く. / sich⁴ zur *Ruhe* setzen 引退する. ♦ *Ruhe*! 静かに. / Angenehme *Ruhe*! (就寝する人に)ゆっくりお休みなさい. / Der Arzt hat ihr absolute *Ruhe* verordnet. 医師は彼女に絶対安静を指示した.

Ruhe·gehalt [ルーエ・ゲハルト] 中 -[e]s/Ruhe·gehälter [ルーエ・ゲヘルタァ] (公務員の)年金. **Ruhe·geld** [ルーエ・ゲルト] 中 -[e]s/-er (労働者の)年金.

ruhe·los [ルーエ・ロース] 形 落着きのない,不安な.

ruhen [ルーエン] 動 休む;休(静)養する;静止している. ¶auf *et³* ruhen 物³の上に載っている. ♦ Nach dem Mittagessen *ruhe* ich meist ein halbes Stündchen. 昼食後私はたいてい30分昼寝をする. / Am besten lassen wir die Sache vorläufig *ruhen*. 当面この件はそのままにしておくのがいちばん良い. / Das Manuskript hatte bis kurz vor seinem Tod in seinem Schreib-

tisch *geruht*. この原稿は彼の死の直前まで机の中に置かれていた.

Ruhe·stand [ルーエ・シュタント] 男 -[e]s/ (定年後の)退職生活,退職の身分.

Ruhe·tag [ルーエ・ターク] 男 -[e]s/ -e 休日,定休日.

ruhig [ルーイヒ] **1** -e [ルーイゲ] 形 静かな;平静な;落着いた;静止した. ¶ *ruhigen* Gewissens 何のやましいことなく. **2** 副 遠慮無く,かまわず. ¶Du kannst *ruhig* alles aufessen. 遠慮なく全部食べてしまって良いのだよ.

Ruhm [ルーム] 男 -[e]s/ 名声,栄誉.

Rühr·ei [リュール・アィ] 中 -[e]s/-er 【料理】スクランブルドエッグズ.

rühren [リューレン] 動 かき回す,かき混ぜる;(手足を)動かす;感動させる. ¶sich⁴ *rühren* 動く. ♦ Für so einen Egoisten würde ich keinen Finger *rühren*. 私だったらあんなエゴイストのために何一つしてやらないだろう.

rührend [リューレント] **1** 形 感動的な,心を打つ. ¶In der Klinik haben sich alle *rührend* um sie gekümmert. 病院では皆が感動的なくらい彼女の面倒をみてくれた. / Es ist ganz *rührend* von Ihnen, dass Sie mich nicht vergessen haben. 私のことを忘れずにいてくださったとは感激に堪えません. / So etwas *Rührendes* habe ich lange nicht mehr erlebt. こんなに心を打たれることはもう長い間体験したことがなかった. **2** rühren の現在分詞.

Rührung [リュールング] 女 -/ 感動.

Ruin [ルイーン] 男 -s/ 没落,破滅;破産.

Ruine [ルイーネ] 女 -/-n 廃墟.

ruinieren [ルイニーレン] ruinierte, ruiniert 動 破壊する,破滅させる;だめにする. ¶Wenn du so weitermachst, *ruinierst* du noch deine Gesundheit. そんなことを続けていると健康まで害してしまうぞ.

Rummel [ルメル] 男 -s/ 【くだけた表現】雑踏,

にぎわい.

Rumpf [ルムプフ] 男-[e]s/Rümpfe [リュムプフェ] 胴,胴体;《自動車》ボディー;(船・飛行機などの)船体,機体.

Rump・steak [ルムプ・ステーク] 中-s /-s 《料理》ランプステーキ.

rund [ルント] **1** 形 丸い,円形の;まるまる(ふっくら)した;まろやかな;端数のない. ¶Sie ist erst im fünften Monat, aber schon ziemlich *rund*. 彼女はまだ[妊娠]5か月目に入ったばかりなのにもうかなりまるいおなかをしている. **2** 副 ほぼ,約;ぐるりと. ¶*rund* um die Uhr 24 時間.

Runde [ルンデ] 女-/-n 円,環;《複なし》車座,仲間;周辺;一回り;巡回;《スポーツ》1 ラウンド.

Rund・fahrt [ルント・ファールト] 女-/-en 一周旅行,周遊.

Rund・funk [ルント・フンク] 男-s/ ラジオ放送[局]. ¶Der Kampf wird im *Rundfunk* übertragen. 試合はラジオで放送される.

Rund・gang [ルント・ガング] 男-[e]s /Rund・gänge [ルント・ゲンゲ] 1 周,一回り,巡回. ¶Der Wachmann hatte bei seinem *Rundgang* nichts bemerkt. ガードマンは巡回の際何にも気づかなかった.

Rund・schreiben [ルント・シュライベン] 中-s/- 回状.

runter [ルンタァ] 副 《くだけた表現》下へ. (= herunter, hinunter)

runzeln [ルンツェルン] 動 (額など⁴に)しわを寄せる. ¶*sich*⁴ *runzeln* しわが寄る.

rupfen [ルップフェン] 動 毛をむしる;(人⁴から)金をむしり取る;引っ張る.

Ruß [ルース] 男-es/-e 煤(ず).

Russe [ルッセ] 男-n/-n 《女性 **Russin** [ルッスィン] 女 -/Russinnen [ルッスィネン]》ロシア人. **russisch** [ルッスィシュ] 形 ロシア[人・語]の. **Russisch** [ルッスィシュ] 中-[s]/, **Russische*** [ルッスィシェ] 中《形容詞の名詞化. 常に定冠詞を伴う》ロシア語. (⇒Deutsch)

Russ・land [ルス・ラント] 中 -[e]s/ 《地名》ロシア.

rüsten [リュステン] 動 準備をする;軍備をととのえる. ¶zum Krieg *rüsten* 戦争の準備をする. / *sich*⁴ für et⁴ (zu et⁴) *rüsten* 事⁴(事³)の準備をする.

rüstig [リュスティヒ] -e [リュスティゲ] 形 (老人について)かくしゃくとした,達者な. ¶Für sein Alter ist er noch sehr *rüstig*. 彼は年齢にしてはまだかくしゃくとしている. / Sie ist eine unglaublich *rüstige* Achtzigerin. 彼女は80歳代で信じられないほど達者だ.

rustikal [ルスティカール] 形 田舎風の,ひなびた. ¶Mehr als gute *rustikale* Kost kann man dort nicht erwarten. あそこではよくできた田舎料理以上のものは期待できない. / *Rustikale* Kleidung scheint wieder in Mode zu sein. カントリー風の衣装が再び流行しているらしい.

Rüstung [リュストゥング] 女-/-en 軍備,武装;武具.

Rutsch [ルッチュ] 男-[e]s/-e 滑ること;地滑り. ¶auf einen *Rutsch* ひとっ跳びに,一気に. ◆Einen guten *Rutsch* und auf Wiedersehen im nächsten Jahr! (年末の挨拶)良い年をお迎え下さい,そしてまた来年会いましょう.

rutschen [ルッチェン] 動 (s) 滑る;滑りやすい;スリップする.

rütteln [リュッテルン] 動 **1** 揺さぶる. **2** 揺れる;動揺する; (s) 揺れながら進む.

461

止まってる？　動いてる？

◆前置詞◆
ドイツ語が英語より静的関係と動的関係をきちんと区別したがる言語
だということは，3・4格支配の前置詞（an, auf, in など9個）に
よくあらわれている．Wo liegt das Buch?「その本はどこにある？」
と聞かれたら，Es liegt auf **dem** Tisch.「それは机の上にあります」
と3格で答えるが，Wohin legen Sie das Buch?「あなたはその本を
どこへ置くの？」と聞かれた場合は Ich lege es auf **den** Tisch.「私
はそれを机の上へ置きます」と4格で答えなければならない．英語
ならどちらも *on the desk* ですむところだね（ただし英語にも *in* と
into のような区別も若干ある）．静止状態なのか，動きの方向を示し
ているのかに注意しよう．

R

S

¹**S, s** [エス] 中-/- ドイツ語アルファ
ベットの第19文字.

²**S** [エス] 〚元素記号〛硫黄(いおう).

³**S** [シリング] 〚略〛シリング(=**S**chil-
ling).

S. [ザィテ] 〚略〛ページ(=**S**eite).

s. [ズィーエ] 〚略〛…を参照せよ(=**S**ie-
he!).

Sa. [ザムス・ターク] 〚略〛土曜日(=**Sa**ms-
tag, **S**onn**a**bend).

Saal [ザール] 男-[e]s/Säle [ゼーレ]
広間,ホール.

Saar・brücken [ザール・ブリュケン]
中-s/ 〚地名〛ザールブリュッケン(ドイツ
連邦共和国ザールラント州 Saarland
の州都).

Saar・land [ザール・ラント] 中-[e]s/
〚地名〛(ドイツ連邦共和国の)ザールラン
ト州.

Saat [ザート] 女-/ 種,種子;種まき.

Sabbat [ザバト] 男-s/-e 〚ユダヤ教〛安
息日. **Sabbat・jahr** [ザバト・ヤー
ル] 中-[e]s/-e 〚ユダヤ教〛安息の年;サ
バティカル(大学教員に与えられる１年
間の研究休暇).

Sach・bearbeiter [ザッハ・ベアルバイ
タァ] 男-s/- (女性 **Sach・bear-
beiterin** [ザッハ・ベアルバィテリン]
女-/Sach・bearbeiterinnen [ザッ
ハ・ベアルバィテリネン]専門職,担当官.

Sach・buch [ザッハ・ブーフ] 中-[e]s/
Sach・bücher [ザッハ・ビューヒャァ]
実用書,解説書.

Sache [ザッヘ] 女-/-n 事,事柄;問
題;《ふつう複》持ち物,物. ¶bei der
Sache sein 物事に集中している.
/ zur Sache kommen 本題に入
る. ◆Das ist meine Sache. こ
れは私の問題だ(口出しするな). / Ich
packe eben meine Sachen zu-
sammen. 私はちょうど自分の荷物
をまとめているところだ. / Das gehört
doch nicht zur Sache. それは
本題とは関係のないことだよ. / Nun,
zur Sache! さあ本題に入りましょう.

Sach・gebiet [ザッハ・ゲビート] 中
-[e]s/-e 専門分野.

sach・kundig [ザッハ・クンディヒ] -e
[ザッハ・クンディゲ] 形 専門知識のある.

sach・lich [ザッハ・リヒ] 形 客観的
な,事実に即した;実用本位の. ¶Kön-
nen Sie nicht sachlich bleiben?
あなたは冷静ではいられませんか.

säch・lich [ゼッヒ・リヒ] 形 〚文法〛中
性の.

Sach・schaden [ザッハ・シャーデン]
男-s/Sach・schäden [ザッハ・シェー
デン] 物的損害.

Sachsen [ザクセン] 中-s/ 〚地名〛
der Freistaat Sachsen (ドイツ連

≡ドイツを識るコラム≡
Saarland

面積 2571(km²)
人口 98(万人)
州都 ザールブリュッケン

　ルクセンブルク,フランスのロレー
ヌ地方と接し,国境を越えて行き来す
る人も多い. 独仏の間で幾度も係争の
地となった歴史がある. 豊富な石炭に
より鉱工業が発達した. かつて栄えた
フェルクリンゲン製鉄所(1873年建
設,1986年操業停止)は1994年にユ
ネスコ世界遺産に登録された.

フェルクリンゲンの製鉄所

≡ドイツを識るコラム≡
Sachsen

面積　18450(km²)
人口　405(万人)
州都　ドレスデン

　新連邦州の中で最も人口が多く,また経済成長も著しい.ドレスデン,ライプツィヒ,ケムニッツ,ツヴィッカウを中心に工業が盛んである.ドレスデンは第二次世界大戦で市の大半を空襲で失ったが,再建され,壮麗なバロック建築群がエルベ河畔に並ぶさまは「エルベ川の真珠」といわれている.ドレスデンの聖母教会は戦災で全壊した姿を,長らく非戦の記念碑として保存されてきたが,近年世界中から寄付を募って,2005年秋に再興した.同じくドレスデンにあるツヴィンガー宮殿の中は美術館になっており,数多くの絵画や武器,陶磁器のコレクションで有名である.ここにも多数展示されているマイセン磁器はヨーロッパで最古の歴史を持ち,大変人気が高い.ライプツィヒでは書籍見本市をはじめ,多数の見本市が開催される.また音楽の街としても知られ,バッハ,メンデルスゾーン,シューマンら多くの音楽家が活躍した.

ツヴィンガー宮殿

邦共和国の)ザクセン州.

Sachsen-Anhalt [ザクセン・アンハルト] 中-s/〖地名〗(ドイツ連邦共和国の)ザクセン・アンハルト州.

sacht [ザハト] 形 (音などが)静かな,穏やかな,かすかな.

Sach・verhalt [ザッハ・フェアハルト] 男-[e]s/-e 事情,情勢,実態.¶Der *Sachverhalt* ist weiterhin unklar. 情勢は引き続き不明瞭のままだ.

Sack [ザック] 男-[e]s/Säcke [ゼッケ] 袋,ザック. **Sackerl** [ザッケルル] 中-s/-n 〖南ドイツ・オーストリア方言〗紙袋,ポリ袋,レジ袋.

Sack・gasse [ザック・ガセ] 女-/-n 袋小路.¶in eine *Sackgasse* geraten 行き詰まる.

säen [ゼーエン] 動 (植物⁴の)種をまく.¶Weizen *säen* 小麦の種をまく.

Safe [ゼーフ , セイフ] 男 (中) -s/-s 金庫.

Safer Sex, Safer・sex [ゼーファ・ゼクス] 男-es/ 安全なセックス(エイズ・性病を防止するためコンドームなど用いたセックス).

Safran [ザフラーン , ザフラン] 男-s/-e 〖植物〗サフラン;サフラン色素.

Saft [ザフト] 男-es/Säfte [ゼフテ] ジュース,果汁;樹液.¶ein Glas *Saft* trinken コップ一杯のジュースを飲む. /[einen] *Saft* zubereiten ジュースを作る. / voller *Saft* sein 精気に満ちあふれている.

saftig [ザフティヒ] -e [ザフティゲ] 形 果汁の多い,みずみずしい;〖俗語表現〗強烈な,ものすごい.¶eine *saftige* Zitrone 果汁の多いレモン. ◆Dafür kriegt er eine *saftige* Abreibung. それに対して彼はひどいお叱りを受けるぞ(ひどくぶんなぐられる).

Sage [ザーゲ] 女-/-n 伝説,説話.

Säge [ゼーゲ] 女-/-n のこぎり.

sagen [ザーゲン] 動 言う,話す;意味する;主張する.¶et⁴ offen *sagen* 事⁴を率直に言う. / offen zu *sagen* (offen *gesagt*) はっきり言って. / Guten Tag *sagen* こんにちはと言う. ◆Sie *sagt*, dass sie heute ins Theater geht. 彼女は今夜

S

面積　20459(km²)
人口　218(万人)
州都　マクデブルク

デッサウのバウハウス校舎

　マルティン・ルターは1517年にヴィッテンベルクで「95か条の論題」を公表. これが宗教改革の発端となった. 州西部のハルツ山地にはワルプルギスの夜（4月30日の夜）に魔女が集まるといわれているブロッケン山がある. クヴェトリンブルクは木組みの家が並ぶ旧市街や城が, デッサウはバウハウス関連建造物が世界遺産になっている. 州内最大の都市ハレは作曲家ヘンデルの出身地としても知られ, 毎年「ヘンデル音楽祭」が開催される. 州北部は農業中心, 南部は工業が盛んである.

観劇に行くと言っている. / Was du nicht *sagst*! 驚かさないでくれよ, よく言うよ. / Das will ich nicht *sagen*. そんなことをぼくは主張するつもりはない. / Das kann man wohl *sagen*. おっしゃるとおりでしょうね. 《人³と》Das habe ich dir schon x-mal *gesagt*. そのことなら今までに何度君に言ったかわからないくらいだ. / Davon hat er uns nichts *gesagt*. それについて彼はわれわれに何も言わなかった. / Moderne Musik *sagt* ihm nichts. 現代音楽は彼に何も訴えてこない.《... zu sagen haben の形で》etwas (nichts/viel) zu *sagen* haben 発言権がある（ない・おおいに言うことがある）. 《*sich*³ *et*⁴ sagen lassen の形で》Sie will sich von ihrer Mutter nichts *sagen* lassen. 彼女は母親のいうことを何も聞こうとしない.

sägen [ゼーゲン] **動** のこぎりで切る.

sagen・haft [ザーゲン・ハフト] **形** 伝説上の;〔[£話][話]〕信じられない. ¶Wir hatten einen *sagenhaft* schönen Urlaub. 私たちの休暇は信じられないほどすばらしいものでした.

sah [ザー] sehen の過去形・単数・1, 3人称.

Sahne [ザーネ] **女**-/ 生クリーム. ¶

Nehmen Sie Milch oder *Sahne* in den Kaffee? コーヒーにはミルクを入れますか, 生クリームですか.

Sahne・torte [ザーネ・トルテ] **女**-/ -n クリームケーキ.

Saison [ゼゾーン] **女**-/-s(-en) シーズン, 季節. ¶Das schlechte Wetter hat uns die *Saison* verdorben. 悪天候がシーズンを台無しにした. / In (Während) der *Saison* würde ich da niemals mehr hinfahren. シーズン中には二度とあんなところへ出かけないぞ.

Saison・arbeiter [ゼゾーン・アルバイター] **男**-s/- (女性) **Saison・arbeiterin** [ゼゾーン・アルバイテリン] **女**-/ Saison・arbeiterinnen [ゼゾーン・アルバイテリネン]）季節労働者.

Saite [ザイテ] **女**-/-n (楽器などの)弦. **Saiten・instrument** [ザイテン・インストゥルメント] **中**-[e]s/-e 弦楽器.

Sakko [ザッコ] **男**-s/-s (男性用の)ジャケット.

Sakra・ment [ザクラ・メント] **中**-[e]s/-e 〔キリスト教〕秘蹟.

Salamander [ザラマンダァ] **男**-s/- 〔動〕サラマンダラ(イモリの一種).

Salami [ザラーミ] **女**-/-[s] サラミソーセージ.

Salär [ザレーァ] **中**-[e]s/-e 給与, 賃

S

465

金.

Salat [ザラート] **男**-[e]s/-e サラダ; 《**複**なし》サラダ菜. (⇒Gemüse)

Säle [ゼーレ] Saal の複数形.

Salbe [ザルベ] **女**-/-n 軟膏, 塗り薬. ¶Diese *Salbe* braucht man nur wenig dünn aufzutragen. この軟膏はほんのうすく塗れば十分です.

Salon [ザローン, ザロン] **男**-s/-s 接客ホール, (美容・服飾などの)サロン.

salopp [ザロップ] **形** くだけた, ぞんざいな; (服装が)カジュアルな.

Salz [ザルツ] **中**-es/-e 塩, 食塩. ¶*j³ Salz* auf (in) die Wunde streuen 苦しんでいる人³にさらに苦痛を与える. / *et⁴* in *Salz* legen 物⁴を塩漬けにする. ◆ Beim nächsten Mal tust du bitte weniger *Salz* an den Salat! 次回にはお願いだからサラダに入れる塩はもっと少なくね. / Würden Sie mir bitte das *Salz* reichen? (食卓で)お塩をこちらに回してくださいませんか.

Salz·burg [ザルツ・ブルク] **中**-s/ 《地名》ザルツブルク(オーストリアの州およびその州都).

salzen(*) [ザルツェン] salzte, gesalzen **動** (物⁴に)塩味をつける; 塩漬けにする. ¶Der Fisch ist mir zu stark *gesalzen*. この魚は私には塩漬けの塩がききすぎる.

salzig [ザルツィヒ] -e [ザルツィゲ] **形** 塩分のある, 塩からい.

Salz·wasser [ザルツ・ヴァッサァ] **中**-s/ 食塩水; 海水, 塩水.

Samen [ザーメン] **男**-s/- 種, 種子; 《**複**なし》精液.

sämig [ゼーミヒ] -e [ゼーミゲ] **形** (スープなどが)とろりとした.

Sammel·band [ザメル・バント] **男**-es/Sammel·bände [ザメル・ベンデ] 著作集, 論集.

sammeln [ザメルン] **動** 集める; 集中する. ¶*sich⁴ sammeln* 集まる. / Erfahrungen *sammeln* 経験を積む. ◆ Er *sammelt* japanische Briefmarken. 彼は日本の切手を収集している. / Wir *sammeln* Geld für die Flutopfer. 我々は洪水被

害者のために募金をしている. / *Sammeln* Sie ihre Leute! Wir müssen schnellstens ins Katastrophengebiet! 部下を集めたまえ. 大急ぎで大災害地域へ行くのだ.

Sammel·name [ザメル・ナーメ] **男** 2格-ns, 3・4格-n/-n 《文注》集合名詞. ¶„Gebirge, Obst, Volk" sind *Sammelnamen*. 「山脈, 果物, 国民」は集合名詞です.

Sammlung [ザムルング] **女**-/-en 収集; 募金; 収集品. ¶Die Familie will seine *Sammlung* dem Kunstmuseum schenken. 彼の収集品を家族は美術館に寄付すると言う.

Sams·tag [ザムス・ターク] **男**-[e]s/-e 《中部・南ドイツ》土曜日(略: Sa.). (⇒Dienstag, Sonnabend) **sams·tags** [ザムス・タークス] **副** 土曜日[毎]に.

Samt [ザムト] **男**-[e]s/-e ビロード.

samt [ザムト] **1前** 《3格支配》…と一緒に, …もろとも. ¶einen Computer *samt* allem Zubehör kaufen コンピュータを全付属部品こみで買う. **2副** ことごとく. ¶*samt* und sonders ことごとく, 一人残らず.

sämt·lich [ゼムト・リヒ] **形** 全ての. ¶*Sämtliche* Karten sind ausverkauft. 入場券は全て売切れだ. / *Sämtliche* seiner Werke sind ins Japanische übersetzt. 彼の全作品は日本語に翻訳されている.

Sanatorium [ザナトーリウム] **中**-s/Sanatorien [ザナトーリエン] サナトリウム.

Sand [ザント] **男** -es/(種類:-e, Sände) 《**複**なし》砂; 砂地. ¶Die Kinder spielen im *Sand*. 子供たちが砂遊びをしている.

Sandale [ザンダーレ] **女**-/-n サンダル. ¶*Sandalen* tragen サンダルを履く.

Sand·kasten [ザント・カステン] **男**-s/- 砂場. ¶(*sich⁴*) aus dem *Sandkasten* kennen. 子供のころからの知り合いである; 幼なじみである. ◆ Die Kinder spielen im *Sandkasten*. 子供たちが砂場で遊んでいる.

Sand·papier [ザント・パピーァ] 中-s / サンドペーパー.

sandte [ザンテ] senden の過去形・単数・1，3人称.

Sand·uhr [ザント・ウーァ] 女-/-en 砂時計.

Sandwich [ゼントヴィッチ] 中 (男) -[e]s(-)/-[e]s(-e) サンドイッチ.

Sand·wüste [ザント・ヴュステ] 女-/-n 砂漠.

sanft [ザンフト] 形 優しい;穏やかな;柔らかい. ¶Sie versuchte, ihr Kind ganz sanft zu wecken. 彼女はこどもを非常に優しく起こしてやろうとした. / Eine sanfte Massage würde ihr sicher gut tun. やわらかなタッチのマッサージはきっと彼女に効くだろう. / Sanfte Musik wirkt beruhigend. 静かな音楽は心を和ませる.

sang [ザング] singen の過去形・単数・1，3人称.

Sänger [ゼンガァ] 男-s/- (女性) **Sängerin** [ゼンゲリン] 女-/-Sängerinnen [ゼンゲリネン])歌手，声楽家.

sanieren [ザニーレン] sanierte, saniert 動 再開発する，立て直す. ¶sich⁴ sanieren（経済的に）立ち直る. **Sanierung** [ザニールング] 女-/-en 再開発;（経済的な）再建.

sanitär [ザニテーァ] 形 衛生の，衛生的な. ¶Die sanitären Anlagen dort lassen viel zu wünschen übrig. あの地の衛生設備には注文をつけるべき点が多い.

Sanitäter [ザニテータァ] 男-s/- (女性) **Sanitäterin** [ザニテーテリン] 女-/-Sanitäterinnen [ザニテーテリネン])救急隊員，衛生兵.

sank [ザンク] sinken の過去形・単数・1，3人称.

sankt [ザンクト] 形《人名などにつけて》聖(略：St.). ¶Sankt Peter 聖ペテロ.

Sankt Gallen [ザンクト・ガレン] 中-s/ 〖地名〗ザンクト・ガレン(スイス東北部).

Sanktion [ザンクツィオーン] 女-/-en [ザンクツィオーネン]《ふつう複》制裁[措置]《gegen et⁴ 国⁴に対する》. ¶wirtschaftliche Sanktionen fordern 経済制裁を求める.

sann [ザン] sinnen の過去形・単数・1，3人称.

Sardine [ザルディーネ] 女-/-n 〖魚類〗ニシイワシ，サーディン.

Sarg [ザルク] 男-[e]s/Särge [ゼルゲ] ひつぎ.

saß [ザース] sitzen の過去形・単数・1，3人称.

Satellit [ザテリート，ザテリット] 男-en/-en 衛星，人工衛星;衛星国家. **Satelliten·fernsehen** [ザテリーテン・フェルンゼーエン] 中-s/- 衛星放送テレビ. **Satelliten·sendung** [ザテリーテン・ゼンドゥング] 女-/-en 衛星放送. **Satelliten·staat** [ザテリーテン・シュタート] 男-es/-en 衛星国家. **Satelliten·übertragung** [ザテリーテン・ユーバァトゥラーグング] 女-/-en 衛星中継.

satt [ザット] 形 満腹の;満ち足りた;（人⁴・物⁴に）飽き飽きした;〖化学〗飽和した. ¶j⁴/et⁴ satt sein (haben). 人⁴・物⁴には飽き飽きした. / sich⁴ satt essen 腹一杯食べる. ◆Von dem bisschen soll ich satt werden? これっぱかしで腹をふくらませと言うのか. / Er konnte sich an den Skulpturen nicht satt sehen. 彼はその彫刻品をいくら見ても見飽きなかった. / Diesen Kerl bin ich restlos satt. この野郎には全くうんざりだ.

Sattel [ザッテル] 男-s/Sättel [ゼッテル] (馬の)鞍;サドル. ¶den Sattel auflegen 鞍をつける. / fest im

467

Sattel sitzen 地位が安泰である.
satteln [ザッテルン] **動** (馬⁴に)鞍を置く.

sättigen [ゼッティゲン] **動** 満腹にさせる;満足させる;《化学》飽和させる. ¶ *sich⁴ sättigen* 満腹(満足)する. ◆ Diese Nudelgerichte sind sehr *sättigend*. このヌードル料理はとても腹にたまる.

Satz [ザッツ] **男** -es/Sätze [ゼッツェ] 文;命題,原理;(一そろいの意味で)セット;《音楽》楽節;《スポーツ》セット. ¶ in (mit) einem *Satz* ひとつ跳びで. / Er schreibt lange *Sätze*. 彼は長い文を書く. / Die folgenden *Sätze* sind aus dem Deutschen ins Französische zu übersetzen. 次の文をドイツ語からフランス語に訳すこと. / Ich hätte gern einen *Satz* Küchenmesser. (客が店で)調理用包丁を一そろい下さい.

Satzung [ザッツング] **女** -/-en 会則,規約. ¶ Die neue *Satzung* wurde einstimmig verabschiedet. 新しい会則は全会一致で可決された.

Satz·zeichen [ザッツ・ツァイヒェン] **中** -s/- 《文法》句読点.

Sau [ザォ] **女** -/Säue [ゾィエ] (-en) 雌豚;《複 -en》イノシシ.《くだけた》卑劣(不潔)なやつ. (⇒Schwein)

sauber [ザォバァ] **形** 清潔な;(仕事などが)きちんとした;注意の行き届いた. ¶*et⁴ sauber* halten 物⁴を清潔に(きちんと)しておく. / *et⁴ sauber* machen 物⁴を清潔にする,きちんとする,掃除する. ◆ Hast du auch *saubere* Finger? お前は本当に指をきれいに洗ってあるか. / Eine wirklich *saubere* Lösung haben wir noch nicht gefunden. 真にすっきりした解決方法を我々はまだ見つけていない.

Sauber·keit [ザォバァ・カイト] **女** -/ 清潔;整然;入念.

säubern [ゾィベルン] **動** 清潔にする,掃除する.

Sauce [ゾーセ] **女** -/-n 《料理》ソース,肉汁;汚水. (=Soße)

sauer [ザォァ] **形** 酸っぱい,酸味のある,酢漬けの;不機嫌な. ¶ Bei dieser Hitze wird die Milch gleich *sauer*. この暑さではミルクがすぐ酸っぱくなる. / Laden wir sie lieber ein, sonst ist sie *sauer*. 彼女を招待してやった方がいいだろう,さもないと彼女は気を悪くするよ.

Sauerei [ザォエラィ] **女** -/-en 《くだけた》不潔;だらしなさ,卑怯;卑猥. (= Schweinerei)

säuer·lich [ゾィァ・リヒ] **形** やや酸っぱい,酸っぱめの;気難しい.

Sauer·kraut [ザォァ・クラォト] **中** -es/ 《料理》ザウアークラウト.

Sauer·stoff [ザォァ・シュトフ] **男** -[e]s/ 酸素.

saufen* [ザォフェン] *du* säufst, *er* säuft; soff, gesoffen **動** (動物が)飲む;がぶ飲みする;大酒を飲む. ¶ einen *saufen* 大酒を飲む. / *sich⁴ krank saufen* 飲み過ぎて病気になる. ◆ Er *säuft* wie ein Loch. 彼の酒の飲み方は底なしだ.

Säufer [ゾィファ] **男** -s/- 《女性》**Säuferin** [ゾィフェリン] **女** -/Säuferinnen [ゾィフェリネン] 大酒飲み.

saugen(*) [ザォゲン] sog(saugte), gesogen(gesaugt) **動** 吸う,吸い込む;《規則変化》掃除機で吸い取る;しゃぶる. ¶ an der Mutterbrust *saugen* 母親の乳を吸う. / mit einem Strohhalm den Saft aus der Flasche *saugen* ストローでビンからジュースを飲む.

säugen [ゾィゲン] **動** (乳児⁴に)授乳する.

Sauger [ザォガァ] **男** -s/- おしゃぶり;(哺乳(ほにゅう)びんなどの)乳首.

Säuge·tier [ゾィゲ・ティーァ] **中** -[e]s/-e 哺乳動物.

Säug·ling [ゾィク・リング] **男** -s/-e 乳児.

Säule [ゾィレ] **女** -/-n 円柱,柱;大黒柱. ¶ Das Dach ruht auf *Säulen*. 屋根は柱に支えられている.

Saum [ザォム] **男** -[e]s/Säume [ゾィメ] (生地の)へり;縁かがり.

Sauna [ザォナ] **女** -/-s, Saunen

[ザオネン] サウナ. ¶in die *Sauna* gehen サウナに入る. **saunen** [ザオネン] 動 サウナに入る.

Säure [ゾイレ] 安-/-n 《化学》酸;《複なし》酸味.

sausen [ザオゼン] 動 (風などが)ぴゅーぴゅー音を立てる; (s) うなりをあげて通り過ぎる. ¶Der Zug *sauste* über die Brücke. 列車はごうごうと音をたてて橋を渡った.

Saxofon, Saxophon [ザクソフォーン] 中 -s/-e 《音楽》サキソフォン.

Sb [エス・ベー] 《元素記号》アンチモン.

S-Bahn [エス・バーン] 安 -/-en 《略》[都市]高速鉄道(=**S**chnell**bahn**, **S**tadt**bahn**).

Sc [エス・ツェー] 《元素記号》スカンジウム.

scannen [スキャネン] 動 《電算》スキャンする,スキャナーで読み取る. ¶Dokumente *scannen* 文書を読み取る.

schaben [シャーベン] 動 削り取る; 磨く. ¶sich⁴ *schaben* ひげを剃る.

schäbig [シェービヒ] -e [シェービゲ] 形 すり切れた,みすぼらしい. ¶ein *schäbiger* Mantel すり切れた(みすぼらしい)オーバー. ♦ Damals wohnte sie in einem kleinen, *schäbigen* Zimmer. 当時彼女は小さなみすぼらしい部屋に住んでいた.

Schach [シャッハ] 中-s/-s 《複なし》チェス;チェスの道具. ¶*Schach* spielen チェスをする. **Schach·brett** [シャッハ・ブレト] 中 -es/Schach·bretter [シャッハ・ブレタァ] チェス盤.

Schachtel [シャハテル] 安-/-n (ボール紙の)箱;ボール箱. ¶et⁴ in eine *Schachtel* tun (legen) 物⁴をボール箱に入れる.

schade [シャーデ] 形 《付加語的用法なし》残念な,気の毒な;惜しい. ¶*Schade*, dass du nicht mehr Zeit hast. 君にもっと時間がないとは残念だ.

Schädel [シェーデル] 男-s/- 頭蓋骨;頭. ¶einen dicken *Schädel* haben 強情だ. / mit dem *Schädel* durch die Wand wollen 強引に無理なことをしようとする.

schaden [シャーデン] 動 (人³・物³に)損害を与える;(人³・物³を)傷つける. ¶Rauchen *schadet* Ihrer Gesundheit. 喫煙はあなたの健康に害を及ぼします.

Schaden [シャーデン] 男-s/Schäden [シェーデン] 損害;被害. ¶einen großen *Schaden* erleiden 大損害を被る. / den *Schaden* wieder gutmachen 損害を賠償する. ♦ Durch *Schaden* wird man klug. 艱難なんじを玉にす.

Schaden·ersatz [シャーデン・エァザッツ] 男-es/ 損害賠償.

Schaden·freude [シャーデン・フロイデ] 安-/ 他人の不幸を喜ぶ気持ち. **schaden·froh** [シャーデン・フロー] 形 他人の不幸を喜ぶ. ¶Er grinste *schadenfroh*. 彼はいい気味だと言わんばかりににやにやした.

schädigen [シェーディゲン] 動 傷つける,害する.

schäd·lich [シェート・リヒ] 形 有害な,損害をもたらす;健康に悪い. ¶*schädliche* Stoffe 有害物質. ♦ Rauchen ist *schädlich* für die Gesundheit. 喫煙は健康に悪い.

Schäd·ling [シェート・リング] 男-s/-e 害虫,有害生物.

Schad·stoff [シャート・シュトフ] 男-[e]s/-e 有害物質.

Schaf [シャーフ] 中-[e]s/-e 《動物》ヒツジ.

Schäfer [シェーファ] 男 -s/- (女性**Schäferin** [シェーフェリン] 安-/Schäferinnen [シェーフェリネン])羊飼い. **Schäfer·hund** [シェーファ・フント] 男-[e]s/-e 《動物》シェパード.

schaffen^(*) [シャッフェン] schuf (schaffte), geschaffen (geschafft) 動 《不規則変化》創造する,創り出す;《規則変化》成し遂げる;もたらす. ¶Dieser Altar wurde von einem unbekannten Künstler *geschaffen*. この祭壇は無名の芸術家によって創られた. / Bis Montag ist das kaum zu *schaffen*. 月曜日までにそれをやり終えるのはほとん

S

ど無理だ.

Schaffner [シャフナァ] 男-s/- (女性 **Schaffnerin** [シャフネリン] 女-/Schaffnerinnen [シャフネリネン])車掌.

Schal [シャール] 男-s/-s(-e) スカーフ,ショール.

¹**Schale** [シャーレ] 女-/-n (果物などの)皮,殻;甲羅.

²**Schale** [シャーレ] 女-/-n 深めの皿,食品トレー. ¶eine Schale voll Obst 果物をいっぱいのせた皿.

schälen [シェーレン] 動 (果物など⁴の)皮(殻)をむく. ¶sich⁴ schälen 皮がむける. ◆Die Kartoffeln schälen sich schlecht. ジャガイモの皮がむきにくい. / Nach dem Sonnenbrand schälte sich meine Nase. 日焼けをして私の鼻の皮がむけた.

Schall [シャル] 男-[e]s/-e, Schälle [シェレ] 音,響き.

schallen [シャレン] 動 鳴る,響く;反響する.

Schall・geschwindigkeit [シャル・ゲシュヴィンディヒカイト] 女-/ 音速. **Schall・mauer** [シャル・マォァ] 女-/ 音速の壁.

Schall・platte [シャル・プラテ] 女-/-n レコード. ¶eine Schallplatte auflegen (abspielen) レコードをセットする(レコードをかける).

schalt [シャルト] schelten の過去形・単数・1，3人称.

schalten [シャルテン] 動 1 (機械など⁴の)スイッチ(ギア)を入れる. ¶sich⁴ schalten スイッチ(ギア)が入る. 2 変速ギアを切り替える《auf/in et⁴ スピード⁴に》;切り替わる《auf/in et⁴ 物⁴に》;〖話表現〗理解する. ¶Der Fahrer schaltete in den dritten Gang. ドライバーはギアを3速に切り換えた. / Das Notebook schaltete automatisch auf Akkubetrieb.〖電算〗ノートパソコンは自動的にアキュムレータ・オペレーションに切り替わった. / Er schaltet schnell. 彼は頭の回転が速い.

Schalter [シャルタァ] 男-s/- スイッチ,開閉器;窓口;出札口. ¶den

Schalter anmachen (ausmachen) スイッチを入れる(切る). / am Schalter 窓口で.

Schalt・jahr [シャルト・ヤール] 中-[e]s/-e 閏(うる)年. **Schalt・tag** [シャルト・ターク] 男-[e]s/-e 閏(うる)日(2月29日).

Schaltung [シャルトゥング] 女-/-en 《複なし》変速;変速器;〖電〗回路. ¶integrierte Schaltung 集積回路.

Scham [シャーム] 女-/ 羞恥,羞恥心;恥部.

schämen [シェーメン] 動 ¶sich⁴ schämen 恥ずかしがる,恥じる. / Ich schäme mich für dich. 私は君のことを恥ずかしく思う.

Schande [シャンデ] 女-/ 恥,恥辱;不名誉. ¶j³ Schande machen 人³に恥をかかせる. / zu seiner Schande 恥ずかしいことに. / Es ist eine Schande, dass ... …とは言語道断だ. ◆Mach deinen Eltern keine Schande! 両親に恥をかかすな.

Schanze [シャンツェ] 女-/-n 土塁;(スキーの)シャンツェ,ジャンプ台.

Schar [シャール] 女-/-en 群れ,群衆. ¶in ganzen Scharen 大量に.

scharf [シャルフ] schärfer [シェルファ], am schärfsten [シェルフステン] 形 鋭い;頭の切れる;きびしい;(輪郭が)鮮明な;刺激的な;〖料理〗ぴりっと辛い. ¶j⁴ scharf machen 〖俗〗人⁴をそそのかす. / ein scharfes Messer 切れ味の鋭いナイフ. / aufs Schärfste きわめて厳格に. ◆Dieses Gulasch ist mir zu scharf. このグーラッシュは私には辛すぎる. / Du brauchst eine schärfere Brille. 君にはもっと度の強い眼鏡が必要だ. / Seine scharfe Zunge ist sehr gefürchtet. 彼の鋭い舌鋒はたいへん恐れられている.

Schärfe [シェルフェ] 女-/ 鋭さ,鋭利さ;明敏さ;厳密さ;鮮明さ;辛さ.

schärfen [シェルフェン] 動 鋭くする,尖らせる;研ぐ. ¶sich⁴ schärfen 鋭くなる.

Schauer

schärfer [シェルファ] scharf の比較級.

Scharf·sinn [シャルフ・ズィン] 男 -[e]s/ 明敏さ;(感覚などの)鋭敏.

scharf·sinnig [シャルフ・ズィニヒ] -e [シャルフ・ズィニゲ] 形 明敏(鋭敏)な, 頭の切れる.

schärfst [シェルフスト] scharf の最高級.

Scharnier [シャルニーァ] 中 -s/-e (ドアなどの)蝶番(ちょうつがい), ヒンジ.

scharren [シャレン] 動 1 (動物が地面を)足でがりがりかく, (不満の気持ちを表して)足で床をすり鳴らす. 2 足で掻いて掘る.

Schaschlik [シャシュリク, シャシュリク] 男 (中) -s/-s 【料理】シャシュリク, シシケバブ.

Schatten [シャッテン] 男-s/- 影; 《複なし》陰, 日陰;汚点;不安. ¶im Schatten leben ひっそり暮らす. / ein Schatten seiner selbst sein やつれ果てて見る影もない. / j⁴ in den Schatten stellen 人⁴をはるかに越える. / nicht über seinen Schatten springen können 自分の本性を変えることができない. ◆ Lange Jahre stand er im Schatten seines älteren Bruders. 長年彼は兄の蔭(かげ)でかすんでいた. / Das wirft einen Schatten auf seine Vergangenheit. それは彼の過去に暗い影を投げかけている.

Schatten·seite [シャッテン・ザイテ] 女-/-n 光の当たらない側;暗黒面;短所. ¶auf der Schattenseite der Straße 道路の日陰の側で.

schattieren [シャティーレン] schattierte, schattiert 動 (物⁴に)影(濃淡)をつける. **Schattierung** [シャティールング] 女-/-en 陰影, 濃淡;ニュアンス.

schattig [シャッティヒ] -e [シャッティゲ] 形 影をつくる;陰になった.

Schatz [シャッツ] 男-[e]s/Schätze [シェッツェ] 宝物, 宝庫;大切なもの. ¶ein kostbarer Schatz 高価な宝物. / einen Schatz entdecken 宝物を発見する. ◆ Diese Lutherbi-

bel ist der größte Schatz unserer Bibliothek. このルター聖書はわが図書館の最大の宝です.

schätzen [シェッツェン] 動 評価する, 見積もる;《た義務》…と見なす. ¶j⁴ et⁴ hoch (niedrig) schätzen 人・事⁴を高く(低く)評価する. / sich⁴ ... schätzen 自分を…と思う. / 《た義務》Ich schätze, dass ... …と思う. ¶ Wie alt schätzt du ihn? 君は彼がいくつだと思う.

Schätzung [シェッツング] 女-/-en 見積もり, 評価;尊重.

schätzungs·weise [シェッツングス・ヴァイゼ] 形 見積もりによれば, おおよそ. ¶Eine Reparatur würde schätzungsweise gut 200 Euro kosten. おおよその見積りによれば, 修理はほぼ200ユーロはかかるだろう.

Schau [シャォ] 女-/-en 展示, 展覧会;見せ物, ショー. ¶et⁴ zur Schau stellen 物⁴を展示する. / eine große Schau abziehen 自分をひけらかす. / eine Schau machen 派手に振舞う. ◆ Die Schau im zweiten Programm war echt albern und langweilig. テレビ第二放送 (TV 局名)のショーは実にくだらなくて退屈だった.

Schauder [シャォダァ] 男 -s/- 寒気;身震い, 恐怖. ¶ein frommer Schauder 畏敬の念. **schauder·haft** [シャォダァ・ハフト] 形 ぞっとする, 不快な.

schaudern [シャォデルン] 動 (寒さ・恐怖などで)身震いする, ぞっとする. 《es を主語として》 es schaudert j⁴(³) (j³(⁴) schaudert) 人⁴(³)はぞっとする.

schauen [シャォエン] 動 【南ドイツ・オーストリア】見る, 眺める, 目を向ける;面倒を見る 《nach j³ 人³の》. ¶auf die Uhr schauen 時計を見る. / j³ ins Auge (in die Augen) schauen 人³の目を見つめる. ◆ Könntest du morgen für mich nach den Kindern schauen? あした私の代わりに子供の面倒を見てもらえるかい.

Schauer [シャォァ] 男-s/- にわか

471

雨;身震い.

schauer·lich [シャォア・リヒ] 形 ぞっとする, 身の毛のよだつ;〖くだけた表現〗ひどい. ¶Nachts haben wir *schauerlich* gefroren. 夜私たちはひどく寒くてこごえた.

schauern [シャォエルン] 動 (寒さ・恐怖のために)身震いする《vor *et³* 事³のあまり》. ¶《*es* を主語として》es *schauert j⁴⁽³⁾* (*j⁴⁽³⁾ schauert*) 人³⁽⁴⁾はぞっとする. ♦Es *schauert*. にわか雨が降る.

Schaufel [シャォフェル] 女 -/-n シャベル, スコップ.

schaufeln [シャォフェルン] 動 シャベル(スコップ)ですくう(掘る).

Schau·fenster [シャォ・フェンスタァ] 中 -s/- ショーウィンドー. ¶Soll ich das Kleid für Sie aus dem *Schaufenster* nehmen? その洋服をショーウィンドーから取って参りましょうか.

Schau·kasten [シャォ・カステン] 男 -s/- ショーケース, 陳列ケース.

Schaukel [シャォケル] 女 -/-n ぶらんこ. **schaukeln** [シャォケルン] 動 1 ぶらんこをする, 揺れる; (s) 揺れながら進む. ¶Das Boot *schaukelte* auf den Wellen. ボートは波の上でゆらゆらと揺れた. 2 揺さぶる, 揺り動かす.

Schaukel·stuhl [シャォケル・シュトゥール] 男 -[e]s/Schaukel·stühle [シャォケル・シュテューレ] ロッキング・チェア.

Schau·lustiger* [シャォ・ルスティガァ] 男 (女性 **Schau·lustige*** [シャォ・ルスティゲ] 女 《形容詞の名詞化》)やじ馬. ¶Am Unfallort drängten sich die *Schaulustigen*. 事故現場ではやじ馬でひしめいていた.

Schaum [シャォム] 男 -[e]s/Schäume [ショィメ] 泡, あぶく. ¶*Schaum* vor dem Mund haben (怒りなどで)口から泡を吹く. ♦Eiweiß zu *Schaum* schlagen 卵白を泡立てる;〖くだけた表現〗ほらを吹く. / Träume sind *Schäume*. 夢は泡のごとし.

schäumen [ショィメン] 動 泡立つ;

(s) 泡立ちながら流れる. ¶Das Bier *schäumt* im Glas (ins Glas). ビールがグラスの中で泡立っている(泡立ちながらグラスに注がれる).

Schaum·gummi [シャォム・グミ] 男 (中) -s/-[s] フォームラバー.

schaumig [シャォミヒ] -e [シャォミゲ] 形 泡立つ, 泡だらけの;泡でできた.

Schau·platz [シャォ・プラッツ] 男 -es /Schau·plätze [シャォ・プレツェ] 舞台;(事故などの)現場. ¶Unser Reporter berichtet direkt vom *Schauplatz* des Geschehens. 我々がレポーターは事件現場から直接報告している.

Schau·spiel [シャォ・シュピール] 中 -[e]s/-e 劇, 演劇;見もの. ¶ein *Schauspiel* aufführen 劇を上演する. ♦Er sah sich das *Schauspiel* der langsam im Meer versinkenden Sonne an. 彼はゆっくりと海に沈んでいく太陽の様を見つめた.

Schau·spieler [シャォ・シュピーラァ] 男 -s/- 俳優, 役者. **Schau·spielerin** [シャォ・シュピーレリン] 女 -/ Schau·spielerinnen [シャォ・シュピーレリネン] 女優. **schau·spielerisch** [シャォ・シュピーレリシュ] 形 演劇の;芝居じみた.

Scheck [シェック] 男 -s/-s(-e) 小切手, チェック. ¶mit (per) *Scheck* bezahlen 小切手で支払う. / *j³* einen *Scheck* über 1000 Euro ausstellen 人³に千ユーロの小切手を振り出す.

Scheck·karte [シェック・カルテ] 女 -/-n (銀行が発行する)小切手保証カード, チェックカード.

Scheibe [シャィベ] 女 -/-n 円盤;薄片;ガラス板. ¶*et⁴* in *Scheiben* schneiden 物⁴を輪切りにする. ♦Die *Scheibe* in der Haustür hat einen langen Riss. 玄関ドアのガラスに長いひびが入っている.

Scheiben·wischer [シャィベン・ヴィシャァ] 男 -s/- 〖自動車〗ワイパー.

Scheide [シャィデ] 女-/-n (刀の)さや;境界[線];【解剖】膣.

scheiden* [シャィデン] schied, geschieden 動 1 分離する《von et³ 物³から》;離婚させる. ¶sich⁴ scheiden lassen 法的に離婚する. ♦ Beruf und Privatleben sind nur schwer voneinander zu scheiden. 仕事と私生活を区別することは難しい. / Seine Frau will sich von ihm scheiden lassen. 彼の妻は彼と離婚したく思っている 2 (s) 別れる,分かれる;立ち去る. ¶als Freunde scheiden 友人として別れる.

Scheidung [シャィドゥング] 女-/-en 離婚. ¶Nach ihrer Scheidung hat sie bald wieder geheiratet. 彼女は離婚してまもなく再婚した.

Schein [シャィン] 男 -[e]s/-e 《複なし》光,輝き;《複 なし》外見,見せかけ;証明書;紙幣;乗車券. ¶der Schein der Kerze ろうそくの光. / ein falscher Schein 偽札. / den Schein wahren 体裁を繕う. / dem Schein nach 外見上. / zum Schein 上辺だけで. ♦ Der Schein trügt. 見かけは当てにならない. / Hast du schon alle Scheine fürs Examen? 君はもうあらゆる試験の単位取得証明証をもっているのかい.

schein・bar [シャィン・バール] 形 外見上,見せかけの. ¶《副として》Er ist scheinbar krank. 彼は病気らしく見えるだけだ.

Schein・ehe [シャィン・エーエ] 女-/-n 偽装結婚. ¶eine Scheinehe eingehen 偽装結婚をする.

scheinen* [シャィネン] schien, geschienen 動 光る,輝く;…のように見える(思われる). ¶Heute scheint endlich wieder die Sonne. きょうようやくまた太陽が輝いている. / Er schien krank [zu sein]. 彼は病気のように見えた. / Es scheint mir (Mir scheint), als ob ... 私には…であるかのように思われる.

schein・heilig [シャィン・ハィリヒ] -e [シャィン・ハィリゲ] 形 偽善的な,純真

を装った.

Schein・werfer [シャィン・ヴェルファ] 男-s/- サーチライト;【自動車】ヘッドライト.

Scheiße [シャィセ] 女-/ 《くだけた表現》くそ;くだらないもの(こと). ¶in der Scheiße sitzen 苦境にある. ♦ Scheiße! くそったれ,くそいまいましい.

Scheitel [シャィテル] 男-s/- 頭髪の分け目,頭のてっぺん. ¶vom Scheitel bis zur Sohle 頭のてっぺんからつま先まで. / einen Scheitel ziehen 髪を分ける.

scheitern [シャィテルン] 動 (s) (計画などが)挫折する;(船が)難破する. ¶im Beruf scheitern 職業に失敗する. ♦ Die Expedition ist gescheitert. 探検は挫折した.

Schelle [シェレ] 女-/-n 鈴;《ふつう複》(トランプの)ダイヤ.

schellen [シェレン] 動 《地域によっては》(鈴が)鳴る;(人を呼び寄せるためなどに)鈴を鳴らす. ¶Das Telefon schellt. 電話のベルが鳴る. / An der Tür schellt es. 入り口でベルを鳴らす音がする.

schelten* [シェルテン] du schiltst [シルット], er schilt; schalt, gescholten 動 1 叱る,非難する. ¶j⁴ einen Dummkopf⁴ schelten 人⁴をアホ⁴とののしる. ♦ Sie hat ihn gescholten, weil er zu spät kam. 彼女は彼が遅れてきたので文句を言った. 2 ¶auf (über) j⁴ schelten 人⁴をののしる.

Schema [シェーマ] 中 -s/-s(-ta, Schemen) 型,パターン,図式;概略[図]. ¶sich⁴ an ein Schema halten ある手本に従う. / nach einem Schema arbeiten あるパターンに従って作業する. **schematisch** [シェマーティシュ] 形 型どおりの;図式的な. ¶et⁴ schematisch darstellen 物⁴を図式によって示す.

Schemel [シェーメル] 男-s/- スツール.

Schenkel [シェンケル] 男-s/- 【解剖】太もも. ¶Er schlug sich vor La-

S

chen auf die *Schenkel*.　彼はひ
ざをたたいて笑った.

schenken [シェンケン] **動** 贈る. ¶
*j³ et⁴ zu Weihnachten schen-
ken*　人³に物⁴をクリスマスにプレゼン
トする. / *sich⁴ et⁴ schenken*
事⁴をしないで済ます,断念する.《特定の
名詞と》…する. *j³/et³ Aufmerksam-
keit schenken*　人³・事³に注意を
払う. ◆ *Das hat mein Großva-
ter mir zum Geburtstag ge-
schenkt.*　祖父は私にそれを誕生日
にプレゼントしてくれた.

Scherbe [シェルベ] **女** -/-n (ガラ
ス・陶器の)破片. ¶ *et⁴ in Scherben
schlagen*　物⁴をたたき割る. ¶
Scherben bringen Glück.　陶器
が割れるのは縁起がいい(ことわざ).

Schere [シェーレ] **女** -/-n はさみ. ¶
et⁴ mit der Schere schneiden
物⁴をはさみで切る. ◆ *Die Schere
muss mal wieder geschliffen
werden.*　このはさみはまた研がなく
てはならない.

scheren⁽*⁾ [シェーレン]　schor
(scherte),　geschoren (ge-
schert) **動** 短く刈りそろえる. ¶ *Die
Schafe sind gerade frisch
geschoren.*　その羊たちはちょうど
毛を刈られたところだ.

Scherz [シェルツ] **男** -es/-e ジョー
ク;からかい.　¶ *ein schlechter
Scherz*　悪い冗談. / *et⁴ aus (im/
zum) Scherz sagen*　事⁴を冗談
で言う. ◆ *Seine dummen Scher-
ze gehen mir auf die Nerven.*
彼のばかばかしいジョークが私の神経に
障る. / *Scherz beiseite!*　冗談は
さておき.

scherzen [シェルツェン] **動** 冗談を言
う,ふざける.　¶ *Sie scherzen
wohl?*　冗談でしょう. **scherz・
haft** [シェルツ・ハフト] **形** 冗談の,ふ
ざけた;おかしな.

scheu [ショィ] **形** 物おじする,内気
(臆病)な. ¶ *ein scheues Kind*
内気な子供. **Scheu** [ショィ] **女** -/
物おじ,内気,臆病;恐れ.

Scheuche [ショィヒェ] **女** -/-n かか

し.

scheuen [ショィエン] **動** 1 恐れる.
¶ *sich⁴ vor j³/et³ scheuen*
人³・事³に対してしり込みする. / *sich⁴
[davor] scheuen, … + zu*
不定詞 …することをためらう.　2 ¶
vor j³/et³ scheuen　人³・事³におび
える.

scheuern [ショィエルン] **動** こすって
磨く(洗う);こすって取り去る;(皮膚
に)こすれる. ¶ *Der Kragen scheu-
ert [am Hals].*　カラーが首にこすれ
てひりひりする.

Scheune [ショィネ] **女** -/-n 納屋;
穀倉.

scheuß・lich [ショィス・リヒ] **形** 不
快感をもよおさせる,いやな;醜い;残忍
な. ¶ *ein scheußliches Verbre-
chen*　残虐な犯罪. ◆ *Bei diesem
scheußlichen Wetter bleibst du
besser zu Hause.*　こんなひどい
天気のときには家にいた方がいいよ. /
*Ich war ganz scheußlich erkäl-
tet.*　私はひどい風邪をひいていた.

Schi [シー] **男** -s/-er　スキー(=
Ski).

Schicht [シヒト] **女** -/-en 層;[社
会]階層;交代制労働(勤務)時間.　¶
die oberen Schichten der Luft
大気の上層. / *die herrschende
Schicht*　支配階層. / *in Schich-
ten arbeiten*　交代制で働く. ◆ *Mei-
ne Schicht beginnt um 6 Uhr.*
私の交代制労働時間は6時に始まる.

Schicht・arbeit [シヒト・アルバィト]
女 -/ 交代制労働(勤務).

schichten [シヒテン] **動** 積み重ね
る. ¶ *sich⁴ schichten*　層のように
なる.

schick [シック] **形** 垢抜けした,シッ
ク(エレガント)な. ¶ *ein schicker
Anzug*　エレガントな背広. / *schick
angezogen sein*　シックな服装を
している.

schicken [シッケン] **動** 送る;行かせ
る. ¶ *sich⁴ schicken*　ふさわしい
《*für j⁴/et⁴* 人⁴・事⁴に》. ◆ *Er hat
den Kollegen eine Ansichtskar-
te aus dem Urlaub geschickt.*

彼は同僚達に休暇先から絵はがきを送った. / So etwas *schickt* sich nicht für eine junge Dame. そのようなことは若いレディーにふさわしくない.

Schicksal [シックザール] 中 -s/-e 運命,宿命. ¶das *Schicksal* meistern 運命を克服する. / sein *Schicksal* hinnehmen 自分の運命を甘受する.

Schiebe·dach [シーベ・ダハ] 中 -[e]s/Schiebe·dächer [シーベ・デヒャァ]〖自動車〗サンルーフ.

schieben* [シーベン] schob, geschoben 動 押す,ずらす;(事⁴の責任を)押付ける 《auf j⁴/et⁴ 人⁴・物⁴に》. ¶*sich⁴ schieben* 押し分けて進む. ♦Die Kommode *schieben* wir etwas näher an die Tür. 整理ダンスをもう少しドアの近くにずらそう. / Die Verantwortung dafür darfst du nicht auf andere *schieben*. その責任を君は他人に押付けてはいけない.

schied [シート] scheiden の過去形・単数・1, 3人称.

Schieds·richter [シーツ・リヒタァ] 男 -s/- (女性) **Schieds·richterin** [シーツ・リヒテリン] 女 -/Schieds·richterinnen [シーツ・リヒテリネン])〖スポーツ〗審判員;〖法律〗仲裁裁判官.

schief [シーフ] 形 斜めの,傾いた;ゆがんだ. ¶auf die *schiefe* Bahn geraten (kommen) (道徳的に)誤った道に入る. / *schief* gehen うまくいかない,失敗する. / der *schiefe* Turm zu Pisa ピサの斜塔. ♦Es wird schon *schief* gehen! (反語的に)きっとうまくいくさ! / Der Kalender hängt etwas *schief*. カレンダーは少し傾いてかかっている.

schielen [シーレン] 動 斜視である 《auf dem linken Auge 左目が》;こっそり(盗み)見る. ¶über den Zaun *schielen* 垣根越しにこっそり見る.

schien [シーン] scheinen の過去形・単数・1, 3人称.

Schien·bein [シーン・バイン] 中 -es /-e〖解剖〗脛(☆)骨.

Schiene [シーネ] 女 -/-n レール,線路;(カーテンなどの)レール. ¶auf *Schienen* fahren (laufen) レール上を走る. / aus den *Schienen* springen 脱線する.

schier [シーァ] 副 ほとんど;危うく. ¶Das ist doch *schier* unglaublich! それはほとんど信じられないことだ.

schießen* [シーセン] du/er schießt; schoss, geschossen 動 1撃つ,射る;射撃する;シュートする;(写真を)撮る. ¶auf j⁴ *schießen* 人⁴に発砲する. / aufs Tor *schießen* (サッカーで)シュートする. 2 (s) 勢いよく飛んでいく;(水が)ほとばしる. ¶in die Luft *schießen* (ロケットなどが)空中へ勢いよく飛んでいく. **Schießen** [シーセン] 中 -s/- 射撃;射撃大会. ¶zum *Schießen* sein 〖くだけて〗とても滑稽である.

Schiff [シッフ] 中 -[e]s/-e 船. ¶das *Schiff* besteigen 船に乗る. / mit dem *Schiff* fahren 船で行く. ♦Das *Schiff* läuft einen Hafen an. 船が港に寄港する. / Das *Schiff* geht unter. 船が沈没する.

schiff·bar [シッフ・バール] 形 (水路が)航行可能な.

Schiff·bruch [シッフ・ブルフ] 男 -[e]s/Schiff·brüche [シッフ・ブリュヒェ]難破. ¶Damit hat er schwer *Schiffbruch* erlitten. 彼はそれにひどく失敗した.

Schiff·fahrt [シッフ・ファールト] 女 -/ 航行,航海.

schikanieren [シカニーレン] schikanierte, schikaniert 動 (人⁴に)嫌がらせをする,いじめる.

Schild [シルト] 1 中 -es/-er 看板,標識,表札,レッテル. ¶ein *Schild* aufstellen 看板を立てる. / ein *Schild* an der Tür anbringen ドアに表札を取り付ける. ♦Auf dem *Schild* steht sein Name. 表札には彼の名前が書かれている. 2 男 -es /-e 盾. ¶Wer weiß, was er im *Schilde* führt. 彼が何をたくらんで

S

いるか誰にわかろうか.

schildern [シルデルン] **動** 描写(叙述)する,物語る；記述する. ¶ *et⁴* in allen Einzelheiten *schildern* 物⁴・事⁴をこと細かく描写する. **Schilderung** [シルデルング] **女**-/-en 描写,叙述；記述.

Schild・kröte [シルト・クレーテ] **女**-/-n 〖動〗(カメ・スッポンなど)カメ類.

Schilf [シルフ] **中** -[e]s/-e 〖植物〗アシ,ヨシ.

schillern [シレルン] **動** いろいろな色に輝く；はっきりしない.

Schilling [シリング] **男**-s/-e シリング(2001年までのオーストリアのかつての貨幣単位. 100グロッシェン Groschen. 略: S).

schilt [シルト] **,** **schiltst** [シルツト] < schelten.

Schimmel [シメル] **男**-s/- 白馬,葦毛の馬；《複なし》カビ.

schimmelig [シメリヒ] -e [シメリゲ] **形** カビの生えた. **schimmeln** [シメルン] **動** (h, s) カビが生える.

Schimmer [シマ] **男**-s/- かすかな光,微 光. **schimmern** [シメルン] **動** かすかに(ほのかに)光る.

Schimpanse [シンパンゼ] **男**-n/-n 〖動〗チンパンジー.

schimpfen [シンプフェン] **動** ののしる, 侮辱する《auf (über) *j⁴/et⁴* 人⁴・事⁴を》,叱りつける《mit *j³* 人³

を》. ¶ heftig *schimpfen* 激しくののしる. ♦ Er *schimpfte* auf den Chef. 彼は主任をののしっていた. / Seine Eltern *schimpfen* dauernd mit ihm. 両親は彼を絶えず叱りつけている.

Schimpf・wort [シンプフ・ヴォルト] **中**-[e]s/Schimpf・wörter [シンプフ・ヴェルタァ] (-e) ののしりの言葉.

Schinken [シンケン] **男**-s/- ハム；〖ぞんざい〗太 も も,尻. ¶roher (geräucherter) *Schinken* 生(スモーク)ハム.

Schirm [シルム] **男**-[e]s/-e 傘；(ランプ の)笠；保護,庇 護. ¶ den *Schirm* öffnen (zuklappen) 傘を開く(たたむ). ♦ Er hat seinen *Schirm* vergessen. 彼は傘を忘れた.

Schirm・herr [シルム・ヘル] **男** 2・3・4格 -n/-en 〖女性〗 **Schirm・herrin** [シルム・ヘリン] **女**-/Schirm・herrinnen [シルム・ヘリネン] 保 護者,パトロン. **Schirm・herrschaft** [シルム・ヘルシャフト] **女**-/ 保護,後援. ¶unter der *Schirmherrschaft* von *j³/et³* 人³・組織³の後援で.

schiss [シス] scheißen の過去形・単数・1,3人称.

schizo・phren [シツォ・フレーン] **形** 〖心理〗統合失調症(精神分裂病)の. **Schizo・phrenie** [シツォ・フレニー]

≡ドイツを識るコラム≡
Schleswig-Holstein

面積	15804(km²)
人口	291(万人)
州都	キール

北海とバルト海に面し,東ヨーロッパとスカンジナビアを結ぶ中継地点として,さらに発展が期待されている. デンマークに属していたこともあるため,現在でもデンマーク人が5万人,フリース人が5万人ほど住んでいる. 再生可能エネルギー産業,とりわけ風力発電に力を注いでいる. 州都キールは古くからの港町でヨットレースが有名. 世界遺産のリューベックはかつて

「ハンザの女王」と呼ばれ,ノーベル賞作家トーマス・マンの生地でもある.

リューベックのホルステン門

女-/-n［シツォフレニーエン］【心理】統合失調症(精神分裂病).

Schlacht［シュラハト］女-/-en 戦闘;合戦. ¶eine *Schlacht* gewinnen (verlieren) 戦いに勝つ(負ける). / eine *Schlacht* um die wenigen Eintrittskarten⁴ 数少ない入場券の奪い合い.

schlachten［シュラハテン］動 畜殺する;虐殺する.

Schlachter［シュラハタァ］男 -s/- (女性) **Schlachterin**［シュラハテリン］女-/Schlachterinnen［シュラハテリネン］), **Schlächter**［シュレヒタァ］男-s/- (女性) **Schlächterin**［シュレヒテリネン］女-/Schlächterinnen［シュレヒテリネン］)【北ドイツ】畜殺業者,肉屋.(⇒Fleischer, Metzger)

Schlaf［シュラーフ］男-[e]s/ 睡眠. ¶ein fester *Schlaf* 熟睡. / keinen *Schlaf* finden 寝つけない. / [einen] *Schlaf* haben 【南ドイツ・オースト】眠い. / den ewigen *Schlaf* schlafen 永眠する. / aus dem *Schlaf* erwachen 眠りから覚める. / im *Schlaf* reden 寝言を言う. / nicht im *Schlaf* 夢にも…ない. ♦ Nicht im *Schlaf* würde ich kommen. 私だったら決して行かないだろう. / Sie kommt mit sehr wenig *Schlaf* aus. 彼女はほんのわずかな睡眠でやっていける. **Schlaf・anzug**［シュラーフ・アンツーク］男-[e]s/Schlaf・anzüge［シュラーフ・アンツューゲ］パジャマ,寝間着.

Schläfe［シュレーフェ］女-/-n こめかみ.

schlafen*［シュラーフェン］ *du* schläfst, *er* schläft; schlief, geschlafen 動 眠る,眠っている;活動していない. ¶*schlafen* gehen 床につく. / sich⁴ gesund *schlafen* (十分に)眠って元気を取りもどす. / mit j³ *schlafen* 人³と寝る. / im Freien *schlafen* 野外で寝る,野宿する. ♦ Hast du gut *geschlafen*? よく眠れたかい.

schlaff［シュラッフ］形 緩んだ,だらりとした;無気力な. ¶Die Segel

hingen *schlaff* an den Masten. 帆がだらりとマストからたれ下がっている.

schlaf・los［シュラーフ・ロース］形 眠れない,不眠の.

Schlaf・mittel［シュラーフ・ミテル］中-s/- 睡眠薬. ¶ein leichtes *Schlafmittel* nehmen 軽い睡眠薬を飲む.

schläfrig［シュレーフリヒ］-e［シュレーフリゲ］形 眠い,眠そうな.

Schlaf・sack［シュラーフ・ザク］男-[e]s/Schlaf・säcke［シュラーフ・ゼケ］寝袋,シュラフ.

schläfst［シュレーフスト］< schlafen.

Schlaf・stadt［シュラーフ・シュタト］女-/Schlaf・städte［シュラーフ・シュテーテ］ベッドタウン.

schläft［シュレーフト］< schlafen.

Schlaf・tablette［シュラーフ・タブレテ］女-/-n (錠剤の)睡眠薬. (⇒ Schlafmittel)

Schlaf・wagen［シュラーフ・ヴァーゲン］男 -s/- 寝台車.

Schlaf・zimmer［シュラーフ・ツィマァ］中 -s/- 寝室.

Schlag［シュラーク］男-[e]s/Schläge［シュレーゲ］打撃;打撲;衝撃;発作;(規則的な)拍動. ¶der *Schlag* des Herzens 心臓の鼓動. / ein *Schlag* ins Gesicht 顔面への一撃,面目を失うような打撃. / *Schlag* auf *Schlag* 続けざまに. / auf einen (mit einem) *Schlag* 一気に,突然. ♦ Der Tod seiner Frau war ein schwerer *Schlag* für ihn. 妻の死は彼にとってたいへんな衝撃であった.

Schlag・ader［シュラーク・アーダァ］女 -/-n 【解剖】動脈. **Schlag・anfall**［シュラーク・アンファル］男 -[e]s /Schlag・anfälle［シュラーク・アンフェレ］【医療】卒中発作.

schlag・artig［シュラーク・アールティヒ］-e［シュラーク・アールティゲ］形 突然の,電撃的な.

schlagen*［シュラーゲン］ *du* schlägst, *er* schlägt; schlug, geschlagen 動 **1** 打つ,殴る;(敵

S

Schlager

絵で見るドイツ単語 **Schlafzimmer**

① das Bett　ベッド.
② die Matratze　マットレス.
③ die Bettdecke　掛け布団.
④ das Kopfkissen 枕.
⑤ das Betttuch　シーツ.
⑥ die Tagesdecke
　ベッドカバー.
⑦ der Nachttisch
　(ベッドの)サイドテーブル.
⑧ die Nachttischlampe
　ナイトスタンド.

⑨ der Bettvorleger
　ベッドの足元マット.
⑩ der Wecker 目覚まし時計.
⑪ der Pyjama, der Schlafanzug
　パジャマ.
⑫ der Kleiderschrank
　洋服ダンス.
⑬ der Einbauschrank
　(作り付けの)タンス.
⑭ die Zeitschrift 雑誌.
⑮ die Illustrierte グラフ雑誌.

など⁴を)打ち負かす. ¶ *j³ et⁴* aus der Hand *schlagen* 物⁴を人³の手からたたき落とす. / *sich⁴ schlagen* 殴り合う. ◆ Hier darf man keine Nägel in die Wand *schlagen*. ここでは壁に釘を打ってはいけません. / Sein Puls *schlug* sehr unregelmäßig. 彼の脈拍はたいへん不規則だった. **2** たたく；ばたばた動かす《mit *et³* 物³を》；(s) ぶつかる, 衝突する《auf/gegen *et⁴* 物⁴に》. ¶ auf den Tisch *schlagen* 机を叩く. ◆ Die Turmuhr *schlägt* alle halbe Stunde. 塔の時計は半時間ごとに時を打つ. / Der Blitz *schlägt* in einen Baum. 雷が木に落ちる.

Schlager [シュラーガァ] 男-s/- 流行歌；ヒット, ベストセラー.

Schläger [シュレーガァ] 男-s/- 殴る人；打者；ラケット, バット, (ゴルフの)クラブ.

Schlägerei [シュレーゲライ] 女-/-en 殴り合い.

¶ **schlag·fertig** [シュラーク・フェルティヒ] -e [シュラーク・フェルティゲ] 形 打てば響くような, 機転のきく.

478

Schlag·instrument [シュラーク・インストゥルメント] 中-[e]s/-e 〖楽〗打楽器.

Schlag·loch [シュラーク・ロホ] 中-[e]s/Schlag·löcher [シュラーク・レヒャァ] (道路の)くぼみ.

Schlag·obers [シュラーク・オーバァス] 中-/〖オーストリア〗ホイップクリーム.

Schlag·sahne [シュラーク・ザーネ] 女-/ ホイップクリーム.

schlägst [シュレークスト], **schlägt** [シュレークト] < schlagen.

Schlag·wort [シュラーク・ヴォルト] 中-[e]s/-e(Schlag·wörter [シュラーク・ヴェルタァ]) 標語, スローガン.

Schlag·zeile [シュラーク・ツァイレ] 女-/-n (新聞の)大見出し. ¶ Schlagzeilen machen 〖くだけた表現〗センセーションを巻き起こす.

Schlag·zeug [シュラーク・ツォイク] 中-[e]s/-e 〖楽〗打楽器.

Schlamm [シュラム] 男-[e]s/Schlämme [シュレメ] 泥, ぬかるみ, 窮地. ¶ im Schlamm stecken ぬかるみにはまる, 窮地に陥っている.

schlampen [シュランペン] 動〖くだけた表現〗だらしない身なり(仕事)をする.

schlampig [シュランピヒ] -e [シュランピゲ] 形〖くだけた表現〗(服装・仕事などが)だらしない, ぞんざいな.

schlang [シュラング] schlingen の過去形・単数・1, 3人称.

Schlange [シュランゲ] 女-/-n 〖動〗ヘビ; 長蛇の列, 渋滞. ¶ Schlange stehen 長蛇の列を作る. / sich⁴ in der Schlange anstellen 行列に並んで待つ.

schlank [シュランク] 形 ほっそり(すらりと)した, スリムな. ¶ eine schlanke Figur ほっそりとした体型. / Das Kleid macht dich schlank. この洋服を着ると君はスリムに見える. (⇒hager, mager, schmächtig)

schlapp [シュラップ] 形 だらりとした, たるんだ, ぐったりした. ¶ ein schlappes Seil たるんだロープ. ♦ Bei der Hitze fühlt man sich richtig schlapp. この暑さでほんとうにぐったりである.

Schlappe [シュラッペ] 女-/-n 〖くだけた表現〗敗北, 痛手; 損失. ¶ eine Schlappe erleiden 痛手(損害)をこうむる.

schlau [シュラオ] 形 ずる賢い, 抜け目のない; 利口な. ¶ schlau wie ein Fuchs sein 狐のようにずる賢い. / aus j³ nicht schlau werden 〖くだけた表現〗人³の腹が読めない. / aus et³ nicht schlau werden 〖くだけた表現〗事³が理解できない.

Schlauch [シュラォホ] 男-[e]s/Schläuche [シュロィヒェ] ホース, (タイヤの)チューブ;〖くだけた表現〗つらい仕事. ¶ einen Schlauch an den Wasserhahn anschließen ホースを蛇口につなぐ. ♦ Der Umzug war ein ziemlicher Schlauch. 引っ越しはかなりつらい仕事だった.

schlecht [シュレヒト] 形 悪い, 劣った, 粗雑な. ¶ in schlechte Hände geraten 悪人の手に渡る. / schlechte Laune 不機嫌. / eine schlechte Nachricht 悪い知らせ. / schlecht hören よく聞こえない. / j⁴ schlecht machen 人⁴をおとしめる. / j³ ist (wird) schlecht. 人³の気分が悪い(悪くなる). / schlecht bezahlt 報酬の悪い. / schlecht erzogen しつけの悪い. ♦ Es geht ihm schlecht. 彼は具合(調子)が悪い. / Sein Deutsch ist gar nicht so schlecht. 彼のドイツ語はそんなに悪くはない. / Die Kneipe da hat einen schlechten Ruf. そこの飲み屋は評判が悪い.

schlecken [シュレッケン] 動 なめる; (甘い物を)おいしそうに食べる. ¶ Die Kinder schleckten Eis. 子供達はおいしそうにアイスクリームをなめていた.

schleichen* [シュラィヒェン] schlich, geschlichen 動 (s) こっそり歩く, 忍び込む《in et⁴ 建物など⁴に》. ¶ sich⁴ schleichen こっそり近づく(出て行く). ♦ Auf Zehenspitzen schlich er sich zum Kühlschrank. 彼はつま先立ちでこ

S

っそりと冷蔵庫に近づいていった.

Schleier [シュライァ] **男**-s/- ベール. ¶einen *Schleier* tragen ベールをつけている. / der *Schleier* der Nacht 夜のとばり.

schleier・haft [シュライァ・ハフト] **形** はっきりしない,謎めいた.

Schleife [シュライフェ] **女**-/-n 蝶結びのリボン,蝶ネクタイ;カーブ. ¶j³ eine *Schleife* ins Haar binden 人³の髪にリボンを結ぶ. ♦ Dort macht die Straßenbahn eine große *Schleife*. あそこで市電は大きくカーブする.

¹**schleifen*** [シュライフェン] schliff, geschliffen **動** 磨く,研ぐ,表面加工する. ¶ein Messer *schleifen* ナイフを研ぐ.

²**schleifen** [シュライフェン] **動 1** 引っ張る,引きずって運ぶ. ¶Er *schleifte* die Kiste in den Keller. 彼は箱を地下室に引きずっていった. **2** (s) (裾などが地面を)引きずる. ¶Das Kleid *schleift* auf (über) den Boden. 洋服の裾が地面を引きずっている.

Schleif・stein [シュライフ・シュタイン] **男**-[e]s/-e 砥石.

Schleim [シュライム] **男**-[e]s/-e 粘液,鼻水,痰(ᵗ).

Schleimer [シュライマァ] **男**-s/- (**女性** **Schleimerin** [シュライメリン] **女**-/-Schleimerinnen [シュライメリネン])おべんちゃら人間.

schlemmen [シュレメン] **動** 美食する. ¶Am Sonntagabend haben wir *geschlemmt*. 日曜日の夕食に私たちはご馳走をたっぷり食べた.

schlendern [シュレンデルン] **動** (s) ぶらぶら歩く.

schlenkern [シュレンケルン] **動 1** ぶらぶら揺する《mit *et*³ 物³を》. ¶mit den Armen *schlenkern* 腕を振る. **2** ぶらぶらさせる. ¶seine Arme *schlenkern* 腕を振る.

schleppen [シュレッペン] **動 1** 引っ張る,引きずっていく;むりやり連れて行く. ¶*sich*⁴ *schleppen* 体を引きずるようにして歩く. ♦ Der Unfallwa-

gen wurde in die Werkstatt *geschleppt*. 事故車は工場に牽引された. / Mit letzter Kraft *schleppte* er sich zum Arzt. 最後の力を振りしぼって彼は体を引きずるようにして医者に行った. **2** 引きずる. ¶Das lange Kleid *schleppt* am Boden. 長いドレスが床を引きずっている.

schleppend [シュレッペント] **1形** 引きずるような,だらだらした. **2** schleppen の現在分詞.

Schlesien [シュレーズィエン] **中** -s/〖地名〗シュレージエン(旧ドイツ領,ポーランド南部).

Schleswig-Holstein [シュレースヴィヒ・ホルシュタイン] **中**-s/〖地名〗(ドイツ連邦共和国の)シュレースヴィヒ・ホルシュタイン州.

schleudern [シュロイデルン] **動 1** (はずみをつけて)勢いよく投げる,投げ飛ばす;脱水機(遠心分離器)にかける. ¶Sie hat die Vase zu Boden *geschleudert*. 彼女は花瓶を床に投げつけた. / Hast du die Wäsche schon *geschleudert*? 洗濯物はもう脱水したのかい. **2** (s) 車が横滑りする. ¶In der Kurve geriet der Wagen ins *Schleudern*. カーブで車は横滑りした.

schleunigst [シュロイニヒスト] **副** 大至急,即刻. ¶Wir müssen sie *schleunigst* ins Krankenhaus bringen. 私たちは彼女を大急ぎで病院に連れて行かなくてはならない.

schlich [シュリヒ] schleichen の過去形・単数・1,3人称.

schlicht [シュリヒト] **形** 質素な,地味な. ¶*schlicht* und einfach 疑いもなく.

schlichten [シュリヒテン] **動** 調停する,示談にする.

schlief [シュリーフ] schlafen の過去形・単数・1,3人称.

schließen* [シュリーセン] *du/er* schließt; schloss, geschlossen **動** 閉じる;終える;推論する《aus *et*³ 事³から》;結ぶ;締結する. ¶*sich*⁴ *schließen* 閉まる,閉じる. / die Augen *schließen* 目を閉じる. ♦

Türen bitte leise *schließen*! ドアは静かに閉めてください。／Die Sitzung *schließt* heute um 17 Uhr. きょうの会議は17時に終ります。／Aus seiner Antwort *schloss* ich auf seine Unlust. 彼の返事から私は彼の気が進まないのだなと推察した。／Die beiden Staaten *schlossen* einen Friedensvertrag. 両国は平和条約を締結した。

Schließ・fach [シュリース・ファハ] 中-[e]s/Schließ・fächer [シュリース・フェヒャァ] コインロッカー.

schließ・lich [シュリース・リヒ] 副 ついに,結局は. ¶*Schließlich* hat sie doch zugesagt. 結局は彼女も承諾した. 2形 最終の,結局の.

schliff [シュリフ] schleifen の過去形・単数・1，3人称.

schlimm [シュリム] 形 悪い,不快な；ゆゆしい；炎症を起こした. ¶eine *schlimme* Nachricht 悪い知らせ. ◆Wir müssen mit dem *Schlimmsten* rechnen. 私たちは最悪のことを覚悟しておかなくてはならない.

Schlinge [シュリンゲ] 女-/-n (ひもなどを結んで作った)輪,わな. ¶in die *Schlinge* gehen わなにかかる.

schlingen* [シュリンゲン] schlang, geschlungen 動 1巻き付ける《*et*⁴ um *et*⁴ 物⁴を物⁴に》. ¶*sich*³ einen Schal um den Hals *schlingen* 首にマフラーを巻き付ける. 2むさぼり食う.

Schlips [シュリップス] 男-es/-e ネクタイ. ¶*sich*³ einen *Schlips* umbinden ネクタイを結ぶ.

Schlitten [シュリッテン] 男-s/- そり,リュージュ. ¶*Schlitten* fahren そり(リュージュ)で滑る.

Schlitt・schuh [シュリット・シュー] 男-[e]s/-e スケート靴. ¶*Schlittschuh* laufen (s, h) スケートをする.

Schlitz [シュリッツ] 男-es/-e (郵便物・コインなどの)投入口；(衣服の)スリット. ¶einen Brief durch den *Schlitz* des Briefkastens schieben 手紙を郵便箱の投入口へ押しこむ.

schloss [シュロス] schließen の過去形・単数・1，3人称.

Schloss [シュロス] 中-es/Schlösser [シュレッサァ] 1 錠前,ロック. ¶Das *Schloss* an der Haustür (am Koffer) schließt nicht mehr richtig. ドア(トランク)の錠がもううまくかからない. 2居城.

「宮殿」と訳すこともあるが,別に der Palast という単語もある.フランスのベルサイユ宮殿 le Palais de Versailles のドイツ語訳は Schloss von Versailles であり,ミュンヘン郊外にある壮麗な大宮殿ニュンフェンブルク宮殿も Schloss Nymphenburg である.また日本人の大好きなノイシュヴァーンシュタイン宮殿(新白鳥城)も das Schloss Neuschwanstein と呼ばれる.これを形から言うと die Burg (とりで)のように思えるのだが, やはり das Schloss である.ついでながら日本人観光客が感動のあまり「ノイシュヴァインシュタインだ」と叫んだりするのを耳にする.だがそれでは「新豚城」になってしまうから止めた方がいい.

Schlosser [シュロッサァ] 男-s/-(女性) **Schlosserin** [シュロッセリン] 女-/-Schlosserinnen [シュロッセリネン]金属(機械)工,錠前師.

Schlot [シュロート] 男-[e]s/-e (工場などの)高い煙突.

schlottern [シュロッテルン] 動〖ふだ爾〗がたがた震える；(服¹が)だぶだぶである. ¶vor Kälte *schlottern* 寒さのあまりがたがた震える.

Schlucht [シュルフト] 女-/-en (高

481

い絶壁にはさまれた狭い)峡谷, 山峡.

schluchzen [シュルフツェン] 動 むせび(すすり)泣く.

Schluck [シュルック] 男-[e]s/-e ひと飲みの量. ¶einen *Schluck* Wasser trinken 水を一口飲む.

Schluck・auf [シュルック・アオフ] 男 -s/ しゃっくり. ¶einen *Schluckauf* haben (bekommen) しゃっくりが出る.

schlucken [シュルッケン] 動 飲み込む;吸い込む;(いやなことを)甘受する. ¶die Tabletten mit Wasser *schlucken* 錠剤を水で飲む. ◆Er musste ihren Tadel *schlucken*. 彼は彼女の非難を甘んじて受けなくてはならなかった.

schlug [シュルーク] schlagen の過去形・単数・1,3人称.

Schlummer [シュルマァ] 男-s/ まどろみ,うたた寝. **schlummern** [シュルメルン] 動 まどろむ,うたた寝する.

schlüpfen [シュリュプフェン] 動 (s) するりと入り込む(抜出す);さっと身につける《in et⁴ 衣類⁴を》. ¶durch die Maschen des Gesetzes *schlüpfen* 法の網をすり抜ける. / in die Schuhe *schlüpfen* 靴をさっとはく. ◆Die Kinder *schlüpften* unbemerkt aus dem Zimmer. 子供達は気づかれずにそっと部屋から抜け出して行った.

Schlüpfer [シュリュップファァ] 男-s/- (女性の)パンティー.

schlüpfrig [シュリュップフリヒ] -e [シュリュップフリゲ] 形 滑りやすい,ぬるぬるした;下品な,いかがわしい. ¶*schlüpfrige* Witze いやらしい冗談. / *schlüpfrig* wie ein Aal ウナギのようにぬるぬるした.

schlurfen [シュルルフェン] 動 (s) 足を引きずって歩く.

schlürfen [シュリュルフェン] 動 (音を立てて)すする.

Schluss [シュルス] 男-es/Schlüsse [シュリュッセ]《復なし》終り;結末,結論. ¶mit et³/j³ *Schluss* machen 事³(人³との関係)を終りにする. / am *Schluss* 終りに. / aus *et³* einen *Schluss* ziehen 事³から結論を引き出す. / zum *Schluss* 最後に,終りに当たって. ◆*Schluss* für heute! きょうはここまで[で終り]. / Jetzt aber *Schluss*! もういい加減にやめろ. / Daraus sollte man keine voreiligen *Schlüsse* ziehen. そのことからあまり性急な結論を引き出すべきではない. / Der *Schluss* des Films hat mir nicht gefallen. この映画の結末が私は気に入らなかった.

Schlüssel [シュリュッセル] 男-s/- 鍵,キー. ¶der *Schlüssel* für den Koffer トランクの鍵. / den *Schlüssel* ins Schloss stecken 鍵を錠前に差し込む. / den *Schlüssel* im Schloss umdrehen 錠前に差した鍵を回す. / der *Schlüssel* zum Verständnis dieses Gedichtes この詩を理解するための鍵. ◆Ich habe den *Schlüssel* verloren. 私は鍵をなくしてしまった.

Schlüssel・bund [シュリュッセル・ブント] 男 (中) -[e]s/-e 鍵束. **Schlüssel・loch** [シュリュッセル・ロホ] 中-[e]s/Schlüssel・löcher [シュリュッセル・レヒァァ] 鍵 穴. ¶Neugierig guckte sie durchs *Schlüsselloch*. 興味深げに彼女は鍵穴をのぞき込んだ.

Schluss・folgerung [シュルス・フォルゲルング] 女-/-en 結論,推論. ¶aus *et³* die richtige *Schlussfolgerung* ziehen (ableiten) 事³から正しい結論を導き出す.

schlüssig [シュリュッスィヒ] -e [シュリュッスィゲ] 形 筋の通った;《付加語用法なし》決心のついた. ¶*sich³* über *et⁴* *schlüssig* sein 事⁴について決心がついている.

Schmach [シュマッハ] 女-/ 恥辱,不名誉.

schmächtig [シュメヒティヒ] -e [シュメヒティゲ] 形 (体つきが)きゃしゃな,弱々しい.

schmack・haft [シュマック・ハフト] 形 おいしい,味のよい. ¶*j³* *et⁴* *schmackhaft* machen 人³に物⁴・

事⁴を魅力的なものだと思わせる。/ das Essen *schmackhaft* zubereiten 食事を美味しく調理する。◆ Sie machte mir die Reise nach Japan *schmackhaft*, indem sie mir ein Video japanischer Landschaften zeigte. 彼女は私に日本の風景のビデオを見せて日本旅行を魅力的なものだと思わせた。

schmähen [シュメーエン] **動** （人⁴を）ののしる、けなす。

schmal [シュマール] schmaler (schmäler [シュメーラァ]), am schmalsten (am schmälsten [シュメールステン]) **形**「幅の」狭い。ほっそりした、やせた。僅かな。¶ein *schmaler* Weg 狭い道。◆ Sie hat wunderschöne, *schmale* Hände. 彼女はとてもきれいでほっそりとした手をしている。

Schmalz [シュマルツ] **1 中** -es/ (種類:-e) (動物の)脂肪、ラード。**2 男** -es/ 《大衆的》(軽蔑的に)感傷.

schmarotzen [シュマロッツェン] schmarotzte, schmarotzt **動** 寄食する《bei j³ 人³のもとに》. **Schmarotzer** [シュマロッツァ] **男** -e/- 居候。《生物》寄生生物.

schmatzen [シュマッツェン] **動 1** (食事の際に)ピチャピチャ音を立てる。**2** (人⁴に)チュッと音を立ててキスをする。

schmecken [シュメッケン] **動 1** (…の)味がする、(人³にとって)おいしい。¶süß (sauer) *schmecken* 甘い(酸っぱい)味がする。◆ Das Eis *schmeckt* [mir] gut. このアイスクリームは美味しい。/ *Schmeckt's*? 美味しいかい。**2** 試食する、味わう。

Schmeichelei [シュマイヒェライ] **女** -/-en お世辞、おべっか.

schmeichel·haft [シュマイヒェル・ハフト] **形** 虚栄心をくすぐる、おもねる.

schmeicheln [シュマイヒェルン] **動** (人³に)お世辞を言う、おもねる。引き立てる。¶ sich³ *schmeicheln* うぬぼれる；自負する。/ seiner Eitelkeit *schmeicheln* 虚栄心をくすぐる。◆ Er *schmeichelt* seinem Vor-

gesetzten. 彼は上司にお世辞を言う。/ Sie *schmeichelt* sich, besser Deutsch zu können als ihr Professor. 彼女は教授よりもドイツ語ができるとうぬぼれている。

schmeißen* [シュマイセン] schmiss, geschmissen **動** 《大衆語》[ほうり]投げる、投げ出す；(仕事などを)うまく片づける。¶ein Glas an die Wand *schmeißen* グラスを壁に投げつける。/ j⁴ aus dem Zimmer *schmeißen* 人⁴を部屋から追い出す。◆ Sie *schmiss* die Sache ganz toll. 彼女はこの件をとても上手に処理した。

schmelzen* [シュメルツェン] *du/er* schmilzt; schmolz, geschmolzen **動 1** 溶かす。¶Hier wird das Eisen *geschmolzen*. ここで鉄が溶解される。◆ Die Sonne *schmolz* den Schnee. 太陽が雪を溶かした。**2** (s)溶ける。¶Der Schnee ist *geschmolzen*. 雪が溶けた。

Schmerz [シュメルツ] **男** -es/-en 《ふつう **複**》(肉体的な)痛み、苦痛；心痛、悲しみ。¶Plötzlich spürte (fühlte) er einen stechenden *Schmerz* in der Brust. 突然彼は胸に刺すような痛みを感じた。/ Wo haben Sie *Schmerzen*? どこが痛いのですか。/ Den *Schmerz* über den Verlust ihres Sohnes hat sie noch nicht überwunden. 息子を失った悲しみから彼女はまだ立ち直ることができていない。

schmerzen [シュメルツェン] **動 1** 痛む。¶Mein Rücken *schmerzt*. 背中が痛い。**2** (人⁴に)痛みを与える；苦しめる。¶Das verletzte Bein *schmerzt* mich mal wieder. 私は怪我をした足がまたもや痛む。/ Diese Enttäuschung *schmerzte* ihn sehr. この失望が彼をたいへん苦しめた。

schmerz·frei [シュメルツ・フライ] **形** 痛みのない、痛みを感じない。¶Wenigstens ist der Patient jetzt nahezu *schmerzfrei*. 少なくとも患者はもうほとんど痛みを感じない。

schmerz·haft [シュメルツ・ハフト]
形 痛い，痛みを引き起こす；つらい，悲しい．

schmerz·lich [シュメルツ・リヒ] 形
悲痛な，つらい．

schmerz·los [シュメルツ・ロース] 形
痛みのない．

Schmetter·ling [シュメッタァ・リング] 男-s/-e 《融》チョウ；《水泳》バタフライ．

schmettern [シュメッテルン] 動 1
(力一杯)投げ(たたき)つける；(テニスで)スマッシュする；大声で歌う．2 大きく鳴り響く，高らかに歌う．

schmieden [シュミーデン] 動 (鉄などを・鉄などで)鍛造(鍛)する，作り上げる．¶Man muss das Eisen *schmieden*, solange es heiß ist. 鉄は熱いうちに打て．

schmieren [シュミーレン] 動 1(物⁴に)油を差す；塗りつける，塗りつけて汚す；(人⁴に)賄賂する．¶die Achsen *schmieren* 車軸にグリースを塗る．／ Butter aufs Brot *schmieren* パンにバターを塗る． ◆ Die Kinder *schmierten* allerlei an die Wand. 子供たちが壁にありとあらゆるいたずら書きをした．2(ペンなど¹が)うまく書けない．¶Der Kugelschreiber *schmiert*. このボールペンはインクが出すぎる．

Schmier·geld [シュミーァ・ゲルト] 中 -[e]s/-er 賄賂．

schmierig [シュミーリヒ] -e [シュミーリゲ] 形 油だらけの，油で汚れた．

Schmier·papier [シュミーァ・パピーァ] 中-s/-e 《日常表現》下書き(メモ)用紙．

schmilzt [シュミルツト] < schmelzen.

Schminke [シュミンケ] 女-/-n (口紅・ほお紅などの)化粧品．¶*Schminke* auftragen 口紅(おしろい)をつける．

schminken [シュミンケン] 動 (顔など⁴に)化粧をする．¶*sich⁴ schminken* 化粧する．／ den Schauspieler vor seinem Auftritt *schminken* 登場前の俳優に化粧を施す． ◆

Sie ist stark *geschminkt*. 彼女は厚化粧をしている．／ Sie *schminkt* sich gewöhnlich nur leicht. 彼女は普段は化粧が薄い．

schmiss [シュミス] schmeißen の過去形・単数・1，3人称．

Schmöker [シュメーカァ] 男-s/- 《日常表現》厚いばかりで中身のない(くつろいで読める)本，娯楽本．

schmökern [シュメーケルン] 動 《日常表現》[軽い読み物を]くつろいで読む．

schmollen [シュモレン] 動 ふくれっ面をする《mit j³ 人³に対して》．

schmolz [シュモルツ] schmelzen の過去形・単数・1，3人称．

Schmuck [シュムック] 男-[e]s/-e 《複なし》飾り，装飾；装飾品，装身具．¶Sie trägt kostbaren *Schmuck*. 彼女は高価な装飾品を身につけている．

schmücken [シュミュッケン] 動 (物⁴を)飾り[付け]る．¶die Tafel festlich (mit Blumen) *schmücken* テーブルを華やかに(花で)飾る．／ *sich⁴ schmücken* 着飾る．

schmuddelig [シュムッデリヒ] -e [シュムッデリゲ] 形 《日常表現》汚い，不潔な．

Schmuggel [シュムッゲル] 男-s/ 密輸．**schmuggeln** [シュムッゲルン]

絵で見るドイツ単語
Schmuck

① der Ohrring　　イヤリング．
② der Ohrstecker　ピアス．
③ die Halskette　　ネックレス．
④ der Anhänger　　ペンダント．
⑤ der Ring　　　　指輪．
⑥ das Armband
　　腕輪，ブレスレット．
⑦ die Brosche　ブローチ．

動 密輸する；ひそかに運ぶ. ¶*et⁴* ins Lager *schmuggeln* 物⁴を収容所にひそかに運び込む. ♦ Die Bande *schmuggelte* hauptsächlich Rauschgift. 一味は主に麻薬を密輸していた.

schmunzeln [シュムンツェルン] 動 ほほえむ《*über j⁴/et⁴* 人⁴・物⁴に対して》.

schmusen [シュムーゼン] 動 《くだけた表現》やさしくする，いちゃつく《*mit j³* 人³に・と》.

Schmutz [シュムッツ] 男-es/ 不潔なもの，汚れ，汚物；泥. ¶*j⁴* in den *Schmutz* treten (zerren/ziehen) 人⁴の顔に泥を塗る，人⁴の面目を失わせる.

schmutzig [シュムッツィヒ] -e [シュムッツィゲ] 形 不潔な，汚い，よごれた；いかがわしい. ¶ein *schmutziges* Geschäft いかがわしい商売. / *schmutzige* Hände haben 汚れた手をしている. / ein *schmutziger* Witz 卑猥なジョーク. ♦ Mit so *schmutzigen* Schuhen kommst du nicht ins Haus. そんな汚れた靴で家の中に入ってこないで. / Du bist ja ganz *schmutzig* im Gesicht. 君の顔はひどく汚れているね.

Schnabel [シュナーベル] 男 -s/ Schnäbel [シュネーベル] (鳥の)くちばし；《くだけた表現》(人間の)口. ¶den *Schnabel* aufmachen くちばしを開く，《くだけた表現》物を言う. / den *Schnabel* halten 《くだけた表現》口をつぐむ.

Schnalle [シュナレ] 女-/-n (カバンなどの)留め金，バックル.

schnallen [シュナレン] 動 留め金でしめる，(ベルト・ひもなどで)固定する. ¶den Gürtel enger *schnallen* ベルトをきつく締める，財布の口を締める.

Schnäpp·chen [シュネップ・ヒェン] 中 -s/- 《くだけた表現》お買い得商品.

schnappen [シュナッペン] 動 パクッと食いつく；さっとつかむ；ひっとらえる.

Schnapp·schuss [シュナップ・シュス] 男-es/Schnapp·schüsse [シュナップ・シュセ] スナップ写真. ¶einen *Schnappschuss* von *j³* machen 人³のスナップ写真を撮る.

Schnaps [シュナップス] 男 -es/ Schnäpse [シュネップセ] シュナップス(焼酎，ブランデー，ウイスキーなどアルコール分の高い蒸留酒).

Schnaps·idee [シュナップス・イデー] 女-/-n [シュナップス・イデーエン] ばかげた思いつき.

schnarchen [シュナルヒェン] 動 いびきをかく. ¶Ihr Mann *schnarcht* in letzter Zeit ganz fürchterlich. 彼女の夫のいびきはこのところ恐ろしくひどい.

schnauben [シュナォベン] 動 (馬が)荒い息づかいをする.

Schnauze [シュナォツェ] 女 -/-n (動物の)鼻口部，鼻面；《くだけた表現》口. ¶[Halt die] *Schnauze*! 黙れ.

schnäuzen [シュノィツェン] 動 *sich³* die Nase *schnäuzen* (*sich⁴ schnäuzen*) 鼻をかむ.

Schnecke [シュネッケ] 女-/-n (動物)カタツムリ；(甘い)渦巻きパン. ¶*j⁴* zur *Schnecke* machen 《くだけた表現》人⁴をこっぴどく罵倒する.

Schnee [シュネー] 男-s/ 雪；泡立てた卵白. ¶frisch gefallener *Schnee* 降ったばかりの雪. ♦ Es heißt, morgen fällt noch mehr *Schnee*. あしたはもっと雪が降るということだ. / Der *Schnee* ist an der Sonne getaut. 雪が日に当たって溶けた. / In den Bergen liegt viel *Schnee*. 山中にはたくさん雪が積もっている. / Das ist doch alles *Schnee* von gestern. そんなことにはもう誰も興味を示さないさ.

Schnee·ball [シュネー・バル] 男 -[e]s/Schnee·bälle [シュネー・ベレ] 雪玉. **Schnee·besen** [シュネー・ベーゼン] 男 -s/- 《料理》泡立て器. **Schnee·flocke** [シュネー・フロッケ] 女 -/-n 雪片. **Schnee·mann** [シュネー・マン] 男 -[e]s/Schnee·männer [シュネー・メナァ] 雪だるま. ¶einen *Schneemann* bauen 雪だるまを作る.

S

Schnee・wittchen [シュネー・ヴィットヒェン] 中 -s/ 白雪姫.

Schneide [シュナイデ] 女 -/-n (刃物の)刃,刃先.

schneiden* [シュナイデン] schnitt, geschnitten 動 1 切る,切り分ける,切り取る.¶*sich⁴ schneiden* 交差する./ *et⁴ in Streifen schneiden* 物⁴を千切りにする./ *et⁴ in Würfel schneiden* 物⁴をさいの目切りにする.♦ *Der Radweg schneidet dort eine Straße.* 自転車専用道路はあそこで通りを横切っている./ *Ich habe mich in den Daumen geschnitten.* 私は親指を切ってしまった. 2 (刃物¹が)切れる.¶*Das Messer schneidet gut.* このナイフはよく切れる.

Schneider [シュナイダァ] 男 -s/- (女性) **Schneiderin** [シュナイデリン] 女 -/Schneiderinnen [シュナイデリンエン] 洋服屋,裁縫師,仕立屋.

schneien [シュナイエン] 動 《es を主語として》雪が降る.¶*Es schneit (in dicken Flocken).* (ぼたん)雪が降る.

schnell [シュネル] 形 (スピードが)速い;急ぎの;迅速な,突然の.¶*eine schnelle Bewegung* すばやい動き./ *so schnell wie möglich* できるだけ早く./ *schnell sprechen* 早口で話す.♦ *Ich muss schnell zur Post.* 私は急いで郵便局に行かなくてはならない./ *Mach schnell, sonst kommen wir zu spät.* 急ぎなさい,でないと遅刻してしまう./ *Schneller als dreißig darf man hier nicht fahren.* 30キロ以上のスピードでここを走ってはならない.

Schnell・bahn [シュネル・バーン] 女 -/-en (都市と郊外を結ぶ)高速鉄道(略: S-Bahn).

Schnelle [シュネレ] 女 -/-n auf die *Schnelle* 急いで;てっとり早く.

Schnell・hefter [シュネル・ヘフタァ] 男 -s/- (書類などをとじこむ)ファイル.

Schnell・imbiss [シュネル・インビス]

男 -es/-e ファーストフード・レストラン.

schnell・lebig [シュネル・レービヒ] -e [シュネル・レービゲ] 形 短命の;目まぐるしく変化する.

Schnell・straße [シュネル・シュトラーセ] 女 -/-n 高速道路(アウトバーン die Autobahn ではない.ふつう片側2車線の一般道.センターラインにはガードレールが設置されている).

Schnell・zug [シュネル・ツーク] 男 -[e]s/Schnell・züge [シュネル・ツューゲ] 急行列車.(⇒D-Zug)

schnippisch [シュニッピシュ] 形 (若い女が)小生意気な,つんとした.

schnitt [シュニット] schneiden の過去形・単数・1,3人称.

Schnitt [シュニット] 男 -[e]s/-e 切ること,切り取り;切り口;(映画や衣類の)カット.¶*ein waagerechter Schnitt* 平面図./ *einen Schnitt ins Fleisch machen* 肉に切り込みを入れる./ *im Schnitt* 平均して.♦ *Der tiefe Schnitt ist gut geheilt.* 深い切り傷がうまく治った./ *Er besorgte den Schnitt des Films.* 彼はフィルムの編集をした.

Schnitte [シュニッテ] 女 -/-n (パンなどの)一切れ;オープンサンドイッチ.

schnittig [シュニッティヒ] -e [シュニッティゲ] 形 スマートな,スポーティーな.

Schnitt・lauch [シュニット・ラオホ] 男 -[e]s/ 《野菜》エゾネギ.

Schnitt・stelle [シュニット・シュテレ] 女 -/-n 接点,交差点;《電算》インターフェース.

Schnitzel [シュニッツェル] 中 -s/- 《料理》シュニッツェル(子牛や豚肉の薄いカツレツ).(⇒Kotelett)

schnitzen [シュニッツェン] 動 彫刻してつくる《*et⁴ aus et³* 物³から物⁴を》.

schnorren [シュノレン] 動 ねだる,たかる,せびる.

schnüffeln [シュニュッフェルン] 動 (犬などが)くんくん嗅ぐ;こっそり調べる.

Schnuller [シュヌラァ] 男 -s/- (赤ち

S

ゃんの)おしゃぶり.

Schnulze [シュヌルツェ] **女**-/-n (お
センチな)流行歌.

Schnupfen [シュヌップフェン] **男**-s/-
鼻かぜ. ¶[einen] *Schnupfen*
bekommen (haben) 鼻かぜを
ひく(ひいている). / sich³ einen
Schnupfen holen 鼻かぜをひく.

schnuppe [シュヌッペ] **形**【ベ以規】j³
schnuppe sein 人³にとってはどう
でもいいことである.

schnuppern [シュヌッペルン] **動** (犬
などが)くんくん嗅ぐ《an et³ 物³
を》.

Schnur [シュヌーァ] **女** -/Schnüre
[シュニューレ] ひも, レース;【ベ以規】(電気
の)コード.

schnüren [シュニューレン] **動** ひもで
結ぶ, (物⁴の)ひもを結ぶ. ¶sich³
die Schuhe *schnüren* 靴ひもを
結ぶ. / alte Zeitungen zu Bün-
deln *schnüren* 古新聞をひもで束
ねる.

schnur·los [シュヌーァ・ロース] **形** コ
ードレスの.

Schnurr·bart [シュヌル・バールト]
男-[e]s/Schnurr·bärte [シュヌル・
ベールテ] 口ひげ.

schnurren [シュヌレン] **動** (ネコな
どが)のどをゴロゴロ鳴らす.

Schnür·senkel [シュニューァ・ゼンケ
ル] **男**-s/- 靴ひも.

schob [ショープ] schieben の過去
形・単数・1, 3人称.

Schock [ショック] **男**-[e]s/-s(-e)
ショック;【医療】末梢循環不全. ¶ein
psychischer *Schock* 精神的ショッ
ク. / einen *Schock* bekommen
ショックを受ける. ◆ Von diesem
Schock wird sie sich nicht so
schnell erholen. このショックから
彼女はそんなにすぐには立ち直れないだ
ろう. / Bei dem Unfall erlitt (be-
kam) sie einen *Schock*. あの
事故の際彼女はショックを受けた.

schocken [ショッケン] , **scho-
ckieren** [ショキーレン] schockier-
te, schockiert **動** (人⁴に)ショック
(衝撃)を与える.

Schokolade [ショコラーデ] **女**-/-n
チョコレート, ココア. ¶eine Tafel
Schokolade 板チョコ一枚. / ein
Stück *Schokolade* チョコレート
一個. ◆[Die] *Schokolade* hat ei-
nen hohen Nährwert. チョコレー
トは栄養価が高い. / Sie bestellte
sich³ eine Tasse *Schokolade*.
彼女はココアを一杯注文した. (⇒Pra-
line)

Scholle [ショレ] **女**-/-n 【魚類】プレイ
ス, カレイ;土(氷)のかたまり.

schon [ショーン] **副** 既に;なるほど,
確かに;さっさと, さあ. ¶*schon* im-
mer もうずっと以前から. / *schon*
lange 長い間ずっと. / *schon* wie-
der またもや. ◆Es ist ja *schon*
zehn Uhr vorbei. もう10時過ぎだ
ぜ. / Du gehst *schon* [weg]?
もう行ってしまうのかい. / *Schon*
der Gedanke daran ist mir
schrecklich. それを思っただけでも
ぼくはぞっとする. / *Schon* Goe-
the hat das gesagt. そんなことは
とっくにゲーテが言っているよ. / Nun
sag *schon*, was [mit dir] los
ist! 何があったのかさっさと言えよ.
《*schon* ..., aber の形で》確かに
…ではあるがしかし. Hast du Lust
spazieren zu gehen? — Lust
schon, aber keine Zeit! 散歩に
行く気はあるかい — 気はあるけれど
暇がない. 《*schon* gar nicht の形
で》いわんや…では全くない. Hans
ist nicht besonders intelligent,
und *schon* gar nicht ist er Mathe-
matiker. ハンスはとりわけ知的な男
ではない, ましてや数学が得意なんかで
は全然ない.

schön [シェーン] **形** 美しい, (天気
が)晴れた;すばらしい, 立派な;かなり
の;《反語的に》悪い. ¶eine schö-
ne Frau 美しい女性. / schönes
Wetter 上天気. ◆ Wir hatten ei-
nen sehr schönen Urlaub. 私た
ちの休暇はとてもすばらしかった. /
Der Wagen kostete eine schö-
ne Summe Geld. この自動車は
たいへんな値段だった. / Du bist

S

mir ja ein *schöner* Ehemann. あなたは私にとって素敵な夫でいらっしゃる(夫婦と親しい男性で夫になんでもお説教してくれる人物に対して). / Sie ist *schön* angezogen. 彼女はきれいな衣装を着ている. / *Schön!* よろしい, OK だ. /[Ein] *schönes* Wochenende! どうぞ楽しい週末を. / Zu *schön*, um wahr zu sein! とても本当とは思えないほどすばらしい.

schonen [ショーネン] **動** 大切にする, いたわる. ¶ *sich⁴ schonen* 体を大切にする. **schonend** [ショーネント] **1** **形** 用心深い; 思いやりのある, やさしい. **2** schonen の現在分詞.

Schön·heit [シェーン・ハイト] **女** -/-en 《複 なし》美しさ, 美; 美人, 美しいもの(景色). ¶ *die Schönheit der Natur* 自然の美しさ. ◆ *Sie ist eine Schönheit.* 彼女は美人だ.

Schonung [ショーヌング] **女** -/ 大切にすること; いたわり, 思いやり; 寛大.

schonungs·los [ショーヌングス・ロース] **形** 情け容赦のない, 無慈悲な. ¶ *eine schonungslose Kritik* 手厳しい批判. **schonungs·voll** [ショーヌングス・フォル] **形** 情け(思いやり)のある, 寛大な. ¶ *mit j³/et³ schonungsvoll umgehen* 人³・物³を大切に扱う.

schöpfen [シェプフェン] **動** (手・容器などで)すくう, 汲む. ¶ *Wasser (mit einem Eimer) aus dem Bach schöpfen* (バケツで)水を小川から汲む. / *aus et³ neue Hoffnung schöpfen* 物³・事³から新たな希望を抱く. / *wieder Kraft schöpfen* また力が湧いてくる. / *Atem (Luft) schöpfen* 深く息を吸い込む.

schöpferisch [シェプフェリシュ] **形** 創造的な, 創造力のある.

schor [ショーア] scheren の過去形・単数・1, 3 人称.

Schorle [ショルレ] **女** -/-n ショルレ(ワインやジュースを炭酸で割ったもの).

Schorn·stein [ショルン・シュタイン] **男** -[e]s/-e 煙突.

Schornstein·feger [ショルンシュタイン・フェーガァ] **男** -s/- 《**女性**》 **Schornstein·fegerin** [ショルンシュタイン・フェーゲリン] **女** -/Schornstein·fegerinnen [ショルンシュタイン・フェーゲリネン]》煙突掃除人.

schoss [ショス] schießen の過去形・単数・1, 3 人称.

Schoß [ショース] **男** -es/Schöße [シェーセ] (座った姿勢で)膝頭から腰までの)ひざ. ¶ *ein Kind auf den Schoß nehmen* 子供をひざに抱き上げる. / *ein Kind im Schoße tragen* 子供をみごもっている. / *die Hände in den Schoß legen* 両手をひざの上に置く, 《比喩的》手をつかねて何もしない. ◆ *Das Kind sitzt auf dem Schoß der Mutter.* 子供は母親の膝の上に座っている.

schottisch [ショッティシュ] **形** スコットランド(人・語)の.

Schott·land [ショット・ラント] **中** -[e]s/ 《地名》スコットランド.

schräg [シュレーク] **形** 斜めの, 傾いた. ¶ *schräg über die Straße gehen* 道路を斜めに横断する. / *schräg gegenüber* はす向かいの. ◆ *Ihr neuer Freund ist ein echt schräger Typ.* 彼女の新しい彼氏は本当にいかがわしいタイプの男だ.

Schräge [シュレーゲ] **女** -/-n 傾斜, 勾配.

Schräg·schrift [シュレーク・シュリフト] **女** -/-en イタリック[体].

Schräg·strich [シュレーク・シュトリヒ] **男** -[e]s/-e 斜線.

Schramme [シュラメ] **女** -/-n すり傷, かき傷. ¶ *sich³ eine Schramme holen* すり(かき)傷を負う.

Schrank [シュランク] **男** -[e]s/Schränke [シュレンケ] 戸棚, 洋服だんす, (戸つきの)本箱. ¶ *ein eingebauter Schrank* 作りつけの戸棚. / *den Schrank aufräumen* 戸棚を片づける. / *einen Schrank aufstellen* 戸棚を据え付ける. / *nicht alle Tassen im Schrank haben*

【くだけた表現】少し頭がおかしい.

Schranke [シュランケ] **囡**-/-n 柵;
手すり;遮断機(棒). ¶die Schranken öffnen (schließen)（踏切
の）遮断棒を上げる（下げる）.

schranken·los [シュランケン・ロース]
形 節度(制約)のない.

Schraube [シュラォベ] **囡**-/-n ねじ,
ボルト;スクリュー, プロペラ. ¶eine
Schraube anziehen (lockern)
ねじを締める（緩める）. / et⁴ mit
Schrauben befestigen 物⁴をね
じで固定する. / eine Schraube
ohne Ende 無限らせん, いたちご
っこ, 悪循環. ◆Bei ihm ist eine
Schraube locker.【くだけた表現】彼は頭が
少しおかしい.

schrauben [シュラォベン] **動** ねじる,
ねじで留める, ねじ込む. ¶ein
Schloss an die Tür schrauben
錠前をドアにボルトで取りつける. /
die Glühbirne in die Lampe
schrauben 電球を電灯にねじ込む.

Schrauben·schlüssel [シュラォベ
ン・シュリュセル] **男**-s/- ス パ ナ.

Schrauben·zieher [シュラォベ
ン・ツィーァ]**男**-s/-ねじ回し, ドライバー.

Schreber·garten [シュレーバァ・ガル
テン] **男**-s/Schreber·gärten [シュ
レーバァ・ゲルテン] シュレーバー菜園.

郊外の賃貸家庭菜園. 医師シュレー
バー D. G. Moritz Schreber
(1808 ―1861)は市民の健康
増進に心を砕き, 体操教育の促進,
公共の遊び場の設置に力を注い
だ. なかでも市外にシュレーバー菜園と
いう賃貸庭園を設け, 市民がそれを
家庭菜園や休息の場として利用で
きるような施策を実現した. 一単位
当たりかなりの広さを持つので, 小
別荘めいた小屋を建てている人もあ
る.

Schreck [シュレック] **男**-[e]s/-e
《**複**まれ》驚き, 恐怖. ¶einen
Schreck bekommen ぎょっと
する, 愕然とする. / vor Schreck
zittern 驚き(恐怖)のあまり震える.

/ sich⁴ von seinem Schreck
erholen ショックから立ち直る. ◆
Schreck, lass nach!【くだけた表現】ああ,
びっくりした.

schrecken⁽*⁾ [シュレッケン]
schreckte (schrak), geschreckt
(geschrocken) **動** 驚かす, 怖がら
せる. ¶Er schreckt aus dem
Schlaf. 彼は驚いて目を覚ます. / Seine Drohung schreckte mich
nicht. 彼の脅しなんか怖くなかった.

Schrecken [シュレッケン] **男**-s/-
驚き, 恐怖;恐ろしい事(物). ¶j³ einen Schrecken bereiten 人³を
驚かす(怖がらせる). ◆Lieber ein
Ende mit Schrecken als ein
Schrecken ohne Ende. 終りの
ない恐怖よりも悲惨な結末の方がまだ
ましだ.

schreck·lich [シュレック・リヒ] **形**
恐ろしい;ぞっとするような;いやな, ひ
どい, ものすごい. ¶ein schreckliches Ereignis 恐ろしい出来事.
◆Wann hört dieses schreckliche Wetter bloß auf? いつになっ
たらこのひどい天気は終るのか. / Darüber habe ich mich schrecklich geärgert. そのことに私はもの
すごく腹を立てた.

Schrei [シュラィ] **男**-[e]s/-e 叫 び
[声], 悲鳴;(鳥などの)鳴き声. ¶der
Schrei des Kindes 子供の悲鳴.
/ der letzte Schrei 【くだけた表現】最新モ
ー ド. ◆Wir hören die Schreie
der Möwen. 私たちにはカモメの鳴
き声が聞こえる.

schreiben⁎ [シュラィベン] schrieb,
geschrieben **動** 書く, 執筆する;手
紙を書く《j³/an j⁴ 人³(人⁴)に》. ¶
einen Roman schreiben 長編
小説を執筆する. ◆Ihren Eltern
schreibt sie mindestens einmal
in der Woche. 彼女は両親に少
なくとも一週間に一度手紙を書く. /
Der Füller schreibt gut. この万
年筆は書き味がいい. / Er schreibt
gut (schlecht). 彼は文章がうまい
(下手)だ.

Schreiben [シュラィベン] **中**-s/- 文

書,書簡,手紙. ¶ein dienstliches *Schreiben* 公用の書簡. ◆Der Botschafter übergab ein *Schreiben* des Präsidenten. 大使は大統領の書簡を手交した. / Ich danke Ihnen für Ihr *Schreiben*. お手紙ありがとうございます.

schreib·faul [シュライブ・ファオル] 形 筆無精の.

Schreib·kraft [シュライブ・クラフト] 女-/Schreib·kräfte [シュライブ・クレフテ] 秘書,タイピスト.

Schreib·maschine [シュライブ・マシーネ] 女-/-n タイプライター. ¶et⁴ auf (mit) der *Schreibmaschine* schreiben 文書類⁴をタイプライターで打つ. ◆Sie kann gut *Schreibmaschine* schreiben. 彼女はタイプライターが上手である.

Schreib·tisch [シュライブ・ティシュ] 男-es/-e 事務机,デスク. ¶am *Schreibtisch* sitzen デスクに向かって座っている. / hinterm *Schreibtisch* sitzen (正面から見て)デスクの向う側に座っている. ◆Gestern hat mein Mann wieder den ganzen Tag am *Schreibtisch* gesessen. 昨日私の夫はまた一日中机に向かっていた.

schreien* [シュライエン] schrie (wir schrien [シュリーエン]), geschrie[e]n [ゲシュリーエン] 動 叫ぶ; 泣き叫ぶ, 悲鳴をあげる; 怒鳴る. ¶um Hilfe *schreien* 助けを求めて叫ぶ. / sich⁴ müde *schreien* わめきすぎて疲れる, 泣き疲れる. ◆Der Verwundete *schrie* vor Schmerzen. 負傷者は痛さのあまり悲鳴をあげていた.

schreiend [シュライエント] 1形 (色などが)けばけばしい; 目立つ. ¶*schreiende* Farben けばけばしい色. / eine *schreiende* Ungerechtigkeit はなはだしい不正. 2 schreien の現在分詞.

Schreiner [シュライナァ] 男-s/- (女性 **Schreinerin** [シュライネリン] 女-/Schreinerinnen [シュライネリネン]) 家具職人, 建具屋.

schrie [シュリー] schreien の過去形・単数・1, 3人称.

schrieb [シュリーブ] schreiben の過去形・単数・1, 3人称.

Schrift [シュリフト] 女-/-en 文字; 文書;作品, 論文;筆跡. ¶die deutsche *Schrift* ドイツ文字. / sämtliche *Schriften* 全著作. / eine schöne (schlechte) *Schrift* haben 字が上手(へた)である. / die Heilige *Schrift* 聖書. ◆Ohne Lupe ist diese *Schrift* kaum zu lesen. ルーペがないとこの文字はほとんど読めない.

schrift·lich [シュリフト・リヒ] 形 文書(文字)による. ¶*schriftliche* Prüfung 筆記試験. / et⁴ *schriftlich* mitteilen 事⁴を文書で知らせる. / eine Frage *schriftlich* beantworten 質問に書面で回答する. ◆

┌─────────────────────────┐
│ 関─連─語 **Schreibwaren**
│ ─文房具─
│
│ der Bleistift 鉛筆.
│ der Kugelschreiber, der Kuli
│   ボールペン.
│ der Druckbleistift
│   シャープペンシル.
│ der Radiergummi 消しゴム.
│ der Füllhalter, der Füller 万年筆.
│ der [Text]marker マーカー.
│ der Filzstift フェルトペン.
│ das Lineal 定規.
│ der Zirkel コンパス.
│ der Klebestift スティック糊.
│ die Schere はさみ.
│ der Hefter
│   ホチキス, (止め具式)ファイル.
│ der Tesafilm セロハンテープ.
│ der Locher パンチ.
│ die Büroklammer クリップ.
│ das Heft ノート.
│ der [Akten]ordner
│   (厚手の)類綴とじ, ファイル.
│ das Ringbuch ルーズリーフ, リング式バインダー.
│ der Terminkalender 手帳.
│ der Taschenrechner 電卓.
└─────────────────────────┘

S

Das kann ich dir *schriftlich* ge-ben. 【だ義現】それは絶対大丈夫だ.

Schrift·sprache [シュリフト·シュプ ラーへ] **女**-/-n 【語】書き言葉;文章 語.

Schrift·steller [シュリフト·シュテラ ァ] **男**-s/- **女性 Schrift·stel-lerin** [シュリフト·シュテレリン] **女**-/ Schrift·stellerinnen [シュリフト·シ ュテレリンネン])作家, 小説家.

Schrift·stück [シュリフト·シュテュク] **中**-[e]s/-e 文書, 書類.

Schrift·zeichen [シュリフト·ツァイヒ ェン] **中** -s/- 文字.

schrill [シュリル] **形** 甲高い, けたたま しい. ¶ein *schriller* Schrei けた たましい叫び声. **schrillen** [シュリ レン] **動** けたたましく鳴る. ¶Ihre Stimme *schrillte* durch das Haus. 彼女のけたたましい声が家中 に鳴り響いた.

schritt [シュリット] schreiten の過 去形・単数・1, 3人称.

Schritt [シュリット] **男**-es/-e 一歩, 歩み;《**複** なし》足取り;措置, 手段. ¶ der erste *Schritt* 第一歩. / ei-nen *Schritt* zu weit gehen ちょ っとやりすぎる. / auf *Schritt* und Tritt 至る所に. / *Schritt* für *Schritt* 一歩一歩. / mit schnellen (langsamen) *Schritten* 急ぎ足で (ゆっくりした歩調で). / die ersten *Schritte* machen （幼児が)はじめて 歩く. ◆Ich werde sofort die nötigen *Schritte* unternehmen. 私はすぐに必要な措置をとるつもりだ.

Schritt·tempo [シュリット·テンポ] **中**-s/ 歩くテンポ. **Schritt·zäh-ler** [シュリット·ツェーラァ] **男**-s/- 万 歩計.

schroff [シュロフ] **形** 無愛想な, そっ けない;突然の. ¶eine *schroffe* Antwort そっけない返事. ◆Sie er-hob sich *schroff*. 彼女は突然立 ち上がった.

Schrott [シュロット] **男**-[e]s/-e 《**複**まれ》くず鉄, スクラップ. ¶ *Schrott* sammeln くず鉄を集める. ◆Er hat seinen Wagen zu

Schrott gefahren. 彼は事故を起 して車をスクラップにしてしまった.

schrubben [シュルッベン] **動** ごしご しこすってきれいにする.

schrumpfen [シュルンプフェン] **動** (s) 縮む;しわが寄る.

Schub·karre [シューブ·カレ] **女**-/ -n 手押し車.

Schub·lade [シューブ·ラーデ] **女**-/ -n 引き出し.

Schubs [シュプス] **男**-[e]s/-e (軽 い)押し(突き). ¶einen *Schubs* bekommen こづかれる. / j³ einen *Schubs* geben 人³を軽く押す(突 く). **schubsen** [シュプセン] **動** (軽く)押す, 突く.

schüchtern [シュヒテルン] **形** 内気 な, 引っ込み思案の;控えめな.

schuf [シューフ] schaffen の過去 形・単数・1, 3人称.

Schuh [シュー] **男**-[e]s/-e 《ふつう **複**》靴;履物. ¶modische *Schuhe* 流行の靴. / die *Schuhe* anzie-hen (ausziehen) 靴を履く(脱ぐ). / *Schuhe* mit hohen (niedri-gen) Absätzen ヒールの高い(低 い)靴. / j³ et⁴ in die *Schuhe* schieben 人³に事⁴の責任をおしつけ る. ◆Die *Schuhe* sind mir zu groß (klein). この靴は私には大き すぎる(小さすぎる).

関連語 Schuh
—靴—
die Turnschuhe (pl.) 運動靴.
die Stiefel (pl.) 長靴, ブーツ.
die Sandalen (pl.)
サンダル.
die Pumps (pl.) パンプス.
die Schnürschuhe (pl.) ひも靴.
die Slipper (pl.) スリップオン.
die Hausschuhe (pl.) 室内履き.

Schuh·löffel [シュー·レフェル] **男**-s /- 靴べら.

Schuh·macher [シュー·マハァ] **男** -s/- (**女性 Schuh·macherin** [シュー·マヘリン] **女**-/Schuh·mache-rinnen [シュー·マヘリンネン])製靴業, 靴

屋.

Schul·arbeit [シュール・アルバイト]
女-/-en《複で》宿題；《ペーパーテスト》ペーパーテスト. ¶*Schularbeiten* machen 宿題をする.

schuld [シュルト] 形 an et³
schuld haben (sein) 事³に対して責任がある. ¶Daran bist du *schuld*. その責任は君にある.

Schuld [シュルト] 女-/-en《複なし》罪,責任；《ふつう複》借金,債務. ¶
moralische *Schuld* 道義的な責任. / strafrechtliche *Schuld* 刑法上の罪. / *Schulden* bezahlen 借金を払う. / *j³/et³* [an et³]
Schuld geben [事³を]人³・物³のせいにする. / an et³ [die] *Schuld*
haben 事³に対して責任(罪)がある. / die *Schuld* liegt bei (an)
j³. 人³に責任がある. ◆Ihn trifft keine *Schuld* an dem Unfall. 彼にはその事故の責任はない.

schulden [シュルデン] 動 借り(負債)がある《*j³ et³* 人³に事⁴の》. ¶Er
schuldet mir noch 100 Euro.
彼は私にまだ100ユーロの借金がある.

schuldig [シュルディヒ] -e [シュルディゲ] 形 罪(責任)がある；借り(負債)がある《*j³ et⁴* 人³に事⁴の》. ¶an et³
schuldig sein 事³に責任がある. /
sich⁴ *schuldig* bekennen 罪を認める. ◆Der Angeklagte wurde
schuldig gesprochen. 被告人は有罪を宣告された. / Er ist mir 500
Euro *schuldig*. 彼は私に500ユーロの借金がある. / Ich bin Ihnen
Dank *schuldig*. 私はあなたに感謝しなくてはならない.

Schuldiger* [シュルディガァ] 男
(女性) **Schuldige*** [シュルディゲ]
女《形容詞の名詞化》責任のある人物,罪人.

Schule [シューレ] 女-/-n 学校,授業；養成(訓練)所；学派. ¶höhere
Schule 高等学校. / öffentliche
(private) *Schule* 公立(私立)学校. / die romantische *Schule*
ロマン派. / die *Schule* besuchen
(wechseln) 通学(転校)する. /

an die *Schule* gehen 教職に就く,学校へ行く. / auf die *Schule*
gehen 入学(就学)する. / aus
der *Schule* kommen 下校する. / in die *Schule* gehen 学校に行く / zur *Schule* gehen 学校に行く. / die *Schule* verlassen
卒業する,退学する. ◆Die *Schule*
beginnt um acht Uhr. 授業は8時に始まる.

関─連─語 **Schule**
─学校関連用語─

der Lehrer, die Lehrerin 教師.
der [Schul]direktor, die [Schul]-
direktorin 校長.
die Klasse クラス.
das Klassenzimmer 教室.
das Lehrerzimmer 職員室.
der Unterricht 授業.
die Hausaufgabe 宿題.
die Prüfung, der Test
試験,テスト.
das Zeugnis [成績]証明書.
die Note (成績の)評点.
das Schuljahr 学年.
das Schulbuch, das Lehrbuch
教科書.
das Schulfest 学園祭.
das Sportfest 運動会.
die Schulspeisung 学校給食.
der Elternabend 父母会.

schulen [シューレン] 動 教える,訓練する,鍛える. ¶*j⁴* fachlich *schulen*
人⁴を専門的に訓練する. / das Gedächtnis *schulen* 記憶力を鍛える.

Schüler [シューラァ] 男 -s/- (女性)
Schülerin [シューレリン] 女-/
Schülerinnen [シューレリネン]生徒；弟子. ¶ein mittelmäßiger *Schüler* 平均的な生徒. ◆Er war [ein]
Schüler von Professor M. 彼はM教授の弟子だった.

Schul·ferien [シュール・フェーリエン]
複 学校の休暇. **Schul·heft** [シュール・ヘフト] 中 -es/-e 練習帳.

Schul·jahr [シュール・ヤール] 中-[e]s
/-e (年度としての)学年. ¶In

学校制度の変化

　ドイツの従来型学校制度では基礎学校（Grundschule、1〜4学年、州により6学年まで）を終えたあと、基幹学校（⇒ Hauptschule）、実科学校（⇒ Realschule）、ギュムナジウム（⇒ Gymnasium）の3コースに分かれる．これらを一つにまとめた総合制学校（⇒ Gesamtschule）を別に置く州もある．

　だが、この3分岐型制度では社会の急激な変化に対応しきれなくなってきた．近年各州は教育改革に取り組んでおり、複数のコースを統合した学校も導入することで、新しい学校制度の構築を目指している．学校の名称や制度は州により様々であるが、共に学ぶ機会を増やし、進路選択に柔軟性や多様性を持たせることを目指している．

Deutschland beginnt das neue *Schuljahr* am 1. (ersten) September.　ドイツでは新学年が9月1日に始まる．／ Mein Sohn ist im dritten *Schuljahr*.　私の息子は3年生です．

Schul·mappe［シュール・マッペ］**女**-/-n 学校カバン．

Schul·pflicht［シュール・プフリヒト］**女**-/ 就学義務．　**schul·pflichtig**［シュール・プフリヒティヒ］-e［シュール・プフリヒティゲ］**形** 就学義務のある；就学年齢に達した．

Schul·ranzen［シュール・ランツェン］**男**-s/- ランドセル．

Schul·stunde 女-/-n 授業時間．

Schulter［シュルタァ］**女**-/-n 肩．¶ *j³* die kalte *Schulter* zeigen 人³に冷たい態度をとる．／ *Schulter* an *Schulter* 肩を並べて．／ *j³* auf die *Schulter* klopfen 人³の肩をたたく．／ mit den *Schultern* zucken 肩をすぼめる．♦ Mir tut die linke *Schulter* weh.　私は左肩が痛い．

Schulung［シュールング］**女**-/-en （集中的な）教育，訓練．　¶ (eine) politische *Schulung*　政治教育．

Schul·zeit［シュール・ツァイト］**女**-/-en 学校時代；就学期間．

schummeln［シュメルン］**動**《くだけた表現》ごまかす、イカサマをする．

Schund［シュント］**男**-[e]s/ 粗悪品、くだらないもの．¶ Schmutz und *Schund*　わいせつで低俗な作品．

schunkeln［シュンケルン］**動**（音楽に合わせて腕を組んで）左右に揺れ動く．

Schuppe［シュッペ］**女**-/-n うろこ；《ふつう複》フケ；(蝶の)りん粉．¶ die *Schuppen* des Fisches　魚のうろこ．／ es fällt *j³* wie *Schuppen* von den Augen　人³の目からうろこが落ちる思いがする．

Schuppen［シュッペン］**男**-s/- 納屋、物置；《くだけた表現》ディスコ．　　¶ Das Brennholz lagert im *Schuppen*.　まきが納屋に貯蔵されている．

schürfen［シュルフェン］**動 1** 擦りむく．¶ *sich³* die Knie *schürfen* ひざを擦りむく．**2** 試掘する、探求する《nach *et³* 事³を求めて》．¶ nach Gold *schürfen*　金を試掘する．

Schürze［シュルツェ］**女**-/-n エプロン、前掛け．¶ [*sich³*] eine *Schürze* umbinden (abbinden)　エプロンをつける(はずす)．

Schuss［シュス］**男**-es/Schüsse ［シュッセ］射撃、発射、発砲；《スポーツ》シュート；《複なし》(飲料の)少量．¶ ein *Schuss* ins Schwarze 命中、図星／ in (im) *Schuss* sein《くだけた表現》手入れ(整備)が行きとどいている．／ einen *Schuss* abgeben　射撃する．♦ Er hat *sich³* einen *Schuss* Rum in den Tee getan.　彼は少量のラムを紅茶に注いだ．

Schüssel［シュッセル］**女**-/-n 深皿、ボウル．¶ aus einer *Schüssel* essen 同じ釜の飯を食う．／ eine *Schüssel* [voll] Salat サラダを山盛りにした深皿．

Schuss·waffe［シュス・ヴァフェ］**女** -/-n 銃、火器．

Schuster［シュースタァ］**男** -s/-

S

(女性) Schusterin [シューステリン] **女**-/Schusterinnen [シューステリネン] 靴屋, 靴職人. ¶die Schuhe zum *Schuster* bringen 靴を靴屋に持って行く. / auf *Schusters* Rappen 〖冗談〗徒歩で.

schütteln [シュッテルン] **動** 振る, 揺り動かす;振って落とす. ¶*sich*⁴ *schütteln* 身震(み)いする. / *j*³ die Hand *schütteln* 人³と握手をする. / den Kopf *schütteln* 頭を振る. ◆Vor Gebrauch *schütteln*! 使用前によく振ること. / Er hat die Äpfel vom Baum *geschüttelt*. 彼はリンゴを木から振り落した. / Der Hund *schüttelte* sich das Wasser aus dem Fell. 犬は体を振って水滴を落とした. / Er *schüttelte* sich vor Kälte. 彼は寒さに身震いした.

schütten [シュッテン] **動** (液体を)注ぐ, 流し込む《in *et*⁴ 物⁴の中へ》. ¶Milch in einen Topf *schütten* ミルクをミルクポットに流し込む. / Wasser aus dem Eimer *schütten* 水をバケツからぶちまける. 《esを主語として》Es *schüttet*. 雨がざあざあ降る.

Schutz [シュッツ] **男**-es/-e 《複なし》保護, 防御;避難所. ¶unter dem *Schutz* der Polizei 警察の保護下に. / der *Schutz* vor Terroranschlägen テロ攻撃からの防衛. / *j*⁴ in *Schutz* nehmen 人⁴を弁護(保護)する. ◆Zum *Schutz* der Augen trug er eine Sonnenbrille. 目を保護するために彼はサングラスをかけていた. / Die Hütte war als *Schutz* vor Unwetter errichtet. その小屋は悪天候の際の避難場所として設置された.

Schutz·blech [シュッツ・ブレヒ] **中**-[e]s/-e フェンダー.

Schütze [シュッツェ] **男**-n/-n 射手. der *Schütze* 〖天〗射手座.

schützen [シュッツェン] **動** 守る, 防ぐ《vor *et*³/gegen *et*⁴ 物³・物⁴から》;保護する. ¶*sich*⁴ vor Kälte *schützen* 寒さから身を守る. / die Menschheit vor den Gefahren eines Atomkrieges *schützen* 人類を核戦争の危険から守る. ◆Wir müssen die Tiere und Pflanzen unserer Heimat *schützen*. 私たちは故郷の動植物を保護しなくてはならない.

Schutz·helm [シュッツ・ヘルム] **男**-[e]s/-e ヘルメット, 安全帽.

Schutz·impfung [シュッツ・インプフング] **女**-/-en 予防注射. eine *Schutzimpfung* erhalten 予防注射を受ける.

schutz·los [シュッツ・ロース] **形** 保護されていない, 無防備の.

Schwaben [シュヴァーベン] **中**-s/ 〖地名〗シュヴァーベン地方.

schwach [シュヴァッハ] schwächer [シュヴェッヒャァ], am schwächsten [シュヴェッヒステン] **形** 弱い, 弱々しい;無力な;できの悪い;薄い;〖文法〗弱変化の. ¶eine *schwache* Hoffnung かすかな希望. / *schwache* Nerven haben 神経が細い. / *schwacher* Kaffee 薄いコーヒー. ◆Mathematik ist meine *schwache* Seite. 私は数学が苦手です. / Ich fühle mich *schwach*. 私は身体に力が入らない. / Sein Atem ging *schwächer* und *schwächer*. 彼の呼吸はますます弱々しくなっていった. (⇒stark)

Schwäche [シュヴェッヒェ] **女**-/ n 《複なし》弱さ, 無気力, 衰弱;弱点, 短所. ¶eine *Schwäche* für *j*⁴/*et*⁴ haben 人⁴・物⁴に目がない. ◆Ein Gefühl der *Schwäche* befiel ihn. 無気力感が彼を襲った. / Die *Schwäche* seines Gedächtnisses nimmt in letzter Zeit erschreckend zu. 彼の記憶力は最近驚くほど衰えている. / Jeder Mensch hat seine *Schwäche*. 誰にでも弱点(短所)はある. (⇒Stärke)

schwächen [シュヴェッヒェン] **動** 弱める, 無力にする. ¶Die Krankheit hat ihn stark *geschwächt*. 病気は彼を著しく衰弱させた.

schwächer [シュヴェッヒャァ]

Schwarz

schwach の比較級.

schwäch・lich [シュヴェッヒ・リヒ]
形 (精神的・肉体的に)弱々しい、病弱
な.

Schwach・sinn [シュヴァハ・ズィン]
男-[e]s/ 精神薄弱;《口語》ばかげたこ
と. ¶Er hat mal wieder den
reinsten *Schwachsinn* gere-
det. 彼はまたぞろとんでもなくばかげ
たことを言った. **schwach・sin-
nig** [シュヴァッハ・ズィンニヒ] -e [シュ
ヴァッハ・ズィンニゲ] 形 精神薄弱の;《口
語》ばかげた.

schwächst [シュヴェッヒスト]
schwach の最高級.

Schwager [シュヴァーガァ] 男 -s/
Schwäger [シュヴェーガァ] 義兄弟.

Schwägerin [シュヴェーゲリン] 女-/
Schwägerinnen [シュヴェーゲリネン]
義姉妹.

Schwalbe [シュヴァルベ] 女 -/-n
《鳥》ツバメ. ¶Eine *Schwalbe*
macht noch keinen Sommer.
早合点は禁物(ツバメの一羽飛んできた
からと言って夏が来るわけではない).

schwamm [シュヴァム] schwim-
men の過去形・単数・1，3人称.

Schwamm [シュヴァム] 男-[e]s/
Schwämme [シュヴェメ] スポンジ，
海綿.

schwammig [シュヴァミヒ] -e [シュ
ヴァミゲ] 形 海綿状の、ぶよぶよした.

Schwan [シュヴァーン] 男 -[e]s/
Schwäne [シュヴェーネ] 《鳥》ハクチ
ョウ.

schwand [シュヴァント] schwinden
の過去形・単数・1，3人称.

schwang [シュヴァング] schwingen
の過去形・単数・1，3人称.

schwanger [シュヴァンガァ] 形 妊娠
している ¶eine *schwangere* Frau
妊婦. ◆Sie ist im dritten Monat
schwanger. 彼女は妊娠3か月だ.

Schwanger・schaft [シュヴァンガ
ァ・シャフト] 女 -/-en 妊娠. ¶Der
Arzt hat bei ihr eine *Schwan-
gerschaft* im dritten Monat fest-
gestellt. 医者は彼女が妊娠3か月
であることを確認した. / Während

der *Schwangerschaft* hat sie
aufs Rauchen verzichtet. 妊娠
中彼女はタバコを吸うことをやめた.

schwanken [シュヴァンケン] 動 揺
れる、揺れ動く；変動する；(s) よろよ
ろ歩いていく. ¶Die Bäume
schwankten im Wind. 木々は風
で揺れていた. / Die Preise *schwan-
ken*. 価格が変動する. / Der Betrun-
kene *schwankte* aus dem Lokal.
酔っぱらいはよろよろと飲み屋から出て
きた.

Schwanz [シュヴァンツ] 男 -es/
Schwänze [シュヴェンツェ] 尾，しっぽ
；《俗語》陰茎. ¶den *Schwanz* hän-
gen lassen 《口語》打ちひしがれてい
る. ◆Der Hund wedelt mit dem
Schwanz. 犬がしっぽを振る.

schwänzen [シュヴェンツェン] 動
(学校・授業など⁴を)さぼる. ¶Heute
hat er die Schule *geschwänzt*.
きょう彼は学校をサボった.

Schwarm [シュヴァルム] 男 -[e]s/
Schwärme [シュヴェルメ] (昆虫など
の)群れ；《複なし》アイドル. ein
Schwarm Bienen ミツバチの群れ.

schwärmen [シュヴェルメン] 動 1
夢中になって(熱中して)いる、あこがれ
ている《für et⁴ 人⁴・事⁴に》. ¶Er
schwärmt für blonde Frauen.
彼はブロンドの女性に熱をあげている. 2 群がっている；(s) 群がって進
む. ¶Möwen *schwärmten* um
das Schiff. カモメは船のまわりに群
がっていた.

schwarz [シュヴァルツ] 形 黒い；悪
い；不正な；不吉な. ¶*schwarzer* Hu-
mor ブラックユーモア. / *schwarze*
Gedanken よからぬ考え. / die
schwarze Liste ブラックリスト.
/ für j⁴/et⁴ *schwarz* sehen
人⁴・事⁴を悲観的に見る. / *schwarz*
auf weiß はっきりと. ◆Sie hat
wunderschönes *schwarzes*
Haar. 彼女はすばらしい黒髪である.
/ Seine Kritik hat ins *Schwarze*
getroffen. 彼の批判は急所をついて
いた.

Schwarz [シュヴァルツ] 中 -[e]s/

495

黒,黒色;喪(黒)服. ¶in *Schwarz* 喪服を着て.

Schwarz·arbeit [シュヴァルツ・アルバイト] 囡-/ 無許可(もぐり)の仕事. ¶Seine Wohnung hat er in *Schwarzarbeit* renovieren lassen. 彼は住まいを無許可で改装させた. **Schwarz·arbeiter** [シュヴァルツ・アルバイタァ] 男 -s/- 女性 **Schwarz·arbeiterin** [シュヴァルツ・アルバイテリン] 囡-/Schwarz·arbeiterinnen [シュヴァルツ・アルバイテリネン])無許可(もぐり)の労働者.

Schwarz·brot [シュヴァルツ・ブロート] 中-[e]s/-e 黒パン.

Schwarzer* [シュヴァルツァ] 男 女性 **Schwarze*** [シュヴァルツェ] 囡)《形容詞の名詞化》黒人.

schwarz fahren* [シュヴァルツ・ファーレン] *du* fährst schwarz, *er* fährt schwarz; fuhr schwarz, schwarzgefahren 動 (s) 無賃乗車する.

Schwarz·markt [シュヴァルツ・マルクト] 男 -[e]s/Schwarz·märkte [シュヴァルツ・メルクテ] 闇市,ブラックマーケット. ¶Zigaretten bekam man damals nur auf dem *Schwarzmarkt*. タバコは当時闇市でしか手に入らなかった.

Schwarz·wald [シュヴァルツ・ヴァルト] 男-[e]s/ 《地名》シュヴァルツヴァルト(ドイツ南西部に広がる針葉樹の森林山脈).

schwarz·weiß [シュヴァルツ・ヴァイス] 形 (映画・テレビ・写真が)白黒の.

schwatzen [シュヴァッツェン], **schwätzen** [シュヴェッツェン] 《南ドイツ》 動 おしゃべりする.

schweben [シュヴェーベン] 動 **1** (空中,水中を)漂う. ¶Eine Wolke *schwebt* am Himmel. 雲が空を漂っている. **2** (s) 漂って動く. ¶Der Luftballon ist über den Zaun *geschwebt*. 風船は生け垣を越えて漂っていった.

Schweden [シュヴェーデン] 中-s/ 《地名》スウェーデン. **Schwede** [シュヴェーデ] 男-n/-n 女性 **Schwe-**

din [シュヴェーディン] 囡 -/Schwedinnen [シュヴェーディネン])スウェーデン人. **schwedisch** [シュヴェーディシュ] 形 スウェーデン[人・語]の. **Schwedisch** [シュヴェーディシュ] 中-[s]/, **Schwedische*** [シュヴェーディシェ] 中《形容詞の名詞化. 常に定冠詞を伴う》スウェーデン語. (⇒Deutsch)

Schwefel [シュヴェーフェル] 男 -s/ 《化学》硫黄.

schweigen* [シュヴァイゲン] schwieg, geschwiegen 動 沈黙する;(音楽などが)やむ. ¶vor Schreck *schweigen* 恐怖のあまり口もきけない. / ganz zu *schweigen* von et³ 事³は言うに及ばず. / *schweigende* Ablehnung (Zustimmung) 無言の拒否(暗黙の同意). ◆Der Angeklagte hat auf alle Fragen *geschwiegen*. 被告人は全ての質問に無言であった. / Der Lärm *schweigt*. 騒音がやむ. / Reden ist Silber, *Schweigen* ist Gold. 雄弁は銀、沈黙は金.

schweig·sam [シュヴァイク・ザーム] 形 無口な.

Schwein [シュヴァイン] 中-[e]s/-e 《動物》ブタ;《複なし》豚肉; 不潔(下劣)なやつ. ¶*Schwein* haben 《話》運がいい. / *Schweine* züchten 豚を飼育する. ◆Mit so einem *Schwein* will ich nichts zu tun haben. あんな下劣なやつと私は関わりたくない. (⇒Sau)

Schweine·braten [シュヴァイネ・ブラーテン] 男-s/- 《料理》ローストポーク. **Schweine·fleisch** [シュヴァイネ・フライシュ] 中 -es/-e 豚肉.

Schweinerei [シュヴァイネライ] 囡-/-en 《話表現》不潔;だらしなさ;卑怯;卑猥(=Sauerei).

Schweiß [シュヴァイス] 男 -es/-e 汗;発汗. ¶kalter *Schweiß* 冷や汗. / in *Schweiß* gebadet sein 汗びっしょりで. / nach *Schweiß* riechen 汗くさい. / sich³ den *Schweiß* von der Stirn wischen 額の汗をぬぐう. ◆Das kos-

tet viel *Schweiß*. それは骨が折れ
る. ／Der *Schweiß* rinnt ihm
übers Gesicht. 彼の顔から汗が流
れ出る. (⇒schwitzen)

schweißen [シュヴァイセン] **動** 溶接
する. ¶zwei Teile aneinander
schweißen 二つのパーツを溶接して
つなぐ.

Schweiz [シュヴァイツ] **女**-/〖地名〗
die *Schweiz* スイス. ¶in der
Schweiz スイスで. ／in die *Schweiz*
fahren スイスへ行く. **¹Schwei-
zer** [シュヴァイツァ] **男** -s/- 〖女性〗
Schweizerin [シュヴァイツェリン]
〖女〗-/Schweizerinnen [シュヴァイツェ
リネン])スイス 人. **²Schweizer**
[シュヴァイツァ] **形**《無変化》スイスの.
schweizerisch [シュヴァイツェリシ
ュ] **形** スイス[人]の.

Schwelle [シュヴェレ] **女**-/-n 敷
居;境目;入り口;(鉄道の)枕木. ¶
die *Schwelle* überschreiten 敷
居をまたぐ. ／die *Schwelle* zwi-
schen Tod und Leben 生死の境目.

schwellen* [シュヴェレン] **動 1**《不
規則変化》du schwillst, er
schwillt;schwoll, geschwollen
動 (s) 膨らむ, 膨張する;腫れる;増
大する. ¶*schwellende* Knospen
膨らんだつぼみ. ◆Mein rechter
Fuß ist dick *geschwollen*. 私の
右足は腫れ上がっている. **2**《規則変
化》膨らます, 膨張させる;増大させる. ¶
Der Wind *schwellte* die Segel.
風は帆を膨らませました.

Schwellen・land [シュヴェレン・ラン
ト] **中**-[e]s/Schwellen・länder
[シュヴェレン・レンダァ] 〖経済〗(発展途上
国から先進国への)境界域国, 中進国,
新興工業経済地域.

Schwellung [シュヴェルング] **女** -/
-en腫れ, 膨張;増大. ¶Die *Schwel-
lung* ist schon stark zurückge-
gangen. 腫れはもうかなり引いた.

schwemmen [シュヴェメン] **動** 押
し流す;洗い流す. ¶Die Wellen
schwemmten die Schiffbrüchi-
gen an die Küste. 波は難破した
人たちを海岸に打ち上げた.

schwenken [シュヴェンケン] **動 1**
振る, 振り回す;すすぐ, 振って水を切
る. das Taschentuch (die Fah-
ne) *schwenken* ハンカチ(旗)を
振る. ／das Glas im Wasser
schwenken コップを水の中ですす
ぐ. **2** (s) 方向転換する. ¶Rechts
(Links) *schwenkt!* Marsch! 右
(左)向け右(左), 前へ進め(号令).

schwer [シュヴェーァ] **形** 重い;(...⁴
の)重さの;困難な;厄介な;理解に苦し
む;消化の悪い. ¶*schwere* Arbeit
激しい仕事, 重労働. /*schweren*
Herzens 重い気持ちで. ／ein
schweres Unglück 大事故. /j³
schwer fallen (人³には)難しい, つ
らい. ／es *schwer* haben 辛い立
場である. /et⁴ *schwer* nehmen
(事⁴を)難しく考える. ／sich⁴ mit
et³ *schwer* tun 事³で骨を折る. /
sich⁴ mit j³/et³ *schwer* tun 人³・
物³の扱いに苦労する. ◆Der Koffer
ist 5 Kilo *schwer*. このトランク
の重さは5キロだ. ／Er ist *schwe-
rer* als ich. 彼は私より体重がある.
／Aller Anfang ist *schwer*. 何事も
始めが難しい. ／Der Kanzler steht
vor einer *schweren* Entschei-
dung. 首相は重大な決断に直面してい
る. ／Seine neue Theorie ist mir
schwer verständlich. 彼の新しい
理論は私には容易に理解できない.
／Der Kartoffelsalat liegt mir
schwer im Magen. ポテトサラダ
は私の胃にもたれる.

schwer・fällig [シュヴェーァ・フェリヒ]
-e [シュヴェーァ・フェリゲ] **形** (反応や
動きが)鈍い;のろのろした.

schwer・hörig [シュヴェーァ・ヘーリ
ヒ] -e [シュヴェーァ・ヘーリゲ] **形** 耳の
遠い, 難聴の.

Schwer・industrie [シュヴェーァ・イ
ンドゥストリー] **女** -/ 重工業.

Schwer・kraft [シュヴェーァ・クラフ
ト] **女**-/〖物理〗重力, 引力.

Schwerin [シュヴェリーン] **中**-s/
〖地名〗シュヴェリーン(ドイツ連邦共和
国メークレンブルク・フォーァポメルン
州 Mecklenburg-Vorpommern の

497

州都).

Schwer·punkt [シュヴェーァ・プンクト] **男**-es/-e 〖物理〗重心；重点．¶ den *Schwerpunkt* auf et⁴ legen 事⁴・物⁴に重点を置く．

Schwert [シュヴェールト] **中** -[e]s/ -er 刀，剣．¶ ein zweischneidiges *Schwert* 両刃(とう)の剣．/ das *Schwert* ziehen 剣を抜く．/ das *Schwert* in die Scheide stecken 剣をおさめる．/ das *Schwert* gegen j⁴ erheben 人⁴ に対して剣を抜く．

Schwester [シュヴェスタァ] **女**-/-n 姉，妹；看護婦；〖カトリック〗修道女，シスター．¶ meine ältere (jüngere) *Schwester* 私の姉(妹)．/ als *Schwester* in einem Krankenhaus arbeiten 病院で看護婦として働く．

schwieg [シュヴィーク] schweigen の過去形・単数・1，3人称．

Schwieger·eltern [シュヴィーガァ・エルテルン] **複** 配偶者の両親，舅(しゅうと)と姑(しゅうとめ)．**Schwieger·mutter** [シュヴィーガァ・ムタァ] **女** -/Schwieger·mütter [シュヴィーガァ・ミュタァ] 姑(しゅうとめ)．**Schwieger·sohn** [シュヴィーガァ・ゾーン] **男**-[e]s/Schwieger·söhne [シュヴィーガァ・ゼーネ] 娘の夫，婿．**Schwieger·tochter** [シュヴィーガァ・トホタァ] **女**-/Schwieger·töchter [シュヴィーガァ・テヒタァ] 息子の妻，嫁．**Schwieger·vater** [シュヴィーガァ・ファータァ] **男** -s/ Schwieger·väter [シュヴィーガァ・フェータァ] 舅(しゅうと)．

schwierig [シュヴィーリヒ] -e [シュヴィーリゲ] **形** 難しい；厄介な；気むずかしい．¶ eine *schwierige* Arbeit 難しい仕事．/ ein *schwieriger* Charakter 気むずかしい性格．◆ Das ist ein *schwieriger* Fall. これはやっかいなケースだ．/ Aus dieser *schwierigen* Situation rettete ihn ein Zufall. この難しい状況から彼を救ったのはある偶然だった．

Schwierig·keit [シュヴィーリヒ・カイト] **女**-/-en 難しさ，《複で》困難；厄介．¶ in *Schwierigkeiten* gera-

ten 困難に陥る．/ die *Schwierigkeit* liegt darin, dass … 難しさは…にある．◆ Er hat finanzielle *Schwierigkeiten*. 彼は財政的に困っている．/ Sie hat *Schwierigkeiten* mit ihrem Mann. 彼女は夫と折り合わない．/ Mach jetzt bloß keine *Schwierigkeiten*! いま厄介なことをするなよ．

schwillst [シュヴィルスト], **schwillt** [シュヴィルト] < schwellen.

Schwimm·bad [シュヴィム・バート] **中**-[e]s/Schwimm·bäder [シュヴィム・ベーダァ] 水泳プール．

schwimmen* [シュヴィメン] schwamm, geschwommen **動** 泳ぐ，水泳する；(h, s) 浮かんでいる；(s) 泳いでいく；(記録⁴を)泳いで出す．¶ *schwimmen* gehen 泳ぎに行く．/ einen neuen Rekord *schwimmen* 競泳で新記録を出す．/ im Geld *schwimmen* 金がいくらでもある．◆ Er *schwimmt* sehr gut. 彼は泳ぎがとてもうまい．/ Ein welkes Blatt *schwimmt* auf dem Wasser. 枯葉が一枚水に浮かんでいる．/ Mit letzter Kraft *schwamm* er ans Ufer. 最後の力を振りしぼって彼は岸に泳ぎ着いた．/ Er ist über den Fluss *geschwommen*. 彼は川を泳いで渡った．/ Zum *Schwimmen* ist das Wasser noch zu kalt. 水泳するには水はまだ冷たすぎる．

Schwindel [シュヴィンデル] **男**-s/ めまい；《複なし》ごまかし，ペテン．¶ von einem plötzlichen *Schwindel* gepackt werden 突然のめまいに襲われる．◆ So einen *Schwindel* glaubt doch niemand. そんなごまかしなど誰も信じたりはしないさ．

schwindel·frei [シュヴィンデル・フライ] **形** めまいのしない．¶ Als Kletterer muss man *schwindelfrei* sein. ロッククライマーならめまいを感じるようではいけない．

schwind[e]lig [シュヴィンデリヒ, シュヴィンドゥリヒ] -e [シュヴィンデリゲ, シュ

498

関-連-語 **Schwimmen**
—水泳—

der Freistil, das Freistilschwimmen 自由形.
das Kraul[schwimmen] クロール.
das Brustschwimmen 平泳ぎ.
der Schmetterling バタフライ.
das Rückenschwimmen 背泳ぎ.
das Staffelschwimmen リレー.
das Lagenschwimmen
　　個人メドレー.
das Synchronschwimmen
　　シンクロナイズドスイミング.
der Wasserball　　　　水球.

ヴィンドゥリゲ〕 形 めまいのする. ¶ Mir ist vor Angst *schwindelig*. 私は恐ろしさのあまりめまいがする.

schwindeln [シュヴィンデルン] 動 **1** Mir (Mich) *schwindelt* / Es *schwindelt* mir (mich). 私はめまいがする. **2**〖ﾗ義語〗嘘をつく, ごまかす.

schwinden* [シュヴィンデン] schwand, geschwunden 動 (s) 消える, 無くなる; 減る; 衰える. ¶ aus dem Gedächtnis *schwinden* 記憶から消える. / im *Schwinden* sein (begriffen sein) 減少している. ◆ Ihm *schwand* das Bewusstsein. 彼は意識を失った. / Seine Hoffnung ist völlig *geschwunden*. 彼の希望は完全に失われた.

schwingen* [シュヴィンゲン] schwang, geschwungen 動 **1** 振る, 振り回す, 振り上げる. ¶ *sich⁴ schwingen* ひらりと飛び上る (飛び乗る). / eine Fahne *schwingen* 旗を振る. ◆ Der Vater *schwang* seinen kleinen Sohn in der Schaukel hin und her. 父親は幼い息子をブランコに乗せてこいでいた. **2** 揺れる; 揺れ動く. Das Pendel *schwingt* hin und her. 振り子が揺れ動く.

Schwips [シュヴィップス] 男-es/-e [シュヴィップセ] 〖ﾗ義語〗ほろ酔い. einen *Schwips* haben ほろ酔いで

ある.

schwitzen [シュヴィッツェン] 動 汗をかく, 汗ばむ. ¶ *sich⁴* nass *schwitzen* 汗びっしょりになる. / in der Sauna *schwitzen* サウナで汗をかく. ◆ Sie *schwitzte* vor Anstrengung. 彼女は緊張のあまり汗をかいた. / Ihm haben die Hände *geschwitzt*. 彼は手に汗をかいた.(⇒ Schweiß)

schwoll [シュヴォル] schwellen の過去形・単数・1, 3人称.

schwor [シュヴォーァ] schwören の過去形・単数・1, 3人称.

schwören* [シュヴェーレン] schwor, geschworen 動 誓う, 宣誓(誓約)する. ¶ vor Gericht *schwören* 法廷で宣誓する. / einen Eid (Schwur) *schwören* 宣誓する. ◆ Die beiden haben sich ewige Treue *geschworen*. 二人は永遠に変わることのない誠実を誓い合った.

schwul [シュヴール] 形 〖ﾗ義語〗(男の) 同性愛の, ホモの.

schwül [シュヴュール] 形 蒸し暑い; うっとうしい. *schwüles* Wetter 蒸し暑い天候. / eine *schwüle* Atmosphäre 重苦しい雰囲気. **Schwüle** [シュヴューレ] 女-/ 蒸し暑さ; うっとうしさ.

Schwuler* [シュヴーラァ] 男《形容詞の名詞化》ホモ.

Schwung [シュヴング] 男 -[e]s/ Schwünge [シュヴュンゲ] 振動, 飛躍; 《複 なし》弾み, 勢い; 《複 なし》活力, 躍動, 気迫. ¶ in *Schwung* kommen 活気づく. / in *Schwung* sein 活気づいている. / der regelmäßige *Schwung* eines Pendels 振り子の規則的な振動. ◆ Seine Rede hatte keinerlei *Schwung*. 彼の演説には全く気迫はなかった.

schwung・voll [シュヴング・フォル] 形 活気に満ちた; 躍動的な.

Schwur [シュヴーァ] 男 -[e]s/ Schwüre [シュヴューレ] 誓い, 誓約. ¶ einen *Schwur* leisten 宣誓する. / einen *Schwur* halten (brechen)　誓いを守る(破る).

Se [エスエー]《元素記号》セレン.

sechs [ゼクス] **数**《基数詞》6. (⇒
acht) **Sechs** [ゼクス] **女**/-en
6 という数[字];《評点》6(6段階評価の
上から6番目). **sechst** [ゼクスト]
数《序数詞》6 番目の.(⇒acht)
sechstel [ゼクステル] **数**《分数》6
分の1. **Sechstel** [ゼクステル]
中-s/- 6 分の1. **sechstens**
[ゼクステンス] **副** 6番目に.

sechzehn [ゼヒツェーン] **数** 《基 数
詞》16. **sechzehnt** [ゼヒツェーン
ト] **数**《序数詞》16番目の.

sechzig [ゼヒツィヒ] **数**《基 数 詞》
60. **sechzigst** [ゼヒツィヒスト]
数《序数詞》60番目の.

¹**See** [ゼー] **男**-s/-n [ゼーエン] 湖,
湖水.¶am See 湖畔で. / an den
See 湖畔へ.

²**See** [ゼー] **女**/-n [ゼーエン] 海;
波.¶an der See 海岸で. / an
die See 海岸へ.

See·gang [ゼー·ガング] **男** -[e]s/
海面の動き,うねり,波の状態.

see·krank [ゼー·クランク] **形** 船酔
い の. **Seekrank·heit** [ゼークラ
ンク·ハイト] **女** -/ 船酔い.

Seele [ゼーレ] **女**-/-n 魂,霊;心;
人.¶eine zarte Seele haben
優しい心を持っている. / eine edle
Seele 高貴な人. / j³ auf der
Seele liegen 人³の心に重くのしか
かっている. / aus tiefster Seele
心の底から. / mit ganzer See-
le 心を込めて. / sich³ et⁴ von
der Seele reden 悩みを話し
て心を軽くする. ◆ Glauben Sie an
die Unsterblichkeit der Seele?
あなたは魂の不滅を信じますか. / Das
Dorf zählte weniger als hun-
dert Seelen. この村の住人は100
人以下だった.

seelisch [ゼーリシュ] **形** 心(魂)の,
精神的な.

Seel·sorge [ゼール·ゾルゲ] **女**-/《カ
トリック》司牧,《プロテスタント》牧会.

See·mann [ゼー·マン] **男** -[e]s/
See·leute [ゼー·ロイテ] 船乗り.

See·not [ゼー·ノート] **女**-/ 海難.¶
in Seenot geraten 海難に遭う.

Segel [ゼーゲル] **中**-s/- 帆.¶die
Segel streichen 帆を下ろす;屈服
する. / die Segel setzen 帆を張
る. / mit vollen Segeln 満帆で,
全力を挙げて. ◆ Die Segel knat-
tern im Wind. 帆が風を受けては
ためいている.

Segel·boot [ゼーゲル·ボート] **中**
-[e]s/-e帆船,ヨット. **Segel·flug-
zeug** [ゼーゲル·フルークツォイク] **中**
-[e]s/-e グライダー.

segeln [ゼーゲルン] **動** 1 (s, h)
帆走する;グライダーで飛ぶ. ¶mit
dem Wind segeln 風を受けて帆
走する. 2 (s) (鳥が)滑るように飛
ぶ. ¶Möwen segeln in der
Luft. カモメが空をすいすいと飛んでいく.

Segen [ゼーゲン] **男**-s/- 《複なし》
(神の)恵み,祝福,加護;同意,賛成.
¶j³ Glück und Segen wün-
schen 人³に多幸を願う. / seinen
Segen zu et³ geben 事³に同意
する.

segnen [ゼーグネン] **動** (人⁴に)祝福
を与える;恵む.¶mit et³ gesegnet
sein 物³に恵まれている. ◆ Gott
segne dich! あなたに神の恵みがあ
りますように.

seh·behindert [ゼー·ベヒンデルト]
形 目の不自由な.

sehen* [ゼーエン] du siehst, er
sieht;sah, gesehen (sehen)
動《他の動詞の不定詞を伴う場合過去
分詞は sehen, 単独で用いられれば
gesehen》見る,見える;(人⁴に)会う;
見て理解する;気づく.¶gut
(schlecht) sehen (人¹は)目がよ
く見える(よく見えない). / aus dem
Fenster sehen 窓から眺める. /
nach den Kindern sehen 子供
らの面倒を見る. / nach der (zur)
Uhr sehen 時計の方を見やる. ◆ Se-
hen Sie das Schiff dort? あそ
この船が見えますか. / Ich sehe ihn
jeden Morgen. 彼には毎朝会いま
す. / Er sieht alles sehr positiv.
彼は全てを都合のいいように解釈す

る. / Wie ich *sehe*, ist hier alles in Ordnung. 私の見るところここでは全てが順調である. / Der Junge *sieht* seiner Mutter sehr ähnlich. 少年は母親そっくりである. / Er *sieht* nur aufs Äußere. 彼は表面的なことにしか注意を払わない. / Lass dich bald mal wieder bei uns *sehen*! 近いうちにまた私たちのところに顔を出せよ. / *Siehe* Seite 20! 20 ページ参照.《他の動詞の不定詞を伴って》…するのを見る. Er hat sie kommen *sehen*. 彼は彼女が来るのを見た.

sehens·wert [ゼーエンス・ヴェールト]**, sehens·würdig** [ゼーエンス・ヴュルディヒ] -e [ゼーエンス・ヴュルディゲ] 形 見る価値のある.

Sehens·würdigkeit [ゼーエンス・ヴュルディヒカイト] 女-/-en 見る価値のあるもの,名所. ¶ die *Sehenswürdigkeiten* der Stadt besichtigen 町の名所を見物する.

Sehne [ゼーネ] 女-/-n 《解剖》腱(けん); (弓の)弦.

sehnen [ゼーネン] 動 ¶ *sich*⁴ nach *j*³/*et*³ *sehnen* 人³·物³に夢中になる,物³にあこがれる,物³を熱望 (渇望)する. ¶ *sich*⁴ nach einem kühlen Bier *sehnen* 冷たいビールを一杯飲みたくてたまらない. ♦ Sie *sehnte* sich⁴ nach ihm. 彼女は彼にあこがれていた.

Sehn·sucht [ゼーン・ズフト] 女-/ Sehn·süchte [ゼーン・ズュヒテ] あこがれ,熱望,渇望《nach *j*³/*et*³ 人³·物³への》. ¶ *Sehnsucht* nach München haben ミュンヘンにあこがれている. ♦ Er hat *Sehnsucht* nach Hause. 彼はホームシックにかかっている. **sehn·süchtig** [ゼーン・ズュヒティヒ] -e [ゼーン・ズュヒティゲ] 形 あこがれに満ちた,熱望(渇望)している. ¶ ein *sehnsüchtiges* Verlangen nach *et*³ haben 物³を切望している.

sehr [ゼーァ] 副 非常に,きわめて,はなはだ,ひどく. ¶ Sein Vater war *sehr* reich. 彼の父は非常に裕福だ

った. / Sie hat ihn *sehr* geliebt. 彼女は彼をとても愛していた. / Die Wunde blutet *sehr*. 傷口からひどく出血している. / Danke *sehr*! − Bitte *sehr*! どうもありがとう− どう致しまして.

seicht [ザイヒト] 形 (水などが)浅い;(内容が)浅薄な. ¶ ein *seichtes* Gewässer 浅い河川. / ein *seichtes* Gespräch 浅薄な会話.

seid [ザイト] < sein.

Seide [ザイデ] 女-/-n シルク;絹織物. ¶ eine Krawatte aus *Seide* シルクのネクタイ.

Seiden·straße [ザイデン・シュトゥラーセ] 女-/-n 《地理》シルクロード.

Seife [ザイフェ] 女-/-n 石けん. ¶ *sich*³ die Hände mit *Seife* waschen 石けんで自分の手を洗う. ♦ Diese *Seife* schäumt enorm. この石けんは泡立ちがすごくいい.

Seifen·blase [ザイフェン・ブラーゼ] 女-/-n シャボン玉. ¶ *Seifenblasen* machen シャボン玉を吹いて遊ぶ.

Seifen·oper [ザイフェン・オーパァ] 女-/-n ソープオペラ (TV の放送劇で,主婦向けの通俗的メロドラマ).

Seil [ザイル] 中-[e]s/-e 綱,ロープ. ¶ ein *Seil* spannen 綱を張る. / *et*⁴ an (mit) einem *Seil* hochziehen 物⁴をロープで吊るし上げる. / auf dem *Seil* tanzen 綱渡りをする,危ない綱を渡る.

Seil·bahn [ザイル・バーン] 女-/-en ロープウェイ.

¹sein* [ザイン] *ich* bin, *du* bist, *er* ist, *wir* sind, *ihr* seid, *sie/ Sie* sind; war, gewesen **1** 動 (s)(…で)ある;居る,存在する;《zu +不定詞と》…されうる,…されるべきである,…されねばならない. ¶ Morgen *bin* ich nicht zu Hause. あした私は家にいません. / Was *ist* er [von Beruf]? − Er *ist* Arzt. 彼の職業は何ですか.−彼は医者です. / Er *ist* schwer krank. 彼は重病です. / Wo *ist* dein Sohn jetzt? 君の息子は今どこにいるんだ. 《zu +不定詞と》 Viele Dinge *sind*

S

501

noch zu erledigen. まだ沢山のことが片づけられねばならない. / Das Problem *ist* schwer zu lösen. この問題は解決するのが難しい. **2 助** 《完了. fahren, fliegen, gehen などの場所の移動や, erwachsen, sterben, werden などの状態の変化を表す自動詞, および sein, bleiben, begegnen などの自動詞と結んで現在完了, 過去完了, 未来完了の各時称をつくる》 *Sind* Sie schon einmal in Deutschland gewesen? あなたはこれまでにドイツにいらしたことがありますか. **3 助** 《過去分詞とともに状態受動をつくる》 Die Sache *ist* schon erledigt. 問題はもう解決済みだ.

Sein [ザイン] **中** -s/ 存在, 実在.

²sein [ザイン] **代** 《所有. er, es に対応して》彼の; それの.

	男性	女性	中性	複数
1格	**sein**	**seine**	**sein**	**seine**
2格	**seines**	**seiner**	**seines**	**seiner**
3格	**seinem**	**seiner**	**seinem**	**seinen**
4格	**seinen**	**seine**	**sein**	**seine**

seiner [ザイナァ] **代** 《人称. er, es の 2 格》. (⇒ich)

seiner・zeit [ザイナァ・ツァイト] **副** 当時, その頃.

seinet・wegen [ザイネット・ヴェーゲン] **副** 彼のために.

seit [ザイト] **1 前** 《3 格支配》…以来, …から. ¶ *seit* gestern きのうから. / *seit* kurzem 少し前から. / *seit* langem ずっと前から. ♦ *Seit* wann haben wir uns nicht mehr gesehen? いつから私たちは会っていないでしょうか. **2 接** 《従属》…して以来. Ich fühle mich gesund, *seit* ich im Grünen wohne. 緑の多い郊外に住むようになってから私は体調が良くなったように感じる.

seit・dem [ザイト・デーム] **1 接** 《従属》…して以来. ¶ Sie ist ganz anders geworden, *seitdem* sie selbständig ist. 彼女は独り立ちして以来すっかり変わった. **2 副** それ以来. Wir waren am Sonntag

zusammen im Theater, ich habe sie *seitdem* nicht wieder gesehen. 私たちは日曜日に一緒に劇場に行った, それ以来私は彼女に二度と会っていない.

Seite [ザイテ] **女** -/-n 側面; (物体の)面; 傍ら; 立場; (図形の)辺; ページ. ¶ seine schwache (starke) *Seite* 彼の弱点(得意). / *Seite* an *Seite* 相並んで. / auf *Seite* 15 15 ページに. / *et⁴* auf die *Seite* legen お金など⁴を蓄えておく. / auf der einen *Seite* 一方では. / auf der anderen *Seite* 他方では. / auf beiden *Seiten* 両側で. / auf seiner *Seite* sein 彼の味方である. / nach allen *Seiten* 四方八方へ. / von allen *Seiten* 四方八方から. / j³ zur *Seite* stehen 人³の味方をする. ♦ Um nicht im Wege zu stehen, trat er schnell zur *Seite*. 邪魔にならないように, 彼は素早くわきへよけた. / Jedes Ding hat zwei *Seiten*. 物事には裏と表がある.

Seiten・sprung [ザイテン・シュプルング] **男** -[e]s/Seiten・sprünge [ザイテン・シュプリュンゲ] 浮気. ¶ einen *Seitensprung* machen 浮気をする.

Seiten・straße [ザイテン・シュトラーセ] **女** -/-n わき道, 裏通り, 横町.

seit・her [ザイト・ヘーァ] **副** それ以来.

seit・lich [ザイト・リヒ] **1 形** わきの, わきからの, わきへの; 横の, 横からの, 横への. **2 前** 《2 格支配》…のわき (横)に.

Sek., sek. [ゼクンデ] 《略》秒 (＝ **Se**kunde).

Sekretär [ゼクレテーァ] **男** -s/-e (女性) **Sekretärin** [ゼクレテーリン] **女** -/Sekretärinnen [ゼクレテーリネン] 秘書; 書記[官].

Sekretariat [ゼクレタリアート] **中** -[e]s/-e 秘書課; 事務局; 官房.

Sekt [ゼクト] **男** -[e]s/-e スパークリングワイン.

Sekte [ゼクテ] **女** -/-n 宗派, 党派.

sekundär [ゼクンデーァ] **形** 二次的な, 第 2 の. ¶ nur von *sekundärer*

Bedeutung sein 二次的な意味しかない.

Sekunde [ゼクンデ] 囡-/-n（時間・角度の）秒（略: Sek., sek.）．¶Eine Minute hat sechzig *Sekunden*. 1分は60秒です． / Er lief hundert Meter in elf *Sekunden*. 彼は100メートルを11秒で走った． / Eine *Sekunde* bitte!《くだけた表現》ほんのちょっと待ってください．

selb [ゼルプ] 厖《付加語的用法のみ》同一の，同じ．

selber [ゼルバァ] 副 自分で，自ら．¶Muss ich hier denn alles *selber* tun? ここでは全て自分でしなくてはならないのですか．

selbst [ゼルプスト] **1**代《指示．無変化》…自身，自分自身で．¶von *selbst* 自ずから，ひとりでに．◆Er *selbst* hat das gesagt. 彼自身がそう言ったのです． / Das haben Sie doch *selbst* gesagt. それはあなた自身が言ったことですよ． **2**副…さえ．¶*selbst* wenn たとえ…であっても．◆Das Bier hat *selbst* mir nicht geschmeckt. そのビールは私ですらまずかった． / Ich gehe spazieren, *selbst* wenn es regnet. たとえ雨が降っても私は散歩に行く．

selb·ständig [ゼルプ・シュテンディヒ] -e [ゼルプ・シュテンディゲ] 厖 = selbstständig.

Selbst·bedienung [ゼルプスト・ベディーヌング] 囡-/ セルフサービス.

Selbst·beherrschung [ゼルプスト・ベヘルシュング] 囡-/ 自制，自制心．¶Mit seiner *Selbstbeherrschung* ist es nicht allzu weit her. 彼の自制心はそれほどでもないしたことではない．

selbst·bewusst [ゼルプスト・ベヴスト] 厖 自信（自負心）のある．¶Er tritt mir ein bisschen zu *selbstbewusst* auf. 彼は私から見れば自信過剰な態度をとる． **Selbst·bewusstsein** [ゼルプスト・ベヴストザイン] 中-s/ 自信，自負心．

Selbst·mord [ゼルプスト・モルト]

男-[e]s/-e 自殺（自死）．¶ein versuchter *Selbstmord* 自殺未遂. / *Selbstmord* begehen 自殺する． **Selbst·mörder** [ゼルプスト・メルダァ] 男-s/- 女性 **Selbst·mörderin** [ゼルプスト・メルデリン] 囡-/Selbst·mörderinnen [ゼルプスト・メルデリネン]）自殺者．

selbst·sicher [ゼルプスト・ズィッヒァァ] 厖 堂々たる． **Selbst·sicherheit** [ゼルプスト・ズィッヒァァハイト] 囡-/ 臆せぬ態度．¶Seine *Selbstsicherheit* hat uns allen imponiert. 彼の堂々たる態度に私たちは皆感心した．

selbst·ständig [ゼルプスト・シュテンディヒ] -e [ゼルプスト・シュテンディゲ] 厖 自主的な，自立した；独立した．¶*selbstständig* denken 自主的に考える． / sich⁴ *selbstständig* machen ひとり立ち（独立）する．◆Er ist wirtschaftlich *selbstständig*. 彼は経済的に自立している． / Viele ehemalige Kolonien sind *selbstständige* Staaten geworden. かつての多くの植民地は独立国になった．

Selbst·ständiger* [ゼルプスト・シュテンディガァ] 男 女性 **Selbst·ständige*** [ゼルプスト・シュテンディゲ] 囡《形容詞の名詞化》自営業者．

selbst·verständlich [ゼルプスト・フェァシュテントリヒ] 厖 自明の，当然の．¶Ich komme *selbstverständlich* mit. 私も当然同行します． /[Aber] *Selbstverständlich*! もちろんですとも．

Selbst·verständnis [ゼルプスト・フェァシュテントニス] 中-es/-se 自己についての認識（理解）．¶Wie verträgt sich Ihre neue Politik mit Ihrem *Selbstverständnis* als Pazifist? あなたの新しい政策は平和主義者を自認するあなたの認識とどう調和するのですか．

selig [ゼーリヒ] -e [ゼーリゲ] 厖 至福の，この上なく幸福な．¶*selige* Tage verleben 幸福な日々を過ごす．

selten [ゼルテン] **1**厖 まれな；風変

S

わりな. ¶ein *seltener Fall* まれな
ケース. ◆Er leidet an einer sehr
seltenen Krankheit. 彼は非常に
珍しい病気にかかっている. **2**副 まれ
にしか(めったに)…ない. ¶Ein Un-
glück kommt *selten* allein. 不幸
はそれ一つだけで終ることはまれであ
る, 泣き面に蜂. **Selten·heit** [ゼ
ルテン·ハイト] 囡 -/-en 《複なし》まれ
なこと;珍しいもの.

selt·sam [ゼルト·ザーム] 形 奇妙な,
風変わりな. ¶ein *seltsamer*
Mensch 変人. / sich⁴ *seltsam*
benehmen 奇妙な振舞をする.

Se·mester [ゼ·メスタァ] 中 -s/-
(大学の)学期. ¶Er hat 8 *Semes-
ter* Philosophie studiert. 彼は
8 学期間哲学を専攻した. / Sie ist
noch im zweiten *Semester*. 彼
女はまだ 2 学期目だ. (⇒Sommerse-
mester, Wintersemester)

Seminar [ゼミナール] 中 -s/-e (大
学の)演習, ゼミ;(大学の)研究室. ¶
das germanistische *Seminar*
独語独文学科研究室. / ein *Semi-
nar* leiten ゼミを指導する. / an ei-
nem *Seminar* teilnehmen ゼミ
(セミナー)に参加する.

Semmel [ゼメル] 囡 -/-n 《オーストリア·》
ゼンメル(小型で皮の固い丸いパン). ¶
Semmeln backen ゼンメルを焼
く. ◆Zum Frühstück isst er
zwei *Semmeln* mit Marmela-
de. 朝食に彼はマーマレード(ジャム)
をぬったゼンメルを 2 個食べる. (⇒Bröt-
chen)

Senat [ゼナート] 男 -[e]s/-e (Ber-
lin, Bremen, Hamburg 3 州の)
州政府.

senden(*) [ゼンデン] sandte [ザン
テ] (sendete); gesandt [ゲ·ザン
ト] (gesendet) 動 送る, 発送する;
派遣する;《規則変化》放送する, 発信す
る. ¶Er *sandte* den Brief per
Luftpost. 彼は手紙を航空便で送
った. / Sofort wurden Truppen
in das Krisengebiet *gesandt*. す
ぐに部隊が危機に直面している地域に
派遣された. / Heute Abend wird

im Fernsehen eine Oper *gesen-
det*. 今晩テレビでオペラが放送され
る.

Sender [ゼンダァ] 男 -s/- 放送局;
発信人.

Sendung [ゼンドゥング] 囡 -/-en 放
送;発送物;発信(送). ¶eine inter-
essante *Sendung* zum Verfas-
sungstag sehen (hören) 憲法
記念日の興味深い番組を見る(聞く).
◆Die *Sendung* wurde vom
Zoll beschlagnahmt. 発送物は税
関で没収された.

Senf [ゼンフ] 男 -[e]s/-e 《料理》マス
タード. ¶Er muss aber auch zu
allem und jedem seinen *Senf*
geben. 彼はどんなことにも口を出さ
ずにはいられない.

senil [ゼニール] 形 加齢の;老衰の;老
いぼれた;もうろくした.

Senior [ゼニーォァ] 男 -s/Senioren
(女性) **Seniorin** [ゼ
ニーォリン] 囡 -/Seniorinnen [ゼニオ
ーリネン])年長者;(年金受給の)老齢
者. **Senioren·heim** [ゼニオーレ
ン·ハイム] 中 -[e]s/-e 老人ホーム.

senken [ゼンケン] 動 沈める, 下げ
る, 降ろす;垂らす. ¶sich⁴ *senken*
下がる, 沈下する;垂れる. / den
Kopf *senken* 頭を垂れる. ◆Der
Finanzminister will die Steuern
senken. 財務大臣は税金を下げよう
と考えている. / Die Straße *senkt*
sich. 通りは下り坂になる(沈下する).

senk·recht [ゼンク·レヒト] 形 垂直
(直 立)の. ¶*senkrecht* stehen
垂直に立っている. (⇒waagerecht)

Sensation [ゼンザツィオーン] 囡 -/
-en センセーション, 大評判. ¶*Sen-
sation* erregen (machen) セン
セーションを巻き起こす.

sensationell [ゼンザツィオネル] 形
センセーショナルな. ¶eine *sensa-
tionelle* Nachricht センセーショナ
ルなニュース. ◆Einem jungen Ar-
chäologen gelang ein *sensatio-
neller* Fund. 若き考古学者はあっ
と驚くような発見に成功した.

sensibel [ゼンズィーベル] 形 感じやす

い, 敏感な; 感受性の強い. ¶ein *sensibles* Kind 感受性の強い子供.

sentimental [ゼンティメンタール] 形 センチメンタルな, 感傷的な.

separat [ゼパラート] 形 分離した; 別々の, 個々の. ¶Die Wohnung hat einen *separaten* Eingang. その住居には専用の入り口がある. / Die Rechnung schicke ich Ihnen *separat*. 請求書は別にお送りします.

September [ゼプテンバァ] 男 -s/- 9 月. (略: Sept.) (⇒April)

Serie [ゼーリエ] 女 -/-n 連続; シリーズ[もの]. ¶eine *Serie* von et³ 一連の物³・事³. / et⁴ in *Serie* herstellen 物⁴を大量生産する. / in *Serie* gehen シリーズ生産される. ◆ Im letzten Jahr ereignete sich eine *Serie* von Flugzeugunglücken. 昨年は一連の飛行機事故が起こった.

seriös [ゼリエース] 形 まじめな, 信頼できる; 堅実な. ¶eine *seriöse* Firma 堅実な会社. / einen *seriösen* Eindruck machen 信頼感を与える.

¹**Service** [ゼルヴィース] 中 -[s]/- 食器セット.

²**Service** [セーァヴィス] 男 (中) -/-[s] 顧客(アフター)サービス, (飲食店での)サービス;〖スポーツ〗サーブ.

servieren [ゼルヴィーレン] servierte, serviert 動 食卓に運ぶ, 給仕する. ¶Er ließ *sich*³ das Frühstück auf das Zimmer *servieren*. 彼は朝食を部屋に運んで(ルームサービスにして)もらった. / Heute *servieren* wir Ihnen Forelle blau. 本日はマスのボイルをお出しできます.

Serviette [ゼルヴィエッテ] 女 -/-n (食卓の)ナプキン. ¶die *Serviette* auf den Schoß legen ナプキンをひざにかける. / *sich*³ mit der *Serviette* den Mund abwischen ナプキンで口を拭く.

servus! [ゼルヴス] 間 〖南ドイツ・オーストリア〗やあ, こんにちは;じゃあ, さようなら.

Sesam [ゼーザム] 男 -s/-s 〖植物〗ゴ

マ. ¶*Sesam*, öffne dich! 開けゴマ.

Sessel [ゼッセル] 男 -s/- 肘掛けつき安楽椅子. ¶*sich*⁴ in einen *Sessel* setzen 安楽椅子に腰を下ろす. / *sich*⁴ aus dem (vom) *Sessel* erheben 安楽椅子から立ち上がる.

sess・haft [ゼス・ハフト] 形 (ある土地に)定住している. ¶*sesshaft* werden 定住する. / mein Onkel, *sesshaft* in Linz リンツに住む叔父.

¹**Set** [ゼット] 中 (男) -[s]/-s (道具などの)そろい, セット;ランチョンマット.

²**Set** [ゼット] 男 -s/-s (映画撮影用の)セット.

setzen [ゼッツェン] 動 座らせる;据え [つけ]る, 置く;書き入れる;設立する;賭ける《auf et⁴ 物⁴に》. ¶*sich*⁴ *setzen* 座る, 腰掛ける. / j³ eine Frist *setzen* 人³に対して期限を設ける. / Kartoffeln *setzen* ジャガイモを植えつける. / *sich*³ das Kind auf den Schoß *setzen* 子供をひざにのせる. / 100 Euro auf ein Rennpferd *setzen* ある競走馬に100ユーロ賭ける. / et⁴ in Gang *setzen* 機械など⁴を始動する. ◆ Kinder sollte man nicht auf den Beifahrersitz *setzen*. 子供は助手席に乗せるべきではない. / Lächelnd *setzte* der Minister seine Unterschrift unter den Vertrag. 微笑みながら大臣は条約に署名した. / Er hat *sich*⁴ in den Sessel *gesetzt*. 彼は安楽椅子に座った. / Auf welches Pferd wollen wir [unser Geld] *setzen*? どの馬に[私たちの金を]賭けようか.

Seuche [ゾイヒェ] 女 -/-n 〖医療〗伝染病, 疫病.

seufzen [ゾイフツェン] 動 ため息をつく. ¶tief *seufzen* 深くため息をつく. / über et⁴ *seufzen* 事⁴を嘆く. **Seufzer** [ゾイフツァ] 男 -s/- ため息. einen *Seufzer* ausstoßen (unterdrücken) ため息をつく(こらえる). / mit einem tiefen *Seufzer* 深いため息をついて.

S

505

Sex [ゼックス] 男–[es]/ 性, セックス; 性交. ¶Sex machen セックスをする. / mit j³ Sex haben 人³と性的関係を持つ.

Sexismus [ゼクスィスムス] 男–/ 性差別, 女性蔑視. **sexistisch** [ゼクスィスティシュ] 形 性差別の, 女性蔑視の.

Sexualität [ゼクスアリテート] 女–/ 性, 性生活; 性別.

Sexual·verbrechen [ゼクスアール・フェァブレヒェン] 中 –s/– 性犯罪.

sexuell [ゼクスエル] 形 性の, 性的な. ¶sexuelle Belästigung セクシャルハラスメント（セクハラ）.

Sexus [ゼクスス] 男 –/– 性, 性欲.

sexy [ゼクスィ] 形《無変化》セクシーな. ¶Sie sah in ihrem Bikini sehr sexy aus. 彼女のビキニ姿はとてもセクシーに見えた.

Sg., sg. [ズィングラール]《略》単数 [形]（＝**S**ingular）.

Shampoo [シャンプー, シャンプー] 中–s/–s シャンプー. ¶ein Shampoo für fettiges Haar (gegen Schuppen) benutzen 脂性の髪の毛用（ふけ取り用）シャンプーを使う.

shoppen [ショッペン] 動 ショッピングをする. ¶Shoppen ist ihre Lieblingsbeschäftigung. 彼女はショッピングが大好きだ.

Shorts [ショーツ] 複 ショートパンツ. ¶Shorts tragen ショートパンツをはいている.

Show [ショウ] 女–/–s（テレビや舞台の）ショー.

Si [エスイー]《元素記号》ケイ素.

sich [ズィヒ] 代《再帰》自分自身に（を）. ¶sich⁴ satt essen 満腹

	ich	du	er/sie/es
3格	mir	dir	sich
4格	mich	dich	sich
	wir	ihr	sie/Sie
3格	uns	euch	sich
4格	uns	euch	sich

になるまで食べる. / an sich³ それ自体. / an und für sich⁴ それ自体, 本来は. /außer sich³ sein 度を失っている. / von sich³ aus

自発的に, 自ら. / sich⁴ an j⁴/et⁴ erinnern 人⁴・物⁴を思い出す. ◆Er wäscht sich³ die Hände. 彼は手を洗う. / Ich erlaubte mir³ eine von den teuersten Zigarren. 私は最も高価な葉巻の一つを買うというぜいたくをあえてした. / Ich ärgere mich⁴ über seine Unaufrichtigkeit. 私は彼の不誠実さに腹を立てている.

sicher [ズィッヒャァ] 形 確実な; 安全な; 自信のある;《副として》確かに（…にちがいない). ¶ein sicheres Einkommen 確実な収入. / ein sicherer Weg 安全な道. ◆Diese Nachricht stammt aus sicherer Quelle. このニュースは確かな情報源からのものだ. / Bei der Pressekonferenz wirkte der Trainer sehr sicher. 記者会見では監督はとても自信があるような印象を与えた. / Du wirst sicher bald wieder gesund. 君はきっとすぐまた元気になるよ. / Das Hotel ist sicher sehr teuer. このホテルはきっととても高いでしょう.

Sicher·heit [ズィッヒャァ・ハイト] 女–/–en 安全[性]; 自信, 確信;《複なし》確実[性]; 保証, 担保. ¶die öffentliche Sicherheit 公安, 治安. / der Sicherheit halber 念（用心）のために. / in Sicherheit sein 安全である. / mit Sicherheit 確実に, 確かに. /j⁴/et⁴ in Sicherheit bringen 人⁴・物⁴を安全な場所に移す. / von j³ Sicherheiten fordern 人³から担保を要求する. ◆Der Erfolg hat ihm eine größere Sicherheit gegeben. その成功は彼に以前にも増して大きな自信を与えた.

Sicherheits·gurt [ズィッヒャァハイツ・グルト] 男–[e]s/–e 安全ベルト. ¶Hierzulande ist das Anlegen des Sicherheitsgurtes Pflicht. 当地では安全ベルトの着装が義務である.

sicherheits·halber [ズィッヒャァハイツ・ハルバァ] 副 念（用心）のために.

Sicherheits·nadel [ズィッヒャァハイ

ツ・ナーデル] 囡-/-n 安全ピン.

sicher・lich [ズィッヒァァ・リヒ] 副 確かに, 必ず, きっと.

sichern [ズィッヒェルン] 動 安全にする, 守る;確実にする;確保する. ¶die Grenzen des Landes *sichern* 国境を防備する. / die Tür durch ein Schloss *sichern* 安全のためドアに施錠する. / sich⁴ *sichern* 身を守る. / ein *gesicherter* Arbeitsplatz (継続を)保証された職場. ◆ Alle Arbeitsplätze in der Bonner Zentrale konnten für die nächsten drei Jahre *gesichert* werden. ボンの本社のあらゆる職場は今後3年間確保することができた.

sicher stellen [ズィッヒァァ・シュテレン] 動 安全にする;(警察などが)押収する;保障する. ¶die Zukunft des Unternehmens *sicherstellen* 企業の将来を保障する. ◆ Das gestohlene Fahrrad wurde von der Polizei *sichergestellt*. 盗まれた自転車は警察に押収された.

Sicherung [ズィッヒェルング] 囡 -/-en 《復なし》安全にすること, 保全;安全装置;〖電気〗ヒューズ.

Sicht [ズィヒト] 囡-/ 眺め, 見晴らし, 眺望;視界, 視野. ¶aus meiner *Sicht* 私の見たところでは. / eine herrliche *Sicht* すばらしい眺め. / in *Sicht* sein 視界の中にある. / in *Sicht* kommen 視界の中に入る, 見えてくる. / eine *Sicht* von nur vierzig Metern 40メートルしかない視界. / et⁴ aus ärztlicher *Sicht* beurteilen 事⁴を医者の視点から判断する. ◆ Die *Sicht* verschlechtert sich. 視界が悪くなる.

sicht・bar [ズィヒト・バール] 形 目に見える;明らかな. *sichtbare* Fortschritte 目に見える進歩. / ein *sichtbarer* Beweis 明らかな証拠. / et⁴ *sichtbar* machen 物⁴・事⁴を目に見えるように(明らかに)する.

sichten [ズィヒテン] 動 (遠くにあるものを)視界にとらえる;選り分ける. ¶Die Polizei ist dabei, die beschlagnahmten Unterlagen zu sichten. 警察はちょうど押収した書類を選別しているところだ.

sicht・lich [ズィヒト・リヒ] 形 明らかな, それとわかる. ¶mit *sichtlicher* Freude いかにも嬉しそうに.

sie [ズィー] 代 《人称》**1**《3人称・単数・女性の1, 4格》彼女は(を);《女性名詞を受けて》それは(を), これは(を), あれは(を). ¶Was ist Anna von Beruf? − Sie ist Ärztin. アンナの職業は何ですか. −彼女は医者です. / Da kommt Peters Freundin. Kennst du *sie*? あそこにペーターのガールフレンドが来る. 彼女を知っているかい. / Hast du die Rede des Kanzlers gehört? − Ja, aber *sie* hat mich enttäuscht. 君は首相の演説を聞いたかい. −ああ, でもそれには失望したよ. **2**《3人称・複数の1, 4格》彼ら(彼女ら・それら)は, 彼ら(彼女ら・それら)を. ¶Wo sind deine Eltern? − Sie sind verreist. 君のご両親はどこにいらっしゃるの. −旅行中だよ. / Meine Schüler sind alle sehr fleißig. Ich mag *sie* sehr. 生徒たちはみな熱心だ. 私は彼らが好きだ. / Diese Bücher habe ich von einer alten Dame gekauft. Sie hat *sie* mir sehr billig überlassen. 私はこの本を年配の女性から買った. 彼女はそれを私に安く譲ってくれた. (⇒ich)

Sie [ズィー] 代 《人称. 2人称・単数, 複数の1・4格》あなた[がた]は, あなた[がた]を. ¶Sie sind heute mein Gast. Ich lade *Sie* zum Abendessen ein. きょうはあなたは私のお客様です. 夕食は私がご招待します. (⇒ich, du, ihr)

Sieb [ズィープ] 中-[e]s/-e ふるい, こし(濾か)器. ¶Tee durch ein *Sieb* gießen お茶を濾(こ)す. / Er hat ein Gedächtnis wie ein *Sieb*. 彼は物事をすぐに忘れてしまう.

¹sieben [ズィーベン] 数 《基数詞》7. **Sieben** [ズィーベン] 囡-/-[en] 7の数[字]. (⇒acht)

²sieben [ズィーベン] 動 (物⁴を)ふるいにかける.

siebent [ズィーベント]，【古い表現】**siebt** [ズィープト] 数 《序数詞》7番目の.

siebentel [ズィーベンテル]，**siebtel** [ズィープテル] 数 《分数》7分の1の.

Siebentel [ズィーベンテル]，**Siebtel** [ズィープテル] 中-s/- 7分の1.

siebtens [ズィープテンス] 副 7番目に.

sieb·zehn [ズィープ・ツェーン] 数 《基数詞》17.

sieb·zehnt [ズィープ・ツェーント] 数 《序数詞》17番目の.

sieb·zig [ズィープ・ツィヒ] 数 《基数詞》70.

sieb·zigst [ズィープ・ツィヒスト] 数 《序数詞》70番目の.

sieden(*) [ズィーデン] sott (siedete)，gesotten (gesiedet) 動 **1** 《ふつう規則変化》(水などが)沸騰する. **2** 《ふつう不規則変化》[南ドイツ・オーストリア] 煮る，ゆでる；沸騰させる.

Siede·punkt [ズィーデ・プンクト] 男 -[e]s/-e 沸[騰]点.

Siedlung [ズィードゥルング] 女-/-en 団地；《複なし》入植，植民；入植(開拓)地，植民地. ¶eine Siedlung gründen 入植地を建設する. ♦In dieser Siedlung kennt jeder jeden. この団地では誰もが知り合いだ.

Sieg [ズィーク] 男-[e]s/-e 勝利. ¶ein Sieg im Wahlkampf 選挙戦での勝利. / den Sieg erringen (gewinnen) 勝利を得る. ♦Er hat einen Sieg über seine Furcht errungen. 彼は恐れに打ち勝った.

Siegel [ズィーゲル] 中-s/- 印[章]，印鑑；公印，封印. ¶ein amtliches (dienstliches) Siegel 公印. / sein Siegel auf et⁴ drücken 物⁴に自分の印を押す. **siegeln** [ズィーゲルン] 動 (物⁴に)捺印する；封印する.

siegen [ズィーゲン] 動 勝つ《über j⁴ 人⁴に》，勝利を得る.

Sieger [ズィーガァ] 男 -s/- (女性 **Siegerin** [ズィーゲリン] 女-/-Siege-rinnen [ズィーゲリネン]) 勝[利]者. Der Sieger erhält die Goldmedaille. 勝者は金メダルを獲得する.

siehst [ズィースト]，**sieht** [ズィート] < sehen.

siezen [ズィーツェン] 動 (人⁴に) Sie で呼びかける. (⇒duzen)

Signal [ズィグナール] 中-s/-e 信号，合図；(鉄道などの)信号機，交通標識. ¶ein Signal übersehen 信号を見落とす. ♦Er gab mit einer Flagge Signale. 彼は旗で合図を送った.

Signatur [ズィグナトゥーァ] 女 -/-en [頭文字による]署名，サイン. **signieren** [ズィグニーレン] signierte, signiert 動 (物⁴に)[頭文字で]署名(サイン)する.

Silbe [ズィルベ] 女-/-n 《文法》音節，シラブル.

Silber [ズィルバァ] 中-s/- 銀；銀色；銀製品. ¶gediegenes (reines) Silber 純銀. ♦Reden ist Silber, Schweigen ist Gold. 雄弁は銀，沈黙は金. **silbern** [ズィルベルン] 形 銀[製]の；銀色の.

Silhouette [ズィルエッテ] 女-/-n シルエット，影絵；影像.

Silo [ズィーロ] 男 (中) -s/-s サイロ.

Silvester [ズィルヴェスタァ] 男 (中) -s/- 大晦日. ¶an (zu) Silvester 大晦日に. ♦Silvester feiern wir diesmal ganz groß. 今度の大晦日を私たちは盛大に祝う.

simpel [ズィンペル] 形 簡単な，単純な，素朴な；簡素な，シンプルな. ¶In der Aufregung hat er selbst die simpelsten Aufgaben falsch gelöst. 興奮していたために彼は最も簡単な問題でさえ間違った.

simulieren [ズィムリーレン] simulierte, simuliert 動 (事⁴の)ふりをする，シミュレーションする. ¶eine Ohnmacht simulieren 失神したふりをする. / einen Raumflug simulieren 宇宙飛行のシミュレーションをする.

simultan [ズィムルターン] 形 同時の，

ドイツの大晦日

ドイツでは花火は夏ではなく、大晦日のものである。クリスマスが終わると、打ち上げ花火や爆竹がどんどん売れる。大晦日は家族や友人たちとパーティーをしたり、レストランへ出かけたりする。ご馳走は鮠料理やフォンデュー、ラクレットなどがよく登場する。大晦日の0時が近づくと、多くの人が路上に出てくる。0時になるとシャンパンで乾杯、新年の挨拶をかわし(„Prosit Neujahr!"、„Ein gutes neues Jahr!" など)、花火を打ち上げ、爆竹を鳴らしたりして大騒ぎをする。新年は元日(Neujahr)だけが休日で、ゆっくり寝たり、散歩などで静かに過ごす。

同時に起こる. *simultan* dolmetschen 同時通訳する.

sind [ズィント] < sein.

Sinfonie [ズィンフォニー] 囡–/–n [ズィンフォニーエン] シンフォニー, 交響曲.

singen* [ズィンゲン] sang, gesungen 動 歌う, (鳥が)さえずる. ¶einen Schlager *singen* 流行歌を歌う. / Sopran *singen* ソプラノを歌う. / ein Kind in den Schlaf *singen* 子供に[子守]歌を歌って寝かしつける. ◆Sie *singt* gut (schlecht). 彼女は歌がうまい(下手だ). / Er *sang* falsch. 彼は調子を外して歌った.

¹**Single** [ズィングル] 囡–/–[s] (レコードの)シングル盤.

²**Single** [ズィングル] 男–[s]/–[s] 独身者, シングル.

³**Single** [ズィングル] 中–[s]/–[s] 〖スポーツ〗(テニスなどの)シングルス. ¶Im *Single* ist sie bis ins Halbfinale gekommen. シングルスでは彼女は準決勝まで進んだ.

Singular [ズィングラール] 男–s/–e 〖文法〗単数[形](略: Sg., sg.). (⇒Plural)

Sing・vogel [ズィング・フォーゲル] 男–s/Sing・vögel [ズィング・フェーゲル] 〖鳥〗鳴禽(めいきん)類.

sinken* [ズィンケン] sank, gesunken 動 (s) 沈む, 沈下する; (値段などが)下がる. ¶Die Sonne *sinkt* langsam hinter den Horizont. 太陽がゆっくりと地平線の向こうに沈む. / Das Schiff ist *gesunken*. 船が沈没した. / Das Gebäude ist allmählich in die Erde *gesunken*. その建物は次第に地面に沈下していった. / Die Preise *sinken*. 物価が下がる.

Sinn [ズィン] 男 –[e]s/–e 〖複なし〗考え, センス, 意義, 意味;《ふつう複》感覚, 知覚; 官能. ¶der sechste *Sinn* 第六感. / seine *Sinne* erregen 人の官能を刺激する. / nicht bei *Sinnen* sein 正気でない. / in diesem *Sinn*[e] この意味において. / im weiteren (engeren) *Sinn*[e] 広い(狭い)意味で. / *et⁴* im *Sinn* behalten 事⁴を心に留める. / *et⁴* im *Sinn* haben 事⁴を考えている. / ohne *Sinn* und Verstand よく考えずに. / von *Sinnen* sein 分別を失っている, 我を忘れて(取り乱して)いる. ◆Der *Sinn* dieses Satzes ist mir unklar. この文の意味が私には不明である. / Für moderne Kunst hat er absolut keinen *Sinn*. 現代芸術を理解するセンスが彼には全くない. / Aus den Augen, aus dem *Sinn*. 去る者は日々にうとし.

Sinnes・organ [ズィネス・オルガーン] 中 –s/–e 感覚器[官].

sinn・gemäß [ズィン・ゲメース] 形 意味を汲んだ; 目的にかなった. ¶eine *sinngemäße* Übersetzung 意訳(意味を汲んだ翻訳).

sinn・lich [ズィン・リヒ] 形 感覚の, 感覚による; 官能的な. ¶die *sinnliche* Welt 感覚世界. / *sinnliche* Lippen セクシーな唇. / *sinnliches* Verlangen 性的欲望. / *et⁴* *sinnlich* wahrnehmen 事⁴・物⁴を感覚を通して知覚する.

S

sinn·los [ズィン・ロース] 形 無感覚な；無意味な。¶Lange auf ihn zu warten erscheint mir *sinnlos*. 私には長い間彼を待っても無駄なように思える。

sinn·voll [ズィン・フォル] 形 意味のある，有意義な。¶Was er vorhat, ist nicht besonders *sinnvoll*. 彼が計画していることは別に意味のあることではない。

Sint·flut [ズィント・フルート] 女 -/〔『バイブル』〕ノアの洪水；大洪水。¶Nach uns die *Sintflut*! あとは野となれ山となれ。

Siphon [ズィーフォン] 男 -s/-s サイフォン；〔下水などの〕防臭弁。

Sirene [ズィレーネ] 女 -/-n サイレン；魅惑的な女性；〔『ギリシア神話』〕セイレーヌス（河神の娘たち。美しい歌声で聞くものを魅了する）。¶Die *Sirene* heult. サイレンが鳴っている。

Sirup [ズィールプ] 男 -s/-e シロップ。

Sitte [ズィッテ] 女 -/-n 風俗，習慣；道徳，風紀；《ふつう複》マナー。¶die *Sitten* und Gebräuche eines Volkes ある民族の風俗習慣。/ ein Mensch von feinen *Sitten* 行儀のよい人。/ gegen Anstand und *Sitte* verstoßen 風紀を乱す。◆Andere Länder, andere *Sitten*. 所変われば品変わる。

sitt·lich [ズィット・リヒ] 形 道徳[上]の。¶*sittliche* Erziehung 道徳教育。/ ein *sittlicher* Mensch 道徳的な人間。

Situation [ズィトゥアツィオーン] 女 -/-en 状況，情勢，事態。¶in dieser *Situation* このような状況の中で。◆Die politische *Situation* ist besser geworden. 政治的な情勢は好転した。/ Er beurteilte die *Situation* richtig. 彼は状況を正確に判断した。

Sitz [ズィッツ] 男 -es/-e 座席；議席；所在地。¶ein Auto mit fünf *Sitzen* 5人乗りの車。/ der *Sitz* der Regierung 政府の所在地。/ sich⁴ von *seinem Sitz* erheben 座席から立ち上がる。◆Die Partei verlor fünf *Sitze* im Parlament. その政党は議会で5議席失った。

sitzen* [ズィッツェン] *du/er* sitzt; saß, gesessen 動 座っている；（鳥が）止まっている；（卵を）抱いている；（ある場所・地位に）とどまっている；（刑務所に）服役している；（衣服などが）体に合う。¶*sitzen* bleiben 落第（留年）する。/ *j⁴ sitzen* lassen 人⁴を置去りにする（見捨てる）。◆Er *sitzt* am liebsten auf dem Sofa. 彼はソファーに座っているのが一番好きだ。/ Seit Tagen *sitzt* die Henne auf den Eiern. 数日前から雌鶏が卵を抱いている。/ Das Kostüm *sitzt* gut. その女性用スーツはぴったりだ。

Sitz·platz [ズィッツ・プラッツ] 男 -es/ Sitz·plätze [ズィッツ・プレッツェ] 座席。

Sitzung [ズィッツング] 女 -/-en 会議。¶eine *Sitzung* eröffnen (schließen) 会議を開会（閉会）する。/ an einer *Sitzung* teilnehmen 会議に参加する。（⇒Kongress, Konferenz, Tagung）

Skala [スカーラ] 女 -/Skalen [スカーレン] (-s) 目盛り；段階，等級；〔『諸』〕階梯(てい)。

> アメリカの地震学者Ch.R.Richter(1900 ―1985)による地震の規模を表す指数を die Richter-*skala* (リヒター・スケール) と言う。日本では「マグニチュード」die Magnituden*skala* を用いているが，この語はラテン語の magnitudo (大きさ) から来ている。

Skandal [スカンダール] 男 -s/-e スキャンダル；けしからぬこと。¶in einen *Skandal* verwickelt sein スキャンダルに巻き込まれている。

Skandinavien [スカンディナーヴィエン] 中 -s/〔『地名』〕スカンジナビア[半島]。**Skandinavier** [スカンディナーヴィア] 男 -s/ (女性) **Skandinavierin** [スカンディナーヴィエリン] 女 -/ Skandinavierinnen [スカンディナーヴィエリネン]）スカンジナビアの人。

skandinavisch [スカンディナーヴィシュ] 形 スカンジナビア[の人]の.

Skat [スカート] 男–[e]s/–e(–s) スカート(3人が32枚のカードを使って行うトランプ). ¶Skat spielen スカートをする. ◆ Wir suchen noch einen dritten Mann zum Skat. 私たちはスカートをするためにあと一人3人目の男をさがしている.

Skelett [スケレット] 中–[e]s/–e 骨格;骸骨(がいこつ).

Skepsis [スケプシス] 女–/ 懐疑,疑い. **skeptisch** [スケプティシュ] 形 懐疑的な,疑い深い.

Ski [シー] 男 –s/–er スキー. ¶Ski laufen (fahren) スキーをする (Schi ともつづる)

Skizze [スキッツェ] 女–/–n スケッチ;略図;(簡単な)草案. ¶eine Skizze der Rede 講演の草案. / eine Skizze machen スケッチする. **skizzieren** [スキツィーレン] skizzierte, skizziert 動 (物⁴を)スケッチする;(物⁴の)略図(草案)を書く.

Sklave [スクラーヴェ, スクラーフェ] 男–n/–n (女性 **Sklavin** [スクラーヴィン, スクラーフィン] 女–/Sklavinnen [スクラーヴィネン, スクラーフィネン])奴隷. ¶Sklaven freilassen 奴隷を解放する. / mit Sklaven handeln 奴隷を売買する.

Skorpion [スコルピオーン] 男–s/–e 〖動〗サソリ. der Skorpion 〖天文〗蠍座.

Skript [スクリプト] 中 –[e]s/–s(–e) 原稿;台本,シナリオ. ¶Das Skript musste er zum größten Teil umschreiben. 彼はその原稿の大部分を書き直さなくてはならなかった.

Skrupel [スクルーペル] 男–s/– 《ふつう複》良心の呵責(かしゃく), ためらい. ¶keine Skrupel haben, ... zu +不定詞 …することに何の良心の咎めも感じない.

Skulptur [スクルプトゥーァ] 女–/–en 彫刻,彫像.

skurril [スクリール] 形 奇妙な,風変わりな. ¶skurrile Ideen haben 奇妙なことを考えている.

Slip [スリップ] 男–s/–s パンティー,ブリーフ.

Slogan [スローガン] 男–s/–s スローガン,(広告などの)宣伝文句,キャッチフレーズ.

Sm [エスエム] 〖元素記号〗サマリウム.

smart [スマァト, スマルト] 形 抜け目ない.

Smog [スモック] 男–[s]/–s スモッグ. ¶photochemischer Smog 光化学スモッグ.

Smoking [スモーキング] 男–s/–s タキシード.

Sn [エスエン] 〖元素記号〗スズ.

so [ゾー] 副 その(この・あの)ように;そんな(こんな・あんな)に;それで,従って;それほど.《間投詞的に》そう;じゃあ. ¶so etwas そんな(こんな・あんな)こと・もの. / so weit そこまでは. / so genannt いわゆる.《so …, dass の形で》非常に…なのでその結果,…するほど…なので. Er war so müde, dass er sofort einschlief. 彼はひどく疲れていたのですぐ寝入ってしまった.《so...wie の形で》…と同じくらい…で. Die Situation war genau so schlimm, wie ich befürchtet hatte. 状況は私が恐れていたとおりひどかった.

So. [ゾンターク] 〖略〗日曜日(=**So**nntag).

so·bald [ゾ・バルト] 接 《従属》…するとすぐに,…するやいなや. ¶Sobald ich in Berlin³ angekommen bin, rufe ich dich an. ベルリンに到着したらすぐに君に電話する.

Socke [ゾッケ] 女–/–n 《ふつう複》ソックス,靴下. ¶ein Paar wollene Socken ウールのソックス一足. / Socken anziehen ソックスをはく. / von den Socken sein 〖くだけた表現〗あきれている.

¹**Soda** [ゾーダ] 女–/ 炭酸ナトリウム,ソーダ.

²**Soda** [ゾーダ] 中–s/ ソーダ(炭酸)水.

so·dass, so dass [ゾ・ダス] 接 《従属》…の結果,…のために. ¶Er war krank, sodass (so dass)

511

er der Einladung nicht folgen konnte. 彼は病気だったので招待に応じることができなかった.

so·eben [ゾ・エーベン] 副 たった今. Die Maschine aus Frankfurt ist *soeben* gelandet. フランクフルト発の飛行機はたった今着陸した.

Sofa [ゾーファ] 中-s/-s ソファー，長いす. ¶*sich* aufs *Sofa* legen ソファーに横たえる. / auf dem *Sofa* liegen ソファーに横たわっている. ◆Den größten Teil seiner Freizeit verbringt er auf dem *Sofa*. 彼は暇なときはほとんどいつもソファーにすわっている.

so·fern [ゾ・フェルン] 接 《従属》…である限りは，…の場合には. ¶*Sofern* du mit der Arbeit fertig bist, kannst du mitkommen. 君が仕事を終えたなら同行してもいいよ.

soff [ゾフ] saufen の過去形・単数・1，3人称.

so·fort [ゾ・フォルト] 副 すぐに，即刻. ¶Vater sagt, du sollst *sofort* nach Hause kommen. お父さんは君にすぐに帰宅するように言っている.

Soft·ware [ゾフト・ヴェーァ] 女-/-s 【電算】ソフトウェア.

sog [ゾーク] saugen の過去形・単数・1，3人称.

sog. [ゾー・ゲナント] 【略】いわゆる(= **so g**enannt).

Sog [ゾーク] 男-[e]s/-e (水流・気流などによる)吸い込み，吸引[力].

so·gar [ゾ・ガール] 副 その上，それどころか…さえも. ¶Sie hat *sogar* ihre Bücher verkauft. 彼女はその上本まで売ってしまった. / Er arbeitet *sogar* im Urlaub. 彼は休暇中でさえ仕事をしている. / Den Einbrecher haben wir nicht nur gehört, sondern *sogar* gesehen. 私たちは侵入する音を聞いただけではなく，目撃さえもしました.

so genannt, so·genannt [ゾー・ゲナント] 形 《付加語用法のみ》いわゆる.

so·gleich [ゾ・グライヒ] 副 すぐに，直ちに.

Sohle [ゾーレ] 女-/-n 靴底；足の裏；(谷 の)底. ¶mit leiser *Sohle* 【ぶぁぅ】こっそりと. vom Scheitel bis zur *Sohle* 【ぶぁぅ】頭のてっぺんからつま先まで. / j⁴ an den *Sohlen* kitzeln 人⁴の足の裏をくすぐる. ◆Die *Sohlen* sind durchgelaufen. 靴底がすりへった.

Sohn [ゾーン] 男-[e]s/Söhne [ゼーネ] 息子，せがれ. ¶mein *Sohn* 私のせがれ. / der älteste *Sohn* 長男. / der einzige *Sohn* ひとり息子. ◆Er hat zwei *Söhne* und eine Tochter. 彼には息子が二人と娘が一人いる. / Wir haben einen *Sohn* bekommen. 私たちには息子が生まれた.

Soja [ゾーヤ] 女 -/Sojen [ゾーイェン]，**Soja·bohne** [ゾーヤ・ボーネ] 女 -/-n 【植物】大豆. **Soja·soße** [ゾーヤ・ゾーセ] 女-/-n 醤油.

so·lang [ゾ・ラング]，**so·lange** [ゾ・ランゲ] 1 接 《従属》…している間は，…している限り. ¶*Solang[e]* ich in Japan bin, will ich möglichst viel reisen. 私は日本にいる間にできるだけ多く旅行をしたい. / Es hofft der Mensch, *solang[e]* er lebt. 人間は生きている限り希望をもつ. 2 副 その間に. ¶Iss doch erst fertig, ich lese *solang[e]* die Zeitung. まず食事を済ませてしまいなさい，その間私は新聞を読んでいるから.

solch [ゾルヒ] 代 《指示》その(この・あの)ような；そんな(こんな・あんな)[に]；《名詞的に》そんな(こんな・あんな)人・物. ¶*solche* Menschen そのような人々. / *solches* schöne (solch schönes) Wetter このようなすばらしい天気. / *Solch* ein Mann このような男. ◆*Solchen* Durst wie heute habe ich noch nie gehabt. きょうほどのどが渇いたことは私はこれまでになかった. / Eine *solche* Chance hat man nur einmal. そのようなチャンスは一度しかこない. / *Solche* wie du (dich) gibt's leider viel zu viele. 君のようなやからが残念ながらあまりにも多すぎる. / *Solch* einen Kampf erlebt man nur selten. そのような試合はめったに体験することはできない.

	男性	女性	中性	複数
1格	solcher	solche	solches	solche
2格	solches	solcher	solches	solcher
3格	solchem	solcher	solchem	solchen
4格	solchen	solche	solches	solche

ein と組み合わせた場合 solch は形容詞変化.

	男性		女性	
1格	ein	solcher	eine	solche
2格	eines	solchen	einer	solchen
3格	einem	solchen	einer	solchen
4格	einen	solchen	eine	solche

	中性		複数	
1格	ein	solches	—	
2格	eines	solchen	—	
3格	einem	solchen	—	
4格	ein	solches	—	

solch ein の形で用いられるときは, solch は無変化, ein は不定冠詞変化.

Sold [ゾルト] 男-[e]s/-e《複まれ》(兵士の)給料.

Soldat [ゾルダート] 男-en/-en (女性) **Soldatin** [ゾルダーティン] 女-/Soldatinnen [ゾルダーティネン])兵士, 軍人.

solidarisch [ゾリダーリシュ] 形 連帯(一致団結)した. ¶*sich*⁴ mit *j*³ *solidarisch* erklären 人³と連帯を表明する. **Solidarität** [ゾリダリテート] 女-/ 連帯[感], 団結.

solid [ゾリート] , **solide** [ゾリーデ] 形 がんじょうな;(品質の)よい, 信頼のおける, 手堅い. ¶ein Paar *solide* Schuhe がんじょうな靴. / eine *solide* Arbeit 手堅い仕事. / ein *solider* Mensch 信頼のおける人物. ◆Wir bieten nur *solide* Ware an. 私どもは品質の良い品物しか提供しない.

Solist [ゾリスト] 男-en/-en (女性) **Solistin** [ゾリスティン] 女-/Solistinnen [ゾリスティネン])《諸》ソリスト,

独唱(独奏)者.

soll [ゾル] < sollen.

Soll [ゾル] 中-[s]/-[s] 《諸》借方;仕事の割当量, ノルマ. ¶*Soll* und Haben 借方と貸方.

sollen [ゾレン] *ich/er* soll, *du* sollst, *wir/sie* sollen, *ihr* sollt; sollte, gesollt(sollen) 助《話法.他の動詞の不定詞を伴う場合, 過去分詞は sollen, 単独で用いられる場合は gesollt となる》¶【一般的義務】…すべきである;…することが求められている;…することになっている. Du *sollst* deiner Frau immer treu bleiben. 君は細君に対して常に誠実でなければいけない. / Der Chef sagt, du *sollst* schnell mal zu ihm kommen. 社長がすぐに来てくれと言っているよ. / Sie *sollen* sich⁴ bei uns wie zu Hause fühlen. うちでは遠慮なくくつろいでいただきたい. 【風評】…という話だ. Er *soll* die Prüfung bestanden haben. 彼は試験に合格したそうだ. 【疑問】《疑問文で相手の意思を聞く》…しましょうか. *Soll* ich dich bis zum Bahnhof begleiten? 駅まで送って行こうか.《疑問文で疑念を強める》まさかそんなこと. Was soll *denn* das [heißen]? それはいったいどういう意味だ.《接続法IIの形で》【不信】*Sollte* das wahr sein? それが本当だって言うのかい[まさか]. 【仮定】*Sollte* es regnen, [so] bleibe ich zu Hause. 万が一雨が降るようなら家にいる. 【推奨】Diesen Roman *sollte* man gelesen haben. この小説は読んでおかなくては.

solo [ゾーロ] 形《無変化》《諸》ソロの;《話》独りの者. ◆Er ist noch immer *solo*. 彼は相変わらず独り者だ.

so·mit [ゾ・ミット, ゾー・ミト] 副 それとともに, それでもって;それゆえに. ¶Er war nicht dabei und kann *somit* nichts berichten. 彼はその場にいなかったので, 何も報告することはできない.

S

Sommer [ゾマァ] 男-s/- 夏. ¶ein heißer Sommer 暑い夏. / im Sommer 夏に. / den [ganzen] Sommer über 夏の間ずっと.

Sommer・ferien [ゾマァ・フェーリエン] 複 (学生などの)夏休み.

sommer・lich [ゾマァ・リヒ] 形 夏の[ような],夏らしい. ♦Das Wetter ist alles andere als sommerlich. 天気は全然夏らしくない.

Sommerschluss・verkauf [ゾマァシュルス・フェァカオフ] 男-[e]s/Sommerschluss・verkäufe [ゾマァシュルス・フェァコイフェ] 夏物一掃バーゲン. (⇒Winterschlussverkauf)

Sommer・semester [ゾマァ・ゼメスタァ] 中-s/- (大学の)夏学期(4～9月). (⇒Wintersemester)

Sommer・sprosse [ゾマァ・シュプロセ] 女-/-n 《ふつう複》そばかす.

Sommer・tag [ゾマァ・ターク] 男-s/-e 夏の日; 《詩》夏日.

Sommer・zeit [ゾマァ・ツァイト] 女-/ 夏時間; 夏季.

Sonate [ゾナーテ] 女-/-n 《音》ソナタ.

Sonder・angebot [ゾンダァ・アンゲボート] 中-[e]s/- 特売[品],大売り.

sonder・bar [ゾンダァ・バール] 形 奇妙な,風変わりな. ¶ein sonderbares Ereignis 奇妙な出来事. / ein sonderbarer Heiliger 変人,変わり者. ♦Kommt dir das nicht auch sonderbar vor? 君もそれがおかしいとは思わないかい.

Sonder・müll [ゾンダァ・ミュル] 男-[e]s/ (有毒物質などの)特殊ゴミ.

sondern [ゾンデルン] 接 《並列. 先行する否定語句を受けて》…ではなくて. ¶Ich bin nicht mit dem Auto, sondern mit dem Motorrad gefahren. 私は自動車ではなくオートバイで行った.《nicht nur ..., sondern [auch] の形で》…だけでなく…もまた. Er spricht nicht nur Deutsch, sondern auch Französisch. 彼はドイツ語だけではなくフランス語も話す.

Sonder・preis [ゾンダァ・プライス]

男-es/-e 特別価格.

Sonder・schule [ゾンダァ・シューレ] 女-/-n 特殊学校.

Sonn・abend [ゾン・アーベント] 男-s/-e 《北ドイツ》土曜日. (略: Sa.) (⇒Dienstag, Samstag) **sonn・abends** [ゾン・アーベンツ] 副 土曜日[毎]に.

Sonne [ゾネ] 女-/-n 《複なし》太陽,日光; 反射式電気ストーブ, 太陽灯. ¶an (in) der Sonne 日なたで. / in die Sonne gehen 日なたに出る. / sich⁴ von (in) der Sonne bräunen (braten) lassen 日光浴で肌を焼く. ♦Die Sonne geht auf (unter). 日が昇る(沈む). / Die Sonne scheint. 日が照る. / Die Sonne sinkt hinter den Horizont. 太陽が地平線に沈む. / Die Wohnung hat (bekommt) den ganzen Tag Sonne. この住まいは一日中日当りがいい.

sonnen [ゾネン] 動 sich⁴ sonnen 日光浴をする. / sich⁴ in seinem Glück sonnen 幸福にひたる.

Sonnen・blume [ゾネン・ブルーメ] 女-/-n 《植》ヒマワリ.

Sonnen・brand [ゾネン・ブラント] 男-[e]s/ 日焼け. ¶einen Sonnenbrand bekommen (haben) 日焼けする(している).

Sonnen・brille [ゾネン・ブリレ] 女-/-n サングラス. ¶eine Sonnenbrille tragen サングラスをかけている.

Sonnen・schein [ゾネン・シャイン] 男-[e]s/ 日光. ¶im Sonnenschein 日なたで.

Sonnen・stich [ゾネン・シュティヒ] 男-[e]s/-e 日射病. ¶einen Sonnenstich bekommen 日射病にかかる.

Sonnen・uhr [ゾネン・ウーァ] 女-/-en 日時計.

sonnig [ゾニヒ] -e [ゾニゲ] 形 日当りの良い; 朗らかな.

Sonn・tag [ゾン・ターク] 男-[e]s/-e 日曜日. ¶am Sonntag 日曜日に. (略: So.). (⇒Dienstag)
sonn・tags [ゾン・タークス] 副 日

曜日[毎]に.

sonst [ゾンスト] 副 さもないと；その
ほかの点では,それ以外に；いつも(普
段)は. ¶*sonst* nichts　その他には
なにもない. / wie *sonst*　いつものよ
うに. ◆Zieh dich warm an!
Sonst erkältest du dich.　暖かな
ものを着なさい. さもないと風邪をひく
よ. / Haben Sie *sonst* noch Fra-
gen?　他にまだ質問がありますか？ /
Er reagierte ganz anders als
sonst.　彼は普段とは全く異なる反応
を示した.

sonstig [ゾンスティヒ] –e [ゾンスティ
ゲ] 形 他の,それ以外の.

so·oft [ゾ・オフト] 接 《従属》…する
たびに. ¶Mein Sohn besucht
uns, *sooft* er dafür Zeit fin-
det.　私の息子は時間を見つけては私た
ちを訪問してくれる. / *Sooft* er
kam, brachte er Kuchen mit.
彼は来るたびにお菓子を持ってきた.

Sopran [ゾプラーン] 男–s/–e 《諧》ソ
プラノ；ソプラノ歌手.

Sorge [ゾルゲ] 女–/–n 心配,不安；
《ふつう複》心配事；《複 なし》世話,配
慮. ¶*Sorgen* haben　心配事があ
る. / sich³ *Sorgen* um j⁴ ma-
chen　人⁴のことを心配する. / die
Sorge für die Obdachlosen　ホ
ームレスの保護. ◆Deine *Sorgen*
möchte ich haben.　君の苦労なん
かたいしたことはない. / Lass das
ruhig meine *Sorge* sein!　私がや
りますよ(ご心配なく). / Keine
Sorge!　心配するな.

sorgen [ゾルゲン] 動 世話をする《für
j⁴ 人⁴の》.調達する《für et⁴ 物⁴
を》. ¶sich⁴ um j⁴ *sorgen*　人⁴の
ことを心配する. / für seine Kinder
sorgen　子供の世話をする. ◆Um
ihn braucht man sich nicht
zu *sorgen*.　彼のことを心配する必要
はない. / Könntest du für die Ge-
tränke *sorgen*?　飲み物を調達して
もらえないかい.

Sorg·falt [ゾルク・ファルト] 女–/ 慎
重[さ],入念. ¶mit *Sorgfalt*　注意
深く. / auf et⁴ große *Sorgfalt*

verwenden　事⁴を念入りに行う.

sorg·fältig [ゾルク・フェルティヒ] –e
[ゾルク・フェルティゲ] 形 慎重(入念)な,
きちょうめんな. ¶ein *sorgfältiger*
Mensch　きちょうめんな人.

sorg·los [ゾルク・ロース] 形 不注意
な,軽率な.

sorg·sam [ゾルク・ザーム] 形 慎重
(入念)な.

Sorte [ゾルテ] 女–/–n 種類,品種；
ブランド. ¶Wir führen verschie-
dene *Sorten* Äpfel.　当店はいろ
いろな種類のリンゴを扱っております.
/ Diese *Sorte* Studenten fin-
det man auf fast allen Universi-
täten.　こういうタイプの学生ならほ
とんどの大学で見られる.

sortieren [ゾルティーレン] sortierte,
sortiert 動 選り分ける,分類する；
《電算》ソートする. **sortiert** [ゾルティ
ールト] 1形 選り分けられた,精選され
た. 2 sortieren の過去分詞.

Sortiment [ゾルティメント] 中–[e]s
/–e 取扱い品目,品揃え. ¶Den be-
treffenden Artikel haben wir
leider nicht in unserem *Sorti-
ment*.　おたずねの品は残念ながら当
店では扱っておりません.

so·sehr [ゾ・ゼーァ] 接 《従属》どれ
ほど…であろうとも. *Sosehr* er
sich⁴ auch anstrengte, nie war
sein Trainer mit ihm zufrieden.
彼がどんなに努力してもコーチが彼に満
足したことはなかった.

so·so [ゾー・ゾー] 間 《話者の軽い軽
蔑,無関心を示して》へえ,そうかねえ.

Soße [ゾーセ] 女–/–n 《料理》ソース,
肉汁. eine schmackhafte *Soße*
zubereiten　おいしいソースを作る.

sott [ゾット] sieden の過去形・単
数・1,3人称.

so·und·so [ゾー・ウント・ゾー] 副 こ
れこれしかじか. ¶Er sagt, dass
soundso viel noch zu erledi-
gen ist.　彼はしかじかのことをこれ
から片づけねばならないと言っている.

Souvenir [ズヴェニーァ] 中–s/–s 記
念品,土産物.

souverän [ズヴェレーン] 形 主権のあ

S

る；絶対的な；専制的な；卓越した. ¶
ein *souveräner* Staat 主権国家.

so·viel [ゾ・フィール] 接 《従属》…の
限りでは. ¶*Soviel* ich weiß, will
sie morgen kommen. 私の知る
限りでは彼女はあした来る予定だ.

so·weit [ゾ・ヴァイト] 接 《従属》…
の限りでは. ¶*Soweit* ich gehört
habe, will sie nicht wieder kan-
didieren. 私の聞いた限りでは彼女
はもう一度立候補するつもりはない.

so·wie [ゾ・ヴィー] 接 《並列》並び
に、…と同じく. ¶In der Bibliothek
finden Sie die wichtigsten Ta-
geszeitungen *sowie* drei Wo-
chenblätter. この図書館ではもっと
も重要な日刊新聞並びに３種の週刊新
聞がそろっています.

so·wie·so [ゾ・ヴィ・ゾー] 副 いず
れにせよ、どっちみち. ¶Ich bringe
dir Briefmarken mit, ich gehe
sowieso zur Post. 君に切手を買
ってきてあげるよ、僕はどっちみち郵便
局に行かなくてはならないから.

so·wohl [ゾ・ヴォール] 接 《並列》
《*sowohl* ... als (wie) [auch]...
形で》…も … も. ¶Mein Freund
spricht *sowohl* Englisch *als
[auch]* Französisch. 私の友人は
英語もフランス語も話す.

sozial [ゾツィアール] 形 社会の、社会
的な；社会福祉の. ¶*soziale* Ge-
rechtigkeit 社会的正義. ♦ Sie ent-
schied sich⁴ für einen *sozialen*
Beruf. 彼女は社会福祉の仕事を選
ぶことにした.

Sozial·amt [ゾツィアール・アムト] 中
-[e]s/Sozial·ämter [ゾツィアール・エ
ムタァ] 社会福祉事務所.

Sozial·arbeiter [ゾツィアール・アルバ
イタァ] 男 -s/- （女性 **Sozial·ar-
beiterin** [ゾツィアール・アルバイテリン]
女-/Sozial·arbeiterinnen [ゾツィ
アール・アルバイテリネン]）ソーシャルワーカ
ー.

Sozial·demokratie [ゾツィアール・
デモクラティー] 女 -/ 社会民主主義.
sozial·demokratisch [ゾツィ
アール・デモクラーティシュ] 形 社会民主主

義の. ¶die *Sozialdemokratische
Partei Deutschlands* ドイツ社会民
主党(政党名)（略: SPD）. / *Sozial-
demokratische Partei der
Schweiz* スイス社会民主党(政党
名)（略: SPS）.

Sozial·hilfe [ゾツィアール・ヒルフェ]
女-/-n 生活保護. ¶von der *Sozi-
alhilfe* leben 生活保護で暮らす.

Sozialismus [ゾツィアリスムス] 男-/
社会主義. **sozialistisch** [ゾツィ
アリスティシュ] 形 社会主義の. ¶die
*Sozialistische Partei Öster-
reichs* オーストリア社会党(政党名)
（略: SPÖ）.

Sozio·logie [ゾツィオ・ロギー] 女-/
社 会 学. **sozio·logisch** [ゾツィ
オ・ローギッシュ] 形 社会学の.

so·zusagen [ゾー・ツザーゲン、ゾー・ツ
ザーゲン] 副 いわば、言ってみれば. ¶
Als Hausmeister ist er *sozusa-
gen* Mädchen für alles. 管理人
として彼はいわば何でもこなせる重宝な
人だ.

Spagetti, Spaghetti [シュパゲッ
ティ] 複 スパゲッティ.

Spalt [シュパルト] 男-[e]s/-e 隙間、
割れ(裂け)目. ¶ein *Spalt* im Glet-
scher 氷河の割れ目. / die Tür ei-
nen *Spalt* öffnen ドアをちょっと
開ける.

Spalte [シュパルテ] 女-/-n (新聞・
本などの)段；割れ目. ¶ein Buch in
drei *Spalten* setzen 本を三段組
みにする. / eine lange *Spalte* im
Felsen 岩の長い亀裂.

spalten⁽*⁾ [シュパルテン] spaltete,
gespalten (gespaltet) 動 割る、
裂く；分裂(分解)させる. ¶*sich*⁴
spalten 割れる、裂ける；分裂(分解)
する. / mit einem Beil Holz *spal-
ten* 手斧で木材を割る. ♦ Der
Baum wurde vom Blitz *gespalten*.
その木は稲妻によって裂かれた. /
Seine Anhänger hatten sich⁴ in
mehrere Gruppen *gespalten*.
彼の支持者たちはいくつかのグループに
分裂した.

Spange [シュパンゲ] 女-/-n 留め金；

Spaten

ヘアクリップ；ブローチ. ¶Sie hielt ihr[e] Haar[e] mit einer *Spange* zusammen. 彼女は髪の毛をヘアクリップで束ねた.

Spanien [シュパーニェン] 中-s/《国名》スペイン. **Spanier** [シュパーニァ] 男-s/-《女性》**Spanierin** [シュパーニェリン] 女-/Spanierinnen [シュパーニェリネン])スペイン人. **spanisch** [シュパーニシュ] 形 スペイン[人・語]の. ¶j³ *spanisch* vorkommen 人³にとって奇妙に思える. **Spanisch** [シュパーニシュ]中-[s]/, **Spanische*** [シュパーニシェ] 中《形容詞の名詞化. 常に定冠詞を伴う》スペイン語. (⇒Deutsch)

spann [シュパン] spinnen の過去形・単数・1，3人称.

spannen [シュパネン] 動 1 (弦など を)ぴんと張る；緊張させる；(人⁴の)興味をかき立てる. sich⁴ *spannen* 張る；(橋が)かかっている. ¶ein Seil *spannen* ロープをぴんと張る. ◆Eine Brücke *spannt* sich über den Fluss. 橋が川の上にかかっている. 2 (衣服が)きつい，窮屈だ；待ち受ける《auf j⁴ 人⁴を》. ¶Der Mantel *spannt* über dem Rücken. このオーバーは後ろ身頃がきつい.

spannend [シュパネント] 1形 はらはら(わくわく)させる. ¶ein *spannender* Roman 手に汗握る小説. 2 spannen の現在分詞.

Spannung [シュパヌング] 女-/-en《複 なし》緊張[感]；興味；対立(緊張)関係；電圧. ¶mit großer *Spannung* 非常に緊張して. / die politischen *Spannungen* zwischen den beiden Staaten 両国間の政治的緊張関係. / viel *Spannung* haben サスペンスに富んでいる. / j⁴ in *Spannung* versetzen 人⁴をわくわく(はらはら)させる. ◆Es herrschte eine starke *Spannung* im Saal. 広間は極度の緊張感に包まれていた. / Die *Spannung* steigt (sinkt). 電圧が上がる(下がる)；緊張[感]が高まる(弱まる).

Spar・buch [シュパール・ブーフ] 中

-[e]s/Spar・bücher [シュパール・ビューヒャァ] 預金通帳. ¶Wie viel haben wir noch auf dem *Sparbuch*? 私たちの預金通帳にはまだいくらある？

sparen [シュパーレン] 動 節約(倹約)する；蓄える；貯金する. ¶sich³ et⁴ *sparen* 事⁴を省く(しないでおく). / Strom *sparen* 電気を節約する. / am Essen *sparen* 食費を切りつめる. / für (auf) ein Auto *sparen* 車を買うために節約する. ◆Von seinem Gehalt *spart* er jeden Monat wenigstens 150 Euro. 給料から彼は毎月少なくとも150ユーロ貯金している.

Spargel [シュパルゲル] 男-s/-《野菜》アスパラガス.

Spar・kasse [シュパール・カセ] 女-/-n 貯蓄貯金庫(銀行). **Spar・konto** [シュパール・コント] 中-s/Spar・konten [シュパール・コンテン]貯蓄口座.

spar・sam [シュパール・ザーム] 形 つましい；経済的な. ¶eine *sparsame* Hausfrau やりくり上手な主婦. / ein *sparsames* Auto 経済的な車. / *sparsam* leben つましく暮らす.

Spaß [シュパース] 男-es/Späße [シュペーセ] 冗談，ふざけ；《複なし》楽しみ. ¶ein schlechter *Spaß* 悪ふざけ，悪い冗談. / *Spaß* (*Späße*) machen 冗談を言う. ◆*Spaß* beiseite! 冗談はさておき. / Viel *Spaß*! (皮肉の意味でも)どうぞ楽しんでください.

spaßen [シュパーセン] 動 冗談を言う，からかう. ¶Mit ihm ist nicht zu *spaßen*. 彼には用心しなくてはならない. / Mit so einer Entzündung ist nicht zu *spaßen*. この炎症は笑いごとではない.

spät [シュペート] 形 (時刻・時間が)遅い，遅れた；あとの. ¶von früh bis *spät* 朝から晩まで，一日中. / am *späten* Nachmittag 午後遅くに. / zu *spät* kommen 遅刻する. ◆Wie *spät* ist es? 何時ですか.

Spaten [シュパーテン] 男-s/-（シャ

517

S

ベル状の)飾り.

später [シュペータァ] 形 《spät の比較級》(時間・時刻の)より遅い(遅れた);あとで. ¶früher oder *später* 遅かれ早かれ. ◆Bis *später*! あとでまた[会おう]. / Er kam wesentlich *später* als erwartet. 彼は予想していたよりも遥かに遅れてやってきた.

spätestens [シュペーテステンス] 副 遅くとも. ¶Bis *spätestens* Montag müssen wir fertig sein. 遅くとも月曜日までに私たちは終わっていなくてはならない.

Spatz [シュパッツ] 男 -en(-es)/-en 【鳥類】スズメ;おちびちゃん. (⇒Sperling)

Spätzle [シュペッツレ] 複 【料理】シュペッツレ(南部ドイツの短いパスタ).

spazieren [シュパツィーレン] spaziert, spaziert 動 (s) 歩き回る, 散歩する. ¶auf und ab *spazieren* あちこち歩き回る. / *spazieren* fahren ドライブする. / *spazieren* gehen 散歩する. ◆Mit kleinen Kindern *spazieren* zu gehen, ist nicht immer ein reines Vergnügen. 幼い子供たちと散歩をするのは, いつも気晴らしになるわけではない(=楽しくないこともある).

Spazier·gang [シュパツィーァ・ガング] 男 -[e]s/Spazier·gänge [シュパツィーァ・ゲンゲ] 散歩. ¶einen *Spaziergang* machen 散歩する.

Spazier·gänger [シュパツィーァ・ゲンガァ] 男 -s/- (女性 **Spazier·gängerin** [シュパツィーァ・ゲンゲリン] 女 -/Spazier·gängerinnen [シュパツィーァ・ゲンゲリネン])散歩する(している)人, 散策者.

SPD [エス・ペー・デー] 女 -/ 【略】ドイツ社会民主党(政党名) (=**S**ozialdemokratische **P**artei **D**eutschlands).

Specht [シュペヒト] 男 -[e]s/-e 【鳥類】キツツキ.

Speck [シュペック] 男 -[e]s/ 【料理】ベーコン;脂身. ¶Kartoffeln mit *Speck* braten ジャガイモをベーコ

ンと炒める. / wie die Made im *Speck* leben 【ことわざ】ぜいたくな暮らしをする. ◆Mit Speck fängt man Mäuse. 【ことわざ】よいえさを使えば獲物が手に入る.

Spedition [シュペディツィオーン] 女 -/-en 運送;運送業, 運送会社. ¶Welche *Spedition* nehmt ihr für euren Umzug? 君たちは引越しにどの運送会社を使うかい.

Speiche [シュパイヒェ] 女 -/-n 車輪の輻(や), スポーク.

Speichel [シュパイヒェル] 男 -s/ つば, 唾液.

Speicher [シュパイヒャァ] 男 -s/- 倉庫, 貯蔵タンク【南ドイツ】屋根裏の物置(洗濯物を干したりもする);【電算】メモリー. ¶Guck mal, was ich beim Aufräumen in dem *Speicher* gefunden habe! 見てみろ, 倉庫を片づけているときに見つけたんだ.

speichern [シュパイヒェルン] 動 (倉庫に)貯える, 貯蔵する;【電算】記憶させる. ¶Getreide *speichern* 穀物を貯蔵する. / ein Dokument auf der Festplatte *speichern* ドキュメントをハードディスクに記憶させる.

Speise [シュパイゼ] 女 -/-n 料理, 食事;食物. ¶flüssige *Speisen* 流動食. / kalte *Speisen* (火を用いて調理しない)冷たい料理. / warme *Speisen* (火を用いて調理された)暖かい食事. / eine *Speise* zubereiten 料理を作る.

Speise·kammer [シュパイゼ・カマァ] 女 -/-n 食料貯蔵室.

Speise·karte [シュパイゼ・カルテ] 女 -/-n メニュー, 献立表. ¶die *Speisekarte* studieren メニューを慎重に吟味する.

Speise·röhre [シュパイゼ・レーレ] 女 -/-n 【解剖】食道.

Speise·saal [シュパイゼ・ザール] 男 -[e]s/Speise·säle [シュパイゼ・ゼーレ] ダイニングルーム, 食堂.

Speise·wagen [シュパイゼ・ヴァーゲン] 男 -s/- 食堂車. ¶Gegen Zwölf war der *Speisewagen* noch angenehm leer. 12 時頃で

も食堂車はまだ空いていて快適だった。

¹Spektakel [シュペクターケル] **男**-s /- 大騒ぎ. ¶einen großen *Spektakel* machen 大騒ぎをする.

²Spektakel [シュペクターケル] **中**-s /- 見物(みち), 壮観, スペクタクル.

spektakulär [シュペクタクレーァ] **形** 見物(みち)の, センセーショナルな, 見事な.

Spekulant [シュペクラント] **男** -en/ -en (**女性** **Spekulantin** [シュペクランティン] **女**-/Spekulantinnen [シュペクランティネン])投機家, 相場師.

spekulieren [シュペクリーレン] spekulierte, spekuliert **動** 推測する 《über *et⁴* 事⁴について》; 投機をする《mit *et³* 物³に》. ¶auf *et⁴* spekulieren 事⁴を当てにする. ◆Sie scheint darauf zu *spekulieren*, dass der Oberarzt sie heiratet. 彼女は医長が自分と結婚してくれるのを当てにしているようだ.

Spende [シュペンデ] **女**-/-n 寄付 [金], 献金. ¶*Spenden* an Geld 寄付金. / eine *Spende* geben 寄付をする. / *Spenden* sammeln 寄付を集める. ◆*Spenden* für die Flutopfer kann man von der Steuer absetzen. 洪水犠牲者のための寄付は税金から控除されます. **spenden** **動** 寄付する, 贈る. ¶Blut *spenden* 献血する.

Spender [シュペンダァ] **男** -s/- (**女性** **Spenderin** [シュペンデリン] **女**-/Spenderinnen [シュペンデリネン])寄付者; 献血者.

spendieren [シュペンディーレン] spendierte, spendiert **動** 《口語》気前よく支払う, おごる. ¶eine Flasche Wein *spendieren* ワインを一本おごる.

Sperling [シュペルリング] **男**-s/-e 《鳥類》スズメ. ¶Die *Sperlinge* tschilpen in der Hecke. スズメが生垣の中でちゅんちゅんさえずっている. (⇒ Spatz)

Sperre [シュペレ] **女** -/-n 障害[物], 遮断[物]; (駅の)改札口. ¶*Sperren* bauen バリケードを作る. / an der *Sperre* auf *j⁴* warten 改札口で人⁴を待つ.

sperren [シュペレン] **動** (交通・交易などを)封鎖(遮断)する; (物⁴の利用・使用を)停止する. ¶*j³* den Strom (das Telefon) *sperren* [人³の]電気(電話)をとめる. / *j⁴* in *et⁴* sperren 人⁴を物⁴の中に閉じこめる. / sich⁴ gegen *et⁴* sperren 物⁴にさからう.

Sperr·müll [シュペル・ミュル] **男** -[e]s/ 粗大ごみ.

Spesen [シュペーゼン] **複** (支給される)経費. ¶unnötige *Spesen* machen 不必要な経費をかける. ◆Außer *Spesen* nichts gewesen. 《ことわざ》無駄な経費だけかかって何の成果も得られなかった.

Spezi [シュペーツィ] **男**-s/-[s] 《南ドイツ・オーストリア》《口語》仲好し, 仲間.

spezialisieren [シュペツィアリズィーレン] spezialisierte, spezialisiert **動** 専門(特殊)化する. ¶sich⁴ auf *et⁴* spezialisieren 事⁴を専門にする.

Spezialist [シュペツィアリスト] **男**-en /-en (**女性** **Spezialistin** [シュペツィアリスティン] **女**-/Spezialistinnen [シュペツィアリスティネン])スペシャリスト, 専門家. ¶ein *Spezialist* für Finanzfragen 財務のエキスパート.

Spezialität [シュペツィアリテート] **女**-/-en 専門領域; 名物(得意)料理, 特産品.

speziell [シュペツィエル] **形** 特別な, 特殊な; 独特の; 《副 として》特に. ¶ein *spezieller* Fall 特殊なケース. / *j³* *et⁴* Spezielles zum Geburtstag schenken 人³に何か特別な物を誕生日にプレゼントする. ◆Das habe ich *speziell* für dich gekauft. 私はそれを特に君のために買った.

spezifisch [シュペツィーフィシュ] **形** 特有の, 独特の. ¶das *spezifische* Gewicht 《物理》比重. / eine *spezifisch* künstlerische Begabung 芸術家個有の才能.

spie [シュピー] speien の過去形, 単数・1, 3人称.

Spiegel [シュピーゲル] 男-s/- 鏡,反射鏡.¶ein trüber *Spiegel* 曇った鏡. / der *Spiegel* des Sees 鏡のような湖面. / einen *Spiegel* aufhängen 鏡をかける. / vor den *Spiegel* treten 鏡の前に進み出る. ◆Das Werk ist ein getreuer *Spiegel* unseres Lebens. その作品は私たちの生き方を忠実に写したものである.

Spiegel・ei [シュピーゲル・アィ] 中-[e]s/-er 目玉焼き.

spiegeln [シュピーゲルン] 動 反映(反射)する,映す.¶sich⁴ in et³ spiegeln 物³の中に映る. ◆Die Kirschblüten *spiegeln* sich im Wasser. 桜の花が水面に映っている.

Spiel [シュピール] 中-[e]s/-e 遊び,ゲーム;競技;ギャンブル;《複なし》演技,演奏.¶ein spannendes *Spiel* はらはらするようなゲーム(試合). / die Olympischen *Spiele* オリンピック競技大会. / ein *Spiel* mit dem Feuer 火遊び. / et⁴ aufs *Spiel* setzen 物⁴を危険にさらす. ◆Das Kind ist ganz in sein *Spiel* vertieft. その子供は遊びに熱中している. / Das *Spiel* wurde erst in der Verlängerung entschieden. その試合は延長戦でようやく決着がついた.

Spiel・bank [シュピール・バンク] 女-/-en カジノ.

spielen [シュピーレン] 動 遊ぶ,もてあそぶ《mit et³ 物³を》;(試合・賭け事などを)する;演じる,演奏する. ¶Bach (den Faust) *spielen* バッハを演奏する(ファウストを演じる). / Fußball *spielen* サッカーをする. / Karten *spielen* トランプをする. / als Stürmer *spielen* フォワードとして試合をする. / im Lotto *spielen* ロトに賭ける. / gegen die französische Mannschaft *spielen* フランス・チームと試合をする. / [mit einem] Ball *spielen* ボール遊びをする. ◆Du brauchst keine Angst zu haben, der Hund will nur *spielen*. 怖がらなくていいよ,犬はじゃれているだけだから.

spielend [シュピーレント] 1形 容易に,たやすく.¶et⁴ *spielend* schaffen 事⁴を楽々とやり遂げる. 2 spielen の現在分詞.

Spieler [シュピーラァ] 男-s/- (女性 **Spielerin** [シュピーレリン] 女-/Spielerinnen [シュピーレリネン])選手,競技者;演技(演奏);ギャンブラー.

Spiel・feld [シュピール・フェルト] 中-[e]s/-er 競技場,グラウンド.

Spiel・film [シュピール・フィルム] 男-[e]s/-e 劇映画.

Spiel・karte [シュピール・カルテ] 女-/-n トランプのカード.

Spiel・plan [シュピール・プラーン] 男-[e]s/Spiel・pläne [シュピール・プレーネ] 上演(映)予定表.¶Sein neues Stück konnte noch in letzter Minute auf den *Spielplan* gesetzt werden. 彼の新しい作品は土壇場になって上映予定表に載せてもらえた.

Spiel・platz [シュピール・プラツ] 男-es/Spiel・plätze [シュピール・プレツェ] (子供の)遊び場,遊園地.

Spiel・regel [シュピール・レーゲル] 女-/-n 《ふつう複》[ゲームの]ルール.

Spiel・verderber [シュピール・フェァデルバァ] 男-s/- (女性 **Spiel・verderberin** [シュピール・フェァデルベリン] 女-/Spiel・verderberinnen [シュピール・フェァデルベリネン])人の楽しみの邪魔をする人,興をそぐ人.

Spiel・waren [シュピール・ヴァーレン] 複 (商品としての)おもちゃ.

Spiel・zeug [シュピール・ツォイク] 中-[e]s/-e おもちゃ.¶Nun räum endlich dein *Spielzeug* auf! もういい加減におもちゃを片付けなさい.

Spieß [シュピース] 男-es/-e 《料理》[焼き]串.¶Fleisch am *Spieß* braten 肉を串焼きにする.

Spieß・bürger [シュピース・ビュルガァ] 男-s/- (女性 **Spieß・bürgerin** [シュピース・ビュルゲリン] 女-/Spieß・bürgerinnen [シュピース・ビュルゲリネン])変化を好まぬ(平々凡々たる)小市民.

spießen [シュピーセン] 動 串で刺す,

突き刺す. ¶ein Stück Braten auf die Gabel *spießen* 焼き肉を一切れフォークに刺す.

Spießer [シュピーサァ] 男 -s/- = Spießbürger.

spießig [シュピースィヒ] -e [シュピースィゲ] 形 俗物根性の.

Spinat [シュピナート] 男-[e]s/ 《野菜》ホウレンソウ.

Spinne [シュピネ] 女-/-n 《蜘蛛》クモ.

spinnen* [シュピネン] spann, gesponnen 動 1 紡いで糸にする;(クモが巣を)作る. ¶Wolle (Garn) *spinnen* 羊毛(より糸)を紡ぐ. ◆Überall hatten Spinnen ihr Netz *gesponnen*. あちこちでクモが巣を張っていた. 2《☆表現》頭がおかしい. ¶Du *spinnst* ja! 君は頭がおかしいぞ.

Spinnen・gewebe [シュピネン・ゲヴェーベ] 中 -s/- クモの巣.

Spion [シュピオーン] 男-[e]s/-e (女性 **Spionin** [シュピオーニン] 女-/Spioninnen [シュピオーニネン]) スパイ.

Spionage [シュピオナージェ] 女-/ スパイ活動. ¶Lange Zeit hatte man ihn fälschlich der *Spionage* verdächtigt. 長年にわたり彼は誤ってスパイ活動の疑いをかけられていた.

Spirale [シュピラーレ] 女-/-n らせん,渦巻き曲線. ¶in *Spiralen* らせん状に.

Spirituose [シュピリトゥオーゼ] 女 -/ -n 《ふつう複》強いアルコール飲料,スピリッツ.

Spital [シュピタール] 中-s/Spitäler [シュピテーラァ] 《スイス/オーストリア》病院.

spitz [シュピッツ] 形 (先の)尖った;鋭い;皮肉な;《☆表現》やせ細った. ¶eine *spitze* Nase とんがった鼻. / eine *spitze* Zunge haben 辛辣である.

Spitze [シュピッツェ] 女-/-n 先験;頂点,山頂,先頭;レース[編み];皮肉. ¶die *Spitze* eines Berges 山の頂. / die *Spitze* des Eisbergs 氷山の一角. / an der *Spitze* marschieren 先頭に立って行進する. /

et⁴ auf die *Spitze* treiben 事⁴をやりすぎる. ◆An diesem Bleistift bricht (mir) dauernd die *Spitze* ab. この鉛筆のしんはしょっちゅう折れる. / Das ist eine *Spitze* gegen dich. それは君に対する当てこすりだ.

Spitzel [シュピッツェル] 男-s/- (侮蔑的に)スパイ.

spitzen [シュピッツェン] 動 尖らす,鋭くする. ¶die Ohren *spitzen* 聞き耳を立てる. ◆Er *spitzt* den Bleistift. 彼は鉛筆の先を尖らす.

Spitzen・geschwindigkeit [シュピッツェン・ゲシュヴィンディヒカイト] 女 -/ -en 最高速度.

Spitz・name [シュピッツ・ナーメ] 男 2格-ns, 3・4格-n/-n あだ名. ¶Wir haben nie herausbekommen, ob unser Lehrer seinen *Spitznamen* kannte. 先生が自分のあだ名を知っていたかどうか私たちにはついぞわからなかった.

Spleen [シュプリーン, スプリーン] 男-s /-s 奇行,気まぐれ. ¶einen *Spleen* haben 変なところがある. / den *Spleen* haben, ... + zu 不定詞 …するという奇癖がある.

Splitter [シュプリッタァ] 男-s/- (木などの)破片,かけら;とげ. ¶einen *Splitter* im Finger haben 指にとげが刺さっている.

splittern [シュプリッテルン] 動 (h, s) 割れる,粉々になる.

splitter・nackt [シュプリッタァ・ナックト] 形 素っ裸の.

SPÖ [エス・ペー・エー] 女-/ 《略》オーストリア社会党(政党名) (=**S**ozialistische **P**artei **Ö**sterreichs).

sponsern [シュポンゼルン, スポンゼルン] 動 スポンサーとして援助(後援)する.

Sponsor [シュポンゾァ, スポンゾァ] 男-s/-en [シュポンゾーレン, スポンゾーレン] (女性 **Sponsorin** [シュポンゾーリン, スポンゾーリン] 女-/Sponsorinnen [シュポンゾーリネン, スポンゾーリネン]) スポンサー.

spontan [シュポンターン] 形 自発的な,自主的な;自然に起こる. ¶ein

S

spontaner Entschluss 自発的な決心. / *spontan* ausbrechender Beifall 自然にわき起こった喝采. ◆ Sie antwortete *spontan* mit ja. 彼女はとっさにはいと答えた.

Sport [シュポルト] 男-[e]s/-e スポーツ;《公路場》趣味,道楽. ¶*Sport* treiben スポーツをする. **Sport・art** [シュポルト・アールト] 女-/-en スポーツ種目.

Sportler [シュポルトゥラァ] 男-s/-(女性 **Sportlerin** [シュポルトゥレリン] 女-/Sportlerinnen [シュポルトゥレリネン])スポーツマン(スポーツウーマン).

sport・lich [シュポルト・リヒ] 形 スポーツの,スポーツマンらしい.

Sport・platz [シュポルト・プラッツ] 男-es/Sport・plätze [シュポルト・プレツェ] 運動(競技)場.

Sport・wagen [シュポルト・ヴァーゲン] 男-s/- スポーツカー.

Spot [スポット , シュポット] 男-s/-s スポット・コマーシャル.

Spott [シュポット] 男-[e]s/ 嘲笑,あざけり. ¶mit *Spott* über *j*⁴ 人⁴ を笑いものにして. /[seinen] *Spott* mit *j*³/*et*³ treiben 人³・事³をからかう(あざける). ◆ Wer den Schaden hat, braucht für den *Spott* nicht zu sorgen.《ことわざ》失敗すれば必ず嘲笑される. **spott・billig** [シュポット・ビリヒ] -e [シュポット・ビリゲ] 形 激安の.

spotten [シュポッテン] 動 嘲笑する,あざける《über *j*⁴ 人⁴を》.

spöttisch [シュペッティシュ] 形 嘲笑(嘲弄)的な. ¶Mit seinem ewigen *spöttischen* Grinsen macht er sich keine Freunde. いつも人をばかにしたような笑い方をするので彼には友人ができない.

sprach [シュプラーハ] sprechen の過去形・単数・1，3人称.

Sprache [シュプラーヘ] 女-/-n 言語,言葉;《複なし》言葉使い. ¶germanische *Sprachen* ゲルマン語. / die *Sprache* verlieren (ショックなどで)ものが言えなくなる. / in

関連語 **Sport**
—いろいろなスポーツ—

das Turnen 体操.（⇨Turnen）
das Schwimmen 水泳.（⇨Schwimmen）
der Fußball サッカー.（⇨Fußball）
das Tennis テニス.
der Volleyball バレーボール.
der Basketball バスケットボール.
der Baseball 野球.
der Handball ハンドボール.
das Tischtennis 卓球.
das Rugby ラグビー.
das Hockey ホッケー.
das Golf ゴルフ.
das Badminton, der Federball バドミントン.
die Leichtathletik 陸上競技.（⇨Leichtathletik）
das Jogging ジョギング.
das Walking ウォーキング.
der Schlittschuhlauf スケート.（⇨Wintersport）
der Skilauf スキー.（⇨Wintersport）
der Schießsport 射撃.
das Bogenschießen アーチェリー.
das Gewichtheben 重量挙げ.
das Fechten フェンシング.
das Ringen レスリング.
das Karate 空手.
das Judo 柔道.
das Boxen ボクシング.
das Surfing サーフィン.
das Windsurfing ウィンドサーフィン.
der Segelsport セーリング.
das Tauchen ダイビング.
der Radsport 自転車競技.
das Triathlon トライアスロン.
das Reiten 乗馬.
das Bergsteigen 登山.
das Angeln 釣り.

deutscher *Sprache* ドイツ語で.

/ *et⁴* zur *Sprache* bringen 事⁴ に話を向ける. / zur *Sprache* kommen 話題になる. ♦ Seine *Sprache* ist sehr lebendig. 彼の使う言葉はとても生き生きとしている.

Sprach·erwerb [シュプラーハ・エァヴェルプ] **男**-[e]s/- 言語の習得.

Sprach·fehler [シュプラーハ・フェーラァ] **男**-s/- 〖医学〗言語障害.

Sprach·kenntnisse [シュプラーハ・ケントニセ] **複** 外国語の知識. **Sprach·kurs** [シュプラーハ・クルス] **男**-es/-e 語学講習. **Sprach·labor** [シュプラーハ・ラボーァ] **中**-s/-s ランゲージ・ラボラトリー.

sprach·lich [シュプラーハ・リヒ] **形** 言語の, 言語(文法)上の.

sprach·los [シュプラーハ・ロース] **形** 無言の;口のきけない, あぜんとした.

Sprach·wissenschaft [シュプラーハ・ヴィセンシャフト] **女**-/ 言語学.

Sprach·zentrum [シュプラーハ・ツェントルム] **中**-s/Sprach·zentren [シュプラーハ・ツェントレン] 〖解剖〗(脳の)言語中枢.

sprang [シュプラング] springen の過去形・単数・1, 3人称.

Spray [シュプレー , スプレー]**男**(**中**)-s/-s スプレー.

sprechen* [シュプレッヒェン] *du* sprichst, *er* spricht;sprach, gesprochen **動** **1**話す, (人⁴と)話し合う. ¶*Sprechen* Sie Deutsch? ドイツ語はわかりますか. / Sie spricht fließend Deutsch. 彼女は流暢にドイツ語を話す. / Kann ich Herrn Löwe *sprechen*? レーヴェさんにお話があるのですが(レーヴェさんにお目にかかりたいのですが). / Morgen wird das Urteil *gesprochen*. あした判決が下される. **2**話す. ¶*sprechen* lernen (子供などが)話すことを覚える. / für *j⁴/et⁴ sprechen* 人⁴・事⁴を弁護(支持)する, 人⁴・事⁴を代弁する. / gegen *j⁴/et⁴ sprechen* 人⁴・事⁴に不利な材料を提供する. / mit *j³ sprechen* 人³と話し合う. / über *j⁴/et⁴ sprechen* 人⁴・事⁴について話す. / von *et³*

sprechen 事³を話題にする. ♦ Er meint, er *spreche* für die Mehrheit der Wähler. 彼は自分が多数の有権者を代弁していると思っている/ Alle Indizien *sprechen* gegen den Angeklagten. 全ての証拠は被告に不利な材料を提供している.

Sprecher [シュプレッヒァァ] **男**-s/- (**女性** **Sprecherin** [シュプレッヒェリン] **女**-/Sprecherinnen [シュプレッヒェリネン])話し手;講演者;スポークスマン;〖ラジオ〗アナウンサー.

Sprech·stunde [シュプレヒ・シュトゥンデ] **女**-/-n 診察時間;面会時間. ¶ Er hat täglich von 15 bis 17 Uhr *Sprechstunde*. 彼の面会時間は毎日15時から17時までです. / Morgen gehe ich zu Professor M. in die *Sprechstunde*. 明日私は面会(診察)時間にM教授のところに行く.

Sprech·zimmer [シュプレヒ・ツィマァ] **中**-s/- 診察室;面会室.

sprengen [シュプレンゲン] **動** 爆破する, 粉砕する;こじ開ける;(強制的に)解散させる;(物⁴に)水をまく. ¶eine Brücke *sprengen* 橋を爆破する. / die Tür *sprengen* ドアをこじ開ける. / den Rasen *sprengen* 芝生に水をまく. / eine Versammlung *sprengen* 集会を強制的に解散させる.

Spreng·stoff [シュプレング・シュトフ] **男**-[e]s/-e 爆薬;火薬類.

sprichst [シュプリヒスト] **, spricht** [シュプリヒト] < sprechen.

Sprich·wort [シュプリヒ・ヴォルト] **中**-es/Sprich·wörter [シュプリヒ・ヴェルタァ] 諺, 格言.

Spring·brunnen [シュプリング・ブルンネン] **男**-s/- 噴水.

springen* [シュプリンゲン] sprang, gesprungen **動** (s) 跳ぶ, 跳躍する;弾む; (s, h) ジャンプする; (s) ひびが入る. ¶einen Rekord *springen* 跳躍でレコードをつくる. / aus dem Bett *springen* 飛び起きる. / aus dem Fenster *springen* 窓から飛び降りる. / ins Wasser

Springer

springen 水に跳びこむ. ◆Der Ball *springt* gut. このボールはよく弾む. / Das Glas ist *gesprungen*. グラスにひびが入った.

Springer [シュプリンガァ] 男-s/- (チェスの)ナイト.

Spritze [シュプリッツェ] 女-/-n 注射;注射器;消火ポンプ. ¶*j³* eine *Spritze* geben 人³に注射する. / Die Feuerwehr löschte mit mehreren *Spritzen*. 消防隊はいくつもの消火ポンプを使って消火にあたった.

spritzen [シュプリッツェン] 動 **1**(水などを)かける;注射をする. ¶die Bäume *spritzen* 木々に水(防虫液)を噴霧する. / *j³* ein Schmerzmittel *spritzen* 人³に鎮痛剤を注射する. / Wasser in die Flammen *spritzen* 火に水をかける. **2**(s) 噴出する,飛び散る. ¶Aus dem geplatzten Rohr *spritzte* stundenlang Wasser. 破裂したパイプから水が何時間もの間ほとばしっていた.

Spritzer [シュプリッツァ] 男-s/- しぶき;(ふりかかった)はね,汚れ. **spritzig** [シュプリッツィヒ] -e [シュプリッツィゲ] 形 才気あふれる,軽妙な.

spröde [シュプレーデ] 形 壊れやすい,もろい;(声が)しわがれた;(女性が)つんとすました. ¶ein *sprödes* Material 壊れやすい素材. / eine *spröde* Stimme しわがれた声. ◆Sie ist sehr hübsch, aber auch sehr *spröde*. 彼女はとてもきれいだけれどつんとしている.

Spross [シュプロス] 男-es/-e 新芽;子孫.

Spruch [シュプルフ] 男-[e]s/Sprüche [シュプリュヒェ] 格言,モットー;判決. große *Sprüche* klopfen (machen). 《話》大口をたたく.

Sprudel [シュプルーデル] 男-s/- 炭酸水. **sprudeln** [シュプルーデルン] 動 泡立つ,沸き立つ; (s) ほとばしり出る,わき出る.

sprühen [シュプリューエン] 動 **1**(h, s) 飛び散る. **2**まき散らす.

Sprung [シュプルング] 男-[e]s/Sprünge [シュプリュンゲ] ジャンプ;

飛躍,進歩;亀裂;《復なし》ほんの僅かな距離. ¶einen *Sprung* machen ジャンプする,飛躍する. / einen *Sprung* haben 亀裂がある. ◆Mit seinem Gehalt kann er keine großen *Sprünge* machen 彼の給料ではたいしたことはできない. / Bis zu meiner Wohnung ist es von hier nur ein *Sprung*. ここから私の家まではほんのちょっとです.

sprung·haft [シュプルング・ハフト] 形 とっぴな;突然の. ¶Er hat ein *sprunghaftes* Wesen. 彼は気まぐれな性格だ.

SPS [エス・ペー・エス] 女-/ 《略》スイス社会民主党(政党名). (=**S**ozialdemokratische **P**artei der **S**chweiz).

Spucke [シュプッケ] 女-/ 《話表現》つば. **spucken** [シュプッケン] 動 つばを吐く,吐く. ¶Blut *spucken* 血を吐く. / *j³* ins Gesicht *spucken* 人³の顔につばを吐きかける.

Spuk [シュプーク] 男-[e]s/-e お化け;《話表現》大騒ぎ. **spuken** [シュプーケン] 動 幽霊が出る. ¶《esを主語として》Hier *spukt* es. ここは幽霊が出る. / Der Geist des Ermordeten soll dort immer noch *spuken*. 殺害された人の幽霊が今でもそこには出るそうだ.

Spule [シュプーレ] 女-/-n (糸などの)巻き枠,リール,(ミシンの)ボビン;《電》コイル.

Spüle [シュピューレ] 女-/-n (台所の)流し[台].

spülen [シュピューレン] 動 洗浄する;(波が)打ち寄せる. ¶*sich³* den Mund *spülen* 口をすすぐ. / [das] Geschirr *spülen* 食器を洗う. ◆Die Wellen *spülen* Muscheln an den Strand. 波が貝を海岸に打ち寄せる.

Spül·maschine [シュピュール・マシーネ] 女-/-n 自動食器洗い機. **Spül·mittel** [シュピュール・ミテル] 中-s/- 台所用洗剤.

Spur [シュプーア] 女-/-en 足跡,わだち,シュプール;痕跡;車線;手がかり.

524

¶ eine frische *Spur* 新しい足跡. / die *Spuren* des Krieges 戦争の傷跡. / eine *Spur* hinterlassen 痕跡を残す. / die *Spur* wechseln 車線を変える. / *j³* auf der *Spur* sein 人³の手がかりをつかんでいる. / auf der falschen *Spur* fahren 車線を間違えて走行する. ♦ Die Polizei ging dieser neuen *Spur* nach. もちろん警察はこの新しい手がかりを直ちに追跡した.

spüren [シュピューレン] 動 感知する.

spur･los [シュプーァ・ロース] 形 痕跡(形跡)のない, あとかたもない. ¶ Seit vier Tagen ist er *spurlos* verschwunden. 4日前から彼はこつ然と姿を消したままである.

Sr [エスエル] 《元素記号》ストロンチウム.

Staat [シュタート] 男-es/-en 国家, 国;州. ¶ ein unabhängiger (neutraler) *Staat* 独立国家(中立国). / die Vereinigten *Staaten* von Amerika アメリカ合衆国. / *Staat* machen 堂々としたところを見せつける.

staaten･los [シュターテン・ロース] 形 無国籍の.

staat･lich [シュタート・リヒ] 形 国家の,国の;国立(国有)の. ¶ die *staatliche* Unabhängigkeit erlangen 国家としての独立を達成する. / ein *staatliches* Theater 国立劇場.

Staats･angehörigkeit [シュターツ・アンゲヘーリヒカイト] 女-/-en 国籍. ¶ die japanische *Staatsangehörigkeit* besitzen 日本国籍をもっている. ♦ Welche *Staatsangehörigkeit* haben Sie? あなたの国籍はどこですか. / Seine *Staatsangehörigkeit* ist deutsch. 彼の国籍はドイツです.

「国籍」には die Nationalität という語もある. die Staatsangehörigkeit が法的にみた帰属関係を表すのに対して, die Nationalität は民族としての帰属を表す場合にも用いる. たとえば日本には日本国籍を持った朝鮮民族の人々が多数暮らしているが, この場合 Staatsangehörigkeit は日本であるが, Nationalität は朝鮮民族ということになる. ドイツではかつて Staatsangehörigkeit と Nationalität の両方を登録していた時代 (ナチ時代) があった.

(⇒Nationalität)

Staats･akt [シュターツ・アクト] 男-[e]s/-e 国家的行事;国事.

Staats･anwalt [シュターツ・アンヴァルト] 男-es/Staats･anwälte [シュテーツ・アンヴェルテ] (女性 **Staats･anwältin** [シュターツ・アンヴェルティン] 女-/Staats･anwältinnen [シュターツ・アンヴェルティネン]) 検事, 検察官.

Staats･bürger [シュターツ・ビュルガァ] 男-s/- (女性 **Staats･bürgerin** [シュターツ・ビュルゲリン] 女-/Staats･bürgerinnen [シュターツ・ビュルゲリネン]) 国民, 公民.

Staats･dienst [シュターツ・ディーンスト] 男-[e]s/ 国家公務員の職務.

Staats･examen [シュターツ・エクサーメン] 中-s/Staats･examina [シュターツ・エクサーミナ] 国家試験.

Staats･frau [シュターツ・フラォ] 女-/-en 有力政治家(⇒Staatsmann の女性形).

Staats･mann [シュターツ・マン] 男-[e]s/Staats･männer [シュターツ・メナァ] 有力政治家.

Staats･oberhaupt [シュターツ・オーバァハォプト] 中-[e]s/Staats･oberhäupter [シュターツ・オーバァホイプタァ] 国家元首.

Staats･streich [シュターツ・シュトゥライヒ] 男-[e]s/-e クーデター.

Stab [シュターブ] 男-[e]s/Stäbe [シュテーベ] 棒, 杖, 支え;スタッフ. ¶ ein *Stab* aus Holz 木の杖. / der technische *Stab* der Firma 会社の技術スタッフ.

Stäb･chen [シュテープ・ヒェン] 中-s/- 《Stab の縮小名詞》箸(は).

stabil [シュタビール] 形 安定(固定)した, しっかりした. ¶ Der Zustand

S

des Patienten ist *stabil*. 患者の容体は安定している.

stabilisieren [シュタビリズィーレン] stabilisierte, stabilisiert **女** 安定させる, 頑丈にする, 固定する. ¶ die Währung *stabilisieren* 通貨を安定させる. ♦ Die Verbraucherpreise *stabilisieren* sich⁴. 消費者物価が安定する.

Stabilität [シュタビリテート] **女**-/ 安定[性].

stach [シュタッハ] stechen の過去形・単数・1, 3人称.

Stachel [シュタッヘル] **男**-s/-n (植物の)トゲ;(虫などの)針.

Stachel・beere [シュタッヘル・ベーレ] **女**-/-n 《櫚》セイヨウスグリ[の実].

Stachel・draht [シュタッヘル・ドゥラート] **男**-[e]s/Stachel・drähte [シュタッヘル・ドゥレーテ] 有刺鉄線.

Stadion [シュターディオン] **申**-s/Stadien [シュターディエン] スタジアム. ¶ Morgen findet im neuen *Stadion* ein Fußballspiel statt. あした新しいスタジアムでサッカーの試合が行われる.

Stadium [シュターディウム] **申**-s/Stadien [シュターディエン] 段階, 時期. ¶ Das vorbereitende *Stadium* der Bauarbeiten ist bald abgeschlossen. 建築工事の準備段階は間もなく終了する. / Die Verhandlungen sind in ein neues *Stadium* getreten. 交渉は新しい段階に入った.

Stadt [シュタット] **女**-/Städte [シュテーテ, シュテッテ] 都市, 都会, 町, 市; 《**複** なし. 集合的に》市民. ¶ eine große (kleine) *Stadt* 大(小)都市. / in der *Stadt* leben 都会暮らしをする. / in die *Stadt* zum Einkaufen fahren 町へ買い物に行く. / die *Stadt* besichtigen 町を見物する. / außerhalb der *Stadt* wohnen 郊外に住んでいる. ♦ Die ganze *Stadt* redet schon davon. 町中の人がもうそのことを話題にしている.

Stadt・bahn [シュタット・バーン] **女**-/-en 都市高速鉄道. (略: S-Bahn)

städtisch [シュテーティシュ, シュテッティシュ] **形** 都市(都会)の, 市(町)の; 都会風の. ¶ das *städtische* Leben 都会[風]の生活. ♦ Sie liegt im *städtischen* Krankenhaus. 彼女は市立病院に入院している.

Stadt・mitte [シュタット・ミテ] **女**-/-n 市の中心部.

Stadt・plan [シュタット・プラーン] **男**-[e]s/Stadt・pläne [シュタット・プレーネ] 市街地図. ¶ Haben Sie einen *Stadtplan* von Berlin? ベルリンの市街地図ありますか.

Stadt・präsident [シュタット・プレズィデント] **男**-en/-en (**女性**)

Stadt・präsidentin [シュタット・プレズィデンティン] **女** -/Stadt・präsidentinnen [シュタット・プレズィデンティネン]《スイス》市長.

Stadt・teil [シュタット・タイル] **男**-[e]s/-e (都市内部の)地区, 区域. ¶ in einen anderen *Stadtteil* umziehen 他の区へ移転する.

Stagnation [シュタグナツィオーン] **女**-/-en 《経済》(景気の)停滞, 不振, 不況.

stahl [シュタール] stehlen の過去形・単数・1, 3人称.

Stahl [シュタール] **男** -[e]s/Stähle [シュテーレ] 鋼鉄.

Stall [シュタル] **男**-[e]s/Ställe [シュテレ] 家畜小屋. ¶ die Kühe in den *Stall* treiben 牛を畜舎に追い込む. ♦ Er ist bei uns das beste Pferd im *Stall*. 彼は私たちの中で一番の働き手だ(一番優秀だ).

Stamm [シュタム] **男** -[e]s/Stämme [シュテメ] (木の)幹;部族, 種族; 《語》語幹.

Stamm・baum [シュタム・バォム] **男**-[e]s/Stamm・bäume [シュタム・ボィメ] 系図, 系統図.

stammen [シュタメン] **動** ¶ aus (von) *et*³ *stammen* 階層など³の出である, 物³に由来する. / aus einer guten Familie *stammen* 良家の出である. ♦ Diese Bananen *stammen* aus den Philippinen. このバナナはフィリピンから来たものです．/ Die Uhr *stammt* von meinem Großvater. この時計は私の祖父が使っていたものです．

Stamm·gast [シュタム・ガスト] **男** -[e]s/Stamm·gäste [シュタム・ゲステ] 常連客.

stämmig [シュテミヒ] -e [シュテミゲ] **形** 幹の太い，がっしりした．¶ein großer, *stämmiger* Mensch 大きくてがっしりした人．

Stamm·lokal [シュタム・ロカール] **中** -[e]s/-e なじみの(行きつけの)飲食店.

Stamm·tisch [シュタム・ティシュ] **男** -es/-e 常連客用のテーブル；《集合的に》常連客.¶Mein Mann hat heute *Stammtisch*. 夫はきょう，常連の会合がある．

stampfen [シュタンプフェン] **動** **1** どしんどしんと踏む．**2** (s) どしんどしんと足音を立てて歩く．

stand [シュタント] stehen の過去形・単数・1，3人称.

Stand [シュタント] **男** -[e]s/Stände [シュテンデ] 《複なし》起立(直立)姿勢；《複なし》(到達した)レベル，段階；立場；地位；スタンド，ブース．¶der *Stand* der Arbeiter 労働者階級．/ aus dem *Stand* springen 立ったままで跳ぶ．/ in gutem *Stand*[e] sein 良好な状態である．/ den *Stand* des Wassers feststellen 水位を確認する．◆Diese Frage kann ich aus dem *Stand* nicht beantworten. この質問に私はすぐには答えられない．

Standard [シュタンダルト] **男** -s/-s 標準，スタンダード，規格．**standardisieren** [シュタンダルディズィーレン] **動** (物4の)基準を定める，(物4を)基準に合わせる．

Standard·sprache [シュタンダルト・シュプラーヘ] **女** -/-n 《語》共通語，標準語.

Ständ·chen [シュテント・ヒェン] **中** -s/- 《諺》セレナーデ．¶Seine

Freunde brachten dem Geburtstagskind ein *Ständchen*. 誕生日を迎えた人のために(家の前で)彼の友人たちはセレナーデを演奏した．

Ständer [シュテンダァ] **男** -s/- (ものを掛けたり置いたりする)スタンド，衣服掛け；ラック；傘立て.

Stände·rat [シュテンデ・ラート] **男** -[e]s/Stände·räte 《スイス》《複なし》全州議会；全州議会議員.

Standes·amt [シュタンデス・アムト] **中** -[e]s/Standes·ämter [シュタンデス・エムタァ] 戸籍役場．**standesamt·lich** [シュタンデスアムト・リヒ] **形** 戸籍役場の(による).¶*standesamtlich* heiraten (教会結婚でなく)戸籍役場で結婚手続きをする．

婚姻しようと思う者はその旨を戸籍役場に届け出て，役場での結婚式の日取りを予約する．以前役場ではこの婚姻に異議はないかどうか確認のために告示を一定期間掲示したが，現在は行われていない．戸籍役場での結婚式により法的に結婚が成立する．最近は戸籍役場のほうだけで済ませ，教会では式を挙げない人も増加している．結婚式は20～30分で，戸籍役場の職員によって進められるが，好きな音楽を流す等のアレンジも可能．終了後，別室や役所の建物前で家族や招待客とシャンパンで乾杯，それから食事会や披露宴へ，というのがよくあるパターンである．

Standes·beamter* [シュタンデス・ベアムタァ] **男** 《形容詞の名詞化》(**女性** **Standes·beamtin** [シュタンデス・ベアムティン] **女** -/Standes·beamtinnen [シュタンデス・ベアムティネン]) 戸籍吏，戸籍役場公務員.

stand·haft [シュタント・ハフト] **形** 毅然(確固)とした，動じない．¶*standhaft* bleiben 意見を変えない，譲歩しない．

stand｜halten* [シュタント・ハルテン] *du* hältst [ヘルット] stand, *er* hält stand; hielt stand, stand-

527

gehalten **動** (事³を)持ちこたえる，(人³・事³に)負けない． ¶Der Damm *hielt* den Wassermassen nicht länger *stand*. この堤防は大量の水にもはや持ちこたえることはできなかった．

ständig [シュテンディヒ] -e [シュテンディゲ] **形** 絶え間ない；不変の． ¶Er hat keine *ständige* Wohnung. 彼には定まった住まいがない． / Bei diesem nassen Wetter bin ich *ständig* erkältet. このじめじめした天気で私は絶えず風邪をひいている．

Stand･ort [シュタント・オルト] **男** -[e]s/-e 現在地，所在地；立場． ¶Die Produktion soll an einen ausländischen *Standort* verlegt werden. 生産拠点は国外に移転されるということだ．

Stand･punkt [シュタント・プンクト] **男**-[e]s/-e 立場；見解． ¶seinen *Standpunkt* ändern 意見を変える．◆Ich stehe auf dem *Standpunkt*, dass ... 私は…という意見です． / Ich teile deinen *Standpunkt*. 私は君の見解に同調します．

Stange [シュタンゲ] **女**-/-n (長い)棒，さお． ¶eine *Stange* Zigaretten タバコ1カートン． / ein Anzug von der *Stange* ぶらさがり(出来合い)の背広． / j³ die *Stange* halten 人³の味方をする． / bei der *Stange* bleiben 諦めることなく最後までやりとおす．◆Was sein Studium angeht, so müssen wir alles versuchen, ihn bei der *Stange* zu halten. 彼に(大学における)学業を最後までやりとげさせるために私たちはあらゆることをしなくてはならない．

Stängel [シュテンゲル] **男**-s/- 《植物》茎．

stank [シュタンク] **形** stinken の過去形，単数・1，3人称．

Stapel [シュターペル] **男**-s/- (山のような)積み重ね；造船台． ¶ein *Stapel* Bücher 本の山． / ein Schiff vom *Stapel* lassen 船⁴を進水させる． et⁴ vom *Stapel* lassen く

だらない事⁴をする，下らない話⁴をする． / vom *Stapel* laufen (船が)進水する．

stapeln [シュターペルン] **動** 積み重ねる． ¶sich⁴ *stapeln* 積み重なる．

stapfen [シュタップフェン] **動** (s) 踏みしめながら歩く． durch den Schnee *stapfen* 雪に足をとられながら踏みしめて歩く．

¹Star [シュタール，スタール] **男** -s/-s スター，人気俳優．

²Star [シュタール] **男**-[e]s/-e 《医療》白内障；《鳥》ムクドリ．

starb [シュタルプ] sterben の過去形・単数・1，3人称．

stark [シュタルク] stärker [シュテルカァ]，am stärksten [シュテルクステン] **形** (体力，意志などが)強い，強度の；丈夫な；《口語》すばらしい；《文法》強変化の． ¶*starker* Kaffee 濃いコーヒー． / *starke* Schmerzen ひどい痛み． / *stark* duften 強く香る．◆Sein Gegner war zu *stark* für ihn. 彼の相手は彼には強すぎた． / Dazu braucht man *starke* Nerven. そのためには強靱な神経が必要だ． / Mathematik ist meine *starke* Seite. 私は数学が得意です． / Die Party gestern war *stark*. きのうのパーティーは最高だった． / Heute schneit es noch *stärker* als gestern. きょうはきのうよりもさらに激しく雪が降っている．(⇒schwach)

Stärke [シュテルケ] **女**-/-n 強さ；丈夫さ；強み，長所． ¶charakterliche *Stärke* 性格の強さ． / die militärische *Stärke* 軍事力． / die *Stärke* des Lichtes 光の強度． / die *Stärke* des Tees 茶の濃さ． ◆Mathematik ist nicht gerade meine *Stärke*. 私は数学が得意というわけではありません． / Der Taifun nahm an *Stärke* zu. 台風は勢力を増していた．(⇒Schwäche)

stärken [シュテルケン] **動** 強める；元気づける． ¶sich⁴ *stärken* (飲食物をとって)力をつける． / sich⁴ mit einem Imbiss *stärken* スナックを食べて元気をつける．◆Entbehrun-

stärker [シュテルカァ] stark の比較級.

stärkst [シュテルクスト] stark の最高級.

Stärkung [シュテルクング] 囡 -/-en 強くすること；強化. ¶eine *Stärkung* zu sich nehmen 元気をつけるような食事をとる（飲料をとる）.

starr [シュタル] 厖 硬直した；動かない. ¶ein *starres* Gesicht こわばった顔. / *starr* vor Schrecken sein 驚怖のあまり体が動かない. / *starr* an et³ festhalten 事³に固執する.

starren [シュタレン] 動 じっと見据える (auf j⁴/et⁴ 人⁴・物⁴を).

starr·köpfig [シュタル・ケップフィヒ] -e [シュタル・ケップフィゲ]，**starr·sinnig** [シュタル・ズィニヒ] -e [シュタル・ズィニゲ] 厖 強情な.

Start [シュタルト] 男 -[e]s/-e (-s) スタート；出発点；離陸. ¶der *Start* des Flugzeugs 飛行機の離陸. / einen guten *Start* haben [幸先の] 良いスタートを切る.

starten [シュタルテン] 動 1 (s) スタート（出発）する. ¶Die Maschine kann wegen Nebels nicht *starten*. 飛行機は霧のため出発できない. 2出発させる.

Station [シュタツィオーン] 囡 -/-en 駅，停留所；(病院の)科，病棟；段階. ¶die chirurgische *Station* 外科[病棟]. / die wichtigste *Station* meines Lebens 私の人生における最も重要な段階. / an et³ (bei j³) *Station* machen 場所³(人³)のところに滞在する. ♦ Der Schnellzug hält nicht an dieser *Station*. 急行列車はこの駅に止まりません. / Wie viel *Stationen* sind es noch bis Köln? ケルンまでまだいくつの駅がありますか.

stationär [シュタツィオネーァ] 厖 〖医療〗入院による. ¶*stationäre* Behandlung 入院加療.

stationieren [シュタツィオニーレン] stationierte, stationiert 動 配置(配備)する；駐屯させる.

Statist [シュタティスト] 男 -en/-en (女性 **Statistin** [シュタティスティン] 囡 -/Statistinnen [シュタティスティネン])(映画などの)エキストラ. ¶Er hat schon in mehreren Filmen als *Statist* mitgewirkt. 彼はすでに何本もの映画に脇役として出演した.

Statistik [シュタティスティク] 囡 -/-en 統計[学]. **statistisch** [シュタティスティシュ] 厖 統計[学]上の.

statt [シュタット] 1前《2格支配》…の代わりに. ¶*Statt* eines Briefes schrieb er nur eine Karte. 彼は手紙の代わりにはがきを書いただけだ. 2接 *statt* ... zu ＋不定詞 …する代わりに. ¶Du solltest etwas Sinnvolles tun, *statt* ewig zu jammern. いつまでも愚痴っていないで，君は意義のあることをするべきだ.

statt·dessen [シュタト・デッセン] 副 その代わりに.

Stätte [シュテッテ] 囡 -/-n 場所，ところ. eine heilige *Stätte* 聖地.

statt│finden* [シュタット・フィンデン] fand statt, stattgefunden 動 (催し物などが)行われる. Das Konzert *findet* heute Abend *statt*. コンサートは今晩行われる.

Statue [シュタートゥエ] 囡 -/-n 影像，立像. ¶eine *Statue* aus Bronze ブロンズ像.

Status [シュタートゥス，スタートゥス] 男 -/ 《単数・2格および複数では[シュタートゥース，スタートゥース]》ステイタス，地位，状況. ¶einen besseren sozialen *Status* anstreben より良い社会的地位を得ようと努める.

Stau [シュタォ] 男 -[e]s/-s(-e) 〖交通〗渋滞. ¶in einen *Stau* geraten 渋滞に巻きこまれる. / im *Stau* stehen渋滞に巻きこまれている.

Staub [シュタォプ] 男 -[e]s/ ちり，ほこり. ¶von (mit) *Staub* bedeckt sein ほこりにおおわれている. ♦ Der Wind wirbelt den *Staub* auf. 風がほこりを舞い上げる. / Die Affäre hat seinerzeit viel *Staub* auf-

S

gewirbelt. その事件は当時大きな反響を呼んだ. **stauben** [シュタォベン] **動** ほこりを立てる. ¶«es を主語として» Es staubt. ほこりが立つ. **staubig** [シュタォビヒ] -e [シュタォビゲ] **形** ほこりだらけの.

staub|saugen, Staub saugen [シュタォプ・ザォゲン] staubsaugte (saugte Staub), gestaubsaugt (Staub gesaugt); «zu staubsaugen, Staub zu saugen» **動** 掃除機で掃除する. **Staub・sauger** [シュタォプ・ザォガァ] **男** -s/- 掃除機.

stauen [シュタォエン] **動** (流れを)せき止める. ¶sich⁴ stauen (流れが)せき止められる. / einen Fluss stauen 川をせき止める.

staunen [シュタォネン] **動** 驚く, 感嘆する«über et⁴ 事⁴に». ¶Ich habe gestaunt, dass er die Arbeit schon geschafft hat. 私は彼がもう仕事をやり遂げたことに驚いた.

Steak [ステーク, シュテーク] **中** -s/-s ビーフステーキ.

stechen* [シュテッヒェン] du stichst, er sticht;stach, gestochen **動** 1 刺す, 突いて空ける, 突き刺す. ¶j³ ein Messer in den Rücken stechen 人³の背中にナイフを突き刺す. / Die Biene hat mich am Hals gestochen. ハチが私の首を刺した. 2 刺す. ¶mit der Gabel in das Steak stechen フォークをステーキに刺す. / j³ ins Bein stechen (ハチなどが)人³の足を刺す. ♦ Die Sonne sticht. 太陽がじりじり照りつける.

Steck・dose [シュテック・ドーゼ] **女** -/-n コンセント, 差し込み.

¹**stecken** [シュテッケン] **動** 差し込む, 突っ込む; (ピンなどで)留める. ¶den Schlüssel in das Schlüsselloch stecken 鍵を鍵

穴に差し込む. / die Hände in die Taschen stecken 両手をポケットに突っ込む. / et⁴ in Brand stecken 物⁴に放火する. ♦ Er steckt seine Nase in alles. 彼は何にでも首を突っ込む.

²**stecken**⁽*⁾ [シュテッケン] steckte (stak), gesteckt **動** 差し込んだ(突っ込んだ)ままである; 留まっている; 隠れている. ¶stecken bleiben (s) はまり込んだままである, (言葉に)つかえる. / stecken lassen 差し込んだ(刺さった)ままにしておく. / mitten in der Arbeit stecken 仕事に没頭している, 仕事中で忙しい. ♦ Die Nadeln stecken noch im Kleid. 針がまだ洋服に刺さったままである. ♦ Er steckt in seinem Zimmer. 彼は自室に引きこもっている.

Stecker [シュテッカァ] **男** -s/- 【電気】プラグ.

Steck・nadel [シュテック・ナーデル] **女** -/-n 【縫】とめ針.

Steg [シュテーク] **男** -[e]s/-e 木道(き), 小橋, 小桟橋.

stehen* [シュテーエン] stand, gestanden **動** 立っている, (立てて)置いてある; (機械などが)止まっている; (本などに)掲載されて(書かれて)いる; (人³に)似合う. ¶stehen bleiben (s) 立ち止まる, 立ち止まっている; (機械などが)止まっている. / stehen lassen そのままにしておく, 放っておく. ¶Meine Frau stand neben mir. 家内は私の横に立っていた. / Das Essen steht schon auf dem Tisch. 食事がすでにテーブルの上に用意してある. / Die Maschine steht. 機械が止まっている. / Leitartikel zu dem Skandal stehen in allen Zeitungen. そのスキャンダルについての社説が全新聞に載っている. / Die Bluse steht dir gut. そのブラウスは君にぴったりだ. (⇒legen)

stehlen* [シュテーレン] du stiehlst, er stiehlt;stahl, gestohlen **動** (人³から物⁴を)盗む. ¶sich⁴ stehlen こっそり出る(入る). ◆Man hat ihm sein ganzes Geld gestohlen. 彼はあり金残らず盗まれた. / Sie stahl sich ganz leise aus dem Zimmer. 彼女はこっそりと部屋から出て行った.

Steh·platz [シュテー・プラツ] 男-es/ Steh·plätze [シュテー・プレツェ] (劇場などの)立ち見席.

steif [シュタイフ] 形 かたい,こわばった,(クリーム上のものが)凝固した;ぎこちない. steifes Papier ごわごわした紙. ◆Er ist ganz steif in den Schultern. 彼の肩はとてもこっている. / Seit dem Unfall ist sein Bein steif. 事故以来彼の足は麻痺している. / Sie bewegt sich ganz steif. 彼女の動きはとてもぎこちない.

steigen* [シュタイゲン] stieg, gestiegen 動 (s) 登る,上昇する;乗る;降りる;値上がりする,上がる;《ﾎﾟｼﾃｨｰﾌ》うっかり足を踏み込む《auf et⁴ 物⁴の上に; in et⁴ 物⁴の中に》. ¶auf den Berg (in den Keller) steigen 山に登る(地下室に降りる). / aus dem (in den) Bus steigen バスから降りる(バスに乗る). ◆Das Fieber steigt weiter. 熱が更に上がる. / Die Ölpreise steigen immer mehr. 石油価格はますます上昇している. / Aus den Schornsteinen stieg weißlicher Rauch. 煙突から白煙が立ちのぼっていた.

steigern [シュタイゲルン] 動 上げる,高める,強める. ¶sich⁴ steigern 上がる,高まる,強まる. / die Geschwindigkeit steigern 速度を上げる. / die Spannung steigern 緊張を高める. ◆Der Wind steigerte sich⁴ zum Sturm. 風が強まって嵐になった.

Steigerung [シュタイゲルング] 女-/ -en 上昇,向上,増加;《ｽｲｽ》競売. ¶die Steigerung der Produktivität 生産性の向上.

steil [シュタイル] 形 険しい,急勾配の,切り立った. ¶ein steiler Weg 急な坂道. ◆Die Felsen stiegen steil an. 岩が険しく切り立っていた.

Stein [シュタイン] 男-[e]s/-e 石,石材;宝石;(モモ・ウメなどの)種,核;チェッカー(西洋将棋)の駒. ¶eine Statue aus Stein hauen 石像を彫る. / hart wie Stein sein 石のようにかたい. / ein Herz von Stein haben 冷酷な心をしている. / einen Stein nach j³ schleudern (werfen) 人³に向かって石を投げつける. / j³ Steine in den Weg legen 人³の邪魔をする. / j³ die Steine aus dem Weg räumen 人³の障害を取り除く.

Stein·bock [シュタイン・ボック] 男-[e]s/Steinböcke 《動》アルプスアイベックス(山羊属). der Steinbock 《天文》山羊座.

steinern [シュタイネルン] 形 石の,石造りの. ein steinernes Haus 石造りの家.

steinig [シュタイニヒ] -e [シュタイニゲ] 形 石の多い,石だらけの. ¶ein steiniger Acker 石だらけの畑.

Stein·kohle [シュタイン・コーレ] 女- /-n 石炭.

Stelle [シュテレ] 女-/-n 場(箇)所;立場;(勤めの)ポスト;役所. ¶die Stelle des Unfalls 事故現場. / eine Stelle suchen 勤め口を探す. / sich⁴ an die zuständige Stelle wenden 所轄の部署に相談する. / auf der Stelle 即座に. ◆Sie kam an Stelle ihrer Schwester zu uns. 彼女は姉(妹)の代わりに私たちのところに来た. / An seiner Stelle würde ich genauso handeln. 彼の立場だったら私も同じように振舞うだろう.

stellen [シュテレン] 動 立てる,(立てた状態で)置く,据える;(期限などを)設ける. ¶sich⁴ stellen 立つ. / sich⁴ krank stellen 病気のふりをする. / sich⁴ der Polizei stellen 警察に出頭する. / j³ et⁴ zur Verfügung stellen 人³に物⁴を用立てる. / eine Frage stellen 質問をする. / den Wein (die Teller)

S

531

auf den Tisch *stellen* ワイン（皿）をテーブルの上に置く．◆Er *stellte* die Bücher in das Regal. 彼は本を本棚に立てて並べた．/ Dein Essen habe ich dir in den Kühlschrank *gestellt*. あなたの食事を冷蔵庫の中に入れておいたよ．（⇒legen）

stellen·weise ［シュテレン・ヴァイゼ］ 副 ところどころに；部分的に．¶*Stellenweise* lag noch Schnee. ところどころにまだ雪が残っていた．

Stellung ［シュテルング］ 女 -/-en 姿勢，位置；態度，立場；（勤めの）ポスト；地位．¶eine bequeme *Stellung* 楽な姿勢．/ die soziale (gesellschaftliche) *Stellung* 社会的な地位．/ zu et³ *Stellung* nehmen 事³に対して態度を明らかにする．/ eine politisch eindeutige *Stellung* beziehen 政治的に明確な態度をとる．/ eine *Stellung* suchen 勤め口を探す．◆Zur Kritik der Opposition hat der Minister keine *Stellung* genommen. 野党の批判に対して大臣は立場を明かにしなかった．

Stellung·nahme ［シュテルング・ナーメ］ 女 -/-n 態度（見解）の表明．

stell·vertretend ［シュテル・フェアトゥレーテント］ 形 代理の，代行の．¶*stellvertretend* für j⁴ 人⁴の代理として．/ der *stellvertretende* Bürgermeister 市長代理．

Stell·vertreter ［シュテル・フェアトゥレータ］ 男 -s/- 女性 **Stell·vertreterin** ［シュテル・フェアトゥレーテリン］ 女 -/**Stell·vertreterinnen** ［シュテル・フェアトゥレーテリンネン］代理人，代行．

stemmen ［シュテメン］ 動 （重いものを）持ち上げる，つっぱる．¶Gewichte *stemmen* 重量挙げをする．/ sich⁴ gegen et⁴ *stemmen* 事⁴に抵抗する（つっぱる）．

Stempel ［シュテンペル］ 男 -s/- スタンプ，印章；消印．¶einen *Stempel* auf et⁴ drücken 物⁴に押印する．**stempeln** ［シュテンペルン］ 動 （物⁴に）押（捺）印する．

sterben* ［シュテルベン］ *du* stirbst, *er* stirbt;starb, gestorben 動 (s) 死ぬ．¶jung *sterben* 若死にする．/ ruhig (friedlich) *sterben* 安らかに死ぬ．/ an einer Krankheit *sterben* ある病気で死亡する．/ mit siebzig Jahren *sterben* 70 歳で死ぬ．/ vor Hunger *sterben* 飢え死にする．◆Die Hoffnung stirbt zuletzt. 望みがついについえる．

sterb·lich ［シュテルプ・リヒ］ 形 死ぬべき運命の．¶Die *sterblichen* Überreste des Präsidenten wurden in der Familiengruft beigesetzt. 大統領のなきがらは家族の墓地に埋葬された．**Sterblich·keit** ［シュテルプリヒ・カイト］ 女 -/ 死ぬべき運命；死亡率．

Stereo·anlage ［シュテーレオ・アンラーゲ，ステーレオ・アンラーゲ］ 中 -s/-s ステレオ装置．

steril ［シュテリール］ 形 殺菌した；不妊の；不毛の．**sterilisieren** ［シュテリリズィーレン］ sterilisierte, sterilisiert 動 殺菌（消毒）する；不妊にする．¶sich⁴ *sterilisieren* lassen 不妊（断種）手術をしてもらう．

Stern ［シュテルン］ 男 -[e]s/-e 星；運勢；アステリスク（*）；（映画などの）スター．¶ein heller (funkelnder) *Stern* 明るい（輝く）星．/ ein neuer *Stern* am Opernhimmel オペラ界の新星．/ in klaren Nächten die *Sterne* beobachten 晴れた夜に星を観察する．◆Die *Sterne* stehen am Himmel. 星が空に出ている．/ Sein *Stern* geht auf (sinkt). 彼の運勢は上り（下り）坂だ．

Stern·bild ［シュテルン・ビルト］ 中 -[e]s/-er 〖天〗星座．

Stern·zeichen ［シュテルン・ツァイヒェン］ 中 -s/- （占星術などの）星座．¶Er ist im *Sternzeichen* des Löwen geboren. 彼は獅子座の生まれだ．/ Was ist dein *Sternzeichen*? 君の星座は何だい．

stets ［シュテーツ］ 副 常に．¶Sie war *stets* freundlich zu ihm. 彼女はいつも彼に親切だった．

¹**Steuer** ［シュトイァ］ 中 -s/- （車の）

装置.

Steward [スチューアート, シュチューアート] **男** -s/-s （**女性** **Stewardess** [スチューアーデス, シュチューアーデス] **女** -/-en)(旅客機・客船などの)客室乗務員.

> 航空機の場合は der Flugbegleiter, die Flugbegleiterin とも.

Stich [シュティヒ] **男** -[e]s/-e 刺す(突く)こと;刺し傷;疼痛(とう);〖𦬸〗ステッチ;銅版画. ¶*Stiche* in der Herzgegend fühlen 心臓のあたりに刺すような痛みを感ずる. / *j*⁴ im *Stich* lassen 人⁴を見捨てる. / mit großen *Stichen* nähen 大きなステッチで縫う. ♦ Der *Stich* ging ins Herz. 刺し傷は心臓に達していた. / Der *Stich* war zum Glück nicht lebensgefährlich. 刺し傷は幸い致命的ではなかった. / Er sammelt alte *Stiche* von München. 彼はミュンヘンの古い銅版画を集めている.

stich·haltig [シュティッヒ・ハルティヒ] -e [シュティッヒ・ハルティゲ] **形** (証拠・論拠などが)確実な,しっかりした根拠のある.

Stich·probe [シュティッヒ・プローベ] **女** -/-n 抜き取り(サンプル)調査.

stichst [シュティヒスト] , **sticht** [シュティヒト] < stechen.

Stief·bruder [シュティーフ・ブルーダァ] **男** -s/Stief·brüder [シュティーフ・ブリューダァ] 異父母兄弟;連れ子同士の義理の兄弟.

Stiefel [シュティーフェル] **男** -s/- 長靴, ブーツ. ¶[*sich*³] die *Stiefel* anziehen (ausziehen) 長靴を履く(脱ぐ).

Stief·eltern [シュティーフ・エルテルン] **複** 継親,義父母. **Stief·geschwister** [シュティーフ・ゲシュヴィスタァ] **複** 異父母(義理の)兄弟姉妹. **Stief·kind** [シュティーフ・キント] **中** -[e]s/-er 継子,連れ子. **Stief·mutter** [シュティーフ・ムタァ] **女** -/

---

der Wassermann 水瓶座.
　　　　　　　(1/21～2/18)
die Fische 魚座. (2/19～3/20)
der Widder 牡羊座.
　　　　　　　(3/21～4/20)
der Stier 牡牛座. (4/21～5/20)
die Zwillinge 双子座.
　　　　　　　(5/21～6/21)
der Krebs 蟹座. (6/22～7/22)
der Löwe 獅子座.(7/23～8/23)
die Jungfrau 乙女座.
　　　　　　　(8/24～9/23)
die Waage 天秤座.
　　　　　　　(9/24～10/23)
der Skorpion 蠍座.
　　　　　　　(10/24～11/22)
der Schütze 射手座.
　　　　　　　(11/23～12/21)
der Steinbock 山羊座.
　　　　　　　(12/22～1/20)

ハンドル,(船の)舵. ¶das *Steuer* führen 舵をとる. / am (hinter dem) *Steuer* sitzen 車を運転している. ♦ Trunkenheit am *Steuer* sollte schärfer geahndet werden. 飲酒運転はより厳しく取締まらねばならない.

²**Steuer** [シュトィァ] **女** -/-n 税,税金. ¶*Steuern* zahlen 税金を払う. / *et*⁴ mit *Steuer* belegen 物⁴に課税する. / *Steuern* hinterziehen 脱税する. / die *Steuer* senken (erhöhen) 税金を下げる(上げる). / die *Steuer* abziehen 税金を天引きする.

Steuer·erklärung [シュトィァ・エァクレールング] **女** -/-en 納税申告[書].

Steuer·mann [シュトィァ・マン] **男** -[e]s/《**複** Steuer·leute [シュトィァ・ロィテ]》航海士;《**複** Steuer·männer [シュトィァ・メナァ]》〖ボート〗コックス.

steuern [シュトィエルン] **動** (船⁴の)舵を取る,操縦する.

Steuerung [シュトィエルング] **女** -/-en 《**複** なし》操縦,運転;操舵(操縦)

S

Stief·mütter [シュティーフ・ミュタァ] 継母. **Stief·schwester** [シュティーフ・シュヴェスタァ] 囡-/-n 異父母姉妹. **Stief·sohn** [シュティーフ・ゾーン] 男-[e]s/Stief·söhne [シュティーフ・ゼーネ] 継息子, 義理の息子. **Stief·tochter** [シュティーフ・トホタァ] 囡-/Stief·töchter [シュティーフ・テヒタァ] 継娘, 義理の娘. **Stief·vater** [シュティーフ・ファータァ] 男-s/Stief·väter [シュティーフ・フェータァ] 継父.

stieg [シュティーク] steigen の過去形・単数・1，3人称.

Stiege [シュティーゲ] 囡-/-n 狭くて急な階段; 《南ドイツ・オーストリア》階段.

stiehlst [シュティールスト], **stiehlt** [シュティールト] < stehlen.

Stiel [シュティール] 男-[e]s/-e 取っ手, 柄, (グラスの)脚; 《植》茎.

Stier [シュティーァ] 男-[e]s/-e (去勢していない)雄牛. der Stier 《天文》牡牛座. (⇒Ochse) **Stier·kampf** [シュティーァ・カンプフ] 闘牛.

stieß [シュティース] stoßen の過去形・単数・1，3人称.

¹**Stift** [シュティフト] 男-[e]s/-e 釘; 鉛筆, クレヨン.

²**Stift** [シュティフト] 中-[e]s/-e(-er) (寄付によって設立された)慈善施設, 宗教団体.

stiften [シュティフテン] 動 寄付(贈)する, (組織など⁴の)基金を出す; 引き起こす. ¶Frieden stiften 平和をもたらす. / Geld stiften 金を寄付する. / einen Verein stiften 団体を設立する. / Unruhe stiften 混乱を引き起こす. ◆Er hat ein Krankenhaus gestiftet. 彼は病院建設の基金を出した.

Stiftung [シュティフトゥング] 囡-/-en 基金, 寄付金; 財団[法人].

Stil [シュティール] 男-[e]s/-e 文体, (芸術の)様式; 流儀; 《スポーツ》スタイル, 型. ¶der Stil des Gebäudes 建物の様式. ◆Der Kölner Dom wurde im gotischen Stil erbaut. ケルンの大聖堂はゴシック様式で建てられた. / Seine Witwe lebt im großen Stil. 彼の未亡人は豪勢な暮らしをしている.

stilistisch [シュティリスティシュ] 形 文体(様式)上の.

still [シュティル] 形 静かな, 静止した; 寡黙な. ¶ein stilles Dorf 静かな村. / ein stiller Mensch 寡黙な(物静かな)人. / im Stillen 密かに, 心の中で. ◆Du musst jetzt still liegen. 君はいま静かに寝ていなければならない. / Stille Wasser sind tief. 静かな川は底が深い(＝人は見かけによらない).

Stille [シュティレ] 囡-/-e 静けさ; 無口; 静止. ¶in aller Stille 人目につかないところで, こっそりと. / die Stille vor dem Sturm 嵐の前の静けさ.

stillen [シュティレン] 動 (乳児⁴に)授乳する; (痛みなどを)和らげる; (欲求を)満たす. ¶den Säugling stillen 乳児に授乳する. / den Durst stillen のどの渇きをいやす. / die Neugier stillen 好奇心を満足させる.

still┊halten* [シュティル・ハルテン] du hältst [ヘルツト] still, er hält still; hielt still, stillgehalten 動 じっとしている; じっと我慢する. ¶Du musst jetzt einen Augenblick stillhalten. 君はこれから一寸の間じっとしていなければいけない.

Still·leben [シュティル・レーベン] 中-s/- 静物画. ¶Seine Stillleben hängen in zahlreichen Museen. 彼の静物画は多くの美術館に展示されている.

still┊liegen* [シュティル・リーゲン] lag still, stillgelegen 動 (営業など を)停止している; (機械が)稼動していない. ¶Das Werk liegt schon seit Monaten still. 工場はもう何か月も前から操業していない.

still·schweigend [シュティル・シュヴァイゲント] 副 口にこそ出さないが.

still┊stehen* [シュティル・シュテーエン] stand still, stillgestanden 動 《スイス》(s)《南ドイツ・オーストリア・スイス》静止(停止)している; 停滞して(行き詰まって)いる. ¶Die Zeit schien hier stillzustehen. 時間がここでは止まっているかのように思われた。

Stimm・bänder [シュティム・ベンダァ] 複 声帯.

Stimm・bruch [シュティム・ブルフ] 男 -[e]s/ 声変わり. ¶in den *Stimmbruch* kommen 声変わりする. ♦ Der Junge ist gerade im *Stimmbruch*. その少年はちょうど声変わりの時期だ.

Stimme [シュティメ] 女 -/-n 声；投票[権]；〔謔〕(合唱の)声部. ¶eine hohe (tiefe) *Stimme* 高い(低い)声. ♦ Unser Kandidat hat weniger *Stimmen* geholt als erwartet. 我々の候補者の得票は予想したより少なかった.

stimmen [シュティメン] 動 **1** 事実に合っている；似合う，一致する. ¶für (gegen) *et*⁴ *stimmen* 事⁴に賛成の(反対の)投票をする. / zu *et*³ *stimmen* 物³に調和する. ♦ *Stimmt* es, dass ...? …というのは本当ですか. / Das *stimmt*! その通り. / Der Teppich *stimmt* nicht zu den Möbeln. そのじゅうたんは家具に合わない. **2** (人⁴を)…の気持ち(気分)にさせる；(楽器を)調律する. ¶Das hat mich traurig *gestimmt*. それは私を悲しい気持ちにさせた.

stimm・haft [シュティム・ハフト] 形 〔語〕有声の. **stimm・los** [シュティム・ロース] 形 〔語〕無声の.

Stimmung [シュティムング] 女 -/-en 気分；ムード；意見；〔謔〕調律. ¶in guter (schlechter) *Stimmung* sein 機嫌がいい(悪い). ♦ Ich bin heute nicht in *Stimmung*. 今日私は気分がすぐれない.

Stimm・zettel [シュティム・ツェテル] 男 -s/- 投票用紙. ¶den *Stimmzettel* in die Wahlurne stecken 投票用紙を投票箱に入れる.

stinken* [シュティンケン] stank, gestunken 動 悪臭を放つ；(人³にとって)不快である. ¶nach *et*³ *stinken* 物³の臭いがする. ♦ Es *stinkt* in der Küche nach Gas. 台所でガスの臭いがする. / Die Schule stank

mir sehr. 〔くだけた意味〕ぼくは学校がものすごくいやだった.

stink・faul [シュティンク・ファオル] 形 〔くだけた意味〕ひどい怠けものの.

Stipendium [シュティペンディウム] 中 -s/Stipendien [シュティペンディエン] 奨学金. ¶ein *Stipendium* bekommen 奨学金を得る. / sich⁴ um ein *Stipendium* bewerben 奨学金に応募する.

stirbst [シュティルプスト] , **stirbt** [シュティルプト] < sterben.

Stirn [シュティルン] 女 -/-en 額(ひたい). ¶*Schweiß* auf der *Stirn* haben 額に汗を浮かべている. / j³/et³ die *Stirn* bieten 人³・事³に反抗する. / mit eiserner *Stirn* 毅然として，厚かましくも. / mit gerunzelter *Stirn* 額にしわを寄せて. ♦ Nachdenklich zog er die *Stirn* in Falten. 考え込むように彼は額にしわを寄せた.

¹**Stock** [シュトック] 男 -[e]s/Stöcke [シュテッケ] 杖，ステッキ，棒. ¶am *Stock* gehen 杖をついて歩く；非常に体調が悪い，財政的苦境にある. / über *Stock* und Stein がむしゃらに，しゃにむに.

²**Stock** [シュトック] 男 -[e]s/- (Stock・werke) (建物の2階以上の)階. im zweiten *Stock* 3階に. (⇒Stockwerk)

stocken [シュトッケン] 動 (一時的に)止まる；渋滞する；凝固する.

Stockholm [シュトックホルム , シュトックホルム] 中 -s/ ストックホルム (スウェーデンの首都).

Stock・werk [シュトック・ヴェルク] 中 -[e]s/-e (建物の2階以上の)階. ¶Das Haus hat drei *Stockwerke*. あの家は4階建てです. (⇒Etage, Geschoss, Erdgeschoss)

Stoff [シュトッフ] 男 -[e]s/-e 生(布)地；物質；原料，素材. ¶ein dünner (dicker) *Stoff* 薄い(厚い)生地. / *Stoff* für einen Roman 小説の題材. / ein schädlicher *Stoff* 有害物質. / *Stoffe* weben 生地を織る. ♦ Der Student sammelt

S

den *Stoff* für seine Arbeit. そ
の学生は論文の資料を集めている.

Stoff·tier [シュトッフ・ティーァ] 中
-[e]s/-e 縫いぐるみ[の動物].

> ドイツの縫いぐるみではシュタイフ
> Steiff という銘柄が有名. Steiff
> と書かれた黄色いエティケットが動
> 物の耳の部分などにつけてあるが,
> これが値打ちなのでちぎりとったり
> しないこと. 子供のお土産として喜
> ばれること間違いないもののいささ
> か高い.

stöhnen [シュテーネン] 動 うめく. ¶
vor Schmerz *stöhnen* 痛みのあ
まりうめき声を上げる. ◆ Die meis-
ten Rentner *stöhnen* über die
neue Regelung. 年金生活者の大
部分は新しい規定を嘆いている.

Stollen [シュトレン] 男-s/- シュトレ
ン(クリスマス用のパウンドケーキ).

stolpern [シュトルペルン] 動 (s)
まずく, つまずいてよろめく. ¶über ei-
nen Stein *stolpern* 石につまず
く. / über einen Skandal *stol-
pern* スキャンダルにつまずく.

stolz [シュトルツ] 形 誇りを持った, 誇
りにしている《auf *j*⁴/*et*⁴ 人⁴・物⁴
を》; 思い上がった; 堂々たる, (金額が)
かなりの. ¶eine *stolze* Haltung
誇らしげな振る舞い. ◆ Er war *stolz*
auf seine Eltern. 彼は両親を誇り
にしていた. / Darauf kann er mit
Recht *stolz* sein. 彼がそれを誇り
にするのは当然だ. / Ich habe da-
für einen *stolzen* Preis bezahlt.
それに対して私はかなりの金額を支払っ
た.

Stolz [シュトルツ] 男-es/ 誇り, プラ
イド; うぬぼれ. ¶voller *Stolz* 得々
として. ◆ So etwas zu versu-

chen verbietet ihm sein *Stolz*.
そんなことをしようとするのは彼のプラ
イドが許さない.

stopfen [シュトップフェン] 動 詰め
(押し)こむ; (物⁴の)隙間をふさぐ; (衣
服などを)かがる. ¶eine Pfeife
stopfen パイプにたばこを詰める. /
die Kleider in den Koffer *stop-
fen* 衣類をトランクに押しこむ. / ein
Loch in der Hose *stopfen* ズボ
ンに開いた穴をかがる.

stop! [シュトップ] 間 《交通標識》止まれ;
《電話》ピリオド. **Stopp** [シュトップ]
男 -s/-s 停止, 中止.

stoppen [シュトッペン] 動 止める; 止
まる, ストップする. ¶Der Fahrer
konnte das Auto noch gerade
vor dem Zebrastreifen *stop-
pen*. 運転手は車をかろうじて横断歩
道の手前で停車させることができた. /
Das Auto *stoppt*. 車が停車する.

Stopp·schild [シュトップ・シルト]
男-[e]s/-er 一時停止標識. ¶Erst
in letzter Sekunde bemerkte er
das *Stoppschild*. 最後の瞬間にな
ってようやく彼は一時停止標識に気づ
いた.

Stopp·uhr [シュトップ・ウーァ] 女 -/
-en ストップウォッチ.

Stöpsel [シュテプゼル] 男 -s/- (浴
槽・ビンなどの)栓, コルク.

Storch [シュトルヒ] 男 -[e]s/Stör-
che [シュテルヒェ] 《鳥》コウノトリ.

stören [シュテーレン] 動 (人⁴・事⁴の)
邪魔をする, 妨げる. ¶die Ordnung
stören 秩序を乱す. / *j*⁴ bei der
Arbeit *stören* 人⁴の仕事の邪魔を
する. ◆ Darf ich Sie einen Mo-
ment *stören*? ちょっと[お邪魔し
て]よろしいですか.

Störung [シュテールング] 女-/-en 妨
害; 障害, 故障. ¶Bitte, entschuldi-
gen Sie die *Störung*! ちょっとお
邪魔します. / Ursache der *Stö-
rung* war ein defektes Kabel.
故障の原因は欠陥ケーブルでした.

Story [ストーリ] 女-/-s (小説・映画
の)ストーリー; 珍しい話.

Stoß [シュトース] 男-es/Stöße [シュ

536

テーセ] 突き，衝突；衝撃；(本などを積んだ)山. ¶einen Stoß erleiden 衝撃を受ける. / *j³* einen Stoß geben 人³に突きを入れる. / ein Stoß Zeitungen 新聞の山.

stoßen* [シュトーセン] *du/er* stößt [シュテースト] ；stieß, gestoßen 動 **1** 突く，ぶつける. ¶*sich⁴* stoßen ぶつかる. ♦Ich habe den Mann ins Wasser *gestoßen*. 私はその男を水の中へ突き落とした. / Sie hat ihm das Messer in die Brust *gestoßen*. 彼女は彼の胸にナイフを突き刺した. / Er hat *sich³* den Kopf blutig *gestoßen*. 彼は頭をぶつけて血を流した. **2** (s) ぶつかる. ¶*auf j⁴* stoßen 人⁴に出くわす(出合う). ♦Im Dunkeln *stieß* er mit dem Fuß an einen Stein. 暗がりで彼は足を石にぶつけた.

stößt [シュテースト] < stoßen.

stottern [シュトッテルン] 動 つっかえながら話す，どもる. ¶Ganz verlegen *stotterte* er eine Entschuldigung. ひどく困惑して彼はつっかえながら弁解した.

straf·bar [シュトゥラーフ・バール] 形 罰する(罰せられる)べき，罪になる. ¶ *sich⁴* strafbar machen 罪を犯す.

Strafe [シュトゥラーフェ] 女 -/-n 罰，罰金；刑. ¶eine harte (milde) *Strafe* 重い(軽い)罰. / *j³* eine Strafe auferlegen 人³に罰を科す. / eine Strafe aufheben 刑を取り消す. / für Falschparken 25 Euro Strafe zahlen 駐車違反で25ユーロの罰金を払う. ♦Die Strafe war, dass er Hausarrest bekam. 彼の受けた罰は外出禁止ということだった. / Zur Strafe bekommst du heute keinen Nachtisch. 罰として今日はデザートをあげません.

strafen [シュトゥラーフェン] 動 罰する，処罰する《für *et⁴* 事⁴のかどで》.

straff [シュトゥラフ] 形 ぴんと張った，引き締まった；几帳面な. ¶ein *straffes* Seil ぴんと張ったロープ. / ein Unternehmen straff organisieren 企業をきちんと計画的に準備

する.

straf·fällig [シュトゥラーフ・フェリヒ] -e [シュトゥラーフ・フェリゲ] 形 処罰されるべき. ¶straffällig werden 罪を犯す.

Straf·stoß [シュトゥラーフ・シュトース] 男-es/Straf·stöße [シュトゥラーフ・シュテーセ] 《スポーツ》ペナルティー・キック.

Straf·tat [シュトゥラーフ・タート] 女 -/-en 犯罪(違法)行為. **Straf·zettel** [シュトゥラーフ・ツェテル] 男 -s/- (交通取締りの)違反切符.

Strahl [シュトゥラール] 男 -[e]s/-en 光線；噴射[物]，放射[物]. ¶der Strahl der Fontäne 噴水の水. ♦Die Strahlen der Sonne dringen durch die Wolken. 太陽の光が雲を通して差し込んでいる. / Die Strahlen des Mondes erhellen die Nacht. 月の光が夜を照らしている.

strahlen [シュトゥラーレン] 動 光を放つ，光り輝く；顔を輝かす. ¶Die Sonne *strahlt* von Himmel. 太陽が空から輝いている. / Das Geburtstagskind *strahlte* vor Freude. 誕生日を迎えた人は喜びで顔を輝かせていた.

Strähne [シュトゥレーネ] 女 -/-n (毛・糸などの)束，房. ¶Meine Mutter hat schon ein paar graue *Strähnen* in ihrem schwarzen Haar. 母はすでに黒髪の中に一房の白髪がある.

strähnig [シュトゥレーニヒ] -e [シュトゥレーニゲ] 形 束になった，房をなした. ¶Das Haar fiel ihm *strähnig* in die Stirn. 髪の毛が房になって彼の額に垂れ下がっていた.

stramm [シュトゥラム] 形 ぴんと張った，(姿勢を)ぴんとした；たくましい. ¶ *strammer* Max 《料理》シュトラマー・マックス(ハムエッグスをのせたパン).

Strand [シュトゥラント] 男 -[e]s/Strände [シュトゥレンデ] 浜，渚，砂浜. ¶am Strand 浜辺で. / auf [den] Strand laufen (geraten) 岸に乗り上げる.

Strand·korb [シュトゥラント・コルプ] 男-[e]s/Strand·körbe [シュトゥラン

537

ト・ケルベ] 覆い
つき籐椅子(海
浜に置き、着替
えや休息などに
使う).

Strapaze [シ
ュトゥラパーツェ]
女 -/-en 苦
労、辛い仕事. ¶Ich bin durch
die (von den) Strapazen er-
schöpft. 私は骨折りでくたくただ.
strapaziös [シュトゥラパツィエース]
形 骨の折れる、つらい. ¶Er hat ei-
nen strapaziösen Dienst. 彼は
きつい勤務がある.
Straße [シュトゥラーセ] **女** -/-n 道
(街)路；海峡. ¶auf der Straße
道路上で. / durch (über) die
Straße 通りを抜けて(横切って). /
sein Geld auf die Straße wer-
fen お金を無駄に使う. ♦Ich woh-
ne in dieser Straße. 私はこの通
りに住んでいる. / Als Kinder konn-
ten wir auf der Straße noch
Fußball spielen. 子供の頃、私たちは
まだ通りでサッカーをすることができた.
Straßen・bahn [シュトゥラーセン・バー
ン] **女**-/-en 路面電車. ¶mit der
Straßenbahn fahren 市街電車で
行く.
Straßen・schild [シュトゥラーセン・シ
ルト] **中** -[e]s/-er 街路名表示板.

Straßen・verhältnisse [シュトゥ
ラーセン・フェアヘルトニセ] **複** 道路状況.
¶Je nach Straßenverhältnissen
braucht man für die Fahrt zwi-
schen 50 und 70 Minuten. 道
路状況によっては(目的地まで)50分か

ら70分かかります.
Strategie [シュトゥラテギー] **女** -/-n
[シュトゥラテギーエン] 戦略、計画. ¶die
richtige Strategie anwenden
正しい戦略を用いる. / Strategie
und Taktik 戦略と戦術.
sträuben [シュトゥロイベン] **動** (毛
を)逆立てる. ¶sich⁴ gegen et⁴
sträuben 物⁴に逆らう. ♦Die Kat-
ze sträubt ihr Fell. 猫が毛を逆立
てる. / Bei diesen Nachrichten
sträubten sich⁴ ihm die Haare.
この知らせを聞いて彼は身の毛がよだつ
思いがした.
Strauch [シュトゥラオホ] **男** -[e]s/
Sträucher [シュトゥロイヒャァ] 低木、
やぶ.
¹Strauß [シュトゥラォス] **男** -es/
Sträuße [シュトゥロイセ] 花束.
²Strauß [シュトゥラォス] **男** -es/-e
〖鳥〗ダチョウ.
streben [シュトゥレーベン] **動** 努力す
る《nach et³ 物³を得ようと》；(s)
(…に向かって)行こうとする. ¶zum
Ausgang streben 出口に行こうと
する. ♦Er strebt nach einer bes-
seren Stelle. 彼はよりよいポスト
を得ようと努力している. / Es irrt
der Mensch, solang er strebt.
人は努力する限り迷うものだ.
Streber [シュトゥレーバァ] **男** -s/-
（女性）**Streberin** [シュトゥレーベリ
ン] **女**-/Streberinnen [シュトゥレー
ベリネン] ガリ勉家.
Strecke [シュトゥレッケ] **女**-/-n 道
程、路線、区間；〖スポーツ〗コース. ¶eine
große (kleine) Strecke 長い
(短い)距離. ♦Auf der ganzen
Strecke von Berlin bis Stock-
holm kam es zu starken
Schneefällen. ベルリンからストッ
クホルムに至る全区間で激しい降雪に
なった.
strecken [シュトゥレッケン] **動** (体
を)伸ばす. ¶sich⁴ strecken 体を
伸ばす. / die Beine unter den
Tisch strecken 足を机の下に伸ば
す.
Streich [シュトゥライヒ] **男** -[e]s/-e

いたずら. ¶j³ einen Streich spielen 人³にいたずらをする.

streicheln [シュトゥライヒェルン] 動 なでる,さする. ¶Er *streichelte* zärtlich ihren Arm. 彼は優しく彼女の腕をさすった.

streichen* [シュトゥライヒェン] strich, gestrichen 動 1 塗る;なでる;削除(抹消)する. ¶Butter aufs Brot *streichen* (ein Brot mit Butter *streichen*) パンにバターを塗る. / sich³ das Haar aus der Stirn *streichen* 髪の毛を額からかき上げる. ♦ Zärtlich *strich* er seiner Tochter übers Haar. 彼は優しく娘の髪をなでた. / Auf der Einladungsliste müssen wir einige Namen *streichen*. 招待客のリストから私たちは何人かの名前を削除しなければならない. 2 (s) 当てもなく歩く. ¶durch den Wald *streichen* 森を歩き回る. ♦ Jeden Abend *streicht* sie durch das Kneipenviertel. 毎晩彼女は飲屋街をうろついている.

Streich・holz [シュトゥライヒ・ホルツ] 中 -es/Streich・hölzer [シュトゥライヒ・ヘルツァ] マッチ[棒]. ¶ein *Streichholz* anzünden マッチに火をつける.

Streich・instrument [シュトゥライヒ・インストゥルメント] 中-[e]s/-e〖諫〗弦楽器.

Streife [シュトゥライフェ] 女-/-n (警察などの)パトロール[隊]. ¶auf *Streife* sein パトロール中である.

Streifen [シュトゥライフェン] 男-s/- しま[模様];ストライプ.

streifen [シュトゥライフェン] 動 1 (物⁴に)軽く触れる. ¶j⁴ an der Schulter *streifen* 人⁴の肩に軽く触れる. 2 (s) 当てもなく歩く. ¶durch die Stadt *streifen* 町を歩き回る.

Streik [シュトゥライク] 男-[e]s/-s ストライキ. ¶einen *Streik* abbrechen ストライキを中止する. / in [den] *Streik* treten ストライキに入る. ♦ Ein Ende des *Streiks* ist

noch nicht abzusehen. ストライキがいつ終わるのかまだ見当がつかない.

streiken [シュトゥライケン] 動 ストライキをする;(機械などが)動かなくなる. ¶für höhere Löhne *streiken* 賃上げを要求してストライキをする.

Streit [シュトゥライト] 男 -[e]s/-e 争い. ¶ein wissenschaftlicher *Streit* 学問上の論争. / ein *Streit* mit j³ über (um) et⁴ 人³との事⁴に関する争い. / mit j³ in *Streit* geraten (kommen) 人³と争いになる. ♦ Das Ganze ist weiter nichts als ein *Streit* um des Kaisers Bart. 事は総じてくだらない事での争い以外の何ものでもない.

streiten* [シュトゥライテン] stritt, gestritten 動 争う,喧嘩をする 《mit j³ um et⁴ 人³と事⁴をめぐって》. ¶Sie *streiten* sich⁴ wegen jeder Kleinigkeit. 彼らはどんな些細なことでもけんかになる.

Streitig・keiten [シュトゥライティヒ・カイテン] 複 もめごと,いさかい,紛争.

Streit・kräfte [シュトゥライト・クレフテ] 複 戦力,兵力.

streng [シュトゥレング] 形 厳しい;厳格な. ¶eine *strenge* Kälte 厳しい寒さ. / *streng* genommen 厳密に言えば. / j⁴ *streng* erziehen 人⁴を厳しく教育する. ♦ Sein Vater war immer sehr *streng* mit ihm. 彼の父親は彼にいつも厳しかった.

Stress [シュトゥレス , ストゥレス] 男 S -es/ ストレス. ¶im *Stress* sein (unter *Stress* stehen) ストレスを受けている. ♦ Wir Großstädter sind einem ständigen *Stress* ausgesetzt. 我々大都会の住民は絶えずストレスにさらされている.

streuen [シュトゥロイエン] 動 まき散らす,振りかける. ¶Salz auf (über) die Kartoffeln *streuen* ジャガイモに塩を振りかける. / die Straßen mit Asche *streuen* (滑り止めのため)道路に灰をまく.

strich [シュトゥリヒ] streichen の過去形・単数・1,3人称.

Strich [シュトゥリヒ] 男-[e]s/-e 線；タッチ. ¶einen *Strich* mit dem Lineal ziehen 定規を使って線を引く. / auf den *Strich* gehen 〖くだけた表現〗売春をする.

Strich·code [シュトゥリヒ・コーデ] 男-s/-s バーコード. ¶et⁴ mit einem *Strichcode* kennzeichnen 品物など⁴にバーコードをつける.

Strick [シュトゥリック] 男-[e]s/-e 縄，ロープ. ¶et⁴ mit einem *Strick* festbinden 物⁴をロープで縛る. / wenn alle *Stricke* reißen 〖くだけた表現〗ほかにどうしようもなければ.

strick|en [シュトゥリッケン] 動 編む，編み物をする. ¶einen Pullover *stricken* プルオーバーを編む.

strikt [シュトゥリクト] 形 厳しい，厳密な. ¶ein *strikter* Befehl 厳命. / sich⁴ *strikt* an die Vorschriften halten 規則を厳格に守る.

stritt [シュトゥリット] streiten の過去形・単数・1，3人称.

Stroh [シュトゥロー] 中-[e]s/（麦）わら. ¶leeres *Stroh* dreschen 〖くだけた表現〗くだらないおしゃべりをする.

Stroh·halm [シュトゥロー・ハルム] 男-[e]s/-e ストロー.

Strom [シュトゥローム] 男-[e]s/Ströme [シュトゥローメ] 大河，流れ；《複なし》電流，電気. ¶gegen den *Strom* schwimmen 流れに逆らって泳ぐ，時流に逆らう. / mit dem *Strom* schwimmen 流れに乗る，時流に乗る. / den *Strom* einschalten (abschalten) 電気をつける（切る）. ♦ Dieses alte Klimagerät frisst entsetzlich viel *Strom*. この古いクーラーは恐ろしく電気を食う.

strömen [シュトゥレーメン] 動 (s) (大量に)流れる；(人が)なだれ込む，どっと出てくる. ¶Frische Luft *strömte* ins Zimmer. 新鮮な空気が部屋の中に流れ込んできた.

Strömung [シュトゥレームング] 女-/-en 流れ，海流，気流；時流. ¶kalte (warme) *Strömung* 寒(暖)流. / eine politische *Strömung* 政治の流れ.

Strophe [シュトゥローフェ] 女-/-n 〖文学〗詩節；歌節.

Strudel [シュトゥルーデル] 男-s/- 渦[巻]；混乱；〖料理〗渦巻きパイ. ¶in einen *Strudel* geraten 渦に巻き込まれる.

Struktur [シュトゥルクトゥーア] 女-/-en 構造，構成. ¶die *Struktur* eines Atoms (Romans) 原子(小説)の構造. / die gesellschaftliche *Struktur* 社会構造.

Strumpf [シュトゥルンプフ] 男-[e]s/Strümpfe [シュトゥリュンプフェ] ストッキング. die *Strümpfe* anziehen (ausziehen) 靴下をはく(脱ぐ).

Strumpf·hose [シュトゥルムプフ・ホーゼ] 女-/-n パンティー・ストッキング.

Stube [シュトゥーベ] 女-/-n 部屋；〖地域によって〗居間.

Stück [シュテュック] 中-[e]s/-e 一部，《無変化で》…個；断片；作品. ¶zwei *Stück[e]* Kuchen ケーキ二つ. / ein *Stück* von Brecht ブレヒトの劇作. / ein *Stück* für Cello チェロのための楽曲. / aus freien *Stücken* 自発的に. / *Stück* für *Stück* 一つずつ. ♦ Die Eier kosten das *Stück* 19 Cent. 卵は1ヶ月あたり19セントする. Von hier aus ist die Post ein gutes *Stück* weiter als das Rathaus. ここからだと郵便局は市役所よりもかなり遠い.

Student [シュトゥデント] 男-en/-en（女性 **Studentin** [シュトゥデンティン] 女-/-Studentinnen [シュトゥデンティネン]）大学生. ¶ein *Student* der Philosophie 哲学専攻の学生.

Studie [シュトゥーディエ] 女-/-n [シュトゥーディエン] 研究論文《über et⁴ 事⁴に関する》；草稿. ¶Seine *Studie* über die Lyrik Rilkes ist immer noch sehr lesenswert. 彼のリルケの叙情詩に関する研究論文は依然として読む価値がある.

Studien·gebühren [シュトゥーディエン・ゲビューレン] 複 (大学の)授業料.

大学の授業料

ドイツの国立大学は各州の管理下にあり，予算の大半が州から支出される．原則的に授業料は無料．学生数の増加や長い在籍年数などから，州財政への負担が大きく，一時期（2006年頃から）授業料を導入する動きもあった．だが現在はどの州でも一般授業料は廃止されている．ただし長期在籍者やEU外からの留学生等に授業料を課す州もある．授業料ではないが，学生は通常，毎学期登録時に共済費（Semesterbeitrag）を支払う．

Studien・platz [シュトゥーディエン・プラツ] 男 -es/Studien・plätze [シュトゥーディエン・プレツェ]（大学の学生定員に応じて学生に与えられる）学籍． ¶ keinen *Studienplatz* bekommen 学籍が得られない．

Abitur（ギュムナジウム卒業・大学入学資格試験）に合格しても，希望する大学のコースに応募者が多すぎると，成績によってはすぐに学籍を得られず，しばらく待たなくてはならない．特に医学部，歯学部，獣医学部，薬学部はドイツ全体で入学制限があり，かなり待機期間が長くなる．この期間も有効に使い，インターンシップ，職業訓練，社会奉仕活動，アルバイト，外国滞在等で経験を深める．

studieren [シュトゥディーレン] studierte, studiert 動 （大学で）勉強（専攻）する；詳しく調査する．¶ in Bonn/an der Universität Bonn *studieren* ボン大学で勉強する． / die Speisekarte *studieren* メニューを慎重に吟味する． ♦ An welcher Universität *studierst* du? 君はどの大学で勉強しているのか． / Erst hat er eine Banklehre gemacht und dann Wirtschaft *studiert*. 最初に彼は銀行で見習い研修をし，それ

から（大学で）経済学を専攻した．
Studierender* [シュトゥディーレンダァ] 男 女性 **Studierende*** [シュトゥディーレンデ] 女《形容詞の名詞化》大学生．
Studio [シュトゥーディオ] 中 -s/-s スタジオ；アトリエ．
Studium [シュトゥーディウム] 中 -s/Studien [シュトゥーディエン]《複なし》（大学での）勉学；研究，学問． ¶ mit dem *Studium* beginnen 大学での勉強を始める． ♦ Er hat sein *Studium* abgeschlossen. 彼は大学での勉強を終了した．

学生数および修了資格

2021/22年冬学期，ドイツの大学には290万人を超える学生が在籍していた．学生数が最も多い専攻は経営学．またドイツは非英語圏において最も人気のある留学先で，2021/22年冬学期には約44万人の留学生が学んでいた．
大学の学位には，バチェラー（Bachelor 学士，通常6〜8学期），マスター（Master 修士，バチェラーを取得後，通常2〜4学期），ドクター（Doktor 博士）がある．ボローニャ宣言（1999年採択）に基づく大学制度改革により，ドイツ独自の課程 Diplom と Magister はバチェラー，マスターの2段階制度にほぼ切り替わった．

Stufe [シュトゥーフェ] 女 -/-n （階段などの）段；段階． ¶ die höchste *Stufe* des Glücks 幸福の絶頂． ♦ Vorsicht *Stufe*! 段差に注意．(⇒ Treppe)

Stufe は階段の一段一段を，Treppe は全体を指す．踊り場は der Treppenabsatz．

Stuhl [シュトゥール] 男 -[e]s/Stühle [シュテューレ] 椅子；《複なし》便通，大便．¶ auf einem *Stuhl* sitzen 椅子に座っている． / sich⁴ auf einen

S

大学の専攻名

Ich studiere ... (私は…を専攻しています。) という場合, 専攻名には冠詞をつけない.

die Jura (pl.) 法学.
die Politologie 政治学.
die Wirtschaftswissenschaft 経済学.
die Soziologie 社会学.
die Betriebswirtschaftslehre, die BWL 経営学.
die Chemie 化学.
die Physik 物理学.
die Mathematik 数学.
die Biologie 生物学.
der Maschinenbau 機械工学.
die Elektrotechnik 電子工学.
die Architektur 建築学.
die Medizin 医学.
die Zahnmedizin 歯科学.
die Pharmazie 薬学.
die Agrarwissenschaft 農学.
die Philosophie 哲学.
die Psychologie 心理学.
die Geschichte 歴史学.
die Anglistik 英語・英文学.
die Germanistik 独語・独文学.
die Japanologie 日本学.
die Sprachwissenschaft 言語学.
die Pädagogik 教育学.
die Informatik 情報学.
die Journalistik ジャーナリズム学.
die Kunstwissenschaft 芸術学.
die Kunst 芸術.
die Musik 音楽.
der Sport 体育.

Stuhl setzen 椅子に座る. / vom *Stuhl* aufstehen 椅子から立ち上がる. ◆Schließlich hat man ihm den *Stuhl* vor die Tür gesetzt. とうとう彼は追い出された(除名された). **Stuhl·gang** [シュトゥール・ガング] 男-[e]s/〖医療〗便通；大便. ¶regelmäßig *Stuhlgang* haben 定期的に便通がある.

stumm [シュトゥム] 形 口のきけない；無言の. ¶ein *stummer* Protest 無言の抵抗. / *stumm* vor Schrecken sein 恐怖のあまり声が出ない. ◆Sie sahen sich⁴ [einander] *stumm* an. 彼らは無言で見つめ合っていた.

Stummer* [シュトゥマァ] 男 (女性 **Stumme*** [シュトゥメ]《形容詞の名詞化》口のきけない人.

Stummel [シュトゥメル] 男-s/- 切れ端, 使い残し；(タバコの)吸い殻.

stumpf [シュトゥムプフ] 形 鈍い；切れ味の悪い；光沢のない. ¶ein *stumpfes* Messer 切れ味の悪いナイフ. / *stumpfe* Farbe くすんだ色. / *stumpfe* Sinne haben 鈍感である, 無感覚になっている. ◆Diese Rasierklingen werden allzu schnell *stumpf*. この安全カミソリの刃の切れ味はあまりにも早く悪くなりすぎる.

Stunde [シュトゥンデ] 女-/-n 時間；授業[時間]. ¶eine viertel (halbe) *Stunde* 15(30) 分. / zu jeder *Stunde* いつでも. ◆Wir haben 10 *Stunden* Deutsch pro Woche. 私たちはドイツ語の授業が週あたり10時間あります.

stunden·lang [シュトゥンデン・ラング] 形 何時間も[の間].

Stunden·lohn [シュトゥンデン・ローン] 男-[e]s/Stunden·löhne [シュトゥンデン・レーネ] 時給.

Stunden·plan [シュトゥンデン・プラーン] 男-[e]s/Stunden·pläne [シュトゥンデン・プレーネ] 時間割；時間表.

stunden·weise [シュトゥンデン・ヴァイゼ] 副 時間単位で. ¶Unsere Putzhilfe kommt nur *stundenweise*. 私たちの家政婦は時間単位でしか来ない.

stünd·lich [シュテュント・リヒ] 形 1時間ごとの(に), 毎時.

stur [シュトゥーァ] 形 頭の固い, 強情な. ¶Wenn ihm was nicht passt, schaltet er sofort auf *stur*. 彼は何か気に入らないことがあるとすぐに意地をはる.

Sturm [シュトゥルム] 男-[e]s/Stür-

me［シュテュルメ］嵐;«複 なし»突撃;
【スポーツ】フォワード． ¶ein starker
(heftiger) Sturm 激しい嵐．/
ein Sturm im Wasserglas コッ
プの中の嵐．/ die Stille vor dem
Sturm 嵐の前の静けさ．/ Befehl
zum Sturm geben 突撃命令を出す．
◆ Ein Sturm kommt auf. 嵐が
発生する．/ Die ganze Nacht hin-
durch tobte ein heftiger Sturm.
Endlich ließ der Sturm nach.
夜通し激しい嵐が吹き荒れていたが、つ
いにおさまった． / Er spielt bei
uns im Sturm. 彼は我がチームで
はフォワードだ．

stürmen［シュテュルメン］**動** 荒れ狂
う;（s）突進する,殺到する;（サッカ
ーなどで）攻撃する．¶«es を主語と
して» Es stürmt. 嵐が吹きすさぶ．
/ Die Kinder sind in den Gar-
ten gestürmt. 子供たちは庭へ飛び
出していった．

Stürmer［シュテュルマァ］ **男** -s/-
【スポーツ】フォワード．

stürmisch［シュテュルミシュ］**形** 嵐の
［ような］;激しい． ¶ein stürmi-
scher Tag 風の激しい日．/ das
stürmische Meer 荒れ狂う海．/
die stürmische Entwicklung der
modernen Technologie 現代テ
クノロジーの急速な発展．

Sturz［シュトゥルツ］ **男** -es/Stürze
［シュトゥルツェ］落下,墜落；転倒,倒
壊；没落,失脚；暴落．¶ein Sturz
aus dem Fenster 窓からの転落．
/ ein Sturz der Preise 物価の
下落．/ ein plötzlicher Sturz der
Temperatur 気温の突然の低下．◆
Der Sturz des Diktators ist nur
noch eine Frage der Zeit. 独
裁者の失脚はもっぱら時間の問題だ．

stürzen［シュテュルツェン］**動**（s）落
ちる,墜落（転落）する；倒れる；没落（失
脚）する；暴落する．¶sich⁴ stürzen
殺到（突進）する．/ aus dem Haus
stürzen 家から飛び出す．/ sich⁴
auf das Essen stürzen 食事に
飛びつく．◆ Das Flugzeug stürzte
ins Meer. 飛行機が海に墜落した．/

Gestern ist er mit dem Motor-
rad gestürzt. きのう彼はオートバ
イで転倒した．

Sturz・helm［シュトゥルツ・ヘルム］ **中**
-[e]s/-e（オートバイなどの）ヘルメッ
ト．

Stute［シュトゥーテ］**女**-/-n 雌馬．
（⇒Hengst）

Stuttgart［シュトゥットガルト］ **中**
-[e]s/【地名】シュトゥットガルト（ドイ
ツ連邦共和国バーデン・ヴュルテンベル
ク州 Baden-Württemberg の州
都）．

Stütze［シュテュッツェ］**女**-/-n 支え,
支柱;【くだけた表現】失業保険金． ¶Sein
Sohn war ihm eine hervorra-
gende Stütze. 彼の息子は彼にと
ってすばらしい支えであった．

stützen［シュテュッツェン］**動** 支える,
(物⁴に)つっかえ棒をする． ¶sich⁴
stützen 寄りかかる．/ sich⁴ auf
einen Stock stützen 杖にすがる．
◆ Die Gewerkschaften stützen
die Regierung. 労働組合は政府を
支持している．/ Sein Gutachten
stützt sich auf die neuesten For-
schungsergebnisse. 彼の鑑定は
最新の研究成果に基づいている．

stutzig［シュトゥッツィヒ］-e［シュトゥ
ッツィゲ］**形** j⁴ stutzig machen
人⁴にいぶかしい思いを抱かせる．/ stut-
zig werden 驚く,面食らう．

Stütz・punkt［シュテュッツ・プンクト］
男 -[e]s/-e 基地,拠点．

Sub・jekt［ズプ・イェクト］**中**-[e]s/-e
【文法】主語;【哲学】主体,主観．（⇒Prädi-
kat） **sub・jektiv**［ズプ・イェクティ
ーフ］-e［ズプ・イェクティーヴェ］**形** 主
体(主観)的な．（⇒prädikativ）

Sub・stantiv［ズプ・スタンティーフ , ズ
プ・スタンティーフ］ **中**-s/-e［ズプ・スタン
ティーヴェ , ズプ・スタンティーヴェ］【文法】名
詞．

Sub・stanz［ズプ・スタンツ］**女** -/-en
実質,本質,実体;物質．

sub・trahieren［ズプ・トゥラヒーレン］
subtrahierte, subtrahiert **動** 引
き算をする,(数を)引く．

Sub・vention［ズプ・ヴェンツィオーン］

囡-/-en 補助(助成)金. ¶eine hohe *Subvention* erhalten 多額の補助金(助成)を得る.

Suche [ズーヘ] 囡-/-n 捜(探)索. ¶die *Suche* nach *j³/et³* gehen 人³・物³を探しに行く. ◆Wir sind noch immer auf der *Suche* nach einer geräumigeren Wohnung. 私たちは相変わらずもっと広い住まいを探している.

suchen [ズーヘン] 動 **1** 探し求める. ¶ein Zimmer *suchen* 部屋を探す. ◆Sie *sucht* schon wieder ihre Brille. 彼女はまためがねを探している. / Was *suchen* Sie hier? ここで何をお探しですか. **2** 探し求める《nach *j³/et³* 人³・物³を》. ¶nach dem Ausgang *suchen* 出口を探す. ◆Wir müssen sofort nach ihm *suchen*. 私たちはすぐに彼を探さなくてはならない.

Sucht [ズフト] 囡-/Süchte [ズュヒテ] 病的欲求《nach *et³* 物³への》;(麻薬などの)常習癖. ¶die *Sucht* nach Geld 金銭欲.

süchtig [ズュヒティヒ] 形 (麻薬などの)中毒症の. -e [ズュヒティゲ] ¶nach *et³* süchtig sein 極端に物³を欲しがる. / ein *süchtiger* Patient 中毒患者. ◆*Süchtig* ist er erfreulicherweise nicht. 喜ばしいことは彼は中毒ではない.

Süd [ズュート] 男 **1** 《無変化・無冠詞で》南. ¶von Nord nach *Süd* 北から南へ. 《諺》Der Wind kommt aus/von *Süd*. 風は南から吹いている. **2** 《-[e]s/-》《海事》南風. **3** 《地名や方位名と複合して》南…の(略：S), *Süd*amerika 南アメリカ. / *Süd*west 南西.

Süden [ズューデン] 男-s/《ふつう無冠詞で》南;南方,南部,南欧(略：S). ¶Der Wind weht aus *Süden*. 風は南から吹いている. / im *Süden* von Deutschland ドイツ南部の. / Er fährt nach *Süden*. 彼は南に向かう.

Süd・früchte [ズュート・フリュヒテ] 複 南国の果物.

süd・lich [ズュート・リヒ] 形 南の,南にある;南方(南部・南欧)の.《2格または von *et³* を伴って》…の南(で). ¶in *südlicher* Richtung fahren (列車などが)南に向かって行く. / *südlich* der Donau ドナウ川の南に. / *südlich* von Berlin ベルリンの南に. ◆Kagoshima liegt im *südlichen* Teil von Kyushu. 鹿児島は九州の南部にある.

Süd・pol [ズュート・ポール] 男-s/ 南極. ¶eine Expedition zum *Südpol* 南極への探検.(⇒Nordpol)

Suffix [ズフィクス, ズフィクス] 中-es/-e 《文法》後つづり,接尾辞.(⇒Präfix)

Summe [ズメ] 囡-/-n 金額;総額,合計. ¶eine große *Summe* Geld 多額の金. ◆Die *Summe* muss bar bezahlt werden. 金額は現金で支払わねばならない.

summen [ズメン] 動 (昆虫などが)ブーンと音を立てる;ハミングする.

Sumpf [ズンプフ] 男-[e]s/Sümpfe [ズュンプフェ] 沼,沼地,湿原. ¶in einen *Sumpf* geraten 沼地にはまる.

Sünde [ズュンデ] 囡-/-n 罪,過ち. ¶eine leichte (schwere) *Sünde* begehen 軽い(重い)罪を犯す. / seine *Sünden* bereuen 自分の罪を悔いる. **sünd・haft** [ズュント・ハフト] 形 罪深い;《くだけて》とてつもない. ¶ein *sündhafter* Mensch 罪深い人間. / ein *sündhafter* Preis とてつもない(法外な)値段.

super [ズーパァ] 形 《無変化》《くだけて》すごい,すばらしい. ¶Gestern waren wir in einem *super* Restaurant. きのう私たちはすごいレストランに行った. / Der Film war *super*. 映画は最高だった. / Super! 最高だ.

Superlativ [ズーパァラティーフ] 男-s/-e [ズーパァラティーヴェ] 《文法》最高(上)級.

Super・markt [ズーパァ・マルクト] 男-[e]s/Super・märkte [ズーパァ・メルクテ] スーパーマーケット. ¶Sowas gibt's in jedem *Supermarkt*. そんなものはどのスーパーにだってあるさ.

Suppe [ズッペ] 囡 -/-n スープ. ¶eine *Suppe* essen スープを飲む. / eine *Suppe* kochen スープを作る. ♦ Er hat uns eine schöne *Suppe* eingebrockt. 私たちは彼のおかげで困った状況に陥った.

Surf・brett [ゼーフ・ブレト] 匣 -[e]s /-er サーフボード.

surfen [ゼーフェン] 動 (s, h) [ウインド]サーフィンをする. ¶〖電算〗im Internet *surfen* インターネットで検索する, ネットサーフィンをする.

süß [ズュース] 形 甘い;かわいい. ¶ein *süßer* Wein 甘口のワイン. / ein *süßer* Duft von Blüten 花の甘い香り. / ein *süßes* Lächeln 愛らしい微笑み. / *süß* schmecken (duften) 甘い味(香り)がする. ♦ Das Kind (Kleid) ist *süß*. この子(ドレス)は可愛い. / *Süß!* 可愛い.

süßen [ズューセン] 動 甘くする. ¶den Tee mit Zucker *süßen* 紅茶に砂糖を入れて甘くする. / Den Kakao bitte nur schwach *süßen!* ココアの甘みをおさえてください.

Süßig・keit [ズュースィヒ・カイト] 囡 /-en 《ふつう榎》甘いもの; 《榎なし》甘さ, 甘いこと.

süß・lich [ズュース・リヒ] 形 甘みのある, 甘ったるい; 歯の浮くような.

Süß・speise [ズュース・シュパイゼ] 囡 -/-n デザートの甘いもの.

Süß・stoff [ズュース・シュトフ] 匣 -[e]s/-e 甘味料.

Süß・wasser [ズュース・ヴァサァ] 匣 -s/- 淡水.

Symbol [ズュンボール] 匣 -s/-e 象徴, シンボル, 記号. ¶Die Taube gilt als *Symbol* des Friedens. ハトは平和の象徴とみなされている. **symbolisch** [ズュンボーリシュ] 形 象徴的な, 象徴による. ¶*symbolische* Bedeutung 象徴的な意味.

Sym・pathie [ズュン・パティー] 囡 -/ -n [ズュン・パティーエン] 共感, 好感《für

j^4 人^{4}に対する》. ¶Für ihn empfinde ich keinerlei *Sympathie*. 私は彼にはなんら好感を持てない.

sym・pathisch [ズュン・パーティシュ] 形 共感できる, 好感のもてる. ¶ein *sympathischer* Mensch 好感の持てる人間.

Symp・tom [ズュンプ・トーム] 匣 -s/ -e 兆し, 徴候;〖医学〗症状. ¶ein typisches (charakteristisches) *Symptom* für eine Krankheit ある病気の典型的な(特徴的な)症状. ♦ Der Patient wies alle *Symptome* einer Lungenentzündung auf. その患者は肺炎のあらゆる症状を示していた.

Syn・agoge [ズュナゴーゲ] 囡 -/-n ユダヤ教会[堂].

Syn・onym [ズュノ/ニューム] 匣-s/-e 〖語〗同義語, 類義語.

Syn・these [ズュン・テーゼ] 囡 -/-n 総合, 統合. **syn・thetisch** [ズュン・テーティシュ] 形 総合(統合)の.

Syphilis [ズューフィリス] 囡 -/ 〖医療〗梅毒.

System [ズュステーム] 匣 -s/-e 体系, システム;方式. ¶et^4 in ein *System* bringen 事^{4}を体系化する.

systematisch [ズュステマーティシュ] 形 体系的な；組織だった. ¶eine *systematische* Darstellung 体系的な叙述.♦ *Systematisches* Arbeiten hat er offenbar nie gelernt. どうやら計画を立てて仕事をすることを彼がまるで学ばなかったことは明白だ.

Szene [スツェーネ] 女-/-n（映画などの）シーン，場面；（アンダーカルチャーの）世界，…界. ¶*j³* eine *Szene* (*Szenen*) machen 人³に激しく食ってかかる. / Drogenszene 麻薬界（麻薬の売人や常用者の世界）. ♦ Immer und überall versucht er, sich⁴ in *Szene* zu setzen. いつでもどこでも彼は自分をひけらかそうとする.

ちょっと文法

こんなところに前置詞が…

◆分離動詞◆
次のような文はどう考えたらいいだろう？ Ich stehe um 5 Uhr auf. ——「ぼくは5時に立っている」？ そうかな. 1番後ろの auf がなければそれでいいかもしれないけど，勝手に単語を無視しちゃまずい. auf を辞書で引いてみよう. すると〈前置詞〉と書いてある. でも前置詞なら，後ろに名詞がきていないとおかしいよね. それもそのはず，ここの auf は前置詞じゃなく，分離動詞の〈前つづり〉なんだ. つまりこの文の動詞（不定詞）は，auf|stehen「起きる」. stehen「立っている」ではない. だから訳は，「ぼくは5時に起きる」が正しい. 分離動詞の前つづり発見法の一つがわかったね，辞書には前置詞と書いてあるのに〈前置詞の働きをしておらず〉，文の〈1番後ろにきている〉場合，それはほぼ間違いなく分離動詞の前つづりというわけさ.

ちょっと文法

話は最後まで聞こう

◆分離動詞◆
日本語の否定文は，終りまでこないとわからないことが多い.「私は…（うんぬんかんぬん）…と思い〈ません〉」なんて，最後の最後で背負い投げをくわされたりする. ドイツ語も nicht が前にあることは少ないので，例えば Ich kenne den Mann nicht. のように，「私はその男性を知っている」のかな，と思ったら「知らない」と，最後で覆される場合がある. こんなふうに，話の最後にきてようやく全貌がはっきりするのは，否定文以外に分離動詞を使った文がある. Ich steige in Bonn **ein**.「私はボンで乗車します」Ich steige in Bonn **um**.「乗り換えます」Ich steige in Bonn **aus**.「降ります」. 最後までわからないなんて，ずいぶんハラハラしちゃうね.

ß

ß ［エス・ツェット］ 中–/– エスツェット《ド
イツ語の字母. 常に［ス / ｓ］の音を現
わす. 長母音と複母音の後でのみ現れ
る. 大文字はなく, 単独で用いられるこ
とはない》¶groß［グロース］, heißen
［ハイセン］.（⇒Eszett）

> 元来はドイツ文字（いわゆる亀の甲
> 文字）のｓとｚを合成して作られた
> 文字である. ついでながら, ドイツ文
> 字では活字体, 筆記体を問わず, 語
> 中のｓと語末のｓは形を異にして
> いる. ßは語中のｓとｚを合成し
> たものである. なお, スイスではss を
> 用い, ßは使わない.

ß

T

T, t [テー] 匣-/- ドイツ語アルファベットの第20字.

Ta [テーアー] 〖元素記号〗タンタル.

Tabak [ターバク, タバク, ターバク] 男-[e]s/-e タバコ.

tabellarisch [タベラーリシュ] 形 表にまとめた. ¶eine *tabellarische* Übersicht 一覧表.

Tabelle [タベレ] 女-/-n 表, 一覧表, 図表. ¶Die Kursschwankungen der letzten zwölf Monate zeigt diese *Tabelle*. 過去12か月の相場変動を示しているのがこの表です. / *Tabellen* mit allen wichtigen Daten finden Sie im Anhang. 重要なデータの全てを含む一覧表は附録でご覧になれます.

Tablett [タブレット] 匣 -[e]s/-s(-e) 盆.

Tablette [タブレッテ] 女-/-n 錠剤. ¶Diese *Tabletten* helfen gut gegen Kopfschmerzen. この錠剤は頭痛によく効く. / Vergiss nicht, deine *Tabletten* zu nehmen! 自分の錠剤をのむのを忘れてはいけないよ.

tabu [タブー] 形 《付加語用法なし》タブーの, 禁忌の. ¶Derlei Themen sind immer noch *tabu*. この種のテーマは今日なおタブーである.

Tabu [タブー] 匣-s/-s タブー, 禁忌. ¶Sie hat gleich mehrere *Tabus* gebrochen. 彼女は一度にいくつものタブーに抵触した.

Tacho [タホ] 男-s/-s 〖くだけた表現〗＝Tachometer. **Tacho・meter** [タホ・メータ] 男 (匣) -s/- タコ(スピード)メーター.

Tadel [ターデル] 男-s/- 非難, 叱責. ¶Selbst den geringsten *Tadel* nimmt sie sehr ernst. とるにも足りない非難すら彼女はひどく深刻に受け止める. / Der *Tadel* ihres Chefs hat sie hart getroffen. 上司の叱責が彼女にひどいショックを与えた.

tadeln [ターデルン] 動 非難(叱責)する《*j⁴ für et⁴* 人⁴を事⁴のことで》. ¶Ich finde, für so einen kleinen Fehler sollte man ihn nicht *tadeln*. こんな些細な失策で彼を非難すべきではないと思う. / Warum meine Arbeit *getadelt* wird, verstehe ich nicht. なぜ私の仕事が非難されねばならないのか理解できない.

tadel・los [ターデル・ロース] 形 非の打ち所のない.

Tafel [ターフェル] 女-/-n (木・金属などで作った)板；黒板, 掲示板；図版, 図表；食卓.

Tafel・wasser [ターフェル・ヴァッサァ] 匣-s/ 種類: Tafel・wässer [ターフェル・ヴェッサァ]）ビン入りミネラルウォーター.

Tag [ターク] 男-[e]s/-e 日；昼間；(特定の)日. ¶eines *Tages* ある日. / den ganzen *Tag* 一日中. / den *Tag* über 昼間の間ずっと. / ihre *Tage* haben 生理中である. / am dritten *Tag* 3日目に. ♦ Welchen *Tag* haben wir heute? きょうは何日(何曜日)ですか. / Guten *Tag*! こんにちは.

関連語 Tag		
——日の流れ——		
der Tagesanbruch	明け方.	
der Morgen	朝.	
der Vormittag	午前.	
der Mittag	正午, 昼.	
der Nachmittag	午後.	
der Abend	夕, (日没から就寝時までの)晩.	
die Nacht	(日没から夜明けまでをさして)夜.	
die Mitternacht	真夜中.	

Tage・buch [ターゲ・ブーフ] 匣-[e]s/ Tage・bücher [ターゲ・ビューヒャァ] 日記, 日誌. ¶ein *Tagebuch* führen 日記をつける.

tage·lang [ターゲ・ラング] 形 何日に
もわたる.

tagen [ターゲン] 動 会議を行う.
¶《es を主語として》Es *tagt.* 朝
になる.

Tages·licht [ターゲス・リヒト] 中
-[e]s/ 日光. ¶ans *Tageslicht*
kommen 明るみに出る.

Tages·mutter [ターゲス・ムタァ]
女-/Tages·mütter [ターゲス・ミュタ
ァ] (両親共働きの子供たちを昼間自
分の家に預かる)保育保母.

Tages·ordnung [ターゲス・オルドヌ
ング] 女-/-en 議事日程.¶an der
Tagesordnung sein 日常茶飯事
である.

Tages·zeit [ターゲス・ツァイト] 女-/
-en (一日の)ある時間.¶Um die-
se *Tageszeit* ist wenig Verkehr.
昼間のこの時間には交通量が少ない.

Tages·zeitung [ターゲス・ツァイトゥン
グ] 女-/-en 日刊新聞.

täglich [テークリヒ] 形 毎日の,日常
の.¶Sie sollten *täglich* eine
Stunde spazieren gehen. あな
たは毎日1時間は散歩するべきです.

tags [タークス] 副 *tags* darauf そ
の翌日に./*tags* zuvor (davor)
その前日に.

tags·über [タークス・イューバァ] 副
昼の間ずっと.

Tagung [ターグング] 女-/-en 会議.
¶eine *Tagung* abhalten 会議を
開催する.

「会議」は die Besprechung,
die Konferenz, der Kon-
gress, die Sitzung などがある.
Besprechung は「話し合い,協
議」, Sitzung は「(特定のテー
マについて協議する)委員会など」.
Konferenz, Kongress, Ta-
gung は多く「(大規模な)国際
会議など」である. 例えば「首
脳会議」は Gipfelkonferenz
(単に der Gipfel とも言う),
「ウイーン会議」は der Wiener
Kongress である.

Taifun [タイフーン] 男 -s/-e 台風.

「台風」は西太平洋で吹く強風で
秒速17メートル以上のものをさす.
アメリカを襲うのは「ハリケーン」
der Hurrikan で,秒速32.6メ
ートル以上に達するもの.

Taille [タリェ] 女 -/-n ウエスト.

Takt [タクト] 男-[e]s/-e 《謎》拍
子,小節;《複 なし》思いやり,節度;機
転.¶Der Schlagzeuger kam
immer wieder aus dem *Takt.*
打楽器奏者は再三拍子を外した.
/ Bei den Verhandlungen zeigte
er viel *Takt* und Geschick.
交渉にあたって彼は多くの気配りと手
腕を示した. / Dieser Mensch hat
nicht den geringsten *Takt.* こ
いつはこれっぽっちの節度ももたない.

Takt·gefühl [タクト・ゲフュール]
中 -[e]s/ マナー感覚.

Taktik [タクティク] 女-/-en 戦術,
策略,駆け引き. ¶Ich glaube, er
verfolgt die falsche *Taktik.* 彼は
間違った駆け引きをしていると思う.
/ Diese *Taktik* ist leicht zu
durchschauen. この策略は簡単に
見抜くことができる. **Taktiker**
[タクティカァ] 男-s/- 戦術(策略)家.

takt·los [タクト・ロース] 形 思いやり
のない;非礼な. ¶Gestern hat er
sich⁴ sehr *taktlos* benommen.
きのう彼は非常に心ない振る舞いをし
た. / Seine *taktlosen* Bemerkun-
gen sollte er sich³ sparen. 彼
は無礼な意見を言うべきではなかろう.
takt·voll [タクト・フォル] 形 思い
やりのある.

Tal [タール] 中-[e]s/Täler [テーラァ]
谷,谷間.

Talent [タレント] 中-[e]s/-e 才能;
才能のある人. **talentiert** [タレン
ティールト] 形 才能のある.

Talk·show [トーク・ショウ] 女 -/-s
〖エンゲ〗トークショウ.

Tampon [タンポン , タンポーン] 男 -s
/-s 〖医療〗タンポン.

tangieren [タンギーレン] tangierte,

tangiert 動 (事⁴に)関係する、かかわりがある。¶Die Interessen unserer Firma werden dadurch nicht *tangiert*. わが社の利益はそれによってなんら影響を受けない。

Tango [タンゴ] 男 –s/–s タンゴ。¶*Tango* tanzen タンゴを踊る。

Tank [タンク] 男–s/–s(-e) (石油などの)タンク；戦車。

tanken [タンケン] 動 (燃料などを)タンクに入れる；(物⁴に)給油する。¶Super *tanken* スーパーガソリンを入れる。/ Voll *tanken* bitte! 満タンにして下さい。

Tanker [タンカァ] 男 –s/– タンカー。

Tank·stelle [タンク・シュテレ] 女–/–n ガソリンスタンド。

Tanne [タネ] 女 –/–n 〚植物〛モミ。**Tannen·baum** [タネン・バォム] 男 –[e]s/Tannen·bäume [タネン・ボィメ] モミの木。**Tannen·zapfen** [タンネン・ツァプフェン] 男–s/– モミの球果。

Tante [タンテ] 女–/–n おば；(子供が大人の女性に対して)おばちゃん。

Tanz [タンツ] 男–[e]s/Tänze [テンツェ] ダンス、舞踏；ダンス音楽；《複なし》ダンスパーティー、舞踏会。

tanzen [タンツェン] 動 (h,s) 踊る；踊り回る。¶*sich*⁴ müde *tanzen* 踊り疲れる。

Tänzer [テンツァァ] 男 –s/– 　(女性) **Tänzerin** [テンツェリン] 女–/Tänzerinnen [テンツェリネン]）踊る人、ダンサー。¶Sie ist eine gute *Tänzerin*. 彼女は優れた踊り手だ。

Tapete [タペーテ] 女–/–n 壁紙。¶die *Tapete*[n] wechseln 壁紙を張り替える；引っ越す。**tapezieren** [タペツィーレン] tapezierte, tapeziert 動 (壁⁴に)壁紙をはる。

tapfer [タップファァ] 形 けなげな；勇敢な、大胆な。¶Er hat sich *tapfer* gewehrt. 彼は勇敢に防衛した。/ *Tapfer* unterdrückte sie die Tränen. 彼女はけなげに涙をこらえた。

Tarif [タリーフ] 男–s/–e 料金、運賃；賃金、給与；賃金(給与)表。¶Unsere Mitarbeiter werden nach (über) *Tarif* bezahlt. わが社の社員は給与表に従って(給与表以上に)給与が支払われる。/ Die Post hat die *Tarife* schon wieder erhöht. 郵便はまたも料金を値上げした。

Tasche [タッシェ] 女–/–n ポケット；ハンドバッグ、ポーチ、かばん；袋。

Taschen·buch [タッシェン・ブーフ] 中–[e]s/Taschen·bücher [タッシェン・ビューヒァァ] ポケットブック、文庫本。¶Der Roman soll demnächst auch als *Taschenbuch* herauskommen. その小説は間もなくペーパーバック版でも出版されるとのことだ。

Taschen·dieb [タッシェン・ディープ] 男–[e]s/–e スリ。¶Vor *Taschendieben* wird gewarnt. スリにご注意。

Taschen·geld [タッシェン・ゲルト] 中 –[e]s/ 小遣い。

Taschen·lampe [タッシェン・ランペ] 女–/–n 懐中電灯。

Taschen·messer [タッシェン・メサァ] 中 –s/– ポケットナイフ。¶Bei Flugreisen gehören *Taschenmesser* nicht ins Handgepäck. 航空機による旅行に際してポケットナイフを手荷物とすることはできない。

Taschen·rechner [タッシェン・レヒナァ] 男 –s/– ポケット電卓。

Taschen·tuch [タッシェン・トゥーフ] 中–[e]s/Taschen·tücher [タッシェン・テューヒァァ] ハンカチーフ。

Tasse [タッセ] 女–/–n (取っ手のついた)茶碗、カップ。¶eine *Tasse* starken Kaffee trinken 強いコーヒーを1杯飲む。

Tastatur [タスタトゥーァァ] 女–/–en (コンピュータなどの)キーボード；(ピアノの)鍵盤。

Taste [タステ] 女–/–n (コンピュータなどの)キー；(ピアノの)鍵；(電話機の)プッシュボタン。

tasten [タステン] 動 手探りで探す《nach *et*³ 物³を》。¶*sich*⁴ *tasten* 手探りで進む；(キーをたたいて)入力する。◆Sie *tastete* vorsichtig nach dem Lichtschalter. 彼女は

注意深く電気のスイッチを手探りした。/ Langsam *tastete* sie sich⁴ in dem dunklen Gang vorwärts. 彼女は暗い廊下をゆっくり手探りで進んで行った。

tat [タート] tun の過去形・単数・1，3人称.

Tat [タート] **女**-/-en 行為，行動；犯行．¶in der Tat 事実，本当に．♦ Als Mann der Tat kann man diesen Politiker wirklich nicht bezeichnen. この政治家を不言実行の人とはとても言えない．

Tat・bestand [タート・ベシュタント] **男**-[e]s/Tat・bestände [タート・ベシュテンデ] 事実，事態；〘法律〙犯罪の構成要件．

Täter [テータァ] **男**-s/-（女性）**Täterin** [テーテリン] **女**-/Täterinnen [テーテリネン]）犯人．

tätig [テーティヒ] -e [テーティゲ] **形** 活動している，勤めている；積極的な．¶Herr M. ist schon lange nicht mehr bei uns *tätig*. M 氏はもうずっと前からわが社には勤めていません．/ Für *seine tätige* Unterstützung können wir ihm nicht genug danken. 彼の積極的な支援に対してはいくら感謝しても感謝しきれない．

Tätig・keit [テーティヒ・カイト] **女**-/-en 活動，行動；仕事．¶Diese sitzende *Tätigkeit* ist auf die Dauer ungesund. こうした坐業は長く続ければ健康によくない．

Tat・kraft [タート・クラフト] **女**-/ 活動(行動，実行)力．**tat・kräftig** [タート・クレフティヒ] -e [タート・クレフティゲ] **形** 活動力のある，精力的な．¶Seiner *tatkräftigen* Hilfe verdanken wir viel. 我々が彼の精力的な援助に負うところは多い．

tät・lich [テート・リヒ] **形** 暴力による，力ずくの．¶j⁴ *tätlich* angreifen 人⁴に力ずくで挑みかかる．

Tat・ort [タート・オルト] **男**-[e]s/-e 犯行現場．

Tat・sache [タート・ザヘ] **女**-/-n 事実，現実．¶Die Tatsachen spre-

chen gegen ihn. 事実が彼にマイナスの材料を提供している．/ Mit dieser *Tatsache* kann er sich nicht abfinden. 彼はまだ実際と気持ちの折り合いをつけていない．

tatsäch・lich [タートゼヒ・リヒ] **1 形** 実際の，本当の．¶Den *tatsächlichen* Grund kennen wir noch nicht. 本当の原因を我々はまだ知らない．**2 副** 実際に，本当に．¶Hat er das *tatsächlich* von Ihnen verlangt? 彼は本当にそんなことをあなたに要求したのですか．/ *Tatsächlich*? 本当かい．

Tatze [タッツェ] **女**-/-n（猛獣の）前足．

¹**Tau** [タォ] **男**-[e]s/ 露．

²**Tau** [タォ] **中**-[e]s/-e 太綱，ロープ．

taub [タォプ] **形** 耳の聞こえない；(手足の)感覚がなくなった；(穂やクルミの)実が入っていない．

Taube [タォベ] **女**-/-n 〘鳥類〙ハト．¶sanft wie eine *Taube* sein ハトのようにおとなしい．♦ In dieser Frage konnten die *Tauben* sich⁴ gegen die Falken durchsetzen. この問題でハト派はタカ派に対して自説をおしとおすことができた．

Tauber* [タォバァ] **男**（女性）**Taube*** [タォベ] **女**）《形容詞の名詞化》耳の聞こえない人．

tauchen [タォヘン] **動 1**（s,h）潜る，潜水する；浮かび上がる．¶aus dem Wasser *tauchen* 水中から浮び上がる．/ ins Wasser *tauchen* 水中に潜る．♦ Tiefer als sechs Meter bin ich noch nicht *getaucht*. 私はまだ6メートル以上潜ったことがない．/ Langsam *tauchte* die Sonne aus dem Meer. 太陽がゆっくりと海から昇ってきた．/ Die Frauen dort *tauchen* nach Perlen. あの女性たちは真珠を探して潜っている．**2** 浸す，漬ける．¶Vorsichtig *tauchte* er seinen Fuß in das heiße Wasser. 彼は用心深く足を熱い湯の中に浸した．

Taucher [タォハァ] **男**-s/-（女性

T

Taucherin

Taucherin [タォヘリン] 囡-/Tau-
cherinnen [タォヘリネン])潜 水 夫,ダ
イバー;海女(⑨).

tauen [タォエン] 動 1《es を主語と
して》Es taut. 露が降りる. 2 (s,
h) 溶ける. ¶Es taut. (雪・氷が)溶
ける. / Der Schnee taut schon
wieder. もうまた雪が溶けてきた. 3
溶かす.

Taufe [タォフェ] 囡-/-n 【キリスト教】洗
礼. ¶die Taufe empfangen 洗
礼 を 受ける. **taufen** [タォフェン]
動【キリスト教】(人⁴に)洗礼をほどこす;
(物⁴を)命名する《auf et⁴ 名前⁴
と》. ¶Das Schiff wurde auf den
Namen „Asuka" getauft. 船は
「飛鳥」と命名された.

taugen [タォゲン] 動 役に立つ,適し
ている《für et⁴/zu et³ 事⁴・事³に》.
¶Taugt der neue Mitarbeiter
was? 新人社員は何か役に立つかい.
/ Zum Lehrer taugt er absolut
nicht. 彼は教師に絶対適していない.

taug·lich [タォク・リヒ] 形 役に立
つ,適している《zu et³/für et⁴ 事³・
事⁴に》.

Tausch [タォシュ] 男 -[e]s/-e 交
換,物々交換.

tauschen [タォシェン] 動 交換する.
¶mit j³ Briefmarken tauschen
人³と切手を交換する. ◆ Ich möchte
meine Wohnung gegen eine
neuere tauschen. 私は自分の住居
をもっと新しいものと交換したいと思っ
ている. / Wollen wir die Plätze
tauschen? 席をかわろうか. / Mit
ihm möchte ich auf keinen
Fall tauschen. 彼の代わりになど
絶対なりたくない.

täuschen [トィシェン] 動 欺く,だま
す. ¶sich⁴ täuschen 思 い 違 い
(勘違い)をする. ◆ Wenn mich
mein Gedächtnis nicht täuscht
(Wenn ich mich nicht täu-
sche), ... もし私の記憶に間違いが
なければ(もし私が勘違いしているので
なければ)…. / Der erste Eindruck
täuscht nicht selten. 第一印象
には裏切られることが稀ではない. **täu-**

schend [トィシェント] 1形 欺くよ
うな,見間違えるほどの. ¶j³/et³ täu-
schend ähnlich sein 人³・物³と
見間違えるほど似ている. 2 täu-
schen の現在分詞.

Täuschung [トィシュング] 囡 -/-en
だますこと,ごまかし;思い違い. ¶Ich
fürchte, du bist auf eine Täu-
schung hereingefallen. お前がご
まかしにひっかかったのではないかと心
配しているのだが.

tausend [タォゼント] 数 《基数詞》
1000. **Tausend** [タォゼント] 1
囡 -/-en 千の数[字]. 2 曱-s/-e
千[の数];《複》で数千,何千. ¶von
Tausend 千分の…,パーミル(略:
vT, v.T.).

tausendst [タォゼンツト] 数 《序数
詞》第1000番目の.

Taxi [タクスィ] 曱 (《スイス》男) -s/-s
タクシー. ¶ein Taxi nehmen タ
クシーに乗る.

taxieren [タクスィーレン] taxierte,
taxiert 動 査定(評価)する;品定め
をするように見る.

Taxi·fahrer [タクスィ・ファーラァ]
男 -s/- (女性) **Taxi·fahrerin**
[タクスィ・ファーレリン]囡-/Taxi·fahre-
rinnen [タクスィ・ファーレリネン])タクシ
ー運転手.

Taxi·stand [タクスィ・シュタント] 男
-[e]s/Taxi·stände [タクスィ・シュテン
デ] タクシー乗り場.

Tb [テーベー] 【元素記号】テルビウム;【略】結
核(=**Tu**berkulose).

Tbc [テーベーツェー] 【略】結核 (=**Tu**-
berkulose).

Tc [テーツェー] 【元素記号】テクネチウム.

Te [テーエー] 【元素記号】テルル.

Team [ティーム] 曱-s/-s (スポーツ・
仕事・研究を協力して行う)チーム. ¶
ein Team bilden チームを結成す
る. ◆Heinz spielt in unserem
Team. ハインツはわれわれのチーム
でプレイしている.

Technik [テヒニク] 囡-/-en 技術;
技能,技巧. ¶In seinem Labor
arbeitet man mit ganz neuen
Techniken. 彼の実験室では全く新

しい技術を使って作業している.

Techniker [テヒニカァ] **男** -s/-
（**女性**）**Technikerin** [テヒニケリン]
女 -/-Technikerinnen [テヒニケリネ
ン]) 技術者, 技師; テクニシャン.

technisch [テヒニシュ] **形** 技術[上]
の, 技術的な; 技法上の, 技巧的な. ¶
die *Technische* Hochschule 工
科大学（略: TH）.

Techno·logie [テヒノ・ロギー] **女** -
/-n [テヒノ・ロギーエン] 科学(工業)技
術, テクノロジー. **techno·lo·
gisch** [テヒノ・ローギシュ] **形** 科学
(工業)技術の, テクノロジーの.

Teddy·bär [テディ・ベーァ] **男** -en/
-en テディベア(クマのぬいぐるみ).

Tee [テー] **男** -s/-s 茶[の葉, 木], 紅
茶; 薬湯; (午後の)お茶の会. ¶Möch-
test du schwarzen *Tee* oder lie-
ber grünen? あなたは紅茶がよろし
いですか, それとも緑茶の方がよろし
いですか. / Den *Tee* lassen wir
besser noch ein bisschen zie-
hen. そのお茶はもう少し出した方が
いいのじゃないか. / Kommst du mor-
gen auch zum *Tee* beim Gesand-
ten? 君もあした公使邸の茶会に行く
かい.

Tee·beutel [テー・ボイテル] **男** -s/-
ティーバッグ. **Tee·blatt** [テー・ブ
ラット] **中** -[e]s/Tee·blätter [テー・
ブレタァ] 茶の葉.

Tee·ei, Tee-Ei [テー・アイ] **中**
-[e]s/-er (卵形の)茶こし(金属製の
卵形容器. 二つに割れるようできてお
り, 中に茶葉を入れてから元の形に戻
し, ポットに入れて熱湯を注ぐ).
Tee·kanne [テー・カネ] **女** -/-n
ティーポット. **Tee·löffel** [テー・
レフェル] **男** -s/- ティースプーン.

Teen·ager [ティーネイチァァ] **男** -s/-
ティーンエージャー.

Teer [テール] **男** -[e]s/ 《化学》タール.
teeren [テーレン] **動** (物⁴に)タ
ールを塗る. ¶Die Straße wird gera-
de *geteert*. この道路は今ちょうど
タールを塗っているところだ.

Tee·stunde [テー・シュトゥンデ] **女** -
/-n (午後の)お茶の時間. **Tee·**

tasse [テー・タセ] **女** -/-n ティーカ
ップ, [紅茶]茶碗.

Teich [タイヒ] **男** -[e]s/-e 池, 沼; 貯
水池.

Teig [タイク] **男** -[e]s/-e (パン・ケー
キなどの)生地, 練り粉.

Teig·waren [タイク・ヴァーレン] **複**
めん類, パスタ.

Teil [タイル] **男** (**中**) -s/-e [一]部
分; 《**中**》部品. ¶der zweite *Teil*
von Goethes „Faust" ゲーテの
「ファウスト」第2部. ◆Den größ-
ten *Teil* seines Urlaubs hat
er auf dem Balkon verbracht.
休暇の大部分を彼は自宅のバルコニー
で過ごした. / Sie hat einen *Teil*
des elterlichen Vermögens ge-
erbt. 彼女は両親の財産の一部を相
続した. / Was er sagt, ist nur zum
Teil richtig. 彼の言うことはその一
部しか正しくない. / Diese Maschine
besteht aus 300 *Teilen*. この機
械は300の部品から成り立っている.

teilen [タイレン] **動** 分ける, 分割す
る; 分配する; 共同で使う《mit j³ 人³
と》. ¶et⁴ untereinander (*sich³*)
teilen 物⁴を分け合う. ◆Den Lot-
togewinn haben wir unter uns
geteilt. 宝くじの当たりは私たちで山
分けした. / Die beiden *teilen*
sich ein Zimmer im Studenten-
heim. 二人は学生寮の1室を共同
で使っている. / Seine Auffassung
kann ich nicht ganz *teilen*. 私
は彼の見解に完全に与(⁵)することはで
きない.

teil|haben* [タイル・ハーベン] *du*
hast teil, *er* hat teil; hatte
teil; teilgehabt **動** 関与(参加)する
《an et³ 事³に》. ¶Eine solche Par-
tei sollte an der Macht bes-
ser nicht *teilhaben*. そのような
党派は政権に加わらない方が良い.

Teil·haber [タイル・ハーバァ] **男** -s/-
（**女性** **Teil·haberin** [タイル・ハーベ
リン] **女** -/-Teil·haberinnen [タイ
ル・ハーベリネン])関与(参加)者; 出資者.

Teil·nahme [タイル・ナーメ] **女** -/ 参
加, 関与, 出席《an et³ 事³への》. ¶

553

Die *Teilnahme* an diesem Kurs ist Pflicht. この講習への参加は義務である.

teilnahms·los [タイルナームス·ロース] 形 無関心な, 冷淡な. **teilnahms·voll** [タイルナームス·フォル] 形 思いやりのある, 同情深い.

teil│nehmen* [タイル·ネーメン] du nimmst teil; er nimmt teil; nahm teil; teilgenommen 動 参加する, 出席する《an et³ 事³に》;分かち合う《an et³ 物³を》. ¶An diesem Festzug *nehmen* auch Gäste aus Japan *teil*. お祭りのパレード行列には日本からのお客さまたちも参加している. / An seiner Freude *nahm* die ganze Nachbarschaft *teil*. ご近所全体が彼の喜びを分かち合った.

Teil·nehmer [タイル·ネーマァ] 男-s/- (女性) **Teil·nehmerin** [タイル·ネーメリン] 女 -/Teil·nehmerinnen [タイル·ネーメリンネン] 参加(出席)者.

teils [タイルス] 副 一部は, 部分的には. ¶teils ..., teils ... 一部は ..., 一部は.... ◆ Das Stück hat mir nur *teils* gefallen. その作品が私は部分的にしか気に入らなかった. / *Teils* mussten wir laufen, *teils* wurden wir von freundlichen Autofahrern mitgenommen. 一部は徒歩で行かねばならなかったが, 一部は親切なドライバーに連れて行ってもらった.

ドイツの高速道路の入路付近で „Berlin" とか „München" とか書いたプラカードを掲げて立つ青年たち. いわゆるヒッチハイカーder Anhalter (die Anhalterin) で, ベルリンなりミュンヘンなりの方向へ連れて行ってくれる自動車を気長に待っているのである. 今はインターネットの相乗りサイト (Mitfahrzentrale) に登録して同乗できる車を探すのでヒッチハイクは減った, Facebook 等で探す人も.

Teilung [タイルング] 女-/-en 分割,

分配. ¶Die *Teilung* Deutschlands hat fast vierzig Jahre gedauert. [東西]ドイツの分割はおよそ40年間続いた.

teil·weise [タイル·ヴァイゼ] 副 部分的に;《付加語の形 として》部分的な. ¶Das Manuskript ist nur *teilweise* erhalten. その写本は部分的にしか保存されていない. / Die Autobahn war *teilweise* gesperrt. アウトバーンは一部閉鎖されていた. / Der Stadtrat plant einen *teilweisen* Umbau des Museums. 市議会は博物館の部分的改築を計画している.

Teil·zahlung [タイル·ツァールング] 女 -/-en 分割払い.

Teil·zeit [タイル·ツァイト] 女-/ パートタイム. **Teilzeit·arbeit** [タイルツァイト·アルバイト] 女-/-en パートタイム労働.

Teint [テーン] 男-s/-s (肌の)色つや, 顔色.

Tele·arbeit [テーレ·アルバイト] 女 -/-en (通信ネットワークなどを用いた)在宅勤務.

Tele·fax [テーレ·ファクス] 中 -/-[e] ファックス.

Tele·fon [テレ·フォーン, テーレ·フォーン] 中 -s/-e 電話機. ¶ans *Telefon* gehen 電話に出る. / Sie werden am *Telefon* verlangt. あなたにお電話ですよ.

Tele·fonat [テレ·フォナート], **Telefon·gespräch** [テレフォーン·ゲシュプレーヒ] 中-[e]s/-e 通話. ¶ein *Telefonat* (*Telefongespräch*) führen 電話する.

Telefon·buch [テレフォーン·ブーフ] 中-[e]s/Telefon·bücher [テレフォーン·ビューヒャァ] 電話帳.

telefonieren [テレフォニーレン] telefonierte, telefoniert 動 電話で話す《mit j³ 人³と》. ¶Meine Tochter *telefoniert* stundenlang mit ihrer Freundin. 娘は友人と何時間も電話をしている. (⇒anrufen の解説)

tele·fonisch [テレ·フォーニシュ] 形

554

電話による. ¶Sind Sie *telefonisch* zu erreichen? あなたは電話で連絡がつきますか.

Tele·fonist [テレ・フォニスト] 男 -en/-en 女性 **Tele·fonistin** [テレ・フォニスティン] 女-/Tele·fonistinnen [テレ・フォニスティネン])(電話の)交換手.

Telefon·karte [テレフォーン・カルテ] 女-/-n テレフォンカード.

Telefon·leitung [テレフォーン・ライトゥング] 女-/-en 電話線. **Telefon·nummer** [テレフォーン・ヌマァ] 女-/-n 電話番号.

Telefon·rechnung [テレフォーン・レヒヌング] 女-/-en 通話料金[請求書]. ¶Die *Telefonrechnung* ist gekommen. 電話料金請求書が来た.

Telefon·zelle [テレフォーン・ツェレ] 女-/-n 電話ボックス.

Telefon·zentrale [テレフォーン・ツェントラーレ] 女-/-n 電話交換台. ¶Die *Telefonzentrale* ist rund um die Uhr besetzt. 交換台は四六時中担当者がいる.

tele·grafieren [テレ・グラフィーレン] telegrafierte, telegrafiert 動 電報を打つ. ¶j³ et⁴ *telegrafieren* 人³に事⁴を電報で知らせる. **tele·grafisch** [テレ・グラーフィシュ] 形 電報による. **Tele·gramm** [テレ・グラム] 中-s/-e 電報. ¶ein *Telegramm* schicken 電報を送る.

Tele·kommunikation [テーレ・コムニカツィオーン] 女-/ テレコミュニケーション(テレビ・ラジオ・電話・電信などによる遠距離通信).

Tele·pathie [テレ・パティー] 女-/ テレパシー.

Tele·skop [テレ・スコープ] 中-s/-e 望遠鏡.

Teller [テラァ] 男-s/- 皿;皿状のもの. ¶einen *Teller* Suppe essen 1皿のスープを飲む. / die Suppe aus dem *Teller* löffeln スープを皿からすくう(すくって飲む). ◆Nun iss mal schön deinen *Teller* leer! さあ自分のお皿[のもの]をすっ

かりきれいに食べておしまい.

Tempel [テンペル] 男-s/- (キリスト教以外の)神殿,寺院.

Temperament [テンペラメント] 中-[e]s/-e 気質,気性;《複なし》激しい気性,情熱. ¶Sie hat ein ausgeglichenes *Temperament*. 彼女は調和の取れた気性である. / Sie weiß ihr *Temperament* nicht zu zügeln. 彼女は自分の激しい気性を抑制することができない. **temperament·voll** [テンペラメント・フォル] 形 気性の激しい,情熱的な. ¶So *temperamentvoll* wie heute habe ich ihn noch nie erlebt. きょうほど活気のある彼を見たことはいまだかつてなかった. / Warum muss sie immer so *temperamentvoll* reagieren? どうして彼女はいつもあんなに激しく反応せずにはいられないのか.

Temperatur [テンペラトゥーァ] 女-/-en 温度,気温,体温. ¶hohe (niedrige) *Temperatur* 高い(低い)温度. / erhöhte *Temperatur* haben 微熱がある. (⇒Fieber)

Temperatur·regler [テンペラトゥーァ・レーグラァ] 男-s/- サーモスタット.

Tempo [テンポ] 中-s/-s テンポ,速さ,スピード. ¶in schnellem *Tempo* fahren 速いスピードで走行する. ◆Mehr als *Tempo* dreißig darf man hier nicht fahren. こでは時速30キロ以上で走行してはならない. / Vor der Kurve hätte der Fahrer sein *Tempo* stärker drosseln müssen. カーブの手前で運転者はスピードをもっと抑えるべきだったのに.

Tempo·limit [テンポ・リミト] 中-s/-s 速度制限. ¶ein *Tempolimit* beachten スピード制限を守る.

Tendenz [テンデンツ] 女-/-en 傾向,風潮. ¶Die *Tendenz*, verstärkt in China zu investieren, scheint nachzulassen. 中国における投資を強化しようという傾向は衰えているように思われる. / Die Ausstellung verschafft einen guten Überblick über neue *Tenden-*

zen in der Malerei. その展覧会は絵画の新しい風潮に関する概観を与えてくれる.

tendieren [テンディーレン] tendierte, tendiert 動 傾きがある《zu et³ 事³の》. ¶ Wir *tendieren* dazu, den Vertrag abzuschließen. われわれは契約を結ぶ方に傾いている. / Die Partei *tendiert* stark nach rechts. 党は著しく右傾化している.

Tennis [テニス] 中 -/ テニス. **Tennis・platz** [テニス・プラッツ] 男 -es/Tennis・plätze [テニス・プレッツェ] テニスコート.

¹Tenor [テノーァ] 男 -s/ 趣旨,基調.

²Tenor [テノーァ] 男 -s/Tenöre [テネーレ]《楽》テノール[歌手].

Teppich [テピヒ] 男 -s/-e じゅうたん,カーペット. ¶ Die Regierung versuchte vergeblich, den Streit in der Koalition unter den *Teppich* zu kehren. 政府は連立内部の争いを闇に葬ろうと試みたが無駄なことだった.

Termin [テルミーン] 男 -s/-e 期日,期限;予定日時. ¶ mit *j³* einen *Termin* ausmachen 人³と日取りを取り決める. ◆ Übermorgen habe ich schon einen *Termin* beim Zahnarzt. あさってはもう歯医者の予約が入っている.

Terminus [テルミヌス] 男 -/Termini [テルミニ] 術語,専門用語.

Terrasse [テラッセ] 女 -/-n テラス,段地. ¶ auf der *Terrasse* テラスで.

territorial [テリトリアール] 形 領土(領地)の. **Territorium** [テリトーリウム] 中 -s/Territorien [テリトーリエン] 領土,領地.

Terror [テローァ] 男 -s/ テロ. **terrorisieren** [テロリズィーレン] terrorisierte, terrorisiert 動 テロによって支配する(恐怖させる). **Terrorismus** [テロリスムス] 男 -/ テロリズム. **Terrorist** [テロリスト] 男 -en/-en (女性 **Terroristin** [テロリスティン] 女 -/Terroristinnen [テロリスティネン])テロリスト.

Test [テスト] 男 -[e]s/-s(-e) テスト,検査. ¶ *j⁴/et⁴* einem *Test* unterziehen 人⁴・物⁴をテスト(検査)する.

Testa・ment [テスタ・メント] 中 -[e]s/-e 遺言[状];《キリスト教》(神と人との)契約. ¶ das Alte (Neue) *Testament* 旧約(新約)聖書(略: A.T., N.T.). ◆ Mein *Testament* habe ich schon zweimal geändert. 私は遺言状をすでに2度書き換えた. / Das steht schon im Alten *Testament*. それはすでに旧約聖書に書かれている.

testen [テステン] 動 テスト(検査)する.

teuer [トイァ] 形 (値段が)高い,高価な;大切な. ¶ Man sagt, Tokyo sei die *teuerste* Stadt der Welt. 東京は世界でもっとも[物価の]高い都市だといわれている. / Wie *teuer* ist die Kamera hier? このカメラはいくらほどですか.

Teufel [トイフェル] 男 -s/- 悪魔;悪魔のような人. ¶ Man soll den *Teufel* nicht an die Wand malen. 縁起でもない(不吉な)ことを言うものではない.

Teufels・kreis [トイフェルス・クライス] 男 -es/-e 悪循環. ¶ einen *Teufelskreis* durchbrechen 悪循環を断ち切る.

teuflisch [トイフリッシュ] 形 悪魔的な,残虐な;《口語表現》非常な. ¶ Die Terroristen hatten sich einen wahrhaft *teuflischen* Plan ausgedacht. テロリストたちは全く残虐な計画を考えついていた.

Text [テクスト] 男 -es/-e テキスト,文章,本文(序文などに対して);シナリオ;歌詞.

Textil・geschäft [テクスティール・ゲシェフト] 中 -[e]s/-e 繊維製品取扱店. **Textilien** [テクスティーリエン] 複 織物,繊維製品.

Text・verarbeitung [テクスト・フェァアルバイトゥング] 女 -/-en 《電算》テキスト処理.

Th [テーハー]《元素記号》トリウム.

TH [テーハー] 囡-/-s〚略〛工科大学 (＝**T**echnische **H**ochschule).

Theater [テアータァ] 囲-s/- 劇場, 芝居;《besなし》上演. ¶am (beim) *Theater* sein 演劇の仕事に携わっている, 役者である. / ins *Theater* gehen 芝居を見に行く. / zum *Theater* gehen 演劇界に入る. ◆Ich bin sicher, sie spielt nur *Theater*. 間違いなく彼女はお芝居をしているだけだ. / Mach doch bitte nicht so'n *Theater*! 頼むからそんな大騒ぎは止めてくれ.

Theater・stück [テアータァ・シュトゥク] 囲-[e]s/-e 戯曲, 脚本. **theatralisch** [テアトゥラーリッシュ] 形 劇場の;芝居がかった.

Theke [テーケ] 囡-/-n (バー・売り場などの)カウンター. ¶an der *Theke* カウンターで. ◆Der alte Wirt steht hinter der *Theke*. 年老いた店の主がカウンターの向こう側に立っている.

Thema [テーマ] 囲-s/Themen [テーメン] テーマ, 話題, 主題. ¶Ich glaube, wir wechseln besser das *Thema*. 私は話題を変えた方が良いと思う. **thematisch** [テマーティッシュ] 形 テーマ(話題, 主題)の.

Theo・logie [テオ・ロギー] 囡-/-n [テオ・ロギーエン] 神学.

theoretisch [テオレーティッシュ] 形 理論上の. **Theorie** [テオリー] 囡-/-n [テオリーエン] 理論, 学説;空論. ¶Das ist nichts weiter als graue *Theorie*. それは実地に役立たない単なる理屈以上の何物でもない.

Therapeut [テラポイト] 囲-en/-en (女性) **Therapeutin** [テラポイティン] 囡-/Therapeutinnen [テラポイティネン])セラピスト, 臨床医, 治療専門家.

Therapie [テラピー] 囡-/-n [テラピーエン] 治療[法], セラピー.

Thermal・bad [テルマール・バート] 囲-[e]s/Thermal・bäder [テルマール・ベーダァ] 温泉浴, 温泉[地]. **Thermal・quelle** [テルマール・クヴェレ] 囡-/-n 温泉.

Thermo・meter [テルモ・メータァ] 囲-s/- 温度計, 寒暖計, 体温計. ¶Das *Thermometer* kletterte rasch auf über 30 Grad. 寒暖計はすごいスピードで30度以上まで駆け上った.

Thermos・flasche [テルモス・フラシェ] 囡-/-n 魔法びん.

These [テーゼ] 囡-/-n 命題, 論題, テーゼ. ¶Seine *These* ist keineswegs überzeugend. 彼の論題は全然説得力がない. / Die kühne *These* Professor Breuers stieß auf allgemeine Skepsis. ブロイア教授の大胆な命題はみなの懐疑に突き当たった.

Thriller [スリラァ] 囲-s/- スリラー小説, スリラー映画.

Thron [トゥローン] 囲-[e]s/-e 王位, 王座.

Thun・fisch [トゥーン・フィッシュ] 囲 ＝Tunfisch.

Thüringen [テューリンゲン] 囲-s/〚地名〛(ドイツ連邦共和国の)チューリンゲン州(ドイツ中東部の州).

Ti [テーイー] 〚元素記号〛チタン.

Tick [ティック] 囲-[e]s/-s 〚くだけて表現〛奇妙な癖;気まぐれ;〚医療〛チック症. ¶Er hat einen kleinen *Tick*. 彼にはちょっとした奇癖がある.

ticken [ティッケン] 動 (時計などが)チクタク鳴る. ¶Ich glaube, er *tickt* (es *tickt* bei ihm) nicht ganz richtig. 私は彼が少々いかれていると思う.

Ticket [ティケット] 囲-s/-s 航空券, 乗車券, 入場券.

tief [ティーフ] 形 深い, 奥深い;(色が)濃い;(...*の)深さがある. ¶*tief* gehend 根本(本質)的な, 深部にまで達する. / *tief* bewegt 深く感動した. / *tief* gekühlt 冷凍の. / *tief* greifend 根本的な, 深刻な. / *tief* liegend 低いところ(所)にある. / *tief* stehend 低い;下位の. ◆Die Grube ist einen Meter⁴ *tief*. この穴の深さは1メートルだ. / So *tiefen* Schnee haben wir lange nicht mehr gehabt. こんなに深い

557

雪はもうずいぶん長く積もったことがない． / Der Hubschrauber fliegt gefährlich *tief*. ヘリコプターが危険なくらい低空を飛んでいる． / Für eine Frau hat sie eine ungewöhnlich *tiefe* Stimme. 彼女は女性にしては異常なほど低い声をしている．

Tief [ティーフ] 中 -s/-s 〔気象〕低気圧［帯］. (⇒Hoch)

Tiefe [ティーフェ] 女 -/ 深さ,《複なし》奥深さ;（色の）濃さ. ¶die *Tiefe* ihrer Liebe (ihres Schmerzes) 彼女の愛の深さ（苦しみの大きさ）.

Tief・garage [ティーフ・ガラージェ] 女 -/-n 地下駐車場.

tief|kühlen [ティーフ・キューレン] 動 冷凍する.

tief・sinnig [ティーフ・ズィニヒ] -e [ティーフ・ズィニゲ] 形 意味深長な,思慮深い． ¶Besonders *tiefsinnig* war der Vortrag nicht. 講演は格別意味深いものではなかった．

Tier [ティーア] 中 -[e]s/-e 動物;獣． ¶Quäle nie ein *Tier* zum Scherz, denn es fühlt wie du den Schmerz. 面白半分に動物をいじめてはいけない,動物だってお前と同じように痛みを感じるのだから．

Tier・garten [ティーア・ガルテン] 男 -s/Tier・gärten [ティーア・ゲルテン]

動物園.

tierisch [ティーリシュ] 形 動物[性]の;獣のような.

Tier・schutz [ティーア・シュツ] 男 -es/ 動物保護（愛護）.

Tier・versuch [ティーア・フェアズーフ] 男 -[e]s/-e 動物実験.

Tiger [ティーガァ] 男 -s/- 〔動物〕トラ.

tilgen [ティルゲン] 動 （文字などを）消す,削除する;抹殺する;（借金を）完済する． ¶In dem Protokoll wurden zwei Zeilen *getilgt*. その議事録では 2 行削除された． / Mittlerweile hat er seine Schulden *getilgt*. そうこうするうちに彼は借金を完済した． / Endlich gelang es ihr, ihn aus ihrer Erinnerung zu *tilgen*. 彼女はやっと彼のことを記憶から消し去ることができた． **Tilgung** [ティルグング] 女 -/-en 消すこと,削除;抹殺;完済.

Tinte [ティンテ] 女 -/-n インク.

Tintenstrahl・drucker [ティンテンシュトゥラール・ドゥルカァ] 男 -s/- インクジェットプリンター.

Tipp [ティップ] 男 -s/-s （役に立つ）指示,助言;ヒント． ¶j³ einen *Tipp* geben 人³に知恵を授ける． ◆Diesen tollen *Tipp* habe ich von einem Freund. このすばらしいヒ

ントはさる友人から貰ったものだ.

tippen [ティッペン] **動** 1(指先など
で)軽く叩く(触れる)《auf *et*⁴
を・に》》;《くだけて》タイプライターを打つ;
予想する《auf *et*⁴ 事⁴を》;トトカル
チョをする. ¶*j*³ auf die Schulter
tippen 人³の肩を叩く. ♦Ich *tippe*
auf einen knappen Sieg unse-
rer Mannschaft. ぼくの予想ではわ
がチームが辛勝する. 2(物⁴を)軽く叩
く;《くだけて》タイプライターで打つ.

Tipp·fehler [ティップ·フェーラァ]
男 -s/- ミスタイプ.

Tirol [ティロール] **中** -s/ 《地名》チロル
(オーストリアの州).

Tisch [ティッシュ] **男** -[e]s/-e 机;食
卓. ¶runder *Tisch* 円卓. / den
Tisch decken 食事の支度をする.
/ am *Tisch* sitzen 机に向かって
座っている. ♦Was auf den *Tisch*
kommt, wird gegessen. 食卓に
出されたものは何でも食べるものだ.

Tisch·decke [ティッシュ·デケ] **女**
-/-n テーブルクロス. **Tisch·lam-
pe** [ティッシュ·ランペ] **女** -/-n 卓上ラ
ンプ.

Tischler [ティッシュラァ] **男** -s/-
(女性) **Tischlerin** [ティッシュレリン]
女 -/Tischlerinnen [ティッシュレリネ
ン])家具職人, 指物師.

Tisch·tennis [ティッシュ·テニス]
中 -/ 卓球.

Tisch·tuch [ティッシュ·トゥーフ] **中**
-[e]s/Tisch·tücher [ティッシュ·テュー
ヒャァ] (食卓用の)テーブルクロス.
¶Meine Tochter hat das *Tisch-
tuch* zwischen sich und ihrem
Vater zerschnitten. 私の娘は父親
との縁を断(た)った.

Titel [ティーテル] **男** -s/- 表題, 題目;
肩書き, 称号;(競技の)タイトル. ¶
der *Titel* des Films 映画の題名.
/ der akademische *Titel* eines
Dr. med. (=Doktors der Medi-
zin) 医学博士の称号. / den *Titel*
eines Weltmeisters erringen
世界チャンピオンのタイトルをかちと
る.

Tl [テーエル] 《元素記号》タリウム.

Tm [テーエム] 《元素記号》ツリウム.

Toast [トースト] **男** -[e]s/-e(-s) ト
ースト;乾杯の辞. ¶einen *Toast*
auf *j*⁴ ausbringen 人⁴のために乾
杯する. **Toast·brot** [トースト·ブ
ロート] **中** -[e]s/-e トースト, トースト
用 の パ ン. **toasten** [トーステン]
動 1(物⁴を)トーストにする. 2乾杯
する《auf *j*⁴ 人⁴のために》. **Toas-
ter** [トースタァ] **男** -s/- トースター.

toben [トーベン] **動** (s) (自然など
が)荒れ狂う;暴れる;はしゃぐ;騒ぎ回
る. ¶Die Kinder *toben* wieder
wie die Wilden. 子供たちがまた
野蛮人のように騒ぎ回っている.

Tochter [トホタァ] **女** -/Töchter
[テヒタァ] 娘.

Tochter·firma [トホタァ·フィルマ]
女 -/Tochter·firmen [トホタァ·
フィルメン], **Tochter·gesell-
schaft** [トホタァ·ゲゼルシャフト] **女**-/
-en 子会社.

Tod [トート] **男** -[e]s/-e 死, 死亡.
¶*j*⁴ zum *Tode* verurteilen 人⁴
に死刑を宣告する. ♦Es geht um
Leben und *Tod*. 生きるか死ぬかの
問題だ. **Todes·strafe** [トーデ
ス·シュトラーフェ] **女**-/-n 死 刑.¶In
Deutschland ist die *Todesstrafe*
abgeschafft. ドイツでは死刑が廃
止されている. **Tod·feind** [トー
ト·ファイント] **男**-es/-e 不倶戴天の
敵.

töd·lich [テートリヒ] **形** 致命的な,
命に関わる;《副 として》非常に, もの
すごく. ¶Er ist *tödlich* verletzt
worden. 彼は致命傷を負った. /
Ich fürchte, du hast sie *tödlich*
beleidigt. 君は彼女を徹底的に侮辱
したのではないかと心配だ.

tod·müde [トート·ミューデ] **形** もの
すごく疲れた.

Toilette [トァレッテ] **女**-/-n トイ
レ,化粧室;(パーティーなどの)衣装.
¶auf die *Toilette* gehen トイレ
に行く. / in großer *Toilette* 盛装
して. ♦Wo sind hier die *Toilet-
ten*? ここのお手洗いはどこにありま
す か. **Toiletten·papier** [トァ

559

レッテン・パピーァ] 囲-s/ トイレットペー
パー.

toi,toi,toi! [トイ, トイ, トイ] 聞
幸運を祈るよ;くわばらくわばら.

tolerant [トレラント] 形 寛大な,寛
容な《gegenüber *j³/et³* 人³・事³に
対 して》. **Toleranz** [トレランツ]
囡-/ 寛大,寛容. ¶Auch *Toleranz*
hat irgendwo ihre Grenzen. 寛
容といえどもやはり何らかの限界があ
る.

tolerieren [トレリーレン] tolerierte,
toleriert 動 寛大に扱う,黙認する.
¶Ein solches Verhalten sollte
man auf keinen Fall *tolerieren*.
ああいう態度は絶対に黙認すべきではあ
るまい.

toll [トル] 形 《くだけた言い方》すばらしい;気の
狂った;大はしゃぎの. ¶Prima, das
habt ihr *toll* hingekriegt! すごい
ぞ,お前らはすばらしいことをやってのけ
た. / Nachher kommt ein *toller*
Krimi im Fernsehen. このあとテ
レビですごい推理ドラマをやるぞ.

Tomate [トマーテ] 囡-/-n トマト.
Tomaten·saft [トマーテン・ザフ
ト] 男-es/Tomaten·säfte [トマー
テン・ゼフテ] トマトジュース. **Toma-
ten·suppe** [トマーテン・ズッペ] 囡-
/-n トマトスープ.

Tombola [トンボラ] 囡 -/-s(Tom-
bolen [トンボレン) 福引き.

祭のときなど主として慈善募金の目
的で行われ,寄付された品物をくじ
で当てる.おおむね特等商品の自動
車が(何故か台の上に前傾姿勢で)
飾ってある.

¹**Ton** [トーン]男-[e]s/-e 粘土,陶
土.

²**Ton** [トーン] 男-[e]s/Töne [テー
ネ] 音,音色;色調,トーン;《複なし》
アクセント,口調,話し方. ¶Die Gei-
ge hat einen schönen *Ton*. こ
のバイオリンは美しい音色をもってい
る. / Der *Ton* liegt auf der zwei-
ten Silbe. アクセントは2番目のシ
ラブルにある. / Der *Ton* macht

die Musik. ものは言い方が大事だ.

Ton·band [トーン・バント] 囲-es/
Ton·bänder [トーン・ベンダァ] 録音
テープ. ¶*et⁴* auf *Tonband* aufneh-
men 音楽など⁴をテープに録音する.
Tonband·gerät [トーンバント・ゲ
レート]囲-[e]s/-e テープレコーダー.

tönen [テーネン] 動 1音を立てる,
鳴る,鳴り響く. 2(物⁴に)色調をつけ
る,(物⁴の)色合いを変える. ¶Sie
hat ihr Haar hell *getönt*. 彼女
は髪の毛の色調を明るいものに変えた.

tönern [テーネルン] 形 粘土[質]の.
¶Die Medien bezeichneten
das Unternehmen als Koloss
auf *tönernen* Füßen. メディアは
その企業を見掛け倒しの巨人(砂上の
楼閣)と形容した.

Ton·leiter [トーン・ライタァ] 男 -s/-
《楽》音階.

Tonne [トネ] 囡-/-n (大型の)樽;
《縡譏》(樽型の)ブイ;トン(重量の単位.
1000キログラム).

Topf [トップフ] 男 -[e]s/Töpfe [テ
ップフェ] (深い)鍋;壺. ¶einen *Topf*
aufs Feuer setzen 鍋を火にかけ
る. / seine Nase in alle *Töpfe*
stecken 何にでも首をつっこむ.
Töpf·chen [テップフ・ヒェン] 囲-s
/- おまる(携帯用便器).

Topfen [トップフェン] 男 -s/ 《オース-
トリァ》カッテージチーズ.

Töpfer [テップファァ] 男 -s/- 陶工.
Töpferei [テップフェライ] 囡-/-en
《複 なし》陶芸;陶器製造所. **töp-
fern** [テップフェルン] 動 1陶器をつく
る. ¶Er *töpfert* für sein Le-
ben gern. 彼は焼き物をするのが大
好きだ. 2(陶器を)焼く.

¹**Tor** [トーァ] 囲 -[e]s/-e 門,入り
口,ゲート;《スポーツ》ゴール. ¶ein *Tor*
schießen ゴールを決める. ◆ Wer
steht heute bei den Bayern im
Tor? きょうバイエルン(=ドイツの人
気サッカークラブ「バイエルン・ミュン
ヘン」のこと)のゴールを守るのは誰だ.

²**Tor** [トーァ] 男 -en/-en 《古い表現》愚
か者,ばか者.

Torte [トルテ] 囡 -/-n 《料理》トルテ.

¶eine *Torte* backen トルテを焼く。/ ein Stück *Torte* essen 一切れのトルテを食べる.

トルテとは卵黄・バター・砂糖・小麦粉を調合して焼き上げたスポンジケーキの一種。上にクリームや果物を載せる。円形で数センチ前後の高さがあり、一般に6等分、ないし8等分に切り分けて食する。

Tor·wart [トーァ・ヴァルト] 男-s/-e （女性） **Tor·wartin** [トーァ・ヴァルティン] 女-/Tor·wartinnen [トーァ・ヴァルティネン]）〖スポーツ〗ゴールキーパー。

tot [トート] 形 死んだ、死んだような；枯れた、荒涼とした；麻痺した；効力を失った。¶eine *tote* Zeit（シーズンオフなどで）閑散とした時期、無駄な時間. ♦ Das Gespräch ist an einem *toten* Punkt ankommen. 話し合いは行き詰まった. / Mein Vater ist schon seit 10 Jahren *tot*. 父がなくなってもう10年になります.

total [トタール] 形 まったくの、完全な。¶ein *totaler* Misserfolg 完全な失敗. ♦ Das ist doch *totaler* Blödsinn! そいつは全くでたらめだ.

totalitär [トタリテーァ] 形 全体の；全体主義的な。¶Ein derart *totalitäres* Regime passt absolut nicht in unsere Zeit. そんな全体主義的な政権は今日の時代に絶対そぐわない.

tot│arbeiten [トート・アルバイテン] 動 〖くだけた表現〗 *sich*[4] *totarbeiten* へとへとになるまで働く、働きすぎて過労死する.

töten [テーテン] 動 殺す.

Toter* [トータァ] 男 （女性） **Tote*** [トーテ] 女《形容詞の名詞化》死人、死者。¶Bei dem *Toten* handelt es sich anscheinend um einen Schmuggler. 死んだ男はどうも密輸[業]者らしい.

tot│schlagen* [トート・シュラーゲン] *du* schlägst tot, *er* schlägt tot; schlug tot; totgeschla-gen 動 殴り殺す；(時間を)つぶす. ¶Sie *schlugen* die Zeit mit Kartenspielen *tot*. 彼らはトランプをして時間をつぶした.

tot│schweigen* [トート・シュヴァイゲン] schwieg tot; totgeschwiegen 動 言わないでおく；黙殺する.

Tötung [テートゥング] 女-/-en 殺害、殺人。¶fahrlässige *Tötung* 〖法律〗過失致死. ♦ Die Anklage lautet auf fahrlässige *Tötung*. 公訴は過失致死に対するものである.

Tour [トゥーァ] 女-/-en ハイキング、遠足、ドライブ、ツアー。¶Für die *Tour* de France rechnet er sich gute Chancen aus. 彼はツール・ド・フランス（＝フランスで毎夏約3週間、4000キロメートルを走る自転車レース）で結構チャンスがあると見込んでいる.

Tourismus [トゥリスムス] 男-/ 観光旅行；ツーリズム、観光業.

Tourist [トゥリスト] 男-en/-en （女性） **Touristin** [トゥリスティン] 女-/Touristinnen [トゥリスティネン]）旅行者、ツーリスト. **Touristen·information** [トゥリステン・インフォルマツィオーン] 女-/-en 旅行案内[所].

Tournee [トゥルネー] 女-/-s(-en) (劇団などの)巡業、公演旅行。¶auf *Tournee* gehen 巡業に出る.

Trabant [トゥラバント] 男-en/-en 〖天文〗衛星. **Trabanten·staat** [トゥラバンテン・シュタート] 男-[e]s/-en 衛星国.

Tradition [トゥラディツィオーン] 女-/-en 伝統、しきたり、慣例.

traditionell [トゥラディツィオネル] 形 伝統的な、慣例の。¶Nach dem Brand wurde die Altstadt in der *traditionellen* Bauweise wieder aufgebaut. 大火のあと旧市内は伝統的な建築様式で再建された.

traf [トゥラーフ] treffen の過去形・単数・1、3人称.

Trafo [トゥラーフォ, トゥラフォ] 男-[s]/-s 〖くだけた表現〗電圧器、トランス. (＝**Tra**nsformator)

trag·bar [トゥラーク・バール] 形 持ち

運びできる；耐えうる；(衣服などが)着用できる. ¶ein tragbarer Fernseher 携帯テレビ. / finanziell tragbar sein 経済的に負担しうる.

träge [トゥレーゲ] 形 鈍い；怠惰な.

tragen* [トゥラーゲン] du trägst, er trägt; trug; getragen 動 持って行く，運ぶ；身につけている；支えている；負担する，耐える. ¶et⁴ auf dem Rücken tragen 物⁴を背負う. / et⁴ bei sich³ tragen 物⁴を携帯している. / reiche Früchte tragen (植物¹の)実りが多い. / sich⁴ tragen もちがいい. / sich⁴ einfach tragen 質素な身なりをしている. ◆Trag die Stühle bitte auf die Terrasse! 椅子をテラスに運んでくれたまえ. / Diesen Ring hat schon meine Großmutter getragen. この指輪はすでに祖母がはめていたものだ. / Zwei dünne Pfeiler tragen den Balkon. 2 本の細い支柱がバルコニーを支えている. / Die Reisekosten trägt der Veranstalter. 旅費は主催者が負担してくれる. / Soll ich dir tragen helfen? 運搬を手伝ってあげようか. / Das Eis trägt noch nicht. 氷はまだ上に載れない.

tragend [トゥラーゲント] 1 形 基本的な，主要な；支えとなる. 2 tragen の現在分詞.

Träger [トゥレーガァ] 男 -s/- (女性 **Trägerin** [トゥレーゲリン] 女 -/Trägerinnen [トゥレーゲリネン])荷物運搬人，ポーター；(タイトルなどの)保持者，受賞者. ¶Er ist Träger mehrerer Orden. 彼はいくつもの勲章の佩用者である.

Tragik [トゥラーギク] 女 -/- 悲劇，悲運. **tragisch** [トゥラーギッシュ] 形 悲劇的な，痛ましい，悲惨な.

Tragödie [トゥラゲーディエ] 女 -/-n 悲劇；悲惨な出来事. ¶Der Wahlausgang war eine Tragödie. 選挙結果は悲劇であった.

trägst [トゥレークスト]，**trägt** [トゥレークト] < tragen.

Trainer [トゥレーナァ] 男 -s/- (女性

Trainerin [トゥレーネリン] 女 -/Trainerinnen [トゥレーネリネン])《スポーツ》監督，コーチ，トレーナー.

trainieren [トゥレニーレン] trainierte, trainiert 動 トレーニングする，訓練する.

Training [トゥレーニング] 中 -s/-s トレーニング，訓練. ¶zum Training gehen トレーニングに行く. ◆Beim Training ist er immer der Eifrigste. トレーニングの際彼は常にもっとも熱心だ.

Trainings・anzug [トゥレーニングス・アンツーク] 男 -[e]s/Trainings・anzüge [トゥレーニングス・アンツューゲ] トレーニングウエア.

Traktor [トゥラクトーァ] 男 -s/Traktoren [トゥラクトーレン] トラクター.

Tram [トゥラム] 男 -[e]s/-e (《スイス》中 -s/-s)，**Tram・bahn** [トゥラム・バーン] 女 -/-en 《南ドイツ・中部ドイツ・オーストリア》路面電車.

trampeln [トゥラムペルン] 動 1 (床を)どすんどすんと踏みならす. 2 (s) どかどか歩いていく.

trampen [トゥラムペン] 動 (s) ヒッチハイクする. ¶Im Sommer will er nach Spanien trampen. 夏に彼はスペインへヒッチハイクするつもりだ.

Träne [トゥレーネ] 女 -/-n 涙. ¶in Tränen ausbrechen わっと泣き出す. / mit Tränen in den Augen 目に涙を浮かべて. / sich³ die Tränen abwischen 涙をぬぐう. / Tränen lachen 涙が出るほど笑う. / j³ treten die Tränen in die Augen. 人³の目に涙が浮かぶ.

tränen [トゥレーネン] 動 涙を流す. ¶Von dem Rauch tränen mir die Augen. この煙のお蔭で私の目から涙がこぼれる.

Tränen・gas [トゥレーネン・ガース] 中 -es/ 催涙ガス.

trank [トゥランク] trinken の過去形・単数・1，3 人称.

Trans・formator [トゥランス・フォルマートーァ] 男 -s/-en [トゥランス・フォルマトーレン] 《電気》変圧器，トランス. (⇒

Trafo)

Trans·fusion [トゥランス・フズィオーン] 囡 -/-en 〖医療〗輸血.

trans·gen [トゥランス・ゲーン] 厖 〖生物〗遺伝子組み換えの,遺伝子を組み換えられた.

Transistor [トゥランズィストーァ] 男 -s/-en [トゥランズィストーレン] トランジスター.

transitiv [トゥランズィティーフ, トゥランズィティーフ] -e [トゥランズィティーヴェ, トゥランズィティーヴェ] 厖 〖文法〗他動詞の.

trans·parent [トゥランス・パレント] 厖 透明な,透き通った.

Trans·parent [トゥランス・パレント] 中 -[e]s/-e (スローガンを書いた)横断幕;透かし絵. **Trans·parenz** [トゥランス・パレンツ] 囡 -/ 透明性,ガラス張り. ¶Der Kandidat verspricht mehr *Transparenz* in der Politik. 候補者は政治におけるより多くの透明性を約束している.

Trans·plantation [トゥランス・プランタツィオーン] 囡 -/-en 〖医療〗(臓器などの)移植.

Trans·port [トゥランス・ポルト] 男 -[e]s/-e 運送,輸送,運輸;運搬物.

trans·portieren [トゥランス・ポルティーレン] transportierte, transportiert 動 運送(輸送)する.

Trapez [トゥラペーツ] 中 -es/-e 〖幾何〗台形;空中ブランコ. ¶eine Vorführung am (auf dem) *Trapez* 空中ブランコの演技.

trat [トゥラート] treten の過去形・単数・1, 3人称.

Traube [トゥラォベ] 囡-/-n ブドウ[の房];果実の房. **Trauben·saft** [トゥラォベン・ザフト] 男-[e]s/Trauben·säfte [トゥラォベン・ゼフテ] グレープジュース. **Trauben·zucker** [トゥラォベン・ツカァ] 男-s/ ブドウ糖.

trauen [トゥラォエン] 動 **1** (人³を)信用(信頼)する. ¶So einem Typ würde ich nicht über den Weg *trauen*. 私だったらああいうタイプのやつはまったく信用しない. / Seinen Versprechungen *traue* ich nicht so recht. 私は彼の約束をあまり信用しない. / *Trau*, schau, wem! 簡単に他人を信じるな. **2** (人⁴の)結婚式を執り行う. ¶sich⁴ (sich³) *trauen*, ... zu +不定詞 思い切って…する. ◆ Die beiden möchten unbedingt von Kaplan R. *getraut* werden. 二人はどうしてもR司祭の手で結婚式を挙げたいと思っている. / In eine solche Kneipe würde ich mich nie *trauen*. 私ならあんな飲み屋にあえて入る勇気ないだろう.

Trauer [トゥラォァ] 囡-/ 哀悼;悲しみ;喪,喪服. ¶Sie ist in *Trauer* (hat *Trauer*). 彼女は喪服を着ている(彼女は喪中である).

trauern [トゥラォエルン] 動 悲しむ《über et⁴ 事を》,悼む《um j⁴ 人⁴を失ったことを》. ¶Wir *trauern* um unseren Lehrer (über den Tod unseres Lehrers). 私たちは先生の死を悼む.

trau·lich [トゥラォ・リヒ] 厖 くつろいだ気分にさせる,気楽な,気の置けない.

Traum [トゥラォム] 男 -[e]s/Träume [トゥロイメ] 夢;夢想. ¶aus dem *Traum* erwachen 夢から覚める. / nicht im *Traum* 決して…でない.

Trauma [トゥラォマ] 中 -s/Traumen(Traumata [トゥラォマタ]) 〖医学〗外傷;〖心理学〗トラウマ,心的外傷.

träumen [トゥロイメン] 動 夢を見る;ぼんやりしている. ¶von j³/et³ träumen 人³・事³の夢を見る. / von et³ träumen 事³を夢見る. / sich³ et⁴ nicht (nie) träumen lassen 事³を夢想だにしない. ◆ Weißt du, was ich diese Nacht *geträumt* habe? 昨夜ぼくがどんな夢を見たかわかるかい. / Die beiden *träumen* von einem eigenen Geschäft. 二人は自分たち自身のお店を持つことを夢見ている.

Träumerei [トゥロイメライ] 囡 -/-en 夢想;「トロイメライ」(シューマンのピアノ曲題名).

traum·haft [トゥラォム・ハフト] 厖

563

夢のような；すばらしい，美しい．¶Unser Urlaub war einfach traumhaft! 私たちの休暇旅行は夢のようだったとしか言いようがない．

traurig [トゥラォリヒ] -e [トゥラォリゲ] 形 悲しい《über et⁴ 事⁴が》，痛ましい；みじめな．¶eine traurige Nachricht 悲しい知らせ．◆Es war nur noch ein trauriger Rest Kuchen da. ケーキはもうほんのちょっぴりしか残っていなかった． / Sei nicht so traurig, du findest sicher bald was Besseres. そんなに悲しがりなさんな，きっとすぐもっと良いお相手が見つかるさ． / So traurig habe ich sie nie gesehen. あんなに悲しそうな彼女をいまだかつて見たことがない．

Traurig·keit [トゥラォリヒ・カィト] 女 -/-en 《複 なし》悲しみ；悲しい出来事．¶Er ist kein Kind von Traurigkeit. 彼は楽天家だ．

Treff [トゥレフ] 男 -s/-s 《くだけた表現》会合，ミーティング；集合場所．

treffen* [トゥレッフェン] du triffst, er trifft; traf; getroffen 動 1 (思いがけず)(人⁴に)出会う；(人⁴に)当たる，ぶつかる；(人⁴に)ショックを与える．¶j⁴ tödlich treffen 人⁴に致命傷を負わせる． / ins Schwarze treffen 核心をつく． / j⁴ zu et³ treffen 事³をするために人⁴と落ち合う． / sich⁴ mit j³ treffen 人³と出会う．《es を主語として》Es trifft sich, dass … (偶然)…となる． ◆Weißt du, wen ich heute in der Stadt getroffen habe? きょう私が町で誰に会ったと思う？ / Die Zielscheibe hat er nur zweimal getroffen. 彼は標的に2度しか命中させなかった． / Das hat ihn in seinem Stolz getroffen. それは彼の自尊心を傷つけた． / Es trifft sich gut, dass ich heute frei habe. きょうは暇なので私は都合がいい．2 当たる，命中する《auf j⁴/et⁴ 人⁴・物⁴に》．¶Bei den Verhandlungen traf er auf große Schwierigkeiten. 交渉にあたって彼は大きな困

難にぶつかった．

Treffen [トゥレッフェン] 中 -s/- 会合，ミーティング；出会い．¶ein Treffen der Klassenkameraden abhalten 同級生の会を催す．

treffend [トゥレッフェント] 1 形 適切な，的を射た．2 treffen の現在分詞．

Treffer [トゥレッファ] 男 -s/- 命中弾，直撃弾；(サッカーなどの)ゴール．

Treff·punkt [トゥレッフ・プンクト] 男 -[e]s/-e 集合(待ち合わせ)場所．¶einen Treffpunkt ausmachen 待ち合わせ場所を決める．

treff·lich [トゥレッフ・リヒ] 形 《古い表現》優れた；優秀な．

Treib·eis [トゥラィブ・アィス] 中 -es/- 流氷．

treiben* [トゥラィベン] trieb; getrieben 動 1 追い(せき)立てる；駆逐する；(釘などを)打ち込む《in et⁴ 物⁴に》；(趣味で)学ぶ；動かす．¶Handel treiben 商売をする． / Sport treiben スポーツをする． / j⁴ in die Enge treiben 人⁴を窮地に追い込む． / die Preise in die Höhe treiben 物価を押し上げる．《es を伴って》es zu weit treiben やりすぎる． ◆In den Ferien trieb ich oft die Kühe unseres Nachbarn auf die Weide. 休暇中私はよく隣家の牝牛を牧草地に追い立てた． / Ihren Mann muss sie immer zur Eile treiben. 彼女は始終夫を急ぐようせっつかねばならない． / Als Student soll er es schlimm getrieben haben. 学生時代彼は相当ワルをやったそうだ．2 (s,h) 漂う，浮かぶ．¶im Wasser treiben 水に漂う． ◆Auf dem Wasser trieben ein paar Holzkisten. 木箱が2,3個水に漂っていた．

Treiben [トゥラィベン] 中 -s/- 営み，活動；行為．¶das Leben und Treiben in der Großstadt 大都会における活気と営み．◆Auf dem Markt herrschte ein geschäftiges Treiben. マルクト(野外市場の立つ広場)はもっぱらせわしない営み

が行われていた.

Treib·haus [トゥライプ・ハオス] 中 -es/Treib·häuser [トゥライプ・ホイザァ] 温室. **Treibhaus·effekt** [トゥライプハオス・エフェクト] 男 -es/-e (炭酸ガスなどによる地表の)温室効果.

Trend [トゥレント] 男 -s/-s 傾向;動向,トレンド. ¶der Trend in der Sommermode サマーファッションの傾向.

trenn·bar [トゥレン・バール] 形 分離可能な;《文法》分離の.

trennen [トゥレネン] 動 分ける;[引き]離す;分離する;分解する;区別する《von et³ 物³と》. ¶sich⁴ trennen 別れる. ♦ Du musst diese beiden Begriffe sauber trennen. 君はこの二つの概念をはっきりと区別しなければいけない. / Er hat sich von seiner Frau getrennt und die Scheidung eingereicht. 彼は細君と別れて離婚を届け出た.

Treppe [トゥレッペ] 女 -/-n 階段. ¶eine Treppe hinaufgehen (hinuntergehen) 階段を上る(下りる). ♦ Diese Treppe hat achtzig Stufen. この階段は80段ある. (⇒ Stufe)

Treppen·absatz [トゥレッペン・アプザツ] 男 -es/Treppen·absätze [トゥレッペン・アプゼツェ] (階段の)踊り場. **Treppen·geländer** [トゥレッペン・ゲレンダァ] 中 -s/- 階段の手すり. **Treppen·haus** [トゥレッペン・ハオス] 中 -es/Treppen·häuser [トゥレッペン・ホイザァ] 階段室,階段の吹き抜け.

Tresen [トゥレーゼン] 男 -s/- (バーなどの)カウンター. ¶Wir standen am Tresen und tranken ein Bier nach dem anderen. われわれはカウンターに寄りかかって次から次へとビールを飲んだ.

Tresor [トゥレゾーァ] 男 -s/-e 金庫[室].

treten* [トゥレーテン] du trittst [トゥリッツト], er tritt; trat; getreten 動 **1** (s) 歩む,歩いていく. ¶

ans Fenster treten 窓辺に歩み寄る. / in den Vordergrund treten 前面に現れる. / in Kraft treten 発効する. / in Erscheinung treten 現れる. ♦ Sie trat auf den Balkon, um frische Luft zu schöpfen. 彼女は新鮮な空気を吸うためバルコニーに歩み出た. / Der Junge ist mit seinen neuen Schuhen in eine Pfütze getreten. 少年は新しい靴をはいて水たまりに踏み込んだ. **2** 蹴る,踏む. ¶auf die Bremse treten ブレーキを踏む. / j⁴ auf den Fuß treten 人⁴の足を踏む. / j⁴/et⁴ mit Füßen treten 人⁴・物⁴を踏みにじる,人⁴を踏みつけにする. ♦ Den Kerl sollte man mal ordentlich in den Hintern treten! あの野郎は一度しっかり尻をたたいて(督励して)やると良いんだ.

treu [トゥロイ] 形 忠実な,誠実な;貞節な. ¶Seiner Frau ist er immer treu geblieben. 彼は妻に対して常に誠実であり続けた. / Seinen Grundsätzen ist er nicht immer treu. 彼は自分の信条に必ずしも常に忠実というわけではない.

Treue [トゥロイエ] 女 -/ 忠実,誠実;貞節. ¶Mit der ehelichen Treue nimmt er es sehr genau. 夫婦間の誠実ということを彼は非常に重く考えている.

treu·los [トゥロイ・ロース] 形 不実な;裏切りの.

Tribüne [トゥリビューネ] 女 -/-n 演壇;観客[席]. ¶auf der Tribüne sitzen 観客席に座っている. ♦ Die ganze Tribüne jubelte dem Torwart zu. 観客席全員がゴールキーパーに喝采をおくった.

Trichter [トゥリヒタァ] 男 -s/- じょうご;漏斗. ¶Obstsaft durch einen (mit einem) Trichter in Flaschen füllen じょうごを使って果汁をビンに詰める.

Trick [トゥリック] 男 -s/-s(-e) トリック,策略;こつ. ¶einen Trick anwenden トリックを使う. / auf einen Trick hereinfallen 策略にひ

T

っかかる. ♦Diesen schmutzigen *Trick* haben ihm alle sehr übel genommen. 彼のこの汚い策略にみなが腹を立てた.

trieb [トゥリープ] treiben の過去形・単数・1, 3 人称.

Trieb [トゥリープ] 男-[e]s/-e 衝動;《複なし》欲求;《植物》新芽;若枝.

trieb・haft [トゥリープ・ハフト] 形 衝動的な,本能(欲望)に支配された.

triffst [トゥリフスト], **trifft** [トゥリフト] < treffen.

¹**Trikot** [トゥリコー, トゥリコ] 男 (中) -s/-s トリコット. ²**Trikot** [トゥリコー, トゥリコ] 中-s/-s トリコット地の衣類. ¶Die Münchner spielen heute in blauen *Trikots*. ミュンヘンの選手たち(ドイツの名門サッカーチーム「バイエルン・ミュンヘン」の選手を一般にこう呼ぶ)はきょうブルーのトリコットのユニホームを着てプレイした.

trinken* [トゥリンケン] trank; getrunken 動 飲む;酒を飲む;乾杯する《auf *et*⁴ 事⁴を祝して》. ¶einen *trinken* 一杯やる. / aus der Flasche *trinken* ラッパ飲みする. ♦Gehen wir nachher (noch) mal einen *trinken*? あとで(もう)一度のみに行くか. **Trinker** [トゥリンカァ] 男 -s/- 酒飲み,アル中.

Trink・geld [トゥリンク・ゲルト] 中 -[e]s/-er チップ.

Trink・wasser [トゥリンク・ヴァサァ] 中 -s/ 飲料水. ¶Kein *Trinkwasser*! (掲示で)飲み水ではありません.

Trip [トゥリップ] 男 -s/-s 《くだけて》遠足,小旅行;(麻薬による)幻覚症状. ¶einen *Trip* nach Rüdesheim machen リューデスハイム(ライン河畔の有名なブドウ酒の産地)へちょっと旅をする.

tritt [トゥリット] < treten.

Tritt [トゥリット] 男 -es/-e 歩み;《複なし》足取り;足蹴り. ¶*j*³ einen *Tritt* geben 人³を蹴飛ばす.

trittst [トゥリットスト] < treten.

Triumph [トゥリウンフ] 男 -[e]s/-e 凱旋;大勝利;勝利の喜び.

triumphieren [トゥリウンフィーレン] triumphierte, triumphiert 動 勝利を収める《über *j*⁴ 人⁴に対して》;勝利(成功)をおおいに喜ぶ.

trivial [トゥリヴィアール] 形 些細な;陳腐な,通俗的な. ¶In seiner Rede hat er nur *triviale* Weisheiten zum Besten gegeben. その演説の中で彼は陳腐な教訓を披露して見せたに過ぎなかった.

trocken [トゥロッケン] 形 乾いた,乾燥した;(ワインが)辛口の;無味乾燥な;無愛想な;《くだけて》アルコール抜きの. ¶Wir wünschen uns einen heißen und *trockenen* Sommer. 暑く乾燥した夏に来てもらいたいものだ. / Der Vortrag war entsetzlich *trocken*. 講演はうんざりするくらい無味乾燥だった. / Wir mussten den ganzen Abend *trocken* da sitzen. 私たちは一晩中アルコール抜きでいなければならなかった.

Trocken・heit [トゥロッケン・ハイト] 女-/ 乾燥,干ばつ;無味乾燥;無愛想.

trocken|legen [トゥロッケン・レーゲン] 動 (赤ん坊⁴の)おむつを換える;干拓する.

trocknen [トゥロックネン] 動 **1** 乾かす,乾燥させる. ¶die Wäsche *trocknen* 洗濯物を乾かす. **2** (s) 乾く,乾燥する.

Trockner [トゥロックナァ] 男-s/- 乾燥機.

trog [トゥローク] trügen の過去形・単数・1, 3 人称.

Trommel [トゥロメル] 女-/-n 《楽器》太鼓,ドラム. **Trommler** [トゥロムラァ] 男-s/- (女性) **Trommlerin** [トゥロムレリン] 女-/Trommlerinnen [トゥロムレリネン])鼓手,ドラマー.

trommeln [トゥロンメルン] 動 太鼓をたたく;ドンドン音を立てる.

Trompete [トゥロンペーテ] 女-/-n 《楽器》トランペット. ¶die *Trompete* (auf der *Trompete*) blasen トランペットを吹く.

trompeten [トゥロムペーテン] trompetete; trompetet 動 トランペットを吹く;(ゾウが)鼻を鳴らす;《くだけて》

大きい音を立てて鼻をかむ.

Tropen [トゥローペン] 複 〖地理〗熱帯[地方]. **Tropen・tag** [トゥローペン・ターク] 男 -[e]s/-e 真夏日.

tröpfeln [トゥレップフェルン] 動 (s) 滴る,垂れる. ¶《es を主語として》Es tröpfelt. 雨がぽつぽつ降る. しずくがぽたぽた落ちる.

tropfen [トゥロップフェン] 動 1 (s) (しずくが)滴る,ぽたぽた落ちる. ¶《es を主語として》Es tropft. 雨がぽつぽつ降る. / Der Wasserhahn tropft schon wieder. 水道栓がまた漏っている. 2 滴らせる.

Tropfen [トゥロップフェン] 男 -s/- しずく;《複で》〖医療〗点滴. ¶Es regnet in großen Tropfen. 大粒の雨が降っている. / Vergiss nicht, deine Tropfen zu nehmen! 滴薬を服用するのを忘れるのではないよ.

tropisch [トゥローピシュ] 形 〖地理〗熱帯[性]の;〖天文〗回帰線の.

Trost [トゥロースト] 男 -[e]s/ 慰め. ¶j³ Trost bringen 人³を慰める. / Trost bringend 慰めとなる. ◆ Trost scheint er nur im Alkohol zu finden. 彼はアルコールにしか慰めが見出せないようだ. / Du bist wohl nicht recht bei Trost! お前は頭が少しおかしいんじゃないか.

trösten [トゥレーステン] 動 慰める,元気づける. ¶sich⁴ trösten 自らを慰める,元気を取り戻す.

tröst・lich [トゥレースト・リヒ] 形 慰めとなる,元気づける.

trost・los [トゥロースト・ロース] 形 慰めようもない,絶望的な;荒涼とした. ¶Trostloser könnte die Lage kaum sein. これ以上絶望的な状況というものはまずあるまい.

Trottoir [トゥロトワール] 中 -s/-e (-s) 〖スイス〗歩道.

trotz [トゥロッツ] 前 《2格まれに3格支配》…にもかかわらず. ¶trotz des Regens 雨にもかかわらず. ◆ Trotz wiederholter Warnungen reiste er in das Krisengebiet. 再三の警告にもかかわらず彼は危機をはらんだ地域に旅立った.

Trotz [トゥロッツ] 男 -es/ 反抗,抵抗. ¶j³/et³ zum Trotz 人³・事³に逆らって.

trotzdem [トゥロッツデーム, トゥロツデーム] 1 副 それにもかかわらず. ¶Das Hotel liegt gegenüber dem Bahnhof, ist aber trotzdem sehr ruhig. ホテルは駅の向かいに位置しているが,にもかかわらずたいへん静かだ. 2 接 《従属》〖くだけて〗…にもかかわらず. ¶Er fuhr in die Berge, trotzdem es schneite. 雪が降っているのに彼は車で山へ出かけた. / Trotzdem ich ihm gut zugeredet habe, achtet er nicht auf seine Gesundheit. 私が彼によく勧告したにもかかわらず,彼は健康に配慮しない.

trotzig [トゥロッツィヒ] -e [トゥロッツィゲ] 形 反抗的な;ふくれた. ¶Deine trotzigen Antworten solltest du dir abgewöhnen. 君は反抗的な答え方をする癖を止めるべきなのに.

trüb [トゥリューベ], **trübe** [トゥリューベ] 形 (水などが)濁った;(空が)曇った;薄暗い;(気分が)沈んだ,陰鬱な. ¶trübes Wetter 曇天. / trübe Aussichten 暗い見通し. ◆ Die Rechtsradikalen wollen im Trüben fischen. 右翼過激派はどさくさにまぎれて利を得ようとしている.

trug [トゥルーク] tragen の過去形・単数・1,3人称.

trügerisch [トゥリューゲリシュ] 形 ごまかしの,見せかけの.

Trümmer [トゥリュマァ] 複 瓦礫,残骸;廃墟. ¶in Trümmern liegen 廃墟と化している. ◆ Nach dem Bombenanschlag lagen Hunderte von Menschen unter den Trümmern des Hochhauses. 爆弾テロのあと何百人もの人間が高層建物の瓦礫の下敷きになっていた.

Trumpf [トゥルンプフ] 男 -[e]s/ Trümpfe [トゥリュムプフェ] 〖トランプ〗切り札;奥の手. ¶einen Trumpf ausspielen 切り札を出す,奥の手を使う.

Truppe [トゥルッペ] 女 -/-n 部隊,軍隊;一座. ¶In Japan sind viele US-amerikanische Truppen stationiert. 日本には多数のアメリカ合衆国軍部隊が駐留している.

Trut·hahn [トゥルート・ハーン] 男 -[e]s/Trut·hähne [トゥルート・ヘーネ] 雄の七面鳥. **Trut·henne** [トゥルート・ヘネ] 女-/-n 雌の七面鳥.

tschüss! [チュース] 間 《くだけた表現》バイバイ,さよなら,じゃあね.

T-Shirt [ティー・シャツ] 中-s/-s 《衣類》Tシャツ.¶ein T-Shirt anziehen (anhaben) Tシャツを着る(着ている).

Tuba [トゥーバ] 女 -/Tuben 《楽器》チューバ.

Tube [トゥーベ] 女-/-n チューブ.¶eine Tube Klebstoff チューブ入り接着剤.

Tuberkulose [トゥベルクローゼ] 女-/ 《医学》結核.(略: Tb, Tbc)

Tuch [トゥーフ] 中 -[e]s/Tücher [テューヒャァ] 《種類を表す場合は Tuche》布;布地,生地.¶sich³ ein Tuch um den Kopf binden 布を頭に巻く.◆Bis zum Ersten müsste alles in trockenen Tüchern sein. 月初めまでには全て片がついているはずだ./Der Mieter über ihm war für ihn das rote Tuch. 彼は上の階の借家人にかっかとしていた.

tüchtig [テュヒティヒ] -e [テュヒティゲ] 形 有能な;役に立つ;技術のある.¶Wer tüchtig arbeitet, soll auch tüchtig essen. しっかり働く人間はせっせと食事をとるべきだ.

Tugend [トゥーゲント] 女-/-en 徳;美徳,美点;《複なし》模範的行為.¶Die Tugend der Ehrlichkeit kann man auch übertreiben. 誠実という美徳も度を過ごすことがある./Fleiß ist nur dann eine Tugend, wenn er Gutes bewirkt. 勤勉というものもそれが良い結果の原因となる場合にのみ美徳なのである.

tugend·haft [トゥーゲント・ハフト] 形 徳のある;模範的な.

Tulpe [トゥルペ] 女-/-n 《植物》チューリップ.

tummeln [トゥメルン] 動 sich⁴ tum-

meln はしゃぎまわる.◆Begeistert tummelln sich die Kinder auf dem Rasen. 興奮して子供たちは芝生の上をはしゃぎまわった.

Tumor [トゥーモァ , トゥモァ] 男-s /-en [トゥモーレン] (-e) 《医学》腫瘍.¶Ihr Tumor ist zum Glück nicht bösartig. 幸いあなたの腫瘍は悪質なものではありません.

tun* [トゥーン] tat; getan 動 1 する,行う.¶mit j³/et³ nichts zu tun haben 人³・事³とは何のかかわりもない./sein Tun und Lassen 彼のすることなすこと.◆Er hatte alles getan, dass seine Kinder eine gute Ausbildung bekamen. 彼は子供たちがしっかりした教育を受けるようあらゆることをした./Mehr als er kann man für die Gesundheit kaum tun. 健康のため彼以上にすることはできない./Mit ihm habe ich nie etwas zu tun gehabt. 彼とはかつて一度もかかわりを持ったことがない./Tun Sie, was Sie wollen! したいことをするがいい. 2 振舞う.¶Er tut, als ob er davon überhaupt nichts wüsste. そのことについて彼は何にも知らないかのように振舞っている./Sobald der Chef vorbeikommt, tut er so, als ob er was täte. 課長が通りかかるや否や彼は何か仕事をしているかのような態度をとる.

Tun·fisch [トゥーン・フィシュ] 男 -[e]s/-e 《魚類》マグロ.

tun·lich [トゥーン・リヒ] 形 実行可能な;適切な.

tun·lichst [トゥーン・リヒスト] 1 副 できるだけ,可能な限り.¶Diese verkehrsreiche Strecke sollte man tunlichst meiden. この交通量の多いルートはできるだけ避けた方が良い. 2 tunlich の最高級.

Tunnel [トゥネル] 男-s/-(s) トンネル.¶Der Tohoku-Shinkansen fährt durch viele Tunnel. 東北新幹線はたくさんのトンネルを通って走る.

tupfen [トゥプフェン] 動 軽くたたく

(触れる).

Tür [テューァ] 囡-/-en ドア,扉;玄関。¶die Tür öffnen (schließen) ドアを開ける(閉める)。/ in der Tür 戸口で。/ vor der Tür 家の外側で。◆Als er unverschämt wurde, haben wir ihn vor die Tür gesetzt. 彼があつかましい態度をとったので,われわれは彼を追い出してやった。

Turbine [トゥルビーネ] 囡 -/-n 〖機械〗タービン。

turbulent [トゥルブレント] 形 混乱した;大騒ぎの;乱れた。¶Beim Mainzer Karneval geht es immer turbulent zu. マインツ市のカーニバルではいつもドンちゃん騒ぎになる。/ Bei der turbulenten Debatte kam nur wenig heraus. 冷静さを欠いた議論をしてもほとんど何の結果も出てこなかった。**Turbulenz** [トゥルブレンツ] 囡-/-en 激動,動乱;〖気象〗乱気流。

Türkei [テュルカィ] 囡 -/ 〖地名〗トルコ。**Türke** [テュルケ] 男 -n/-n (囡性 **Türkin** [テュルキン] 囡 -/ Türkinnen [テュルキネン])トルコ人。**türkisch** [テュルキシュ] 形 トルコ[人・語]の。**Türkisch** [テュルキシュ] 甲 -[e]s/, **Türkische*** 甲《形容詞の名詞化.常に定冠詞を伴う》トルコ語。(⇒Deutsch)

Tür・klinke [テューァ・クリンケ] 囡-/-n ドアの握り(ノブ,ハンドル,取っ手)。

Turm [トゥルム] 男-[e]s/Türme [テュルメ] 塔,タワー;〖チェス〗ルーク。¶Unser Mittelläufer war wieder der Turm in der Schlacht. わがチームのセンターハーフは今回もゲーム中の指令塔であった。

¹**türmen** [テュルメン] 動 積み上げる。¶sich⁴ türmen 積み重なる。

²**türmen** [テュルメン] 動 (s) 〖くだけた表現〗ずらかる。¶aus dem Gefängnis türmen 脱獄する。

turnen [トゥルネン] 動 〖器械〗体操をする。¶Am besten turnt er am Reck. 彼は鉄棒が一番得意だ。

Turnen [トゥルネン] 甲-s/ 体操,体育。¶Im Turnen ist sie sehr gut. 彼女は体操の成績がとてもよい。

関-連-語 **Turnen**
—体操競技—

das Geräteturnen	器械体操。
das Bodenturnen, der Boden	床運動。
das Reck	鉄棒。
die Ringe (pl.)	吊り輪。
der Barren	平行棒。
der Stufenbarren	段違い平行棒。
der Sprung	跳馬。
das Seitpferd	あん馬。
der Schwebebalken	平均台。
die rhythmische Sportgymnastik	新体操。

Turner [トゥルナァ] 男 -s/- (囡性 **Turnerin** [トゥルネリン] 囡 -/Turnerinnen [トゥルネリネン])体操選手;体操している人。

Turn・halle [トゥルン・ハレ] 囡 -/-n 体育館。

Turnier [トゥルニーァ] 甲-s/-e 競技会,トーナメント。

Turn・schuh [トゥルン・シュー] 男 -[e]s/-e トレーニングシューズ,スニーカー。

Tür・schnalle [テューァ・シュナレ] 囡-/-n 〖南ドイツ・オーストリア〗ドアの握り(ノブ,ハンドル,取っ手)。

Tusche [トゥッシェ] 囡-/-n 墨;墨汁。

tuscheln [トゥッシェルン] 動 ひそひそ話をする。¶Sie kommt immer so spät nach Hause, die Nachbarn tuscheln schon. いつも彼女が夜遅く帰って来るので,近所の人たちがすでに何やらひそひそ話をしている。

tuschen [トゥッシェン] 動 墨で描く。

Tussi [トゥッスィ] 囡-/-s (軽蔑的に)女の子;ガールフレンド。¶Wie kann man bloß so eine Tussi anlachen? どうしてまたあんな娘っ子といい仲になれるんだろうね。

Tüte [テューテ] 囡-/-n 紙袋;買い物袋,ポリ袋。¶Kannst du mir eine

Tüte Sahne mitbringen? クリーム を紙パック一つ持ってきてくれないかい. / Das kommt überhaupt nicht in die *Tüte*. とてもじゃないがそん なことは論外だ.

tuten [トゥーテン] 動 (警笛などを)鳴 らす.

TÜV [テュフ] 男-/ 《略》(ドイツの)技 術検査協会(＝**T**echnischer **Ü**ber- wachungs**v**erein). ¶Wann muss der Wagen das nächste Mal zum *TÜV*? この車は次回はい つ車検に行かなくてはならないんだい.

> 各種技術にわたって検査,特に安全 確保・環境保全などの面から検査を 行う中立的な独立法人.自動車の 「車検」もこの協会が行うので一般 市民には TÜV イコール「車検 [機関]」ととっているものも多い. 「車検済み」を TÜV-geprüft と 言ったりする.

TV [テー・ファォ , ティーヴィー] 中-s/ 《略》テレビ(＝**T**ele**v**ision).

Twen [トゥヴェン] 男-[s]/-s 20代の 男女.

Typ [テューブ] 男-s/-en 型[式];典 型;手本;(好みの)タイプ. ¶Er ist überhaupt nicht mein *Typ*. あい つなんかまるでお呼びじゃないよ(私の

タイプではない). / Er fährt eine Maschine Rheinländern älteren *Typs*. 彼は比 較的古い型のオートバイに乗っている.

Type [テューペ] 女-/-n 活字;《くだけた表現》 へんな奴. ¶Am Bahnhof standen ein paar ungepflegte *Typen* he- rum. 駅にはこ汚い変な連中がうろう ろしていた.

Typhus [テューフス] 男-/ 《医学》チフ ス.

typisch [テューピッシュ] 形 典型的 な;特徴的な. ¶Sie ist eine *typi- sche* Rheinländerin. 彼女は典型 的なラインラント女性だ. / Der Pati- ent zeigte die *typischen* Sympto- me einer Gelbsucht. 患者は典 型的な黄疸の症状を示していた.

Typo・logie [テュポ・ロギー] 女-/-n [テュポ・ロギーエン] 類型[学]. **typo・ logisch** [テュポ・ローギッシュ] 形 類型 論的な,類型上の.

Tyrann [テュラン] 男-en/-en 暴 君;暴君のような人. ¶Ihr Mann ist ein wahrer *Tyrann*. 彼女の夫は 本物の暴君だ. / Wenn ihr mit dem Jungen nicht strenger seid, habt ihr bald einen kleinen *Tyrannen* im Haus. この坊主をも っと厳しく扱わないと,もうすぐ家庭内 にチビの暴君がいることになるぞ.

日本語の「の」に問題あり

◆所有代名詞◆

所有代名詞（私の＝ *my* ＝mein）を使うとき，1番間違えやすいのは格変化のさせ方だ．「私の父は医者です」Mein Vater ist Arzt. を，「私〈の〉」だから2格だろう，なんて考えすぎて，Meines Vaters ist Arzt. としてしまいがち．でもこれだと「私の父〈の〉」になってしまう．いっそ「私の」を「我が」と言い換えて，

1格	mein	Vater	「我が父〈は〉」
2格	meines	Vaters	「我が父〈の〉」
3格	meinem	Vater	「我が父〈に〉」
4格	meinen	Vater	「我が父〈を〉」

と覚えたら，わかりやすいかもしれないね．そうすると Hier ist der Wagen meines Vaters. ⇒「ここに我が父の車（＝私の父の車）がある」とすんなりいく．応用して「ここに彼の母の車がある」も書けるね⇒ Hier ist der Wagen seiner Mutter.

T

571

U

¹U, u [ウー] 中-/- ドイツ語アルファベットの第21文字.

²U [ウー]『元素記号』ウラン.

Ü, ü [ユー] 中-/- ドイツ語アルファベット U, u の変母音字.

u. a. 【略】そのほか，等々 (＝und andere[s])；取りわけ，なかんずく (＝unter anderem, unter anderen).

U-Bahn [ウー・バーン] 女-/-en 地下鉄(＝**U**ntergrund**bahn**).

übel [ユーベル] üble [ユーブレ] 形 悪い；不快な；困った；苦しい. ¶*übel gelaunt* 機嫌の悪い. / *j³ et⁴ übel nehmen* 人³の事⁴に気を悪くする，腹を立てる.

Übel [ユーベル] 中-s/- 悪；災い；病気. ¶*notwendiges Übel* 必要悪.

Übel・keit [ユーベル・カイト] 女-/-en (身体の)不快感，気分の悪さ；吐き気.

üben [ユーベン] 動 **1**練習(練習)する. **2**(事⁴を)トレーニング(練習)する.

über [ユーバァ] **1**前《3・4格支配. über dem は融合して überm と，über das は übers となる.》《3格》…の上方で. 《4格と》…の上方に. ¶《空間》…を覆って，…の上面に. *Über der Stadt³ liegt dichter Nebel.* 町を濃霧が覆っている. 【優位】…よりも上位に；…より勝(まさ)って. *Er steht über mir³.* 彼は私よりも地位が上だ. 【従事】…しながら. *über dem Lesen³ einschlafen* 本を読みながら眠り込む. 【原因】…で. *über dem Lärm³ erwachen* 騒音で目が覚める. 【方向】…を越えて；…の向こう側に. *über die Grenze⁴ gehen* 国境を越える. 【経由】…を経て. *über Köln⁴ nach Bonn* ケルンを経由してボンへ. 【関心の対象】…について. *über die Armut⁴ der Dritten Welt diskutieren* 第三世界の貧困について討論する. 【超越】…を超えて. *über seine Kräfte⁴ gehen* 彼の

力に余る. **2**副 上方へ；超えて；勝(まさ)って；余って，余分に. ¶*über und über* すっかり，全面的に.

¹über- [ユーバァ]《常にアクセントをもち分離動詞をつくる前つづり》¶【…の上に】*über*ziehen 上に着る. 【…を越えて】*über*setzen (対岸へ)渡す. 【移動】*über*gehen 移る.

²über- [ユーバァ]《アクセントをもたず非分離動詞をつくる前つづり》【…を越えて】*über*springen 飛び越える. 【過度】*über*fordern 過度に要求する. 【凌駕】*über*treffen 勝る.

über・all [ユーバァ・アル，ユーバァ・アル] 副 至る所に，どこにでも. ¶*Wir haben dich überall gesucht. Wo warst du denn?* お前をそこら中探したぞ. 一体どこにいたんだ.

über・altert [ユーバァ・アルテルト] 形 高齢化した；老朽化した.

Über・angebot [ユーバァ・アンゲボート] 中-[e]s/-e 供給過剰.

über・ängstlich [ユーバァ・エングストリヒ] 形 心配しすぎる，気の小さい. ¶*Überängstlich wie sie ist, nimmt sie nie den Fahrstuhl.* 彼女は極端な怖がりだからエレベーターには決して乗らない.

über・anstrengen [ユーバァ・アンシュトレンゲン] 動 酷使する. ¶*sich⁴ überanstrengen* 無理をする. ♦ *Wie oft muss ich dir noch sagen, dass du dich nicht überanstrengen sollst.* 無理をしてはいけないと何度言ったら君はわかるんだ.

über・antworten [ユーバァ・アントゥヴォルテン] 動 (人³に事⁴を)委ねる，任せる.

über・arbeiten [ユーバァ・アルバイテン] 動 (原稿など⁴に)手を入れる；改訂する. ¶*sich⁴ überarbeiten* 働きすぎる. ♦ *Deine Übersetzung musst du noch einmal überarbeiten.* 君の翻訳にもう一度手を入れなければいけない.

über·aus [ユーバァ・アォス , ユーバァ・アォス , ユーバァ・アォス] **副** きわめて、極度に.

über·backen(*) [ユーバァ・バッケン] *du* überbäckst (überbackst), *er* überbäckt (überbackt); überbackte (überbuk), überbacken **動** (オーブンで)さっと焼く. ¶Soll ich die Brötchen kurz *überbacken*? ブレートヒェンを軽く焼きましょうか.

über·beanspruchen [ユーバァ・ベアンシュプルヘン] überbeanspruchte, überbeansprucht **動** (人4・物4に)負担をかけすぎる.

über·bekommen(*) [ユーバァ・ベコメン] bekam über, überbekommen **動** (事4に)飽き飽きする. ¶eins *überbekommen* 一発殴られる.

über·belasten [ユーバァ・ベラステン] belastete über, überbelastet **動** (物4に)荷を積み過ぎる;(人4に)負担をかけすぎる.

Über·bevölkerung [ユーバァ・ベフェルケルング] **女** -/ 人口過剰. ¶Wegen *Überbevölkerung* herrscht dort Wassermangel. 人口過剰のためにそこでは水不足となっている.

über·bewerten [ユーバァ・ベヴェールテン] bewertete über, überbewertet **動** 過大評価する.

über·bezahlt [ユーバァ・ベツァールト] **形** 支払い過剰の. ¶Ich finde, die Vorstandsmitglieder sind stark *überbezahlt*. 理事たちは異常に多くの報酬を受けていると思う.

über·bieten(*) [ユーバァ・ビーテン] überbot, überboten **動** (物4を)上回る;(人4より)高値をつける;(記録4を)更新する.

Überbleib·sel [ユーバァブライプ・セル] **中** -s/- 残り[物], 余り.

Über·blick [ユーバァ・ブリク] **男** -[e]s/-e 見晴らし, 展望;概観, 概説 《über et4 事4に関する》. ¶Von hier aus hat man den besten *Überblick* über die Altstadt. こから見る旧市街の見晴らしは最高だ.

über·blicken [ユーバァ・ブリッケン] **動** 見渡す;概観する;見通す.

über·bringen(*) [ユーバァ・ブリンゲン] überbrachte, überbracht **動** 持参する, 届ける;伝える.

über·brücken [ユーバァ・ブリュッケン] **動** 橋渡しをする;(困難4を)克服する. ¶einen Fluss (ein Tal) *überbrücken* 川(谷)に橋を架ける. ◆Der Gegensatz der beiden Standpunkte lässt sich wohl kaum *überbrücken*. 二つの立場の対立を克服することはほとんど不可能だろう.

Über·buchung [ユーバァ・ブーフング] **女** -/-en (飛行機などの)オーバーブッキング.

über·dachen [ユーバァ・ダッヘン] **動** (建物4・地所4に)屋根をつける.

über·dauern [ユーバァ・ダォエルン] **動** (物4より)長持ち(長続き)する;生き残る.

über·decken [ユーバァ・デッケン] **動** 覆う, 覆い隠す.

über·dehnen [ユーバァ・デーネン] **動** (筋肉4・腱4を)過度に伸ばす.

über·denken(*) [ユーバァ・デンケン] überdachte, überdacht **動** よく考える, 考え抜く. ¶Lass mich die Sache bis morgen *überdenken*! そのことについてあしたまでよく考えさせてほしい.

über·dies [ユーバァ・ディース] **副** その上, おまけに;どっちみち.

Über·dosis [ユーバァ・ドーズィス] **女** -/Über·dosen [ユーバァ・ドーゼン] (薬などの)過剰服用. ¶Sie starb an einer *Überdosis* Schlaftabletten. 彼女は睡眠薬を過剰に服用したため死亡した.

über·drehen [ユーバァ・ドゥレーエン] **動** (ねじなどを)巻きすぎる.

Über·druss [ユーバァ・ドゥルス] **男** -es/ 飽き飽き, 嫌気, うんざり. ¶Was er erzählt, kennen wir schon bis zum *Überdruss*. 彼の話すことを僕たちはもう聞き飽きるくらい聞かされてよく知っている.

über·drüssig [ユーバァ・ドゥリュスィヒ] -e [ユーバァ・ドゥリュスィゲ] **形** (事2・人2に)飽き飽きした, うんざりし

U

573

た。 ¶Er ist dieser Probleme *überdrüssig*. 彼はこれらの問題にうんざりしている.

über·durchschnittlich [ユーバァ・ドゥルヒシュニトゥリヒ] 形 平均(水準)以上の. ¶Sie ist eine *überdurchschnittliche* Schülerin. 彼女は平均以上のレベルの生徒だ.

über·eilen [ユーバァ・アイレン] 動 (事⁴を)深く考えもせずに行う. ¶*sich⁴ übereilen* 深く考えもせずに振舞う. ♦Ich finde, das ist ein *übereilter* Entschluss. 私は決断を急ぎすぎたと思う.

über·einander [ユーバァ・アイナンダァ] 副 重なり合って;お互いについて.

überein|kommen* [ユーバァアイン・コメン] kam überein, übereingekommen 動 (s) 一致(合意)する 《mit j³ 人³と》. ¶Die beiden Außenminister *kamen überein*, sich künftig regelmäßig zu treffen. 両外相は今後,定期的に会談することで合意した.

Überein·kunft [ユーバァアイン・クンフト] 女 -/Überein·künfte [ユーバァアイン・キュンフテ] 一致,合意. ¶zu einer *Übereinkunft* gelangen 合意に達する.

überein|stimmen [ユーバァアイン・シュティメン] 動 意見が一致する,合意する《mit j³ 人³と; in et³/über et⁴ 事³・事⁴について》. ¶In diesem Punkt *stimme* ich mit ihm nicht *überein*. この点において私は彼と意見が一致していない. **Überein·stimmung** [ユーバァアイン・シュティムング] 女 -/-en 一致;合致.

über·fahren* [ユーバァ・ファーレン] *du* überfährst; *er* überfährt; überfuhr, überfahren 動 轢く;(うっかり)通り過ぎる. ¶Gestern hätte ich beinahe einen Hund *überfahren*. きのう,あやうく犬を轢いてしまうところだった. / Vorsichtig *überfuhr* er die unübersichtliche Kreuzung. 彼は見通しの悪い交差点を注意して通過した.

Über·fahrt [ユーバァ・ファールト] 女 -/-en 渡航,渡河. ¶Die *Überfahrt* über den Bodensee war sehr ruhig. ボーデン湖を渡る航行はたいへん平穏だった.

Über·fall [ユーバァ・ファル] 男 -[e]s/Über·fälle [ユーバァ・フェレ] 襲撃,奇襲;突然の訪問.

über·fallen* [ユーバァ・ファレン] *du* überfällst, *er* überfällt; überfiel, überfallen 動 襲う,奇襲する. ¶Schon wieder ist eine Bank *überfallen* worden. また銀行が襲われた.

über·fällig [ユーバァ・フェリヒ] -e [ユーバァ・フェリゲ] 形 (乗物などの到着が)遅れている;期限の切れた. ¶Das Flugzeug ist seit einem halben Tag *überfällig*. 飛行機は半日来到着が遅れている.

Über·fluss [ユーバァ・フルス] 男 -es/過剰,過多《an et³ 物³の》. ¶ein *Überfluss* an Nahrungsmitteln 過剰な食料品. / im *Überfluss* vorhanden sein 余るほどある. ♦Zeit hat der alte Herr im *Überfluss*. 時間ならその老紳士には有り余るほどある.

über·flüssig [ユーバァ・フリュスィヒ] -e [ユーバァ・フリュスィゲ] 形 余計な,必要以上の,無駄な.

über·fordern [ユーバァ・フォルデルン] 動 過大な要求をする《j⁴ mit et³ 事³によって人⁴に》.

über·fragt [ユーバァ・フラークト] 形 (質問などが)守備範囲を越えている. ¶Da bin ich *überfragt*. それは私の知っている範囲を超えている.

¹über·führen [ユーバァ・フューレン] 動 *j⁴ et²* überführen 人⁴が犯罪²を犯したことを証明する.

²über|führen [ユーバァ・フューレン], **²über·führen** [ユーバァ・フューレン] 動 輸送(移送)する.

Über·führung [ユーバァ・フュールング] 女 -/-en 輸送;陸橋;有罪証明.

über·füllt [ユーバァ・フュルト] 形 超満員の;一杯詰め込んだ.

Über·gabe [ユーバァ・ガーベ] 女 -/-en 引き渡し;手渡し.

Über·gang [ユーバァ・ガング] 男
-[e]s/Über·gänge [ユーバァ・ゲンゲ]
移行[期];横断, 渡る所;通過. **Über·gangs·zeit** [ユーバァガングス・ツァイト] 女 -/-en 過渡(移行)期.

über·geben* [ユーバァ・ゲーベン] *du*
übergibst, *er* übergibt; übergab, übergeben 動 手(引き)渡す;明け渡す;委託する. ¶*sich*⁴ *übergeben* 嘔吐する. ¶ Den Wohnungsschlüssel *übergebe* ich Ihnen morgen. 住まいの鍵をあしたお渡しします. / Ich war so seekrank, ich musste mich dauernd *übergeben*. 船酔いがひどくて私は何度も吐かざるをえなかった.

¹**über·gehen*** [ユーバァ・ゲーエン]
ging über, übergegangen 動
(s) 移る, 移行する《zu *et*³ 物³に》;変化していく《in *et*⁴ 物⁴に》. ¶auf *j*⁴ *übergehen* 人⁴の物になる. / zu einem anderen Thema *übergehen* 別のテーマに移る. ◆ Der Regen *ging* in Schnee *über*. 雨は雪に変わった. / Das Haus ist auf den Sohn *übergegangen*. その家は息子のものになった.

²**über·gehen*** [ユーバァ・ゲーエン]
überging, übergangen 動 見落とす;無視する. ¶Er *überging* unsere Bitten. 彼は私たちの頼みを無視した.

über·geordnet [ユーバァ・ゲオルドゥネト] 形 上位の, 上級の.

Über·gewicht [ユーバァ・ゲヴィヒト]
中-[e]s/ 重量超過;太りすぎ;優位, 優勢. ¶*das*] *Übergewicht* bekommen バランスを崩して倒れる.

über·greifen* [ユーバァ・グライフェン]
griff über, übergegriffen 動 広がる, 波及する《auf *et*⁴ 物⁴に》. ¶ Inzwischen hat die Seuche auf das Nachbarland *übergegriffen*. そうこうするうちに伝染病は隣国に広がった.

Über·griff [ユーバァ・グリフ] 男-[e]s
/-e (不当な)干渉, 侵害《auf *j*⁴ 人⁴への》. ¶zu feindlichen *Übergriffen* kommen 敵対的な行為に出

る. ◆ Der Abgeordnete verurteilte die *Übergriffe* der Polizei aufs Schärfste. その議員は不当な警察の干渉を非常に激しく非難した.

über·hand nehmen* [ユーバァハント・ネーメン] *es* nimmt überhand; nahm überhand, überhandgenommen 動 激増(蔓延)する.

über·häufen [ユーバァ・ホイフェン]
動 どんどん与える《*j*⁴ mit *et*³ 人⁴に物³を》.

über·haupt [ユーバァ・ハオプト] 副
一般に, 総じて;《否定の語と》全く…ない;《疑問文で》そもそも, 一体. ¶Er gilt als einer der besten Tennisspieler *überhaupt*. 彼はそもそもトップレベルのテニスプレーヤーの一人と目されている. / Von Musik versteht er *überhaupt* nichts. 彼は音楽のことが全くわからない. / Er ist nur faul, krank ist er *überhaupt* nicht. 彼は怠け者なだけだ, 病気などでは全然ない. / Wann kümmerst du dich denn *überhaupt* mal um die Kinder? あなたは一体全体いつ子供の面倒を見ているのですか.

überheb·lich [ユーバァヘープ・リヒ]
形 思い上がった, 横柄な.

über·höht [ユーバァ・ヘート] 形 過大な.

über·holen [ユーバァ・ホーレン] 動 追い越す;(機械類を)オーバーホールする. ¶In Europa fährt man rechts und *überholt* links. ヨーロッパでは右側を通行し, 左側の車線で追い越す. / Ihr Wagen muss dringend *überholt* werden. あなたの車は緊急にオーバーホールしなければならない.

über·holt [ユーバァ・ホールト] **1** 形
時代遅れの. ¶Seine Theorie ist längst *überholt*. 彼の理論はもうとっくに時代遅れになっている. **2** überholen の過去分詞.

über·hören [ユーバァ・ヘーレン] 動
聞き流す, 聞き漏らす, 聞かないふりをする. ¶eine Frage *überhören* 質問を聞き逃す.

über·irdisch [ユーバァ・イルディシュ]
形 この世のものでない;超自然的な.

u

über·kleben [ユーバァ・クレーベン] 動
(物⁴の)上に貼って隠す《mit et³ 物³
を》.

über|kochen [ユーバァ・コッヘン] 動
(s) 吹きこぼれる.

über·kommen* [ユーバァ・コメン] 動
überkam, überkommen 動 (感
情などが人⁴を)襲う.

über·lassen* [ユーバァ・ラッセン] du
/er überlässt; überließ, über-
lassen 動 (人³に事⁴を)任せる;(人⁴
を事³に)さらす. ¶Sie hat mir
ihr Haus überlassen. 彼女は私
に家を貸してくれた. / Er hat sie
ihrem Schicksal überlassen.
彼は彼女を運命のままに任せた.

über·lastet [ユーバァ・ラステト] 形
過度の負担を負わされている.

¹**über|laufen*** [ユーバァ・ラォフェン]
du läufst über, er läuft über;
lief über, übergelaufen 動 (s)
(液体が)あふれ出る;吹きこぼれる. ¶
zum Feind überlaufen 敵方にま
わる(寝返る).

²**über·laufen*** [ユーバァ・ラォフェン]
du überläufst, er überläuft;
überlief, überlaufen 動 (人⁴・施
設⁴のところに)殺到する;(感情¹が人⁴
を)襲う.

über·leben [ユーバァ・レーベン] 動
(事故など⁴を)生き残る, 生き延びる;
(人⁴より)長生きする. ¶sich⁴ über-
leben 時代遅れになる. ◆Du
wirst's wohl überleben. 君はそ
んなことにへこたれないだろう. **über·
lebt** [ユーバァ・レープト] 1形 時代遅
れの. 2 überleben の過去分詞.

über·legen [ユーバァ・レーゲン] 1動
[sich³] et⁴ überlegen 事⁴をよく
考えてみる. ¶Ob ich mitmache,
muss ich mir noch überlegen.
一緒にやるかどうか, 私はさらによく考
えなくてはならない. 2形 勝(ま)って
いる;勝ち誇った. ¶j³ an et³ über-
legen sein 人³より事³の点で勝(ま)
っている. ◆Er war seinem Geg-
ner in jeder Hinsicht überlegen.
彼は対戦相手にあらゆる点で勝(ま)って
いた. 3 überlegen の過去分詞.

Über·legung [ユーバァ・レーグング]
囡-/-en 熟考, 熟慮. ¶Seine gan-
zen Überlegungen führten zu
nichts. 彼の熟慮は全て無に帰した.

über|leiten [ユーバァ・ラィテン] 動 導
く《zu et³ 事³に》.

über·lesen* [ユーバァ・レーゼン] du/
er überliest; überlas, überle-
sen 動 (本·書類など⁴に)さっと目を
通す;読み落とす.

über·liefern [ユーバァ・リーフェルン]
動 伝える;引き渡す. ¶Was unse-
re Vorfahren überliefert haben,
bedeutet mir sehr viel. 先人達
が伝えてきたものは, 私にはきわめて重
要だ. **Über·lieferung** [ユーバァ・
リーフェルング] 囡-/-en 伝承;引き渡
し.

über·listen [ユーバァ・リステン] 動
(人⁴を)策略にのせる, 欺く.

Über·macht [ユーバァ・マハト] 囡-/
(数などでの)優勢, 優位. ¶in der
Übermacht sein 優勢である.

über·mäßig [ユーバァ・メースィヒ] -e
[ユーバァ・メースィゲ] 形 過剰な, 過多
の;《副 として》過度に.

über·mitteln [ユーバァ・ミッテルン]
動 伝える;伝達する.

über·morgen [ユーバァ・モルゲン] 副
明後日, あさって.

über·müdet [ユーバァ・ミューデト] 形
疲れ果てた.

Über·mut [ユーバァ・ムート] 男-[e]s/
はしゃぎすぎ;高慢;自己顕示. ¶Über-
mut tut selten gut. 思いあがりす
ぎるとろくなことはない. **über·mü-
tig** [ユーバァ・ミューティヒ] -e [ユーバ
ァ・ミューティゲ] 形 大はしゃぎの;調子
に乗った;高慢な.

über·nächst [ユーバァ・ネヒスト] 形
次の次の. ¶[im] übernächsten
Monat 再来月に.

über·nachten [ユーバァ・ナハテン]
動 泊まる《bei j³ 人³のところに》.
¶In Bonn übernachteten wir in
der Jugendherberge. ボンでは
私たちはユースホステルに泊まった.

Über·nahme [ユーバァ・ナーメ] 囡
-/-n 引き受け;受け継ぎ;担当.

u

über・natürlich [ユーバァ・ナテューァリヒ] 形 超自然的な.

über・nehmen* [ユーバァ・ネーメン] *du* übernimmst, *er* übernimmt; übernahm, übernommen 動 引き受ける；受け継ぐ；借用する. ¶*sich⁴ übernehmen* 能力以上に無理に引き受けすぎる. / *sich⁴ bei* (mit) *der Arbeit übernehmen* 過度の仕事をする, 仕事を引き受けすぎる. ♦ *Die gesamten Kosten übernimmt meine Firma.* 費用の全額を我が社が引き受けます.

über・parteilich [ユーバァ・パルタイリヒ] 形 超党派の.

über・prüfen [ユーバァ・プリューフェン] 動 [再度]検査(点検)する.

über・queren [ユーバァ・クヴェーレン] 動 横切る. ¶*die Straße überqueren* 通りを横切る.

über・raschen [ユーバァ・ラッシェン] 動 (予期しないことで)驚かす, (人⁴の)不意を突く. ¶*j⁴ mit et³ überraschen* 人⁴を贈り物など³で喜ばせる.

Über・raschung [ユーバァ・ラッシュング] 女 -/-en 《複なし》驚き, 不意打ち；意外なこと. ¶*Das ist aber eine Überraschung!* (不意の来客・出会いなどを喜んで)これはこれは思いもかけず[嬉しいことだ].

über・reden [ユーバァ・レーデン] 動 説得する. ¶*j⁴ zu et³* (... zu + 不定詞) *überreden* 人⁴に事³をするようにと(…するようにと)説き伏せる. ♦ *Er hat vergeblich versucht, sie zu überreden.* 彼は彼女を説得しようとしたが無駄だった.

über・reichen [ユーバァ・ライヒェン] 動 (厳かに)授ける, 手渡す.

Über・rest [ユーバァ・レスト] 男 -[e]s/-e 残り[物], 残余；《ふつう複》廃墟.

über・schätzen [ユーバァ・シェッツェン] 動 過大評価する.

über・schall [ユーバァ・シャル] 男 -[e]s/ 超音[波]. **Überschall・flugzeug** [ユーバァシャル・フルークツォイク] 中 -[e]s/-e 超音速飛行機. **Überschall・geschwindigkeit** [ユーバァシャル・ゲシュヴィンディヒカイ

ト] 女 -/-en 超音速.

Über・schau [ユーバァ・シャォ] 女 -/ 概観, 要約. **überschau・bar** [ユーバァシャォ・バール] 形 見通しのきく.

über・schauen [ユーバァ・シャォエン] 動 見渡す；概観する.

über・schlafen* [ユーバァ・シュラーフェン] *du* überschläfst, *er* überschläft; überschlief, überschlafen 動 (事⁴を)一晩寝てよく考える.

¹über・schlagen* [ユーバァ・シュラーゲン] *du* überschlägst, *er* überschlägt; überschlug, überschlagen 動 見積もる. ¶*sich⁴ überschlagen* でんぐり返る, 次から次と起こる.

²über・schlagen* [ユーバァ・シュラーゲン] *du* schlägst über, *er* schlägt über; schlug über, übergeschlagen 動 (s)*in et⁴ überschlagen* 急変して事⁴になる. ¶*Die Begeisterung der Zuschauer schlug in Enttäuschung über, als die Heimmannschaft das Spiel verlor.* 地元チームが試合に負けると, 観客の興奮は一瞬にして落胆に変わった.

über・schneiden* [ユーバァ・シュナイデン] überschnitt, überschnitten 動 *sich⁴ überschneiden* 交差する, 重なり合う. ¶*Die beiden Termine überschneiden sich.* 二つの予定が重なっている.

über・schreiben* [ユーバァ・シュライベン] überschrieb, überschrieben 動 (作品⁴に)表題を付ける《mit *et³* という》；〖電算〗上書き[保存]する.

über・schreiten* [ユーバァ・シュライテン] überschritt, überschritten 動 渡る, 越える；超過する；(規定など⁴を)守らない.

Über・schrift [ユーバァ・シュリフト] 女 -/-en 表題；(新聞などの)見出し. ¶*Die Überschrift passt nicht gut zum Inhalt des Artikels.* その見出しは記事の内容にそぐわない.

Über・schuss [ユーバァ・シュス] 男 -es/Über・schüsse [ユーバァ・シュセ]

U

über·schüssig

余剰;過剰;儲け.　¶ein *Über-schuss* an Getreide　穀物の過剰.

über·schüssig [ユーバァ・シュスィヒ] -e [ユーバァ・シュスィゲ] 形 余った;過剰な.　¶Das *überschüssige* Geld soll möglichst sinnvoll verwendet werden.　余分なお金はできる限り有意義に使われるべきだ.

über·schwemmen [ユーバァ・シュヴェメン] 動 (場所⁴に)氾濫する,(場所⁴を)水浸しにする;(場所⁴に)満ちあふれさせる《mit *et³* 品物³を》.　¶den Markt mit Digitalkameras *überschwemmen* 市場にデジタルカメラを氾濫させる.　◆Der Fluss *überschwemmte* die ganze Gegend. 川が氾濫してその一帯を水浸しにした.

Über·schwemmung [ユーバァ・シュヴェムング] 女-/-en 氾濫,洪水;供給過剰.

Über·see [ユーバァ・ゼー] 女-/《無冠詞》海外.　¶in *Übersee* 海外で. / nach (aus) *Übersee* 海外へ(から).　**Übersee·handel** [ユーバァゼー・ハンデル] 男-s/ 海外貿易.

überseh·bar [ユーバァゼー・バール] 形 見渡せる,見通せる,予測できる.

über·sehen* [ユーバァ・ゼーエン] *du* übersiehst, *er* übersieht; übersah, übersehen 動 見渡す;見通す;見落とす;無視する.　¶Von dieser Stelle aus kann man das Tal gut *übersehen*. この場所から谷をよく見渡すことができる. / Kleinere Fehler *übersieht* er ganz bewusst.　比較的小さな間違いを彼は意識的に見逃してくれる.

¹über|setzen [ユーバァ・ゼッツェン] 動 **1** (s,h) 向こう[岸]に渡る. **2** 向こう[岸]へ渡す.

²über·setzen [ユーバァ・ゼッツェン] 動 翻訳する.　¶Goethes Gedichte vom Deutschen ins Japanische *übersetzen* ゲーテの詩をドイツ語から日本語に翻訳する.

Über·setzer [ユーバァ・ゼッツァー] 男-s/ (女性) **Über·setzerin** [ユーバァ・ゼッツェリン] 女-/Über·setzerinnen [ユーバァ・ゼッツェリネン]) 訳者,翻訳家;通訳者.

Über·setzung [ユーバァ・ゼッツング] 女-/-en 翻訳,通訳;〖工学〗伝導;トランスミッション.　¶Die deutsche *Übersetzung* seines Romans soll in Kürze erscheinen.　彼の小説のドイツ語訳がまもなく出版されるそうだ.

Über·sicht [ユーバァ・ズィヒト] 女-/-en 展望,見晴らし;見通し;洞察力;概要.　¶Ihm fehlt die *Übersicht* über die Situation. 彼には状況を見通す力が欠けている.

übersicht·lich [ユーバァズィヒト・リヒ] 形 見通しのきく;一目でわかる.

über·siedeln [ユーバァ・ズィーデルン], **über·siedeln** [ユーバァ・ズィーデルン] 動 (s) 移住する;移転する.　¶von Hamburg nach Berlin *übersiedeln* ハンブルクからベルリンに移住する.

über·spielen [ユーバァ・シュピーレン] 動 (テープなどを)ダビングする《*et⁴* auf *et⁴* 物⁴を物⁴に》;(人⁴を)出し抜く.　¶Kannst du mir diese CD auf eine Kassette *überspielen*? このCDをカセットにダビングしてもらえないかい.

über·spitzt [ユーバァ・シュピッツト] 形 誇張した;尖鋭化した.

¹über|springen* [ユーバァ・シュプリンゲン] sprang über, übergesprungen 動 (s) (火花などが)飛び移る《auf *et⁴* 物⁴に》.　¶Das Feuer *sprang* auf die umliegenden Häuser *über*. 火は周りの家々に燃え移った. / Fachleute befürchten, dass das Virus auch auf den Menschen *überspringen* könnte. 専門家たちはそのウイルスが人間にも感染する可能性があることを恐れている.

²über·springen* [ユーバァ・シュプリンゲン] übersprang, übersprungen 動 飛び越える;読み飛ばす;抜かす.　¶Sein Hund hat einfach den Zaun *übersprungen*. 彼の犬は難なくその生け垣を飛び越えた. / Die nächsten vier Seiten *übersprin-*

ge ich. 次の4頁を私は読み飛ばします.

über·stehen* [ユーバァ・シュテーエン] überstand, überstanden 動 (困難などを)克服する, 乗り越える. ¶Er hat die Krankheit *überstanden*. 彼は病気を克服した. / Die Firma hat die Krise *überstanden*. その会社は危機を乗り越えた.

über·steigen* [ユーバァ・シュタイゲン] überstieg, überstiegen 動 乗り越える;(範囲⁴を)上回る. ¶Die Einbrecher *überstiegen* die Mauer mit einer Leiter. 泥棒たちははしごを使ってその塀を乗り越えた. / Der Erfolg *überstieg* sogar noch unsere Erwartungen. 成果は我々の期待をさらに上回りさえした.

über·steigern [ユーバァ・シュタイゲルン] 動 (要求などを)つり上げる. ¶ sich⁴ *übersteigern* 度を越す. **über·steigert** [ユーバァ・シュタイゲルト] **1** 形 度を越した. **2** übersteigern の過去分詞.

über·stimmen [ユーバァ・シュティメン] 動 投票で否決する(負かす).

über streifen [ユーバァ・シュトライフェン] 動 sich³ et⁴ überstreifen 衣服を⁴をすばやく羽織る.

¹über strömen [ユーバァ・シュトゥレーメン] 動 (s) 氾濫する. ¶Es besteht die Gefahr, dass der Rhein *überströmt*. ライン川が氾濫する危険性がある.

²über·strömen [ユーバァ・シュトゥレーメン] 動 (場所⁴に)氾濫して水浸しにする. ¶Das Hochwasser *überströmte* die Gärten am Fluss. 洪水は川縁の庭園を水浸しにした.

Über·stunde [ユーバァ・シュトゥンデ] 女 -/-n 超過労働時間. ¶*Überstunden* machen 時間外労働をする.

über·stürzen [ユーバァ・シュテュルツェン] 動 あわてて(大急ぎで)する. ¶ sich⁴ *überstürzen* 次々に起こる. ◆Du solltest die Entscheidung nicht *überstürzen*. 君は決定を急がない方がいいだろう.

über·tragen* [ユーバァ・トゥラーゲン]

du überträgst, *er* überträgt; übertrug, übertragen 動 中継する;転用する《auf et⁴ 物⁴に》;翻訳する, 書き換える;委嘱する;伝染させる《et⁴ auf j⁴ 病気など⁴を人⁴に》. ¶ sich⁴ auf j⁴ *übertragen* (病気などが)人⁴に伝染する. ◆Das Spiel wird live *übertragen*. その試合は生中継される. / Das Protokoll muss noch in die Reinschrift *übertragen* werden. 議事録をこれから清書しなくてはならない. / Erstmals wurde das Virus auf Menschen *übertragen*. 初めてそのウイルスは人間に感染した.

Über·tragung [ユーバァ・トゥラーグング] 女 -/-en 翻訳;中継;伝染.

über·treffen* [ユーバァ・トゥレッフェン] *du* übertriffst, *er* übertrifft; übertraf, übertroffen 動 (人⁴・事⁴を)凌駕する. ¶Als Pianist hat er seinen Lehrer weit *übertroffen*. ピアニストとして彼は師匠を遙かに追い越した. / Im Schach dürfte ihn kaum jemand *übertreffen*. チェスではほとんど誰も彼にはかなわないだろう.

über·treiben* [ユーバァ・トゥライベン] übertrieb, übertrieben 動 誇張する;(事⁴の)度を過ごす. ¶Er *übertreibt* mal wieder, so schlecht geht es ihm gar nicht. 彼はまた大げさに言っている, 彼の具合は決してそんなに悪くはない.

Über·treibung [ユーバァ・トゥライブング] 女 -/-en 誇張;過度.

¹über treten* [ユーバァ・トゥレーテン] *du* trittst [トゥリット] über, *er* tritt über; trat über, übergetreten 動 (s) 鞍替えする《zu et³ 党派・宗派³に》. ¶Er überlegt, zum Katholizismus *überzutreten*. 彼はカトリックに改宗することを考えている.

²über·treten* [ユーバァ・トゥレーテン] *du* übertrittst [ユーバァ・トゥリット], *er* übertritt; übertrat, übertreten 動 (規則など⁴を)犯す. ¶Er *übertritt* immer wieder die Vor-

U

schriften. 彼は繰り返し規則違反をしている。

über·trieben [ユーバァ・トゥリーベン]
1形 誇張された；極端な。¶Sie ist *übertrieben* ängstlich. 彼女は極端に心配性だ。**2** übertreiben の過去分詞.

über·völkert [ユーバァ・フェルケルト]
形 人口過剰の.

über·wachen [ユーバァ・ヴァッヘン]
動 見張る，監視する。**Über·wachung** [ユーバァ・ヴァッフング]**女**-/-en 見張り，監視.

über·wältigen [ユーバァ・ヴェルティゲン] **動** 圧倒する；取り押さえる.
über·wältigend [ユーバァ・ヴェルティゲント] **1形** 圧倒的な。¶Die *überwältigende* Mehrheit der Wähler stimmte gegen ihn. 有権者の圧倒的多数が彼に対して反対票を投じた。**2** überwältigen の現在分詞.

über·weisen* [ユーバァ・ヴァイゼン]
überwies, überwiesen **動** 振込む《auf sein Konto⁴ 彼の口座⁴に》；委ねる，移送する。 ¶Hast du die Miete schon *überwiesen*? 家賃をもう振り込んだかい。／Er wurde sofort zu einem [an einen] Facharzt *überwiesen*. 彼はすぐに専門医に回された.

Über·weisung [ユーバァ・ヴァイズング]**女**-/-en 口座振替；委託；移送.

über·werfen* [ユーバァ・ヴェルフェン]
du überwirfst, *er* überwirft；überwarf, überworfen **動**
sich⁴ mit *j³* überwerfen 人³と不仲(不和)になる.

über·wiegen [ユーバァ・ヴィーゲン]
überwog, überwogen **動** 優勢(支配的)である。**über·wiegend** [ユーバァ・ヴィーゲント，ユーバァ・ヴィーゲント] **1形** 優勢な；圧倒的な；主たる。**2** überwiegen の現在分詞.

über·winden* [ユーバァ・ヴィンデン]
überwand, überwunden **動** 打ち勝つ，克服する。¶*sich⁴* überwinden 自分に打ち勝つ，自制する。♦ Schwierigkeiten sind dazu da,

dass man sie *überwindet*. 困難は克服されるためにあるのだ。／Ich konnte mich nur schwer *überwinden*, ihm die Hand zu geben. 私はなかなか彼と握手をする気にはならなかった.

über·wintern [ユーバァ・ヴィンテルン]
動 冬を越す(過ごす)，越冬する.

Über·zahl [ユーバァ・ツァール] **女** -/ 多数，優勢。¶in der *Überzahl* sein 多数(優勢)である.

über·zeugen [ユーバァ・ツォィゲン]
動 納得させる《*j⁴* von *et³* 人⁴に事³を》。¶*sich⁴* überzeugen 納得(確信)する。♦ Er konnte die Geschworenen nicht von seiner Unschuld *überzeugen*. 彼は陪審員に自分の無実を信じさせることができなかった.

über·zeugend [ユーバァ・ツォィゲント]
1形 納得した，説得力のある。¶Was er sagt, klingt sehr *überzeugend*. 彼の言うことは非常に説得力があるように聞こえる。**2** überzeugen の現在分詞.

über·zeugt [ユーバァ・ツォィクト] **1**
形 von *et³* überzeugt sein 事³を確信している。¶Ich bin nicht *überzeugt* von dem, was er sagt. 私は彼の言うことに信用がおけない。**2** überzeugen の過去分詞.

Über·zeugung [ユーバァ・ツォィグング]**女** -/-en 納得，確信，信念.

¹über·ziehen* [ユーバァ・ツィーエン]
zog über, übergezogen **動**
sich³ et⁴ überziehen 衣類⁴をはおる。¶*Zieh* dir lieber was *über*, es ist kalt draußen. 何かはおった方がいいよ，外は寒いから.

²über·ziehen* [ユーバァ・ツィーエン]
überzog, überzogen **動** 覆う《*et⁴* mit *et³* 物⁴を物³で》，物⁴に物³をかぶせる。¶*sein* Konto um 100 Euro *überziehen* 100 ユーロ分の当座借越をする。♦ Die Sitze sind mit echtem Leder *überzogen*. 座席は本革で覆われている。**über·zogen** [ユーバァ・ツォーゲン]
1形 覆われた；過度の。**2** ²über-

ziehen の過去分詞.

Über・zug [ユーバァ・ツーク] 男 -[e]s/ Über・züge [ユーバァ・ツューゲ] （ベッドなどの）カバー，シーツ；（菓子などの）衣；被膜.

üb・lich [ユープ・リヒ] 形 通常（普通・通例）の，よくある. ¶Trinkgelder zu geben, ist in Japan nicht üblich. チップをあげることは日本ではあまり一般的ではない.

üblicher・weise [ユープリヒャァ・ヴァイゼ] 副 普通は，一般には.

U-Boot [ウー・ボート] 中 -[e]s/-e 潜水艦（＝Unterseeboot）.

übrig [ユープリヒ] -e [ユープリゲ] 形 残りの，その他の；余った. ¶et⁴ übrig behalten 物⁴を使わないでおく，残しておく. / übrig bleiben 残っている. / et⁴ übrig lassen 残しておく. / im Übrigen ところで. ◆Für dich haben wir extra Kuchen übrig behalten (gelassen). 君のために私たちは特別にケーキを残しておいたよ.

übrigens [ユープリゲンス] 副 ところで，それはそうと.

Übung [ユーブング] 女 -/-en 練習，トレーニング；練習問題；演習. ¶Diese Übungen stärken die Rückenmuskeln. このトレーニングは背筋を鍛えます. / Übung macht den Meister. 名人も修行次第.

Ufer [ウーファァ] 中 -s/- （海・川などの）岸，岸辺. ¶Sein Haus liegt nah am Ufer eines kleinen Sees. 彼の家は小さな湖の岸近くに建っている. / Bis zum anderen Ufer sind es etwa 60 m. 向こう岸までおよそ60メートルある.

Ufo, UFO [ウーフォ] 中-[s]/-s 〔略〕ユーフォー，未確認飛行物体（＝unbekanntes Flugobjekt）.

Uhr [ウーァ] 女 -/-en 時計；《複 なし》…時. ¶Meine Uhr geht etwas vor (nach). 私の時計は少し進んで(遅れて)いる. / Um 5 Uhr rufe ich dich noch einmal an. 5時に君にもう一度電話する.

Uhr・macher [ウーァ・マハァ] 男-s/-

時計屋.

Uhr・zeiger [ウーァ・ツァイガァ] 男 -s /- 時計の針.

Uhrzeiger・sinn [ウーァツァイガァ・ズィン] 男-[e]s/ 時計回り. ¶im (entgegen dem) Uhrzeigersinn 時計回り(反時計回り)で.

Uhr・zeit [ウーァ・ツァイト] 女 -/ （時計の示す)時間.

UKW [ウー・カー・ヴェー] 《無 冠 詞》〔略〕超短波（＝Ultrakurzwelle）.

ulkig [ウルキヒ] -e [ウルキゲ] 形 〔くだけ て〕こっけいな，おかしな.

ultimativ [ウルティマティーフ] -e [ウルティマティーヴェ] 形 最後通牒(通告)としての.

Ultimatum [ウルティマートゥム] 中-s/ Ultimaten [ウルティマーテン] 最後通牒(通告). ¶j³ ein Ultimatum stellen 人³に最後通告をする.

Ultrakurz・welle [ウルトゥラクルツ・ヴェレ，ウルトゥラクルツ・ヴェレ] 女-/ 超短波(略：UKW).

ultra・rot [ウルトゥラ・ロート] 形 赤外線の. **Ultra・rot** [ウルトゥラ・ロート] 中 -s/ 赤外線.

Ultra・schall [ウルトゥラ・シャル] 男 -[e]s/ 超音波.

ultra・violett [ウルトゥラ・ヴィオレト] 形 紫外線の. **Ultra・violett** [ウルトゥラ・ヴィオレト] 中 -s/ 紫外線.

um [ウム] **1**前《4格支配. um das は融合して ums となる》¶【周囲】…の周りに，…を囲んで. um die Stadt herumfahren 町の周りを巡る. / um den Professor herumstehen その教授を囲んで立つ. 【時刻】…時に. um 7 Uhr 7 時に. 【目的・意図】…を求めて，…のために. sich⁴ um et⁴ bewerben 職など⁴を求める. 【交互・反復】…に替って. ein Tag um den anderen 一日一日と. 【差異】…だけ. den Rock um 5 Zentimeter kürzen スカートを5センチメートル短くする. 【目安】約…. Es waren so um 20 Leute da. そこには約20人ほどの人が来ていた. 《um et² willen の形で》事²のために. um des

Friedens willen 平和のために. **2**
接《zu+不定詞と》…するために. ¶
Er tut das nur, *um* uns zu ärgern. 彼があんなことをするのは、た
だわれわれを嫌がらせるためだけなのだ.
3副 迂回して；およそ，約；過ぎて. ¶
Die Reparatur wird *um* 50 Euro
kosten. 修理は約50ユーロかかるで
しょう. ¶Unsere Zeit ist *um*. も
う時間が来たから.《*um et⁴* herum の形で》Sie ist so *um* die
Dreißig herum. 彼女はおよそ30
歳くらいです.

¹**um-** [ウム]《常にアクセントをもち分
離動詞をつくる前つづり》 ¶【包囲】
um binden 巻き付ける.【回転】
um drehen まわす.【方向転換】
um kehren 引き返す.【やり直し】
um denken 考え直す.【転倒】
um fallen 倒れる.

²**um-** [ウム]《アクセントをもたず非分
離動詞をつくる前つづり》 ¶【周囲】
um geben 取り囲む.【迂回】*um*-
gehen 迂回する.

um ändern [ウム・エンデルン] 動 変え
る，変更する. ¶Den Entwurf müssen wir an ein paar Stellen
umändern. 草案を何カ所か変更し
なくてはならない.

um arbeiten [ウム・アルバイテン] 動
作り変える，改造する.

um・armen [ウム・アルメン] 動 抱き
しめる. ¶Immer wieder *umarmte*
die Großmutter ihre Enkel. 繰
り返し祖母は孫たちを抱きしめた.

Um・bau [ウム・バォ] 男 -[e]s/-e
(Um・bauten [ウム・バォテン])《複
なし》改築，改装；《ふつう複で》改築
した建物. ¶Der *Umbau* der Villa
hat ein wahnsinniges Geld gekostet. 邸宅の改築には途方もない
額の金がかかった.

um bauen [ウム・バォエン] 動 改築
(改造)する. **um・bauen** [ウム・バ
ォエン] 動 建築物で囲む.

um biegen* [ウム・ビーゲン] bog
um, umgebogen 動 **1**［折り］曲
げる. **2** (s)（道などが）折れ曲がる.

um binden* [ウム・ビンデン] band

um, umgebunden 動（人³に物¹
を）結ぶ. ¶*sich³* eine Krawatte
umbinden ネクタイを結ぶ. / der
Tochter einen Schal *umbinden* 娘にショールを結んでやる.

um blättern [ウム・ブレッテルン] 動
（本など⁴のページを）めくる.

um bringen* [ウム・ブリンゲン]
brachte um, umgebracht 動
殺す. ¶*sich⁴ umbringen* 自殺
する. ♦ Aus Verzweiflung über
den Tod seines Kindes hat er
sich *umgebracht*. 子供の死に絶
望して彼は自殺した.

Um・bruch [ウム・ブルフ] 男 -[e]s/
Um・brüche [ウム・ブリュヒェ] (政治上
の)大変革，大改革. ¶Einsteins Relativitätstheorie leitete einen
Umbruch in der Physik ein.
アインシュタインの相対性理論は物理
学に大変革をもたらした.

um deuten [ウム・ドィテン] 動 (事⁴
の)解釈を変える.

um drehen [ウム・ドゥレーエン] 動 **1**
回す；裏返す. ¶*sich⁴ umdrehen*
回転する；振り返る. ♦ Die Matratze
solltest du alle paar Wochen
umdrehen. マットレスは2,3週間
ごとに裏返した方がいい. / Er *dreht*
sich nach jedem Mädchen *um*.
彼はどんな女の子でも振り返って見る.
2 (s,h) ユーターンする.

¹**um・fahren*** [ウム・ファーレン] *du*
fährst um, *er* fährt um; fuhr
um, umgefahren 動（人⁴・物⁴に）
乗り物をぶつけて倒す.

²**um・fahren*** [ウム・ファーレン] *du*
umfährst, *er* umfährt; umfuhr, umfahren 動（乗り物で）物⁴
を迂回する.

um fallen* [ウム・ファレン] *du* fällst
um, *er* fällt um; fiel um, umgefallen 動 (s)倒れる；卒倒する；
《くだけた表現》突然考えを変える. ¶Bei dem
Erdbeben sind nur 2 Vasen
umgefallen. この地震では花瓶が二
つ倒れただけだった. / Aus Furcht
vor der Mafia *fielen* die Zeugen alle *um*. マフィアを恐れて証

人たちは皆意見を変えた.

Um·fang [ウム・ファング] 男 -[e]s/ Um·fänge [ウム・フェンゲ] 周囲, 範囲, 広がり; 容量, 大きさ. ¶Der Umfang des Schadens muss erst festgestellt werden. 被害の規模がまず確認されなければならない.

umfang·reich [ウムファング・ライヒ] 形 広範囲におよぶ, 分量の多い.

um·fassen [ウム・ファッセン] 動 抱きしめる; 含む; 囲む. ¶Er versuchte, seinen Gegner an den Hüften zu umfassen. 彼は相手の腰を抱きかかえようとした.

um·fassend [ウム・ファッセント] **1** 形 包括的な; 広範囲に及ぶ. ¶Er hat ein umfassendes technisches Wissen. 彼には幅広い技術的な知識がある. **2** umfassen の現在分詞.

Um·feld [ウム・フェルト] 中 -[e]s/-er (周囲の社会・政治・経済的な) 環境.

um formulieren [ウム・フォルムリーレン] formulierte um, umformuliert 動 言いかえる.

Um·frage [ウム・フラーゲ] 女 -/-n アンケート.

Um·gang [ウム・ガング] 男 -[e]s/ 交際. ¶Der Kanzler hat freundschaftlichen Umgang mit einigen bekannten Künstlern. 首相は何人かの著名な芸術家と親交がある.

Umgangs·formen [ウムガングス・フォルメン] 複 マナー.

Umgangs·sprache [ウムガングス・シュプラーヘ] 女 -/-en 《語》日常語, 共通語. **umgangssprach·lich** [ウムガングスシュプラーハ・リヒ] 形 《語》日常語 (共通語) の.

um·geben* [ウム・ゲーベン] du umgibst, er umgibt; umgab, umgeben 動 囲む; 取り囲む. ¶Den Garten umgab eine Rosenhecke. この庭園はバラの生け垣に囲まれていた.

Um·gebung [ウム・ゲーブング] 女 -/-en 周囲; 環境. ¶Die Stadt hat eine schöne Umgebung. その町のまわりには美しい自然が広がってい

る. / An die neue Umgebung muss ich mich erst gewöhnen. 新しい環境に私はまず慣れなくてはならない.

¹um gehen* [ウム・ゲーエン] ging um, umgegangen 動(s) (噂などが) 広まる. ¶mit et³ umgehen 物³を扱う. / mit j³ umgehen 人³と付き合う. ◆Über ihn gehen viele Gerüchte um. 彼にはとかく多くの噂がある. / Mit Stäbchen kann er schon gut umgehen. 彼はもう箸を上手に使うことができる.

²um·gehen* [ウム・ゲーエン] umging, umgangen 動 迂回する; 避ける. ¶ein Gesetz umgehen 法の網をくぐる. ◆Wie willst du diese Schwierigkeiten umgehen? 君はどうやってこの困難を回避するつもりなのか.

um·gehend [ウム・ゲーエント] **1** 形 即座の; 折り返しの. ¶Diesmal hat er umgehend geantwortet. 今回は彼も即座に回答をよこした. **2** umgehen の現在分詞.

um·gekehrt [ウム・ゲケールト] **1** 形 逆の, さかさの; 反対の. ¶in umgekehrter Richtung 逆の方向で. ◆Ich sehe die Situation genau umgekehrt. 私は状況を全く逆に見ている. **2** umkehren の過去分詞.

um haben* [ウム・ハーベン] du hast um, er hat um; hatte um, umgehabt 動 身にまとっている.

Um·hang [ウム・ハング] 男 -[e]s/ Um·hänge [ウム・ヘンゲ] 《服》ケープ, ショール.

um·her [ウム・ヘーァ] 副 周りに; あちこちに.

umhin können* [ウムヒン・ケネン] ich/er kann umhin, du kannst umhin; konnte umhin, umhingekonnt(umhinkönnen) 《くだけた表現》 nicht umhinkönnen, ... zu + 不定詞 …せざるを得ない. ¶Sie werden nicht umhinkönnen, das Rauchen nun aufzugeben. あなたも今回は喫煙を止めざるを得ないでしょう. (⇒können)

583

Um·kehr [ウム・ケーァ] 囡-/ 方向転換,逆戻り;改心.

um│kehren [ウム・ケーレン] 動 (s) 向きを変える,引き返す.

um│kippen [ウム・キペン] 動 (s) ひっくり返る.

um│kommen* [ウム・コメン] kam um, umgekommen 動 (s) 死ぬ. ¶Gott sei Dank ist bei dem Brand niemand *umgekommen*. 幸いその火事で亡くなった人は一人もいなかった.

Um·kreis [ウム・クライス] 男 -es/-e 周囲. ¶im *Umkreis* von hundert Kilometer[n] 周囲100キロメートルの範囲で.

Um·laut [ウム・ラォト] 男 -[e]s/-e 〖語〗ウムラウト,変母音(ä,ö,ü のこと).

um│legen [ウム・レーゲン] 動 (人³ に物⁴を)まとわせる;横たえる;〖くだけた表現〗射殺する.

um│leiten [ウム・ライテン] 動 迂回させる. ¶Den Bach *umzuleiten* dürfte gar nicht so einfach sein. その小川を迂回させることはそれ程簡単ではあるまい.

Um·leitung [ウム・ライトゥング] 囡 --en 迂回路. ¶eine *Umleitung* fahren 迂回路を通る. **Umleitungs·schild** [ウムライトゥングス・シルト] 田 -[e]s/-er 迂回路標識.

um│lernen [ウム・レルネン] 動 改めて習いなおす;考えを変える.

um·randen [ウム・ランデン] 動 (物⁴に)縁取りをする. ¶einen Fehler rot *umranden* (テストなどの)間違いを赤線で囲む.

um│rechnen [ウム・レヒネン] 動 換算する. ¶Euro in Yen *umrechnen* ユーロを円に換算する. **Um·rechnung** [ウム・レヒヌング] 囡-/-en 換算.

¹um│reißen* [ウム・ライセン] *du/er* reißt um; riss um, umgerissen 動 突き(押し・轢き)倒す.

²um·reißen* [ウム・ライセン] umreißt; umriss, umrissen 動 (物⁴の)輪郭を描く;(事⁴の)要点を述

べる.

um·ringen [ウム・リンゲン] 動 取り囲む. ¶Er war von Journalisten *umringt*. 彼は記者たちに取り囲まれていた.

Um·riss [ウム・リス] 男 -es/-e 輪郭,略図;要点.

um│rühren [ウム・リューレン] 動 かき混ぜる. ¶die Suppe *umrühren* スープをかき混ぜる.

ums [ウムス] =um das.

um│satteln [ウム・ザッテルン] 動 〖くだけた表現〗転職する,鞍替えする《auf *et*⁴ 別の仕事・目標など⁴へ》. ¶Er will von Jura auf Japanologie *umsatteln*. 彼は(専攻を)法学から日本学へ変えようと思っている.

Um·satz [ウム・ザツ] 男 -es/Um·sätze [ウム・ゼツェ] 売り上げ[高].

um│schalten [ウム・シャルテン] 動 ギア・チェンジする;(チャンネルを)変える.

um│schauen [ウム・シャオエン] 動 *sich*⁴ *umschauen* 見回す;展望する. ¶Ich habe mich in München schon *umgeschaut*. 私はもうミュンヘンを見て回った. / Die beiden *schauen* sich gerade nach einer größeren Wohnung *um*. 二人はちょうどもっと大きい住居を探しているところだ.

Um·schlag [ウム・シュラーク] 男 -[e]s/Um·schläge [ウム・シュレーゲ] 封筒,包み[紙],(書籍の)カバー;湿布(しっぷ). ¶einen warmen *Umschlag* machen 温湿布を貼る. / den Brief in den *Umschlag* stecken 手紙を封筒に入れる.

¹um│schreiben* [ウム・シュライベン] schrieb um, umgeschrieben 動 書き改める. ¶Der Präsident hat den Entwurf der Rede völlig *umgeschrieben*. 大統領は演説の草案をすっかり書き改めた.

²um·schreiben* [ウム・シュライベン] umschrieb, umschrieben 動 書き(言い)換える;わかりやすい表現に改める. ¶einen unangenehmen Sachverhalt geschickt *umschrei-*

ben 不快な事柄を巧みに言い換える.

um｜schulen [ウム・シューレン] **動** 再教育(訓練)する《auf *et*⁴ 物⁴に適応するよう；zu *et*³ 別の職業³を習熟するよう》；転校させる. ¶Er würde sich gern auf Programmierer *umschulen* lassen. 彼はプログラマーになるための再教育を喜んで受けるだろう. **Um·schulung** [ウム・シュールング] **女** -/-en 再教育《zu *et*³ 別の職業³への》.

Um·schwung [ウム・シュヴング] **男** -[e]s/Um·schwünge [ウム・シュヴュンゲ] 急転；(気分・天候などの)激変.

um｜sehen* [ウム・ゼーエン] *du* siehst um, *er* sieht um; sah um, umgesehen **動** *sich⁴* umsehen 見回す, 振り返る, 探し回る《nach *j*³/*et*³ 人³・物³を》.

um｜setzen [ウム・ゼッツェン] **動** 置き換える；移す；売却する. ¶eine Idee in die Tat *umsetzen* アイディアを実行に移す.

Um·sicht [ウム・ズィヒト] **女** -/ 用心深さ；用意周到. **um·sichtig** [ウム・ズィヒティヒ] -e [ウム・ズィヒティゲ] **形** 用心深い；用意周到な, よく気がつく.

um·so [ウム・ゾー] **副** 《比較級を強調して》なお一層, それだけますます. ¶Wir haben wenig Geld, *umso* sparsamer müssen wir leben. 私たちにはお金が少ししかない, それだけに一層節約して生活しなければならない. 《je と組み合わせて》…であればあるほどますます…で. Fachleute zweifeln daran, dass man *umso* länger gesund bleibt, je mehr Gemüse man isst. 野菜をたくさん食べれば食べるほど健康でいられる, ということを専門家は疑わしく思っている. / Mit seinem Kommen hatten wir nicht mehr gerechnet, *umso* größer war unsere Freude. 彼が来てくれることなども当てにしていなかっただけに, 喜びは一層大きかった.

um·sonst [ウム・ゾンスト] **副** 無料で；無駄に. ¶nicht *umsonst* 理由

なく…ではない. ◆Sie wohnt bei ihrer Kusine [für] *umsonst*. 彼女はただで従姉のところに住んでいる. / Alle Mühe war *umsonst*. 全ての努力が無駄であった. / Das habe ich nicht *umsonst* gesagt. 私がそう言ったのはわけがある.

Um·stand [ウム・シュタント] **男** -[e]s /Um·stände [ウム・シュテンデ] 事情, 状況；事態；《ふつう複》手間；面倒. ¶unter *Umständen* 事情(場合)によっては. ◆Machen Sie bitte keine *Umstände*. どうぞお構いなく. / Er muss unter allen *Umständen* sofort zum Arzt. どんな事情があろうと彼はすぐ医者に行かなくてはならない.

umständ·lich [ウムシュテント・リヒ] **形** 面倒な, やっかいな；くどくどした.

Umstands·wort [ウムシュタンツ・ヴォルト] **中** -es/Umstands·wörter [ウムシュタンツ・ヴェルタァ] 《文法》副詞.

um｜steigen* [ウム・シュタィゲン] stieg um, umgestiegen **動** (s) 乗り換える. ¶In Köln *steigen* wir in den ICE um. ケルンで私たちは ICE に乗り換える.

¹um｜stellen [ウム・シュテレン] **動** 置き換える；配置転換する；切り替える.

²um·stellen [ウム・シュテレン] **動** 包囲する, 取り囲む.

um·stritten [ウム・シュトゥリッテン] **形** 異論のある；議論の余地がある.

Um·sturz [ウム・シュトゥルツ] **男** -es/Um·stürze [ウム・シュテュルツェ] 転覆；変革, 革命.

um｜tauschen [ウム・タォシェン] **動** 交換する, 取り替える《gegen *et*⁴ 物⁴と》. ¶Yen in Euro *umtauschen* 円をユーロに両替する. ◆Ihre Weihnachtsgeschenke *tauscht* sie meist *um*. 彼女は(もらった)クリスマスプレゼントをたいてい他のものに換えてしまう.

Um·trunk [ウム・トゥルンク] **男** -[e]s /Um·trünke [ウム・トゥリュンケ] 《複まれ》飲み会. ¶Anlässlich meiner Versetzung lade ich alle Kollegen zu einem *Umtrunk* ein. 私

u

の転勤を機に同僚たち全員を飲み会に招待する.

um｜wandeln [ウム・ヴァンデルン] **動** et⁴ in et⁴ (zu et³) umwandeln 物⁴を物⁴(物³)に変える. / sich⁴ umwandeln (人柄などが)すっかり変わる.

um｜wechseln [ウム・ヴェクセルン] **動** 両替する, 交換する. ¶Dollar in Euro umwechseln ドルをユーロに両替する.

Um·weg [ウム・ヴェーク] **男** -[e]s/-e 回り道. ¶einen Umweg machen 回り道をする. ◆Er hat sein Ziel erreicht, allerdings auf Umwegen. 彼は目的を達したが, もっとも遠回りをしてではあったが.

Um·welt [ウム・ヴェルト] **女** -/-en 環境；周囲の世界. ¶Kohlendioxyd schadet der Umwelt enorm. 二酸化炭素は環境にとてつもなく害を及ぼしている. / Was seine Umwelt denkt, ist ihm egal. 周りの人間が自分のことをどのように思っていようが彼は意に介しない.

umwelt·feindlich [ウムヴェルト・ファイントリヒ] **形** 環境に有害な.

umwelt·freundlich [ウムヴェルト・フロイントリヒ] **形** 環境に優しい. ¶ein umweltfreundliches Waschmittel 環境に優しい洗剤.

Umwelt·schäden [ウムヴェルト・シェーデン] **複** 環境破壊による損害.

Umwelt·schutz [ウムヴェルト・シュッ] **男** -es/ 環境保護.

Umwelt·sünder [ウムヴェルト・ズュンダァ] **男** -s/- 《《環境》》環境破壊(汚染)をする人(組織).

Umwelt·verschmutzung [ウムヴェルト・フェァシュムッツング] **女** -/ 環境汚染. **Umwelt·zerstörung** [ウムヴェルト・ツェァシュテールング] **女** -/ 環境破壊.

um｜wenden⁽*⁾ [ウム・ヴェンデン] wandte [ヴァンテ] (wendete) um, umgewandt [ウム・ゲヴァント] (umgewendet)**動** 向きを[反対側に]変える. ¶sich⁴ nach j³ umwenden 人³の方を振り向く.

um｜werfen* [ウム・ヴェルフェン] du wirfst um, er wirft um; warf um, umgeworfen ひっくり返す；投げ倒す；《《比喩》》びっくりさせる, 完全に変える. ¶Der Wind hat die Fahrräder vor dem Haus umgeworfen. 風は家の前の自転車を倒した. **um·werfend** [ウム・ヴェルフェント] **1** **形** 衝撃的な. **2** umwerfen の現在分詞.

um｜werten [ウム・ヴェールテン] **動** 評価しなおす.

um｜ziehen* [ウム・ツィーエン] zog um, umgezogen **動** **1** (s) 引っ越す. ¶Er zieht nach Berlin um. 彼はベルリンに引っ越す. **2** (人⁴に)着替えさせる. ¶sich⁴ umziehen 着替える. ◆Vor der Geburtstagsfeier ziehe ich den Jungen noch schnell um. 誕生日のパーティーの前に私は息子を急いで着替えさせる.

Um·zug [ウム・ツーク] **男** -[e]s/Umzüge [ウム・ツューゲ] 引っ越し；行進, パレード. ¶der Umzug in die neue Wohnung (nach München) 新しい住居(ミュンヘン)への転居.

un·abhängig [ウン・アプヘンギヒ] -e [ウン・アプヘンギゲ] **形** 独立している；依存していない«von j³/et³ 人³・物³に». ¶Da sie selbst gut verdient, ist sie von ihrem Mann absolut unabhängig. 彼女は十分収入があるので夫から完全に自立している. / Niemand ist unabhängig von seiner Umwelt. 自分の環境に依存していない人はいない.

un·absichtlich [ウン・アプズィヒトリヒ] **形** 故意でない, 意図せずに.

un·achtsam [ウン・アハトザーム] **形** 不注意な, 軽率な.

un·angebracht [ウン・アンゲブラハト] **形** 不適当な. ¶Seine Zwischenrufe sind äußerst unangebracht. 彼のやじはきわめて不適切だ.

un·angemessen [ウン・アンゲメセン] **形** 不適切な.

un·angenehm [ウン・アンゲネーム] **形** 不[愉]快な, 心苦しい. ¶eine un-

586

angenehme Erinnerung an *et*⁴ haben 事⁴に対して不愉快な思い出がある ♦ Wir mussten ihm einige *unangenehme* Wahrheiten sagen. 我々は彼に2,3の不愉快な事実を言わなければならなかった.

un·anständig [ウン・アンシュテンディヒ] -e [ウン・アンシュテンディゲ] 形 無礼な;いかがわしい. ¶Verstehst du, warum er glaubt, dauernd *unanständige* Witze erzählen zu müssen? 何故彼はひっきりなしにいかがわしい冗談を言わねばならぬと思っているのかわかるかい.

un·appetitlich [ウン・アペティートリヒ] 形 食欲をそそらない,まずそうな.

un·auffällig [ウン・アォフフェリヒ] -e [ウン・アォフフェリゲ] 形 目立たない;控えめな. ¶ein *unauffälliges* Benehmen 控えめな振舞い.

un·aufhörlich [ウン・アォフヘールリヒ , ウン・アォフヘールリヒ] 形 絶え間のない.

un·aufmerksam [ウン・アォフメルクザーム] 形 不注意な,うっかりした.

un·barmherzig [ウン・バルムヘルツィヒ] -e [ウン・バルムヘルツィゲ] 形 無慈悲な;残忍な.

un·bedarft [ウン・ベダルフト] 形 経験にとぼしい,未熟な;ナイーブな.

un·bedeutend [ウン・ベドィテント] 形 重要でない;価値の低い. ¶Als Dirigent ist er völlig *unbedeutend*. 指揮者として彼はまったく問題にならない.

un·bedingt [ウン・ベディングト , ウン・ベディングト] 1 形 無条件の;絶対的な. ¶*unbedingte* Zuverlässigkeit 絶対的な信頼. ♦ Du solltest ihm nicht *unbedingt* vertrauen. 彼のことを無条件に信頼しない方がいい. 2 副 どうしても,是非とも. ¶Du musst *unbedingt* kommen. 君はどうしても来なくてはならない.

un·befangen [ウン・ベファンゲン] 形 無邪気な;偏見のない.

un·befriedigend [ウン・ベフリーディゲント] 形 不満足な,満たされていない. **un·befriedigt** [ウン・ベフリー

ディヒト] 形 不満な,不十分な.

Un·befugter* [ウン・ベフークタァ] 男 (女性) **Un·befugte*** [ウン・ベフークテ] 女《形容詞の名詞化》権限のない人. ¶Zutritt für *Unbefugte* verboten 関係者以外立ち入り禁止.

un·begabt [ウン・ベガープト] 形 才能のない,無能な. ¶Zum Singen bin ich zu *unbegabt*. 私には歌の才能は全くない.

un·begreiflich [ウン・ベグラィフリヒ , ウン・ベグラィフリヒ] 形 理解できない,不可解な. ¶Normalen Menschen erscheint eine solche Tat *unbegreiflich*. まともな人にはそのような行動は理解できない.

un·begrenzt [ウン・ベグレンツト , ウン・ベグレンツト] 形 無制限の,限りない. ¶*unbegrenzte* Möglichkeiten 無限の可能性.

un·begründet [ウン・ベグリュンデト] 形 根拠(理由)のない.

Un·behagen [ウン・ベハーゲン] 中 -s / 不快[感]. ¶Sie ließ mich ihr *Unbehagen* deutlich spüren. 彼女は私に対して不快感を露わにした. **un·behaglich** [ウン・ベハークリヒ] 形 不快な;居心地の悪い.

un·beherrscht [ウン・ベヘルシュト] 形 自制心のない.

un·beholfen [ウン・ベホルフェン] 形 頼りない,不器用な. ¶eine *unbeholfene* Bewegung ぎこちない動き.

un·bekannt [ウン・ベカント] 形 未知の,知られていない,無名の. ¶Damals war sie noch eine *unbekannte* Sängerin. 当時彼女はまだ無名の歌手だった.

Un·bekannter* [ウン・ベカンタァ] 男 (女性) **Un·bekannte*** [ウン・ベカンテ] 女《形容詞の名詞化》見知らぬ(無名の)人. ¶In Bayern ist der Autor kein *Unbekannter*. バイエルンではその作家を知らない人はいない.

un·beliebt [ウン・ベリープト] 形 (人に)好かれ[てい]ない. ¶Durch seine schroffe Art macht er sich⁴ überall *unbeliebt*. 彼はその無愛

U

想な態度によってどこでも嫌われる.

un・bemannt [ウン・ベマント] 形 無人の.

un・bemerkt [ウン・ベメルクト] 形 気づかれない.

un・bequem [ウン・ベクヴェーム] 形 快適でない;わずらわしい.

un・berechenbar [ウン・ベレッヒェンバール，ウン・ベレヒェンバール] 形 計算(予測)できない. ¶ein *unberechenbarer* Mensch 何をしでかすかわからない人.

un・berechtigt [ウン・ベレヒティヒト] 形 不当な;権限のない.

un・berührt [ウン・ベリュールト] 形 触れられていない;心を動かされない. ¶die *unberührte* Natur 手つかずの自然.

un・beschädigt [ウン・ベシェーディヒト] 形 損なわれていない;無傷の,被害のない.

un・beschränkt [ウン・ベシュレンクト，ウン・ベシュレンクト] 形 無制限の.

un・beschreiblich [ウン・ベシュライブリヒ，ウン・ベシュライブリヒ] 形 言葉に表せないほどの;《副として》きわめて. ¶Das Chaos nach dem Erdbeben war *unbeschreiblich*. 地震のあとの混乱は言葉に表せないほどだった. / Sie ist *unbeschreiblich* arrogant. 彼女はきわめて傲慢だ.

un・beschwert [ウン・ベシュヴェールト] 形 悩み(苦しみ)のない.

un・besorgt [ウン・ベゾルクト，ウン・ベゾルクト] 形 心配して(気にして)いない. ¶Seien Sie *unbesorgt*! どうぞご心配なく.

un・beständig [ウン・ベシュテンディヒ] -e [ウン・ベシュテンディゲ] 形 気まぐれな;変わりやすい. ¶Auch in den nächsten Tagen bleibt das Wetter *unbeständig*. 天気はあと2,3日不安定でしょう.

un・bestechlich [ウン・ベシュテッヒリヒ，ウン・ベシュテヒリヒ] 形 わいろのきかない.

un・bestimmt [ウン・ベシュティムト] 形 確定していない;漠然とした.

un・bewacht [ウン・ベヴァハト] 形 監視されていない,人の見ていない.

un・beweglich [ウン・ベヴェークリヒ，ウン・ベヴェークリヒ] 形 動かない;固定した.

un・bewusst [ウン・ベヴスト] 形 無意識の,意識していない;本能的な. ¶Ich habe es *unbewusst* getan. 私はそれをついうっかりやってしまった.

un・blutig [ウン・ブルーティヒ] -e [ウン・ブルーティゲ] 形 血を流さない. ¶eine *unblutige* Revolution 無血革命.

un・brauchbar [ウン・ブラォホバール] 形 使えない;役に立たない.

und [ウント] 接 《並列》¶《列挙》…と,ならびに;【文や句を結びつけて】そして,それから;【対比】その一方で. Japan *und* Deutschland sind in hohem Maße exportabhängig. 日本とドイツはきわめて輸出に依存している. / Ich ging in die Stadt *und* machte Einkäufe. 私は町へ出かけて買い物をした. / Meine Tochter macht oft Auslandsreisen, *und* ich war noch nie mit. 娘はよく海外旅行をするが,私はと言えばまだ一度も一緒したことがない. 《und wenn の形で》でたとえ…であろうと. Ich setze meinen Willen durch, *und wenn* alle dagegen sind. たとえ皆が反対でも私は自分の意志を通す.

un・dankbar [ウン・ダンクバール] 形 恩知らずな;割に合わない. ¶Er ist ein *undankbarer* Mensch. 彼は恩知らずなやつだ. / So eine *undankbare* Arbeit übernehme ich nicht noch einmal. そんな割に合わない仕事を私は二度と引き受けない.

un・denkbar [ウン・デンクバール] 形 考えられない. ¶Manchmal geschieht auch *Undenkbares*. 思いもよらないことが起こることも時にはある.

un・deutlich [ウン・ドイトリヒ] 形 はっきりしない,不明瞭な.

un・dicht [ウン・ディヒト] 形 (水・気体・光に対して)密でない.

Un·ding [ウン・ディング] 中 -[e]s/-e ばかげた(きわめて不適切な)こと. ¶ es ist ein *Unding*, ... zu+ 不定詞 …するのはばかげている(不適切だ).

un·eben [ウン・エーベン] 形 平らでない、なめらかでない. ¶nicht *uneben* 悪くない.

un·echt [ウン・エヒト] 形 本物でない；偽りの.

un·ehelich [ウン・エーエリヒ] 形 結婚によらない. ¶ein *uneheliches* Kind 嫡出でない子.

un·ehrlich [ウン・エーアリヒ] 形 不正直(不誠実)な.

un·eingeschränkt [ウン・アィンゲシュレンクト，ウン・アィンゲシュレンクト] 形 無制限の.

un·einig [ウン・アィニヒ] -e [ウン・アィニゲ] 形 不一致の；同意見ではない. ¶*sich*³ über *et*⁴ *uneinig* sein 事⁴について意見が一致していない.

un·eins [ウン・アィンス] 形 《付加語用法なし》 mit *j*³ in *et*³ *uneins* sein 人³と事³に関して同意見ではない.

un·empfindlich [ウン・エンプフィントリヒ] 形 鈍感な，無感覚の 《gegen *et*⁴ 物⁴に対して》.

un·endlich [ウン・エントリヒ] 形 無限の，果てしない. ¶das *unendliche* Meer 果てしない大洋. ♦ Wir sind *unendlich* froh, dass er wieder gesund ist. 彼がまた元気になって私たちは限りなくうれしい.

un·entbehrlich [ウン・エントベーアリヒ，ウン・エントベーアリヒ] 形 不可欠の. ¶*sich*⁴ *unentbehrlich* machen 自分をなくてはならない存在にする. ♦ Für meine Forschungen ist dieses Mikroskop *unentbehrlich*. 私の研究にはこの顕微鏡が不可欠だ.

un·entgeltlich [ウン・エントゲルトリヒ，ウン・エントゲルトリヒ] 形 無料の；無償の. ¶Für Senioren ist der Besuch der Ausstellung *unentgeltlich*. お年寄りの展覧会入場は無料である.

un·entschieden [ウン・エントシーデン] 形 未決定の；引き分けの；態度の煮え切らない. ¶Wer Justizminister wird, ist noch *unentschieden*. 誰が法務大臣になるのか，まだ決まっていない. / Das Spiel endete *unentschieden*. その試合は引き分けに終った.

un·entschlossen [ウン・エントシュロセン] 形 決心のつかない，態度の煮え切らない，優柔不断な.

un·entwegt [ウン・エントヴェークト，ウン・エントヴェークト] **1** 形 《付加語用法のみ》絶え間のない；不屈の. **2** 副 絶え間なく.

un·erfahren [ウン・エァファーレン] 形 経験がない，未熟な.

un·erfreulich [ウン・エァフロィリヒ] 形 嬉しくない，不愉快な.

un·erfüllbar [ウン・エァフュルバール，ウン・エァフュルバール] 形 満たせない；実現不可能な. ¶Die neuen Bedingungen sind für uns *unerfüllbar*. この新しい条件は，私たちには実現不可能だ.

un·erheblich [ウン・エァヘーブリヒ] 形 些細な，取るに足らない.

¹**un·erhört** [ウン・エァヘールト，ウン・エァヘールト] 形 前代未聞の；とてつもない. ¶Das ist ein *unerhörter* Skandal. これは前代未聞のスキャンダルだ.

²**un·erhört** [ウン・エァヘールト] 形 聞き入れてもらえない.

un·erklärlich [ウン・エァクレーアリヒ，ウン・エァクレーアリヒ] 形 説明できない.

un·erlässlich [ウン・エァレスリヒ，ウン・エァレスリヒ] 形 不可欠の.

un·erlaubt [ウン・エァラオプト] 形 許可を得ていない，不法の.

un·ermüdlich [ウン・エァミュートリヒ，ウン・エァミュートリヒ] 形 疲れを知らない；根気のよい.

un·erreichbar [ウン・エァラィヒバール，ウン・エァラィヒバール] 形 手の届かない；達成しがたい；(電話などで)連絡がとれない. ¶Er hat sich ein *unerreichbares* Ziel gesetzt. 彼は達成することのできない目標を立てた. / Herr Müller ist im Moment lei-

U

589

der *unerreichbar*. 残念ながら今のところミュラーさんとは連絡が取れません。

un·erreicht [ウン・エァライヒト，ウン・エァライヒト] 形 到達されたことがない，前人未到の．¶eine bisher *unerreichte* Leistung これまで達成されたことがない業績(快挙)．

un·erschöpflich [ウン・エァシェップフリヒ，ウン・エァシェプフリヒ] 形 尽きることのない，無尽蔵の．

un·erschütterlich [ウン・エァシュッタァリヒ，ウン・エァシュタァリヒ] 形 ゆるがない，びくともしない．¶*Unerschütterlich* blieb er bei seiner Auffassung. 彼は一貫して自分の見解を変えなかった．

un·erschwinglich [ウン・エァシュヴィングリヒ，ウン・エァシュヴィングリヒ] 形 非常に高価な，高すぎて手が出ない．

un·ersetzlich [ウン・エァゼッツリヒ，ウン・エァゼツリヒ] 形 かけがえのない．¶Er hält sich für *unersetzlich*. 彼は自分がかけがえのない人間だと思っている．

un·erträglich [ウン・エァトゥレークリヒ，ウン・エァトゥレークリヒ] 形 耐えられない，我慢のできない．¶ein *unerträglicher* Kerl 鼻もちならないやつ．◆Die Schwüle hier ist *unerträglich*. ここの蒸し暑さには耐えられない．

un·erwartet [ウン・エァヴァルテト，ウン・エァヴァルテト] 形 思いがけない，意外な．

un·erwünscht [ウン・エァヴュンシュト] 形 望ましくない，歓迎されない．¶Leute wie er sind hier *unerwünscht*. 彼のような人間はここではお断りだ．

un·fähig [ウン・フェーイヒ] -e [ウン・フェーイゲ] 形 能力のない，資格のない《zu *et*³ 事³をする;... zu +不定詞 ...をする》．¶ein *unfähiger* Politiker 無能な政治家．◆Sie ist *unfähig*, Verantwortung zu übernehmen. 彼女は責任をとることができない．

un·fair [ウン・フェーァ] 形 公平(公正)でない，フェアでない，ずるい．

Un·fall [ウン・ファル] 男 -[e]s/Un·fälle [ウン・フェレ] 事故，災害．¶Mit seinem neuen Wagen hat er gleich einen *Unfall* gebaut. 彼は新しい車ですぐに事故を起こした．

大きい事故は das Unglück, 大災害は die Katastrophe と言う．

---

un·fassbar [ウン・ファスバール，ウン・ファスバール] 形 理解できない；想像を絶する．

un·förmig [ウン・フェルミヒ] -e [ウン・フェルミゲ] 形 不格好な．

un·frei [ウン・フライ] 形 自由のない；切手を貼っていない，郵便料金未納の．

un·freundlich [ウン・フロイントリヒ] 形 友好的でない，不親切な，無愛想な．¶ein *unfreundliches* Wetter (雨・風・寒さなどの)いやな天気．

Un·frieden [ウン・フリーデン] 男 -s/ 不和，いさかい，争い．¶Sie sind in *Unfrieden* auseinander gegangen. 彼らは仲たがいして別れた．

un·fruchtbar [ウン・フルフトバール] 形 不毛な；繁殖力のない．

Un·fug [ウン・フーク] 男 -[e]s/ 悪さ，いたずら；ばかげた(まちがった)こと．¶Nun lass endlich diesen *Unfug*! いい加減にそんなばかなまねは止めろ．

Ungarn [ウンガルン] 中 -s/ 《地名》ハンガリー．**Ungar** [ウンガル] 男 -n/-n (女性 **Ungarin** [ウンガリン] 女 / Ungarinnen [ウンガリネン])ハンガリー人．**ungarisch** [ウンガリシュ] 形 ハンガリー[人・語]の．**Ungarisch** [ウンガリシュ] 中 [-s]/, **Ungarische*** [ウンガリシェ] 中 《形容詞の名詞化．常に定冠詞を伴う》ハンガリー語．(⇒Deutsch)

un·geachtet [ウン・ゲアハテト] 前 《2格支配》…にもかかわらず．¶*ungeachtet* aller Warnungen あらゆる警告を無視して．

un·geahnt [ウン・ゲアーント，ウン・ゲアーント] 形 予想外の，思いもかけない．

un·gebeten [ウン・ゲベーテン] 形 頼みもしない，招きもしない．¶*ungebe-*

tene Gäste 招かれざる客.

un·gebildet [ウン・ゲビルデト] 形 教養のない.

un·geboren [ウン・ゲボーレン] 形 まだ生まれていない. ¶Die Stiftung setzt sich seit Jahren für den Schutz *ungeborenen* Lebens ein. この基金は何年も前からまだ生まれてこない生命の保護に尽力している.

un·gebräuchlich [ウン・ゲブロイヒリヒ] 形 一般に使われることのない.

un·gebrochen [ウン・ゲブロヘン] 形 くじけない, 不屈の.

un·gebunden [ウン・ゲブンデン] 形 束縛されない; 製本されていない.

Un·geduld [ウン・ゲドゥルト] 女−/ 短気, せっかち; あせり, いらだち.

un·geduldig [ウン・ゲドゥルディヒ] −e [ウン・ゲドゥルディゲ] 形 短気な, せっかちな; いらいらした. ¶ein *ungeduldiger* Mensch 短気な人. ◆*Ungeduldig* schaute er auf die Uhr. いらいらして彼は時計を見た.

un·geeignet [ウン・ゲアイグネト] 形 不適切(不適当)な. ¶Für diese Tätigkeit ist er *ungeeignet*. この仕事に彼は向いていない.

un·gefähr [ウン・ゲフェーァ, ウン・ゲフェーァ] **1**副 おおよそ, 約. ¶Was würde uns eine Reparatur *ungefähr* kosten? 修理代はおおよそいくらぐらいでしょうか. **2**形 おおよその, 大体の.

un·gefährlich [ウン・ゲフェーァリヒ] 形 危険でない.

un·geheuer [ウン・ゲホィァ, ウン・ゲホィァ] 形 巨大な; とてつもない;《副として》非常に. ¶Er geht ein *ungeheures* Risiko ein. 彼はとてつもない危険を冒している. **Un·geheu·er** [ウン・ゲホィァ] 中−s/− 怪物, 怪獣; 人でなし. **ungeheuer·lich** [ウンゲホィァ・リヒ, ウンゲホィァ・リヒ] 形 もってのほかの, 言語道断の.

un·gehorsam [ウン・ゲホールザーム] 形 従順でない, 服従しない.

un·gelegen [ウン・ゲレーゲン] 形 都合の悪い. ¶zu *ungelegener* Zeit kommen 都合の悪いときに来る.

un·gelernt [ウン・ゲレルント] 形 職業訓練を受けていない; 未熟の.

un·gelogen [ウン・ゲローゲン] 副《くだけた表現》嘘でなく, 本当に.

un·gemein [ウン・ゲマイン, ウン・ゲマイン] 形 並はずれた;《副として》非常に. ¶Mit *ungemeinem* Glück hat er sein Ziel erreicht. 非常な幸運に恵まれて彼は目標を達成した.

un·gemütlich [ウン・ゲミュートリヒ] 形 居心地のよくない, くつろげない.

un·genannt [ウン・ゲナント] 形 匿名の, 名前を隠した. ¶Der Einsender will *ungenannt* bleiben. 投書者は匿名を希望している.

un·genau [ウン・ゲナォ] 形 正確でない, 精密でない.

un·geniert [ウン・ジェニールト, ウン・ジェニールト] 形 遠慮のない, 気後れしない. ¶ein *ungeniertes* Benehmen 遠慮のない振舞い.

un·genießbar [ウン・ゲニースバール, ウン・ゲニースバール] 形 食べられる(飲める)ものではない;《くだけた表現》鼻持ちならない.

un·genügend [ウン・ゲニューゲント] 形 不十分な;《成績》(6段階評価の)6,《オーストリアの成績》(5段階評価の)5(最下位).

un·geordnet [ウン・ゲオルドゥネト] 形 無秩序な, 整理されていない.

un·gerade [ウン・ゲラーデ] 形 まっすぐでない; 奇数の.

un·gerecht [ウン・ゲレヒト] 形 不正な, 不公平な. ¶Sie fühlt sich *ungerecht* behandelt. 彼女は不当な扱いを受けていると感じている.

un·gern [ウン・ゲルン] 副 いやいや, 渋々. ¶Er schien uns nur *ungern* zuzuhören. 彼は私たちの言うことに渋々耳を傾けているように見えた.

un·gerührt [ウン・ゲリュールト] 形 心を動かさない, 平然とした.

un·geschickt [ウン・ゲシクト] 形 無器用な; 不適切な. ¶*ungeschickte* Hände haben 無器用である.

un·geschminkt [ウン・ゲシミンクト] 形 ノーメークの; ありのままの.

un·gesetzlich [ウン・ゲゼツリヒ] 形

591

U

違法(不法)の;非合法的な.

un・gestört [ウン・ゲシュテーァト] 形 邪魔されない,妨げられない.

un・gesund [ウン・ゲズント] 形 不健康な;健康によくない. ¶*ungesundes* Klima 健康によくない気候.

un・gewiss [ウン・ゲヴィス] 形 不確かな,はっきりしない. ¶eine *ungewisse* Zukunft 不確定要素の多い未来. ◆Es ist noch *ungewiss*, ob sie kommt. 彼女が来るかまだはっきりしない.

un・gewöhnlich [ウン・ゲヴェーンリヒ] 形 普通でない,異常な,並はずれた. ¶Diesen Monat hat es *ungewöhnlich* viel geregnet. 今月は異常に多くの雨が降った.

un・gewohnt [ウン・ゲヴォーント] 形 慣れていない,いつもと違う.

un・gewollt [ウン・ゲヴォルト] 形 故意でない,意図していない.

un・gezählt [ウン・ゲツェールト] 形 数えないまでの;数え切れないほどの.

Un・geziefer [ウン・ゲツィーファァ] 中 -s/ 害虫,有害小動物. ¶In der Notunterkunft wimmelte es nur so von *Ungeziefer*. 仮宿泊所にはただもう虫が群がっていた.

un・gezogen [ウン・ゲツォーゲン] 形 しつけの悪い,無作法な. ¶ein *ungezogenes* Kind しつけの悪い子供.

un・gezwungen [ウン・ゲツヴンゲン] 形 強いられない,自然なままの. ¶sich⁴ *ungezwungen* benehmen 自然に(のびのびと)振舞う.

un・glaublich [ウン・グラォブリヒ, ウン・グラォブリヒ] 形 信じられない;途方もない;《副 として》非常に. ¶eine *unglaubliche* Geschichte 信じられない話. / eine *unglaubliche* Menge 途方もない量. ◆Die Pension war *unglaublich* billig. そのペンションは驚くほど安かった.

un・glaubwürdig [ウン・グラォプヴュルディヒ] -e [ウン・グラォプヴュルディゲ] 形 信じるに足りない,まゆつばの.

un・gleich [ウン・グラィヒ] 1 形 同じでない,不ぞろいな. ¶Die beiden Stoffe sind von *ungleicher* Qualität. 二つの布地は品質を異にしている. 2 副 《形容詞の比較級と》遥かに. ¶Von Wein versteht sie *ungleich* mehr als ich. ワインのことなら私より彼女の方がずっとよく知っている.

Un・glück [ウン・グリュク] 中 -[e]s/-e 不幸,不運;災難,事故. ¶Kriege bringen nur *Unglück*. 戦争は不幸しかもたらさない. / An seinem *Unglück* ist er selber schuld. 不幸の責任は彼自身にある(自業自得だ). (⇒Unfall)

un・glücklich [ウン・グリュクリヒ] 形 不幸(不運)な;不適切な. ¶eine *unglückliche* Hand haben 不器用である. ◆Seine Weltreise nahm ein *unglückliches* Ende. 彼の世界旅行は不幸な結末を迎えた. **un・glücklicher・weise** [ウングリュクリヒァァ・ヴァィゼ] 副 運悪く.

un・gültig [ウン・ギュルティヒ] -e [ウン・ギュルティゲ] 形 無効の,通用しない. ¶Ihr Pass ist leider schon *ungültig*. あなたのパスポートは残念ながらもう有効期限が切れています.

un・günstig [ウン・ギュンスティヒ] -e [ウン・ギュンスティゲ] 形 不都合な,不利な. ¶unter *ungünstigen* Bedingungen arbeiten 不利な条件で働く. ◆Das Wetter war für einen Ausflug zu *ungünstig*. 天候は余りにも遠足には向いていなかった.

un・haltbar [ウン・ハルトバール, ウン・ハルトバール] 形 持ちこたえられない,維持できない;阻止できない.

Un・heil [ウン・ハィル] 中-s/ 災難,災害;災い. ¶*Unheil* bringend 災いをもたらす.

un・heilbar [ウン・ハィルバール, ウン・ハィルバール] 形 (病気などが)不治の,治せない.

un・heimlich [ウン・ハィムリヒ, ウン・ハィムリヒ] 形 不気味な;《(ㄷᵃ表現)》非常な. ¶*unheimlich* viel Geld brauchen 非常に多くの金を必要とする. ◆Mir ist [es]*unheimlich* zumute. 私は気味が悪い.

un・höflich [ウン・ヘーフリヒ] 形 無作

法な,失礼な. ¶eine *unhöfliche Antwort geben* 失礼な返事をする.

Uni [ウニ, ウーニ] 囡 -/-s 〖くだけた表現〗総合大学. (⇒Universität)

Uni·form [ウニ・フォルム, ウニ・フォルム] 囡 -/-en ユニホーム,制服.

un·interessant [ウン・インテレサント] 形 興味を引かない,面白くない.

Union [ウニオーン] 囡 -/-en 連合,同盟,連盟.

universal [ウニヴェルザール] 形 世界(宇宙)の;普遍的(一般的)な;万能の.

Universität [ウニヴェルズィテート] 囡 -/-en 総合大学. ¶*an der Universität studieren* 大学で勉強している. / *auf die Universität gehen* 大学で学ぶ. (⇒Hochschule)

Universum [ウニヴェルズム] 中 -s/ Universen 宇宙.

Un·kenntnis [ウン・ケントニス] 囡 -/ 知識の欠如,無知.

un·klar [ウン・クラール] 形 不鮮明な,不明確な;曖昧な. ¶*Die Umrisse sind unklar.* 輪郭が不鮮明だ. / *An den Unfall erinnere ich mich nur unklar.* 事故のことを私ははっきりとは覚えていない.

un·klug [ウン・クルーク] 形 賢くない,思慮のない.

un·kompliziert [ウン・コムプリツィールト] 形 複雑でない. ¶*Er ist ein unkomplizierter Mitarbeiter.* 彼は手数のかからない部下だ.

Un·kosten [ウン・コステン] 複 諸経費,間接費用. ¶*Mit so hohen Unkosten hatte niemand gerechnet.* そんなに経費がかかるとは誰も予想していなかった.

Un·kraut [ウン・クラオト] 中 -[e]s/ Un·kräuter [ウン・クロイタァ] 雑草. ¶*Unkraut ausreißen* 雑草を引き抜く(取る).

un·leserlich [ウン・レーザァリヒ, ウン・レーザァリヒ] 形 読みにくい.

un·lösbar [ウン・レースバール, ウン・レースバール] 形 解決できない;解けない.

Un·lust [ウン・ルスト] 囡 -/ 嫌気,気の進まないこと.

Un·menge [ウン・メンゲ] 囡 -/-n 多

数,多量. ¶*eine Unmenge Bücher (von Büchern)* 大量の本.

Un·mensch [ウン・メンシュ] 男 -en /-en 人でなし. ¶*Sei kein Unmensch und hilf ihm aus der Patsche!* 話のわからないことを言わないで,彼を窮地から救ってやれ.

un·menschlich [ウン・メンシュリヒ, ウン・メンシュリヒ] 形 非人間的な,残酷な;〖くだけた表現〗非常な. ¶*unmenschliche Behandlung* 非人間的な扱い. / *unmenschliche Hitze* ものすごい暑さ.

un·merklich [ウン・メルクリヒ, ウン・メルクリヒ] 形 気がつかない,知覚できない. ¶*Unmerklich war es dunkel geworden.* 気がつかないうちに暗くなっていた.

un·missverständlich [ウン・ミスフェァシュテントリヒ, ウン・ミスフェァシュテントリヒ] 形 誤解の余地のない,明白な. ¶*eine unmissverständliche Ablehnung* きっぱりとした拒絶. ◆*Ich habe ihm unmissverständlich die Meinung gesagt.* 私は彼にずばずばと自分の考えを言った.

un·mittelbar [ウン・ミッテルバール] 形 直接の,すぐの. ¶*Die Schule liegt in unmittelbarer Nähe des Rathauses.* 学校は市役所のすぐ近くにある. / *Herr Müller war lange Jahre mein unmittelbarer Vorgesetzter.* ミュラー氏は長年にわたって私の直接の上司でした.

un·modern [ウン・モデルン] 形 流行(時代)遅れの.

un·möglich [ウン・メークリヒ, ウン・メークリヒ] 形 不可能な,あり得ない;ひどい,とんでもない. ¶*Das ist mir zeitlich unmöglich.* それは私には時間的に不可能だ. / *Er ist ein unmöglicher Mensch.* 彼はとんでもないやつだ. / *Das kann ich unmöglich glauben.* 私にはそんなことはとても信じられない.

un·moralisch [ウン・モラーリシュ] 形 不道徳な.

un·motiviert [ウン・モティヴィールト] 形 動機(理由)のない.

un·mündig [ウン・ミュンディヒ] -e [ウン・ミュンディゲ] 形 未成年の.

un·musikalisch [ウン・ムズィカーリシュ] 形 音楽の才能のない,非音楽的な.

Un·mut [ウン・ムート] 男-[e]s/ 不機嫌;不満. ¶Der Lehrer ließ uns seinen *Unmut* deutlich spüren. 先生は不機嫌ははっきり見せた.

un·natürlich [ウン・ナテューァリヒ] 形 不自然な;わざとらしい.

un·nötig [ウン・ネーティヒ] -e [ウン・ネーティゲ] 形 不必要な,余計な.

un·nütz [ウン・ニュツ] 形 役に立たない,無駄な.

UNO [ウーノ] 女/ 国際連合(=United **N**ations **O**rganisation).

ドイツ語では die Vereinten Nationen (略: VN).

un·ordentlich [ウン・オルデントリヒ] 形 無秩序な;(生活が)だらしない. ¶ein *unordentliches* Zimmer 散らかった部屋. / ein *unordentliches* Leben führen だらしない生活を送る.

Un·ordnung [ウン・オルドゥヌング] 女-/ 無秩序;乱雑. ¶et⁴ in *Unordnung* bringen 事⁴を混乱させる. ♦Im ganzen Haus herrschte eine fürchterliche *Unordnung*. 家中が恐ろしいほどの散らかりぶりだった.

un·parteiisch [ウン・パルタイイシュ] 形 党派に偏らない,中立な,公平な.

un·passend [ウン・パセント] 形 不適切(適当)な. ¶eine *unpassende* Bemerkung machen 場違いなことを言う.

un·persönlich [ウン・ペルゼーンリヒ] 形 非個人的な;個人的感情をまじえない;非個性的な;《文法》非人称の.

un·praktisch [ウン・プラクティシュ] 形 実用(実際)的でない. ¶ein *unpraktischer* Mensch 実務的でない人. / Meine alte Waschmaschine ist sehr *unpraktisch*. 私の旧式の洗濯機は非常に使いにくい.

un·pünktlich [ウン・ピュンクトリヒ] 形 時間通りでない,時間にルーズな.

un·qualifiziert [ウン・クヴァリフィツィーァト] 形 資格のない,不適格の.

Un·recht [ウン・レヒト] 中-[e]s/ 不正,不当,不公正;不法行為. ¶ein *Unrecht* begehen 不正を犯す. / ein *Unrecht* bekämpfen 不正と戦う. ♦Man hat ihn zu *Unrecht* verdächtigt. 彼は不当にも嫌疑をかけられた. / Ihm geschieht (widerfährt) [ein] *Unrecht*. 彼は不当な目にあう.

un·rechtmäßig [ウン・レヒトメースィヒ] -e [ウン・レヒトメースィゲ] 形 不法の,非合法の.

un·regelmäßig [ウン・レーゲルメースィヒ] -e [ウン・レーゲルメースィゲ] 形 不規則な;均等でない. ¶Seine Miete zahlt er ziemlich *unregelmäßig*. 彼の家賃の支払い方はかなり不規則だ. / Ihr *unregelmäßiger* Puls macht mir etwas Sorge. あなたの不整脈がちょっと心配です.

Un·ruhe [ウン・ルーエ] 女-/-n《なし》(心の)動揺,不安;《ふつう複で》騒乱,混乱. ¶in *Unruhe* sein 動揺している. ♦Voller *Unruhe* wartete sie auf ihre Kinder. ひどく落着かない気持で彼女は子供達を待っていた. / Bei den *Unruhen* kamen drei Menschen ums Leben. 騒乱の際に3人が死亡した.

un·ruhig [ウン・ルーイヒ] -e [ウン・ルーイゲ] 形 不安な;騒然とした. ¶Mein Mann hat einen *unruhigen* Schlaf. 私の夫は熟睡できない. / Dieses Jahr habe ich eine besonders *unruhige* Klasse. 今年私が担当しているクラスは特に騒がしい.

uns [ウンス] 代 1《人称・再帰. 1人称・複数 wir の3・4格》私たちに,私たちを.(⇒ich) 2《相互》私たち同士に(を).(⇒ich, sich)

un·sachlich [ウン・ザハリヒ] 形 事実に即さない,客観的でない.

un·sagbar [ウン・ザークバール, ウン・ザークバール] 形 口では言えない;言語に

594

絶する, 非常な.

un·schädlich [ウン・シェートリヒ] 形 無害な. ¶Dieses Insekt ist *unschädlich*. この昆虫は無害だ.

un·schlüssig [ウン・シュリュスィヒ] -e [ウン・シュリュスィゲ] 形 決心のつかない, 優柔不断な. ¶eine *unschlüssige* Haltung einnehmen 優柔不断な態度をとる.

un·schön [ウン・シェーン] 形 美しくない; 感心しない, 不快な. ¶ein *unschönes* Wetter 不快な天気. ◆Das war sehr *unschön* von ihm. 彼のやり口は非常によくなかった.

Un·schuld [ウン・シュルト] 女-/ 無実; 無邪気, 純潔. ¶et⁴ in aller *Unschuld* tun 事⁴を全く悪気なしに行う. ◆Seine *Unschuld* zu beweisen war gar nicht schwer. 彼の無実を証明することは全く簡単だった.

un·schuldig [ウン・シュルディヒ] -e [ウン・シュルディゲ] 形 無実の; 無邪気な, 純潔の. ¶*unschuldige* Kinder 無邪気な(あどけない)子供たち. ◆An dem Unfall war er nicht ganz *unschuldig*. その事故の責任が彼に全くないわけではない.

un·selbstständig [ウン・ゼルプストシュテンディヒ] , **un·selbständig** [ウン・ゼルプシュテンディヒ] -e [ウン・ゼルプストシュテンディゲ , ウン・ゼルプシュテンディゲ] 形 独立(自立)していない. ¶Für seine dreizehn Jahre ist der Junge noch sehr *unselbstständig*. 少年は13歳という年齢のわりにはまだとても頼りない.

unser [ウンザァ] 代 1《所有. 1人称・複数に対応して》私たちの.

男性		女性	
1格	**unser**		**uns[e]re**
2格	**uns[e]res**		**uns[e]rer**
3格	**uns[e]rem**		**uns[e]rer**
4格	**uns[e]ren**		**uns[e]re**
中性		複数	
1格	**unser**		**uns[e]re**
2格	**uns[e]res**		**uns[e]rer**
3格	**uns[e]rem**		**uns[e]ren**
4格	**unser**		**uns[e]re**

* unseres, unserem, unseren,

unserer は unsers, unserm, unsern, unser, unserer という形をとることがある. ¶*unser* Vater 私たちの父. / uns[e]re Mutter 私たちの母. / *unser* Kind 私たちの子供. / uns[e]re Eltern 私たちの両親. **2**《人称. 1人称・複数 wir の2格》(⇒ich)

un·sicher [ウン・ズィヒャァ] 形 安全でない; 不確かな, 確信のない. ¶Die Gegend um den Bahnhof ist mir zu *unsicher*. 駅周辺は私には危険すぎる. / Ob das wirklich stimmt, ist noch *unsicher*. 実際にその通りなのかはまだはっきりしない.

Un·sinn [ウン・ズィン] 男-[e]s/ 無意味[な言動], ナンセンス; たわごと. ¶Red doch keinen *Unsinn*! たわごとを言うな. / Das ist doch alles *Unsinn*. それは全てナンセンスだ. / Unsinn! 《強い否定》とんでもない!

un·sinnig [ウン・ズィニヒ] -e [ウン・ズィニゲ] 形 無意味な, ナンセンスな; ばかばかしい.

un·sterblich [ウン・シュテルプリヒ , ウン・シュテルプリヒ] **1**形 不死の; 不朽の. ¶die *unsterbliche* Seele 不死の魂. / ein *unsterbliches* Meisterwerk 不朽の名作. **2**副 極端に. ¶sich *unsterblich* verlieben ぞっこん惚れ込む.

Un·summe [ウン・ズメ] 女-/-n 巨額; 莫大な量.

un·symmetrisch [ウン・ズュメートゥリシュ] 形 左右対称でない; 均整のとれていない.

un·sympathisch [ウン・ズュンパーティシュ] 形 好感のもてない, 不快な. ¶Der Kerl ist mir einfach *unsympathisch*. 私はあいつが不快としか言いようがない.

Un·tat [ウン・タート] 女-/-en 悪行; 犯罪.

un·tätig [ウン・テーティヒ] -e [ウン・テーティゲ] 形 何もしない; 怠惰な. ¶Wir mussten *untätig* zusehen. 私たちは手をこまねいて見ているほかなかった.

un·tauglich [ウン・タォクリヒ] 形 役

595

に立たない,不適当な.

unten [ウンテン] **副** 下に(で),下の方に(で);下記に. ¶ Unsere Mannschaft steht ziemlich *unten* in der Tabelle. 私たちのチームは順位表のかなり下位にある. / Auf Seite 7 *unten* fehlt ein Wort. 7ページの下段に語が一つ抜けている.

unter [ウンタァ] **1前** 《3・4格支配. unter dem は融合して unterm と, unter das は unters となる.》《3格と》...の下で(に). 《4格と》...の下へ. ¶【空間】 *unter* einem Baum³ stehen 1本の木の下に立っている. / *unter* die Dusche⁴ gehen シャワーを浴びる. 【下位・以下】 *unter* dem Durchschnitt³ liegen 平均以下である. / *unter* den Durchschnitt⁴ sinken 平均以下に下がる. 【支配】...のもとで. *unter* j³ stehen 人³の部下である. 【同時】...の時に. *unter* dem heutigen Datum³ きょうの日付で. 【混在】 sich⁴ *unter* die Zuschauer⁴ mischen 見物人⁴の中にまぎれ込む. 【状況・条件】...のもとで. *unter* dieser Bedingung³ この条件の下で. **2前** 《数量を表す語句と》...以下,...未満. ¶ *unter* einer Stunde 1時間以内に. / Jugendliche von *unter* 18 Jahren 18歳以下の青少年. / eine Straße von *unter* 15 Meter Breite 幅15メートル以下の道路. **3形** 《付加語用法のみ》下の,下位の,川下の. ¶ die *untere* Donau ドナウ河下流.

¹**unter-** [ウンタァ] 《常にアクセントをもち分離動詞をつくる前つづり》¶【下方へ】 *unter*gehen 沈む. ²**unter-** [ウンタァ] 《アクセントをもたず非分離動詞をつくる前つづり》¶【下に】 *unter*stellen 下に置く. / *unter*schätzen 過小評価する. 【支え】 *unter*stützen 支持する. 【抑圧】 *unter*drücken 抑圧する. 【離間】 *unter*brechen 中断する.

unter·brechen* [ウンタァ・ブレヒェン] *du* unterbrichst, *er* unterbricht; unterbrach, unterbro-

chen **動** 中断する;妨害する. ¶ Wir *unterbrechen* jetzt die Sitzung für eine Viertelstunde. 私たちは会議をこれから15分間中断します. / Darf ich mal kurz *unterbrechen*? ちょっとお邪魔して(口をはさんで)いいですか. **Unter·brechung** [ウンタァ・ブレヒュング] **女** -/-en 中断;妨害.

unter·bringen* [ウンタァ・ブリンゲン] brachte unter, untergebracht **動** 格納する;泊める;就職させる. ¶ die alten Möbel im Keller *unterbringen* 古い家具を地下室に置く. / j⁴ im Hotel *unterbringen* 人⁴をホテルに宿泊させる. / j⁴ bei einer Firma *unterbringen* 人⁴をある企業にコネを使って就職させる.

unter·dessen [ウンタァ・デッセン] **副** その間に,そうこうしている間に.

unter·drücken [ウンタァ・ドゥリュッケン] **動** (感情・笑いなどを)抑える;抑圧する;(報道などを)差し控える. ¶ Minderheiten *unterdrücken* 少数民族を抑圧する. / bestimmte Nachrichten *unterdrücken* 特定のニュース報道を差し控える. ♦ Mit Mühe *unterdrückte* er ein Gähnen. 彼はあくびを抑えるのに苦労した.

unter·einander [ウンタァ・アィナンダァ] **副** 相互に;互いに入り交じって. ¶ Das haben wir schon *untereinander* regeln können. その件は既に内輪で処理することができた.

unter·entwickelt [ウンタァ・エントヴィッケルト] **形** 開発の遅れた;(子供が)発育不全の. ¶ Sein Verantwortungsgefühl ist deutlich *unterentwickelt*. 彼には責任感が明らかに不足している.

unter·ernährt [ウンタァ・エァネーァト] **形** 栄養不良(失調)の.

Unter·führung [ウンタァ・フュールング] **女** -/-en 高架下の道路,地下道. ¶ In der *Unterführung* am Hauptbahnhof ist ein Mann erstochen worden. 中央駅の高架下で男が刺し殺された.

Unter·gang [ウンタァ・ガング] **男** -[e]s/Unter·gänge [ウンタァ・ゲンゲ]

《複 まれ》(太陽・月などが)沈むこと；没落，滅亡. ¶der *Untergang* der Sonne 日没. / der *Untergang* des Römischen Reiches ローマ帝国の滅亡. ◆ Bei dem *Untergang* der Fähre kamen etwa 100 Menschen ums Leben. カーフェリーの沈没で約100名が死亡した.

unter·geben [ウンタァ・ゲーベン] 形 (人³の)部下である.

Unter·gebener* [ウンタァ・ゲーベナァ] 男 女性 **Unter·gebene*** [ウンタァ・ゲーベネ] 女 《形容詞の名詞化》部下.

unter gehen* [ウンタァ・ゲーエン] ging unter, untergegangen 動 (s) 沈む；没落(滅亡)する. ¶ Die Sonne *geht* langsam *unter*. 太陽はゆっくりと地平線に沈む. / Diese Dynastie ist *untergegangen*. この王朝は滅亡した.

unter·geordnet [ウンタァ・ゲオルドゥネト] **1** 形 下位の；従属した. ¶*j³* untergeordnet sein 人³に従属している，人³の部下である. **2** unterordnen の過去分詞.

unter·gliedern [ウンタァ・グリーデルン] 動 細分化する. ¶*et⁴* in *et⁴* untergliedern 物⁴を物⁴に細分化(下位区分)する.

Unter·grund [ウンタァ・グルント] 男 -[e]s/Unter·gründe [ウンタァ・グリュンデ] 地下；土台，基礎；地下組織. ¶in den *Untergrund* gehen 地下にもぐる.

Untergrund·bahn [ウンタァグルント・バーン] 女 -/-en 地下鉄(略：U-Bahn).

unter·halb [ウンタァ・ハルプ] 前《2格支配》…の下方に(で). ¶Die Quelle entspringt *unterhalb* des Hügels. 源泉が丘の下の方でわき出ている.

Unter·halt [ウンタァ・ハルト] 男 -[e]s/ (子供の)養育[費]，扶養[料]. ¶Seine Frau trägt kräftig zum *Unterhalt* der Familie bei. 彼の妻は家族の扶養におおいに寄与している.

unter·halten* [ウンタァ・ハルテン]

du unterhältst [ウンタァ・ヘルツト]，*er* unterhält；unterhielt, unterhalten 動 養う，扶養する；(建物を)維持する；経営する；楽しませる. ¶eine Familie unterhalten 家族を養う. / sich⁴ mit *j³* unterhalten 人³と楽しく語り合う，人³と話し合いをする. ◆ Darüber müssen wir uns ausführlich *unterhalten*. そのことについて私たちは詳しく話し合わなくてはならない.

unterhalt·sam [ウンタァハルト・ザーム] 形 楽しい；面白い.

Unter·haltung [ウンタァ・ハルトゥング] 女 -/-en (楽しい)おしゃべり，娯楽；《複なし》接待；《複なし》維持，経営. ¶mit *j³* über *et⁴* eine Unterhaltung führen 人³と事⁴についておしゃべりをする. ◆ Dieser Wagentyp ist in der *Unterhaltung* relativ billig. このタイプの車は維持費が比較的安い. **Unterhaltungs·industrie** [ウンタァハルトゥングス・インドゥストゥリー] 女 -/Unterhaltungs·industrien [ウンタァハルトゥングス・インドゥストゥリーエン]娯楽産業. **Unterhaltungs·literatur** [ウンタァハルトゥングス・リテラトゥーァ] 女 -/-en 娯楽文学. **Unterhaltungs·musik** [ウンタァハルトゥングス・ムズィーク] 女 -/ 娯楽音楽.

Unter·hemd [ウンタァ・ヘムト] 中 -[e]s/-en アンダーシャツ. ¶*Unterhemden* mit kurzen Ärmeln 半袖のアンダーシャツ.

Unter·hose [ウンタァ・ホーゼ] 女 -/-n アンダーパンツ. ¶lange *Unterhosen* 長いアンダーパンツ.

unter·irdisch [ウンタァ・イルディシュ] 形 地下の，地中の.

unter kommen* [ウンタァ・コメン] kam unter, untergekommen 動 (s) 宿を見つける，宿泊する；《くだけた語》職にありつく《bei *j³*/*et³* 人³・会社³のところで》. ¶in einer Pension *unterkommen* ペンションに宿泊する. / bei einer Firma *unterkommen* ある会社に就職する.

Unter·körper [ウンタァ・ケルパァ]

unter|kriegen

男 –s/– 下半身.

unter·kriegen [ウンタァ・クリーゲン]
動 打ち負かす, 屈服させる. ¶Von so etwas lasse ich mich nicht *unterkriegen*. そんなことに私は屈しない.

Unter·kunft [ウンタァ・クンフト] 女–/Unter·künfte [ウンタァ・キュンフテ] 宿, 宿泊所. ¶eine billige *Unterkunft* suchen 安い宿を探す.

Unter·lage [ウンタァ・ラーゲ] 女–/–n 下敷き, 台座,《複で》資料, 書類.

unter·lassen* [ウンタァ・ラッセン] *du/er* unterlässt; unterließ, unterlassen 動 やらない, 控える, 思いとどまる.

unter·laufen* [ウンタァ・ラォフェン] *du* unterläufst, *er* unterläuft; unterlief, unterlaufen 動 **1** (s) (過失・誤りなどが)まぎれこむ. ¶Ihm ist ein schlimmer Fehler *unterlaufen*. 彼はまずい間違いをした. **2**(事⁴の)下をかいくぐって攻める, 裏をかく. ¶eine Bestimmung *unterlaufen* 規則の裏をかく.

¹**unter|legen** [ウンタァ・レーゲン] 動 (物⁴を人³・物³の)下に置く, 敷く.

²**unter·legen** [ウンタァ・レーゲン] **1** 動 裏打ちする《*et*⁴ mit *et*³ 物⁴を物³で》. **2**形 (物³より)劣っている. **3** unterliegen の過去分詞.

Unter·leib [ウンタァ・ライプ] 男–[e]s/–er 下腹部.

unter·liegen* [ウンタァ・リーゲン] unterlag, unterlegen 動 (s) (人³に)負ける, 屈する; 支配される. ¶Der Meister war seinem Gegner nach Punkten klar *unterlegen*. チャンピオンは対戦相手に点数で明らかに負けていた.

Unter·lippe [ウンタァ・リペ] 女–/–n 下唇.

unterm [ウンテルム] ＝unter dem.

Unter·miete [ウンタァ・ミーテ] 女–/ 転貸(銃), 転借(銃). ¶in/zur *Untermiete* wohnen 住まいをまた借りする.

Unter·mieter [ウンタァ・ミータァ] 男–s/– (女性) **Unter·mieterin**

[ウンタァ・ミーテリン] 女–/Unter·mieterinnen [ウンタァ・ミーテリネン]転借人.

unter·nehmen* [ウンタァ・ネーメン] *du* unternimmst, *er* unternimmt; unternahm, unternommen 動 行う; 着手する. ¶eine Reise *unternehmen* 旅行する. / etwas gegen die Umweltzerstörung *unternehmen* 環境破壊に対して何らかの対策を講ずる.

Unter·nehmen [ウンタァ・ネーメン] 中–s/– 企て; 試み; 企業[体], 事業[体];《軍》作戦. ¶Das *Unternehmen* ist misslungen. その企ては失敗に終った.

Unter·nehmer [ウンタァ・ネーマァ] 男–s/– (女性) **Unter·nehmerin** [ウンタァ・ネーメリン] 女–/Unter·nehmerinnen [ウンタァ・ネーメリネン]) 企(事)業家, 経営者.

Unter·nehmung [ウンタァ・ネームング] 女–/–en 企て, 計画; 企業, 事業.

unter·ordnen [ウンタァ・オルドネン] 動 (人⁴・物⁴を人³・物³の)下位におく. ¶*sich⁴ unterordnen* 従う. ◆Er *ordnete* seine persönlichen Belange diesem Projekt *unter*. 彼は自分の個人の利害よりこのプロジェクトを優先させた.

Unter·redung [ウンタァ・レードゥング] 女–/–en 話し合い, 協議. ¶in einer *Unterredung* 話し合いで.

Unter·richt [ウンタァ・リヒト] 男–[e]s/ e 授業. ¶*j³ Unterricht* in Deutsch geben 人³にドイツ語の授業をする. / *Unterricht* haben 授業がある. / bei *j³ Unterricht* nehmen 人³に授業を受ける. ◆Der *Unterricht* fällt heute aus. きょうの授業は休講です.

unter·richten [ウンタァ・リヒテン] 動 (事⁴の)授業をする, (人⁴に)教える; 報告する《über *et*³/von *et*³ 事⁴・事³について》. ¶Über *et*⁴ gut *unterrichtet* sein 事⁴についてよく事情に通じている. ◆Er *unterrichtet* Mathematik. 彼は数学の授業をしている.

Unter·rock [ウンタァ・ロク] 男–[e]s

598

/Unter·röcke［ウンタァ・レケ］スリップ.

unters［ウンテルス］=unter das.

unter·sagen［ウンタァ・ザーゲン］**動** 禁じる．¶Der Arzt hat ihm das Rauchen *untersagt*. 医者は彼に喫煙を禁じた．

Unter·satz［ウンタァ・ザッツ］**男**-es/ Unter·sätze［ウンタァ・ゼッツェ］(植木鉢などの)下敷き；受け皿．

unter·schätzen［ウンタァ・シェッツェン］**動** 過小評価する．¶eine Gefahr *unterschätzen* 危険を過小評価する．

unter·scheiden*［ウンタァ・シャイデン］unterschied, unterschieden **動** 区別する，見(聞き)分ける《*et*⁴ von *et*³ 物⁴と物³を》，分類する．¶ zwischen *et*³ und *et*³ *unterscheiden* 物³と物³とを区別する． / sich⁴ *unterscheiden* 区別される． ◆Zwischen Freund und Feind zu *unterscheiden* ist nicht immer leicht. 味方と敵を見分けることは必ずしも容易にできるわけではない． / In diesem Punkt *unterscheiden* sich die beiden Parteien überhaupt nicht. この点においては二つの政党は全く違いはない．

Unter·schenkel［ウンタァ・シェンケル］**男** -s/- すね．

¹unter|schieben*［ウンタァ・シーベン］schob unter, untergeschoben **動** 押し込んでやる《*j*³ *et*⁴人³の身体の下に物⁴を》．¶einer Kranken ein Kissen *unterschieben* 女性患者の背にクッションを押し込んでやる．

²unter·schieben*［ウンタァ・シーベン］unterschob, unterschoben **動** (人³に事⁴を)なすりつける，(事⁴を人³の)せいにする．

Unter·schied［ウンタァ・シート］**男** -[e]s/-e 相違；区別．¶im *Unterschied* zu *j*³/*et*³ 人³・事³とは違って．◆Das ist ein *Unterschied* wie Tag und Nacht. それは天と地の違いだ． / Zwischen unseren Auffassungen bestehen erhebliche *Unterschiede*. 私たちの見解には著しい違いがある．

unterschied·lich［ウンタァシート・リヒ］**形** 異なった；まちまちの．¶*unterschiedliche* Meinungen haben 異なった意見をもっている． ◆Die Qualität ist recht *unterschiedlich*. 品質はかなりまちまちである．

unter·schlagen*［ウンタァ・シュラーゲン］du unterschlägst, *er* unterschlägt; unterschlug, unterschlagen **動** 横領する；(情報など⁴を)握りつぶす．¶Geld *unterschlagen* 金を横領する． / wichtige Tatsachen *unterschlagen* 重要な事実を隠す．

unter·schreiben［ウンタァ・シュライベン］unterschrieb, unterschrieben **動** (書類など⁴に)署名(サイン)する． ¶Könnten Sie hier *unterschreiben*? ここにサインしていただけませんか． / Hast du den Mietvertrag schon *unterschrieben*? 君は賃貸契約にもうサインしたのか．

unter·schreiten*［ウンタァ・シュライテン］unterschritt, unterschritten **動** (見積もりなど⁴を)下回る．¶ Die Kosten *unterschritten* den Voranschlag um 15 Prozent. 出費は見積もりを15パーセント下回った．

Unter·schrift［ウンタァ・シュリフト］**女**-/-en 署名，サイン． ¶Das ist nicht seine *Unterschrift*. これは彼のサインではない． / Die *Unterschrift* scheint gefälscht zu sein. そのサインは偽造されたように思われる． **Unterschriften·sammlung**［ウンタァシュリフテン・ザムルング］**女** -/-en 署名運動《für/gegen *et*⁴ 事⁴に賛成・反対の》．

U

Untersee·boot［ウンタァゼー・ボート］**中** -es/-e 潜水艦(略：U-Boot)．

unter·setzt［ウンタァ・ゼッツト］**形** ずんぐりした，小太りの．

unterst［ウンテルスト］**形**《unter の最高級》最も下の，最下位の．

Unter·stand［ウンタァ・シュタント］**男**-[e]s/Unter·stände［ウンタァ・シ

ュテンデ〕(雨などを避けるための)避難場所;地下壕.

unter·stehen* [ウンタァ・シュテーエン] unterstand, unterstanden **動 1** (人³に)従属している、(人³の)部下である. **2** sich⁴ unterstehen, … zu + 不定詞 あえて…する. ¶ Sie hat sich unterstanden, ihm zu widersprechen. 彼女はあえて彼に異議を唱えた.

¹unter·stellen [ウンタァ・シュテレン] **動** 下に置く;(とりあえずある場所に)しまう. ¶ sich⁴ unterstellen 避難する、雨宿りする. ◆ Stell dein Motorrad in meiner Garage unter! オートバイは私のガレージに置いておきなさい.

²unter·stellen [ウンタァ・シュテレン] **動** (人⁴を人³に)従属させる;(人⁴を人³の)管理下に置く;(事⁴を人³の)せいにする.

unter·streichen* [ウンタァ・シュトゥ ライヒェン] unterstrich, unterstrichen **動** (物⁴に)アンダーライン(下線)を引く;強調する.

Unter·stufe [ウンタァ・シュトゥーフェ] **女**-/-n 下級クラス、低学年(ギュムナジウムでは最初の3学年).

unter·stützen [ウンタァ・シュテュッツェン] 援助(支援)する、支持する. ¶ den Kandidaten einer Partei unterstützen ある政党の候補者を支持する. ◆ Er wird von seinen Freunden finanziell unterstützt. 彼は友人達に金銭的な援助を受けている.

Unter·stützung [ウンタァ・シュテュッツング] **女**-/-en 援助,支援,支持. ¶ Unterstützung bekommen 援助を受ける. ◆ Ohne seine Unterstützung hätte der Plan nicht gelingen können. 彼の援助がなければこの計画は成功しえなかっただろう.

unter·suchen [ウンタァ・ズーヘン] **動** 調査(検査)する;診察する;研究する. ¶ Die Polizei hat die Umstände des Unfalls gründlich untersucht. 警察は事故の状況を徹底的に調査した. / Wann sind Sie zuletzt ärztlich untersucht worden? この前診察を受けたのはいつですか.

Unter·suchung [ウンタァ・ズーフング] **女**-/-en 調査,検査;診察;研究. ¶ wissenschaftliche Untersuchungen 学問的な研究. / das Ergebnis der Untersuchung abwarten 検査の結果を待つ. ◆ Die Untersuchung ist noch im Gange. 調査はまだ進行中である.

Unter·tasse [ウンタァ・タセ] **女** -/-n (茶碗などの)受け皿. ¶ fliegende Untertassen 空飛ぶ円盤.

unter·teilen [ウンタァ・タィレン] **動** 小分けする、[下位]分類する.

Unter·titel [ウンタァ・ティーテル] **男** -s/- 副題;字幕.

Unter·wäsche [ウンタァ・ヴェシェ] **女**-/ 下着,肌着. ¶ warme Unterwäsche anziehen 暖かい下着を身につける.

unter·wegs [ウンタァ・ヴェークス] **副** 途中で;外出中で、(自宅には)不在で. ¶ Der Brief war lange unterwegs. 手紙は配達されるまでにずいぶん時間がかかった. / Mein Mann ist heute den ganzen Tag unterwegs. 主人はきょう一日中不在です.

unter·weisen* [ウンタァ・ヴァィゼン] du/er unterweist; unterwies, unterwiesen **動** 教える,指導する《j⁴ in et³ 人⁴に事³を》. ¶ Ihre Mutter unterwies sie in Nähen und Sticken. 彼女は母から裁縫と刺繍を習った.

Unter·welt [ウンタァ・ヴェルト] **女**-/ 黄泉(よみ)の国,冥土;暗黒街.

unter·werfen* [ウンタァ・ヴェルフェン] du unterwirfst, er unterwirft; unterwarf, unterworfen **動** 支配下に置く、征服する. ¶ sich⁴ unterwerfen 降伏する、従う. / ein Land unterwerfen ある国を征服する. ◆ Widerwillig unterwarf er sich den Anordnungen seines Vaters. しぶしぶ彼は父親の命令に従った.

unter·zeichnen [ウンタァ・ツァィヒネン] **動** (文書⁴に)署名(サイン)する.

unter・ziehen* [ウンタァ・ツィーエン] unterzog, unterzogen **動** *sich⁴ et³ unterziehen* 難事³を引き受ける. **¶***sich⁴* einer Operation *unterziehen* 手術を受ける.

un・tragbar [ウン・トゥラークバール , ウン・トゥラークバール] **形** 耐え難い；(経済的に)負担できない.

un・trennbar [ウン・トゥレンバール , ウン・トゥレンバール] **形** 分離することのできない；〖文法〗非分離の.

un・treu [ウン・トゥロィ] **形** 忠実でない,不誠実な. **¶***j³ untreu* werden 人³を裏切る.

un・überlegt [ウン・ユーバァレークト] **形** 思慮のない,軽率な.

un・überschaubar [ウン・ユーバァシャォバール , ウン・ユーバァシャォバール] **形** 見晴らす(見渡す)ことができないほどの.

un・übersehbar [ウン・ユーバァゼーバール , ウン・ユーバァゼーバール] **形** 見晴らすことのできないほどの,計り知れない,見落とすことのできないほど歴然とした.

un・übersichtlich [ウン・ユーバァズィヒトリヒ] **形** 見通しのきかない；こみ入った. **¶**Die Lage wird zunehmend *unübersichtlicher.* 事態はますます見通しがきかなくなっている.

un・übertrefflich [ウン・ユーバァトゥレッフリヒ , ウン・ユーバァトゥレフリヒ] **形** 凌駕することのできない.

un・unterbrochen [ウン・ウンタァブロヘン , ウン・ウンタァブロッヘン] **形** 絶え間ない,中断されない. **¶**Seit Tagen schneit es *ununterbrochen.* ここ数日間絶え間なく雪が降り続いている.

un・verändert [ウン・フェァエンデルト , ウン・フェァエンデルト] **形** もとのままの. **¶***et⁴ unverändert* lassen 物⁴をもとのままにしておく.

un・verantwortlich [ウン・フェァアントヴォルトリヒ , ウン・フェァアントヴォルトリヒ] **形** 無責任な. **¶**Ihr Verhalten ist *unverantwortlich.* あなた(彼女)の行為は無責任だ.

un・verbesserlich [ウン・フェァベッサァリヒ , ウン・フェァベサァリヒ] **形** 改善しようのない,どうしようもない. **¶**Er ist ein *unverbesserlicher* Optimist. 彼はどうしようもない楽天家だ.

un・verbindlich [ウン・フェァビントリヒ , ウン・フェァビントリヒ] **形** 拘束力のない,義務的でない；無愛想な. **¶***j³ unverbindlich* antworten 人³にとりあえず答えておく.

un・verdrossen [ウン・フェァドゥロセン , ウン・フェァドゥロッセン] **形** 倦(う)むことのない.

un・vereinbar [ウン・フェァアインバール , ウン・フェァアインバール] **形** (意見などが)一致しない,両立できない,相容れない. **¶**Die Positionen der beiden Parteien sind *unvereinbar.* 両党の立場は相容れないものだ.

un・verfälscht [ウン・フェァフェルシュト , ウン・フェァフェルシュト] **形** 偽(変)造されていない,本物の,混ざりもののない.

un・vergessen [ウン・フェァゲセン] **形** 忘れることなく心に残った.

un・vergesslich [ウン・フェァゲスリヒ , ウン・フェァゲスリヒ] **形** いつまでも忘れられない. **¶**Wir haben *unvergessliche* Stunden erlebt. 私たちは忘れることのできない時を過ごしました.

un・vergleichlich [ウン・フェァグライヒリヒ , ウン・フェァグライヒリヒ] **形** 較べるもののない,抜群の.

un・verhältnismäßig [ウン・フェァヘルトニスメースィヒ , ウン・フェァヘルトニスメースィヒ] **-e** [ウン・フェァヘルトニスメースィゲ , ウン・フェァヘルトニスメースィゲ] **形** 釣り合いのとれていない；過度な.

un・verheiratet [ウン・フェァハイラーテト] **形** 未婚の. (⇒ledig)

un・verhofft [ウン・フェァホフト , ウン・フェァホフト] **形** 思いがけない. **¶***Unverhofft* kommt oft. 思いがけないことはよくあるものだ.

un・verkäuflich [ウン・フェァコィフリヒ , ウン・フェァコィフリヒ] **形** 売り物でない,非売品の.

un・verkennbar [ウン・フェァケンバール , ウン・フェァケンバール] **形** 間違いようのない,まぎれもない.

un・verletzlich [ウン・フェァレツリヒ ,

U

ウン・フェァレツリヒ] 形 侵すことのでき
ない.

un·vermeidlich [ウン・フェァマイトリ
ヒ, ウン・フェァマイトリヒ] 形 避けること
のできない.

un·vermittelt [ウン・フェァミテルト]
形 出し抜けの,突然の.

Un·vernunft [ウン・フェァヌンフト]
女-/ 理性の欠如,無分別. ¶Das
ist doch der Gipfel der Unver-
nunft. それは無分別の極みだ. **un·
vernünftig** [ウン・フェァニュンフティヒ]
-e [ウン・フェァニュンフティゲ] 形 理性
(思慮)のない,愚かな.

un·verrichtet [ウン・フェァリヒテト]
形 unverrichteter Dinge (Sache)
目的を達しないで,空しく.

un·verschämt [ウン・フェァシェーム
ト] 形 恥知らずの;生意気な;《大袈裟》
(値段などが)法外な. ¶sich⁴ unver-
schämt benehmen 恥知らずな振
舞いをする. / unverschämte Prei-
se 法外な値段.

Unverschämt·heit [ウンフェァシェ
ームト・ハイト] 女-/-en 《複 なし》恥知
らず;恥知らずな行為(発言).

un·verschuldet [ウン・フェァシュルデ
ト, ウン・フェァシュルデト] 形 罪のない;
負債(借金)のない. ¶Er ist unver-
schuldet in Not geraten. 彼は
罪なくして苦況に陥った.

un·versöhnlich [ウン・フェァゼーンリ
ヒ, ウン・フェァゼーンリヒ] 形 和解できな
い,相容れない.

Un·verstand [ウン・フェァシュタント]
男 -[e]s/ 無分別,無思慮.

un·verstanden [ウン・フェァシュタン
デン] 形 (他人の)理解を得られない.

un·verständig [ウン・フェァシュテンデ
ィヒ] -e [ウン・フェァシュテンディゲ] 形
分別のない,思慮のない.

un·verständlich [ウン・フェァシュテ
ントリヒ] 形 理解できない;よく聞き取
れない. ¶Seine Motive sind uns
unverständlich. 彼の動機は私たち
には理解できない. / Er spricht na-
hezu unverständlich. 彼の話はほ
とんど聞き取れない.

Un·verständnis [ウン・フェァシュテン

トニス] 中 Un·verständnisses/ 無
理解.

un·verträglich [ウン・フェァトゥレーク
リヒ, ウン・フェァトゥレークリヒ] 形 協調
性のない,(意見などが)相容れない;
(食物が)消化しにくい.

un·verwandt [ウン・フェァヴァント]
形 (目を)そらさない,じっとした. ¶
unverwandten Blicks じっと目を
見据えて.

un·verwechselbar [ウン・フェァヴ
ェクセルバール, ウン・フェァヴェクセルバール]
形 取り違えようのない.

un·verzeihlich [ウン・フェァツァイリ
ヒ, ウン・フェァツァイリヒ] 形 許すことの
できない.

un·verzüglich [ウン・フェァツュークリ
ヒ, ウン・フェァツュークリヒ] 形 即座の,
遅滞のない.

un·vollendet [ウン・フォレンデト, ウ
ン・フォレンデト] 形 未完成の. ¶Die
Symphonie ist unvollendet ge-
blieben. その交響曲は未完成のまま
に終わった.

un·vollkommen [ウン・フォルコメ
ン, ウン・フォルコメン] 形 不完全な,不
十分な. ¶nur unvollkommene
Fachkenntnisse haben 不十分な
専門知識しか持ち合わせていない. ♦
Sein Japanisch ist noch recht
unvollkommen. 彼の日本語はまだ
まだ完全ではない.

un·vollständig [ウン・フォルシュテンデ
ィヒ, ウン・フォルシュテンディヒ] -e [ウン・
フォルシュテンディゲ, ウン・フォルシュテンディ
ゲ] 形 不完全な,不備のある.

un·vorsichtig [ウン・フォーァズィヒティ
ヒ] -e [ウン・フォーァズィヒティゲ] 形 不
注意な,軽率な.

un·vorstellbar [ウン・フォーァシュテル
バール, ウン・フォーァシュテルバール] 形 想
像できない;想像を絶する. ¶Das
Chaos nach dem Erdbeben
war unvorstellbar. 地震のあとの
混乱は想像を絶していた.

un·vorteilhaft [ウン・フォァタイルハフ
ト] 形 不利な,損な;(服などが)見栄
えのしない.

un·wahr [ウン・ヴァール] 形 真実で

ない, 虚偽の. ¶ Seine Behauptung erwies sich bald als *unwahr*. 彼の主張が真実でないことはまもなく明らかになった.

un・wahrscheinlich [ウン・ヴァールシャインリヒ] 形 ありそうもない;途方もない.

un・weit [ウン・ヴァイト] 前 《2格支配》…から遠くないところに.

un・wesentlich [ウン・ヴェーゼントリヒ] 形 本質的でない, 重要でない. ¶ *unwesentliche* Kleinigkeiten 取るに足らない些細なこと.

Un・wetter [ウン・ヴェッタァ] 中 -s/- 雷雨, 嵐, 悪天候.

un・wichtig [ウン・ヴィヒティヒ] -e [ウン・ヴィヒティゲ] 形 重要でない.

un・widerruflich [ウン・ヴィーダァルフリヒ, ウン・ヴィーダァル フリヒ] 形 取り消す(変更する)ことのできない, 取り返しのつかない, 最終的な. ¶ Die Entscheidung ist *unwiderruflich*. この決定を取り消すことはできない.

un・widerstehlich [ウン・ヴィーダァシュテーリヒ, ウン・ヴィーダァシュテーリヒ] 形 抵抗できない;魅力的な.

Un・wille [ウン・ヴィレ] 男 2格 Unwillens, 3・4格 Unwillen/ 《この表現》 怒り, 立腹;不機嫌. ¶ seinen *Unwillen* erregen 彼の怒りを招く. **un・willig** [ウン・ヴィリヒ] -e [ウン・ヴィリゲ] 形 怒った, 立腹した;不機嫌な.

un・willkürlich [ウン・ヴィルキューァリヒ, ウン・ヴィルキューァリヒ] 形 思わずしらずの;〖医学〗不随意の. ¶ *unwillkürliche* Muskeln 不随意筋. ◆ Sie musste *unwillkürlich* lachen. 彼女は思わず笑わずにはいられなかった.

un・wirksam [ウン・ヴィルクザーム] 形 効果(効力)のない. ¶ eine *unwirksame* Methode 効果のない方法.

un・wissend [ウン・ヴィセント] 形 無知(学)な;何も知らされていない. ¶ Zunächst stellte er sich *unwissend*. 始め彼は何も知らないふりをしていた.

Unwissen・heit [ウンヴィセン・ハイト] 女 -/ 無知, 無学;知らされていないこと. ¶ aus *Unwissenheit* 無知のため.

un・wohl [ウン・ヴォール] 形 気分の悪い;不快な;生理中で. ¶ Ich fühle mich oft *unwohl*. 私はしばしば気分が悪くなる. / In seiner Gegenwart fühle ich mich oft *unwohl*. 彼の前にいると私はしばしば不快になる.

Un・zahl [ウン・ツァール] 女 -/ 無数. ¶ eine *Unzahl* von Fans 無数のファン.

un・zählig [ウン・ツェーリヒ, ウン・ツェーリヒ] -e [ウン・ツェーリゲ, ウン・ツェーリゲ] 形 無数の, 数え切れない.

Un・zeit [ウン・ツァイト] 女 -/ zur *Unzeit* 都合の悪いときに.

un・zerbrechlich [ウン・ツェァブレヒリヒ, ウン・ツェァブレヒリヒ] 形 破れ(壊れ)ない;不屈の.

un・zerstörbar [ウン・ツェァシュテーァバール, ウン・ツェァシュテーァバール] 形 破壊できない;不滅の.

un・zertrennlich [ウン・ツェァトゥレンリヒ, ウン・ツェァトゥレンリヒ] 形 離れられない, 親密な.

un・züchtig [ウン・ツュヒティヒ] -e [ウン・ツュヒティゲ] 形 みだらな, わいせつな.

un・zufrieden [ウン・ツフリーデン] 形 不満足な. ¶ Warum siehst du so *unzufrieden* aus? 何で君はそんな不満そうな顔をしているのかい.

un・zugänglich [ウン・ツゲングリヒ] 形 近づくことのできない;親しみにくい, よそよそしい. ¶ ein *unzugänglicher* Mensch 無愛想な人. ◆ Die Burg steht auf einem nahezu *unzugänglichen* Felsen. その城はほとんど近づくことのできない岩山の上に立っている.

un・zulänglich [ウン・ツレングリヒ] 形 不十分な. ¶ *unzulängliche* Sicherheitsvorkehrungen 不十分な安全措置.

un・zulässig [ウン・ツレスィヒ] -e [ウン・ツレスィゲ] 形 許されない. ¶ Das Produkt darf nicht mehr verkauft werden, es enthält *un-*

U

zulässige Zusatzstoffe. その製品はもう販売してはならない. 不認可の添加物を含んでいるから.

un·zurechnungsfähig [ウン・ツレヒヌングスフェーイヒ] –e [...フェーイゲ] 形 責任能力のない;《法》心神喪失の.

un·zuverlässig [ウン・ツフェァレスィヒ] –e [ウン・ツフェァレスィゲ] 形 信頼(信用)できない, 当てにならない.

un·zweifelhaft [ウン・ツヴァイフェルハフト, ウン・ツヴァイフェルハフト] 形 疑う余地のない, 明白な.

üppig [ユピヒ] –e [ユピゲ] 形 豊富な;(草木が)生い茂った;(体が)豊満な. ¶ein *üppiges* Leben führen 贅沢な生活をする. ♦ Sein *üppiger* Bart macht ihn älter, als er ist. 彼の豊かなひげは, 彼を実際より年とって見せる.

ur·alt [ウーァ・アルト] 形 非常に年をとった;太古の.

ur·auf führen [ウーァ・アオフフューレン] 動《不定詞と過去分詞 uraufgeführt のみ用いられる》(オペラなどを)初演する. **Ur·aufführung** [ウーァ・アオフフュールング] 女–/–en 初演.

Ur·enkel [ウーァ・エンケル] 男 –s/– (女性 **Ur·enkelin** [ウーァ・エンケリン] 女–/Ur·enkelinnen [ウーァ・エンケリネン])ひ孫.

Ur·großeltern [ウーァ・グロースエルテルン] 複 曾祖父母.

Ur·großmutter [ウーァ・グロースムタァ] 女–/Ur·großmütter [ウーァ・グロースミュタァ] 曾祖母.

Ur·großvater [ウーァ・グロースファータァ] 男–s/Ur·großväter [ウーァ・グロースファータァ] 曾祖父.

Ur·heber [ウーァ・ヘーバァ] 男 –s/– 首謀者;著者, 原作者. **Urheber·recht** [ウーァヘーバァ・レヒト] 中 –es/–e 著作権.

urig [ウーリヒ] –e [ウーリゲ] 形 奇妙な. ¶ein *uriger* Typ 変わった奴.

Urin [ウリーン] 男 –s/–e 尿. **Urin·untersuchung** [ウリーン・ウンタァズーフング] 女 –/–en 尿検査.

Ur·kunde [ウーァ・クンデ] 女 –/–n [公]文書;証明書;免許状.

Ur·laub [ウーァ・ラォプ] 男 –[e]s/–e 休暇, バカンス. ¶*Urlaub* nehmen 休暇を取る. / in (im) *Urlaub* sein 休暇中である. ♦ Die beiden haben sich im *Urlaub* kennen gelernt. 二人は休暇先で知り合った.

Ur·lauber [ウーァ・ラォバァ] 男 –s/– (女性 **Ur·lauberin** [ウーァ・ラォベリン] 女–/Ur·lauberinnen [ウーァ・ラォベリネン])休暇中の人.

Urlaubs·geld [ウーァラォプス・ゲルト] 中 –es/ 休暇賞与(手当て).

urlaubs·reif [ウーァラォプス・ライフ] 形 (過労などで)休暇が必要と判断されている. ¶Nach der schwierigen Arbeit war er *urlaubsreif*. 困難な仕事のあと彼は休みが必要だった.

Urlaubs·reise [ウーァラォプス・ライゼ] 女–/–n バカンス旅行.

Ur·mensch [ウーァ・メンシュ] 男 –en

U

/-en 原[始]人.

Urne [ウルネ] 女-/-n 骨壺;投票箱; くじ箱. ¶zur *Urne* gehen 投票 に行く.

Ur・sache [ウーァ・ザヘ] 女-/-n 原 因,理由. ¶die *Ursache* ermitteln 原因を究明する. ◆Die *Ursache* ist noch nicht bekannt. 原因はまだ 不明である. / Keine *Ursache*!(お 礼を言われて)どういたしまして.

ursäch・lich [ウーァゼヒ・リヒ] 形 原 因となる,因果的な. ¶Untersuchungen zur *ursächlichen* Klärung von Aids エイズの原因解明のため の研究. / *ursächlich* für den Unfall sein (事⁴が)事故の原因である.

Ur・sprung [ウーァ・シュプルング] 男 -[e]s/Ur・sprünge [ウーァ・シュプリュ ンゲ] 根源,起源;水源.

ursprüng・lich [ウーァシュプリュング・リ ヒ] 形 本来の,もともとの,自然のまま の. ¶der *ursprüngliche* Plan 当初の計画. ◆*Ursprünglich* wollte er Arzt werden. もともと彼は医 者になりたかった.

Ur・teil [ウァ・タイル] 中-s/-e 判決 《über *et*⁴ 事⁴に対する》;判断. ¶ ein hartes (mildes) *Urteil* 厳し い(寛大な)判決. / ein objektives *Urteil* 客観的な判断. / das *Urteil* eines Fachmanns 専門家の意 見. / das *Urteil* fällen 判決を下 す. **ur・teilen** [ウァ・タイレン] 動 判断する《über *et*⁴ 事⁴について》. ¶Darüber schon heute zu urteilen, [das] halte ich für recht gewagt. それについてきょう もう判断を下すのは甚だ危険だと思う.

Ur・wald [ウーァ・ヴァルト] 男 -[e]s/ Ur・wälder [ウーァ・ヴェルダァ] 原 始 (生)林.

Ur・zeit [ウーァ・ツァイト] 女-/-en 太 古,原始時代.

USA [ウー・エス・アー] 複 〖地名〗アメリカ 合衆国 (=**U**nited **S**tates of **A**merica). ¶in den *USA* アメリカ合 衆国において.

usw. [ウント・ゾー・ヴァイタァ] 〖略〗等々 (=**u**nd **s**o **w**eiter).

Utensilien [ウーテンズィーリエン] 複 (特定の目的に用いられる)道具,用具.

Utopie [ウトピー] 女-/-n [ユトピーエ ン]ユートピア,理想郷;夢物語. **utopisch** [ウトーピシュ] 形 ユートピア (理想郷)的な;夢物語のような.

u.U. [ウンタァ・ウムシュテンデン] 〖略〗場 合 によっては (=**u**nter **U**mständen).

┌─ ちょっと文法 ─┐

「与える」わけではありません

◆非人称の es◆

非人称の es (= *it*) を使った表現は,たくさんある. Es regnet. = *It rains*.「雨が降る」とかね. 中でも,ひんぱんに出てきて重要度が高 いのは,〈Es gibt + 4格名詞〉で,英語の *There is(are)* 〜. に相 当する.「例外は必ずある」= Es gibt immer Ausnahmen.(=*There are always exceptions*.) というように使うんだ. ただし Es gibt 〜. は,具体的に目の前にあるものを指示して言う表現ではない. Heute gibt es bei uns Spaghetti.「きょうの我が家の食事はスパゲッティだ」 は,目で見て言っているわけではないんだ.(「テーブルにスパゲッ ティが 1 皿ある(のが見える)」なら Auf dem Tisch steht ein Teller Spaghetti.)

U

こんなところへも置けます

◆nicht の位置(1)◆

〈全文否定〉という言葉がある．わかりやすく言えば，〈動詞を否定する〉という意味だ．Ich kenne ihn.「私は彼を知っている」を否定したければ，文末に nicht を置けばいい．Ich kenne ihn nicht. 一方〈部分否定〉という言葉，こちらは動詞以外の単語を否定することで，nicht は否定したい単語の前へ置く．Er kommt heute mit ihr.「彼はきょう，彼女と来ます」を例にとると，「彼は彼女と来るには来るが〈きょうではない〉」なら，Er kommt **nicht** heute. だし，「彼はきょう来るけれども，〈彼女といっしょではない〉」なら，Er kommt heute **nicht** mit ihr. だ．極端な場合，「きょう，彼女と来る人はいるがそれは〈彼ではない〉」なら，**Nicht** er kommt heute mit ihr. と書くこともできる．

V

¹**V, v** [ファォ] 由-/- ドイツ語アルファベットの第22文字.

²**V** [ファォ] 〖元素記号〗バナジウム.

vage [ヴァーゲ] 形 曖昧な, 漠然とした. ¶Mehr als *vage* Versprechungen hat er nicht gemacht. 曖昧な約束以上のことを彼はしなかった.

Vagina [ヴァギナ, ヴァギーナ] 女 -/ Vaginen [ヴァギーネン] 〖解剖〗膣, ワギナ.

vakant [ヴァカント] 形 空の, 欠員の. ¶Der Posten ist seit langem *vakant*. このポストはずっと以前から空席です.

Valenz [ヴァレンツ] 女-/-en 〖化学〗原子価; 〖語〗動詞結合価.

Vanille [ヴァニリェ, ヴァニレ] 女 -/ 〖植物〗バニラ.

variabel [ヴァリアーベル] -ble [ヴァリアーブレ] 形 変えられる, 可変(変動)の. ¶Du musst lernen, *variabel* zu denken. 君は柔軟に考えることを学ばなくてはならない.

Variable [ヴァリアーブレ] 女 -/-n 〖数学〗変数.

Variante [ヴァリアンテ] 女 -/-n 変形, 異形; 変種. ¶Von diesem Virus gibt es viele *Varianten*. このウイルスには多くの変種がある.

Variation [ヴァリアツィオーン] 女 -/ -en 変化, 変動, バリエーション.

variieren [ヴァリーレン] variierte, variiert 動 1変わる; 異なる. ¶Sein Einkommen *variiert* von Monat zu Monat. 彼の収入は月によって変わる. 2変える; 変奏する.

Vase [ヴァーゼ] 女 -/-n 花びん.

Vater [ファータァ] 男-s/Väter [フェータァ] 父〔親〕; 創始者. ¶*Vater* werden ist nicht schwer, *Vater* sein dagegen sehr. 父親になるのは簡単だが, 父親であることは逆に甚だ困難だ. / Der Erfolg hat viele *Väter*. 成功は多くの思考の産物である.

Vater・land [ファータァ・ラント] 由 -[e]s/Vater・länder [ファータァ・レンダァ] 祖国.

väter・lich [フェータァ・リヒ] 形 父〔親〕の; 父方の; 父親のような. ¶*Väterlich* strich er dem Kind über den Kopf. 父親らしく彼は子供の頭をなでた.

Vater・unser [ファータァ・ウンザァ, ファータァ・ウンザァ] 由-s/- 〖キリスト教〗主の祈り.

Vati [ファーティー] 男-s/-s 〖幼児語〗(父親の愛称)お父ちゃん.

v.Chr. [フォーァ・クリストゥス, フォーァ・クリスト] 〖略〗〖西暦〗紀元前 (=**v**or **Chr**istus/**Chr**isto).

Vegetarier [ヴェゲターリァ] 男 -s/- (女性 **Vegetarierin** [ヴェゲターリエリン] 女 -/Vegetarierinnen [ヴェゲターリエリンネン]) 菜食主義者. ¶In Deutschland gibt es immer mehr *Vegetarier*. ドイツには菜食主義者がますます増えている. **vegetarisch** [ヴェゲターリシュ] 形 菜食主義者の, 植物性の.

Vegetation [ヴェゲタツィオーン] 女 -/-en (集合的に)植生.

Veil・chen [ファイル・ヒェン] 由 -s/- 〖植物〗スミレ.

Velo [ヴェーロ] 由 -s/-s 〖スイス〗自転車.

Vene [ヴェーネ] 女-/-n 〖解剖〗静脈.

Venedig [ヴェネーディヒ] 由-s/ 〖地名〗ベネツィア.

Ventil [ヴェンティール] 由-s/-e 〖工学〗弁, バルブ. ¶ein *Ventil* öffnen 弁を開く.

Ventilator [ヴェンティラートァ] 男-s/ Ventilatoren [ヴェンティラトーレン] 換気装置, 扇風機.

Venus [ヴェーヌス] 女-/ ビーナス; 〖天文〗金星.

ver- [フェァ] 《アクセントをもたず非分離動詞をつくる前つづり》【代理】*ver*treten 代理する; 【結果】*ver*bessern 改良する; 【間違い】*sich*⁴ *verrechnen* 計算違いをする；【生成】*verfilmen* 映画化する.

ver·abreden ［フェア・アプレーデン］ **動** 取り決める，申し合わせる. ¶ *sich⁴ mit j³ verabreden* 人³と会う約束をする. ◆ Ich bin mit ihm um 4 Uhr vor dem Rathaus *verabredet.* 私は彼と4時に市役所の前で会う約束だ. **ver·abredet** ［フェア・アプレーデト］ **1形** 取り決めた；会う約束をした. ¶ Alles ist schon fest *verabredet.* すでに全てがきっちりと取り決められている. **2** *verabreden* の過去分詞. **Ver·abredung** ［フェア・アプレードゥング］**女**-/-en 取り決め，申し合わせ. ¶ Morgen habe ich schon eine *Verabredung.* あしたはもう約束がある. / Es bleibt doch bei unserer *Verabredung, oder?* 取り決めたとおりで良いんだね，それとも違うかい.

ver·abschieden ［フェア・アプシーデン］ **動** (人⁴に)別れを告げる；退職させる. ¶ *sich⁴ von j³ verabschieden* 人³に別れを告げる. ◆ Seine Freunde *verabschiedeten* ihn (sich von ihm) am Flugplatz. 彼の友人達は彼に飛行場で別れを告げた. / Leider müssen wir uns schon *verabschieden.* 残念ながらもうお別れしなくてはならない.

ver·achten ［フェア・アハテン］ **動** 軽蔑する. ¶ Die Mehrheit der Bürger *verachtet* den Diktator. 多くの市民はこの独裁者を軽蔑している.

ver·allgemeinern ［フェア・アルゲマイネルン］ **動** 一般(普遍)化する. ¶ Das kann man so nicht *verallgemeinern.* これをそんな風に何にでも当てはめることはできない.

ver·alten ［フェア・アルテン］ **動** (s) 古くさくなる；時代遅れになる. **ver·altet** ［フェア・アルテト］ **1** 古くなった；時代遅れの. **2** *veralten* の過去分詞.

Veranda ［ヴェランダ］ **女** -/Veranden ［ヴェランデン］ ベランダ.

veränder·lich ［フェアエンダァ・リヒ］ **形** 変化する，変わりやすい. ¶ Das Wetter bleibt weiterhin *veränderlich.* 依然として変わりやすい天気が続きます.

ver·ändern ［フェア・エンデルン］ **動** 変える，変化させる. ¶ *sich⁴ verändern* 変わる，変化する. ◆ Du hast dich ja überhaupt nicht *verändert.* 君はちっとも変わってないね.

Ver·änderung ［フェア・エンデルング］ **女**-/-en 変化，変更. ¶ Er berücksichtigt die *Veränderung* der Lage viel zu wenig. 彼は事態の変化にあまりにも無頓着だ.

ver·ängstigt ［フェア・エングスティヒト］ **形** おびえている，びくびくした. ¶ Warum ist die Kleine nur so *verängstigt?* この娘(こ)は何故そんなにおどおどしているのか.

ver·anlagt ［フェア・アンラークト］ **形** 才能(素質)のある. ¶ praktisch *veranlagt* sein 実務の才がある.

ver·anlassen ［フェア・アンラセン］ **動** (事⁴を)取りはからう，指示する；(事⁴の)きっかけとなる. ¶ Alle rätseln, was den Minister zum Rücktritt *veranlasst* haben könnte. 大臣が辞任するきっかけが何だったのか，みな首をひねっている.

Ver·anlassung ［フェア・アンラスング］ **女**-/-en きっかけ≪zu et³ 事の≫；指示. ¶ Das ist auf *Veranlassung* des Landrats geschehen. これは郡長の指示に従って行われたことだ.

ver·anschaulichen ［フェア・アンシャオリヒェン］ **動** (図形などを用いて)具体的に説明する，わかりやすくする. ¶ Dieser Zusammenhang lässt sich am besten durch ein konkretes Beispiel *veranschaulichen.* この関係をわかりやすく説明するには具体的な例を用いるのが一番いい.

ver·anstalten ［フェア・アンシュタルテン］ **動** 催す，実施する. ¶ eine Ausstellung *veranstalten* 展覧会を催す. / eine Umfrage *veranstalten* アンケート調査を実施する.

Ver·anstaltung ［フェア・アンシュタルトゥング］ **女**-/-en 開催，催し[物].

die *Veranstaltung* einer Tagung 会議の開催. ◆ Die *Veranstaltung* war wieder ein voller Erfolg. その催し物はまたも大成功を収めた.

ver・antworten [フェァ・アントヴォルテン] **動** (事⁴の)責任を負う(取る). ¶Was man tut, muss man auch *verantworten* können. 自分の行いには責任を負うことができなければいけない. / Das kann niemand *verantworten*. このことの責任は誰も負うことができない;それを誰も責任をもってすることはできない.

verantwort・lich [フェァアントヴォルト・リヒ] **形** 責任のある《für et⁴ 事⁴に対して》. ¶Er versucht, allein mich für den Unfall *verantwortlich* zu machen. 彼は事故の責任を私にだけ押しつけようとする.

Ver・antwortung [フェァ・アントヴォルトゥング] **女** / 責任《für et⁴ 事⁴に対する》. ¶Der Dekan übernahm die *Verantwortung* für den Skandal und trat zurück. 学部長はスキャンダルの責任をとり辞任した. **verantwortungs・bewusst** [フェァアントヴォルトゥングス・ベヴスト] **形** 責任を自覚した. ¶So *verantwortungsbewusst* handelt nicht jeder. 誰でもがあれほど責任ある行動をできるものではない.

ver・arbeiten [フェァ・アルバイテン] **動** (物⁴を)加工する;〖電算〗処理する. ¶Diese Äpfel kann man nur noch zu Saft *verarbeiten*. これらのリンゴはジュースに加工するしかない.

ver・ärgern [フェァ・エルゲルン] **動** 怒らせる. ¶Sie *verärgert* aber auch alle unsere Kunden. 彼女はうちの顧客を誰もかも怒らせてしまう. / Der Chorleiter ist immer noch sehr *verärgert*. 合唱団指揮者は今もって激怒している.

ver・armen [フェァ・アルメン] **動** (s) 貧しくなる.

Verb [ヴェルプ] **中** -s/Verben [ヴェルベン] 〖文法〗動詞.

verbal [ヴェルバール] **形** 言葉による;

〖文法〗動詞の. ¶*Verbal* kommt er nicht gegen seine Frau an. 彼は口では奥さんにかなわない. / Es kam zu einer heftigen *verbalen* Auseinandersetzung. 激しい口論になった.

verband [フェァバント] verbinden の過去形・単数・1,3人称.

Ver・band [フェァ・バント] **男** -s/Ver・bände [フェァ・ベンデ] 包帯;連盟,協会,団体. ¶Ihr *Verband* muss täglich erneuert werden. 包帯は毎日新しいものと交換しなければいけません.

Verband・kasten [フェァバント・カステン] **,** **Verbands・kasten** [フェァバンツ・カステン] **男**-s/Verband[s]・kästen [フェァバント・ケステン,フェァバンツ・ケステン] 救急箱. **Verband・zeug** [フェァバント・ツォイク] **,** **Verbands・zeug** [フェァバンツ・ツォイク] **中** -[e]s/ 包帯用品.

ver・bergen* [フェァ・ベルゲン] *du* verbirgst, *er* verbirgt; verbarg, verborgen **動** 隠す,言わないでおく. ¶*sich⁴ verbergen* 身を隠す. ◆ Wer weiß, was sich hinter seinen Andeutungen *verbirgt*. 彼のほのめかしの背後に何が隠されているか誰にわかろうか.

ver・bessern [フェァ・ベッセルン] **動** よりよくする,改良(善)する. ¶Der Entwurf muss noch erheblich *verbessert* werden. この草稿はまだ相当改善されねばならない. (⇒verschlechtern)

Ver・besserung [フェァ・ベッセルング] **女** -/-en 改良,改善;訂正. ¶Das neue Modell der Limousine weist zahlreiche *Verbesserungen* auf. このリムジンの新型モデルには多くの改良点が見られる. / Eine *Verbesserung* seines Rekordes ist wohl kaum zu erwarten. たぶん彼の記録の更新はほとんど期待できない.

ver・beugen [フェァ・ボイゲン] **動** *sich⁴ verbeugen* お辞儀をする. **ver・biegen*** [フェァ・ビーゲン] ver-

609

bog, verbogen **動** ゆがませる、曲げてだめにする。¶ *sich⁴ verbiegen* 曲がって使い物にならなくなる。

ver·bieten* [フェア・ビーテン] verbot, verboten **動** 禁止する。¶ Nur wenige Eltern *verbieten* ihren Kindern, abends lange fernzusehen. 自分の子供が夜長い時間テレビを見ることを禁ずる親はほんのわずかしかいない。(⇒verboten)

ver·binden* [フェア・ビンデン] verband, verbunden **動** 結ぶ、結びつける；結合する。¶ *sich⁴ verbinden* 結合する、結びつく。◆ Sie *verband* die Wunde notdürftig mit einem Taschentuch. 応急の処置として彼女は傷をハンカチで包帯した。/ Die neue Brücke *verbindet* die Insel mit dem Festland. この新しい橋は島と大陸を結んでいる。/ *Verbinden* Sie mich bitte mit Herrn Geier! [この電話を]ガイaさんにつないで下さい。/ Wasserstoff und Sauerstoff *verbinden* sich zu Wasser. 水素と酸素が結合して水ができる。

verbind·lich [フェア・ビント・リヒ] **形** いんぎんな；拘束力のある。¶ *verbindlich* lächeln 愛想良く微笑む。¶ Wir brauchen auf jeden Fall eine *verbindliche* Zusage. 私たちはどうあっても拘束力を持つ応諾をもらう必要がある。

Ver·bindung [フェア・ビンドゥング] **女** /-en 結合、結びつき；コネ；（交通機関の）連絡、接続；（電話の）接続。¶ *sich⁴ mit j³ in Verbindung* setzen 人³と連絡をつける。◆ Die *Verbindungen* zwischen den beiden Partnerstädten sind erfreulich eng. 両姉妹都市の結びつきはきわめて密接だ。/ Er hat hervorragende *Verbindungen* zum Berliner Senat. 彼はベルリン市州政府に特別のコネがある。

ver·bleiben* [フェア・ブライベン] verblieb, verblieben **動** (s) (地位などに)いつまでもとどまる；取り決める。¶ Auch nach dem Parteitag *verblieb* der Generalsekretär im Amt. 党大会のあとでも書記長はその地位にとどまっていた。/ Am besten *verbleiben* wir so, dass du vor der Abreise noch einmal anrufst. 君が出発前にもう一度電話をかけるということに決めておくのが一番いい。/ In Ordnung, dann *verbleiben* wir so. 承知した、ではこの取り決めのとおりにしよう。

ver·bleit [フェア・ブライト] **形** 有鉛の。

ver·blüffen [フェア・ブリュッフェン] **動** 唖然(呆然)とさせる。 **ver·blüffend** [フェア・ブリュッフェント] **1 形** あっけにとられるほどの。¶ Der Vertrag kam *verblüffend* rasch zustande. 契約は唖然とするくらい速やかに成立した。**2** verblüffen の現在分詞。**ver·blüfft** [フェア・ブリュッフト] **1 形** 唖然(呆然)として、あっけにとられた。¶ Von der Wirkung seiner Rede war der Parteivorsitzende selbst wohl am meisten *verblüfft*. 自分の講演の影響にもっともあっけにとられたのはたぶん党首自身だっただろう。**2** verblüffen の過去分詞

ver·bluten [フェア・ブルーテン] **動** (s) 出血多量で死ぬ。

ver·bocken [フェア・ボッケン] **動** やり損なう。¶ Was hat er denn jetzt schon wieder *verbockt*? 彼はまた今度はどんなへまをやらかしたんだ。

ver·bog [フェア・ボーク] verbiegen の過去形・単数・1，3人称。

ver·bogen [フェア・ボーゲン] verbiegen の過去分詞。

ver·borgen [フェア・ボルゲン] **1 形** 隠れた、秘密の。¶ im *Verborgenen* ひそかに。◆ Die *verborgenen* Talente des Autors zeigten sich erst spät. この作家の隠された才能はあとになってようやくあらわれた。**2** verbergen の過去分詞。

Ver·bot [フェア・ボート] **中** -[e]s/-e 禁止、差し止め。¶ ein *Verbot* erlassen 禁令を出す。◆ Das *Verbot* der Partei wurde wieder aufgehoben. その政党の禁止はふたたび取り消された. / Ein polizeiliches *Verbot* sollte man tunlichst nicht übertreten. 警察の禁令には可能な限り違反すべきではない. / Wir fordern ein absolutes *Verbot* von Kernwaffen. 我々は核兵器の絶対禁止を求める.

ver·boten [フェア・ボーテン] 形 **1** 禁じられた,禁止の. ¶Das ist streng *verboten*. それは厳禁されている. / *Verbotenes* zu tun, hat einen ganz besonderen Reiz. 禁止されていることをするのは独特な魅力がある. / Rauchen *verboten!* 禁煙. **2** verbieten の過去分詞.

ver·brach [フェア・ブラーハ] verbrechen の過去形・単数・1, 3人称.

ver·bracht [フェア・ブラハト] verbringen の過去分詞.

ver·brachte [フェア・ブラハテ] verbringen の過去形・単数・1, 3人称.

ver·brannt [フェア・ブラント] **1** 形 焼けた,日に焼けた. **2** verbrennen の過去分詞.

ver·brannte [フェア・ブランテ] verbrennen の過去形・単数・1, 3人称.

Ver·brauch [フェア・ブラォホ] 男 -[e]s/ 消費,消耗.

ver·brauchen [フェア・ブラォヘン] 動 消費する,消耗する. ¶Dieses Bügeleisen *verbraucht* enorm viel Strom. このアイロンはものすごく電力を消費する. / Was, du hast den ganzen Gehalt schon *verbraucht*? 何だって,君はもう給料を全部使ってしまったって?

Ver·braucher [フェア・ブラォハァ] 男 -s/- （女性）**Ver·braucherin** [フェア・ブラォヘリン] 女 -/Ver·braucherinnen [フェア・ブラォヘリネン]）消費者. **Verbraucherpreis** [フェアブラォハァ・プライス] 男 -es/-e 消費者価格《複で》;消費者物価.

Verbrauchs·gut [フェアブラォホス・グート] 中 -[e]s/Verbrauchsgüter [フェアブラォホス・ギュータア] 消費財.

ver·braucht [フェア・ブラォホト] **1** 形 使い古した;疲れ切った. ¶Diese Jeans sind total *verbraucht*, aber gerade das macht sie so teuer. これらのジーンズはひどく使い古されたものだが,まさにこのことで高い値がついている. / Bei dieser Knochenarbeit fühlt man sich schon mit 50 alt und *verbraucht*. このような骨の折れる仕事をしていると,50歳ですでに老いと消耗を感じる. **2** verbrauchen の過去分詞.

ver·brechen* [フェア・ブレヒェン] *du* verbrichst, *er* verbricht; verbrach, verbricht 動 (犯罪を)犯す. ¶*Verbrochen* hat er nichts, er ist völlig unschuldig. 彼は何も罪を犯していない.彼は完全に無実だ.

Ver·brechen [フェア・ブレヒェン] 中 -s/- 犯罪;罪. ¶Die Polizei konnte das *Verbrechen* schnell aufklären. 警察はこの犯罪をすぐに解明することができた.

Ver·brecher [フェア・ブレッヒャァ] 男 -s/- （女性 **Ver·brecherin** [フェア・ブレッヒェリン] 女 -/Ver·brecherinnen [フェア・ブレッヒェリネン]）犯罪者. ¶Der *Verbrecher* wurde zu 20 Jahren Haft verurteilt. その犯罪者は禁固20年の刑を受けた.

ver·breiten [フェア・ブライテン] 動 広める,普及させる. ¶*sich*⁴ *verbreiten* 広まる,普及する. ◆Wer hat denn dieses Gerücht *verbreitet*? 誰がこんな噂を広めたのか. / Die Epidemie *verbreitete* sich rasend schnell. その伝染病はものすごい早さで広まっていった. **ver·breitet** [フェア・ブライテト] **1** 形 広まった,普及した. ¶Dieser Aberglaube ist weit *verbreitet*. この迷信は広い範囲にひろまっている **2** verbreiten の過去分詞.

ver·brennen* [フェア・ブレネン] verbrannte, verbrannt 動 **1** (s) 燃える,焼ける,焦げる. ¶Bei dem Großfeuer ist auch mein Elternhaus *verbrannt*. その大火で両親の家も焼けてしまった. / Der Kuchen ist total *verbrannt*. ケーキはすっかり焦げてしまった. **2** 日焼けさせる; 燃やす, 焦がす; やけどさせる. ¶ *sich*⁴ selbst *verbrennen* 焼身自殺をする. / *sich*³ den Mund *verbrennen* 舌禍を招く. ◆ Nach der Scheidung *verbrannte* sie alle Briefe ihres Mannes. 離婚後, 彼女は夫からもらった手紙をすべて燃やしてしまった.

ver・brichst [フェア・ブリヒスト], **ver・bricht** [フェア・ブリヒト] < verbrechen.

ver・bringen* [フェア・ブリンゲン] verbrachte, verbracht **動** (時間を)過ごす. ¶ Der Kanzler *verbringt* seinen Urlaub meist in Italien. 首相は休暇をたいていイタリアで過ごす.

ver・bunden [フェア・ブンデン] **1 形** 結ばれた; 同盟した; 包帯した. ¶ Seiner Alma Mater fühlt er sich immer noch *verbunden*. 彼は母校にいまなお連帯感をもっている.

> die Alma Mater は[母校としての]大学.

2 verbinden の過去分詞.

ver・bünden [フェア・ビュンデン] **動** 同盟を結ぶ(連合する)«*sich*⁴ mit *j*³ 国など³と». ¶ Seine Frau und die Töchter *verbünden* sich oft gegen ihn. 彼の細君と娘たちはしばしば連帯して彼に逆らう.

Ver・dacht [フェア・ダハト] **男** -es/ Ver・dächte [フェア・デヒテ] 疑惑, 疑念, 嫌疑. ¶ Der *Verdacht* auf Krebs hat sich bestätigt. ガンの疑いが立証された. / Auf ihn fällt keinerlei *Verdacht*. 彼には何の嫌疑もかけられていない.

ver・dächtig [フェア・デヒティヒ] -e [フェア・デヒティゲ] **形** 疑わしい, 不審な. ¶ Er kam *verdächtig* oft in die Bank. 彼は不審なほどよく銀行にやって来た.

ver・dächtigen [フェア・デヒティゲン] **動** (人⁴に悪事²の)疑いをかける. ¶ Man *verdächtigte* ihn der Unterschlagung. 彼には横領の疑いがかけられた.

ver・dammt [フェア・ダムト] **形** いまいましい, けしからぬ; «**副** として»おおいに. ¶ *Verdammt* [nochmal]! ちくしょう! / Die Prüfung war *verdammt* schwer. 試験はものすごく難しかった.

ver・danken [フェア・ダンケン] **動** (事⁴は人³の)おかげである, (事⁴を人³ に)負っている. ¶ Meinem Professor *verdanke* ich viel. 私は指導教授に非常なおかげをこうむっている.

ver・darb [フェア・ダルプ] < verderben の過去形・単数・1, 3人称.

ver・dauen [フェア・ダォエン] **動** (食物を)消化する; (精神的に)消化する, こなす, 克服する. ¶ Sie kann den ganzen Ärger noch nicht *verdauen*. 彼女は腹立ちのすべてをまだ克服しきれないでいる. **Ver・dauung** [フェア・ダォウング] **女** -/-en 消化.

ver・decken [フェア・デッケン] **動** おおう, おおい隠す. ¶ Wolken *verdeckten* die Sonne. 雲が太陽をおおった.

ver・derben* [フェア・デルベン] *du* verdirbst, *er* verdirbt; verdarb, verdorben **動** **1** (s) (食物が)腐る; 堕落する. ¶ Tu die Wurst sofort in den Kühlschrank, sonst *verdirbt* sie. ソーセージをすぐに冷蔵庫に入れなさい, でないとすぐに腐ってしまいます. **2** 損なう, だめにする. ¶ *sich*³ et⁴ *verderben* 身体など⁴をだめにする. ◆ Sein plötzlicher Besuch hat uns das Wochenende *verdorben*. 彼の突然の訪問で私たちの週末は台無しになった. / An den Muscheln haben sich alle den Magen *verdorben*. 貝が原因で全員が胃をこわしてしまった.

ver・deutlichen [フェア・ドイトリヒェン] **動** 明確にする. ¶ Könnten Sie dieses Problem an einem Beispiel *verdeutlichen*? この問題点を例証によって明確にしていただけませんか.

ver·dienen [フェア・ディーネン] 動 報酬として得る, 稼ぐ, もうける. ¶Geld *verdienen* 金を稼ぐ. ◆Ein solcher Mut *verdient* Lob. このような勇気は称賛に値する. / Er *verdient* gut. 彼は稼ぎがいい. / Mit seiner Erfindung *verdiente* er enorm viel. 発明により彼は莫大な報酬を得た.

¹Ver·dienst [フェア・ディーンスト] 男 -[e]s/-e 稼ぎ, もうけ. ¶Sein *Verdienst* entspricht nicht seiner Leistung. 彼の稼ぎは彼の業績に対応していない.

²Ver·dienst [フェア・ディーンスト] 中 -[e]s/-e 功績. ¶Für seine *Verdienste* erhielt er einen hohen Orden. 功績により彼は高位の勲章を授与された.

ver·dirbst [フェア・ディルプスト], **ver·dirbt** [フェア・ディルプト] < verderben.

ver·doppeln [フェア・ドッペルン] 動 2倍にする; 強める. ¶*sich⁴ verdoppeln* 2倍になる. ◆Unsere Importe aus China haben sich in nur drei Jahren *verdoppelt*. わが国の中国からの輸入は僅か3年の間に倍増した.

ver·dorben [フェア・ドルベン] **1** 形 腐った, だめになった; 堕落した.
2 verderben の過去分詞.

ver·drängen [フェア・ドゥレンゲン] 動 押しのける, 追い払う, 排除する. ¶Niemand kann ihn aus der Gruppe an der Spitze der Partei *verdrängen*. 誰も彼を党首脳部から追い出すことはできない. / Er trank und trank, um seine Sorgen zu *verdrängen*. 彼は憂(う)さを晴らすために酒を飲みに飲んだ.

ver·drehen [フェア・ドゥレーエン] 動 (無理に)ねじる, ねじ曲げる; ゆがめる. ¶*sich³ den Hals verdrehen* 首の筋を違える. / *j³ den Kopf verdrehen* 人³を夢中にさせる. / die

Wahrheit *verdrehen* 真実をゆがめる. ◆Er hat schon so manchem Mädchen den Kopf *verdreht*. 彼はこれまでに少なからぬ娘さんをのぼせ上がらせた.

ver·dunkeln [フェア・ドゥンケルン] 動 暗くする. ¶*sich⁴ verdunkeln* 暗くなる. ◆Im Krieg mussten wir alle Fenster *verdunkeln*, um uns gegen Luftangriffe zu schützen. 戦争中は空襲から身を守るためにすべての窓を暗くしなくてはならなかった. / Plötzlich *verdunkelte* sich der Himmel. 突然空が暗くなった.

ver·dünnen [フェア・デュネン] 動 薄くする, (水などを加えて)薄める. ¶Whisky mit Wasser *verdünnen* ウィスキーを水で割る.

ver·dunsten [フェア・ドゥンステン] 動 (s) 蒸発(気化)する.

ver·dursten [フェア・ドゥルステン] 動 (s) のどが乾いて死ぬ, 死ぬほどのどが渇く. ¶Ich hoffe, Sie lassen uns hier nicht *verdursten*. – Um Gottes willen! Ihr Bier kommt sofort. 君は我々をここで渇き死にさせないよう願うよ. – とんでもございません. ご注文のビールはすぐお持ちします.

ver·dutzt [フェア・ドゥット] 形 当惑した, あぜんとした.

ver·ehren [フェア・エーレン] 動 尊敬する, あがめる; 贈る. ¶Beethoven wird in Japan sehr *verehrt*. ベートーベンは日本ではたいへん尊敬されている. / [Sehr] *verehrte* Anwesende! ご臨席の皆様. / Er *verehrte* ihr einen Strauß rote Rosen. 彼は彼女に赤いバラの花束を贈った.

Ver·ehrung [フェア・エールング] 女 -/ 尊敬; 崇拝. ¶Die Mehrheit der Bürger empfindet tiefe *Verehrung* für ihren Präsidenten. 市民の大多数は大統領に対して深い尊敬の念を抱いている. / In vielen Ländern Ostasiens genießt Buddha hohe *Verehrung*. 東アジアの多くの国では仏陀が尊崇されている.

V

ver・eidigen [フェア・アイディゲン] 動
(証人など⁴に)宣誓させる。 ¶Die
Rekruten wurden feierlich verei-
digt. 新兵たちは厳かに[忠誠の]宣
誓を行った。

Ver・ein [フェア・アイン] 男 -[e]s/-e
社団, 団体, 協会。 ¶In Deutschland
gibt es unglaublich viele Verei-
ne, vor allem Sportvereine. 確
ドイツには驚くほど多くのクラブ, なかん
ずくスポーツクラブがある。

ver・einbaren [フェア・アインバーレン]
動 取り決める, 一致させる。 ¶einen
Termin mit j³ vereinbaren 人³
と予定日を取り決める。 ◆Fest ver-
einbart ist noch gar nichts. 確
実に取り決められたことはまだ全くなに
もない。 / Wir treffen uns wie
vereinbart um sechs Uhr vor
dem Bahnhof. 私たちは約束した
ように6時に駅前で会う。

Ver・einbarung [フェア・アインバールン
グ] 女-/-en 取り決め, 申し合わせ;
合意, 協定。 ¶eine Vereinbarung
[mit j³/über et⁴] treffen [人³と・
事⁴について]取り決めをする。 / Du
kannst diese Vereinbarung
doch nicht einfach umstoßen.
君はこの取り決めをあっさり取り消すこ
となどできはしないぞ。

ver・einfachen [フェア・アインファヘ
ン] 動 簡単(単純)にする, 簡素化す
る。 ¶Ich finde, er vereinfacht
den Sachverhalt allzu sehr. 私
は彼が実態をあまりにも単純化しすぎて
いると思う。

ver・einheitlichen [フェア・アインハ
イトリヒェン] 動 統一する;規格化する。

ver・einigen [フェア・アイニゲン] 動
一つにする;〖経済〗合併する。 ¶sich⁴
vereinigen 一つにまとまる, 〖経済〗
提携する。 / die Vereinigten Staa-
ten [von Amerika][アメリカ合衆
国]。 ◆Die beiden Firmen ver-
einigten sich, um zu überleben.
両企業は生き残りをかけて合併した。 /
Nach vier Jahrzehnten wurde
Deutschland wieder vereinigt.
40年を経てドイツは再び統一された。

ver・eint [フェア・アイント] 形 一体化
した。 ¶die Vereinten Nationen
国際連合(略: VN)。

ver・einzelt [フェア・アインツェルト] 形
まばらの, ときたまの。

ver・eist [フェア・アイスト] 形 (道路
などが)凍結した。 ¶Auf der vereis-
ten Fahrbahn kam der Wagen
ins Schleudern und über-
schlug sich. 自動車は凍結した走
路で横滑りして横転した。

ver・erben [フェア・エルベン] 動 (人³
に)遺産として残す, 遺伝させる。 ¶
Sein Onkel hat ihm sein gan-
zes Vermögen vererbt. 叔父は
彼に全財産を遺産として残した。 / Sei-
ne musikalische Begabung hat
er seinen Kindern vererbt. 彼
の音楽的才能は子供達に遺伝した。

¹ver・fahren* [フェア・ファーレン] du
verfährst, er verfährt; verfuhr,
verfahren 動 1 (s) 行う, 振る舞
う。2 sich⁴ verfahren (乗り物
で)道に迷う。 ¶Wer sich in der
Innenstadt nicht auskennt, ver-
fährt sich sehr leicht. 市内に通
じていない者はとても迷いやすい。

²ver・fahren [フェア・ファーレン] 1
形 にっちもさっちもいかない。¶Die
Situation ist total verfah-
ren. 情勢は全くお手上げだ。2 ¹verfah-
ren の過去分詞。

Ver・fahren [フェア・ファーレン] 中-s
/- やり方, 方法, 方式;〖法律〗訴訟[手
続き]。 ¶Die Medien kritisieren
das Verfahren der Regierung
sehr scharf. メディアは政府のやり方
を鋭く批判している。 / Das neue
Verfahren ist besser und billi-
ger als das bisherige. 新しい方式
は従来のものよりも良く, かつ安上がり
だ。 / Das Verfahren gegen die
Entführer dauerte ungewöhn-
lich lange. 誘拐犯たちに対する訴
訟手続きは異常に長くかかった。

ver・fährst [フェア・フェールスト],
ver・fährt [フェア・フェールト] <
¹verfahren.

ver・fallen* [フェア・ファレン] du

verfällst, *er* verfällt; verfiel; verfallen **1** 動 (s) 崩 壊 す る, (建物が)老朽化する；衰退する；無効 になる. ¶Das alte Schloss *verfällt* mehr und mehr. 古い宮殿 の老朽化はますます進んでいる. / Morgen *verfallen* unsere Eintrittskarten. 我々の入場券の有効期限は あす切れる. **2** verfallen の過去分詞.

Verfalls・datum [フェァファルス・ダートゥム] 中 -s/Verfalls・daten [フェァ ファルス・ダーテン] (食品の)賞味期限； 満期日. ¶Hast du auch auf das *Verfallsdatum* geachtet? 保存期 限にも注意を払いましたか.

ver・fällst [フェァ・フェルスト], **ver・fällt** [フェァ・フェルト] ＜ verfallen.

ver・fälschen [フェァ・フェルシェン] 動 偽造する；(事実などを)歪曲する； (飲食物⁴に)混ぜ物をして品質を落す. ¶Sein Bericht wurde mit Absicht *verfälscht*. 彼のレポートは意 図的に歪曲された. / Manche Winzer *verfälschen* ihren Wein. ワ インに混ぜ物をしているワイン醸造業者 もそう少なくない.

ver・färben [フェァ・フェルベン] 動 *sich*⁴ verfärben 色あせる, 変色す る；顔色が変わる. ¶Vor Wut *verfärbte sich* sein Gesicht. 怒り のあまり彼の顔色が変わった. / Das Ahornlaub hat *sich* wunderschön *verfärbt*. カエデの葉がすば らしく美しく色づいた(紅葉した).

ver・fassen [フェァ・ファッセン] 動 書く, 起草する. ¶Sie hat bereits drei Romane *verfasst*. 彼女はす でに長編小説を3点書いた. / Dieses Protokoll ist recht umständlich *verfasst*. この記録の書き方は かなり仰々しい.

Ver・fasser [フェァ・ファッサァ] 男 -s /- (女性) **Ver・fasserin** [フェァ・ ファッセリン] 女 -/Verfasserinnen [フェァ・ファッセリネン])著者, 起草者.

Ver・fassung [フェァ・ファッスング] 女 -/-en 憲法；《複なし》(体 の)調 子, コンディション. ¶Sein Vater ist

in glänzender *Verfassung*. 彼の 父はすばらしい健康状態だ.

ドイツ連邦共和国の憲法は Verfassung ではなく, Grundgesetz für die Bundesrepublik Deutschland（ドイツ連邦共和 国基本法）と呼ばれている. これが制 定された1949年5月はまだ東西 二つのドイツがあった時代で, ドイ ツが再統一されるまでの暫定的なも のという考え方を示すため, あえて Verfassung を使わなかったか らである. 当時の西ドイツの首都は Bonn で, これも die provisorische Hauptstadt（暫定首 都）と呼ばれていた. 現在の首都は Berlin で あ り, die [Bundes]hauptstadt と呼ばれる. かつての首都 Bonn は die Bundesstadt と呼ばれる. これ は同市がかつて die bundesdeutsche Hauptstadt（ドイツ 連邦首都）だったことを示している.

Verfassungs・gericht [フェァファ ッスングス・ゲリヒト] 中 -[e]s/-e 憲法裁 判 所. **Verfassungs・schutz** [フェァファッスングス・シュッツ] 男 -es/ 憲 法擁護, 護憲. ¶das Bundesamt für *Verfassungsschutz* 連邦憲法 擁護庁.

ver・faulen [フェァ・ファオレン] 動 (s) 腐る, 腐敗する. ¶Nach dem langen Regen sind die Kartoffeln im Boden *verfault*. 長雨が降 ったため地中のジャガイモは腐ってしま った. / Bei einem solchen Regime *verfault* der Staat von innen her. そのような体制では国家 は内部から腐敗する.

ver・feindet [フェァ・ファインデト] 形 敵対している. ¶Die beiden Parteien sind miteinander *verfeindet*. 両方の党は敵対しあっている.

ver・feinern [フェァ・ファイネルン] 動 洗練(精製)する. ¶Diese Hackergruppe *verfeinert* laufend ihre Methoden. このハッカー集団は絶

V

えず自分たちの手法を洗練（巧妙化）している。

ver・fiel ［フェァ・フィール］ verfallen の過去形・単数・1，3人称.

ver・filmen ［フェァ・フィルメン］ 動 映画化する．¶Das Werk soll demnächst *verfilmt* werden. この作品は間もなく映画化されることになっている.

ver・flixt ［フェァ・フリックスト］ 1 形 腹立たしい，不愉快な；非常に大きな：《副 として》ものすごく．¶ein *verflixter* Kerl いまいましい野郎．◆Ich hatte *verflixtes* Glück. 私はすごく運が良かった．/ Dieser Koffer ist *verflixt* schwer. このトランクははかに重い. 2 間 *Verflixt* [nochmal]! 畜生め.

ver・floss ［フェァ・フロス］ verfließen の過去形・単数・1，3人称.

ver・flossen ［フェァ・フロッセン］ verfließen の過去分詞.

ver・folgen ［フェァ・フォルゲン］ 動 追跡（追求）する．¶Die Polizei *verfolgte* den Wagen der Bankräuber im Hubschrauber. 警察は銀行強盗の車をヘリコプターで追跡した． / Die Reporter *verfolgten* den Filmstar bis ins Hotel. レポーターは映画スターをホテルまで追いかけた．/ Er *verfolgt* immer nur seine eigenen Interessen. 彼はいつも自分の利益だけを追求する.

verfüg・bar ［フェァフューク・バール］ 形 利用（使用）できる，意のままになる．¶mit allen *verfügbaren* Mitteln 使える手段はすべて使って.

ver・fügen ［フェァ・フューゲン］ 動 1 自由にできる，意のままにできる《über j⁴/et⁴. 人⁴・物⁴を》．¶Er scheint über enorm viel Geld zu *verfügen*. 彼は法外な額の金を自由に使うことができるようだ． / Der alte Herr darf nicht mehr selbst über sein Konto *verfügen*. その老人はもはや自分で自分の口座を意のままにすることが許されない. 2 指示する．¶Was der Chef da *verfügt* hat, ist mal wieder Unsinn.

主任が指示したことはまたもやナンセンスだ.

Ver・fügung ［フェァ・フューグング］ 女 -/-en 自由な裁量；指示．¶et⁴ zur *Verfügung* haben 物⁴を自由に使える．/ j³ zur *Verfügung* stehen 人³の意のままになる．/ j³ et⁴ zur *Verfügung* stellen 人³に物⁴を自由に使わせる，提供する．◆Leider haben wir gerade keinen Wagen zur *Verfügung*! 残念ながらちょうど今は自由に使える車がありません！/ Unser Gästezimmer steht dir zur *Verfügung*. 私たちの客室を自由に使ってください．/ Den Wagen würde ich ihm nicht zur *Verfügung* stellen. ぼくなら車を彼の自由に使わせたりはしない．/ Von einer letztwilligen *Verfügung* des Verstorbenen weiß sein Anwalt nichts. そもそも故人の遺言があるかどうか彼の弁護士は何も知らない.

ver・führen ［フェァ・フューレン］ 動 誘惑する．¶Darf ich dich zu einem Eis *verführen*? アイスクリームを一つ召し上がりませんか． / Er hat doch tatsächlich versucht, mich zu *verführen*. 彼は本当に私を誘惑しようとしたんですよ．/ Lass dich nur nicht dazu *verführen*, gleich zu unterschreiben. すぐ署名するようにという誘惑に乗ってはいけないよ.

ver・führerisch ［フェァ・フューレリシュ］ 形 魅力的な，心をそそる．¶Aus der Küche duftet es *verführerisch* herüber. 台所からこちらへ食欲をそそるような匂いがしてくる.

Ver・führung 女 -/-en 誘惑.

ver・gab ［フェァ・ガープ］ vergeben の過去形・単数・1，3人称.

ver・galt ［フェァ・ガルト］ vergelten の過去形・単数・1，3人称.

ver・gangen ［フェァ・ガンゲン］ 1 形 過ぎ去った，以前の. 2 vergehen の過去分詞.

Vergangen・heit ［フェァガンゲン・ハイト］ 女 -/ 過去．¶Das gehört mittlerweile der *Vergangenheit* an.

616

そうこうするうちにそれは過去の事になった。／Sie ist eine Frau mit *Vergangenheit*. 彼女は過去のある女性だ。／Seine *Vergangenheit* wird ihn über kurz oder lang einholen. 遅かれ早かれいずれは彼の過去が彼に追いついてくるだろう。

Vergangenheits·form [フェァガンゲンハィツ・フォルム] **女** -/-en 〖文法〗過去形.

ver·gaß [フェァ・ガース] vergessenの過去形・単数・1，3人称.

ver·geben* [フェァ・ゲーベン] **1** *du* vergibst, *er* vergibt; vergab, vergeben **動** 許(赦)す. ¶*j³ et⁴ vergeben* 人³の過失など⁴を許す. ／*et⁴ an j⁴ vergeben* 物を人⁴に与える. ◆Ich kann *vergeben*, aber vergessen werde ich niemals. 赦すことはできる、しかし忘れることは決してない。／Der Auftrag wurde an eine ausländische Firma *vergeben*. 注文はある外国の会社に与えられた。**2** vergeben の過去分詞.

ver·gebens [フェァ・ゲーベンス] **副** 無駄に，むなしく. ¶Heute habe ich schon wieder zwei Stunden *vergebens* auf sie gewartet. きょうもまた彼女を2時間も待ったが無駄だった。／Für die Kur habe ich enorm viel bezahlt, aber leider *vergebens*. 保養のために私は巨額の金を払ったが無駄だった。

vergeb·lich [フェァゲープ・リヒ] **形** 無駄な，むなしい. ¶Unser Besuch war *vergeblich*. 我々の訪問は無駄足だった。／Nach zwei *vergeblichen* Versuchen hatte er endlich Erfolg. 2度の効果のない試みののち、彼はついに成功した。

ver·gehen* [フェァ・ゲーエン] verging, vergangen **動** (s) (時が)過ぎ去る；消え失せる. ¶vor Scham (Durst) *vergehen* 恥ずかしさのあまり消え入りそうになる(のどがかわいて死にそうになる). ◆Schon wieder ist ein Jahr *vergangen*. もうまた一年が過ぎてしまった。／Schön-

heit *vergeht*, Tugend besteht. 美しさはうつろいやすく徳の行いは永久に残る。

Ver·gehen [フェァ・ゲーエン] **中** -s/- 違反.

ver·gessen* [フェァ・ゲッセン] *du/er* vergisst; vergaß, vergessen **1動** 忘れる，思い出せない. ¶*sich⁴ vergessen* (興奮して)我を忘れる、逆上する. ◆Jetzt habe ich schon wieder seinen Namen *vergessen*. また彼の名前を忘れてしまった。／Ich habe meinen Schirm im Zug *vergessen*. 私は傘を列車に置き忘れた。／In letzter Zeit *vergesse* ich sehr leicht. 最近もの忘れがひどい。／Den (Das) kannst du *vergessen*. あんなやつのこと(そんなこと)なんか気にしなくって良い。**2** vergessen の過去分詞.

vergess·lich [フェァゲス・リヒ] **形** 忘れっぽい.

ver·gewaltigen [フェァ・ゲヴァルティゲン] **動** (人⁴を)レイプする；暴力で押さえつける.

ver·gewissern [フェァ・ゲヴィッセルン] **動** ¶*sich⁴ et² (über et⁴) vergewissern* 事²(事⁴)を確かめる. ◆*Vergewissere* dich, ob er überhaupt zu Hause ist. そもそも彼が在宅しているのかどうか確かめなさい。／Ich habe mich *vergewissert*, dass alles in Ordnung ist. 私はすべてが正常と確認した。

ver·gibst [フェァ・ギープスト] ，**ver·gibt** [フェァ・ギープト] ＜ vergeben.

ver·gießen* [フェァ・ギーセン] *du/er* vergießt; vergoss; vergossen **動** (液体を)こぼす. ¶Tränen *vergießen* 涙をこぼす. ◆Viel Blut wurde *vergossen*. 沢山の人が死んだ。

ver·giften [フェァ・ギフテン] **動** (物⁴に)毒を入れる；毒殺する. ¶*sich⁴ an et³ vergiften* 物⁴で中毒する. ◆Vorsicht, vielleicht ist das Trinkwasser *vergiftet*. 気をつけなさい、もしかしたらその飲料水には毒が入

V

っているかもしれない. / Frau Müller hat ihren Mann *vergiftet*. ミュラー夫人は夫を毒殺した. / Die vielen Abgase *vergiften* die Luft. 大量の排気ガスにより空気が汚染している.

ver・gisst [フェア・ギスト] < vergessen.

Ver・gleich [フェア・グライヒ] **男** -s/ -e 比較, 対照. ¶ Dieser *Vergleich* hinkt mir ein bisschen sehr. この喩(たと)えはいささか見当外れに過ぎると思う. / Er schreibt recht gut, aber es ist kein *Vergleich* zu seinem Onkel. 彼は文章がうまい. でも彼の叔父とは比較にならない. / Im *Vergleich* zu früher ist er viel ruhiger geworden. 以前と比べると彼はずっと大人しくなった.

vergleich・bar [フェアグライヒ・バール] **形** 比較できる. ¶ mit nichts *vergleichbar* sein 比較にならない, 何物にも負けない.

ver・gleichen* [フェア・グライヒェン] verglich, verglichen **動** 比較(対照)する《mit *j³/et³* 人³・物³と》. ¶ Sie *verglich* ihn mit ihrem Bruder. 彼女は彼と自分の弟を比べた. / Die Bankzinsen in Japan sind absolut nicht mit den deutschen zu *vergleichen*. 日本の銀行の利率はドイツのそれとは全く比較にならない.

ver・gnügen [フェア・グニューゲン] **動** ¶ *sich⁴* mit *j³/et³* *vergnügen* 人³と・行為³で楽しむ. ♦ Er hat sich mit seiner Clique auf dem Oktoberfest *vergnügt*. 彼は仲間と10月祭(⇒Oktoberfest)を楽しんだ. / Gestern haben wir uns mit Kartenspielen *vergnügt*. きのう私たちはトランプをして楽しんだ.

Ver・gnügen [フェア・グニューゲン] **中** -s/- 楽しみ, 喜び. ¶ *j³* ein großes *Vergnügen* machen 人³をおおいに喜ばせる. ♦ Erst die Arbeit, dann das *Vergnügen*. まず仕事, 楽しみはそれからだ. / Sie macht sich ein *Vergnügen* daraus.

ihn zu necken. 彼女は彼をからかって楽しんでいる. / Konzentrier dich endlich, schließlich sind wir nicht zum *Vergnügen* hier! いい加減に集中しろ, 何といったって結局我々はお遊びでここにいるのではないからな. / Viel *Vergnügen*! おおいに楽しんでください, (皮肉に)まあせいぜいお楽しみになることだね.

ver・gnügt [フェア・グニュークト] **1形** 楽しい, 愉快な. **2** vergnügen の過去分詞.

ver・goss [フェア・ゴス] vergießen の過去形・単数・1, 3人称.

ver・gossen [フェア・ゴッセン] vergießen の過去分詞.

ver・graben* [フェア・グラーベン] *du* vergräbst, *er* vergräbt; vergrub, vergraben **動** (地中に)埋める; 突っこむ《in *et⁴* 物⁴の中に》. ¶ *sich⁴* in *et³/et⁴* vergraben 事³/事⁴に没頭する. ♦ Unser Hund *vergräbt* jeden Knochen im Garten. うちの犬はどんな骨でも庭に埋めてしまう. / Er *vergrub* sich ganz in seiner (seine) Arbeit. 彼はすっかり仕事に没頭していた.

ver・gräbst [フェア・グレープスト], **vergräbt** [フェアグレープト] < vergraben.

ver・größern [フェア・グレーセルン] **動** 拡大(拡張)する, 増やす. ¶ *sich⁴* *vergrößern* 拡大する, 増える. / *sich⁴* um *et⁴* vergrößern …⁴分だけ増える. ♦ Die Stadt will das Schwimmbad *vergrößern*. 町は水泳プールを拡張しようとしている. / Können Sie mir dieses Foto *vergrößern*? この写真を拡大して下さいませんか. / Ein solches Zögern *vergrößert* nur das Problem. そんなに躊躇していると問題を大きくするだけだ. / Die Zahl der Schüler hat sich um 20 *vergrößert*. 生徒数は20人増加した. (⇒verkleinern)

ver・grub [フェア・グループ] vergraben の過去形・単数1, 3人称.

ver・haften [フェア・ハフテン] **動** 逮

捕する. ¶Die Polizei hat die Täter heute *verhaftet*. 警察は犯人たちをきょう逮捕した.

ver・half [フェァ・ハルフ] verhelfen の過去形・単数・1，3人称.

ver・halten* [フェァ・ハルテン] *du* verhältst [フェァ・ヘルツト]，*er* verhält; verhielt, verhalten **1** 動 *sich*⁴ verhalten（人¹が）…のように振る舞う；(事¹が)…の状況である. ◆ So *verhält* man sich nicht gegenüber einer Dame. ご婦人に対してはそのような振舞いはしないものだ. ／Er hat sich ausgesprochen ungeschickt *verhalten*. 彼は際立って不器用な振舞いをした. ／Die Sache *verhält* sich ganz anders, als du denkst. 事態は君が考えているのとは全く異なっている. **2** verhalten の過去分詞.

Ver・halten [フェァ・ハルテン] 中 -s/ 行動，態度. ¶ein kluges *Verhalten* 賢明な態度. ◆ Sein *Verhalten* ist allen unverständlich. 彼の行動は誰にも理解できない.

Verhält・nis [フェァヘルト・ニス] 中 Verhältnisses [フェァヘルト・ニセス] / Verhältnisse [フェァヘルト・ニセ] 割合，比；関係；《複》で》状況. ¶im Verhältnis zu et³ 物³とくらべて. ／im *Verhältnis* 4 zu 3 stehen 4対3の割合になっている. ◆ Er hat ein *Verhältnis* mit einer Witwe. 彼はある未亡人と関係がある. ／Er lebt über seine *Verhältnisse*. 彼は分不相応な生活をしている. ／Selbst Wochen nach dem Erdbeben herrschen dort immer noch katastrophale *Verhältnisse*. 地震後何週間もたったのに今なお最悪の状況がその地に続いている.

verhältnis・mäßig [フェァヘルトニス・メースィヒ] -e [フェァヘルトニス・メースィゲ] **1** 副 比較的な，割合に. ¶Es geht ihr schon wieder *verhältnismäßig* gut. 彼女はもうまた健康状態がかなりよくなっている. ／Für eine Kleinstadt ist das ein *verhältnismäßig* teures Hotel. 小

さな町にしては割合高いホテルだ. **2** 形 比例した，つりあった.

ver・hältst [フェァ・ヘルツト]，**ver・hält** [フェァ・ヘルト] < verhalten.

ver・handeln [フェァ・ハンデルン] 動 交渉する；話し合う. ¶Mit Terroristen *verhandeln* wir nicht. 我々はテロリストと交渉はしない. ／Über die Einzelheiten müssen wir noch *verhandeln*. 詳細については我々はまだ話し合う必要がある.

Ver・handlung [フェァ・ハンドゥルング] 女 -/-en 交渉；話し合い. ¶Das Ergebnis der *Verhandlungen* ist noch nicht bekannt. 交渉の結果はまだ明らかにされていない.

ver・hängen [フェァ・ヘンゲン] 動 おおう；布告する；刑罰を課す《über *j*⁴ 人⁴に》. ¶*et*⁴ mit et³ *verhängen* 物⁴に覆い³をかけておく. ／eine Strafe über *j*⁴ *verhängen* 人⁴に罰を下す. ◆ Über die Stadt wurde der Ausnahmezustand *verhängt*. 町には非常事態が布告された.

verhängnis・voll [フェァヘングニス・フォル] 形 致命(宿命)的な.

ver・harren [フェァ・ハレン] 動 固執する；(ある状態・場所に)とどまっている. ¶bei (in) *seiner* Meinung *verharren* 自分の意見に固執する. ◆ Er *verharrt* bei seinem Standpunkt. 彼は自分の立場に固執している. ／In dieser Stellung kann selbst ein Schlangenmensch nicht lange *verharren*. 長時間この姿勢をとっていることは蛇人間(身体の柔いサーカス芸人)だってできない.

ver・heerend [フェァ・ヘーレント] 形 破壊(壊滅)的な；《話》ひどい，とんでもない. ¶Das alte Stadttor ist in einem *verheerenden* Zustand. 古い市門は手のつけられない状態になっている. ／Die Zustände in der dortigen Strafanstalt sind *verheerend*. その地の刑務所の状態はひどいものである.

ver・heilen [フェァ・ハイレン] 動 (s) (傷¹が)なおる. ¶Die Wunde ist

V

schon fast *verheilt*. 傷はほとんど
もう治っている。

ver・heimlichen [フェア・ハイムリヒェ
ン] 動 秘密にする。¶So ein Fehl-
tritt lässt sich auf die Dauer
nicht *verheimlichen*. こんなふし
だらはいつまでも隠しておけないものだ。

ver・heiraten [フェア・ハイラーテン]
動 結婚させる《*j⁴* mit *j³* 人⁴を人³
と》；¶*sich⁴* mit *j³* verheiraten
人³と結婚する。♦Ihre Großmutter
wurde an einen (mit einem)
Offizier *verheiratet*. 彼女のお祖
母さんはある将校と結婚させられた

ver・heiratet [フェア・ハイラーテト]
1形 結婚している、既婚の。¶Sie
ist in zweiter Ehe mit einem
Franzosen *verheiratet*. 彼女はあ
るフランス人と再婚している。/Sie
ist unglücklich *verheiratet*. 彼
女は不幸な結婚をした。/Er ist mit
seinem Job *verheiratet*. 彼は仕
事と結婚している。(⇒ledig) **2** ver-
heiraten の過去分詞。

ver・heißen* [フェア・ハイセン] *du/er*
verheißt; verhieß, verheißen
動 約束(予言)する。¶Der Wetter-
bericht *verheißt* nichts Gutes.
気象情報の予測ではよい天気は期待で
きない。/Die Kritik *verheißt* dem
jungen Autor eine glänzende Zu-
kunft. 批評家たちの評価はこの若い
作家の輝かしい将来を予言している。

ver・helfen* [フェア・ヘルフェン] *du*
verhilfst, *er* verhilft; verhalf,
verholfen ¶*j³* zu *et³* verhel-
fen 人³を助けて物³を得させる。♦
Sein Onkel hat ihm zu einem
Stipendium *verholfen*. 彼は叔父
の世話で奨学金をもらった。

ver・hielt [フェア・ヒールト] verhal-
ten の過去形・単数・1，3人称。

ver・hieß [フェア・ヒース] verheißen
の過去形・単数・1，3人称。

ver・hilfst [フェア・ヒルフスト]，**ver-
hilft** [フェア・ヒルフト] < verhelfen.

ver・hindern [フェア・ヒンデルン] 動
妨げる、妨害する。¶ein Unglück
verhindern 事故を防止する。♦Das

Attentat konnte in letzter Minu-
te *verhindert* werden. 暗殺は
ぎりぎりのところで防ぐことができた。
/Professor B. ist *verhindert*,
die Vorlesung fällt heute aus. B
教授は差支えがあってきょうの講義は
休講です。

ver・holfen [フェア・ホルフェン] ver-
helfen の過去分詞。

Ver・hör [フェア・ヘーア] 中 -[e]s/-e
〔法〕尋 問。**ver・hören** [フェア・ヘ
ーレン] 動 〔法〕尋問する。¶*sich⁴*
verhören 聞き間違える。

ver・hüllen [フェア・ヒュレン] 動 覆
う、包み隠す。

ver・hungern [フェア・フンゲルン] 動
(s) 餓死する。

ver・hüten [フェア・ヒューテン] 動 予
防する、防ぐ。¶Dank der Aufmerk-
samkeit eines Passanten konn-
te ein Unglück *verhütet* wer-
den. ある通行人の注意深さのおかげ
で事故を防ぐことができた。 **Verhü-
tungs・mittel** [フェア・ヒュートゥング
ス・ミテル] 中 -s/- 避妊薬、避妊器具。

ver・irren [フェア・イレン] 動 ¶
sich⁴ verirren 道に迷う。♦Bei-
nahe hätte er *sich* im Schnee-
sturm *verirrt*. 彼はあやうく吹雪の
中で道に迷うところだった。

ver・kam [フェア・カーム] verkom-
men の過去形・単数・1，3人称。

ver・kannte [フェア・カンテ] ver-
kennen の過去形・単数・1，3人称。

ver・kannt [フェア・カント] verken-
nen の過去分詞。

Ver・kauf [フェア・カオフ] 男 -[e]s/
Ver・käufe [フェア・コイフェ] 販売、売
却；《複なし》販 売 部。¶*et⁴* zum
Verkauf anbieten 物⁴を売りに出
す。

ver・kaufen [フェア・カオフェン] 動
売る。¶*sich⁴* gut *verkaufen* よ
く売れる。♦Sein Elternhaus will
er auf keinen Fall *verkaufen*.
彼は両親の家(実家)を決して売りに出
すつもりはない。/Das Haarwasser
verkauft sich besser als erwar-
tet. このヘアートニックは予想以上の

V

売れ行きだ.

Ver・käufer [フェア・コィファ] 男-s /- （女性） **Ver・käuferin** [フェア・コィフェリン] 女-/Ver・käuferinnen [フェア・コィフェリネン] 店員, 売り子; 売り手. ¶ Die *Verkäuferinnen* in diesem Geschäft sind immer freundlich. この店の女店員はいつも親切だ.

Ver・kehr [フェア・ケーァ] 男-s/ 交通; 交流; (人・車の)往来. ¶ Wegen eines Brandes wurde der *Verkehr* umgeleitet. 火事のために交通は迂回させられた. / Heute war in der Stadt viel *Verkehr*. きょう, 市内の往来は混雑していた.

ver・kehren [フェア・ケーレン] 動 (h,s) (定期的に)運行する; (h) 交際する, 性交する《mit *j*³ 人³と》. ¶ Der Bus *verkehrt* nur zweimal pro Stunde. バスは1時間に2本しか運行しない. / Seit einigen Jahren *verkehren* wir per E-Mail miteinander. 2,3年前から我々はEメールで連絡し合っている. / In dieser urigen Kneipe *verkehren* auch Abgeordnete. この気取りのない飲み屋には議員たちも出入りしている.

Verkehrs・ampel [フェアケーァス・アンペル] 女-/-n 交通信号. **Verkehrs・büro** [フェアケーァス・ビュロー] 中-s/-s 観光(旅行)案内所. **Verkehrs・kontrolle** [フェアケーァス・コントゥロレ] 女-/-n 交通の検問. **Verkehrs・meldung** [フェアケーァス・メルドゥング] 女 (ラジオ・TVの)交通情報.

Verkehrs・mittel [フェアケーァス・ミテル] 中-s/- 交通手段. ¶ Immer mehr Bürger benutzen die öffentlichen *Verkehrsmittel*. 公共交通機関を利用する市民の数がますます増加している.

Verkehrs・unfall [フェアケーァス・ウンファル] 男-s/Verkehrs・unfälle [フェアケーァス・ウンフェレ] 交通事故.

Verkehrs・zeichen [フェアケーァス・ツァイヒェン] 中-s/- 交通標識. ¶ Wer

関連語	**Verkehrsmittel**
—交通手段—	
der Zug	列車.
die Bahn	鉄道.
die U-Bahn	地下鉄.
die S-Bahn	[都市]高速鉄道.
die Straßenbahn	路面電車.
das Auto, der Wagen	自動車.
das Taxi	タクシー.
der Bus	バス.
das Motorrad	オートバイ.
das Mofa	
(50cc以下の)モーターバイク.	
der Motorroller	スクーター.
das Fahrrad	自転車.
das Flugzeug	飛行機.
das Schiff	船.
die Fähre	フェリー.

von euch weiß, was dieses *Verkehrszeichen* bedeutet? 君たちのうちこの交通標識の意味を知っている人は誰かいますか.

ver・kehrt [フェア・ケーァト] **1**形 逆さまの, 取り違えた. ¶ die *verkehrte* Richtung 逆方向. / alles *verkehrt* machen なにもかも見当違いなことをする. ♦ Hängt dieser Picasso nicht *verkehrt* herum? このピカソの絵はさかさまにかかっていはしないかい？ / Anscheinend habe ich die *verkehrte* Nummer gewählt. 私はどうも電話番号を取り違えてかけたらしい. **2** verkehren の過去分詞.

ver・klagen [フェア・クラーゲン] 動 〔法〕訴えを起こす《*j*⁴ auf *et*⁴ 人⁴に対して損害賠償請求など⁴の》. ¶ Wegen einer solchen Kleinigkeit würde ich ihn nicht *verklagen*. 私だったらそんな些細なことで彼を訴えたりしないだろう.

ver・kleiden [フェア・クライデン] 動 変装させる. ¶ sich⁴ *verkleiden* 変装する. / sich⁴ als Clown *verkleiden* 道化師の扮装をする.

ver・kleinern [フェア・クライネルン] 動 小さくする, 縮小する. ¶ sich⁴

V

verkleinern 小さくなる. ◆ Wir *verkleinerten* unseren Garten auf 100 Quadratmeter（um ein Drittel）. われわれは庭園の大きさ100平方メートルに縮小した（3分の1だけ縮小した）. ／ Seit seinem Umzug hat sein Freundeskreis sich ziemlich *verkleinert*. 引っ越し以来彼の交友範囲はかなり狭くなった.（⇒vergrößern）

ver・klemmt ［フェア・クレムト］ 形（心理的に）抑圧された, いじけた.

ver・knallen ［フェア・クナレン］ 動【くだけた表現】¶ *sich*⁴ in *j*⁴ *verknallen* 人⁴に惚れる. ◆ Sie hat sich total in ihren Lehrer *verknallt*. 彼女は自分の先生にすっかりお熱を上げた.

ver・knüpfen ［フェア・クニュップフェン］ 動 関連づける；結びつける. ¶ Bisher ist es niemand gelungen, die verschiedenen Thesen sinnvoll miteinander zu *verknüpfen*. これまでのところそれらさまざまなテーゼを有意に結び合わせることには誰も成功していない.

ver・kommen* ［フェア・コメン］ **1** verkam, verkommen 動（s）堕落する, 身をもちくずす, 落ちぶれる；荒廃する. ¶ Ohne ihre Hilfe wäre er schon längst *verkommen*. 彼女の助けがなければ彼はとっくに落ちぶれていただろう. **2** 形 堕落した, 落ちぶれた；荒廃した. ¶ Er gilt als *verkommenes* Subjekt. 彼は落伍者と見なされている. ／ Moralisch ist er total *verkommen*. 道義的に彼は完全に堕落している. **3** verkommen の過去分詞.

ver・krachen ［フェア・クラッヘン］ 動（s）【くだけた表現】破産する；挫折する, 落伍する. ¶ *sich*⁴ mit *j*³ *verkrachen* 人³とけんかする, 仲違いする. **ver・kracht** ［フェア・クラハト］ **1** 形 挫折（落伍）した；仲違いした. ¶ Die beiden sind total miteinander *verkracht*. 二人は完全に不和の間柄だ. **2** verkrachen の過去分詞.

ver・kraften ［フェア・クラフテン］ 動【くだけた表現】（困難などを）乗り切る, 克服す

る. ¶ So eine schwere Niederlage ist nicht leicht zu *verkraften*. これほどひどい敗北では容易なことに克服できない.

ver・krampfen ［フェア・クランプフェン］ 動 *sich*⁴ *verkrampfen* けいれんする；（緊張して）かたくなる.

ver・krüppelt ［フェア・クリュッペルト］ 形 身体の一部が不自由な.

ver・kühlen ［フェア・キューレン］ 動【オーストリア】 *sich*⁴ *verkühlen* 風邪を引く.

ver・künden ［フェア・キュンデン］ 動 公表（発表）する；告知する. ¶ Das Urteil wird erst morgen *verkündet*. 判決はあしたにならないと言い渡されない. ／ Was der Präsident da *verkündet*, glaubt sowieso kaum jemand. 大統領がこの際何を発表しようと, 信じるものはまずいない.

ver・kürzen ［フェア・キュルツェン］ 動 短くする；減らす. ¶ ein Kabel um 30 cm *verkürzen* ケーブルを30 cm だけ短くする. ／ die Arbeitszeit *verkürzen* 労働時間を短縮する. ◆ Ich fürchte, du musst deinen Urlaub *verkürzen*. 君が休暇を短縮しなければならないのでは, と危惧しているのだ. ／ Die Rede ist stark *verkürzt* wiedergegeben. 講演の記録は内容が極端に短縮されている.

Ver・lag ［フェア・ラーク］ 男 -[e]s/-e 出版社. ¶ Unser *Verlag* gibt Lexika heraus. わが出版社は事典を発行している. ／ Bei welchem *Verlag* ist das Buch erschienen? この本はどの出版社から発行されたのですか. ／ Der Autor hat kürzlich den *Verlag* gewechselt. その作家は最近出版社を変えた.

作家が特定出版社と専属的な関係にある場合がある. いわゆる Verlagsautor（出版社付き作家）である.

ver・langen ［フェア・ランゲン］ 動 **1** 要求（要望）する；請求する. ¶ Für die Wohnung *verlangt* er 700 Euro Miete. この住まいに対して彼は700ユーロの家賃を要求している。/ Unser Lehrer verlangt enorm viel von uns. 先生は私たちに極端に多くのことを要求している。/ Sie werden am Telefon verlangt. あなたにお電話ですよ。**2** 欲しがる、求める《nach et³ ...物³を》。

Ver·langen [フェア・ランゲン] 中 -s /- 要求、要望、欲求《nach et³ 物³を求める》。¶Die Ausweise sind auf Verlangen vorzuzeigen. 身分証明書は求めに応じて提示すること。

ver·längern [フェア・レンゲルン] 動 長くする；伸ばす。¶sich⁴ verlängern 長くなる。/ seinen Ausweis verlängern 身分証明書の有効期限を延長する。◆Ab sofort wird die wöchentliche Arbeitszeit um zwei Stunden verlängert. 直ちに週あたり労働時間は2時間延長される。/ Um wieviel soll ich Ihren Rock verlängern? スカートはどれくらい長くしましょうか。/ Sein Aufenthalt verlängerte sich um einen Tag. 彼の滞在は一日延長された。

Ver·längerung [フェア・レンゲルング] 女 -/-en 長くすること、延長。¶In der Verlängerung gelang ihm endlich ein Tor. 延長戦になって彼はやっとゴールに成功した。

ver·langsamen [フェア・ラングザーメン] 動 遅くする。¶sich⁴ verlangsamen 遅くなる。/ das Tempo verlangsamen 速度を落す。

Ver·lass [フェア・ラス] 男 -es/ auf j⁴/et⁴ ist (kein) Verlass ist 人⁴・事⁴には信用を置くことができる（信用が置けない）。

¹ver·lassen* [フェア・ラッセン] du/er verlässt; verließ, verlassen 動 (人⁴から)去る。¶sich⁴ auf j⁴ verlassen 人⁴を頼りにする、信頼する。/ die Heimat verlassen 故郷を離れる。◆Wer sich auf ihn verlässt, [der] ist verlassen. 彼を信頼する人は裏切られる。/ Verlass dich drauf! 絶対間違いないよ。/

Seine Frau will ihn verlassen. 細君は彼と別れようと思っている。

²ver·lassen [フェア・ラッセン] **1** 形 寂しい、人の住んでいない；見捨てられた。¶In dieser verlassenen Ruine soll es spuken. この淋しい廃墟にはお化けが出るそうだ。**2** ¹verlassen の過去分詞。

verläss·lich [フェアレス・リヒ] 形 信用(信頼)できる、頼りになる。¶Verlässliche Informationen über die Anzahl der Opfer liegen noch nicht vor. 犠牲者の数についての信頼できる情報を我々はまだ得ていない。

Ver·lauf [フェア・ラォフ] 男 -[e]s/Verläufe [フェア・ロィフェ]《複 まれ》経過；延長(進行)方向。¶im Verlauf von drei Monaten 3か月経過するうちに。◆Im Verlauf des Gesprächs wurden seine Vorwürfe immer heftiger. 話し合いをするうちに彼の非難はますます激しくなった。/ Über den Verlauf der Grenze sind sich beide Länder noch nicht einig. 国境線の引き方について両国はまだ意見が一致していない。

ver·laufen* [フェア・ラォフェン] du verläufst, er verläuft; verlief, verlaufen 動 **1** (s) 経過する；…の結果をたどる(道などが)通じている。¶Die Operation ist glatt verlaufen. 手術は順調に経過した。/ Die Demonstration verlief ohne Zwischenfälle. デモは突発的な事故もなく終了した。**2** sich⁴ verlaufen 道に迷う。**3** verlaufen の過去分詞。

ver·läufst [フェア・ロィフスト], **ver·läuft** [フェア・ロィフト]< verlaufen.

¹ver·legen [フェア・レーゲン] 動 (他の場所へ)移す；(約束などの時間を)延期する《auf et⁴ 別の時間⁴に》；置き忘れる；(タイル・煉瓦などを)貼る、敷く；出版する。¶Kannst du deinen Urlaub nicht auf später verlegen? 君は休暇をもっとあとにずらせないかね。/ Jetzt habe ich schon wieder die Brille verlegt.

また眼鏡を置き忘れた.

²ver·legen [フェア・レーゲン] 形 当惑した，途方に暮れた.

Verlegen·heit [フェアレーゲン・ハイト] 女-/-en 当(困)惑．¶ *j⁴ in Verlegenheit bringen* . 人⁴を困惑させる．◆ *Sie hat mir einmal aus einer großen Verlegenheit geholfen.* かつて彼女は私をたいへんな窮状から救い出してくれた.

Ver·leih [フェア・ライ] 男-[e]s/-e 《複 なし》貸し出し；貸し出し業.

ver·leihen* [フェア・ライエン] verlieh, verliehen 動 貸し出す；授ける．¶ *Geld verleihen* 金を貸す．◆ *Der Bundespräsident hat ihm einen Orden verliehen* . 連邦大統領は彼に勲章を授与した． **Ver·leihung** [フェア・ライウング] 女-/-en 貸し出し；授与.

ver·lernen [フェア・レルネン] 動 (習ったことを)忘れる．¶ *Leider hat er sein Deutsch zum großen Teil wieder verlernt.* 残念ながら彼は[習い覚えた]ドイツ語を大部分また忘れてしまった.

ver·letzen [フェア・レッツェン] 動 傷つける；違反(侵犯)する．¶ *sich⁴ verletzen* 怪我をする．◆ *Bei der Explosion wurden mehrere Polizisten schwer verletzt.* 爆発で何人かの警察官が重傷を負った． / *Das dortige Regime verletzt ständig die Menschenrechte.* あの国の政権は絶えず人権を侵害している.

ver·letzend [フェア・レッツェント] 1形 傷つける．¶ *Macht er diese verletzenden Bemerkungen eigentlich mit Absicht?* そもそも彼はこんな人を傷つけるようなコメントを意図的に言ったのだろうか. 2 verletzen の現在分詞.

ver·letzt [フェア・レット] 1形 怪我をした，傷つけられた． ¶ *Sind Sie verletzt?* あなたは傷ついているのですか. 2 verletzen の過去分詞.

Verletzter* [フェア・レッツァァ] 男 (女性) **Verletzte*** [フェア・レッツテ] 女《形容詞の名詞化》けが人，負傷者.

Verletzung [フェアレッツング] 女-/-en 負傷；違反，侵犯．¶ *eine tödliche Verletzung* 致命傷．◆ *Die Fahrgäste kamen mit den leichten Verletzungen davon.* 乗客は軽傷を負っただけで難を逃れた． / *Das ist eine schwere Verletzung der Menschenrechte.* これは重大な人権侵害だ.

ver·leugnen [フェア・ロイグネン] 動 否認(否定)する.

ver·leumden [フェア・ロイムデン] 動 中傷する.

ver·lieben [フェア・リーベン] 動 *sich⁴ in j⁴ verlieben* 人⁴に惚れる．¶ *Er hat sich auf den ersten Blick in sie verliebt.* 彼は彼女に一目惚れした.

ver·liebt [フェア・リープト] 1形 惚れ込んだ．¶ *Er ist wahnsinnig in sie verliebt.* 彼は彼女にぞっこんだ. 2 verlieben の過去分詞.

ver·lief [フェア・リーフ] verlaufen の過去形・単数・1，3人称.

ver·lieh [フェア・リー] verleihen の過去形・単数・1，3人称.

ver·liehen [フェア・リーエン] verleihen の過去分詞.

ver·lieren* [フェア・リーレン] verlor, verloren 動 失う，なくす；敗れる．¶ *sich⁴ verlieren* 消える，無くなる． / *den Schlüssel verlieren* 鍵をなくす． / *das Bewusstsein verlieren* 意識を失う．◆ *Im Krieg hat er seinen Vater verloren.* 戦争で彼は父を失った． / *Bayern München hat null zu eins verloren.* バイエルン・ミュンヘン(サッカーチームの名)は0対1で試合に破れた. (⇒verloren)

ver·ließ [フェア・リース] verlassen の過去形・単数・1，3人称.

ver·loben [フェア・ローベン] 動 ¶ *sich⁴ verloben* 婚約する《*mit j³* 人³と》．◆ *Seine Tochter hat sich endlich mit ihrem Freund verlobt.* 彼の娘はやっとボーイフレンドと婚約した.

ver·lobt [フェア・ロープト] 1形 婚約

している. **2** verloben の過去分詞.

Ver·lobter* [フェァ・ロープタァ] 男 (女性) **Ver·lobte*** [フェァ・ロープテ] 女《形容詞の名詞化》婚約者.

ver·lor [フェァ・ロール] verlieren の過去形・単数・1，3人称.

ver·loren [フェァ・ローレン] **1** 形 失われた，見捨てられた. ¶ verloren gehen 失われる，なくなる. ◆ Es ist noch nicht alles verloren. まだ全てが失われたわけではない（まだ望みはある）. **2** verlieren の過去分詞.

„Noch ist Polen nicht verloren" (未だポーランドは滅びていない)はポーランド国歌冒頭部分のドイツ語訳である. 18世紀末ポーランドはプロイセン，ロシア，オーストリアによる分割統治の結果独立国としての地位を失っていた. この歌は1796年ナポレオン軍のイタリア遠征に加わったポーランド軍を鼓舞するため，詩人・政治家のヨゼフ・ヴィビツキ Jozef Wybicki (1747 -1822)が作詞したもの. 進軍歌として歌われた. このあとフランスの後押しでポーランドは一時独立国となるが，ウイーン会議の結果また前記3カ国に分割統治された. 1939年にはロシアとナチス・ドイツによって分割統治される. 「未だポーランドは」はこの間常にポーランド市民勇気づけてきた. ドイツでは，例えばサッカーの最贔チームが劣勢に立たされているとき，ファンは「まだ負けていないぞ，勝機はあるぞ」という意味でこの文句を唱える.

ver·losen [フェァ・ローゼン] 動 くじで決める. ¶ eine Theaterkarte unter zwanzig Personen verlosen 芝居の入場券1枚を20人でくじを引いて決める.

Ver·lust [フェァ・ルスト] 男 -[e]s/-e 喪失(そう)，紛失；損失；敗北. ¶ Der Verlust seines Kindes schmerzt ihn unendlich. 子供を失った彼の悲しみは尽きることがない. / Seine

Versicherung will [ihm] den Verlust nur zur Hälfte ersetzen. 保険会社は彼の損失の半分しか保障してくれようとしない.

ver·mag [フェァ・マーク] ， **ver·magst** [フェァ・マークスト] < vermögen.

Ver·markt ung [フェァ・マルクトゥング] 中 -/《経済》マーケティング.

ver·maß [フェァ・マース] vermessen の過去形・単数・1，3人称.

ver·mehren [フェァ・メーレン] 動 増やす. ¶ sich⁴ vermehren 増える，《生物》増(繁)殖する. / seinen Grundbesitz vermehren 所有地をふやす. ◆ Die Zahl der Unfallopfer vermehrt sich in beängstigender Weise. 事故の犠牲者の数は恐ろしくなるほどの勢いで増大している.（⇒vermindern） **ver·mehrt** [フェァ・メールト] **1** 形 増加した. ¶ Das neue Projekt erforderte vermehrte Anstrengungen. 新しいプロジェクトはより一層の努力を必要とする. **2** vermehren の過去分詞.

ver·meiden* [フェァ・マイデン] vermied, vermieden 動 避ける. ¶ Einen Streit mit ihm sollten wir auf jeden Fall vermeiden. 彼との争いはどんなことがあっても回避すべきだろう. / Eine Operation lässt sich nicht mehr vermeiden. 手術をもはや避けることはできない.

ver·messen* [フェァ・メッセン] du/er vermisst; vermaß, vermessen 動 計る，測量する. ¶ sich⁴ vermessen 測りそこなう. ◆ Sicherheitshalber sollten wir den Bauplatz noch einmal genau vermessen. 念のために我々はもう一度建築用地を精確に測量した方がいい. / Er hat sich um einen halben Meter vermessen. 彼は50cm測り間違えた.

ver·mied [フェァ・ミート] vermeiden の過去形・単数・1，3人称.

ver·mieden [フェァ・ミーデン] vermeiden の過去分詞.

ver·mieten [フェァ・ミーテン] 動

V

（家や車を）貸す，賃貸する． ¶Wohnung zu *vermieten*. 空き家あり． ◆Im Moment können wir Ihnen keinen Wagen *vermieten*. 今のところあなたに車をお貸しすることはできません．

Ver·mieter [フェア・ミータア] **男** -s /- （**女性** **Ver·mieterin** [フェア・ミーテリン] **女**-/Ver·mieterinnen [フェア・ミーテリネン]）賃貸人，貸し主．

ver·mindern [フェア・ミンデルン] **動** 減らす；弱める． ¶*sich*⁴ *vermindern* 減る，弱まる． ◆Wir sollten unsere Anstrengungen auf keinen Fall *vermindern*. 我々はどんなことがあっても努力を弱めるべきでない． / Unser Reingewinn hat sich um die Hälfte *vermindert*. 我々の純益は半分減った．（⇒vermehren）

ver·mischen [フェア・ミッシェン] **動** 混ぜる，混ぜ合わせる． ¶*sich*⁴ *vermischen* 混ざる，混ざり合う． ◆Wenn man Blau und Gelb *vermischt*, erhält man Grün. 青色と黄色を混ぜると緑色ができる． / Wasser *vermischt* sich nicht mit Öl. 水は油とは混ざらない．

ver·missen [フェア・ミッセン] **動** （物）ないのに気づく；（人⁴・物⁴が）いなくて（なくて）寂しく思う． ¶Seit zwei Tagen *vermisse* ich meinen Hausschlüssel. 二日前から家の鍵が見つからないで困っている． / Beim letzten Ausflug habe ich dich *vermisst*. この前のハイキングには君がいなくて残念だった．

ver·misst [フェア・ミスト] **1 形** 失踪した；行方不明の． ¶Die beiden Schülerinnen sind seit einem Jahr *vermisst*. 二人の女生徒は1年このかた行方不明だ． **2** vermissen の過去分詞．

ver·mitteln [フェア・ミッテルン] **動** **1** 仲介する；斡旋する． ¶*j*³ *et*⁴ *vermitteln* 人³と人⁴を仲介する，人³に物⁴を斡旋する． ◆Einer seiner Kollegen hat ihm die Bekanntschaft seiner späteren Frau *vermittelt*. 同僚の一人が後の彼の妻を

彼にひきあわせた． **2** 調停（仲裁）する 《in *et*³ 事³を》． ¶in einem Streit *vermitteln* 争いを調停する．

Ver·mittler [フェア・ミットゥラア] **男** -s/- （**女性** **Ver·mittlerin** [フェア・ミットゥレリン] **女**-/Ver·mittle-rinnen [フェア・ミットゥレリネン]）仲介者；調停者；ブローカー．

Ver·mittlung [フェア・ミットゥルング] **女**-/-en 仲介；調停；電話交換室（局）． ¶Dank seiner *Vermittlung* bin ich an ein schönes Haus gekommen. 彼の斡旋で素敵な家を手に入れることができた．

ver·mocht [フェア・モホト] vermögen の過去分詞．

ver·mochte [フェア・モホテ] vermögen の過去形・単数・1，3人称．

Ver·mögen [フェア・メーゲン] **中** -s /- 《複なし》力，能力；財産． ¶Das geht über sein *Vermögen*. それは彼の力に余る． / Heinz hat ein beträchtliches *Vermögen* von seinen Eltern geerbt. ハインツは両親からぼう大な財産を相続した．

ver·mögen* [フェア・メーゲン] *ich/er* vermag, *du* vermagst; vermochte, vermocht **動** （事⁴を）する能力がある．《zu と 不定詞と》…することができる． ¶Liebe *vermag* viel. 愛は多くのことを成し遂げる． / Er *vermag* nicht einzusehen, dass er Unrecht hat. 彼は自分の非を認めることができない． / Nur wenige Passagiere *vermochten* sich zu retten. 僅かな乗客しか脱出できなかった．

ver·mögend [フェア・メーゲント] **形** 裕福な，財産のある．

ver·muten [フェア・ムーテン] **動** 推測する；予想する． ¶Die Polizei *vermutet*, er sei der Täter. 警察は彼が犯人だと推測している． / Ich *vermute* sie im Seminar oder in der Mensa. 私は彼女が研究室か学生食堂にいると思う． / Die Mannschaft spielte heute besser als *vermutet*. チームはきょう，予想以上の試合をした．

vermut・lich [フェァムート・リヒ] 形 推測上の；《副として》たぶん；ありそうな。¶*Vermutlich* hat er sich geirrt. たぶん彼は思い違いをしたのだ。

Ver・mutung [フェァ・ムートゥング] 女 -/-en 推測；予測。¶Du gehst von falschen *Vermutungen* aus. 君は間違った推測から出発している。／ Fakten brauchen wir, keine *Vermutungen*! 我々が必要としているのは事実であって、推測ではない。

ver・nachlässigen [フェァ・ナーハレスィゲン] 動 おろそか（ないがしろ）にする、放っておく。¶Er *vernachlässigt* in letzter Zeit sein Studium. 彼は最近勉強をおろそかにしている。／ Sie klagt überall, ihr Mann *vernachlässige* sie mehr und mehr. 彼女は、夫が自分をますます相手にしてくれないとあちこちでこぼしている。

ver・nahm [フェァ・ナーム] vernehmen の過去形・単数・1，3人称。

ver・nehmen* [フェァ・ネーメン] *du* vernimmst, *er* vernimmt; vernahm, vernommen 動 聞く、聞き取る；尋問する。¶In der Ferne *vernahm* er Vogelrufe. 遠くで鳥が鳴くのを彼は聞いた。／ Die Polizei *vernimmt* den Brandstifter gerade. 警察はちょうど今放火犯を取り調べている。

ver・neinen [フェァ・ナィネン] 動 否定（拒絶）する。¶eine Frage *verneinen* 質問にノーと答える。♦Die dortige Geistlichkeit *verneint* weiterhin die Gleichberechtigung der Frau. あの地の聖職者たちは相変わらず女性の同権を否定している。**ver・neinend** [フェァ・ナィネント] 1 形 否定の、拒絶の。¶Eine *verneinende* Antwort würde ich nicht allzu ernst nehmen. 私だったら否定的な回答をあまり深刻にとりすぎたりはしないのだが。2 verneinen の現在分詞。

ver・netzen [フェァ・ネッツェン] 動 〖電算〗（コンピュータを）ネットワークに接続する。

ver・nichten [フェァ・ニヒテン] 動 壊滅（せん滅）させる；無くする。¶Das Erdbeben *vernichtete* mehrere Dörfer. 地震がいくつかの村を破壊しつくした。／ Bei dem Brand wurden wertvolle Bücher *vernichtet*. 火事の際に価値ある書籍が焼失した。

ver・nimmst [フェァ・ニムスト], **ver・nimmt** [フェァ・ニムト]＜vernehmen。

ver・nommen [フェァ・ノメン] vernehmen の過去分詞。

Ver・nunft [フェァ・ヌンフト] 女-/ 理性、理解力、道理。¶gegen alle Vernunft sein 非常識極まる。／ j⁴ zur *Vernunft* bringen 人⁴の正気（理性）を取りもどす。♦Nun nimm doch endlich *Vernunft* an! さあ、いい加減にもう正気になれ。

ver・nünftig [フェァ・ニュンフティヒ] -e [フェァ・ニュンフティゲ] 形 理性的な、思慮分別のある、道理にかなった；〖くだけて〗ちゃんとした。¶Er hat sehr *vernünftig* reagiert. 彼はとても理性的に対応した。／ Für ihr Alter ist die Kleine schon *vernünftig*. 少女は年齢のわりにしっかりしている。／ Seine Argumente sind höchst *vernünftig*. 彼の論拠はきわめて道理にかなっている。／ Nun iss schön *vernünftig*! さあちゃんと食べなさい。

ver・öffentlichen [フェァ・エッフェントリヒェン] 動 公表する、出版する。¶Morgen *veröffentlicht* die Regierung ihr Hilfsprogramm. 政府はあした援助計画を公表する。／ Seit Jahren hat er nichts mehr *veröffentlicht*. ここ数年彼は何も出版していない。

Ver・öffentlichung [フェァ・エッフェントリヒュング] 女-/-en 公表、出版；刊行物。

ver・ordnen [フェァ・オルドゥネン] 動 （医者が）処方（指示）する；命令する。¶Der Arzt hat ihm absolute Ruhe *verordnet*. 医者は彼に絶対安静を指示した。／ Der Minister *verordnete* Stillschweigen. 大臣は

絶対口外せぬよう命じた.

ver・packen [フェァ・パッケン] 動 荷
造りする. ¶Soll ich Ihnen das
Buch als Geschenk *verpa-
cken*? その本を贈答用として包装し
ましょうか./Die Gläser musst du
besser besonders sorgfältig *ver-
packen*, sonst gehen sie ka-
putt. グラスは特に入念に包んだ方が
いい, でないと割れてしまう. **Ver・pa-
ckung** [フェァ・パックング] 囡 -/-en
包装, 包装材料.

ver・passen [フェァ・パッセン] 動
(機会などを)逸する; (乗り物⁴に)乗り
遅れる. ¶Unsere Stürmer haben
aber auch jede Torchance *ver-
passt*. わがチームのフォワードはゴー
ルチャンスをことごとく逸した. /
Mach schnell, sonst *verpassen*
wir den Zug. 急ぎなさい, でないと
私たちは列車に乗り遅れてしまう.

ver・pflanzen [フェァ・プフランツェン]
動 移植する. ¶Einen alten Baum
sollte man nicht mehr *verpflan-
zen*. 老木はもう移植をしないほうが
いい./Dr. Müller hat heute sei-
ne erste Niere *verpflanzt*. ミュ
ラー先生はきょう彼にとって初めての腎
臓の移植[手術]を行った.

ver・pflegen [フェァ・プフレーゲン] 動
(人⁴の)食事の世話をする. ¶Alle Pa-
tienten werden ausgezeichnet
verpflegt. 患者はみな申し分のない
食事を与えられている. /Auf der
Reise müssen wir uns selbst
verpflegen. 旅行中われわれは自炊
しなければならない. **Ver・pfle-
gung** [フェァ・プフレーグング] 囡 -/-en
食事の世話, まかない, 給食; 食事.

ver・pflichten [フェァ・プフリヒテン]
動 *j⁴ zu et³* (… zu+不定詞) *ver-
pflichten* 人⁴に事³(…すること)を
義務づける./*sich⁴ zu et³* (… zu
+不定詞) *verpflichten* 事³(…するこ
と)の義務を負う, 事³(…すること)を
約束する. ¶Das Gericht *verpflich-
tete* den Fahrer zum Ersatz
des Schadens (… den Fahrer,
den Schaden zu ersetzen). 裁

判所は運転者に損害の賠償を義務づけ
た. **ver・pflichtet** [フェァ・プフリ
ヒテト] **1**形 *zu et³ verpflichtet*
sein 事³の義務を負っている. ¶
Wir sind Ihnen zu großem Dank
verpflichtet. 我々はあなたにおおい
に感謝しなければならない. **2** verpflich-
ten の過去分詞.

ver・prügeln [フェァ・プリューゲルン]
動 さんざんに殴る.

Ver・rat [フェァ・ラート] 男-[e]s/ 裏
切り; 密告.

ver・raten* [フェァ・ラーテン] *du*
verrätst [フェァ・レーツト], *er* ver-
rät; verriet, verraten 動 裏切
る, (事⁴に)背く; (秘密を)もらす. ¶
Für Geld würde er seine Grund-
sätze *verraten*, ohne zu zögern.
金のためなら彼は躊躇することなく自分
の信条を捨てるだろう./Jemand
hat den Plan an den Gegner
verraten. 誰かが計画を敵方にもら
した.

Ver・räter [フェァ・レータァ] 男 -s/-
(囡性 **Ver・räterin** [フェァ・レーテ
リン] 囡-/Ver・räterinnen [フェァ・
レーテリネン])裏切り者; 密告者.

ver・rätst [フェァ・レーツト], **ver・
rät** [フェァ・レート] < verraten.

ver・rechnen [フェァ・レヒネン] 動
精算する. ¶*sich⁴ verrechnen* 計
算違いをする. ◆Können Sie die-
sen Gutschein mit *verrechnen*?
この商品券もあわせて精算していただけ
ませんか./Er *verrechnet* sich
andauernd zu seinen Gunsten.
彼はいつも自分が有利になるように計
算を間違える./Wenn er das von
mir erwartet, hat er sich gewal-
tig *verrechnet*. もし彼がそれを私
に期待しているとすればとんだ見当違い
だ.

ver・reisen [フェァ・ライゼン] 動 (s)
旅行に出かける. ¶Meyers sind
seit vierzehn Tagen *verreist*.
マイヤーさん一家は2週間前から旅行
に出かけています./Nach Diktat *ver-
reist*. 口述後[出張・旅行に]出発
(手紙の末尾に署名の代りに添える決り

文句). (⇒Diktat)

ver·reißen* [フェア・ラィセン] *du/er* verreißt; verriss, verrissen 動 酷評する。¶Die Kritik hat seinen neuen Roman total *verrissen*. 批評家は彼の新作小説を酷評した。

ver·riet [フェア・リート] verraten の過去形・単数・1，3人称。

ver·riss [フェア・リス] verreißen の過去形・単数・1，3人称。

ver·rissen [フェア・リッセン] verreißen の過去分詞。

ver·ringern [フェア・リンゲルン] 動 減少(縮小)させる； ¶sich⁴ verringern 減少(縮小)する。◆Die Arbeitskosten müssen unbedingt verringert werden. 労務費は断固縮減されねばならぬ。/ Den Abstand zum Wagen vor dir darfst du höchstens auf 30 Meter verringern. 先行車との車間距離はせいぜい30メートルまでしか縮めてはいけない。

ver·rückt [フェア・リュックト] 形 狂った；途方もない。 ¶Du bist verrückt. 君はどうかしているよ。/ Er benimmt sich total verrückt. 彼の振舞いは常軌を逸している。/ Das ist ein völlig verrückter Plan. これは本当に途方もない計画だ。

Vers [フェルス] 男-es/-e 詩の1行，韻文。

ver·sagen [フェア・ザーゲン] 動 1 (人³に事⁴を)拒む。 ¶sich³ et⁴ versagen 事⁴をあきらめる。2 (機械などが)機能しない；役に立たない；本来の力を出せない。 ¶Plötzlich versagten die Bremsen. 突然ブレーキがきかなくなった。/ Er hat bei der Prüfung versagt. 彼は試験で失敗した。/ Wenn es darauf ankommt, versagt er meistens. いざとなると彼は役に立たない。

ver·sah [フェア・ザー] ver·sehen の過去形・単数・1，3人称。

ver·sammeln [フェア・ザメルン] 動 集める。¶sich⁴ versammeln 集まる。◆Der Direktor versammelte alle Schüler im Hof. 校長は全ての生徒を校庭に集合させた。/ Die

Gemeinde *versammelte* sich um neun Uhr vor der Kirche. 教区民は9時に教会の前に集った。

Ver·sammlung [フェア・ザムルング] 女-/-en《複なし》集合；集会。 ¶Hoffentlich dauert die Versammlung heute nicht zu lange. きょうの集会があまり長引かないといいのだが。

Ver·sand [フェア・ザント] 男-[e]s/ (商品の)発送。 ¶et⁴ zum (für den) Versand fertig machen 物⁴の発送を準備する。**Versand·handel** [フェアザント・ハンデル] 男-s/ 通信(カタログ)販売。**Versand·haus** [フェアザント・ハォス] 中-es/ Versand·häuser [フェアザント・ホィザァ] 通信(カタログ)販売会社。

ver·sank [フェア・ザンク] versinken の過去形・単数・1，3人称。

ver·säumen [フェア・ゾィメン] 動 怠る，(機会などを)のがす，(乗り物⁴に)乗り遅れる；欠席する。¶Die letzten drei Vorlesungen habe ich versäumt. 私は最近の三つの講義を休んだ。/ Der Vortrag war langweilig. Du hast absolut nichts versäumt. 講演は退屈だった。君は[あれを聞かなくても]何の損もなかったよ。/ Versäum bloß nicht deinen Zug! 列車に乗り遅れないようにしなさい。

ver·schaffen [フェア・シャッフェン] 動 (人³に物⁴を)得させる，世話する。 ¶sich³ et⁴ verschaffen 物⁴を手に入れる，調達する。◆Kannst du mir keine Stelle in deiner Firma verschaffen? 君の会社で[ポストを]世話してもらえないだろうか。/ Anscheinend hat er sich das Geld für die Heimreise irgendwie verschafft. 彼はなんとか帰省のための金を工面したようだ。

ver·schärfen [フェア・シェルフェン] 動 鋭く(激しく)する。¶sich⁴ verschärfen 鋭く(激しく)なる。◆Der Zoll verschärft die Kontrollen an den Flughäfen. 税関は空港での検査を厳しくしている。/ Die Spannungen zwischen den beiden Ländern *verschärfen* sich von Tag zu Tag. 両国間の緊張関係は日に日に激しくなっている.

ver・schenken ［フェア・シェンケン］ 動 贈り物として与える《an *j*⁴ 人⁴ に》；無駄にする. ¶die Chance auf den Sieg *verschenken* 勝利のチャンスを無駄にする. / Den größten Teil seiner Bibliothek hat er vor seinem Tod *verschenkt*. 彼は死ぬ前に蔵書の大部分を寄付してしまった.

ver・schicken ［フェア・シッケン］ 動 発送する；(療養などに)送り出す. ¶Sind die Heiratseinladungen auch alle *verschickt*? 結婚式の案内は全部発送済みですか.

ver・schieben* ［フェア・シーベン］ verschob, verschoben 動 延期する；ずらす. ¶sich⁴ *verschieben* 延期される，位置が変わる. ◆Er muss seinen Besuch auf nächste Woche *verschieben*. 彼は訪問を来週に延期せざるを得ない. / Allein kann ich den schweren Schreibtisch nicht *verschieben*. 私一人ではこの重い机をずらすことができない.

ver・schieden ［フェア・シーデン］ 1 形 (それぞれに)異なった；さまざまの. ¶Die Geschmäcke[r] sind *verschieden*. 【諺】蓼(たで)食う虫も好き好き. 好みは人によってさまざまである. / In diesem Punkt sind wir *verschiedener* Meinung. この点では我々の考えは一致していない. / Der Preis ist je nach der Größe *verschieden*. 価格は大きさによってまちまちである. 2 数 《不定》(三つ以上の数について)いくつかの，若干の. ¶*Verschiedene* Teilnehmer meldeten sich zu Wort. 何人かの参加者が発言を求めた.

ver・schimmeln ［フェア・シメルン］ 動 (s) かびる. ¶Das Brot ist *verschimmelt*. パンがかびた. / Auch nur teilweise *verschimmeltes* Brot sollte man keineswegs essen. 部分的にしかかびていないパンでも決して食べてはいけない.

ver・schlafen* ［フェア・シュラーフェン］ *du* verschläfst, *er* verschläft; verschlief, verschlafen 動 1 寝過ごす. 2 (物⁴・事⁴を)寝過ごして逃す. ¶sich⁴ *verschlafen* 寝過ごす，寝坊する. ◆Fast hätte er seinen Zug *verschlafen*. 彼は寝坊でもう少しのところで列車に乗り遅れるところだった. / Heute hat er sich schon wieder *verschlafen*. 彼はきょうまた寝坊した.

ver・schlafen ［フェア・シュラーフェン］ 1 形 寝ぼけた. 2 verschlafen の過去分詞.

ver・schläfst ［フェア・シュレーフスト］, **ver・schläft** ［フェア・シュレーフト］ < verschlafen.

ver・schlechtern ［フェア・シュレヒテルン］ 動 悪くする，悪化させる. ¶sich⁴ *verschlechtern* 悪くなる，悪化する. ◆Seine Rücksichtslosigkeit *verschlechtert* nur die Atmosphäre. 彼の傍若無人な態度は雰囲気を悪くするばかりだ. / Die wirtschaftliche Lage *verschlechterte* sich immer mehr. 経済状況はますます悪化した. (⇒verbessern)

ver・schleiern ［フェア・シュライエルン］ 動 (物⁴に)ベールをかぶせる；(ベール状のもので)覆い隠す. ¶Das Ministerium *verschleiert* weiterhin den wahren Sachverhalt. 本省は引続き本当のことを隠し続けている.

ver・schleißen* ［フェア・シュライセン］ *du/er* verschleißt; verschliss, verschlissen 動 1 使い古す. ¶Diese Lederhose kann man unmöglich *verschleißen*. この革ズボンはすり切れることがない. / Der Junge *verschleißt* alle drei Monate ein Paar Schuhe. この男の子は3か月ごとに靴を1足ずつはきつぶす. 2 (s) 使い古される，(衣服などが)すり切れる.

ver・schlief ［フェア・シュリーフ］ verschlafen の過去形・単数・1，3人称.

ver·schließen* [フェア・シュリーセン] *du/er* verschließt; verschloss, verschlossen

ver·schließen* [フェア・シュリーセン] *du/er* verschließt; verschloss, verschlossen 動 (物⁴に)鍵をかける;閉鎖する. ¶ *sich⁴ et³ verschließen* 事³に心を閉ざす. ◆ Vergessen Sie nicht, die Türen zu *verschließen*. ドアに鍵を掛けることを忘れてはいけない. / Einer solchen Bitte können wir uns schlecht *verschließen*. そういう頼みには耳を傾けざるを得ない.

ver·schloss [フェア・シュロス] verschließen の過去形・単数・1，3人称.

ver·schlossen [フェア・シュロッセン] **1**形 鍵のかかった;打ち解けない. ¶ Er ist ein *verschlossener* Typ. 彼は打ち解けないタイプの人間だ. **2** verschließen の過去分詞.

ver·schlucken [フェア・シュルッケン] 動 飲み込む, ¶ *sich⁴ verschlucken* むせる. ◆ Mit Mühe *verschluckte* sie eine ironische Bemerkung. 彼女は当てこすりを口に出すまいと努力した.

Ver·schluss [フェア・シュルス] 男 -es/Ver·schlüsse [フェア・シュリュッセ] 鍵,留め金;ファスナー;〖写真〗シャッター.

ver·schlüsseln [フェア・シュリュッセルン] 動 暗号化する;〖電算〗コード化する. ¶ Diese Nachricht muss unbedingt *verschlüsselt* durchgegeben werden. この報告は絶対に暗号化して伝達しなければならない.

ver·schmieren [フェア・シュミーレン] 動 塗りたくって汚す,塗りつぶす. ¶ Farbe auf der Wand *verschmieren* 絵の具を壁に塗りたくって汚す. ◆ Die Kinder haben wieder das ganze Handtuch mit Schokolade *verschmiert*. またまた子供たちはチョコレートでタオルをすっかり汚してしまった.

ver·schmutzen [フェア・シュムッツェン] 動 **1** 汚す. ¶ Der Hund

hat den ganzen Teppich *verschmutzt*. うちの犬はじゅうたん一面を汚してしまった. **2** (s) 汚れる. ¶ Dieser Stoff *verschmutzt* leicht. この生地は汚れやすい.

Ver·schmutzung [フェア・シュムッツゥング] 女 -/-en 汚染,汚すこと. ¶ Die *Verschmutzung* des Rheins ist stark zurückgegangen. ライン川の汚染は著しく減少した.

ver·schnaufen [フェア・シュナォフェン] 動 **1** 一息入れる. **2** ¶ *sich⁴ verschnaufen* 一息入れる.

ver·schnupfen [フェア・シュヌップフェン] 動 〖ただ受動〗(人⁴の)機嫌をそこねる.

ver·schnupft [フェア・シュヌップフト] **1**形 鼻風邪をひいた;〖ただ受動〗機嫌をそこねた. **2** verschnupfen の過去分詞.

ver·schob [フェア・ショープ] verschieben の過去形・単数・1，3人称.

ver·schoben [フェア・ショーベン] verschieben の過去分詞.

ver·schollen [フェア・ショレン] 形 行方不明の,失踪した.

ver·schonen [フェア・ショーネン] 動 (人⁴・物⁴に)危害を加えない. ¶ Der Tsunami hat kein einziges Haus *verschont*. 津波は一軒の家すら被害を免れさせなかった. / Sie sollte uns mit ihrem Geschwätz *verschonen*. 彼女にはそのおしゃべりで私たちをわずらわさないでもらいたいものだ. / Von der Grippe sind wir dieses Jahr zum Glück *verschont* geblieben. うちは幸い今年は流感を免れた.

ver·schreiben* [フェア・シュラィベン] verschrieb, verschrieben 動 (薬などを)処方する,指示する. ¶ *sich⁴ verschreiben* 書き間違える. ◆ Soll ich Ihnen etwas gegen die Kopfschmerzen *verschreiben*? 何か頭痛薬を処方しましょうか.

ver·schrieb [フェア・シュリープ] verschreiben の過去形・単数・1，3人称.

ver·schrieben [フェア・シュリーベン]

V

verschreiben の過去分詞.

ver・schulden [フェァ・シュルデン] **動** 1 (自分の過去で)引き起こす. ¶ *sich⁴ verschulden* 負債(借金)を背負い込む. ◆Er hat den Unfall ganz sicher nicht *verschuldet.* 彼がこの事故を引き起こしたのではないことは明白だ. **2** (s) 負債(借金)を背負い込む. ¶Was, wegen so einem Weib hat er sich hoch *verschuldet*? 何だって,あんな女のために彼は多額の借金をかかえこんだのか. **ver・schuldet** [フェァ・シュルデト] **1** **形** 負債(借金)がある. **2** verschulden の過去分詞.

ver・schütten [フェァ・シュッテン] **動** 注ぎそこなう;(土砂などで)埋める. ¶Bei dem Erdrutsch wurden zwei der Arbeiter *verschüttet.* 地すべりの際労働者たちのうち二人が生き埋めになった.

ver・schwand [フェァ・シュヴァント] ver・schwinden の 過去形・単数・1,3人称.

ver・schweigen* [フェァ・シュヴァイゲン] verschwieg, verschwiegen **動** 言わないでおく,秘密にする. ¶Woher das Geld stammt, *verschweigt* er noch. 彼は今もってその金の出所を言わない. / Politiker *verschweigen* gern ihre eigentlichen Pläne. 政治家は自分の本当の計画を言いたがらない.

ver・schwenden [フェァ・シュヴェンデン] **動** 浪費する,無駄に費やす. ¶Für ihre Hobbys *verschwendet* sie viel zu viel Zeit. 彼女は自分の趣味にあまりにも多くの時間を浪費する. / An so etwas würde ich keinen Gedanken *verschwenden.* 私はいささかなりともそんなことを考える気はない.

ver・schwenderisch [フェァ・シュヴェンデリシュ] **形** 浪費癖の,金遣いの荒い.

ver・schwieg [フェァ・シュヴィーク] verschweigen の過去形・単数・1,3人称.

ver・schwiegen [フェァ・シュヴィーゲン] **1** **形** 口の堅い,秘密を守る. ¶Er ist absolut *verschwiegen* und zuverlässig. 彼は絶対に口が堅くて信頼できる. **2** verschweigen の過去分詞.

ver・schwinden* [フェァ・シュヴィンデン] verschwand, verschwunden **動** (s) 見えなくなる,消え去る. ¶Seit vorgestern ist sie spurlos *verschwunden.* おとといから彼女はこつ然と姿を消したままである. / Ich muss mal eben *verschwinden.* ちょっと失礼(トイレに行くときの表現).

ver・schwunden [フェァ・シュヴンデン] verschwinden の過去分詞.

ver・sehen [フェァ・ゼーエン] *du* versiehst, *er* versieht; versah, versehen **1** **動** (職務を)行う;供給する《*j⁴ mit et³* 人⁴に物³を》. ¶*sich⁴ versehen* 見誤る. ◆Sein Amt *versieht* er äußerst gewissenhaft. 彼は自分の職務をきわめて誠実に行っている. / Unsere Gastgeber *versahen* uns mit allem Nötigen. 我々の招待者は必要なものを全て用意してくれた. / Beinahe hätte ich *mich* im Preis *versehen.* 私はあやうく値段を見誤るところだった. **2** versehen の過去分詞.

Ver・sehen [フェァ・ゼーエン] **中** -s/- 過失,間違い. ¶aus *Versehen* うっかりして. ◆So ein *Versehen* sollte nicht noch einmal passieren. こんな過失はもう二度と起こさないぞ.

versehent・lich [フェァゼーエント・リヒ] **副** 不注意で,誤って.

ver・setzen [フェァ・ゼッツェン] 置き換える;配置転換する;進級させる;混ぜ合わせる《*et⁴ mit et³* 物⁴を物³と》;〖商業〗(人⁴に)待ちぼうけを食わせる;…の状態にする《in *et⁴* 事⁴の》. ¶*j⁴* in den Ruhestand *versetzen* 人⁴を退職させる. ◆Er wird von Bonn nach Berlin *versetzt.* 彼はボンからベルリンへ転勤させられる. / Den Zaun *versetzen* wir etwas nach rechts. 私たちは木柵

をちょっと右に移動させる. / Zwei Schüler können wir nicht versetzen. 二人の生徒を進級させることができない. / Dieser Wein ist mit Wasser versetzt. このワインには水が混ぜられている. / Schon der Gedanke daran versetzte ihn in Panik. そのことを考えただけで彼はパニック状態に陥った.

ver・seuchen [フェア・ゾィヒェン] **動** (病原菌などで)汚染する. ¶ Radioaktive Abfälle verseuchen das Grundwasser. 放射性廃棄物は地下水を汚染する.

ver・sichern [フェア・ズィッヒェルン] **動** 保証する;請け合う;保険をかける 《gegen et⁴ 物⁴に》. ¶ sich⁴ gegen et⁴ versichern 事⁴(盗難など)に対する保険に入る. ◆ Ich versichere Ihnen, die Sache geht in Ordnung. 事がうまくいくことを保障します. / Sind Sie schon gegen Unfall versichert? あなたはもう傷害保険には入っていますか.

Versicherten・karte [フェアズィヒェルテン・カルテ] **女**-/-n 健康保険証.

Ver・sicherung [フェア・ズィッヒェルング] **女**-/-en 保険, 保険会社, 保険料;保証. ¶ eine Versicherung gegen Feuer 火災保険. ◆ Ich musste eine eidesstattliche Versicherung abgeben. 私は宣誓に代わる保証を提出しなければならなかった. / Bei welcher Versicherung bist du? あなたはどの保険に加入していますか.

ver・siehst [フェア・ズィースト], **versieht** [フェアズィート] < versehen.

ver・sinken [フェア・ズィンケン] versank, versunken **動** (s) 沈む;耽(ふけ)る《in et⁴ 事⁴に》. ¶ Die Sonne versinkt hinter den Bergen. 太陽が山々の向こう側に沈む. / Er ist ganz in seine Arbeit versunken. 彼は仕事に没頭している.

Version [ヴェルズィオーン] **女** -/-en (別の)モデル, 型, バージョン;説明, 解釈. ¶ Seine Version des Vorfalls

erscheint durchaus glaubhaft. 事件に関する彼の説明は十分信用するに足るように思われる.

ver・sorgen [フェア・ゾルゲン] **動** (人⁴の)世話する, 面倒を見る. ¶ j⁴/et⁴ mit et³ versorgen 人⁴・物⁴に物³を供給する. ◆ Er muss seine kranke Mutter versorgen. 彼は病気の母親の世話をしなくてはならない. / Die Katzen sind schon versorgt. ネコたちはもう餌を貰った. / Der Stausee versorgt die Stadt mit Trinkwasser. その人造湖は町に飲料水を供給している.

ver・späten [フェア・シュペーテン] **動** sich⁴ verspäten 遅れる. ¶ Bei dem schlechten Wetter verspätet er sich heute wieder. 天気が悪いので彼はきょうまた遅刻する.

ver・spätet [フェア・シュペーテト] **1形** 遅れた, 遅刻した. ¶ Entschuldige bitte die verspätete Antwort! お返事が遅くなってすみません. **2** verspäten の過去分詞.

Ver・spätung [フェア・シュペートゥング] **女** -/-en 遅れ, 遅刻. ¶ Heute hatten die meisten Züge über zwanzig Minuten Verspätung. きょうはほとんどの列車が20分以上遅延した. / Hoffentlich holt der Zug die Verspätung wieder auf. 列車が遅れを取りもどしてくれればよいのだが.

ver・spotten [フェア・シュポッテン] **動** あざける.

ver・sprach [フェア・シュプラーハ] versprechen の過去形・単数・1, 3人称.

ver・sprechen* [フェア・シュプレッヒェン] du versprichst, er verspricht; versprach, versprochen **動** 約束する. ¶ sich³ et⁴ von j³/et³ versprechen 人³・事³に事⁴を期待する. / sich⁴ versprechen 言い間違える. ◆ Was man verspricht, muss man auch halten. 約束したことは守らなくてはならない. / Sie verspricht eine gute Schwimmerin zu werden. 彼女

Ver·sprechen

は優れた水泳選手になることが期待できる. / Was versprichst du dir von deinem Auslandsstudium? 君が留学したらどんな成果が期待できるのか. / Aufgeregt wie er war, hat er sich dauernd versprochen. 彼は興奮していたのでしょっちゅう言い間違えた.

Ver·sprechen [フェア・シュプレッヒェン] 中 -s/ 約束. ¶ein Versprechen [ein]halten (brechen) 約束を守る(破る). ◆Sein damaliges Versprechen hat er völlig vergessen. 当時の約束を彼はすっかり忘れてしまった.

ver·sprichst [フェア・シュプリヒスト], **ver·spricht** [フェア・シュプリヒト] < versprechen.

ver·sprochen [フェア・シュプロヘン] versprechen の過去分詞.

Ver·stand [フェア・シュタント] 男 -[e]s/ 理解(判断)力;悟性. ¶Nun nimm doch endlich Verstand an! いい加減にもうばかな真似は止せ. / Um das zu begreifen, reicht sein Verstand nicht aus. それがわかるには彼の理解力では足りない.

ver·stand [フェア・シュタント] verstehen の過去形・単数・1，3人称.

ver·standen [フェア・シュタンデン] verstehen の過去分詞.

ver·ständigen [フェア・シュテンディゲン] 動 (人⁴に)知らせる ¶sich⁴ auf et⁴ verständigen 事⁴に合意する. / sich⁴ mit j³ verständigen 人³と意思を疎通させる，合意に達する. / j⁴ über et³ (über et⁴) verständigen 人⁴に事³(事⁴)を知らせる. ◆Wir müssen sofort die Polizei verständigen. 私たちは警察にすぐに通報せねばならない. / Auf Deutsch kann man sich gut mit ihm verständigen. ドイツ語で彼とは十分に意思疎通できる. / Die beiden Minister verständigten sich⁴ darauf, sich regelmäßig zu treffen. 両大臣は定期的に会談することに合意した.

verständ·lich [フェア・シュテントリヒ] 形 理解しやすい;聞き取れる. ¶Deine Sorgen sind mir durchaus verständlich. 君の心配はよくわかるよ. / Sein Deutsch ist nur mit Mühe verständlich. 彼のドイツ語は苦労しないとわからない.

Verständ·nis [フェア・シュテント・ニス] 中 Verständ·nisses [フェア・シュテント・ニセス] / 理解[力];了解. ¶Wir bitten Sie um Verständnis für die verschärften Sicherheitsmaßnahmen. 安全対策を強化しておりますことにご理解をお願い致します. / Für Humor hat er absolut kein Verständnis. 彼はユーモアへの理解がまったくない. / Geschickt warb sie um Verständnis für ihr Anliegen. 彼女はたくみに自分の願いに対する理解を得ようとつとめた.

verständnis·los [フェア・シュテントニス・ロース] 形 理解できない;無理解な，わけのわからない.

verständnis·voll [フェア・シュテントニス・フォル] 形 理解のある，物分りのよい. ¶Seinen Schützlingen gegenüber hat er sich stets verständnisvoll gezeigt. 彼は面倒を見るべき相手に対しては常に物分りのいいところを示した.

ver·stärken [フェア・シュテルケン] 動 強化する. ¶sich⁴ verstärken 強くなる. ◆Alkohol verstärkt die Wirkung mancher Arzneimittel. アルコールはいくつかの薬の効き目を強化する. / Zahlreiche Experten plädieren dafür, die Sicherheitsmaßnahmen zu verstärken. 多くの専門家たちが安全対策の強化に支持を表明している. / Dieser Trend verstärkt sich unaufhaltsam. この傾向は絶えず強まっていく.

Ver·stärker [フェア・シュテルカァ] 男 -s/- 〖電気〗増幅器;〖医学〗精力剤.

ver·stauchen [フェア・シュタオヘン] 動 ¶sich³ et⁴ verstauchen 身体の一部⁴をねんざする，くじく.

Ver·steck [フェア・シュテック] 中 -[e]s/-e 隠れ場所，潜伏先. ¶Das ist kein gutes Versteck für dein Geld. それは君がお金を隠すのに適した場所ではない. / Nach langem Suchen fand man das *Versteck* der Terroristen. 長期にわたる捜索の後テロリストたちの潜伏先が発見された.

ver·stecken [フェア・シュテッケン] 動 隠す《vor *j*³ 人³に対して》. ¶ *sich*⁴ *verstecken* 隠れる. ◆ Sie *versteckte* ihr Sparbuch im Kühlschrank. 彼女は貯金通帳を冷蔵庫に隠した. / Der Einbrecher *versteckte* sich im Gebüsch. 強盗は茂みの中に隠れた. **versteckt** [フェア・シュテックト] **1** 形 隠された, 人目につかない;遠回しの. ¶ Wo sind die Ostereier *versteckt*, was meinst du wohl? イースター・エッグはどこに隠してあるのだろう, 君はどう思う. (⇒Osterei) **2** verstecken の過去分詞.

ver·stehen* [フェア・シュテーエン] verstand, verstanden 動 理解する. ¶*sich*⁴ auf *et*⁴ *verstehen* 事⁴に精通している. / *sich*⁴ mit *j*³ *verstehen* 人³と理解し合っている. ◆ Von Fußball *versteht* er gar nichts. サッカーのことを彼は何も知らない. / Seine Aussprache ist kaum zu *verstehen*. 彼の発音はほとんど聞き取れない. / Mit meinen Geschwistern *verstehe* ich mich sehr gut. 私は兄弟とよく理解し合っている.《*sich*⁴ *verstehen* の形で》わかりきったことである. Das *versteht* sich von selbst. それは自明のことだ.

ver·steigern [フェア・シュタイゲルン] 動 オークション(競売)にかける.

ver·stellen [フェア・シュテレン] 動 置き間違える;(位置などを)調整する;偽る;ふさぐ. ¶*j*³ den Blick auf *et*⁴ *verstellen* 人³の事⁴に対する判断力を誤らせる. / *sich*⁴ *verstellen* うわべを装う. ◆ Wer hat denn schon wieder die Handbücher *verstellt*? またハンドブックの置き場所を間違えたのは誰だ. / Pass auf und *verstell* den Wecker nicht

schon wieder! 目覚まし時計をまた間違ってセットしないように注意しなさい. / Sie kann ihre Stimme geschickt *verstellen*. 彼女は自分の声色をうまく変えることができる.

ver·steuern [フェア・シュトイエルン] 動 (収入など⁴の)税金を払う. ¶ Auch Zinseinnahmen werden *versteuert*. 利子収入も課税される.

ver·stieß [フェア・シュティース] verstoßen の過去形・単数・1, 3人称.

ver·stimmt [フェア・シュティムト] 形 (楽器などの)調子の狂った. ¶über *et*⁴ *verstimmt* sein 事⁴に腹を立てている. ◆ Der Flügel ist total *verstimmt*. そのグランドピアノはすっかり調子が狂っている.

ver·stohlen [フェア・シュトーレン] 形 人目をしのんだ, こっそり. ¶Sie tat, als ob sie seine *verstohlenen* Blicke nicht bemerkte. 彼女は彼の盗み見に気がつかないふりをした.

ver·stopfen [フェア・シュトップフェン] 動 (物⁴に)栓をする, ふさぐ. ¶ein Loch *verstopfen* 穴をふさぐ. ◆ Die Nase (Die Hauptstraße) ist *verstopft*. 鼻が詰まっている(幹線道路が渋滞している).

Ver·stopfung [フェア・シュトップフング] 女 -/-en 〔医療〕便秘;渋滞.

Ver·storbener* [フェア・シュトルベナー] 男 (女性 **Ver·storbene*** [フェア・シュトルベネ]) 女 《形容詞の名詞化》故人.

Ver·stoß [フェア・シュトース] 男 -es/ Ver·stöße [フェア・シュテーセ] 違反, 反則《gegen *et*⁴ 行為⁴に対する》. ¶Das ist ein gravierender *Verstoß* gegen die Pressefreiheit. これは報道の自由に対する重大な侵害だ.

ver·stoßen* [フェア・シュトーセン] *du/er* verstößt; verstieß, verstoßen 動 追放(除名)する;違反する《gegen *et*⁴ 規則⁴に》. ¶Er hat seinen Sohn völlig grundlos *verstoßen*. 彼は息子を何の理由もなしに勘当した. / Wer gegen die Disziplin *verstößt*, wird

V

streng bestraft. 規律に違反した者は厳しく処罰される。

ver·stößt [フェア・シュテースト] < verstoßen.

ver·strahlen [フェア・シュトゥラーレン] **動** (熱などを)発散する；放射能で汚染する．¶Der Kandidat verstrahlte Optimismus. 候補者からは楽観的な気分が発散していた．

ver·streichen* [フェア・シュトライヒェン] verstrich, verstrichen **動** (s) (時間が)経過する． ¶Das Jahr ist schnell verstrichen. 年は速やかに過ぎ去った．

ver·streuen [フェア・シュトロィエン] **動** うっかりまき散らす，散らかす．

ver·strich [フェア・シュトゥリヒ] verstreichen の過去形・単数・1，3人称．

ver·strichen [フェア・シュトリヒェン] verstreichen の過去分詞．

ver·stummen [フェア・シュトゥメン] **動** (s) 黙りこむ，(音が)鳴りやむ．

Ver·such [フェア・ズーフ] **男** -[e]s/-e 試み，実験．¶Alle Versuche, ihn zu retten, blieben erfolglos. 彼を救出するあらゆる試みは成功しなかった． / Für seine Versuche sucht er Freiwillige. 自分の実験のために彼は志願者を求めている． / Meinst du, ein Versuch würde sich lohnen? 君は試みてみる値打ちがあると思うかい．

ver·suchen [フェア・ズーヘン] **動** 試みる；(物⁴の)味を見る．¶es mit j³/et³ versuchen. (役に立つかどうか)人³・物³を試してみる． / sich⁴ an et³ versuchen 事³を試してみる，事³を手がけてみる．♦Er versuchte zu fliehen. 彼は逃げようとした． / Wollen wir es wirklich noch mal mit ihm versuchen? 彼に実際にもう一度チャンスを与えてみましょうか． / Gegen die Kopfschmerzen würde ich es mal mit Aspirin versuchen. 頭痛にアスピリンを試してみよう． / Versuchen Sie doch mal diesen herben Wein! この辛口のワインをまあテイストしてみてく

ださいませんか． / Als Trainer hat er sich auch schon versucht. 彼はコーチとしての自分の力を試してもみた．

Ver·suchung [フェア・ズーフング] **女**-/-en 誘惑．¶die Versuchungen der Großstadt 大都市の誘惑． / einer Versuchung erliegen 誘惑に負ける． / j⁴ in Versuchung führen 人⁴を誘惑する．

ver·sunken [フェア・ズンケン] **1 形** 沈没した；沈潜した«in et³ 事³に». ¶das versunkene Schiff 沈没船． ♦In Andacht versunken kniete er vor dem Altar. 沈思黙考して彼は祭壇の前にひざまずいていた．**2** versinken の過去分詞．

ver·tat [フェア・タート] vertun の過去形・単数・1，3人称．

ver·tan [フェア・ターン] vertun の過去分詞．

ver·tauschen [フェア・タオシェン] **動** 交換する；間違えて持って行く．¶et⁴ mit et³ vertauschen 物⁴を物³と交換する． ♦Sie hat ihr Kostüm mit einer Kittelschürze vertauscht. 彼女はスーツを割烹着に着替えた． / Pass auf, dass du die Schirme nicht vertauschst. 傘を間違えないように注意しなさい．

ver·teidigen [フェア・タィディゲン] **動** 防御(衛)する；弁護する．¶das Land verteidigen 国土を防衛する． ♦Morgen verteidigt der Weltmeister erstmals seinen Titel. あしたが世界チャンピオンの初防衛戦だ． / Seine beiden Anwälte verteidigten ihn höchst geschickt. 二人の弁護士がきわめて巧みに彼を弁護した．

Ver·teidigung [フェア・タィディグング] **女** -/ 防御，防衛；弁護．¶die Verteidigung übernehmen 弁護を引き受ける．

ver·teilen [フェア・タィレン] **動** 分ける，分配する．¶sich⁴ verteilen 分かれる，分散する．♦Nach dem Erdbeben wurden Lebensmittel an die Dorfbewohner verteilt. 地

震のあと村民に食料が配られた. / Der Rauch *verteilte sich* über das ganze Viertel. 煙が辺り一面に広がった. / Die Jäger *verteilen sich* im Wald. 猟師は森の中に分散する.

ver・teuern [フェア・トィエルン] **動**
(物⁴の)価格をあげる. ¶*sich*⁴ *verteuern* (物¹の)値段があがる. ◆Die neuen Mautgebühren *verteuern* die Transportkosten erheblich. 新たな通行料金は輸送費を著しく高騰させる. / Wegen der Einfuhrsperre haben sich die Fleischpreise stark *verteuert*. 輸入停止によって食肉の価格は著しく高騰した.

ver・tiefen [フェア・ティーフェン] **動**
深くする; 掘り下げる. ¶*sich*⁴ *vertiefen* 深くなる. / *sich*⁴ in et⁴ *vertiefen* 事⁴に没頭(熱中)する. ◆Wir wollen die Freundschaft zwischen Japan und Deutschland weiter *vertiefen*. 日本とドイツの友好関係を更に深めようと思う. / Sie ist in ihre Lektüre *vertieft*. 彼女は読書に熱中している.

vertikal [ヴェルティカール] **形** 垂(鉛)直の. (⇒horizontal)

ver・tippen [フェア・ティッペン] **動**
(タイプライター・コンピューターで)打ちそこなう. ¶*sich*⁴ *vertippen* 打ち間違いをする. / ein Wort *vertippen* 語を打ち間違える. ◆Sie ist mit ihren Gedanken ganz woanders. Sie *vertippt sich* dauernd. 彼女は心ここにあらずという風で, しょっちゅう[タイプの]打ち間違いをしている.

Ver・trag [フェア・トゥラーク] **男**-[e]s/Verträge [フェアトゥレーゲ] 契約; 条約. ¶einen *Vertrag* [ab]schließen (brechen) 契約を結ぶ(破棄する). / einen *Vertrag* ratifizieren 条約を批准する. ◆Er will seinen *Vertrag* unbedingt verlängern. 彼は契約をどうしても延長したいと主張している.

ver・tragen* [フェア・トゥラーゲン] *du* verträgst, *er* verträgt; ver-

trug, vertragen **1動** 耐える. ¶*sich*⁴ mit j³ *vertragen* 人³と調和する, 仲良くする. ◆Sie *verträgt* die Kälte besser als erwartet. 彼女は思っていたよりも寒さに強い. / Ich *vertrage* keinen Alkohol. 私は酒が飲めない. / Die beiden *vertragen sich* nicht besonders. 二人はあまり仲が良くない. **2** vertragen の過去分詞.

vertrag・lich [フェア・トゥラーク・リヒ] **形** 契約(条約)上の, 契約(条約)による. ¶Dazu bin ich *vertraglich* verpflichtet. 契約によって私はそれを義務付けられている.

verträg・lich [フェア・トゥレーク・リヒ] **形** 協調性のある; 口(身体)に合った, 消化のよい. ¶Ein besonders *verträglicher* Typ ist er leider nicht. 残念ながら彼は特に人付き合いのよいタイプというわけではない.

ver・trägst [フェア・トゥレークスト] , **ver・trägt** [フェア・トゥレークト] < vertragen.

ver・trat [フェア・トゥラート] vertreten の過去形・単数・1, 3人称.

ver・trauen [フェア・トゥラオエン] **動**
j³/et³ (auf j⁴/et⁴) *vertrauen* 人³・事³(人⁴・事⁴)を信頼(信用)する.
¶Einer nur mündlich gegebenen Zusage würde ich nicht so ohne weiteres *vertrauen*. 私は単なる口頭の約束をそう簡単に信用したりはしない. / Ihm (Auf ihn) kannst du voll *vertrauen*. 彼のことなら完全に信用しても大丈夫だ. / Sie *vertraut* darauf, dass er sie doch noch heiratet. 彼女は彼がこれからやはり自分と結婚すると信じている.

Ver・trauen [フェア・トゥラオエン] **中**
-s/ 信頼, 信用. ¶Meine Mitarbeiter haben mein vollstes *Vertrauen*. 私は部下を完全に信頼している. / Zu ihm habe ich kein *Vertrauen* mehr. 私は彼のことをもう信用していない. / Das verlorene *Vertrauen* in die Politik zurückzugewinnen dürfte nicht leicht

V

sein. 失われた政治に対する信頼を取りもどすのは容易なことではなかろう.

vertrau・lich [フェァトゥラォ・リヒ] 形 内密の;親密な. ¶Ich muss Sie bitten, diese Angelegenheit *vertraulich* zu behandeln. この案件は内密に扱うようお願いせざるをえません.

ver・traut [フェァ・トゥラォト] **1** 形 親しい;精通した. ¶mit *et³ vertraut sein* 事³を熟知している. ♦Mit der neuen Lage sollten Sie sich schnellstens *vertraut* machen. 新しい状況を君たちはできるだけ早く習熟しなければならない. / Mit den Sorgen seiner Patienten ist er bestens *vertraut*. 彼は患者の不安を熟知している. **2** vertrauen の過去分詞.

ver・treiben* [フェァ・トゥラィベン] vertrieb, vertrieben 動 追い出す,追放する;売りさばく. ¶Krähen sind äußerst schwer zu *vertreiben*. カラスを追い払うことは至難の業だ. / Die Firma *vertreibt* ihre Produkte in ganz Europa. その会社は製品をヨーロッパ中で販売している.

vertret・bar [フェァトゥレート・バール] 形 (計画などが)支持できる;《法律》代替可能の.

¹ver・treten* [フェァ・トゥレーテン] *du* vertrittst [フェァ・トゥリッツト], *er* vertritt; vertrat, vertreten 動 代表する;代理する;主張する;支持する. ¶Er *vertritt* sein Land mit Würde. 彼は威厳をもって国を代表している. / Morgen *vertrete* ich den Chef. あした私は主任の代理をする. / Energisch *vertrat* er seinen Standpunkt. 熱っぽく彼は自分の立場を主張した.

²ver・treten [フェァ・トゥレーテン] **1** 形 代表された。展示された. ¶durch *j⁴ vertreten* sein 人⁴によって代表されている. ♦Japan ist auf dieser Tagung durch viele Frauen *vertreten*. この会議で日本からは多数の女性が出席している. / Auch

Picasso ist in der Ausstellung mit sieben Gemälden *vertreten*. その展覧会にはピカソの絵も七点出展されている. **2** ¹vertreten の過去分詞.

Ver・treter [フェァ・トゥレータァ] 男 -s/- (女性) **Ver・treterin** [フェァ・トゥレーテリン] 女 -/Ver・treterinnen [フェァ・トゥレーテリネン])代表者;代理人;主張者;セールスマン. ¶Der Kanzler spricht regelmäßig mit den *Vertretern* der Wirtschaft. 首相は定期的に経済界の代表者と懇談している. / Die *Vertreter* dieser Theorie werden immer weniger. この理論を主張する人はますます少なくなっていく. / Besprechen Sie das bitte morgen mit meinem *Vertreter*. そのことはあした私の代理人と話をしてください. / Diese dauernden Besuche von *Vertretern* stören mich nur bei der Arbeit. 絶え間ないセールスマンの訪問で私は仕事を邪魔されるばかりだ.

Ver・tretung [フェァ・トゥレートゥング] 女 -/-en 代表;代理;代表団.

ver・trieb [フェァ・トゥリープ] vertreiben の過去形・単数・1，3人称.

ver・trieben [フェァ・トゥリーベン] vertreiben の過去分詞.

Ver・triebener* [フェァ・トゥリーベナァ] 男 (女性) **Ver・triebene*** [フェァ・トゥリーベネ] 女)《形容詞の名詞化》[国外]追放者，難民.

> 狭義には第二次世界大戦後オーデル・ナイセ線以東の居住地から追放されたドイツ人難民や旧ズデーテン居住者をさす. これに対して主として旧東独から西に逃れた人々は die Flüchtlinge 《複》と呼ばれる.

ver・trittst [フェァ・トゥリッツト], **vertritt** [フェァ・トゥリット] < vertreten.

ver・trocknen [フェァ・トゥロックネン] 動 (s) 干からびる.

ver・trug [フェァ・トゥルーク] vertragen の過去形・単数・1，3人称.

ver・tun* ［フェァ・トゥーン］ vertat, vertan 動 （時間・金を）浪費する，無駄にする．¶*sich⁴ vertun* へまをする，思い違いする．

ver・unglücken ［フェァ・ウングリュッケン］動 (s) 事故にあう，遭難する；失敗に終る．¶*Er ist mit dem Motorrad verunglückt.* 彼はオートバイで事故にあった．／*Seine Rede im Bundestag ist ihm total verunglückt.* 連邦議会における彼の演説は完全に失敗に終った．

ver・unsichern ［フェァ・ウンズィッヒェルン］動 （人⁴の）信念などをぐらつかせる；不安にする．

ver・ursachen ［フェァ・ウーアザヘン］動 引き起こす；（事⁴の）原因となる．¶*Diese Textstelle verursacht der Fachwelt viel Kopfzerbrechen.* テキストのこの箇所は専門家たちにとって大きな悩みの種となる．／*Aids wird durch ein Virus verursacht.* エイズはウイルスによって引き起こされる．／*Er ahnt nicht, wieviel Aufsehen er damit verursacht.* それがどれほどのセンセーションを引き起こすか彼には想像もつかない．

ver・urteilen ［フェァ・ウァタイレン］動 （人⁴に）有罪を宣告する；非難する．¶*Der Richter verurteilte ihn zu einer Geldstrafe.* 裁判官は彼に罰金刑を言い渡した．／*Die Opposition verurteilte das Vorgehen der Polizei aufs Schärfste.* 野党は警察のやり方をきわめて激しく非難した．

ver・vielfachen ［フェァ・フィールファヘン］動 何倍にもする．¶*sich⁴ vervielfachen* 何倍にもなる．

ver・vielfältigen ［フェァ・フィールフェルティゲン］動 コピーする．

ver・vollständigen ［フェァ・フォルシュテンディゲン］動 完全なものにする．¶*sich⁴ vervollständigen* 完全なものになる．◆*Die Einladungsliste muss noch vervollständigt werden.* 招待者のリストはまだこれから補足すべきところがかなりある．

ver・wählen ［フェァ・ヴェーレン］動 *sich⁴ verwählen* （電話で）番号間違いをする．¶*Entschuldigen Sie bitte, ich habe mich verwählt.* 失礼しました，電話番号を間違えました．

ver・wahren ［フェァ・ヴァーレン］動 安全に保管する．¶*sich⁴ gegen et⁴ verwahren* 事⁴に抗議する．◆*Wo habe ich nur meine Geburtsurkunde verwahrt?* 私はどこに出生証明書をしまったのか．／*Gegen diese Anschuldigungen verwahre ich mich aufs Schärfste.* このような告発に対して私はきわめて厳しく抗議する．

ver・walten ［フェァ・ヴァルテン］動 管理する；経営する．¶*Er verwaltet das Vermögen seiner Frau.* 彼は細君の財産を管理している．

Ver・walter ［フェァ・ヴァルタァ］男-s /- （女性 **Ver・walterin** ［フェァ・ヴァルテリン］女 -/Ver・walterinnen ［フェァ・ヴァルテリネン］）管理人．管財人．

Ver・waltung ［フェァ・ヴァルトゥング］女-/-en （複なし）管理；管理部；行政［官庁］．¶*Die Verwaltung seines Nachlasses macht viel Arbeit.* 彼の遺産を管理するのはたいへんな仕事だ．／*Wen betrauen wir mit der Verwaltung der Kundenkartei?* 顧客カードの管理を誰に委せようか．

ver・wandeln ［フェァ・ヴァンデルン］動 変える，変化させる《in et⁴ 物⁴に》．¶*sich⁴ verwandeln* 変わる．◆*Die Krankheit hat ihn völlig verwandelt.* 病気が彼をすっかり変えてしまった．／*Das hässliche Entlein verwandelte sich in einen prächtigen Schwan.* 醜いアヒルの子は見事なハクチョウに変身した．

Ver・wandlung ［フェァ・ヴァンドルング］女 -/-en 変化，変貌；変身．

ver・wand ［フェァ・ヴァント］ verwinden の過去形・単数・1，3人称．

ver・wandt ［フェァ・ヴァント］**1** 形 親戚（親類）の，血族の《mit j³ 人³と》；類似の《mit et³ 物³と》．¶*Bist du mit ihr verwandt?* 君は彼女

V

ver・wandte

の親戚かい。/ In diesem Dorf ist jeder mit jedem *verwandt*. この村の人はみな親戚関係である。 **2** verwenden の過去分詞。

ver・wandte [フェア・ヴァンテ] verwenden の過去形・単数・1，3人称。

Ver・wandter* [フェア・ヴァンタァ] **男** (女性 **Ver・wandte*** [フェア・ヴァンテ] **女**)《形容詞の名詞化》親戚，親類。¶ Meine Frau habe ich bei *Verwandten* kennen gelernt. 私は妻と親類のところで知り合った。

Verwandt・schaft [フェアヴァント・シャフト] **女** -/-en 親戚（親族・血縁）関係，親族；類似性。¶ Zur Kindtaufe war die ganze *Verwandtschaft* eingeladen. 幼児洗礼式には親族一同が招かれていた。

ver・warf [フェア・ヴァルフ] verwerfen の過去形・単数・1，3人称。

ver・warnen [フェア・ヴァルネン] **動** (人⁴に)警告する。¶ Wegen eines so groben Fouls hätte der Schiedsrichter ihn *verwarnen* müssen. あんなひどい反則をしたのだから審判は彼に警告を発すべきだったのに。

ver・wechseln [フェア・ヴェクセルン] **動** 混同する，取り違える《mit *j³*/*et³* 人³・物³と》。¶ Unser Professor *verwechselt* dauernd unsere Namen. 教授はいつも私たちの名前を取り違えている。/ Er hat deine Telefonnummer mit meiner *verwechselt*. 彼は君の電話番号を私のと取り違えた。

Ver・wechslung [フェア・ヴェクスルング] **女** -/-en 混同，取り違え。

V

ver・weichlichen [フェア・ヴァイヒリヒェン] **動 1** (s) 柔弱になる。**2** 柔弱にする，甘やかす。

ver・weigern [フェア・ヴァイゲルン] **動** 拒む。¶ Der Angeklagte *verweigert* die Aussage. 被告人は供述を拒んでいる。/ Immer mehr junge Männer *verweigern* den Wehrdienst. 兵役を拒否する若者

がますます増えている。**Ver・weigerung** [フェア・ヴァイゲルング] **女** -/-en 拒否，拒絶。

Ver・weis [フェア・ヴァイス] **男** -es/-e 叱責，(公務員などに対する)戒告；(辞書などの)参照指示。¶ *j³* einen *Verweis* erteilen 人³を叱る。◆ Hier fehlt ein *Verweis* auf Seite 32. 32ページ参照という指示がここには抜けている。

ver・weisen* [フェア・ヴァイゼン] *du*/*er* verweist; verwies, verwiesen **動** 指示する，参照させる《*j⁴* auf *et⁴* 人⁴に事⁴を》。¶ *j⁴* an *j⁴* *verweisen* 人⁴に人⁴のところへ行くように指示する。/ *j⁴* aus (von) *et³* *verweisen* 人⁴を場所³から追放する。◆ Das Lehrbuch *verweist* in diesem Zusammenhang auf die neuesten Forschungsergebnisse. この教科書はこれに関連して最新の研究成果を参照するよう指示している。/ In dieser Angelegenheit muss ich Sie an meinen Kollegen Koller *verweisen*. この件に関してはあなたに同僚コラーのところへ行っていただかなければなりません。/ Wegen des Vorfalls wurde er von der Schule *verwiesen*. その一件で彼は放校処分になった。

ver・welken [フェア・ヴェルケン] **動** (s) (花が)しおれる。

ver・wenden⁽*⁾ [フェア・ヴェンデン] verwandte [フェア・ヴァンテ] (verwendete) verwandt [フェア・ヴァント] (verwendet) **動** 役立てる，使う《*et⁴* auf (für) *et⁴* 物⁴を事⁴のために》。¶ *sich⁴* für *j⁴* *verwenden* 人⁴に尽力する。◆ Diese Margarine kann man nicht zum Braten *verwenden*. このマーガリンは焼肉には使えない。/ Auf diesen Bericht sollten Sie nicht zu viel Zeit *verwenden*. この報告書にあなたはあまり多くの時間を割くべきではない。/ Könnten Sie sich bei Ihrem Chef für dieses Projekt *verwenden*? このプロジェクトのためにあなたの上司にお口添え頂けませんか。

Ver・wendung [フェァ・ヴェンドゥング] 女-/-en 使用，利用，応用；用途．¶Für die restliche Farbe haben wir keine *Verwendung*. 残ったペンキには使い道がない．

ver・werfen* [フェァ・ヴェルフェン] *du* verwirfst, *er* verwirft; verwarf, verworfen 動 退ける，拒否する．¶eine Klage *verwerfen* 訴えを却下する．◆Diesen Plan hat er gleich wieder *verworfen*. この計画を彼は直ちにまた破棄した．

ver・werten [フェァ・ヴェールテン] 動 活用（利用）する，役立てる．¶Diese alten Handtücher *verwerte* ich als Putzlappen. この古タオルは雑巾に利用した．

ver・wickeln [フェァ・ヴィッケルン] 動 *sich⁴ verwickeln* もつれる．/ *sich⁴* in *et⁴ verwickeln* 事⁴に巻き込まれる．¶Die Kabel sind ineinander *verwickelt*. ケーブルがもつれ合っている．/ Er *verwickelt* sich zunehmend in Widersprüche. 彼はますます矛盾に陥っている．/ Sogar ein hoher Politiker ist in den Skandal *verwickelt*. 地位の高い政治家までもスキャンダルに巻き込まれている．

ver・wickelt [フェァ・ヴィッケルト] **1** 形 もつれた，複雑な．**2** verwickeln の過去分詞．

ver・wies [フェァ・ヴィース] verweisen の過去形・単数・1，3人称．

ver・wiesen [フェァ・ヴィーゼン] verweisen の過去分詞．

ver・winden* [フェァ・ヴィンデン] verwand; verwunden 動 克服する；打ち勝つ．¶Er kann den Verlust seiner Tochter nicht *verwinden*. 彼は娘の死を乗り越えることができない．/ Die Niederlage war schwer zu *verwinden*. この敗北から立ち直るのは容易ではなかった．

ver・wirfst [フェァ・ヴィルフスト]，**ver・wirft** [フェァ・ヴィルフト] < verwerfen．

ver・wirklichen [フェァ・ヴィルクリヒェン] 動 （計画などを）実現する．¶*sich⁴ verwirklichen* 実現される；生きがいを見出す《in *et³* 事³に》．◆Sein Plan lässt sich wohl kaum *verwirklichen*. 彼の計画を実現するのはたぶんほとんど不可能である．/ Endlich hat sich mein Traum *verwirklicht*. ついに私の夢が実現した．/ Sie findet, als Nurhausfrau kann sie sich nicht *verwirklichen*. 彼女は専業主婦では生きがいが見出せないと思っている．

ver・wirren [フェァ・ヴィレン] 動 混乱（紛糾）させる；（人⁴を）困惑させる．¶*sich⁴ verwirren* 混乱（紛糾）する．/ *verwirrtes* Haar 乱れた髪の毛．◆Die vielen Zwischenrufe *verwirrten* ihn sichtlich. 沢山の野次が彼を明らかに困惑させた．

ver・witwet [フェァ・ヴィットヴェト] 形 夫（妻）をなくした．¶Sie ist schon lange *verwitwet*. 彼女は夫をなくしてからすでに長い月日が経過している．

Ver・witweter* [フェァ・ヴィットゥヴェタァ] 男 （女性 **Ver・witwete*** [フェァ・ヴィットゥヴェテ] 女）《形容詞の名詞化》男やもめ；未亡人．

ver・wöhnen [フェァ・ヴェーネン] 動 甘やかす；喜ばせる．¶Ich finde, er *verwöhnt* seine Zwillinge viel zu sehr. 彼はその双子をあまりにも甘やかしすぎると私は思う．

ver・wöhnt [フェァ・ヴェーント] **1** 形 甘やかされた，わがままな．**2** verwöhnen の過去分詞．

ver・worfen [フェァ・ヴォルフェン] **1** 形 背徳の，堕落した．**2** verwerfen の過去分詞．

ver・wunden [フェァ・ヴンデン] **1** 動 傷つける．¶Im Krieg ist er schwer *verwundet* worden. 彼は戦争中重傷を負った．**2** verwinden の過去分詞．

ver・wundern [フェァ・ヴンデルン] 動 驚かす，不思議がらせる．¶*sich⁴* über *et⁴* verwundern 事⁴を不思議がる．◆Mit seinem Entschluss *verwunderte* er die ganze Fami-

641

lie. 彼の決心は家族の皆を驚かせた. / Wir *verwundern* uns über seine Frechheit. 彼の厚かましさにびっくりしている.

ver・wundet [フェア・ヴンデト] **1** 形 傷つけられた, 負傷した. **2** verwunden の過去分詞.

Ver・wundeter* [フェア・ヴンデタァ] 男 (女性 **Ver・wundete*** [フェア・ヴンデテ] 女)《形容詞の名詞化》負傷者.

ver・wüsten [フェア・ヴューステン] 動 荒廃させる, 廃墟にする. ¶Der Taifun hat die ganze Küstenregion *verwüstet*. 台風は沿岸地帯全体を荒廃させた.

ver・zählen [フェア・ツェーレン] 動 ¶*sich*⁴ *verzählen* 数え間違える.

ver・zehren [フェア・ツェーレン] 動 (飲食物を)平らげる; 消耗させる.

ver・zeichnen [フェア・ツァイヒネン] 動 書き留める, 記録にとどめる; 歪曲する. ¶Nicht alle Namen sind in dieser Liste *verzeichnet*. 全ての名前がこのリストに載っているわけではない. / Die Schwimmer konnten zwei Weltrekorde *verzeichnen*. 泳者たちは世界記録を二つ達成することができた. / Der Artikel *verzeichnet* den wahren Sachverhalt. この記事は事実を歪曲している.

Verzeich・nis [フェアツァイヒ・ニス] 中 Verzeich・nisses [フェアツァイヒ・ニセス] /Verzeich・nisse [フェア・ツァイヒニセ] リスト, 目録; 索引. ¶Zunächst muss ein *Verzeichnis* des Inventars erstellt werden. まず在庫目録を作成しなければならない.

ver・zeihen* [フェア・ツァイエン] verzieh, verziehen 動 (人³の事⁴を)許す, 大目に見る. ¶*Verzeihen* Sie bitte die Verspätung! 遅れて申し訳ありません. / Dieses böse Wort kann ich ihm kaum *verzeihen*. こんなひどいことを言われて私は彼を許すことなんかとてもできない.

Ver・zeihung [フェア・ツァイウング] 女 -/ 許し. ¶*Verzeihung*! すみません. (⇒Entschuldigung)

Ver・zicht [フェア・ツィヒト] 男 -[e]s /-e 断念, 放棄, あきらめ《auf *et*⁴ 事⁴に対する》. ¶Der *Verzicht* auf die Fortsetzung des Studiums fiel ihm schwer. 学業の継続を諦めることが彼には辛かった.

ver・zichten [フェア・ツィヒテン] 動 断念する, 放棄する, あきらめる《auf *et*⁴ 事⁴を》. ¶Auf Alkohol kann er nicht *verzichten*. 彼はアルコールをやめることができない. / Auf allzu harte Reformen dürfte die neue Regierung *verzichten*. 新政府もあまりにも厳しい改革は断念するのではないか. / Sie *verzichtete darauf*, Revision einzulegen. 彼女は上告することを断念した.

ver・zieh [フェア・ツィー] verzeihen の過去形・単数・1, 3人称.

¹**ver・ziehen*** [フェア・ツィーエン] verzog; verzogen 動 **1** (s) 引っ越す. ¶Empfänger *verzogen*, neuer Wohnsitz unbekannt. 【郵便】名宛人転居, 転居先不明. **2** ゆがめる; 甘やかして育てる. ¶*sich*⁴ *verziehen* ゆがむ; 消え去る. / *verzogene* Kinder わがままに育てられた子ら. ♦ Der Angeklagte *verzog* keine Miene. 被告人は眉ひとつ動かさなかった. / Hoffentlich *verzieht* der Nebel sich bald. 早く霧が晴れるといいのだが.

²**ver・ziehen** [フェア・ツィーエン] verzeihen の過去分詞.

ver・zieren [フェア・ツィーレン] 動 飾る, 装飾する.

ver・zinsen [フェア・ツィンゼン] 動 ¶*et*⁴ mit 3 Prozent *verzinsen* 物⁴に3パーセントの利子をつける.

ver・zog [フェア・ツォーク] ¹verziehen の過去形・単数・1, 3人称.

ver・zogen [フェア・ツォーゲン] ¹verziehen の過去分詞.

ver・zögern [フェア・ツェーゲルン] 動 遅らせる, 延期する. ¶*sich*⁴ *verzögern* 遅くなる, 延びる.

ver・zollen [フェア・ツォレン] 動 (物⁴の)関税を支払う. ¶Haben Sie etwas zu *verzollen*? 何か課税品を

お持ちですか.

ver·zweifeln [フェァ・ツヴァイフェルン] **動** 絶望する《an *et*³ 事³に；über *et*⁴ 事⁴のことで》. ¶ am Leben verzweifeln 人生に絶望する. ♦ Eine derartige Ungerechtigkeit ist zum Verzweifeln. このような不正には絶望せざるを得ない.

ver·zweifelt [フェァ・ツヴァイフェルト] **1形** 絶望した；死にもの狂いの. ¶ Nach ihrem Unfall war sie ganz verzweifelt. 事故にあったあと彼女はすっかり絶望していた.**2** verzweifeln の過去分詞.

Ver·zweiflung [フェァ・ツヴァイフルング] **女**-/ 絶望. ¶ aus (in/vor) Verzweiflung 絶望のあまり. / in Verzweiflung geraten 絶望に陥る. ♦ Der Überfallene wehrte sich mit dem Mut der Verzweiflung. 襲われた男は捨て身の勇気で身を守ろうとした.

Veterinär [ヴェテリネーァ] **男** -s/-e (**女性**) **Veterinärin** [ヴェテリネーリン] **女**-/Veterinärinnen [ヴェテリネーリネン]）獣医.

Vetter [フェッタァ] **男**-s/-n (男の)いとこ. (⇒Cousin)

Video [ヴィーデオ] **中** -s/-s, **Video·film** [ヴィーデオ・フィルム] **男**-[e]s/-e ビデオ, ビデオ映画. **Video·gerät** [ヴィーデオ・ゲレート] **中** -es/-e ビデオデッキ. **Video·kamera** [ヴィーデオ・カメラ] **女**-/-s ビデオカメラ. **Video·kassette** [ヴィーデオ・カセテ] **女**-/-n ビデオカセット. **Video·recorder** [ヴィーデオ・レコーダァ] **男**-s/- ビデオレコーダー. **Video·text** [ヴィーデオ・テクスト] **男** -es/-e 文字多重放送.

Video·thek [ヴィデオ・テーク] **女** -/-en ビデオライブラリー；レンタルビデオ店.

Vieh [フィー] **中** -[e]s/《**複**なし》《集合的に》家畜；《**複** Viecher [フィーヒャァ]》《**ののしって**》動物, けだもの. ¶ Vieh halten 家畜を飼う. / das Vieh versorgen 家畜の世話をする.

viel [フィール] **1** mehr, am meisten **形** 《無冠詞の単数名詞の前ではふつう無変化.複数名詞の前では1, 4格 viele, 2格 vieler, 3格 vielen と変化》多くの, たくさんの, 多量の；¶《**複** の形で名詞的に》多くの人々(もの). viel Geld 多くのお金. / viel Arbeit 多くの仕事. / viele Leute 多くの人々. ♦ Was, so viel hat die Reparatur gekostet? 何だって, 修理代がそんなにかかったのか. / Das Ganze wurde mir allmählich zu viel. 私は何もかもだんだんやり切れなくなってきた. / Viel Vergnügen! おおいにお楽しみください, (皮肉に)まあせいぜいお楽しみになることだね. / Vielen Dank! どうもありがとうございます. / Heute sind nicht viele gekommen. きょうはあまり人は来なかった.**2** **副** おおいに, はるかに. ¶ viel arbeiten おおいに働く. / viel größer はるかに大きい. ♦ Im Juni regnet es in Japan besonders viel. 6月には日本では特に雨が多い. / Du isst zu viel. 君は食べ過ぎだ.

vieler·lei [フィーラァ・ラィ] **形** 《無変化》さまざまな, 多種多様な. ¶ In Deutschland gibt es vielerlei Sorten Wurst. ドイツには多種多様な種類のソーセージがある. / Er hat schon vielerlei erlebt. 彼はすでにさまざまなことを体験した.

viel·fach [フィール・ファハ] **形** 何重もの, 何倍もの；何回もの；さまざまの. ¶ Als vielfacher Millionär kann er sich eine teure Jacht leisten. 彼は億万長者だから高価なヨットでも買うことができる. / Diese Vorschrift wird vielfach nicht befolgt. この規則はしばしば守られない.

Viel·falt [フィール・ファルト] **女**-/ 多様, 多彩.

viel·fältig [フィール・フェルティヒ] -e [フィール・フェルティゲ] **形** さまざまの, 多様な.

viel·leicht [フィラィヒト] **副** **1** ひょっとしたら, 場合によっては. ¶ Das neue Mittel hilft vielleicht auch gegen Krebs. 新しい薬はひょっとしたらガンにも効くかもしれない. / Kannst du mir *vielleicht* zehn Euro leihen? できたら10ユーロ貸してもらえないか. **2**《_{くだけた表現}》約;《_{くだけた表現}》(強めとして)全く. ¶Sie ist *vielleicht* Mitte vierzig. 彼女は40代半ばぐらいだろう. 《主語に強いアクセントを置いて》Der ist *vielleicht* ein Idiot! 彼は本当に愚かなやつだ. / Du hast *vielleicht* Nerven! 君の神経には全く恐れ入ったよ.

viel·mals [フィール・マールス] **副** しばしば,何度も. ¶Ich danke Ihnen *vielmals*! どうもありがとうございます.

viel·mehr [フィール・メーア, フィール・メーア] **副** むしろ,かえって. ¶Er hat nicht nur viel Ehrgeiz, *vielmehr* ist er auch höchst talentiert. 彼はおおいに野心をもっているだけではない. むしろ実際にきわめて才能があるのだ.

viel sagend [フィール・ザーゲント] **形** 意味深長な,示唆に富む,表情豊かな.

viel·seitig [フィール・ザィティヒ] -e [フィール・ザィティゲ] **形** 多才な;多面的な. ¶Er ist ein überraschend *vielseitiger* Musiker. 彼は驚くほど多才な音楽家だ. / Dieses Handy ist *vielseitig* verwendbar. この携帯電話は多様な使い道がある.

vier [フィーァ] **数**《基数詞》4. (⇒acht) **Vier** [フィーァ] **女**-/-en 4の数[字];《_{評点}》4(6段階評価で上から4番目). **Vier·eck** [フィーァエック] **中** -[e]s/-e 四角形.

viert [フィーァト] **数**《序数詞》第4番目の.(⇒acht)

viertel [フィアテル] **数**《分数. 無変化》4分の1の. **Viertel** [フィアテル] **中**-s/- 4分の1;15分;(都市の)区域,地区. ¶Wir essen heute um *Viertel* nach zwölf. きょうは12時15分に食事をする. / In so einem *Viertel* braucht man fast eine Leibwache. こういう地区ではもう護衛が要るくらいだ.

Viertel·jahr [フィアテル・ヤール] **中** -

[e]s/-e 四半期. **Viertel·stunde** [フィアテル・シュトゥンデ] **女** -/-n 15分.

vier·zehn [フィア・ツェーン] **数**《基数詞》14.

vier·zig [フィア・ツィヒ] **数**《基数詞》40.

Villa [ヴィラ] **女** -/Villen [ヴィレン] 邸宅,屋敷;(田舎にある)別邸.

Viola [ヴィオーラ] **女**-/Violen [ヴィオーレン]《楽器》ヴィオラ.

violett [ヴィオレット] **形** すみれ色の,紫[色]の.

Violine [ヴィオリーネ] **女**-/-n《楽器》バイオリン.(⇒Geige)

Virus [ヴィールス] **中**・**男** -/Viren [ヴィーレン] ウイルス;《電算》コンピューター・ウィルス.

vis-á-vis [ヴィザヴィー] **1前**《3格支配. 後置されることが多い》…の向かいに. ¶Der Park liegt unserem Haus *vis-á-vis*. 公園はわが家の向かいにある. **2副** 向かいあわせに. ¶Mein Onkel wohnt *vis-á-vis*. 伯父はお向かいに住んでいる.

Vision [ヴィズィオーン] **女** -/-en 幻覚,幻影;ビジョン. ¶Wer *Visionen* hat, sollte zum Arzt gehen. 幻覚のある(にわかビジョンを語る)ものは精神科医に行くべきだ.

Visite [ヴィズィテ] **女**-/-n (医者の)回診;訪問.

Visiten·karte [ヴィズィーテン・カルテ]《ドイツ》, **Visit·karte** [ヴィズィート・カルテ]《オランダ》**女** -/-n 名刺.

Visum [ヴィーズム] **中** -s/Visa [ヴィーザ] (Visen [ヴィーゼン])ビザ,査証. ¶ein *Visum* beantragen ビザを申請する. ♦ Auf mein *Visum* für die USA warte ich schon zwei Wochen. アメリカのビザを貰うのに私はもう2週間待っている. / Mein *Visum* war schon längst abgelaufen. 私のビザはとっくの昔に切れていた.

Vitamin [ヴィタミーン] **中**-s/-e ビタミン.

Vitrine [ヴィトゥリーネ] **女**-/-n ガラス戸棚,ショーケース.

Vize [フィーツェ, ヴィーツェ] 男 -s/-s 【{だ上表現}】代理人，副…の人．¶ Vizepräsident 副大統領．

VN [フェアアインテ・ナツィオーネン, ファオ・エン] 複 【略】国際連合 (＝die **V**ereinten **N**ationen).

Vogel [フォーゲル] 男 -s/Vögel [フェーゲル] 鳥．¶ Du hast wohl einen Vogel, was? お前は頭がおかしいんじゃないのか．

Vokabel [ヴォカーベル] 女 -/-n (《{オースト}》中 -s/-) 単語．

Vokal [ヴォカール] 男 -s/-e 【文法】母音．(⇒Konsonant)

Volk [フォルク] 中 -[e]s/Völker [フェルカァ] 民族，国民；《複 なし》民衆．¶ das auserwählte Volk 選ばれし民．◆ Dieses Volk musste lange für seine Freiheit kämpfen. この国民は長い間自由のために戦わなくてはならなかった．／ An Karneval ist immer viel Volk auf den Straßen. カーニバルではいつも多くの民衆が通りに繰り出している．

Völker·recht [フェルカァ・レヒト] 中 -[e]s/ 国際法．¶ Verbrechen gegen das Völkerrecht werden von Menschen begangen, nicht von abstrakten Wesen. 国際法に反する犯罪は人間によって犯されるのであって，抽象的存在によるのではない．

Völker·wanderung [フェルカァ・ヴァンデルング] 女 -/-en 【歴史】民族大移動．

Volks·hochschule [フォルクス・ホーホシューレ] 女 -/-n 市民(成人)大学．

> ドイツには約900校の市民大学（略してVHS）があり，成人・生涯教育の場となっている．コースは料理，手芸，言語，哲学，政治，社会，環境，芸術，健康，ビジネススキル，IT，学校の卒業資格取得など非常に多岐に渡り，費用もお手頃である．また統合コース（ドイツ語・オリエンテーションコース）は移民的背景を持つ人々にとって重要な役割を果たしている．

Volks·lied [フォルクス・リート] 中 -es /Volks·lieder [フォルクス・リーダァ] 民謡．

Volks·schule [フォルクス・シューレ] 女 -/-n 小(国民)学校．

> ドイツおよびスイスで学制が変わる以前にあった名称．今日の Grundschule と Hauptschule を合した形の学校．　オーストリアでは Grundschule のことをこう呼ぶ．

volkstüm·lich [フォルクステューム・リヒ] 形 大衆的な，大衆に人気のある；国民(民族)固有の．¶ Pater H. ist ein sehr volkstümlicher Prediger. H 神父は大衆に人気のある説教師です．／ Das Gasthaus „Zum Schwan" ist auf volkstümliche Gerichte spezialisiert. 「白鳥亭」は大衆好みの料理を専門としている．

Volks·wagen [フォルクス・ヴァーゲン] 男 -s/- 【商標】フォルクスワーゲン．(略：VW)

voll [フォル] 形 満ちた，いっぱいの；完全な，じゅうぶんな；ふくよかな．¶ Abends ist die U-Bahn immer voll. 夕方地下鉄はいつも満員だ．／ Von ihm habe ich die Nase voll. 彼にはうんざりだ．／ Er drehte das Radio auf volle Lautstärke. 彼はラジオの音量をいっぱいにあげた．／ Seit er verheiratet ist, wird er immer voller. 結婚してから彼は一段と太っていく．／ Seit seiner Pensionierung kann er sich voll seinen Hobbys widmen. 年金生活入り以来彼は趣味に専念することができる．

Voll·bart [フォル・バールト] 男 -es/ Voll·bärte [フォル・ベールテ] 顔一面のひげ．

voll·bracht [フォル・ブラハト] vollbringen の過去分詞．

voll·brachte [フォル・ブラハテ] vollbringen の過去形・単数・1，3人称．

voll·bringen* ［フォル・ブリンゲン］ vollbringen;vollbracht **動** 完成する，成し遂げる．¶Auch der neue Präsident kann keine Wunder *vollbringen*. 新しい大統領も奇跡を成し遂げることはできない． / Mit über sechzig [Jahren] *vollbrachte* er noch einmal eine sportliche Höchstleistung. 60歳過ぎで彼はスポーツでまたも最高の成績をあげた．

voll·endet ［フォル・エンデット，フォレンデット］ **形** 完全(完璧)な，完成した．¶Er ist ein *vollendeter* Kavalier. 彼は完璧な紳士だ．

vollends ［フォレンツ］ **副** すっかり，完全に．

Voll·gas ［フォル・ガース］ **中** -es/ mit *Vollgas* 全速力で．¶*Vollgas* geben アクセルを踏み込む．

Volley·ball ［ヴォリィ・バル］ **男** -[e]s / ［スポーツ］バレーボール．

völlig ［フェリヒ］ **形** 完全な，十分な．¶*völlige* Übereinstimmung 完全な一致．◆Das ist *völlig* unmöglich. それは絶対に不可能である． / Wir fordern die *völlige* Gleichberechtigung der Frau. 我々は完全な男女同権を要求している．

voll·jährig ［フォル・イェーリヒ］ -e ［フォル・イェーリゲ］ **形** 成人した．¶*Volljährig* wird man in Deutschland mit der Vollendung des 18. (achtzehnten) Lebensjahres. ドイツでは満18歳で成人となる．

voll·kommen ［フォル・コメン，フォル・コメン］ **形** 完全な，申し分ない，完璧な．

Vollkorn·brot ［フォルコルン・ブロート］ **中** -es/-e フォルコルン・ブロート（ライ麦の全粒あら挽き黒パン）．

Voll·macht ［フォル・マハト］ **女** -/ -en 全権，代理権；委任状．¶*j³* die *Vollmacht* für *et⁴* geben 人³に事⁴の全権を与える．

Voll·milch ［フォル・ミルヒ］ **女** -/ 全乳．

Voll·mond ［フォル・モーント］ **男** -[e]s/ 満月．

Voll·pension ［フォル・パンズィオーン］ **女** -/ 3食付きの下宿．（3食付きの）ペンション；3食付きの宿泊．（⇒Pension）

voll·schlank ［フォル・シュランク］ **形** ［婉曲表現］ふくよかな（「肥満した」を婉曲に表現したもの）．

voll·ständig ［フォル・シュテンディヒ］ -e ［フォル・シュテンディゲ］ **形** 完全な，完備した．¶*vollständige* Dunkelheit 真っ暗闇．◆Ein *vollständiges* Verzeichnis der Werke des Künstlers existiert noch nicht. その芸術家の作品の完全な目録はまだ存在しない．

voll·strecken ［フォル・シュトゥレッケン］ **動** （遺言・刑罰などを）執行する．

Voll·treffer ［フォル・トレファァ］ **男** -s/- 直撃弾，決定打；大当たり．

Voll·waschmittel ［フォル・ヴァシュミテル］ **中** -s/- 全温度洗剤（あらゆる繊維に使用可能，また30～95度の温度での使用可）．

voll·zählig ［フォル・ツェーリヒ］ -e ［フォル・ツェーリゲ］ **形** 全部(全員)そろった．¶Die Eltern der Schüler sind *vollzählig* zu der Besprechung erschienen. 生徒の父母たちは全員懇談にやって来た．

voll·ziehen* ［フォル・ツィーエン］ vollzog; vollzogen **動** 実行(遂行)する．¶*sich⁴ vollziehen* 行われる，実現する；生ずる．◆Mit dieser Unterschrift ist die Scheidung endgültig *vollzogen*. この署名により離婚は最終的に成立した． / Die Veränderungen *vollzogen* sich ganz unmerklich. 変化はそれと気づかないうちに起こった．

voll·zog ［フォル・ツォーク］ vollziehen の過去形・単数・1，3人称．

voll·zogen ［フォル・ツォーゲン］ vollziehen の過去分詞．

Volumen ［ヴォルーメン］ **中** -s/-(Volumina ［ヴォルーミナ］)体積，容積；（書物の）巻，冊．¶Das *Volumen* dieses Fasses ist größer, als ich gedacht hatte. この樽の容積は私が考えていたより大きい．

vom [フォム] ＝von dem

von [フォン] **前** 《３格支配. von
dem は融合して vom となる》¶
【出発点・時間的起点】…から. von
hier ここから. / von [zu] Hause
自宅から. / Von Narita [aus] ge-
hen täglich Flüge nach Frank-
furt. 成田からは毎日フランクフルト行
きの飛行機が飛んでいる. / von heu-
te ab きょうから. / von jetzt an
今から. / von 10 bis 12 Uhr 10
時から12時まで.【動作主】…によ
る. ein Brief von meiner Mutter
母の手紙. / ein Roman von Gün-
ter Grass ギュンター・グラスの小
説. / Ich soll Sie von meiner
Frau grüßen. 妻からあなたによろし
くとのことです. / Die Stadt wurde
vom Tsunami total zerstört. 町
は津波によって完全に破壊された.【組
成】…という特質(性質)をもった. ei-
ne Stadt von hunderttausend
Einwohnern 人口10万人の町. /
ein Junge von zehn Jahren
10 歳の少年.【全体の一部】ein
Drittel von der Bevölkerung
住民の三分の一. / einer von mei-
nen Freunden 私の友人たちの一
人.【対象】…について. Von die-
sem Projekt reden wir erst spä-
ter. このプロジェクトに関しては後ほ
どお話し合いいたしましょう.【２格の
代用】…の. Er ist Vater von
fünf Kindern. 彼 は 五児 の 父 だ.
【出身】…出身の. Sie stammt
von einer reichen Familie. 彼
女はお金持ちの家の出身です.【所有・
帰属】…のもので. Ist der Mantel
von Ihnen? このコートはあなたのも
のですか.【貴族の称号. 姓の前につ
けて】Ferdinand Graf von Zep-
pelin フェルディナント・グラーフ・フ
ォン・ツェッペリーン男爵.《von mir
aus の形で》私としてはかまわない.
Von mir aus können Sie gern
mitkommen. 貴方が一緒にいらし
ても私は一向構いませんよ.

貴族の称号に用いられる von

は, 1919年ドイツで貴族制度が廃
止されたあとも, 旧貴族は von
を姓の中に組み入れて(姓の一部と
いうことにして)用いることが許され
た. 著名なドイツ文学者 Benno
von Wiese und Kaiserswal-
dau (1903-1987) の名にそ
れが見られる. von 以下が彼の
姓なのである.

von·einander [フォン・アィナンダァ]
副 お互いについて, お互いから. ¶Sie
wussten alles voneinander. 彼
らはお互いについて何でも知っていた.
/ Die beiden haben schon lan-
ge keine Post voneinander be-
kommen. 二人はもう長い間お互い
に郵便をもらわなかった.

von·seiten, von Seiten [フ
ォン・ザィテン] **前** 《２格支配》…の側
か ら. ¶vonseiten (von Seiten)
der Arbeitgeber 雇用者側からは.

vor [フォーァ] **1 前** 《３・４格支配》
《３格と》…の前で《４格と》…の前
へ. ¶【空間】 Sie steht vor dem
Spiegel³. 彼女は鏡の前に立ってい
る. / Sie stellt sich vor den Spie-
gel⁴. 彼女は鏡の前に立つ.【時間】
vor zehn Jahren³ 10 年 前 に.
【順番】 Vor mir³ stehen viele
Personen. 私の前には沢山の人が
並んでいる.【感情的原因】 vor Freu-
de³ 喜びのあまり.《熟語的に》vor
allem なかんずく, まず第一に. / vor
aller Augen 衆人環視の中で. /
vor kurzem 少し前に. / vor sich⁴
hin 一人ひそかに. **2 副** nach wie
vor 依然として.

vor– [フォーァ]《常にアクセントをもち,
分離動詞をつくる前つづり》¶【前へ】
vorspringen 前に飛び出す.【前も
って】vorbereiten 準備する.【提
示】vorlesen 読んで聞かせる.【ま
さって】vorwiegen 勝っている.

vor·an [フォラン] **副** 先に, 前に; 先
頭に立って.

voran|gehen* [フォラン・ゲーエン]
ging voran; vorangegangen **動**
(s) 先に立って行く, 先頭を行く;

voran|kommen*

(仕事などが)はかどる. ¶j³ mit gutem Beispiel *vorangehen* 人³のよい手本となる. ♦ Mit der Arbeit *geht* es nicht recht *voran*. 仕事があまりはかどらない.

voran|kommen* [フォラン・コメン] kam voran; vorangekommen **動** (s) 前進する. ¶Wir sind nur meterweise *vorangekommen*, so schlimm war der Stau. 我々はメートル単位でしか前進できなかった. 渋滞がそれ程ひどかったのである.

vor・aus [フォラォス] **副** 先行して, 先だって;勝(か)って. ¶im *Voraus* あらかじめ. ♦ Geh schon mal *voraus*, wir kommen gleich nach. さあ先に行って, 私たちはあとからすぐに行くから. / In Mathematik ist er allen anderen weit *voraus*. 数学では彼はほかの誰よりもはるかに勝っている.

voraus|gehen [フォラォス・ゲーエン] ging voraus; vorausgegangen **動** (s) 先に行く, (事³に)先行する. ¶Der Schlägerei *ging* ein heftiger Wortwechsel *voraus*. 殴り合いになる前に激しい口論があった.

voraus・gesetzt [フォラォス・ゲゼツト] **1 形** 仮定された, 前提とされた. ¶*vorausgesetzt*, dass … …と仮定すれば. ♦ Morgen fahren wir in die Berge, *vorausgesetzt*, dass es nicht regnet. あしたは山へ行く. 雨が降らなければの話だが. **2** voraussetzen の過去分詞.

Voraus・sage [フォラォス・ザーゲ] **女** -/-n 予告, 予報;予言. ¶*Voraussagen* sollte man unbedingt vermeiden, besonders solche über die Zukunft (Mark Twain). 予言というものは絶対に避けるべきだ, ことに未来に関する予言は(マーク・トウェイン).

voraus|sagen [フォラォス・ザーゲン] **動** 予告(予報)する;予言する. ¶Dass das nicht klappen wird, lässt sich leicht *voraussagen*. それがうまくいかないであろうことは容易に予言できる.

vorausseh・bar [フォラォスゼー・バール] **形** 予見できる. ¶Die Niederlage war völlig *voraussehbar*. 敗北は完全に予測できた.

voraus|sehen* [フォラォス・ゼーエン] *du* siehst voraus, *er* sieht voraus; sah voraus, vorausgesehen **動** 予見(予知)する. ¶Eine so deutliche Wahlniederlage war nicht *vorauszusehen*. これほど明白な選挙の敗北は予想外だった.

voraus|setzen [フォラォス・ゼッツェン] **動** 前提とする;仮定する. ¶Dass alles glatt läuft, kann man leider nicht *voraussetzen*. 残念ながら全てのことがスムーズに進むことを前提とすることはできない. ¶*Was er voraussetzt*, ist unrealistisch. 彼が前提としていることは現実的ではない.

Voraus・setzung [フォラォス・ゼッツング] **女** -/-en 前提;仮定. ¶unter der *Voraussetzung*, dass … …という前提(条件)のもとで. ♦ Die Opposition geht von falschen *Voraussetzungen* aus. 野党は間違った前提から出発している.

voraussicht・lich [フォラォスズィヒト・リヒ] **形** 予想(予見)される, 《**副** として》今の予測では, 見通しとして. ¶*Voraussichtlicher* Termin für die Hochzeit ist der 5. Mai. 予測される結婚式の日取りは5月5日である. / *Voraussichtlich* wird der Kurs des Yen bald wieder steigen. 見通しでは円相場は間もなくまた上昇するだろう.

vor・bei [フォーァ・バイ] **副** 通り過ぎて;過ぎ去って. ¶an et³ *vorbei* 物³のそばを通り過ぎて. / bei j³ *vorbei* 人³のもとに立ち寄って. ♦ Bis der Schnellzug *vorbei* ist, müssen wir hier warten. 急行列車が通過するまで, 私たちはここで待たなくてはならない. / Jetzt ist schon zehn Uhr *vorbei*, und er hat immer noch nicht angerufen. もう10時を過ぎたのに彼は未だに電話をよこさない. / Seit meinem Herzinfarkt ist es mit dem Rauchen

vorbei. 心筋梗塞以来喫煙はもうお
さらばだ. / Vorbei ist vorbei! 過
ぎたことは過ぎたことだ.

vorbei|fahren* [フォーァバイ・ファーレ
ン] *du* fährst vorbei, *er* fährt
vorbei; fuhr vorbei, vorbeige-
fahren 動 (s) (乗り物が・で)通り
過ぎる《an *et*³ 物³のそばを》.

vorbei|kommen* [フォーァバイ・コメ
ン] kam vorbei, vorbeigekom-
men 動 (s) 通り過ぎる《an *et*³
物³のそばを》;立ち寄る《bei *j*³ 人³の
ところに》. ¶Darf ich bei Ihnen
ganz kurz vorbeikommen? あ
なたのところにちょっとお寄りしてもい
いですか.

vor|bereiten [フォーァ・ベライテン]
動 (事⁴の)準備をする. ¶*j*⁴ auf *et*⁴
vorbereiten 人⁴に事⁴の準備をさせ
る. / sich⁴ auf (für) *et*⁴ vorbe-
reiten 事⁴に対する準備をする. ◆
Heute *bereitet* mein Mann
das Abendessen *vor.* きょうは夫
が夕食の準備をする. / Wir bereiten
uns auf die Prüfung *vorberei-
ten.* 私たちは試験の準備をしなくて
はならない.

vor·bereitet [フォーァ・ベライテト]
1 形 準備のできた. ¶auf (für) *et*⁴
vorbereitet sein 事⁴に対する準備
(心構え)ができている. ◆ Auf eine
Absage war er in keiner Wei-
se vorbereitet. 彼は断られるとは夢
にも思っていなかった. / Als er an-
kam, war schon alles für ihn
vorbereitet. 彼が到着したときすで
に全てが彼のために準備されていた. **2**
vorbereiten の過去分詞.

Vor·bereitung [フォーァ・ベライトゥン
グ] 女-/-en 準備, 用意《auf/für *et*⁴
事⁴に対する》.

vor|bestellen [フォーァ・ベシュテレン]
動 予約する. ¶Vergiss nicht, die
Theaterkarten *vorzubestellen.*
芝居の入場券の予約を忘れるな.

vor·bestraft [フォーァ・ベシュトゥラー
フト] 形 かつて有罪となったことのあ
る, 前科のある.

vor|beugen [フォーァ・ボイゲン] 動

(病気など³を)予防する; ¶ *sich*⁴ vor-
beugen 前に身をかがめる. / eine
vorbeugende Maßnahme 予防
措置. / um Missverständnissen
vorzubeugen 誤解が生じないよう
に. ◆ Dieser Gefahr muss unbe-
dingt *vorgebeugt* werden. この
危険はなんとしても回避されねばならな
い.

Vor·bild [フォーァ・ビルト] 中 -[e]s/
-er 手本, 模範. ¶ *sich*³ *j*⁴ zum Vor-
bild nehmen 人⁴を模範とする.

vorbild·lich [フォーァビルト・リヒ] 形
手本となる, 模範的な.

vor|bringen* [フォーァ・ブリンゲン]
brachte vor, vorgebracht 動
申し立てる. ¶Die Argumente,
die er vorbrachte, waren leicht
zu widerlegen. 彼が持ち出した論
拠は容易に論駁することができた.

vorder [フォルダァ] 形 前にある, 前
部の. ¶Wir haben einen guten
Platz in der vordersten Reihe.
私たちの席は最前列のいい場所にある.

Vorder·grund [フォルダァ・グルント]
男-[e]s/ 前景;前面. ¶im Vorder-
grund stehen 前面(中心)にい
る. / *j*⁴/*et*⁴ in den Vordergrund
stellen 人⁴・物⁴を中心におく,目立
たせる.

Vorder·seite [フォルダァ・ザイテ]
女-/-n 前面. ¶die Vorderseite
der CD-ROM CD ロムの表面.
◆ Bei diesen alten Gebäuden
ist gewöhnlich nur die Vorder-
seite verklinkert. こうした古い建
物にあってはふつう前面だけが硬質レン
ガ(クリンカー)張りになっている.

vor|drängen [フォーァ・ドゥレンゲン]
動 *sich*⁴ vordrängen 他人を押し
のけて(強引に)前へ出ようとする.
¶Der Kerl versuchte sich dau-
ernd vorzudrängen. あいつは絶え
ず他人を押しのけて前へ出ようとした.

Vor·druck [フォーァ・ドゥルク] 男
-[e]s/-e 記入用紙, 書式.

vor·eilig [フォーァ・アイリヒ] -e [フォ
ーァ・アイリゲ] 形 性急な, 早まった, 軽
率(早計)な. ¶Sein voreiliger Ent-

schluss reute ihn sehr bald. 彼の軽率な決断はすぐさま彼を後悔させることになった。

vor·einander [フォーァ・アィナンダァ] 副 互いに向かい合って；前後して． ¶ *sich⁴ voreinander* hinstellen 互いに向かい合って立つ． ◆ Die beiden haben Angst *voreinander*. 二人は互いに相手を怖がっている．

vor·eingenommen [フォーァ・アィンゲノメン] 形 先入見(偏見)にとらわれた． ¶ Unser Lehrer ist Mädchen gegenüber *voreingenommen*. 私たちの先生は女生徒に対して偏見を持っている(よくないと決めこんでいる)．

vor·erst [フォーァ・エーァスト，フォーァ・エーァスト] 副 さしあたり，当面，目下．

Vor·fahr [フォーァ・ファール] 男-en /-en ，**Vor·fahre** [フォーァ・ファーレ] 男 2・3・4格 -n/-n （女性）**Vor·fahrin** [フォーァ・ファーリン] 女-/-fahrinnen [フォーァ・ファーリネン]）先祖，祖先．

Vor·fahrt [フォーァ・ファールト] 女-/ （交差点などでの）通行優先権． ¶ *Vorfahrt* beachten! 優先権を守れ． / Gewöhnlich hat in Deutschland der von rechts Kommende *Vorfahrt*. 一般にドイツでは右から来た者に先行権がある．

Vor·fall [フォーァ・ファル] 男 -[e]s/Vor·fälle [フォーァ・フェレ] （不意の）出来事，事件．

vor|fallen* [フォーァ・ファレン] *es* fällt vor; fiel vor, vorgefallen 動 (s) （事件などが）突発する． ¶ Wenn irgendetwas *vorfällt*, rufen Sie mich bitte sofort an! もし何かが起こったらすぐ私に電話して下さい．

vor|finden* [フォーァ・フィンデン] fand vor, vorgefunden 動 目の前に見いだす． ¶ *sich⁴ vorfinden* 見いだされる． ◆ Als ich nach Hause kam, *fand* ich seinen Brief *vor*. 帰宅してみると彼からの手紙が来ていた． / Alles, was Sie benötigen, *findet* sich an Ort und Stel-

le bereits *vor*. あなたが必要とするものはすでにそれぞれの場所に置いてあります．

Vor·freude [フォーァ・フロイデ] 女-/ （これから起こることを待つ）期待に満ちた喜び． ¶ *Vorfreude* ist die schönste Freude. 待つ喜びが最上の喜び．

vor|führen [フォーァ・フューレン] 動 （人³・物³の）前に連れて(持って)行く；展示する，上演(上映)する． ¶ Morgen werden die neuen Bademoden *vorgeführt*. あしたは水着のニューファッションが展示されます．

Vor·gang [フォーァ・ガング] 男-[e]s/Vor·gänge [フォーァ・ゲンゲ] 出来事；成り行き，経過． ¶ Über die skandalösen *Vorgänge* im Außenministerium hat die Presse bis vor kurzem nichts berichtet. 外務省におけるあのスキャンダラスな出来事について新聞はつい先ごろまで何一つ報道しなかった．

Vor·gänger [フォーァ・ゲンガァ] 男 -s/ （女性）**Vor·gängerin** [フォーァ・ゲンゲリン] 女-/Vor·gängerinnen [フォーァ・ゲンゲリネン]）前任者；先輩．

vor|geben* [フォーァ・ゲーベン] *du* gibst vor, *er* gibt vor; gab vor, vorgegeben 動 （事⁴であると）偽る；あらかじめ設定しておく． ¶ dringende Geschäfte *vorgeben* 緊急の業務だと偽る． / ökonomische Ziele *vorgeben* 経済上の目標をあらかじめ設定しておく． ◆ Wollen Sie weiter *vorgeben*, keine Komplizen gehabt zu haben? 君は共犯者がいなかったと偽り続けるつもりか．

vor|gehen* [フォーァ・ゲーエン] ging vor, vorgegangen 動 (s) 先に行く；(時計が)進む；(事³よりも)優先する；起こる． ¶ *gegen et⁴ vorgehen* 事⁴に対処する． / gerichtlich *vorgehen* 裁判沙汰にする． ◆ *Geh* ruhig *vor*, ich hole dich schon wieder ein. かまわないから先に行きなさい．私はそのうちにまた

君にちゃんと追いつくから.

Vor·gesetzter* [フォーァ・ゲゼッツァァ] **男**（女性）**Vor·gesetzte*** [フォーァ・ゲゼッツェ] **女**《形容詞の名詞化》上司, 上役.

vor·gestern [フォーァ・ゲステルン] **副** おととい, 一昨日.

vor|haben* [フォーァ・ハーベン] *du* hast vor, *er* hat vor; hatte vor, vorgehabt **動** 意図する；計画(予定)する. ¶Wer weiß, was er *vorhat*. 彼が何をたくらんでいるのか誰にもわからない. / Hast du zum Wochenende schon etwas *vor*? 君は週末何か予定があるかい. / Ich *habe vor*, durch ganz Deutschland zu reisen. 私はドイツ中を旅行しようと計画している.

Vor·haben [フォーァ・ハーベン] **中** -s /- 意図；計画, 予定. ¶Die Regierung hat ihr *Vorhaben* miserabel kommuniziert. 政府は目標について国民にお粗末な説明をした.

vor|halten* [フォーァ・ハルテン] *du* hältst [ヘルツト] vor, *er* hält vor; hielt vor, vorgehalten **動** 前に差し出す(当てる)；(人³の事⁴を)非難する. ¶Beim Niesen sollte man sich ein Taschentuch *vorhalten*. くしゃみをするときは前にハンカチを当てなければいけない. / Den Fehler von damals *hält* seine Frau ihm immer wieder *vor*. 当時の彼のあやまちを細君は繰り返し非難する.

vor|handen [フォーァ・ハンデン] **形** 手持ちの, 存在している. ¶Das Werk ist in der Universitätsbibliothek leider nicht mehr *vorhanden*. 残念ながらその著作は大学図書館にはもう置いてありません.

Vor·hang [フォーァ・ハング] **男**-[e]s/ Vor·hänge [フォーァ・ヘンゲ] カーテン；(舞台の)幕. ¶den *Vorhang* aufziehen (zuziehen) カーテンを開ける(閉める). ◆ Die Schauspieler mussten mehrmals vor den *Vorhang* treten. 俳優達は何度か幕の前に出てこなくてはならなかった.

/ Ost – und Westdeutschland waren lange Jahre durch den Eisernen *Vorhang* getrennt. 東西ドイツは長年にわたり鉄のカーテンによって分断されていた. (⇒Gardine)

vor·her [フォーァ・ヘーァ, フォーァ・ヘーァ] **副** その前に；前もって. ¶am Tag *vorher* その前日に. ◆ Wenn ich das *vorher* gewusst hätte! 前もってそれがわかっていたらなあ. / Warum hast du mich nicht *vorher* gefragt? なぜ君は前もって私に聞いておかなかったのかい.

vor·hin [フォーァ・ヒン, フォーァ・ヒン] **副** さっき, 今しがた.

vorig [フォーリヒ] -e [フォーリゲ] **形** 以前の, 前の；《スイス》残りの. ¶voriges Jahr 昨年. / im vorigen Jahrhundert 前世紀に. ◆ Unsere vorige Prüfung war schwieriger als die gestern. 前回のテストの方がきのうのより難しかった.《スイス》Ich bin vorig hier. 私はここでは余計な人間だ.

Vor·jahr [フォーァ・ヤール] **中** -[e]s/ -e 昨年, 前年. ¶Anders als in den *Vorjahren* ist diesmal keine große Hitze mehr zu befürchten. 前年とは違って今年はもうこれ以上ひどい暑さの恐れはないでしょう.

vor|kommen* [フォーァ・コメン] kam vor, vorgekommen **動** (不快なことが)起こる；存在する；(人³にとって)…と思われる；前に進み出る. ¶In letzter Zeit *kommen* immer mehr Einbrüche vor. 最近ますます頻繁に強盗事件が起こる. / Das Edelweiß *kommt* nur im Hochgebirge vor. エーデルヴァイスは高山地方にしか見られない. / Das *kommt* uns einfach lächerlich vor. 私たちにはそれがただばかばかしく思われる.

Vorkomm·nis [フォーァコム・ニス] **中** Vorkomm·nisses [フォーァコム・ニセス] /Vorkomm·nisse [フォーァコム・ニセ] (不快な)出来事, 事件. ¶Dieses skandalöse *Vorkommniss* dürfte ein Nachspiel für ihn ha-

V

ben. このスキャンダラスな出来事は彼にたいして余波があるのではあるまいか.

vor｜laden* [フォーァ・ラーデン] *du* lädst [レーット] vor, *er* lädt [レート] vor; lud vor, vorgeladen **動** 呼び出す；召喚する.

Vor･lage [フォーァ・ラーゲ] **女** -/-n 呈示, 提出；原型, 見本；〖サッカー〗アシストパス. ¶Die Sendung wird nur gegen *Vorlage* eines Ausweises ausgehändigt. 送付された品物(書類)は身分証明書を提示しないと手渡しできかねます.

vor｜lassen* [フォーァ・ラセン] *du/er* lässt vor; ließ vor, vorgelassen **動** 先に行かせる(譲る). ¶*j⁴* bei *j³* vorlassen 人⁴に人³との面会を許可する. ◆Wollen wir die alte Dame nicht *vorlassen*? お年寄りの女性を先に行かせようじゃないか.

vor･läufig [フォーァ・ロィフィヒ] -e [フォーァ・ロィフィゲ] **形** 仮の, さしあたりの, 一時的な. ¶*Vorläufig* wohne ich noch im Hotel. いまのところ私はまだホテル住まいをしている.

vor･laut [フォーァ・ラォト] **形** 出しゃばりの, 差し出がましい. ¶Sei doch nicht immer so *vorlaut*! いつもあまりにしゃばるなよ.

vor｜legen [フォーァ・レーゲン] **動** 呈示(提出)する；発表する. ¶Dieser Bericht muss dem Chef zur Unterschrift *vorgelegt* werden. このレポートは局長に提示して署名を貰わなければならない. / Erstmals seit fünf Jahren *legt* sie wieder einen Gedichtband *vor*. 5 年来初めてまた彼女は詩集を発表する.

vor｜lesen* [フォーァ・レーゼン] *du/er* liest vor; las vor, vorgelesen **動** 読んで聞かせる；朗読する. ¶Aus welchem Buch soll ich euch heute *vorlesen*? きょうはどの本を読んであげようか. / *Vorlesen* kommt in Deutschland wieder in Mode. 朗読[会]がドイツではまた流行しつつある. **Vor･lesung** [フォーァ・レーズング] **女** -/-en (大学

の)講義；朗読.

Vor･liebe [フォーァ・リーベ] **女** -/-n 特に好むこと；ひいき, 偏愛. ¶mit *Vorliebe* 特に好んで. ◆Er hat eine besondere *Vorliebe* für scharfe Sachen. 彼は強い酒を格別好んでいる.

vor｜liegen* [フォーァ・リーゲン] lag vor, vorgelegen **動** (人³の)手元(目の前)にある, 提出されている；存在する. ¶Der Antrag *liegt* dem Leiter bereits *vor*. 提案は既に所長の下に届けられている. / Hier *liegen* keinerlei Informationen über den Vermissten *vor*. ここには行方不明者についてのいかなる情報もありません. / Nach den hier *vorliegenden* Unterlagen war der Betreffende Informant der Stasi. 手元にある書類によると当該の人物は国家公安局情報提供者だった.

vor｜machen [フォーァ・マヘン] **動** やって(手本を)みせる. ¶*j³* et⁴ *vormachen* 人³をごまかして事⁴を信じこませる. ¶So leicht kann ihm niemand etwas *vormachen*. そう簡単に彼は人にだまされない.

vor｜merken [フォーァ・メルケン] **動** [sich³] et⁴ *vormerken* 注文など⁴を書き留めて(予約して)おく. ¶einen Termin für *j⁴ vormerken* 人⁴との約束を書き留めておく.

Vor･mieter [フォーァ・ミータァ] **男** -s /- (女性) **Vor･mieterin** [フォーァ・ミーテリン] **女** -/Vor･mieterinnen [フォーァ・ミーテリネン])賃貸住宅(貸室)の前住者. ¶Das Sofa habe ich meinem *Vormieter* abgekauft. このソファーは前住者から買い取った.

Vor･mittag [フォーァ・ミターク] **男** -[e]s/-e 午前. ¶jeden *Vormittag* 毎日午前中に. (⇒Nachmittag) **vor･mittags** [フォーァ・ミタークス] **副** 午前[中]に. (⇒nachmittags)

vorn [フォルン] **副** 前に, 前方に. ¶nach *vorn* gehen 前の方に行く. / noch einmal von *vorn* anfangen また最初からやり直す. / *vorn* sein トップである. ◆Er sitzt ganz *vorn*. 彼はいちばん前に座っている. / Da *vorn* ist ein Taxistand. 前方のあそこにタクシー乗り場がある.

Vor·name [フォーァ・ナーメ] 男 2格 Vor·namens, 3・4格Vor·namen /Vor·namen (姓 に 対 す る)名. (⇒Familienname, Zuname)

vorne =vorn

vor·nehm [フォーァ・ネーム] 形 上品 な, 高級な; 身分の高い. ¶ *vornehm* ausgedrückt お上品な言い方をす ると. ♦ Seitdem sie im Lotto gewonnen hat, tut sie immer entsetzlich *vornehm*. ロトくじに当た って以来彼女はいやらしいくらいお上品 ぶる.

vor|nehmen* [フォーァ・ネーメン] *du* nimmst vor, *er* nimmt vor; nahm vor, vorgenommen 動 行 う. ¶ *sich*³ *et*⁴ *vornehmen* 事⁴を決心する, 企てる. ♦ Du solltest *dir* ernsthaft *vornehmen*, nächstes Jahr das Rauchen aufzugeben. 君は来年こそタバコをやめるこ とを真剣に決意すべきだ. / Für den Urlaub habe ich *mir* viel *vorgenommen*. 私は休暇のあいだに行い

たい色んな計画を立てていた.

vorn·herein [フォルン・ヘラィン , フォル ン・ヘラィン] 副 von *vornherein* 最 初から.

Vor·ort [フォーァ・オールト] 男 -[e]s/ -e 郊外, 近郊. ¶ Er wohnt in einem *Vorort* von München. 彼 はミュンヘン郊外に住んでいる.

Vor·rang [フォーァ・ラング] 男 -[e]s/ 優位, 上位;《ネットワーク》優先権. ¶ Die Schaffung von Arbeitsplätzen hat absoluten *Vorrang*. 雇用機 会をつくることが絶対に優先される.

Vor·rat [フォーァ・ラート] 男 -[e]s/ Vor·räte [フォーァ・レーテ] 蓄 え, 在 庫. ¶ solange der *Vorrat* reicht 在庫が十分ある限り. ♦ Seine Zigarren kauft er immer auf *Vorrat*. 彼はいつも葉巻を大量に買う.

vor·rätig [フォーァ・レーティヒ] -e [フォーァ・レーティゲ] 形 蓄えてある, 在 庫の. ¶ *vorrätig* sein 在庫してい る. ♦ Wir haben diesen Artikel noch *vorrätig*. その品はまだ在庫 があります.

Vor·recht [フォーァ・レヒト] 中 -[e]s /-e 特権, 優先権.

≡ドイツを識るコラム≡2021年に生まれた赤ちゃんの名前ベスト10

女子
1 Emilia
2 Hannah/Hanna
3 Mia
4 Emma
5 Sophia/Sofia
6 Mila
7 Lina
8 Ella
9 Lea/Leah
10 Marie

男子
1 Mat(h)eo/Matt(h)eo
2 Noah
3 Leon
4 Finn
5 Elias
6 Paul
7 Ben
8 Luca
9 Emil
10 Louis/Luis

短くて呼びやすい名前が上位に来ているが, 長めの名前も健在であ る. 愛称で短く呼ぶことも多い. 例えば Maximilian → Max, Benjamin → Benni, Stefanie → Steffi, Elisabeth → Lisa, Lissy, Elli など. Luise → Luischen のように「～ちゃん」に当たる -chen をつける こともある. 新生児の名前は生後4週間以内に戸籍局に届け出る決ま りになっている.子供の幸せを損なうような名前は受け付けられない.

V

Vor·richtung [フォーァ・リヒトゥング]
[女] -/-en 設備,装置,仕掛け;器具.

vor·rücken [フォーァ・リュケン] [動]
1 前へ動かす(ずらす). **2** (s) 前へ
動く,進出する.¶Jahr um Jahr
rückt die Wüste nach Süden
vor. 年々砂漠が南へ広がっていく.

vor·sagen [フォーァ・ザーゲン] [動]
(小さな声で)そっと教える. ¶Lass
dir nicht alles von deinem Ne-
benmann *vorsagen*! (教師が生徒
に)何でもかんでも隣の者にひそひそ教
えてもらうんじゃない.

Vor·satz [フォーァ・ザツ] [男] -es/
Vorsätze [フォーァ・ゼツェ] 意図.¶
mit *Vorsatz* 故意に. **vorsätz·
lich** [フォーァゼツ・リヒ] [形] 故意の;故
意に.

Vor·schein [フォーァ・シャイン] [男]
¶zum *Vorschein* kommen 現
れる.

Vor·schlag [フォーァ・シュラーク] [男]
-[e]s/Vor·schläge [フォーァ・シュレー
ゲ] 提案. ¶*j³* einen *Vorschlag*
machen. 人³に提案する. ◆Dei-
nen *Vorschlag* nehme ich dan-
kend an. 君の提案を私はありがたく
受入れる.

vor·schlagen* [フォーァ・シュラーゲン]
du schlägst vor, *er* schlägt
vor; schlug vor, vorgeschlagen
[動] 提案する;推薦する.¶Ich *schla-
ge* eine kurze Pause *vor*. 短い
休憩を取ることを提案します. / Ich
kann euch ein gutes Restau-
rant *vorschlagen*. 君たちにいいレ
ストランを推薦してあげられる.

vor·schreiben* [フォーァ・シュライベ
ン] schrieb vor; vorgeschrie-
ben [動] (手本として)書いてみせる;
指示する.¶Schreib alles genau
so ab, wie ich es *vorschreibe*!
全て私が書いて見せるそのとおりに書
き写しなさい. / Bei dieser Tätig-
keit ist das Tragen von Mund-
schutz *vorgeschrieben*. この作
業にあたってはマスクの着装がさだめら
れている.

Vor·schrift [フォーァ・シュリフト]

[女] -/-en 規則,規定;指示令. ¶ge-
gen die *Vorschriften* versto-
ßen 規則に違反する. / nach *Vor-
schrift* des Arztes 医者の指示に
従って. ◆Dienst nach *Vorschrift*
《くだけた表現》順法闘争.

Vor·schuss [フォーァ・シュス] [男]
-es/Vor·schüsse [フォーァ・シュセ]
前払い,前渡し.¶Reicht dieser
Vorschuss fürs Erste? とりあえ
ずこの前払いで足りますか.

vor·sehen* [フォーァ・ゼーエン] *du*
siehst vor, *er* sieht vor; sah
vor, vorgesehen [動] あらかじめ
考慮している,予定している. ¶*sich⁴*
vorsehen 用心する. ◆Das Ge-
setz *sieht* hierfür eine Geld-
strafe *vor*. 法律はこの場合罰金刑
を定めている. / Ein erneutes Tref-
fen der beiden Politiker ist nicht
vorgesehen. 両政治家が改めて会
見することは予定されていない. / Vor
ihr *siehst* du dich besser *vor*.
彼女には注意を払った方がいいね.

Vor·sicht [フォーァ・ズィヒト] [女] -/
注意,用心. ¶mit *Vorsicht* 注意し
て. / zur *Vorsicht* 用心のために.
◆*Vorsicht*, frisch gestrichen!
ペンキ塗りたて,注意.

vor·sichtig [フォーァ・ズィヒティヒ]
-e [フォーァ・ズィヒティゲ] [形] 用心深い.

vorsichts·halber [フォーァズィヒツ・
ハルバァ] [副] 用心のため,念のため.
¶Wollen wir *vorsichtshalber*
nicht erst einmal bei ihm an-
rufen? 念のために前もって彼に電話
しておこうよ.

Vor·silbe [フォーァ・ズィルベ] [女]-/-n
《文法》前つづり.

Vor·sitzender* [フォーァ・ズィツェン
ダァ] [男] (女性) **Vorsitzende***
[フォーァ・ズィツェンデ] [女]《形容詞の名
詞化》議長,座長.

vor·sorgen [フォーァ・ゾルゲン] [動] あ
らかじめ備える《für *et⁴* 事⁴に対し
て》.

Vor·speise [フォーァ・シュパイゼ] [女]-
/-n《料理》オードブル,前菜. ¶Als
Vorspeise nehmen wir eine Ter-

rine.　オードブルにはテリーヌをもらおう.（⇒Nachspeise,Nachtisch）

vor｜sprechen* [フォーァ・シュプレヒェン] *du* sprichst vor, *er* spricht vor; sprach vor, vorgesprochen **動 1**（手本として）言って（発音して）みせる.¶Zunächst spreche ich euch den Text langsam *vor*. まず私が君たちに文章をゆっくり言って聞かせます. **2** 訪れる《bei *j³* 人³を》.¶Wegen Ihres Visums sprechen Sie am besten morgen beim Konsulat vor! あなたのビザに関してはあした領事館にいらっしゃるのが一番良いですよ.

vor｜springen* [フォーァ・シュプリンゲン] sprang vor, vorgesprungen **動**（s）前に飛び出す;突出している.

Vor・sprung [フォーァ・シュプルング] **男**-[e]s/Vor・sprünge [フォーァ・シュプリュンゲ] 優位, リード;突出部.¶Er hat das Rennen mit ganz knappem *Vorsprung* gewonnen. 彼はレースにほんの僅かの差で勝った.

Vor・stand [フォーァ・シュタント] **男**-[e]s/Vorstände [フォーァ・シュテンデ]（企業などの）役員[会];理事[会]. **Vorstands・mitglied** [フォーァシュタンツ・ミトグリート] **中**-[e]s/-er 役員,理事. **Vorstands・sitzung** [フォーァシュタンツ・ズィッツング] **女**-/-en 役員（理事）会.

vor｜stellen [フォーァ・シュテレン] **動**（人³に人⁴を）紹介する.¶*sich⁴* vorstellen 自己紹介する. / *sich³ j⁴/ et⁴* vorstellen 人⁴・物⁴を想像する,思い浮かべる.¶Könntest du mich der Dame *vorstellen*? 僕をこのご婦人に紹介してもらえないかい. / Darf ich *mich* vorstellen? 自己紹介してもよろしいですか. / Stell dir vor, du wärest in seiner Lage! もし君が彼の立場だったらどうか想像してみろ. / Darunter kann sich niemand etwas *vorstellen*. それが何のことだか誰にも見当がつかない.

Vor・stellung [フォーァ・シュテルング] **女**-/-en [自己]紹介;イメージ;想像;上映,上演.¶Wer übernimmt

die *Vorstellung* der Gäste?　来賓の紹介は誰が行うのか. / Bisher hat mich nur eine Firma zur *Vorstellung* aufgefordert.　これまでまだ1社しか面接の通知をもらっていない. / Von seiner neuen Aufgabe hat er noch keine klare *Vorstellung*. 新しい仕事に関して彼はまだはっきりとしたイメージを持っていない. / Die *Vorstellung* war sehr gut besucht. 上演の観客の入りはたいへんよかった. **Vorstellungs・gespräch** [フォーァシュテルングス・ゲシュプレーヒ] **中**-[e]s/-e（就職の）面接.

Vor・tag [フォーァ・ターク] **男**-[e]s/-e 前日.

vor｜täuschen [フォーァ・トイシェン] **動**（事⁴の）ふりをする,だまして（人³に事⁴を）本当と思わせる.　　¶eine Krankheit *vortäuschen*　病気のふりをする.◆Seine Anteilnahme ist nur *vorgetäuscht*. 彼の同情はただそのふりをしているだけだ.

Vor・teil [フォァ・タイル] **男**-s/-e 利益;長所,メリット.¶die *Vor*- und Nachteile 利害得失.◆Der Kerl ist immer nur auf seinen eigenen *Vorteil* bedacht. あいつはいつも自分の利益のことしか頭にない. / Ich habe keinen *Vorteil* davon. 私にはそれは何の得にもならない. / Sein größter *Vorteil* ist seine reiche Erfahrung. 彼の最大の長所は豊富な経験である.（⇒Nachteil）

vorteil・haft [フォーァ・タイルハフト] **形** 有利な.

Vor・trag [フォーァ・トゥラーク] **男**-[e]s/Vorträge [フォーァ・トゥレーゲ] 講演;朗読;演奏.¶einen *Vortrag* halten 講演する. / zu einem *Vortrag* gehen 講演を聴きに行く.◆Der *Vortrag* war zum Einschlafen langweilig. 講演は眠り込んでしまうほど退屈だった.

vor｜tragen* [フォーァ・トゥラーゲン] *du* trägst vor, *er* trägt vor; trug vor, vorgetragen **動** 講演

V

（朗読・演奏）する；申し述べる。¶ein Gedicht *vortragen* 詩を朗読する。／ein Klavierstück *vortragen* ピアノ曲を演奏する。◆Er hat keinen einzigen eigenen Gedanken *vorgetragen*. 彼はただの一言も自分の考えを述べなかった。／Ihre Bedenken *tragen* Sie dem Vorstand schriftlich *vor*! ご懸念は役員会に文書でお申し立て下さい。

Vor·tritt [フォーァ・トゥリット] 男-[e]s／ 優先[権]；先行権。¶Du hättest der Dame den *Vortritt* lassen sollen! 君はご婦人を先に行かせるべきだったのに。

vor·über [フォリューバァ] 副 通り過ぎて；過ぎ去って。

vorüber|gehen* [フォリューバァ・ゲーエン] ging vorüber, vorübergegangen 動 (s) 通り過ぎる《an *j*³／*et*³ 人³・物³のそばを》；過ぎ去る。¶im *Vorübergehen* 通りすがりに。◆An dieser Tatsache kann man nicht *vorübergehen*. この事実を見逃すことはできない。／Der Urlaub ist allzu schnell *vorübergegangen*. 休暇はあまりにも早く終ってしまった。

vorüber·gehend [フォリューバァ・ゲーエント] **1** 形 通りすがりの，一時的な。**2** vorübergehen の現在分詞。

Vor·urteil [フォーァ・ウァタイル] 中-s／-e 偏見，先入観。¶ein *Vorurteil* bekämpfen 偏見と闘う。◆Solche *Vorurteile* sind durchweg unberechtigt. このような偏見は全て不当である。／Auf *Vorurteil* gegen Gastarbeiter trifft man immer wieder. 外国人労働者に対する偏見には再三再四ぶつかる。

Vor·wahl [フォーァ・ヴァール] 女-／-en 予備選挙(選考)；(電話の)市外局番を回すこと，(電話の)市街局番。¶Die *Vorwahl* von Bonn ist 0228. ボンの市外局番は0228です。

Vor·wand [フォーァ・ヴァント] 男-[e]s／Vorwände [フォーァ・ヴェンデ] 口実，言い逃れ。¶Die Krankheit seiner Frau war ihm ein willkommener *Vorwand*, seinen Besuch zu verschieben. 細君の病気は彼にとって訪問を延期するのに好都合な口実だった。

vor·wärts [フォーァ・ヴェルツ] 副 前へ，先へ。¶weder *vorwärts* noch rückwärts können にっちもさっちもいかない，進退窮まっている。／einen Schritt *vorwärts* machen 一歩前進する。◆*Vorwärts* marsch! 〈軍〉前へ進め。

vor|weisen* [フォーァ・ヴァイゼン] *du/er* weist vor; wies vor, vorgewiesen 動 提示する，見せる。¶*et*⁴ vorzuweisen haben 知識・能力・資格など⁴を持っている。

vor|werfen* [フォーァ・ヴェルフェン] *du* wirfst vor, *er* wirft vor; warf vor, vorgeworfen 動 (人³の事⁴を)非難する；(物³の)前に投げる。¶In dieser Sache kann man ihm nichts *vorwerfen*. この件では彼を非難することはできない。／Er *warf* dem Hund einen Knochen *vor*. 彼は犬に骨を投げ与えた。

vor·wiegend [フォーァ・ヴィーゲント] 形 主要な；優位な；《副 として》主として。¶Dieser Sender bringt *vorwiegend* Popmusik. この局はもっぱらポップスを放送している。

Vor·wort [フォーァ・ヴォルト] 中-es／-e 前書き，序文。

Vor·wurf [フォーァ・ヴルフ] 男-[e]s／Vorwürfe [フォーァ・ヴュルフェ] 非難，叱責；題材。¶Der Abgeordnete erhob schwere *Vorwürfe* gegen den Minister. その議員は大臣に対して激しい非難の声をあげた。／Seine Frau macht ihm wegen jeder Kleinigkeit *Vorwürfe*. 彼の妻はどんな些細なことでも彼を責める。／Als *Vorwurf* für den neuen Roman diente eine kurze Pressemeldung. 新しい小説の題材として使われたのは短い新聞報道だった。

vor|zeigen [フォーァ・ツァイゲン] 動 見せる，提示する。¶Die Eintrittskarten sind auf Verlangen *vorzuzeigen*. 求めに応じ入場券を提示

しなくてはならない. / Wirklich Reiche *zeigen* ihren Reichtum nicht gern *vor*. 本当の金持ちは自分の富を見せたがらない.

vor・zeitig ［フォーア・ツァイティヒ］ -e ［フォーア・ツァイティゲ］ 形 予定より早い.

vor|ziehen* ［フォーア・ツィーエン］ zog vor, vorgezogen 動 (物³よりも物⁴を)好む, 優先する; 前へ引き出す. ¶Einen vernünftigen Wein *ziehe* ich jedem Whisky *vor*. 私はどんなウイスキーよりまともなワインの方が好きだ. / Der Lehrer *zieht* ihn allen anderen in der Klasse *vor*. その教師は彼をクラスの誰よりもひいきにしている. / Zögernd *zog* er einige Geldscheine unter der Matratze *vor*. 躊躇しながら彼は紙幣を何枚かマットレスの下から取り出した.

Vor・zug ［フォーア・ツーク］ 男 -[e]s/

Vor・züge ［フォーア・ツューゲ］ 長所; 優先. ¶Sein größter *Vorzug* ist Zuverlässigkeit. 彼の最大の長所は信頼できることだ.

vorzüg・lich ［フォーア・ツュークリヒ］ 形 優秀な, すばらしい.

Votum ［ヴォートゥム］ 中 -s/Voten ［ヴォーテン］ (Vota ［ヴォータ］) 賛否の投票. ¶*sein Votum* für (gegen) *j⁴ / et⁴* abgeben 人⁴・事⁴に賛成(反対)の投票をする.

vulgär ［ヴルゲーア］ 形 世俗の, 通俗の; 下品な. ¶Ich verstehe nicht, wieso sie sich mit einem so *vulgären* Typ abgeben kann. 何故彼女があんな下品なタイプの男と付き合えるのか, 私には理解できない.

Vulkan ［ヴルカーン］ 男 -s/-e 火山.

VW ［ファオ・ヴェー, ファァ・ヴェー］ 男 -[s]/-s 《略》フォルクスワーゲン(= **V**olks**w**agen).

ちょっと文法

例外があるのでイヤになるけど…

◆nicht の位置(2)◆
全文否定は文末に nicht を置けばいいと習ったね. ただし例外がある. ① 〈助動詞がついている場合〉これは英語と違って, 助動詞のすぐ後ろではなく, 動詞不定詞の直前に置く. Du darfst hier **nicht** schwimmen.「君はここで泳いではいけない」② 〈分離動詞の場合〉文末に分離の前つづりがあるから, その直前に置く. Ich gehe heute **nicht** aus.「私はきょう外出しません」③ 〈完了文の場合〉過去分詞の前に置く. Er ist gestern **nicht** gekommen.「彼はきのう来なかった」他にも細かく規則があるけれど, この3つをしっかりおさえておけば大丈夫. いろいろな文に接しているうちに, 自然に nicht の位置が身についてくるはずだよ.

V

W

¹**W, w** [ヴェー] 囲-/- ドイツ語アルファベットの第23字.

²**W** [ヴェー] **1**〚元素記号〛タングステン. **2** [ヴェスト, ヴェステン] 〚記号〛西(= West, Westen).

Waage [ヴァーゲ] 囡-/-n はかり, てんびん;《複なし》平衡, つり合い. ¶ et⁴ auf die *Waage* legen 物⁴をはかりに載せる. / die *Waage*〚天文〛天秤座.

waage・recht [ヴァーゲ・レヒト], **waag・recht** [ヴァーク・レヒト] 形 水平の. ¶Die Querbalken liegen nicht ganz *waagerecht*. 根太が完全に水平ではない.

wach [ヴァッハ] 形 目が覚めている. ¶*wach* bleiben 眠らないでいる. ♦ Um fünf Uhr war ich schon *wach*. 私は5時にはもう目覚めていた. / Fast die ganze Nacht habe ich *wach* gelegen. ほとんど一晩中私は眠れないまま横になっていた.

Wache [ヴァッヘ] 囡-/-n 監視員;《複なし》見張り, 監視;交番.

wachen [ヴァッヘン] 動 眠らないでいる;見張りをしている.

Wachs [ヴァクス] 囲-es/-e ワックス, ろう.

wach・sam [ヴァッハ・ザーム] 形 注意(用心)深い.

¹**wachsen*** [ヴァクセン] *du/er* wächst; wuchs, gewachsen 動 (s) 生長(成長)する. ¶Nun iss ordentlich! Du willst ja noch *wachsen*, oder? しっかり食べなさい. お前はもっと大きくなるもりだろ, ちがうのかい. / Mein Gott, bist du wieder *gewachsen*! 驚いた, お前はまた大きくなったね. / Einen Bart habe ich mir noch nicht *wachsen* lassen. 私はいまだかつてひげを生やしたことがない.

²**wachsen** [ヴァクセン] 動 (物⁴に)ワックスを塗る.

wächst [ヴェクスト] < ¹wachsen.

Wachs・tum [ヴァクス・トゥーム] 囲 -s/ 生長, 成長, 発育. ¶das *Wachstum* der Pflanzen fördern 植物の成長を促進する. / das ständige *Wachstum* der Industrie 工業の絶えざる発展.

Wächter [ヴェヒタァ] 囲-s/- 見張り, 警備員, 番人.

wackelig [ヴァッケリヒ], **wacklig** [ヴァックリヒ] -e wackelige [ヴァッケリゲ] -e wacklige [ヴァックリゲ] 形 ぐらぐらする.

wackeln [ヴァッケルン] 動 ぐらぐらと揺れる. ¶Seither *wackelt* der Stuhl des Ministers. 以来大臣の椅子はぐらついている(地位が危ない).

Wade [ヴァーデ] 囡-/-n 〚解剖〛ふくらはぎ.

Waffe [ヴァッフェ] 囡-/-n 武器, 兵器.

Waffel [ヴァッフェル] 囡-/-n 〚菓子〛ワッフル.

Waffen・stillstand [ヴァッフェン・シュティルシュタント] 囲-es/ 休(停)戦. ¶Beide Seiten einigten sich auf einen *Waffenstillstand*. 両陣営は休戦に合意した.

wagen [ヴァーゲン] 動 あえて行う. ¶《zu + 不定詞と》あえて…をする. *wagen*, dem Chef zu widersprechen 思い切って部長に反論する. 《方向を表す語と》*sich⁴* ... *wagen* 思い切って…へ向う. ♦ Weil es draußen gefährlich ist, *wage* ich mich nicht aus dem Haus. 外は危険なので, どうしても外出する気になれない. / Was, du *wagst* dich in so eine Kneipe? なんだって, 君はあんな酒場へ入るなどということをするのか.

Wagen [ヴァーゲン] 囲-s/- 車, 自動車;鉄道車両. ¶Was für einen *Wagen* fährst du? あなたはどんな車に乗っていますか. / Er hat den neuen *Wagen* schon zu Schrott gefahren. 彼は新車を事故でもうめちゃめちゃに壊してしまった.

Waggon ［ヴァゴーン］ **男**-s/-s 鉄道車両（主に貨車）.

Wahl ［ヴァール］ **女**-/-en 選挙;《**複**なし》選択. ¶eine gute *Wahl* treffen よいものを選ぶ. / zur *Wahl* gehen 選挙に行く.

wahl·berechtigt ［ヴァール・ベレヒティヒト］ **形** 選挙権のある. ¶In Deutschland ist man mit 18 Jahren *wahlberechtigt*. ドイツでは18歳から選挙権がある.

wählen ［ヴェーレン］ **動** **1** 選ぶ;（人⁴・政党⁴に）投票する;（電話番号⁴を）押す. ¶Er wurde wieder zum Bürgermeister *gewählt*. 彼は再度市長に選ばれた. / Bei ihm ist dauernd besetzt. – Hast du auch die richtige Nummer *gewählt*? 彼の電話はずっとお話中だ. – 正しい番号を押したんだろうな. **2** 投票をする;選ぶ. ¶*wählen* gehen 投票に行く. ♦Haben Sie schon *gewählt*? あなたはもう投票しましたか（ご注文の品を選びましたか）.

Wähler ［ヴェーラァ］ **男**-s/- (**女性** **Wählerin** ［ヴェーレリン］ **女**-/-Wählerinnen ［ヴェーレリネン］）有権者,選挙人,投票者.

wählerisch ［ヴェーレリシュ］ **形** 好みのうるさい.

Wahl·kampf ［ヴァール・カンプフ］ **男**-[e]s/Wahl·kämpfe ［ヴァール・ケンプフェ］ 選挙戦. **Wahl·system** ［ヴァール・ズュステーム］ **中**-s/-e 選挙制度. **Wahl·urne** ［ヴァール・ウルネ］ **女**-/-n 投票箱.

Wahn·sinn ［ヴァーン・ズィン］ **男**-[e]s/ 狂気,精神異常. ¶Es ist doch [ein] *Wahnsinn*, dass ... …とはとても正気の沙汰では.

wahn·sinnig ［ヴァーン・ズィーニヒ］ -e ［ヴァーン・ズィニゲ］ **形** 狂気の,精神異常の. ¶Du bist wohl *wahnsinnig* geworden. お前は多分頭がおかしくなったんじゃないか. / Das Kind hat wie *wahnsinnig* geschrien. 子

供は狂ったように泣きわめいた.

wahr ［ヴァール］ **形** 真実の,本当の. ¶Das darf doch nicht *wahr* sein. そんなことが本当であるはずがない. / Den *wahren* Grund für seinen Freitod weiß niemand. 彼の自死の真の理由は誰も知らない. 《nicht *wahr*? の形で》ね,そうでしょ. Du willst doch mitmachen, nicht *wahr*? お前もいっしょにするつもりだよね,そうだね.

während ［ヴェーレント］ **1前**《2格支配》…の間に,…の間はずっと. ¶Ihr Sohn stört dauernd *während* des Unterrichts. お宅の息子さんは授業中絶えず邪魔をするのですよ. **2接**《従属》…する間ずっと;…する一方で. ¶Du solltest nicht rauchen, *während* andere noch essen. あなたは他の人がまだ食事をしているのにタバコを吸ってはいけません. / *Während* sie [die] Gesellschaft liebt, ist er ausgesprochen menschenscheu. 彼女が社交好きであるに対して彼は全く交際嫌いである.

wahr·haben* ［ヴァール・ハーベン］ **動** ¶et⁴ nicht *wahrhaben* wollen 事⁴を認めようとしない.

wahr·haftig ［ヴァール・ハフティヒ , ヴァール・ハフティヒ］ -e ［ヴァール・ハフティゲ , ヴァール・ハフティゲ］ **1形** 真実の. **2副** 本当に.

Wahr·heit ［ヴァール・ハイト］ **女**-/-en 真実,真相;真理.

wahr·nehmen* ［ヴァール・ネーメン］ *du* nimmst wahr, *er* nimmt wahr; nahm wahr, wahrgenommen **動** 知覚する（見る・聞く・感じるなど）;利用する;（利益⁴を）代表する. ¶Er versteht es, seinen Vorteil *wahrzunehmen*. 彼は自分の利益を守るすべを心得ている.

wahr·sagen ［ヴァール・ザーゲン］ wahrsagte/sagte wahr, gewahrsagt/wahrgesagt **動**（人³の事⁴を）占う,予言する.

wahrschein·lich ［ヴァールシャイン・リヒ , ヴァールシャイン・リヒ］ **1形** 考えら

659

れる，ありそうな．¶ Er ist der *wahr-scheinliche* Täter. 彼がたぶん犯人だと思われる男だ．/ Ich halte es für *wahrscheinlich*, dass er wieder absagt. 彼がまた断ってくるのはおおいにありそうなことだと思う．**2** 副 おそらく，たぶん．¶ *Wahrscheinlich* lässt sie sich scheiden. おそらく彼女は離婚する．

Währung [ヴェールング] 女 -/-en 〖経済〗通貨．**Währungs・system** [ヴェールングス・ズュステーム] 中 -s/-e 〖経済〗通貨制度．

Wahr・zeichen [ヴァール・ツァイヒェン] 中 -s/- 目印，シンボル．¶ Die Frauenkirche ist das *Wahrzeichen* Münchens. 聖母教会はミュンヘンのシンボルです．

Waise [ヴァイゼ] 女 -/-n 孤児．

Wal [ヴァール] 男 -[e]s/-e 〖動物〗クジラ．

Wald [ヴァルト] 男 -[e]s/Wälder [ヴェルダァ] 森，森林；森林に覆われた山．¶ Wir wohnen ganz nah am *Wald*. 私たちは森のすぐ縁に住んでいる．/ Am liebsten gehe ich im *Wald* spazieren. 森の中を散歩するのが一番好きだ．

Wald・sterben [ヴァルト・シュテルベン] 中 -s/（環境汚染による）森林枯死．

Wal・fisch [ヴァル・フィッシュ] 男 -es/-e 〖動物〗クジラ．

Walk・man [ヴォーク・メン] 男 -s/-s (Walk・men [ヴォーク・メン]) 〖商標〗ウォークマン．

wall・fahren [ヴァル・ファーレン] wallfahrte, gewallfahrt 動 (s) 巡礼する．

Wall・fahrt [ヴァル・ファールト] 女 -/-en 巡礼[行]，聖地詣で．**Wall・fahrer** [ヴァル・ファーラァ] 男 -s/- （女性 **Wall・fahrerin** [ヴァル・ファーレリン] 女 -/Wall・fahrerinnen [ヴァル・ファーレリンネン]）巡礼者．

Wal・nuss [ヴァル・ヌス] 女 -/Wal・nüsse [ヴァル・ニュセ] 〖動物〗クルミ．

wälzen [ヴェルツェン] 動 （ゆっくり）転がして動かす．¶ *sich⁴ wälzen* 転げ回る．♦ Mit vereinten Kräften

wälzten sie den Findling aus dem Weg. 彼らは力を合わせて途上にあった漂石を転がしてどけた．/ Stundenlang hat er sich im Bett hin und her *gewälzt*. 何時間も彼はベッドで輾転反側（てんてん）した．

Walzer [ヴァルツァ] 男 -s/- 〖舞踊〗ワルツ．¶ [einen] *Walzer* tanzen ワルツを踊る．

Wand [ヴァント] 女 -/Wände [ヴェンデ] 壁．¶ An der *Wand* hängt ein Picasso. 壁にピカソの画が一枚かかっている．/ Ich hänge ein Bild an die *Wand*. 私は壁に画をかける．/ Der Junge hat die ganze *Wand* voll geschmiert. その少年が壁全体に落書きをした．

wand [ヴァント] winden の過去形・単数・1，3人称．

Wandel [ヴァンデル] 男 -s/ 変化，変遷．¶ Nach dem Krieg ist in Japan ein großer gesellschaftlicher *Wandel* eingetreten. 戦後の日本では大きな社会的変動が生じた．

¹**wandeln** [ヴァンデルン] 動 変える．¶ *sich⁴ wandeln* 変わる，変化する．

²**wandeln** [ヴァンデルン] 動 (s) ゆっくり歩く．

Wanderer [ヴァンデラァ] 男 -s/- 徒歩旅行者，ハイカー．

wandern [ヴァンデルン] 動 (s) ハイキングをする，徒歩旅行する．¶ Gestern sind wir stundenlang am Rhein entlang *gewandert*. きのうは何時間もライン河沿いにハイキングをした．

Wanderung [ヴァンデルング] 女 -/-en ハイキング，徒歩旅行．¶ eine *Wanderung* machen ハイキングをする．

Wander・vogel [ヴァンダァ・フォーゲル] 男 -s/Wandervögel [ヴァンダァ・フェーゲル] （20世紀前半の）ワンダーフォーゲル運動[のメンバー]．

Wander・weg [ヴァンダァ・ヴェーク] 男 -[e]s/-e ハイキングコース．

Wandrerin [ヴァンドゥレリン]， 女 -/Wandrerinnen [ヴァンドゥレリンネン] Wanderer の女性形．

wandte [ヴァンテ] wenden の過去形・単数・1、3人称.

Wange [ヴァンゲ] 女-/-n 頬(ﾎﾎ). *Wange an Wange* 頬と頬を寄せ合って. ◆ *Die Röte stieg ihr in die Wangen.* 彼女の頬に赤みがさした. / *Die Wangen des Kranken waren bleich und eingefallen.* 病人の頬は青ざめて落ち窪んでいた. (⇒Backe)

> Wange は人間に対して用い,精神的・心理的表情の現れる部位という意味がある.一方 Backe は人間以外の動物にも用い,もっぱら肉体的特徴を表すのに使われる. *Röte der Scham auf den Wangen* 頬にさした恥じらいの朱色. / *Backenbart* 頬ひげ.

wanken [ヴァンケン] 動 (s) よろめきながら歩く; (h) 揺れる.

wann [ヴァン] 副 《疑問》いつ;どのような場合に. ¶ *bis wann* いつまで / *seit wann* いつから. ◆ *Wann bist du mit der Arbeit fertig?* 仕事はいつ終りますか.

Wanne [ヴァネ] 女-/-n おけ,風呂おけ. (⇒Badewanne)

Wappen [ヴァッペン] 中-s/- 紋章,ワッペン.

war [ヴァール] sein の過去形・単数・1、3人称.

warb [ヴァルプ] werben の過去形・単数・1、3人称.

Ware [ヴァーレ] 女-/-n 商品,品物. ¶ *Diese Ware führen wir nicht mehr.* 当店ではこの商品をもう扱っておりません. / *Bis wann können Sie die Ware liefern?* いつまでに商品を納入(配達)してくれますか.

Waren·haus [ヴァーレン・ハォス] 中-es/Waren·häuser [ヴァーレン・ホイザァ] デパート.

Waren·zeichen [ヴァーレン・ツァイヒェン] 中-s/- 商標.

warf [ヴァルフ] werfen の過去形・単数・1、3人称.

warm [ヴァルム] wärmer [ヴェルマァ], am wärmsten [ヴェルムステン] 形 あたたかい,心のこもった. ¶ *Hier drinnen ist es viel zu warm.* この中はあまりにも暖かすぎる. / *Das Wasser im Freibad ist nicht viel wärmer als 20 Grad.* 屋外プールの水温は20度よりあまり高くない. / *Herrn K. möchte ich wärmstens empfehlen.* K 氏を心からご推薦申し上げます.

Wärme [ヴェルメ] 女-/ あたたかさ. ¶ *Trockene Wärme mag ich sehr, aber bei feuchter Wärme fühle ich mich nicht wohl.* 乾燥した暖かさはとても好きだが,湿気た暖かさだと気分がよろしくない. / *Was er jetzt vor allem braucht, ist menschliche Wärme.* 彼がいま特に必要としているのは温かな人間の心だ.

wärmen [ヴェルメン] 動 あたためる.

Wärm·flasche [ヴェルム・フラシェ] 女-/-n 湯たんぽ.

Warn·anlage [ヴァルン・アンラーゲ] 女-/-n 警報装置. **Warnblink·anlage** [ヴァルンブリンク・アンラーゲ] 女-/-n 《自動》ハザードランプ. **Warn·dreieck** [ヴァルン・ドゥライエク] 中-[e]s/-e 《交通》三角形警戒表示板.

warnen [ヴァルネン] 動 警告する《*j⁴ vor et³* 人⁴に事³を》. ¶*j⁴* [davor] *warnen, ... zu* + 不定詞 人⁴に…しないように注意する. ◆ *Vor ihm kann ich dich nur warnen.* 彼には気をつけろとしか言いようがない. / *[Die] Fachleute warnen davor, Aktien dieser Firma zu kaufen.* 専門家たちはこの会社の株を買わないよう警告している.

Warn·schild [ヴァルン・シルト] 中-[e]s/-er 《交通》警戒標識.

Warnung [ヴァルヌング] 女-/-en 警告,注意.

Warte·halle [ヴァルテ・ハレ] 女-/-n 待合ホール.

warten [ヴァルテン] 動 待つ《*auf j⁴* 人⁴を》;控える《*mit et³* 事³を》. ¶ *Warten Sie hier auf jemand?*

あなたはここでどなたかをお待ちですか. / Mit dem Essen *warten* wir, bis er kommt. 食事は彼が来るまで待ちましょう.

Warte·zimmer [ヴァルテ・ツィマァ] 中 -s/- 待合室.

warum [ヴァルム] 副 1《疑問》なぜ, どうして. ¶Kann ich mitmachen? — *Warum* nicht? 一緒にやっていいですか—勿論ですとも(<どうしていけないなどということがありましょう). 2《関係》なぜ…かということ. ¶Der Grund, *warum* sie nicht mitkommen will, ist nicht klar. なぜ彼女が一緒に来たがらないのかの理由は明らかでない.

was [ヴァス] 代 1《疑問》何が, 何を;いくらくらいの;なんだって.

1格	was
2格	wessen
3格	—
4格	was

¶*Was* ist das? これは何ですか. / *Was* kostet das? それはいくらですか. / *Was*? なんだって. / Ach *was*! そんなばかなことがあるものか. 2《was für ein の形で》どのような種類の.

	男性	女性
1格	was für ein	was für eine
2格	was für eines	was für einer
3格	was für einem	was für einer
4格	was für einen	was für eine
	中性	複数
1格	was für ein	was für
2格	was für eines	was für
3格	was für einem	was für
4格	was für ein	was für

単独で用いられる場合は, 男性・1格 was für einer, 中性・1格・4格 was für ein[e]s, 複数・1格 was für welche, 2格 was für welcher, 3格 was für welchen, 4格 was für welche となる. ¶*Was* für ein Baum (*eine* Blume) ist das?* それはどんな木(花)ですか. / *Was* für einen Füller wollen Sie haben? どんな万

年筆をご希望ですか. / Ich hätte gern ein Notizbuch. — *Was* für eins möchten Sie? メモ帳が欲しいのですが. −どのようなものをお望みですか. / Ich habe viele Wörterbücher. — *Was* für welche [haben Sie]? 私は辞書をたくさん持っている. −どんなのをお持ちですか. *Was ist das für ein Baum? という語順も使われる. 3《関係. alles, etwas, nichts などを受けて》…であるところのもの[こと]. ¶Alles, *was* er erzählt, ist glatt gelogen. 彼の話すことは全て真っ赤なうそだ.

wasch·bar [ヴァッシュ・バール] 形 洗濯をしてよい.

Wasch·becken [ヴァッシュ・ベケン] 中 -s/- 洗面台.

Wäsche [ヴェッシェ] 女 -/《集合的に》洗濯物, 下着;洗濯. ¶Deine Hose muss unbedingt in die *Wäsche*. あなたのズボンはどうしても洗濯しなければ. / Freitags ist bei uns große *Wäsche*. うちの方では金曜日が大量の洗濯をする日である. / Bei dem kalten Wetter muss mann wärmere *Wäsche* anziehen. こんなに寒い気候ではもっと暖かい下着を着なければならない.

waschen* [ヴァッシェン] *du* wäschst, *er* wäscht; wusch, gewaschen 動 洗う, 洗濯する. ¶Leg die Sachen raus. Ich *wasche* sie gleich mit. 衣類を出しなさい. 私があとで一緒に洗ってあげる.

Wäscherei [ヴェシェライ] 女 -/-en クリーニング店, 洗濯屋.

Wäsche·ständer [ヴェッシェ・シュテンダァ] 男 -s/- 物干し台. **Wäsche·trockner** [ヴェッシェ・トゥロクナァ] 男 -s/- (洗濯物の)乾燥機.

Wasch·lappen [ヴァッシュ・ラペン] 男 -s/- 入浴(洗面)用の小型タオル;【くだけた表現】臆病者.

Wasch·maschine [ヴァッシュ・マシーネ] 女 -/-n 洗濯機.

Wasch·mittel [ヴァッシュ・ミテル] 中 -s/- 洗剤. **Wasch·pulver**

W

［ヴァッシュ・プルファ］**中**-s/- 粉末洗剤.

Wasch・salon ［ヴァッシュ・ザローン］ **男** -s/-s コインランドリー.

wäschst ［ヴェッシュスト］ < waschen.

Wasch・straße ［ヴァッシュ・シュトゥラーセ］ **女**-/-n （ガソリンスタンドの）自動洗車装置. ¶Der Wagen ist noch in der Waschstraße. 車はまだ洗車装置に入っている.

wäscht ［ヴェッシュト］ < waschen.

Wasser ［ヴァッサァ］ **中** -s/-《複なし》水，ミネラルウォーター；体液；《複》Wasser, まれに Wässer》オー・デ・コロン，河川，湖沼. ¶abgekochtes Wasser 煮沸した水. / hartes (weiches) Wasser 硬水(軟水). / Wasser lassen (男性が)放尿する. ◆Man sollte täglich mindestens zwei Liter Wasser trinken. われわれは毎日少なくとも2リットルの水を飲まなくてはいけない. / Hier ist das Wasser tief, daher ist schon mancher ertrunken. こは川が深いのでこれまでにかなりの人が水死した.

Wasser・fall ［ヴァッサァ・ファル］ **男** -[e]s/Wasser・fälle ［ヴァッサァ・フェレ］滝.

Wasser・farbe ［ヴァッサァ・ファルベ］ **女** -/-n 水彩絵の具.

Wasser・hahn ［ヴァッサァ・ハーン］ **男**-[e]s/Wasser・hähne ［ヴァッサァ・ヘーネ］蛇口. ¶Der Wasserhahn tropft schon wieder. また蛇口の水が漏っている. **Wasser・kocher** ［ヴァッサァ・コハァ］ **男** -s/- 電気給湯器.

Wasser・kraftwerk ［ヴァッサァ・クラフトヴェルク］ **中**-s/-e 水力発電所.

Wasser・leitung ［ヴァッサァ・ライトゥング］ **女** -/-en 水道.

Wasser・mann ［ヴァッサァ・マン］ **男**-[e]s/ der Wassermann 《天文》水瓶座.

wässern ［ヴェッセルン］ **動** 水にひたす，冠水する.

Wasser・verschmutzung ［ヴァッサァ・フェァシュムツング］ **女**-/-en 水質汚染. ¶Die Wasserverschmutzung dort hat in bedrohliches Ausmaß angenommen. その地の水質汚染は危険極まる規模にまで達した. / Die Wasserverschmutzung bereitet den Behörden große Sorge. 水質汚染は諸官庁に大きな憂慮を抱かせている.

wässrig ［ヴェッスリヒ］-e ［ヴェッスリゲ］ **形** 水を含んだ，水っぽい.

¹**Watt** ［ヴァット］ **中**-[e]s/-en 干潟.

²**Watt** ［ヴァット］ **中**-s/-《電力》ワット.

Watte ［ヴァッテ］ **女** -/(種類:-n) 綿，脱脂綿. ¶Watte auf die wunde Stelle legen 脱脂綿を傷口にあてがう. ◆Die Jacke ist mit Watte gefüttert. このジャケットは詰め綿でライニングしてある.

WC ［ヴェーツェー］ **中**-[s]/-[s] 水洗トイレ.

weben⁽*⁾ ［ヴェーベン］ webte (wob), gewebt (gewoben) **動** 織る.

Wechsel ［ヴェクセル］ **男**-s/- 変化，交替；《商》手形. ¶Der Wechsel der Regierung wurde allgemein begrüßt. 政府の交代は一般に歓迎された. / Vergeblich versuchte er, mit einem Wechsel zu bezahlen. 彼は手形で支払おうとしたが無駄だった.

Wechsel・beziehung ［ヴェクセル・ベツィーウング］ **女** -/-en 相互関係.

wechsel・haft ［ヴェクセル・ハフト］ **形** 変わりやすい；不安定な. ¶Das Wetter bleibt wechselhaft. 天候は引続き不安定である.

wechseln ［ヴェクセルン］ **動** **1** 交換する，変更する；両替する. ¶Briefe mit j³ wechseln 人³と文通する. / ein paar Worte wechseln ちょっと言葉を交わす. **2** 入れ替わる，変わる. ¶Unser Torwart will zu einem anderen Verein wechseln. わがチームのゴールキーパーは別のクラブに変わると言っている. / Können Sie mir 50 Euro wechseln? 私に50ユーロを両替してくれませんか.

wechsel・seitig [ヴェクセル・ザィティヒ] -e [ヴェクセル・ザィティゲ] **形** 相互の、交互の.

wecken [ヴェッケン] **動** 起こす、呼び起こす. ¶[Sprich] leiser, sonst *weckst* du die Kinder! もっと小さい声でしゃべりなさいよ. さもないと子供たちの目を覚ましてしまうわよ.

Wecker [ヴェッカァ] **男** -s/- 目覚まし時計.

weder [ヴェーダァ] **接** 《*weder* ..., noch ... の形で》…でなければ…でもない. ¶Dafür habe ich *weder* Zeit noch Lust. 私はそんなことをする暇もなければ興味もない.

weg [ヴェク] **副** 離れて、去って;なくなって. ¶Er wohnt ziemlich weit *weg* von hier. 彼はここからかなり遠く離れたところに住んでいる. / Um Gottes Willen, meine Kreditkarte ist *weg*. 何たることだ、私のクレジットカードがなくなった.

Weg [ヴェーク] **男** -[e]s/-e 道、道のり;やり方、方法. ¶Ist dies der kürzeste *Weg* zum Bahnhof? これが駅への一番の近道ですか. / Am besten nehmen wir den *Weg* durch den Park. 公園を抜けていく道が一番良い. / Wir haben noch einen langen *Weg* vor uns. これから先まだまだ長い道のりだぞ. / Dies ist der einzige *Weg*, ihn zur Vernunft zu bringen. これが彼を正気に立ち返らせる唯一の方法だ.

weg- [ヴェク] 《常にアクセントをもち分離動詞をつくる前つづり》¶【立ち去る】*weg*gehen 立ち去る. 【離脱】*weg*ziehen 立ち去る. 【除去】*weg*nehmen 取り去る.

wegen [ヴェーゲン] **前** 《2格支配、まれに3格支配》《原因・理由》…のために. ¶Die Autobahn wurde *wegen* dichten Nebels gesperrt. アウトバーンは濃霧のため閉鎖された. / *Wegen* der Theaterkarten werde ich gleich anrufen. 芝居の入場券の件で私はすぐ電話するつもりだ.

weg｜fahren* [ヴェク・ファーレン] du fährst weg, er fährt weg; fuhr weg, weggefahren **動** (s)(乗り物で)去る、(乗り物が)走り去る.

weg｜geben* [ヴェク・ゲーベン] du gibst weg, er gibt weg; gab weg, weggegeben **動** 人手に渡す. ¶ein Kind *weggeben* 子供を里子に出す.

weg｜gehen* [ヴェク・ゲーエン] ging weg, weggegangen **動** (s) 立ち去る;消える. ¶Mein Mann ist vor einer halben Stunde *weggegangen*. 夫は30分前に出かけました.

weg｜kommen* [ヴェク・コメン] kam weg, weggekommen **動** (s)《くだけた表現》離れる、逃げ出す;なくなる. ¶Mach bloß, dass du *wegkommst*! とっとと失せろったら.

weg｜lassen* [ヴェク・ラセン] du/er lässt weg, ließ weg; weggelassen **動** 省略する;行かせる. ¶Warum haben Sie diesen wichtigen Punkt in dem Bericht *weggelassen*? 何故報告の中のこの重要な点を触れなかったのですか. / Er ist noch in der Klinik. Vor nächster Woche *lässt* man ihn dort nicht weg. 彼はまだ病院にいます. 来週以前に退院させてはもらえません.

weg｜laufen* [ヴェク・ラォフェン] du läufst weg, er läuft weg; lief weg, weggelaufen **動** (s) 走り去る、逃げ出す. ¶Vor kurzem ist ihm die Frau *weggelaufen*. 少し前彼は妻に逃げられた.

weg｜machen [ヴェク・マヘン] **動** 《くだけた表現》取り去る. ¶Und wer *macht* danach den Dreck weg? あとで誰か汚れを取ることになるのか.

weg｜nehmen* [ヴェク・ネーメン] du nimmst weg, er nimmt weg; nahm weg, weggenommen **動** 取り去る、取り上げる;片づける. ¶Nimm hier bitte nichts *weg*! Ich räume gleich selber auf.

ここにあるものは何も持っていかない
で．私があとで片づけますから．/ Wer
hat das Geld hier *weggenomm-
men*? ここにあった金は誰が取ってい
ったんだ．

Weg·weiser [ヴェーク・ヴァイザァ]
男-s/- 案内標識，道しるべ；旅行案内
書，入門書．

weg｜werfen* [ヴェク・ヴェルフェン]
du wirfst weg, *er* wirft weg;
warf weg, weggeworfen 動 投
げ捨てる．¶ Dummerweise hat er
die Videos von damals alle
weggeworfen. ばかなことに彼は当
時のビデオをみな捨ててしまった．

weg｜ziehen* [ヴェク・ツィーエン]
zog weg, weggezogen 動 **1** 引
いてどける，引き抜く．¶ die Vorhän-
ge *wegziehen* カーテンを引いて開
ける． **2** (s) 引っ越す．

¹weh [ヴェー] 形 痛む．¶ *wehe* Fü-
ße haben 足が痛む．

²weh! [ヴェー] , **wehe!** [ヴェーエ]
間 悲しい．

Wehe [ヴェーエ] 女-/-n 《ふつう複》
《医療》陣痛．

wehen [ヴェーエン] 動 **1** (風 が)吹
く；(風に)はためく，なびく． **2** (風が)
吹き飛ばす，なびかせる．

Weh·mut [ヴェー・ムート] 女-/ 悲
哀，哀愁． **weh·mütig** [ヴェー・ミ
ューティヒ] -e [ヴェー・ミューティゲ] 形
哀愁を帯びた．

¹Wehr [ヴェーァ] 女-/-en 《複なし》
防衛，防御；防衛軍．

²Wehr [ヴェーァ] 中-[e]s/-e (川 の
中の)堰(を)．

Wehr·dienst [ヴェーァ・ディーンスト]
男-[e]s/ 兵役． **Wehrdienst·
verweigerer** [ヴェーァディーンスト・
フェァヴァイゲラァ] 男-s/- 兵役忌
避者．

ドイツでは2011年に中止されるま
で兵役義務があり，男子は18歳か
ら9ヶ月の兵営生活を送った．ただ
し，思想・信条上の理由からこれを
忌避する権利も認められ，その場合
は老人介護などの社会奉仕を義務

づけられていた．

wehren [ヴェーレン] 動 *sich⁴* weh-
ren 身を守る，抵抗する《gegen *j⁴/
et⁴* 人⁴・事⁴ に対して》．¶ Du
musst lernen dich zu *wehren*.
自分を守ることを覚えなさい．

wehr·los [ヴェーァ・ロース] 形 無防
備な．

Wehr·pflicht [ヴェーァ・プフリヒト]
女-/-en 兵役の義務．

weh｜tun [ヴェー・トゥーン] tat weh,
wehgetan 動 *j³* wehtun 人³は
身体の一部¹が痛い．¶ Der Kopf *tut*
mir *weh*. 私は頭が痛い． / Heute
hat die Spritze gar nicht *weh-
getan*. きょうは注射がぜんぜん痛く
なかった．

Weib [ヴァイプ] 中 -[e]s/-er (軽蔑
的に)女．

weibisch [ヴァイビシュ] 形 (男性に
ついて)めめしい．

weib·lich [ヴァイプ・リヒ] 形 女性
の，雌の；《文法》女性の．

weich [ヴァイヒ] 形 柔らかい，優し
い．¶ Das Handtuch ist herrlich
weich. このタオルはすばらしくソフ
ト だ． / Möchten Sie Ihr Ei
weich oder lieber hart? 卵[の
ゆで方]はやわらかい方がよろしいです
か，それとも固ゆでをお好みですか．

Weiche [ヴァイヒェ] 女-/-n 《鉄道》ポ
イント．¶ Fast hätte er die *Wei-
che* falsch gestellt. すんでのとこ
ろで彼はポイントを誤って切りかえると
ころだった．

weich·lich [ヴァイヒ・リヒ] 形 柔ら
かめの；虚弱な，軟弱な．

¹Weide [ヴァイデ] 女-/-n《植物》ヤナギ．

²Weide [ヴァイデ] 女 -/-n 牧草地．

weigern [ヴァイゲルン] 動 *sich⁴*
weigern 拒む，拒絶する． / *sich⁴*
weigern, ... zu+[不定詞] …するこ
とを拒む．¶ Er *weigert* sich, den
Schaden zu ersetzen. 彼は損害
の弁償を拒否している．

Weigerung [ヴァイゲルング] 女-/-en
拒否，拒絶．

Weih·nachten [ヴァイ・ナハテン]

W

中-/- 《ふつう単数扱いで無冠詞》クリスマス. ¶zu (an) *Weihnachten* クリスマスに. ◆Na, was wünscht ihr euch zu *Weihnachten*? お前たちクリスマスには何が欲しい. / *Weihnachten* waren wir in Rom. クリスマスにはローマに行った. / Frohe *Weihnachten*! クリスマスおめでとう.

weihnacht·lich [ヴィナハト・リヒ] 形 クリスマスの[ような].

Weihnachts·abend [ヴィナハツ・アーベント] 男 -s/-e クリスマスイブ.

Weihnachts·baum [ヴィナハツ・バォム] 男 -[e]s/Weihnachts·bäume [ヴィナハツ・ボィメ] クリスマスツリー.

Weihnachts·geld [ヴィナハツ・ゲルト] 中-[e]s/ クリスマス・ボーナス.

Weihnachts·mann [ヴィナハツ・マン] 男 -[e]s/Weihnachts·männer [ヴィナハツ・メナァ] サンタクロース.

> サンタクロースの原型は Sankt Nikolaus「聖ニコラウス」である. 聖ニコラウスは子供の守護聖人で, 12月6日(又はその前夜)は子供たちが聖ニコラウスからの贈り物をもらう日. プロテスタント地域では宗教改革後, 聖人崇拝を避けてこの行事をクリスマスに移動. 贈り物の運び手として, 天使の姿のクリストキント Christkind が次第に広まった. カトリック地域にもこの風習が伝播, 今も南部, 西部ドイツ等では Christkind が残る. 他の地域ではニコラウスから派生した Weihnachtsmann が主流に.

Weihnachts·markt [ヴィナハツ・マルクト] 男 -[e]s/Weihnachts·märkte [ヴィナハツ・メルクテ] クリスマスの市.

weil [ヴァイル] 接 《従属》【理由】…だから, …ので. ¶Warum gehst du nicht mit? – *Weil* ich todmüde bin. 何故一緒に行かないのか – 疲れきっているから. / *Weil* die

Autobahn gesperrt war, kamen wir nicht rechtzeitig an. アウトバーンが閉鎖されていたので, 私たちの到着は時間に間に合わなかった. / Er ist total frustriert, *weil* er sich ungerecht behandelt fühlt. 彼は自分が不当な扱いを受けていると感じて完全にフラストレーションに見舞われている.

> warum (何故)と訊ねられて「何故なら」とその理由を答える文を導き出す接続詞. これに対して denn は必ずしも理由を説明する必要はないが, 念のため付け加える文の先頭に立つ. da は「ご承知のように…なので」と述べる文を導き出す.

Weile [ヴァイレ] 女-/ しばらくのあいだ. ¶nach einer *Weile* しばらくして.

Wein [ヴァイン] 男 -[e]s/(種類:-e) ワイン;(ワイン用の)ブドウの実. **Wein·berg** [ヴァイン・ベルク] 男 -[e]s/-e ブドウ畑(丘陵の斜面につくられる). **Wein·brand** [ヴァイン・ブラント] 男 -es/(種類:Wein·brände [ヴァイン・ブレンデ]) ブランデー.

weinen [ヴァイネン] 動 泣く.

weiner·lich [ヴァイナァ・リヒ] 形 泣き虫の, 涙もろい.

Wein·essig [ヴァイン・エスィヒ] 男-s /-e [ヴァイン・エスィゲ] ワインビネガー.

Wein·lese [ヴァイン・レーゼ] 女 -/-n ブドウ摘み.

Wein·probe [ヴァイン・プローベ] 女 -/-n ワインの試飲[会].

Wein·rebe [ヴァイン・レーベ] 女 -/-n ぶどうの木.

Wein·traube [ヴァイン・トラォベ] 女 -/-n 《ふつう複で》(一粒一粒の)ブドウの実.

Weise [ヴァイゼ] 女-/-n 方法, やり方. ¶auf diese (in dieser) *Weise* このようなやり方で. / die Art und *Weise* 方式, 様式.

weise [ヴァイゼ] 形 賢明な, 思慮深い. ¶Ich halte das für eine

W

ドイツのワイン

　ドイツワインと言えば，日本では「白で甘口」というイメージがあるが，ドイツにいけば赤やロゼ，スパークリングワイン Sekt もあり，白ワインも食事の際に飲まれる辛口からデザートワインとして飲まれる超甘口まで多種多様である．辛口を trocken，中辛口を halbtrocken，甘口を lieblich，süß というが，辛口には2000年から Classic（中級〜上級），Selection（最上級）と呼ばれる新しい等級が登場した．高級ワインは甘口が多く，中でも干し葡萄のようになった実を選りすぐって作った Trockenbeerenauslese は極甘口で，世界三大貴腐ワインの一つである．ドイツにあるワインの飲み方で日本では馴染みがないものに，Weinschorle（ワインを炭酸水で割ったもの．お酒に弱い人向き），冬にクリスマス市等でよく飲まれる Glühwein（赤ワインにオレンジピールやシナモン等を入れて温めたもの）等がある．

sehr *weise* Entscheidung. 私はそれを非常に賢明な決定だと思う． / Unser alter Nachbar sieht richtig *weise* aus. うちの年老いた隣人はまさに賢者の風貌がある．

weisen* ［ヴァイゼン］ *du/er* weist; wies, gewiesen 動（人³に物⁴を）指し示す，(人⁴に)…するようにと指示する．¶*j³* den Weg *weisen* 人³に道を指し示す． / *j⁴* aus dem Zimmer *weisen* 人⁴に部屋から出て行けと言う（追い出す）．

Weis・heit ［ヴァイス・ハイト］ 女-/ 知恵．¶Der Bürgermeister war mit seiner *Weisheit* am Ende. 市長も知恵が尽きた．

¹weiß ［ヴァイス］ < wissen.

²weiß ［ヴァイス］ 形 白い．¶*weiße* Haare 白髪． / *weiß* werden 青

ざめる． / *weiß* gekleidet sein 白い服を着ている．

Weiß ［ヴァイス］ 中 -[es]/- 白，白色．

Weiß・bier ［ヴァイス・ビーア］ 中-[e]s/(種類:-e) 《飲》ヴァイスビール（小麦と大麦から作られた炭酸分の多い表面発酵ビール）．**Weiß・brot** ［ヴァイス・ブロート］ 中-es/-e 《飲》白パン．

Weiß・kohl ［ヴァイス・コール］ 男-[e]s/ ，**Weiß・kraut** ［ヴァイス・クラオト］ 中-[e]s/ 《南ドイツ・オーストリア》《野菜》キャベツ．

weiß・lich ［ヴァイス・リヒ］ 形 白みがかった．

weißt ［ヴァイスト］ < wissen.

Weiß・wein ［ヴァイス・ヴァイン］ 男-[e]s/(種類:-e) 白ワイン．

Weiß・wurst ［ヴァイス・ヴルスト］ 女-/Weiß・würste ［ヴァイス・ヴュルステ］ 《料理》白ソーセージ（ミュンヒナーとも呼ばれ，ミュンヘンなど南ドイツ特有のソーセージ．子牛などの肉から作り，熱湯でゆでてから熱いうちに食する．傷みやすく，ふつう午前の前半に供する）．

Weisung ［ヴァイズング］ 女-/-en 指示，命令，指図．

weit ［ヴァイト］ 形 広い；幅広い；遠い；《形容詞の比較級に添え，副 として》はるかに，ずっと．¶*weit* größer はるかに大きい． ♦ Wie *weit* ist es von Berlin bis München? ベルリンからミュンヘンまでどれくらい離れていますか． / *Weite* Kreise der Bevölkerung sind gegen das geplante Kernkraftwerk. 広い範囲の住民は原子力発電所の計画に反対である．

weit・aus ［ヴァイト・アォス］ 副 はるかに．¶Er ist der *weitaus* beste Kandidat seit langem. 彼はずいぶん以前からこれまででずば抜けて最高の候補者だ．

Weite ［ヴァイテ］ 女-/-n 広さ，広大さ，幅；距離．¶Der Sieger beim Schispringen erreichte eine *Weite* von 126 Meter[n]. スキージャンプの勝者は126メートルの距離を跳んだ． / Das dürfte die passende *Weite* für Sie sein.

W

これがあなたさまにぴったりのサイズと
存じますが. / Die *Weite* seines
Horizonts ist erstaunlich. 彼の
視野の広さには驚嘆するばかりだ.

weiter [ヴァイタァ] **1**形 より広い;
その他の, それ以上の. ¶ohne *weite-res*（*Weiteres*）いとも簡単に, おや
すい御用で. **2**副 さらに, もっと先
へ. ¶immer *weiter* さらに.

weiter│arbeiten [ヴァイタァ・アルバイ
テン] 動 働き続ける.

Weiter│bildung [ヴァイタァ・ビルドゥン
グ] 女-/（就業者に対する）継続教
育, 成人教育.

weiter│fahren* [ヴァイタァ・ファーレ
ン] *du* fährst weiter, *er* fährt
weiter; fuhr weiter, weiterge-
fahren 動 (s)（乗り物で）さらに先
に進む.

weiter│geben* [ヴァイタァ・ゲーベン]
du gibst weiter, *er* gibt wei-
ter; gab weiter, weitergege-
ben 動 (さらに先へ) 手渡す, 転送す
る. ¶Wenn du das Buch durch
hast, *gib* es gleich an Peter
weiter! その本を読み終えたらペータ
ーに回してくれたまえ. / Sein Wissen
sollte er *weitergeben* und
nicht für sich behalten. 彼は自
分の知識を他にも伝えるべきだ, 自分だ
けで独占すべきではない.

weiter│gehen* [ヴァイタァ・ゲーエン]
ging weiter, weitergegangen
動 (s) 先へ進む. ¶Kopf hoch!
Das Leben *geht weiter*! 元気を
出せ, 人生まだ先があるぞ.

weiter・hin [ヴァイタァ・ヒン] 副 引
き続き, 今後も; そのほかに; さらに.

weiter│machen [ヴァイタァ・マヘン]
動 さらに続けて行う. ¶So viel für
heute. Morgen *machen* wir *wei-
ter*! きょうはここまで. あした先を続
けよう. / Wir müssen *weiterma-
chen*, sonst werden wir nicht
fertig. 続けてやろう, さもないと間に
合わないぞ.

weit・gehend [ヴァイト・ゲーエント]
形 かなりの程度まで, おおいに, 広範囲
にわたる.

weit・herzig [ヴァイト・ヘルツィヒ] -e
[ヴァイト・ヘルツィゲ] 形 寛大な, 心の広
い.

weit・sichtig [ヴァイト・ズィヒティヒ]
-e [ヴァイト・ズィヒティゲ] 形 遠視の;
先の見通しがきく. ¶Alles wartet
auf eine *weitsichtige* Entschei-
dung des Ministerpräsidenten.
市民が将来を見通した州首相の決定を
待っている.

Weit・sprung [ヴァイト・シュプルング]
男 -[e]s/ 〚スポーツ〛幅跳び.

Weizen [ヴァイツェン] 男 -s/- 〚植物〛
小麦.

Weizen・bier [ヴァイツェン・ビーア]
中-[e]s/(種類:-e)ヴァイツェンビール
（小麦と大麦から作られた表面発酵ビー
ル）. **Weizen・brot** [ヴァイツェン・
ブロート] 中-[e]s/-e 〚飲物〛白パン.
Weizen・mehl [ヴァイツェン・メール]
中 -[e]s/ 小麦粉.

welch [ヴェルヒ] 代 **1**《疑問》.《die-
ser 型の変化をする》どの, どちらの.

	男性	女性	中性	複数
1 格	**welcher**	**welche**	**welches**	**welche**
2 格	**welches**	**welcher**	**welches**	**welcher**
3 格	**welchem**	**welcher**	**welchem**	**welchen**
4 格	**welchen**	**welche**	**welches**	**welche**

¶*Welchen* Zug nehmen wir?
どの列車にしようか. **2**《不定》いくら
か, いくつか. ¶Ich hätte Lust auf
Bier. Hast du *welches* im
Haus? ビールが飲みたいんだが. 家
に[いくらか]あるかい. / Haben wir
noch Briefmarken? － Ja, wir
haben noch *welche*. まだ切手は
あるかーええ, まだ何枚かあるわよ.
3《関係》《2 格形は男 dessen, 女
deren, 中 dessen, 複 deren.
やや古い文体で》…であるところの.
¶ alle Banken, *welche* von dem
neuen Gesetz betroffen sind
新法の影響を受ける全ての銀行.

welk [ヴェルク] 形 （花などが）しおれ
た. **welken** [ヴェルケン] 動 (s)
（花などが）しおれる.

Welle [ヴェレ] 女-/-n 波;（髪の）ウ
ェーブ;〚物理〛周波数.

Welt [ヴェルト] 女-/-en 《複なし》

668

世界, 世間; 諸国. ¶ die Alte (Neue /Dritte) *Welt* 旧世界(新世界・第三世界). ◆ So etwas hat die *Welt* noch nicht gesehen. そのようなことを世界はまだ見たことがなかった. / Die Bilder von dem Attentat gingen um die *Welt*. 暗殺の写真は世界を駆け巡った. / Als Mann von *Welt* achtet er sehr auf feine Manieren. 世慣れた人間である彼は上品な作法に気を配っている.

Welt・all [ヴェルト・アル] 中 -s/ 宇宙.

Welt・anschauung [ヴェルト・アンシャォウング] 女 -/-en 世界観.

welt・bekannt [ヴェルト・ベカント] 形 世界的に知られた. **welt・berühmt** [ヴェルト・ベリュームト] 形 世界的に有名な.

welt・fremd [ヴェルト・フレムト] 形 世間知らずの. ¶ Unser Professor ist ziemlich *weltfremd*. 私たちの教授はかなり浮世離れしている.

Welt・krieg [ヴェルト・クリーク] 男 -[e]s/-e 世界大戦.

Welt・kulturerbe [ヴェルト・クルトゥァエルベ] 中 -s/ 世界文化遺産.

> ドイツの世界遺産登録第一号は, アーヘンの大聖堂. ドイツには現在51の世界遺産がある(2022年).

welt・lich [ヴェルト・リヒ] 形 この世の, 世俗的な.

Welt・meister [ヴェルト・マィスタァ] 男 -s/- 世界チャンピオン.

Welt・macht [ヴェルト・マハト] 女 -/ Welt・mächte [ヴェルト・メヒテ] 世界の強国.

Welt・raum [ヴェルト・ラォム] 男 -[e]s/ 宇宙. **Weltraum・fahrt** [ヴェルトラォム・ファールト] 女 -/-en 宇宙旅行.

Welt・rekord [ヴェルト・レコルト] 男 -[e]s/-e 《スポーツ》世界記録.

welt・weit [ヴェルト・ヴァィト] 形 世界に広まった. ¶ Die Umweltverschmutzung nimmt *weltweit* zu. 環境汚染は世界規模で増加している.

wem [ヴェーム] 代 《疑問代名詞・関係代名詞 wer の 3 格》だれに.

wen [ヴェーン] 代 《疑問代名詞・関係代名詞 wer の 4 格》だれを.

Wende [ヴェンデ] 女 -/-n 《複なし》[方向]転換, 転向; 転換期. ¶ Kurz nach der *Wende* zog er von Dresden nach München. 大転換の直後彼はドレスデンからミュンヘンに移った. / Hoffentlich bringt der Regierungswechsel eine *Wende* zum Besseren. 政権の交代がより良い事態への転換をもたらすとよいのだが. (⇒Wiedervereinigung)

> 旧東ドイツがドイツ連邦共和国基本法の適用範囲として承認された1990年の大転換(いわゆる東西ドイツ合併)を指して使うことが多い. 常に定冠詞つき.

wenden(*) [ヴェンデン] wendete (wandte [ヴァンテ]), gewendet (gewandt [ゲ・ヴァント]) 動 1《規則変化》裏返す; 回転させる; U ターンさせる. ¶ *sich*⁴ *wenden* 問い合わせる《an *j*⁴/*et*⁴ 人⁴・組織⁴に》. ◆ Jetzt hätte ich beinahe vergessen, den Braten zu *wenden*. 焼肉をひっくり返すのをいま危うく忘れるところだった. / An wen soll ich mich *wenden*? 誰に相談したらよろしいでしょう. 2《規則・不規則変化》…へ向ける. ¶ den Kopf nach links *wenden* 首を左に向ける. 3《規則変化》向きが変わる, 向きを変える; U ターンする.

Wende・punkt [ヴェンデ・プンクト] 男 -es/-e 転換点, 変わり目.

Wendung [ヴェンドゥング] 女 -/-en 方向転換, 転回; 言い回し.

wenig [ヴェーニヒ] -e [ヴェーニゲ] 形 《単数形の名詞の前では無変化》わずかの, 少しの. ¶ ein *wenig* Geld 少しのお金. / *wenig* Geld お金がほとんどない. / ein *wenig* 少しの. / nicht *wenig* 少なからぬ. 《形容詞の名詞化》*Wenige*/die *Wenigen* 少数の人々. / *Weniges* 少数の物. ◆ Dazu hat er nur *wenig* ge-

W

wenigstens

sagt. それについて彼はほとんど何も言わなかった.

wenigstens [ヴェーニヒステンス] 圖 少なくとも. ¶Er dürfte *wenigstens* vierzig sein. 彼は少なくとも40歳にはなっているのではなかろうか. ／Könntest du nicht *wenigstens* einmal zehn Minuten ruhig sein? お前，せめて一度10分でいいから静かにしていられないか.

wenn [ヴェン] 圏《従属》もし…ならば，…の場合はいつでも. ¶immer *wenn* .., …するときはいつでも. ／*wenn* auch たとえ…であっても，…ではあるが. ◆*Wenn* es morgen regnen sollte, verschieben wir den Ausflug. あした雨が降るようなことになったら，遠足は延期しよう. ／*Wenn* er nach Hause kommt, will er immer sofort essen. 彼は帰宅するといつもすぐにものを食べたがる.

wer [ヴェーァ] 伏 **1**《疑問》だれが.

1格	**wer**
2格	**wessen**
3格	**wem**
4格	**wen**

¶*Wer* ist das? あれは誰ですか. ／*Wessen* Idee ist das? これは誰のアイディアですか. ／*Wem* schenken Sie diese Blumen? その花は誰にプレゼントするのですか. ／*Wen* meinen Sie damit? それは誰のことを言っているのですか. **2**《不定関係代名詞》およそ…するところの人. ¶*Wer* mit will, kann ruhig kommen. 一緒に行きたい人は遠慮なく来てよい.

werben* [ヴェルベン] *du* wirbst, *er* wirbt; warb, geworben 勯 宣伝をする《für et⁴ 物⁴の》;得ようと努める《um j⁴/et⁴ 人⁴・物⁴を》. ¶Das Rote Kreuz wirbt um Spenden für die Flutopfer. 赤十字は洪水の犠牲者に対する支援の寄付をつのっている.

Werbe·spot [ヴェルベ・スポット，ヴェルベ・シュポット] 男-s/-s スポットコマー

シャル.

Werbung [ヴェルブング] 囡-/-en 宣伝,広告;（会員などの）募集. ¶die *Werbung* für neue Produkte 新製品の宣伝. ◆Seine Agentur macht gute *Werbung*. 彼の代理店は良い宣伝をしてくれる.

werden* [ヴェルデン] *du* wirst, *er* wird; wurde, geworden (worden) **1** (s)《過去分詞 geworden》…（名詞1格・形容詞）になる;生じる. ¶Arzt *werden* 医者になる. ／arm (reich) *werden* 貧しく（裕福に）なる. ／zu Eis *werden* 氷になる. ◆Es *wird* hell (Abend). 明るく（夜に）なる. ／Aus Liebe *wurde* Hass. 愛から憎しみが生まれた. **2** 勯【未来】…だろう.【話し手の意図】…するつもりだ【2人称の主語で】君には…してもらうぞ. ¶Morgen *wird* es regnen. あしたは雨が降るだろう. ／Das *werde* ich auf keinen Fall tun. 私はそんなことを決してしないつもりだ. ／Du *wirst* mitmachen. 君には一緒にやってもらうぞ. ／Der Arzt *wird* schon kommen. 医者はきっと来るから安心せよ. **3** 勯【受動】《過去分詞worden》…される. ¶Der Täter ist strengstens bestraft *worden*. 犯人はきわめて厳しく罰せられた. **4** 勯【推測・丁寧な依頼】《接続法 II würde の形で》…であろうに. ¶An deiner Stelle *würde* ich nicht so viel rauchen. 私だったら君みたいにたくさんタバコを吸わないだろうに. ／*Würden* Sie mir vielleicht einen Gefallen tun? お願いしたいことがあるのですが.

werfen* [ヴェルフェン] *du* wirfst, *er* wirft; warf, geworfen 勯 投げる;（動物が）産み落とす. ¶Die Demonstranten *warfen* Steine auf die Polizei. デモ参加者は警官に石を投げた.

Werft [ヴェルフト] 囡-/-en 造船所,ドック.

Werk [ヴェルク] 中-[e]s/-e 作品;仕事;製作所. ¶Das ist dein *Werk*.

それは君の仕業だ. / Die meisten *Werke* von Oe sind schon ins Deutsche übersetzt. 大江健三郎の作品の大部分はすでにドイツ語に翻訳されている. / Der Direktor geht jeden Morgen durch das ganze *Werk*. 所長（社長・工場長）は毎朝工場全体を見回る.

Werk・statt ［ヴェルク・シュタト］ **女**-/Werk・stätten ［ヴェルク・シュテテン］ 仕事（作業）場；アトリエ. ¶Er arbeitet in einer *Werkstatt* für Behinderte. 彼は身障者のための作業場で働いている.

Werk・tag ［ヴェルク・ターク］ **男** -[e]s/-e（祝祭日以外の）平日，ウィークデー. **werk・tags** ［ヴェルク・タークス］ **副** 平日に. ¶Dieser Zug fährt nur *werktags*. この列車はウィークデーにしか運行しない.

werk・tätig ［ヴェルク・テーティヒ］ -e ［ヴェルク・テーティゲ］ **形** 職業についている. **Werk・tätiger*** ［ヴェルク・テーティガァ］ **男** （**女性** **Werk・tätige*** ［ヴェルク・テーティゲ］ **女**《形容詞の名詞化》就業者.

Werk・zeug ［ヴェルク・ツォイク］ **中** -[e]s/-e 道具，工具. ¶Das ganze *Werkzeug* ist schon wieder in der Schublade. 工具は全てまた引き出しにおさめてある.

wert ［ヴェールト］ **形**（…⁴の）価値がある. ¶Diese alte Gutenberg-Bibel ist eine Million Euro *wert*. この古いグーテンベルク聖書は百万ユーロの値打ちがある. / Das Projekt ist nicht der Mühe *wert*. このプロジェクトは骨折りに値しない.

Wert ［ヴェールト］ **男**-[e]s/-e 価値，値打ち；《**複**で》価値あるもの. ¶auf *et⁴ Wert* legen 物⁴・事⁴を重要視する. ◆Der *Wert* des Bildes wird auf über eine Million Euro geschätzt. この絵の価値は百万ユーロ以上と評価されている. / Du solltest dich nicht unter deinem wirklichen *Wert* verkaufen. 君は自分を実際の価値以下に安売りしてはならない. / Dieses Buch ist von hohem erzieherischem *Wert*. この書物は高い教育的価値がある.

werten ［ヴェールテン］ **動** 評価する；採点する.

wert・los ［ヴェールト・ロース］ **形** 価値のない. **wert・voll** ［ヴェールト・フォル］ **形** 価値のある，価値の高い，有益な. ¶Sein Rat war mir sehr *wertvoll*. 彼の助言は私にとって非常に有益だった.

Wesen ［ヴェーゼン］ **中** -s/- 《**複**なし》本質，性質；存在物. ¶Er hat das *Wesen* des Problems genau erkannt. 彼は問題の本質を正確に認識した. / Vom *Wesen* der Rilkeschen Lyrik versteht er überhaupt nichts. 彼はリルケの抒情詩の本質をまるっきり理解していない. / Sie hat ein besonders liebenswürdiges *Wesen*. 彼女はなかんずく愛すべき人柄だ.

wesent・lich ［ヴェーゼント・リヒ］ **形** 本質的な;《副詞として》はるかに. ¶Zwischen den beiden Theorien gibt es keinen *wesentlichen* Unterschied. 双方の理論の間には本質的な違いはない. / Meiner Mutter geht es heute *wesentlich* besser. きょうは母の容態がはるかに良い. / Im *Wesentlichen* ist alles noch wie vor zehn Jahren. 本質的には（大体のところは）全てまだ10年前と変わっていない.

wes・halb ［ヴェス・ハルプ, ヴェス・ハルプ］ **副** 1《疑問》なぜ. ¶*Weshalb* will er nicht kommen? なぜ彼は来ようとしないのか. 2《関係》それ故. ¶der Grund, *weshalb* er nicht kommen will なぜ彼が来ようとしないかの理由.

Wespe ［ヴェスペ］ **女**-/-n 〖昆〗スズメバチ.

wessen ［ヴェッセン］ **代** 1《疑問代名詞 wer の2格》だれの. 2《不定関係代名詞 wer, was の2格.》だれ（何）の.

Wessi ［ヴェッスィ］ **男** -s/-s（**女**/-s）西の人（ドイツ連邦共和国旧州，旧西独の住民）.（⇒Ossi）

W

West [ヴェスト] 男 -[e]s/ 1《無変化・無冠詞で》西（略：W）. 2《-[e]s/-e》〖해〗西風. 3《地名や方位名と複合して》Westeuropa 西ヨーロッパ. / Nordwest 西北.（⇒Nord）

Weste [ヴェステ] 女 -/-n ベスト，チョッキ.

Westen [ヴェステン] 男-s/《ふつう無冠詞で》西，西方，西部，西洋，西欧，西側陣営；西洋（西欧）の人（略：W）. ¶Die Sonne geht im Westen unter. 太陽は西に沈む.

west・lich [ヴェスト・リヒ] 形 西の，西方（西部）の；西洋（西欧）の，西側陣営の；西からの，西から来る，西に向う《2格または von et³ を伴って》… の 西 に(で). ¶im westlichen Teil der Stadt 町の西部に. / westlich von München ミュンヘンの西で.

wes・wegen [ヴェス・ヴェーゲン，ヴェス・ヴェーゲン] 副 1《疑問》なぜ. ¶Weswegen will er nicht kommen? なぜ彼は来ようとしないのか. 2《関係》それ 故. ¶der Grund, weswegen er nicht kommen will なぜ彼が来ようとしないかの理由.

Wett・bewerb [ヴェット・ベヴェルプ] 男-s/-e 競技[大会]，競争，コンクール，コンテスト；《複》なし)競合.

Wette [ヴェッテ] 女-/-n 賭け. ¶eine Wette gewinnen (verlieren) 賭けに勝つ(負ける). ◆Die beiden sind in spätestens zwei Jahren geschieden, jede Wette! 二人は遅くとも２年以内には離婚している，賭けてもいいぞ.

wetten [ヴェッテン] 動 賭ける；賭けをする. ¶mit j³ um et⁴ wetten 人³と物⁴を賭ける. / um eine Flasche Sekt wetten, dass er gewinnt 彼が勝つ方へシャンペン１本を賭ける.

Wetter [ヴェッタァ] 中-s/ 天気，天候. ¶schönes (schlechtes) Wetter 良い(悪い)天気. / bei jedem Wetter どんな天気であろうとも，晴雨にかかわらず. ◆Im Urlaub hatten wir miserables Wetter. 休

暇中はひどい天気だった. / Wenn das Wetter umschlägt, bekomme ich Kopfschmerzen. 天候が変わると私は頭痛がする.

関連語 Wetter	
─お天気用語─	
sonnig	よく晴れた.
heiter	晴れた.
heiter bis wolkig	晴れ時々曇り.
die Wolke	雲.
wolkig	雲の多い.
bewölkt, bedeckt	曇りの.
der Regen	雨.
es regnet	雨が降る.
regnerisch	雨模様の，雨がちの.
der [Regen]schauer	にわか雨.
das Gewitter	雷雨.
der Sturm	嵐.
stürmisch	嵐の.
der Donner	雷.
es donnert	雷が鳴る.
der Blitz	雷光，稲妻.
es blitzt	稲妻が光る.
der Hurrikan	ハリケーン.
der Taifun	台風.
der Wind	風.
windig	風の強い.
der Schnee	雪.
es schneit	雪が降る.
der Nebel	霧.
neblig	霧のかかった.
der Föhn	フェーン[現象].
die Temperatur	気温.
die Höchsttemperatur	最高気温.
die Tiefsttemperatur	最低気温.
der Sommertag	夏日.
der heiße Tag, der Tropentag	真夏日.
der Frosttag	冬日.
der Eistag	真冬日.

Wetter・bericht [ヴェッタァ・ベリヒト] 中 -[e]s/-e 気象情報.

Wetter・vorhersage [ヴェッタァ・フォアヘーアザーゲ] 女-/-n 天気予報.

Wetter・warte [ヴェッタァ・ヴァルテ] 女 -/-n 気象観測所，気象台.

Wett・kampf [ヴェット・カンプフ]

W

男-[e]s/Wett・kämpfe [ヴェット・ケンプフェ]【スポーツ】競技，試合．**Wett・lauf** [ヴェット・ラォフ] 男-[e]s/Wett・läufe [ヴェット・ロィフェ]【スポーツ】競走．**Wett・streit** [ヴェット・シュトゥラィト] 男-[e]s/ 競争，闘争《um et⁴ 物⁴・事⁴をめぐる》．

wetzen [ヴェッツェン] 動 (刃物などを)研ぐ．

wichtig [ヴィヒティヒ] -e [ヴィヒティゲ] 形 重要(重大)な．¶sich⁴ wichtig machen もったいぶる，偉そうにする．◆Morgen habe ich einen wichtigen Termin. 私はあした大切な約束がある．／So wichtig, wie er glaubt, ist er nun wirklich nicht. 彼は自分で思っているほど実際は重要ではない．／Er kommt sich sehr wichtig vor. 彼は自分が自分がとても偉いと思っている．／Wichtig ist jetzt vor allem, dass du eine Stelle findest. いま何よりも大事なのは君が働き口を見つけることだ．／Das alles ist nur halb so wichtig. このことは全て大して重要ではない．

Wichtig・keit [ヴィヒティヒ・カィト] 女-/-e 重要性，重大さ．

wickeln [ヴィッケルン] 動 (糸，包帯などを)巻く，包む．¶das Geschenk in Papier wickeln プレゼントを包装紙に包む．／das Geschenk aus dem Papier wickeln プレゼントを包装紙から取り出す．／ein Baby wickeln 赤ん坊に新しいおしめをする．／sich⁴ in et⁴ wickeln 物⁴にくるまる．

Wickel・raum [ヴィッケル・ラォム] 男-[e]s/Wickel・räume [ヴィッケル・ロィメ] (駅・空港・百貨店などの施設で，赤ん坊のおしめ交換などができる)ベビールーム．

Widder [ヴィッダァ] 男-s/- 【動物】雄ヒツジ．¶der Widder 【天文】牡羊座．

wider [ヴィーダァ] 前 《4格支配》…に反して，…に逆らって．¶wider Erwarten 期待に反して．

wider- [ヴィーダァ]《アクセントをもち分離動詞を，アクセントをもたずに非分

離動詞をつくる前つづり》¶【反射・反響】wider|hallen [ヴィーダァ・ハレン] こだまする；【反抗】widerstehen [ヴィーダァ・シュテーレン] 逆らう．

Wider・hall [ヴィーダァ・ハル] 男-[e]s /-e 反響，こだま．

wider|hallen [ヴィーダァ・ハレン] 動 反響する，こだまする．

wider・legen [ヴィーダァ・レーゲン] 動 (主張など⁴の)誤りを立証する；論破(反証)する．¶Seine Argumente sind leicht zu widerlegen. 彼の論証は容易に論破できる．

wider・lich [ヴィーダァ・リヒ] 形 いやな，不快な．¶Er ist ein widerlicher Typ. 彼は不快なタイプだ．／Hier stinkt es ja widerlich! こはむかつくような匂いがする．

wider・rief [ヴィーダァ・リーフ] widerrufen の過去形・単数・1，3人称．

wider・rufen* [ヴィーダァ・ルーフェン] widerrief, widerrufen (発言などを)撤回する．¶Der Angeklagte widerrief sein Geständnis. 被告人は自白を撤回した．**2** widerrufen の過去分詞．

wider・setzen [ヴィーダァ・ゼッツェン] 動 sich⁴ j³/et³ widersetzen 人³・事³に抵抗(反抗)する．¶Einer ausdrücklichen Anordnung der Direktion wird er sich nicht widersetzen können. 管理部門からの明確な命令に彼は逆うことができないだろう．

wider・sprach [ヴィーダァ・シュプラーハ] widersprechen の過去形・単数・1，3人称．

wider・sprechen* [ヴィーダァ・シュプレヒェン] du widersprichst, er widerspricht; widersprach, widersprochen 動 (人³・事³に)反対する，異論を唱える；(事³に)矛盾する．¶Ich rate dir, unserem Chef nicht so oft zu widersprechen. 忠告しておくが，うちの部長にあまり再々逆らわないことだ．／Seine Behauptung widerspricht den Tatsachen. 彼の主張は事実と矛盾している．

673

wider·sprochen [ヴィーダァ・シュプロッヘン] widersprechen の過去分詞.

Wider·spruch [ヴィーダァ・シュプルフ] 男-[e]s/Wider·sprüche [ヴィーダァ・シュプリュヒェ] 反対,反論;矛盾. ¶ Der neue Direktor duldet keinen *Widerspruch*. 新任の支配人は反論を許さない.

widersprüch·lich [ヴィーダァシュプリュヒ・リヒ] 形 矛盾した.

wider·stand [ヴィーダァ・シュタント] widerstehen の過去形・単数・1, 3 人称.

Wider·stand [ヴィーダァ・シュタント] 男-[e]s/Wider·stände [ヴィーダァ・シュテンデ] 抵抗,反抗,レジスタンス 《gegen *j*⁴/*et*⁴ 人⁴・事⁴に対する》;〖電〗抵抗器. ¶ Mit deinem Vorschlag wirst du bei ihm auf *Widerstand* stoßen. 君の提案は彼の抵抗にあうだろう. / Der *Widerstand* gegen den Diktator hatte leider keinen Erfolg. 独裁者に対する抵抗は残念ながら成功しなかった.

wider·standen [ヴィーダァ・シュタンデン] widerstehen の過去分詞.

wider·stehen* [ヴィーダァ・シュテーエン] widerstand, widerstanden 動 (人³・物³に)抵抗する,逆らう;屈しない. ¶ Der Kuchen sieht so lecker aus, da kann ich nicht *widerstehen*. ケーキは見るからにおいしそうだ,これには私も抵抗ができない.

Wider·wille [ヴィーダァ・ヴィレ] 男 2格-ns, 3・4格-n/ 不快,嫌悪. ¶ mit *Widerwillen* しぶしぶ,いやいやながら. ♦ Man sah ihm seinen *Widerwillen* am Gesicht an. 彼の顔には不快感が見てとれた.

wider·willig [ヴィーダァ・ヴィリヒ] -e [ヴィーダァ・ヴィリゲ] 形 意に反した,いやいやの,しぶしぶの. ¶ *Widerwillig* stimmte er schließlich zu. 結局は彼もしぶしぶ同意した.

widmen [ヴィトゥメン] 動 捧げる. ¶ seine Gedichte⁴ seiner Frau³ widmen 自分の詩を妻に捧げる. / sich⁴ et³ widmen 事に没頭する.

Widmung [ヴィトゥムング] 女 -/-en 寄贈,献呈,献辞.

wie [ヴィー] **1** 副 《疑問》どのようにして;どのくらい;《感嘆文で》なんと. ¶ *Wie* alt ist er? 彼は何歳ですか. / *Wie* spät ist es jetzt? 今何時ですか. / *Wie*? 何ですって. / *Wie* bitte? (聞き返して)なんとおっしゃいましたか. / *Wie* bitte? Das ist doch wohl nicht Ihr Ernst! (wie を強く発音して)なんですって. まさか本気じゃありますまいね. / *Wie* schön! なんてきれいなんだろう;良かったですね. (⇒wie viel) **2** 接 《従属》…のように,…と同じく;…も…も. ¶ ein Junge *wie* er 彼のような少年. ♦ Jungen *wie* Mädchen waren alle froh. 少年たちも少女たちも喜んでいた. 《auch や immer とともに》たとえ … であろうとも. 《[eben] so … wie の形で》(wie以下と)同じくらい…で. so jung *wie* er war 彼は若かったので,彼は若かったとは言え. / Er ist so alt *wie* ich. 彼は私と同じ年だ. 《wie wenn …の形で》あたかも…であるかのように. 《関係副詞的に》…であるところの. Ich weiß nicht, *wie* reich der Mann ist. あの男がどれくらいの金持ちなのか私は知らない. /[die] Lieder, *wie* wir sie als Kinder sangen 私たちが子供の頃歌った歌.

wieder [ヴィーダァ] 副 再び,また過去と同じように,繰り返し. ¶ immer *wieder* (*wieder* und *wieder*) 何度も何度も. / nie *wieder* 二度と再び…ない. / schon *wieder* またもや. ♦ Hoffentlich kommst du bald *wieder*. すぐまた帰って来てくれればいいのだが.

wieder- [ヴィーダァ] 《常にアクセントをもち分離動詞をつくる前つづり》¶ 【再度】*wieder*｜sehen 再会する;【復元】*wieder*｜holen 取りもどす(「繰り返す」を意味する *wieder*holen はただ一語だけ非分離である).

Wieder・aufbau [ヴィーダァ・アォフバ
ォ] 男 -[e]s / 再建, 復興.

wieder│bekommen* [ヴィーダァ・
ベコメン] bekam wieder, wieder-
bekommen 動 返してもらう.

Wieder・gabe [ヴィーダァ・ガーベ]
女 -/-n 複製;(音の)再生.

wieder│geben* [ヴィーダァ・ゲーベン]
du gibst wieder, *er* gibt wie-
der; gab wieder, wiedergege-
ben 動 返す;再現する;(音などを)
再生する. ¶Morgen kann ich dir
auch deine CD *wiedergeben*.
あした君の CD も返せるよ. / Der
Roman *gibt* Jugenderlebnisse
des Autors wieder. この小説は
作者の若い日の体験を再現している. / Lei-
der *gibt* die Tonbandaufnah-
me auch die Nebengeräusche
wieder. 残念ながらこのテープ録音
は雑音まで再生する.

¹**wieder│holen** [ヴィーダァ・ホーレン]
動 取りもどす.

²**wieder・holen** [ヴィーダァ・ホーレン]
動 繰り返す, 反復する. ¶*sich*⁴ *wie-
derholen* 繰り返し起きる(行われ
る).

wieder・holt [ヴィーダァ・ホールト] 1
副 繰り返された, たびたびの. ¶Der
Beklagte hat seinen Nachbarn
wiederholt beleidigt. 被告は隣人
を繰り返し侮辱した. 2 ²wiederho-
len の過去分詞.

Wieder・holung [ヴィーダァ・ホールン
グ] 女 -/-en 繰り返し, 反復;再放送.

Wieder・hören [ヴィーダァ・ヘーレン]
中 -s / Auf *Wiederhören*! (電話・
ラジオなどで)さようなら.

wieder│kehren [ヴィーダァ・ケーレン]
動 (s) 帰る, 戻ってくる.

wieder│kommen* [ヴィーダァ・コメ
ン] kam wieder, wiedergekom-
men 動 (s) また来る;帰って(戻っ
て)くる. ¶So eine Chance
kommt kaum *wieder*. こんなチ
ャンスはまず二度と来ないだろう.

Wieder・schauen [ヴィーダァ・シャォ
エン] 中 -s / 【南ドイツ・オーストリア】再会. ¶Auf
Wiederschauen! さようなら;行っ

てきます.

wieder│sehen* [ヴィーダァ・ゼーエン]
du siehst wieder, *er* sieht wie-
der; sah wieder, wiedergese-
hen 動 (人⁴と)再会する. ¶Wann
sehen wir uns *wieder*? 今度い
つまた会えるでしょう.

Wieder・sehen [ヴィーダァ・ゼーエン]
中 -s / 再会. ¶Auf *Wiedersehen*!
さようなら;行ってきます. / Ich
freue mich schon auf unser *Wie-
dersehen*. またお目にかかれること
を今からもう楽しみにしています.

Wieder・vereinigung [ヴィーダァ・
フェァアィニグング] 女 -/-en 再統一, 再
統合. ¶Dass die *Wiedervereini-
gung* so bald kommen würde,
hatte niemand erwartet.
再統一がこんなに早く来ようとは誰も
期待していなかった.

Wiege [ヴィーゲ] 女 -/-n ゆりかご.
¶Von der *Wiege* bis zur Bah-
re, Formulare, Formulare! ゆり
かごから棺おけにいたるまで申告用紙に
次ぐ申告用紙だ.

¹**wiegen*** [ヴィーゲン] wog, gewo-
gen 動 1(人⁴・物⁴の)重さを量る.
2 …⁴の重さがある. ¶Ich *wiege*
achtzig Kilo. 私の体重は80キロです.

²**wiegen** [ヴィーゲン] 動 揺する, 揺り
動かす.

wiehern [ヴィーエルン] 動 (馬が)い
ななく.

Wien [ヴィーン] 中 -s / 【地名】ウィーン
(オーストリア共和国の首都).

Wiese [ヴィーゼ] 女 -/-n 草原, 牧草
地. ¶Im Sommer melkten die
Bauern ihre Kühe draußen auf
den *Wiesen*. 夏には農民たちが牧
草地で牛の乳をしぼった.

Wiesel [ヴィーゼル] 中 -s/- 【動】イタ
チ.

wie・so [ヴィ・ゾー] 副 1《疑問》な
ぜ, どうして. ¶Willst du der Da-
me nicht in den Mantel hel-
fen? — Der? *Wieso* denn? 君は
あのご婦人がコート着るのを手伝わない
つもりかい.-彼女をだって? いった
いどうしてなんだ. 2《関係》Weißt

du, *wieso* sie nicht gekommen ist? なぜ彼女が来なかったかわかるか.

wie viel [ヴィー・フィール , ヴィー・フィール] 《疑問文をつくる. viel は単数名詞の前ではふつう無変化. 複数名詞の前では, 1格・4格 viele, 2格 vieler, 3格 vielen と変化する》何人の, いくつの. ¶ *Wie viel* kostet das? これはいくらしますか. / *Wie viel* (*viele*) Geschwister haben Sie? 兄弟姉妹は何人おいでですか. / Du weißt gar nicht, *wie viel* Arbeit das macht. お前にはそれにどれくらいの手数がかかるかわからないのだ.

wie・vielt [ヴィ・フィールト] **1** 數 《疑問・序数》何番目の. ¶ Der *Wievielte* ist heute (Den *Wievielten* haben wir heute)? きょうは何日でしたっけ. **2** 《zu wievielt の形で》Zu *wievielt* waren Sie? あなたたちは何人連れでしたか.

wie・weit [ヴィ・ヴァイト] 副 《疑問》どの程度, どれほど. ¶ Ich weiß nicht, *wieweit* er die Wahrheit gesagt hat. 彼がどの程度真実を述べたか私にはわからない.

wild [ヴィルト] 形 野生の; 未開の; 乱暴な, 荒々しい. ¶ *wild* werden 荒れ狂う, 怒りたける. / *wild* lebende Pandas 野生のパンダ. ◆ *Wilder* Honig ist natürlich besonders selten. 自然の (=人手の加わっていない) 蜜は特に珍しい. / So ein *wilder* Typ ist kein Umgang für dich. ああいう乱暴なタイプは君の交際相手に向かない. / Die Kinder haben wieder ganz *wild* gespielt. 子供たちはまたまた暴れまくって遊んだ.

Wild [ヴィルト] 中-[e]s/ 《集合的に》野生動物; 猟獣. ¶ *Wild* esse ich besonders gern. 私は猟獣の肉をことに好んで食べる.

wild・fremd [ヴィルト・フレムト] 形 見ず知らずの. ¶ Lass dich nie wieder von *wildfremden* Männern ansprechen. 二度と見も知らぬ男に声をかけさせるんじゃないぞ.

Wild・leder [ヴィルト・レーダァ] 中-s

/- セーム革.

Wild・schwein [ヴィルト・シュヴァイン] 中-[e]s/-e 【動】イノシシ.

will [ヴィル] < wollen.

Wille [ヴィレ] 男 2格-ns, 3・4格-n /-n 意志. ¶ einen starken *Willen* haben 意志が強い. ◆ Wo ein *Wille* ist, da ist [auch] ein Weg. 意志のあるところ道もおのずと開ける.

willen [ヴィレン] 前 《2格支配》um *j²/et² willen* 人²・事²のために. ¶ um des lieben Friedens *willen* いざこざを避けるために. ◆ Um dieses kleinen Vorteils *willen* hat er sein Versprechen gebrochen. そのわずかな利益のために彼は約束を破った.

willig [ヴィリヒ] -e [ヴィリゲ] 形 喜んでする. ¶ ein *williger* Zuhörer 進んで耳を傾けてくれる人. / *willig* sein, anderen zu helfen 喜んで他人に手を貸す用意がある.

will・kommen [ヴィル・コメン] 形 歓迎すべき. ¶ ein *willkommener* Gast 歓迎すべき客. ◆ Du bist uns jederzeit *willkommen*. 君はいつでもうちでは大歓迎だ. / [Wir heißen Sie] herzlich *willkommen*! ようこそいらっしゃいませ.

willst [ヴィルスト] < wollen.

wimmeln [ヴィメルン] 動 うごめく, 群がる. ¶ Seine Übersetzung *wimmelt* von Fehlern. 彼の翻訳は間違いだらけだ.

wimmern [ヴィメルン] 動 すすり泣く.

Wimper [ヴィンパァ] 女-/-n まつげ. ¶ ohne mit der *Wimper* zu zucken 眉ひとつ動かさずに.

Wimpern・tusche [ヴィンペルン・トゥシェ] 女-/-n マスカラ.

Wind [ヴィント] 男-[e]s/-e 風. ¶ starker (schwacher) *Wind* 強い (弱い) 風. ◆ Mach nicht so viel *Wind* um die Sache! この件でそんなに騒ぎ立てるな. / Ein kalter *Wind* weht. 冷たい風が吹く. / Der *Wind* kommt von Osten.

W

風は東から吹いてくる.

Wind・beutel [ヴィント・ボイテル] 男
-s/- 〚菓〛シュークリーム.

Windel [ヴィンデル] 女-/-n おしめ;
オムツカバー. ¶ die Windel[n] wech-
seln おむつを替える. / dem Baby
frische Windeln anziehen 乳児
に新しいおしめをあててやる.

winden* [ヴィンデン] wand, ge-
wunden 動 巻く,巻き付ける. ¶
sich⁴ winden 体をくねらせる;巻き
付く;蛇行する. ◆ Sie wand dem
Kind Blumen ins Haar. 彼女は
子供の髪の毛に花を編みこんだ. / Sie
wand sich³ ein Handtuch um
den Kopf. 彼女は頭にタオルを巻いた.

windig [ヴィンディヒ] -e [ヴィンディゲ]
形 風の強い.

Wind・jacke [ヴィント・ヤケ] 女-/-n
〚服〛ウィンドブレーカー.

Windschutz・scheibe [ヴィントシュ
ッツ・シャイベ] 女-/-n 風防(フロント)
ガラス.

Wind・pocken [ヴィント・ポケン] 複
〚医療〛水疱瘡(みずぼうそう).

Wind・stärke [ヴィント・シュテルケ]
女-/ 風力.

Windung [ヴィンドゥング] 女-/-en
湾曲,ねじれ,蛇行.

Wink [ヴィンク] 男-[e]s/-e (手や目
などによる)合図. ¶ Kannst du mir
rechtzeitig einen Wink geben?
適切なときにぼくにひとこと言ってくれ
ないか.

Winkel [ヴィンケル] 男-s/- 〚数学〛角
[度];(部屋の)角(すみ);(三角)定規.

Winkel・messer [ヴィンケル・メサァ]
男-s/- 分度器.

winken [ヴィンケン] 動 (手などを振
って人³に)合図をする,おいでおいでを
する. ¶ mit den Augen winken
ウィンクする. ◆ Er winkte einem
Taxi. 彼はタクシーに合図をした. /
Er winkte seinen Sekretär her-
an. 彼は書記に近くによるよう合図
をした.

Winter [ヴィンタァ] 男-s/- 冬. ¶
Seit Jahren werden die Winter
in Deutschland immer milder.

ここ何年かドイツの冬は温暖化する一
方だ.

winter・lich [ヴィンタァ・リヒ] 形 冬
の[ような],冬らしい. ¶ Kurz vor
Weihnachten wurde es endlich
winterlich. クリスマスのちょっと前
やっと冬らしくなった.

Winterschluss・verkauf [ヴィ
ンタァシュルス・フェァカォフ] 男-[e]s/Win-
terschluss・verkäufe [ヴィンタァシュ
ルス・フェァコイフェ] 冬物一掃バーゲンセ
ール.

> 一掃セールの期間は夏は7月最終
> 月曜日から,冬は1月最終月曜日
> から,全国一斉にそれぞれ週日12
> 日間行われる.販売品目は主として
> 家庭雑貨,衣類,靴,革製品,スポー
> ツ用品などである.対象にならない
> 品目もある.商習慣の変化のため,
> 近年かつての意味を失った.

Winter・semester [ヴィンタァ・ゼメ
スタァ] 中-s/- (大学の)冬学期(10
〜3月). (⇒Sommersemester)

> 大学は2学期制で,夏学期は4月
> から9月,冬学期は10月から3月
> まで.この期間には夏休み,クリスマ
> ス休み,春休みも含まれる.

Winter・sport [ヴィンタァ・シュポルト]
男-es/ ウィンタースポーツ.

Winzer [ヴィンツァ] 男-s/- (女性
Winzerin [ヴィンツェリン] 女-/
Winzerinnen [ヴィンツェリネン])ブ
ドウ栽培農家;ブドウ栽培農民.

winzig [ヴィンツィヒ] -e [ヴィンツィゲ]
形 ごくわずかな,ごく小さい. ¶ Hin-
ter dem Haus ist ein winziger
Garten. 家の背後にごく小さな庭が
ある. / Von ihrer winzigen Ren-
te kann sie kaum leben. 彼女
がもらうほんのわずかばかりの年金では
ほとんど暮らしていけない.

Wipfel [ヴィップフェル] 男-s/- こず
え.

Wippe [ヴィッペ] 女-/-n シーソー.

wippen [ヴィッペン] 動 シーソーをす

677

関─連─語 Wintersport
─ウィンタースポーツ─

die Olympischen Winterspiele	オリンピック冬季競技大会.
das Skifahren	スキー.
Ski fahren(laufen)	スキーをする.
die Piste	ゲレンデ.
der Sessellift	チェアリフト.
die Abfahrt	滑降.
der Slalom	回転.
der Riesenslalom	大回転.
das Skispringen	ジャンプ.
der [Ski]langlauf	クロスカントリー.
das Biathlon	バイアスロン.
das Freestyle–Skiing	フリースタイル.
das Snowboard[en]	スノーボード.
das Schlittschuhlaufen	スケート.
Schlittschuh laufen	スケートをする.
der Eiskunstlauf	フィギュアスケート.
der Eisschnelllauf	スピードスケート.
der Shorttrack	ショートトラック.
das Curling	カーリング.
das Eishockey	アイスホッケー.
die Eisbahn, die Schlittschuhbahn	スケートリンク.
das Rennrodeln	リュージュ.
der Bob[sport]	ボブスレー.
der Skeleton	スケルトン.

る；上下(左右)にゆれる.

wir [ヴィーァ] 代 《人称代名詞，複数・1人称・1格》私たちは. (⇒ich)

Wirbel [ヴィルベル] 男-s/- 渦巻き；(頭の)つむじ；〖解剖〗椎(ツ)骨. ¶Gott sei Dank, der Wirbel ist nicht gebrochen. やれやれ助かった，椎骨は折れなかった.

Wirbel・säule [ヴィルベル・ゾイレ] 女-/-n 〖解剖〗脊柱，背骨. **Wirbel・tier** [ヴィルベル・ティーァ] 中-s/-e 脊椎動物.

wirbst [ヴィルプスト], **wirbt** [ヴィルプト] < werben.

wird [ヴィルト] < werden.

wirken [ヴィルケン] 動 働く；作用する，効き目(効果)がある；…の印象を与える；ひきたつ. ¶Seit zehn Jahren wirkt er dort als Arzt. 10年来彼はあそこで医師の仕事に従事している. / Diese Tabletten wirken schnell. この錠剤は効き目が早い. / Besonders auf die Älteren unter den Zuhörern wirkte der Vortrag provozierend. その講演は特に聴衆の中の年長者に挑発的な印象を与えた. / So ein Bild wirkt in diesem Zimmer nicht. こういう絵はこの部屋では映えない. / Na, wie hat ihr Verlobter auf euch gewirkt? どうだ，彼女の婚約者は君らにどんな印象を与えたかい.

wirk・lich [ヴィルク・リヒ] **1** 形 現実の，本当の. ¶Wirkliche Freunde hat er nie gehabt. 真の友人というものを彼は一度も持ったことがない. **2** 副 実際に，本当に，事実. ¶Ist er wirklich krank? 彼は本当に病気なのかい.

Wirklich・keit [ヴィルクリヒ・カイト] 女-/-en 《複 まれ》現実. ¶in Wirklichkeit 実際は. ♦Es fällt ihm schwer, sich mit der Wirklichkeit abzufinden. 彼は現実と折り合うことが難しい. / Die Wirklichkeit des Lebens hat er noch nicht richtig kennen gelernt. 人生の現実というものを彼はまだ本当に知るに至ってはいなかった.

wirk・sam [ヴィルク・ザーム] 形 よく効く，有効な. ¶wirksam werden (法律・規則が)発効する.

Wirkung [ヴィルクング] 女-/-en 作用，結果，効果. ¶Kleine Ursachen haben große Wirkungen. ちょっとした原因が大きな結果を持つものだ.

wirkungs・los [ヴィルクングス・ロース] 形 効果のない.

wirkungs・voll [ヴィルクングス・フォル] 形 効果の大きい. ¶Die Opposition forderte wirkungsvollere

678

Maßnahmen gegen die Arbeits-
losigkeit. 野党は失業に対するより
効果的な施策を要求した.

wirr [ヴィル] 形 混乱した, 乱雑な；支
離滅裂な.

Wirr・warr [ヴィル・ヴァル] 男 -s/ 大
混乱, 乱雑.

Wirsing [ヴィルズィング] 男 -s/ 〖野菜〗
チリメンキャベツ.

wirst [ヴィルスト] < werden.

Wirt [ヴィルト] 男 -[e]s/-e 〖女性〗
Wirtin [ヴィルティン] 女 -/-Wirtin-
nen [ヴィルティネン] (飲食店・旅館の)
主人.

Wirt・schaft [ヴィルト・シャフト] 女 -
/-en 〖複まれ〗経済, 経済活動；(安
直な)飲食店. ¶Die *Wirtschaft* er-
holt sich allmählich wieder. 経
済は次第にまた回復しつつある. /
Er hockt jeden Abend in der
Wirtschaft. 彼は毎晩飲み屋に座っ
て時を過ごす.

wirt・schaften [ヴィルト・シャフテン]
wirtschaftete, gewirtschaftet
動 (家計などを)やりくりする. ¶
Wenn du klug *wirtschaftest*,
kannst du dich schon mit 60
zur Ruhe setzen. 君が賢明にやり
くりすれば, 60歳でもう隠居生活に入
れる.

wirtschaft・lich [ヴィルトシャフト・リ
ヒ] 形 経済の, 経済に関する；経済的
な. ¶Rein *wirtschaftlich* gese-
hen ist das Projekt ziemlich
sinnlos. 純粋に経済面で考えればこ
のプロジェクトはかなり無意味だ.

Wirtschafts・wunder [ヴィルトシ
ャフツ・ヴンダァ] 中 -s/- 経済復興の奇
跡.

第二次世界大戦後の1948年に行
った通貨改革がきっかけとなり, 以
後ドイツ経済は空前の発展を遂げ
た. この驚異的な経済発展を「経済
復興の奇跡」と呼んだのである. そ
の後 „Wir Wunderkinder"
という映画が大ヒットした. 第一次
世界大戦の帝国時代, 敗戦後のワ
イマル共和国時代, ナチス時代, そ

して第二次世界大戦後の経済復興
時代を通じて, 終始「勝ち組」と
なった要領の良い実業家を描いた
作品で, 題名そのものは彼を皮肉っ
た, 言い換えれば当時の財界人たち
を皮肉ったものである. 直訳すると
「我ら神童たち」であるが, それを
Wirtschaftswunder にひっかけ
て「我ら経済復興の奇跡の申し子
たち」と風刺を利かせたのであっ
た.

wischen [ヴィッシェン] 動 (ほこり
を)ぬぐい取る, ふく. ¶*sich*³ den
Schweiß von der Stirn *wi-
schen* ひたいの汗をぬぐう. ♦Ich *wi-
sche* noch rasch den Fuß-
boden. 私はこれからすぐ床を拭いて
しまう.

wissen* [ヴィッセン] *ich/er* weiß,
du weißt, wusste, gewusst 動
知っている. ¶Ich *weiß*, dass ich
nichts *weiß*. 私が知っているのは自
分が何も知らないということだ. /Das
weiß doch jeder. そんなことなら
誰でも知っている. /Soviel ich
weiß, wird er Ende März pensio-
niert. 私の知る限りでは彼は3月末
に退職する. /Sie will nichts
mehr von ihm *wissen*. 彼女は
彼について一切知りたくない(かかわり
を持ちたくない). /Sein *wissendes* Lä-
cheln irritierte mich sehr. 物知
り顔の彼の微笑が私をいらいらさせた.
《zu＋不定詞と》…するすべを心得ている.
Einen guten Wein *weiß* er
sehr zu schätzen. 彼は上等なワ
インのことがよくわかっている. (⇒ken-
nen, その項の解説)

Wissen [ヴィッセン] 中 -s/ 知識. ¶
Sein *Wissen* sollte er an seine
Schüler weitergeben. 彼は自分
の知識を弟子たちに伝えるべきだ.

Wissen・schaft [ヴィッセン・シャフト]
女 -/-en 学問, 科学.

Wissenschaft・ler [ヴィッセンシャフ
ト・ラァ] 男 -s/- 〖女性〗 **Wissen-
schaft・lerin** 女 -/-Wissen-
schaft・lerinnen [ヴィッセンシャフト・レ

W

リネン])学者，科学者．

wissenschaft·lich [ヴィッセンシャフト・リヒ] 形 学問[上]の，学問的な，科学的な．¶*Wissenschaftlich gesehen ist sein Standpunkt unhaltbar.* 学問的に見ると彼の観点は根拠薄だ．

wissens·wert [ヴィッセンス・ヴェールト] 形 知る価値のある．

Witterung [ヴィッテルング] 女 -/-en (限定された地域の)天候；臭覚；勘．

Witwe [ヴィットヴェー] 女 -/-n 未亡人．

Witwer [ヴィット・ヴァ] 男 -s/- 男やもめ．

Witz [ヴィッツ] 男 -es/-e 《複なし》機知，ウィット；冗談，ジョーク．¶*Das soll doch wohl ein Witz sein!* それはたぶん冗談なんだろう．／*Das ist ja gerade der Witz bei der ganzen Sache.* それがこの話全体の肝心なところさ．

witzig [ヴィッツィヒ] -e [ヴィッツィゲ] 形 機知(ウィット)に富んだ．

witz·los [ヴィッツ・ロース] 形 機知のない；《くだけて》無駄な，無意味な．

wo [ヴォー] 副 1《疑問》どこに(で)．¶*Wo wohnen Sie in Tokyo?* 東京のどこにお住まいですか．2《関係》…のところで．¶*in der Straße, wo sie wohnt* 彼女の住んでいる街路で．

wob [ヴォープ] weben の過去形・単数・1，3人称．

wo·anders [ヴォ・アンデルス] 副 どこか別のところで．¶*Hier ist es zu voll, gehen wir lieber woanders hin!* ここは混んでいすぎるし，別のところへ行った方がいい．

wo·bei [ヴォ・バイ] 副 1《疑問》何に際して，どんな時に．¶*Wobei ist das passiert?* それは何の折に起ったのですか．2《関係》その際(時)に．¶*Heute ereignete sich ein schwerer Verkehrsunfall, wobei drei Passanten tödlich verletzt wurden.* きょう大きな交通事故があって，その際通行人3人が致命傷を負った．

Woche [ヴォッヘ] 女 -/-n 週．¶*Anfang nächster Woche* 来週の始めに．◆*Diese Woche habe ich überhaupt nichts vor.* 今週は予定が何もない．

Wochen·ende [ヴォッヘン・エンデ] 中 -s/-n 週末，ウィークエンド．¶*am Wochenende* 週末に．◆*Schönes Wochenende!* 楽しい週末を祈ります．

wochen·lang [ヴォッヘン・ラング] 形 数週間にわたる．

Wochen·tag [ヴォッヘン・タープ] 男 -[e]s/-e 週日，平日，ウィークデー；曜日．¶*Welcher Wochentag ist heute?* きょうは何曜日ですか．

wochen·tags [ヴォッヘン・タープス] 副 週日(平日)に．

関—連—語 **Wochentage**
—曜日—

der Montag	月曜日．
der Dienstag	火曜日．
der Mittwoch	水曜日．
der Donnerstag	木曜日．
der Freitag	金曜日．
der Samstag (《中部ドイツ：南》), der Sonnabend (《北ドイツ》)	土曜日．
der Sonntag	日曜日．
am Montag	月曜日に．
das Wochenende	週末．
am Wochenende	週末に．
der Feiertag	祝日，祭日．
der Werktag	平日．

wöchent·lich [ヴェッヘント・リヒ] 形 毎週の，一週間ごとの．

wo·durch [ヴォ・ドゥルヒ] 副 1《疑問》何によって，何を通じて．¶*Wodurch konnte China sich wirtschaftlich so entwickeln?* 中国は何によってあれほどの経済的発展が可能だったのだろう．2《関係》それによって，それを通じて．¶*Seit Jahren trank er zu viel, wodurch er seine Leber ruinierte.* 何年も前から彼は大酒を飲んで，それによって肝臓を損なった．

wo·für [ヴォ・フューア] 副 1《疑問》

何のために，何に対して．¶*Wofür hast du so viel ausgegeben?* 君は何のためにそんなにたくさんの金を使ったのだ．**2**《関係》そのために，それに対して．¶*Dreißig Jahre lang hat der Jubilar intensiv geforscht, wofür er gestern ausgezeichnet wurde.* この30年永年勤続者は全力で研究した，それに対して彼はきのう表彰を受けた．

wog [ヴォーク] wiegen の過去形・単数・1，3人称．

wo·gegen [ヴォ・ゲーゲン] 副 **1**《疑問》何に向かって，何に逆らって．¶*Wogegen sind Sie bereits versichert?* あなたはこれまでに何に対する保険にかかっているのですか．**2**《関係》それに対して(反して)．¶*Die betrogenen Bürger baten um sofortige Unterstützung, wogegen fast niemand etwas einzuwenden hatte.* だまされた市民たちは即刻支援してくれるよう頼んだが，それに対しては殆どだれも異議を唱えなかった．

wo·her [ヴォ・ヘーァ] 副 **1**《疑問》どこから．¶*Weißt du, woher der Junge kommt?* この男の子はどこから来たのか知っているか．**2**《関係》そこから．¶*Er fährt oft dahin, woher seine Eltern stammen.* 彼はしばしば両親の出身地へ行く．

wo·hin [ヴォ・ヒン] 副 **1**《疑問》どこへ．¶*Wohin gehst du?* 君はどこへ行くのだ．**2**《関係》そこへ．¶*Geh doch, wohin du willst.* 君は行きたいところへ行くがいい．

wohl [ヴォール] 副 気分良く；快適に；よく，十分に；おそらく，たぶん；《後続の aber, doch とともに》なるほど…ではあるがしかし．¶*Unsere Gäste sollen sich hier wohl fühlen.* お客様にはここで気分良く過ごしていただかねば．/ *Mir wäre wohler, wenn ich das Examen hinter mir hätte!* 試験がもう終っているのだったらずっと気分が良いのだが．/ *Dieses Hotel ist wohl das beste in der Stadt.* このホテルはたぶん市内で最高だ．/ *Das kann man*

wohl sagen. そう言ってまず間違いないだろう．/ *Er ist wohl endlich wieder bei Bewusstsein, kann aber nur mit Mühe sprechen.* 彼はやっとまた意識をとり戻しはしたものの，辛うじて話すことができるだけだ．

Wohl [ヴォール] 中-[e]s/ 幸福, 福祉, 健康．¶[*Trinken wir*] *auf Ihr Wohl!* あなたの幸せを祈る(乾杯の発声)．

Wohl·stand [ヴォール・シュタント] 男 -[e]s/ 裕福, ゆたかさ．¶*Im Laufe der Jahre hat er es zu Wohlstand gebracht.* 歳月の過ぎるうちに彼は裕福な身分になった．/ *Ziel dieser Maßnahme ist, den Wohlstand der Arbeiterschaft zu mehren.* この措置の目標は労働者層の富裕度を増大するところにある．

wohl·tuend [ヴォール・トゥーエント] 形 気持ちのいい，快適な．

wohl·verdient [ヴォール・フェァディーント] 形 当然受けるべき，相応の．

Wohn·block [ヴォーン・ブロク] 男 -[e]s/-s アパート群，(住宅の)一区画．

wohnen [ヴォーネン] 動 住んでいる；滞在する．¶*Er wohnt in München (in einem großen Haus/im Erdgeschoss).* 彼はミュンヘン(大きな家・一階)に住んでいる．/ *Wo wohnen Sie in Berlin?* ― *In der Mohrenstraße.* ベルリンは何処にお住まいですか―モール通りです．

Wohn·gemeinschaft [ヴォーン・ゲマインシャフト] 女-/-en (学生などによる)居住共同体．

wohn·haft [ヴォーン・ハフト] 形 …に居住している．

Wohn·küche [ヴォーン・キュヒェ] 女 -/-n リビングキッチン．

wohn·lich [ヴォーン・リヒ] 形 住み心地のいい．

Wohn·mobil [ヴォーン・モビル] 中-s /-e (大型の)キャンピングカー．

Wohn·ort [ヴォーン・オルト] 男 -[e]s /-e 居住地．

Wohn·sitz [ヴォーン・ズィッツ] 男 -es /-e 住所，居住地．

Wohnung [ヴォーヌング] 女-/-en 住

W

まい，住居．¶Die *Wohnung* ist gut 100 Quadratmeter groß. この住居はたっぷり100平米の広さがある．/ Die *Wohnung* über uns steht seit Monaten leer. うちの上の階の住居は何か月も前から空いている．

> das Haus は一戸建ての建物のことと考えてよい．大きい建物，例えばアパート，マンションなどの集合住宅，会社などの入るビルもそうである．それらの中にある居住空間が die Wohnung．いわゆる「一戸建て」住宅は一つの Haus のなかに一つの Wohnung がある場合にあたる．集合住宅は Haus のなかに複数個の Wohnung があるものを指す．

wohnungs・los ［ヴォーヌングス・ロース］ 形 住宅のない；住所不定の．

Wohnungs・mangel ［ヴォーヌングス・マンゲル］ 男 -s/ 住宅不足．

Wohnungs・markt ［ヴォーヌングス・マルクト］ 男 -[e]s/Wohnungs・märkte ［ヴォーヌングス・メルクテ］ 住宅市場．

Wohn・wagen ［ヴォーン・ヴァーゲン］ 男 -s/- トレーラーハウス．

Wohn・zimmer ［ヴォーン・ツィマァ］ 中 -s/- 居間，リビングルーム．¶Mach's dir schon im *Wohnzimmer* gemütlich, ich bin gleich wieder da. 先に居間でくつろいでいてくれたまえ，ぼくはすぐまた戻ってくるから．

Wölbung ［ヴェルブング］ 女 -/-en アーチ，丸天井；湾曲．

Wolf ［ヴォルフ］ 男 -[e]s/Wölfe ［ヴェルフェ］ （女性 **Wölfin** ［ヴェルフィン］ 女-/Wölfinnen ［ヴェルフィネン］） 【動】オオカミ．

Wolke ［ヴォルケ］ 女-/-n 雲．¶Der Westwind blies die *Wolken* vor sich her. 西風が雲を吹き寄せた．/ Auf einmal schoben sich schwarze *Wolken* vor die Sonne. たちまち黒雲が太陽の前面をおおった．

Wolken・kratzer ［ヴォルケン・クラッァ］ 男 -s/- 摩天楼．

wolkig ［ヴォルキヒ］ -e ［ヴォルキゲ］ 形 雲の多い．

Wolle ［ヴォレ］ 女-/-n 羊毛，ウール．¶Die beiden haben sich schon wieder in der *Wolle*. 二人はまたぞろいがみ合っている．

wollen ［ヴォレン］ *ich/er* will, *du* willst; wollte, gewollt (wollen) 助 《話法．他の動詞の不定詞を伴う場合過去分詞は wollen，単独で用いられる場合は gewollt》¶【意志・意図】…したい，…するつもりだ．Ich *will* in Deutschland studieren. 私はドイツで大学へ行きたい．/ Ich *wollte* gerade weggehen. 私はちょうど出かけようとしていた．【主張】《完了の不定詞と》…と主張する．Er *will* dabei gewesen sein. 彼はその場に居合わせたと言い張っている．【必要性】《受動の不定詞と》…(され)ねばならない．Die Sache *will* schnellstens erledigt sein. 事柄は至急処理されねばならない．《不定詞を伴わないで，過去分詞 gewollt》欲する，望む，必要とする．Sie weiß nicht, was sie *will*. 彼女は自分が何をしたいのかわからない．/ Ich *will* nun ins Bett. 私はもう寝たい．/ Rechtsanwalt Haller hat uns sehr geholfen, ohne großen Zeitaufwand. Nun *will* er dafür eine Menge Geld. ハラー弁護士はたいして時間をかけずにわれわれをおおいに助けてくれた．しかしそれに対してばく大な金を求めている．

wo・mit ［ヴォ・ミット］ 副 1《疑問》何によって，何でもって．¶Sie haben gerade Ihre Memoiren veröffentlicht. *Womit* beschäftigen Sie sich jetzt? 先生は回想録を出版されたばかりですね．今は何をしておいでですか．2《関係》それとともに，それでもって．¶Ich schenkte meiner Kleinen eine Puppe, *womit* sie völlig zufrieden war. 私は幼い娘に人形をプレゼントしたが，彼女はそれに大満足だった．

絵で見るドイツ単語 Wohnzimmer

① das Sofa, die Couch
   ソファー.
② das Sofakissen クッション.
③ der Sessel
   肘掛けつき安楽椅子.
④ der Couchtisch
   (リビング用の低い)テーブル.
⑤ der Teppich　　じゅうたん.
⑥ die Gardine　　カーテン.
⑦ die Schrankwand ユニット棚.
⑧ das Bücherregal 本棚.
⑨ der Fernseher　　テレビ.
⑩ die Fernbedienung
   リモートコントロール.
⑪ die Stereoanlage
   ステレオ装置.
⑫ die CD　　CD.
⑬ der Videorekorder
   ビデオレコーダー.
⑭ der DVD–Player
   DVD プレーヤー.
⑮ das Foto　　写真.
⑯ das Bild　　絵画.
⑰ das Telefon 電話機.
⑱ der Lichtschalter
   明かりのスイッチ.
⑲ die Zeitung 新聞.
⑳ die Vase　　花びん.
㉑ die Blume　　花.
㉒ die Zimmerpflanze 観葉植物.
㉓ die [Wand]uhr (掛け)時計.

wo・möglich [ヴォ・メークリヒ]　**副**
ひょっとすると, 可能な場合には. ¶
Womöglich kommt sie einen
Zug später. ひょっとすると彼女は
一列車あとから来るかもしれない. /
Womöglich haben Ihre Be-
schwerden eine andere Ursache.
もしかするとあなたの痛みは別の原因が
あるのかもしれません.

wo・nach [ヴォ・ナーハ]　**副**　**1**《疑
問》何のあとに, 何の方に. ¶*Wonach*
suchen Sie denn? あなたは何を

W

探しているのですか．**2**《関係》それの
あとに，それの方に．¶Völlige Ruhe
war das Einzige, *wonach* er
sich sehnte.　完全な静けさこそ彼
があこがれる唯一のものだった．

wor・an [ヴォラン] 副 **1**《疑問》何に
接して，何において．¶*Woran* leidet
er?　彼は何の病気にかかっているの
か．**2**《関係》それに接して，それにおい
て．¶*Unsere* gemeinsamen Aus-
flüge sind das, *woran* ich mich
am liebsten erinnere.　私たちが
一緒にしたハイキングが私にとって一番
の思い出です．

wor・auf [ヴォラォフ] 副 **1**《疑問》
何の上に（へ），何に向かって．¶*Wor-*
auf soll ich diese Vase stel-
len?　この花瓶は何の上に置いたらい
いだろう．**2**《関係》それの上に（へ），
それに向かって．¶Nächste Woche
will er uns besuchen, *worauf* wir
uns schon jetzt sehr freuen.
来週彼はわれわれを訪問すると言う，
われわれは今からもうそれをたいへん心待
ちにしている．

wor・aus [ヴォラォス] 副 **1**《疑問》
何の中から，何から．¶*Woraus* be-
steht diese Masse? この塊は何か
らできているのだろう．**2**《関係》それ
の中から，それから．¶Das Buch,
woraus ich zitiere, stammt von
einem unbekannten Autor.　私
が引用している本はある無名の作家の
ものです．

worden [ヴォルデン] werden 3 の過
去分詞．

wor・in [ヴォリン] 副 **1**《疑問》何の
中に，何において．¶*Worin* unter-
scheiden sich die beiden Plä-
ne?　この二つの計画はどの点で違っ
ているのか．**2**《関係》その中に，そこ
において．¶Es ist immer noch
nicht klar, *worin* der Vorteil da-
bei besteht.　どこにその利点がある
のかいまだに明らかでない．

Wort [ヴォルト] 中 -es/Wörter [ヴ
ェルタァ], Worte **1**《複 Wörter》
語，単語．¶*Wort* für *Wort*　一語一
語．◆ Dieses Wörterbuch ent-

hält 30 000 *Wörter*.　この辞書は
3 万語を内容としている．**2**《複 Wor-
te》言葉，文章．¶die *Worte* Bud-
dhas　仏陀の言葉．/ mit anderen
Worten 言い換えれば．**3**《複 なし》
約束．¶*sein Wort* brechen　約束
を破る．

> 単に個々の語が互いに関連なく集
> まっている場合（例えば辞書）の複
> 数形は Wörter，語が互いに関連
> しあって全体の意味をつくっている
> 場合（例えば文，テキスト）の複数形
> は Worte である．

Wörter・buch [ヴェルタァ・ブーフ]
中 -[e]s/Wörter・bücher [ヴェルタ
ァ・ビューヒャァ] 辞書，辞典．

wört・lich [ヴェルト・リヒ] 形 文字通
りの，原文に忠実な．¶Diese Über-
setzung ist zu *wörtlich*.　この翻
訳はあまりにも逐語的すぎる．/ Die
beiden Formulierungen stim-
men *wörtlich* überein.　両方の表
現は文字通り一致している．

wort・los [ヴォルト・ロース] 形 無言
の．¶*Wortlos* verließ er den
Raum.　無言のまま彼は部屋を去った．

Wort・schatz [ヴォルト・シャッツ] 男
-es/ 語彙，ヴォキャブラリー．¶Der
Kleine hat schon einen beacht-
lichen *Wortschatz*.　少年はもうか
なりたくさんの単語を知っている．

wort・wörtlich [ヴォルト・ヴェルトリ
ヒ] 形 文字通りの，一語一語の．

wor・über [ヴォリューバァ] 副 **1**《疑
問》何の上に（で），何について．¶*Wor-*
über habt ihr euch unterhal-
ten?　何について話し合っていたので
すか．**2**《関係》それの上に（で），それ
について．¶Das ist etwas, *worüber*
wir noch sprechen müssen.
それはこれからあとで話し合わねばなら
ない点だ．

wor・um [ヴォルーム] 副 **1**《疑問》何
のまわりに，何について．¶*Worum*
handelt es sich hierbei?　それは
何が問題となっているのですか．**2**《関
係》それのまわりに，それについて．¶

≋ドイツを識るコラム≋
今年の言葉　Wort des Jahres

ヴィースバーデンにあるドイツ語協会（Gesellschaft für deutsche Sprache）は毎年年末にその一年を象徴する「今年の言葉」を10個選出している．ランキング1位の単語を10年分挙げてみよう．

2021　**Wellenbrecher**　　　防波堤
　　　ドイツでは11月から再び新型コロナの感染者が急増．コロナ波に対抗するあらゆる措置，またはその措置に従う人をさして．
2020　**Corona-Pandemie**　　コロナ・パンデミック
　　　ドイツでは2020年1月末に最初の感染者を確認．3月22日からのロックダウンを皮切りに，制限措置が繰り返しとられた．
2019　**Respektrente**　　　尊敬年金
　　　年金受給額が低く貧困状態にある年金受給者が増加．追加の基礎年金導入が議論された．労働大臣が「生涯の業績は尊敬に値する」と述べ，この年金を「尊敬年金」と呼んだことから．
2018　**Heißzeit**　　　熱帯期
　　　この年の夏は異常に暑く，長引いた（4-11月）．地球温暖化への危機感を Eiszeit（氷河期）にならった造語で表現．
2017　**Jamaika-Aus**　　　ジャマイカ-終わり
　　　総選挙で議席を減らした CDU/CSU（政党カラー：黒）はFDP（黄），Bündnis90/Die Grünen（緑）と連立交渉．この組み合わせはジャマイカの国旗と同じ配色のため，「ジャマイカ連立」と呼ばれる．交渉が失敗に終わった（Aus）ことから．
2016　**postfaktisch**　　　ポスト事実（真実）の
　　　事実より感情が重視され，世論形成に影響力を持つ状況を表す．イギリスの EU 離脱是非を問う国民投票，アメリカ大統領選の結果等，政治・社会の不安定化が顕著に．
2015　**Flüchtlinge**　　　難民
　　　100万人を超す難民が EU 圏，とりわけドイツに押し寄せた．
2014　**Lichtgrenze**　　　光の境界
　　　ベルリンの壁崩壊25周年を記念し，ベルリンの壁があった場所に沿って8000個を超える光のバルーンが設置された．
2013　**GroKo**　　　大連立
　　　Große Koalition の略で，この年の総選挙で与党 CDU/CSU とそれまでの最大野党 SPD が大連立政権をたてたことから．
2012　**Rettungsroutine**　　　救済の繰り返し
　　　欧州経済危機に対しドイツが大規模な支援をすることが常態となっていることについての議論が激しかった．

Er hat mir alles mitgebracht, *worum* ich ihn gebeten hatte. 彼は私が頼んだものを全て持ってきてくれた．
wor・unter ［ヴォルンタァ］**副** **1**《疑問》何の下に（へ），何のもとで．¶*Worunter* hat er den Brief wohl versteckt? 彼は手紙を何の下に隠し

たのだろう．**2**《関係》それの下に（で），それのもとで．¶Er warf mit Begriffen um sich, *worunter* ich mir überhaupt nichts vorstellen konnte. 彼はさまざまな概念をひけらかしたが，私はそれらについてまるっきり見当もつかなかった．
wo・von ［ヴォ・フォン］**副** **1**《疑問》

W

何から，何について，何によって．¶*Wovon* ist die Rede? 何について話しているのですか．**2**《関係》それから，それについて，それによって．¶*Er erwähnte etwas, wovon* ich schon früher gehört hatte. 彼はあることに触れたが，私はそれをずっと昔に聞いたことがあった．

wo·vor ［ヴォ・フォーァ］**副 1**《疑問》何の前に(へ)，何に対して．¶*Wovor* haben Sie Angst? あなたは何におびえているのですか．**2**《関係》それの前に(へ)，それに対して．¶*Alles, wovor* ich ihn gewarnt hatte, ist passiert. 私が彼に警告したことが起こった．

wo·zu ［ヴォ・ツー］**副 1**《疑問》何の方へ，何のために．¶*Wozu* erzählen Sie mir das? 何のために君はそれを私に話すのですか．**2**《関係》それの方へ，それのために．¶*Bald* feiert er goldene Hochzeit, *wozu* er uns alle einladen will. まもなく彼は金婚式を祝うのだが，それにわれわれ皆を招いてくれるという．

Wrack ［ヴラック］**中**-[e]s/-s(-e) 難破船，(自動車などの)残骸；廃人．

wuchern ［ヴーヘルン］**動** (植物が)繁茂する．

wuchs ［ヴークス］wachsen の過去形・単数・1，3人称．

Wuchs ［ヴークス］**男**-es/ 成長；体格．¶*Er* war von besonders hohem *Wuchs*. 彼は特に背が高かった．

Wucht ［ヴフト］**女**-/ (物にぶつかる)力，重み；勢い；激しさ．¶*mit voller Wucht* すごい勢いで．◆*Das* ist doch eine *Wucht*! 【くだけた表現】こいつはすごいや．

wuchtig ［ヴフティヒ］-e ［ヴフティゲ］**形** どっしり(ずっしり)した；力のこもった．

wühlen ［ヴューレン］**動** 掘り返す；探し回る．¶*Er wühlte* in seiner Hosentasche nach dem Hausschlüssel. 彼は家の鍵を探してズボンのポケットを引っかきまわした．

wulstig ［ヴルスティヒ］-e ［ヴルスティ

ゲ］**形** ふくらみのある．¶*wulstige* Lippen 厚ぼったい唇．

wund ［ヴント］**形** 傷ついた；すりむけた．¶*wunde* Füße 怪我をした足．/ ein *wunder* Punkt 弱点，痛いところ．

Wunde ［ヴンデ］**女**-/-n 傷，傷口．¶*Blutet* die *Wunde* immer noch? 傷口はまだ出血していますか．/ Er verband die *Wunde* sorgfältig mit einem Handtuch. 彼は傷を注意深くタオルで包帯した．

Wunder ［ヴンダァ］**中**-s/- 不思議[なこと]，奇跡；驚異．

wunder·bar ［ヴンダァ・バール］**形** すばらしい；不思議な；驚くべき．¶*Die* Wunde ist *wunderbar* verheilt. 傷は驚くほど治癒した．/ In München lernte er eine *wunderbare* Frau kennen. ミュンヘンで彼はすばらしい女性と知り合いになった．

Wunder·kind ［ヴンダァ・キント］**中**-es/-er 神童．

wunder·lich ［ヴンダァ・リヒ］**形** 奇妙な，風変わりな．¶*Mein* Nachbar ist ein bisschen *wunderlich*. 私の隣人はいささか変わっている．

wundern ［ヴンデルン］**動** 驚かす，びっくりさせる，不思議がらせる．¶*sich⁴* über *j⁴/et⁴ wundern* 人⁴・事⁴のことをいぶかしく思う．◆*Dass* er durchgefallen ist, *wundert* mich nicht im Geringsten. 彼が落第したことに私はいささかも驚かない．/ Über seinen Leichtsinn kann man sich nur *wundern*. 彼の軽率さにはただ呆れるばかりだ．/ Ich *wundere* mich, dass sie das geschafft hat. 彼女がそれをなしとげたとは驚いた話だ．

wunder·schön ［ヴンダァ・シェーン］**形** すばらしく美しい．

wunder·voll ［ヴンダァ・フォル］**形** すばらしい．

Wunsch ［ヴンシュ］**男** -es/Wünsche ［ヴュンシェ］望み[の物・事]，願望．¶*Haben* Sie noch einen *Wunsch*? (ボーイが客に)他にまだご注文はございますか．/ Auf besonderen *Wunsch* des Chefs werden diesmal auch die Partnerinnen der Kollegen eingeladen. 社長の特別の希望で今回は社員の夫人も招待されることになった. / Er verließ die Firma auf eigenen *Wunsch*. 彼は自分自身の希望で退社した. / Mit besten Grüßen und *Wünschen* Ihr N.N. (手紙の結句で) 心からなるごあいさつとご多幸を祈って, N.N. より.

wünschen [ヴュンシェン] **動** [*sich³*] *et⁴* wünschen 物⁴・事⁴を願う, 望む, 欲しがる. / *j³ et⁴* wünschen 人³に事⁴があるように祈る. ¶Ich *wünsche* Ihnen[eine]gute Besserung. (病気・怪我が) よくなるよう祈ります. / Was *wünschst* du dir zu Weihnachten? クリスマスには何が欲しい?

wünschens・wert [ヴュンシェンス・ヴェールト] **形** 望ましい.

wurde [ヴルデ] werden の過去形・単数・1, 3人称.

Würde [ヴュルデ] **女** -/-n 《複なし》 尊厳, 威厳; 気品, 品位. ¶Er sollte mehr Respekt vor der *Würde* seiner Mitmenschen haben. 彼は同胞たちの尊厳に対してもっと敬意を持つべきだ.

würdig [ヴュルディヒ] -e [ヴュルディゲ] **形** 威厳(品位)のある.

würdigen [ヴュルディゲン] **動** 評価する; 賞賛する. ¶Der Redner *würdigte* die Verdienste des Jubilars. 演説者は表彰者の功績をたたえた.

Wurf [ヴルフ] **男** -[e]s/Würfe [ヴュルフェ] 投げること; 投てき [距離].

Würfel [ヴュルフェル] **男** -s/- さいころ; さいころ形の物; 《数学》立方体. ¶Die *Würfel* sind gefallen. 賽(さい)は投げられた. **würfelig** [ヴュルフェリヒ] -e [ヴュルフェリゲ] **形** 立方体の, さいころ形の. **würfeln** [ヴュルフェルン] **動** さいころを振る; さいころ遊びをする. **würflig** [ヴュルフリヒ] = würfelig.

Würfel・zucker [ヴュルフェル・ツカァ]

ドイツには各地に名産のソーセージがあり, 非常に種類が多い.

焼きソーセージ (Bratwurst) では小型のニュルンベルガー (Nürnberger), 長さ10センチほどのレーゲンスブルガー (Regensburger), 20センチぐらいあるテューリンガー (Thüringer) などが代表的. 茹でて食べるソーセージではフランクフルター (Frankfurter), ミュンヘンの白いソーセージ, ヴァイスヴルスト (Weißwurst) が有名. ヴァイスヴルストは皿の上でナイフとフォークで皮をむいて, マスタードをつけて食べる. このソーセージは鮮度が命で, 製造直後の午前中に食べないとおいしくない, といわれている. このほかソーセージだがハムのような大型サイズで薄くきって食べるタイプ (多種あり, それらは der Aufschnitt と呼ばれる), ペースト状でパンに塗って食べるタイプもある. さらにサラミ (Salami), 血入りソーセージ (Blutwurst), よく軽食スタンドで売っているカレーソーセージ (Currywurst, カレー味のソースがかかっている) など, 試してみたいものがたくさんある.

Weißwurst

男 -s/ 角砂糖.

würgen [ヴュルゲン] **動** (人⁴の) 首を絞める, のどを詰まらせる.

Wurm [ヴルム] **男** -[e]s/Würmer

[ヴュルマァ]（いもむしなどの）[うじ]虫；（昆虫の）幼虫.

Wurst [ヴュルスト] **女**-/Würste [ヴュルステ]【飲物】ソーセージ，腸詰め. ¶Diese *Wurst* hält sich nicht lange. このソーセージは長くはもたない. / So, die letzte Scheibe *Wurst* teilen wir uns. そら，ソーセージの最後の一片はわれわれで分けよう.

Würst・chen [ヴュルスト・ヒェン] **中**-s/- 小さなソーセージ；哀れなやつ.

Würze [ヴュルツェ] **女**-/-n スパイス，香辛料，薬味.

Wurzel [ヴルツェル] **女**-/-n（植物の）根；歯（毛）根；【数学】平方根.

würzen [ヴュルツェン] **動**（食物⁴に）香辛料で味付けする. ¶Die Suppe ist heute ziemlich stark gewürzt. きょうのスープは香辛料がかなりきいている. **würzig** [ヴュルツィヒ] -e [ヴュルツィゲ] **形** 香辛料のきいた.

wusch [ヴーシュ] waschen の過去形・単数・1，3人称.

wusste [ヴステ] wissen の過去形・単数・1，3人称.

wüst [ヴュースト] **形** 荒れ果てた，荒涼とした；無作法な.

Wüste [ヴューステ] **女**-/-n 砂漠，荒れ地.

Wut [ヴート] **女**-/ 激怒；激昂. ¶Er war außer sich vor *Wut*. 彼は憤激のあまりわれを忘れた. / Wenn man das sieht, packt einen doch die *Wut*. それを見ると人はやっぱり憤怒に襲われる.

wüten [ヴューテン] **動**（激怒して）暴れる；激怒する.

wütend [ヴューテント] **1形** 激怒（激昂）している. ¶Er ist anscheinend immer noch sehr *wütend* auf dich. 彼はどうも今でも君のことをとても怒っているようだ. / Die wütenden Vorwürfe der Opposition ließen den Minister kalt. 野党の怒りたけった非難も大臣を動揺させなかった. **2** wüten の現在分詞.

ちょっと文法

〈ないもの〉を持っている？

◆否定冠詞 kein (1)◆
日本語には名詞を否定する冠詞はない. だから Er hat **kein** Geld. を訳すのに，「彼はお金を〈持っていない〉」と，動詞「持つ」hat を否定するしか方法はない. でもドイツ語は kein Geld でひとかたまりなので，「ないお金」kein Geld を「持つ」hat という言い方をしているんだ（＝「彼は〈ないお金〉を持っている」）. これが慣れるまでなかなか難しい. nicht とどう使い分けるかにも悩んでしまう. とりあえず不定冠詞 ein がついている文の否定は kein と覚えてしまおう. Ich habe einen Wagen.「私は車を持っている」の否定は，Ich habe **keinen** Wagen.「私は〈ない車〉を持っている＝車を持っていない」だ. k をつけるだけだから，かんたんなんだね.

日本語の否定方法が1番らくちん

◆kein (2)◆

不定冠詞 ein がついているときの否定には kein を使う，ということはわかったね．実はもう一つある．無冠詞の場合（＝数えられない名詞や，冠詞のない複数形など）も kein で否定するんだ．例えば「時間」はふつう数えられないから Heute habe ich Zeit.「ぼくはきょう時間がある＝暇だ」と言うが，これを否定して「暇がない」と言いたければ，Heute habe ich **keine** Zeit. になる．語尾に e がついているのは，Zeit が女性名詞4格だからだ．「おなかがすいていない」なら，Ich habe **keinen** Hunger. だ．語尾が en になっているのは，Hunger が男性名詞4格のため．こう考えると，何もかも全部，動詞を否定すればいい日本語はらくちんだね．

689

X

¹**X, ¹x** ［イクス］ 中 -/- ドイツ語アル
ファベットの第24字.

²**X** ［イクス］ 中-/- 《大文字で》某(正
体・名前がわからないときに用いる). ¶
Herr X 某氏. / die Stadt X 某
市.

²**x** ［イクス］ 数 《不定. 常に小文字で》
数え切れないほどの, 多くの. ¶seit x
Jahren 思い出せないくらい長年月
この方.

x-Achse ［イクス・アクセ］ 女 -/-n 〖数
学〗X軸.

x-beliebig ［イクス・ベリービヒ］ -e ［イ
クス・ベリービゲ］ 形 〖くだけた表現〗任意の,誰
(何)でもよい.

Xe ［イクスエー］ 〖元素記号〗キセノン.

x-mal ［イクス・マール］ 副 〖くだけた表現〗何度
も,たびたび. ¶Das haben wir
ihm schon x-mal gesagt. 私た
ちはその事をもう彼に何度言ったかわか
らない.

ちょっと文法

否定するのは一苦労

◆kein と nicht◆
名詞に不定冠詞 ein がついているときと, 無冠詞の場合は, kein を
使って否定するんだったね. それ以外は nicht(=not) を使うが, こ
の nicht を文のどこへ入れるかが一苦労だ. とりあえず sein(=be)
動詞と形容詞が結びついているときには, 英語と同じく形容詞の前に
置く. Ich bin **nicht** müde.(=I am not sleepy.) というように. と
ころが他の動詞を否定しようとするとこんがらかってしまう. 英語の
do や does にあたるものがドイツ語にないせいだ (英語は I do
not ～, He does not ～ と, 位置が定まっているので楽だったね).

ちょっと文法

遠くにありすぎる

◆話法の助動詞◆
話法の助動詞は kann (ほぼ= can) や müssen (ほぼ= must) の
ように, 英語との関連を見つけやすいので, 変化形さえ覚えればわり
と間違えないところだ. ただし語順には気をつけないといけない.
「ぼくは背泳ぎができる」= Ich kann auf dem Rücken **schwimmen**.
=I can swim on my back.「泳ぐ」という動詞不定詞の位置が, 英
語は助動詞のすぐ後ろにあるのに, ドイツ語ではずいぶん遠いことが
わかるね. 完了文や受動文, 分離動詞の文などと同じ枠構造を作って
いるため, 文の最後にくる. 長い文のときは見失わないようにしない
とね.

Y

¹**Y,y** ［ユプスィロン］ 匣 –/– ドイツ語アル
ファベットの第25文字.

²**Y** ［ユプスィロン］〖元素記号〗イットリウム.

y-Achse ［ユプスィロン・アクセ］ 囡 –/–n
〖数学〗Y軸.

Yb ［ユプスィロン・ベー］〖元素記号〗イッテル
ビウム.

Yoga ［ヨーガ］ 匣 –[s]/– ヨガ.　¶
Dienstags und freitags gehen
wir immer zum *Yoga*. 火曜日と
金曜日にはいつもヨガに行きます.

ちょっと文法

するべからず

◆müssen◆

ドイツ語の話法の助動詞 müssen は, 英語の must とほぼ同じで,
「～しなければならない」「～に違いない」という意味だ. ところが
nicht（=*not*）が入ったとたん, 違ってくる.「～してはいけない」と
〈禁止〉する場合, 英語では *must not* を使うのに, ドイツ語は dür-
fen nicht になる. Ihr **dürft nicht** auf der Straße spielen.=*You
must not play in the road.*「君らは通りで遊んではいけないよ」と
いうように. では müssen nicht という言い方はないかというとそう
ではなく,「～する必要はない」という意味に用いる. Du musst
nicht vor ihm erschrecken.=*You need not to be afraid of him.*
「彼を怖がることはないよ」とね.

ちょっと文法

コンマがあるととても楽

◆zu 不定詞◆

英語の *to* 不定詞とほとんど同じ働きをするのが, zu 不定詞だ.「～
すること」と訳せる場合が多い. zu gehen「行くこと」, zu spre-
chen「話すこと」というように. 語順は英語と違い, 必ず zu 不定
詞が句の最後にくる. ただし zu 不定詞句と主文の間にはたいていコ
ンマがあって, 区切りが明快でわかりやすい. 比べてみよう.「ドイ
ツ語を話すのはたいへんだ」= *It is difficult to speak German.* :
Es ist schwierig, Deutsch zu sprechen. コンマがあるので, とりあ
えず主文を先に訳してしまえばいい,「それはたいへんだ」とね. あ
のあとで zu 不定詞の「話すこと」, そして目的語「ドイツ語を」. ほ
らね, つながっていくだろう?

Y

Z

Z,z [ツェット] 囲-/- ドイツ語アルファ
ベットの第26文字.

Zacke [ツァッケ] 囡-/-n (のこぎり・
櫛などの)歯, ぎざぎざ.

zäh [ツェー] 形 (肉などが)かみ切れな
い;粘り気のある;頑健な;ねばり強い.
¶*zähe* Verhandlungen ねばり強
い交渉. ◆ Das Fleisch war *zäh*
wie Leder. その肉は皮のように堅く
てかみ切れなかった.

zäh・flüssig [ツェー・フリュスィヒ] -e
[ツェー・フリュスィゲ] 形 ねばねばした.

Zahl [ツァール] 囡-/-en 数, 数字;『文
法』数詞.

zahl・bar [ツァール・バール] 形 『商』支
払うべき. ¶*Zahlbar* binnen sie-
ben Tagen (in fünf Monatsra-
ten). 7日以内に(5か月月賦で)お支
払いください.

zahlen [ツァーレン] 動 **1** (物⁴の)代
金を支払う. ¶Geld (500 Euro)
zahlen お金(500ユーロ)を払う. /
das Zimmer *zahlen* ルームチャー
ジの支払いをする. **2** 支払いをする.
¶Herr Ober, bitte *zahlen*!
ボーイさん, 勘定をお願いします. / Ich
zahle in Euro. 私はユーロで支払い
ます. / Kann ich auch mit Kre-
ditkarte *zahlen*? クレジットカード
でも支払いができますか.

Zahlung [ツァールング] 囡-/-en 支
払い.

zählen [ツェーレン] 動 **1** (物⁴の)数
を数える. **2** (数⁴を)言う;頼りにする
《auf j⁴ 人⁴を》;重要である;一部を
成す《zu et³ 物³の》. ¶Das Mu-
seum *zählte* gestern über vier-
hundert Besucher. 博物館の来場者
はきのう400人以上を数えた. / Rich-
tig [zu] *zählen* muss der Klei-
ne noch nicht lernen. この坊や
は正しく数を数えることをまだ学ぶ必要
はない. / Wir *zählen* auf eure Hil-
fe. 私たちは君たちの助けを当てにし
ている. / Er *zählt* zu den einfluss-

reichsten Politikern seines Lan-
des. 彼はその国で最も影響力のある
政治家の一人に数えられている. **Zäh-
ler** [ツェーラァ] 男-s/- メーター;『数
学』分子.

zahl・reich [ツァール・ライヒ] 形 多数
の, おびただしい.

Zählung [ツェールング] 囡-/-en 計
算, 集計;国勢調査.

zahm [ツァーム] 形 人に馴れた, 従順
な.

zähmen [ツェーメン] 動 [飼い]馴ら
す.

Zahn [ツァーン] 男-[e]s/Zähne [ツ
ェーネ] 歯;(のこぎりの)歯. ¶der
Zahn der Zeit 時の力.

Zahn・arzt [ツァーン・アールツト] 男
-es/Zahn・ärzte [ツァーン・エールツテ]
(女性 **Zahn・ärztin** [ツァーン・エー
ルツティン] 囡-/Zahn・ärztinnen [ツ
ァーン・エールツティネン])歯科医.

Zahn・bürste [ツァーン・ビュルステ]
囡-/-n 歯ブラシ.

Zahn・creme [ツァーン・クレーム] 囡
-/-s, **Zahn・pasta** [ツァーン・パス
タ] 囡-/Zahn・pasten [ツァーン・パス
テン] 練り歯磨き.

Zange [ツァンゲ] 囡-/-n ペンチ. ¶
So einen fiesen Typ würde ich
nicht mal mit der *Zange* anfas-
sen. あんないやなやつなどとはおよそ
関わりを持ちたくない(=たとえペンチ
を使ってでも触れたくない).

Zank [ツァンク] 男-[e]s/ 口喧嘩.

zanken [ツァンケン] 動 *sich*⁴ mit
*j*³ um *et*⁴ *zanken* 事⁴をめぐって
人³と口論する. ¶Die Geschwister
zanken sich schon lange um
das Erbe. 兄弟達はもう長いこと
遺産をめぐって争いをしている.

Zäpf・chen [ツェップフ・ヒェン] 囲 -s
/- のどひこ;『医療』座薬.

zapfen [ツァプフェン] 動 (栓を抜い
て)注ぐ. ¶Bier in Gläser *zapfen*
ビールをグラスに注ぐ.

Zapfen [ツァップフェン] 男-s/- 〖植物〗毬果(ﷺ)、松かさ.

Zapf・säule [ツァプフ・ゾイレ] 女-/-n ガソリン給油計量器、ガソリンポンプ.

zappeln [ツァッペルン] 動 落着かない、じたばたする. ¶Die Kinder *zappelten* vor Ungeduld. 子供達は辛抱できずにそわそわしていた.

zart [ツァールト] 形 柔かい；繊細な；(食べ物が)やわらかい. ¶Das Fleisch heute ist wunderbar *zart*. きょうの肉は素晴らしくやわらかい. / Schon als Kind war sie sehr *zart*. 子供の時から彼女はとても繊細だった.

zärt・lich [ツェールト・リヒ] 形 優しい；思いやりのある. **Zärtlich・keit** [ツェールトリヒ・カイト] 女-/-en 優しさ、情愛；愛撫.

Zauber [ツァォバァ] 男-s/- 魔法、魔術、魔力. **Zauberei** [ツァォベライ] 女-/-en 魔法、魔術.

zaubern [ツァォベルン] 動 1 魔法をかける、手品を使う. 2 (人⁴に)魔法をかける、(物⁴を)手品で出す.

Zaun [ツァォン] 男-s/Zäune [ツォィネ] 垣根、柵.

Zebra・streifen [ツェーブラ・シュトゥライフェン] 男-s/- 横断歩道.

直訳すれば「ゼブラの縞」. 日本と同じく横断歩道には白くシマウマ模様が描かれていることから.

Zeh [ツェー] 男-s/-en, **Zehe** [ツェーエ] 女-/-n 足指. ¶Der Chef hat ihm gewaltig auf die *Zehen* getreten. 〖くだけて〗課長は彼を著しく侮辱した；課長は彼をむやみにせきたてた(はっぱをかけた).

zehn [ツェーン] 数 《基数詞》10. **zehnt** [ツェーント] 数 《序数詞》10番目の.

zehn・tel [ツェーン・テル] 数 《分数》10分の1の. **Zehn・tel** [ツェーン・テル] 中-s/- 10分の1.

Zeichen [ツァィヒェン] 中-s/- 印、目印；記号、前兆；合図.

zeichnen [ツァィヒネン] 動 (線で)描く、スケッチする；(物⁴に)しるしを付ける. ¶eine Skizze *zeichnen* スケッチを描く. ◆Ein Zeuge konnte das Gesicht des Taschendiebs aus dem Gedächtnis *zeichnen*. 目撃者はスリの似顔絵を記憶を頼りに描くことができた. / Die Überlebenden waren vom Hunger *gezeichnet*. 生存者たちの顔には飢えの兆候が現れていた. **Zeichner** [ツァィヒナァ] 男-s/- (女性 **Zeichnerin** [ツァィヒネリン] 女-/Zeichnerinnen [ツァィヒネリネン]) スケッチ画家、図案家.

Zeichnung [ツァィヒヌング] 女-/-en 線画、スケッチ；図面.

Zeige・finger [ツァィゲ・フィンガァ] 男-s/- 人差し指.

zeigen [ツァィゲン] 動 1 見せる、示す. 2 指し示す《auf et⁴ 物⁴を》. ¶sich⁴ *zeigen* 明らかになる；姿を見せる. /j³ den Weg *zeigen* 人³に道を教える. /j³ die Zähne *zeigen* 人³に歯向かう. ◆Er *zeigte* mit dem Finger auf den Wagen. 彼は指で車を指し示した. / Ob er dafür tüchtig genug ist, wird sich schnell *zeigen*. 彼にそのための能力が十分あるかはすぐに明らかになるだろう. / Der Papst *zeigte* sich den Gläubigen auf dem Balkon. 法王は信者たちにバルコニーの上で姿を現した.

Zeiger [ツァィガァ] 男-s/- (時計などの)針. ¶der große (kleine) *Zeiger* 長(短)針. (⇒Sekundenzeiger)

Zeile [ツァィレ] 女-/-n 行. ¶*Zeile* für *Zeile* 一行一行. / zwischen den *Zeilen* lesen 行間を読み取る. ◆Willst du ihr auch ein paar *Zeilen* schreiben? 君も2、3行彼女に手紙を書くかい.

Zeit [ツァィト] 女-/-en 時、時間；時代. ¶der Strom der *Zeit* 時の流れ. / zu allen *Zeiten* いつの時代にも. / zur *Zeit* Karls des Großen カール大帝の時代に. ◆Ich ha-

Z

be keine *Zeit*. 私には時間(暇)がない. / Haben Sie etwas *Zeit* für mich? ちょっとお時間をいただけますか. / *Zeit* ist Geld. 時は金なり. / Die *Zeit* heilt alle Wunden. 時はすべての傷をいやす. / Die *Zeiten* sind nicht mehr so wie früher. 時代はもはや以前とは違う.(⇒ zurzeit)

Zeit·alter [ツァイト・アルタァ] 中-s/- 時代.

zeit·gemäß [ツァイト・ゲメース] 形 時代(時流)に合った. Eine solche Denkweise erscheint nicht mehr *zeitgemäß*. そのような考え方はもはや時代に合ってはいないように思える.

Zeit·genosse [ツァイト・ゲノセ] 男 -n/-n (女性 **Zeit·genossin** [ツァイト・ゲノスィン] 女-/Zeit·genossinnen [ツァイト・ゲノスィネン])同時代人. **zeit·genössisch** [ツァイト・ゲネスィシュ] 形 同時代の.

zeitig [ツァイティヒ] -e [ツァイティゲ] 形 早めの;時にかなった.

zeit·lebens [ツァイト・レーベンス] 副 一生の間.

zeit·lich [ツァイト・リヒ] 形 時間的な.

Zeit·lupe [ツァイト・ルーペ] 女 -/スローモーション. ¶*et⁴* in *Zeitlupe* aufnehmen 物⁴をスローモーションで撮影する.

Zeit·punkt [ツァイト・プンクト] 男 -[e]s/-e 時点;時機. ¶Zum jetzigen *Zeitpunkt* kann ich noch nichts Genaueres sagen. 現時点ではまだこれ以上詳しいことは申し上げられません.

zeit·raubend [ツァイト・ラォベント] 形 時間のかかる;手間取る.

Zeit·raum [ツァイト・ラォム] 男-[e]s/Zeiträume [ツァイト・ロィメ] 時間,期間. ¶Im Vergleich zum gleichen *Zeitraum* des Vorjahres ist die Zahl der Arbeitslosen gestiegen. 昨年の同時期に比べて失業者数は増加した. / Das neue Medikament muss zunächst über ei-

nen längeren *Zeitraum* getestet werden. 新薬はまずかなりの期間検査されねばならない.

Zeit·schrift [ツァイト・シュリフト] 女 -/-en 雑誌,定期刊行物.

≡ドイツを識るコラム≡ドイツの雑誌

　ドイツの雑誌といえば，ニュース雑誌の Der Spiegel, Focus, Stern が有名だが，ほかにも日本同様あらゆる分野の雑誌が刊行されている. いくつかタイトルをあげてみよう.

女性誌	BUNTE（芸能人，有名人の話題満載）, Brigitte, freundin（若い女性向き）
ティーンエージャー誌	BRAVO
スポーツ	Sport Bild（スポーツ全般）
サッカー	Kicker
テニス	tennis magazin
車	auto motor und sport
インテリア・建築	SCHÖNER WOHNEN, A&W
ビジネス	WirtschaftsWoche, manager magazin
旅行	MERIAN, GEO SAISON
料理	DER FEINSCHMECKER（グルメ雑誌）, kochen&genießen（実用的）
映画	cinema
テレビ	Gong（ファミリー向け）, HÖRZU
商品テスト	ÖKO-TEST
芸術	art
日曜大工	selbst ist der Mann
園芸	mein schöner Garten
ペット・動物	Ein Herz für Tiere

Zeitung [ツァイトゥング] 女-/-en 新聞. ¶die *Zeitung* lesen 新聞を読む. / in der *Zeitung* stehen 新聞に載っている. ◆Das habe ich aus der *Zeitung*. そのことを私は

≡ドイツを識るコラム≡ドイツの新聞

日本とは異なり，ドイツでは部数の多い全国紙（überregionale Zeitung）は少なく，地方紙（Regionalzeitung），地域紙（Lokalzeitung）が主である．代表的な全国紙には次のようなものがある．

日刊紙（Tageszeitung）

2022年第2四半期の販売部数

Bild（Berlin）	110.6 万部
Süddeutsche Zeitung（München）	30.5 万部
Frankfurter Allgemeine Zeitung（Frankfurt am Main）	
	19.7 万部
Handelsblatt（Düsseldorf）	13.3 万部
Die Welt（Berlin）	8.5 万部
die tageszeitung（Berlin）	4.8 万部

Bild はセンセーショナルな記事やゴシップ・芸能・スポーツ記事が満載の大衆紙（Boulevardzeitung）．大見出しと写真を多用した派手な紙面構成で目を引きつけ，圧倒的部数を誇っている．Süddeutsche Zeitung（しばしば略して SZ という），Frankfurter Allgemeine Zeitung（略： FAZ），Handelsblatt，Die Welt，die tageszeitung（略： taz）には調査，分析，背景説明などに優れた読み応えのある記事が掲載される．Handelsblatt は経済新聞．

週刊新聞（Wochenzeitung）と**日曜新聞**（Sonntagszeitung）

全国紙の主な日曜新聞には Bild am Sonntag, Welt am Sonntag, Frankfurter Allgemeine Sonntagszeitung がある．週刊新聞の Die Zeit は週一回木曜日に発行されている．

17世紀初頭，ドイツ語圏では既に週刊新聞の印刷と発行が始まっていた．この動きはヨーロッパ各地に広がり，発行回数も週一回から複数回へと増えていった．1650年にライプツィヒで刊行された „Einkommende Zeitungen" は世界初の日刊新聞とされている．ドイツは新聞大国の一つであり，300紙を超える日刊新聞が発行されている．しかし近年インターネットで情報を得るのが日常となって，新聞の発行部数は年々下降．ここ20年で50％を超える減少である．新聞の有料デジタル版は大きな伸びを見せて健闘しているものの，新聞全体の部数減少を食い止めることは難しい．

新聞記事で知りました.

zeit・weise ［ツァイト・ヴァイゼ］ **副** しばらくの間，一時的に；時々.

Zeit・wort ［ツァイト・ヴォルト］ **中** -es/Zeit・wörter ［ツァイト・ヴェルタァ］ 〚文法〛動詞.

Zelle ［ツェレ］ **女** -/-n 〚生物〛細胞； 小部屋，独居房．¶die ［kleinen］ grauen *Zellen* ［小さな］灰色の細胞 （「脳細胞」のこと）.

推理小説ファンなら, 英国の著名な

推理小説作家 Agatha Christie 女史(1890－1976)の作品に登場する名探偵ポアロ Hercule Poirot のことを思い出すだろう.

Zelt [ツェルト] 中-[e]s/-e テント. ¶ein *Zelt* aufschlagen (abbrechen) テントを張る(たたむ).

zelten [ツェルテン] 動 テントを張って過ごす；キャンプする.

Zement [ツェメント] 男-[e]s/-e セメント.

zensieren [ツェンズィーレン] zensierte, zensiert 動 (教師が)採点(評価)する；(出版物などを)検閲する. ¶Unser Deutschlehrer *zensiert* sehr streng. 我々のドイツ語の先生は採点がとても厳しい. / In demokratischen Staaten werden die Medien nicht *zensiert*. 民主主義国家ではマスメディアは検閲されない.

Zensur [ツェンズーア] 女-/-en (学校の)点数；検閲.

Zenti・meter [ツェンティ・メータァ] 男 (中) -s/- センチメートル(記号：cm).

Zentner [ツェントナァ] 男-s/- ツェントナー(ドイツでは 50kg, オーストリア, スイスでは 100kg).

zentral [ツェントゥラール] 形 中央の, 中心部の. ¶Das Hotel liegt *zentral* in der Innenstadt. ホテルは市の中心部にある. **Zentrale** [ツェントゥラーレ] 女-/-n 本社, 本部；電話交換台.

Zentrum [ツェントゥルム] 中 -s/Zentren 中心, 中央；センター；中心地.

zer- [ツェァ] 《アクセントをもたず非分離動詞をつくる前つづり》【破砕・分裂】*zer*schlagen 粉々に打ち砕く. / *zer*reißen 引き裂く.

zer・brechen* [ツェァ・ブレヒェン] *du* zerbrichst, *er* zerbricht; zerbrach, zerbrochen 動 1 割る, 砕く. ¶Beim Putzen hat sie die alte Vase *zerbrochen*. 掃除のときに彼女は古い花びんを割ってしまった. 2 (s) 割れる, 砕ける；精神的に参る. ¶An dieser Affäre ist

sie *zerbrochen*. この情事で彼女は精神的に参ってしまった. **zer・brech・lich** [ツェァブレヒ・リヒ] 形 割れ(壊れ)やすい.

Zer・fall [ツェァファル] 男 -[e]s/ 崩壊；分解.

zer・fallen* [ツェァ・ファレン] es zerfällt; zerfiel, zerfallen 動 (s) 崩れる, 崩壊する；分解する. ¶Wir leben in einer Zeit *zerfallender* Sicherheit. 我々は安全[神話]の崩壊しつつある時代に暮している. / Diese Verbindung ist stabil und *zerfällt* nicht. この化合物は安定していて分解しない.

zer・kleinern [ツェァ・クラィネルン] 動 (細かく)砕く.

zer・knirscht [ツェァ・クニルシュト] 形 (罪などを)深く後悔している.

zer・legen [ツェァ・レーゲン] 動 分解する, 解体する.

zer・reißen* [ツェァ・ラィセン] *du/er* zerreißt; zerriss, zerrissen 動 1 引き裂く, 引きちぎる. 2 (s) 裂ける, ちぎれる.

zerren [ツェレン] 動 1 引っ張って(引きずって)いく. 2 引っ張る《an *et³* 物³を》.

zer・schlagen [ツェァ・シュラーゲン] *du* zerschlägst, *er* zerschlägt; zerschlug, zerschlagen 動 粉々に打ち砕く. ¶*sich⁴ zerschlagen* (計画などが)だめになる. ◆Das Projekt hat sich bedauerlicherweise *zerschlagen*. 残念なことにこのプロジェクトは水泡に帰した.

zer・setzen [ツェァ・ゼッツェン] 動 分解する；解体する. ¶*sich⁴ zersetzen* 分解(解体)する.

zer・stören [ツェァ・シュテーレン] 動 破壊する；滅ぼす. **Zer・störung** [ツェァ・シュテールング] 女-/-en 破壊, 粉砕.

zer・streut [ツェァ・シュトゥロイト] 形 ぼんやりした, 上の空の；分散した. ¶*Zerstreut* wie er war, hörte er nicht richtig zu. 彼は上の空だったのでよく聞いていなかった.

Zertifikat [ツェルティフィカート] 中

-[e]s/-e（試験の）証明書，検定証.

Zettel [ツェッテル] 男-s/- メモ用紙，カード，ビラ.

Zeug [ツォイク] 中-[e]s/《くだけた表現》物；しろもの；下らぬ物，たわごと. ¶Dein *Zeug* kannst du in diesen Schrank tun. 君のものをこの戸棚に入れていいよ. / So ein süßliches *Zeug* trinke ich nie mehr. こんな甘ったるいもの私は二度と飲まない. / Weg mit dem *Zeug*! そんなもの捨ててしまえ.

Zeuge [ツォイゲ] 男 -n/-n （女性 **Zeugin** [ツォイギン] 女 -/Zeuginnen [ツォイギネン]）目撃者；証人.

zeugen [ツォイゲン] 動 **1**（子供を）つくる. ¶Er *zeugte* mit ihr einen Sohn. 彼は彼女との間に息子をもうけた. **2** 証言する. ¶für (gegen) *j⁴ zeugen* 人に有利(不利)な証言をする.

Zeug・nis [ツォイク・ニス] 中 Zeug・nisses/Zeug・nisse [成績]証明書. ¶ein ärztliches *Zeugnis* 健康診断書. / ein gutes *Zeugnis* よい成績[証明書].

Ziege [ツィーゲ] 女 -/-n 《動物》ヤギ.

Ziegel [ツィーゲル] 男 -s/- レンガ；かわら.

ziehen* [ツィーエン] zog, gezogen 動 **1** 引く，引っ張る. ¶Sie hat das Große Los *gezogen*. 彼女は大当たりを引き当てた. *sich⁴ ziehen* 長く続く. Die Operation *zog* sich gewaltig in die Länge. 手術はものすごく長い時間続いた. **2**（s）移動する；引っ越す. ¶Er *zieht* bald nach Berlin. 彼はまもなくベルリンに引っ越す. **3**《es を主語として》Es *zieht*! すきま風が吹きこむよ.

Ziel [ツィール] 中 -[e]s/-e 目標，目的；目的地；《スポーツ》ゴール. ¶das *Ziel* treffen 的を射当てる. / ein *Ziel* verfolgen 目標に向かって努力する. ◆Er hat sich³ ein hohes *Ziel* gesteckt. 彼は高い目標を定めた. **zielen** [ツィーレン] 動 ねらいをつける，目標とする《auf *et⁴* 物⁴・

事⁴に（を）》.

ziem・lich [ツィーム・リヒ] **1** 副 かなり，相当に. ¶Heute ist es *ziemlich* kalt. きょうはかなり寒い. **2** 形 《くだけた表現》かなりの，相当な. ¶Er hat ein *ziemliches* Vermögen. 彼はかなりの財産がある.

zier・lich [ツィーア・リヒ] 形 かわいらしい，きゃしゃな.

Ziffer [ツィッファ] 女-/-n 数字. ¶arabische (römische) *Ziffern* アラビア(ローマ)数字.

Ziffer・blatt [ツィッファ・ブラト] 中 -[e]s/Ziffer・blätter [ツィッファ・ブレタァ]（時計の）文字盤.

Zigarette [ツィガレッテ] 女-/-n 紙巻たばこ. eine *Zigarette* rauchen タバコを吸う.

Zigarre [ツィガレ] 女-/-n 葉巻. ¶*sich³* eine *Zigarre* anzünden 葉巻に火をつける.

Zigeuner [ツィゴイナァ] 男 -s/- （女性 **Zigeunerin** [ツィゴイネリン] 女 -/Zigeunerinnen [ツィゴイネリネン]）(ドイツ系の)ジプシー.

> Zigeuner には蔑称のニュアンスがあるので，今日では「ロマ」と言うことが多い: **Rom** [ローム] 男-/-a.

Zimmer [ツィマァ] 中-s/- 部屋，室. ¶auf *seinem Zimmer* sein（ホテルで)自室にいる. / in einem geräumigen *Zimmer* wohnen 広い部屋に住んでいる. / ins *Zimmer* gehen 部屋に入る. ◆*Zimmer* zu vermieten. 貸間あり. / Können Sie mir das Frühstück aufs *Zimmer* bringen? 朝食を部屋まで持ってきていただけませんか. **Zimmer・lautstärke** [ツィマァ・ラォトシュテルケ] 女-/-n その部屋に適した音量.

Zimt [ツィムト] 男-s/-e 《香辛料》シナモン.

Zinn [ツィン] 中 -[e]s/ 《元素》スズ.

Zinsen [ツィンゼン] 複 利子，金利. ¶von den *Zinsen* leben 利子

で生活する． ◆ Die *Zinsen* sind gestiegen (gefallen)． 金利が上がった（下がった）．

Zirkel ［ツィルケル］**男** -s/- コンパス，円；サークル．

Zirkus ［ツィルクス］**男** -/-se サーカス；大騒ぎ．

zischen ［ツィッシェン］**動** シュッと音を立てる．

Zitat ［ツィタート］**中** -[e]s/-e 引用[句]． **zitieren** ［ツィティーレン］zitierte, zitiert **動** 引用する．

Zitrone ［ツィトゥローネ］**女** -/-n 《植物》レモン[の実・木]．

zittern ［ツィッテルン］**動** 震える，(小刻みに)揺れる． ¶am ganzen Leibe *zittern* 体中が震える． ◆ Das Kind *zitterte* vor Angst. 子供は不安のあまり震えていた．

zivil ［ツィヴィール］**形** 市民の，民間の．

Zivil·dienst ［ツィヴィール・ディーンスト］**男** -[e]s/（徴兵忌避者に課される）非軍事的役務．

> ドイツでは2011年に中止されるまで徴兵制 die Wehrpflicht があり，男子は18歳から9ヶ月の兵役義務（大学在学中は一定期間延期できた）があった．思想・信条上の理由からこれを忌避し審査の上兵役を免除された者は，軍務の代わりに，例えば老人介護など民間での社会奉仕を義務づけられていた．

Zivilisation ［ツィヴィリザツィオーン］**女** -/-en 文明．

Zivilist ［ツィヴィリスト］**男** -en/-en （女性 **Zivilistin** ［ツィヴィリスティン］**女** -/Zivilistinnen ［ツィヴィリスティネン］）民間人．

Zn ［ツェットエン］《元素記号》亜鉛．

zögern ［ツェーゲルン］**動** ためらう，ちゅうちょする． ¶Der Arzt *zögerte*, dem Patienten die Wahrheit zu sagen. 医者は患者に本当のことを言うのをためらった． / Er antwortete, ohne zu *zögern*. 彼はちゅうちょすることなく返事をした．

Zoll ［ツォル］**男** -[e]s/Zölle ［ツェレ］関税；《複 なし》税関． ¶für et⁴ *Zoll* bezahlen 物⁴に対する関税を払う． / die *Zölle* senken (abschaffen) 関税を下げる（撤廃する）． ◆ Zum Glück kam er problemlos durch den *Zoll*. 幸運にも彼は何の問題もなく税関を通過した．

Zone ［ツォーネ］**女** -/-n (特定の)地域，地帯，ゾーン． die tropische *Zone* 熱帯． / eine entmilitarisierte *Zone* 非武装地帯．

Zoo ［ツォー］**男** -s/-s 動物園． ¶in den *Zoo* gehen 動物園に行く．

Zoo·logie ［ツォオ・ロギー］**女** -/ 動物学．

Zopf ［ツォップフ］**男** -[e]s/Zöpfe ［ツェプフェ］ (三つ編みの)お下げ髪．

Zorn ［ツォルン］**男** -[e]s/ 怒り． Der *Zorn* packte ihn. 彼は腹が立ってきた． / Sein *Zorn* richtet sich gegen dich. 彼の怒りは君に向けられている．

zornig ［ツォルニヒ］ -e ［ツォルニゲ］**形** 怒った． ¶Sie wurde wegen jeder Kleinigkeit *zornig*. 彼女はささいなことにもすべて腹を立てた． / Seine *zornigen* Blicke machten ihr Angst. 彼の怒ったまなざしを見て彼女は不安になった．

Zr ［ツェットエル］《元素記号》シルコニウム．

zu ［ツー］ **1前** 《3格支配． zu dem, zu der は融合して zum, zur となる》¶【方向】…[のところ]へ；…へ向かって． *zur* Schule gehen 学校へ行く． / zum Arzt gehen 医者に行く． / Er kommt *zu* mir. 彼は私の所に来る．【場所】…で． *zu* Bett liegen 床についている． / *zu* Haus[e] sein 在宅している． / Der Hund sitzt ihr *zu* Füßen. 犬は彼女の足下に座っている．【時点】…に． *zu* Weihnachten クリスマスに． / *zu* Mittag (Abend) essen 昼食(夕食)を取る． / j⁴ *zum* Abendessen einladen 人⁴を夕食に招待する． / *zum* Schluss 最後に．【移動の手段】*zu* Fuß 歩いて．【結果】das Eiweiß *zu* Schaum schlagen　卵白を泡立てる. **2接**《不定詞と》　¶【名詞的に】Es ist nicht schwer, Deutsch *zu* lernen. ドイツ語を学ぶのは難しくない.【形容詞的に】Heute habe ich keine Zeit, ins Kino *zu* gehen.　きょう, 私には映画を見に行く暇がない.【副詞的に】[an] statt ... *zu* + 不定詞 …する代わりに. / ohne ... *zu* + 不定詞 …しないで. / um ... *zu* + 不定詞 …するために. **3副** あまりにも…過ぎる; 閉まっている.¶*zu* viel 多すぎる. / *zu* spät 遅すぎる. / ab und *zu* 時々. ◆ Das Fenster ist *zu*.　窓が閉まっている.

zu- [ツー]《常にアクセントをもち分離動詞をつくる前つづり》【方向】*zu* gehen　向かっていく;【閉鎖】*zu* machen　閉める;【追加】*zu* fügen　追加する;【分配】*zu* teilen　割り当てる.

Zu·behör [ツー・ベヘーァ] 中 -[e]s/-e《複》まれ)付属品, アクセサリー.

zu bereiten [ツー・ベライテン] bereitete zu, zubereitet **動** (食事など)用意をする.　¶Dieses Gericht kann man leicht zubereiten. この料理は簡単に用意できる. / Im Nu hatte sie ein schmackhaftes Essen zubereitet.　あっという間に彼女はおいしい食事を用意した.

zu binden* [ツー・ビンデン]　band zu, zugebunden **動** (ひもなどで)結んで閉じる.

züchten [ツュヒテン] **動** (品種改良を目的に)飼育する.

zucken [ツッケン] **動** ぴくっと動く.

Zucker [ツッカァ] **男** -s/- 砂糖;《ぬいて》糖尿病.¶ein Stück Zucker 角砂糖ひとつ. ◆ Nehmen Sie Zucker zum Tee?　紅茶に砂糖を入れますか. / Der Patient hat Zucker.　その患者は糖尿病だ. **zu·ckern** [ツッケルン] **動** (物⁴に)砂糖を入れて(まぶして)甘くする.

Zucker·watte [ツッカァ・ヴァテ] **女** -/-n 綿菓子.

zu decken [ツー・デケン] **動** 覆う,

(人⁴に)布団をかける;(物⁴に)ふたをする.

zudem [ツデーム] **副** その上, さらに.　¶Er kam zu spät, zudem hatte er vergessen, seine Eintrittskarte mitzubringen.　彼は遅れてきてしかも入場券を忘れていた.

zu drehen [ツー・ドゥレーエン] **動** (栓などを)回して閉める.　¶den Wasserhahn zudrehen 水道栓を閉める. / j³ den Rücken zudrehen 人³に背中を向ける.

zudring·lich [ツードゥリング・リヒ] **形** 押しつけがましい, しつこい.¶ein zudringlicher Kerl 厚かましいやつ.

zu drücken [ツー・ドゥリュケン] **動** 押して閉める.

zu·einander [ツ・アイナンダァ] **副** 互いに, 向き合って.

zu·erst [ツ・エーァスト] **副** まず最初に, 初めて.¶Zuerst wollen wir etwas essen. まず私たちは何か食べよう.

Zu·fall [ツー・ファル] **男** -[e]s/Zufälle [ツー・フェレ] 偶然.

zu·fällig [ツー・フェリヒ] -e [ツー・フェリゲ] **形** 偶然の.¶eine zufällige Begegnung 偶然の出会い. ◆ Meine Frau habe ich ganz zufällig kennen gelernt. 私は妻と全く偶然に知り合った.

zu·frieden [ツ・フリーデン] **形** 満足した.¶ein zufriedenes Gesicht machen 満足した顔をする. / mit et³ zufrieden sein 物³・事³に満足している. / sich⁴ mit et³ zufrieden geben 物³・事³に満足する. ◆ Mit meinem Gehalt kann ich nicht zufrieden sein. 私は自分の給料に満足することはできない.

Zufrieden·heit [ツフリーデン・ハイト] **女** -/ 満足.

zu fügen [ツー・フューゲン] **動** 付け加える;(損害などを)与える.

Zug [ツーク] **男** -[e]s/Züge [ツューゲ] 列車;行列;ひと飲み;《ふつう複で》顔つき, 特徴;《複なし》すきま風.　¶in einem Zug 一気に. / einen Zug bilden 列を作る. ◆ Beeil dich, sonst verpassen wir den

Zug. 急ぎなさい、でないと列車に乗り遅れてしまう. / Die meisten *Züge* haben heute Verspätung. きょうはほとんどの列車が遅れている. / Als er sie ansah, veränderten sich seine *Züge*. 彼が彼女を見つめたとき彼の顔つきが変わった. / Der Film hat einen nostalgischen *Zug*. この映画はノスタルジックな色合いがある.

Zu·gang [ツー・ガング] 男 -[e]s/Zugänge [ツー・ゲンゲ] 通路, 入り口; 立ち入り. ¶Kein *Zugang* für Unbefugte. 許可された者以外立ち入り禁止.

zu|geben* [ツー・ゲーベン] *du* gibst zu, *er* gibt zu; gab zu; zugegeben 動 白状する; 付け加える. Er hat rasch alles *zugegeben*. 彼は即座にすべてのことを白状した.

zu·gehörig [ツー・ゲヘーリヒ] -e [ツー・ゲヘーリゲ] 形 (物³に)付属している.

Zügel [ツューゲル] 男 -s/- 手綱. ¶die *Zügel* in der Hand haben 手綱を握っている, 主導権を握っている. / die *Zügel* lockern (straffer anziehen) 手綱を緩める(引き締める); 規律を緩める(厳しくする). **zügeln** [ツューゲルン] 動 手綱を締める; 感情を抑制する. ¶Sie kann ihre Neugier kaum *zügeln*. 彼女は自分の好奇心をほとんど抑えることができない.

Zugeständ·nis [ツーゲシュテント・ニス] 中 Zugeständ·nisses/Zugeständ·nisse 承認, 譲歩. ¶Die Gegenseite macht keinerlei *Zugeständnisse*. 相手方は如何なる譲歩もしない.

zu|gestehen* [ツー・ゲシュテーエン] gestand zu, zugestanden 動 認める; 白状する. ¶*j*³ ein Recht *zugestehen* 人³に権利を認める. ◆ Ich muss *j*³ *zugestehen*, dass du Geschmack hast (..., du hast Geschmack). 君がいい趣味をしていることを認めざるを得ない.

zugig [ツーギヒ] -e [ツーギゲ] 形 す

きま風のはいる.

zügig [ツーギヒ] -e [ツーギゲ] 形 滞りのない, スムーズな; すばやい.

zu·gleich [ツ・グライヒ] 副 同時に. ¶Er ist Schauspieler und *zugleich* Regisseur. 彼は俳優であると同時に演出家でもある.

zu|greifen* [ツー・グライフェン] griff zu, zugegriffen 動 手を伸ばす, つかむ. ¶*Greif* tüchtig *zu!* たんとおあがり.

zu·gute [ツ・グーテ] 副 *j*³/*et*³ *zugute* kommen 人³・物³の利益になる, 人³・物³の役に立つ.

zu|haben* [ツー・ハーベン] *du* hast zu, *er* hat zu; hatte zu, zugehabt 動 閉まっている. ¶Das Antiquariat *hat* vormittags *zu*. その古書店は午前中は閉まっている.

zu·hause [ツ・ハオゼ] 副 〖オーストリア/スイス〗家で. ¶Fühl dich wie *zuhause*! 自宅のつもりでくつろいで下さい.

Zu·hause [ツ・ハオゼ] 中 -s/ 住まい, 住居. ¶Viele Flutopfer haben kein *Zuhause* mehr. 多くの洪水の被害者にはもはや住まいがない.

zu|hören [ツー・ヘーレン] 動 傾聴する. ¶Er hörte dem Gespräch aufmerksam *zu*. 彼は注意深く会話に耳を傾けていた.

Zu·hörer [ツー・ヘーラァ] 男 -s/- (女性 Zu·hörerin [ツー・ヘーレリン] 女 -/Zu·hörerinnen [ツー・ヘーレリネン]) 聴衆, 聞き手. ¶Die *Zuhörer* verlangten lautstark nach einer Zugabe. 聴衆は大声でアンコールを要求した.

Zu·kunft [ツー・クンフト] 女 -/ 未来, 将来. ¶auf eine bessere *Zukunft* hoffen よりよい未来を願う. ◆ Was die *Zukunft* bringen wird, weiß niemand. 未来がどうなろうとしているかは誰にもわからない. / Du musst an deine *Zukunft* denken. 君は自分の将来のことを考えなくてはならない. **zu·künftig** [ツー・キュンフティヒ] -e [ツー・キュンフティゲ] 形 未来(将来)の.

zu|lassen* [ツー・ラセン] *du/er*

lässt zu; ließ zu; zugelassen 動 許す,許可する;《古義》閉じたままにしておく. ¶Ich will keine Ausnahmen *zulassen*. 私はいかなる例外も認めるつもりはない. / *Lass das Fenster lieber zu!* 窓を閉めたままにしておいてくれ.

zu·lässig [ツー・レスィヒ] -e [ツー・レスィゲ] 形 許された,許しうる.

zu·letzt [ツ・レット] 副 最後に. ¶bis *zuletzt* 最後まで. / nicht *zuletzt* 特に,とりわけ. ◆Wann haben Sie ihn *zuletzt* gesehen? 彼を最後に見たのはいつですか. / Der brave Mann denkt an sich selbst *zuletzt*. 誠実な男性は自分のことを最後に考える. / Nicht *zuletzt* trug die rasche Hilfe zur Rettung der Katastrophenopfer bei. 特に速やかな救助が災害犠牲者を救うのに役立った.

zum [ツム] =zu dem.

zu·machen [ツー・マヘン] 動 閉める;閉じる. ¶Könnten Sie die Tür (das Fenster) *zumachen*? ドア(窓)を閉めていただけませんか. / Er musste sein Geschäft *zumachen*. 彼は店をたたまなくてはならなかった.

zu·mindest [ツ・ミンデスト] 副 少なくとも. ¶Du hättest *zumindest* anrufen können. 君は少なくとも電話をすることぐらいできただろうに.

zu·muten [ツー・ムーテン] 動 (過度に)要求する. ¶Diese zusätzliche Mühe mochte ich dir nicht *zumuten*. 余分なご苦労を貴女にお願いしたくはありません.

zu·nächst [ツ・ネーヒスト] 副 [まず]はじめに,とりあえず. ¶*Zunächst* bestellen wir uns mal ein Bier. とりあえずビールを注文しよう.

Zu·nahme [ツー・ナーメ] 女-/-n 増加,増大.

Zu·name [ツー・ナーメ] 男 2格 -ns, 3·4格 -n, 複-n 姓.(⇒Familienname, Vorname)

zünden [ツュンデン] 動 1(ロケットなど⁴に)点火する. 2火がつく.

Zünder [ツュンダァ] 男-s/- 信管,起爆装置.

Zünd·holz [ツュント・ホルツ] 中-es/ Zünd·hölzer [ツュント・ヘルツァ] 《ザゼンテキングラ》マッチ. **Zünd·kerze** [ツュント・ケルツェ] 女-/-n 《工学》点火プラグ. **Zünd·schlüssel** [ツュント・シュリュセル] 男 -s/- イグニッションキー.

zu·nehmen* [ツー・ネーメン] du nimmst zu, er nimmt zu; nahm zu; zugenommen 動 増える,ふとる. ¶Sein Einfluss in der Partei *nimmt* stetig *zu*. 彼の党内での影響力は絶えず増大している. / Der Mond *nimmt zu*. 月が満ちてくる. / Im Urlaub habe ich drei Kilo *zugenommen*. 休暇中に私は3キロ太った.

Zunge [ツンゲ] 女-/-n 《解剖》舌.

zu·ordnen [ツー・オルドネン] 動 分類する,割り当てる.

zur [ツーア, ツァ] =zu der.

zurecht·finden* [ツレヒト・フィンデン] fand zurecht; zurechtgefunden 動 ¶sich⁴ *zurechtfinden* (知らない土地などで)迷わず行ける. ◆Nur mit Mühe haben wir uns im Hotel *zurechtgefunden*. 私たちはたいへんな苦労をしてやっとホテルの勝手がわかった. / Am Bahnhof habe ich mich *zurechtgefunden*. 私は駅では最初勝手がわからなくなってしまった.

zurecht·kommen* [ツレヒト・コメン] kam zurecht, zurechtgekommen 動 (s) うまくやっていく《mit j³ 人³と》,うまく使いこなす《mit et³ 物³を》.

zurück [ツリュック] 副 後ろへ,後方へ,もどって.

zurück- [ツリュック]《常にアクセントをもち分離動詞をつくる前つづり》【後方】*zurück*treten 後ろへ下がる;【戻る】*zurück*gehen 戻る;【返却】*zurück*geben 返す.

zurück·bekommen* [ツリュック・ベコメン] bekam zurück; zurückbekommen 動 取り戻す,返しても らう.

zurück bleiben* [ツリュック・ブライベ
ン] blieb zurück; zurückgeblie-
ben 動 (s) とどまる；あとに残る；
（発育などが）遅れる.

zurück fahren* [ツリュック・ファーレ
ン] *du* fährst zurück, *er* fährt
zurück; fuhr zurück; zurückge-
fahren 動 **1** (s) （乗り物で）戻
る. **2** (h) （乗り物で）連れ戻す.

zurück finden* [ツリュック・フィンデ
ン] fand zurück, zurückgefun-
den 動 帰り道がわかる. ¶Endlich
konnte er zum Dorf (ins Ho-
tel) *zurückfinden*. 彼はやっと村
（ホテル）へ帰る道がわかった.

zurück geben* [ツリュック・ゲーベン]
du gibst zurück, *er* gibt zu-
rück; gab zurück; zurückgege-
ben 動 返す，返却する. ¶Die Bü-
cher muss ich spätestens über-
morgen *zurückgeben*. 私は本を
遅くともあさってまでに返却しなければ
ならない.

zurück gehen* [ツリュック・ゲーエン]
ging zurück, zurückgegangen
動 (s) 戻る；由来する，さかのぼる
《auf *et*⁴ 事⁴に》；（熱などが）下が
る. ¶„Omnibus" *geht* auf das la-
teinische Wort „omnis" *zurück*.
「オムニブス（＝バス）」はラテン語の
「オムニス（＝すべての）」に由来する.

zurück halten [ツリュック・ハルテン]
du hältst ［ヘルツト］ zurück, *er*
hält zurück; hielt zurück; zu-
rückgehalten 動 引きとめる；（感
情などを）抑える. ¶Ich will dich
nicht länger *zurückhalten*. 私は君
をこれ以上引きとめるつもりはない. /
Es fällt ihm entsetzlich schwer,
mit seiner Meinung *zurückzuhal-
ten*. 自分の考えを述べないでおくこ
となど彼には恐ろしく難しいことだ.

Zurück・haltung [ツリュック・ハルトゥ
ング] 囡-/ 控えめ，抑制. ¶*sich*³ *Zu-
rückhaltung* auferlegen 自制す
る. ♦ Etwas mehr *Zurückhaltung*
wäre in diesem Fall durchaus
angebracht. ここではもう少し控え
目にしておくほうがぜったい当を得てい

るでしょう.

zurück kehren [ツリュック・ケーレン]
動 (s) 帰る，戻る.

zurück kommen* [ツリュック・コメ
ン] kam zurück, zurückgekom-
men 動 (s) 帰って（戻って）くる.

zurück lassen* [ツリュック・ラセン]
du/er lässt zurück; ließ zu-
rück; zurückgelassen あとに残
す. ¶Ich *lasse* dir genug Provi-
ant in der Hütte *zurück*. 私は
君のために十分な[携帯]食料をヒュッ
テに残しておく.

zurück liegen* [ツリュック・リーゲン]
lag zurück; zurückgelegen 動
過去のことである. ¶Der zweite
Weltkrieg *liegt* nun schon über
sechzig Jahre *zurück*. 第二次
世界大戦はもう60年以上も昔のことで
ある. / Dieser weit *zurückliegen-
de* Skandal interessiert heute
kaum noch jemand[en]. はるか
昔のこのスキャンダルに関心のある人は
今日ではもうほとんどいない.

zurück stecken [ツリュック・シュテケ
ン] 動 **1** 元の場所に戻す. ¶Er
steckte die Brille ins Etui *zu-
rück*. 彼はメガネをケースに戻した.
2《話》（要求したものより）すくないも
ので満足する. ¶Bei den Verhand-
lungen mussten beide Seiten *zu-
rückstecken*. 交渉では双方が要求
を引き下げなくてはならなかった.

zurück stehen* [ツリュック・シュテー
エン] stand zurück, zurückges-
tanden 動 後ろに立って（退いて）
いる；（人³・物³より）劣っている. ¶Er
steht in seinen Leistungen nicht
hinter den Konkurrenten *zu-
rück*. 彼は業績の上で競争相手に劣
っていることはない.

zurück treten* [ツリュック・トゥレーテ
ン] *du* trittst ［トゥリツト］ zurück,
er tritt zurück; trat zurück;
zurückgetreten 動 (s) 後ろへさ
がる；辞任する. ¶Bitte von der
Bahnsteigkante *zurücktreten*!
ホームの縁からお下がりください.
/ Der Minister sollte die Verant-

wortung übernehmen und *zurücktreten*. 大臣は責任を取り辞任すべきだろう。

zurück:weichen* [ツリュック・ヴァイヒェン] wich zurück, zurückgewichen **動** (s) 後ろへ下がる、後ずさりする。

zurück:ziehen* [ツリュック・ツィーエン] zog zurück, zurückgezogen **動** 後ろへ引く、引き戻す；(訴えなどを)取り下げる。¶den Vorhang *zurückziehen* カーテンを引き戻す。/ die Truppen *zurückziehen* 部隊を撤収させる。/ die Zusage *zurückziehen* 承諾を取り消す。**2** (s) 引き返す。

zur:zeit [ツァツァイト] **副** 目下のところ。¶Der Artikel ist *zurzeit* nicht lieferbar. この商品は目下のところ在庫がございません。(⇒Zeit)

Zu•sage [ツーザーゲ] **女**-/-n 約束；承諾。**zu:sagen** [ツー・ザーゲン] **動** 約束する、承諾する。¶Er hat seine Teilnahme *zugesagt*. 彼は参加を承諾した。

zu•sammen [ツ・ザメン] **副** 一緒に；全部で。¶*Zusammen* oder getrennt? (勘定は)ご一緒になさいますかそれとも別々ですか。/ Alles *zusammen* kostet 50 Euro. 全部で50ユーロになります。

zusammen- [ツザメン]《常にアクセントをもち分離動詞をつくる前つづり》【協力】*zusammen*arbeiten 協力して働く；【集合】*zusammen*legen ひとつにまとめる；【衝突】*zusammen*stoßen 衝突する。

Zusammen•arbeit [ツザメン・アルバイト] **女** -/ 協力、共同作業。

zusammen:arbeiten [ツザメン・アルバイテン] **動** 協力して働く、協力する。¶Der Zoll *arbeitet* eng mit der Polizei *zusammen*. 税関は警察と密接に協力して活動している。

zusammen:binden* [ツザメン・ビンデン] band zusammen; zusammengebunden **動** 結び合わせる。

zusammen:brechen* [ツザメン・ブレヒェン] *du* brichst zusammen, *er* bricht zusammen; brach zusammen; zusammengebrochen **動** (s) 倒壊する；倒れる。¶Die Brücke ist *zusammengebrochen*. その橋は倒壊した。/ Die Firma ist *zusammengebrochen*. その会社は倒産した。/ Sie *brach* ohnmächtig *zusammen*. 彼女は意識を失ってくずおれた。

zusammen:bringen* [ツザメン・ブリンゲン] brachte zusammen; zusammengebracht **動** 調達する；記憶をたどって言う。¶Die notwendigen Geldmittel *brachte* er rasch *zusammen*. 必要な金を彼は即座に工面した。/ Er *brachte* keine drei Sätze *zusammen*. 彼はまるで口がきけなかった。

zusammen:fassen* [ツザメン・ファセン] **動** 統合する；要約する。¶die einzelnen Verbände zu einer Dachorganisation *zusammenfassen* 個々のクラブを上部組織に統合する。/ *seine* Gedanken in wenigen Sätzen *zusammenfassen* 自分の考えを僅かな文に要約する。**Zusammen•fassung** [ツザメン・ファスング] **女**-/-en 統合；要約、レジュメ。

zusammen:gehören [ツザメン・ゲヘーレン] **動** 一体(一対)になる。¶Messer, Gabel und Löffel *gehören zusammen*. ナイフ、フォークとスプーンは一セットになっている。

Zusammen•hang [ツザメン・ハング] **男** -s/Zusammenhänge [ツザメン・ヘンゲ] 関連、関係。¶ein direkter *Zusammenhang* zwischen *et³* und *et³* 物³と物³との直接的な関連。/ in diesem *Zusammenhang* この関係において。/ in (im) *Zusammenhang* mit *et³* stehen 物³と関係している。

zusammen:hängen(*) [ツザメン・ヘンゲン] es hängt zusammen; hing zusammen; zusammengehangen **動** 関係している《mit *et³* 事³と》。¶Die verschärften Kontrollen *hängen* mit der Terror-

gefahr *zusammen*. 厳重な検問は
テロの危険性と関係がある.

zusammen︲leben ［ツザメン・レーベ
ン］**動** 一緒に暮らす，同棲する.

zusammen︲legen ［ツザメン・レーゲ
ン］**動** 折りたたむ；統合(合体)する；
金を出し合う. ¶ Papier *zusammen-
legen* 紙を折りたたむ. / zwei Ab-
teilungen *zusammenlegen* 二つ
の部門を統合する. / für ein Ge-
burtstagsgeschenk *zusammen-
legen* バースデープレゼントのため拠
金する.

zusammen︲nehmen* ［ツザメン・ネ
ーメン］*du* nimmst zusammen,
er nimmt zusammen; nahm
zusammen; zusammengenom-
men **動**(思考などを)集中する；まとめ
る. ¶ *sich⁴ zusammennehmen*
(感情などを)自制する. / all *seine*
Kräfte *zusammennehmen* あり
ったけの力を振りしぼる. ◆ Er hat
sich heute sehr *zusammenge-
nommen*. きょうの彼はとても自制
していた.

zusammen︲passen ［ツザメン・パセ
ン］**動** 合う；調和する. ¶ Die bei-
den *passen* wunderbar *zusam-
men*. 二人は素晴らしく気が合う(好
一対である).

zusammen︲prallen ［ツザメン・プラ
レン］**動**(s)衝突する《mit *j³/et³*
人³•物³と》.

zusammen︲rücken ［ツザメン・リュ
ケン］**動** 1(物⁴の)間隔を詰める. 2
(s)あいだを詰める. ¶ Könnten
Sie bitte *zusammenrücken*? 席
を詰め合わせて下さいませんか.

zusammen︲schließen* ［ツザメ
ン・シュリーセン］*du/er* schließt zu-
sammen; schloss zusammen,
zusammengeschlossen **動**(鎖
などで)つなぐ. ¶ *sich⁴ zusammen-
schließen* 手を結ぶ. ◆ Die Gefan-
genen waren mit Handschel-
len *zusammengeschlossen*. 囚
人たちは手錠でつなぎ合わされていた. /
Die beiden Firmen haben sich
zusammengeschlossen. 両社は

合併した.

zusammen︲setzen ［ツザメン・ゼツェ
ン］**動** 組み立てる. ¶ *sich⁴ zusam-
mensetzen* 集(②)う / *sich⁴ aus
et³ zusammensetzen* 物³から組
み立てられて(構成されて)いる. / ei-
ne Maschine [aus einzelnen Tei-
len] *zusammensetzen* 機械を
[個々の部品から]組み立てる. ◆ Wir
müssen uns einmal *zusammen-
setzen* und ein Glas trinken.
いつか集まって飲まなくてはならない
ね. / Der Ausschuss *setzt* sich
aus 7 Mitgliedern *zusammen*.
委員会は7人の委員から構成されてい
る.

Zusammen・setzung ［ツザメン・ゼ
ツング］**女**-/-en 組み立て；〖語〗複合
(合成)語.

zusammen︲stecken ［ツザメン・シ
ュテケン］**動** 1(針などで)留めあわせ
る. ¶ Die Bluse war am Hals
mit einer Nadel *zusammenge-
steckt*. ブラウスは襟元にピンで留め
られていた. 2〖大衆語〗(こっそり)集ま
って(よからぬことをたくらんで)いる.

zusammen︲stellen ［ツザメン・シュテ
レン］**動** 一緒に並べる；まとめる. ¶
Seine Frau hatte uns ein tol-
les Menü *zusammengestellt*.
彼の妻は私たちのためにすばらしい献立
を用意してくれていた.

Zusammen・stoß ［ツザメン・シュトー
ス］**男** -es/Zusammen・stöße
［ツザメン・シュテーセ］衝突. ¶ Bei dem
Zusammenstoß wurde niemand
verletzt. 衝突の際に誰も怪我をしな
かった.

zusammen︲stoßen* ［ツザメン・シュ
トーセン］*du/er* stößt zusammen;
stieß zusammen; zusammen-
gestoßen **動**(s)衝突する《mit
j³/et³ 人³•物³と》. ¶ Die beiden
Busse sind frontal *zusammenge-
stoßen*. 2台のバスは正面衝突した.
/ Heute bin ich mit ihm hef-
tig *zusammengestoßen*. きょう
私は彼と激しく口論した.

zusammen︲treffen* ［ツザメン・ト

ゥルフェン〕 *du* triffst zusammen, *er* trifft zusammen; traf zusammen; zusammengetroffen 動 (s) 出会う，落ち合う；重なり合う．¶Er ist im Theater oft mit ihr *zusammengetroffen*. 彼は劇場でよく彼女と出会った． / Diese beiden Ereignisse *trafen* glücklicherweise nicht *zusammen*. このふたつの事件は幸運にも同時発生はしなかった．

zusammen¦zählen 〔ツザメン・ツェーレン〕 動 合計する．

zusammen¦ziehen* 〔ツザメン・ツィーエン〕 zog zusammen; zusammengezogen 動 **1** (引っ張って)小さく(細く)する；引き寄せる，集結させる． ¶Nachdenklich *zog* sie die Augenbrauen *zusammen*. 彼女は何やら考え込んで眉をひそめた． Auch der Feind *zog* Truppen an der Grenze *zusammen*. 敵も国境に部隊を集結させた． **2** (s) 同じ住居に引っ越す．¶Beide sind *zusammengezogen*, um Miete zu sparen. 家賃を節約するために，二人は同じ住まいに引っ越した．

Zu･satz 〔ツー・ザッツ〕 男 -es/Zusätze 〔ツー・ゼッツェ〕《複なし》追加，添加；追加(添加)物，補足． **zusätz･lich** 〔ツーゼッ・リヒ〕 形 追加(補足)の．

zu¦schauen 〔ツー・シャォエン〕 動 〔単行形 イヒ・アンスゥ・ツヴィス〕見物する．¶Beim Training durfte ihm die Presse nicht *zuschauen*. トレーニングに際して，報道陣は彼を見ることが許されなかった．

Zu･schauer 〔ツー・シャォァ〕 男 -s/-《女性》**Zu･schauerin** 〔ツー・シャォエリン〕 女 -/Zu･schauerinnen 〔ツー・シャォエリネン〕観客，見物人．

zu¦schießen* 〔ツー・シーセン〕 *du/er* schießt zu; schoss zu; zugeschossen 動 《上方表現》突進する《auf *j⁴/et⁴* 人⁴・物⁴の方に》；(資金などを)拠出する《zu *et³* 物³・事³に》．¶Plötzlich *schoss* er auf mich *zu*. 突然，彼は私の方に飛んできた．

Zu･schlag 〔ツー・シュラーク〕 男 -[e]s/Zu･schläge 〔ツー・シュレーゲ〕 追加

料金，割増料金．

zu¦schlagen* 〔ツー・シュラーゲン〕 *du* schlägst zu, *er* schlägt zu; schlug zu; zugeschlagen 動 **1** ぱたんと閉める；(人³に物⁴を)打ちつける．¶Seine Frau *schlug* ihm die Tür vor der Nase *zu*. 彼の妻は彼の鼻先でドアをぱたんと閉めた． **2** (s) (ドアなどが)ぱたんと閉まる；うまく利用する．¶Bei den Sonderangeboten musste ich *zuschlagen*. 特売のときはうまく立ちまわらなくてはならなかった．

zu¦schließen* 〔ツー・シュリーセン〕 *du/er* schließt zu; schloss zu; zugeschlossen 動 鍵で閉める．¶die Tür (den Koffer) *zuschließen* ドア(トランク)に鍵をかける．

zu¦schnüren 〔ツー・シュニューレン〕 動 ひもで(くくる)しばる．

Zu･schrift 〔ツー・シュリフト〕 女 -/-en 投書．¶Auf diesen Artikel gab es viele kritische *Zuschriften*. この記事には批判的な投書が多数寄せられた．

Zu･schuss 〔ツー・シュス〕 男 -es/Zuschüsse 〔ツー・シュセ〕補助金．

zu¦sehen* 〔ツー・ゼーエン〕 *du* siehst zu, *er* sieht zu; sah zu; zugesehen 動 傍観する．¶*j³* bei der Arbeit *zusehen* 人³の仕事ぶりを眺める． ♦ Ich kann nicht tatenlos *zusehen*. 私には何もせずに傍観していることはできない．

zu¦sichern 〔ツー・ズィヒェルン〕 動 確約する．¶Er hat mir finanzielle Unterstützung *zugesichert*. 彼は私に財政的な援助を約束した．

zu¦sperren 〔ツー・シュペレン〕 動 《南ド・オーストリア》(物⁴に)鍵を掛けて閉める；(店を)閉める．

zu¦sprechen* 〔ツー・シュプレヒェン〕 *du* sprichst zu, *er* spricht zu; sprach zu; zugesprochen 動 話しかけることによって与える《*j³ et⁴* 人³に物⁴を》；(激励などの)言葉をかける．¶*j³* Mut (Trost) *zusprechen* 人³に励まし(慰め)の言葉をかける． ♦ Ich *sprach* ihr beruhigend *zu*.

Z

私は彼女を落着かせようと話しかけた.

Zu·spruch [ツー・シュプルフ] 男-[e]s / 喝采, 人気, 好評; 評判; (激励の)言葉; 客の入り.

Zu·stand [ツー・シュタント] 男-[e]s/ Zustände [ツー・シュテンデ] 状態. ¶ Der Gebrauchtwagen hier ist in gutem *Zustand*. この中古車の状態は良好だ. / Der *Zustand* des Patienten hat sich merklich gebessert. 患者の容態は目に見えてよくなった.

zu·stande [ツ・シュタンデ], **zu Stande** [ツ シュタンデ] 副 *et*[1] kommt *zustande* (*zu Stande*) 物[1]・事[1]が完成(成立)する. ¶ *et*[4] *zustande* (*zu Stande*) bringen (物[4]・事[4]を)完成(成立)させる. ♦ Sehenswertes hat der Regisseur diesmal nicht *zustande* (*zu Stande*) gebracht. 監督は今回見るべき作品を作り出すことができなかった.

zu·ständig [ツー・シュテンディヒ] -e [ツー・シュテンディゲ] 形 担当の, 管轄の. ¶ die *zuständige* Behörde 所轄官庁.

zu｜stehen* [ツー・シュテーエン] stand zu; zugestanden 動 (人[3]に事[1]の)権利がある. ¶ Mir *stehen* im Jahr zwei Wochen Urlaub *zu*. 私は年間2週間の休暇を取る権利がある.

zu｜stellen [ツー・シュテレン] 動 配達する. ¶ Das Paket wird morgen *zugestellt*. 小包はあした配達される.

zu｜stimmen [ツー・シュティメン] 動 (事[3]に)同意(賛成)する. ¶ Nicht alle *stimmten* dem Vorschlag *zu*. 全員がその提案に賛成したわけではなかった. **Zu·stimmung** [ツー・シュティムング] 女-/-en 同意, 賛成.

Zu·tat [ツー・タート] 女-/-en (料理の)つけ合わせ, つま; 付属品.

zu｜teilen [ツー・タイレン] 動 配分する, 割り当てる.

zu｜treffen* [ツー・トゥレフェン] es trifft zu; traf zu; zugetrof-

fen 動 正しい, 適切である. ¶ Die Anschuldigungen gegen ihn *treffen* in keiner Weise *zu*. 彼に対する告発はまったく不当である. **zu·treffend** [ツー・トゥレフェント] **1** 形 適切な(的確)な. **2** zutreffen の現在分詞.

Zu·tritt [ツー・トゥリト] 男-[e]s/ 入場, 立ち入り. ¶ Unbefugte haben keinen *Zutritt*. 許可された者以外立ち入り禁止.

zu·verlässig [ツー・フェアレスィヒ] -e [ツー・フェアレスィゲ] 形 信頼できる, 確かな. ¶ Unsere Mitarbeiter sind absolut *zuverlässig*. 我が社の社員は絶対的に信頼できる. / *Zuverlässige* Informationen haben wir noch nicht. 確かな情報を我々はまだ得ていない.

Zuverlässig·keit [ツーフェアレスィヒ・カイト] 女-/ 信頼できること, 確かさ.

zuversicht·lich [ツーフェアズィヒト・リヒ] 形 確信に満ちた.

zu·vor [ツ・フォーァ] 副 その前に, それ以前に. ¶ einige Tage *zuvor* 何日か前に. / mehr als *zuvor* 以前にもまして.

Zu·wendung [ツー・ヴェンドゥング] 女-/-en 財政的援助, 寄付; 思いやり. ¶ Als Kind hat sie zu wenig *Zuwendung* erfahren. 彼女は子供のときほとんど愛情を受けたことがなかった.

zu·wider [ツ・ヴィーダァ] 形 《付加語的用法なし》(事[3]に)不利な, 都合の悪い; (人[3]にとって)いやな. ¶ Der Kerl (Seine Arroganz) ist mir einfach *zuwider*. とにかく私はあいつ(あいつの横柄さ)がいやだ.

zuwider｜handeln [ツヴィーダァ・ハンデルン] 動 (事[3]に)違反する.

zu｜zahlen [ツー・ツァーレン] 動 追加して払う.

zu｜ziehen* [ツー・ツィーエン] zog zu, zugezogen 動 **1** 引いて閉じる; (人[4]に)相談する. ¶ *sich*[3] *et*[4] *zuziehen* (自分の不注意で)災いなど[4]をこうむる. ♦ Bei der Reise hat er

Z

sich eine schwere Erkältung *zugezogen*. 旅行中彼はひどい風邪をひいた. **2** (s) 引っ越してくる. ¶ Unser Nachbar ist erst kürzlich aus Berlin *zugezogen*. 私たちの隣人は最近ベルリンから引っ越してきたばかりだ.

zu·züg·lich [ツー・ツュークリヒ] **前** 《2格支配》…を加えて. ¶ Der Mietpreis beträgt 350 Euro *zuzüglich* Stromkosten. 家賃は電気代を入れて350ユーロです.

Zwang [ツヴァング] **男**-[e]s/Zwänge [ツヴェンゲ] 強制,圧迫,束縛. ¶ der gesetzliche *Zwang* 法の拘束力. / auf j⁴ *Zwang* ausüben 人⁴に圧力を加える. / seinen Gefühlen *Zwang* antun 感情を抑える. / unter *Zwang* 強制されて.

zwanzig [ツヴァンツィヒ] **数** 《基数詞》20. **zwanzigst** [ツヴァンツィヒスト] **数** 《序数詞. 形容詞変化》第20番目の.

zwar [ツヴァール] **副** 《zwar …, aber の形で》... なるほど...ではあるがしかし. ¶ und *zwar* 更に詳しく言えば. ◆ Er ist *zwar* krank, will aber trotzdem kurz kommen. 彼は病気だがちょっとでも来ると言い張っている. / Die beiden wollen heiraten, und *zwar* noch im Dezember. 二人は結婚しようと思っている,しかも12月中に.

Zweck [ツヴェック] **男**-[e]s/-e 目的. ¶ Das hat doch keinen *Zweck*. それは無意味だ.

zweck·los [ツヴェック・ロース] **形** 目的にそぐわない,役に立たない.

zwecks [ツヴェックス] **前** 《2格支配》…を目的として. ¶ *Zwecks* näherer Beobachtung verlegte man sie in die Uniklinik. より詳しい検査のために彼女は大学病院に移された.

zwei [ツヴァイ] **数** 《基数詞》2. **Zwei** [ツヴァイ] **女**-/-en 2 の数字;《評点》2(6段階評価で上から2番目).

Zweibett·zimmer [ツヴァイベット・ツィマァ] **中**-s/- (ホテルなどの)ツインルーム. (⇒Doppelzimmer)

Zweifel [ツヴァイフェル] **男**-s/ 疑い《an *et*³ 事³に対する》. ¶ ohne *Zweifel* 疑いなく. / über allen *Zweifel* erhaben sein なんら疑う余地がない. ◆ Seine *Zweifel* sind völlig grundlos. 彼の疑念はまったく根拠のないものだ. / An der Richtigkeit seiner Angaben besteht kein *Zweifel*. 彼の申し立てが正しいことは疑いない.

zweifel·haft [ツヴァイフェル・ハフト] **形** 疑わしい,不確かな.

zweifel·los [ツヴァイフェル・ロース] **形** 疑いなく,明らかな.

zweifeln [ツヴァイフェルン] **動** 疑う《an j³/et³ 人³・物³を》. ¶ Dass er es schaffen würde, daran habe ich nie *gezweifelt*. 彼がそれを成し遂げるであろうことを私は決して疑ったことがなかった.

Zweig [ツヴァイク] **男**-[e]s/-e 枝;枝分かれした部分,部門. ¶ auf keinen grünen *Zweig* kommen 《くだけて》成功しない,物にならない.

Zweig·stelle [ツヴァイク・シュテレ] **女** -/-n 支局,支社,分室,支店.

zwei·mal [ツヴァイマール] **副** 2 回,2倍.

zwei·sprachig [ツヴァイ・シュプラーヒヒ] -e [ツヴァイ・シュプラーヒゲ] **形** 2 ヵ国語の;バイリンガルの.

zweit [ツヴァイト] **数** 《序数詞》《形容詞変化》第 2 番目の.

Zwerg [ツヴェルク] **男**-[e]s/-e (童話などの)小人;非常に小柄な人.

Zwetsche [ツヴェッチェ] **女**-/-n , **Zwetschge** [ツヴェッチゲ] **女**-/-n 《南ドイツ・オーストリア》, **Zwetschke** [ツヴェッチュケ] **女**-/-n 《果物》西洋スモモ.

zwicken [ツヴィッケン] **動** つまむ,つねる;(衣服が)窮屈である.

Zwie·back [ツヴィー・バック] **男**-[e]s/Zwie·bäcke [ツヴィー・ベケ] ラスク,ビスケット(両面を焼いたパン菓子).

Zwiebel [ツヴィーベル] **女**-/-n 《野菜》タマネギ.

Z

707

Zwilling [ツヴィリング] 男-s/-e ふた子.《複》で die Zwillinge 〖天文〗双子座. ¶Sie hat Zwillinge bekommen. 彼女にはふた子が産まれた.

zwingen* [ツヴィンゲン] zwang, gezwungen 動 強制する; sich⁴ zwingen zu + 不定詞 無理して...する. ¶Die Opposition konnte den Minister zum Rücktritt zwingen. 野党は大臣を辞職に追い込むことができた. / Sie musste sich zu einem Lächeln zwingen. 彼女は心ならずも微笑まなくてはならなかった.

zwinkern [ツヴィンケルン] 動 まばたきする, 目で合図をする.

zwischen [ツヴィッシェン] 1 前 《3・4格支配》《3格と》…の間で; 《4格と》…の間へ. ¶【位置】…のあいだで; 【時間】…のあいだに; 【方向】…の間へ. zwischen mir³ und ihr³ 私と彼女の間に. / zwischen mich⁴ und sie⁴ 私と彼女の間へ. ◆Jugendliche zwischen 16 und 18 Jahren³ 16歳から18歳の間の青少年. 2 副 …の範囲内で. ¶Die Kandidaten waren zwischen 18 und 20 Jahre alt. 候補者は18歳から20歳のあいだった.

Zwischen·fall [ツヴィッシェン・ファル] 男-[e]s/Zwischenfälle [ツヴィッシェン・フェレ] 突発的な出来事; 騒乱. ¶Bei der Demonstration gab es keinerlei Zwischenfälle. デモの際には何の騒乱も起こらなかった.

Zwischen·raum [ツヴィッシェン・ラォム] 男-[e]s/Zwischenräume [ツヴィッシェン・ロィメ] すき間, 間隔. ¶Zwischen der Wand und dem Schrank besser etwas Zwischenraum lassen, sonst verschimmelt die Tapete. 壁とたんすのあいだに少し隙間をあけたほうがいいでしょう, でないと壁紙にカビが生えます. / Der Zwischenraum zwischen den beiden Wagen war gefährlich eng. 2台の車の車間距離は短くて危険だった.

Zwischen·zeit [ツヴィッシェン・ツァイト] 女-/-en 合間; 〖スポーツ〗ラップタイム. ¶In der Zwischenzeit können wir zusammen essen. その間に私たちは一緒に食事をすることができる.

zwitschern [ツヴィッチェルン] 動 (鳥が)さえずる.

zwölf [ツヴェルフ] 数 《基数詞》12.

zwölft [ツヴェルフト] 数 《序数詞. 形容詞変化》第12番目の.

Zylinder [ツィリンダァ, ツュリンダァ] 男-s/- 円筒, 円柱; シリンダー

ちょっと文法

保護色で身をかくす

◆分離動詞の zu 不定詞◆

分離動詞は zu 不定詞に組み込まれると, まるで保護色みたいに姿がかくれてしまう. auf|stehen (=get up) を例にとろう. 「早起きするのはたいへんだ」= It is difficult to get up early. は, Es ist schwierig, früh aufzustehen. だ. 基礎になる動詞 stehen と, 前つづり auf の間に, zu が何くわぬ顔して入りこんでいるのがわかるね. とうぜん aufzustehen なんて語は, 辞書には出てこない. to get up の意味を調べるのに to をいくら引いても出ていないのと同じだ. こう覚えよう——動詞の中ほどに zu があり, 辞書にその語が載っていない場合は, 分離動詞の zu 不定詞である可能性が高い. よって zu をひとまず外してみる. aufzustehen−zu=aufstehen というぐあいに.

文　法　表

1　冠詞類と名詞の格変化

1-1 定冠詞と名詞の格変化

	男性	女性	中性	複数
	父	母	子供	子供たち
1格	der Vater	die Frau	das Kind	die Kinder
2格	des Vater**s**	der Frau	des Kind**es**	der Kinder
3格	dem Vater	der Frau	dem Kind	den Kinder**n**
4格	den Vater	die Frau	das Kind	die Kinder

・男性名詞と中性名詞の単数2格には名詞に-s または-es をつけます。
　女性名詞は単数では変化しません。
・名詞の複数3格には-n をつけます。ただし、複数1格が-n に終わる
　場合（[e]n 型や男性弱変化名詞）では3格で-n を重ねません。

1-2 不定冠詞と名詞の格変化

	男性	女性	中性
	スプーン	フォーク	ナイフ
1格	ein Löffel	eine Gabel	ein Messer
2格	eines Löffel**s**	einer Gabel	eines Messer**s**
3格	einem Löffel	einer Gabel	einem Messer
4格	einen Löffel	eine Gabel	ein Messer

・不定冠詞は男性1格、中性1格と4格で語尾がありません。

1-3 定冠詞類 :

dieser (*this*) jeder (*each*, 単数のみ) jener (*that*)
mancher (many) solcher (such) welcher (which)

	男性	女性	中性	複数
1格	dieser	diese	dieses	diese
2格	dieses	dieser	dieses	dieser
3格	diesem	dieser	diesem	diesen
4格	diesen	diese	dieses	diese

	男性	女性	中性
1格	jeder	jede	jedes
2格	jedes	jeder	jedes
3格	jedem	jeder	jedem
4格	jeden	jede	jedes

	男性	女性	中性	複数
1格	jener	jene	jenes	jene
2格	jenes	jener	jenes	jener
3格	jenem	jener	jenem	jenen
4格	jenen	jene	jenes	jene

	男性	女性	中性	複数
1格	mancher	manche	manches	manche
2格	manches	mancher	manches	mancher
3格	manchem	mancher	manchem	manchen
4格	manchen	manche	manches	manche

	男性	女性	中性	複数
1格	solcher	solche	solches	solche
2格	solches	solcher	solches	solcher
3格	solchem	solcher	solchem	solchen
4格	solchen	solche	solches	solche

	男性	女性	中性	複数
1格	welcher	welche	welches	welche
2格	welches	welcher	welches	welcher
3格	welchem	welcher	welchem	welchen
4格	welchen	welche	welches	welche

1-4 不定冠詞類

1) 所有代名詞：mein (*my*) dein (*your*)
sein (*his*) ihr (*her*) sein (*its*) unser (*our*)
euer (*your*) ihr (*their*) Ihr (*your*)

	男性	女性	中性	複数
1格	mein	meine	mein	meine
2格	meines	meiner	meines	meiner
3格	meinem	meiner	meinem	meinen
4格	meinen	meine	mein	meine

・不定冠詞類は男性1格、中性1格と4格で
　語尾がない以外は、定冠詞類と同じ語尾
　です。
・所有代名詞 unser、euer の-er は語尾では
　ありません。

2) 否定冠詞： kein (*no*)

	男性	女性	中性	複数
1格	kein	keine	kein	keine
2格	keines	keiner	keines	keiner
3格	keinem	keiner	keinem	keinen
4格	keinen	keine	kein	keine

★

2　名詞の変化

2-1 名詞の複数形

1）無語尾型

	単　数	複　数
1格	der Vater	die Väter
2格	des Vaters	der Väter
3格	dem Vater	den Vätern
4格	den Vater	die Väter

・無語尾型名詞には、複数形でウムラウトするもの（上例）としないもの（Wagen—Wagen など）があります。

2）e 型

	単　数	複　数
1格	die Nacht	die Nächte
2格	der Nacht	der Nächte
3格	der Nacht	den Nächten
4格	die Nacht	die Nächte

・e 型名詞には、複数形でウムラウトするもの（上列）としないもの（Tag—Tage など）があります。

3）er 型

	単　数	複　数
1格	das Buch	die Bücher
2格	des Buch[e]s	der Bücher
3格	dem Buch	den Büchern
4格	das Buch	die Bücher

・er 型の複数は、単数形の幹母音が a、o、u、au の場合には、ウムラウトして ä、ö、ü、äu となります（Mann—Männer、Dorf—Dörfer、Haus—Häuser など）。

4）[e]n 型

	単　数	複　数
1格	die Frau	die Frauen
2格	der Frau	der Frauen
3格	der Frau	den Frauen
4格	die Frau	die Frauen

・en 型名詞は複数形でウムラウトしません（Schwester — Schwestern など）。

5）s 型

	単　数	複　数
1格	das Auto	die Autos
2格	des Autos	der Autos
3格	dem Auto	den Autos
4格	das Auto	die Autos

・s 型名詞は、複数3格に -n をつけません。

6）男性弱変化名詞

- 男性弱変化名詞は、単数1格以外は複数も含めてすべて-en または-n という語尾を持ちます。
- 通常の男性名詞の単数2格は、-[e]s という語尾がつきますが、男性弱変化名詞は、単数2格が-en または-n に終わると辞書表記されています。

	単 数	複 数
	大学生	大学生たち
1格	der Student	die Studenten
2格	des Studenten	der Studenten
3格	dem Studenten	den Studenten
4格	den Studenten	die Studenten

	単 数	複 数
	少年	少年たち
1格	der Junge	die Jungen
2格	des Jungen	der Jungen
3格	dem Jungen	den Jungen
4格	den Jungen	die Jungen

3　代名詞の変化

3-1 人称代名詞の変化

	単 数						複 数			
	1人称	2人称 （親称）	2人称 （敬称）	3人称			1人称	2人称	3人称	2人称 （敬称）
1格	ich	du	Sie	er	sie	es	wir	ihr	sie	Sie
2格	meiner	deiner	Ihrer	seiner	ihrer	seiner	unser	euer	ihrer	Ihrer
3格	mir	dir	Ihnen	ihm	ihr	ihm	uns	euch	ihnen	Ihnen
4格	mich	dich	Sie	ihn	sie	es	uns	euch	sie	Sie

- 人称代名詞の2格には、動詞の目的語としてや、2格支配の前置詞と共に用いられるだけで、**所有者を表す意味**はありません。所有者を表すのには、所有代名詞（不定冠詞類）を用います。

3-2 疑問代名詞の変化

	wer	was
1格	wer	was
2格	wessen	—
3格	wem	—
4格	wen	was

- 疑問代名詞は従属接続詞としても用いられ、その場合は副文を導くので定動詞は文末に置かれます。（定動詞後置）

3-3 再帰代名詞の変化

	単数				複数		
	1人称	2人称（親称）	2人称（敬称）	3人称	1人称	2人称	3人称
3格	mir	dir	sich	sich	uns	euch	sich
4格	mich	dich	sich	sich	uns	euch	sich

- 2人称敬称の Sie の再帰代名詞は語頭を大書しません。

3-4 関係代名詞の変化

1）定関係代名詞の変化

	男性	女性	中性	複数
1格	der	die	das	die
2格	dessen	deren	dessen	deren
3格	dem	der	dem	denen
4格	den	die	das	die

2）不定関係代名詞の変化

1格	wer	was
2格	wessen	—
3格	wem	—
4格	wen	was

3-5 指示代名詞の変化

	男性	女性	中性	複数
1格	der	die	das	die
2格	dessen	deren	dessen	deren/derer
3格	dem	der	dem	denen
4格	den	die	das	die

・指示代名詞の複数2格には deren の他に、もっぱら先行詞として用いられる別形の derer があります。

3-6 不定代名詞の変化

1格	man	jemand	niemand
2格	eines	jemand[e]s	niemend[e]s
3格	einem	jemand[em]	niemend[em]
4格	einen	jemand[en]	niemend[en]

	男性	女性	中性	複数
1格	einer	eine	ein[e]s	welche
2格	eines	einer	eines	welcher
3格	einem	einer	einem	welchen
4格	einen	eine	ein[e]s	welche

4　形容詞の変化

後続する名詞を修飾する形容詞は、名詞の性・数・格を明示するために、冠詞類の有無などにより3種類の格変化をします。

4-1 強変化：形容詞＋名詞

・形容詞が修飾する名詞が冠詞類をともなわないので、形容詞が格変化をして名詞の性・数・格を明示します。
・強変化の語尾は**男性および中性2格で-en**となる以外は、**定冠詞類の語尾**と同じです。

	男性	女性	中性	複数
	赤ワイン	新鮮なミルク	黒ビール	新しい本
1格	roter Wein	frische Milch	dunkles Bier	neue Bücher
2格	roten Wein[e]s	frischer Milch	dunklen Biers	neuer Bücher
3格	rotem Wein	frischer Milch	dunklem Bier	neuen Büchern
4格	roten Wein	frische Milch	dunkles Bier	neue Bücher

4-2 弱変化：定冠詞（類）＋形容詞＋名詞

・形容詞が修飾する名詞が定冠詞（類）をともなっているために、形容詞は、男性1格、女性、中性1格と4格で-eとなる以外は、すべて-enという語尾をとります。

	男性	女性	中性	複数
	その年老いた男性	その年老いた女性	その古い本	この年老いた男性たち
1格	der alte Mann	die alte Frau	das alte Buch	diese alten Männer
2格	des alten Mannes	der alten Frau	des alten Buches	dieser alten Männer
3格	dem alten Mann	der alten Frau	dem alten Buch	diesen alten Männern
4格	den alten Mann	die alte Frau	das alte Buch	diese alten Männer

★

4-3 混合変化：不定冠詞（類）＋形容詞＋名詞

・名詞がともなう不定冠詞（類）には男性1格、中性1格と4格で格語尾がないために、この3カ所では形容詞は強変化の語尾をとり、それ以外は弱変化となります。強変化と弱変化の語尾をあわせもつので、混合変化と呼ばれます。

	男性		女性		中性	
	私の幼い息子		私の幼い娘		私の幼い子ども	
1格	mein	kleiner Sohn	meine	kleine Tochter	mein	kleines Kind
2格	meines	kleinen Sohnes	meiner	kleinen Tochter	meines	kleinen Kindes
3格	meinem	kleinen Sohn	meiner	kleinen Tochter	meinem	kleinen Kind
4格	meinen	kleinen Sohn	meine	kleine Tochter	mein	kleines Kind

	複　　数			
	私たちの幼い息子たち		娘たち	子供たち
1格	unsere	kleinen Söhne	Töchter	Kinder
2格	unserer	kleinen Söhne	Töchter	Kinder
3格	unseren	kleinen Söhnen	Töchtern	Kindern
4格	unsere	kleinen Söhne	Töchter	Kinder

4-4 形容詞の名詞化

・格変化した形容詞の頭文字を大書して、名詞的に用います。男性・女性・複数の語尾を持つものは「人」を、中性の語尾を持つものは「事物」を表します。

	男性	女性	複数
	（男性の）病人	（女性の）病人	（複数の）病人
1格	der Kranke	die Kranke	die Kranken
2格	des Kranken	der Kranken	der Kranken
3格	dem Kranken	der Kranken	den Kranken
4格	den Kranken	die Kranke	die Kranken

	男性	女性	複数
	（男性の）知人	（女性の）知人	知人（複数）
1格	ein Bekannter	eine Bekannte	Bekannte
2格	eines Bekannten	einer Bekannten	Bekannter
3格	einem Bekannten	einer Bekannten	Bekannten
4格	einen Bekannten	eine Bekannte	Bekannte

	中 性	
	新しいこと	何か新しいこと
1格	das Neue	etwas Neues
2格	des Neuen	—
3格	dem Neuen	etwas Neuem
4格	das Neue	etwas Neues

5 形容詞の比較変化

原級	比較級 -er	最上級 -[e]st
alt	älter	ältest
groß	größer	größt
hoch	höher	höchst
klein	kleiner	kleinst
nah	näher	nächst
gut	besser	best
gern	lieber	liebst
viel	mehr	meist

6 数詞

6-1 基数

0 null	17 siebzehn	101 hunderteins
1 eins	18 achtzehn	102 hundertzwei
2 zwei	19 neunzehn	103 hundertdrei
3 drei	20 zwanzig	120 hundertzwanzig
4 vier	21 einundzwanzig	123 hundertdreiundzwanzig
5 fünf	22 zweiundzwanzig	200 zweihundert
6 sechs	23 dreiundzwanzig	300 dreihundert
7 sieben	24 vierundzwanzig	900 neunhundert
8 acht	25 fünfundzwanzig	1000 tausend
9 neun	30 dreißig	10000 zehntausend
10 zehn	40 vierzig	100000 hunderttausend
11 elf	50 fünfzig	1000000 eine Million
12 zwölf	60 sechzig	2000000 zwei Millionen
13 dreizehn	70 siebzig	1000000000 eine Milliarde
14 vierzehn	80 achtzig	
15 fünfzehn	90 neunzig	
16 sechzehn	100 hundert	

6-2 序数

・序数は定冠詞と共に付加語的に用いられ、形容詞と同じ格変化をします。

der/die/das

1. erste	14. vierzehnte	40. vierzigste
2. zweite	15. fünfzehnte	50. fünfzigste
3. dritte	16. sechzehnte	60. sechzigste
4. vierte	17. siebzehnte	70. siebzigste
5. fünfte	18. achtzehnte	80. achtzigste
6. sechste	19. neunzehnte	90. neunzigste
7. siebte	20. zwanzigste	100. hundertste
8. achte	21. einundzwanzigste	101. hunderterste
9. neunte	22. zweiundzwanzigste	102. hundertzweite
10. zehnte	23. dreiundzwanzigste	103. hundertdritte
11. elfte	24. vierundzwanzigste	1000. tausendste
12. zwölfte	25. fünfundzwanzigste	
13. dreizehnte	30. dreißigste	

付録

7 動詞類の変化

7-1 動詞の現在人称変化（1）

動詞の原形を**不定詞**（不定形）といい，不定詞は-en（または-n）という語尾で終わります．動詞は一般に不定詞の語尾を除いた語幹にそれぞれの人称語尾をつけて人称変化します．人称変化した動詞の形を**定動詞**（定形）といいます．

	人称	wohnen（語幹 wohn-）	kommen（語幹 komm-）	tun（語幹 tu-）
	語尾	住んでいる	来る	する
ich	-e	wohne	komme	tue
du	-st	wohnst	kommst	tust
er	-t	wohnt	kommt	tut
wir	-en	wohnen	kommen	tun
ihr	-t	wohnt	kommt	tut
sie	-en	wohnen	kommen	tun

・sein 動詞を除き、1人称および3人称複数および敬称 Sie の定動詞の形は、不定詞と同形になります。

	人称	arbeiten（語幹 arbeit-）	finden（語幹 find-）	rechnen（語幹 rechn-）
	語尾	働く	見つける	計算する
ich	-e	arbeite	finde	rechne
du	-est	arbeitest	findest	rechnest
er	-et	arbeitet	findet	rechnet
wir	-en	arbeiten	finden	rechnen
ihr	-et	arbeitet	findet	rechnet
sie	-en	arbeiten	finden	rechnen

・動詞の語幹が -t、-d、-chn、-gn などに終わる動詞は、2人称、3人称単数、2人称複数で人称語尾の前に口調上の e をいれます。

7-2 動詞の現在人称変化 (2)

・不規則動詞のなかには、2人称、3人称単数で、幹母音が変化するものがあります。
・現在人称変化の2人称、3人称単数で、幹母音が変化する動詞は、辞書巻末の不規則動詞変化表に掲載されています。

	ウムラウト型 (a > ä)	e > i 型	e > ie 型
	fahren	sprechen	sehen
	乗り物で行く	話す	見る
ich	fahre	spreche	sehe
du	fährst	sprichst	siehst
er	fährt	spricht	sieht
wir	fahren	sprechen	sehen
ihr	fahrt	sprecht	seht
sie	fahren	sprechen	sehen

7-3 sein、haben、werden、wissen の現在人称変化

	sein	haben	werden	wissen
	…である	もっている	…になる	知っている
ich	bin	habe	werde	weiß
du	bist	hast	wirst	weißt
er	ist	hat	wird	weiß
wir	sind	haben	werden	wissen
ihr	seid	habt	werdet	wisst
sie	sind	haben	werden	wissen

・sein、haben、werden は上記のように本動詞のほかに、助動詞としても用いられますが、現在人称変化は同じものを用います。

7-4 動詞の過去人称変化

不定詞		sagen	warten	lesen	sein	haben	werden	wissen
過去基本形		sagte	wartete	las	war	hatte	wurde	wusste
ich	–	sagte	wartete	las	war	hatte	wurde	wusste
du	-st	sagtest	wartetest	lasest	warst	hattest	wurdest	wusstest
er	–	sagte	wartete	las	war	hatte	wurde	wusste
wir	-[e]n	sagten	warteten	lasen	waren	hatten	wurden	wussten
ihr	-t	sagtet	wartetet	last	wart	hattet	wurdet	wusstet
sie	-[e]n	sagten	warteten	lasen	waren	hatten	wurden	wussten

・過去基本形が-e におわる動詞は、1人称、3人称複数で-n だけをつけます。

8 話法の助動詞

8-1 話法の助動詞の現在人称変化

不定詞	dürfen	können	mögen	müssen	sollen	wollen
ich	darf	kann	mag	muss	soll	will
du	darfst	kannst	magst	musst	sollst	willst
er	darf	kann	mag	muss	soll	will
wir	dürfen	können	mögen	müssen	sollen	wollen
ihr	dürft	könnt	mögt	müsst	sollt	wollt
sie	dürfen	können	mögen	müssen	sollen	wollen

8-2 話法の助動詞の過去人称変化

不定詞		dürfen	können	mögen	müssen	sollen	wollen
過去基本形		durfte	konnte	mochte	musste	sollte	wollte
ich	−	durfte	konnte	mochte	musste	sollte	wollte
du	-st	durftest	konntest	mochtest	musstest	solltest	wolltest
er	−	durfte	konnte	mochte	musste	sollte	wollte
wir	-n	durften	konnten	mochten	mussten	sollten	wollten
ihr	-t	durftet	konntet	mochtet	musstet	solltet	wolltet
sie	-n	durften	konnten	mochten	mussten	sollten	wollten

9 未来形：未来の助動詞 werden の現在形＋不定詞（文末）

	sagen	warten
ich	werde … sagen	werde … warten
du	wirst … sagen	wirst … warten
er	wird … sagen	wird … warten
wir	werden … sagen	werden … warten
ihr	werdet … sagen	werdet … warten
sie	werden … sagen	werden … warten

・未来の助動詞 werden の変化形は本動詞 werden と同じです。

10 完了形の形式

10-1 現在完了形：完了の助動詞 haben または sein の現在形＋過去分詞（文末）

	sagen (haben)	kommen (sein)
ich	habe … gesagt	bin … gekommen
du	hast … gesagt	bist … gekommen
er	hat … gesagt	ist … gekommen
wir	haben … gesagt	sind … gekommen
ihr	habt … gesagt	seid … gekommen
sie	haben … gesagt	sind … gekommen

・完了の助動詞 haben, sein の変化形は本動詞 haben, sein と同じです。

10-2 過去完了形：完了の助動詞 haben または sein の過去形＋過去分詞（文末）

	sagen (haben)	kommen (sein)
ich	hatte … gesagt	war … gekommen
du	hattest … gesagt	warst … gekommen
er	hatte … gesagt	war … gekommen
wir	hatten … gesagt	waren … gekommen
ihr	hattet … gesagt	wart … gekommen
sie	hatten … gesagt	waren … gekommen

・完了の助動詞 haben, sein の変化形は本動詞 haben, sein と同じです。

10-3 未来完了形：未来の助動詞 werden の現在形＋完了の不定詞

	sagen (haben)	kommen (sein)
ich	werde … gesagt haben	werde … gekommen sein
du	wirst … gesagt haben	wirst … gekommen sein
er	wird … gesagt haben	wird … gekommen sein
wir	werden … gesagt haben	werden … gekommen scin
ihr	werdet … gesagt haben	werdet … gekommen sein
sie	werden … gesagt haben	werden … gekommen sein

・完了の不定詞：過去分詞＋完了の助動詞の不定詞を完了の不定詞といいます。

11　受動形：受動の助動詞 werden ＋過去分詞（文末）

	sehen	warten
現在	ich werde … gesehen	ich werde … gewartet
過去	ich wurde … gesehen	ich wurde … gewartet
未来	ich werde … gesehen werden	ich werde … gewartet werden
現在完了	ich bin … gesehen worden	ich bin … gewartet worden
過去完了	ich war … gesehen worden	ich war … gewartet worden

・受動の助動詞 werden の変化形は、本動詞 werden（…になる）と同じ です。
・受動の未来完了はめったに用いられないので省きました。

12　命令形

	du に対して -[e]	ihr に対して -t	Sie に対して -en Sie
kommen	komm	kommt	kommen Sie
sagen	sag[e]	sagt	sagen Sie
geben	gib	gebt	geben Sie
sprechen	sprich	sprecht	sprechen Sie
lesen	lies	lest	lesen Sie
sehen	sieh	seht	sehen Sie
sein	**sei**	**seid**	**seien Sie**

・sein の命令形は不規則な形をとります。

13　接続法
1）接続法第Ⅰ式：不定詞の語幹＋接続法の語尾

不定詞		sagen	fahren	sprechen	sein	haben	werden
語幹		sag-	fahr-	sprech-	sei-	hab-	werd-
接続法の語尾							
ich	-e	(sage)	(fahre)	(spreche)	**sei**	(habe)	werde
du	-est	sagest	fahrest	sprechest	sei[e]st	habest	werdest
er	-e	sage	fahre	spreche	**sei**	habe	werde
wir	-en	(sagen)	(fahren)	(sprechen)	seien	(haben)	(werden)
ihr	-et	saget	fahret	sprechet	seiet	habet	(werdet)
sie	-en	(sagen)	(fahren)	(sprechen)	seien	(haben)	(werden)

・接続法Ⅰ式の形は、sein 動詞を除いて、不定詞の語幹に接続法の語尾をつけて作ります。
・直説法のように、2人称、3人称単数現在で幹母音が替わることはありません。
・カッコの接続法Ⅰ式は、直説法現在と同じ形になります。

2）接続法第Ⅱ式：過去基本形＋接続法の語尾

不定詞		sagen	fahren	sprechen	sein	haben	werden
過去基本形		sagte	fuhr	sprach	war	hatte	wurde
接続法の語尾							
ich	-e	sagte	führe	spräche	wäre	hätte	würde
du	-est	sagtest	führest	sprächest	wärest	hättest	würdest
er	-e	sagte	führe	spräche	wäre	hätte	würde
wir	-en	sagten	führen	sprächen	wären	hätten	würden
ihr	-et	sagtet	führet	sprächet	wäret	hättet	würdet
sie	-en	sagten	führen	sprächen	wären	hätten	würden

・規則動詞と sollen, wollen の接続法Ⅱ式は直説法過去と同形です。
・不規則動詞の接続法Ⅱ式は原則として幹母音がウムラウトします。

14 語順

14-1 定動詞の位置

1）定動詞第二位

平叙文

	定動詞		
Er	wohnt	jetzt	in Berlin.
Jetzt	wohnt	er	in Berlin.

・定動詞の位置を変えずに、主語以外の
　成分も文頭に置くことができます。

疑問詞をもつ疑問文

	定動詞	
Wie	heißen	Sie?
Woher	kommen	Sie?
Wohin	fahren	Sie?

2）定動詞文頭

疑問詞をもたない疑問文

定動詞		
Wohnen	Sie	in Berlin?
Lernt	Hans	Deutsch?

・定動詞を文頭におけば疑問文と
　なります。

命令文

定動詞		
Lernen	Sie	fleißig！
Sprich	lauter！	

従属接続詞 wenn や falls が省略された文

	副文	
Fährt	er	nach Deutschland,

3）定動詞後置

副文では定動詞は文末に位置します．これを定動詞後置といいます．

副　文			主　文			
Weil　er　krank　ist,			kommt	er	heute	nicht	zur Schule.

・副文に続く主文の定動詞は文頭に置かれます。

主　文	副　文		
Wissen　Sie,	wann　er　nach Deutschland		fährt?

・疑問詞も従属接続詞として用いられます．

14-2　目的語の語順

Die Schulerin	schenkt	dem Lehrer （3格）	eine Blume.　（4格）
Sie	schenkt	ihm （3格）	eine Blume.　（4格）
Sie	schenkt	sie （4格）	dem Lehrer.　（3格）
Sie	schenkt	sie （4格）	ihm.（3格）

・3格および4格目的語がともに名詞の場合は、3格、4格、ともに代名詞の場合は4格、3格の語順となります。
・一方が名詞、もう一方が代名詞の場合には、格に関係なく代名詞が名詞の前に置かれます。
・ドイツ語では生物・無生物に限らず、男性名詞は er、女性名詞は sie、中性名詞は es で受けます。

★

和独インデックス

- ドイツ語は，日本語の見出し語に最もよく対応しているものが挙げられています．
- ドイツ語の具体的な用例，用法については，適宜，独和辞典の該当箇所を参照してください．
- 名詞の性は，名詞に付加されている定冠詞や不定冠詞（1格）で示されています．
- 「人³」や「物⁴」などの記号は，それぞれ「人の3格」，「物の4格」を示します．

あ

愛　die Liebe.
愛する　lieben.
挨拶　der Gruss.
挨拶する　begrüßen, grüßen.
おはようございます．
　Guten Morgen.
こんにちは．
　Guten Tag.
こんばんは．
　Guten Abend.
おやすみ．
　Gute Nacht.
ご機嫌いかがですか．
　Wie geht es Ihnen?
ありがとう，元気です．
　Danke gut, und Ihnen?
さようなら　Auf Wiedersehen.
アイス　das Eis.
アイスクリーム　das Eis.
アイススケート　der Eislauf.
開いている，空いた　offen, frei, leer.
会う　sehen.
出会う　treffen, begegnen.
青い　blau,
　(顔色が) blass, bleich.
赤い　rot,
(顔が)赤くなる
　sich⁴ röten.
赤ワイン　der Rotwein.
明かり　das Licht.

明るい　(光が) hell, licht;
　(気分が) heiter.
秋　der Herbst,
秋に　im Herbst.
悪魔　der Teufel.
開(空)ける　(開く) öffnen,
　auf|machen;
　(鍵を) auf|schließen.
顎　der Kiefer, (あご先)
　das Kinn.
朝　der Morgen,
　朝に　am Morgen,
　morgens.
　毎朝　jeden Morgen.
浅い　(川が) seicht; (容器
　が) flach.
明後日　übermorgen.
足　der Fuß,
(脚) das Bein.
足の裏　die Sohle.
味　der Geschmack.
味がする　schmecken.
味がよい　(おいしい) gut
　schmecken.
明日　morgen.
　明日の朝　morgen früh.
汗　der Schweiß.
汗をかく　schwitzen.
遊び　das Spiel.
遊び場　der Spielplatz.
遊ぶ　spielen.
与える　geben, erteilen;
　(賞を) verleihen.
暖か　warm.
暖(温)かさ　die Wärme.
暖(温)める　wärmen, (部
　屋を) heizen.
頭　der Kopf, das Haupt.
頭のよい　(利口な) klug.

頭の悪い　(ばかな) dumm.
新しい　neu.
暑い，熱い　heiß.
厚い　dick.
集まる　sich⁴ versammeln,
　zusammen|kommen.
集める　sammeln, versammeln.
集まり　die Versammlung.
圧力　der Druck.
圧力をかけられる　unter
　Druck stehen.
アナウンサー　der Ansager.
アナウンス　die Ansage,
　die Durchsage.
アナウンスする　an|sagen.
あなた→私
兄　ein älterer Bruder.
姉　eine ältere Schwester.
油　das Öl, (脂肪)das
　Fett.
油っこい　(食物などが)
　fett.
甘い　(味が) süß.
甘いもの　die Süßigkeit.
余り　(残り) der Rest.
あまりの　übrig.
雨　der Regen.
雨が降る　es regnet.
誤り　der Fehler, der
　Irrtum.
謝る　sich⁴ entschuldigen.
洗う　waschen.
嵐　der Sturm.
嵐の[ような]　sturmisch.
争い　der Streit,
　die Streitigkeit.
あらそう　streiten.
蟻　die Ameise.

あ

アルコール der Alkohol.
アルコールを含んだ alkoholhaltig.
アルコールを含まない alkoholfrei.
アルバイト der Job.
アルバイトする jobben.
泡 der Schaum.
泡立つ schäumen.
アンコール die Zugabe.
アンコールする eine Zugabe verlangen.
安心 die Beruhigung.
安心する *sich*⁴ beruhigen.
安心させる beruhigen.
暗記する auswendig lernen.
暗証番号 das Kennwort, das Passwort.
安全 die Sicherheit.
安全な sicher.
案内 die Führung.
案内所 die Auskunft.

い

胃 der Magen
言う sagen, sprechen.
家 das Haus.
家にいる zu Hause sein.
息 der Atem, der Hauch.
息をする atmen.
生きる leben.
生きている lebendig.
行く gehen, fahren.
石 der Stein.
石の steinern.
医者 der Arzt.
医師の ärztlich.
意識 das Bewusstsein.
意識的な bewusst.
意識不明 die Ohnmacht.
椅子 der Stuhl.
泉 der Brunnen, die Quelle.
急いで eilig, schnell.
忙しい beschäftigt.
急ぐ eilen, *sich*⁴ beeilen.
痛い weh, schmerzhaft.
　私は頭が痛い Ich habe Kopfschmerzen.
痛み der Schmerz.
痛む schmerzen.
一月 der Januar.
一月に im Januar.
苺 die Erdbeere.
一　階 das Erdgeschoss,

das Parterre.
糸 der Faden.
稲妻 der Blitz.
稲妻がひかる es blitzt.
犬 der Hund.
祈り das Gebet.
祈る beten.
今 jetzt, nun.
今の jetzig, gegenwärtig.
今まで bis jetzt, bisher.
居間 das Wohnzimmer.
意味 die Bedeutung, der Sinn.
意味する bedeuten, heißen, meinen.
妹 eine jüngere Schwester.
入口 der Eingang, (門) die Pforte.
色 die Farbe.
色とりどりの bunt.
色あせた verblasst.
岩 der Fels, der Felsen.
インク die Tinte.
印刷 der Druck, (コンピューターの) der Ausdruck.
印刷する drucken, aus|drucken.
印刷所 die Druckerei.
印刷物 die Drucksache.
印象 der Eindruck.
印象を与える einen Eindruck machen.
印象深い eindrucksvoll.
インフルエンザ die Grippe, die Influenza.

う

ウール die Wolle.
ウールの wollen.
ウエイター der Kellner, der Ober.
ウエイトレス die Kellnerin, das Fräulein.
ウエスト die Taille.
ウエストポーチ die Hüfttasche.
植える pflanzen, (種をまく) säen, (栽培する) züchten.
飢える hungern.
受付 der Empfang.
受け取り die Annahme.
受取人 der Empfänger.
受け取る an|nehmen, erhalten, empfangen.

動き die Bewegung, (活動) die Tätigkeit.
動く *sich*⁴ bewegen, (機械などが) laufen.
兎 das Kaninchen, (ノウサギ) der Hase.
牛 das Rind, (雌牛) die Kuh, (雄牛) der Ochse, der Stier, (子牛) das Kalb.
失う verlieren.
後ろ hinter.
後ろに hinten.
後ろから von hinten.
後ろへ rückwärts.
薄い (味) fade (厚さ・濃度が) dünn; (色が) hell, blass.
歌 das Lied, der Gesang.
歌う singen.
疑い der Zweifel, (嫌疑) der Verdacht.
疑う zweifeln, verdächtigen.
宇宙 das Weltall, der Kosmos, (宇宙空間) der Weltraum.
宇宙船 das Raumschiff.
打つ schlagen, hauen; (とんとんとたたく) klopfen; (心を動かす) rühren.
射つ schießen.
美しい schön, hübsch.
美しさ die Schönheit.
腕 der Arm, (能力) die Fähigkeit.
腕時計 die Armbanduhr.
鰻 der Aal.
馬 das Pferd.
馬に乗る reiten.
旨い (おいしい) lecker, (上手な) gut, geschickt.
海 das Meer, die See.
生む, 産む gebären, (生産) erzeugen, (卵を) legen.
売る verkaufen, ab|setzen.
嬉しい froh, erfreulich, freudig.
嬉しくて vor Freude.
上着 die Jacke, der Rock.
運転 (車の) die Fahrt.
運転する fahren.
運転手 der Fahrer, der Chauffeur.
運転免許証 der Führerschein.

運命 das Schicksal.

え

絵 das Bild, (スケッチ) die Zeichnung, (油絵など) das Gemälde.
エアコン die Klimaanlage.
映画 der Film.
映画館 das Kino.
映画を見に行く ins Kino gehen.
影響 der Einfluss.
影響を与える beeinflussen.
駅 der Bahnhof, die Station.
エスカレーター die Rolltreppe.
枝 der Zweig, (大枝) der Ast.
絵葉書 die Ansichtskarte.
エプロン die Schürze.
選ぶ wählen, (よりすぐる) aus|wählen.
襟 der Kragen.
襟首 der Nacken.
襟巻き der Schal.
エレベーター der Aufzug, der Lift, der Fahrstuhl.
演劇 das Drama, das Schauspiel.
遠足 der Ausflug.
煙突 der Schornstein.
鉛筆 der Bleistift.

お

尾 der Schwanz.
おいしい gut schmecken, köstlich, lecker.
これは［とても］おいしい Das schmeckt [sehr] gut.
往復 hin und zurück.
往復切符 die Rückfahrkarte.
多い (数量が) viel, (回数が) häufig.
狼 der Wolf.
大きい groß, (声が) laut.
オーバー der Mantel.
オーブン der Backofen.
大晦日 der (das) Silvester.
丘 der Hügel.
小川 der Bach.
置く legen, setzen.

置いてある liegen.
贈り物 das Geschenk, die Gabe.
贈る schenken.
送る schicken, senden.
遅れる (遅刻する) zu spät kommen, (乗り物に) verpassen, (時計が) nach|gehen.
伯父, 叔父 der Onkel.
押す stoßen, schieben; (圧する) drücken; (印判を) stempeln, siegeln.
汚染 die Verseuchung.
汚染する verseuchen, verschmutzen.
大気汚染 die Luftverschmutzung.
遅い (速度が) spät, (速度が) langsam.
遅かれ早かれ früher oder später.
恐れ die Furcht, die Angst; (畏怖) die Ehrfurcht.
夫 der Mann, der Ehemann.
音 der Ton, der Schall, (騒音) der Lärm, das Geräusch, der Laut.
弟 ein jüngerer Bruder.
男 der Mann, der Knabe.
男の (らしい) männlich.
男やもめ der Witwer.
男の子 der Junge.
落とす fallen lassen.
一昨日 vorgestern.
大人 der/die Erwachsene.
大人の erwachsen.
踊り der Tanz.
踊る tanzen.
驚かす erschrecken, überraschen, erstaunen.
驚き das Erstaunen, die Überraschung, der Schreck.
驚く erschrecken, erstaunen.
同じ gleich, derselbe.
同じく ebenfalls.
斧 die Axt.
伯母, 叔母 die Tante.
オペラ die Oper.
オペラを見に行く in die Oper gehen.
オペラハウス das Opernhaus.
覚える (暗記する) auswen-

dig lernen, (習得する) lernen, erlernen.
重い schwer.
思い出す sich⁴ erinnern.
思い出させる erinnern.
思い出 die Erinnerung, das Andenken.
思う denken, glauben, meinen, finden.
重さ das Gewicht.
重さが…ある wiegen.
面白い (興味ある) interessant.
玩具 das Spielzeug.
親 die Eltern.
〈複合〉親指 der Daumen.
泳ぐ schwimmen.
降りる steigen, ab|steigen.
オリンピック die Olympischen Spiele, die Olympiade.
終り das Ende, der Schluss.
終わりに am Ende, zum Schluss.
終わる enden.
音楽 die Musik.
音楽的 musikalisch.
音楽会 das Konzert.
音楽家 der Musiker.
温度 die Temperatur.
温度計 das Thermometer.
女 die Frau.
女の weiblich, feminin.
女の子 das Mädchen.

か

蚊 die Mücke.
カーテン (厚手) der Vorhang, (薄手) die Gardine.
カード die Karte.
(サッカー) イエローカード die gelbe Karte.
(サッカー) レッドカード die rote Karte.
貝 die Muschel.
階 das Stockwerk, der Stock, die Etage.
絵画 die Malerei, das Gemälde.
外国 das Ausland.
外国の ausländisch.
外国語 die Fremdsprache.
外国人 der Ausländer.
階段 die Treppe.

買い物　der Einkauf.
買い物をする　ein|kaufen.
買い物に行く　einkaufen gehen.
会話　das Gespräch, die Konversation.
買う　kaufen.
買える　käuflich, erhältlich.
帰る　(あちらへ) zurück|gehen, zurück|fahren, (こちらへ) zurück|kommen.
家に帰る　nach Hause gehen (kommen).
変える　ändern, verändern, verwandeln.
蛙　der Frosch.
顔　das Gesicht.
顔つき　die Miene.
画家　der Maler.
価格　der Preis.
踵　die Ferse, (靴の) der Absatz.
鏡　der Spiegel.
輝く　glänzen, strahlen, leuchten, scheinen.
鍵　der Schlüssel.
鍵を開ける　auf|schließen.
鍵を閉める　ab|schließen, verschließen.
垣根　der Zaun.
書く　schreiben, (スケッチする) zeichnen, (絵の具で) malen.
家具　das Möbel.
家具つきの　möbliert.
学生　der Student.
女子学生　die Studentin.
学生寮　das Studentenheim.
革命　die Revolution.
革命的な　revolutionär.
影　(陰) der Schatten.
傘　der Schirm, (雨傘) der Regenschirm.
菓子　(ケーキ) der Kuchen, (甘い物) die Süßigkeiten.
お菓子屋　die Konditorei.
火事　das Feuer, der Brand.
餓死　der Hungertod.
餓死する　verhungern.
果実　die Frucht.
貸す　borgen, leihen, (賃貸しする) vermieten.
数　die Zahl.
風　der Wind, (そよ風) das Lüftchen.
風の強い　windig.
風を通す　lüften.

風邪　die Erkältung, (流感) die Grippe.
風邪をひく　sich⁴ erkälten.
風邪をひいている　erkältet.
数える　zählen.
家族　die Familie.
ガソリン　das Benzin.
ガソリンスタンド　die Tankstelle.
肩　die Schulter, die Achsel.
固い, 硬い　hart, steif, (頑丈な) fest, (堅実な) solide.
片道　die Hinfahrt, der Hinweg.
片道切符　eine einfache Fahrkarte.
傾く　sich⁴ neigen.
傾いた　schief.
価値　der Wert.
価値のある　wertvoll, wert.
価値のない　wertlos.
勝つ　siegen, besiegen, (試合に) gewinnen.
楽器　das Musikinstrument.
学校　die Schule.
学校に行く　zur (in die) Schule gehen.
悲しみ　die Trauer, (苦悩) der Kummer.
悲しい　traurig, weh.
悲しむ　trauern, beklagen.
金　das Geld.
金持ち　der Reiche, die Reiche, ein Reicher.
金持ちの　reich.
彼女→私
カバ　das Flusspferd.
鞄　die Tasche, (トランク) der Koffer.
花瓶　die Vase.
株　【商】die Aktie, (切り株) der Stumpf.
カブトムシ　der Käfer, der Nashornkäfer.
花粉　Pollen.
花粉症　die Pollinose, die Pollenallergie, der Heuschnupfen.
壁　die Wand, die Mauer.
(サッカーの) 壁　die Mauer.
カボチャ　der Kürbis.
紙　das Papier, (紙片) der Zettel.
髪　das Haar.
雷　der Donner.
雷が鳴る　es donnert.

噛む　beißen, (食物. たばこなどを) kauen.
ガム　das Kaugummi, der Kaugummi.
亀　die Schildkröte.
カメラ　die Kamera, der Fotoapparat.
カメラマン　der Fotograf.
カモ　die Ente.
カモメ　die Möwe.
火曜日　der Dienstag.
火曜日ごとに　dienstags, jeden Dienstag.
辛い　scharf, (塩辛い) salzig.
辛子　der Senf.
カラス　die Krähe, der Rabe.
ガラス　das Glas.
ガラスの　gläsern.
体　der Körper, der Leib.
体の　körperlich.
借りる　[sich³]leihen, borgen, (賃借りする) mieten.
カリフラワー　der Blumenkohl.
軽い　leicht.
軽くする　erleichtern.
彼→私
ガレージ　die Garage.
カレンダー　der Kalender.
川　der Fluss, der Strom.
皮, 革　(人間の皮膚) die Haut, (動物の) das Fell, (皮革) das Leder, (果物などの) das Schale.
可愛い　niedlich, lieblich, süß, hübsch.
乾かす　trocknen.
乾く　trocken werden, (のどが) Durst haben.
渇きを　der Durst.
変わる　sich⁴ ändern, sich⁴ verändern, (…になる) sich⁴ wandeln.
変わらない　beständig.
缶　die Dose, die Büchse.
癌　der Krebs.
考える　denken, meinen, sinnen, (熟慮) sich³ überlegen.
考えられる　denkbar.
観客　der Zuschauer, das Publikum.
缶切り　der Dosenöffner.
環境　die Umwelt, (周辺) die Umgebung.

環境汚染 die Umweltver-
schmutzung.

環境保全 der Umwelt-
schutz.

関係 die Beziehung, das
Verhältnis, der Zusam-
menhang.

関係がある zusammen|hän-
gen, sich⁴ beziehen, an|
gehen, betreffen.

観光 der Tourismus, der
Fremdenverkehr.

観光案内所 das Informa-
tionsbüro.

観光客 der Tourist.

看護師 die Kranken-
schwester. der Kranken-
pfleger.

患者 der Patient, der
Kranke, die Kranke,
ein Kranker.

勘定 die Rechnung.

勘定する rechnen.

勘定を払う bezahlen.

感じる fühlen, empfinden,
spüren.

関心 das Interesse.

関心を持つ sich⁴ interes-
sieren.

関心がある sich⁴ interes-
sieren, interessiert.

関税 der Zoll.

関税をかける verzollen.

感染 die Ansteckung,
die Infektion.

感染する angesteckt werden,
anstecken.

乾燥させる trocknen.

乾燥した trocken.

乾燥機 der Trockner.

肝臓 die Leber.

簡単な einfach, schlicht,
(容易な) leicht.

缶詰 die Dose, die Kon-
serve.

感動させる ergreifen, rüh-
ren.

感動する gerührt werden.

感動的な rührend, ergrei-
fend.

き

木 （木材）der Baum, （材
木）das Hölz.

木の （木製）hölzern.

気圧 der Luftdruck.

高気圧 der Hochdruck,
das Hoch.

低気圧 der Tiefdruck,
das Tief.

気圧計 das Barometer.

キーボード die Tastatur.

黄色の gelb.

気温 die Temperatur.

記憶 das Gedächtnis, die
Erinnerung.

記憶する im Gedächtnis
behalten.

記憶装置 der Speicher.

着替える sich⁴ um|ziehen,
sich⁴ um|kleiden.

期間 der Zeitraum, die
Frist, die Dauer.

聞く，聴く hören, an|hö-
ren, （注意して聞く）zu|
hören, （尋ねる）fragen.

危険 （表示）die Gefahr,
das Risiko.

危険な gefährlich, bedenk-
lich.

期限 die Frist, （約束の）
der Termin.

気候 das Klima.

記号 das Zeichen, die Be-
zeichnung.

既婚の verheiratet.

岸 das Ufer.

技術 die Kunst, die Tech-
nik, （テクノロジー）die
Technologie.

技術的 technisch.

技術者 der Ingenieur.

キス der Kuss.

キスする küssen.

傷 die Wunde, die Ver-
letzung.

傷つける verletzen.

季節 die Jahreszeit, die
Saison.

北 der Norden.

北の nördlich.

期待 die Erwartung.

期待する erwarten.

期待に満ちた erwartungs-
voll.

汚い dreckig, schmutzig,
unsauber.

喫煙 das Rauchen.

喫煙車 das Raucherabteil.

喫煙者 der Raucher.

喫煙する rauchen.

喫茶店 das Café.

喫茶店に行く ins Café ge-
hen.

切手 die Briefmarke.

狐 der Fuchs.

切符 die Karte, （乗り物
の）die Fahrkarte, （劇場
の）die Eintrittskarte.

切符売場 （駅の）der Fahr-
kartenschalter, （劇場の）
die Kasse.

気に入る gefallen.

私はこの本が気に入った.
Dieses Buch gefällt mir.

絹 die Seide.

絹の seiden.

記念 das Andenken, die
Erinnerung.

記念に zum Andenken;
zur Erinnerung.

記念日 der Gedenktag.

記念碑 das Denkmal.

記念品 das Andenken.

昨日 gestern.

茸 der Pilz.

気分 die Stimmung, die
Laune.

気分がよい wohl.

…な気分にさせる stimmen.

希望 die Hoffnung, der
Wunsch.

希望する hoffen.

君→私

君たち→私

義務 die Pflicht.

義務づける verpflichten.

義務的な obligatorisch.

義務教育 die Schulpflicht.

ギムナジウム das Gymna-
sium.

決める entscheiden, be-
stimmen, sich⁴ entschei-
den, sich⁴ entschließen.

気持ち die Stimmung,
die Laune.

気持ちのよい angenehm,
behaglich.

気持ちの悪い unangenehm.

疑問 die Frage, （疑念）
der Zweifel.

疑問のある fraglich.

客 der Gast, （店の）der
Kunde, （旅客）der Fahr-
gast, （観客）der Zu-
schauer.

キャベツ der Kohl.

芽キャベツ der Rosen-
kohl.

救急車 der Kranken-
wagen.

救急箱 die Hausapotheke,

der Verbandkasten.	着る an|ziehen.	口 der Mund,（動物の）das Maul.
休憩 die Pause.	きれいな（美しい）schön, hübsch,（清潔）rein, sauber.	口のきけない stumm.
給仕 der Kellner,（女性の）die Kellnerin.		唇 die Lippe.
休日 der Feiertag.	きれいにする putzen, reinigen.	口笛 der Pfiff.
休息 die Rast, die Ruhe.		口笛を吹く pfeifen.
休息する sich⁴ aus|ruhen, rasten.	議論 die Diskussion.	口紅 der Lippenstift.
	議論する diskutieren.	靴 （短靴）die Schuhe,（長靴）die Stiefel.
宮殿 der Palast, das Schloss.	金 das Gold.	
	金[色]の golden.	靴屋 der Schuhmacher, der Schuster.
牛肉 das Rindfleisch.	銀 das Silber.	
牛乳 die Milch.	銀[色]の silbern.	靴下 （短い）die Socke,（長い）der Strumpf.
救命 die Lebensrettung.	銀行 die Bank.	
救命胴衣 die Rettungsweste.	銀行員 der Bankangestellte.	首 der Hals,（うなじ）der Nacken,（頭）der Kopf.
	銀行預金 Guthaben bei einer Bank.	
給油する tanken.		雲 die Wolke.
給油所 die Tankstelle.	銀行口座 das Bankkonto.	曇り trüb, wolkig, bewölkt.
キュウリ die Gurke.	禁止 das Verbot.	
給料 das Gehalt, der Lohn.	禁止する verbieten.	暗い dunkel, finster,（薄暗い，陰鬱な）düster.
	禁止された verboten.	
今日 heute.	金属 das Metall.	クラス die Klasse.
今日の heutig.	金属工 der Schlosser.	グラス das Glas, der Becher.
教育 die Erziehung.	金属の metallen.	
職業教育 die Ausbildung.	近代 die Neuzeit.	グラム das Gramm.
教育する erziehen, aus|bilden.	近代の modern.	クリーニング die Reinigung.
	近代化する modernisieren.	
教会 die Kirche.	筋肉 der Muskel.	クリーム die Sahne,（化粧）die Creme, die Krem.
競技 der Wettkampf.	筋肉痛 der Muskelkater.	
競技する spielen.	金髪の blond.	クリスマス das Weihnachten.
競技場 das Stadion.	金曜日 der Freitag.	
競技会 der Wettbewerb.		クリスマスカード die Weihnachtskarte.
教師 der Lehrer,（女性）die Lehrerin.	**く**	
		クリスマスツリー der Weihnachtsbaum.
教室 das Klassenzimmer, der Hörsaal.	空気 die Luft,（雰囲気）die Atmosphäre.	
		クリスマスプレゼント das Weihnachtsgeschenk.
競争 die Konkurrenz, der Wettbewerb.	空港 der Flughafen.	
	偶然 der Zufall.	グループ die Gruppe.
競争する wetteifern, konkurrieren.	偶然の(に) zufällig.	苦しい（苦痛な）schmerzlich, schmerzhaft,（困難な）schwierig, schwer.
	空腹 der Hunger.	
競争相手 der Konkurrent.	空腹の hungrig.	
兄弟 der Bruder.	九月 der September.	車 der Wagen,（自動車）das Auto,（車輪）das Rad.
兄弟姉妹 die Geschwister.	九月に im September.	
協力 die Mitwirkung.	釘 der Nagel.	
協力する zusammen|arbeiten, mit|wirken.	釘抜き die Nagelzange.	車に乗る ein|steigen.
	草 das Gras,（雑草）das Unkraut.	車を降りる aus|steigen.
協力者 der Mitarbeiter.		クルミ die Walnuss, die Nuss.
去年 letztes Jahr.	臭い stinken.	
拒否 die Ablehnung, die Weigerung.	鎖 die Kette.	クレジットカード die Kreditkarte.
	腐る verfaulen.	
拒否する ab|lehnen, sich⁴ weigern, verweigern.	腐った faul.	黒い schwarz.
	櫛 der Kamm.	黒パン das Schwarzbrot.
霧 der Nebel.	櫛で髪をとかす kämmen.	苦労 die Mühe.
霧のかかった neblig.	鯨 der Wal, der Walfisch.	苦労する sich⁴ bemühen.
キリン die Giraffe.	薬 das Medikament, die Arznei.	苦労の多い mühevoll.
切る （刃物で）schneiden,（のこぎりで）sägen,（木を）fällen,（スイッチを）aus|schalten.		クローク die Garderobe.
	薬屋 die Apotheke.	軍隊 die Armee, das Heer,
	果物 das Obst.	

das Militär.
軍隊の　militärisch.
訓練　die Übung, das Training.
訓練する　üben, trainieren.

け

経営　der Betrieb.
経営する　betreiben, führen.
経営者　der Geschäftsführer.
計画　der Plan, das Vorhaben.
計画する　planen, vorhaben.
計画どおりの　planmäßig.
警官　der Polizist, die Polizistin.
景気　die Konjunktur.
経験　die Erfahrung.
経験する　erfahren.
経験豊富な　erfahren.
警告　die Warnung, die Mahnung.
警告する　ermahnen, warnen.
経済　die Ökonomie, die Wirtschaft.
経済的な　ökonomisch, wirtschaftlich.
警察　die Polizei.
警察の　polizeilich.
計算　die Rechnung.
計算する　rechnen.
芸術　die Kunst.
芸術家　der Künstler.
芸術の(的な)　künstlerisch.
芸術品　das Kunstwerk.
携帯電話　das Handy.
軽蔑　die Verachtung.
軽蔑する　verachten.
契約　der Vertrag.
契約する　einen Vertrag schließen.
ケーキ　der Kuchen, die Torte.
怪我　die Verletzung, die Wunde.
怪我をした　verletzt, verwundet.
外科　die Chirurgie.
外科医　der Chirurg.
毛皮　das Fell, der Pelz.
劇　das Schauspiel, das Theater, das Drama.
劇作家　der Dramatiker.
劇場　das Theater.

消しゴム　der Radiergummi.
化粧　das Schminken.
化粧する　*sich⁴* schminken.
化粧品　die Kosmetika.
消す　löschen, aus|löschen, (明かりを) aus|machen.
血液　das Blut.
血液型　die Blutgruppe.
結核　die Tuberkulose.
血管　das Blutgefäß, die Ader.
結婚　die Heirat, die Ehe.
結婚する　heiraten, *sich⁴* verheiraten.
結婚している　verheiratet.
結婚式　die Hochzeit.
決定　die Entscheidung, der Beschluss.
決定する　entscheiden.
決定的な　entscheidend.
欠点　der Fehler, der Nachteil.
欠点のない　einwandfrei, tadellos.
月曜日　der Montag.
結論　der Schluss, die Folgerung.
煙　der Rauch.
煙を出す　rauchen.
下痢　der Durchfall.
原因　die Ursache, der Grund.
喧嘩　der Krach, der Streit.
喧嘩する　streiten.
元気な　munter, frisch, lebendig.
元気づける　ermuntern.
元気になる　*sich⁴* erholen.
元気をつける　erfrischen.
研究　die Forschung, das Studium.
現金　das Bargeld.
現金の(で)　bar.
健康　die Gesundheit.
健康な　gesund.
不健康な　(健康に悪い) ungesund.
健康上の　gesundheitlich.
健康保険　die Krankenkasse.
検査　die Kontrolle, die Prüfung, (身体) die Untersuchung.
検査する　kontrollieren, prüfen, untersuchen.
建築　die Architektur, der Bau, der Aufbau,

建築物　der Bau.
建設する　bauen, errichten.
建設現場　die Baustelle.
建築家　der Architekt.
見物　die Besichtigung.
見物する　besichtigen, an|sehen.

こ

濃い　(色・密度が) dunkel, dick, (濃度が) stark, dicht.
幸運　das Glück.
幸運な　glücklich.
幸運にも　glücklicherweise.
コインロッカー　das Schließfach
公園　der Park.
高価な　teuer, kostbar.
工業　die Industrie.
工業の　industriell.
工業化　die Industrialisierung.
航空　die Luftfahrt.
航空機　das Flugzeug.
航空便　die Luftpost.
航空便で　mit Luftpost.
航空券　das Flugticket
合計　die Summe.
合計する　zusammen|rechnen.
合計で　zusammen, insgesamt
広告　die Reklame, die Anzeige, die Werbung.
広告する　Reklame machen, werben, an|zeigen.
交差点　die Kreuzung.
交差点で　an der Kreuzung.
口座　das Konto.
子牛　das Kalb, (肉) das Kalbfleisch.
工事　der Bau.
工事する　bauen.
工事中の　im Bau.
香辛料　das Gewürz.
香水　das Parfüm.
洪水　die Flut, das Hochwasser, die Überschwemmung.
抗生物質　das Antibiotikum.
高速道路　die Autobahn.
紅茶　[schwarzer]Tee, der Schwarztee.
交通　der Verkehr.

交通機関 das Verkehrsmittel.

交通事故 der Verkehrsunfall.

交通渋滞 die Verkehrsstockung, der Stau.

強盗 der Einbrecher, der Räuber.

声 die Stimme.

コート der Mantel.

コード （電灯などの）die Schnur.

コーヒー der Kaffee.

コーヒーポット die Kaffeekanne.

氷 das Eis.

凍る frieren.

ゴール das Ziel,（サッカー）das Tor.

ゴールを決める das Tor schießen,

ゴールキーパー der Torwart.

五月 der Mai.

小切手 der Scheck.

旅行者用小切手 der Reisescheck.

呼吸 die Atmung, das Atmen.

呼吸する atmen.

故郷 die Heimat.

国籍 die Nationalität, die Staatsangehörigkeit.

国民 das Volk, die Nation,（個人）der Staatsbürger.

国立の staatlich.

国立公園 der Nationalpark.

ここ hier.

ここへ hierher.

ここだけの話だが unter uns [gesagt].

午後 der Nachmittag.

午後に nachmittags.

ココア der Kakao.

腰 die Hüfte.

腰をおろす $sich^4$ setzen.

腰をかがめる $sich^4$ bücken.

コショウ der Pfeffer.

個人 das Individuum.

個人的な persönlich, privat.

午前 der Vormittag.

午前に vormittags.

答える antworten, beantworten, erwidern.

コック der Koch,（ガスの）der Hahn.

骨折 der Knochenbruch.

骨折する $sich^3$ einen Knochen brechen.

小包 das Paket, das Päckchen.

骨董品 die Antiquität.

骨董品店 das Antiquitätengeschäft.

コップ das Glas, der Becher.

古典 die Klassik.

孤独 die Einsamkeit.

孤独な einsam.

今年 dieses Jahr, in diesem Jahr.

言葉 die Sprache.

言葉どおりの wörtlich.

子供 das Kind.

子供の（らしい）kindlich.

子供っぽい（じみた）kindisch.

子供時代 die Kindheit.

好み der Geschmack.

コピー die Kopie.

コピーする kopieren.

コピー機 der Kopierer, das Kopiergerät.

子羊 das Lamm.

細かい klein, fein.

ごみ der Staub,（くず）der Abfall, der Müll.

ゴミ箱 der Papierkorb.

米 der Reis.

殺す töten, um|bringen.

怖い schrecklich, furchtbar.

壊れる zerbrechen, kaputt| gehen.

壊れた kaputt.

コンサート das Konzert.

コンサートホール die Konzerthalle.

コンサートに行く ins Konzert gehen

コンセント die Steckdose.

コンタクトレンズ die Kontaktlinse.

昆虫 das Insekt.

婚約 die Verlobung.

婚約する $sich^4$ verloben.

婚約者 die Verlobte, der Verlobte, ein Verlobter, eine Verlobte.

さ

サービス die Bedienung.

サービスする bedienen.

再会する wieder|sehen.

災害 der Unfall, das Unglück.

大災害 die Katastrophe.

災害を被る einen Unfall erleiden.

最後の das Ende, der Schluss.

最後の letzt.

最後に zuletzt, schließlich, zum Schluss, am Ende.

最後まで bis zum Ende.

祭日 der Feiertag.

最初の der Anfang, der Beginn.

最初の erst.

最初に zuerst, am Anfang.

サイズ die Größe, die Nummer.

裁判 das Gericht.

裁判官 der Richter.

裁判所 das Gericht.

財布 der Geldbeutel, das Portmonaie, das Portmonee.

材木 das Holz.

材料 das Material, der Stoff.

サイン（合図）das Zeichen,（署名）die Unterschrift.

サインする unterschreiben.

捜す 探す suchen.

魚 der Fisch.

魚を釣る angeln.

下がる （低くなる）fallen, sinken,（退く）zurück|treten.

柵 der Zaun.

咲く（草花が）auf|blühen.

咲いている blühen.

昨日 gestern

作者 der Verfasser, der Autor.

桜 der Kirschbaum,（花）die Kirschblüte.

さくらんぼ die Kirsche.

鮭 der Lachs.

叫ぶ rufen, schreien.

叫び声 der Schrei.

避ける meiden, aus|weichen, vermeiden.

避けられない unvermeidlich.

刺す stechen.

座席 der Sitzplatz, der Sitz, der Platz.

座席指定券 die Platzkarte.

札　der Schein.
作家　der Schriftsteller, der Dichter.
サッカー　der Fußball.
サッカーチーム　die Fußballmannschaft.
作曲する　komponieren.
作曲家　der Komponist.
雑誌　die Zeitschrift.
殺人　der Mord.
殺人者　der Mörder.
砂糖　der Zucker.
砂漠　die Wüste.
さび　der Rost.
さびる　rosten.
さびた　rostig.
差別　die Diskriminierung, (違い) der Unterschied.
差別する　diskriminieren, unterscheiden.
妨げる　hindern, stören.
寒い　kalt.
皿　der Teller.
サラダ　der Salat.
サラミ　die Salami.
サラリーマン　der Angestellte, die Angestellte, ein Angestellter, eine Angestellte.
猿　der Affe.
参加　die Beteiligung, die Teilnahme.
参加する　teil|nehmen, mit|machen,.
参加者　der Teilnehmer.
三角　dreieckig.
三角形　das Dreieck.
三月　der März.
サングラス　die Sonnenbrille.
賛成　die Zustimmung, (支持) die Unterstützung.
…に賛成して　für.
賛成する　zu|stimmen.
残念な　leid, schade, (遺憾な) bedauerlich.
残念に思う　bedauern.
残念ながら　leider.
産物　das Erzeugnis, das Produkt.
農産物　landwirtschaftliche Erzeugnisse.
散歩する　der Spaziergang.
散歩する　spazieren gehen.

し

死　der Tod.
死んだ　tot.
試合　das Spiel, der Wettkampf.
幸い　das Glück.
幸せな　glücklich.
シートベルト　der Sicherheitsgurt.
シートベルトをしめる　sich⁴ anschnallen.
塩　das Salz.
塩辛い　salzig.
歯科　die Zahnheilkunde.
歯科医　der Zahnarzt.
鹿　der Hirsch, das Reh.
市街　der Vorort.
市外通話　das Ferngespräch.
市街地図　der Stadtplan.
四角　viereckig.
四角形　das Viereck.
四月　der April.
叱る　schelten, schimpfen.
時間　die Zeit, (一時間) eine Stunde.
時間どおりに　pünktlich.
時間割　der Stundenplan.
磁器　das Porzellan.
試験　die Prüfung, das Examen.
試験する　prüfen.
事件　der Fall, der Vorfall, (犯罪) das Verbrechen.
事故　der Unfall, das Unglück.
事故に遭う　verunglücken.
(,,verunglücken" は主に事故で死ぬを意味する)
　einen Unfall haben, einen Unfall erleiden.
時刻　die Uhrzeit, die Zeit.
時刻表　der Fahrplan, das Kursbuch.
仕事　die Arbeit, die Beschäftigung, das Geschäft.
仕事上の　geschäftlich.
自殺　der Selbstmord.
自殺する　sich⁴ um|bringen.
事実　die Tatsache, (現実) die Wirklichkeit.
事実上　tatsächlich, in

Wirklichkeit.
辞書　das Wörterbuch.
市場　der Markt.
事情　die Umstände.
事情によっては　unter Umständen.
詩人　der Dichter.
静かな　ruhig, still.
沈む　sinken, (日が) unter|gehen.
沈める　senken.
自然　die Natur.
自然な(の)　natürlich.
自然科学　die Naturwissenschaft.
下　unter.
下に(へ)　unten.
…の下に　unter.
…より下の　(程度が) niedriger, (年が) jünger.
舌　die Zunge.
時代　die Zeit, das Zeitalter, die Epoche.
従う　folgen, sich⁴ richten.
下着　die Unterwäsche.
七月　der Juli.
失業　die Arbeitslosigkeit.
失業している　arbeitslos.
失業者　der Arbeitslose, die Arbeitslose.
実験　das Experiment, der Versuch.
実験室　das Labor[atorium].
実現　die Verwirklichung.
実現する　realisieren, verwirklichen.
実際　die Wirklichkeit.
実際の　praktisch, wirklich.
実際に　in der Tat, in Wirklichkeit.
湿度　die Feuchtigkeit.
失敗　der Misserfolg.
失敗する　misslingen, missglücken, scheitern.
失望　die Enttäuschung.
失望させる　enttäuschen.
失望している　enttäuscht.
質問　die Frage.
質問する　fragen.
指定席　ein reservierter Platz.
事典　das Lexikon.
百科事典　die Enzyklopädie.
自転車　das Fahrrad.
自転車に乗っていく　Rad fahren.

指導　die Führung, die Leitung.
指導する　führen, leiten.
自動車　das Auto, der Wagen.
自動の　automatisch.
自動販売機　der Automat.
市内　die Innenstadt.
市内通話　das Ortsgespräch.
品物　der Artikel, (商品) die Ware.
死ぬ　sterben, (事故など で) um|kommen.
死んだ　tot.
芝居　das Schauspiel, das Theater.
芝居を見に行く　ins Theater gehen.
支払い　die Auszahlung, die Bezahlung.
支払う　bezahlen, zahlen.
紙幣　der [Geld]schein, die [Bank]Note.
脂肪　das Fett.
脂肪の多い　fett.
脂肪の少ない　mager.
資本　das Kapital.
資本主義　der Kapitalismus.
資本家　der Kapitalist.
縞　der Streifen.
縞の　gestreift.
島　die Insel.
姉妹　die Schwester.
閉まる　schließen, sich⁴ schließen.
閉まっている　geschlossen.
閉める　schließen, zu|machen.
市民　der Bürger.
市民の　bürgerlich.
市民権　das Bürgerrecht.
示す　zeigen, weisen.
湿った　feucht, nass.
ジャーナリスト　der Journalist.
社会　die Gesellschaft.
社会の　sozial.
社会的な　gesellschaftlich.
社会主義　der Sozialismus.
社会主義の　sozialistisch.
社会保険　die Sozialversicherung.
シャープペン[シル]　der Druckbleistift.
じゃがいも　die Kartoffel.
市役所　das Rathaus.

ジャケット　die Jacke, das Sakko.
車庫　die Garage.
車掌　der Schaffner.
写真　das Foto, das Bild, das Photo.
写真を撮る　fotografieren.
写真家　der Fotograf, der Photograph.
シャツ（下着）das Hemd, (下着) das Unterhemd.
シャワー　die Dusche, die Brause.
シャワーを浴びる　duschen.
週　die Woche.
今週　diese Woche.
先(来)週　die letzte (nächste) Woche.
自由　die Freiheit.
自由に(な)　frei, liberal.
十一月　der November.
十月　der Oktober.
週刊誌　die Wochenzeitschrift.
宗教　die Religion.
宗教の　religiös, geistlich.
住所　die Adresse, die Anschrift.
ジュース　der Saft.
住宅　die Wohnung.
住宅地　das Wohngebiet.
じゅうたん　der Teppich.
しゅうと　der Schwiegervater.
しゅうとめ　die Schwiegermutter.
十二月　der Dezember.
週末　das Wochenende.
重要な　wichtig, bedeutend.
重要性　die Wichtigkeit.
修理　die Reparatur.
修理する　reparieren.
修理工場　die Reparaturwerkstatt.
終了　der Abschluss.
終了する　ab|schließen, enden, enden.
授業　der Unterricht.
授業をする　unterrichten.
授業料　das Schulgeld, (大学の) die Studiengebühr.
授業時間　die Unterrichtsstunde.
宿泊する　übernachten.
宿泊させる　unter|bringen.
宿泊所　das Quartier,

die Unterkunft.
首相　der Ministerpräsident, (ドイツ・オーストリアの) der Kanzler.
手術　die Operation.
手術する　operieren.
出国　die Ausreise.
出発　die Abreise, die Abfahrt, (飛行機で) der Abflug.
出発する　ab|reisen, ab|fahren.
首都　die Hauptstadt.
主婦　die Hausfrau.
種類　die Art, die Gattung, die Sorte.
受話器　der Hörer.
順序　die Ordnung.
順番　die Reihe.
準備　die Vorbereitung.
準備する　sich⁴ vor|bereiten.
準備する　vor|bereiten.
準備のできた　fertig.
使用　der Gebrauch, die Verwendung, die Anwendung.
使用する　verwenden, gebrauchen.
使用中(掲示)　Besetzt!
賞　der Preis.
消火する　löschen.
消火器　der Feuerlöscher.
紹介　die Vorstellung.
紹介する　vor|stellen.
自己紹介する　sich⁴ vorstellen
正月　das Neujahr, (1月) der Januar.
小学校　die Grundschule.
乗客　der Passagier, der Fahrgast.
正午　der Mittag.
正午に　zu Mittag.
小説　der Roman, die Novelle, die Erzählung.
小説家　der Schriftsteller.
招待　die Einladung.
招待する　ein|laden.
招待状　die Einladungskarte.
状態　der Stand, der Zustand.
状態にある　gehen, stehen.
小児科　die Kinderheilkunde.
小児科医　der Kinderarzt.
商人　der Kaufmann.
少年　der Junge.
少年時代　die Jugendzeit.

上品な fein, elegant.

情報 die Information, die Nachricht, die Auskunft.

情報を与える informieren.

消防車 die Feuerwehr.

消防士 der Feuerwehrmann.

消防車 das Feuerwehrauto.

消防署 die Feuerwache.

乗務員 (列車の)der Zugpersonal.

証明 der Beweis, (証言)das Zeugnis.

証明する beweisen.

証明書 der Ausweis, der Schein.

勝利 der Sieg.

勝利者 der Sieger.

女王 die Königin.

食塩 das Kochsalz.

職業 der Beruf.

職業上の beruflich.

職業安定所 das Arbeitsamt.

職業学校 die Berufsschule.

食事 das Essen, die Mahlzeit.

食事する essen.

食中毒 die Lebensmittelvergiftung.

食道 die Speiseröhre.

食堂 das Esszimmer.

学生食堂 die Mensa.

職員食堂 die Kantine.

職人 der Handwerker.

植物 die Pflanze, das Gewächs.

植物園 ein botanischer Garten.

植物学 die Botanik.

食欲 der Appetit.

食料 die Lebensmittel.

食料品 die Lebensmittel, das Nahrungsmittel.

食料品店 das Lebensmittelgeschäft.

女性 die Frau, die Dame.

女性の(的)weiblich, fraulich.

食器 das Geschirr.

食器戸棚 der Geschirrschrank.

ジョッキ der Krug.

ショック der Schock, der Schreck[en].

ショックを与える schockieren.

処方 das Rezept.

処方する verordnen,

verschreiben.

署名 die Unterschrift.

署名する unterschreiben.

知らせ die Nachricht, die Mitteilung, die Botschaft.

調べる untersuchen, prüfen, (探 す)suchen, (探求)forschen.

知り合い der Bekannte, die Bekannte.

知り合う kennen lernen.

知る wissen, kennen, (分かる)verstehen, (聞き知る)erfahren.

白い weiß

白ワイン der Weißwein

シングルルーム das Einzelzimmer.

神経 der Nerv.

神経質な nervös.

人口 die Bevölkerung.

人口密度 die Bevölkerungsdichte.

人工の künstlich.

人工衛星 der Satellit.

申告 die Anmeldung.

申告する an|melden.

診察 ärztlich untersuchen.

診察室 das Sprechzimmer.

寝室 das Schlafzimmer.

真珠 die Perle.

親戚 der Verwandte, die Verwandte.

親切 die Freundlichkeit.

親切な freundlich, gütig, nett.

新鮮な frisch, neu.

新鮮な空気 die frische Luft.

心臓 das Herz.

腎臓 die Niere.

寝台車 der Schlafwagen.

人体 der Körper, der Leib.

身体の körperlich.

心配 die Sorge, die Angst.

心配する sich⁴ sorgen.

審判 der Schiedsrichter.

新聞 die Zeitung.

新聞記者 der Journalist.

人類 die Menschheit.

す

酢 der Essig.

水泳 das Schwimmen.

水泳プール das Schwimm-

bad.

スイカ die Wassermelone.

推薦 die Empfehlung.

推薦する empfehlen.

推薦状 das Empfehlungsschreiben.

水族館 das Aquarium.

スイッチ der Schalter.

スイッチを入れる ein|schalten, schalten.

スイッチを切る ab|schalten, aus|schalten.

水道 (設備)die Wasserleitung.

睡眠 der Schlaf.

水曜日 der Mittwoch.

吸う (気体を)ein|atmen, (液体を)saugen, (すする)schlürfen, (タバコを)rauchen.

数字 die Ziffer.

スーパーマーケット der Supermarkt.

スープ die Suppe.

スカート der Rock.

スカーフ der Schal.

スキー der Skilauf, (用具)der Ski, der Schi.

スキーをする Ski laufen.

少ない wenig, gering, (まれな)selten.

スケジュール der Zeitplan, das Programm.

スケート (氷上の)der Eislauf, (靴)der Schlittschuh.

スケートをする Schlittschuh laufen.

スケッチ die Skizze, die Zeichnung.

スケッチする ab|zeichnen, zeichnen.

少し ein wenig, ein bisschen, etwas.

少しも…ない gar nicht, keineswegs.

鈴 die Schelle. die Glocke, das Glöckchen.

雀 der Sperling, der Spatz.

スタジアム das Stadion.

頭痛 die Kopfschmerzen.

頭痛薬 die Kopfschmerztablette.

酸っぱい sauer.

すでに schon, bereits.

ストーブ der Ofen.

ストッキング der Strumpf.

ストライキ der Streik.

す

ストライキをする streiken.
ストレス der Stress.
ストロー der Strohhalm, der Trinkhalm.
砂 der Sand.
スパゲッティー die Spagetti.
素晴らしい herrlich, prächtig, klasse, fabelhaft, vorzüglich, wunderbar.
スプーン der Löffel.
全ての all, sämtlich.
スポーツ der Sport.
スポーツの sportlich.
スポーツマン der Sportler.
ズボン die Hose.
すみれ das Veilchen.
すり der Taschendieb.
鋭い scharf.
座る *sich*⁴ setzen.
座っている sitzen.
澄んだ klar, durchsichtig.
寸法 das Maß, die Größe.

せ

背 (背中) der Rücken, (身長) die Größe.
背が高い groß.
背が低い klein.
姓 der Familienname, der Zuname.
税 die Steuer.
関税 der Zoll.
消費税 die Verbrauchssteuer.
正確な genau, exakt, richtig.
税関 der Zoll, das Zollamt.
世紀 das Jahrhundert.
整形外科 die Orthopädie.
整形外科医 der Orthopäde.
清潔な rein, sauber.
清潔にする säubern.
成功 der Erfolg.
成功する Erfolg haben, gelingen.
成功した erfolgreich.
生産 die Erzeugung, die Herstellung, die Produktion.
生産する erzeugen, herstellen, produzieren.
生産的な produktiv.
生産物 das Produkt.

政治 die Politik, (統治) die Regierung.
政治の politisch.
政治家 der Staatsmann, der Politiker.
政治集会 die Kundgebung.
正式の formell, förmlich, offiziell.
青春 die Jugend.
青春の jugendlich.
青春時代 die Jugendzeit.
青春期 die Jugend.
聖書 die Bibel.
新(旧)約聖書 das Neue (Alte) Testament.
正常な normal.
成人 der Erwachsene, die Erwachsene.
成人した erwachsen.
成人式 die Jugendweihe.
清掃 die Reinigung.
清掃する reinigen.
成長 das Wachstum.
成長する auf|wachsen, erwachsen, wachsen.
政党 die Partei.
政府 die Regierung.
セーター der Pullover.
世界 die Welt.
咳 der Husten.
咳をする husten.
咳止め薬 das Hustenmittel.
責任 das Schuld, die Verantwortung.
責任のある schuld, schuldig, verantwortlich.
責任を負う haften, verantworten.
石油 das Erdöl.
世代 die Generation.
設計する planen.
設計図 der Entwurf.
石鹸 die Seife.
摂氏 Celsius.
摂氏30度 30℃ (30 Grad Celsius).
絶望 die Verzweifelung.
絶望する verzweifeln.
絶望的な verzweifelt.
説明 die Erklärung.
説明する erklären, dar|legen.
節約する sparen.
節約になる sparsam.
背中 der Rücken.
狭い eng, schmal.
ゼロ die Null, null.
セロリ der Sellerie.

線 die Linie.
千 tausend.
選挙 die Wahl.
選挙する wählen.
選挙権 das Wahlrecht.
選挙戦 der Wahlkampf.
先月 im vorigen Monat.
洗剤 das Reinigungsmittel, das Waschmittel, (粉の) das Seifenpulver.
前菜 die Vorspeise.
選手 der Spieler.
選手権 die Meisterschaft.
先生 der Lehrer.
戦争 der Krieg.
戦争に勝つ(負ける) den Krieg gewinnen (verlieren).
喘息 das Asthma.
洗濯 die Wäsche.
洗濯する waschen.
洗濯機 die Waschmaschine.
洗濯物 die Wäsche.
洗濯屋 die Reinigung.
宣伝 die Propaganda, die Reklame, die Werbung.
宣伝する Reklame machen, werben.
先頭 die Spitze.
先頭に voran.
先頭に立つ an der Spitze stehen.
栓抜き der Flaschenöffner, (ワインの) der Korkenzieher.
扇風機 der Ventilator.
洗面所 die Toilette.
洗面台 das Waschbecken.
洗練された verfeinert.

そ

象 der Elefant.
騒音 der Lärm, das Geräusch.
掃除 putzen, reinigen, sauber machen, fegen.
掃除機 der Staubsauger.
装飾 der Schmuck.
装飾する schmücken.
装身具 der Schmuck.
想像[力] die Vorstellung, die Phantasie, die Einbildung.
想像する *sich*³ vor|stellen, (推測) vermuten.
想像力 die Fantasie.

装置 die Vorrichtung, die Einrichtung, die Anlage.

送料 das Porto.

ソース die Soße.

ソーセージ die Wurst.

速達 die Eilpost.

速度 die Geschwindigkeit.

速度制限 die Geschwindigkeitsbeschränkung.

底 der Grund, der Boden, （靴の）die Sohle.

素材 der Stoff.

袖 der Ärmel.

長袖 der Langärmel.

半袖 der Halbärmel

外の das Äußere.

外に（で） außer, außerhalb, außen, draußen, （戸外）im Freien.

外へ auswärts.

祖父 der Großvater.

ソファー das Sofa.

祖父母 die Großeltern.

祖母 die Großmutter.

空 der Himmel.

空色の hellblau.

それ → 私

剃る scheren, （髭を）rasieren, sich⁴ rasieren.

損害 der Schaden.

損害を与える beschädigen.

尊敬 die Achtung.

尊敬する achten, ehren, verehren, geehrt.

た

ダース das Dutzend.

体温 die Körperwärme.

体温計 das Fieberthermometer.

大学 die Hochschule, （総合）die Universität.

大学生 der Student.

大学で学ぶ studieren.

大気 die Atmosphäre, die Luft.

大気汚染 die Luftverschmutzung.

大工 der Zimmermann.

退屈 die Langeweile.

退屈な langweilig.

退屈する sich⁴ langweilen.

体験 das Erlebnis.

体験する erleben.

太鼓 die Trommel.

太鼓を叩く trommeln.

大根 der Rettich.

滞在する der Aufenthalt.

滞在する sich⁴ aufhalten, bleiben.

滞在許可 die Aufenthaltserlaubnis.

大使 der Botschafter.

大使館 die Botschaft.

大事な （重要な）wichtig, bedeutend, （貴重な）wertvoll.

大事に sorgfältig.

大事にする schonen.

どうぞお大事に！ Gute Besserung!

体重 das Körpergewicht.

大臣 der Minister.

大切な wichtig, （貴重な）teuer, （必要な）nötig.

大切にする schonen.

体操 die Gymnastik.

体操する turnen.

大統領 der Präsident.

台所 die Küche.

代表 die Vertretung, （人）der Vertreter.

代表する vertreten.

代表団 die Delegation.

台風 der Taifun.

タイヤ der Reifen.

ダイヤ[モンド] der Diamant.

太陽 die Sonne.

太陽系 das Sonnensystem.

大洋 der Ozean.

平らな eben, flach, glatt.

耐える erleiden, ertragen, vertragen.

耐えられる tragbar.

タオル das Handtuch.

倒れる fallen, stürzen, um|fallen.

鷹 der Falke, der Habicht.

高い hoch, （身長）groß, （値段）teuer, （声）laut.

高さ die Höhe, （音）die Tonhöhe.

宝 der Schatz.

滝 der Wasserfall.

抱く in die Arme nehmen, （抱擁）umarmen.

沢山の viel.

タクシー das Taxi.

タクシーを拾う ein Taxi nehmen.

蛸 der Oktopus

確かな sicher, （信頼すべ き）zuverlässig, （正確な）genau, exakt.

確かに sicher, gewiss, eben, schon, sicherlich.

戦う kämpfen, streiten.

叩く schlagen, （軽く）klopfen, （手を）klatschen.

正しい richtig, recht, gerecht, korrekt.

立ち上がる auf|stehen, sich⁴ erheben.

ダチョウ der Strauß.

立つ auf|stehen, sich⁴ stellen, （霧が）steigen.

立っている stehen.

卓球 das Tischtennis.

縦 die Länge.

縦の（に） senkrecht, vertikal.

建物 das Gebäude.

棚 das Regal.

谷 das Tal, die Schlucht.

種 die Saat, der Samen, （果実の）der Kern.

種をまく säen.

楽しい froh, fröhlich, lustig, vergnügt.

楽しみ die Freude, （娯楽）das Vergnügen.

楽しむ genießen, sich⁴ freuen.

楽しませる erfreuen, amüsieren.

頼み die Bitte.

頼む bitten.

煙草 der Tabak, （巻きタバコ）die Zigarette, （葉巻）die Zigarre.

タバコを吸う rauchen.

食べる essen.

卵 das Ei.

いり（かき）卵 ein gekochtes Rührei.

ゆで卵 ein gekochtes Ei.

玉葱 die Zwiebel.

試す versuchen, probieren, proben, prüfen.

鱈 der Dorsch, der Kabeljau.

樽 das Fass.

誰 wer.

だれかある人 jemand.

だれでも jeder, jedermann.

だれも...ない niemand.

段階 die Stufe, die Ebene.

単語 das Wort.

炭酸 die Kohlensäure.

炭酸水 das Sprudel, das

付録

た

Mineralwasser.
誕生 die Geburt.
誕生日 der Geburtstag.
箪笥 der Schrank.
男性 der Mann.
男性の(的) männlich.
暖房 die Heizung.
暖房する heizen.
タンポポ der Löwenzahn.
暖炉 der Ofen, (壁炉)
der Kamin.

ち

血 das Blut.
血のついた blutig.
血が出る bluten.
地位 die Stellung, die
Stelle, die Position.
地位に就いている bekleiden.
小さい klein.
チーズ der Käse.
チーム die Mannschaft,
das Team.
地下の unterirdisch.
地下室 der Keller.
地下鉄 die U-Bahn,
die Untergrundbahn.
近い nah[e].
近いうちに bald, binnen
kurzem.
地階 das Erdgeschoss.
違い der Unterschied.
違う verschieden, anders.
地下室 der Keller.
地球 der Erde.
地区 das Gebiet,
die Zone.
チケット das Ticket.
遅刻 die Verspätung.
遅刻する zu spät kommen,
*sich*⁴ verspäten.
地図 die Landkarte, (地
図帳)der Atlas, (市街
図)der Stadtplan.
父 der Vater.
秩序 die Ordnung.
チップ das Trinkgeld.
地平線 der Horizont.
地方 die Gegend, (田舎)
das Land, die Provinz.
地方の lokal.
茶色の braun.
着払い die Nachnahme.
着払いで送る 物⁴ mit/per
Nachnahme schicken
着陸 die Landung.

着陸する landen.
チャック der Reißver-
schluss.
チャペル die Kapelle.
チャンネル der Kanal.
注意 (注目・留意)die Auf-
merksamkeit, die Ach-
tung, (用心)die Vorsicht,
(忠告)die Warnung.
注意深い aufmerksam.
注意する achten, Acht ge-
ben, beachten, (忠告)
warnen.
注意を促す mahnen.
中央 das Zentrum, (中
央)die Mitte.
仲介する vermitteln.
仲介業者 der Makler.
中学校 die Mittelschule.
中間 die Mitte.
中間の mittler.
中間に in der Mitte.
中古の gebraucht, aus
zweiter Hand.
中古車 der Gebrauchtwa-
gen.
忠告 der Rat.
忠告する raten.
中止する unterbrechen,
auf|hören, unterlassen.
中止になる aus|fallen.
注射 die Spritze, die Injek-
tion.
注射する eine Spritze ge-
ben, injizieren.
駐車 parken.
駐車場 der Parkplatz.
昼食 das Mittagessen,
das Mittagbrot.
昼食をとる zu Mittag
essen.
中世 das Mittelalter.
中断 die Unterbrechung.
中断する ab|brechen, un-
terbrechen, ab|setzen.
中毒 die Vergiftung.
注文 der Auftrag, die Be-
stellung.
注文する bestellen.
チューリップ die Tulpe.
腸 der Darm.
調査 die Untersuchung.
調査する nach|forschen,
untersuchen.
聴衆 der Zuhörer.
長所 der Vorteil,
die Stärke.
頂上 der Gipfel.

朝食 das Frühstück.
朝食をとる frühstücken.
頂点 der Höhepunkt.
貯金 das Spargeld.
貯金する sparen.
貯金通帳 das Sparbuch.
直接の direkt, unmittelbar.
チョコレート die Schoko-
lade, die Praline.
治療 die Behandlung.
治療する heilen, behandeln.
鎮痛剤 das Schmerzmittel

つ

墜落 der Absturz,
der Sturz.
ツインルーム das Zweibett-
zimmer
通貨 die Währung.
通過する vorbei|gehen,
durch|gehen, passieren.
通過して vorbei.
通訳者 der Dolmetscher.
通訳する dolmetschen.
通路 der Durchgang,
die Passage.
杖 der Stock.
使う gebrauchen, benutzen,
verwenden,
(消費)verbrauchen.
使い果たす erschöpfen.
月 der Mond, (暦)der
Monat.
次の nächst, folgend.
次の次 übernächst.
机 der Tisch, (書き物の)
der Schreibtisch.
伝える (伝達)mit|teilen,
(伝承)überliefern, (伝
来)ein|führen.
続く dauern,
(後続)folgen.
続いて anschließend.
続ける fort|fahren, fort|set-
zen.
続けて fort.
包み das Pack, das Päck-
chen.
包む ein|packen,
ein|wickeln.
燕 die Schwalbe.
壺 der Krug, der Topf.
蕾 die Knospe.
妻 die Frau, die Ehefrau.
つま先 die Zehenspitze.
罪 die Sünde, die Schuld,

と

（犯罪）das Verbrechen.
罪のある schuldig.
罪を犯す sündigen.
爪 der Nagel、（動物の）die Kralle.
爪きり die Nagelzange. die Nagelschere.
冷たい kalt, kühl.
梅雨 die Regenzeit.
強い stark, kräftig.
強くする stärken.
辛い hart, schmerzlich, unglücklich.
釣り das Angeln.
釣り糸 die Angelschnur.
釣りざお die Rute.
鶴 der Kranich.
吊るす hängen, auf|hängen.
連れ der Gefährte, der Begleiter.
連れて行く bringen, mit|nehmen.
連れて来る bringen, mit|bringen.

て

手 die Hand、（腕）der Arm.
出会う begegnen, treffen.
提案 der Vorschlag, der Antrag.
提案する vor|schlagen.
庭園 der Garten.
ディスコ die Disko, die Diskothek.
ティッシュ［ペーパー］das Papiertaschentuch.
停電 der Stromausfall.
丁寧な höflich、（念入りな）sorgfältig.
停留所 die Haltestelle, die Station.
テーブル der Tisch.
テーブルクロス das Tischtuch．
手紙 der Brief.
手紙を出す 人³ einen Brief schreiben.
出来る （可能）können, vermögen、（完成する）fertig werden、（有能な）fähig.
出口 der Ausgang、（車の）die Ausfahrt.
デザート der Nachtisch.
手数料 die Mühe.

手数のかかる mühevoll.
手数料 die Gebühr.
鉄 das Eisen、（鋼）der Stahl.
鉄の eisern.
鉄道 die Eisenbahn.
テニス das Tennis.
手荷物 das ［Hand］gepäck.
手荷物預り所 die ［Hand］gepäckaufbewahrung.
デパート das Warenhaus, das Kaufhaus.
手袋 der Handschuh.
手本 das Muster, das Vorbild.
デモ die Demonstration.
デモ参加者 der Demonstrant.
デモをする demonstrieren.
テラス die Terrasse.
テレビ das Fernsehen、（受像機）der Fernseher.
テレビ受像機 der Fernsehapparat.
テレビを見る fern|sehen.
テレフォンカード die Telefonkarte.
点 der Punkt、（評点）die Zensur, die Note.
店員 der Verkäufer.
天気 das Wetter.
天気予報 die Wettervorhersage.
電気 die Elektrizität, der Strom.
電気の elektrisch.
電気掃除機 der Staubsauger.
電球 die Glühbirne, die Birne.
天国 der Himmel.
天国の himmlisch.
天才 das Genie.
天才的な genial.
天使 der Engel.
電車 die Bahn, der Zug.
天井 die Decke.
添乗員 der Reiseführer, der Reiseleiter.
電子レンジ der Elektroherd.
電卓 der Taschenrechner.
電池 die Batterie.
乾電池 die Trockenbatterie.
伝統 die Tradition.

伝統的な traditionell.
展覧会 die Ausstellung.
電話 das Telefon、（電話すること）der Anruf.
電話をかける an|rufen, telefonieren.
電話機 das Telefon、（携帯電話）das Handy.
電話番号 die Telefonnummer.

と

度 Mal、（角度・温度）das Grad.
ドア die Tür.
トイレ die Toilette, das Klosett.
トイレットペーパー das Toilettenpapier.
胴 der Rumpf.
陶器 die Töpferwaren, die Keramik.
道具 der Apparat, das Gerät, das Werkzeug.
当時 damals.
当時の damalig.
どうして （なぜ）（どのようにして）warum, wieso.
搭乗する an Bord gehen.
搭乗員 die Besatzung.
搭乗ゲート der Flugsteig.
搭乗券 die Bordkarte.
到着 die Ankunft.
到着する an|kommen, ein|treffen.
盗難 der Diebstahl.
動物 das Tier.
動物園 ein zoologischer Garten, der Zoo, der Tiergarten.
透明な durchsichtig.
とうもろこし der Mais.
道路 der Weg, die Straße.
道路標識 das Straßenschild.
童話 das Märchen.
遠い fern, entfernt, weit.
通り die Straße.
時々 manchmal, ab und zu.
毒 das Gift.
毒のある giftig.
毒を入れる vergiften.
独身の ledig, unverheiratet.
特別の besonders, speziell, extra.

付録

741

とげ der Stachel, (植物の) der Dorn.

時計 die Uhr, (腕時計) die Armbanduhr.

どこ wo.

どこから woher.

どこへ wohin.

どこでも überall.

床屋 der Friseur.

登山 das Bergsteigen.

登山家 der Bergsteiger, der Alpinist.

都市 die Stadt.

年 (年齢) das Jahr, (年齢) das Alter.

年取った alt.

年を取る alt werden.

図書 die Bücher.

図書館 die Bibliothek, die Bücherei.

戸棚 der Schrank.

途中で unterwegs.

途中下車する die Fahrt unterbrechen.

特急列車 der Expresszug, der Fernschnellzug.

とっくに [schon] längst.

突然[に] plötzlich, auf einmal.

突然の plötzlich, unerwartet.

とても sehr.

届ける (配達) liefern, (送る) schicken, (報告) an|melden.

止まる, 留まる bleiben.

隣の die Nachbarschaft, (隣人) der Nachbar.

隣の benachbart, nächst.

隣に(の) neben.

隣りの人 der Nachbar.

どの welch.

どのような wie.

どのように wie.

どのくらい wieviel.

飛ぶ fliegen.

徒歩で zu Fuß.

徒歩旅行する wandern.

トマト die Tomate.

止まる halten, stehen|bleiben, stoppen, (機械が) stehen, still|stehen.

泊まる übernachten, wohnen.

友達 der Freund, die Freundin.

土曜日 der Sonnabend, der Samstag.

虎 der Tiger.

ドライバー (運転者) der Fahrer, der Autofahrer, (ねじ回し) der Schraubenzieher.

ドライヤー der Fö[h]n.

トラベラーズチェック der Reisescheck.

トランク der Koffer.

トランクルーム der Kofferraum.

トランプ die Spielkarte. Karten spielen.

鳥 der Vogel, (ニワトリ) das Huhn.

鳥かご der Käfig.

取り替える wechseln, ersetzen, um|tauschen.

努力 die Anstrengung, die Bemühung.

努力する sich⁴ an|strengen, sich⁴ bemühen.

奴隷 der Sklave.

ドレス das Kleid.

泥棒 der Dieb, (家宅侵入) der Einbrecher.

どんな was für [ein].

トンネル der Tunnel.

トンボ die Libelle.

な

内科 die innere Medizin.

内科医 der Internist.

内閣 das Kabinett.

内閣総理大臣 der Ministerpräsident.

ナイフ das Messer.

ナイフ・フォーク類 das Besteck.

内容 der Gehalt, der Inhalt.

直(治)す (訂正) verbessern, korrigieren, (修理) reparieren, (治療) heilen.

治る heilen, genesen.

中 das Innere.

中から von innen, (外へ) aus.

中で in, innen, drinnen.

中へ in.

長い lang.

長い間 lange, lange Zeit.

長椅子 das Sofa.

長靴 der Stiefel.

流す (注ぐ) gießen, (洗い

流す ab|waschen, spülen, (涙を) vergießen.

仲間 der Genosse, der Kollege, der Kamerad, (集団の) die Gesellschaft.

眺める sehen, (見つめる) an|sehen, anschauen, (見渡す) überschauen.

流れ die Strömung.

流れる fließen, strömen.

泣く weinen, (大声で) schreien, (すすり上げて) schluchzen.

鳴く (犬) bellen, (猫) miauen, (小鳥) singen, zwitschern.

慰め der Trost.

慰める trösten.

殴る prügeln, schlagen.

嘆く klagen.

投げる schleudern, werfen.

梨 die Birne.

なぜ warum, weshalb.

なぜなら weil.

謎 das Rätsel.

謎めいた rätselhaft.

雪崩 die Lawine.

夏 der Sommer.

夏に im Sommer.

夏休み die Sommerferien.

七 sieben.

何 was.

何かあるもの etwas.

何も…ない nichts.

ナプキン die Serviette.

鍋 der Topf.

生 roh, (音楽) live.

名前 der Name.

名前を挙げる nennen.

怠けた faul.

波 die Welle, (大波) die Woge.

並木道 die Allee.

涙 die Träne.

悩み das Leid, die Sorge, der Kummer.

悩む leiden, sich⁴ quälen.

習う lernen.

鳴らす läuten, (ベルを) klingeln.

慣らす gewöhnen, (動物を) zähmen.

鳴る tönen, klingen, läuten, (時計が) schlagen.

慣れる sich⁴ gewöhnen.

慣れた gewohnt.

南極 der Südpol.

南極大陸 die Antarktika, die Antarktis.

ナンセンス der Unsinn.

に

二 zwei.

似合う passen, gut stehen.

匂い der Geruch, (芳香) der Duft, (悪臭) der Gestank.

匂う·臭う riechen, duften, (悪臭) stinken.

二階 der erste Stock.

苦い bitter.

二月 der Februar.

肉 das Fleisch.

肉屋 der Fleischer, der Metzger.

逃げる fliehen, flüchten.

濁る *sich*⁴ trüben.

濁った trüb[e], unklar.

西 der Westen.

西の westlich.

虹 der Regenbogen.

二重の doppelt, zweifach.

鰊 der Hering

にせの falsch.

日 der Tag.

日常 der Alltag.

日常的な alltäglich.

日曜日 der Sonntag.

日記 das Tagebuch.

荷造りする ein|packen, packen.

似ている gleichen, ähnlich.
彼は父親に似ている Er ist dem Vater ähnlich.

荷物 das Gepäck.

荷物受け取り所 die Gepäckausgabe.

入学 der Eintritt. die Immatrikulation.

入学する in die Schule ein|treten.

入学試験 die Aufnahmeprüfung.

入国 die Einreise.

入国許可 die Einreiseerlaubnis.

入場 der Eintritt, der Zutritt.

入場する ein|treten.

入場券 die Eintrittskarte.

入場料 das Eintrittsgeld.

ニュース die Nachricht, die Neuigkeit.

庭 der Garten.

鶏 das Huhn, (雌) die Henne, (雄) der Hahn.

人気のある beliebt, populär.

人気者 der Liebling.

人形 die Puppe.

人間 der Mensch, (人類) die Menschheit.

人間的 menschlich, human.

人間の menschlich.

妊娠 die Schwangerschaft.

妊娠した schwanger.

ニンジン die Karotte, die Möhre.

ニンニク der Knoblauch.

ぬ

縫う nähen.

脱ぐ ab|legen, aus|ziehen.
コートを脱ぐ den Mantel ab|legen.

盗み der Diebstahl.

盗む stehlen.

布 das Tuch.

濡れた nass.

ね

根 die Wurzel.

値上げ die Preiserhöhung.

値上げする erhöhen, den Preis erhöhen.

願い die Bitte, der Wunsch.
お願いがあります Ich habe eine Bitte [an Sie].

願う bitten, wünschen.

葱 (ネ) der Lauch, der Porree.

ネクタイ die Krawatte, der Schlips.
ネクタイをしている eine Krawatte tragen.

猫 die Katze.

値下げ die Preissenkung.

値下げする senken, den Preis senken.

ネジ die Schraube.

鼠 die Ratte, (小型の) die Maus.

値段 der Preis.

値段である kosten.
それはいくらですか。

Wie viel (Was) kostet das?

熱 die Wärme, (体温) die Körpertemperatur, (病気の) das Fieber.

熱がある Fieber haben.

ネックレス die Halskette, das Kollier.

熱中する *sich*⁴ konzentrieren, schwärmen.

値引き die Preisermäßigung, der Rabatt.

値引きする den Preis ermäßigen, nach|lassen.

眠い müde, schläfrig.

眠くない munter, wach.

眠り der Schlaf.

眠っている schlafen.

眠らずにいる auf|bleiben. (眠り込む) ein|schlafen, (床につく) ins Bett gehen.

年 das Jahr.

年齢 das Alter.

の

脳 das Gehirn, das Hirn.

農家 das Bauernhaus.

農場 der Bauernhof, das Gut, der Hof.

農民 der Bauer.

ノート das Heft.

能力 die Fähigkeit, das Vermögen.

能力がある fähig, imstande sein.

残り der Rest.

残りの übrig.

望み der Wunsch, die Hoffnung.

喉 die Kehle, der Hals.

喉が渇いた durstig, Durst haben.

喉の痛み die Halsschmerzen.

延(伸)びる(延長) *sich*⁴ verlängern, (生長) wachsen, (発達) *sich*⁴ entwickeln, *sich*⁴ dehnen.

上(登)る steigen, auf|gehen, auf|steigen, besteigen, (達する) betragen, (日が) auf|gehen.

飲み物 das Getränk.

飲む trinken, (薬を) nehmen, (動物が) saufen.

付録

糊 der Klebstoff, der Kleister, （洗濯用）die Stärke.

乗り換える um|steigen.

乗り物 das Fahrzeug.

乗る auf|steigen, ein|steigen, steigen.

は

葉 das Blatt, （葉の茂り）das Laub.

歯 der Zahn.

歯ブラシ die Zahnbürste.

歯磨き粉 die Zahnpasta.

歯を磨く sich³ die Zähne putzen

刃 die Klinge, die Schneide.

バーゲン der Ausverkauf.

バーゲン品 das Sonderangebot.

パーティー die Party.

ハードディスク die Festplatte.

場合 der Fall, die Gelegenheit, （事情）die Umstände（複）.
...の場合には falls.

肺 die Lunge.

肺炎 die Lungenentzündung.

ハイキング der Ausflug, die Wanderung.

ハイキングする wandern.

灰皿 der Aschenbecher.

配達 die Lieferung.

配達する liefern.

郵便を配達する die Post zustellen.

売店 der Verkaufsstand, der Kiosk.

パイナップル die Ananas.

パイプ die Pfeife.

パイプオルガン die Orgel.

俳優 der Schauspieler.

入る hinein|gehen, ein|gehen, ein|treten, （包含）enthalten.

パイロット der Pilot.

蝿 die Fliege.

墓 das Grab.

ばか（人） der Dummkopf.

ばかな dumm, blöde.

葉書 die Postkarte.

計（測．量）る（度量を） messen, （重さを） wiegen.

拍手 der Beifall.

拍手する klatschen.

爆弾 die Bombe.

白鳥 der Schwan.

爆発 die Explosion, （火山）der Ausbruch.

爆発する explodieren, aus|brechen.

博物館 das Museum.

博覧会 die Ausstellung.

激しい heftig, schwer, stark.

禿げた kahl.

箱 der Kasten, die Kiste, （紙の）die Schachtel.

運ぶ tragen, bringen, fördern.

はさみ die Schere.

橋 die Brücke.

箸（食事用の） die Stäbchen.

恥 die Schande, die Schmach.

梯子 die Leiter.

始まる an|fangen, beginnen, （ぼっ発）aus|brechen, （起源）entspringen.

パジャマ der/das Pyjama.

場所 der Platz, der Ort, die Stelle.

場所を占める eine Stellung /einen Platz ein|nehmen.

走る laufen, rennen.

バス der [Omni]bus.

バス停 die Bushaltestelle.

バスタオル das Badetuch.

バスト die Büste.

パスポート der Pass.

バスルーム das Badezimmer.

パスワード das Passwort.

パセリ die Petersilie.

肌 die Haut.

バター die Butter.

働く arbeiten, （機械が）funktionieren.

蜂 die Biene, die Wespe.

八月 der August.

蜂蜜 der Honig.

罰金 das Strafgeld, die Geldstrafe.

バッグ die Tasche.

発見 die Entdeckung.

発見する entdecken.

発車する ab|fahren.

発送する ab|senden, senden.

発送人 der Absender.

発達 die Entwicklung.

発達する sich⁴ entwickeln, Fortschritte machen.

発明 die Erfindung.

発明する erfinden.

発明者 der Erfinder.

鳩 die Taube.

パトカー der Polizeiwagen.

バドミントン der Federball.

花 die Blume, （果樹の）die Blüte.

花屋（店） der Blumenladen.

鼻 die Nase.

鼻をかむ sich³ die Nase putzen, schneuzen.

鼻風邪 der Schnupfen.

話す sprechen, reden, erzählen, （ぺちゃくちゃ）schwätzen.

バナナ die Banane.

花火 das Feuerwerk.

羽 die Feder, （翼）der Flügel.

母 die Mutter.

母の日 der Muttertag.

幅，巾 die Breite, die Weite.

幅の狭い schmal.

幅の広い breit.

浜辺 der Strand.

葉巻 die Zigarre.

ハム der Schinken.

早い（速度） schnell, rasch, （時間）früh.

早くても frühestens.

腹 der Bauch.

腹を立てた ärgerlich.

薔薇 die Rose.

払う（支払）bezahlen, （掃く）ab|fegen, （ブラシで）ab|bürsten.

針 die Nadel, （釣針）der Angelhaken, （時計の）der Zeiger.

春 der Frühling.

春に im Frühling.

晴れ heiter.

バレエ das Ballett.

晴れる sich⁴ auf|klären, （疑惑などが）zerstreut werden.

晴れた heiter.

腫れる schwellen.

晩 der Abend.

パン das Brot, （小型の）das Brötchen, die Semmel.

パンケーキ der Pfann-

kuchen.
パン職人　der Bäcker.
パン屋　die Bäckerei.
ハンカチ　das Taschentuch.
パンク　die Reifenpanne, die Panne.
パンクする　eine Panne haben, platzen.
番号　die Nummer.
絆創膏　das Pflaster.
反対(反抗)　die Opposition, der Widerstand, (逆) das Gegenteil,
反対の　umgekehrt.
反対する　widersprechen.
ハンドバッグ　die Handtasche.
犯人　der Verbrecher, der Täter.
半分　die Hälfte.
半分の　halb.

ひ

火　das Feuer, (炎) die Flamme.
火をつける　an|zünden.
日　die Sonne, (暦日) der Tag, (日付) das Datum.
日の入り　der Sonnenuntergang.
日の出　der Sonnenaufgang.
ピアス　der Ohrstecker.
ピアノ　das Klavier.
ピーマン　der Paprika.
ビール　das Bier.
被害　der Schaden.
被害者　das Opfer.
比較　der Vergleich.
比較的[に]　relativ, verhältnismäßig.
比較する　vergleichen.
日傘　der Sonnenschirm.
東　der Osten.
東の　östlich.
光　das Licht, (光線) der Strahl.
光る　glänzen, leuchten, scheinen, strahlen.
引きずる　schleifen, schleppen.
挽き肉　das Hackfleisch.
引く　ziehen, (辞書を) nach|schlagen, (数 を) subtrahieren.
低い　nieder, niedrig, (身

長) klein.
悲劇　die Tragödie.
悲劇的な　tragisch.
飛行機　der Flug.
飛行機　das Flugzeug.
飛行場　der Flugplatz.
膝　das Knie, der Schoß.
膝をつく　knie[e]n.
ビザ　das Visum.
ピザ　die Pizza.
肘　der Ellbogen.
美術館　die Kunsthalle, die Museum.
秘書　der Sekretär, die Sekretärin.
非常に　sehr.
非常の場合に　im Notfall, notfalls.
非常口　der Notausgang.
非常時　der Notfall.
額　die Stirn.
左　link.
左に　links.
棺　der Sarg.
日付　das Datum.
引っ越し　der Umzug.
引っ越す　um|ziehen.
羊　das Schaf, (子羊) das Lamm.
必要　die Notwendigkeit.
必要な　nötig, notwendig.
必要とする　brauchen.
ビデオ　die Videokassette.
ビデオカメラ　die Videokamera.
ビデオデッキ　der Videorecorder.
非難　der Tadel, der Vorwurf.
非難する　tadeln, vor|werfen.
避難　die Zuflucht.
皮肉　die Ironie.
皮肉な　ironisch.
ヒバリ　die Lerche.
批判　die Kritik.
批判的な　kritisch.
批判する　kritisieren.
皮膚　die Haut.
暇　die Zeit, (余 暇) die Freizeit.
暇な　frei.
ひまわり　der Löwenzahn.
秘密　das Geheimnis.
秘密の　geheim, heimlich.
秘密にする　verschweigen.
秘密をもらす　verraten.
紐　die Schnur, das Band.

百　hundert.
日焼け　der Sonnenbrand.
日焼け止め　das Sonnenschutzmittel.
表　die Liste, die Tabelle.
ヒョウ　der Leopard.
費用　die Kosten.
費用がかかる　kosten, kostspielig.
秒　die Sekunde.
病院　das Krankenhaus, die Klinik.
病気　die Krankheit.
病気の　krank.
病気になる　erkranken.
表示　die Bezeichnung.
表示板　das Schild.
表情　der Gesichtsausdruck, die Miene.
表情たっぷりな(豊かな)　ausdrucksvoll.
病人　der Kranke, die Kranke.
評判　der Ruf, (噂) das Gerücht.
開く　öffnen, *sich*[4] öffnen, auf|machen, (開催) eröffnen, (開花) auf|blühen.
昼　der Mittag, (昼間) der Tag.
昼休み　die Mittagspause.
ビル　das Hochhaus.
広い　weit, groß, (幅が) breit.
広場　der Platz, (市の) der Markt[platz].
瓶　die Flasche.
ピンク　rosa.
品質　die Qualität, die Güte.
便箋　der Briefbogen.

ふ

ファーストクラス　erste Klasse.
ファーストクラスで行く　erster Klasse fahren.
ファスナー　der Reißverschluss.
ファックス　das (Tele)-fax.
ファックスを送る　faxen.
ファッション　die Mode.
ファッションショー　die Modenschau.
不安　die Angst, die Unru-

ふ

不安な ängstlich, unruhig.
フィルム der Film.
ブーツ der Stiefel, die Stiefel.
封筒 der Briefumschlag, der Umschlag, das Kuvert.
夫婦 das Ehepaar.
プール das Schwimmbad.
フェリー die Fähre.
増える zu|nehmen, *sich*⁴ vermehren.
フォーク die Gabel.
深い tief, (濃い. 密な) dicht.
武器 die Waffe.
不機嫌な schlechtgelaunt, verstimmt, verdrießlich.
不気味な unheimlich.
不器用な ungeschickt.
服 die Kleidung.
服を着せる kleiden.
腹痛 die Bauchschmerzen.
服用する ein|nehmen.
　一日3回服用する täglich dreimal einnehmen.
服用量 die Dosis.
袋 der Sack, der Beutel, die Tüte.
フクロウ die Eule.
不潔な unrein, unsauber, schmutzig.
不幸 das Unglück.
不幸な unglücklich.
不思議 das Wunder.
不思議な wunderbar, geheimnisvoll.
不思議に思う *sich*⁴ wundern.
不十分な mangelhaft, ungenügend.
負傷 die Verletzung, die Wunde.
負傷する *sich*⁴ verletzen.
婦人 die Frau.
婦人服 die Damenkleidung.
不正 das Unrecht.
不正な unrecht, ungerecht.
防ぐ(防御) verteidigen, ab|wehren, (保護) schützen, (予防) vor|beugen.
不足 der Mangel.
不足する es fehlt an 物³.
蓋 der Deckel.
豚 das Schwein.
豚肉 das Schweinefleisch.
双子 der Zwilling.

再び wieder.
普段の gewöhnlich, alltäglich.
縁 der Rand.
普通の gewöhnlich, normal.
普通列車 der Personenzug.
物価 die Preise.
物価が上がる die Preise steigen.
ぶつかる stoßen, an|stoßen, (遭遇) begegnen, (重なる) fallen.
不注意な achtlos.
沸騰する sieden, kochen.
太い dick.
ブドウ die Traube, der Wein.
葡萄酒 der Wein.
布団 das Bett.
布団カバー der Bezug.
ブナ die Buche.
船便 die Schiffpost.
船便で per Schiff, mit Schiffpost.
船, 舟 das Schiff, (汽船) der Dampfer.
部分 der Abschnitt, der Teil.
部分的に teilweise, zum Teil.
不平を言う klagen, *sich*⁴ beschweren.
不便な unpraktisch, unbequem.
不満な unzufrieden.
踏む treten.
不明瞭な undeutlich.
冬 der Winter.
フライパン die Pfanne.
ブラウス die Bluse.
プラグ der Stecker.
ブラシ die Bürste.
ブラシをかける bürsten.
ブラジャー der Büstenhalter.
プラスチック der Kunststoff, die Plastik. die Plaste.
プラットホーム der Bahnsteig.
プラム die Zwetschge, die Pflaume.
振り込む überweisen, an|weisen.
降る fallen, (雨が) es regnet, (雪が) es schneit.

古い alt, (時代遅れの) altmodisch.
震える schaudern, zittern.
ブレーキ die Bremse.
ブレーキをかける bremsen.
プレゼント das Geschenk.
プレゼントする schenken.
風呂 das Bad.
風呂場 das Badezimmer.
プログラム das Programm.
フロッピーディスク die Diskette, die Floppydisk.
ブロンズ die Bronze.
ブロンズの bronzen.
フロント der Empfang.
ブロンドの blond.
分 die Minute.
文 der Satz.
雰囲気 die Atmosphäre.
噴火 der Ausbruch.
噴火する aus|brechen.
文化 die Kultur.
文化的 kulturell.
文庫本 das Taschenbuch.
噴水 der Brunnen, die Fontäne, der Springbrunnen.
文通 der Briefwechsel.
文房具 die Schreibwaren
文明 die Zivilisation.

へ

ヘア das Haar.
ヘアブラシ die Haarbürste.
塀 die Mauer.
平日 der Wochentag, der Alltag, der Werktag.
平野 die Ebene.
平和 der Friede[n].
平和な friedlich.
ベーコン der Speck.
ページ die Seite.
ヘそ der Nabel.
別荘 die Villa.
ヘッドライト der Scheinwerfer.
ベッド das Bett.
ヘッドホン der Kopfhörer.
部屋 das Zimmer, der Raum.
減らす vermindern, verringern, reduzieren.
ヘリコプター der Hubschrauber.
ベル die Klingel.

ベルが鳴る　klingeln.

ベルト　der Gürtel.

羽　die Feder.

変化　die Änderung, die Veränderung, der Wechsel.

変化する　sich⁴ verändern.

勉強　die Arbeit, (大学での) das Studium.

勉強する　lernen, studieren.

弁護士　der [Rechts]anwalt.

返事　die Antwort.

返事をする　antworten, erwidern.

ペンダント　der Anhänger.

便秘　die [Stuhl]verstopfung.

便利な　bequem, praktisch.

ほ

帆　das Segel.

保育所　der Kinderhort.

法　das Recht.

法的な　gesetzlich.

貿易　der Handel.

貿易する　Handel treiben.

方向　die Richtung.

方向転換する　sich⁴ um|wenden.

報告　der Bericht.

報告する　berichten.

帽子　der Hut, (縁なし) die Mütze.

報酬　die Belohnung.

防水の　wasserdicht.

宝石　der Edelstein.

放送　die Sendung.

放送する　senden.

放送局　der Funk, der Sender.

包帯　der Verband.

豊富な　reich, reichlich.

豊富さ　die Fülle.

暴風雨　das Unwetter.

方法　die Art, die Weise, die Methode, (やり方) die Art und Weise.

法律　das Gesetz, das Recht.

法律[上]の　gesetzlich.

ほうれん草　der Spinat.

頬　die Wange, die Backe.

ボート　das Boot.

ボートを漕ぐ　rudern.

ボール　der Ball.

ボールペン　der Kugelschreiber.

牧師　der Pfarrer.

ポケット　die Tasche.

保険　die Versicherung.

保険をかける　versichern.

保護　der Schutz.

保護する　behüten, schützen.

母国　das Vaterland.

母国語　die Muttersprache.

星　der Stern.

乾す，干す　trocknen.

ポスト　der Briefkasten, (会社での) die Stellung.

細い　dünn, schmal, schlank.

ボタン　der Knopf.

墓地　der Friedhof.

北極　der Nordpol.

ポテトサラダ　der Kartoffelsalat.

ホテル　das Hotel.

歩道　der Bürgersteig, der Gehsteig.

骨　der Knochen.

　骨を折る　sich³ einen Knochen brechen, (尽力) sich⁴ bemühen.

　骨が折れる　anstrengend, mühsam.

ポプラ　die Pappel.

微笑む　lächeln.

褒める　loben, rühmen, preisen.

保養地　der Kurort.

ほら穴　die Höhle.

掘る　graben, (穴を) bohren.

本　das Buch.

本棚　das Bücherregal.

本箱　der Bücherschrank.

本屋(店)　die Buchhandlung.

本当の　wahr, echt, richtig, eigentlich, (現実) wirklich.

本当に　wirklich, tatsächlich.

翻訳　die Übersetzung.

翻訳する　übersetzen, übertragen.

本来は　eigentlich, ursprünglich.

毎朝　jeden Morgen.

毎回　jedesmal.

毎週　jede Woche.

毎週の　wöchentlich.

毎月　jeden Monat.

毎月の　monatlich.

毎年　jedes Jahr.

毎年の　jährlich.

毎日　jeden Tag.

毎日の　täglich, alltäglich.

マウス(コンピュータ)　die Maus.

マウスパッド　die Mausunterlage, das Mauspad.

前　ehemalig.

前に(時間)　vorher, früher, …の前に bevor. …の前で vor.

前へ　nach vorn.

前もって　vorher, im Voraus.

幕　der Vorhang.

前売り　der Vorverkauf.

枕　das Kopfkissen.

鮪　der Thunfisch.

負ける　verlieren, unterliegen, (値段を) ab|lassen.

孫　der Enkel.

魔女　die Hexe.

鱒　die Forelle.

まずい　ungeschickt, (味が) geschmacklos, schlecht schmecken.

貧しい　arm.

貧しい人　der Arme, die Arme.

混ぜる　mischen, vermischen.

町　die Stadt.

町の　städtisch.

待合室　der Wartesaal.

間違い　der Fehler.

間違える　einen Fehler machen, sich⁴ irren.

間違った　falsch.

松　die Kiefer.

待つ　warten, (待ち望む) erwarten, sich⁴ freuen.

睫毛　die Wimper.

真っ直ぐな　gerade, (立てて) aufrecht.

まっすぐに　geradeaus.

全く　ganz, völlig, durchaus, gar.

ま

全くない　gar nicht.
まったく同様の　genauso.
マッチ　das Streichholz.
マットレス　die Matratze.
祭り　das Fest, die Feier.
窓　das Fenster.
窓ガラス　die Fensterscheibe.
窓口　der Schalter.
窓側　die Fensterseite.
学ぶ　lernen, studieren.
招く　ein|laden,（事態を）herbei|führen.
真似る　nach|machen.
麻痺　die Lähmung.
麻痺した　lahm.
麻痺させる　lähmen.
マフラー　der Schal.
魔法　der Zauber.
魔法使い　der Zauberer.
守る　schützen, verteidigen,（約束を）halten,（規則を）beachten.
眉　die [Augen]braue.
迷う(道に)　zögern, schwanken,（道に）sich⁴ irren,（当惑）verlegen sein.
マラソン　der Marathonlauf.
丸い、円い　rund.
回(周)り　（周囲）der Umkreis,（付近）die Umgebung.
周りに(を)　um.
回り道　der Umweg.
回る　kreisen, sich⁴ drehen. ...を回って um.
満員の　voll.
満足した　zufrieden.
満足させる　befriedigen, genügen.
満足のいく　befriedigend.
真ん中　die Mitte.
真ん中に　in der Mitte, im Zentrum.
真ん中で　mitten.
万年筆　der Füllhalter, der Füller.
満腹した　satt, voll.

み

実　die Frucht.
身　der Körper.
　身につける(着る)　an|ziehen,　（習得する）sich³ an|eignen.

身につけている　an|haben|
見える　（...のように）aus|sehen, scheinen, sichtbar.
ミカン　die Mandarine.
幹　der Stamm.
右　der.
右の　recht.
右に　rechts.
未婚の　ledig, unverheiratet.
ミサ　die Messe.
短い　kurz.
見知らぬ　fremd.
湖　der See.
水　das Wasser.
水着　die Badehose,（女性用）der Badeanzug.
店　der Laden, das Geschäft.
未成年　die Minderjährigkeit.
未成年の　unmündig, minderjährig.
未成年者　der Minderjährige, die Minderjährige.
見せる　zeigen,（展示）aus|stellen.
ミゾレ　der Schneeregen.
満たす　füllen, erfüllen,（満足させる）befriedigen.
道　der Weg,（街路）die Straße.
未知の　unbekannt, fremd.
導く　führen, leiten, lenken.
蜜　der Honig.
見つける　finden.
蜜蜂　die Biene.
緑の　grün.
認める　erkennen, an|erkennen,（姿を）fest|stellen,（気付く）bemerken, wahr|nehmen.
港　der Hafen.
南　der Süden.
南の　südlich.
ミニスカート　der Minirock.
ミネラルウォーター　das Mineralwasser.
身分　der Stand.
身分証明書　der Personalausweis, die Papiere.
未亡人　die Witwe.
見本　die Probe, das Muster, das Vorbild.
見本市　die Messe.
耳　das Ohr,（聴覚）das

Gehör.
耳が遠い　schwerhörig.
耳の聞こえない　taub.
耳を傾ける　zu|hören, horchen.
脈　der Puls.
土産　das Souvenir, das Andenken,（贈り物）das Geschenk.
名字　der Familienname, der Zuname.
未来　die Zukunft.
未来の　künftig, zukünftig.
魅力　der Reiz.
魅力あふれた　reizvoll.
魅力的な　anziehend, reizend.
見る　sehen, schauen, blicken, erblicken,（じっと）an|sehen, starren,（傍観）zu|sehen.
ミルク　die Milch.
民衆　das Volk.
民宿　die Pension.
民族　das Volk.
民謡　das Volkslied.

む

迎えに行く　ab|holen.
昔　früher.
昔から　seit alters.
昔の　alt.
麦　（小麦）der Weizen,（大麦）die Gerste,（ライ麦）der Roggen.
無効の　ungültig.
虫　das Insekt, der Wurm.
虫歯　ein fauler (kariöser) Zahn.
蒸す　dämpfen.
蒸した　gedämpft.
難しい　schwierig, schwer.
息子　der Sohn.
結ぶ　（ひもなど）binden, verbinden,（契約を）schließen,（実を）tragen.
娘　die Tochter.
胸　die Brust,（心）das Herz.
村　das Dorf.
紫色の　purpurn, violett, lila.
無料の　frei, kostenlos, umsonst.

め

目　das Auge.
　目が見えない　blind.
　目に見える　sichtbar.
　目をくらませる　blenden.
　目を覚ませる　wecken, auf|wachen.
　目を通す　durch|sehen.
芽　der Keim, die Knospe.
姪　die Nichte.
名所　die Sehenswürdigkeit.
名人　der Meister.
明白な　klar, deutlich, ausgesprochen, offensichtlich.
名誉　die Ehre.
命令　der Befehl, das Gebot.
命令する　befehlen.
眼鏡　die Brille.
眼鏡屋　der Optiker.
目薬　die Augentropen.
目覚まし時計　der Wecker.
目覚める　auf|wachen, erwachen.
目印　das Zeichen, das Kennzeichen, das Merkmal.
目印をつける　kennzeichnen.
メッセージ　die Botschaft.
　メッセージを送る　eine Botschaft senden.
メニュー　die Speisekarte.
メモ　die Notizen.
　メモする，メモを取る　notieren, Notizen machen.
メモ帳　das Notizbuch.
メモリー（電算）der Speicher.
メロン　die Melone.
綿　die Baumwolle
免疫　die Immunität.
免税　die Zollfreiheit.
免税の　zollfrei.
免税品　zollfreie Waren.
免許　die Erlaubnis.
　運転免許証　der Führerschein.
面倒な　lästig, umständlich.
メンバー　das Mitglied.
　メンバーに選ばれる　zum Mitglied gewählt werden.
綿棒　das Pflegestäbchen.

も

申し込み　die Anmeldung, （予約）die Buchung.
申し込む　an|melden, （予約）buchen.
盲腸　der Blinddarm.
毛布　die Wolldecke.
燃える　brennen.
目撃者　der Zeuge, der Augenzeuge.
木材　das Holz.
目次　das Inhaltsverzeichnis.
目的　der Zweck, das Ziel.
　目的にかなった　zweckmäßig.
　目的を果たす　einen Zweck erreichen, ein Ziel erreichen.
　旅の目的地　das Reiseziel.
目標　das Ziel.
目標にする　zielen, beabsichtigen.
木曜日　der Donnerstag.
目録　der Katalog, （表）das Verzeichnis, die Liste.
文字　der Buchstabe, die Schrift.
文字による　schriftlich.
用いる　gebrauchen, benutzen. …を用いて　mit.
持ち主　der Besitzer.
持ち物　die Sachen.
もちろん　freilich, natürlich, selbstverständlich.
持つ（携帯）（所有）haben, tragen, halten, besitzen.
持って行く　bringen, mit|bringen, mit|nehmen, hin|bringen.
持っている　haben, besitzen.
最も多い　meist.
最も近い　nächst.
最もよい　best.
元（起源）der Ursprung, （原因）die Ursache. …がもとで　infolge.
戻す　zurück|geben.
戻して置く　zurück|legen, zurück|stellen.
物　das Ding, die Sache, der Gegenstand, das Zeug.
物語　die Erzählung, die Geschichte.
物語る　erzählen.
樅　die Tanne.
木綿　die Baumwolle.
桃　der Pfirsich.
腿，股　der Oberschenkel.
燃やす　brennen.
催し　die Veranstaltung.
催す　veranstalten.
催される　statt|finden.
貰う　bekommen, erhalten.
森　der Wald.
門　das Tor, die Pforte.
問題　die Frage, das Problem. …が問題である　es handelt sich um et^4.
問題の多い　problematisch.

や

矢　der Pfeil.
　矢を放つ　einen Pfeil abschießen.
夜間　die Nacht.
　夜間料金　die Nachtgebühr.
ヤカン　der Kessel.
山羊　die Ziege.
焼く　verbrennen, brennen, （肉を）braten, （パンを）backen.
焼けた　gebraten.
役（俳優の）die Rolle, （官職）das Amt.
役に立つ　nützlich.
薬剤師　der Apotheker.
役所　das Amt.
訳す　übersetzen.
約束　das Versprechen.
約束する　versprechen.
役立つ　helfen, nutzen, nützlich.
役人　der Beamte.
役割　die Rolle.
火傷　die Brandwunde.
火傷する（火で）$sich^4$ verbrennen, （湯で）$sich^4$ verbrühen.
野菜　das Gemüse.
易しい　leicht, einfach.
ヤシ　die Palme.
養う　ernähren, unterhalten.
矢印　der Pfeil.
安い　billig, preiswert.

安売り　der Ausverkauf.
　安売り品　das Sonderangebot.
休む　aus|ruhen, (欠席) fehlen.
休んでいる　ruhen.
痩せる　ab|nehmen.
痩せた　mager, schlank.
家賃　die Miete, die Hausmiete.
薬局　die Apotheke.
宿屋　das Gasthaus.
柳　die Weide.
屋根　das Dach.
山　der Berg, das Gebirge, (積み上げた) der Haufen.
山小屋　die Hütte.
止める　auf|geben, (中止) auf|hören, (断念) verzichten, (放置) lassen.
辞める　zurück|treten.
柔らかい　weich, sanft.

ゆ

湯　heißes Wasser.
有害な　schädlich.
夕方　der Abend.
夕方に　abends.
夕刊　die Abendzeitung.
ユーザー　der Benutzer.
　ユーザー名　der Benutzername.
優秀な　gut, ausgezeichnet.
優勝　der Sieg.
優勝する　siegen, die Meisterschaft erringen.
友人　der Freund, die Freundin.
夕食　das Abendessen, das Abendbrot.
　夕食を食べる　zu Abend essen.
ユースホステル　die Jugendherberge.
郵送する　mit der Post schicken.
夕日　die Abendsonne.
郵便　die Post.
郵便為替　die Postanweisung.
郵便局　das Postamt.
郵便小包　das Paket.
郵便番号　die Postleitzahl.
郵便配達人　der Briefträger.
郵便ポスト　der Briefkasten.

航空郵便　die Luftpost.
有名な　berühmt, bekannt, namhaft, wohlbekannt.
幽霊　das Gespenst.
幽霊が出る　spucken.
床　der Boden, der Fußboden.
雪　der Schnee.
雪が降る　schneien.
輸血　die Bluttransfusion.
輸血する　Blut übertragen.
輸出　die Ausfuhr, der Export.
輸出する　aus|führen, exportieren.
輸出［品］　der Export, die Ausfuhr.
ゆっくりした　langsam.
茹でる　kochen.
ゆで卵　gekochtes Ei.
茹でた　gekocht.
輸入［品］　der Import, die Einfuhr.
輸入する　importieren, ein|führen.
指(手の)　der Finger, (足の) die Zehe.
指輪　der Ring.
弓［形］　der Bogen.
夢　der Traum.
夢を見る　träumen.
百合　die Lilie.
緩い　lose, locker.
許し　die Erlaubnis, die Verzeihung.
緩やかな　sanft.
揺れる　schwanken, schaukeln, (震える) zittern.

よ

夜　die Nacht.
　夜が明ける　Der Tag bricht an.
夜明け　der Tagesanbruch, die Dämmerung.
良い, 善い　gut, (適当な) recht.
…してもよい　dürfen.
善い人　der Gute, die Gute.
酔う(酒に)(車に)　betrunken werden.
用意　die Vorbereitung.
用意する　bereiten, vor|bereiten, sich⁴ vor|bereiten.
用意のできた　bereit, fertig.

洋菓子屋　die Konditorei.
容器　der Behälter, das Gefäß.
要求　der Anspruch, die Forderung, das Verlangen.
要求する　verlangen, fordern, beanspruchen.
用紙　das Formular.
養子　das Adoptivkind.
養子にする　adoptieren.
幼児　ein kleines Kind, das Kleinkind.
様式　der Stil.
用心　die Vorsicht.
用心深い　vorsichtig.
用心する　sich⁴ hüten.
用心している　vorsichtig.
様子　das Aussehen, (状態) der Zustand.
容積　der Rauminhalt, das Volumen.
幼稚な　kindisch, primitiv.
幼稚園　der Kindergarten.
用途　der Gebrauch, die Verwendung.
曜日　der Wochentag.
洋服　die Kleidung, der Anzug, das Kleid.
洋服屋　der Schneider.
羊毛　die Wolle.
余暇　die Freizeit.
予感　die Ahnung.
予感する　ahnen.
預金　die Spareinlage, die Depositen.
預金口座　das Sparkonto.
良く　gut, wohl, (しばしば) oft, häufig.
浴室　das Badezimmer.
翌日に　am nächsten Tag.
浴槽　die Badewanne.
ヨーグルト　der Jogurt.
余計な(余分)　überflüssig, extra, (不必要な) unnötig.
予言する　prophezeien.
横　die Seite.
横の(に)　seitlich.
…の横に(へ)　neben.
横幅　die Breite.
横顔　das Profil.
横になる　sich⁴ hin|legen.
横切る　durchqueren, überqueren.
汚れ　der Schmutz, (しみ) der Fleck.
汚れをとる　säubern.

汚れる　schmutzig werden.

汚れた　schmutzig.

予想(予言)　die Voraussage,（見込み）die Voraussicht.

予想どおりに　wie erwartet.

予想する　ahnen, vorhersehen.

予想された　voraussichtlich.

ヨット　die Jacht, das Segelboot.

酔っぱらい　der Betrunkene, die Betrunkene.

酔っ払った　betrunken.

予定　das Vorhaben, der Plan.

予定する　vor|haben, vor|sehen.

予定表　der Terminkalender.

夜中　die Nacht,（真夜中）die Mitternacht.

呼ぶ　rufen,（医者を）holen,（名は…と）nennen, heißen.

予防する　vor|beugen.

予防接種する　impfen.

読む　lesen.

嫁　die Schwiegertochter,（花嫁）die Braut.

予約する(座席・部屋など)　reservieren, buchen.

予約購読　das Abonnement.

予約購入する　abonnieren.

より良い　besser.

夜　die Nacht.

夜に　nachts.

喜び　die Freude.

喜ぶ　sich⁴ freuen.

喜んで　gern.

喜んでいる　froh, erfreut.

弱い　schwach.

ら

雷雨　das Gewitter.

ライオン　der Löwe.

来客　der Besucher, der Gast.

らいげつ　来月　im nächsten Monat.

来週　in der nächsten Woche.

ライター　das Feuerzeug.

来年　im nächsten Jahr.

楽な　bequem,（課題が）leicht.

楽にする　erleichtern.

ラクダ　das Kamel.

ラジオ　das Radio,（放送）der Rundfunk.

ラジオ放送　der Rundfunk.

り

リーダー　der Leiter.

利益　der Vorteil, der Gewinn, der Nutzen.

理解　das Verständnis.

理解する(把握)　begreifen,（了解・心得）verstehen.

理解力　der Verstand.

陸上競技　die Leichtathletik.

リクライニングシート　der Liegesitz.

利口な　klug, schlau, gescheit.

離婚　die Scheidung.

離婚する　sich⁴ scheiden lassen.

離婚した　geschieden.

利子　der Zins.

リス　das Eichhörnchen.

リスク　das Risiko.

リスト　die Liste.

リズム　der Rhythmus.

利息　der Zins.

リットル　der Liter.

リボン　das Band.

理由　der Grund, die Ursache.

流行　die Mode.

流行の　modisch, beliebt.

流行遅れの　altmodisch.

流行歌　der Schlager.

リュックサック　der Rucksack.

利用する　benutzen, benützen, nehmen.

量　die Quantität, die Menge.

両替　der Geldwechsel.

両替する　wechseln.

料金　die Gebühr.

漁師　der Fischer.

領事　der Konsul.

領事館　das Konsulat.

総領事　der Generalkonsul.

領収書　die Quittung.

両親　die Eltern.

両方　beide, beides.

療養　die Kur.

療養所　die Heilanstalt, das Sanatorium.

料理　das Kochen,（調理品）die Speise, das Gericht.

料理する　kochen.

旅客　der Fahrgast, der Passagier.

旅券　der Pass.

旅券査証　das Visum.

旅行　die Reise.

旅行する　reisen.

旅行案内　der Reiseführer.

旅行社　das Reisebüro.

旅行者　der Reisende, die Reisende.

履歴[書]　der Lebenslauf.

リンゴ　der Apfel.

臨時の　vorläufig, vorübergehend.

臨時に　extra.

臨時ニュース　die Sondermeldung.

隣人　der Nachbar.

る

類似　die Ähnlichkeit.

類似の　ähnlich, verwandt.

留守　die Abwesenheit.

留守中に　während seiner Abwesenheit.

留守の　abwesend.

れ

礼　der Dank,（謝礼）das Honorar.

礼を述べる　danken.

礼をする(挨拶)　grüßen,（謝礼）belohnen.

例　das Beispiel.

例を挙げると　zum Beispiel（略 z.B.）.

零　die Null.

例外　die Ausnahme.

例外的に　ausnahmsweise.

礼儀　der Anstand.

礼儀を知らない　unanständig.

礼儀正しい　anständig, höflich.

れ

冷静な ruhig, nüchtern, gelassen.
冷蔵庫 der Kühlschrank.
冷凍する ein|frieren, tief kühlen.
冷凍食品 die Tiefkühlkost.
冷凍室(冷蔵庫の) das Tiefkühlfach.
冷房(装置) die Klimaanlage.
レインコート der Regenmantel.
レシート die Quittung.
レース(競走) der Wettlauf.
レール die Schiene.
レストラン das Restaurant.
列 die Reihe.
列車 der Zug.
普通列車 der Personenzug.
夜行列車 der Nachtzug.
レモン die Zitrone.
レモンティー der Zitronentee.
煉瓦 der Ziegel, der Backstein.
練習 die Übung.
練習する üben.
レンズ die Linse.
コンタクトレンズ die Kontaktlinse.
レンタカー der Mietwagen.
レントゲン das Röntgen.

ろ

廊下 der Gang, der Flur, der Korridor.
老人 der Alte, die Alte.
老人ホーム das Altersheim.
労働 die Arbeit.
労働時間 die Arbeitszeit.
労働者 der Arbeiter.
ロープ das Seil.
ロープウェー die Seilbahn.
録音 die Aufnahme.
録音する auf|nehmen.
録音テープ das Tonband.
六月 der Juni.
ロッカー das Schließfach.
ロビー die Lobby, das Foyer.
ロブスター der Hummer.

わ

輪 der Ring, (円) der Kreis, (車輪) das Rad, (人の) die Runde.
ワールドカップ die Weltmeisterschaft.
ワイシャツ das Hemd, das Oberhemd.
ワイン der Wein.
白ワイン der Weißwein.
赤ワイン der Rotwein.
ワイングラス das Weinglas.
若い jung, (未熟) unerfahren.
別れ der Abschied.
　別れを告げる Abschied nehmen, sich⁴ verabschieden.
分ける teilen, (分離) trennen, (分配) verteilen.
鷲 der Adler.
忘れる vergessen, (置き忘れる) liegen|lassen.
忘れっぽい vergesslich.
忘れ物 die Fundsache.
忘れ物をする vergessen.
綿 die Baumwolle, die Watte.
私 ich (*下記表参照)
私たち→私
笑う lachen, (にこにこ) lächeln.
割る brechen, spalten, (壊す) zerbrechen, (数を) dividieren, teilen.
悪い schlecht, schlimm, böse.
ワルツ der Walzer.
ワルツを踊る [einen] Walzer tanzen.
割れる brechen.
ワンピース einteiliges Kleid.

単数					
1人称	2人称		3人称		
1格 私は ich	君は du	あなたは Sie	彼は er	彼女は sie	それは es
3格 私に mir	君に dir	あなたに Ihnen	彼に ihm	彼女に ihr	それに ihm
4格 私を mich	君を dich	あなたを Sie	彼を ihn	彼女を sie	それを es

複数				
1人称	2人称		3人称	
1格 私たちは wir	君たちは ihr	あなたたちは Sie	彼らは sie	
3格 私たちに uns	君たちに euch	あなたたちに Ihnen	彼らに ihnen	
4格 私たちを uns	君たちを euch	あなたたちを Sie	彼らを sie	

単数					
1人称	2人称		3人称		
私の mein	君の dein	あなたの Ihr	彼の sein	彼女の ihr	それの sein
複数					
1人称	2人称		3人称		
私たちの unser	君たちの euer	あなたたちの Ihr	彼らの ihr		

主要不規則（強変化・混合変化）動詞変化表

不定詞	直説法現在	過去基本型	接続法第2式	過去分詞
befehlen 命ずる	*du* befiehlst *er* befiehlt	**befahl**	beföhle (befähle)	**befohlen**
beginnen 始める, 始まる		**begann**	begänne (begönne)	**begonnen**
beißen かむ		**biss**	bisse	**gebissen**
bieten 提供する		**bot**	böte	**geboten**
binden 結ぶ		**band**	bände	**gebunden**
bitten たのむ		**bat**	bäte	**gebeten**
bleiben とどまる		**blieb**	bliebe	**geblieben**
brechen 破る	*du* brichst *er* bricht	**brach**	bräche	**gebrochen**
brennen 燃える		**brannte**	brennte	**gebrannt**
bringen 持って来る		**brachte**	brächte	**gebracht**
denken 考える		**dachte**	dächte	**gedacht**
dürfen ... してもよい	*ich* darf *du* darfst *er* darf	**durfte**	dürfte	**gedurft** **dürfen**
empfehlen 推薦する	*du* empfiehlst *er* empfiehlt	**empfahl**	empföhle	**empfohlen**
essen 食べる	*du* isst *er* isst	**aß**	äße	**gegessen**
fahren (乗物で) 行く	*du* fährst *er* fährt	**fuhr**	führe	**gefahren**
fallen 落ちる	*du* fällst *er* fällt	**fiel**	fiele	**gefallen**
fangen 捕える	*du* fängst *er* fängt	**fing**	finge	**gefangen**
finden 見いだす		**fand**	fände	**gefunden**
fliegen 飛ぶ		**flog**	flöge	**geflogen**
fliehen 逃げる		**floh**	flöhe	**geflohen**
fließen 流れる		**floss**	flösse	**geflossen**
geben あたえる	*du* gibst *er* gibt	**gab**	gäbe	**gegeben**
gehen 行く		**ging**	ginge	**gegangen**
gelingen 成功する		**gelang**	gelänge	**gelungen**
genießen 享受する		**genoss**	genösse	**genossen**
geschehen 起こる	*es* geschieht	**geschah**	geschähe	**geschehen**

不定詞	直説法現在	過去基本型	接続法第2式	過去分詞
gewinnen 獲得する		**gewann**	gewönne	**gewonnen**
gießen 注ぐ		**goss**	gösse	**gegossen**
greifen つかむ		**griff**	griffe	**gegriffen**
haben 持っている	*ich* habe *du* hast *er* hat	**hatte**	hätte	**gehabt**
halten 保つ	*du* hältst *er* hält	**hielt**	hielte	**gehalten**
hängen かかっている，かける		**hing**	hinge	**gehangen**
heben 持ちあげる		**hob**	höbe	**gehoben**
heißen …という名前です		**hieß**	hieße	**geheißen**
helfen 手助けする	*du* hilfst *er* hilft	**half**	hülfe	**geholfen**
kennen 知っている		**kannte**	kennte	**gekannt**
klingen 響く		**klang**	klänge	**geklungen**
kommen 来る		**kam**	käme	**gekommen**
können …できる	*ich* kann *du* kannst *er* kann	**konnte**	könnte	**gekonnt** **können**
laden (荷を)積む	*du* lädst *er* lädt	**lud**	lüde	**geladen**
lassen …させる	*du* lässt *er* lässt	**ließ**	ließe	**gelassen**
laufen 走る	*du* läufst *er* läuft	**lief**	liefe	**gelaufen**
leiden 悩む		**litt**	litte	**gelitten**
leihen 貸す，借りる		**lieh**	liehe	**geliehen**
lesen 読む	*du* liest *er* liest	**las**	läse	**gelesen**
liegen 横たわっている		**lag**	läge	**gelegen**
meiden 避ける		**mied**	miede	**gemieden**
mögen …かもしれない	*ich* mag *du* magst *er* mag	**mochte**	möchte	**gemocht** **mögen**
müssen …ねばならない	*ich* muss *du* musst *er* muss	**musste**	müsste	**gemusst** **müssen**
nehmen 取る	*du* nimmst *er* nimmt	**nahm**	nähme	**genommen**
nennen …と呼ぶ		**nannte**	nennte	**genannt**
raten 忠告する	*du* rätst *er* rät	**riet**	riete	**geraten**

付録

不定詞	直説法現在	過去基本型	接続法第2式	過去分詞
reißen 裂く		**riss**	risse	**gerissen**
reiten 馬に乗る		**ritt**	ritte	**geritten**
rennen 駆ける		**rannte**	rennte	**gerannt**
rufen 叫ぶ，呼ぶ		**rief**	riefe	**gerufen**
schaffen 創造する		**schuf**	schüfe	**geschaffen**
scheinen 輝く，思われる		**schien**	schiene	**geschienen**
schieben 押しやる		**schob**	schöbe	**geschoben**
schießen 撃つ		**schoss**	schösse	**geschossen**
schlafen 眠る	*du* schläfst *er* schläft	**schlief**	schliefe	**geschlafen**
schlagen 打つ	*du* schlägst *er* schlägt	**schlug**	schlüge	**geschlagen**
schließen 閉じる		**schloss**	schlösse	**geschlossen**
schmelzen 溶ける	*du* schmilzt *er* schmilzt	**schmolz**	schmölze	**geschmolzen**
schneiden 切る		**schnitt**	schnitte	**geschnitten**
schreiben 書く		**schrieb**	schriebe	**geschrieben**
schreien 叫ぶ		**schrie**	schriee	**geschrien**
schweigen 沈黙する		**schwieg**	schwiege	**geschwiegen**
schwimmen 泳ぐ		**schwamm**	schwömme	**geschwomm**
sehen 見る	*du* siehst *er* sieht	**sah**	sähe	**gesehen**
sein 在る	*ich* bin *du* bist *er* ist *wir* sind *ihr* seid *Sie* sind	**war**	wäre	**gewesen**
senden 送る		**sandte** (**sendete**)	sendete	**gesandt** (**gesendet**)
singen 歌う		**sang**	sänge	**gesungen**
sinken 沈む		**sank**	sänke	**gesunken**
sitzen 坐っている		**saß**	säße	**gesessen**
sollen …すべきである	*ich* soll *du* sollst *er* soll	**sollte**	sollte	**gesollt** **sollen**
sprechen 話す	*du* sprichst *er* spricht	**sprach**	spräche	**gesprochen**
springen 跳ぶ		**sprang**	spränge	**gesprungen**

不定詞	直説法現在	過去基本型	接続法第2式	過去分詞
stechen 刺す	*du* stichst *er* sticht	**stach**	stäche	**gestochen**
stehen 立っている		**stand**	stünde (stände)	**gestanden**
stehlen 盗む	*du* stiehlst *er* stiehlt	**stahl**	stähle	**gestohlen**
steigen 登る		**stieg**	stiege	**gestiegen**
sterben 死ぬ	*du* stirbst *er* stirbt	**starb**	stürbe	**gestorben**
stoßen 突く	*du* stößt *er* stößt	**stieß**	stieße	**gestoßen**
streichen なでる		**strich**	striche	**gestrichen**
streiten 争う		**stritt**	stritte	**gestritten**
tragen 運ぶ	*du* trägst *er* trägt	**trug**	trüge	**getragen**
treffen 当たる，会う	*du* triffst *er* trifft	**traf**	träfe	**getroffen**
treiben 追いたてる		**trieb**	triebe	**getrieben**
treten 歩む	*du* trittst *er* tritt	**trat**	träte	**getreten**
trinken 飲む		**trank**	tränke	**getrunken**
tun する		**tat**	täte	**getan**
verderben だめになる	*du* verdirbst *er* verdirbt	**verdarb**	verdürbe	**verdorben**
vergessen 忘れる	*du* vergisst *er* vergisst	**vergaß**	vergäße	**vergessen**
verlieren 失う		**verlor**	verlöre	**verloren**
wachsen 成長する	*du* wächst *er* wächst	**wuchs**	wüchse	**gewachsen**
waschen 洗う	*du* wäschst *er* wäscht	**wusch**	wüsche	**gewaschen**
wenden 向ける		**wandte** (**wendete**)	wendete	**gewandt** (**gewendet**)
werden (...に) なる	*du* wirst *er* wird	**wurde**	würde	**geworden**
werfen 投げる	*du* wirfst *er* wirft	**warf**	würfe	**geworfen**
wissen 知っている	*ich* weiß *du* weißt *er* weiß	**wusste**	wüsste	**gewusst**
wollen ...しようと思う	*ich* will *du* willst *er* will	**wollte**	wollte	**gewollt** **wollen**
ziehen 引く		**zog**	zöge	**gezogen**
zwingen 強制する		**zwang**	zwänge	**gezwungen**

初級者に優しい

独和辞典

［増補改訂版］

Wörterbuch
Deutsch leicht gemacht

2023年 5 月30日	初版第 1 刷発行

著　者	（編修者代表）早 川 東 三
	伊 藤　眞
	ヴィルフリート・シュルテ
発行者	小 川　洋一郎

発行所　　**株式会社朝日出版社**

〒101-0065東京都千代田区西神田3-3-5
電話03-3263-3321
振替口座00140-2-46008
https://www.asahipress.com

印刷・製本	**凸版印刷株式会社**
本文組版	**TOPPAN TANC**

ISBN 978-4-255-01343-5
ⒸAsahi Shuppan-sha Co.,Ltd.　　　　Printed in Japan